명예훼손

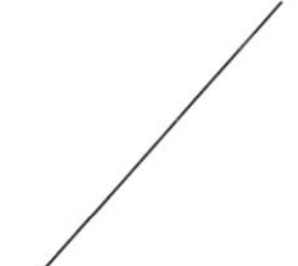

김원근 · 정주명

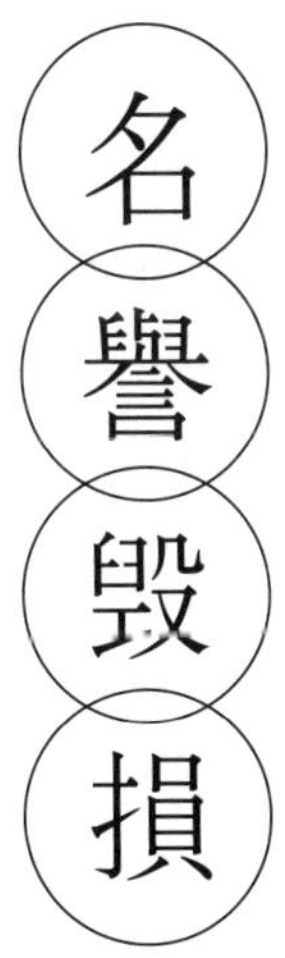

박영사

면책 공고

본서에 실린 내용은 독자분들의 이해를 돕기 위한 것이며,
독자분들에 대한 법률적인 조언으로는 사용하시면 안 됩니다.
본서에 실린 명예훼손 케이스들은 이후 각급 법원의 결정을 통해
판결 내용이 수정·변경·폐기될 수 있으므로
독자분들은 실제 케이스를 진행하실 경우에는
반드시 본인이 변호사에게 조언을 구하시기 바랍니다.
또한 본서의 내용을 법적인 근거로 인용하시려고 한다면
사전에 저자들의 문서로 된 허락을 얻으셔야 합니다.
저자들의 사전허락이 없는 경우에는 인용하시면 안 됩니다.
저자들은 본서에 적힌 내용과 관련하여 법적인 책임이 없음을 명시하고자 합니다.

저자 서문

명예훼손은 현대사회에서 가장 많이 이슈가 되고 있는 법률분야입니다. 저는 우리나라에서 명예훼손과 관련된 많은 케이스들의 피해자들이 법원이 아닌 수사기관을 통하여 분쟁을 해결하는 것을 보고 많은 의문을 가지게 되었습니다. 또한 2020년도에 헌법재판소에서 사실적시 명예훼손과 관련된 형법규정이 합헌이라는 결정을 내린 것을 보고 우리나라의 명예훼손과 관련된 법이 너무 많이 잘못되어 있다는 생각을 하게 되었습니다.

저는 이 책을 통하여 사실적시에 의한 명예훼손을 형사처벌하는 것은 잘못된 것이라는 것을 알리고자 합니다. 미국에서도 명예훼손과 관련된 형법규정이 오래전부터 있었지만 사실적시에 의한 명예훼손을 처벌하는 형법규정은 전혀 없었습니다.

사실적시에 의한 명예훼손을 형사처벌하는 것은 언론의 자유에 대한 중대한 침해이며 국가 형벌권의 남용입니다. 형법의 기본원리에도 반하기 때문에 하루 빨리 관련 형법규정을 없애야 합니다. 공인에 대한 혹은 공적인 관심사에 대한 명예훼손과 관련해서도 언론의 자유를 보호하는 것이 더 중요한 가치가 있다고 보고 따라서 형사처벌은 더 이상 하지 않습니다.

우리나라에는 수사기관을 통하여 분쟁을 해결하려는 경향이 아주 뚜렷한데 이는 명예훼손 관련 법률분쟁을 법원에서 해결하는 미국의 제도와는 완전히 상반됩니다. 여러가지 이유가 있지만 사실적시에 의한 명예훼손죄를 형사처벌하는 것을 합헌이라고 인정하는 등 형사처벌 법률이 큰 영향을 미치고 있고 또한 우리나라의 재판제도에서 (미국식의) 증거조사가 이루어지지 않고 있어서 수사기관에서 작성된 조서를 법원에서 증거로 사용하려는 목적도 많이 있는 것으로 보여집니다.

미국에서는 사실상 형사처벌을 하지 않고 있기 때문에 민사 손해배상책임 위주로 실무가 이루어지고 있고 따라서 관련된 판결례가 많이 축적되어 있습니다. 미국의 명예훼손과 관련된 케이스의 발전은 공인 대 언론의 분쟁에서 시작되었는데 점차 개인 대 개인 간의 분쟁이 많이 늘어나고 있습니다.

이 책에서는 명예훼손과 관련된 미국 연방대법원의 중요 케이스들을 정리하고 이를 바탕으로 해서 각 이슈별로 발전된 법리들을 중심으로 연방 법원뿐만 아니라 각 주법원의 대표적인 케이스들을 정리해서 독자님들이 이해하시기 편하도록 소개하고 있습니다.

또한 이 책에서는 명예훼손과 관련된 (미국법원의) 증거조사를 소개하고 있습니다. 언론사와 기자는 어느 범위까지 증거를 공개하여야 하는지에 대한 케이스들도 정리해보았습니다. 이러한 증거조사가 법원에서 제대로 이루어지면 수사기관에 분쟁해결을 호소하는 경우는 현저하게 줄어들 것으로 판단하고 있습니다.

문제가 된 발언의 내용이 표현의 자유에 의하여 보호되어야 할만한 가치가 있는지 여부는 명예훼손의 법리판단에 있어서 중요한 역할을 하고 있습니다. 피해자가 공인이고 공적인 지위에 있는 경우에는 그에 비례하여 국민들의 알권리가 더 많이 인정되어야 하기 때문에 상대적으로 명예훼손법에 의하여 보호되는 범위가 좁습니다. 하지만 개인간의 분쟁이고 문제가 된 발언이 언론의 자유에 의하여 보호될 만한 가치가 적을 경우에는 상대적으로 명예훼손법에서 보호되는 범위가 더 넓습니다.

감사합니다.

김원근 변호사

사법시험 30회 대한민국 변호사 (휴업중)

현재 미국 버지니아주, 메릴랜드주, 워싱턴 D.C. 변호사

감사의 말씀

제가 미국법원의 실무를 익힐 수 있게 된 것은 많은 분들의 도움이 있었습니다. 특히 저에게 대부 역할을 해주신 쟌 신 변호사님께 감사드립니다. 초기에 미국의 실무를 익히는 데 큰 도움을 주신 당시 파산법원의 미첼 판사님과 저의 멘토역할을 해주셨던 카렌 랑 변호사님, 스티브리치 변호사님 겸 교수님, 댄 프레스 변호사님, 엘리자베스 투오메이 변호사님, 타스니마 아폴 변호사님, 그리고 셀 수 없이 많은 판사님, 검사님들 그리고 변호사님들이 제가 미국에서 실무를 익힐 수 있도록 도와주었습니다. 저에게 자료를 제공해주고 조언을 해주면서 많은 도움을 주신 한국에 계신 (특히 저의 페이스북 친구분들) 변호사님들에게도 감사드립니다.

저는 이분들의 도움을 받으면서 언젠가 미국의 사법제도에서 배울만한 것들을 우리나라에 소개해보고자 하는 목표를 세웠습니다. 이제는 그 목표를 실현할 때가 되었고 이 책은 그 첫걸음입니다. 계속 정진할 것을 약속드립니다.

제가 미국에서 정착할 수 있었던 것은 전적으로 저의 가족들의 희생이 큽니다. 특히 사랑하는 부인이 저 때문에 감내해야 했던 희생을 생각하면 아무리 감사드려도 부족하지요. 저의 자녀들은 무심한 아버지를 보면서 오히려 더 강해졌습니다. 다시 한 번 감사드립니다.

공저자인 정주명 변호사에게도 감사드립니다. 정변호사는 궂은 역할을 전적으로 담당하였고 저에게 좋은 아이디어를 제공해주었습니다.

감사합니다.

저자 대표 김원근 변호사

차례

CHAPTER 1

미국 명예훼손 핵심 케이스

A. New York Times Co. v. Sullivan (연방 대법원, 376 U.S. 254, 1964)
B. Curtis Publishing Co. v. Butts (연방 대법원, 388 U.S. 130, 1967)
C. St. Amant v. Thompson (연방 대법원, 390 U.S. 727, 1968)
D. Rosenbloom v. Metromedia, Inc. (연방 대법원, 403 U.S. 29, 1971)
E. Gertz v. Robert Welch, Inc. (연방 대법원, 418 U.S. 323, 1974)
F. Herbert v. Lando (연방 대법원, 441 U.S. 153, 1979)

“

As Madison said, “Some degree of abuse is inseparable from the proper use of every thing; and in no instance is this more true than in that of the press.”[1]

That erroneous statement is inevitable in free debate, and that it must be protected if the freedoms of expression are to have the “breathing space” that they “need … to survive.”

”

New York Times Co. v. Sullivan (연방 대법원, 376 U.S. 254, 271-272, 1964)

1 4 Elliot's Debates on the Federal Constitution (1876), p. 571.

A. New York Times Co. v. Sullivan (연방 대법원, 376 U.S. 254, 1964)

원고인 설리반(Sullivan)은 공직자(public official)이고, 문제가 된 기사 내용은 공직자(public official)의 지위에서 행해진 공적인 업무 수행(public conduct)과 관련된 상업적 광고였다. 구체적으로, 뉴욕 타임즈 신문사는 앨라배마주에서 일어난 흑인 학생들의 비폭력 시위를 지지하고, 지역 경찰들의 업무를 암시적으로 비난하는 광고를 게재하였다. 원고는 광고에 실린 일부 허위 내용이 본인을 지칭하고 있으며, 주법상 출판물에 의한 명예훼손 의제(libel per se)[2]로 간주된다고 주장하였다.

연방 대법원은 공직자(public official)의 공적인 업무 수행(public conduct)에 대한 명예훼손이 인정되려면 원고가 신문사의 실질적 악의(actual malice)를 입증하여야만 통상 손해 및 징벌적 손해배상을 청구할 수 있다고 판단하였다. 이같은 연방 대법원의 판결은 명예훼손 사건에서 연방 헌법 제1조에서 보장하는 언론 출판의 자유를 보호하기 위한 핵심적인 판단 기준을 제시한 것이다.

(1) 시사점

본 케이스는 공적인 지위에 있는 원고가 언론사의 허위 기사로 인하여 본인의 명예가 훼손당했다고 주장하면서 언론사 및 4명의 개인을 상대로 한 손해배상 사건이다.[3]

본 케이스가 중요한 이유는 주법에 따라 명예훼손과 그에 따른 손해배상책임을 인정한 주 법원의 판결을 연방 대법원이 언론 출판의 자유를 보장한 연방 헌법의 취지에 따라 뒤집은 최초의 판결이기 때문이다.

본 케이스는 피해자가 공직자(public official)인 경우 명예훼손에 따른 손해배상을 인정하기 위한 새로운 기준을 제시하였다는 점에 역사적인 의미가 있다. 좀 더 구체적으로 살펴보면 피해자가 공직자(public official)이면서 공적인 업무 수행(public conduct)과 관련된 허위 내용으로 인해 명예를 훼손당한 경우,[4] 가해자가 언론사이건 개인이건 간에 기사내

---

2 "[부록]미국 법률 용어"에서 자세한 설명을 확인하기 바란다.

3 연방대법원에는 뉴욕타임즈 신문사만 항소(Appeal)하였다.

4 We have no occasion here to determine how far down into the lower ranks of government employees the "public official" designation would extend for purposes of this rule, or otherwise to specify categories of persons who would or would not be included. Cf. Barr v. Matteo, 360 U. S. 564, 573-575. Nor need we here determine the boundaries of the "official conduct" concept. It is enough for the present case that

용이 허위인 점 외에도 실질적 악의(actual malice)[5]가 입증되어야 손해배상책임을 지울 수 있다는 것이다.

손해배상과 관련해서는 기사내용이 허위일 경우 −구체적인 손해배상액수의 입증이 없다고 하더라도− 통상 손해를 입은 것으로 추정해주는[6] 앨라배마 주 법원의 판결은 연방 헌법정신에 비추어 볼 때 잘못된 결정이라는 것이다.[7]

본 케이스 이전에는 피해자는 문제가 되고 있는 기사내용이 허위이고 출판물에 의한 명예훼손 의제(libel per se)에 해당된다는 것을 입증하기만[8] 하면 통상 손해가 추정되기 때문에 구체적인 손해액수의 입증이 없어도 손해배상을 인정받을 수 있고,[9] 실질적 악의(actual malice) 역시 추정되어 징벌적 손해배상까지 인정될 수 있다는 것이었다. 본 케이스를 최초로 검토한 앨라배마 주 법원은 배심원의 판단에 따라 언론사가 허위 기사를 게재하여 원고의 명예를 훼손했으므로 손해배상책임이 있다고 결정하고 50만불의 손해배상책임을 언론사에 부담하게 하였다.[10] 이에 대해 연방 대법원은 위와 같은 앨라배마 주 법원의 판결

---

respondent's position as an elected city commissioner clearly made him a public official, and that the allegations in the advertisement concerned what was allegedly his official conduct as Commissioner in charge of the Police Department. As to the statements alleging the assaulting of Dr. King and the bombing of his home, it is immaterial that they might not be considered to involve respondent's official conduct if he himself had been accused of perpetrating the assault and the bombing. Respondent does not claim that the statements charged him personally with these acts; his contention is that the advertisement connects him with them only in his official capacity as the Commissioner supervising the police, on the theory that the police might be equated with the "They" who did the bombing and assaulting. Thus, if these allegations can be read as referring to respondent at all, they must be read as describing his performance of his official duties. See New York Times Co. v. Sullivan, 376 U.S. 254, 283 [3] (1964).

5 'actual malice'—with knowledge that it was false or with reckless disregard of whether it was false or not."

6 설리반과 관련된 광고 문구를 출판물에 의한 명예훼손 의제(libel per se)에 해당된다고 보았기 때문이다.

7 We hold today that the Constitution delimits a State's power to award damages for libel in actions brought by public officials against critics of their official conduct. Since this is such an action the rule requiring proof of actual malice is applicable. While Alabama law apparently requires proof of actual malice for an award of punitive damages where general damages are concerned malice is "presumed." Such a presumption is inconsistent with the federal rule. "The power to create presumptions is not a means of escape from constitutional restrictions," Bailey v. Alabama, 219 U. S. 219, 239; "the showing of malice required for the forfeiture of the privilege is not presumed but is a matter for proof by the plaintiff ··· ." Lawrence v. Fox, 357 Mich. 134, 146, 97 N. W. 2d 719, 725 (1959).

8 Once "libel per se" has been established, the defendant has no defense as to stated facts unless he can persuade the jury that they were true in all their particulars. Alabama Ride Co. v. Vance, 235 Ala. 263, 178 So. 438 (1938); Johnson Publishing Co. v. Davis, 271 Ala. 474, 494-495, 124 So. 2d 441, 457-458 (1960).

9 기사내용이 허위임을 입증하기만 하면 손해배상책임이 있다는 면에서 이는 엄격 책임(strict liability)에 해당된다.

10 앨라배마 주 법원에서는 해당 기사내용이 허위 및 출판물에 의한 명예훼손 의제(libel per se)에 해당되기 때문에

이 연방 헌법이 보장하고 있는 언론 출판의 자유에 위배되는 결정이라고 판단한 것이다.

본 케이스에서의 원고는 공적인 지위에 있는 사람이고 문제가 된 기사 내용은 허위 기사이므로 원고의 명예를 훼손했다고 볼 수 있다. 하지만 허위 기사로 인한 피해자가 공적인 지위에 있는 사람의 공적인 업무 수행과 관련된 것일 경우에는 언론 출판의 자유를 보장한 연방 헌법의 정신에 따라 손해배상의 인정요건을 강화해서 언론 출판의 자유를 보장하여야 한다는 것이다.[11]

구체적으로, 명예훼손의 근거가 공적인 지위에 있는 사람의 공적인 업무 수행과 관련된 기사일 경우에는 비록 해당 기사에 허위 내용이 포함되어 있다고 하더라도 언론사이건 개인이건 간에 해당 기사와 관련하여 실질적 악의(actual malice)가 인정되는 경우에 한하여 손해배상책임이 있다[12]고 판결한 것이다.

(2) 특이점

본 케이스에서는 여러가지 중요한 의미가 있는 판단기준을 제시하였다.

첫 번째는 실질적 악의(actual malice)에 대한 판단기준을 제시한 것이다. 참고로 본 판결에서 손해배상책임의 입증기준으로 제시된 실질적 악의(actual malice)는 보통법상 악의(common-law malice)[13]와는 다른 개념인데 이후 판결에서는 뉴욕 타임즈 케이스에서 확립된 악의(New York Times malice) 라고도 사용되기도 한다.

구체적으로, 신문사가 기사를 게재할 당시 설리반에 대한 실질적 악의(actual malice)를 가지고 있었는지 여부를 살펴보면 신문사는 설리반의 기사 철회 요청을 거절하기 위해 보낸 편지에서 기사의 내용이 정확하다는 의견을 피력하였는데, 이를 신문사의 실질적 악의(actual malice)를 뒷받침하는 근거로 볼 수 없다는 것이다. 설령 해당 기사가 정확하지

실질적 악의(actual malice)가 추정된다고 하면서 통상 손해와 징벌적 손해배상액을 구분하지 않고 50만불을 손해배상액으로 인정하였다.

11 연방 대법원은 본 케이스를 통해 언론 출판의 보호를 위하여 공적인 지위에 있는 사람의 공적인 행위와 관련된 명예훼손 소송 시 손해배상을 지급하는 주의 권한을 제한하는 정도를 결정하였다. "We are required in this case to determine for the first time the extent to which the constitutional protections for speech and press limit a State's power to award damages in a libel action brought by a public official against critics of his official conduct." See New York Times Co. v. Sullivan, 376 U.S. 254, 256 (1964).

12 연방 대법원은 실질적 악의(actual malice)를 입증하지 못하면 통상 손해는 물론이고 징벌적 손해배상 역시 인정할 수 없다고 판단하였다.

13 common-law malice, that is, behavior actuated by motives of personal spite, or ill-will, independent of the occasion on which the communication was made. Story v. Newspapers, Inc., 202 Va. 588, 590, 118 S.E.2d 668, 670 (1961).

않은 내용을 담고 있다고 하더라도, 설리반에게 보낸 편지에서 밝힌 신문사의 의견은 충분히 타당하다는 것이다.[14]

신문사가 해당 기사와 관련된 다른 기사들을 이미 보유하고 있었음에도 불구하고 해당 기사의 정확성에 대해 확인하지 않은 것 또한 신문사의 실질적 악의(actual malice)를 인정하는 근거로 볼 수 없다는 것이다. 즉, 신문사가 사실 여부를 확인할 수 있는 관련 기사를 보유하고 있었다는 점만으로는 신문사가 해당 기사의 내용이 허위임을 이미 알고 있었다고 볼 수 없다는 것이다.

해당 기사의 출판 담당자들은 기사에 언급된 유명인들의 이름을 보고 그들이 가진 좋은 평판에 대해 이미 알고 있었고, 신문사 광고 책임자인 란돌프(A. Philip Randolph, 이하 "란돌프")의 편지 내용을 기반으로 해당 기사를 실었다. 신문사는 내부적으로 인신 공격적인 기사를 싣지 못하게 하는 정책이 있었는데 해당 기사가 이 정책을 위반하지 않았다는 담당자들의 증언이 있었다. 따라서 기사 내용의 정확성을 확인하지 못한 신문사의 과실은 인정되나, 그 과실이 실질적 악의(actual malice)의 성립을 위해 요구되는 미필적 고의(recklessness)[15]에 해당된다고 보기에는 불충분하다는 것이다.

두 번째는 언론사가 원고에 대한 부정확한 사실을 보도하였다고 하더라도 손해배상책임으로부터 면제되는 특권(privilege)을 언론사에게 부여한 것이다.[16] 본 케이스 이전에는 내용상 오류가 있는 허위 기사는 기본적으로 헌법의 보호대상에서 제외되었고, 기사의 내용이 허위라는 사실만 입증되면 언론사에게 손해배상의 책임을 부과해왔다. 언론사의 단순 과실로 인해 기사에 일부 허위 내용이 포함된 경우에도 손해배상책임을 지게 됨에 따라 언론사는 공공 문제에 대한 보도의 중요성보다 기사 내용에 오류가 없는지 지나치

14 앨라배마 주 법상 피해자가 명예훼손으로 소송을 제기하려면, 소 제기 전에 가해자에게 해당 허위 기사를 철회하라는 요청을 먼저 하여야 하며, 가해자 측에서 그 요청을 받아들이지 않은 경우에 한하여 소 제기가 가능하다. 설리반도 본인과 관련된 허위 기사를 접한 후 뉴욕 타임즈 신문사에 기사 철회 요청을 하였으나, 신문사는 설리반이 주장한 기사의 허위성에 의문을 제기하는 편지를 보냈을 뿐 철회 요청에는 응하지 않았다. 이에 설리반은 앨라배마 주 1심 법원에 신문사를 상대로 명예훼손 소송을 제기하였다.

15 실질적 악의(actual malice)의 성립에 요구되는 미필적 고의(recklessness)는 다음과 같은 정도의 개념으로 이해할 수 있다. "전적으로 검증되지 않은 익명의 전화에 근거하여 작성된 기사이고, 무모한 사람만이 해당 기사를 발행할 수 있을 정도로 기사에 실린 주장들이 본질적으로 사실에 부합하지 않으며, 기사의 정확성을 위한 제보자의 진실성을 의심할 수 있는 명백한 이유들이 있음에도 불구하고 해당 기사를 게재하는 것이다." (Id. at 732, 88 S. Ct. at 1326).

16 The privilege immunizing honest misstatements of fact is often referred to as a "conditional" privilege to distinguish it from the "absolute" privilege recognized in judicial, legislative, administrative and executive proceedings. See, e. g., Prosser, Torts (2d ed., 1955), § 95.

게 확인하게 되는 자기 검열(self-censorship)에 빠지게 되었고, 이는 결국 연방 헌법 제1조에서 보장하는 언론 출판의 자유를 제한하는 결과를 가져왔다.

그러나 본 케이스에서는 명예훼손의 피해자가 실질적 악의(actual malice)를 입증하지 못하면 일부 허위 내용이 포함된 기사라 할지라도 헌법상 보호대상이 된다고 판단함으로써 공공 문제에 대해 자유롭게 보도할 수 있는 특권을 언론사에게 부여해 준 것이다.

세 번째는 언론사에게 손해배상 책임이 부여되는 근거를 명확히 한 것이다. 본 케이스 이전에는 허위에 대한 언론사의 고의성 여부에 대한 검토없이 허위 내용을 포함한 기사에 해당되기만 하면 무조건 손해배상의 책임을 지게 하였다.[17] 그러나 본 케이스에서는 허위 기사를 게시한 것과 관련하여 언론사의 고의적인 행동이 있었는지 여부에 초점을 맞추어 뉴욕 타임즈 케이스에서 확립된 악의(New York Times malice)를 채택함으로써 연방 헌법에 보장된 언론 출판의 자유를 보장함과 동시에 언론사를 상대로 명예훼손에 대한 손해배상책임을 물을 수 있는 명확한 근거를 제시하였다는 것이다.

네 번째는 원심에서 배심원에게 손해배상액수를 결정하는 기준을 제시한 배심원 설시문(jury instruction)[18]에는 통상 손해와 징벌적 손해배상액을 구별하지 않고 전체적인 손해액을 결정하도록 하였는데 이러한 판단 기준 자체가 잘못되었다는 것이다. 다시 말하면, 명예훼손으로 인한 손해배상사건에서는 통상 손해와 징벌적 손해배상액수를 구별하여 결정하여야 한다는 것이다.[19]

결론적으로 실질적 악의(actual malice)를 판단함에 있어서 언론사의 사실확인과정에서 발생한 단순한 과실 및 그로 인한 일부 허위기사 내용만으로는 언론사의 손해배상책임을 인정할 수 없다는 것이다. 즉, 제보자의 진실성을 의심할 수 있는 명백한 이유들이 있음에도 불구하고 해당 기사를 게재한 언론사의 미필적 고의(recklessness)[20]가 입증되어야만

17 Under the general framework of defamation law in Virginia prior to 1964, the beginning of a period when major aspects of libel law became federalized, the defamed private citizen had to prove only a false publication that included words which were either actionable per se according to certain fixed principles, or, if not defamatory per se, words which resulted in special damages to the party defamed. See M. Rosenberg & Sons v. Craft, 182 Va. 512, 518, 29 S.E.2d 375, 378 (1944). Gazette, Inc. v. Harris, 325 S.E.2d 713, 720 (Va. 1985).

18 "[부록]미국 법률 용어"에서 자세한 설명을 확인하기 바란다.

19 Since the trial judge did not instruct the jury to differentiate between general and punitive damages, it may be that the verdict was wholly an award of one or the other. But it is impossible to know, in view of the general verdict returned. Because of this uncertainty, the judgment must be reversed and the case remanded. See New York Times Co. v. Sullivan, 376 U.S. 254, 284 (1964).

20 The Garrison standard is: "false statements made with a high degree of awareness of their probable

실질적 악의(actual malice)가 성립된다는 것이다. 한편, 손해배상책임을 인정한다고 하더라도 통상 손해와 징벌적 손해배상 액수를 구별하여 판단하여야 한다는 것이다.

본 케이스의 가장 중요한 의미는 언론사의 허위 기사로 인하여 손해배상을 인정할 경우에도 피해자가 언론사의 실질적 악의(actual malice)를 입증하여야 한다는 것이다. 연방 대법원의 판결 이전에는 기사내용이 허위이며 출판물에 의한 명예훼손 의제(libel per se)에 해당되면 별도로 손해액을 입증하지 않아도 손해액이 추정되었는데 이후부터는 공직자(public official)의 공적인 업무 수행(public conduct)과 관련하여 명예를 훼손 당한 피해자가 언론사를 상대로 제기한 명예훼손 소송에서는 피해자가 실질적 악의(actual malice)를 입증하여야만 비로소 손해배상책임을 지울 수 있게 되었다는 것이다.

본 케이스에서 실질적 악의(actual malice)의 입증이 반드시 필요하다고 하는 손해배상은 통상 손해 및 징벌적 손해배상을 모두 포함하고 있다. 본 케이스에서는 공직자(public official)의 공적인 업무 수행(public conduct)과 관련된 출판물에 의한 명예훼손 의제(libel per se)인 경우 통상 손해는 추정되지만 징벌적 손해배상을 받기 위해서는 피해자가 실질적 악의(actual malice)를 입증하여야 할 책임이 있다고 판시하였다. 그러나 본 판결 이후 판결 내용을 살펴보면 징벌적 손해배상은 물론이고 통상 손해까지도 뉴욕 타임즈에서 확립된 악의(New York Times malice)를 입증할 필요가 있다고 판단한 것이다.[21]

마지막으로 본 케이스의 기사 내용은 설리반을 특정하여 작성된 것이 아니라는 것이다. 구체적으로, 설리반은 본인을 지칭하고 있다는 것을 뒷받침하기 위하여 증인 6명[22]의 증언을 제시하였다. 그런데 기사에는 설리반의 이름이나 공식 직책에 대한 언급이 전혀

---

falsity." (379 U.S. at page 74, 85 S.Ct. at page 216).
St. Amant v. Thompson, 390 U.S. 727, 731, 88 S.Ct. 1323, 20 L.Ed.2d 262 (1968), the Court equated reckless disregard of the truth with subjective awareness of probable falsity in stating: "There must be sufficient evidence to permit the conclusion that the defendant in fact entertained serious doubts as to the truth of his publication." See Jacron Sales Co. v. Sindorf, 276 Md. 580, 350 A.2d 688, 585 [3] (1976).

21 피해자가 개인인 명예훼손 사건의 경우 뉴욕 타임즈 케이스에서 정한 기준보다 낮은 과실 기준을 충족하면 - 미필적 고의(reckless disregard)가 아닌 일반 과실(negligence) - 통상 손해를 인정받을 수 있다고 판단하였다. (Gertz v. Robert Welch, Inc., 418 U.S. 323, 350 (1974). Keogh v. Pearson, 244 F.Supp. 482 (D. D.C. 1965)에 따르면, 뉴욕 타임즈 케이스 1심에서 공직자(public official)의 공적인 업무 수행(public conduct)인 경우 출판물에 의한 명예훼손 의제(libel per se)에 의해 통상 손해를 추정하고, 징벌적 손해배상에 대해서만 실질적 악의(actual malice)의 입증을 요구한 것은 연방 헌법정신인 언론 출판의 자유를 위반한 것으로 잘못된 결정이라고 판단하였다. 즉, 실질적 악의(actual malice)에 대한 입증없이 출판물에 의한 명예훼손 의제(libel per se)에 따른 통상 손해를 인정한 것은 위헌이라는 것이다.

22 신문 편집자, 부동산 및 보험 판매원, 남성복 가게 매니저, 식품 장비 기사, 주유소 운영자, 트럭 운송업 운영자이다.

없었다. 명예훼손 혐의가 있다고 보여지는 일부 내용[23]의 경우에도 경찰과는 관련이 없었다. 즉, 일반인들이 합리적으로 해당 기사의 내용을 읽었을 때 설리반을 비난하는 것으로 볼 수 없었다는 것이다.

이 중 설리반이 본인을 지칭한 것으로 주장하는 내용[24]의 경우 경찰을 지칭하는 것으로 받아들여질 수 있지만, 표면적으로는 설리반에 대한 어떠한 언급도 없었다는 것이다. 결국 설리반의 주장을 뒷받침하는 근거 역시 설리반이 제시한 증인들의 증언에서 찾아야 하는데 증인들 중 어느 누구도 설리반이 경찰을 총괄하고 있으며 경찰 업무에 대해 공식적인 책임을 지고 있다는 사실 외에, 이로 인해 설리반이 비난을 받았다는 것을 입증할 수 있는 근거를 제시하지 못했다.

(3) 사실 관계

본 케이스에서 원고 설리반은 앨라배마주 몽고메리시의 선출직 위원의 지위에 있었는데[25] 뉴욕 타임즈 신문사를 상대로[26] 앨라배마 주법원에 출판물에 의한 명예훼손(libel)으로 민사소송을 제기했다.

설리반은 소장에서 1960년 3월 29일자 뉴욕 타임즈 신문에 "수면 위로 떠오른 그들의 목소리를 이끌다(Head Their Rising Voices)"라는 제목으로 전면 광고에 실린 성명서로 인해 명예를 훼손당했다고 주장했다. 그 성명서는 "지금까지 전 세계가 알고 있듯이 수천 명의 남부 흑인 학생들이 미국 헌법과 권리장전이 보장하는 인간의 존엄성에 따라 살 권리를 확인하는 광범위한 비폭력 시위에 참여하고 있다"는 것을 언급하면서 시작되었다. 이어서 "이러한 보장을 유지하려는 그들의 노력에서, 그들은 전 세계가 현대 자유의 패턴을 설정하는 것으로 보는 문서를 부정하고 무효화하려는 자들에 의해 전례없는 공포의

23 학생 식당이 자물쇠로 잠겨 있었고, 마틴 루터킹의 자택이 폭파되었으며, 그의 측근들이 폭행을 당했고, 그에 대한 위증 기소가 제기되었다는 내용이다.

24 해당 기사에 실린 허위 내용은 다음과 같다: 해당 기사는 경찰 트럭이 주 의사당에서 열린 시위를 압박하기 위해 앨라배마 주립대학 캠퍼스를 포위했다고 언급하였지만, 경찰은 당시 캠퍼스 근처에 배치되었을 뿐 실제로 압박을 목적으로 캠퍼스를 포위한 사실이 없었으며, 특히 주 의사당에서 열린 시위를 진압하기 위해 그곳에 배치된 것이 아니었다. 해당 기사는 마틴루터킹이 7번에 걸쳐 체포되었다고 언급하였으나, 실제 마틴 루터킹은 4번에 걸쳐 체포되었다.

25 원고는 몽고메리시에서 세 명의 선출직 위원 중 한 명이었다. 그는 공공행정(Public Affairs)을 담당하는 위원이었고, 주된 업무로는 관할 내 경찰서, 소방서 등을 감독하였다.

26 본 케이스의 쟁점이 신문사에 관한 것이므로 이 글에서는 뉴욕 타임즈 신문사만을 피고로 특정하였다. (원고는 뉴욕 타임즈 신문사와 흑인이자 앨라배마주에서 활동하는 성직자였던 4명의 피고를 상대로 소를 제기하였다)

물결에 직면하고 있다"고 비판했다. 성명서의 마지막에는 학생 운동에 대한 지원, 투표권을 위한 투쟁, 몽고메리시에 계류 중인 마틴 루터킹의 위증죄 기소에 대항한 법적 수호라는 세가지 목적을 위해 기금 마련을 호소하는 내용이 실렸다.[27]

그 성명서에는 공공 활동, 종교, 노동조합, 예술계에서 잘 알려진 64명의 이름이 실렸다. 이 이름들 아래에는 "존엄성과 자유를 위해 매일 투쟁하는 남부 지역의 우리는 이 호소를 열렬히 지지한다(We in the south who are struggling daily for dignity and freedom warmly endorse this appeal)"라는 문구가 실렸고, 그 아래에 4명의 피고와 2명의 성직자를 포함하여 남부의 여러 도시에 살고 있는 16명의 이름이 실렸다. 광고의 페이지 하단에는 "마틴 루터킹과 남부 지역의 자유를 위한 투쟁을 옹호하는 위원회(Committee to Defend Martin Luther King and the Struggle for Freedom in the South)"의 서명이 있었으며, 위원회 임원들의 이름이 나열되어 있었다.

설리반이 출판물에 의한 명예훼손(libel)을 주장하는 근거는 뉴욕 타임즈 광고의 세 번째와 여섯 번째 단락에 있었다.[28] 해당 내용에는 본인의 이름이 직접 언급되지는 않았지만 "경찰"(police)이라는 단어가 경찰 전체를 통솔하는 본인을 지칭하고 있으며, 경찰에게 시위에 대한 책임을 떠넘기는 것으로 읽혀질 수 있다고 주장하였다. 또한, 마틴 루터킹의 체포 및 일련의 사건들과 관련하여 몽고메리시와 본인을 비판하는 것으로 읽혀질

27 Entitled "Heed Their Rising Voices," the advertisement began by stating that "As the whole world knows by now, thousands of Southern Negro students are engaged in widespread non-violent demonstrations in positive affirmation of the right to live in human dignity as guaranteed by the U. S. Constitution and the Bill of Rights." It went on to charge that "in their efforts to uphold these guarantees, they are being met by an unprecedented wave of terror by those who would deny and negate that document which the whole world looks upon as setting the pattern for modern freedom … ." Succeeding paragraphs purported to illustrate the "wave of terror" by describing certain alleged events. The text concluded with an appeal for funds for three purposes: support of the student movement, "the struggle for the right-to-vote," and the legal defense of Dr. Martin Luther King, Jr., leader of the movement, against a perjury indictment then pending in Montgomery. See New York Times Co. v. Sullivan, 376 U.S. 254, 256-257 (1964).

28 Third paragraph: "In Montgomery, Alabama, after students sang 'My Country, 'Tis of Thee' on the State Capitol steps, their leaders were expelled from school, and truckloads of police armed with shotguns and tear-gas ringed the Alabama State College Campus. When the entire student body protested to state authorities by refusing to re-register, their dining hall was padlocked in an attempt to starve them into submission."
Sixth paragraph: "Again and again the Southern violators have answered Dr. King's peaceful protests with intimidation and violence. They have bombed his home almost killing his wife and child. They have assaulted his person. They have arrested him seven times - for 'speeding', 'loitering' and similar 'offenses.' And now they have charged him with 'perjury' - a felony under which they could imprison him for ten years..." See New York Times Co. v. Sullivan, 376 U.S. 254, 257-258 (1964).

수 있다고 주장하였다.

한편, 뉴욕 타임즈 신문사는 해당 광고를 위원회 산하 에이전시에 의해 수주를 받아서 발행하였는데, 에이전시는 서명 위원회의 장인 란돌프의 편지와 함께 광고를 전달하였다. 란돌프는 광고 심의국에서 책임자로 알려진 사람이기에 뉴욕 타임즈 신문사는 그의 편지가 관행상 광고 승인을 뒷받침해주는 충분한 증거로 인정된다고 주장하였다. 또한 광고에서 언급된 많은 사람들은 좋은 평판을 가진 유명인들이었으므로 허위성 여부에 대해 의문을 제기할 이유가 없기 때문에 뉴욕 타임즈 신문사에 소속된 어느 누구도 광고 내용이 정확한지 여부를 확인하려고 노력하지 않았다고 주장하였다.[29]

(4) 법적 중요 이슈

1) 앨라배마주 1심 법원에서의 법적 이슈

뉴욕 타임즈 신문사의 기사[30]가 허위 내용을 담고 있고 피해자가 수행하는 업무와 관련하여 허위 내용을 포함하고 있는 점은 그 자체로 명예훼손에 해당한다. 문제가 되는 기사 내용이 원고의 이름이나 직위를 특정하고 있지 않지만 배심원들이 원고를 특정한 것으로 판단할 수 있다면 출판물에 의한 명예훼손 의제(libel per se)에 해당하여 신문사에 대한 손해배상 책임을 인정할 수 있다.[31]

이에 대해 신문사는 통상 손해와 징벌적 손해배상의 입증이 구별되어야 하고 징벌적 손해배상을 인정하기 위해서는 실질적 악의(actual malice)가 반드시 입증되어야 한다고 주장하였지만, 1심 법원은 허위 기사일 경우 실질적 악의(actual malice)가 추정된다는 이유로 이를 인정하지 않았다.

구체적으로, 1심 법원은 손해배상액과 관련해서는 해당 기사가 허위일 경우 그 자체로 명예훼손에 해당되는 점을 감안하여 통상 손해는 당연 추정되는 것이며 별도로 그 손해배상 액수에 관해 입증할 필요가 없다고 판단하였다. 징벌적 손해배상과 관련해서는 주법에 의거하여 실질적 악의(actual malice)가 필요하지만 본 판결의 1심 법원에서는 명예훼손에 해당되는 허위 기사일 경우에는 징벌적 손해배상의 인정에 필요한 실질적 악의

29 원고는 신문사의 명예훼손으로 인하여 본인이 실제로 입었다고 주장하는 손해배상액수를 증명하지 않았다.

30 기사체 광고이나 편의상 "기사"라고 표기한다.

31 1심 법원은 "허위로 출판한 그 자체가 법적 피해에 해당하는 출판물에 의한 명예훼손 의제(libelous per se)에 해당하기 때문에 허위(falsity)와 악의(malice)는 추정되는 것이며, 통상 손해는 입증할 필요없이 추정되는 것이고, 따라서 징벌적 손해는 실제 손해(actual damage)의 입증이 없이도 배심원에 의해 배상될 수 있다."고 판단하였다.

(actual malice)까지 추정되어서 별도의 입증이 필요하지 않다고 판단한 것이다.

그러나 연방 대법원에서는 손해배상을 인정함에 있어서 통상 손해와 징벌적 손해배상의 구별없이 실질적 악의(actual malice)가 추정된다고 결정한 1심 법원의 판단은 연방 헌법에서 보장된 언론 출판의 자유에 반하는 결정이라고 하면서 이를 뒤집은 것이다.[32]

본 판결에서 실질적 악의(actual malice)의 입증이 필요한 손해배상의 범위가 통상 손해인지 혹은 징벌적 손해배상인지 여부에 대해서는 분명하게 설시되어 있지는 않지만 이후에 본 판결을 인용한 다른 판결[33]에서는 피해자가 공직자(public official)이고 공적인 업무 수행(official conduct)과 관련된 내용인 경우, 실질적 악의(actual malice)의 입증은 통상 손해와 징벌적 손해배상에 모두 적용된다고 판결하고 있다.

2) 앨라배마 주 대법원에서의 법적 이슈

관련된 주법에 의하면 허위 기사가 그로 인해 피해를 주장하는 사람에 관한 사회적인 평가, 전문적인 직업 혹은 하는 일과 관련된 내용일 경우 이는 그 허위 기사가 공개적으로 실렸다는 그 자체로 명예훼손이 성립되고,[34] 손해배상과 관련하여 구체적인 손해액의 입증이 필요하지 않다.[35]

---

32 Since the trial judge did not instruct the jury to differentiate between general and punitive damages, it may be that the verdict was wholly an award of one or the other. But it is impossible to know, in view of the general verdict returned. Because of this uncertainty, the judgment must be reversed and the case remanded. Stromberg v. California, 283 U. S. 359, 367-368; Williams v. North Carolina, 317 U. S. 287, 291-292; see Yates v. United States, 354 U. S. 298, 311-312; Cramer v. United States, 325 U. S. 1, 36, n. 45. See New York Times Co. v. Sullivan, 376 U.S. 254, 284 (1964).

33 Justice Powell, writing for the majority, articulated several important holdings defining
First, the Court reaffirmed its rulings in New York Times and Butts stating that public officials and public figures may recover for defamation only upon clear and convincing proof of New York Times malice. Second, the Court made clear that all persons, public or private, may recover presumed or punitive damages only upon clear and convincing proof of New York Times malice. See Gazette, Inc. v. Harris, 325 S.E.2d 713, 722 (Va. 1985).
As a public official, Kollman was required to prove actual malice in Jordan's publication of the advertisements in order to recover either compensatory or punitive damages for defamation. "from recovering [any] damages for a defamatory falsehood relating to his official conduct unless he proves that the statement was made with 'actual malice.'" See Jordan v. Kollman, 612 S.E.2d 203, 207 (Va. 2005).

34 이런 경우를 출판물에 의한 명예훼손 의제(libel per se)라고 한다. 본 판결에서는 출판물에 의한 명예훼손 의제(libel per se)를 다음과 같이 설명하고 있다. Libelous per se, if it was published of and concerning the plaintiff"; and that it was actionable without "proof of pecuniary injury ··· , such injury being implied." Id., at 673, 676, 144 So. 2d, at 37, 41. See New York Times Co. v. Sullivan, 376 U.S. 254, 263 (1964).

35 Under Alabama law as applied in this case, a publication is "libelous per se" if the words "tend to injure a person ··· in his reputation" or to "bring [him] into public contempt"; the trial court stated that the

배심원들의 판단으로 해당 허위 기사가 피해를 주장하는 사람에 관한 것이라고 보여진다면 그 피해를 주장하는 사람은 손해배상을 청구할 수 있다. 본 판결에서 배심원들은 해당 허위 기사가 원고에 관한 내용이라고 판단하였다. 해당 허위 기사의 내용은 원고가 하는 일과 관계된 것이기 때문에 출판물에 의한 명예훼손 의제(libel per se)에 해당되어 실제 손해(actual damage)에 대해 별도의 입증이 없어도 배심원의 판단에 의하여 징벌적 손해배상이 인정된다. 또한 신문사는 해당 기사의 사실 관계에 관하여 충분한 검증을 하지 않고서 기사를 보내온 에이전시와 란돌프의 편지 내용만을 믿고 그대로 기사를 내보낸 무책임에서 악의(malice)가 추정된다고 판단하였다.

결론적으로, 앨라배마 주 대법원도 주 1심 법원의 의견과 같이 피해자가 수행하고 있는 업무와 관련된 허위 내용을 담은 기사는 명예훼손에 해당되어 손해배상을 주장할 수 있는데, 실질적 악의(actual malice)가 추정되므로 통상 손해와 징벌적 손해배상을 구별하지 않고 피해자에게 손해를 배상할 수 있다는 것이다.

3) 연방 대법원에서의 법적 이슈

허위 기사로 인하여 피해를 입었다고 주장하는 사람이 공적인 직업을 가지고 있고 해당 기사가 그 사람의 공적인 일에 관한 것인 경우 앨라배마 주 법원의 판결처럼 기사의 내용이 허위라는 점만 인정되면 실질적 악의(actual malice)가 추정된다고 판단하여 손해배상책임을 지우는 것은 연방 헌법 제1조에서 보장하고 있는 언론 출판의 자유를 침해하는 것이다.[36]

본 판결을 통해 확립된 뉴욕 타임즈 기준(New York Times standard)은 공적인 직업을 가지고 있는 자의 공적인 일과 관련된 허위 기사로 인한 명예훼손 소송 시 피해자가 해당 허위 기사에 대한 실질적 악의(actual malice)를 입증하여야만[37] 가해자에게 손해배상 책임

---

standard was met if the words are such as to "injure him in his public office, or impute misconduct to him in his office, or want of official integrity, or want of fidelity to a public trust … ." See New York Times Co. v. Sullivan, 376 U.S. 254, 267 (1964),

36 While Alabama law apparently requires proof of actual malice for an award of punitive damages, where general damages are concerned malice is "presumed." Such a presumption is inconsistent with the federal rule. See New York Times Co. v. Sullivan, 376 U.S. 254, 283-284 (1964).

37 이른바 뉴욕 타임즈 케이스에서 확립된 악의(New York Times malice)라고 하는 이 기준은 단순 과실(negligence)과 실질적 악의(actual malice) 사이의 중간 기준이라 할 수 있으며, 신문사 측이 허위 내용이 포함된 사실을 알고서도 기사를 내보냈거나, 그 사실을 알고서도 무분별하게 무시하였음을 피해자가 입증하여야 한다고 규정하고 있다. "Plaintiff need show only that the statement was made with knowledge that it was false or with a reckless disregard for the truth" (Great Costal Express, Inc. v. Ellington, 230 Va. 142,149, 334 S.E.2d 846,

을 부과할 수 있다는 것으로,[38] 실질적 악의(actual malice)가 인정되지 않는다면 일부 내용을 과장 혹은 허위로 보도하였다고 하더라도 언론 출판의 자유가 보장된다는 것이다.[39] 또한 공직자(public official)의 공적인 업무 수행(official conduct)과 관련된 내용일 경우에는 통상 손해 및 징벌적 손해배상 모두 실질적 악의(actual malice)가 필요하다는 것이다.

이는 공적인 직업을 가진 자가 명예훼손으로 피해를 입을 수 있는 경우보다 보도를 통해 일반 대중이 얻게 되는 공익이 훨씬 크다는 것이다. 또한 공무 수행 중에 한 발언으로 인해 일반인으로부터 명예훼손으로 소 제기를 당한 공적인 자의 경우 헌법상 면책특권의 적용으로 보호되는 것과 같이 공적인 일을 하는 자가 신문사를 상대로 제기한 명예훼손 소송에도 이와 유사한 기준을 적용할 필요가 있다는 것이다.

본 케이스의 설리반은 1심에서 4명의 개인 성직자 및 뉴욕 타임즈 신문사를 상대로 명예훼손 소송을 제기한 것이므로 실질적 악의(actual malice)의 인정 여부를 개인과 신문사로 나누어서 판단하여야 한다는 것이다.

개인의 경우, 설령 그들이 해당 광고 기사에 본인들의 이름을 기재해도 된다고 허락하였다고 하더라도, 기사가 게재될 당시에 해당 기사의 내용이 허위였음을 이미 알고 있었거나 혹은 진실 여부에 대해 미필적 고의(reckless disregard)가 있었다는 것을 뒷받침할 만한 증거가 없으므로 실질적 악의(actual malice)가 인정되지 않는다는 것이다.

신문사의 경우, 광고의 내용이 상당히 정확하다고 생각했다는 신문사 비서의 진술은 선의(good faith)에 의한 것으로 광고 기사를 게재할 당시 신문사의 실질적 악의(actual malice)를 입증할만한 증거로 인정되지 않는다는 것이다.

해당 기사를 내려달라는 설리반의 요청에 신문사가 불응했다는 점 또한 신문사의 실질적 악의(actual malice)를 입증할만한 증거로 인정되지 않는다는 것이다. 그 이유는 신문사가 설리반에게 보낸 답신에서 이미 해당 광고 내용이 설리반을 겨냥한 것으로 볼 소지가

---

851 (1985)).

38 본 판결에서는 명예훼손에 해당하는 광고 문구를 출판물에 의한 명예훼손 의제(libel per se)로 보아 손해가 추정되므로 통상 손해와 징벌적 손해배상을 구별하지 않았으나, 실질적으로 공직자(public official)의 공적인 업무 수행(official conduct)과 관련된 내용일 경우에는 통상 손해와 징벌적 손해배상 모두 실질적 악의(actual malice)가 필요하다고 판단하였다.

39 이와 같은 연방 대법원의 결정 이면에는 누구나 정치와 사회의 변화에 대해 자신이 가지고 있는 생각을 규제없이 서로 교환할 수 있도록 보장하는 (Roth v. United States, 354 U.S. 476, 484) 헌법적 안전장치가 보호되어야 한다는 것과 비록 그들의 의견이 완전하지 않아도 미국인이라면 누구나 자신의 생각을 말할 수 있는 권리가 있으며 (Bridges v. California, 314 U.S. 252, 270), 그러한 다수의 목소리가 모일 때 비로소 올바른 결정들을 내릴 수 있다는 연방 헌법 제1조의 정신에 근간한다.

있는지 여부에 대한 합리적인 의심을 다루고 있었고, 신문사는 답신에서 이 의심에 대한 추가 설명을 설리반에게 요구한 것으로 설리반의 요청을 거절한 것이 아니기 때문이다.

신문사가 자체적으로 보유하고 있는 뉴스 기사를 사용하여 기사 내용의 정확성을 확인하지 못한 증거가 있기는 하지만, 신문사가 팩트 체크를 하지 않은 과실이 있다고 해서 그것을 신문사의 실질적 악의(actual malice)를 입증할만한 증거로 볼 수 없다는 것이다. 오히려 신문사는 광고 후원자로 이름이 올라간 많은 사람들이 좋은 평판을 가지고 있었다는 것을 알고 있었고, 광고 수주 책임자인 란돌프의 승인 편지를 확인하였으며, 인신 공격적인 내용이 포함된 광고를 거부하는 신문사의 내부 정책상 해당 광고 기사를 거부하여야 할 이유를 발견하지 못했다는 증언은 허위 내용을 확인하지 못한 신문사의 과실을 뒷받침해주는 것이지 신문사의 실질적 악의(actual malice)를 뒷받침하는 증거로서는 인정되지 않는다는 것이다.

한편, 연방 헌법 제1조에서 보장하는 언론의 자유(Freedom of Speech)는 발언의 종류에 따라 다른 수준의 보호가 적용된다. 공적인 관심사(public concern)와 관련된 발언은 헌법상 가장 높은 수준의 보호가 적용된다. 그러나 비즈니스와 관련된 발언(commercial speech)인 경우에는 공적인 관심사(public concern)와 관련된 발언에 비해 비교적 낮은 수준의 보호가 적용된다.

본 케이스의 경우 상업적 광고의 일환으로 설리반의 명예훼손이 의심되는 성명서를 신문에 게재한 것이므로 비즈니스와 관련된 발언에 해당한다. 그러나 성명서의 내용이 공직자(public official)의 공적인 업무 수행(public conduct)에 관한 것이기 때문에 상업적 광고임에도 불구하고 헌법에서 보호하는 가장 높은 수준의 보호인 언론의 자유(Freedom of Speech)가 적용된다는 것이다.

따라서 본 케이스는 연방 헌법 정신에 의거하여 가해자 개인에게는 표현의 자유를, 언론사에게는 언론 출판의 자유를 보장한 판결이다. 다시 말하면, 공직자(public official)의 공적인 업무 수행(public conduct)에 대한 명예훼손 사건의 경우 연방 헌법에서 정한 언론 출판의 자유에 의하여 실질적 악의(actual malice)를 입증하여야만 통상 손해와 징벌적 손해배상을 인정받을 수 있다고 판시한 것이다.[40]

[40] 공직자(public official)의 공적인 업무 수행(public conduct)과 관련된 내용으로 명예를 훼손당한 경우 출판물에 의한 명예훼손 의제(libel per se)로 보아 통상 손해는 추정하고, 징벌적 손해배상의 경우에 한하여 실질적 악의(actual malice)의 입증을 요구했던 기존의 손해배상책임 기준을 완전히 바꾸어 놓은 판결이다.

"연방 대법원은 언론 출판의 자유에 대한 헌법적 보장이 공직자(public official)가 공적인 업무 수행(official conduct)에 대해 허위 내용을 게재하였다는 신문사의 실질적 악의(actual malice)를 입증하지 않고는 신문사를 상대로 손해배상을 청구할 수 없도록 한 연방 규정을 요구한다고 판단하였다."41

Curtis Publishing Co. v. Butts, 388 U.S. 130, 133-134 (1967).

"연방 대법원은 뉴욕 타임즈 케이스 이전에 부과된 제한으로부터 공직자(public official)에 대한 자유로운 비판을 허용하기 위해 헌법적 특권(constitutional privilege)을 정의했다. 타임즈 신문사는 앨라배마주에서 흑인 학생들의 민권 시위를 지지하고 시위 현장에서 공권력을 행사한 공직자(public official)의 공적인 업무 수행(public conduct)을 비난하는 정치적 광고를 게재하였다. 광고를 본 경찰 국장은 광고에 게재된 특정 허위 내용이 그를 가리키고 있으며 이는 앨라배마 주 법상 출판물에 의한 명예훼손 의제(libel per se)에 해당한다고 주장하였다. 타임즈 신문사는 앨라배마 주법상 선의(good faith) 혹은 신문사의 주의의무 준수를 방어 방법으로 주장할 수 없었고, 주장 가능한 유일한 방어 방법은 진실이었다. 연방 대법원은 사실적 주장에 대한 진실을 보장하기 위해 공직자(public official)의 공적인 업무 수행(official conduct)에 대한 비판을 강제하는 규정이 오히려 보호된 발언을 억제하는 결과를 가져올 것이라고 판단하고 이에 대응하기 위해 고안된 헌법적 특권(constitutional privilege)에 대해 다음과 같이 설명하였다.

"헌법적 보장은 공직자(public official)가 그의 공적인 업무 수행(official conduct)에 대해 허위 내용을 게재하였다는 신문사의 실질적 악의(actual malice)를 입증하지 않고서는 신문사를 상대로 손해배상을 청구할 수 없도록 하는 연방 규정을 요구한다."42

Gertz v. Robert Welch, Inc. 418 U.S. 323, 334 (1974).

41 In New York Times Co. v. Sullivan, 376 U. S. 254, 279-280, this Court held that "[t]he constitutional guarantees [of freedom of speech and press] require … a federal rule that prohibits a public official from recovering damages for a defamatory falsehood relating to his official conduct unless he proves that the statement was made with 'actual malice'—that is, with knowledge that it was false or with reckless disregard of whether it was false or not." See Curtis Publishing Co. v. Butts, 388 U.S. 130, 133-134 (1967).

42 in New York Times Co. v. Sullivan, 376 U. S. 254 (1964). There this Court defined a constitutional privilege intended to free criticism of public officials from the restraints imposed by the common law of defamation. The Times ran a political advertisement endorsing civil rights demonstrations by black students in Alabama and impliedly condemning the performance of local law-enforcement officials. A police commissioner established in state court that certain misstatements in the advertisement referred to him and that they constituted libel per se under Alabama law. This showing left the Times with the single defense of truth, for under Alabama law neither good faith nor reasonable care would protect the newspaper from liability. This Court concluded that a "rule compelling the critic of official conduct to guarantee the truth of all his factual assertions" would deter protected speech, id., at 279, and announced the constitutional privilege

"연방 대법원은 공직자(public official)의 공적인 업무 수행(official conduct)에 대한 비난으로 인해 제기된 명예훼손 소송에서 헌법상 언론 출판의 보호와 주법에서 정한 명예훼손에 따른 손해배상을 제한하는 정도에 대해 처음으로 결정하였다. 또한 연방 대법원은 공직자(public official)가 제기한 명예훼손 소송에서 앨라배마 주 법원이 적용한 법 규정이 연방 헌법 제1조에 의해 요구되는 언론 출판의 자유를 위한 보호 장치를 제공하지 않았기 때문에 헌법상 결함이 있다고 보았다. 헌법적 보장은 공직자(public official)가 그의 공적인 업무 수행(official conduct)에 대해 허위 내용을 게재하였다는 신문사의 실질적 악의(actual malice)를 입증하지 않고서는 신문사를 상대로 손해배상을 청구할 수 없도록 하는 연방 규정을 요구한다고 판단하였다."43

ı Gazette, Inc. v. Harris, 325 S.E.2d 713, 721 (Va. 1985).

"뉴욕 타임즈 케이스의 실질적 악의(actual malice)는 정당한 사유없이 타인에게 해를 입힐 의도 혹은 법적으로 악한 의도가 있다고 추론되는 상황에서 고의적으로 상대방의 명예를 훼손하는 발언을 한 보통법상 악의(common law malice)와는 다르다. 뉴욕 타임즈 케이스의 실질적 악의(actual malice)는 헌법상 악의(constitutional malice) 혹은 출판에 적용되는 악의(publication malice)로 특정하면 그 의미를 더 잘 이해할 수 있다."44

ı Falwell v. Flynt, 797 F.2d 1270, 1275 [3] (4th Cir. 1986).

designed to counter that effect:
"The constitutional guarantees require, we think, a federal rule that prohibits a public official from recovering damages for a defamatory falsehood relating to his official conduct unless he proves that the statement was made with 'actual malice'—that is, with knowledge that it was false or with reckless disregard of whether it was false or not." Id., at 279-280. Gertz v. Robert Welch, Inc. 418 U.S. 323, 334 (1964).

43 In New York Times Co. v. Sullivan, the Supreme Court determined for the first time the extent to which the constitutional protections of speech and press limit a state's power to award damages in a libel action brought by a public official against critics of his official conduct. 376 U.S. at 256, 84 S.Ct. at 713. The Court decided that the rules of law applied by the Alabama state courts were constitutionally deficient for failure to provide safeguards for freedom of speech and of the press that are required by the First and Fourteenth Amendments in a libel action brought by such a public official. Id. at 264, 84 S.Ct. at 717. The Court held that "[t]he constitutional guarantees require ... a federal rule that prohibits a public official from recovering damages for a defamatory falsehood relating to his official conduct unless he proves that the statement was made with 'actual malice'—that is, with knowledge that it was false or with reckless disregard of whether it was false or not." Id. at 279-80, 84 S.Ct. at 725-26. Gazette, Inc. v. Harris, 325 S.E.2d 713, 721 (Va. 1985).

44 Actual malice under New York Times is different from common law malice, which is the intentional doing of a wrongful act without just cause or excuse, with an intent to inflict an injury or under circumstances that the law will imply an evil intent. New York Times' actual malice might be better understood if designated as "constitutional malice" or "publication malice." Falwell v. Flynt, 797 F.2d 1270, 1275 [3] (4th Cir. 1986).

"

History shows us that the Founders were not always convinced that unlimited discussion of public issues would be "for the benefit of all of us" but that they firmly adhered to the proposition that the "true liberty of the press" permitted "every man to publish his opinion." Respublica v. Oswald, 1 Dall. 319, 325 (Pa.).

"

Curtis Publishing Co. v. Butts (연방 대법원, 388 U.S. 130, 149-150, 1967)

B. Curtis Publishing Co. v. Butts (연방 대법원, 388 U.S. 130, 1967)

본 케이스는 개인이 언론사를 상대로 제기한 명예훼손 사건이다. 커티스 출판사(Curtis Publishing Co.)에서 발행하는 신문(Saturday Evening Post)은 조지아 대학교의 월리 버트(Wally Butts, 이하 "버트") 코치가 앨라배마 대학교의 폴 브라이언트(Paul Bryant, 이하 "브라이언트") 코치와 공모하여 학교간 풋볼 경기 결과를 조작했다는 내용을 보도하였고, 이 사실을 알게 된 버트가 신문사를 상대로 명예훼손 소송을 제기하였다.

연방 대법원의 할란(Harlan) 대법관은 버트가 주 정부 소속 직원이 아니었고, 사립 기관인 체육 협회로부터 재정 지원을 받아 왔으므로 공직자(public official)에는 해당되지 않지만, 풋볼 교육이라는 공공 분야에서 활동한 자이므로 공인(public figure)에 해당된다고 판단하였다.

다수 대법관들은 버트가 공인(public figure)임을 인정하는 근거로 워렌(Warren) 대법관의 의견을 따랐는데, 비록 공직자(public official)가 아니라고 하더라도 중요한 공공 문제의 해결에 깊숙이 관여하거나 혹은 평판으로 인해 사회 전반에서 사건이 형성될 수 있다면 공인(public figure)에 해당하며, 공인(public figure)에 대한 비난으로 제기된 명예훼손으로부터 언론사를 보호하여야 하므로 이 경우에도 뉴욕 타임즈 기준(New York Times standard)이 확대 적용되어야 한다고 판단한 것이다.

(1) 시사점

1964년에 연방 대법원에서 다룬 뉴욕 타임즈 케이스의 경우, 공직자(public official)의 공적인 업무 수행(public conduct)과 관련된 허위 기사로 인한 명예훼손 소송에서 손해배상 여부를 판단하였다면, 본 케이스에서는 공공 문제에서 대중의 관심을 받는 공인(public figure)에 대한 명예훼손 소송에서 허위 보도를 한 언론사에게 손해배상 책임을 지울 수 있는 기준을 처음으로 제시한 연방 대법원 판결이라는 것이다.

공공 문제에 밀접하게 관여하는 공인(public figure)의 경우 공적인 업무를 담당하는 공직자(public official)와 사실상 동일한 위치에 있다고 판단하였다. 그 이유는 뉴욕 타임즈 케이스에서 언론사를 통해 정보의 자유로운 교환이 가져다 주는 공공의 이익과 공직자(public official)인 개인의 명예를 보호하려는 이익 사이에 균형을 유지하기 위한 방법으로 뉴욕 타임즈 기준(New York Times standard)을 채택하였는데 본 케이스의 원고인 공인(public figure)의 경우에도 이와 다르지 않다고 판단하였기 때문이다.

본 케이스에서 연방 대법원은 뉴욕 타임즈 기준(New York Times standard) 중 진실 여부에 대한 미필적 고의(reckless disregard)로 평가될 수 있는 언론사의 과실을 원고가 입증하면 원고는 명예훼손으로 인한 손해배상을 받을 수 있다고 판단하였다.[45] 또한 뉴욕 타임즈 케이스와 마찬가지로 원고가 통상 손해와 징벌적 손해배상을 받으려면 실질적 악의(actual malice)에 대한 입증이 요구된다고 판단하면서[46] 헌법상 보장된 언론 출판의 자유를 최우선적으로 보호하고자 하는 연방 대법원의 입장을 분명히 하였다.

(2) 특이점

본 케이스의 주된 이슈는 언론사의 손해배상 책임과 관련하여 뉴욕 타임즈 기준(New York Times standard)인 실질적 악의(actual malice)를 공직자(public official)의 공적인 업무 수행(public conduct)에 한정하여 적용할 것인지 아니면 그 이상으로 이를 확대 적용하여 원고가 공인(public figure)인 경우에도 같은 기준을 적용할 것인지 여부에 관한 것이었는데, 본 케이스에서는 후자를 채택함으로써 언론 출판의 자유에 대한 보장을 확대하는 결과를 가져오게 되었다는 것이다.

본 케이스의 또 다른 이슈는 언론사가 보도 전에 기사 내용의 사실 여부를 확인하는 과정을 거쳐야 한다는 점을 강조하면서 본 케이스와 Associated Press v. Walker, 389 U.S. 28 (1967)[47] 의 비교를 통해 언론사가 사실 확인 과정을 현저하게 무시한 경우 즉,

45 We consider and would hold that a "public figure" who is not a public official may also recover damages for a defamatory falsehood whose substance makes substantial danger to reputation apparent, on a showing of highly unreasonable conduct constituting an extreme departure from the standards of investigation and reporting ordinarily adhered to by responsible publishers. See Curtis Publishing Co. v. Butts, 388 U.S. 130, 155 (1967).

46 Thus the argument would be that the strong speech and press interest in publishing material on public issues, which we have recognized as parallel to the interest in publishing political criticism present in New York Times, must be served by a limitation on punitive damages restricting them to cases of "actual malice" as defined in New York Times and Garrison v. Louisiana, supra. We find the force of any such argument quite insufficient to overcome the compelling contrary considerations, and there is, moreover, nothing in any of our past cases which suggests that compensatory and punitive damages are subject to different constitutional standards of misconduct. See Curtis Publishing Co. v. Butts, 388 U.S. 130, 160 (1967).

47 Associated Press v. Walker (389 U.S. 28, 1967)는 1962년 9월 30일 밤에 미시시피 대학교 캠퍼스에 흑인 학생인 제임스 메러디스(James Meredith)의 등록을 명령한 법원의 결정을 집행하려는 연방 정부의 조치로 인해 촉발된 폭동 관련 사건들에 대한 목격자의 증언을 제공하는 뉴스를 배포하면서 발생되었다. 배포된 뉴스에는 워커(Walker)가 당시 캠퍼스에 있었고, 성난 군중들을 통솔하였으며, 법원의 명령을 집행하기 위해 그곳에 파견된 연방 집행관들을 개인적으로 고소했다고 밝혔다. 해당 뉴스는 또한 워커가 성난 군중들에게 폭력을 사용하도록 선동하였고, 최

미필적 고의(reckless disregard)에 해당하는 경우에는 통상 손해 및 징벌적 손해배상을 부담하게 할 수 있는 기준을 제시하였다는 것이다.

워커(Edwin Walker, 이하 "워커")가 뉴욕 타임즈 기준(New York Times standard)을 입증하기 위해 제시한 증거로는 AP 통신(Associated Press)의 실질적 악의(actual malice)가 인정되지 않으므로 워커에게 통상 손해 및 징벌적 손해배상을 인정할 수 없다는 연방 대법원의 판단이 이를 뒷받침해 주고 있다.[48]

반면, 본 케이스는 언론사의 미필적 고의(reckless disregard)를 보여주는 증거가 충분했다. 버트와 관련된 기사는 AP 통신의 케이스와는 달리 보도의 긴급성을 요하는 내용이 아니었고, 언론사는 해당 기사를 게재하기 전에 사실 여부를 확인했어야 함에도 불구하고 기본적인 조사도 무시한 채 진행하였다. 심지어 언론사는 현장에서 승부조작 사건을 들었던 제보자의 신뢰성에 문제가 있었음을 알고 있었음에도 불구하고 이를 무시하였고, 또한

루 가스에 대처하기 위한 기술적인 조언을 제공하였다고 언급했다. 워커는 폭동 및 해당 기사가 배포되었을 당시 일반 시민이었다. 그는 정치적인 활동에 관여하기 위해 사임하기 전까지 미군에서 오랫동안 근무했었고, 실제로 1957년 아칸소주 리틀록(Little Rock)에서 학교 분리로 인해 대치 중인 상황에서 연방군을 지휘한 적이 있었다. 그는 무력을 사용한 연방 정부의 개입과 관련된 이슈에 확실히 관심이 있었고, 이와 같은 집행에 대항하여 여러 성명서들을 발표해왔다. 워커는 그를 따르는 추종자들을 보유하고 있었고, 정치적인 유명세가 있는 사람으로 충분히 간주될 수 있었다. 그러나 워커는 그가 제한적이고 평화적인 시위 방법을 조언해주었을 뿐이고, 군중들을 통솔한 적이 없으며, 연방 집행관들을 기소하는데 관여한 적이 없다고 주장하면서 텍사스 주 법원에 2백만불의 통상 손해 및 징벌적 손해배상을 청구하는 명예훼손 소송을 제기하였다. 주 1심 법원은 AP 통신(Associated Press)의 보도에 과실은 있지만 실질적 악의(actual malice)가 없다고 판단하여 배심원이 청구한 통상 손해는 인정한 반면 징벌적 손해배상은 거부하였다. 주 항소법원 또한 주 1심 법원과 같이 통상 손해는 인정하였으나 징벌적 손해배상에 대해서는 실질적 악의(actual malice)가 입증되지 않았다는 이유를 들어 거부하였다. 연방 대법원은 미시시피 폭동 사건은 즉각적인 보도가 요구되는 뉴스이며 AP 통신은 사건 현장에 나가 있었던 특파원으로부터 받은 정보를 기반으로 사건을 보도한 것이라고 보았다. 워커가 이전에 발표한 성명서의 내용을 알고 있는 사람이라면 AP 통신의 보도 내용에 일관성이 없다고 여기지 않을 것이라고 지적했다. 일반 언론사와는 달리 통신사의 특성상 뉴스를 빠른 속도로 전달하여야만 했고 그 과정에서 특파원의 구두 설명과 이후 작성된 보도자료의 일부 내용이 달랐지만 이 역시 쟁점인 폭동 사건과는 직접적인 관련이 없으므로 AP 통신의 과실이 인정되지 않는다는 것이다. 따라서 워커는 AP 통신을 상대로 통상 손해 및 징벌적 손해배상을 청구할 수 없다고 판단하였다.

48 The trial judge, however, found that there was "no evidence to support the jury's answers that there was actual malice" and refused to enter the punitive award. He concluded that the failure further to investigate the minor discrepancy between the oral and written versions of the incident could not "be construed as that entire want of care which would amount to a conscious indifference to the rights of plaintiff. Negligence, it may have been; malice, it was not. Moreover, the mere fact that AP permitted a young reporter to cover the story of the riot is not evidence of malice." (Emphasis in original.) The trial judge also noted that this lack of "malice" would require a verdict for the Associated Press if New York Times were applicable. But he rejected its applicability since there were "no compelling reasons of public policy requiring additional defenses to suits for libel. Truth alone should be an adequate defense." See Curtis Publishing Co. v. Butts, 388 U.S. 130, 141-142 (1967).

당시 제보자와 함께 있었던 사람에게 제보자가 언론사에 제공한 정보가 맞는지 확인할 수 있었지만 확인하려는 시도조차 하지 않았다. 언론사는 풋볼에 대해 문외한인 작가에게 해당 기사의 집필을 맡겼을 뿐만 아니라 외부 전문가에게 자문을 구하려는 노력도 하지 않았다. 게다가 해당 기사를 쓴 작가의 업무를 보조한 직원들은 이미 언론사에서 게재한 다른 기사로 인해 명예훼손 소송에 연루되어 있는 상태였기 때문에 기사 내용에 대한 객관적인 사실 조사가 불가능한 상황이었다.

이와 같이 사실 확인 과정을 현저히 무시한 언론사의 미필적 고의(reckless disregard)는 공인(public figure)인 버트의 명예훼손[49]을 뒷받침하는 근거에 해당하므로 버트는 워커와는 달리 언론사를 상대로 허위 보도로 인한 손해배상을 청구할 수 있는 기준을 충족하였다고 판단한 것이다.

(3) 사실 관계

버트는 조지아 대학교의 체육 감독이었고 체육 프로그램의 운영에 대한 전반적인 책임을 지고 있었다. 그러나 그는 주(state)에 소속된 직원이 아닌 사립 기관인 조지아주 체육 협회에 의해 고용된 직원이었다. 버트는 이전에 대학교에서 풋볼 코치로 근무했었고, 코치들 사이에서 잘 알려져 있었으며 존경받는 인물이었다. 그는 코치직에 대해 지속적으로 관심을 가지고 있었다. 커티스 출판사의 신문에서 조지아 대학교와 앨라배마 대학교 사이에 치러진 풋볼 경기의 승부를 조작하기 위해 버트가 공모했다는 기사가 발행되었을 시점에는 프로팀과 직책을 협상하는 중이었다.

해당 기사는 "대학 풋볼의 승부조작 이야기"라는 제목으로 시작되었고, 서문에는 다음과 같은 내용이 언급되었다. "시카고 화이트 삭스가 1919년에 월드시리즈에서 퇴출당했던 것 이래로 이것만큼 충격적인 소식은 없었다… 조지아 대학교가 앨라배마 대학교와 경기하기 전에… 버트는… 조지아의 플레이, 수비 패턴 및 조지아 풋볼팀이 보유하고 있었던 모든 중요한 비밀들을 상대팀 코치에게 전해 주었다."[50] 해당 내용은 경기 시작 1주

49 The "sting of the libel" was said to be "the charge that the plaintiff rigged and fixed the 1962 Georgia-Alabama game by giving Coach Bryant [of Alabama] information which was calculated to or could have affected the outcome of the game." See Curtis Publishing Co. v. Butts, 388 U.S. 130, 138 (1967).

50 The article was entitled "The Story of a College Football Fix" and prefaced by a note from the editors stating: "Not since the Chicago White Sox threw the 1919 World Series has there been a sports story as shocking as this one… . Before the University of Georgia played the University of Alabama … Wally Butts … gave [to its coach] … Georgia's plays, defensive patterns, all the significant secrets Georgia's football

일 전에 버트와 앨라배마 대학교의 수석 코치였던 브라이언트가 전화로 통화하고 있었을 당시에 우연히 그 사실을 듣게 된 조지 버넷(George Burnett, 이하 "버넷")이라는 보험 판매원에 의해 드러났다. 버넷은 "버트가 조지아의 공격 플레이를 설명하고 조지아가 수비를 위해 계획한 방법을 말하는 동안 이를 엿듣고 있었다. 버트는 두 선수들의 이름과 경기명을 언급했다."고 말했다.[51] 버넷은 두 사람 사이에 오갔던 대화 내용을 메모했고 그 메모에는 대화를 통해 드러난 비밀들과 관련된 구체적인 예들이 적혀 있었다.

이 사건은 버넷이 이후에 조지아 대학교의 수석 코치인 조니 그리피스(Johnny Griffith)에게 자신의 메모 내용을 발표하면서 드러나게 되었고, 건강 및 사업상의 이유로 버트가 조지아 대학교와 관련된 체육 업무에서 사임하게 되면서 최고조에 달하게 되었다. 신문사는 해당 기사의 결론에서 이 사건으로 인해 예상되는 영향에 대해 다음과 같이 분명히 밝혔다.

> "버트가 다시는 어떤 풋볼팀도 돕지 않을 가능성이 있다. 대학교와 남동부 지역 연맹 회의 관계자들에 의해 조사가 계속되고 있고, 다른 경기들에 대한 영상이 면밀하게 검토되고 있으며, 어디에서 끝나게 될지는 아직 아무도 장담할 수 없다. 하지만 그의 경력이 무너지게 될 것은 분명하다."[52]

버트는 조지아주 연방 1심 법원에 5백만불의 통상 손해와 5백만불의 징벌적 손해배상[53]을 청구하는 명예훼손 소송을 제기하였다. 이 소송은 연방 대법원이 뉴욕 타임즈 케이스에 대한 판결을 내리기 전에 끝났고, 커티스 출판사가 제시한 유일한 방어 방법은 보도된 기사 내용이 진실이라는 것이었다.

버트는 버넷이 우연히 들은 버트와 앨라배마 대학교 코치 사이의 대화 내용이 일반적인 풋볼에 관련된 이야기였고, 상대 코치에게 기밀을 유지해야 할 정도로 특별한 가치

team possessed." See Curtis Publishing Co. v. Butts, 388 U.S. 130, 136 (1967).

51 "Butts outlined Georgia's offensive plays … and told … how Georgia planned to defend … . Butts mentioned both players and plays by name." See Curtis Publishing Co. v. Butts, 388 U.S. 130, 136 (1967).

52 "The chances are that Wally Butts will never help any football team again… . The investigation by university and Southeastern Conference officials is continuing; motion pictures of other games are being scrutinized; where it will end no one so far can say. But careers will be ruined, that is sure." See Curtis Publishing Co. v. Butts, 388 U.S. 130, 137 (1967).

53 Evidence at trial was directed both to the truth of the article and to its preparation. The latter point was put in issue by the claim for punitive damages which required a finding of "malice" under Georgia law. See Curtis Publishing Co. v. Butts, 388 U.S. 130, 137 (1967).

가 없었을 것이라고 주장하였다. 반면, 해당 경기 및 경기에 대한 선수들의 발언이 담긴 신문 기사의 내용은 버트의 주장과는 아주 달랐다.

버트는 또한 해당 잡지가 보도 내용의 사실 여부에 대한 성실한 조사 및 사실에 입각한 보도 기준에서 크게 벗어났고, 보도 내용이 사회에 미치는 파장을 고려해 볼 때, 이는 미필적 고의 및 악의적인 행동(reckless and wanton conduct)에 해당한다고 주장하였다.

(4) 법적 중요 이슈

1) 조지아주 1심과 항소심 연방 법원에서의 법적 이슈[54]

언론사의 실질적 악의(actual malice)가 입증된 경우[55]에는 버트에게 징벌적 손해배상이 가능하다고 판단하였다.[56] 배심원의 판단으로 6만불의 통상 손해와 3백만불의 징벌적 손해배상이 인정되었으나 연방 법원 판사는 손해배상금 총액을 46만불로 감액하였다.

또한 버트가 공직자(public official)가 아니기 때문에 뉴욕 타임즈 케이스가 적용될 수 없으며, 언론사가 보도 과정에서 사실 확인 절차를 무시하였기 때문에 미필적 고의(reckless disregard)를 입증할 수 있는 충분한 증거가 인정된다는 이유로 언론사의 주장을 받아들이지 않았다.

2) 연방 대법원에서의 법적 이슈

버트는 주정부와는 별개로 운영되는 체육 협회 소속 직원이며 주정부 소속 직원이 아니었기 때문에 공직자(public official)에 해당되지는 않지만, 넓게는 교육이라는 공공 분

---

54 본 케이스에서 연방 항소법원은 연방 1심 법원의 판단 근거와 결론을 그대로 인용하였다.

55 Actual malice(뉴욕 타임즈 케이스 이전) was defined by the charge as encompassing "the notion of ill will, spite, hatred and an intent to injure one. Malice also denotes a wanton or reckless indifference or culpable negligence with regard to the rights of others." The jury was told that whether "actual malice or wanton or reckless indifference has been established must be determined from all of the evidence in the case." The trial court then directed the jury's attention to the circumstances of preparation. See Curtis Publishing Co. v. Butts, 388 U.S. 130, 138 [3] (1967).

56 The jury was instructed that in order for the defense of truth to be sustained it was "necessary that the truth be substantially portrayed in those parts of the article which libel the plaintiff." The "sting of the libel" was said to be "the charge that the plaintiff rigged and fixed the 1962 Georgia-Alabama game by giving Coach Bryant [of Alabama] information which was calculated to or could have affected the outcome of the game." The jury was also instructed that it could award punitive damages "to deter the wrong-doer from repeating the trespass" in an amount within its sole discretion if it found that actual malice had been proved. See Curtis Publishing Co. v. Butts, 388 U.S. 130, 138 (1967).

야에서 일하고 있었으며 구체적으로는 교육 기관에서 체육 업무를 담당하는 직원이었기 때문에 공인(public figure)으로 볼 수 있고, 따라서 공직자(public official)와 동일한 헌법상의 보호가 주어져야 한다는 것이다.[57]

뉴욕 타임즈 케이스 이전에는 기사의 내용이 허위라는 것이 입증되기만 하면 처벌을 받는 엄격 책임(strict liability)이 부과되었다. 이에 언론사는 명예훼손에 따른 손해배상 책임을 회피하기 위해 보도자료에 대한 자기 검열(self-censorship)을 강화하게 되었다. 연방대법원은 언론사의 자기 검열(self-censorship) 강화로 인해 언론 출판의 자유의 핵심인 자유로운 아이디어의 교환이 제한된다고 판단하고 이를 보호하기 위해 일부 허위 내용에 대해서도 헌법적 보호를 인정해야 한다는 새로운 결정을 내리게 된 것이다.[58]

언론사가 보도 과정에서 사실 확인 절차를 현저하게 무시한 미필적 고의(reckless disregard)가 입증되는 경우 피해자에 대한 명백한 명예훼손에 해당되어 손해배상 청구가 가능하다는 기준을 제시한 것이다.[59]

한편, 공공 문제와 관련하여 대중의 관심을 받는 공인(public figure)에 해당한다는 점[60]에서 유사한 Associated Press v. Walker를 본 케이스와 비교하여 각 케이스가 뉴욕

---

57 In *Butts* it is contended that the facts are on all fours with those of *Rosenblatt* v. *Baer, supra,* since Butts was charged with the important responsibility of managing the athletic affairs of a state university. It is argued that while the Athletic Association is financially independent from the State and Butts was not technically a state employee, as was Baer, his role in state administration was so significant that this technical distinction from *Rosenblatt* should be ignored. Even if this factor is to be given some weight, we are told that the public interest in education in general, and in the conduct of the athletic affairs of educational institutions in particular, justifies constitutional protection of discussion of persons involved in it equivalent to the protection afforded discussion of public officials. See Curtis Publishing Co. v. Butts, 388 U.S. 130, 146 (1967).

58 We have rejected, in prior cases involving materials and persons commanding justified and important public interest, the argument that a finding of falsity alone should strip protections from the publisher. New York Times Co. v. Sullivan, supra, at 272. We have recognized "the inevitability of some error in the situation presented in free debate, " Time, Inc. v. Hill, supra, at 406 (opinion of this writer) and that "putting to the pre-existing prejudices of a jury the determination of what is 'true' may effectively institute a system of censorship." See Curtis Publishing Co. v. Butts, 388 U.S. 130, 152 (1967).

59 We consider and would hold that a "public figure" who is not a public official may also recover damages for a defamatory falsehood whose substance makes substantial danger to reputation apparent, on a showing of highly unreasonable conduct constituting an extreme departure from the standards of investigation and reporting ordinarily adhered to by responsible publishers. Cf. Sulzberger, Responsibility and Freedom, in Nelson, Freedom of the Press from Hamilton to the Warren Court 409, 412. See Curtis Publishing Co. v. Butts, 388 U.S. 130, 155 (1967).

60 We note that the public interest in the circulation of the materials here involved, and the publisher's interest in circulating them, is not less than that involved in *New York Times*. And both Butts and Walker

타임즈 기준(New York Times standard)을 충족하는지 여부를 판단하였다.

Butts 케이스의 경우, 대학 관계자간 경기 전 승부 조작이라는 기사의 내용이 대중에게 긴급한 전달을 요하는 뉴스에 해당하지 않았고, 언론사는 여러 정황상 해당 기사 내용의 진실성에 문제가 있음을 이미 알고 있었음에도 불구하고 사실 여부를 확인하려는 어떠한 조사도 시행하지 않은 미필적 고의(reckless disregard)가 인정된다는 것이다.[61]

반면, Walker 케이스의 경우, 미시시피 대학교에 한 흑인 학생의 등록으로 인해 일어난 폭동 관련 소식은 즉각적인 보도가 필요한 뉴스였고, 언론사는 당시 현장에 있었던 취재원으로부터 확인된 정보를 받아서 보도한 것이었으며, 워커가 이전에 발표했던 성명서의 내용과 보도된 뉴스의 내용에도 모순이 없었으므로 언론사의 미필적 고의(reckless disregard)는 인정되지 않는다는 것이다.[62]

---

commanded a substantial amount of independent public interest at the time of the publications; both, in our opinion, would have been labeled "public figures" under ordinary tort rules. See *Spahn* v. *Julian Messner, Inc.,* 18 N. Y. 2d 324, 221 N. E. 2d 543, remanded on other grounds, 387 U. S. 239. Butts may have attained that status by position alone and Walker by his purposeful activity amounting to a thrusting of his personality into the "vortex" of an important public controversy, but both commanded sufficient continuing public interest and had sufficient access to the means of counterargument to be able "to expose through discussion the falsehood and fallacies" of the defamatory statements. *Whitney* v. *California,* 274 U. S. 357, 377 (Brandeis, J., dissenting). See Curtis Publishing Co. v. Butts, 388 U.S. 130, 154 (1967).

61 The evidence showed that the Butts story was in no sense "hot news" and the editors of the magazine recognized the need for a thorough investigation of the serious charges. Elementary precautions were, nevertheless, ignored. The Saturday Evening Post knew that Burnett had been placed on probation in connection with bad check charges, but proceeded to publish the story on the basis of his affidavit without substantial independent support. Burnett's notes were not even viewed by any of the magazine's personnel prior to publication. John Carmichael who was supposed to have been with Burnett when the phone call was overheard was not interviewed. No attempt was made to screen the films of the game to see if Burnett's information was accurate, and no attempt was made to find out whether Alabama had adjusted its plans after the alleged divulgence of information. See Curtis Publishing Co. v. Butts, 388 U.S. 130, 157 (1967).

The Post writer assigned to the story was not a football expert and no attempt was made to check the story with someone knowledgeable in the sport. At trial such experts indicated that the information in the Burnett notes was either such that it would be evident to any opposing coach from game films regularly exchanged or valueless. Those assisting the Post writer in his investigation were already deeply involved in another libel action, based on a different article, brought against Curtis Publishing Co. by the Alabama coach and unlikely to be the source of a complete and objective investigation. See Curtis Publishing Co. v. Butts, 388 U.S. 130, 157 (1967).

62 In contrast to the Butts article, the dispatch which concerns us in Walker was news which required immediate dissemination. The Associated Press received the information from a correspondent who was present at the scene of the events and gave every indication of being trustworthy and competent. His dispatches in this instance, with one minor exception, were internally consistent and would not have

따라서 Butt 케이스의 경우에는 뉴욕 타임즈 기준(New York Times standard)에서 요구하는 실질적 악의(actual malice)가 입증되어 징벌적 손해배상을 청구할 수 있으나, Walker 케이스의 경우에는 언론사의 실질적 악의(actual malice)를 입증할만한 충분한 증거가 없으므로 징벌적 손해배상을 청구할 수 없다고 판단한 것이다.[63]

결론적으로, 공인(public figure)의 경우 보도 과정에서 사실 확인 절차를 현저하게 무시한 미필적 고의(reckless disregard)가 있었음을 입증하면 배심원의 판단에 따라 명예훼손으로 인한 통상 손해 및 징벌적 손해배상을 받을 수 있도록 함으로써 언론사에게 부여된 헌법상 보호에는 제한을 두는 반면 허위 내용으로 인해 명예가 훼손된 개인을 보호해야 한다는 정당성을 인정한 것이다.[64]

(5) 소수의견 요지

할란(Harlan) 대법관이 발표한 본 케이스의 결론에 대해서는 동의하지만 그 결론을 도출하게 된 이유에 대해서는 동의하지 않는다는 것이다. 뉴욕 타임즈 기준(New York Times standard)을 대신하는 기준으로 보도 과정에서 사실 확인 절차를 현저히 무시한 언론사의 미필적 고의(reckless disregard)를 입증해야 한다는 기준은 이해하기 쉽고 적용이 간편한 뉴욕 타임즈 기준(New York Times standard)에 비해 이상하고 불확실하다는 것이다.

(6) 뉴욕 타임즈 케이스의 실질적 악의(actual malice) 및 미필적 고의(reckless disregard)와 Butts 케이스의 미필적 고의(reckless disregard)의 동일성 여부

뉴욕 타임즈 케이스의 실질적 악의(actual malice) 및 미필적 고의(reckless disregard)와 Butts 케이스의 미필적 고의(reckless disregard)는 같은 기준에 해당된다는 것이다. 뉴욕 타

seemed unreasonable to one familiar with General Walker's prior publicized statements on the underlying controversy. Considering the necessity for rapid dissemination, nothing in this series of events gives the slightest hint of a severe departure from accepted publishing standards. See Curtis Publishing Co. v. Butts, 388 U.S. 130, 158 (1967).

63 We turn now, as the Court did in New York Times, to the question whether the evidence and findings below meet that standard. We find the standard satisfied in No. 37, Butts, and not satisfied by either the evidence or the findings in No. 150, Walker. See Curtis Publishing Co. v. Butts, 388 U.S. 130, 156 (1967).

64 Where a publisher's departure from standards of press responsibility is severe enough to strip from him the constitutional protection our decision acknowledges, we think it entirely proper for the State to act not only for the protection of the individual injured but to safeguard all those similarly situated against like abuse. See Curtis Publishing Co. v. Butts, 388 U.S. 130, 161 (1967).

임즈 케이스에서 신문사의 실질적 악의(actual malice)가 인정되지 않은 이유는 신문사는 단순 과실로 인해 공직자(public official)의 공적인 업무 수행(official conduct)에 대한 일부 허위 내용이 게재된 것일 뿐 신문사의 실질적 악의(actual malice) 및 미필적 고의(reckless disregard)를 뒷받침할 수 있는 증거가 없었다는 것이다. 또한 신문사가 공직자(public official)의 공적인 업무 수행(official conduct)이라는 사회적으로 중요한 내용을 헌법상 보호 가치가 상대적으로 낮은 상업적 광고의 형태로 실었기 때문에 실질적 악의 기준(actual malice standard)이 적용되지 않았다는 것이다.[65]

> "뉴욕 타임즈 판결이 있은 지 3년 뒤에 연방 대법원의 다수 의견은 헌법적 특권(constitutional privilege)을 공인(public figure)에 대한 명예훼손에까지 확장하는 데 동의하였다. Butts케이스와 Walker 케이스는 이러한 확장에 대해 다루었다. Butts케이스는 조지아 대학교의 버트 코치가 앨라배마 대학교의 브라이언트 코치와 공모하여 학교 대항 풋볼 경기의 승부를 조작했다는 신문 보도 내용과 관련이 있었다. Walker 케이스는 퇴역한 장군인 워커가 미시시피 대학교 캠퍼스에서 일어난 폭동에 참여했다는 AP 통신의 잘못된 설명과 관련이 있었다. 버트는 사립 기관에서 급여를 받았고 워커는 퇴역 군인이었기 때문에 뉴욕 타임즈 케이스의 공직자(public official)에는 해당될 수 없었다. 연방 대법원의 다

65 The constitutional guarantees require, we think, a federal rule that prohibits a public official from recovering damages for a defamatory falsehood relating to his official conduct unless he proves that the statement was made with "actual malice"—that is, with knowledge that it was false or with reckless disregard of whether it was false or not.
Finally, there is evidence that the Times published the advertisement without checking its accuracy against the news stories in the Times' own files. The mere presence of the stories in the files does not, of course, establish that the Times "knew" the advertisement was false, since the state of mind required for actual malice would have to be brought home to the persons in the Times' organization having responsibility for the publication of the advertisement. With respect to the failure of those persons to make the check, the record shows that they relied upon their knowledge of the good reputation of many of those whose names were listed as sponsors of the advertisement, and upon the letter from A. Philip Randolph, known to them as a responsible individual, certifying that the use of the names was authorized. There was testimony that the persons handling the advertisement saw nothing in it that would render it unacceptable under the Times' policy of rejecting advertisements containing "attacks of a personal character"; their failure to reject it on this ground was not unreasonable. We think the evidence against the Times supports at most a finding of negligence in failing to discover the misstatements, and is constitutionally insufficient to show the recklessness that is required for a finding of actual malice. Cf. Charles Parker Co. v. Silver City Crystal Co., 142 Conn. 605, 618, 116 A. 2d 440, 446 (1955); Phoenix Newspapers, Inc., v. Choisser, 82 Ariz. 271, 277-278, 312 P. 2d 150, 154-155 (1957). See New York Times Co. v. Sullivan, 376 U.S. 254, 279-280, 287-288 (1964).

수 의견은 뉴욕 타임즈 기준(New York Times standard)이 공직자(public official)뿐만 아니라 공인(public figure)에 대한 비판에도 적용되어야 한다고 보았다. 연방 대법원은 중요한 공공 문제의 해결에 깊숙이 관여하거나 혹은 평판 때문에 사회 전반에서 사건을 만들어내는 개인을 명예훼손으로부터 보호하기 위해 헌법적 특권(constitutional privilege)을 확장한 것이다."[66]

ı Gertz v. Robert Welch Inc., 418 U.S. 323, 335-338 (1974).

"Curtis Publishing Co. v. Butts에서 연방 대법원은 뉴욕 타임즈 기준(New York Times standard)의 적용 대상이 되는 원고를 공인(public figure)에까지 확장하였다. 다수 대법관들은 공직자(public official) 뿐만 아니라, 중요한 공공 문제의 해결에 긴밀하게 관여하거나 혹은 평판 때문에 사회 전반에서 사건을 만들어내는 개인까지 포함하는 공인(public figure)의 개념에 동의하였다. 워렌(Warren) 대법원장은 명예훼손에 해당될 수 있는 비판이라고 할지라도 공공 문제 혹은 사건에 개입한 그 자체로 논란의 여지가 있는 수단에 대한 접근이 인정된다고 보았다."[67]

ı Jacron Sales Co. v. Sindorf, 276 Md. 580, 350 A.2d 688, 585 (1976).

66 Three years after New York Times, a majority of the Court agreed to extend the constitutional privilege to defamatory criticism of "public figures." This extension was announced in Curtis Publishing Co. v. Butts and its companion, Associated Press v. Walker, 388 U. S. 130, 162 (1967). The first case involved the Saturday Evening Post's charge that Coach Wally Butts of the University of Georgia had conspired with Coach "Bear" Bryant of the University of Alabama to fix a football game between their respective schools. Walker involved an erroneous Associated Press account of former Major General Edwin Walker's participation in a University of Mississippi campus riot. Because Butts was paid by a private alumni association and Walker had resigned from the Army, neither could be classified as a "public official" under New York Times. Although Mr. Justice Harlan announced the result in both cases, a majority of the Court agreed with Mr. Chief Justice Warren's conclusion that the New York Times test should apply to criticism of "public figures" as well as "public officials." The Court extended the constitutional privilege announced in that case to protect defamatory criticism of nonpublic persons who "are nevertheless intimately involved in the resolution of important public questions or, by reason of their fame, shape events in areas of concern to society at large." Id., at 164 (Warren, C. J., concurring in result). See Gertz v. Robert Welch, Inc, 418 U.S. 323, 335-337 (1064).

67 in Curtis Publishing Co. v. Butts, supra, another unanimous Court expanded the class of plaintiffs subject to the New York Times test to include "public figures." Although Mr. Justice Harlan wrote the opinion for the Court, a majority agreed with Mr. Chief Justice Warren's definition of a public figure, which included not only public officials but also those individuals who are "nevertheless intimately involved in the resolution of important public questions or, by reason of their fame, shape events in areas of concern to society at large." 388 U.S. at 164. The Chief Justice assumed that involvement in public issues or events itself guaranteed access to the means by which defamatory criticism might be controverted. See Jacron Sales Co. v. Sindorf, 276 Md. 580, 350 A.2d 688, 585 (1976).

> "Curtis Publishing Co. v. Butts에서 연방 대법원은 공직자(public official)가 아닌 공인(public figure)이 본인의 평판에 상당한 위험을 초래하는 허위 기사임이 명백한 경우 언론사가 일반적으로 준수해야 하는 조사 및 보고 기준을 상당히 벗어나서 기사를 게재했다는 점을 입증하면 통상 손해 및 징벌적 손해 배상을 받을 수 있다고 판결하였다."[68]
>
> ǀ Gazette, Inc. v. Harris, 325 S.E.2d 713, 721 (Va. 1985).

68 In Curtis Publishing Co. v. Butts, 388 U.S. 130, 87 S.Ct. 1975, 18 L.Ed.2d 1094 (1966), the Court held "that a 'public figure' who is not a public official may ... recover [compensatory and punitive] damages for a defamatory falsehood whose substance makes substantial danger to reputation apparent, on a showing of highly unreasonable conduct constituting an extreme departure from the standards of investigation and reporting ordinarily adhered to by responsible publishers." Id. at 155, 87 S.Ct. at 1991. Gazette, Inc. v. Harris, 325 S.E.2d 713, 721 (Va. 1985).

“

But to insure the ascertainment and publication of the truth about public affairs, it is essential that the First Amendment protect some erroneous publications as well as true ones.

”

St. Amant v. Thompson (연방 대법원, 390 U.S. 727, 732, 1968)

C. St. Amant v. Thompson (연방 대법원, 390 U.S. 727, 1968)

본 케이스는 2명의 공직자(public official) 사이에서 발생한 명예훼손 사건이다. 공직에 출마한 세인트 아만트(St. Amant, 이하 "아만트")는 TV 연설 중 질의 응답 중에 제3자에 의해 준비된 답변 내용을 읽었는데, 답변 내용에는 고위직 경찰간부인 허먼 톰슨(Herman A. Thompson, 이하 "톰슨")이 에드(Ed)와 공모하여 뇌물을 받았다는 의혹을 담고 있었다. 이에 톰슨은 아만트를 상대로 명예훼손 소송을 제기하였다.

연방 대법원은 실질적 악의 기준(actual malice standard) 중 진실 여부에 대한 미필적 고의(reckless disregard)와 관련하여 "피고가 출판물의 진실성에 대해 상당한 의심을 품었음을 뒷받침하는 충분한 증거 제시가 요구된다"는 구체적인 기준을 제시하였다.

(1) 시사점

본 케이스는 뉴욕 타임즈 케이스에서 정의된 실질적 악의 기준(actual malice standard)[69]의 의미를 정확하게 이해하고 적용한 연방 대법원 판결이라는 것이다.

구체적으로, 실질적 악의(actual malice)가 성립되기 위해서는 출판물의 진실성에 대해 상당한 의심을 가지고 있었음에도 불구하고 이를 무시한 채 무분별하게 출판하였다는 사실이 충분한 증거를 통해 입증되어야 하며, 선의(good faith) 혹은 과실에 의한 경우에는 미필적 고의(recklessness)에 해당되지 않으므로 실질적 악의(actual malice)가 성립되지 않는다고 본 것이다.

또한 사전에 허위 여부를 검토하지 않았다고 해서 그 자체가 악의(bad faith)에 해당되지 않는다고 판단한 점이다.[70]

(2) 사실 관계

공직 후보자였던 아만트는 1962년 6월 27일에 루이지애나주 배턴 루지(Baton Rouge)에서 TV 연설을 하였다. 아만트는 이 연설 중에 트럭 운전사 노동조합(Teamsters Union)의

69 The Court today announces a constitutional standard which prohibits "a public official from recovering damages for a defamatory falsehood relating to his official conduct unless he proves that the statement was made with 'actual malice'—that is, with knowledge that it was false or with reckless disregard of whether it was false or not." *Ante,* at 279-280. See New York Times Co., v. Sullivan, 376 U.S. 254, 297 (1964).

70 Failure to investigate does not in itself establish bad faith. New York Times Co. v. Sullivan, supra, at 287-288. See St. Amant v. Thompson, 390 U.S. 727, 733 (1968).

지역 회원인 제이디 알빈(J.D. Albin, 이하 "알빈")에게 던진 여러 질문과 그 질문에 대한 알빈의 답변 내용을 읽었다. 알빈의 답변내용에는 동부 배턴 루지(East Baton Rouge) 지역의 고위직 경찰간부[71]인 톰슨이 범죄 행위에 연루되었다는 사실이 포함되어 있었다.[72]

톰슨은 아만트의 연설이 마치 본인이 뇌물죄에 해당하는 범죄행위를 한 것처럼 말하고 있어 본인의 명예가 현저히 손상되었으며, 본인에게 중대한 위법행위에 대한 죄를 뒤집어 씌우고 본인을 범죄자로 암시되게 하였다고 주장하면서 즉시 명예훼손 소송을 제기하였다. 1심 법원에서는 톰슨의 손을 들어주었고, 5천불의 손해배상을 인정하였다.

(3) 법적 중요 이슈

루이지애나주 법원들은 뉴욕 타임즈 판결 이후, 톰슨은 공직자(public official)이므로 톰슨에 대한 아만트의 허위 발언이 뉴욕 타임즈 케이스에서 정의된 실질적 악의(actual malice)에 의한 것인지 여부를 입증해야 한다고 판단하였다. 구체적인 내용은 다음과 같다.

1) 루이지애나주 항소법원에서의 법적 이슈

항소법원은 아만트가 뉴욕 타임즈 케이스에서 정의된 실질적 악의(actual malice)를 가지고 연설했다는 점을 입증하지 못했다는 이유로 1심 법원의 판결을 뒤집었다.

2) 루이지애나주 대법원에서의 법적 이슈

주 대법원은 항소법원의 판결을 다시 뒤집었는데 아만트가 알빈이 전해준 톰슨에 대한 내용 – 마치 톰슨이 직무와 관련하여 돈을 받는 범죄행위를 한 것으로 말한 내용 – 의 진실 혹은 허위인지 여부를 제대로 확인해보지도 않고 공개적으로 이를 말해버린 점에 대해 미필적 고의(recklessly disregard)가 인정된다는 것을 입증할 수 있는 증거가 충분하다는 이유 때문이었다.

71 루이지애나주 대법원은 주법을 검토한 후, 경찰(Deputy Sheriff)이 정부 업무 수행을 위한 실질적인 책임과 통제권을 가진다고 판단하였다. Rosenblatt v. Baer, 383 U.S. 75, 85 (1966)에서 성립된 기준에 따르면, 최소한 법 집행 및 경찰 기능과 관련된다고 보았다.

72 알빈의 답변에 포함된 내용을 원문 그대로 옮겨본다. "Now, we knew that this safe was gonna be moved that night, but imagine our predicament, knowing of Ed's connections with the Sheriff's office through Herman Thompson, who made recent visits to the Hall to see Ed. We also knew of money that had passed hands between Ed and Herman Thompson… from Ed to Herman. We also knew of his connections with State Trooper Lieutenant Joe Green. We knew we couldn't get any help from there and we didn't know how far that he was involved in the Sheriff's office or the State Police office through that, and it was out of the jurisdiction of the City Police." See St. Amant v. Thompson, 390 U.S. 727, 729 (1968).

3) 연방 대법원에서의 법적 이슈

아만트가 TV연설에서 공직자(public official)였던 톰슨이 범죄를 저질렀다는 허위 내용을 공표하였으므로 톰슨이 아만트의 실질적 악의(actual malice)를 입증해야 한다는 판단 기준에 대해서는 동의하지만 주 법원들이 실질적 악의 기준(actual malice standard)을 잘못 이해하고 적용하였기 때문에 본 케이스는 파기환송되어야 한다는 것이다.[73]

아만트는 연설 당시 톰슨에 대한 알빈의 답변이 허위로 작성되었다는 점을 전혀 인지하지 못했다. 아만트가 연설 전에 답변의 진위 여부를 확인하지 않았다고 해서 그 자체로 악의(bad faith)에 해당되지 않는다는 것이다.

또한 아만트가 연설 내용이 톰슨에게 미치게 될 영향에 대해 알고서도 이를 무시하고 공표한 것도 아니라는 것이다. 알빈의 진실성을 보여주는 기록이 없었고, 톰슨은 알빈이 진실성 혹은 아만트와의 불화로 인해 지역사회에서 좋지 않은 평가를 받았음을 입증하는 증거를 제시하지 못했다는 것이다.[74]

연방 대법원은 주 법원들이 실질적 악의 기준(actual malice standard)을 잘못 이해한 후 이를 본 케이스에 적용했다고 판단하고, 미필적 고의에 의한 출판(reckless publication)의 정확한 의미를 설명하기 위해 다음 세 가지의 케이스를 제시하였다.

첫 번째로 뉴욕 타임즈 케이스에서는 언론사 스스로가 허위 정보를 전달할 가능성이 있음을 이미 알고 있었다는 것을 피해자가 입증하지 못했기 때문에 실질적 악의(actual malice)가 성립되지 않았다는 것이었다.[75]

---

73 Because the state court misunderstood and misapplied the actual malice standard which must be observed in a public official's defamation action, the judgment is reversed and the case remanded for further proceedings not inconsistent with this opinion. See St. Amant v. Thompson, 390 U.S. 727, 733 (1968).

74 Nothing referred to by the Louisiana courts indicates an awareness by St. Amant of the probable falsity of Albin's statement about Thompson. Failure to investigate does not in itself establish bad faith. New York Times Co. v. Sullivan, supra, at 287-288. St. Amant's mistake about his probable legal liability does not evidence a doubtful mind on his part. That he failed to realize the import of what he broadcast—and was thus "heedless" of the consequences for Thompson—is similarly colorless. Closer to the mark are considerations of Albin's reliability. However, the most the state court could say was that there was no evidence in the record of Albin's reputation for veracity, and this fact merely underlines the failure of Thompson's evidence to demonstrate a low community assessment of Albin's trustworthiness or unsatisfactory experience with him by St. Amant. See St. Amant v. Thompson, 390 U.S. 727, 732-733 (1968).

75 The plaintiff did not satisfy his burden because the record failed to show that the publisher was aware of the likelihood that he was circulating false information. See St. Amant v. Thompson, 390 U.S. 727, 731 (1968).

두 번째로 Garrison v. Louisiana, 379 U.S. 64 (1964)에서는 피고가 허위 가능성에 대한 높은 수준의 인지(high degree of awareness of ... probable falsity)를 가지고 허위 내용이 실린 출판물을 만들었다는 것을 입증하여야 한다는 것이었다.

세 번째로 Curtis Publishing Co. v. Butts, 388 U.S. 130, 153 (1967)에서는 공직자(public official)가 명예훼손 소송에서 손해배상을 청구하기 위해서는 언론사가 해당 기사의 내용이 허위일 가능성을 사전에 알고 있음에도 불구하고 고의로 기사 내용을 위조하였거나 혹은 무분별하게 출판하였다는 증거를 반드시 제시하여야 한다는 것이었다.

연방 대법원은 이러한 케이스들을 근거로 미필적 고의에 의한 행위(reckless conduct)는 언론사가 기사를 게재하기 전에 사실 확인 절차를 준수했는지 여부에 따라 결정되는 것이 아니며, 기사 내용에 대한 상당한 의심을 가지고 있었음에도 불구하고 이를 무시하고 게재했다는 것을 보여주는 충분한 증거가 요구된다고 판단하였다. 즉, 언론사가 진실 여부에 대한 상당한 의심을 가진 채 기사를 게재한 것이 미필적 고의(reckless disregard)에 해당되며 실질적 악의(actual malice)를 입증하는 근거가 된다는 것이다.[76]

연방 대법원은 다음과 같은 경우에 미필적 고의(reckless disregard)가 인정되어 실질적 악의(actual malice)가 성립된다고 보았는데 예를 들어, 위조된 내용이 담긴 기사, 언론사의 상상에 의해 만들어진 기사 혹은 확인되지 않은 익명의 전화 내용에 전적으로 의존해서 만들어진 기사가 이에 해당한다는 것이다. 이와 같이 취재원의 진실성이나 보도의 정확성을 의심할 명백한 이유가 있는 경우에는 미필적 고의(recklessness)가 성립된다고 본 것이다.[77]

(4) 포타스(Fortas) 대법관의 반대의견

연방 대법원이 본 케이스의 명예훼손으로 인한 손해배상기준으로 뉴욕 타임즈 케이

76 These cases are clear that reckless conduct is not measured by whether a reasonably prudent man would have published, or would have investigated before publishing. There must be sufficient evidence to permit the conclusion that the defendant in fact entertained serious doubts as to the truth of his publication. Publishing with such doubts shows reckless disregard for truth or falsity and demonstrates actual malice. See St. Amant v. Thompson, 390 U.S. 727, 731 (1968).

77 The finder of fact must determine whether the publication was indeed made in good faith. Professions of good faith will be unlikely to prove persuasive, for example, where a story is fabricated by the defendant, is the product of his imagination, or is based wholly on an unverified anonymous telephone call. Nor will they be likely to prevail when the publisher's allegations are so inherently improbable that only a reckless man would have put them in circulation. Likewise, recklessness may be found where there are obvious reasons to doubt the veracity of the informant or the accuracy of his reports. See St. Amant v. Thompson, 390 U.S. 727, 732 (1968).

스의 실질적 악의 기준(actual malice standard)을 채택한 것은 잘못되었다는 것이다. 본 케이스의 경우 발표 내용의 사실 여부를 제대로 확인하지 않은 아만트의 부주의가 톰슨의 명예를 훼손하게 된 쟁점이므로 Butts 케이스를 기준으로 판단하여야 한다는 것이다.

아만트는 TV연설 내용 중 톰슨에 대한 알빈의 답변이 사실인지 여부를 확인할 의무가 있었다. 아만트가 선의(good faith)로 답변 내용을 확인하였다면 설령 그 내용이 허위라고 하더라도 연방 헌법 제1조의 보호를 받지만, 이를 확인하려는 시도조차 하지 않았기 때문에 미필적 고의(reckless disregard)가 인정되어 손해배상을 청구할 수 있다는 것이다.

> "St. Amant v. Thompson에서 연방 대법원은 뉴욕 타임즈 케이스의 실질적 악의(actual malice)를 입증하는 데 사용될 수 있는 증거를 확인하였다. 다수 대법관들은 화이트(White) 대법관을 통해 발언자가 허위 가능성에 대해 인지하였음에도 불구하고 고의로 내용을 위조하거나 무분별하게 해당 발언을 공표하였다는 증거는 공직자(public official)의 명예훼손 소송 시 손해배상 청구를 위해 필수적인 것이라고 언급하였다. 이후 연방 대법원은 실질적 악의(actual malice)의 미필적 고의(recklessness) 입증에 해당하는 특정 행위에 대해 설명하였다. 사실 혹은 대화 내용에 대해 피고의 의도적인 위조, 확인되지 않은 익명의 전화 통화 내용에 전적으로 기반한 기사, 진실 여부에 대해 무분별한 사람만이 유포할 수 있을 정도로 본질적으로 인정될 수 없는 주장을 게재한 것, 기사 내용의 진실 및 기사의 정확성을 보증해주는 정보제공자의 진실성을 의심할만한 명백한 이유가 있음에도 불구하고 기사를 게재한 것이 이에 해당된다는 것이다. 연방 대법원은 진실에 대해 조사하지 않았다고 해서 그 자체로 악의(bad faith)가 인정되는 것은 아니라고 판단하였다. 그러나 공직자(public official)에 의해 제기된 명예훼손 소송에서 피고가 발언 내용이 진실이었음을 믿었다고 증언하더라도 그것이 곧 피고에게 유리한 결정을 내릴 수 있도록 보장해 주는 것은 아니라고 판단하였다."[78]
>
> ▎Gazette, Inc. v. Harris, 325 S.E.2d 713, 721 (Va. 1985).

78 In St. Amant v. Thompson, 390 U.S. 727, 88 S.Ct. 1323, 20 L.Ed.2d 262 (1968), the Court identified evidence that may be employed to establish New York Times "actual malice." The majority, through Justice White, noted that "evidence of either deliberate falsification or reckless publication 'despite the publisher's awareness of probable falsity' was essential to recovery by public officials in defamation actions." Id. at 731, 88 S.Ct. at 1325. The Court then listed certain acts which show the "recklessness" aspect of "actual malice": intentional fabrication by a defendant of facts or communications; basing an article wholly upon an unverified anonymous telephone call; printing allegations so inherently improbable that only a reckless person would put them in circulation; and publication of an article despite obvious reasons to doubt the truth and veracity of the informant upon whom the article relies for accuracy. Id. at 732, 88 S.Ct. at 1326. The Court said that failure to investigate will not in itself establish bad faith, id. at 733, 88 S.Ct. at 1326,

"St. Amant v. Thompson에서 연방 대법원은 정보 제공자의 진실성이나 보도의 정확성을 의심할만한 명백한 이유가 있는 경우에 미필적 고의(reckless disregard)가 인정될 수 있다고 판단하였다. 그러나 연방 대법원은 진실에 대해 조사하지 않았다는 그 자체로 악의(bad faith)가 인정되는 것은 아니며, 정보 제공자의 신뢰성에 대한 고려는 미필적 고의(reckless disregard)에 더 가깝다고 판단하였다."[79]

Richmond Newspapers v. Lipscomb, 234 Va. 277, 362 S.E.2d 32 (1987).

but stated that a "defendant in a defamation action brought by a public official cannot ... automatically insure a favorable verdict by testifying that he published with a belief that the statements were true." Id. at 732, 88 S.Ct. at 1326. See Gazette, Inc. v. Harris, 325 S.E.2d 713, 721 (Va. 1985).

79 The Supreme Court in St. Amant Thompson, 390 U.S. 727 (1968), suggested that "recklessness may be found where there are obvious reasons to doubt the veracity of the informant or the accuracy of his reports." Id. at 732. However, the Court in St. Amant concluded that, "[f]ailure to investigate does not in itself establish bad faith … [c]loser to the mark are considerations of [the informant's] reliability." Id. at 733. See Richmond Newspapers v. Lipscomb, 234 Va. 277, 362 S.E.2d 32 (1987).

“

Our citizenry has a legitimate and substantial interest in the conduct of such persons, and freedom of the press to engage in uninhibited debate about their involvement in public issues and events is as crucial as it is in the case of 'public officials.'80

”

Rosenbloom v. Metromedia, Inc. (연방 대법원, 403 U.S. 29, 42, 1971)

---

80 Curtis Publishing Co. v. Butts, 388 U. S. 130, 163-164 (1967) (Warren, C. J., concurring in result).

D. Rosenbloom v. Metromedia, Inc. (연방 대법원, 403 U.S. 29, 1971)

본 케이스는 개인이 방송사를 상대로 제기한 명예훼손 사건이다. 외설물 공급업자였던 로젠블룸(Rosenbloom)은 소매상에게 외설물을 전달하던 중에 단속 중인 경찰로부터 외설물을 판매한 혐의로 체포되었다. 경찰은 영장을 발부하여 외설서적과 잡지 3천권을 현장에서 압수하였다. 그 후 로젠블룸은 지역 라디오 방송국(WIP, 이하 "방송국")이 경찰에게 압수당한 3천권의 외설물에 관해 "외설물로 주장되거나 보고된 것"(allegedly or reportedly obscene)이 아닌 "외설물 공급업자"(smut distributors) 및 "누드잡지 판매자"(girlie-book peddlers)라는 허위 내용을 뉴스로 보도했다는 이유로 방송국을 상대로 소송을 제기하였다.

연방 대법원은 연방 헌법 제1조의 보호가 공직자(public official)의 공적인 업무 수행(official conduct)에만 적용되는 것이 아니라 피해자가 개인이라 하더라도 보도 내용이 공적인 관심사(public concern)와 관련된 것이라면 동일하게 연방 헌법 제1조의 보호를 받는다고 판단하였다.

(1) 시사점

연방 대법원은 뉴욕 타임즈 케이스에서 공직자(public official)의 공적인 업무 수행(official conduct)과 관련된 명예훼손을 주장하려면 언론사의 실질적 악의(actual malice)를 명백하고 확실한 증거(clear and convincing evidence)로 입증하여야 한다고 판결하였다. 이후 Curtis Publishing Co. v. Butts에서는 명예훼손 사건에서 공직자(public official)에게 적용되었던 실질적 악의 기준(actual malice standard)을 공인(public figure)에까지 확대해서 적용하여야 한다고 판단하였다.

그 후 언론사를 상대로 한 여러 명예훼손 사건은 대체로 공직자(public official) 혹은 공인(public figure)의 행위와 관련이 있었는데 이들 사건의 공통점은 공적인 관심사(public concern)와 관련된 사건에 대한 언론사의 허위 보도가 문제가 되어 제기된 명예훼손이었다는 것이다. 따라서 공적인 관심사(public concern)와 관련된 허위 내용을 언론사가 유포한 것으로 인해 개인이 제기한 명예훼손 사건이라면 공직자(public official) 및 공인(public figure)의 경우와 동일하게 뉴욕 타임즈 케이스의 실질적 악의 기준(actual malice standard)이 적용되는지 여부를 판단하여야 한다는 것이다.

구체적으로, 공직자(public official) 또는 공인(public figure)이 아닌 개인이 언론사를 상대로 제기된 명예훼손 소송이라고 하더라도 보도내용이 공적인 관심사(public concern)에 관한 것이라면 언론사가 진실확인과정에 대한 주의의무를 다했는지 여부를 입증하는 것으로는 부족하고,[81] 명백하고 확실한 증거를 사용하여[82] 뉴욕 타임즈 기준(New York Times standard)[83]에 부합하는 실질적 악의(actual malice)를 입증하여야 한다는 것이다.

본 케이스에 연방 헌법 제1조를 적용할 때 명예훼손을 당했다고 주장하는 주체가 공적인 자인지 또는 개인인지 여부가 중요한 것이 아니라, 언론사의 보도 내용이 외설물과 관련한 시 당국의 단속 및 이에 따른 피해자의 소송 대응과 같은 공적인 관심사(public concern)와 관련된 이슈인지 여부가 중요한 것이다.[84]

언론사는 진실하고 정확한 사실을 뉴스로 보도해야 하는 의무가 있다. 공적인 관심사에 대한 대중의 알 권리와 사회 이슈와 관련된 대중의 자유로운 토론 및 소통을 장려하기 위해서는 설령 언론사의 보도 내용에 오류가 있다고 하더라도 언론 출판의 자유를 지키기 위해 이를 우선적으로 보호해야 한다는 것이다.

본 케이스에서 개인의 명예훼손으로 인한 실질 손해에 대해서는 언론사의 보도로 인해 개인의 비즈니스에 직접적으로 손실이 발생했다는 증거가 없으므로 인정되지 않았다. 징벌적 손해배상 역시 명예훼손의 피해를 주장하는 개인이 뉴욕 타임즈 기준(New York Times standard)에 부합하는 충분한 증거를 제시하지 못했다는 이유로 인정되지 않았다.

(2) 특이점

본 케이스에서는 공적인 관심사(public concern)에 대한 판단 기준을 제시해 주었다.[85]

81 원고는 언론사의 과실을 입증하는 것으로 충분하다고 주장하였다. Petitioner's argument that the Constitution should be held to require that the private individual prove only that the publisher failed to exercise "reasonable care" in publishing defamatory falsehoods. See Rosenbloom v. Metromedia Inc., 403 U.S. 29, 45 (1971).

82 Clear and convincing standard 기준에 의한 입증책임을 의미한다.

83 연방 대법원의 1964년 New York Times Co. v. Sullivan 케이스에서 규정된 것으로 공직자의 공적인 업무 수행과 관련된 허위 기사로 인한 명예훼손 소송에서 징벌적 손해배상이 인정되려면 공직자가 신문사의 실질적 악의(actual malice)를 입증하여야 한다는 기준이다.

84 It is clear that there has emerged from our cases decided since *New York Times* the concept that the First Amendment's impact upon state libel laws derives not so much from whether the plaintiff is a "public official," "public figure," or "private individual," as it derives from the question whether the allegedly defamatory publication concerns a matter of public or general interest. See Rosenbloom v. Metromedia Inc., 403 U.S. 29, 44 (1971).

85 If a matter is a subject of public or general interest, it cannot suddenly become less so merely because a private individual is involved, or because in some sense the individual did not "voluntarily" choose to become involved. The public's primary interest is in the event; the public focus is on the conduct of the

공적인 관심사(public concern)는 공공의 이익과 관련된 이슈를 의미하는데, 이슈와 관련된 사건을 일으킨 사람이 가진 지위에 관계없이 사건의 내용이 대중적인 관심을 불러 일으킬 정도로 중요한지 및 그 사건으로 인해 일반 사회에 미치는 결과나 영향이 있는지 여부에 따라 판단된다는 것이다. 공적인 관심사(public concern)에 대한 구체적인 예로써 실제 사건을 모티브로 한 연극의 개봉 (Time, Inc. v. Hill, 385 U.S. 374 (1967)), 대학 풋볼 게임에서의 승부조작 사건 (Curtis Publishing Co. v. Butts), 미시시피 대학교에서 첫 흑인 학생의 등록과 관련된 폭동 (Associated Press v. Walker)을 제시하였다.[86]

(3) 사실관계

1963년, 로젠블룸은 필라델피아에서 누드 잡지를 공급하는 자였다. 그 해 가을에 필라델피아 경찰서 소속 특수 조사팀은 외설물법(obscenity law)에 근거하여 단속을 시행하였다. 경찰은 당시 경찰 서장이었던 퍼거슨(Ferguson)의 지휘 아래 도시 전역에 있는 20개 이상의 신문 가판대로부터 여러 종류의 잡지를 구입하였다. 이후 해당 잡지들이 외설물에 해당한다고 결정되자 경찰은 1963년 10월 1일에 해당 잡지들을 팔았던 신문 가판대 운영자들을 체포하였다. 경찰이 한 신문 가판대에서 운영자를 체포하고 있던 중, 로젠블룸이

---

participant and the content, effect, and significance of the conduct, not the participant's prior anonymity or notoriety. The present case illustrates the point. The community has a vital interest in the proper enforcement of its criminal laws, particularly in an area such as obscenity where a number of highly important values are potentially in conflict: the public has an interest both in seeing that the criminal law is adequately enforced and in assuring that the law is not used unconstitutionally to suppress free expression. Whether the person involved is a famous large-scale magazine distributor or a "private" businessman running a corner newsstand has no relevance in ascertaining whether the public has an interest in the issue. We honor the commitment to robust debate on public issues, which is embodied in the First Amendment, by extending constitutional protection to all discussion and communication involving matters of public or general concern, without regard to whether the persons involved are famous or anonymous. See Rosenbloom v. Metromedia Inc., 403 U.S. 29, 43 (1971).

86 Comments in other cases reiterate this judgment that the First Amendment extends to myriad matters of public interest. In Time, Inc. v. Hill, supra, we had "no doubt that the … opening of a new play linked to an actual incident, is a matter of public interest," 385 U. S., at 388, which was entitled to constitutional protection. Butts held that an alleged "fix" of a college football game was a public issue. Associated Press v. Walker, 388 U. S. 130 (1967), a companion case to Butts, established that the public had a similar interest in the events and personalities involved in federal efforts to enforce a court decree ordering the enrollment of a Negro student in the University of Mississippi. Thus, these cases underscore the vitality, as well as the scope, of the "profound national commitment to the principle that debate on public issues should be uninhibited, robust, and wide-open." New York Times Co. v. Sullivan, 376 U. S., at 270-271. See Rosenbloom v. Metromedia Inc., 403 U.S. 29, 42 (1971).

자신의 누드 잡지를 공급하기 위해 도착했고 그 또한 즉시 체포되었다.[87] 10월 4일, 경찰은 영장을 발부 받아 로젠블룸의 집과 그가 창고로 쓰고 있는 헛간을 수색했고, 재고로 보관중인 잡지와 책을 압수하였다. 압수 사실을 알게 된 로젠블룸은 경찰에 항복하였고 두 번째로 체포되었다.

로젠블룸의 두 번째 체포가 있은 후, 경찰 서장인 퍼거슨은 메트로미디어사(Metromedia Inc.)가 소유한 라디오 방송국과 다른 지역 라디오 방송국 및 지역 신문사에 전화를 걸어 로젠블룸의 자택 급습 및 체포 사실에 대해 알렸다. 방송국은 1963년 10월 4일 오후 6시에 퍼거슨이 전달한 소식을 뉴스로 보도하였다.[88] 이 뉴스는 같은 내용으로 오후 6시 30분에 재 보도되었으나, 방송국은 오후 8시 뉴스에서는 기존의 "외설물"(obscene books)에서 "외설물로 보고된 것"(reportedly obscene)으로 내용을 수정하였다. 로젠블룸의 체포 뉴스는 이후 12시간 동안 5번 이상 보도되었다. 그러나, 개별 뉴스들은 압수된 책을 "외설물로 주장되거나 보고된 것"(allegedly or reportedly obscene)으로 묘사하였다.

10월 16일, 로젠블룸은 시와 경찰 및 지역의 몇몇 뉴스 매체들을 상대로 연방 1심 법원에 소송을 제기하였다.[89] 로젠블룸은 소송에서 본인이 공급한 잡지들은 외설물이 아니라고 주장하면서 그의 체포 사실을 뉴스로 보도하는 것뿐만 아니라 경찰이 그의 비즈니스를 방해하는 것을 금지하는 금지명령(injunctive relief)[90]을 신청하였다. 그 후, 두 번째로 로젠블룸이 제기한 소송과 관련된 방송국의 뉴스 보도에서 그의 명예를 훼손하는 내용이 연속으로 방영되었다.[91]

---

87 Rosenbloom은 첫 번째 체포가 있은 후 10월 4일 이전에 보석으로 풀려났다.

88 당시 뉴스로 보도된 내용은 다음과 같다. "외설물을 취급하는 상인들에 대한 시의 엄중 단속" "특수 조사팀이 오늘 오후에 로젠블룸의 집을 급습하였다. 경찰은 로젠블룸의 집에서 외설 서적 1,000권을 압수하였고, 외설 서적 소지죄로 그를 체포하였다. 특수 조사팀은 또한 그의 헛간을 급습하였고, 3,000권의 외설 서적을 압수하였다. 경찰 서장인 퍼거슨은 경찰이 필라델피아에서 한 외설물 공급업자의 공급 경로를 차단했다고 말했다."

89 고소장에 적힌 피고는 신문사 두 곳, 텔레비전 방송국 한 곳, 필라델피아의 해당 도시, 지방 검사였으며, 피상고인인 방송국은 포함되지 않았다. 원고는 로젠블룸과 파트너십으로 해당 비즈니스를 운영하는 그의 부인 및 그가 공급하는 누드 잡지의 출판사였다.

90 "[부록]미국 법률 용어"에서 자세한 설명을 확인하기 바란다.

91 10월 21일에 10번, 10월 25일에 2번, 11월 1일에 1번 보도되었고, 로젠블룸의 이름은 언급되지 않았다. 10월 21일 오전 6시 30분의 보도 내용은 다음과 같다. "연방 지방 법원 판사인 로드(Lord)는 오늘 두 명의 출판업자와 한 명의 공급업자가 필라델피아 경찰국장 하워드 리어리(Howard Leary)를 상대로 금지명령을 청구하기 위한 주장들을 검토할 것이다… 지방 검사인 제임스 크럼리시(James C. Crumlish)… 지역 텔레비전 방송국과 신문사… 그들에게 외설물과 관련된 부정한 돈벌이들을 중지시키라고 명령한다."
"누드 책 판매자들은 경찰이 그들을 단속하고 있으며, 외설물의 경계에 있는 그들의 문학에 대해 계속 참견하여 그들의 비즈니스를 방해하고 있다고 말했다. 로드 판사는 그가 처음으로 이 사건을 검토했을 때 임시 금지명령의 승

10월 27일, 로젠블룸은 친구로부터 그의 소송에 대해 보도된 뉴스를 들은 후 방송국으로 향했다. 그는 로비에서 전화를 걸어 뉴스 캐스터에게 방송국이 그에 대해 이미 보도한 내용 중 어떤 내용에 해당되는지에 대해 문의하였다. 뉴스 캐스터는 그에게 구체적인 날짜와 시간을 물었고, 로젠블룸은 1963년 10월 21일 정오에 보도된 뉴스 내용을 요청하였다. 뉴스 캐스터가 그에게 읽어준 내용은 같은 날 오전 6시 30분의 보도 내용과 유사했다. 로젠블룸은 뉴스 캐스터에게 그의 잡지들은 연방 대법원에 의해 완전히 합법적인 것으로 판명되었다고 말했다. 로젠블룸은 별도로 방송국에 의해 보도된 뉴스에 대해 철회 또는 수정 요청을 하지 않았다. 11월 1일, 방송국은 로젠블룸에 대한 보도 내용을 판사와 확인한 후 로젠블룸이 제기한 소송에 대한 최종 보고서를 작성하였다.[92]

1964년 5월, 관할 주 법원은 형법상 외설죄와 관련하여 로젠블룸에 의해 공급된 누드 잡지는 외설물에 해당되지 않는다는 판단 아래 로젠블룸에게 무죄를 선고하였다. 이에 로젠블룸은 펜실베니아주 명예훼손법에 의거하여 손해배상 청구 소송을 제기하였다.

로젠블룸은 방송국이 10월 4일 오후 6시와 6시 30분에 방송된 그의 체포 관련 뉴스에서 압수된 책이 외설적이라고 보도한 것은 출판물에 의한 명예훼손 의제(libel per se)에 해당되며, 이후 로젠블룸의 무죄 판결에 의해 허위임이 입증되었다고 주장하였다. 그는 방송국의 가처분 신청과 관련하여 자신의 소송을 설명한 두 번째 보도내용[93] 또한 허위이며, 그와 그의 비즈니스를 "외설물 공급업자"(smut distributors) 및 "누드잡지 판매자"(girlie-book peddlers) 라고 지칭한 것은 명예훼손에 해당된다고 주장하였다.

방송국은 로젠블룸의 이같은 주장에 대해 보도 내용은 진실이며 언론사로서 진실인 사실을 공정하고 정확하게 보도했을 뿐이라고 하면서 공정 보도특권(fair reporting privilege)을 방어 방법으로 주장하였다.[94] 방송국의 뉴스 책임자는 8명의 리포터가 각자 보도할 자

인을 거부했다. 오늘 그는 이 문제에 대해 결정할 것이다. 하나의 전례가 만들어질 것이다… 그리고 만약 해당 금지 명령이 승인되지 않는다면… 그것은 도시에서 외설물을 제거하기 위한 더욱 강력한 신호가 될 수 있다."

92 마지막 방송의 문구는 다음과 같다. "미국 연방 지방 법원 판사인 로드는 방송국의 보도 직전에 출판업자 2명과 공급업자 1명의 관할권에 대한 결정을 내리기까지는 일주일이 더 걸릴 것이라고 말했다. (중략) 로드 판사는 해당 출판업자들과 공급업자가 그들의 비즈니스 운영에 대한 손실을 주장하기 위해 요청한 가처분 소송에 대해 판결을 내릴 수 있는 위치에 서게 된다."

93 두 번째 보도 내용은 각주 91번의 내용을 참고하기 바란다.

94 Restatement of Torts §591, and it recognizes a conditional privilege for news media to report judicial, administrative, or legislative proceedings if the account is fair and accurate, and not published solely for the purpose of causing harm to the person defamed, even though the official information is false or inaccurate. See Rosenbloom v. Metromedia Inc., 403 U.S. 29, 37-38 (1971).

료를 준비했고, 그에 따라 보도했다고 증언하였다. 그는 첫 번째 보도를 위한 주된 정보 출처는 퍼거슨 경찰서장이었으나, 방송국에서 이에 대한 추가 확인은 하지 않았던 것으로 기억한다고 증언하였다. 퍼거슨 경찰 서장은 그가 방송국과 다른 매체에 해당 사실을 알렸고, 방송국이 해당 사실을 정확하게 보도하였다고 증언하였다. 로젠블룸의 소송과 관련하여 뉴스 책임자는 담당 검사와 경찰서를 통해 해당 사실을 확인했다고 증언하였다.

(4) 법적 중요 이슈

1) 펜실베니아주 연방 1심 법원에서의 법적 이슈

방송국은 보도 내용에서 로젠블룸의 비즈니스를 "외설물로 부정한 돈벌이를 하는 사업"(the smut literature racket) 및 "누드잡지 판매자"(girlie-book peddlers)로 묘사하였는데 이는 로젠블룸의 명예를 훼손한 것에 해당된다는 것이다.[95] 또한, 방송국은 상당한 주의(reasonable care)를 기울이지 않은 채 로젠블룸과 관련된 뉴스를 보도하였으므로 언론사에게 손해배상책임을 지우기에 충분한 과실이 있다고 판단된다. 따라서 언론사는 공정 보도 특권(fair reporting privilege)을 주장할 수 없고,[96] 이에 근거하여 로젠블룸에게 통상 손해가 인정된다는 것이다.[97]

---

95 Traditional arguments suggest that libel law protects two separate interests of the individual: first, his desire to preserve a certain privacy around his personality from unwarranted intrusion, and, second, a desire to preserve his public good name and reputation. The individual's interest in privacy—in preventing unwarranted intrusion upon the private aspects of his life— is not involved in this case, or even in the class of cases under consideration, since, by hypothesis, the individual is involved in matters of public or general concern. In the present case, however, petitioner's business reputation is involved, and thus the relevant interests protected by state libel law are petitioner's public reputation and good name. See Rosenblatt v. Baer, 383 U. S., at 92 (STEWART, J., concurring). See Rosenbloom v. Metromedia Inc., 403 U.S. 29, 48 (1971).

96 펜실베니아 주법은 사법, 행정, 입법 절차와 관련된 보도에 대해 공식적인 정보가 거짓이거나 정확하지 않음에도 불구하고 그 설명이 공정하고 정확하며, 명예훼손을 야기할 목적으로 보도하지 않았다면 보도를 한 언론사에게 조건부 특권을 인정한다. (Sciandra v. Lynett, 409 Pa. 595, 600-601, 187 A. 2d 586, 588-589 (1963); Restatement of Torts §611) 그러나 언론사에 대한 조건부 특권은 진실이 아닌 보도 내용을 내보내기 전에 진실을 확인하기 위한 상당한 주의와 성실성을 요한다. 이같은 상당한 주의와 성실성이 인정되지 않으면 언론사를 보호하는 특권은 적용될 수 없다. (Purcell v. Westinghouse Broadcasting Co., 411 Pa. 167, 179, 191 A. 2d 662, 668 (1963)).

97 Restatement of Torts §611. The conditional privilege of the news media may be defeated, however, by "'want of reasonable care and diligence to ascertain the truth, before giving currency to an untrue communication.' The failure to employ such 'reasonable care and diligence' can destroy a privilege which otherwise would protect the utterer of the communication." Purcell v. Westinghouse Broadcasting Co., 411

배심원은 통상 손해로 2만 5천불 및 징벌적 손해배상으로 72만 5천불을 배상하는 평결을 내렸다. 그러나 배심원의 평결 이후 법원에서는 피고쪽에서 제기한 손해배상액수를 감경해달라고 하는 청구를 받아들였다. 이에 법원은 통상 손해는 배심원의 평결액수 전액을 그대로 인정하고 징벌적 손해배상에 관해서는 25만불로 감한 손해배상액을 인정하였다.

2) 연방 제3 항소법원에서의 법적 이슈

본 케이스에서 쟁점이 된 보도 내용은 공적인 관심사(public concern)에 관한 것이다. 따라서 본 케이스에서도 뉴욕 타임즈 기준(New York Times standard)이 적용되고 원고는 피고 언론사의 실질적 악의(actual malice)를 입증해야 하는데, 원고가 주장 및 입증한 내용은 뉴욕 타임즈 기준(New York Times standard)을 충족하지 못한다고 판단하여 원심을 파기하고 원고의 청구를 기각하였다.

3) 연방 대법원에서의 법적 이슈

로젠블룸은 피해자가 공직자(public official) 또는 공인(public figure)이 아닌 개인일 경우에는 언론사의 과실만 입증하면 되지 뉴욕 타임즈 기준(New York Times standard)에서 요구하는 허위에 대한 인지(knowledge of falsity) 또는 미필적 고의(reckless disregard)를 입증할 필요가 없다고 주장하였다.[98]

그러나 연방 헌법 제1조의 보호는 공직자의 공적인 업무 수행에만 국한되어 적용되는 것이 아니라[99] 명예훼손의 피해자가 개인이라 하더라도 보도 내용이 공적인 관심사(public concern)와 관련된 것이라면 개인 또한 연방 헌법 제1조의 보호를 받는다는 것이다.[100]

Pa. 167, 179, 191 A. 2d 662, 668 (1963). Pennsylvania has also enacted verbatim the Restatement's provisions on burden of proof, which place the burden of proof for the affirmative defenses of truth and privilege upon the defendant. See Rosenbloom v. Metromedia Inc., 403 U.S. 29, 38 (1971).

98 The narrow question he raises is whether, because he is not a "public official" or a "public figure" but a private individual, those limits required that he prove that the falsehoods resulted from a failure of respondent to exercise reasonable care, or required that he prove that the falsehoods were broadcast with knowledge of their falsity or with reckless disregard of whether they were false or not. That question must be answered against the background of the functions of the constitutional guarantees for freedom of expression. Rosenblatt v. Baer, 383 U. S. 75, at 84-85, n. 10 (1966). See Rosenbloom v. Metromedia Inc., 403 U.S. 29, 40-41 (1971).

99 "The guarantees for speech and press are not the preserve of political expression or comment upon public affairs." Time, Inc. v. Hill, 385 U. S. 374, 388 (1967). See Rosenbloom v. Metromedia Inc., 403 U.S. 29, 41 (1971).

100 "Freedom of discussion, if it would fulfill its historic function in this nation, must embrace all issues about which information is needed or appropriate to enable the members of society to cope with the exigencies

본 케이스에서 로젠블룸은 누드 잡지를 공급하는 자였고, 이 잡지를 외설물이라고 판단한 경찰이 현장을 급습하여 그를 체포한 사실은 외설물에 대한 가치 판단과 관련하여 대중의 관심을 불러 일으킬 만한 사회적인 이슈로써 공적인 관심사(public concern)에 해당된다.

로젠블룸의 주장과 같이 언론사의 과실만 입증하면 손해배상을 받을 수 있다는 기준을 채택하게 될 경우, 어디까지를 과실로 인정할 수 있는지에 대한 기준이 모호하기 때문에 배심원의 판단에 전적으로 의존할 수 밖에 없고,[101] 그로 인해 언론사의 잘못에 비해 상대적으로 무거운 손해배상 책임을 져야 하는 문제가 발생된다.

한편, 언론사는 과실로 인한 손해배상책임을 사전에 피하기 위해 보도 내용이 조금이라도 사실에 입각하지 않으면 보도 자체를 거부하게 되는 자기 검열(self-censorship)에 빠지게 되고, 결국 언론이 제 역할을 할 수 없도록 막는 결과를 초래한다.[102] 결론적으로, 언론사에게 과실이 있다는 이유로 허위보도로 인한 손해배상 책임을 부담하게 한다면 이는 연방 헌법 제1조가 보장하는 언론 출판의 자유를 현저하게 제한하는 결과가 되어서 인정될 수 없다.[103]

따라서 로젠블룸은 공적인 관심사(public concern)와 관련된 사건에 대한 허위 내용을 뉴스로 다룬 라디오 방송국을 상대로 제기한 명예훼손 소송의 원고로써 언론사가 해당 내용이 허위임을 알고서 혹은 그것이 허위인지 아닌지에 대한 확인없이 이를 무시한 채 보도하였음을 명백하고 확실한 증거로써 입증하여야 한다는 것이다.[104]

---

of their period." Thornhill v. Alabama, 310 U. S. 88, 102 (1940). See Rosenbloom v. Metromedia Inc., 403 U.S. 29, 41 (1971).

101 Reasonable care is an "elusive standard" that "would place on the press the intolerable burden of guessing how a jury might assess the reasonableness of steps taken by it to verify the accuracy of every reference to a name, picture or portrait." Time, Inc. v. Hill, 385 U. S., at 389. See Rosenbloom v. Metromedia Inc., 403 U.S. 29, 50 (1971).

102 Fear of guessing wrong must inevitably cause self-censorship and thus create the danger that the legitimate utterance will be deterred. Cf. Speiser v. Randall, 357 U. S. 513, 526 (1958). See Rosenbloom v. Metromedia Inc., 403 U.S. 29, 50 (1971).

103 These dangers for freedom of speech and press led us to reject the reasonable-man standard of liability as "simply inconsistent" with our national commitment under the First Amendment when sought to be applied to the conduct of a political campaign. Monitor Patriot Co. v. Roy, 401 U. S. 265, 276 (1971). See Rosenbloom v. Metromedia Inc., 403 U.S. 29, 50-51 (1971).

104 We thus hold that a libel action, as here, by a private individual against a licensed radio station for a defamatory falsehood in a newscast relating to his involvement in an event of public or general concern may be sustained only upon clear and convincing proof that the defamatory falsehood was published with

St. Amant v. Thompson에서 미필적 고의(reckless disregard)는 피고가 연설 내용을 공표하기 전에 준수하여야 할 주의의무를 다하지 못한 과실이 있었는지 여부에 의해 결정되는 것이 아니라, 공표할 당시에 진실 여부에 대해 상당한 의심을 가지고 있었음에도 불구하고 이를 무시한 채 공표했다는 것을 입증할 수 있는 충분한 증거에 의해 결정된다고 판단하였다.

본 케이스에 이를 적용해보면, 방송국은 퍼거슨 경찰서장이 제공한 정보에 의존하여 로젠블룸과 관련된 뉴스를 보도하였고, 이후 보도 내용의 정확성에 대한 로젠블룸의 이의 제기로 인해 당시 사건을 주재한 판사와 최종 보고서의 내용을 확인하였다. 방송국이 로젠블룸의 비즈니스를 외설물로 부정한 돈벌이를 하는 사업으로 규정한 것이 명예훼손에 해당한다고 판단한 연방 1심 법원의 판단은 옳다고 볼 수 있지만, 방송국에서 뉴스를 보도할 당시에 진실 여부에 대해 상당한 의심을 가지고 있었다는 것을 입증할만한 증거가 없다는 것이다. 따라서 로젠블룸이 주장하고 입증한 내용은 뉴욕 타임즈 기준(New York Times standard)을 충족하지 못한다는 것이다.

(5) 소수의견 요지

본 케이스의 경우 공직자(public official) 혹은 공인(public figure)이 제기한 명예훼손 사건이 아닌, 개인이 언론사를 상대로 제기한 명예훼손 사건인데 배심원 평결에 의해 확정된 징벌적 손해배상액이 지나치게 높다는 것이다.

손해배상액 결정과 관련하여 배심원에게 명확하고 구체적인 판단 기준을 제시해주지 않은 결과 배심원에게 지나치게 과도한 재량권이 부여되었고, 실제 피해를 입증해주는 증거에 대한 검토없이 일반적인 추정으로 손해배상액을 판단하게 됨에 따라 높은 징벌적 손해배상액이 결정되었다는 것이다. 이는 언론사에게 큰 부담으로 작용하게 되고, 보도 내용에 대한 자기 검열(self-censorship)을 강화할 수밖에 없게 되어 결국 연방 헌법 제1조에서 보장하는 언론 출판의 자유를 제한하는 결과로 이어지게 되었다는 것이다.

이러한 징벌적 손해배상이 가진 모호함과 불합리한 부분들을 개선하기 위해서는 뉴욕 타임즈 케이스의 실질적 악의 기준(actual malice standard)에 따른 징벌적 손해배상을 부과할 것이 아니라, 배심원이 법원에서 제시한 객관적이고 구체적인 기준에 따라 원고가 실제로

knowledge that it was false or with reckless disregard of whether it was false or not. See Rosenbloom v. Metromedia Inc., 403 U.S. 29, 52 (1971).

입은 피해를 측정하여 손해배상액을 부과하는 방식으로 제한이 요구된다는 것이다.

징벌적 손해배상을 입증된 실제 손해(actual damage)로 제한하게 될 경우 배심원에게 주어진 과도한 재량권 행사 및 모호한 산정방식에서 오는 불안감을 없앨 수 있다. 또한 높은 징벌적 손해배상액에 대한 언론사의 부담을 줄여줌으로써 보도 내용에 대한 자기 검열(self-censorship)을 줄일 수 있을 뿐만 아니라 명예훼손으로부터 개인을 보호하기 위한 사회적인 관심은 계속 장려할 수 있다. 게다가 명예훼손으로 피해를 입은 피해자들은 실제 피해에 대한 보상을 받게 된다.

물론 징벌적 손해배상을 입증된 실제 피해에 제한하여 부과하는 방식을 채택한다고 해서 그것이 완전한 산정방식이라고 볼 수는 없지만 실질적 악의 기준(actual malice standard)에 따른 징벌적 손해배상에 비해서는 합리적이고 실질적인 대안이 될 수 있다는 것이다.

> "로젠블룸 케이스는 명예를 훼손당한 사람의 지위, 명성, 익명성에 관계없이 중요한 공적 관심사(public interest)와 관련된 이슈에 대해 출판 혹은 방송이 이루어진 경우 뉴욕 타임즈 기준(New York Times standard)이 적용된다."[105]
>
> I Gertz v. Robert Welch, Inc., 418 U.S. 323, 330 (1974).

> "로젠블룸 케이스에서 다수 의견을 대표한 브래넌(Brennan) 대법관은 개인의 명예를 훼손하는 발언이 공적인 관심사(general or public interest)와 관련이 있다면 공직자(public official) 및 공인(public figure)의 명예훼손에 적용되었던 뉴욕 타임즈 기준(New York Times standard)이 개인에게도 확대 적용되어야 한다고 판단하였다. 그는 공직자(public official) 및 공인(public figure)과 개인을 구분하여 다른 손해배상 기준을 적용하는 것을 거부하고 공적인 관심사(public or general interest)에 초점을 맞추어야 한다고 보았다.
>
> 위와 같은 다수 의견에 대해 블랙(Black) 대법관은 다른 의견을, 할란(Harlan) 대법관과 마샬(Marshall) 대법관은 반대 의견을 제시하였다. 먼저 블랙(Black) 대법관은 연방 헌법 제1조가 명예훼손으로 인한 책임으로부터 절대적인 면책을 행사할 수 있도록 언론사를 보호해왔다고 지적하면서 언론사에게 부여된 이러한 특권(privilege)은 공직자(public official)의 공적인 업무 수행(official conduct)에 한해 허용되는 것이지 공적인 관심사(public concern)

105 The Court of Appeals read Rosenbloom to require application of the New York Times standard to any publication or broadcast about an issue of significant public interest, without regard to the position, fame, or anonymity of the person defamed, and it concluded that respondent's statements concerned such an issue. See Gertz v. Robert Welch, Inc., 418 U.S. 323, 330 (1974).

에 관여하고 있거나 영향을 받은 개인에게 까지 허용되는 것은 아니라고 보았다.

할란(Harlan) 대법관은 Butts 케이스에서 연방 헌법 제1조가 언론사에게 부여한 특권(privilege)이 공인(public figure)에게 확대 적용되는 것을 거부하였다. 그는 공직에 있지 않은 공인(public figure)의 경우 언론사가 보도 과정에서 사실 확인 절차를 현저히 무시한 미필적 고의(reckless disregard)가 인정되어야만 명예훼손으로 인한 손해배상을 받을 수 있다고 판단하였다.

그러나 할란(Harlan) 대법관은 로젠블룸 케이스에서 위와 같은 그의 견해를 바꾸었다. 그는 공직자(public official)뿐만 아니라 공인(public figure) 의 경우에도 뉴욕 타임즈 기준(New York Times standard)의 적용을 받는다는 것에 대해서는 묵인하였지만 개인인 경우에는 뉴욕 타임즈 기준(New York Times standard)이 아닌 다른 기준이 적용되어야 한다고 주장하였다. 그 이유는 개인의 경우 공직자(public official) 및 공인(public figure)에 비해 언론 매체에 접근하여 자신에 대한 허위 주장을 반박할 수 있는 기회가 충분하지 않기 때문에 공직자(public official) 및 공인(public figure)과 동일한 기준을 개인에게 적용할 수 없다는 것이다. 따라서 개인은 뉴욕 타임즈 기준(New York Times standard)보다 낮은 입증 기준인 각 주에서 정한 과실 책임 기준에 따라 명예훼손으로 인한 손해배상을 청구할 수 있도록 허용해야 한다고 판단하였다.

마샬(Marshall) 대법관도 할란(Harlan) 대법관과 같이 다수 의견에 반대하였다. 그는 뉴욕 타임즈 기준(New York Times standard) 대신 각 주에서 정한 과실 책임 기준에 따라 개인의 명예훼손으로 인한 손해배상을 인정하여야 한다고 판단하였다."[106]

Gertz v. Robert Welch, Inc., 418 U.S. 323, 337–339 (1974).

106 In his opinion for the plurality in Rosenbloom v. Metromedia, Inc., 403 U. S. 29 (1971), MR. JUSTICE BRENNAN took the New York Times privilege one step further. He concluded that its protection should extend to defamatory falsehoods relating to private persons if the statements concerned matters of general or public interest. He abjured the suggested distinction between public officials and public figures on the one hand and private individuals on the other. He focused instead on society's interest in learning about certain issues: "If a matter is a subject of public or general interest, it cannot suddenly become less so merely because a private individual is involved, or because in some sense the individual did not 'voluntarily' choose to become involved." Id., at 43. Thus, under the plurality opinion, a private citizen involuntarily associated with a matter of general interest has no recourse for injury to his reputation unless he can satisfy the demanding requirements of the New York Times test.
Two Members of the Court concurred in the result in Rosenbloom but departed from the reasoning of the plurality. Mr. Justice Black restated his view, long shared by MR. JUSTICE DOUGLAS, that the First Amendment cloaks the news media with an absolute and indefeasible immunity from liability for defamation. Id., at 57. MR JUSTICE WHITE concurred on a narrower ground. Ibid. He concluded that "the First Amendment gives the press and the broadcast media a privilege to report and comment upon the official actions of public servants in full detail, with no requirement that the reputation or the privacy of

"연방 대법원의 반대 의견에 따르면 로젠블룸 케이스에서 다수 대법관들이 제안한 뉴욕 타임즈 기준(New York Times standard)의 확대 적용은 개인의 명예훼손에 대한 법적 구제라는 합법적인 주(state)의 이익을 제한하는 것이라고 지적하였다."[107]

Gertz v. Robert Welch, Inc., 418 U.S. 323, 346 (1974).

an individual involved in or affected by the official action be spared from public view." Id., at 62. He therefore declined to reach the broader questions addressed by the other Justices.

Mr. Justice Harlan dissented. Although he had joined the opinion of the Court in New York Times, in Curtis Publishing Co. he had contested the extension of the privilege to public figures. There he had argued that a public figure who held no governmental office should be allowed to recover damages for defamation "on a showing of highly unreasonable conduct constituting an extreme departure from the standards of investigation and reporting ordinarily adhered to by responsible publishers." 388 U. S., at 155. In his Curtis Publishing Co. opinion Mr. Justice Harlan had distinguished New York Times primarily on the ground that defamation actions by public officials "lay close to seditious libel … ." Id., at 153. Recovery of damages by one who held no public office, however, could not "be viewed as a vindication of governmental policy." Id., at 154. Additionally, he had intimated that, because most public officials enjoyed absolute immunity from liability for their own defamatory utterances under Barr v. Matteo, 360 U. S. 564 (1959), they lacked a strong claim to the protection of the courts.

In Rosenbloom Mr. Justice Harlan modified these views. He acquiesced in the application of the privilege to defamation of public figures but argued that a different rule should obtain where defamatory falsehood harmed a private individual. He noted that a private person has less likelihood "of securing access to channels of communication sufficient to rebut falsehoods concerning him" than do public officials and public figures, 403 U. S., at 70, and has not voluntarily placed himself in the public spotlight. Mr. Justice Harlan concluded that the States could constitutionally allow private individuals to recover damages for defamation on the basis of any standard of care except liability without fault.

MR. JUSTICE MARSHALL dissented in Rosenbloom in an opinion joined by MR. JUSTICE STEWART. Id., at 78. He thought that the plurality's "public or general interest" test for determining the applicability of the New York Times privilege would involve the courts in the dangerous business of deciding "what information is relevant to self-government." Id., at 79. He also contended that the plurality's position inadequately served "society's interest in protecting private individuals from being thrust into the public eye by the distorting light of defamation." Ibid. MR. JUSTICE MARSHALL therefore reached the conclusion, also reached by Mr. Justice Harlan, that the States should be "essentially free to continue the evolution of the common law of defamation and to articulate whatever fault standard best suits the State's need," so long as the States did not impose liability without fault. Id., at 86. The principal point of disagreement among the three dissenters concerned punitive damages. Whereas Mr. Justice Harlan thought that the States could allow punitive damages in amounts bearing "a reasonable and purposeful relationship to the actual harm done … ," id., at 75, MR. JUSTICE MARSHALL concluded that the size and unpredictability of jury awards of exemplary damages unnecessarily exacerbated the problems of media self-censorship and that such damages should therefore be forbidden. See Gertz v. Robert Welch, Inc., 418 U.S. 323, 337-339 (1974).

107 Indeed, in the Supreme Court's view, "[t]he extension of the New York Times test proposed by the Rosenbloom plurality would abridge this legitimate [S]tate interest to a degree that [it] f[ou]nd unacceptable" See Gertz v. Robert Welch, Inc., 418 U.S. 323, 346 (1974).

"Rosenbloom v. Metromedia, Inc.에서 브래넌(Brennan) 대법관을 포함한 다수의 대법관들은 원고가 공직자(public official)/공인(public figure) 혹은 개인인지 여부와 관계없이 공적인 관심사(public concern)와 관련된 출판물인 경우 뉴욕 타임즈 케이스의 실질적 악의 기준(actual malice standard)의 적용을 확대하였다. 브래넌(Brennan) 대법관은 공직자(public official)/공인(public figure) 혹은 개인을 구별하는 것을 거부하면서, 대신 공적인 관심사(public concern)와 관련된 이슈에 대한 사회적인 관심에 초점을 맞추었다. 즉, 주 1심 법원이 중간 변론(motion hearing)에서 본 건 명예훼손이 공적인 관심사(public concern)에 대한 이슈와 관련이 있다고 결정하게 되면 이후 손해발생여부의 기준 및 손해배상액의 판단에서 배심원은 원고의 지위와 관계없이 뉴욕 타임즈 케이스의 실질적 악의 기준(actual malice standard)에 의해 입증되었는지 여부를 고려해야 한다는 것이다."[108]

ı Gazette, Inc. v. Harris, 325 S.E.2d 713, 721–722 (Va. 1985).

108 In Rosenbloom v. Metromedia, Inc., 403 U.S. 29, 91 S.Ct. 1811, 29 L.Ed.2d 296 (1971), a plurality of the Court, through Justice Brennan, extended the New York Times "actual malice" standard to publications relating to all matters of public or general concern, irrespective of the public or private nature of the plaintiff. In rejecting the suggested distinction between public officials and public figures on the one hand and private individuals on the other, Justice Brennan focused instead on society's interest in learning about issues of public or general concern. Thus, under Rosenbloom, once a trial court determined that the alleged libel involved a matter of public or general concern, the fact finder should then consider whether New York Times malice had been proved, paying no heed to the plaintiff's status. See Gazette, Inc. v. Harris, 325 S.E.2d 713, 721-722 (Va. 1985).

“

Under the First Amendment there is no such thing as a false idea.[109] However pernicious an opinion may seem, we depend for its correction not on the conscience of judges and juries but on the competition of other ideas. But there is no constitutional value in false statements of fact… Although the erroneous statement of fact is not worthy of constitutional protection, it is nevertheless inevitable in free debate… ‘Some degree of abuse is inseparable from the proper use of every thing; and in no instance is this more true than in that of the press.’[110]

”

Gertz v. Robert Welch, Inc. (연방 대법원, 418 U.S. 323, 339-340, 1974)

“

More commonly, those classed as public figures have thrust themselves to the forefront of particular public controversies in order to influence the resolution of the issues involved. In either event, they invite attention and comment.

The communications media are entitled to act on the assumption that public officials and public figures have voluntarily exposed themselves to increased risk of injury from defamatory falsehood concerning them. No such assumption is justified with respect to a private individual. He has not accepted public office or assumed an ‘influential role in ordering society.’[111]

”

Gertz v. Robert Welch, Inc. (연방 대법원, 418 U.S. 323, 345, 1974)

“

The law of defamation is rooted in our experience that the truth rarely catches up with a lie.[112]

”

Gertz v. Robert Welch, Inc. (연방 대법원, 418 U.S. 323, 394, 1974)

---

109 사실에 관계된 의사표현은 허위인지 진실인지 따져서 허위인 경우는 문제가 될 수 있지만 의견은 허위인 게 없다. 허위사실을 말하는 경우 이는 보호되지 않는다. 하지만 의견을 말하는 것은 보호된다. 모든 사람들이 각자 의견을 자유롭게 말할 수 있도록 하는 것이 언론의 자유(Freedom of Speech)에서 본질적으로 보호하고 추구하는 것이다.

110 4 J. Elliot, Debates on the Federal Constitution of 1787, p. 571.

111 Curtis Publishing Co. v. Butts, 388 U. S., at 164 (Warren, C. J., concurring in result).

112 Ante, at 344 n. 9.

E. Gertz v. Robert Welch, Inc. (연방 대법원, 418 U.S. 323, 1974)

본 케이스는 개인이 잡지사를 상대로 제기한 명예훼손 사건이다. 엘머 거츠(Elmer Gertz, 이하 "거츠")는 민사 소송에서 시카고 경찰인 리처드 누치오(Richard Nuccio, 이하 "누치오")에 의해 살해당한 넬슨(Nelson)의 가족을 대리한 변호사였는데, 누치오의 형사 기소 후 로버트 웰치사(Robert Welch, Inc.)에서 발행한 잡지에서 누치오의 기소가 경찰에 대항하는 공산주의 캠페인의 일환이었다고 소개하면서 거츠를 공산주의 개척자로 명명하였다. 이에 거츠는 허위 기사로 인해 본인의 명예가 실추되었다고 주장하면서 소송을 제기하였다.

연방 대법원은 공직자(public official) 및 공인(public figure)과는 달리 개인이 언론사를 상대로 명예훼손을 제기한 경우에는 통상 손해의 인정과 관련해서는 주법에 따른 일반 과실 판단 기준에 의해 뉴욕 타임즈 기준(New York Times standard)보다는 낮은 기준으로 판단하여야 한다고 보았다.[113] 그러나 징벌적 손해배상의 경우에는 동일하게 뉴욕 타임즈 기준(New York Times standard)에 의한 입증이 요구된다고 판단하였다.

(1) 시사점

본 케이스가 중요한 이유는 허위의 언론 보도로 인한 피해자가 개인일 경우에 피해배상과 관련된 기준을 제시한 최초의 연방 대법원 판결이라는 것이다.

구체적으로, 통상 손해의 경우 손해배상 책임의 발생요건 및 액수 그리고 그 주장 입증의 정도는 각 주법에서 정한 바에 따르되,[114] 언론사의 과실 및 개인의 명예훼손에 실질적인 위험을 초래한다는 두 가지 요건이 모두 충족되어야만 손해배상 청구가 가능하다는 제한을 둔 것이다.[115] 본 판결에서는 특히 공적인 관심사(public concern and/or public

113 But this countervailing state interest extends no further than compensation for actual injury. For the reasons stated below, we hold that the States may not permit recovery of presumed or punitive damages, at least when liability is not based on a showing of knowledge of falsity or reckless disregard for the truth. See Gertz v. Robert Welch, Inc., 418 U.S. 323, 349 (1974).

114 Under Gertz, the states are allowed to define for themselves the appropriate standard of liability for recovery of actual damages for media defamation of private individuals, short of liability without fault, or to reinstate the "actual malice" standard. See Newspaper Publishing Corp. v. Burke, 216 Va. 800, 804 (1976).

115 The Court, however, expressly limited the applicability of a fault standard. Such limitation has not been sufficiently emphasized in many of the decisions and comments based on *Gertz,* but we think recognition of the limitation is essential to an accurate analysis of the decision. The Court said, quoting from *Butts,* that applicability of a fault standard must be restricted to circumstances where "the substance of the

interest)와는 무관하게 개인 대 언론사에 대한 기준을 제시하면서도 개인의 경우 징벌적 손해배상과 관련해서는 뉴욕 타임즈 기준(New York Times standard)이 여전히 적용되는 것으로 보았다.

결론적으로, 명예훼손의 피해자가 개인인 경우 징벌적 손해배상과 관련해서는 언론사의 실질적 악의(actual malice)를 명백하고 확실한 증거(clear and convincing evidence)를 사용하여 입증하여야 하는 뉴욕 타임즈 기준(New York Times standard)이 여전히 적용된다. 그러나 피해자 개인의 통상 손해와 관련해서는 입증 책임의 정도가 낮은 언론사의 과실을 입증하는 기준이 적용된다는 것이다. 따라서 개인이 구제받을 수 있는 기회를 높이는 한편, 언론사에게 엄격 책임(strict liability)을 부과하지 못하도록 제한함으로써 개인의 명예를 지킬 권리와 연방 헌법상에 보장된 언론의 자유 사이에 균형을 유지하는 기준을 제시하였다.

(2) Gertz 판결의 영향

Gertz 판결 이후 개인 대 언론사의 명예훼손 소송 시 많은 주에서 Gertz 판결을 통해 제시한 과실 판단 기준을 채택하였다.[116] 그러나 이후 몇몇 판결에서는 Gertz 판결에서 판단하지 않은 쟁점들에 대해 의문을 제기하고 이를 보완하려는 시도들이 있었다.

Gazette, Inc. v. Harris (325 S.E.2d 713, Va. 1985)에서는 Gertz 판결이 언론사의 과실에 대한 판단을 각 주에 맡기면서 개인의 명예훼손에 실질적인 위험을 가져다 준 것이 명백한 경우에 한하여 손해배상 청구가 가능하다는 기준을 제시하였다.[117] 이는 통상의 과

---

defamatory statement 'makes substantial danger to reputation apparent.'" See Gazette, Inc. v. Harris, 325 S.E. 2d 713, 722 (Va. 1985).

116 To date, at least 30 states and the District of Columbia have adopted a negligence standard in media cases involving private persons, either after discussing the issue or without discussing the question. Also, two federal courts interpreting Virginia law after Gertz anticipated that we would adopt a negligence standard. See General Products Co. v. Meredith Corp., 526 F.Supp. 546 (E.D.Va.1981); Mills v. Kingsport Times-News, 475 F.Supp. 1005 (W.D. Va.1979). And the drafters of the Restatement responded to Gertz by adopting a negligence standard for the media defendant who defames a private person or a public person in a matter unrelated to his public capacity. Restatement (Second) of Torts § 580B(c) (1977). See generally R. Smolla, Let the Author Beware: The Rejuvenation of the American Law of Libel, 132 U.Pa.L.Rev.1(1983). See Gazette, Inc. v. Harris, 325 S.E. 2d 713, 726 (Va. 1985).

117 The application of this negligence standard is expressly limited, however, to circumstances where the defamatory statement makes substantial danger to reputation apparent. See Gazette, Inc. v. Harris, 325 S.E. 2d 713, 725 (Va. 1985).

실보다는 좀 더 높은 수준의 과실을 입증하도록 요구한 것으로[118] 언론사의 단순 과실로 인해 사실과 다른 내용의 기사가 게재되었다는 이유만으로는 개인이 언론사를 상대로 통상 손해를 주장할 수 없다고 판단하였다.[119]

또한 Gertz 판결이 개인 대 언론사의 명예훼손 사건에 제한하여 각 주법에 따른 과실 판단 기준을 채택한 것에 이의를 제기하고, 개인 대 언론사뿐만 아니라 개인 대 개인의 명예훼손 사건 또한 이와 동일한 기준이 적용되어야 한다고 판단하였다.[120] 그 이유는 Gertz 판결에서 언론사 피고에게 적용된 과실 판단 기준이 개인 피고에게 동일하게 적용되지 않는다면 과실이 없어도 기사 내용이 허위이기만 하면 책임을 져야하는 엄격 책임(strict liability)이 개인 피고에게 부과되는 모순이 발생하기 때문이다.[121]

Fleming v. Moore, (221 Va. 884, 275 S.E. 2d 632, 1981)에서는 Gertz 케이스에서 명예훼손의 가해자가 언론사가 아닌 개인인 경우에 어떤 손해배상 기준이 적용되는지에 대한 명확한 검토가 없었음을 지적하고, 개인 대 개인 간의 명예훼손 소송에서 적용되는 손해배상 기준을 제시하였다.

개인 대 개인 간의 명예훼손 소송에서 통상 손해는 뉴욕 타임즈 케이스에서 확립된

---

118 We hold, therefore, that in an action brought by a private individual to recover actual, compensatory damages for a defamatory publication, the plaintiff may recover upon proof by a preponderance of the evidence that the publication was false, and that the defendant either knew it to be false, or believing it to be true, lacked reasonable grounds for such belief, or acted negligently in failing to ascertain the facts on which the publication was based. Under this standard, truth no longer is an affirmative defense to be established by the defendant. Instead, the plaintiff must prove falsity, because he is required to establish negligence with respect to such falsity. In addition, we hold that such liability may be based upon negligence, whether or not the publication in question relates to a matter of public or general concern. See Gazette, Inc. v. Harris, 325 S.E. 2d 713, 725 (Va. 1985).

119 The mere negligent error or the careless misstatement of fact which, on its face, does not appear to be defamatory will not result in liability for compensatory damages being imposed on the publisher. See Gazette, Inc. v. Harris, 325 S.E. 2d 713, 726 (Va. 1985).

120 Because one of the present appeals involves a non-media defendant, the question arises whether the negligence standard is limited to media defendants, in which case the non-media defendant would remain subject to the rule of strict liability. Gertz involved a media defendant and the Court's opinion did not address the instant issue. We hold, however, as a matter of state law that the negligence standard should be applicable to media and non-media defendants alike. See Gazette, Inc. v. Harris, 325 S.E. 2d 713, 726 (Va. 1985).

121 The logic of such a conclusion is compelling. It would indeed be bizarre to hold as a matter of tort law that individuals are liable without fault while the media is liable only upon a showing of negligence. See Jacron Sales Co. v. Sindorf, 276 Md. 580, 350 A.2d 688, 695 (1976). See Gazette, Inc. v. Harris, 325 S.E. 2d 713, 726 (Va. 1985).

악의(New York Times malice)의 입증이 없어도 배상이 가능하지만, 징벌적 손해배상의 경우에는 통상 손해에 대한 인정이 없이는 손해배상이 불가능하다고 판단하였다. 통상 손해는 또한 실질적으로 입은 피해(actual injury)에 국한하여 청구할 수 있다고 판단하였는데 이때 실질적으로 입은 피해(actual injury)는 금전적인 손해에 제한되지 않고, 피해자의 평판 및 지역사회에서의 지위 손상, 당혹감, 굴욕 및 정신적인 고통과 같은 무형의 것들도 포함된다고 보았다.[122]

한편, 개인 대 언론사의 명예훼손 소송을 다룬 Gertz 판결이 개인 대 개인 간의 명예훼손 소송에까지 확대 적용되지 않기 때문에 Gertz 판결의 통제를 받지는 않지만 징벌적 손해배상에 대해서는 Gertz 판결을 따른다고 판단하였다. 즉, 개인 대 개인 간의 명예훼손 소송에서 징벌적 손해배상이 인정되기 위해서는 개인 대 언론사의 경우와 동일하게 개인 원고가 뉴욕 타임즈 기준(New York Times standard)에 부합한다는 것을 명백하고 확실한 증거(clear and convincing evidence)를 사용하여 입증하여야 한다고 판단하였다.[123]

(3) 특이점

본 케이스에서의 1심과 연방 항소법원 모두 보도 내용이 비록 허위이긴 하지만 공적인 관심사와 관련된 이슈에 대한 내용이기 때문에 피해자가 공직자(public official)인지, 공

122 In *Fleming v. Moore*, 221 Va. 884, 275 S.E.2d 632 (1981) (hereinafter *Fleming* I), a suit against a non-media defendant and the precursor to the instant case of the same name, we decided that the publication was not defamatory *per se*; that the plaintiff, a private individual, did not forfeit his private status by speaking at public hearings involving land use proposals; that because the plaintiff Moore was not a public figure, he was not required to show *New York Times* malice as a prerequisite to recovery of compensatory damages, *id.* at 892, 275 S.E.2d at 637; that punitive damages may not be awarded without a tandem award of compensatory damages, unless the libel involved was "actionable *per se*," *id.* at 893-94, 275 S.E.2d at 638; and, that in libel actions not based upon *per se* defamation where *New York Times* malice is not shown, compensatory damages must be limited to actual injuries sustained. We decided, however, that actual injury was not confined to pecuniary loss but included such elements as damage to reputation and standing in the community, embarrassment, humiliation, and mental suffering. See Gazette, Inc. v. Harris, 325 S.E. 2d 713, 723 (Va. 1985).

123 In *Fleming* I, we further decided that *Gertz* did not control because the *Gertz* rule was not explicitly extended to non-media defendants. We stated, nevertheless, that we share the *Gertz* concern with the assessment by juries of punitive damages "'in wholly unpredictable amounts bearing no necessary relation to the actual harm caused.'" *Id.* at 893, 275 S.E.2d at 638, *quoting Gertz,* 418 U.S. at 350, 94 S.Ct. at 3012. Thus, we held in *Fleming* I, a suit by a private individual against a non-media defendant, that a recovery of punitive damages must be based upon the *New York Times* actual malice standard that is applicable to media defendants, that is, clear and convincing proof of knowledge of falsity or reckless disregard for the truth. See Gazette, Inc. v. Harris, 325 S.E. 2d 713, 724 (Va. 1985).

인(public figure)인지, 혹은 개인인지 여부에 관계없이 피해를 주장하는 자는 뉴욕 타임즈 기준(New York Times standard)에 따라 언론사의 실질적 악의(actual malice)를 입증해야만 손해배상을 받을 수 있었다고 판단하였다.

그러나 연방 대법원에서는 원심의 판단과 같이 개인 피해자에 대해서도 뉴욕 타임즈 기준(New York Times standard)을 적용할 경우 언론사에게 면책 효과가 주어지지만 개인은 높은 입증 기준으로 인해 명예훼손으로 인한 손해배상을 청구할 수 없는 맹점이 존재한다고 판단하였다. 공직자 및 공인의 경우에는 종전대로 뉴욕 타임즈 기준(New York Times standard)이 적용되는 것이 합당하지만 개인의 경우에는 뉴욕 타임즈 기준(New York Times standard)이 아닌 다른 기준에 의해 손해배상의 범위가 결정되어야 한다고 판시한 점이다.[124]

본 케이스에서 중요하게 다뤄진 다른 이슈 하나는 피해자가 개인일 경우 언론사에게 허위 보도로 인한 통상 손해의 책임을 부담하게 하려면 언론사의 과실을 입증하여야 한다는 최소한의 기준을 제시한 점이다. 뉴욕 타임즈 케이스 이전에는 보도 내용이 허위이기만 하면 언론사에게 책임을 부담하도록 하는 엄격 책임(strict liability)이 인정되었다.[125] 그러나 본 케이스에 의하면 개인 피해자는 언론사가 보도 내용의 진실 여부를 확인하는 과정에서 과실이 있었는지 여부를 입증하여야 하기 때문에 개인의 권리 보호와 언론사의 헌법상 권리 보장에서 균형을 잡아준 중요한 의미가 있다.[126]

---

124 Despite this substantial abridgment of the state law right to compensation for wrongful hurt to one's reputation, the Court has concluded that the protection of the *New York Times* privilege should be available to publishers and broadcasters of defamatory falsehood concerning public officials and public figures. *New York Times Co.* v. *Sullivan, supra; Curtis Publishing Co.*v. *Butts, supra.* We think that these decisions are correct, but we do not find their holdings justified solely by reference to the interest of the press and broadcast media in immunity from liability. Rather, we believe that the *New York Times* rule states an accommodation between this concern and the limited state interest present in the context of libel actions brought by public persons. For the reasons stated below, we conclude that the state interest in compensating injury to the reputation of private individuals requires that a different rule should obtain with respect to them. See Gertz v. Robert Welch, Inc., 418 U.S. 323, 343 (1974).

125 Under the general framework of defamation law in Virginia prior to 1964, the beginning of a period when major aspects of libel law became federalized, the defamed private citizen had to prove only a false publication that included words which were either actionable *per se* according to certain fixed principles, or, if not defamatory *per se,* words which resulted in special damages to the party defamed. *See M. Rosenberg & Sons v. Craft,* 182 Va. 512, 518, 29 S.E.2d 375, 378 (1944). Upon such publication, malice was inferred and damage to reputation was presumed. *See* Note, *Defamation in Virginia—A Merger of Libel and Slander,* 47 Va.L.Rev. 1116, 1117 (1961). See Gazette, Inc. v. Harris, 325 S.E. 2d 713, 720 (Va. 1985).

126 We hold that, so long as they do not impose liability without fault, the States may define for themselves the appropriate standard of liability for a publisher or broadcaster of defamatory falsehood injurious to a private individual. This approach provides a more equitable boundary between the competing concerns

(4) 사실 관계

1968년, 시카고 경찰이었던 누치오가 17세 소년이었던 넬슨을 총으로 살해하였다. 주 당국은 누치오를 2급 살인죄로 기소하였고, 넬슨의 가족들은 누치오를 상대로 제기한 민사 소송의 대리인으로 거츠를 선임하였다.

1969년 3월, 존 버치 소사이어티(John Birch Society)를 대변하는 월간 매체인 아메리칸 오피니언(American Opinion)[127]을 발행하는 로버트 웰치사는 "범행 조작: 누치오와 경찰관의 전쟁"(FRAME－UP: Richard Nuccio and The War on Police)이라는 제목의 기사를 발행하였다. 해당 기사는 형사 재판에서 누치오를 상대로 한 증언은 허위였고 누치오의 기소는 경찰에 대항하는 공산주의 캠페인의 일환이었다는 것을 설명하기 위한 취지로 작성되었다.

거츠는 넬슨의 가족이 제기한 민사소송의 대리인으로써 넬슨의 죽음에 대한 검시관의 조사에 참여하였고, 손해배상 청구를 위한 소송을 개시하였으나, 누치오와 관련하여 언론과 접촉한 적이 없었고, 형사 재판 당시 어떤 부분에도 관여하지 않았다.

구체적으로, 아메리칸 오피니언 잡지는 거츠를 "범행조작"(Frame－Up)의 설계자로 묘사하였다. 기사에 따르면, 거츠를 "대학 간 사회주의자들의 모임으로 알려진 산업 민주주의를 위한 마르크스 동맹"(Marxist League for Industrial Democracy, originally known as the Intercollegiate Sociality Society)[128]에 속한 공직자였다고 언급하였으며, 거츠를 "레닌주의자"(Leninist)와 "공산주의 개척자"(Communist－fronter)로 명명하였다. 또한 거츠가 공산주의자들의 조직[129]인 전국 변호사 협회(National Lawyers Guild)의 임원으로 활동하였다고 서술하였다.

---

involved here. It recognizes the strength of the legitimate state interest in compensating private individuals for wrongful injury to reputation, yet shields the press and broadcast media from the rigors of strict liability for defamation. At least this conclusion obtains where, as here, the substance of the defamatory statement "makes substantial danger to reputation apparent. This phrase places in perspective the conclusion we announce today. Our inquiry would involve considerations somewhat different from those discussed above if a State purported to condition civil liability on a factual misstatement whose content did not warn a reasonably prudent editor or broadcaster of its defamatory potential. Cf. Time, Inc. v. Hill, 385 U.S. 374 (1967). See Gertz v. Robert Welch, Inc., 418 U.S. 323, 347 (1974).

127 해당 잡지는 1960년대 초반에 지역의 법 집행기관의 신용을 떨어뜨리고 대신 공산주의 독재를 지원할 수 있는 국가 경찰력을 구축하려는 전국적인 음모에 대해 경고하기 시작했다. 이러한 가정된 위험에 대해 대중에게 경고하기 위한 지속적인 노력의 일환으로 아메리칸 오피니언 잡지의 편집장은 누치오 경관의 살인 재판에 대한 기사를 의뢰하였고, 해당 잡지에 고정 기고자를 고용하였다.

128 원래는 대학 간 사회주의자들의 모임으로 알려졌고, 정부의 폭력적인 수색을 옹호했던 단체였다.

129 1968년 민주당의 대회 기간 동안 공산주의자들이 시카고 경찰을 공격하기 위한 계획을 세우기 위해 많은 일을 했던 단체이다.

그러나 이 같은 기사 내용은 심각한 오류를 가지고 있었다. 거츠는 15년간 전국 변호사 협회의 회원이자 임원으로 활동했었지만, 그나 그가 속한 협회가 1968년 시카고에서 벌어진 시위를 계획하는 데 관여했다는 어떤 증거도 없었다. 거츠가 "레닌주의자"(Leninist) 혹은 "공산주의 개척자"(Communist-fronter)였다는 어떤 근거 또한 없었다. 그리고 거츠가 "산업 민주주의를 위한 마르크스 연맹"(Marxist League for Industrial Democracy) 또는 "대학간 사회주의 모임"(Intercollegiate Socialist Society)의 회원으로 있었던 적도 전혀 없었다.

아메리칸 오피니언 잡지의 편집자는 거츠를 상대로 혐의를 확인하거나 입증하기 위해 노력하지 않았다. 그 대신 사설을 통해 누치오 사건에 대해 광범위한 연구를 수행했다고 밝혔다. 그리고 그는 기사에 거츠의 사진을 포함시켰고 그 아래에 "공산주의 협회에 소속된 거츠가 누치오를 괴롭힌다"(Elmer Gertz of Red Guild harasses Nuccio)는 문구를 삽입하였다. 로버트 웰치사는 해당 기사가 포함된 아메리칸 오피니언 잡지를 전국의 신문 가판대에 배치하였고, 해당 기사를 시카고 거리에 유포하였다.

거츠는 일리노이주 연방 1심 법원에서 명예훼손으로 소송을 제기하였다. 그는 로버트 웰치사에 의해 발행된 허위 기사가 변호사이자 한 시민인 본인의 명예를 손상시켰다고 주장하였다.

로버트 웰치사는 피고가 언론사이고 원고는 공직자(public official) 혹은 공인(public figure)이라는 것을 근거로[130] 거츠가 실질적 악의(actual malice)를 입증하지 않았다고 주장하였다. 이에 대하여 주 1심 법원은 원고는 공직자(public official) 혹은 공인(public figure)이 아니라고 판단하면서 원고에게는 실질적 악의(actual malice)를 입증할 책임이 없고 해당 기사에 포함된 내용은 일리노이 주법상 출판물에 의한 명예훼손 의제(libel per se)에 해당된다는 이유로 배심원의 판단으로 손해배상 액수를 결정하도록 하였다.

배심원에 의한 손해배상 액수의 결정 이후, 법원에서는 자체 법률 판단으로 문제된 언론의 허위 보도내용은 공적인 관심사(public concern)에 관한 것이므로 실질적 악의(actual malice)를 입증해야 할 책임이 원고에게 있다는 이유로 배심원의 결정에도 불구하고 피고

130 이후 재판과정에서 법원은 원고가 공직자(public official) 혹은 공인(public figure)에 해당되지 않지만 해당 기사 내용은 공적인 관심사(public concern)에 관한 것이라고 판단하였다. 피고 언론사에서도 공직자(public official) 혹은 공인(public figure)이라는 주장을 하였다가 이후에는 보도내용이 공적인 관심사(public concern)에 관한 것이라는 주장으로 변경하였다. 공직자(public official) 혹은 공인(public figure) 및 공적인 관심사(public concern) 모두 언론사에게 손해배상 책임을 지우려면 실질적 악의(actual malice)를 입증하여야 한다는 점에서는 일치한다. 따라서 피고는 비록 근거는 다르지만 일관되게 원고에게 실질적 악의(actual malice)를 주장 및 입증할 책임이 있다고 본 것이다.

에게 손해배상책임이 없다고 판단하였다.

이에 대하여 항소심에서는 보도 내용이 공적인 관심사(public concern)에 해당된다고 하면서 원고에게 실질적 악의(actual malice)를 입증할 책임이 있다는 점을 근거로 1심의 결론을 그대로 인정하였다.

(5) 법적 중요 이슈

1) 일리노이주 연방 1심 법원에서의 법적 이슈

일리노이 주법은 누군가를 공산주의자로 잘못 낙인찍는 행위는 그 자체로 출판물에 의한 명예훼손 의제(libel per se)에 해당된다고 일관되게 판단해왔고, 일리노이주 항소법원에서는 최근 판례를 통해 출판물에 의한 명예훼손 의제(libel per se)와 명예훼손 의제(slander per se)[131]의 기준을 동일한 것으로 인정하였다는 것이다. 따라서 거츠를 공산주의자로 지칭하는 것은 명예훼손 의제(slander per se) 중 누군가의 직업 혹은 사업상 업무능력을 폄하하는 발언에 해당되므로 법적으로 명예훼손에 해당되는 것(actionable per se)으로 판단하였다.[132]

손해 배상에 대해서는 손해액이 추정되므로 실제 손해액의 입증이 없어도 통상 손해 및 징벌적 손해배상이 가능하다고 판단하였다. 이후 배심원의 판단으로 원고는 5만불의 손해배상을 인정받게 되었다.

하지만 연방 법원의 판사는 배심원의 평결을 뒤집고 로버트 웰치사의 손을 들어 주었다. 그 이유는 해당 기사의 내용이 공적인 관심사(public concern)에 관련된 것이라는 점이고 그런 경우 피해자가 개인인지 혹은 공직자 및 공인인지 여부와 무관하게 뉴욕 타임즈 기준(New York Times standard)의 대상이 된다는 것이다. 그렇기 때문에 원고는 언론사의 실질적 악의(actual malice)를 입증하여야 손해배상을 받을 수 있었다. 하지만 본 건에서 원고는 그에 대한 입증을 하지 못하였다는 것이다.[133]

131 "[부록]미국 법률 용어"에서 자세한 설명을 확인하기 바란다.

132 On several occasions the Court has expressly stated that the record must reveal a "high degree of awareness of … probable falsity" before a publisher may be found to have acted recklessly. See Gertz v. Robert Welch, Inc., 306 F.Supp. 310, 311 (N.D. Ill. 1969).

133 The District Court concluded that the New York Times standard should govern this case even though petitioner was not a public official or public figure. It accepted respondent's contention that that privilege protected discussion of any public issue without regard to the status of a person defamed therein. See Gertz v. Robert Welch, Inc., 418 U.S. 323, 329 (1974).

이를 구체적으로 살펴보면, 거츠는 공인(public figure)이 아닌 개인이라는 것이다. 거츠는 당시 시카고에서 저명한 변호사로 언론 매체에서 폭넓은 지지를 받는 고객을 대리하였으며, 여러 방면으로 저술 활동, 라디오 및 텔레비전 방송출연, 각종 연설들을 해왔고 오랫동안 시민 문제에 관여해왔다.

그런데 거츠에 대해 언급한 "범행 조작"(Frame-Up) 기사는 누치오의 살인 혐의에 대한 재판이 아닌 공산주의자들이 경찰에 저항하는 내용을 다루고 있었다는 것이다. 거츠의 사진이 기사 본문에 배치되긴 했지만 그것이 경찰과의 전면전을 보도하는 데 그다지 중요한 역할을 하지 않았다.

또한 아메리칸 오피니언 잡지의 편집장인 스캇 스탠리(Scott Stanley, Jr. 이하 "스탠리")는 오랫동안 협업해 온 프리랜서 작가인 앨런 스탕(Alan Stan, 이하 "스탕")에게 기사 작성을 의뢰하였는데, 스탠리는 스탕이 작성한 기사가 정확하게 작성되었다고 믿었기 때문에 스탕의 기사 내용에 의문을 제기하지 않았다. 단 한번도 스탕이 작성한 기사로 인해 철회요청이 들어오거나 소송이 제기된 적이 없었다. 그러한 연유로 스탠리는 "범행 조작"(Frame-Up) 기사의 정확성을 확인하지 않았다는 것이다. 따라서 스탠리는 기사의 정확성을 확인하지 못한 과실이 인정될 뿐, 실질적 악의(actual malice)를 가지고 기사를 게재하지 않았다는 것이다.

하지만 "범행 조작"(Frame-Up) 기사의 주제가 공적 관심사(public concern)에 해당하기 때문에 연방 헌법 제1조의 보호 대상에 해당된다는 것이다. 지역사회에서 경찰이 일반적으로 공격의 대상이 되었던 시기에 시카고 경찰이 범죄 용의자를 살해하고 그 경찰이 이후 살인 혐의로 기소된 사실은 많은 대중의 관심을 받은 이슈였다. 거츠는 이러한 경찰을 상대로 제기된 소송에서 피해자의 가족을 대리함으로써 사회적인 논란에 참여하게 되었고, 작지만 그가 이 논쟁에서 특정 역할을 한 것이 인정된다는 것이다.

결국 거츠는 뉴욕 타임즈 기준(New York Times standard)을 입증하여야만 명예훼손으로 인한 손해배상을 청구할 수 있는데 로버트 웰치사에 대한 실질적 악의(actual malice)를 충분히 입증하지 못했다는 것이다.[134]

134 Having already concluded that there was not sufficient evidence presented at trial to support a finding of actual malice or reckless disregard for the truth, judgment notwithstanding the verdict should be entered for the defendant. New York Times Co. v. Sullivan, 376 U.S. at 286-288, 84 S.Ct. 710, 11 L.Ed.2d 686; F.R.Civ.P. §50(b). See Gertz v. Robert Welch, Inc., 322 F.Supp. 997, 1000 (N.D. Ill. 1970).

2) 연방 제7 항소법원에서의 법적 이슈

항소법원에서의 이슈는 거츠가 뉴욕 타임즈 기준(New York Times standard)을 입증하였는지 여부이다.

그 전에 항소법원은 원심에서 다루었던 "범행 조작"(Frame-Up) 기사가 공적인 관심사(public concern)에 해당되는지 여부에 대해 다시 검토하였다. "범행 조작"(Frame-Up) 기사가 시카고 경찰의 살인 혐의에 대한 재판을 다루었고, 이를 통해 현지 경찰의 신뢰성에 의문을 제기하면서 공산주의로 가야한다는 내용을 포함시킨 점은 1심 법원의 판단과 같이 해당 기사가 공적인 관심사(public concern)에 관한 것임을 뒷받침해주고 있다는 것이다.

한편, 기사에서 거츠에 대해 언급한 허위사실의 경우, 기사의 전체적인 내용이 공적인 관심사(public concern)에 해당한다고 해서 자동적으로 연방 헌법 제1조의 보호 대상이 되는 것은 아니라는 것이다. 그러나 "허위사실인 경우에도 실질적 악의 기준(actual malice standard)에 해당하지 않는 한 연방 헌법 제1조의 보호를 받는다"는 뉴욕 타임즈 케이스의 결정에 따라 로버트 웰치사 측에서 기사를 게재할 당시 허위에 대한 인지 혹은 진실 여부에 대해 미필적 고의(reckless disregard)를 가지고 기사를 게재하지 않았다는 것이 입증되면 헌법상 보호를 받을 수 있다는 것이다.

그런데 아메리칸 오피니언 잡지의 스탠리 편집장이 거츠에 대한 허위 내용이 포함된 기사를 제대로 확인하지 않았다는 사실만으로는 그의 미필적 고의(reckless disregard)를 입증할 수 없다는 것이다. 또한 스탠리는 스탕이 작성한 기사에 포함된 내용을 제외하고 거츠에 대해 전혀 아는 바가 없었다. 따라서 스탠리에게 미필적 고의(reckless disregard)의 입증을 위해 요구되는 기사 내용의 허위 가능성에 대한 높은 수준의 인지가 없었다는 것이다.[135]

또한 진실 여부에 대한 미필적 고의(reckless disregard)는 원고가 명확하고 확실한 증거(clear and convincing evidence)를 사용하여 입증하여야 하는데, 항소법원 자체적으로 제출된 기록들을 다시 검토한 결과 거츠가 이를 입증하는 데 실패했다는 것이다.

3) 연방 대법원에서의 법적 이슈

본 케이스에서 주된 이슈는 언론사가 공직자(public official) 또는 공인(public figure)이 아닌 개인에 대한 허위 기사를 발행하였을 때 발생하는 손해배상 책임을 평가하는 기준으로

135 On several occasions the Court has expressly stated that the record must reveal a "high degree of awareness of … probable falsity" before a publisher may be found to have acted recklessly. See Gertz v. Robert Welch, Inc., 471 F.2d 801, 806 (7th Cir. 1972).

뉴욕 타임즈 기준(New York Times standard)이 적용될 수 있는지 여부에 있다는 것이다.[136]

명예훼손 사건과 관련된 언론 출판의 자유를 다룬 연방 대법원의 이전 결정례들을 살펴보면, New York Times Co. v. Sullivan (1964)에서는 뉴욕 타임즈 기준(New York Times Standard)을 만들어 언론사에게 공직자(public official)의 공적인 업무 수행(public conduct)과 관련된 명예훼손에 대한 책임으로부터 보호받을 수 있는 헌법상 특권을 부여하였다. Curtis Publishing Co. v. Butts (1967)에서는 공인(public figure)의 명예를 훼손할 수 있는 비판을 가한 언론사에게 동일한 헌법상 특권을 부여하는 판단을 내렸다. Rosenbloom v. Metromedia, Inc. (1971)에서는 더 나아가 공직자(public official) 혹은 공인(public figure)이 아닌 개인이 제기한 명예훼손 소송에 대해서도 허위 보도 내용이 공적인 관심사(public concern)에 해당한다면 이 경우에도 언론사는 뉴욕 타임즈 기준(New York Times standard)이 동일하게 적용되어 그 책임으로부터 배제되는 헌법상 특권이 주어진다고 판단한 것이다.

이러한 종래의 결정은 언론사에게 허위 기사에 대해 엄격 책임(strict liability)을 물을 경우, 언론사가 신속한 보도 보다는 기사의 사실 여부 확인에만 치우치는 자기 검열(self-censorship)에 빠지게 되고, 이는 연방 헌법 제1조가 보장하는 언론 출판의 자유의 취지에 맞지 않으므로 허위 기사의 경우에도 헌법상 보호 대상으로 인정한다는 이유에서 비롯되었다. 반면, 명예훼손법의 근간은 개인의 존엄성을 보호하고 개인이 명예훼손으로 인해 입은 피해를 정부(state)에서 나서서 구제해 주어야 한다는 데 있다. 따라서 언론사의 언론 출판의 자유와 개인의 명예훼손에 대한 구제 사이에 상호 충돌이 일어날 수밖에 없는데 상충되는 이 이익들을 균형 있게 유지할 수 있는 기준이 요구된다는 것이다.[137]

뉴욕 타임즈 기준(New York Times standard)은 공직자(public official) 혹은 공인(public figure)과 관련된 명예훼손 소송 시 언론 출판의 자유와 공직자 및 공인의 명예를 보호하는 두 가지 이익 사이에 타협점을 찾은 기준으로써 공직자 및 공인에게 적용하기에는 적절하나,[138] 개인의 경우에는 공직자 및 공인에 비해 스스로 명예를 지켜 내기가 어렵고,

136 This Court has struggled for nearly a decade to define the proper accommodation between the law of defamation and the freedoms of speech and press protected by the First Amendment. With this decision we return to that effort. We granted certiorari to reconsider the extent of a publisher's constitutional privilege against liability for defamation of a private citizen. 410 U.S. 925 (1973). See Gertz v. Robert Welch, Inc., 418 U.S. 323, 325 (1974).

137 Some tension necessarily exists between the need for a vigorous and uninhibited press and the legitimate interest in redressing wrongful injury. See Gertz v. Robert Welch, Inc., 418 U.S. 323, 342 (1974).

138 Rather, we believe that the New York Times rule states an accommodation between this concern and the limited state interest present in the context of libel actions brought by public persons. See Gertz v. Robert

공직자 및 공인은 업무상 명예훼손의 위험에 자발적으로 노출되어있는 반면 개인의 경우에는 그렇지 않으므로 명예훼손 사건에서 공직자 및 공인에 비해 입게 되는 피해의 정도가 더욱 심각하다는 것이다. 따라서 개인의 경우에는 뉴욕 타임즈 기준(New York Times standard)이 아닌 다른 기준을 적용하는 것이 필요하다는 것이다.[139]

개인의 경우에 적용할 수 있는 다른 기준은 각 주에서 정한 과실 판단 기준에 따라 결정하되, 언론사의 과실 및 개인의 명예훼손에 실질적인 위험을 초래한다는 두가지 요건이 모두 충족되어야 한다는 것이다. 이는 명예훼손으로 인한 개인의 피해에 대한 구제 이익을 높이면서도 손해배상책임으로부터 언론사를 보호하는 효과를 가져온다.

본 케이스에서는 공적인 관심사(public concern or public interest)에 따른 기준을 적용하지 않고[140] 피해자가 개인인지 혹은 공직자 및 공인(public official and/or public figure)인지에 따라서 손해배상책임과 관련된 다른 기준을 제시하였다. 또한 가해자가 언론사인지 또는 개인인지에 따라서도 다른 기준을 제시한 것이다.

구체적인 손해배상 범위에 대해서는 통상 손해의 경우 관련된 충분한 증거만 제시하면 배심원의 판단에 따라 금전적 손해(out-of-pocket loss)[141]에 국한하지 않고 실질적으로 입은 손해(actual injury)를 넓게 인정할 수 있다는 것이다. 이때 인정되는 통상 손해의 예로는 지역사회에서 평판 및 지위 손상, 개인적인 굴욕, 정신적 괴로움 및 고통 등이 해당되며, 실질적으로 입은 손해(actual injury)를 입증할 수 있는 증거가 법원에 제시되면 통상 손해를 인정받을 수 있다는 것이다.[142]

Welch, Inc., 418 U.S. 323, 343 (1974).

139 For the reasons stated below, we conclude that the state interest in compensating injury to the reputation of private individuals requires that a different rule should obtain with respect to them. See Gertz v. Robert Welch, Inc., 418 U.S. 323, 343 (1974).

140 The "public or general interest" test for determining the applicability of the New York Times standard to private defamation actions inadequately serves both of the competing values at stake. See Gertz v. Robert Welch, Inc., 418 U.S. 323, 346 (1974).

141 "[부록]미국 법률 용어"에서 자세한 설명을 확인하기 바란다.

142 It is necessary to restrict defamation plaintiffs who do not prove knowledge of falsity or reckless disregard for the truth to compensation for actual injury. We need not define "actual injury," as trial courts have wide experience in framing appropriate jury instructions in tort actions. Suffice it to say that actual injury is not limited to out-of-pocket loss. Indeed, the more customary types of actual harm inflicted by defamatory falsehood include impairment of reputation and standing in the community, personal humiliation, and mental anguish and suffering. Of course, juries must be limited by appropriate instructions, and all awards must be supported by competent evidence concerning the injury, although there need be no evidence which assigns an actual dollar value to the injury. See Gertz v. Robert Welch, Inc., 418 U.S. 323,

징벌적 손해배상의 경우 손해배상 추정의 원칙과 마찬가지로 손해배상액 결정에 대해 배심원의 과도한 재량을 인정함으로써 언론사가 보도 내용을 자체적으로 검열하게 만드는 위험을 초래할 수 있지만, 배심원이 명예훼손 행위를 처벌하고 이후 재발을 막기 위해서 부과하는 일종의 민사적 벌금에 해당하기 때문에 통상 손해의 인정기준과는 달리 적용되어야 한다는 것이다.[143] 따라서 징벌적 손해에 대해서는 뉴욕 타임즈 기준(New York Times standard)에 의한 실질적 악의(actual malice)의 입증이 요구된다는 것이다.[144]

한편, 로버트 웰치사는 거츠가 개인이 아닌 공인(public figure)에 해당한다고 주장하는데 공인(public figure)은 크게 모든 목적에서 인정되는 공인(all－purpose public figure)과 제한된 목적에 한해서만 인정되는 공인(limited－purpose public figure)으로 나뉜다. 거츠에게 해당되는 제한된 목적에 한하여 인정되는 공인(limited－purpose public figure)은 특정 이슈를 해결하기 위해 본인의 평판을 이용하여 영향력을 행사하려고 공공 문제에 자발적으로 개입하는 경우를 의미한다.

공인(public figure)과 개인에게 구별된 손해배상 기준이 적용되어야 하는 이유는 공인(public figure)은 언론에 노출되는 빈도가 높아서 명예훼손 문제에 연루될 가능성이 높지만 자발적으로 위험을 감수한 자이고 사실과 다른 내용이 방송되더라도 잘못을 바로잡을 수 있는 영향력이 있다는 것이다. 그러나 개인은 명예훼손의 위험을 자발적으로 감수한

349-350 (1974).

143 We also find no justification for allowing awards of punitive damages against publishers and broadcasters held liable under state-defined standards of liability for defamation. In most jurisdictions jury discretion over the amounts awarded is limited only by the gentle rule that they not be excessive. Consequently, juries assess punitive damages in wholly unpredictable amounts bearing no necessary relation to the actual harm caused. We also find no justification for allowing awards of punitive damages against publishers and broadcasters held liable under state-defined standards of liability for defamation. In most jurisdictions jury discretion over the amounts awarded is limited only by the gentle rule that they not be excessive. Consequently, juries assess punitive damages in wholly unpredictable amounts bearing no necessary relation to the actual harm caused. And they remain free to use their discretion selectively to punish expressions of unpopular views. Like the doctrine of presumed damages, jury discretion to award punitive damages unnecessarily exacerbates the danger of media self-censorship, but, unlike the former rule, punitive damages are wholly irrelevant to the state interest that justifies a negligence standard for private defamation actions. They are not compensation for injury. Instead, they are private fines levied by civil juries to punish reprehensible conduct and to deter its future occurrence. See Gertz v. Robert Welch, Inc., 418 U.S. 323, 350 (1974).

144 Thus, we held in Fleming I, a suit by a private individual against a non-media defendant, that a recovery of punitive damages must be based upon the New York Times actual malice standard that is applicable to media defendants, that is, clear and convincing proof of knowledge of falsity or reckless disregard for the truth. See Gazette, Inc. v. Harris, 325 S.E.2d 713, 724 (Va. 1985).

적이 없다. 개인은 원치 않는 언론상의 노출로 인해 명예훼손을 당할 경우 공인(public figure)에 비해 이를 바로 잡을 수 있는 능력이 상대적으로 취약하다. 하지만 개인의 명예훼손에 대한 구제 또한 언론사의 헌법적 특권만큼 보장되어야 할 이익에 해당한다는 것이다.

구체적으로, 본 케이스에서 거츠가 공인(public figure)에 해당하는지 아니면 개인에 해당하는지 여부를 살펴보면 거츠는 시카고 시장에 의해 임명된 주택 위원회에서 잠시 일한 적은 있지만, 정부 소속 직원으로 급여를 받고 일한 적은 없었다는 것이다. 본인이 소속된 기관 및 분야에서는 잘 알려진 사람이었지만 지역사회 내에서 유명하다거나 악명 높은 사람이 아니었다는 것이다. 민사 소송 대리인으로 활동할 당시, 검시관의 요청에 대해서도 최소한의 역할만 담당하였고, 대리한 소송에 대해서만 관여하였으며, 누치오의 형사 기소에 대해서는 전혀 관여한 바가 없었다는 것이다. 또한 본인이 대리한 민사 소송 및 노치오의 형사 재판에 대해 언론과 인터뷰를 한 적이 전혀 없었다.

따라서 거츠는 공산주의와 같은 공공 문제에 자발적으로 개입하지도 않았고, 본인의 영향력을 행사하여 대중의 관심을 유도하려고 하지 않았다는 것이다. 그러므로 거츠는 공인(public figure)이 아닌 개인으로 보아야 한다는 것이다.[145]

결론적으로, 개인이 피해자인 경우에는 통상 손해와 관련해서는 각 주의 불법행위법을 적용한 일반적인 과실 판단 기준에 의해 뉴욕 타임즈 기준(New York Times standard)보다 낮은 기준으로 손해배상 여부를 판단하되,[146] 징벌적 손해배상과 관련해서는 여전히 뉴욕 타임즈 기준(New York Times standard)을 적용해야 한다는 것이다.

145 We would not lightly assume that a citizen's participation in community and professional affairs rendered him a public figure for all purposes. Absent clear evidence of general fame or notoriety in the community, and pervasive involvement in the affairs of society, an individual should not be deemed a public personality for all aspects of his life. It is preferable to reduce the public-figure question to a more meaningful context by looking to the nature and extent of an individual's participation in the particular controversy giving rise to the defamation. See Gertz v. Robert Welch, Inc., 418 U.S. 323, 352 (1974).

146 In short, the private defamation plaintiff who established liability under a less demanding standard than that stated by New York Times may recover only such damages as are sufficient to compensate him for actual injury. See Gertz v. Robert Welch, Inc., 418 U.S. 323, 350 (1974).

엄격 책임(Strict Liability)

뉴욕 타임즈 케이스 이전에는 원고가 피고의 출판물이 명예훼손 의제(defamation per se)에 해당되는 발언을 포함하고 있다는 것만 입증하면 명예훼손이 인정되었다. 명예훼손으로 인한 손해배상에 있어서는 명예훼손 의제(defamation per se)의 경우 피고의 악의(malice)가 추정되어 별도의 입증이 없이도 원고는 손해배상을 받을 수 있다고 보았다.[147] 원고가 피고의 실질적 악의(actual malice)를 입증한 경우에는 통상 손해뿐만 아니라 징벌적 손해배상이 인정된다고 보았다.[148]

출판물에 의한 명예훼손 의제(libel per se)로 인한 손해배상 인정의 문제점

뉴욕 타임즈 케이스 이전의 명예훼손은 불법행위법 중에서 특이한 부분이다. 왜냐하면 실제 손실(actual loss)에 대한 입증이 없이도 통상 손해가 인정되기 때문이다. 뉴욕 타임즈 케이스 이전의 명예훼손은 원고의 명예를 훼손하는 발언이 공표되기만 하면 원고의 피해는 추정되는 것으로 보았다. 배심원은 원고에게 실제로 피해가 발생했다는 것을 뒷받침해주는 증거가 없어도 명예훼손으로 인한 손해배상액을 원고에게 지급할 수 있었다. 이와 같이 원고가 입은 실제 피해가 없어도 배심원의 재량에 따라 원고에게 손해배상액이 인정되는 구조는 언론사의 자유로운 보도를 위축되게 만들어서 결국 연방 헌법 제1조에서 보호하는 언론 출판의 자유에 제한을 가져다 주었다. 또한 추정 손해의 경우 배심원이 허위 사실의 게재로 인해 피해를 입은 개인에게 손해배상을 인정하기 보다는 대중으로부터 주목받지 못한 의견에 제재를 가하도록 부추겼다. 게다가 주(state)는 징벌적 손해배상액을 원고에게 인정하는 것에 대해 관심이 없었다.[149]

---

147 Under the general framework of defamation law in Virginia prior to 1964, the beginning of a period when major aspects of libel law became federalized, the defamed private citizen had to prove only a false publication that included words which were either actionable per se according to certain fixed principles, or, if not defamatory per se, words which resulted in special damages to the party defamed. See M. Rosenberg & Sons v. Craft, 182 Va. 512, 518, 29 S.E.2d 375, 378 (1944). Upon such publication, malice was inferred and damage to reputation was presumed. See Gazette, Inc. v. Harris, 325 S.E.2d 713, 720 (Va. 1985).

148 upon proof of common-law actual or express malice, the plaintiff was entitled to an award of punitive damages. James v. Haymes, 160 Va. 253, 263, 168 S.E. 333, 337 (1933).

149 The common law of defamation is an oddity of tort law, for it allows recovery of purportedly compensatory damages without evidence of actual loss. Under the traditional rules pertaining to actions for libel, the existence of injury is presumed from the fact of publication. Juries may award substantial sums as compensation for supposed damage to reputation without any proof that such harm actually occurred. The largely uncontrolled discretion of juries to award damages where there is no loss unnecessarily compounds the potential of any system of liability for defamatory falsehood to inhibit the vigorous exercise of First Amendment freedoms. Additionally, the doctrine of presumed damages invites juries to punish unpopular opinion rather than to compensate individuals for injury sustained by the publication of a false fact. More to the point, the States have no substantial interest in securing for plaintiffs such as this petitioner gratuitous awards of money damages far in excess of any actual injury. See Gertz v. Robert Welch, Inc., 418 U.S. 323, 349 (1974).

"연방 대법원은 개인의 명예훼손 사건에서 뉴욕 타임즈 기준(New York Times standard)이 충족되지 않는 경우 주(state)에서는 실제 피해에 대한 배상을 허용할 수 있지만 추정 혹은 징벌적 손해배상은 허용되지 않는다고 판단하였다. 실제 피해에 대해서는 금전적 손해(out-of-pocket loss)에 제한되지 않고 지역사회에서의 평판과 지위 손상, 개인적 굴욕, 정신적 괴로움 및 고통이 포함될 수 있다고 덧붙였다."[150]

Jacron Sales Co. v. Sindorf, 276 Md. 580, 587, 350 A.2d 688 (1976).

"뉴욕 타임즈 및 Butts 케이스는 명예훼손 소송에 적용되는 판단 기준에 중대한 변화를 가져왔다. 즉, 명예훼손 소송을 제기한 공직자(public official)와 공인(public figure)이 피고의 법적 책임을 주장하기 위해서는 실질적 악의(actual malice standard)를 입증해야 한다는 것이다. 이후, Gertz 케이스에서 연방 대법원은 공인(public figure)이 아닌 개인 원고는 피고의 과실을 입증하여야 하며, 피고의 실질적 악의(actual malice)를 입증할 수 없는 경우에는 실질적으로 입은 피해(actual injury)에 대한 증거를 제시하여야 한다고 판단하였다."[151]

Herbert v. Lando, 441 U.S. 153, 159 (1979).

"Gertz 케이스에서 연방 대법원은 많은 주들이 과실 기준(negligence standard)을 채택할 것이라고 예상하였다. 파월(Powell) 대법관은 추정 손해를 허용하게 되면 언론사가 자기 검열(self-censorship)을 강화할 수 있는 위험이 있다는 점에 주목하면서 징벌적 손해배상은 개인을 명예훼손으로부터 보호하려는 주(state)의 이익과는 전혀 관련성이 없다고 판단하였다. 블랙먼(Blackmun) 대법관은 파월(Powell) 대법관의 의견에 동의하면서 개인의 명예훼손 소송은 뉴욕 타임즈 기준(New York Times standard)이 아닌 과실 기준(negligence

150 The Court held that in cases of defamation of private persons (1) the state may not impose liability without fault, but with that limitation may adopt any other standard of media liability, and (2) in cases where the New York Times test of knowing or reckless falsity is not met, the state may permit recovery for "actual injury" but not presumed or punitive damages. Such "actual injury" was not confined to out-of-pocket loss, but may include "impairment of reputation and standing in the community, personal humiliation, and mental anguish and suffering." 418 U.S. at 350. See Jacron Sales Co. v. Sindorf, 276 Md. 580, 587, 350 A.2d 688 (1976).

151 New York Times and Butts effected major changes in the standards applicable to civil libel actions. Under these cases public officials and public figures who sue for defamation must prove knowing or reckless falsehood in order to establish liability. Later, in Gertz v. Robert Welch, Inc., 418 U. S. 323 (1974), the Court held that nonpublic figures must demonstrate some fault on the defendant's part and, at least where knowing or reckless untruth is not shown, some proof of actual injury to the plaintiff before liability may be imposed and damages awarded. See Herbert v. Lando, 441 U.S. 153, 159 (1979).

standard)을 따라야 한다고 보았다.

반면, 버거(Burger) 대법관은 Gertz 케이스의 다수 의견인 과실 기준(negligence standard)의 채택을 반대하였고, 브래넌(Brennan) 대법관도 반대 의견에서 Gertz 판결로 인해 많은 주에서 reasonable-care standard(상당한 주의 기준)를 채택하게 될 것이라고 예측하였다. 화이트(White) 대법관은 과실(negligence) 혹은 다른 책임(fault)에 대한 추가적인 입증 책임을 원고에게 지운 것에 대해 반대하면서 과실 기준(negligence standard)이 채택되면 기사 내용이 진실이라는 것이 아닌, 기사를 게재하는 과정에서 과실이 없었다는 언론사의 방어 방법이 인정되어 원고는 명예훼손으로 인한 손해배상을 받지 못하게 될 것이라고 보았다."[152]

Gazette, Inc. v. Harris, 325 S.E.2d 713, 724 (Va. 1985).

"연방 대법원은 궁극적으로 뉴욕 타임즈 기준(New York Times standard)이 공적인 관심사(public interest)와 관련된 문제로 인해 명예가 훼손되었다는 것을 입증하려는 개인에게는 부적합하다고 결론지었다."[153]

Milkovich v. Lorain Journal Co., 497 U.S. 1, 15 (1990).

152 The Supreme Court in Gertz left little doubt that it expected many of the states to adopt a negligence standard. Justice Powell, while noting that allowance of presumed damages would unnecessarily exacerbate the danger of media self-censorship, stated that the policy considerations concerning punitive-damage awards are "wholly irrelevant to the state interest that justifies a negligence standard for private defamation actions." 418 U.S. at 350, 94 S.Ct. at 3012. Justice Blackmun, concurring, flatly said "that the Court now conditions a libel action by a private person upon a showing of negligence, as contrasted with a showing of willful or reckless disregard...." Id. at 353, 94 S.Ct. at 3014. Chief Justice Burger, dissenting, said that the majority "introduces the concept that the media will be liable for negligence in publishing defamatory statements with respect to [ordinary private citizens]." Id. at 355, 94 S.Ct. at 3014. Justice Brennan, dissenting, forecast adoption of "a reasonable-care standard" by many states as the "probable result of today's decision." Id. at 366, 94 S.Ct. at 3020. Justice White, dissenting and deploring the "additional burden on the plaintiff of proving negligence or other fault," stated that "[u]nder the new rule the plaintiff can lose, not because the statement is true, but because it was not negligently made." Id. at 376, 94 S.Ct. at 3025. See Gazette, Inc. v. Harris, 325 S.E.2d 713, 724 (Va. 1985).

153 the Court ultimately concluded that the New York Times malice standard was inappropriate for a private person attempting to prove he was defamed on matters of public interest. Gertz v. Robert Welch, Inc., supra. See Milkovich v. Lorain Journal Co., 497 U.S. 1, 15 (1990).

“

Spreading false information in and of itself carries no First Amendment credentials. “There is no constitutional value in false statements of fact.”154

”

Herbert v. Lando (연방 대법원, 441 U.S. 153, 171, 1979)

---

154 Gertz v. Robert Welch, Inc., Supra, at 340.

F. Herbert v. Lando (연방 대법원, 441 U.S. 153, 1979)

본 케이스는 공인(public figure)이 언론사를 상대로 제기한 명예훼손 사건이다. 앤서니 허버트(Anthony Herbert, 이하 "허버트")는 퇴역한 군인이었는데 복무 당시 있었던 상관들의 잔혹행위를 언론에 고발하였다. 이후 그의 제보를 기초로 제작된 프로그램 및 관련 잡지 기사의 편집을 배리 랜도(Barry Lando, 이하 "랜도")가 맡게 되었는데 기사의 내용을 보게 된 허버트는 랜도가 악의적으로 본인을 묘사하고 기사를 편집하였다는 이유로 명예훼손 및 손해배상 소송을 제기하였다.

연방 대법원은 언론사의 편집 과정(editorial process)에 관한 원고의 증거 조사(Discovery)는 명예훼손 사건의 실질적 악의(actual malice) 즉, 피고의 의사(state of mind)를 입증하는데 핵심적인 부분이므로 전면적으로 허용되어야 하지만, 원고의 명예훼손 입증에 관련성(relevancy)[155]이 있는 증거에 한하여 조사가 가능하다고 판단하였다.

(1) 시사점

본 케이스에서는 명예훼손 소송에서 언론사의 편집 과정에 대한 피해자의 증거 조사(Discovery)[156]는 허용되며, 이는 연방 헌법 제1조에서 보장된 언론 출판의 자유를 제한하는 것이 아니라고 처음으로 판단한 연방 대법원 판결이라는 것이다.

구체적으로, 피해자는 뉴욕 타임즈 케이스에서 제시된 실질적 악의(actual malice)를 입증하여야 하는데, 실질적 악의(actual malice)의 핵심인 가해자의 의사(state of mind)[157]를 입증하기 위해서는 언론사의 편집 과정에 대한 조사가 반드시 필요하다는 것이다.

(2) 특이점

명예훼손 피해자가 언론사의 실질적 악의(actual malice)를 입증하기 위한 관점에서 뉴욕 타임즈 케이스(원고: 공직자) 및 Curtis Publishing Co. v. Butts, 388 U.S. 130 (1967) (원고: 공인), 이후 Gertz v. Robert Welch, Inc. 418 U.S. 323 (1974) (원고: 개인)에 이르기까지 모두 검토하여 연방 헌법 제1조의 언론 출판의 자유에 대한 연방 대법원의 일관된

155 "[부록]미국 법률 용어"에서 자세한 설명을 확인하기 바란다.

156 "[부록]미국 법률 용어"에서 자세한 설명을 확인하기 바란다.

157 "[부록]미국 법률 용어"에서 자세한 설명을 확인하기 바란다.

입장을 피력한 점이다.

구체적으로, 뉴욕 타임즈 케이스 이전[158]의 손해배상 기준은 언론사가 기사 내용이 허위이기만 하면 책임을 져야하는 엄격 책임(strict liability)에 기초하므로 언론사는 이를 피하기 위해 지나친 자기 검열(self-censorship)에 빠질 수 밖에 없게 되어 결국 연방 헌법 제1조에서 보장하는 언론 출판의 자유가 보호되지 못했다는 것이다. 그러나 뉴욕 타임즈 케이스 이후 연방 대법원의 판결들은 언론사의 고의 또는 과실이 입증된 경우에 한하여 허위 내용을 게재한 것에 대한 손해배상 책임을 부담하도록 하였기 때문에 연방 헌법 제1조에서 보장된 언론 출판의 자유를 제한하지 않았다고 판단한 것이다.

또한 위 판결들은 연방 헌법 제1조의 언론 출판의 자유가 피해자가 입증에 필요한 증거를 얻기 위해 출처를 조사하는 것을 제한한 적이 없다. 오히려 뉴욕 타임즈 케이스 및 그 이후 판결들은 언론사의 책임을 입증하기 위해서는 피해자가 언론사의 행위 및 의사(state of mind)를 중점적으로 조사하는 것이 필요하다고 판단함으로써 언론사의 편집 과정에 대한 피해자의 증거조사(Discovery)가 연방 헌법 제1조의 언론 출판의 자유를 제한하지 않았다는 것을 분명히 하였다.

한편, 언론사의 책임을 입증하기 위해 의사(state of mind)를 중점적으로 조사해야 한다는 결론은 뉴욕 타임즈 케이스 이전의 명예훼손 규정에 근간을 두고 있다. 즉, 원고가 언론사의 악의(malice)를 입증하면 원고에게 징벌적 손해배상을 허용해왔다.[159]

언론사가 악의(malice)를 가지고 원고의 명예를 훼손하는 발언을 게재하지 않는 한 언론사에게 명예훼손의 책임을 묻지 않는 조건부 특권(qualified privilege) 또한 뉴욕 타임

158 Until New York Times, the prevailing jurisprudence was that "[l]ibelous utterances [are not] within the area of constitutionally protected speech … ." Beauharnais v. Illinois, 343 U. S. 250, 266 (1952); see also Roth v. United States, 354 U. S. 476, 482-483 (1957); Chaplinsky v. New Hampshire, 315 U. S. 568, 571-572 (1942); Near v. Minnesota ex rel. Olson, 283 U. S. 697, 707-708 (1931). The accepted view was that neither civil nor criminal liability for defamatory publications abridges freedom of speech or freedom of the press, and a majority of jurisdictions made publishers liable civilly for their defamatory publications regardless of their intent. See Herbert v. Lando, 441 U.S. 153, 158-159 (1979).

159 Rather, it is deeply rooted in the common-law rule, predating the First Amendment, that a showing of malice on the part of the defendant permitted plaintiffs to recover punitive or enhanced damages. In Butts, the Court affirmed the substantial award of punitive damages which in Georgia were conditioned upon a showing of "wanton or reckless indifference or culpable negligence" or "'ill will, spite, hatred and an intent to injure … .'" 388 U. S., at 165-166. Neither Mr. Justice Harlan, id., at 156-162, nor Mr. Chief Justice Warren, concurring, id., at 165-168, raised any question as to the propriety of having the award turn on such a showing or as to the propriety of the underlying evidence, which plainly included direct evidence going to the state of mind of the publisher and its responsible agents. See Herbert v. Lando, 441 U.S. 153, 162-163 (1979).

즈 케이스 이전부터 발전해 왔다. 이때 악의(malice)는 여러가지 형태로 정의되었지만 일반적으로는 피고가 부적절한 동기를 가지고 행동했음을 입증하는데 초점을 맞추었다.[160]

게다가 법원들도 오래전부터 언론사의 의사(state of mind)와 관련이 있으며 언론사의 조건부 특권(conditional privilege)을 뒤집고 원고에게 손해배상을 인정하기 위해 필요한 직간접적인 증거들을 인정해 왔다. 이러한 원칙은 언론사 뿐만 아니라 다른 피고들에게도 동일하게 적용되었으며 모든 법원들이 헌법상의 이의제기 없이 오랫동안 언론사의 편집과정(editorial process) 중에 있는 자료들을 증거로 채택해왔다.[161]

그럼에도 불구하고 항소법원은 두 개의 판례[162]를 제시하면서 언론사의 편집 과정(editorial process)은 원고의 증거조사(Discovery)로부터 명백히 보호되어야 한다고 판단하였다.[163]

(3) 사실 관계

허버트는 퇴역한 육군 장교였다. 그는 그의 상관들이 잔혹한 행위 및 범죄에 관한 보고를 받고서도 이를 은폐해 왔다고 비판했을 당시[164]에 언론으로부터 큰 주목을 받았다.

160 Furthermore, long before New York Times was decided, certain qualified privileges had developed to protect a publisher from liability for libel unless the publication was made with malice. Malice was defined in numerous ways, but in general depended upon a showing that the defendant acted with improper motive. This showing in turn hinged upon the intent or purpose with which the publication was made, the belief of the defendant in the truth of his statement, or upon the ill will which the defendant might have borne toward the plaintiff. See Herbert v. Lando, 441 U.S. 153, 163-164 (1979).

161 Courts have traditionally admitted any direct or indirect evidence relevant to the state of mind of the defendant and necessary to defeat a conditional privilege or enhance damages. The rules are applicable to the press and to other defendants alike, and it is evident that the courts across the country have long been accepting evidence going to the editorial processes of the media without encountering constitutional objections. See Herbert v. Lando, 441 U.S. 153, 165 (1979).

162 In each of these cases, Miami Herald Publishing Co. v. Tornillo, 418 U. S. 241 (1974), and Columbia Broadcasting System, Inc. v. Democratic National Committee, 412 U. S. 94 (1973), we invalidated governmental efforts to pre-empt editorial decision by requiring the publication of specified material. In Columbia Broadcasting System, it was the requirement that a television network air paid political advertisements and in Tornillo, a newspaper's obligation to print a political candidate's reply to press criticism. See Herbert v. Lando, 441 U.S. 153, 167 (1979).

163 In sum, contrary to the views of the Court of Appeals, according an absolute privilege to the editorial process of a media defendant in a libel case is not required, authorized, or presaged by our prior cases, and would substantially enhance the burden of proving actual malice, contrary to the expectations of New York Times, Butts, and similar cases. See Herbert v. Lando, 441 U.S. 153, 169 (1979).

164 베트남 전쟁이 진행 중이었던 1969년-1970년이다.

3년 뒤인 1973년 2월 4일, CBS 방송국(Columbia Broadcasting System, Inc.)은 허버트와 그가 비판한 내용을 보도했다. 해당 프로그램은 랜도가 제작 및 편집을 맡았고, 마이크 윌리스(Mike Wallace, 이하 "월리스")가 내레이션을 맡았다. 이후 랜도는 애틀란틱 잡지(Atlantic Monthly) 잡지에 관련 기사를 게재하였다.

허버트는 랜도, 월리스, CBS 방송국, 애틀란틱 잡지를 상대로 명예훼손으로 연방 1심 법원에 소를 제기하였다. 소장에서 허버트는 해당 프로그램과 기사의 내용이 허위에 해당하며 악의적으로 본인을 거짓말쟁이로 묘사했을 뿐만 아니라, 전범 혐의를 만들어낸 자로 몰고 갔다고 주장하였다. 허버트는 명예훼손 및 관련 내용을 담은 그의 책의 가치가 폭락했다는 이유로 손해배상을 요구하였다.

한편, 허버트는 그가 연방 헌법 제1조의 적용을 받는 공인(public figure)에 해당하므로 언론사 측이 실질적 악의(actual malice)를 가지고 허위 내용을 출판했다는 것을 입증하지 못하면 자신이 입은 피해를 보상받을 수 없다는 점을 인정하였다.

허버트는 랜도를 심문했다. 그는 편집, 제작, 출판 작업을 하는 언론사 직원의 의사(state of mind)와 편집 과정(editorial process)이 연방 헌법 제1조의 보호를 받는다는 이유로 답변을 거부한 질문에 대해 재차 답변을 요구하는 명령을 청구하였다.[165]

(4) 법적 중요 이슈

1) 연방 1심 법원에서의 법적 이슈

본 케이스에서 악의(malice)[166]를 판단하는 데 있어서 언론사 측의 의사(state of mind)

165 Herbert deposed Lando at length and sought an order to compel answers to a variety of questions to which response was refused on the ground that the First Amendment protected against inquiry into the state of mind of those who edit, produce, or publish, and into the editorial process.
The Court of Appeals summarized the inquiries to which Lando objected as follows:
"1. Lando's conclusions during his research and investigations regarding people or leads to be pursued, or not to be pursued, in connection with the '60 Minutes' segment and the Atlantic Monthly article;
"2. Lando's conclusions about facts imparted by interviewees and his state of mind with respect to the veracity of persons interviewed;
"3. The basis for conclusions where Lando testified that he did reach a conclusion concerning the veracity of persons, information or events;
"4. Conversations between Lando and Wallace about matter to be included or excluded from the broadcast publication; and
"5. Lando's intentions as manifested by his decision to include or exclude certain material." 568 F. 2d 974, 983 (CA2 1977). See Herbert v. Lando, 441 U.S. 153, 157, 157 [2] (1979).

166 "[부록]미국 법률 용어"에서 자세한 설명을 확인하기 바란다.

가 핵심이라고 지적한 것이다. 허버트가 심문 과정에서 랜도에게 하려고 했던 질문들은 관련성(relevant)이 있었고 랜도가 출처의 진실성에 대해 의심을 품을 만한 이유가 있었는지 혹은 다른 출처보다 특정 출처의 진실성을 선호하는 이유가 있었는지 여부에 대해 밝히려는 허버트의 노력이 전적으로 타당하다고 판단하였다.[167]

또한 랜도 측이 주장한 헌법상 특권(constitutional privilege)을 거부하였다. 그 이유는 연방 헌법 제1조 및 관련 판례가 원고에게 더 과중한 입증책임을 부과하도록 허용하거나 요구하지 않기 때문이다. 이는 언론사에게 헌법상 특권을 인정한다면 악의적인 출판물을 만든 언론사에게 사실상 면책특권을 부여하는 결과를 가져오게 될 것이라는 판단에 근거한다.[168]

2) 연방 제2 항소법원에서의 법적 이슈

연방 헌법 제1조에 근거하여 언론사의 편집권이 보호된다고 판단하였다. 그래서 랜도가 수집한 기사 작성의 기초가 되는 자료와 관련된 생각, 의견, 결론 및 기사 작성의 기초가 되는 자료에 대해 동료들과 나눈 대화 내용은 원고에게 제공할 필요가 없다고 판단하였다.[169] 편집 과정(editorial process)에 대한 허버트의 질의 요청에 대해 랜도가 거절한 근거인 언론사의 편집권은 절대적인 특권에 해당한다는 것이다.

항소법원은 Miami Herald Publishing Co. v. Tornillo, 418, U.S. 241 (1974) 및 Columbia Broadcasting System, Inc. v. Democratic National Committee, 412 U.S. 94 (1973)판결과 같은 맥락에서 언론사의 편집과정(editorial process)는 명백히 보호되어야 한다고 판단하였다.

---

167 the District Court ruled that because the defendant's state of mind was of "central importance" to the issue of malice in the case, it was obvious that the questions were relevant and "entirely appropriate to Herbert's efforts to discover whether Lando had any reason to doubt the veracity of certain of his sources, or, equally significant, to prefer the veracity of one source over another." 73 F. R. D. 387, 395, 396 (SDNY 1977). See Herbert v. Lando, 441 U.S. 153, 157 (1979).

168 The District Court rejected the claim of constitutional privilege because it found nothing in the First Amendment or the relevant cases to permit or require it to increase the weight of the injured plaintiff's already heavy burden of proof by in effect creating barriers "behind which malicious publication may go undetected and unpunished." Id., at 394. See Herbert v. Lando, 441 U.S. 153, 157-158 (1979).

169 A divided panel reversed the District Court. 568 F. 2d 974 (CA2 1977). Two judges, writing separate but overlapping opinions, concluded that the First Amendment lent sufficient protection to the editorial processes to protect Lando from inquiry about his thoughts, opinions, and conclusions with respect to the material gathered by him and about his conversations with his editorial colleagues. The privilege not to answer was held to be absolute. See Herbert v. Lando, 441 U.S. 153, 158 (1979).

3) 연방 대법원에서의 법적 이슈

본 판결 이전에 어떤 판례들도 연방 헌법 제1조를 근거로 명예훼손을 주장하는 피해자가 입증하여야 하는 중요한 요건사실인 언론사의 편집과정과 관련하여 증거조사(Discovery) 과정에서 피해자에게 관련된 정보를 제공하지 못하도록 제한한 적이 없다는 것이다. 오히려 뉴욕 타임즈 케이스 및 이후 판결들의 경우, 언론사의 행위 및 의사(state of mind)에 대한 피해자의 입증 책임의 중요성을 강조하였는데, 언론사의 의사(state of mind)를 입증하기 위한 증거로써 편집 과정(editorial process)은 증거조사(Discovery) 과정에서 공개되어야 하는 중요한 사실에 해당된다는 것이다.[170]

편집 과정(editorial process)이 명예훼손 사건에서 언론사 피고의 실질적 악의(actual malice)를 입증하기 위한 조사 대상이 된다는 근거로 Curtis Publishing Co. v. Butts를 들 수 있다. 구체적으로, 당시 법원에 제출된 기록에는 원고의 명예를 훼손하는 기사를 쓴 작가, 급여를 받고 작가의 기사 작성을 도왔던 사람, 해당 신문(Saturday Evening Post)의 스포츠 담당 편집자, 총괄 편집자 및 편집장 모두의 증인신문 기록이 포함되었다.

이 증인신문 기록에는 해당 신문이 기사를 게재하게 된 동기, 기사의 출처, 기사에 대한 연구 및 개발과 관련해서 편집자들과 작가가 나눈 대화들, 누구를 인터뷰 할 것인지, 무엇을 조사할 것인지와 관련된 결정 및 이유들, 기사에 제시된 출처의 중요성과 정확성에 대한 결론 및 해당 기사가 특정 주제에 대해 미치게 될 영향에 대한 결론이 포함되었다.

이러한 증거를 통해 연방 대법원은 커티스 출판사가 실질적 악의(actual malice)를 가지고 버트의 명예를 훼손하는 기사를 작성한 것이라고 결론을 내렸는데, 편집 과정(editorial process)에 대한 조사가 헌법적으로 금지된 것이라고 판단했다면 이와 같은 결과를 도출할 수 없었다는 것이다.

Time, Inc. v. Hill의 경우에도 법원에 제출된 기록에 명예훼손으로 의심되는 기사의 편집본과 작가에 대한 신문 및 반대신문 기록이 포함되었다. 신문 당시, 작가는 기사의 준비, 자료에 대한 본인의 생각, 결론 및 신념, 기사와 관련된 세부 분석에 대해 자세히 설명하였다.

즉, 위 케이스들을 통해 알 수 있는 것은 법원에 제시된 증거의 핵심은 편집 과정

170 Inevitably, unless liability is to be completely foreclosed, the thoughts and editorial processes of the alleged defamer would be open to examination. See Herbert v. Lando, 441 U.S. 153, 160 (1979).

(editorial process)에 관한 것이었고, 이를 기반으로 언론사의 의사(state of mind)에 대한 정보제공이 증거조사과정에서 이루어졌다는 것이다.[171]

또한 피해자에게 증거조사과정에서 제공하여야 하는 정보는 무제한으로 이루어지는 것이 아니다. 실질적 악의(actual malice)를 입증하기 위해 요구되는 증거로서 편집 과정(editorial process)은 입증을 위해 필요한 범위 내에서만 원고가 언론사에게 요구할 수 있다는 것이다.[172]

한편, 편집 과정(editorial process)에 헌법상 특권이 인정될 경우 원고가 뉴욕 타임즈 케이스에서 요구하는 악의(malice)를 입증하기가 상당히 어렵다는 것이다. 그러나 언론사가 진실 여부에 대해 미필적 고의(reckless disregard)를 가지고 있었는지 여부는 그들의 편집 과정에서 나오는 생각, 의견, 결론만으로는 직접적으로 입증하기 어렵지만 추론이 가능한 간접적인 사실을 통해 객관적으로 입증하는 것은 가능하다고 본 것이다. 따라서 본 케이스와 같이 원고의 증거조사(Discovery)에 대한 언론사 피고의 답변은 관련성(relevancy)이 있는 것으로 인정되기 때문에 증거조사(Discovery) 과정에서 공개되어야 한다는 것이다.[173]

항소법원이 편집 과정(editorial process)의 보호 근거로 제시한 Tornillo 혹은 Columbia Broadcasting System 케이스는 뉴욕 타임즈 및 Gertz 케이스에 의해 확립된 원고의 권리를 축소시키지 않았다. Tornillo와 Gertz 케이스에 대한 연방 대법원의 결정이 같은 날 발표되었으나, Gertz 케이스에서는 언론사의 의사(state of mind)가 명예훼손 사건의 핵심임을 보여주는 판례들이 인용되었을 뿐, 인용된 판례에서 원고가 입증을 위해 접근할 수 있는 증거의 범위가 좁다는 것을 암시하는 내용은 없었다.

171 As in Butts, the editorial process was the focus of much of the evidence, and direct inquiry was made into the state of mind of the media defendants. See Herbert v. Lando, 441 U.S. 153, 160 [6] (1979).

172 Proof of malice, therefore, in the cases just described, can never be required of the party complaining beyond the proof of the publication itself: justification, excuse, or extenuation, if either can be shown, must proceed from the defendant…. The rule of evidence, as to such cases, is accordingly so far changed as to impose it on the plaintiff to remove those presumptions flowing from the seeming obligations and situations of the parties, and to require of him to bring home to the defendant the existence of malice as the true motive of his conduct. Beyond this extent no presumption can be permitted to operate. See Herbert v. Lando, 441 U.S. 153, 164 [10] (1979).

173 the defendant's reckless disregard of the truth, a critical element, could not be shown by direct evidence through inquiry into the thoughts, opinions, and conclusions of the publisher, but could be proved only by objective evidence from which the ultimate fact could be inferred. It may be that plaintiffs will rarely be successful in proving awareness of falsehood from the mouth of the defendant himself, but the relevance of answers to such inquiries. See Herbert v. Lando, 441 U.S. 153, 170 (1979).

오히려 Gertz 케이스는 언론사의 편집 과정(editorial process)에 대한 증거 제출을 요구하고, 원고가 진실 여부에 대한 미필적 고의(reckless disregard)를 입증하지 못한다면 법원은 언론사에게 징벌적 손해배상을 매길 수 없다고 판단하였다. 따라서 연방 헌법 제1조는 언론사의 의사(state of mind)와 관련된 증거조사(Discovery)를 금지하는 근거로 볼 수 없다는 것이다.[174]

따라서 항소법원의 판단과는 달리 명예훼손 사건에서 언론사의 편집 과정(editorial process)은 절대적인 특권이 아니며, 오히려 언론사의 실질적 악의(actual malice)에 대한 원고의 입증을 위해서는 편집 과정(editorial process)에 대한 증거조사(Discovery)가 요구된다는 것이다.[175]

반면, 언론사는 법원이 원고에게 증거조사(Discovery)를 허용하게 될 경우 언론사의 편집 과정(editorial process)과 편집 결정(editorial decision making)을 제한하는 효과를 가져오게 될 것이라고 주장하였다.[176] 실제로 뉴욕 타임즈 케이스와 이후 케이스들은 언론사의 과도한 자기 검열(self-censorship)의 위험과 진실을 다룬 출판물의 자유로운 전달이 제한되는 것을 막기 위해 고의로 허위 발언을 게재한 자에 한해 손해배상 책임을 허용하는 제한을 두었다. 그런데 이와 같이 언론사의 책임을 제한하게 된 목적은 원고에 대한 손해배상 뿐만 아니라 헌법상 보호되지 않는 출판물로 인해 개인의 명예가 훼손되는 것을 방지하는데 있다는 것이다.[177] 따라서 허위로 알려져 있거나 허위일 가능성이 있는 잘못된 정

174 Quite the opposite inference is to be drawn from the Gertz opinion, since it, like prior First Amendment libel cases, recited without criticism the facts of record indicating that the state of mind of the editor had been placed at issue. Nor did the Gertz opinion, in requiring proof of some degree of fault on the part of the defendant editor and in forbidding punitive damages absent at least reckless disregard of truth or falsity, suggest that the First Amendment also foreclosed direct inquiry into these critical elements. See Herbert v. Lando, 441 U.S. 153, 168 (1979).

175 In sum, contrary to the views of the Court of Appeals, according an absolute privilege to the editorial process of a media defendant in a libel case is not required, authorized, or presaged by our prior cases, and would substantially enhance the burden of proving actual malice, contrary to the expectations of New York Times, Butts, and similar cases. See Herbert v. Lando, 441 U.S. 153, 169 (1979).

176 Nevertheless, we are urged by respondents to override these important interests because requiring disclosure of editorial conversations and of a reporter's conclusions about the veracity of the material he has gathered will have an intolerable chilling effect on the editorial process and editorial decision making. See Herbert v. Lando, 441 U.S. 153, 171 (1979).

177 Realistically, however, some error is inevitable; and the difficulties of separating fact from fiction convinced the Court in New York Times, Butts, Gertz, and similar cases to limit liability to instances where some degree of culpability is present in order to eliminate the risk of undue self-censorship and the suppression of truthful material. Those who publish defamatory falsehoods with the requisite culpability, however, are

보를 언론사가 게재하지 못하도록 막는다고 해서 그것이 언론 출판의 자유에 대한 제한이라고 볼 수 없다는 것이다.[178]

심지어 대통령에게 인정되는 대통령의 특권(Executive Privilege)도 증거조사(Discovery) 과정에서는 제한적으로 인정된다.[179] 또한 언론사의 편집 과정(editorial process)을 피해자가 조사할 수 있게 됨으로써 당사자들이 부담하여야 할 높은 소송비용[180] 및 제반 부담을 줄이기 위한 목적으로 언론사에게 편집 과정(editorial process)에 대한 조사를 면제해주는 헌법상 특권을 부여하는 것은 진정한 해결책이 될 수 없다[181]고 판단한 것이다.

결론적으로, 언론사의 편집 과정(editorial process)에 대한 피해자의 증거조사(Discovery)는 언론사의 의사(state of mind)의 입증을 위해 필요한 절차이고, 연방 헌법 제1조에서 보장된 언론 출판의 자유를 제한하는 것이 아니므로 허용되어야 한다는 것이다. 그러나 언론사의 편집 과정(editorial process)에 대한 원고의 증거조사(Discovery)는 언론사의 실질적 악의(actual malice)를 입증하기 위해 요구되는 관련성(relevancy)이 있는 증거에 한해 가능하다는 것이다.[182]

---

subject to liability, the aim being not only to compensate for injury but also to deter publication of unprotected material threatening injury to individual reputation.
See Herbert v. Lando, 441 U.S. 153, 171-172 (1979).

178 If such proof results in liability for damages which in turn discourages the publication of erroneous information known to be false or probably false, this is no more than what our cases contemplate and does not abridge either freedom of speech or of the press. See Herbert v. Lando, 441 U.S. 153, 172 (1979).

179 The President, for example, does not have an absolute privilege against disclosure of materials subpoenaed for a judicial proceeding. *United States* v. *Nixon,* 418 U. S. 683 (1974). In so holding, we found that although the President has a powerful interest in confidentiality of communications between himself and his advisers, that interest must yield to a demonstrated specific need for evidence. See Herbert v. Lando, 441 U.S. 153, 175 (1979).

180 It is urged that the large costs of defending lawsuits will intimidate the press and lead to self-censorship, particularly where smaller newspapers and broadcasters are involved. It is noted that Lando's deposition alone continued intermittently for over a year and filled 26 volumes containing nearly 3,000 pages and 240 exhibits. As well as out-of-pocket expenses of the deposition, there were substantial legal fees, and Lando and his associates were diverted from news gathering and reporting for a significant amount of time. See Herbert v. Lando, 441 U.S. 153, 176 [25] (1979).

181 Creating a constitutional privilege foreclosing direct inquiry into the editorial process, however, would not cure this problem for the press. Only complete immunity from liability for defamation would effect this result, and the Court has regularly found this to be an untenable construction of the First Amendment. See Herbert v. Lando, 441 U.S. 153, 176 (1979).

182 MR. JUSTICE STEWART would remand to have the trial court rule once again on the relevance of the disputed questions. But the opinion of the trial judge reveals that he correctly understood that *New York Times*and *Gertz* required Herbert to prove either knowing falsehood or reckless disregard for truth. With

"Herbert v. Lando는 증언거부 특권(evidentiary privilege)에 대한 주장이 실질적 악의(actual malice)를 입증할 수 있는 원고의 능력을 저해할 수 있다는 것을 우리에게 상기시켜준다."183

ı Mitchell v. Superior Court, 37 Cal.3d 268, 275, 690 P.2d 625, 208 Cal. Rptr. 152 (1984).

"Herbert v. Lando에서 연방 대법원은 뉴욕 타임즈 케이스에서 규정된 균형이 개인의 명예를 훼손하는 잘못된 정보의 게재로 인해 소송을 제기했을 때 언론사에게 추가적인 보호를 제공하도록 수정되어야 한다는 요청을 거절하였다. 연방 대법원은 화이트(White) 대법관의 의견을 통해 언론의 자유를 근본적으로 보호하는 것으로 널리 인식되었던 1964년의 뉴욕 타임즈 케이스가 이후 케이스에서 반복적으로 확인되었다고 덧붙였다. 그러나 연방 대법원은 Firestone케이스와 Gertz 케이스를 인용하면서 명예를 지키고자 하는 각 개인의 이해관계 또한 연방 대법원이 가지고 있는 기본적인 관심사라는 판결을 반복해왔다고 지적하였다."184

ı Gazette, Inc. v. Harris, 325 S.E.2d 713, 723 (Va. 1985).

the proper constitutional elements in mind, the judge went on to rule that the questions at issue were clearly relevant and that no constitutional privilege excused Lando from answering them. We hold that the judge committed no constitutional error but, contrary to MR. JUSTICE STEWART, find it inappropriate to review his rulings on relevancy. See Herbert v. Lando, 441 U.S. 153, 177 [27] (1979).

183 Herbert v. Lando (1979) 441 U.S. 153 [60 L.Ed.2d 115, 99 S.Ct. 1635], reminds us "that the individual's interest in his reputation is also a basic concern" (p. 169 [60 L.Ed.2d at p. 129]), and that the assertion of an evidentiary privilege would impede his ability to prove actual malice (p. 170 [60 L.Ed.2d at p. 130]). Mitchell v. Superior Court, 37 Cal.3d 268, 275, 690 P.2d 625, 208 Cal. Rptr. 152 (1984).

184 In Herbert v. Lando, 441 U.S. 153, 99 S.Ct. 1635, 60 L.Ed.2d 115 (1979), the Supreme Court rejected a plea "that the balance struck in New York Times should now be modified to provide further protections for the press when sued for circulating erroneous information damaging to individual reputation." Id. at 169, 99 S.Ct. at 1645. The Court, through Justice White, noted that the 1964 New York Times decision which "was widely perceived as essentially protective of press freedoms," has been repeatedly affirmed in succeeding cases. Id. The Court also pointed out, however, citing Firestone and Gertz, that "the Court has reiterated its conviction—reflected in the laws of defamation of all of the States—that the individual's interest in his reputation is also a basic concern." Id. See Gazette, Inc. v. Harris, 325 S.E.2d 713, 723 (Va. 1985).

CHAPTER

2

주제별 미국 명예훼손 케이스

A. 실질적 악의 (Actual Malice)
B. 형사처벌 (Criminal Defamation)
C. 편집권과 증거조사 (Editorial Privilege)
D. 손해배상 (Damage)
E. 익명의 악플
F. 공직자 (Public Official & Public Conduct)
G. 공인 (Public Figure & Public Concern)
H. 공적인 관심사 (Public Concern)
I. 암묵적 명예훼손 (Defamation by Implication)
J. 연예산업 명예훼손 (Entertainment Defamation)
K. 비즈니스 명예훼손 (Business Defamation)
L. 방어방법 (Defense)
M. 입증책임 (Burden of Proof)
N. 입법론 (Code Section in Virginia)

"

The constitutional guarantees of freedom of the press and freedom of speech are indeed fundamental to the ordered liberty of our people, but the constitutional right to trial by jury is no less so. Article I, Section 11 of the Constitution of Virginia provides, in pertinent part: "That in controversies respecting property, and in suits between man and man, trial by jury is preferable to any other, and ought to be held sacred." That provision, attributed to George Mason, has as much vitality in Virginia today as it did in 1776, when it became a part of our original constitution.[185]

"

Jackson v. Hartig, (버지니아주 대법원, 645 S.E.2d 303, 312, Va. 2007)

---

185 See Bethel Investment Co. v. City of Hampton, 272 Va. 765, 769 n. 2, 636 S.E.2d 466, 469 n. 2 (2006).

A. 실질적 악의 (Actual Malice)

1/ Time, Inc. v. Pape (연방 대법원, 401 U.S. 279, 1971)

본 케이스는 공직자(public official)가 언론사를 상대로 제기한 명예훼손 사건이다. 인권 위원회는 정의(Justice)라는 제목으로 발간한 보고서(이하 "보고서")에서 제임스 먼로(James Monroe, 이하 "먼로") 가족에 대한 경찰의 만행을 고발하였다. 타임지는 인권 위원회의 독립적인 조사 결과가 아니라 먼로의 주장에 근거하여 기사를 작성했다는 언급없이 먼로의 소장 내용을 비중있게 인용하였다. 이에 페이프(Pape)는 타임지를 상대로 명예훼손으로 소를 제기하였다.

연방 대법원은 타임지가 "주장된"(alleged)이라는 단어를 생략한 채 기사를 보도했다는 점만으로는 타임지의 실질적 악의(actual malice)를 입증할 수 없으며, 페이프가 기사를 게재할 당시에 허위 가능성에 대한 높은 수준의 인지 혹은 진실 여부에 대한 심각한 의심이 있었다는 것을 보여주는 충분한 증거를 제시하여야만 명예훼손으로 인한 손해배상을 청구할 수 있다고 판단하였다.

1) 사실 관계

1961년 11월, 인권 위원회(이하 "위원회")는 정의(Justice)라는 제목의 보고서 중 5번째 책을 발행하였다. 보고서의 일부 내용은 "경찰의 잔혹함과 이와 관련된 공권력"(police brutality and related private violence)에 대한 조사에 초점을 맞추었으며 다음과 같은 단락을 포함하고 있었다.

> "수색, 압수 및 폭력: 1958년, 시카고 – 연방 대법원은 1961년 2월 20일자로 Monroe v. Pape에 대해 판결하였다. 이 판결이 해당 케이스에 대해 최종적으로 처분을 명하지는 않았지만 원고가 여러 명의 시카고 경찰들을 상대로 연방 인권법[186] 위반으로 소를 제기할 수 있도록 허용하였다."

> "... 1958년 10월 29일 오전 5시 45분에 페이프 수사관이 이끄는 13명의 시카고 경찰들이 아파트 문을 부수고 손전등으로 먼로 부부를 깨웠다. 그리고 총구를 겨누

186 federal civil rights act

어 그들을 강제로 침실 밖으로 나오게 해서 거실 중앙에 알몸으로 서 있게 하였다. 경찰들은 먼로 부부의 아이들을 깨워서 거실로 나오게 했다. 페이프 수사관은 손전등으로 먼로에게 '깜둥이'(nigger), '흑인 소년'(black boy)이라고 부르면서 그를 여러 번 때렸다. 경찰이 먼로의 아내를 밀었고 또 다른 경찰이 아이들 몇 명을 때리고 발로 차고 바닥으로 밀었으며, 그 경찰들은 모든 방을 뒤지고 옷장에 있던 옷을 바닥으로 내던졌다. 그들은 서랍을 버리고 매트리스 커버를 찢어 버렸다. 먼로는 경찰서로 이송되어 '혐의가 없는 상태에서' 10시간 동안 구금되었으며, 그 동안 살인죄에 대해 조사 및 범인식별절차(lineup)[187]를 밟았다. 구제를 받을 수 있는 여러 법원이 있었음에도 불구하고 그는 판사[188]에게 인도되지 않았다. 그는 절차상의 권리들에 대해 조언을 받지 못했다. 그는 가족이나 변호사에게 전화를 할 수 없었다. 이후 그는 그를 상대로 제기되었던 형사 사건으로 기소되지 않고 풀려났다."[189]

일주일 후, 주간 뉴스 잡지인 타임지는 위원회의 새로운 보고서 대해 기사를 게재하였다. 타임지에 실린 기사는 다음과 같이 시작되었다.

"새로운 종이책은 307쪽 분량에 정의(Justice)라는 단순한 제목으로 구성되어 있다. 이 책은 1957년 의회에서 처음 작성된 인권 위원회의 두 번째 보고서에 있는

---

187 피의자를 다른 사람과 섞어서 피해자 앞에 세우고 피해자로 하여금 범인을 지목하게 하는 수사 방식을 의미한다.

188 Magistrate는 영장발부 여부와 아울러 피의자 피고인의 구속여부를 판단하는 것을 주 임무로 한다.

189 "Search, seizure, and violence: Chicago, 1958.— The Supreme Court of the United States decided the case of Monroe v. Pape on February 20, 1961. Although this decision did not finally dispose of the case, it did permit the plaintiff to sue several Chicago police officers for violation of the Federal Civil Rights Acts on the basis of a complaint which alleged that:

"… [O]n October 29, 1958, at 5:45 a. m., thirteen Chicago police officers led by Deputy Chief of Detectives Pape, broke through two doors of the Monroe apartment, woke the Monroe couple with flashlights, and forced them at gunpoint to leave their bed and stand naked in the center of the living room; that the officers roused the six Monroe children and herded them into the living room; that Detective Pape struck Mr. Monroe several times with his flashlight, calling him 'nigger' and 'black boy'; that another officer pushed Mrs. Monroe; that other officers hit and kicked several of the children and pushed them to the floor; that the police ransacked every room, throwing clothing from closets to the floor, dumping drawers, ripping mattress covers; that Mr. Monroe was then taken to the police station and detained on 'open' charges for ten hours, during which time he was interrogated about a murder and exhibited in lineups; that he was not brought before a magistrate, although numerous magistrate's courts were accessible; that he was not advised of his procedural rights; that he was not permitted to call his family or an attorney; that he was subsequently released without criminal charges having been filed against him." Justice 20-21. See Time, Inc. v. Pape, 401 U.S. 279, 280-281 (1971).

다섯 권 중 마지막 책이다. 보고서에는 미국 전역에 걸친 경찰의 잔혹함과 관련하여 냉철한 글이 담겨 있다. 그리고 현장 요원들에 의해 관련 사실들이 면밀하게 조사되었고 위원회를 구성하고 있는 저명한 교육자들 6명 전원이 이에 서명하였기 때문에 중대한 폐단의 흔적으로 간주된다."[190]

이 보고서는 먼로 사건에 대해 다음과 같이 서술하였다.

"이 보고서는 웨스트 사이드 아파트에서 오전 5시 45분에 살인사건을 조사한다는 명분으로 급습한 13명의 경찰들에 의해 잠이 깬 흑인인 먼로와 그의 가족에 대한 시카고 경찰의 처우를 언급하였다. 이 보고서는 경찰들이 '두 개의 문을 부수고 손전등을 든 채로 먼로 부부를 깨웠다'고 말했다.[191]

타임지 기사는 먼로의 소장 내용을 요약하여 비중있게 인용하면서도 해당 혐의가 위원회의 독자적인 조사 결과에 의한 것이 아닌 먼로 본인에 의해 제기된 것이라는 사실에 대해서는 전혀 언급하지 않았다.

페이프 수사관은 타임지를 상대로 일리노이주 연방 1심 법원에 명예훼손으로 소를 제기하였다. 타임지는 해당 기사에 공공 보도특권(fair comment privilege)이 적용된다는 이유로 소송을 기각해달라고 하는 신청을 하였다(moved to dismiss the suit).[192] 연방 1심 법원은 기각을 인정했지만 연방 제7 항소법원이 이를 뒤집었다. 원심으로 환송된 후, 연방 대법원은 뉴욕 타임즈 케이스를 판결했으며, 연방 1심 법원에서는 위 연방 대법원의 결정을 근거로 하여 타임지의 주장이 타당하다고 결정하면서 타임지가 신청한 중간판결(motion for summary judgment)[193]을 인정하고 타임지의 승소를 결정하였다. 하지만 항소법원은 타임지가 보도 내용에 대해 명확하게 밝히지 않은 것이 실질적 악의(actual malice)에 해당하는지

190 "The new paperback book has 307 pages and the simple title Justice. It is the last of five volumes in the second report of the U. S. Commission on Civil Rights, first created by Congress in 1957. Justice carries a chilling text about police brutality in both the South and the North—and it stands as a grave indictment, since its facts were carefully investigated by field agents and it was signed by all six of the noted educators who comprise the commission." See Time, Inc. v. Pape, 401 U.S. 279, 281-282 (1971).

191 "Shifting to the North, the report cites Chicago police treatment of Negro James Monroe and his family, who were awakened in their West Side apartment at 5:45 a. m. by 13 police officers, ostensibly investigating a murder. The police, says Justice, 'broke through two doors, woke the Monroe couple with flashlights ··· .' " See Time, Inc. v. Pape, 401 U.S. 279, 282 (1971).

192 "[부록]미국 법률 용어"에서 자세한 설명을 확인하기 바란다.

193 "[부록]미국 법률 용어"에서 자세한 설명을 확인하기 바란다.

여부에 대한 재판이 필요하다고 판단하면서 연방 1심 법원의 결정을 뒤집었다.

재판에서 페이프 수사관은 먼로 가족의 급습에 가담했던 경찰을 증인으로 소환하였다. 그들은 모두 타임지 기사에 묘사된 것과 유사한 사건이 일어나지 않았다고 증언하였다. 또한 기사를 작성한 타임지 직원과 사실이 정확한지 여부를 확인할 책임이 있었던 조사 책임자에게서 많은 증언이 있었다. 작가는 보고서 자체 및 보고서에 수반되는 위원회의 보도자료와 보고서 내용을 설명하는 뉴욕 타임즈 뉴스 기사를 기반으로 기사를 작성했다고 증언하였다. 그는 "주장된"(alleged) 및 "소장"(complaint)라는 단어의 의미를 알고 있다고 인정했지만, 보고서의 전체 맥락을 고려할 때 타임지 기사의 내용이 허위가 아니라고 부인하였다. 조사 책임자는 당시 경찰의 급습과 관련하여 먼로의 주장을 설명하는 여러 신문 기사와 페이프의 이전 경력을 설명하는 여러 신문 기사를 참조했다고 증언하였다. 조사 책임자는 또한 타임지의 시카고 특파원이 작성한 두 개의 문건을 읽었는데 그 중 하나는 먼로의 혐의에 대해 아무런 언급도 하지 않고 있는 반면, 다른 하나는 해당 사건이 실제로 일어났다고 주장하고 있다고 말했다. 조사 책임자는 타임지 기사에 "주장된"(alleged)이라는 단어가 생략되었다는 것을 알았다고 인정하였지만, 당시 기사의 내용이 사실이라고 믿었다고 말했다.

위와 같은 증거와 증언을 근거로 하여 연방 1심 법원은 타임지의 판사재판신청(motion for a directed verdict)[194]을 인정하였고, 페이프 수사관은 이에 세 번째로 항소하였다. 항소법원은 타임지가 기사에서 "주장된"(alleged)이라는 단어를 생략한 것이 실질적 악의(actual malice)를 보여주는 것인지 여부는 배심원의 결정 사항이라고 판단하면서 연방 1심 법원의 판결을 다시 뒤집었다.

2) 연방 대법원의 결정 요지

연방 1심 법원 및 항소법원 모두 페이프가 시카고 경찰서의 수사관으로서 공직자(public official)에 해당되며, 타임지 기사의 내용이 페이프 수사관의 공적인 업무 수행(official conduct)을 다루고 있다는 점에 대해서는 인정하였으나, 본 케이스에 뉴욕 타임즈 케이스에서 확립된 실질적 악의 기준(actual malice standard)을 적용할 것인지 여부에 대해서는 서로 다른 견해를 가지고 있다고 판단하였다.

연방 1심 법원의 결정을 뒤집은 항소법원의 판단이 헌법상 합당한 것이었는지 여부

194 "[부록]미국 법률 용어"에서 자세한 설명을 확인하기 바란다.

에 대해 검토하기 전에 다음과 같이 본 케이스가 일반 명예훼손 케이스와 다른 점에 대한 이해가 필요하다고 보았다. 첫 번째로 소송에서 쟁점이 된 출판물은 먼로 사건에 대한 타임지의 독자적인 보도 기사가 아니라 먼로 사건에 대해 위원회가 말했던 내용을 보도한 기사였다는 것이다. 두 번째로 명예훼손에 대한 손해배상은 단순히 타임지가 먼로 사건을 기사로 게재한 것에서 비롯된 것이 아니라 권위있는 보고서에서 먼로 사건을 비난하고 있다는 것을 타임지가 기사로 게재한 것에서 비롯되었다는 것이다. 마지막으로 타임지는 선의에 의한 오류(good-faith error)나 단순 과실을 주장하지 않았다는 것이다. 기사의 저자 및 연구원 모두 기사 게재 당시에 위원회의 보고서에 적힌 표현이 원본과 상당히 다르다는 것을 알고 있었지만 실제 의미는 달라지지 않았다고 주장한 것이다.

항소법원은 "주장된"(alleged) 혹은 이와 유사한 단어의 생략이 타임지의 기사가 허위임을 명백하게 보여주는 것이라고 판단하였다. 기사 작성 중에 고의적으로 해당 단어가 생략되었다는 것이 인정된 상황에서 유일한 의문점은 허위 내용을 유포하여 상대방에게 해를 입히려는 의도 즉, 타임지의 행동에 악의(malice)가 있었는지 여부였다. 항소법원은 상대방에게 해를 입히려는 의도는 고의적인 단어 생략에서 합리적으로 추론될 수 있으며 악의(malice)에 해당되는지 여부는 배심원의 판단에 의해 결정된다고 보았다.

하지만 항소법원의 이러한 판단은 명예훼손 현장을 직접적으로 목격한 사람 혹은 명예를 훼손당한 당사자를 대변하는 사건을 직접적으로 설명한 경우에 적합할 뿐 본 케이스에는 적합하지 않다는 것이다. 예를 들어, St. Amant 케이스에서 아만트가 연설에서 발표한 부패 및 공직자 비리 혐의가 진실인지에 대한 의문과 아만트가 그 혐의가 진실이라고 믿게 된 합당한 근거가 있었는지 여부에 대한 의문은 서로 다르다는 것이다.[195]

한편, 본 케이스와 같이 뉴스 가치가 있는 사건에 대해 누군가가 말한 것을 간접적으로 보도한 경우에는 무엇이 진실인지에 대해 복잡한 문제를 야기한다는 것이다.[196] 즉, 뉴스의 내용이 특정 사실을 주장하는 경우에는 문제가 없지만 기사의 출처 자체가 대중에게 공개된 정보를 검증하는 것과 관련이 있는 경우에는 문제가 복잡해진다는 것

195 Analysis of this kind may be adequate when the alleged libel purports to be an eyewitness or other direct account of events that speak for themselves. For example, in St. Amant, supra, it made good sense to separate the question of the truth of St. Amant's charges of corruption and official misbehavior from the question of whether he had an adequate basis to believe them true. See Time, Inc. v. Pape, 401 U.S. 279, 285 (1971).

196 The question of the "truth" of such an indirect newspaper report presents rather complicated problems. See Time, Inc. v. Pape, 401 U.S. 279, 286 (1971).

이다. 출처에 적힌 단어를 똑같이 인용할 수 없다면 작가는 적절한 단어를 사용해서 이를 설명할 수밖에 없는데 위원회의 보고서는 이러한 문제의 대표적인 예로 볼 수 있다는 것이다.

보고서에 언급된 내용들을 전체적으로 검토해 볼 때,197 타임지가 기사에서 먼로 사

---

197 First, the episodes were presented in the context of a report which from the first page purported to be dealing with a problem of unquestionable reality and seriousness:

"In 1931 President Hoover's Wickersham Committee found extensive evidence of police lawlessness, including unjustified violence. Sixteen years later another Presidential Committee, this one appointed by President Truman, concluded that police brutality, especially against the unpopular, the weak, and the defenseless, was a distressing problem. And now in 1961 this Commission must report that police brutality is still a serious problem throughout the United States." Justice 1.

Two pages later, the report said that

"The Commission is particularly impressed by the fact that most police officers never resort to brutal practices. Because of this fact, instances of brutality or discrimination in law enforcement stand out in bold relief. It is hoped that by focusing the attention of the President, the Congress, and the public on these remaining incongruities, this Report may contribute to their correction."

This process of focusing attention began on the next Page with the chapter heading, in large type: "UNLAWFUL POLICE VIOLENCE." There followed the crucial description of the foundations on which the ensuing reports were based:

"In the text of this chapter the Commission briefly describes the alleged facts in 11 typical cases of police brutality. They are presented in the belief that they contribute to an understanding of the problem. The allegations of misconduct are supported in several cases by criminal convictions or findings by impartial agencies; in others, by sworn testimony, affidavits from eye witnesses, or by staff field investigations. In no case has the Commission determined conclusively whether the complainants or the officers were correct in their statements. This is the function of a court. The Commission is of the opinion, however, that the allegations appeared substantial enough to justify discussion in this study."

This statement may fairly be characterized as extravagantly ambiguous. On the one hand, what was to follow was "11 typical cases of police brutality," each of which "contribute[s] to an understanding of the problem," and was "substantial enough to justify discussion" in the study. A range of sources was described, each of a nature to inspire confidence in the reader. But, the reader was nonetheless told that these were "alleged facts," "allegations of misconduct," which had not been "determined conclusively" to be "correct." The suggestion that such a conclusive determination could be made only by a court capped the confusion: in context it was impossible to know whether the Commission was seeking to encourage belief or skepticism regarding the incidents about to be described.

Turning the page, the reader was confronted with another heading in capitals, "PATTERNS OF POLICE BRUTALITY," and then the descriptions of the various incidents began. Each had an italicized heading (e. g., "The killing of a Negro in Georgia: 1943") followed by an account giving both sides of the story and carefully describing all facts as "alleged" or using direct quotations. The tone of total neutrality as to the truth or falsity of the claims of brutality was frequently marred, however, by remarks that appeared to indicate the Commission's unexpressed views. At the end of a description entitled "The killing of a Negro in Georgia: 1958," for example, the report said, "[n]o local disciplinary or criminal action 가as taken against any of the officers involved. The attitude of local authorities toward police was protective in this and

건에 대해 다루면서 "주장된"(alleged)이라는 단어를 사용하지 않은 채 관련 내용을 보도했다고 해서 타임지의 실질적 악의(actual malice)가 인정된다고 보기 어렵다는 것이다.

타임지의 저자는 보도 당시 위원회가 설명한 대로 사건이 일어났다고 믿었기 때문에 기사에서 "주장된"(alleged)이라는 단어를 생략했지만 허위로 게재한 것은 아니라고 증언하였다. 타임지의 조사 책임자에 따르면 당시 페이프 수사관의 이전 경력뿐만 아니라 시카고 지역의 타임지 소속 특파원으로부터 두개의 문건과 먼로 사건에 대한 신문 기사들을 읽었는데 위원회가 먼로의 혐의를 사실로 받아들였다고 생각할 수 있는 근거들이 훨씬 많았다는 것이다.

타임지가 "주장된"(alleged)이라는 단어를 생략한 것은 가능한 여러 합리적인 해석 중 하나를 채택한 것일 뿐이며, 특정 해석을 선택함으로써 의미상 오해의 소지가 있을 수는 있지만 타임지에게 악의(malice)가 있었는지 여부에 대해 배심원의 판단이 요구될 정도로 오류가 크지 않다는 것이다. 오히려 기사에서 "주장된"(alleged)이라는 단어가 생략되었다는 이유로 악의(malice)에 해당되는지 여부를 배심원에게 결정하도록 허용하는 것은 오류 정도에 비해 훨씬 엄격한 기준을 적용한 것에 해당된다는 것이다.

뉴욕 타임즈 케이스에 따르면, 사실을 기반으로 한 모든 주장에 대해 진실을 밝힐 것을 요구함으로써 언론사를 상대로 사실상 무제한적인 명예훼손 소송을 제기할 수 있도록 허용할 경우 언론사가 자기 검열(self-censorship)에 빠지게 될 위험이 있다고 판단하였다. 따라서 언론사의 실질적 악의 기준(actual malice standard)을 입증한 원고에 한해서만 명예

---

several other cases of alleged brutality that occurred within a brief period … ." Id., at 11.
The description of the Monroe incident bore the italicized title: "Search, seizure, and violence: Chicago, 1958." Unlike the reports of the other incidents, however, this report limited itself to the summary of a plaintiff's complaint in a lawsuit, as indicated at the outset of this opinion. No attempt was made to give any other version of the story, and the next report ("The killing of a Negro in Cleveland: 1959") followed immediately after the end of the quotation.
In a chapter entitled "Conclusions," the Commission set forth its findings and recommendations. These included a finding that "police brutality by some State and local officers presents a serious and continuing problem in many parts of the United States. Both whites and Negroes are the victims, but Negroes are the victims of such brutality far more, proportionately, than any other group in American society." The recommendations included proposals for a grant-in-aid program to improve the quality of state and local police forces and for passage of a federal statute outlawing illegal police violence. Id., at 109-112. Since the series of incidents described earlier in the report was the only evidence the Commission presented in support of its findings and recommendations, there was a logically inevitable implication that the Commission must have believed that the incidents described had in truth occurred. See Time, Inc. v. Pape, 401 U.S. 279, 286-289 (1971).

훼손으로 인한 손해배상 청구가 가능하도록 제한을 두고 있다는 것이다. 즉, 언론사의 단순 과실에 의해 일부 허위 내용이 게재된 경우에는 연방 헌법 제1조에 따른 보호를 받을 수 있다는 것이다.[198]

St. Amant v. Thompson에 따르면, 원고가 언론사의 실질적 악의(actual malice)를 입증하려면 허위 가능성에 대한 높은 수준의 인지를 가지고 해당 기사를 게재하였다는 것을 보여주어야 한다고 판단하였다. 특히 실질적 악의(actual malice) 중에서 미필적 고의(reckless disregard)는 일반적인 주의 의무를 준수한 편집자에 의해 게재되었는지 혹은 해당 기사를 게재하기 전에 기사의 내용을 미리 조사했는지 여부에 따라 결정되지 않고, 편집자가 기사를 게재할 당시 해당 기사의 근간이 되는 진실에 대해 심각한 의심을 품고 있었다는 것을 보여주는 충분한 증거가 있어야만 인정된다는 것이다.[199]

위 기준들을 위원회의 보고서 내용을 자체 해석한 타임지 기사에 적용해보면, 타임지가 미필적 고의(reckless disregard)를 가지고 해당 기사를 게재하였다고 볼 수 없다는 것이다. 위원회의 보고서 내용이 전체적으로 명확하지 않은 점 및 타임지 저자와 조사 책임자의 증언 내용을 고려해 볼 때 타임지 기사는 보고서의 내용이 사실이라고 믿었던 타임지 관계자의 잘못된 믿음에서 비롯된 것에 불과하다는 것이다. 또한 뉴욕 타임즈 케이스

198 With respect to errors of fact in reporting events, we said in New York Times:
"A rule compelling the critic of official conduct to guarantee the truth of all his factual assertions— and to do so on pain of libel judgments virtually unlimited in amount—leads to … 'self-censorship.' Allowance of the defense of truth, with the burden of proving it on the defendant, does not mean that only false speech will be deterred. Even courts accepting this defense as an adequate safeguard have recognized the difficulties of adducing legal proofs that the alleged libel was true in all its factual particulars. … Under such a rule, would-be critics of official다conduct may be deterred from voicing their criticism, even though it is believed to be true and even though it is in fact true, because of doubt whether it can be proved in court or fear of the expense of having to do so." 376 U. S., at 279. See Time, Inc. v. Pape, 401 U.S. 279, 290 (1971).

199 In St. Amant v. Thompson, supra, at 731, we said:
"Our cases … have furnished meaningful guidance for the further definition of a reckless publication. In New York Times, supra, the plaintiff did not satisfy his burden because the record failed to show that the publisher was aware of the likelihood that he was circulating false information. In Garrison v. Louisiana, 379 U. S. 64 (1964) … the opinion emphasized the necessity for a showing that a false publication was made with a 'high degree of awareness of … probable falsity.' 379 U. S., at 74… . These cases are clear that reckless conduct is not measured by whether a reasonably prudent man would have published, or would have investigated before publishing. There must be sufficient evidence to permit the conclusion that the defendant in fact entertained serious doubts as to the truth of his publication. Publishing with such doubts shows reckless disregard for truth or falsity and demonstrates actual malice." See Time, Inc. v. Pape, 401 U.S. 279, 291-292 (1971).

에서 확립된 바와 같이 언론 출판의 자유를 지켜내기 위해서는 허위에 기반한 기사라고 하더라도 연방 헌법 제1조의 보호가 주어져야 한다는 것이다.

결론적으로, 언론사를 상대로 한 명예훼손 소송에서 언론사의 단순 과실에 의한 허위 유포만으로는 손해배상의 책임을 물을 수 없고, 언론사의 실질적 악의(actual malice)를 입증하여야 한다는 것이다. 즉, 원고는 언론사가 기사를 게재할 당시에 허위 가능성에 대한 높은 수준의 인지를 가지고 있었거나, 혹은 진실 여부에 대해 심각한 의심을 품고 있었다는 것을 충분한 증거를 통해 입증하여야만 피고의 실질적 악의(actual malice)가 인정되어 손해배상을 청구할 수 있다는 것이다.

따라서 인용된 기사에서 "주장된"(alleged)이라는 단어를 생략한 것이 실질적 악의(actual malice)를 보여주는 것으로 볼 수 없기 때문에 이와 관련하여 배심원의 판단을 받을 필요가 없다고 결정한 원심의 판단은 타당하다.

"Time, Inc. v. Pape 케이스에서 연방 대법원은 페이프 수사관이 저지른 인권 침해를 설명하는 위원회 보고서에 대한 설명에서 기자가 "주장된"(alleged)이라는 단어를 고의로 생략한 것이 실질적 악의(actual malice)를 성립시키기에 충분하지 않다고 판단하였다. 이러한 연방 대법원의 판단은 기자가 의도적으로 단어를 생략했지만 위원회는 페이프 수사관이 실제로 인권법을 위반했으며, 이에 대한 설명이 사실이라고 믿었기 때문이라는 타임지의 반론에 근거하였다. 연방 대법원은 "주장된"(alleged)이라는 단어가 생략되었다는 사실을 알고 있는 것은 마치 모호하게 작성된 문서에 대해 추측할 수 있는 여러가지 합리적인 해석 중 하나를 채택한 것과 같다고 판단하였다. 이러한 해석을 의도적으로 선택한 것은 틀림없이 오해를 불러 일으킬 수 있지만 뉴욕 타임즈 케이스에 따라 악의(malice)에 해당하는지 여부를 배심원에게 판단하라고 하기에는 충분하지 않다고 보았다."200

Simmons Ford, Inc. v. Consumers Union of U.S., 516 F.Supp.742, 749–750 (S.D.N.Y. 1981).

200 In Time, Inc. v. Pape, the Supreme Court found actual malice lacking when a reporter knowingly omitted the word "alleged" from his account of a Commission report describing a civil rights violation committed by Pape. The finding was based on Time, Inc.'s defense that although its reporter knowingly omitted the word, he did so because he thought the Commission believed Pape actually had committed the violation and thus that the account was true. The Supreme Court held that the knowing "omission of the word 'alleged' amounted to the adoption of one of a number of possible rational interpretations of a document that bristled with ambiguities. The deliberate choice of such an interpretation, though arguably a misconception, was not enough to create a jury issue of 'malice' under New York Times." See Simmons Ford, Inc. v. Consumers Union of U.S., 516 F.Supp.742, 749-750 (S.D.N.Y. 1981).

"기사 내용이 모호한 사실을 잘못 해석한 것이라는 점만으로는 실질적 악의(actual malice)에 해당된다고 볼 수 없다."[201]

Torgerson v. Journal/Sentinel, Inc., 210 Wis.2d 524, 563 N.W.2d 472, 542 (1997).

201 Nor can actual malice be imputed from the mere fact that a published statement proves to be an erroneous interpretation of an ambiguous set of facts. Time, Inc. v. Pape, 401 U.S. 279, 290-92 (1971). See Torgerson v. Journal/Sentinel, Inc., 210 Wis.2d 524, 563 N.W.2d 472, 542 (1997).

2 Herron v. Tribune Publishing Co. (워싱턴주 대법원, 108 Wn.2d 162, 736 P.2d 249, 1987)

본 케이스는 1979년 8월에 타코마 뉴스 트리뷴(Tacoma News Tribune)에 게재된 기사에 대해 트리뷴(Tribune) 신문사와 그 기자 중 한 명인 리처드 사이퍼(Richard Sypher, 이하 "사이퍼")를 상대로 전 피어스(Pierce) 카운티 검사였던 돈 헤런(Don Herron, 이하 "헤런")이 제기한 명예훼손 사건이다. 본 케이스의 주된 이슈는 헤런이 신문사의 실질적 악의(actual malice)를 입증할 수 있는 충분한 증거를 제시하였는지 여부 및 로널드 롭(Ronald Lopp, 이하 "롭")의 주민소환신청(recall petition)[202]에 대한 내용을 기초로 기사를 작성한 신문사가 방어방법으로 조건부 특권(conditional privilege)을 주장할 수 있는지 여부이다.

워싱턴주 대법원은 헤런에 관해 신문사가 게재한 4개의 내용 중 조지 더처(George Dutcher, 이하 "더처")에 대한 선고에 대해서만 명예훼손에 해당한다고 판단하였고, 나머지 리처드 칼리구리(Richard F. Caliguri, 이하 "칼리구리")에 대한 폭행 혐의 기각, 롭의 장물 취득죄 기소, 주민소환신청(recall petition)에 언급된 범죄 행위에 대한 책임 전가에 대해서는 헤런이 신문사의 실질적 악의(actual malice)를 입증할만한 증거를 충분히 제시하지 못하였다고 판단하였다.

1) 사실 관계

1979년 8월, 롭이 당시 피어스(Pierce) 카운티 검사였던 헤런을 상대로 주민소환신청(recall petition)을 제출하였다. 트리뷴 신문사(이하 "신문사")의 기자인 사이퍼와 신문사의 다른 직원은 주민소환신청(recall petition)의 내용 및 관련 혐의를 둘러싼 정황에 대해 다룬 기사와 사설을 작성하였다.[203] 그 기사는 롭이 주민소환신청(recall petition)을 제출한 날로부터 약 1주일간 매일 게재되었다. 주민소환신청(Recall petition)의 내용 중 가장 많은 취재 요청을 받았고, 문제가 되었던 부분은 무능한 검사 헤런이 재량권을 남용해 왔고, 괴롭힘과 차별적 기소에 가담했다는 주장들이었다. 신문사는 주민소환신청(recall petition)의 내용뿐만 아니라 이러한 주장들과 밀접한 관련이 있는 외부 사실들에 대해 보도하였다. 헤런

202 "[부록]미국 법률 용어"에서 자세한 설명을 확인하기 바란다.

203 The articles were headlined "Recall petition filed against Herron", "Attempt to recall prosecutor not a surprise", "Legal advice asked in Herron recall", "Herron faces more recall charges", "Commissioners still awaiting word on Herron recall", "Herron disqualification asked", and "Herron turns over recall decision". The editorial was entitled "Don Herron's quandary". See Herron v. Tribune Publishing Co., 108 Wn.2d 162, 164 [2], 736 P.2d 249 (1987).

과 그의 부인은 특히 (1) 더처에 대한 선고,[204] (2) 칼리구리에 대한 폭행 혐의[205] 기각, (3) 롭의 장물 취득죄 기소,[206] (4) 주민소환신청(recall petition)에서 언급된 범죄 행위에 대한 책임 전가[207]를 다룬 신문사의 기사 내용이 헤런의 명예를 훼손했다는 이유로 소장을 제출하였다.

2) 워싱턴주 대법원의 결정 요지

1. 실질적 악의(actual malice)

본 케이스의 주된 이슈는 헤런 측에서 신문사의 실질적 악의(actual malice)를 입증하기에 충분한 증거를 제시하였는지 여부 및 신문사의 실질적 악의(actual malice)가 인정된 경우 신문사는 이에 대한 방어 방법으로 특권(privilege)을 주장할 수 있는지 여부에 있다는 것이다. 그런데 헤런 측은 더처에 대한 선고를 제외하고 제시한 나머지 사실들에 대한 신문사의 실질적 악의(actual malice)를 명백하고 확실한 증거(clear and convincing evidence)를 사용하여 충분히 입증하지 못하였다는 것이다. 또한 신문사의 실질적 악의(actual malice)가 인정된 더처 사건의 경우 신문사의 기사는 조건부 특권(conditional privilege)에 의해 보

---

204 One of the defamatory allegations the Tribune published was that Don Herron's office acted incompetently at the sentencing hearing of George Dutcher. Dutcher had been prosecuted in Pierce County for manufacturing illegal drugs. Lopp charged in his petition, and the defendants reported the charge, that although Dutcher's manufacturing operation was extensive, the prosecutor's office failed to inform the sentencing judge of that fact, with the consequence that the judge imposed only a 60-day jail term on Dutcher. Sypher's article stated that "Herron's failure to prosecute with 'vigor and zeal undermines the credibility of his office,' the [recall] petition contends." Tribune, Aug. 17, 1979, at 1 (market final ed.). In addition to describing the contents of the petition, the article observed that Lopp's charges "echoed police statements that Dutcher had operated one of the largest illegal drug laboratories in Pierce or King counties." Tribune, supra. See Herron v. Tribune Publishing Co., 108 Wn.2d 162, 173, 736 P.2d 249 (1987).

205 The second alleged defamatory statement discussed on appeal is the Tribune's report of the recall petition charge that Herron, "in reducing and later agreeing to dismiss an assault charge involving racketeer Richard F. Caliguri, [was] guilty of 'deliberate and extreme abuse' of prosecutorial discretion." Tribune, Aug. 17, 1979, at 1 (market final ed.); see also Tribune, Aug. 25, 1979, at 1 (final ed.). See Herron v. Tribune Publishing Co., 108 Wn.2d 162, 174, 736 P.2d 249 (1987).

206 The plaintiffs claim that Lopp made the defamatory charge, which the defendants republished, that Don Herron had "[used] his office to harass Lopp by continuing to pursue a possession of stolen property charge against [Lopp] which eventually was dismissed." See Appellants' Clerk's Papers, at 18. See Herron v. Tribune Publishing Co., 108 Wn.2d 162, 175, 736 P.2d 249 (1987).

207 The plaintiffs contend that several of the Tribune articles, and in particular the headline "Herron disqualification asked", impute improper and even criminal activity to Don Herron. See Herron v. Tribune Publishing Co., 108 Wn.2d 162, 176, 736 P.2d 249 (1987).

호된다는 것이다.[208]

먼저 실질적 악의(actual malice)에 대한 주 대법원의 검토 기준에 대해 살펴보면, 공직자(public official)의 공적인 업무 수행(official conduct)과 관련된 명예훼손 주장의 경우 뉴욕타임즈 케이스에 따라 원고인 공직자(public official)가 신문사가 실질적 악의(actual malice)를 가지고 명예를 훼손하는 기사를 게재하였다는 것을 입증하여야 한다는 것이다. 이때 실질적 악의(actual malice)에 대한 원고의 입증 정도는 일반 민사 소송에서 요구하는 증거의 우위(preponderance of the evidence)[209]가 아닌 명백하고 확실한 증거(clear and convincing evidence)에 해당되어야 하며, 이러한 원고의 입증 책임은 일반 재판 뿐만 아니라 본 케이스와 같은 중간판결(summary judgment)의 경우에도 동일하게 적용된다는 것이다.[210]

공인(public figure)에 대한 명예훼손 소송 시 피고가 실질적 악의(actual malice)를 가지고 있었는지 여부를 판단할 때에도 피고의 악의(ill-will) 혹은 증오심만으로는 부족하고, 신문에 게재할 당시에 해당 내용이 허위임을 알았거나 혹은 진실 여부에 대해 미필적 고의(reckless disregard)를 가지고 게재하였다는 것이 입증되어야 한다는 것이다.

또한 피고가 실질적 악의(actual malice)를 가지고 있었는지 여부는 신문사가 기사 내용을 뒷받침하는 사실에 대해 조사하지 않았다거나 혹은 기사 게재 당시 신문사의 단순 과실이 있었다는 것만으로 입증될 수 없으며, 신문사가 해당 기사의 게재 당시에 진실에 대한 심각한 의심을 가지고 있었다는 것을 공인(public figure)인 원고가 입증하여야 한다는 것이다.[211]

---

208 The principal issues here are whether the plaintiffs provided the trial court with evidence of actual malice sufficient to withstand the summary judgment motion and, if so, whether any privilege attached to the newspaper articles based on their reporting on the contents of a recall petition. We hold that with one exception the plaintiffs did not meet their burden of proof on the element of actual malice and that in the one instance where they raised a triable inference of actual malice the defendants are protected by a conditional privilege. See Herron v. Tribune Publishing Co., 108 Wn.2d 162, 163-164, 736 P.2d 249 (1987).

209 "[부록]미국 법률 용어"에서 자세한 설명을 확인하기 바란다.

210 The burden of proof for the element of actual malice is "clear and convincing evidence", not the less stringent "preponderance of the evidence" burden ordinarily required in civil suits. New York Times, at 285-86. This heavier burden is imposed at the summary judgment stage as well as at trial; to survive a defendant's summary judgment motion for dismissal, the plaintiff must offer evidence sufficient to permit a reasonable trier of fact to find clear and convincing proof of actual malice. Anderson v. Liberty Lobby, Inc., ___ U.S. ___, 91 L.Ed.2d 202, 215, 106 S.Ct. 2505 (1986). See Herron v. Tribune Publishing Co., 108 Wn.2d 162, 169-170, 736 P.2d 249 (1987).

211 The actual malice element is not proved by showing that the publisher failed to investigate the basis for his statements or that a more prudent person would have refrained from such publications; the public

이는 공인(pubic figure)을 비판하는 비평가들이 기사의 진실에 대해 조사하거나 혹은 기사의 출처가 되는 정보들을 입증해야 할 의무는 없지만, 신문사가 허위임을 실제로 알았거나 혹은 진실 여부에 대해 미필적 고의(reckless disregard)를 가지고 허위 내용을 게재한 경우에는 헌법에서 보장하고 있는 언론 출판의 자유를 제한하고 신문사에게 그에 따른 책임이 부과될 수 있음을 의미한다는 것이다.[212]

한편 원고에 대한 피고의 과실, 기초 사실에 대한 조사 실패, 분노 혹은 적대감, 신뢰할 수 없는 출처에 대한 믿음과 같은 요소 하나만으로는 실질적 악의(actual malice)를 입증하기가 어렵지만, 이러한 요소들이 누적되고 실질적 악의(actual malice)에 대한 명확하고 확실한 추론이 성립될 수 있는 여러 정황들이 뒷받침되는 경우에는 입증이 가능하다는 것이다.[213]

신문사 측의 실질적 악의(actual malice)에 대한 증거를 검토할 때 다음의 상황에 주목할 필요가 있다. 기자가 취재원인 롭을 두고 정보의 출처로서 항상 신뢰할 수 있는 사람은 아니라고 인정한 사실, 피고 측에서 롭의 주민소환신청(recall petition)에 대해 독자적으로 조사를 하지 않았다는 것을 인정한 사실, 신문사 측이 헤런이 공직에서 해임되기를 원했다는 헤런 측의 주장에 대해 이의를 제기하지 않은 사실이 있었다는 것이다. 그런데 기자는 진술서에서 롭이 제기한 혐의에 헤런에 대한 허위 내용이 포함되어 있다고 믿게 된

---

figure plaintiff must show that the publisher did "in fact [entertain] serious doubts as to the truth of his publication." (Italics ours.) St. Amant v. Thompson, 390 U.S. 727, 731, 20 L.Ed.2d 262, 88 S.Ct. 1323 (1968). The fact that prior to publication the plaintiff denied the defamatory allegations does not in itself demonstrate "serious doubts". Edwards v. National Audubon Soc'y, Inc., 556 F.2d 113, 121 (2d Cir.), cert. denied sub nom. Edwards v. New York Times Co., 434 U.S. 1002 (1977). The standard is a subjective one. See St. Amant v. Thompson, supra; see also Schiavone Constr. Co. v. Time, Inc., 619 F. Supp. 684, 707 (D.N.J. 1985). See Herron v. Tribune Publishing Co., 108 Wn.2d 162, 171, 736 P.2d 249 (1987).

212 Thus, the public figure's critics have no affirmative duty to search out the truth or to substantiate their statements, nor are they required to corroborate their sources' information. The only limitation on free expression is liability imposed for false and damaging statements made with actual knowledge of or in reckless disregard of their falsity. See Garrison, at 79. See Herron v. Tribune Publishing Co., 108 Wn.2d 162, 171, 736 P.2d 249 (1987).

213 Moreover, although negligence, a failure to investigate, anger or hostility toward the plaintiff, or reliance on sources known to be unreliable would each alone be insufficient proof, when viewed cumulatively and in appropriate circumstances they may establish a clear and convincing inference of actual malice. See Goldwater v. Ginzburg, 414 F.2d 324, 342 (2d Cir.1969), cert. denied, 396 U.S. 1049 (1970); Reader's Digest Ass'n v. Superior Court, 37 Cal.3d 244, 257-58, 690 P.2d 610, 208 Cal. Rptr. 137 (1984), cert. denied sub nom. Synanon Church v. Reader's Digest Ass'n, 106 S.Ct. 3307 (1986). See Herron v. Tribune Publishing Co., 108 Wn.2d 162, 172, 736 P.2d 249 (1987).

사실이나 정황에 대해서는 알지 못했다고 진술하였다는 것이다.

헤런 측이 소장에서 제기한 각 이슈에 대해 신문사의 실질적 악의(actual malice)가 인정되는지 여부를 살펴보면 다음과 같다.

(1) 더처에 대한 선고

헤런 측이 명예훼손을 당했다고 주장하는 첫 번째 내용은 더처의 선고 공판에서 헤런이 검사로서의 임무를 제대로 수행하지 못하고 무능하게 대처하였다는 것이었다. 당시 상황은 이러했다.

더처는 피어스(Pierce) 카운티에서 불법 마약을 제조한 혐의로 기소되었다. 롭은 주민소환신청(recall petition)에서 혐의를 제기하였다. 이를 바탕으로 신문사 측은 더처의 마약 제조 및 운영이 광범위하게 이루어지고 있었지만 담당 검사는 그 사실을 판사에게 알리지 않았고, 그 결과 더처에게 60일의 징역형만 부과되었다고 보도하였다. 해당 기사에서는 더처의 기소 실패가 주민소환신청(recall petition)의 주장과 같이 헤런이 검사로서 역할을 제대로 하지 않아 신뢰를 떨어뜨리게 하였다고 서술하였다. 해당 기사는 또한 롭이 제기한 혐의는 더처가 피어스(Pierce) 혹은 킹(King) 카운티에서 가장 큰 불법 마약 실험실 중 하나를 운영해 왔다는 경찰의 진술과 일치한다고 언급하였다.

헤런 측은 더처의 마약 제조 및 운영 사실에 대해 판사에게 충분히 알렸고, 판사가 이 사실을 알고 있었다는 것을 사이퍼는 알고 있었다고 주장하였다. 변론(hearing)[214] 당시 판사가 해당 내용을 알고 있었으며, 사이퍼가 당시 변론(hearing)에 참석하였다는 것을 확인한 헤런의 진술서는 헤런 측에 의해 이같은 주장을 뒷받침하는 근거로 제시되었다. 반면, 신문사 측은 당시 사이퍼가 변론(hearing)에 참석한 사실에 대해서는 인정하면서도 판사가 변론(hearing) 당시에 더처의 불법 마약 제조 및 운영 사실을 알고 있었다는 주장을 반박할 만한 어떠한 증거도 제시하지 못했다는 것이다.

이에 대해 사이퍼는 본인의 진술서에서 롭에 의해 제기된 혐의가 허위 내용을 포함하고 있다고 믿을 만한 사실이나 정황을 알지 못한다고 진술하였다. 그러나 주 대법원은 합리적인 배심원이라면 변론(hearing) 당시에 제시된 모든 진술을 검토한 결과 롭이 주민소환신청(recall petition)에서 더처의 선고에 대해 주장한 혐의는 허위에 해당하며, 사이퍼는 해당 혐의가 허위였음을 이미 알고 있었다는 결론을 내렸을 것이라고 판단하였다. 따라서 이 부분에 관해서는 헤런에 대한 명예훼손이 인정된다는 것이다.

214 "[부록]미국 법률 용어"에서 자세한 설명을 확인하기 바란다.

(2) 칼리구리에 대한 폭행 혐의 기각

헤런 측이 명예훼손을 당했다고 주장하는 두 번째 내용은 헤런이 칼리구리가 연루된 폭행 혐의를 축소하고 기소하지 않기로 결정하였는데 이는 검찰의 재량권을 고의적으로 과도하게 남용한 것이라는 주민소환신청(recall petition)의 내용을 신문사가 보도한 것이었다.

헤런 측이 검사가 폭행 혐의를 기소하지 않기로 결정하였고 사이퍼가 그 사실을 알고 있었다고 주장하였지만 그들의 주장을 뒷받침할 수 있는 어떤 특정 증거도 제출된 것이 없다는 것이다. 사이퍼가 롭이 주장하는 혐의가 허위였다는 것을 알았거나 혹은 진실에 대한 미필적 고의(reckless disregard)를 가지고 있었다는 것을 입증할 만한 명백하고 확실한 증거(clear and convincing evidence)가 없다면 신문사에게 실질적 악의(actual malice)가 인정된다고 합리적으로 추론할 수 없다는 것이다.

(3) 롭의 장물 취득죄 기소

헤런 측이 명예훼손을 당했다고 주장하는 세 번째 내용은 헤런 검사가 롭을 괴롭힐 목적으로 롭에게 장물 취득죄를 적용하려고 시도하였지만 결국 기각 처리되었다고 신문기사에서 보도한 것이다.

헤런 측은 실질적 악의(actual malice)에 대한 증거로 다음과 같은 사실을 주장하는 헤런의 진술서를 제출하였다. 1) 롭은 주 소유 재산을 절도한 혐의로 1978년에 체포되었고, 2) 해당 혐의로 유죄가 인정되었으며, 3) 그는 기자에게 그의 절도 사실을 인정하였다. 그런데 기사에서는 헤런 측이 이의를 제기하지 않은 사실을 근거로 헤런이 롭의 무죄 판결을 인정했다고 언급한 것이다.

헤런 측 주장의 문제점은 롭을 기소하기로 한 결정이 롭을 괴롭히려는 목적 외에 다른 이유에서 기인했다는 어떠한 증거도 제시하지 못했다는 것이다. 롭이 절도죄를 저질렀다는 사실이 괴롭힘이나 검찰의 재량권 남용을 입증하는 증거에 해당되지 않는다는 것이다. 설령 롭의 기소가 정당하게 이루어졌다고 가정하더라도 신문사가 괴롭힘과 관련된 주장이 허위임을 알았다거나 혹은 진실 여부에 대해 미필적 고의(reckless disregard)를 가지고 해당 내용을 보도하였다고 볼 수 있는 어떤 증거도 없다는 것이다.

(4) 헤런에게 범죄 행위에 대한 책임 전가

헤런 측이 명예훼손을 당했다고 주장하는 네 번째 내용은 신문사가 여러 기사 및 헤드라인에서 헤런의 자격 박탈이 요청된다고 보도한 것이 부적절할 뿐만 아니라 범죄 행위에 대한 책임까지도 헤런에게 전가시킨 것에 해당한다는 것이다.

헤런의 자격 박탈 요청이라는 헤드라인의 기사는 주민소환신청(recall petition)에 거론된 혐의로 주민소환이 가능한지 여부에 대해 헤런이 스스로 결정하지 못하도록 자격을 박탈해야 한다는 피어스(Pierce) 카운티 위원장의 요구에 의한 것이었다. 해당 기사는 헤런 자신이 주민소환의 대상이 되었을 때 본 건 문제에 대해 결정하게 할 경우 이해관계가 상충된다는 점에 기초하여 위원장이 헤런의 자격 박탈을 권고하였다고 밝혔다. 그러나 위원장이 해당 혐의가 사실이라고 믿었기 때문에 헤런의 자격 박탈을 권고하였다는 점과 관련해서는 어떠한 내용도 찾아볼 수 없다는 것이다.

헤런 측은 소장에 인용된 다른 많은 기사들이 헤런에게 범죄 행위에 대한 책임을 돌리고 있다고 주장해 왔지만 항소 당시 명예훼손에 해당되는 특정 진술 혹은 기록상 이를 구체적으로 인용하고 있는 특정 진술을 발견하지 못했다는 것이다. 따라서 헤런 측은 신문사의 실질적 악의(actual malice)를 입증하기 위해 요구되는 명백하고 확실한 증거(clear and convincing evidence)를 제시하지 못했다는 것이다.

2. 주민소환신청 특권(Recall Petition Privilege)

명예훼손법은 특정 상황에서 피해자가 입은 손해를 배상해주는 것보다는 오히려 피해자의 명예를 훼손하는 발언을 허용하는 것이 필요하다는 판단하에 가해자가 특권(privilege)을 방어 방법으로 주장할 수 있도록 허용하였다. 이 특권(privilege)은 절대적 특권(absolute privilege)과 조건부 특권(conditional privilege)으로 나뉜다.

절대적 특권(absolute privilege)은 공공 정책에 힘을 실어주기 위해 발언자가 가지고 있는 동기에 관계없이 발언자의 표현의 자유를 완벽에 가깝게 보호해주는 특권(privilege)으로써 공공 서비스와 법 집행에서 절대적인 면책이 필요한 경우에 한해 인정된다. 입법기관의 구성원, 집행관, 소송에 참여한 당사자, 증인, 변호사, 판사, 배심원의 경우 공적 절차를 진행하는 과정에서 제시된 명예훼손적인 발언에 대해서만 절대적 특권(absolute privilege)이 적용되며,[215] 단순히 공적 절차에 대해 설명하는 발언에 대해서는 적용되지 않는다.[216]

215 The absolute privilege has been recognized in only a few situations, when public policy supports giving the speaker almost complete freedom of expression regardless of his motive. W. Prosser, supra; Restatement, at 242. Members of legislative bodies, executive officers, the parties, witnesses, lawyers, judges, and jurors in court proceedings, each are clothed with absolute immunity for any defamatory statements made in the course of official proceedings, provided the statements pertain to the subject matter of the proceedings. Restatement, at 242; W. Prosser, supra. See Herron v. Tribune Publishing Co., 108 Wn.2d 162, 177, 736 P.2d 249 (1987).

216 The privilege ordinarily applies only to statements made in the course of official proceedings, and not to

이를 본 케이스에 적용해보면, 주민소환신청(recall petition)을 다룬 신문사의 기사는 절대적 특권(absolute privilege)이 적용되지 않는다는 것이다. 신문사의 기사는 공적 절차를 진행하는 과정에서 게재되지 않았다. 또한 신문사는 주민소환신청(recall petition)에 관한 내용을 보도할 공적인 의무가 없었다.

그러나 절대적 특권(absolute privilege)보다는 범위가 좁고 발언자의 목적과 출판 방식이 특권(privilege)과 관련성(relevant)이 있는 경우에 인정되는 조건부 특권(conditional privilege)[217]이 적용되는지 여부에 대해 검토가 요구된다는 것이다.

일반적으로 다른 사람에 대한 명예훼손적인 발언을 재 출판하는 자는 재 출판자가 해당 내용을 처음으로 발언한 자에게 책임을 돌리려고 하더라도 명예훼손의 책임을 면하지 못한다. 하지만 워싱턴주를 포함한 여러 주에서는 이 원칙에 대한 예외로 명예훼손적인 발언이 처음 공적 절차를 진행하는 과정에서 제시되었거나 혹은 공적인 보고서에 포함된 경우 재 출판자에게 조건부 특권(conditional privilege)이 적용된다고 본 것이다.

조건부 특권(conditional privilege)에 대해 살펴보면, 조건부 특권(conditional privilege)은 신문사와 같은 재 출판자를 통해 공적 절차 및 공개 회의에서 논의된 것과 관련된 정보를 대중에게 제공하는데 그 목적을 두고 있다. 조건부 특권(conditional privilege)은 재 출판자가 보고된 사건을 정확하고 공정하게 요약하여 출판한 경우에 적용되며, 언론사에게 공적인 관심사(public concern)와 관련된 공적 조치, 절차, 공개 회의에 대한 보고 내용을 게재할 수 있도록 허용한다. 또한 조건부 특권(conditional privilege)은 공적 절차를 진행하는 과정에서 제시된 명예훼손적인 발언뿐만 아니라 제출되어 공개 열람이 가능한 서류에 대해서도 적용되며 민사 소송뿐만 아니라 형사 소송에도 확대 적용된다.[218]

---

statements made about such proceedings. See Twelker, at 475-76. See Herron v. Tribune Publishing Co., 108 Wn.2d 162, 178, 736 P.2d 249 (1987).

217 Conditional or qualified privileges, as their name implies, are narrower in scope than absolute privileges, and the speaker's purpose and manner of publication may be relevant to the exercise of the privilege. W. Prosser § 110; see Restatement § 592A, Topic 3. See Herron v. Tribune Publishing Co., 108 Wn.2d 162, 177, 736 P.2d 249 (1987).

218 The purpose of such a privilege is to serve the public's interest "in having information made available to it as to what occurs in official proceedings and public meetings." Restatement § 611, comment a. The privilege requires that the republication constitute an "accurate and complete or a fair abridgement of the occurrence reported." Mark v. Seattle Times, at 487 (quoting Restatement § 611). "The privilege permits the media to publish ... reports of any official action or proceeding or of a public meeting that deals with a matter of public concern." Moloney v. Tribune Pub'g Co., 26 Wn. App. 357, 361, 613 P.2d 1179, review denied, 94 Wn.2d 1014 (1980), disapproved of on other grounds in Bender v. Seattle, 99 Wn.2d 582, 590,

본 케이스의 주민소환신청(recall petition)과 관련하여 조건부 특권(conditional privilege)이 인정된 선례가 없지만 주민소환신청(recall petition)의 성격상 조건부 특권(conditional privilege)이 인정되어야 한다는 것이다. 대중이 선출직 공직자를 소환하는 절차는 주 헌법에 기초하고 있으며 가장 강력한 공적인 관심사(public interest)에 해당한다.[219] 대중은 정부가 유권자의 헌법적 권한을 확인할 수 있는 절차에 대해 아는 것에 큰 관심을 가지고 있다.[220] 비록 해당 발언이 허위에 해당한다고 할지라도 공적인 절차를 진행하는 과정에서 제시된, 뉴스 가치가 있는 발언의 경우 대중에게 알 권리가 있으며 이를 실현하기 위해 재 출판자에게 조건부 특권(conditional privilege)을 인정해 주어야 한다는 것이다.[221] 다만, 재 출판자에게 이러한 조건부 특권(conditional privilege)이 인정되기 위해서는 공정하고 정확한 보도에 해당되어야 하고 원 저자를 표시하여야 하며 재 출판자가 쟁점이 된 혐의를 지지하거나 동의하지 않아야 한다는 요건을 충족할 것을 요구한다.[222]

한편, 주민소환 절차 중 어느 단계에서 특권(privilege)이 인정되는지 여부에 대해 주마다 의견이 다르지만 주민소환신청(recall petition)의 경우 최초에 접수된 시점부터 조건부 특권(conditional privilege)이 적용된다는 것이다. 그 이유는 주민소환신청(recall petition)에서

664 P.2d 492 (1983). The privilege has been applied not only to statements made in the course of the proceeding but also to documents filed and available for public inspection. Seattle Times, at 488. The privilege extends to civil as well as criminal proceedings. See Mark v. Seattle Times, supra; Moloney v. Tribune Pub'g Co., supra. See Herron v. Tribune Publishing Co., 108 Wn.2d 162, 179, 736 P.2d 249 (1987).

219 The process by which the public recalls its government officials from elected office is rooted in our state constitution and is a matter of the strongest public interest. See Janovich v. Herron, 91 Wn.2d 767, 770, 592 P.2d 1096 (1979) (lead opinion). See Herron v. Tribune Publishing Co., 108 Wn.2d 162, 180, 736 P.2d 249 (1987).

220 The public has a commanding interest in knowing about proceedings in which the government may check the electorate's constitutional powers. See Herron v. Tribune Publishing Co., 108 Wn.2d 162, 182, 736 P.2d 249 (1987).

221 More importantly, we must remember that the purpose behind recognizing a conditional privilege of this type is to allow the public to learn of newsworthy allegations made in the course of an official proceeding even when the allegations are false. See Herron v. Tribune Publishing Co., 108 Wn.2d 162, 183, 736 P.2d 249 (1987).

222 The privilege is qualified by the requirements that (1) the report be a fair and accurate summary or abridgment of the charges; (2) the republisher ascribe the charges to the petition; and (3) the republisher not use the report to concur in the charges. Cf. Edwards v. National Audubon Soc'y, Inc., 556 F.2d 113, 120 (2d Cir.) (recognizing privilege to report newsworthy defamatory charges not part of any legal proceeding, provided republisher does not espouse or concur in charges), cert. denied sub nom. Edwards v. New York Times Co., 434 U.S. 1002 (1977). See Herron v. Tribune Publishing Co., 108 Wn.2d 162, 182, 736 P.2d 249 (1987).

다루고 있는 혐의는 개인이 아닌 연방 헌법 제1조에서 비판의 범위를 넓게 인정하고 있는 공직자를 대상으로 하고 있으며, 대중은 주민소환신청(recall petition)에 대한 정부의 일처리와 관련하여 높은 관심을 가지고 있다는 것이다.[223] 또한 공직자의 주민소환신청(recall petition)에 대한 내용을 재 출판자가 다시 게재한다고 해서 해당 공직자의 사생활보호 문제와 상충되지 않는다는 것이다.[224]

결론적으로, 공직자에 대한 주민소환신청(recall petition)은 공직자 개인의 명예훼손보다 연방 헌법 제1조와 대중의 공적인 관심사(public interest)가 우선적으로 고려되어야 한다는 것이다. 따라서 공직자의 명예훼손과 관련된 주장을 인정할지 여부에 대해서는 엄격하게 판단하여야 하며 설령 명예훼손적인 발언이라고 하더라도 연방 헌법 제1조 및 대중의 공적인 관심사(public interest)에 비추어 볼 때 보호할 만한 가치가 있다고 인정되면 조건부 특권(conditional privilege)이 적용된다는 것이다.

223 Nevertheless, we believe several factors distinguish recall petitions from other types of official documents and favor the privilege arising with the initial filing. First, the allegations are directed at public officials, not at private citizens. First Amendment interests dictate wide latitude in the criticism of public officials. New York Times Co. v. Sullivan, 376 U.S. 254, 11 L.Ed.2d 686, 84 S.Ct. 710, 95 A.L.R.2d 1412 (1964). Secondly, as we discussed above, the public has a strong interest in the government's handling of the petition. See Herron v. Tribune Publishing Co., 108 Wn.2d 162, 185-186, 736 P.2d 249 (1987).

224 The privacy interests that may be at stake in ordinary civil proceedings are not at stake in recall proceedings to the same extent. See, e.g., Time, Inc. v. Firestone, 424 U.S. 448, 47 L.Ed.2d 154, 96 S.Ct. 958 (1976); Seattle Times Co. v. Rhinehart, 467 U.S. 20, 81 L.Ed.2d 17, 104 S.Ct. 2199 (1984). Cf. In re Rosier, 105 Wn.2d 606, 717 P.2d 1353 (1986). This is not to say that public officials give up all privacy rights. However, where — as here — the filed recall petition charge pertains to the plaintiff's conduct in his capacity as an elected official, we see no countervailing privacy concerns to warrant limiting the right to republish the charge. See Herron v. Tribune Publishing Co., 108 Wn.2d 162, 186, 736 P.2d 249 (1987).

3/ Harte-Hanks Communications, Inc. v. Connaughton (연방 대법원, 491 U.S. 657, 1989)

본 케이스는 공인(public figure)이 신문사를 상대로 제기한 명예훼손 사건이다. 저널 뉴스(Journal News)는 대배심(Grand Jury)[225]의 증인이었던 앨리스 톰슨(Alice Thompson, 이하 "톰슨")의 말을 인용하여 대니얼 코너틴(Daniel Connaughton, 이하 "코너틴")이 "더러운 속임수"(dirty tricks)를 사용했고 조사에 도움을 준 것에 대한 감사의 표시로 톰슨과 여동생에게 일자리와 플로리다 여행 등을 제안했다는 내용을 1면 기사로 다루었다. 이에 코너틴은 공인(public figure)으로서 명예를 훼손당했다는 이유로 저널 뉴스를 보유한 하트-행크스 통신사(Harte-Hanks Communications, Inc.)를 상대로 소를 제기하였다.

연방 대법원은 실질적 악의(actual malice)는 언론사가 사실 확인 및 조사를 하지 않은 과실만으로는 성립되지 않고, 기사를 게재할 당시에 실제로 심각한 의심을 품었거나, 허위 가능성에 대해 높은 수준의 인지가 있는 경우에 한하여 미필적 고의(reckless disregard)가 인정된다고 판단하였다.

1) 사실 관계

코너틴은 1983년 11월 8일에 실시된 오하이오주 해밀턴(Hamilton) 시 판사직 선거에서 낙선한 후보였다. 선거가 실시되기 약 한 달 전, 현직 법원 사무국장인 빌리 조 뉴(Billy Joe New, 이하 "뉴")는 사임했고 뇌물 수수 혐의로 체포되었다. 1983년 11월 1일, 대배심(Grand Jury)에서는 해당 혐의의 입증을 위해 조사가 진행 중이었다. 같은 날, 현직 판사인 제임스 돌란(James Dolan)을 지지하는 신문이었던 저널 뉴스는 대배심(Grand Jury)의 증인이었던 톰슨의 제보를 인용하여 주요 내용을 1면 기사로 게재하였다. 즉, 코너틴이 대배심(Grand Jury)에서 뉴를 조사할 당시 톰슨의 협조를 얻기 위해 "더러운 속임수"(dirty tricks)를 사용했고 코너틴은 이에 대한 감사의 표시로 톰슨과 여동생인 팻시 스티븐스(Patsy Stephens, 이하 "스티븐스")에게 일자리 제공과 선거 승리 후 플로리다 여행 비용 지불 및 톰슨의 부모가 운영할 식당을 제공해주기로 약속했다는 것이다.[226]

---

225 "[부록]미국 법률 용어"에서 자세한 설명을 확인하기 바란다.

226 The following day the lead story in the Journal News — under the headline "Bribery case witness claims jobs, trip offered" — reported that "[a] woman called to testify before the··· Grand Jury in the Billy Joe New bribery case claims Dan Connaughton, candidate for Hamilton Municipal Judge, offered her and her sister jobs and a trip to Florida 'in appreciation' for their help." *Id.,* at 329. The article, which carried Pam Long's byline, stated that Thompson accused Connaughton of using "'dirty tricks'" to gain her cooperation

코너틴은 저널 뉴스의 기사 내용이 허위이고 개인 및 판사 후보자로서의 명예를 훼손당했으며 그들이 실질적 악의(actual malice)를 가지고 해당 기사를 게재한 것이라고 주장하면서 명예훼손에 대한 손해배상 소송을 제기하였다. 증거 조사(Discovery)가 종결된 이후, 저널 뉴스는 톰슨의 진술이 허위라고 할지라도 공인(public figure)의 중대한 혐의 사실에 대해 정확하고 객관적으로 보도한 것이라면 연방 헌법 제1조의 보호 대상에 해당된다는 주장을 근거로 중간판결(summary judgment)을 신청하였다. 주 1심 법원은 객관적인 보도에 대한 신문사의 이익과 관련하여 사실 문제를 제기한 증거가 있으며, 톰슨의 진술에 "중립 보도의 원칙"[227]이 적용되지 않았다는 점을 이유로 중간판결(summary judgment)의 승인을 거부하였다. 이후 본 케이스는 계속 진행되었다.

6일간의 증언과 세번에 걸친 테이프 녹음방식의 인터뷰 (코너틴이 1회, 저널뉴스의 소속 기자가 2회)를 듣고 56개의 별첨 서류 내용을 검토한 후 배심원은 공인(public figure)에 대한 명예훼손 요건을 정확하게 정의하기 위한 배심원 설시문(jury instruction)을 전달 받았고, 세가지 특정 이슈와 관련된 배심원 평결(special verdict)[228]에 대해 답변할 것을 요청받았다.[229]

---

in investigating New and that Connaughton, although admitting that he did meet with Thompson, "denied any wrongdoing." *Ibid.* Each of Thompson's allegations was accurately reported, including her claims that Connaughton had promised to "protect her anonymity," *id.,* at 330, that he had promised Stephens "a municipal court job" and Thompson some other sort of work, that he had invited both sisters on "a post-election trip to Florida," and that he had offered "to set up Thompson's parents … in the restaurant business," *id.,* at 333. The article conveyed Thompson's allegation that "the tapes were turned off and on during a session [that] lasted until 5:30 a.m.," and that these promises were made "[w]hen the tape was turned off." *Ibid.* In addition, Long wrote, "Thompson claimed Connaughton had told her the tapes he made of her … statement … were to be presented to Dolan" with the hope that Dolan might resign, thereby allowing Connaughton to assume the municipal judgeship. *Id.,* at 335. Connaughton's contrary version of the events was also accurately reported. See Harte-Hanks Communications, Inc. v. Connaughton, 491 U.S. 657, 680-681 (1989).

227 중립 보도의 원칙(neutral reportage doctrine)은 언론사와 같이 보도의 책임을 가지고 있는 기관이 공인(public figure)이 가지고 있는 심각한 혐의에 대해 정확하고 객관적으로 보도한 경우에는 공인(public figure)이 해당 기관을 상대로 명예훼손으로 인한 손해배상을 청구하더라도 책임으로부터 면제된다는 원칙이다. (The District Court explained that the neutral reportage doctrine, as defined by the Ohio Court of Appeals, see J. V. Peters & Co. v. Knight Ridder Co., 10 Media L. Rptr. 1576 (1984), and the United States Court of Appeals for the Second Circuit, see Edwards v. National Audubon Society, Inc., 556 F. 2d 113, cert. denied, 434 U. S. 1002 (1977), "immunizes from liability the accurate and disinterested reporting of serious charges made against a public figure by a responsible, prominent organization." App. to Pet. for Cert. 78a. See Harte-Hanks Communications, Inc. v. Connaughton, 491 U.S. 657, 660 [1] (1989))

228 "[부록]미국 법률 용어"에서 자세한 설명을 확인하기 바란다.

229 The jury was asked:
1. "Do you unanimously find by a preponderance of the evidence that the publication in question was

배심원의 만장일치로 11월 1일자 저널 뉴스의 기사 내용이 증거의 우위(preponderance of the evidence)에 의해 코너틴의 명예를 훼손하였으며 허위에 해당한다고 확인되었다. 또한 명백하고 확실한 증거(clear and convincing proof)에 의해 해당 기사가 실질적 악의(actual malice)에 의해 게재되었다는 것이 확인되었다. 손해에 대한 별도의 변론(hearing) 후, 배심원단은 코너틴에게 통상 손해 5천불, 징벌적 손해배상 19만 5천불을 인정하였다.

2) 연방 대법원의 결정 요지

본 케이스의 원고인 코너틴은 선거에서 낙선한 후보로서 공인(public figure)에 해당한다. 공인(public figure)의 명예훼손 사건에는 언론사의 실질적 악의(actual malice)가 입증된 경우에 한하여 원고의 손해배상을 인정하는 뉴욕 타임즈 기준(New York Times standard)이 당연 적용된다.[230]

본 케이스에서 저널 뉴스의 실질적 악의(actual malice)는 저널 뉴스가 기사를 게재할 당시 진실 여부에 대한 미필적 고의(reckless disregard)가 있었는지 여부에 따라 결정된다. 이러한 실질적 악의(actual malice)는 기사를 게재할 당시에 실제로 진실에 대해 심각한 의심을 품었거나 혹은 허위 가능성에 대한 높은 수준의 인지가 있었다는 결론을 내릴만한 충분한 증거가 있어야만 인정된다는 것이다. 그러므로 저널 뉴스가 보도 내용에 대해 사실 확인 및 조사를 하지 않은 과실만으로는 뉴욕 타임즈 케이스의 실질적 악의(actual malice), 특히 미필적 고의(reckless disregard)를 입증하기에는 충분하지 않다는 것이다.[231]

---

defamatory toward the plaintiff?"

2. "Do you unanimously find by a preponderance of the evidence that the publication in question was false?"
3. "Do you unanimously find by clear and convincing proof that the publication in question was published with actual malice?" App. 201. See Harte-Hank Communications, Inc. v. Connaughton, 491 U.S. 657, 661 [2] (1989).

230 The Court was apparently unanimously of this view. Today, there is no question that public figure libel cases are controlled by the *New York Times* standard and not by the professional standards rule, which never commanded a majority of this Court. See Harte-Hanks Communications, Inc. v. Connaughton, 491 U.S. 657, 666 (1989).

231 "There must be sufficient evidence to permit the conclusion that the defendant in fact entertained serious doubts as to the truth of his publication." St. Amant, 390 U. S., at 731. The standard is a subjective one — there must be sufficient evidence to permit the conclusion that the defendant actually had a "high degree of awareness of … probable falsity." Garrison v. Louisiana, 379 U. S., at 74. As a result, failure to investigate before publishing, even when a reasonably prudent person would have done so, is not sufficient to establish reckless disregard. See St. Amant, supra, at 731, 733. See also Hunt v. Liberty Lobby, 720 F. 2d 631, 642 (CA11 1983); Schultz v. Newsweek, Inc., 668 F. 2d 911, 918 (CA6 1982). In a case such as this

톰슨이 제기한 혐의들이 코너틴뿐만 아니라 저널 뉴스가 기사를 작성하기 전 5명의 증인에 의한 증언에서도 부인되었다는 점에서는 이의를 제기할 만한 부분이 없었다. 코너틴이 현직 판사가 사임하도록 압박을 가하였고 증언이 담긴 테이프를 공개하지 않으려고 했다는 톰슨의 주장은 신빙성이 낮을 뿐만 아니라, 코너틴이 스티븐스에게 거짓말 탐지기를 사용하여 증언하게 한 후 경찰에게 증언이 담긴 테이프를 전달했다는 사실과도 일치하지 않는다는 것이다.

그러나 저널 뉴스는 기사가 게재되기 전에 이러한 사실에 대해 이미 알고 있었다. 톰슨이 저널 뉴스의 인터뷰 질문에 대해 답변하기를 주저했고, 답변 내용이 제대로 들리지 않았으며, 묵묵부답인 적도 있었고, 상황과 어울리지 않는 어조로 말하기도 했다는 점을 감안할 때 저널 뉴스는 톰슨의 진실성에 대해 명백히 의심을 가질 수 밖에 없었다는 것이다.

한편, 기사를 게재하기 전에 코너틴과 가졌던 인터뷰 내용의 진실 여부를 톰슨의 진술 및 준비서면(Brief)을 통해 확인했다는 저널 뉴스의 주장과는 달리 테이프 내용은 코너틴이 자신의 혐의에 대해 분명하게 부인하고 있음을 보여주고 있다.

코너틴의 아내가 개업할 예정인 아이스크림 가게의 일자리에 대해 톰슨 자매와 의논했을 수도 있다는 코너틴의 답변이 그가 자매의 부모가 운영할 식당을 제공하고, 스티븐스와 톰슨에게 일자리를 제공하겠다는 약속의 근거로 볼 수 없다는 것이다. 코너틴이 톰슨의 증언 중 특정 부분에 대해 언급하고 있는 것으로 볼 때 저널 뉴스 소속 기자가 코너틴이 사실을 부인하고 있다는 것을 알아채지 못했다고 볼 수 없다는 것이다.

코너틴이 스티븐스의 인터뷰 테이프를 저널 뉴스에 전달했으며 저널 뉴스에 있는 어느 기자도 테이프의 내용을 듣지 않았다는 것은 논의할 필요가 없는 사실이다. 마찬가지로 저널 뉴스가 스티븐스가 핵심 증인이라는 것을 알고 있었음에도 불구하고 그녀를 인터뷰하기 위해 어떤 노력도 기울이지 않았다는 점 또한 재론의 여지가 없는 사실이다. 따라서 이러한 저널 뉴스의 행동은 톰슨이 제기한 혐의의 허위 가능성을 확인할 수 있는 기회가 있었음에도 불구하고 의도적으로 진실을 회피한 미필적 고의(reckless disregard)에 해당한다는 것이다.[232]

---

involving the reporting of a third party's allegations, "recklessness may be found where there are obvious reasons to doubt the veracity of the informant or the accuracy of his reports." St. Amant, supra, at 732. See Harte-Hanks Communications, Inc. v. Connaughton, 491 U.S. 657, 688 (1989).

232 Accepting the jury's determination that petitioner's explanations for these omissions were not credible, it is likely that the newspaper's inaction was a product of a deliberate decision not to acquire knowledge of facts that might confirm the probable falsity of Thompson's charges. Although failure to investigate will not alone

결론적으로, 본 케이스는 공인(public figure)의 명예훼손 사건을 다룬 Butts 케이스와 같이 저널 뉴스의 실질적 악의(actual malice)를 보여주는 명백하고 충분한 증거를 제시한 것이다.[233]

> "진실 여부에 대한 미필적 고의(reckless disregard)는 언론사에게 요구되는 합리적인 행동에서 벗어나는 것 그 이상을 요구한다. 피고가 실제로 출판물의 진실성에 대해 심각한 의심을 품고 있었다는 결론을 내릴 만한 충분한 증거가 있어야 한다. 그런데 피고는 실제로 허위 가능성에 대해 높은 수준의 인지를 가지고 있었다."[234]
>
> Jordan v. Kollman, 269 Va. 569, 612 S.E.2d 203, 209 (2005).

> "최근 실질적 악의 테스트(actual malice test)를 채택한 공인(public figure)의 명예훼손 케이스에서 연방 대법원은 실질적 악의 테스트(actual malice test)를 충족하기 위해서는 적어도 진실 여부에 대해 미필적 고의(reckless disregard)를 가지고 피고의 명예훼손적인 발언이 게재되어야 한다고 밝혔다. 그리고 미필적 고의(reckless disregard)의 개념이 인정되기 위해서는 피고가 허위 가능성에 대한 높은 수준의 인지를 가지고 허위 내용을 게재했다는 것을 입증해야 한다는 점을 분명히 하였다."[235]
>
> Bressler v. Fortune Magazine, 971 F.2d 1226, 1228 (6th Cir. 1992).

---

support a finding of actual malice, see St. Amant, 390 U. S., at 731, 733, the purposeful avoidance of the truth is in a different category. See Harte-Hanks Communications, Inc. v. Connaughton, 491 U.S. 657, 692 (1989).

233 As in Butts, the evidence in the record in this case, when reviewed in its entirety, is "unmistakably" sufficient to support a finding of actual malice. The judgment of the Court of Appeals is accordingly Affirmed. See Harte-Hanks Communications, Inc. v. Connaughton, 491 U.S. 657, 693 (1989).

234 In Harte-Hanks Communications, Inc. v. Connaughton, 491 U.S. 657, 688, 109 S.Ct. 2678, 105 L.Ed.2d 562 (1989), the United States Supreme Court noted that reckless disregard for the truth ... requires more than a departure from reasonably prudent conduct. There must be sufficient evidence to permit the conclusion that the defendant in fact entertained serious doubts as to the truth of his publication.... [and] that the defendant actually had a high degree of awareness of probable falsity. See Jordan v. Kollman, 612 S.E.2d 203, 209 (Va. 2005).

235 In a recent public-figure libel case summarizing accepted formulations of the "actual malice" test, the Supreme Court stated that the test requires at a minimum that the statements were made with a reckless disregard for the truth. And although the concept of "reckless disregard" "cannot be fully encompassed in one infallible definition," we have made clear that the defendant must have made the false publication with a "high degree of awareness of ... probable falsity[.]" Harte-Hanks Communications, Inc. v. Connaughton, 491 U.S. 657, 667, 109 S.Ct. 2678, 2685, 105 L.Ed.2d 562 (1989) (citations omitted). See Bressler v. Fortune Magazine, 971 F.2d 1226, 1228 (6th Cir. 1992).

4 Shenandoah Publishing House, Inc. v. Gunter (버지니아주 대법원, 427 S.E.2d 370, Va. 1993)

본 케이스는 변호사인 개인이 그와 연루된 공적인 관심사(public concern)에 대해 보도한 신문사를 상대로 제기한 명예훼손 사건이다.[236] 버지니아 대법원은 원고가 공적인 관심사(public concern)와 관련된 명예훼손에 따른 손해배상을 청구하기 위해서는 신문사의 실질적 악의(actual malice), 특히 진실 여부에 대한 미필적 고의(reckless disregard)에 대해 명백하고 확실한 증거(clear and convincing evidence)를 사용하여 입증하여야 한다고 판단하였다.

1) 사실 관계

이 유지니 건터(E. Eugene Gunter, 이하 "건터")는 셰넌도어 출판사(Shenandoah Publishing House, Inc.)가 자신의 명예를 훼손하는 두 개의 기사를 노던 버지니아 데일리(Northern Virginia Daily)에 게재하였다고 주장하면서 셰넌도어 출판사를 상대로 명예훼손에 따른 손해배상 소송을 제기하였다. 첫 번째 기사의 주제는 건터의 변호사 사무실에 대한 경찰 수색이었다. 제이 에프 머천트(Jay F. Merchant), 엘 더블유 밀홀랜드(L.W. Millholland, 이하 "밀홀랜드"), 데이비드 소보냐(David Sobonya) 수사관은 수색 영장에 따라 건터의 사무실을 수색하여 절도죄와 관련된 증거가 포함되어 있다고 생각한 파일을 수색하였다.

경찰이 판사에게 수색영장 발부를 요청하기 위해 작성한 진술서(the affidavit in support of the search warrant)[237]는 머천트 수사관에 의해 작성되었는데 루스 맥스웰(Ruth Maxwell, 이하 "맥스웰")이라는 여성이 개인적으로 고용한 로버트 리 애드먼슨(Robert Lee Edmonson, 이하 "애드먼슨")이 타인의 집에서 절도 행각을 벌였고 그 집에서 사진들을 훔쳤다고 진술하였다. 해당 진술서는 또한 맥스웰이 사진을 건터의 사무실로 가져 갔고 건터가 당시 만남에 대해 서술한 메모를 작성하였다는 맥스웰의 진술이 적혀 있었다. 건터의 사무실을 수색하는 동안 경찰은 맥스웰의 이름이 적힌 빈 파일(이하 "맥스웰 파일")을 발견하였다.

236 Sting: In presenting his evidence to the jury at the defamation trial, Gunter testified that it was untrue that the police had searched his office for stolen items. He also denied making a statement to Peterson that he did not know what happened to the file. Gunter further testified that he never told Peterson that Investigator Millholland was upset. Instead, he testified that he had told Peterson that Investigator Merchant was upset. Gunter also testified that the second article was inaccurate because it reported that Judge Aiken had denied his motion to quash the subpoena, when, according to Gunter, Judge Aiken never ruled on the motion. See Shenandoah Pub. House, Inc. v. Gunter, 427 S.E.2d. 370, 371 (Va. 1993).

237 "[부록]미국 법률 용어"에서 자세한 설명을 확인하기 바란다.

이 수색 과정을 보도한 해당 기사에는 "변호사 사무실에서 도난당한 물건을 수색하였다"라는 헤드라인이 실렸다. 기사에는 경찰이 "1984년 12월 로우던(Loudoun) 카운티에 위치한 주택 침입 사건에서 도난당한 물건"을 찾기 위해 건터의 사무실을 수색했다고 보도하였다. 또한 경찰이 맥스웰의 파일 내용을 찾지 못했으며 건터는 "그 파일에 무슨 일이 있었는지 모른다"고 말했다는 내용이 언급되어 있었다. 밀홀랜드가 건터의 사무실을 나갔을 때 "그가 찾고 있던 것을 발견하지 못해 매우 화가 나 있었다"는 건터의 말을 인용하기도 하였다.[238]

두 번째 기사의 주제는 애드먼슨의 절도죄 재판에서 진행되었던 변론(preliminary hearing)[239]과 관련이 있었다. 변론(hearing)은 로우던(Loudoun) 카운티 법원의 아치볼드 에이켄(Archibald M. Aiken, Jr., 이하 "에이켄") 판사 앞에서 열렸다. 이 변론(hearing)과 관련하여 건터는 맥스웰 파일의 제출을 요구하는 송부촉탁신청(subpoena duces tecum)[240] 뿐만 아니라 법원 출석에 대한 소환장을 받았다. 건터는 변론(hearing)에 참석하였고 맥스웰의 이름이 적힌 파일을 법정에 가져왔다. 건터가 증언을 하도록 요청받기 전에 에이켄 판사는 대배심에 회부(certify the case to the Grand Jury)[241]하였다. 그 결과, 건터는 변론(hearing)에서 증언하지 않았으며 맥스웰 파일을 법원에 제공할 것을 요청받지도 않았다.

변론(hearing) 내용을 보도한 신문 기사에는 "변호사가 기밀 파일을 법원에 제출하는 것을 피하고 있다"는 헤드라인이 실렸다. 해당 기사는 건터가 애드먼슨의 변론(hearing)에 참석하고 맥스웰 파일을 가져오도록 요구하는 소환장이 발부되었다고 언급하였다. 해당 기사는 또한 에이켄 판사가 건터가 파일을 법원에 제공하지 않아도 되도록 그를 "모면하게 했다"(spared)고 보도하였다. 마지막으로 해당 기사는 에이켄 판사가 "파일을 제출할 것을 요구하는 소환장을 기각해달라는 건터의 신청을 거부했다"고 언급하였다.[242]

---

238 The newspaper article reporting this search bore a headline stating: "Lawyer's office searched for stolen items." The article reported that the police had searched Gunter's office for "items stolen in a December 1984 break-in of a Loudoun County home." The article also stated that the police did not find the contents of Ruth Maxwell's file, and that Gunter said he "does not know what happened to the file." The article also quoted Gunter as stating that Millholland had left the office "very upset because he didn't find what he was looking for." See Shenandoah Pub. House, Inc. v. Gunter, 427 S.E.2d. 370, 371 (Va. 1993).

239 "[부록]미국 법률 용어"에서 자세한 설명을 확인하기 바란다.

240 "[부록]미국 법률 용어"에서 자세한 설명을 확인하기 바란다.

241 "[부록]미국 법률 용어"에서 자세한 설명을 확인하기 바란다.

242 The newspaper article reporting the hearing bore a headline stating, "Lawyer escapes having to produce confidential file." The article stated that subpoenas had been issued requiring Gunter to appear at the Edmonson hearing and to bring the Maxwell file. The article also reported that Judge Aiken had "spared"

건터는 명예훼손 소송에서 배심원에게 증거를 제시하면서 경찰이 그의 사무실에서 도난당한 물건을 수색한 것은 사실이 아니라고 증언하였다. 그는 또한 피터슨(Peterson)에게 맥스웰 파일에 무슨 일이 있었는지 알지 못했다고 말한 것을 부인하였다. 건터는 피터슨에게 밀홀랜드 수사관이 화가 났다고 말한 적이 없다고 증언하였다. 대신 그는 피터슨에게 머천트 수사관이 화가 났다고 말했다고 증언하였다. 건터는 또한 에이켄 판사가 그가 제출한 신청에 대해 판결을 내린 적이 없었는데 두 번째 기사에서 에이켄 판사가 소환장을 기각해달라는 건터의 신청을 거부했다고 보도했기 때문에 기사의 내용이 정확하지 않다고 증언하였다.

반대신문에서 건터는 맥스웰과 애드먼슨이 훔친 사진들을 가지고 그의 사무실에 왔다는 사실을 인정하였다. 그는 또한 경찰의 수색 당일에 맥스웰 파일이 어디에 있었는지 몰랐다고 시인하였다.

셰넌도어 출판사는 방어를 위해 애드먼슨의 재판을 담당했던 제임스 포사이스(James Forsyth, 이하 "포사이스") 검사의 증언을 제시하였다. 포사이스는 에이켄 판사가 맥스웰 파일에 대한 강제제출신청에 대한 기각 신청을 거부했지만, 검찰이 해당 파일을 증거로 인정하기 위해 다시 청구한다면 이의를 제기할 수 있도록 허용해 준 것이라고 증언하였다. 피터슨은 변론(hearing)에 참석했으며 강제제출신청에 대한 기각 신청이 거부되었다는 사실을 이해했다고 증언하였다. 그러나 피터슨은 에이켄 판사가 건터의 신청에 대해 내린 판결 내용을 들었는지 혹은 포사이스가 재판 결과에 대한 정보를 피터슨에게 제공했는지 여부에 대해서는 기억할 수 없었다고 증언하였다.

해당 기사가 명예훼손 의제(defamatory per se)에 해당하며 이에 따라 추정 손해를 청구할 자격이 있다는 건터의 주장은 배심원에게 전달되었으며, 건터는 또한 징벌적 손해배상을 청구하였다. 배심원은 평결을 통해 건터에게 추정 손해 1만불과 징벌적 손해배상 1만불을 인정하였다.

2) 버지니아주 대법원의 결정 요지

해당 기사들과 같이 공적인 관심사(public concern)와 관련된 명예훼손 소송에서 추정 손해 혹은 징벌적 손해배상이 인정되기 위해서는 실질적 악의(actual malice)에 대한 입증

Gunter from producing the file. Finally, the article stated that Judge Aiken had "denied a motion by Gunter to quash the subpoena requiring that he produce the file." See Shenandoah Pub. House, Inc. v. Gunter, 427 S.E.2d. 370, 371 (Va. 1993).

이 요구된다는 것이다.[243] 따라서 건터가 제시한 증거들이 셰넌도어 출판사가 실질적 악의(actual malice)를 가지고 기사를 게재하였다는 것을 입증할 수 있을 정도로 충분한지 여부를 검토하여야 한다는 것이다.[244]

신문사의 실질적 악의(actual malice)가 인정되려면 허위임을 알고서도 해당 기사를 게재하였다거나 혹은 진실 여부에 대해 미필적 고의(reckless disregard)를 가지고 해당 기사를 게재한 경우에 해당되어야 한다. 특히 미필적 고의(reckless disregard)의 경우 언론사에게 일반적으로 요구되는 주의 의무를 벗어난 것 그 이상을 요구하며, 원고는 신문사가 해당 기사를 게재할 당시에 허위 가능성에 대한 높은 수준의 인지가 있었다는 것을 명백하고 확실한 증거(clear and convincing evidence)를 사용하여 입증하여야 한다는 것이다.[245]

이와 같은 기준들을 바탕으로 건터가 배심원 평결에서 제시한 다섯 가지 진술 내용을 검토해보면 셰넌도어 출판사가 실질적 악의(actual malice)를 가지고 해당 기사들을 게재하였는지 여부를 알 수 있다는 것이다.

첫 번째로 건터의 사무실에서 "도난당한 물건을 찾기 위한 수색이 이루어졌다"는 기사의 내용이다. 건터가 이 진술 내용이 허위라고 증언하였지만 그의 증언은 개인적인 의견일 뿐, 이를 뒷받침할 수 있는 사실이 없다는 것이다.

---

243 In defamation actions based on statements regarding matters of public concern, actual malice must be proved before presumed or punitive damages can be awarded. Milkovich v. Lorain Journal Co., 497 U.S. 1, 16-17, 110 S.Ct. 2695, 2704-05, 111 L.Ed.2d 1 (1990); Gertz v. Robert Welch, Inc., 418 U.S. 323, 349, 94 S.Ct. 2997, 3011, 41 L.Ed.2d 789 (1974); Newspaper Publishing Corp., 216 Va. at 803, 224 S.E.2d at 135. See Shenandoah Pub. House, Inc. v. Gunter, 427 S.E.2d 370, 372 (Va. 1993).

244 Thus, in determining whether the evidence was sufficient to state a viable claim for defamation, we consider whether Gunter's evidence was sufficient to establish that Shenandoah acted with actual malice. See Shenandoah Pub. House, Inc. v. Gunter, 427 S.E.2d 370, 372 (Va. 1993).

245 A finding of actual malice requires that the statement be made "with knowledge that it was false or with reckless disregard of whether it was false or not." New York Times Co. v. Sullivan, 376 U.S. 254, 279-80, 84 S.Ct. 710, 726, 11 L.Ed.2d 686 (1964); Gazette, Inc. v. Harris, 229 Va. at 8, 325 S.E.2d at 721. "A 'reckless disregard' for the truth ... requires more than a departure from reasonably prudent conduct." Harte-Hanks Communications, Inc. v. Connaughton, 491 U.S. 657, 688, 109 S.Ct. 2678, 2696, 105 L.Ed.2d 562 (1989). Instead, the evidence must establish that the defendant had a high degree of awareness of probable falsity. Id. Unless the defendant had such an awareness, its failure to investigate before publishing is not sufficient to establish a reckless disregard for the truth. Id. Further, without proof of falsity, there can be no recovery for defamation. Philadelphia Newspapers, Inc. v. Hepps, 475 U.S. 767, 776, 106 S.Ct. 1558, 1563, 89 L.Ed.2d 783 (1986). The plaintiff's evidence must establish actual malice by clear and convincing evidence. Bose Corp. v. Consumers Union, Inc., 466 U.S. 485, 511 n. 30, 104 S.Ct. 1949, 1965 n. 30, 80 L.Ed.2d 502 (1984); Gazette, Inc., 229 Va. at 19, 325 S.E.2d at 727. See Shenandoah Pub. House, Inc. v. Gunter, 427 S.E.2d 370, 372 (Va. 1993).

경찰이 판사에게 제출한 진술서에는 맥스웰이 건터의 사무실에 훔친 사진을 가지고 왔다고 언급하였다. 머천트 수사관은 그가 수색 영장을 발부받은 목적은 도난당한 사진들을 수색하는데 있었다고 증언하였다. 건터 또한 반대신문에서 맥스웰과 애드먼슨이 훔친 사진을 들고 그의 사무실에 왔다고 인정하였다. 건터의 증언을 반박하는 이러한 증거들을 검토해 볼 때 셰넌도어 출판사에서 게재한 기사가 허위라고 볼 수 있는 실체적 증거가 없다는 것이다.[246]

두 번째로 건터가 맥스웰 파일이 어디에 있는지 몰랐다고 진술한 그의 말을 인용한 것이다. 건터가 위와 같은 진술을 한 적은 없다고 증언하였지만 그가 해당 파일이 어디에 있었는지 몰랐다는 것은 사실이라고 인정하였다는 것이다. 이는 셰넌도어 출판사에게 실질적 악의(actual malice)가 없다는 것을 보여줄 뿐만 아니라 건터의 명예훼손을 인정하기에는 불충분한 증거에 불과하다는 것이다.[247]

세 번째로 밀홀랜드 수사관이 매우 화가 난 채로 사무실을 떠났다고 말한 건터의 말을 인용한 것이다. 건터는 머천트 수사관이 화가 나 있었다고 말한 것이지, 밀홀랜드 수사관에 대해 그렇게 말한 것이 아니라고 증언하였다. 이는 일반적으로 흔히 일어날 수 있는 부정확한 사실에 불과할 뿐, 셰넌도어 출판사의 실질적 악의(actual malice)를 인정할 수 있을 정도의 중대한 오류라고 볼 수 없다는 것이다. 또한 이 진술은 건터의 명예를 훼손하는 내용이 아니기 때문에 명예훼손 의제(defamatory per se)로도 볼 수 없다는 것이다.[248]

네 번째로 에이켄 판사가 건터의 문서강제제출명령의 기각 신청을 거부했다는 진술이다. 건터와 변론(hearing)에서 애드먼슨을 대리했던 변호인인 폴 모리슨(Paul Morrison)은 에이켄 판사가 건터의 신청에 대해 결정을 내리지 않았다고 증언하였다. 반면, 변론(hearing)에 참석했던 포사이스 검사는 에이켄 판사가 다시 신청한다면 새롭게 결정할 수 있도록 허용해 주겠다고 하면서 건터의 신청에 대해 기각결정을 내렸다고 증언하였다. 또한 피터슨은 변론(hearing)에 참석했을 당시 신청이 거부된 것으로 이해했다고 증언하였다.

설령 배심원이 셰넌도어 출판사가 제시했던 증거를 더 믿어주고 건터의 증거를 인정한다고 하더라도 그 증거는 셰넌도어 출판사가 실질적 악의(actual malice)를 가지고 해당 기사를 게재하였다는 것을 명백하고 확실하게 입증하지 못했다는 것이다. 또한 해당 기사

246 Philadelphia Newspapers, Inc., 475 U.S. at 776, 106 S.Ct. at 1563.

247 Masson v. New Yorker Magazine, Inc., ___ U.S.___, ___, 111 S.Ct. 2419, 2433, 115 L.Ed.2d 447 (1991).

248 Bose Corp., 466 U.S. at 513, 104 S.Ct. at 1966. Fleming v. Moore, 221 Va. 884, 889, 275 S.E.2d 632, 635 (1981).

에 일반적으로 흔히 일어날 수 있는 부정확한 사실 이상의 오류가 있다는 것을 입증할 수 있는 증거가 없다는 것이다.[249]

다섯 번째로 피터슨이 사용한 일부 단어들["벗어나다"(escapes), "논란이 많은"(controversial), "모면하게 하다"(spared)]은 건터의 부적절한 행동을 암시하고 있기 때문에 명예훼손 의제(defamatory per se)에 해당한다는 건터의 주장이다. 그러나 건터가 문맥상 그러한 단어들이 허위에 해당한다는 것을 입증하지 못하였기 때문에 피터슨이 해당 단어들을 사용했다는 이유로 명예훼손을 주장할 수 없다는 것이다.[250]

결론적으로, 개인 원고가 언론사 피고를 상대로 명예훼손으로 인한 손해배상을 청구하기 위해서는 언론사 피고가 실질적 악의(actual malice)를 가지고 해당 기사를 게재하였다는 것을 명백하고 확실한 증거(clear and convincing evidence)를 사용하여 입증하여야만 한다는 것이다.

> "뉴욕 타임즈 기준(New York Times standard)의 적용을 받는 명예훼손 사건의 언론사 피고는 기사를 게재하기 전에 허위 가능성에 대한 높은 수준의 인지가 있지 않는 이상 보도 내용이 정확한지 여부에 대해 조사하지 않았다고 해서 실질적 악의(actual malice)를 가지고 행동했다고 말할 수 없다."[251]
>
> ❙ Jackson v. Hartig, 645 S.E.2d. 303, 309 (Va. 2007).

249 Bose Corp., 466 U.S. at 513, 104 S.Ct. at 1066.

250 Philadelphia Newspapers, Inc., 475 U.S. at 776, 106 S.Ct. at 1563; Gazette, Inc., 229 Va. at 15, 325 S.E.2d at 725.

251 Furthermore, a media defendant in a defamation claim subject to the New York Times standard cannot be said to have acted with actual malice on account of its failure to investigate the accuracy of an allegedly defamatory statement before publishing it unless the defendant first "had a high degree of awareness of [its] probable falsity." Shenandoah Publ'g House, Inc. v. Gunter, 245 Va. 320, 324, 427 S.E.2d 370, 372 (1993); see also St. Amant v. Thompson, 390 U.S. 727, 731, 88 S.Ct. 1323, 20 L.Ed.2d 262 (1968) See Jackson v. Hartig, 645 S.E.2d. 303, 309 (Va. 2007).

5 Jackson v. Hartig (버지니아주 대법원, 645 S.E.2d 303, Va. 2007)

본 케이스는 공직자(public official)가 편집인과 신문사를 상대로 제기한 명예훼손 사건이다. 버지니안 파일럿(Virginia-Pilot) 신문의 편집국장인 데니스 하티그(Dennis A. Hartig, 이하 "하티그")와 랜드마크사(Landmark Communications, Inc.)는 잭슨(Timmy Jackson, 이하 "잭슨")의 대의원 선거 3일 전에 공직 후보자로서 잭슨의 자격에 의문을 제기하는 사설을 게재하였다. 사설의 핵심 내용은 잭슨이 교육 위원회의 적자에 기여했고, 그로 인해 유죄판결을 받았으며, 4년의 임기를 채우지 못하고 자진 사퇴하였다는 것이었다.

버지니아주 대법원은 공직자(public official)에 대한 하티그와 랜드마크 신문사의 명예훼손이 인정되려면 원고인 잭슨이 그들의 실질적 악의(actual malice)를 명백하고 확실한 증거(clear and convincing evidence)를 사용하여 입증하여야 하는데, 잭슨이 제시한 증거만으로는 하티그와 랜드마크사의 실질적 악의(actual malice)를 입증하기에는 충분하지 않다고 판단하였다.

1) 사실 관계

잭슨은 1994년 7월에 시작된 시 산하 버지니아 비치(Virginia Beach) 교육 위원회(이하 "교육 위원회")에서 4년의 임기로 선출되었다. 그 당시 교육 위원회는 이미 1994－1995년도 예산을 승인하였다. 이듬해 교육 위원회는 적자로 운영되고 있다는 통보를 받았고 위원회 소속 몇몇 위원들은 즉시 사임하였다. 1996년 2월 26일, 예산 적자의 원인을 조사하기 위해 소집된 특별 대배심(Special Grand Jury)[252]은 위원들에게 사임 혹은 버지니아 주법 § 22.1－91[253] 위반으로 형사상 기소할 것을 권고하는 내용의 보고서를 발표하였고, 잭슨과 페르디난드 톨렌티노(Ferdinand V. Tolentino, 이하 " 톨렌티노")를 제외한 모든 위원들이 사임하였다. 잭슨과 톨렌티노는 교육 위원회의 예산 적자와 관련하여 예산을 유용한 혐의(misdemeanor charge of malfeasance)[254]로 기소되었지만, 1996년 8월 14일에 배심원이 무죄를 선고함에 따라 잭슨은 임기가 끝날 때까지 교육 위원회에서 계속 재직하였다.

---

252 "[부록]미국 법률 용어"에서 자세한 설명을 확인하기 바란다.

253 § 22.1-91. Limitation on expenditures; penalty.
No school board shall expend or contract to expend, in any fiscal year, any sum of money in excess of the funds available for school purposes for that fiscal year without the consent of the governing body or bodies appropriating funds to the school board. Any member of a school board or any division superintendent or other school officer violating, causing to be violated or voting to violate any provision of this section shall be guilty of malfeasance in office. Code 1950, § 22-120; 1980, c. 559.

254 "[부록]미국 법률 용어"에서 자세한 설명을 확인하기 바란다.

1998년, 잭슨은 버지니아 비치(Virginia Beach) 시의회의 의원직 선거에 출마하였다. 같은 해 5월 3일, 랜드마크사가 발행한 신문인 버지니안 파일럿에 잭슨의 시의원 출마를 지지하는 사설을 게재하였다.[255]

잭슨은 버지니안 파일럿의 지지에도 불구하고 시의회 선거에서 낙선하였다. 이후 잭슨은 2003년에도 21지구 대의원을 뽑는 선거에 입후보하였다.[256] 2003년 11월 1일, 선거 3일 전에 버지니안 파일럿은 공직 후보자로서 잭슨의 자격에 의문을 제기하는 내용으로 하티그에 의해 작성된 사설을 게재하였다.[257]

선거 당일 아침, 버지니안 파일럿은 잭슨의 요청으로 그가 교육 위원회에서 사임했다는 허위 내용을 정정 보도하였다. 그러나 잭슨은 본 선거에서 낙선하였고 포츠머스(Portsmouth) 1심 지방 법원에서 하티그와 랜드마크사를 상대로 명예훼손 소송을 제기하였다. 잭슨은 소장에서 하티그와 랜드마크사가 버지니안 파일럿의 2003년 11월 1일자 사설에서 그에 대한 허위 및 명예를 훼손하는 내용을 게재하였다고 주장하였다. 잭슨은 하티그와 랜드마크사가 사설을 게재할 당시에 해당 내용이 거짓이라는 것을 알았거나, 혹은 진실 여부에 대해 미필적 고의(reckless disregard)를 가지고 게재한 사실을 알았다고 주장하였다. 그는 이에 대한 근거로 해당 사설이 버지니안 파일럿의 1998년 5월 3일자 사설에 적힌 내용과 부분적으로 다르다는 점을 제시하였다.

---

255 On May 3, 1998, the Virginian-Pilot, a newspaper published by Landmark Communications, Inc. (Landmark), printed an editorial endorsing Jackson's candidacy for city council, stating:
Jackson has achieved much on the School Board and promises to be a strong voice for education on council. This former police sergeant has shown himself to be a man of integrity who refused to allow himself to be bullied off the School Board by the commonwealth's attorney two years ago. Jackson insisted he was blameless in the matter of the school system's $12 million deficit — caused by the then-school superintendent and his deputies. A jury agreed, and Jackson was exonerated. See Jackson v. Hartig, 645 S.E.2d 303, 305 (Va. 2007).

256 All of the twenty-first House of Delegates district is located within the City of Virginia Beach. Code § 24.2-304.01. See Jackson v. Hartig, 645 S.E.2d 303, 305 [2] (Va. 2007).

257 On November 1, 2003, three days prior to the election, the Virginian-Pilot published an editorial written by Dennis A. Hartig that contained the following statements:
[W]e have deep misgivings about Jackson's qualifications....
Jackson, a former police officer and Republican, was honored to be among the first citizens elected to the Virginia Beach School Board. It turned out badly.
It was on his watch that the schools went millions of dollars in the red, a disaster that took years to overcome. Jackson was indicted for malfeasance, but was exonerated, then resigned.
Jackson has given us no reason why voters should forgive this blot on his record. Now he wants voters to trust him to oversee a state budget 200 times as large as the School Board's. That's asking too much. See Jackson v. Hartig, 645 S.E.2d 303, 305-306 (Va. 2007).

잭슨은 또한 하티그와 랜드마크사가 2003년 11월 1일자 사설에서 언급한 "학교가 적자로 수백만불을 지출했을 당시에 그는 재임 중이었다"(It was on his watch that the schools went millions of dollars in the red)는 내용이 허위임을 알고 있었다고 주장하였다. 그 이유는 하티그와 랜드마크사가 잭슨이 교육 위원회에서 임기를 시작했을 때 1994–1995년도 교육 위원회 예산이 이미 승인되었다는 사실을 알았을 뿐만 아니라, 잭슨이 예산안을 승인하기 위해 표결에 부쳤던 어느 해에도 교육 위원회가 적자로 운영되지 않았다는 것 또한 알고 있었기 때문이라는 것이다. 잭슨은 하티그와 랜드마크사가 예산 적자를 "극복하려면 수 년이 걸리는 재난"(disaster that took years to overcome)이라고 표현한 부분이 허위였음을 이미 알고 있었다고 주장하였다.

잭슨은 하티그와 랜드마크사가 잭슨이 교육 위원회에서 사임하지 않은 것을 알고 있었지만 사임했다고 기사를 내는 등의 방법을 동원하여 공개적으로 이를 반대하였다고 주장하였다. 2003년 11월 1일자 사설에서 하티그와 랜드마크사는 배심원이 예산을 유용한 잭슨의 혐의(malfeasance charge)가 무죄임을 인정한 사실을 알았음에도 불구하고 범죄 활동에 연루되었다고 그를 비난하였다.

하티그와 랜드마크사는 특별 대배심(Special Grand Jury)의 보고서 및 증거조사(Discovery)에서 나온 답변을 포함하여 여러 첨부 문서와 함께 중간판결(motion for summary judgment)을 신청하였다.[258]

하티그와 랜드마크사는 또한 잭슨의 상대방이 사실여부를 다투는지 확인하는 잭슨의 요청(request for admission)[259]에 대해 1998년 5월 3일자 사설이 게재되기 전에 특별 대배심(Special Grand Jury)의 보고서를 읽었다고 인정했던 하티그의 답변 내용을 첨부 문서에 포함시켰다.

258 Jackson's answer to an interrogatory propounded to him by Hartig and Landmark, asking Jackson to "[i]dentify and describe in detail and with particularity any evidence you contend establishes that Mr. Hartig published the alleged defamatory statements with constitutional actual malice." Jackson responded: The editorial board failed to even review their own newspaper files concerning ... my record, the trial and my exoneration, my continued service until the end of term (1994-1998), and their very own endorsement of me in May 1998, publishing factually accurate information stating the direct opposite of content in the November 1, 2003 editorial. Such reckless disregard for the truth or the Defendants' knowledge of the falsity of the defamatory content in the November 1, 2003 article constitutes actual malice. Moreover Mr. Hartig told me in a phone conversation on November 4, 2003 that I had to pay for the deficit. See Jackson v. Hartig, 645 S.E.2d 303, 306 (Va. 2007).

259 "[부록]미국 법률 용어"에서 자세한 설명을 확인하기 바란다.

또한 하티그와 랜드마크사는 하티그가 2003년 11월 1일자 사설을 작성하기 전에 버지니안 파일럿이 보유한 파일 혹은 시의회 후보자로서 잭슨을 지지한 1998년 5월 3일자 사설 내용을 검토하지 않았다는 점을 인정하였다. 하티그와 랜드마크사는 하티그가 1998년도에 버지니안 파일럿의 1면을 담당하는 편집국장이었기에 그는 그 해에 잭슨을 지지하는 사설을 작성하거나 승인하지 않았다고 항변하였다. 하티그와 랜드마크사는 하티그가 잭슨이 1996년에 그를 상대로 제기된 예산을 유용한 혐의(malfeasance charge)에 대해 무죄 선고를 받았다는 것을 알았지만, 그러한 사실이 하티그가 예산 적자에 대한 책임이 잭슨에게 없다는 것을 알고 있었다는 것을 의미하지는 않는다고 주장하였다.

1심 지방 법원은 결정문에서 2003년 11월 1일자 사설의 내용을 요약하고, 잭슨이 교육 위원회의 예산 적자에 책임이 있다는 의견(statements of opinion false statement) 및 잭슨이 교육 위원회를 사임했다는 허위 내용을 포함하고 있다고 결론을 내렸다. 1심 지방 법원은 예산 적자를 "극복하려면 수 년이 걸리는 재난"(disaster that took years to overcome)으로 표현한 부분은 의견이었으며, 명예훼손 소송의 대상이 아니라고 판단하였다. 1심 지방 법원은 또한 잭슨이 재판에서 무죄 판결을 받은 후 교육 위원회에서 사임했다는 하티그와 랜드마크사의 진술이 허위에 해당되지만 그를 폄하하지는 않았다고 결론을 내렸다.

마지막으로 1심 지방 법원은 2003년 11월 1일자 사설이 잭슨이 범죄를 저질렀음을 암시하는 것으로 읽힐 수 있다고 믿었지만, 예산을 유용한 혐의(malfeasance charge)에 대한 잭슨의 무죄 그 자체로는 하티그와 랜드마크사가 실질적 악의(actual malice)를 가지고 해당 사설을 게재하였다는 것을 입증하기에는 불충분하다고 판단하였다. 따라서 1심 지방 법원은 하티그와 랜드마크사가 제기한 중간판결(motion for summary judgment)을 인정하였다.

잭슨은 1심 지방 법원에 1996년 당시 잭슨의 재판을 다룬 버지니안 파일럿의 사설뿐만 아니라 법정 외 증인신문(deposition)260 당시 2003년에 치뤄진 선거에서 잭슨, 하티그 및 잭슨의 경쟁 상대의 증언을 추가 증거로 제출하면서 위 판결에 대해 이의 신청(motion to reconsider)261을 제출하였다. 잭슨은 1996년에 잭슨의 재판을 다룬 버지니안 파일럿의 신문 기사와 2003년 선거에서 잭슨, 하티그, 잭슨을 반대한 사람의 법정 외 증인신문 당시 증언 내용(deposition testimony)262을 첨부 문서로 제출하였다. 잭슨은 또한 2003

260 "[부록]미국 법률 용어"에서 자세한 설명을 확인하기 바란다.

261 "[부록]미국 법률 용어"에서 자세한 설명을 확인하기 바란다.

262 "[부록]미국 법률 용어"에서 자세한 설명을 확인하기 바란다.

년 11월 1일자 사설이 게재되기 전에 잭슨과의 인터뷰가 진행되는 동안 하티그와 버지니안 파일럿 사설 위원회에 소속된 다른 위원이 작성한 메모들을 첨부하였다. 해당 메모에는 잭슨이 교육 위원회에서 4년 임기를 모두 채웠다는 내용이 담겨 있었다.

그렇지만 1심 지방 법원은 이의 신청(motion to reconsider)을 거부하고 잭슨의 청구를 기각하는 결정을 내렸다.

착안점

미국의 민사소송절차는 크게 총 5단계로 나뉜다 (소장 및 답변서 제출(Complaint and Answer (Pleading)) - 증거조사(Discovery) - 중간판결(Summary Judgment) - 최종재판(Final Trial) - 최종재판 후 이의 신청(Post Trial Motion)). 본 케이스의 경우 세 번째인 중간판결(Summary Judgment) 단계에서 법원의 사건 종결이 확정된 경우에 해당된다.

2) 버지니아주 대법원의 결정 요지

공직 후보자인 잭슨이 명예를 훼손 당했다고 주장하기 위해서는 하티그와 랜드마크사가 뉴욕 타임즈 케이스에 의해 확립된 실질적 악의(actual malice)를 가지고 잭슨이 공직에 임명되는 것이 합당하지 않다는 취지의 사설을 게재하였다는 것을 명백하고 확실한 증거(clear and convincing evidence)를 사용하여 입증하여야 한다는 것이다.

구체적으로, 잭슨이 하티그와 랜드마크사가 실질적 악의(actual malice)를 가지고 2003년 11월 1일자 사설을 게재하였다는 것을 입증하기 위해서는 사설을 게재할 당시 사설 내용이 허위임을 알았거나 진실 여부에 대해 심각한 의심을 품었다는 것을 명백하고 확실한 증거(clear and convincing evidence)를 사용하여 입증해야 한다는 것이다.[263]

특히 잭슨의 명예훼손이 중간판결(summary judgment) 단계를 통과하여 최종재판에서 명예훼손 여부를 판단받기 위해서는 배심원(fact finder)의 입장에서 판단해 볼 때 하티그와 랜드마크사가 2003년 11월 1일자 사설을 게재할 당시에 허위 내용이 포함되었다는 것을 알았거나 혹은 진실에 대한 심각한 의심을 품었다고 볼 수 있을 정도로 중요 사실과 관련

---

263 In order to establish actual malice, a plaintiff "must demonstrate by clear and convincing evidence that the defendant realized that his statement was false or that he subjectively entertained serious doubt as to the truth of his statement." Jordan, 269 Va. at 577, 612 S.E.2d at 207 (citing Bose Corp. v. Consumers Union of the United States, Inc., 466 U.S. 485, 511 n. 30, 104 S.Ct. 1949, 80 L.Ed.2d 502 (1984)). See Jackson v. Hartig, 645 S.E.2d 303, 308 (Va. 2007).

하여 논쟁의 대상에 해당되어야 한다는 것이다.[264]

잭슨은 실질적 악의(actual malice)의 증거로 교육 위원회의 예산 적자, 잭슨의 사임 거부, 기소 및 예산을 유용한 혐의(malfeasance charge)의 무죄와 관련된 버지니안 파일럿의 보도에 대해 자세히 설명하고 있는 기록을 제시하였다. 잭슨은 신문 1면을 담당하는 편집장이라는 하티그의 이전 직위 및 잭슨의 시의회 후보 지지를 표명한 1998년 5월 3일자 버지니안 파일럿의 사설뿐만 아니라 이러한 뉴스들이 하티그가 잭슨이 공직에 있을 때 예산을 유용(malfeasance)하지도, 직위를 사임하지도 않았다는 것을 알고 있었다는 것을 뒷받침한다고 주장하였다. 그는 또한 하티그와 다른 편집 위원회 소속 위원에 의해 작성된 그의 인터뷰 관련 메모 내용이 잭슨이 교육 위원회에서 4년 임기를 모두 채웠다는 것을 명확하게 보여준다고 주장하였다. 잭슨은 2003년 11월 4일에 자신과 하티그와의 전화 통화에서 잭슨이 적자를 메꾸었어야 했다고 한 하티그의 발언에 주목하여야 한다고 덧붙였다.

그런데 잭슨이 주장하는 위와 같은 내용들이 모두 진실이라고 가정하더라도 그러한 사실만으로는 하티그와 랜드마크사가 실질적 악의(actual malice)를 가지고 2003년 11월 1일자로 사설을 게시하였다는 것을 명백하고 확실한 증거(clear and convincing evidence)를 사용하여 입증하기에는 불충분하다는 것이다. 명예훼손의 내용과 모순되는 정보가 신문사가 보관 중인 파일 안에 단순히 존재한다는 이유만으로 실질적 악의(actual malice)가 성립한다고 보기에는 어렵다는 것이다. 또한 하티그와 랜드마크사가 명예훼손에 해당될 소지가 있는 내용에 대해 팩트 체크를 하지 않았다고 하더라도 사설을 게재할 당시에 허위에 대한 높은 수준의 인지가 없었다면 실질적 악의(actual malice)를 가지고 해당 사설을 게재하였다고 볼 수 없다는 것이다.[265]

264 In the context of this case, Jackson's defamation claim can survive summary judgment only if the pleadings, orders, admissions, and answers to interrogatories reveal a genuine dispute of material facts that would allow a reasonable fact finder to conclude Hartig and Landmark published the November 1, 2003 editorial either knowing that the statements contained therein were false or entertaining serious doubt that they were true. See Jackson v. Hartig, 645 S.E.2d 303, 308 (Va. 2007).

265 The mere presence of news stories in a newspaper's files containing information that contradicts an allegedly defamatory statement by the news organization is insufficient to establish actual malice. New York Times, 376 U.S. at 287, 84 S.Ct. 710. Furthermore, a media defendant in a defamation claim subject to the New York Times standard cannot be said to have acted with actual malice on account of its failure to investigate the accuracy of an allegedly defamatory statement before publishing it unless the defendant first "had a high degree of awareness of [its] probable falsity." Shenandoah Publ'g House, Inc. v. Gunter, 245 Va. 320, 324, 427 S.E.2d 370, 372 (1993); see also St. Amant v. Thompson, 390 U.S. 727, 731, 88 S.Ct.

한편, 잭슨은 팩트 체크를 하지 않은 것만으로는 신문사에게 실질적 악의(actual malice)가 있다고 볼 수 없다는 점을 인정하였다. 그럼에도 불구하고 그는 하티그가 의도적으로 진실을 외면했고, 실질적 악의(actual malice)를 가지고 2003년 11월 1일자 사설을 게시한 것이라고 주장하고 있다는 것이다. 그러나 이러한 잭슨의 주장은 다음의 사유로 인정될 수 없다.

잭슨이 교육 위원회를 사임했다는 것과 잭슨의 무죄와 관련된 하티그의 잘못된 기사 어느 것도 하티그가 잭슨의 이력에 문제가 있다는 본인의 주장이 진실인지 여부에 대해 심각한 의심을 품었다는 것을 뒷받침해주지 못한다는 것이다.

잭슨이 공직자였을 당시 잭슨을 상대로 예산을 유용한 혐의(malfeasance charge)에 대한 유죄 판결을 이끌어내는 데 실패했다고 하더라도 그것이 잭슨이 수백만불의 공적 자금을 지출한 것에 대해 일부 책임이 있다고 인정한 특별 대배심(Special Grand Jury) 보고서의 신뢰성에 의문을 제기하는 것과는 관련이 없다는 것이다.

또한 잭슨의 인터뷰 당시에 작성된 메모를 포함한 증거가 하티그가 잭슨이 교육 위원회에서 사임했다는 사실이 허위임을 알고서 해당 사설을 게재했다는 것을 입증해주지 않는다는 것이다.[266]

게다가 하티그는 2003년 11월 1일자 사설을 게재하기 전에 그가 버지니안 파일럿에서 발행된 기사 및 특별 대배심(Special Grand Jury)의 결정 내용[267]을 검토하였다고 인정한 것이다. 1심 지방 법원이 지적한 바와 같이 하티그가 특별 대배심(Special Grand Jury)에서 제시된 사실이 정확한지 여부에 대해 의문을 제기할 이유가 없으며, 하티그와 랜드마크사가 해당 사설을 게재할 당시에 잭슨에 대한 그들의 주장이 진실인지 여부에 대해 심각한 의심을 품었다는 결론을 내릴만한 근거가 없다는 것이다.

하티그가 잭슨에게 적자를 메꾸었어야 했다고 한 말은 해당 사설이 게재되었을 당시의 그의 의사(state of mind)를 보여주는 것이 아니며, 잭슨에 대한 악의(ill-will)를 표현한 것에 불과하다는 것이다. 동기(motive)와 관련된 증거가 실질적 악의(actual malice)와 전혀

1323, 20 L.Ed.2d 262 (1968). See Jackson v. Hartig, 645 S.E.2d 303, 309 (Va. 2007).

266 "[T]o insure the ascertainment and publication of the truth about public affairs, it is essential that the First Amendment protect some erroneous publications as well as true ones." St. Amant, 390 U.S. at 732, 88 S.Ct. 1323. See Jackson v. Hartig, 645 S.E.2d 303, 309 (Va. 2007).

267 The special grand jury's conclusions that "the School Board did not regard financial oversight as part of its responsibilities" and that "the School Board and the superintendent bore the ultimate legal responsibility for the deficit." See Jackson v. Hartig, 645 S.E.2d 303, 309 (Va. 2007).

관련성이 없다고 볼 수는 없지만, 공직자에 대해 언론사의 악의(ill-will)만으로는 실질적 악의(actual malice) 즉, 진실 여부에 대한 미필적 고의(reckless disregard)를 입증하기에는 충분하지 않다는 것이다.[268]

> "버지니아주 법에 따르면, 출판물 혹은 구두에 의한 비방행위로 본인의 명예를 훼손당한 사람은 명예훼손으로 소를 제기할 수 있다."[269]
>
> ı Jackson v. Michalski, Case No. 3:10-cv-00052 (W.D. Va. 2011).

> "(명예훼손 소송을 제기하는 데) 필요한 의도(intent)는 부분적으로 원고가 공인(public figure)인지 개인(private figure)인지 여부에 달려있다."[270]
>
> ı Fairfax v. CBS Corporation, 2 F.4th 286, 292 (4th Cir. 2021).

268 While "it cannot be said that evidence concerning motive or care never bears any relation to the actual malice inquiry," proof of a media defendant's ill will toward a public figure plaintiff is, without more, insufficient to establish knowledge of falsity or reckless disregard for the truth. Harte-Hanks, 491 U.S. at 666, 668, 109 S.Ct. 2678. See Jackson v. Hartig, 645 S.E.2d 303, 310 (Va. 2007).

269 Under Virginia law, a person who has been the subject of libel or slander can bring a cause of action for defamation. Jackson v. Hartig, 274 Va. 219, 227, 645 S.E.2d 303, 308 (2007). See Jackson v. Michalski, Case No. 3:10-cv-00052 (W.D. Va. 2011).

270 The necessary intent "depends, in part, on whether a plaintiff is a public or private figure." Jackson v. Hartig, 645 S.E.2d 303, 308 (Va. 2007). See Fairfax v. CBS Corporation, 2 F.4th 286, 292 (4th Cir. 2021).

6 Biro v. Conde Nast (연방 제2 항소법원, 807 F.3d 541, 2d Cir. 2015)

본 케이스는 공인(public figure)이 다수의 개인 및 회사를 상대로 제기한 명예훼손 사건이다. 비로(Biro)는 특이한 그림 인증 방식을 사용하여 논란이 된 법의학자인데, 그의 방식에 대한 신뢰성과 그림의 진위 여부에 대해 의문을 제기한 다수의 피고들이 비로의 명예를 훼손하는 글을 게시하거나, 해당 원글을 재 게시하였다.

연방 제2 항소법원은 공인(public figure)인 원고가 피고들의 실질적 악의(actual malice)를 입증할 수 있는 충분한 사실을 소장에 제시하지 못했다고 판단하여 소장단계에서 원고의 청구를 기각하는 결정을 하였다.

1) 사실 관계

본 명예훼손 소송은 저널리스트인 데이비드 그란(David Grann, 이하 "그란")이 작성하고 뉴요커(The New Yorke)가 발행한 2010년 7월 기사에서 비롯되었다.[271] 해당 기사[272]는

---

271 The New Yorker is published by defendant Condé Nast, a division of defendant Advance Magazine Publishers Inc. ("Advance"). See Biro v. Conde Nast, 807 F.3d 541, 543 [2] (2d Cir. 2015).

272 This first section of the Article focuses on one connoisseur in particular, Martin Kemp, and his investigation to determine whether a portrait of a girl, called "La Bella Principessa" was, in fact, drawn by Leonardo Da Vinci. If authenticated, the drawing would have been the first newly discovered work by Leonardo to be authenticated in over a century. Connoisseurs were sharply divided as to whether the work was an authentic Leonardo. The Article then introduces Biro as someone to whom Kemp turned when traditional connoisseurs could not resolve the dispute.

The second section of the Article properly introduces Biro, first detailing Grann's visit to Biro's home and laboratory and describing the advanced technical equipment and techniques that Biro uses to analyze works of art. The Article explains how Biro "has tried to render objective what has historically been subjective. In the process, he has shaken the priesthood of connoisseurship, raising questions about the nature of art, about the commodification of aesthetic beauty, and about the very legitimacy of the art world." (Article at 6.)

In the third section of the Article, Grann explains how he began noticing "small, and then more glaring, imperfections in [the] picture" of Biro. (Article at 14-15.) He first identifies certain inconsistencies and suspicious details with regard to Biro's investigation of the Horton painting and another set of purported Pollock paintings. He then describes how he started to dig deeper into Biro's past and "discovered an underpainting that [he] had never imagined." (Article at 15.)

In the fourth section, Grann digs more deeply into suspicious aspects of Biro's background. The Article describes how Biro was part of an effort to launch a business venture called "Provenance," which would purchase paintings that could then be authenticated as masterpieces by Biro and sold for millions of dollars. The business plan estimated that each year the company would accept twenty to thirty possible masterpieces for evaluation, of which nearly half would be authenticated. One of the key figures behind the Provenance venture was an art dealer named Tod Volpe, who the Article later reveals had been convicted of defrauding his clients of nearly two million dollars and had served two years in prison. See Biro v.

4가지 섹션으로 나누어 작성되었는데 지문 분석을 사용하여 예술품을 인증하는 법의학자로 알려져 논란이 된 인물인 비로에 초점을 맞추었다. 또한 비로의 그림 인증 방식에 대한 신뢰성과 그의 그림의 진위 여부에 대해 의문을 제기하였다. 특히 해당 기사에는 비로를 비판하는 여러 사람들의 인터뷰가 포함되어 있었으며 그가 아주 의심스러운 인증 방식을 통해 이익을 취했다고 밝혔다.

이후 해당 기사는 웹 사이트에 인터뷰 내용을 게시한 루이스 블루인 미디어사(Louise Blouin Media Inc., 이하 "LBM"), 진행중인 비로의 명예훼손 소송에 대한 글을 온라인상에 게시한 글로벌 파인 아트 레지스트리(Global Fine Art Registry, 이하 "FAR") 및 테레사 프랭크스(Theresa Franks, 이하 "프랭크스"), 예술 관련 블로그에 게시한 패디 존슨(Paddy Johnson, 이하 "존슨"),[273] 책에 해당 내용을 수록한 예일대학교 출판사 (Yale University Press, 이하 "YUP")

Conde Nast, 883 F.Supp.2d 441, 449-452 (S.D.N.Y. 2012).

273 On May 18, 2011, Paddy Johnson wrote and published an article entitled "Making the Mark of a Masterpiece" on artfagcity.com ("the Johnson Article"). Johnson's article, which concerns Grann's profile of Biro, states in its entirety:

The New Yorker's Mark of a Masterpiece tells me its [sic] time to re-evaluate a couple opinions I expressed about that so-called Jackson Pollock I wrote about back in 2006. Thanks to a documentary called Who the # $ & % is Jackson Pollock?, I wasted a fair bit of ink on why I thought the International Foundation for Art Research should take another look at a garish painting that didn't look much like a Pollock. Forensic scientist Peter Paul Biro had produced fingerprinting identification and matched paint samples though, and that evidence seemed rather compelling. So I pushed aside a few pesky details, namely that it followed the basic rule of forgery: The less plausible the fake, the more involved the narrative and documentation becomes. This one reached absurd levels, with truck driver Teri Horton's big thrift store find and Peter Paul Biro's research even spinning its own documentary.

Now however, David Grann sheds considerable light on some of the forensic scientist's more questionable authentication techniques. From the article:

[Theresa] Franks [of Global Fine Art Registry, a company crusading against fraud] became particularly interested in Biro's methods after Frankie Brown, an artist in California, told her that he had seen a photograph of the Teri Horton painting, in People, and wondered if it might be his own work. Franks hired as an expert Tom Hanley, the chief of police in Middlebury, Vermont, who had more than two decades of experience as a fingerprint examiner. Hanley told me that he approached Biro, who had previously stated about Horton's painting, "My work is (and has been) available for evaluation to qualified experts." Yet Biro declined to share his evidence, saying that Horton had objected to the idea. Hanley was thus forced to rely on bits of information that Biro had posted on his Web site, several years earlier. The online report contains a photograph of the partial fingerprint that Biro said he had found on the back of Horton's painting. In Hanley's judgment, the impression lacked the kind of detail—the clear ridges and furrows—that is necessary to make a proper comparison.

After Hanley revealed his findings to Franks, she raised questions on her Web site about the reliability of Biro's fingerprint methodology. Biro then inserted a clarification to his online report. It said:

For security reasons, several images in this report are watermarked in a way that is not apparent to the

와 같은 다른 여러 피고들에 의해 재 게시되거나 언급되었다.

비로는 위와 같은 재 게시자뿐만 아니라 그란, 컨데나스트(Condé Nast) 및 어드밴스(Advance) (이하 "뉴요커 피고들")를 상대로 명예훼손으로 소를 제기하였다. 비로는 일반적으로 각 뉴요커 피고들이 기사에 실린 많은 내용들이 허위이거나 정확하지 않다는 사실을 알고 있었거나 혹은 믿었거나 믿을 만한 이유가 있었으며, 그럼에도 불구하고 뉴요커 피고들은 실질적 악의(actual malice)를 가지고 행동하였거나 혹은 진실 여부에 대해 미필적 고의(reckless disregard)를 가지고 있었다고 주장하였다.

무엇보다도 비로는 뉴요커 피고들이 (1) 명예훼손적인 내용에 대한 조사 및 타당성을 결정하는데 실패하였고, (2) 익명의 편향된 출처에 의존하였으며, (3) 비로의 작품에 만족했던 고객들뿐만 아니라, 비로가 수 년에 걸쳐 작업해 온 많은 다른 예술 작품들을 무시했다고 주장함으로써 실질적 악의(actual malice)에 대한 그의 주장을 뒷받침하였다. 비로는 또한 그란이 타인의 명예를 훼손하는 경향(defamatory propensities)[274]을 가지고 있

observer. The fingerprint images have also been reduced in resolution so as to render them unusable except for illustration.

I advise against evaluating the fingerprint images illustrated in this report as if they were the actual source material. Any attempt to do so is pointless.

Biro told me that such secrecy protected the privacy of his clients and prevented anyone from misusing the fingerprint. To Hanley, this was baffling: what forensic scientist avoids peer review and even admits to doctoring evidence in order to prevent others from evaluating it? "If what he found are truly fingerprints, why isn't he sharing?" Franks asked me. In any case, Hanley, unable to examine Biro's evidence firsthand, had reached a dead end.

Then Ken Parker [a man Biro also produced a controversial Pollock authentication for] told Hanley and Franks about his drama with Biro. Parker said that Hanley was welcome to examine his painting. For the first time, Hanley was able directly to observe Biro's fingerprint evidence. He noted several fingerprints on the back of the picture, including two on the wooden stretcher frame, which were black, as if they had been made with ink. Looking through a magnifying glass, Hanley focussed [sic] on the most legible fingerprint, which appeared to be covered with a clear finishing coat, like a varnish. Parker said that before giving the painting to Biro he hadn't noticed a fingerprint on it. "I don't know where it came from," he said. He said that Biro had told him he had used some sort of "resin process" to make it more visible. Hanley had never seen a print developed in this fashion. Based on the clarity of the impression, Hanley thought that the fingerprint had to be relatively new—certainly not from half a century ago, when Pollock was alive.

Those are pretty damning words. I spoke with Peter Paul Biro on more than one occasion during the promotion of the movie, and while he didn't offer a lot of insight on the movie itself he did go to great lengths to explain that his reputation was his livelihood. "This is not a risk I would take if I were not certain," he told me. Foolishly, I believed him.

Biro requested that Johnson remove this article from her website; that request was denied. See Biro v. Conde Nast, 963 F.Supp.2d 255, 259-261 (S.D.N.Y. 2013).

274 "[부록]미국 법률 용어"에서 자세한 설명을 확인하기 바란다.

다고 주장하였다.[275]

비로는 재 게시자들에 관해 LBM, FAR, 프랭크스, 존슨 및 YUP이 기사에 언급된 사실 중 많은 부분들이 허위임을 이미 알고 있었거나 혹은 알 수 있었으며, 허위에 대한 인지가 있었음에도 불구하고 해당 내용을 게재한 실질적 악의(actual malice)가 있었다고 주장하였다. 비로는 또한 "LBM이 한 달 동안 인터뷰 내용을 삭제하지 않았고, 존슨은 비로의 명예를 훼손하는 내용을 블로그에서 내리지 않았다. YUP도 비로가 이미 다른 피고들을 상대로 명예훼손으로 소송 중임에도 불구하고 문제가 된 내용을 게재하기로 결정하였고, FAR와 프랭크스는 악의(ill-will) 및 비로에게 해를 입히려는 악의적인 의도로 해당 내용을 게재하였다"고 주장하였다.[276]

연방 1심 법원은 해당 기사가 허위사실 혹은 허위를 암시하므로 법적으로 명예훼손에 해당된다(actionable defamatory false statement of fact, or false implication)는 비로의 주장은 타당하다고 판결하였다. 그러나 연방 1심 법원은 뉴요커 피고들을 상대로 제기한 비로의 주장 및 주된 재 게시자들을 상대로 제기한 비로의 주장 모두를 기각하였다. 연방 1심 법원은 특정 의사(state of mind)가 주장의 요건인 경우, 비로가 제한된 목적의 공인(limited-purpose public figure)으로서 뉴요커 피고들의 실질적 악의(actual malice)를 입증할 수 있는 충분한 사실을 소장에 제시하지 못했다고 판단하였기 때문이다.[277]

---

275 Biro's allegation about Grann's "defamatory propensities" rests entirely on a lawsuit against Grann that was not adjudicated on the merits; it is not an allegation that Grann actually defamed the plaintiff in that lawsuit or any other lawsuit prior to this one. In other words, there is no well-pleaded, nonconclusory allegation that Grann actually had "defamatory propensities." See Biro v. Conde Nast, 807 F.3d 541, 547 [4] (2d Cir. 2015).

276 We address the dismissal of Biro's claims against FAR and Franks in the separate summary order filed simultaneously with this opinion. See Biro v. Conde Nast, 807 F.3d 541, 543 [3] (2d Cir. 2015).

277 In doing so, the District Court relied on Iqbal's instruction that, where a particular state of mind is an element of a claim, Rule 8 requires that it be plausibly pleaded and supported by factual allegations. Biro II, 963 F.Supp.2d at 278 (citing Ashcroft v. Iqbal, 556 U.S. 662, 686-87, 129 S.Ct. 1937, 173 L.Ed.2d 868 (2009)); see also ATSI Commc'ns, Inc. v. Shaar Fund, Ltd., 493 F.3d 87, 98 & n. 2 (2d Cir.2007). See Biro v. Conde Nast, 807 F.3d 541, 544 (2d Cir. 2015).

착안점

미국의 민사소송절차는 크게 총 5단계로 나뉜다 (소장 및 답변서 제출(Complaint and Answer (Pleading)) - 증거조사(Discovery) - 중간판결(Summary Judgment) - 최종재판(Final Trial) - 최종 재판 후 이의 신청(Post Trial Motion)). 본 케이스의 경우 첫 단계인 소장 및 답변서 제출(Complaint & Pleading)에서 법원으로부터 기각 결정을 받은 경우에 해당된다.

2) 연방 제2 항소법원의 결정 요지

본 케이스의 이슈는 소장에서 주장한 사실 관계가 모두 인정된다면 법률적으로 명예훼손이라고 판단될 수 있을 정도로 소장에서 충분한 사실 관계가 주장되었는지 여부이다.[278] 이에 대해 항소법원은 피고의 실질적 악의(actual malice)라고 판단될 수 있는 충분한 사실 관계가 소장에서 주장되어 있다고 판단한 것이다.[279]

명예훼손으로 손해배상을 청구하는 제한된 목적의 공인(limited-purpose public figure)은 명예훼손의 대상이 된 기사 내용이 피고의 실질적 악의(actual malice) 즉, 기사 내용이 허위임을 알았거나 혹은 진실 여부에 대해 미필적 고의(reckless disregard)를 가지고 게시되었다는 것을 입증하여야 한다.[280]

비로는 일부 주장을 증거조사(Discovery) 이후에 보충하겠다고 주장하였다. 그러나 소

---

278 accepting as true the factual allegations in the complaint and drawing all inferences in the plaintiff's favor. See DiFolco v. MSNBC Cable L.L.C., 622 F.3d 104, 110-11 (2d Cir.2010); Graziano v. Pataki, 689 F.3d 110, 114 (2d Cir.2012). To survive either motion, a complaint must contain "enough facts to state a claim to relief that is plausible on its face." Bell Atl. Corp. v. Twombly, 550 U.S. 544, 570, 127 S.Ct. 1955, 167 L.Ed.2d 929 (2007); see DiFolco, 622 F.3d at 111 (Rule 12(b)(6)); Graziano, 689 F.3d at 114 (Rule 12(c)). A claim is plausible "when the plaintiff pleads factual content that allows the court to draw the reasonable inference that the defendant is liable for the misconduct alleged." Iqbal, 556 U.S. at 678, 129 S.Ct. 1937. But "naked assertions" or "conclusory statements" are not enough. Id. (quotation marks omitted). These federal pleading rules and standards, including the Supreme Court's interpretation of Rule 8, prevail in "'all civil actions,'" id. at 684, 129 S.Ct. 1937 (quoting Fed.R.Civ.P. 1), including diversity litigation, see Hanna v. Plumer, 380 U.S. 460, 468-74, 85 S.Ct. 1136, 14 L.Ed.2d 8 (1965); Cnty. of Erie, N.Y. v. Colgan Air, Inc., 711 F.3d 147, 149 (2d Cir.2013) (applying Rule 8's plausibility standard in an action based on diversity jurisdiction). See Biro v. Conde Nast, 807 F.3d 541, 544 (2d Cir. 2015).

279 In this appeal from a dismissal of a defamation suit, we address whether Rule 8 of the Federal Rules of Civil Procedure requires a limited-purpose public figure to plead in a plausible way that defendants acted with actual malice. We conclude that it does. See Biro v. Conde Nast, 807 F.3d 541, 542 (2d Cir. 2015).

280 N.Y. Times Co. v. Sullivan, 376 U.S. 254, 279-80, 84 S.Ct. 710, 11 L.Ed.2d 686 (1964) (public officials), Curtis Publ'g Co. v. Butts, 388 U.S. 130, 154-55, 87 S.Ct. 1975, 18 L.Ed.2d 1094 (1967) (public figures); Lerman v. Flynt Distrib. Co., 745 F.2d 123, 137, 139 (2d Cir.1984) (limited-purpose public figures).

장에서 주장된 사실관계가 법률적으로 명예훼손이라고 판단되기에 부족한 경우에는 소장 및 답변서(Pleading) 단계에서 소장이 기각되기 때문에 이후 단계인 증거조사(Discovery)를 진행하지 않는다. 따라서 이러한 비로의 주장은 인정할 수 없다는 것이다.

실질적 악의(actual malice)가 주관적인 것이기는 하지만 일반적으로 법원은 객관적인 사실로부터 실질적 악의(actual malice)를 추론하는데,[281] 피고의 실질적 악의(actual malice)를 추론할 수 있을지 여부는 개별 케이스에 포함된 사실 및 상황에 따라 결정된다는 것이다. 예를 들어, 피고가 주장된 명예훼손적인 내용에 대한 출처를 제공하지 않거나 혹은 의도적으로 출처의 제공을 거부한다면 원고는 해당 기사가 피고에 의해 날조된 것으로 주장할 수 있다는 것이다.[282]

또한 원고는 주장된 명예훼손적인 내용이 확인되지 않은 익명의 전화 통화 내용에 전적으로 기초하였거나, 혹은 정보원의 진실성 또는 보도 내용의 정확성에 의심을 가질 만한 명확하고 구체적인 이유들이 있거나, 혹은 근본적으로 기사 내용을 사실로 볼 수 있는 개연성이 낮음에도 불구하고 게재되었다는 사실들을 주장할 수 있다는 것이다.[283]

실질적으로 공인(public figure)인 원고에게 소장에서 명예훼손으로 판단받기에 충분하고 자세한 사실관계를 주장하도록 하는 것은 명예훼손 사건의 해결을 어렵게 만드는 것이 아니라는 것이다. 반면, 다른 연방 1심 법원들은 소장에서 나온 주장으로 실질적 악의(actual malice)를 추정, 판단할 수 있어야 한다고 보았다.[284] 따라서 공인(public figure)인 원고는 피고의 실질적 악의(actual malice)를 추론할 수 있는 합리적이고 충분한 사실들을 타당한 근거로 제시하여야 한다는 것이다.

그런데 비로는 다음 두가지의 이유로 뉴요커 피고들의 실질적 악의(actual malice)를 추론할 수 있는 타당한 근거를 소장에서 주장하지 못했다는 것이다.

---

281 Celle v. Filipino Reporter Enters. Inc., 209 F.3d 163, 183 (2d Cir.2000).

282 For example, a plaintiff may allege that "a story [was] fabricated by the defendant" if the defendant provides no source for the allegedly defamatory statements or if the purported source denies giving the information. St. Amant v. Thompson, 390 U.S. 727, 732, 88 S.Ct. 1323, 20 L.Ed.2d 262 (1968).

283 Or the plaintiff may point to the fact that the allegedly defamatory statements were "based wholly on an unverified anonymous telephone call" or were published despite "obvious [specified] reasons to doubt the veracity of the informant or the accuracy of his reports" or despite the "inherently improbable" nature of the statements themselves. See Biro v. Conde Nast, 807 F.3d 541, 545 (2d Cir. 2015).

284 To the contrary, district courts in and out of our Circuit have inferred actual malice at the pleading stage from allegations that referred to the nature and circumstances of the alleged defamation or previous dealings with the defendant. See Biro v. Conde Nast, 807 F.3d 541, 545-546 (2d Cir. 2015).

첫 번째로 뉴요커 피고들에 대한 비로의 주장은 피고의 실질적 악의(actual malice)를 추론할 수 있는 타당한 근거로 보기에는 부족하다는 것이다. St. Amant v. Thompson과 같이 기사 작성 전에 사실 여부를 조사하지 않았다고 해서 그 자체로 피고의 악의(bad faith)가 성립되지 않는다는 점에는 동의하지만 추가 조사없이 익명 혹은 신뢰할 수 없는 출처에 의존하는 경우 피고의 실질적 악의(actual malice)를 추론할 수 있는 타당한 근거가 된다는 것이다. 그런데 해당 기사의 4가지 섹션 중 어느 것도 검증되지 않은 익명의 출처로부터 얻은 정보에 전적으로 의존하지 않았다는 것이다.

비로의 소장은 해당 기사가 게재될 당시에 뉴요커 피고들이 출처의 신뢰성에 의문을 제기하게 했을 만한 사실들에 대해서도 주장하지 않았다는 것이다. 예를 들어, 프랭크스와 매리언 헨들러(Marion Hendler)가 출처의 신뢰성에 의문을 제기하는 주장은 해당 기사의 게재 이후에 일어난 사건과 관련이 있을 뿐 기사 게재 당시에 피고의 악의(malice)를 보여주는 의사(state of mind)와는 관련성이 없다는 것이다.[285] 이와 마찬가지로 뉴요커 피고들이 기사가 게재된 이후에 일어난 사건들을 고려하여 명예훼손 주장과 관련이 없는 부분을 정정하지 않은 것은 비로의 주장이 피고들의 실질적 악의(actual malice)를 입증할 수 있을 정도로 타당하다고 볼 수 없다는 점을 뒷받침하고 있다.

또한 비로의 다른 인증과 그의 작품에 만족한 고객들의 리뷰는 무시하면서 논란이 되는 비로의 인증 방식에 초점을 두기로 한 그란의 결정만으로는 그란이 기사 내용의 진실 여부에 대해 심각한 의심을 품었다는 것을 시사하지 않는다는 것이다.[286]

두 번째로 재 게시자인 LBM, 존슨, YUP에 대한 비로의 주장 대부분은 피고들의 실질적 악의(actual malice)를 추론할 수 있는 타당한 근거로 볼 수 있지만, 그 외에 비로의 주장은 피고들의 실질적 악의(actual malice)를 추론할 수 있는 타당한 근거로 보기 어렵다는 것이다.

285 Herbert v. Lando, 781 F.2d 298, 306 (2d Cir.1986).

286 St. Amant, 390 U.S. at 731, 88 S.Ct. 1323; see also Church of Scientology Int'l, 238 F.3d at 174 ("Despite its name, the actual malice standard does not measure malice in the sense of ill will or animosity, but instead the speaker's subjective doubts about the truth of the publication.") See Biro v. Conde Nast, 807 F.3d 541, 546 (2d Cir. 2015).

“피고의 실질적 악의(actual malice)는 피고가 명예훼손적인 발언에 대한 출처를 제공하지 않는 경우, 혹은 피고가 정보의 제공을 의도적으로 거부하는 경우, 명예훼손적인 발언이 확인되지 않은 익명의 출처를 근거로 하는 경우, 정보원의 진실성 혹은 보도의 정확성에 대해 의심을 할 수 있는 명백한 이유가 있음에도 불구하고 명예훼손적인 발언이 게재된 경우, 혹은 명예훼손적인 발언이 본질적으로 개연성이 낮은 경우에 추론될 수 있다.”[287]

Mimedx Group, Inc. v. Sparrow Fund Management LP, No. 17 Civ. 7568 (PGG) (S.D.N.Y. 2018).

“원고가 제한된 목적의 공인(limited-purpose public figure)으로 인정되는 경우, 원고는 명예훼손으로 의심되는 발언이 피고의 실질적 악의(actual malice)에 의해 게재되었다는 것을 입증하여야 한다. 즉, 피고가 해당 내용이 허위임을 알았거나 혹은 진실 여부에 대해 미필적 고의(reckless disregard)를 가지고 게재하였다는 것을 원고가 입증하여야 한다는 것이다.”[288]

Elliott v. Donegan, 469 F.Supp.3d 40, 48 (E.D.N.Y. 2020).

실질적 악의(Actual Malice)의 기원과 역사

실질적 악의 기준(actual malice standard)은 뉴욕 타임즈 케이스 이전부터 고수해 왔던 개인의 평판에 대한 보호와 연방 헌법 제1조에서 보장하는 언론 출판의 자유가 상충되는 문제를 해결하기 위해 뉴욕 타임즈 케이스에서 확립된 명예훼손에 따른 손해배상 책임 기준이다.

뉴욕 타임즈 케이스 이전에는 개인의 평판에 대한 보호에 초점을 두어 타인에 대한 허위 내용을 게재하기만 하면 책임을 묻는 엄격 책임(strict liability)을 적용해왔다. 그러나 아이디어에 대한 자유로운 교환과 비판이 가능하기 위해서는 언론 출판의 자유에 대한 보호가 필요하다는 인식을 갖게 되었고 이는 뉴욕 타임즈 케이스에서 실질적 악의 기준(actual malice standard)을 확립하게 된 계기가 되었다.

---

287 Biro v. Conde Nast, 807 F.3d 541, 545 (2d Cir. 2015) (actual malice may be inferred where a defendant provides no source for the allegedly defamatory statements; a purported source denies providing the information; the statement is based on an unverified, anonymous source; the statement is published despite obvious reasons to doubt the veracity of the informant or accuracy of his reports; or the statement is inherently improbable). See Mimedx Group, Inc. v. Sparrow Fund Management LP, No. 17 Civ. 7568 (PGG) (S.D.N.Y. 2018).

288 With respect to the third element, if a plaintiff is considered a “limited-purpose public figure,” he must “show that the statements were made with ‘actual malice’ —that is, with knowledge that the statements were false or with reckless disregard as to their falsity.” Biro v. Conde Nast, 807 F.3d 541, 544 (2d Cir. 2015). See Elliott v. Donegan, 469 F.Supp.3d 40, 48 (E.D.N.Y. 2020).

뉴욕 타임즈 케이스는 공직자(public official)의 공적인 업무 수행(public conduct)과 관련된 명예훼손 사건에서 신문사에게 헌법적 특권을 처음으로 인정한 판결로 원고인 공직자(public official)가 피고 신문사의 실질적 악의(actual malice)를 입증한 경우에 한해 명예훼손으로 인한 손해배상을 허용하였다. 뉴욕 타임즈 케이스 이전에는 타인에 대한 허위 내용을 게재하기만 하면 책임을 물었던 것에서 허위임을 알고서 혹은 진실 여부에 대해 미필적 고의(reckless disregard)가 있는 경우에 한해 피고 신문사에게 손해배상의 책임이 있다고 규정함으로써 이전보다 연방 헌법 제1조의 언론 출판의 자유에 대한 보호를 강화한 판결로 평가된다.[289]

289 The actual malice standard originated as a remedy for the first amendment problem that arises under common law defamation. Historically, the individual's interest in a good reputation has been regarded as so significant that the law has held one who intentionally published defamatory material to a standard of strict liability. But recognizing that people in a free society must have ready access to information and ideas if that society is to endure, the established common law attempted to reconcile these divergent interests by holding a publisher strictly liable for his publication unless he could prove that the publication was either true or subject to a conditional privilege. There was no privilege for a good faith mistake of fact. Owens v. Scott Publishing, 46 Wash.2d 666, 284 P.2d 296 (1955), cert. denied 350 U.S. 968, 76 S.Ct. 437, 100 L.Ed. 840 (1956); Peck v. Tribune Company, 214 U.S. 185, 29 S.Ct. 554, 53 L.Ed. 960 (1909).
The Supreme Court changed the law in New York Times v. Sullivan. The court held that defendants could be held liable for defamation of public officials only if the defamatory falsehood was published with actual malice. The effect of New York Times and its progeny is to increase the level of fault necessary for a public figure to prevail in an action for defamation. Where the defendant was once held strictly liable for a false publication, he is now held liable only for his knowing or reckless misconduct.
See Falwell v. Flynt 797 F.2d 1270, 1274-1275 (4th Cir. 1986).

“

The First and Fourteenth Amendments embody our profound national commitment to the principle that debate on public issues should be uninhibited, robust, and wide-open, and that it may well include vehement, caustic, and sometimes unpleasantly sharp attacks on government and public officials.

”

Ivey v. State (앨라배마주 대법원, 821 So.2d 937, 941, Ala. 2001)

“

Manifestly a candidate must surrender to public scrutiny and discussion so much of his private character as affects his fitness for office, and the liberal rule requires no more. But, in measuring the extent of a candidate's profert of character, it should always be remembered that the people have good authority for believing that grapes do not grow on thorns, nor figs on thistles.

”

Garrison v. Louisiana (연방 대법원, 379 U.S. 64, 77, 1964)

B. 형사처벌 (Criminal Defamation)

1/ New York Times Co. v. Sullivan (연방 대법원, 376 U.S. 254, 1964)의 형사상 명예훼손(criminal defamation) 관련 요지

연방 대법원은 Beauharnais v. Illinois, 343 U.S. 250 (1952)에서 인종을 폄하하고 폭력 및 무질서를 야기한 책임이 있는 출판물에 일리노이주의 형사상 명예훼손법이 적용된다고 판단하였다. 그러나 연방 대법원은 이 규정을 적용할 때 다음과 같은 제한을 두었다. 표면적으로는 명예훼손에 해당되어 처벌 대상인 것처럼 보이지만 실제로는 표현의 자유를 침해하고 있는 것이라면 법원이 이를 무효화시킬 수 있다는 것이다. 또한 공공에 의한 자유로운 토론은 거부되어서는 안되며 비판으로 인해 책임져야 할 의무뿐만 아니라 그로 인해 발생하는 권리 또한 법에 의해 억압되어서는 안된다는 것이다.[290]

연방 대법원은 Bridges v. California, 314, U.S. 252 (1941)에서 명예훼손 사건이 판사, 검사, 변호사와 같은 법원 직원(judicial officials)과 관련된 경우 법원의 존엄성을 보호하기 위해 판사 혹은 판사의 결정에 대해 비판하였다는 이유로 형사상 모독죄로 처벌해서는 안된다고 판단하였다. 이러한 연방 대법원의 결정은 공직자를 비판한 내용 중 일부에 잘못된 정보가 포함되어 있다고 하더라도 이를 사실로 보아야 하며, 정의에 반하는 명백하고 현존하는 위험이 있다고 판단될 때에만 예외적으로 비판을 제한할 수 있다는 근거에서 비롯된 것이다.[291]

연방 대법원은 또한 Smith v. California, 361 U.S. 147 (1959)에서 주의 형법 규정에 저촉되는 것을 피하기 위해 외설 서적을 판매하는 서점에서 모든 서적에 대한 자체 검열을 시행하게 될 경우 이는 대중의 자유로운 책 선택에 직접적으로 영향을 미치게 되며,

---

290 But the Court was careful to note that it "retains and exercises authority to nullify action which encroaches on freedom of utterance under the guise of punishing libel"; for "public men, are, as it were, public property," and "discussion cannot be denied and the right, as well as the duty, of criticism must not be stifled." Id., at 263-264, and n. 18. See New York Times Co. v. Sullivan, 376 U.S. 254, 268-269 (1964).

291 This is true even though the utterance contains "half- truths" and "misinformation." Pennekamp v. Florida, 328 U. S. 331, 342, 343, n. 5, 345. Such repression can be justified, if at all, only by a clear and present danger of the obstruction of justice. See also Craig v. Harney, 331 U. S. 367; Wood v. Georgia, 370 U. S. 375. See New York Times Co. v. Sullivan, 376 U.S. 254, 272-273 (1964).

결국 외설물 유무와 관계없이 모든 책의 유통을 저해하는 결과를 가져오게 된다고 판단하였다.

이와 마찬가지로 공직자(public official)의 주장과 진실을 보호한다는 미명 아래 공직자(public official)의 공적인 업무 수행(public conduct)에 대한 비판을 법으로 규제할 경우 언론사의 자기 검열(self-censorship)로 이어지고, 허위 정보뿐만 아니라 대중에게 필요한 정보까지도 접근의 제한을 가져온다는 것이다. 따라서 자유로운 공공 논쟁의 활성화를 막는 이러한 법규정은 연방 헌법 제1조에 위배된다는 것이다.

2 Curtis Publishing Co. v. Butts (연방 대법원, 388 U.S. 130, 1967)의 형사상 명예훼손(criminal defamation) 관련 요지

초기의 출판물에 의한 명예훼손법(libel law)은 전혀 다른 출발점에서 시작된 법이었다. 사회의 평화를 해칠 가능성이 있는 글을 게시하여 국가(state), 종교, 개인의 명예를 훼손하는 자를 처벌하는 데 사용되었다. 피고가 게시한 글이 진실이었는지 여부는 중요하지 않았고 지금이라면 구제를 받을 자격이 없는 원고를 구제하는 데 중점을 두었다.[292]

출판물에 의한 명예훼손법(libel law)는 미국이 민주주의 국가로 체계를 갖추면서 크게 바뀌었다. 연방 헌법에서 보장하는 언론의 자유(right of free speech)를 지키기 위해 기존의 형사적 구제수단에서 민사적 구제수단으로, 절대적인 사회적 가치에 대한 보호에서 타당한 개인의 이익에 대한 보호로 초점의 변화를 가져왔다. 진실은 거의 모든 경우에 피고가 주장할 수 있는 절대적인 방어 방법이 되었으며 자유로운 의사소통을 촉진하기 위한 목적으로 만들어진 특권은 대부분 보편적으로 인정되었다.[293]

하지만 출판물에 의한 명예훼손(libel)에 대한 기본 이론은 변하지 않았고 타인에 대한 명예훼손적인 발언은 여전히 폭발물을 다루는 것과 같이 위험한 것으로 각인되어 있다. 따라서 언론 출판의 자유(freedom of speech and press)와 출판물에 의한 명예훼손(libel) 소송에는 대립이 존재한다. 명예훼손에 해당되는지 여부는 아직도 발언 내용을 전제로 판단되고, 실질적으로 발언 내용이 사실인지 여부에 대한 입증없이 발언자의 생각을 표현할 자유를 제한하고 있는 것이다.[294]

---

292 The history of libel law leaves little doubt that it originated in soil entirely different from that which nurtured these constitutional values. Early libel was primarily a criminal remedy, the function of which was to make punishable any writing which tended to bring into disrepute the state, established religion, or any individual likely to be provoked to a breach of the peace because of the words. Truth was no defense in such actions and while a proof of truth might prevent recovery in a civil action, this limitation is more readily explained as a manifestation of judicial reluctance to enrich an undeserving plaintiff than by the supposition that the defendant was protected by the truth of the publication. See Curtis Publishing Co. v. Butts, 388 U.S. 130, 151 (1967).

293 The law of libel has, of course, changed substantially since the early days of the Republic, and this change is "the direct consequence of the friction between it … and the highly cherished right of free speech." State v. Browne, 86 N. J. Super. 217, 228, 206 A. 2d 591, 597. The emphasis has shifted from criminal to civil remedies, from the protection of absolute social values to the safeguarding of valid personal interests. Truth has become an absolute defense in almost all cases, and privileges designed to foster free communication are almost universally recognized. See Curtis Publishing Co. v. Butts, 388 U.S. 130, 151-152 (1967).

294 But the basic theory of libel has not changed, and words defamatory of another are still placed "in the

same class with the use of explosives or the keeping of dangerous animals." Prosser, The Law of Torts § 108. at 792. Thus some antithesis between freedom of speech and press and libel actions persists, for libel remains premised on the content of speech and limits the freedom of the publisher to express certain sentiments, at least without guaranteeing legal proof of their substantial accuracy. See Curtis Publishing Co. v. Butts, 388 U.S. 130, 152 (1967).

3 Garrison v. Louisiana (연방 대법원, 379 U.S. 64, 1964)

본 케이스는 명예훼손과 관련된 주의 형법 규정이 이슈가 된 사건이다.

연방 대법원은 명예훼손의 경우 민사와 형사의 구분없이 동일하게 뉴욕 타임즈 기준(New York Times standard)이 적용되어야 한다고 판단하였다. 또한 공직자(public official)의 사적인 평판에 대한 비판이라고 하더라도 공직자(public official)의 공직 적합성에 영향을 미치는 것이라면 뉴욕 타임즈 기준(New York Times standard)의 적용을 받는다고 판단하였다.

1) 사실 관계

개리슨(Garrison)은 루이지애나주 올리언스 패리쉬(Orleans Parish) 지역 소속 검사였는데 패리쉬(Parish) 형사 법원 소속의 8명의 판사들과 분쟁 중에 기자 회견을 열어 판사들의 행위를 비난하는 성명서를 발표하였다. 그 결과, 그는 다른 지역에서 판사재판(without a jury before a judge)[295]을 받은 후 루이지애나주 형사 명예훼손법[296]에 의거하여 형사상 명예훼손죄로 유죄 판결을 받았다. 그가 판사들의 명예를 훼손한 것으로 주장되는 주요 혐의는 진행이 지연되고 있는 형사 사건들의 적체가 판사들의 업무 태만에서 비롯되었다는 것과 판사들이 뉴올리언스(New Orleans)에서 일어난 범죄 관련 비밀 수사 비용을 충당하기 위해 필요한 지출의 승인을 거부했다고 말한 것이었다.[297]

---

295 "[부록]미국 법률 용어"에서 자세한 설명을 확인하기 바란다.

296 La. Rev. Stat., 1950, Tit. 14:

"§ 47. Defamation

"Defamation is the malicious publication or expression in any manner, to anyone other than the party defamed, of anything which tends:

"(1) To expose any person to hatred, contempt, or ridicule, or to deprive him of the benefit of public confidence or social intercourse; or

"(2) To expose the memory of one deceased to hatred, contempt, or ridicule; or

"(3) To injure any person, corporation, or association of persons in his or their business or occupation.

"Whoever commits the crime of defamation shall be fined not more than three thousand dollars, or imprisoned for not more than one year, or both.

"§ 48. Presumption of malice

"Where a non-privileged defamatory publication or expression is false it is presumed to be malicious unless a justifiable motive for making it is shown.

"Where such a publication or expression is true, actual malice must be proved in order to convict the offender.

297 The principal charges alleged to be defamatory were his attribution of a large backlog of pending criminal cases to the inefficiency, laziness, and excessive vacations of the judges, and his accusation that, by

주 1심 법원 및 주 대법원은 루이지애나주 형사 명예훼손법을 적용하여 형사 처벌하는 것은 헌법상 보장된 표현의 자유를 제한한다는 개리슨의 주장을 받아들이지 않았다. 오히려 판사들의 공적인 업무 수행에 대한 개리슨의 비판은 주법상 증오, 악감정, 적대감, 혹은 상대방에게 해를 끼치려는 의지로 정의되는 악의(malice)에 해당된다는 이유로 형사상 명예훼손죄를 적용하였다.

2) 연방 대법원의 결정 요지

뉴욕 타임즈 기준(New York Times standard)은 공직자(public official)의 공적인 업무 수행(official conduct)에 대한 비판에 대해 민사뿐만 아니라 형사상 제재를 가할 수 있는 주법의 권한까지도 제한이 가능하다는 것이다.[298]

그 이유는 공적인 관심사(public concern)에 대한 논의에서 나온 진실인 사실에 대해 민사 혹은 형사상으로 제재를 가하게 될 경우 연방 헌법 제1조에서 보호하는 표현의 자유를 해치게 되기 때문이다. 표현의 자유를 보호하기 위해서는 진실인 사실이 자유롭게 논의될 수 있어야 하는데 이를 위해 헌법은 발언에 일부 허위 내용이 포함되어 있다고 하더라도 법적 제재를 가하지 않는 보호 공간을 인정한다.[299]

따라서 연방 헌법 제1조에서 보호하는 표현의 자유에 대한 침해를 최소화하면서도

---

refusing to authorize disbursements to cover the expenses of undercover investigations of vice in New Orleans, the judges had hampered his efforts to enforce the vice laws. In impugning their motives, he said:

"The judges have now made it eloquently clear where their sympathies lie in regard to aggressive vice investigations by refusing to authorize use of the DA's funds to pay for the cost of closing down the Canal Street clip joints … .

"… This raises interesting questions about the racketeer influences on our eight vacation-minded judges." See Garrison v. Louisiana 379 U.S. 64, 65-66 (1964).

298 At the outset, we must decide whether, in view of the differing history and purposes of criminal libel, the *New York Times* rule also limits state power to impose criminal sanctions for criticism of the official conduct of public officials. We hold that it does. See Garrison v. Louisiana 379 U.S. 64, 67 (1964).
We held in New York Times that a public official might be allowed the civil remedy only if he establishes that the utterance was false and that it was made with knowledge of its falsity or in reckless disregard of whether it was false or true. The reasons which led us so to hold in New York Times, 376 U. S., at 279-280, apply with no less force merely because the remedy is criminal. The constitutional guarantees of freedom of expression compel application of the same standard to the criminal remedy. See Garrison v. Louisiana 379 U.S. 64, 74 (1964).

299 Truth may not be the subject of either civil or criminal sanctions where discussion of public affairs is concerned. And since "… erroneous statement is inevitable in free debate, and … it must be protected if the freedoms of expression are to have the 'breathing space' that they 'need … to survive' … ," 376 U. S., at 271-272. See Garrison v. Louisiana 379 U.S. 64, 74 (1964).

명예훼손을 당한 원고의 피해를 구제하기 위해서는 민사와 형사의 구별없이 뉴욕 타임즈 기준(New York Times standard)이 동일하게 적용되어야 한다는 것이다. 즉, 피고가 원고인 공직자(public official)의 공적인 업무 수행(official conduct)과 관련하여 허위 가능성에 대한 높은 수준의 인지가 있었음에도 불구하고 원고의 명예를 훼손하는 발언을 했다는 사실이 인정되는 경우에 한해 민사 또는 형사상의 제재를 부과한다는 것이다.[300]

한편, 본 케이스에서 8명의 판사에 대한 개리슨의 발언은 판사의 업무 수행 방식에 대한 비판보다는 판사 개인의 진실성과 정직성에 대한 인신 공격에 해당한다는 것이다. 주 대법원이 판결에서 사용한 "부정한 방법으로 돈을 버는 사기꾼이 영향을 미쳤다"(racketeer influences)라는 표현은 개리슨이 사기, 속임수, 부정을 저지르도록 누군가로부터 영향을 받았다는 것을 암시한다. 판사들이 근무 기간 19개월 중 300일을 휴가로 사용했다는 내용은 공직자의 급여 관련 부정행위 규정(Deadhead statute LSA-R. S. 14:138, Public Payroll Fraud)[301]을 위반했음을 암시한다. 검사의 공소장(Bill of Information)[302]에 적혀있는 다른

300 only those false statements made with the high degree of awareness of their probable falsity demanded by New York Times may be the subject of either civil or criminal sanctions. See Garrison v. Louisiana 379 U.S. 64, 74 (1964).

301 A. Public payroll fraud is committed when:

(1) Any person shall knowingly receive any payment or compensation, or knowingly permit his name to be carried on any employment list or payroll for any payment or compensation from the state, for services not actually rendered by himself, or for services grossly inadequate for the payment or compensation received or to be received according to such employment list or payroll; or

(2) Any public officer or public employee shall carry, cause to be carried, or permit to be carried, directly or indirectly, upon the employment list or payroll of his office, the name of any person as employee, or shall pay any employee, with knowledge that such employee is receiving payment or compensation for services not actually rendered by said employee or for services grossly inadequate for such payment or compensation.

B. This Section shall not apply in the following situations:

(1) When a bona fide public officer or public employee, who is justifiably absent from his job or position for a reasonable time, continues to receive his usual compensation or a part thereof.

(2) When arrangements between firefighters to swap work or perform substitute work with or for each other is done in compliance with the provisions of the federal Fair Labor Standards Act, 29 U.S.C. 207(p)(3) and the associated regulations found in the Code of Federal Regulations and in accordance with rules and regulations adopted by the appointing authority.

C. (1) Whoever commits the crime of public payroll fraud shall be fined not more than one thousand dollars, or imprisoned, with or without hard labor, for not more than two years, or both.

(2) In addition to the penalty provided for in Paragraph (1) of this Subsection, a person convicted of the provisions of this Section may be ordered to pay restitution to the state if the state suffered a loss as a result of the offense. Restitution shall include the payment of legal interest at the rate provided in R.S. 13:4202.

302 "[부록]미국 법률 용어"에서 자세한 설명을 확인하기 바란다.

표현들의 경우 관공서(public office)에서 이루어진 불법 행위를 암시한다.303

그러나 그렇다고 해서 개리슨의 발언을 순전히 판사 개인에 대한 명예훼손으로 볼 수 없다는 것이다. 개리슨의 발언은 판사의 업무 수행과 관련이 있다. 공직자(public official)의 업무 수행과 관련된 비판은 공직자(public official)의 공적인 평판뿐만 아니라 사적인 평판에도 영향을 미친다.304

뉴욕 타임즈 기준(New York Times standard)을 확립하게 된 취지는 공직자(public official)에 관한 정보를 대중에게 자유롭게 전달하려는 공공의 이익을 보호하는 데 있다. 따라서 공직자(public official)의 공직 적합성에 영향을 줄 수 있는 것이라면 무엇이든 뉴욕 타임즈 기준(New York Times standard)의 적용이 가능하다. 본 케이스에서 다루고 있는 부정, 불법 행위, 부적절한 동기의 경우 공직자(public official) 개인의 사적 평판에 해당되기도 하지만 공직자(public official)의 공직 적합성과 떼려야 뗄 수 없는 밀접한 관련성을 가지고 있으므로 뉴욕 타임즈 기준(New York Times standard)의 적용 대상이 된다는 것이다.305

---

303 § 134. Malfeasance in office

A. Malfeasance in office is committed when any public officer or public employee shall:

(1) Intentionally refuse or fail to perform any duty lawfully required of him, as such officer or employee; or

(2) Intentionally perform any such duty in an unlawful manner; or

(3) Knowingly permit any other public officer or public employee, under his authority, to intentionally refuse or fail to perform any duty lawfully required of him, or to perform any such duty in an unlawful manner.

B. Any duty lawfully required of a public officer or public employee when delegated by him to a public officer or public employee shall be deemed to be a lawful duty of such public officer or employee. The delegation of such lawful duty shall not relieve the public officer or employee of his lawful duty.

C. (1) Whoever commits the crime of malfeasance in office shall be imprisoned for not more than five years with or without hard labor or shall be fined not more than five thousand dollars, or both.

(2) In addition to the penalty provided for in Paragraph (1) of this Subsection, a person convicted of the provisions of this Section may be ordered to pay restitution to the state if the state suffered a loss as a result of the offense. Restitution shall include the payment of legal interest at the rate provided in R.S. 13:4202.

(3) If the individual convicted of the crime of malfeasance in office is a P.O.S.T. certified full-time, part-time, or reserve peace officer, the P.O.S.T certification of that peace officer shall be immediately revoked pursuant to R.S. 40:2405(J).

Amended by Acts 1980, No. 454, § 1; Acts 2002, 1st Ex. Sess., No. 128, § 6; Acts 2010, No. 811, § 1, eff. Aug. 15, 2011; Acts 2016, No. 273, § 1.

304 We do not think, however, that appellant's statement may be considered as one constituting only a purely private defamation. The accusation concerned the judges' conduct of the business of the Criminal District Court. Of course, any criticism of the manner in which a public official performs his duties will tend to affect his private, as well as his public, reputation. See Garrison v. Louisiana 379 U.S. 64, 76-77 (1964).

305 The *New York Times* rule is not rendered inapplicable merely because an official's private reputation, as

본 케이스에 뉴욕 타임즈 기준(New York Times standard)을 적용해보면, 루이지애나주 형사 명예훼손법은 헌법적으로 무효인 기준이 포함되어 있다. 뉴욕 타임즈 기준(New York Times standard)은 원고에 대한 피고의 진실한 비판인 경우 헌법상 특권을 부여하여 명예훼손으로 인한 처벌로부터 피고를 절대적으로 보호해왔다. 반면, 주 형사 명예훼손법은 피고가 원고에 대해 진실한 비판을 했어도 규정상 악의(ill-will)에 해당되기만 하면 처벌이 가능하다고 보았다. 즉, 뉴욕 타임즈 기준(New York Times standard)은 허위임을 알고서도 발언하거나 혹은 진실 여부에 대해 미필적 고의(reckless disregard)가지고 발언한 경우에 한해 처벌을 허용하지만, 주 형사 명예훼손법은 악의(ill-will)이 있다고 인정되면 뉴욕 타임즈 기준(New York Times standar)에 관계없이 허위 발언을 한 자를 처벌할 수 있기 때문에 위헌이라는 것이다.[306]

따라서 뉴욕 타임즈 기준(New York Times standard)의 적용없이 공직자(public official)의 공적인 업무 수행(official conduct)과 관련된 비판에 대해 잘못된 처벌 기준을 제시한 루이지애나주 형사 명예훼손법은 위헌이며, 이를 바탕으로 개리슨에게 유죄 판결을 내린 주 법원의 결정 또한 잘못되었다는 것이다.[307]

---

well as his public reputation, is harmed. The public-official rule protects the paramount public interest in a free flow of information to the people concerning public officials, their servants. To this end, anything which might touch on an official's fitness for office is relevant. Few personal attributes are more germane to fitness for office than dishonesty, malfeasance, or improper motivation, even though these characteristics may also affect the official's private character. See Garrison v. Louisiana 379 U.S. 64, 77 (1964).

306 Applying the principles of the New York Times case, we hold that the Louisiana statute, as authoritatively interpreted by the Supreme Court of Louisiana, incorporates constitutionally invalid standards in the context of criticism of the official conduct of public officials. For, contrary to the New York Times rule, which absolutely prohibits punishment of truthful criticism, the statute directs punishment for true statements made with "actual malice," see LSA-R. S. § 14:48; State v. Cox, 246 La. 748, 756, 167 So. 2d 352, 355 (1964), handed down after the New York Times decision; Bennett, The Louisiana Criminal Code, 5 La. L. Rev. 6, 34 (1942). And "actual malice" is defined in the decisions below to mean "hatred, ill will or enmity or a wanton desire to injure··· ." 244 La., at 851, 154 So. 2d, at 423. The statute is also unconstitutional as interpreted to cover false statements against public officials. The New York Times standard forbids the punishment of false statements, unless made with knowledge of their falsity or in reckless disregard of whether they are true or false. But the Louisiana statute punishes false statements without regard to that test if made with ill-will; even if ill-will is not established, a false statement concerning public officials can be punished if not made in the reasonable belief of its truth. See Garrison v. Louisiana 379 U.S. 64, 77-78 (1964).

307 Applying the principles of the *New York Times* case, we hold that the Louisiana statute, as authoritatively interpreted by the Supreme Court of Louisiana, incorporates constitutionally invalid standards in the context of criticism of the official conduct of public officials. See Garrison v. Louisiana 379 U.S. 64, 77 (1964).

3) 박근혜 전 대통령의 명예훼손 사건(2014고합1172)

① 사실 관계

일본 산케이신문 소속 외신 기자였던 가토 다쓰야는 2014년 4월 16일, 세월호 침몰 사고 당일 낮 7시간 동안 박근혜 전 대통령의 행적에 의혹을 제기하였다. 그는 당시 박 전 대통령이 비선인 정윤회를 만나고 있었는데 그 두 사람은 단순히 업무상 아는 사이 이상의 긴밀한 남녀관계였다는 루머를 다룬 조선일보 칼럼을 일부 인용하여 기사를 작성하였다. 해당 기사는 2014년 8월 3일 산케이신문 인터넷 기사로 게재되었고, 이후 가토 다쓰야는 박 전 대통령과 정윤회에 대한 명예훼손 혐의로 형사 재판에 회부되었으나 무죄 판결을 받았다.

② 재판부의 결정 요지

공인으로서 공직자에 대한 명예훼손죄 성립 여부와 사인으로서 공직자에 대한 명예훼손죄 성립 여부를 나누어서 판단해야 한다는 것이다.

공인으로서 공직자에 대한 명예훼손죄 성립 여부에 대해서는 박 전 대통령의 세월호 침몰 사고 당일의 행적은 공적 관심 사안에 해당되고, 외신 기자는 허위 내용을 근거로 기사를 작성한 것이지만, 박 전 대통령의 업무 수행에 대한 비판을 목적으로 작성된 것이므로 공직자로서 박 전 대통령의 명예가 훼손되지 않았다고 보았다.

반면, 사인으로서 공직자에 대한 명예훼손죄 성립 여부에 대해서는 루머의 내용이 박 전 대통령의 사생활에 관한 것으로써 한 여성이 배우자가 있는 남성과 긴밀한 남녀관계에 있다고 표현한 것은 여성이 사회로부터 받는 객관적인 평가를 침해한 것에 해당되므로 사인인 박 전 대통령의 명예를 훼손한 것으로 보았다.

그러나 재판부는 일본 외신 기자가 작성한 기사가 사인인 박 전 대통령과 정윤회의 남녀관계를 겨냥한 것이 아니라, 세월호 침몰 사고 당시 한국 대통령의 행적이라는 인접 국가의 공적 관심 사안을 자국민들에게 전달하고자 한 것으로 박 전 대통령과 정윤회를 비방하려는 목적이 없었다고 최종 판단하였다.

③ 비교 및 비평

Garrison v. Louisiana 및 박 전 대통령의 명예훼손 사건 모두 공직자의 공적 업무 수행과 관련된 명예훼손이라는 점에서는 동일하나, 명예훼손의 성립 여부를 판단하는 기준에 있어서 차이가 존재한다는 것이다.

Garrison v. Louisiana의 경우 전술한 바와 같이 공직자의 공적인 업무 수행과 관련된 발언으로 인해 해당 공직자가 입게 되는 명예훼손을 공인과 사인으로 나누어 판단하지 않고 공직자의 공직 적합성과 관련된다면 공직자(public official)의 공적인 업무 수행(public conduct)으로 보아 뉴욕 타임즈 기준(New York Times standard)을 적용하여 명예훼손의 해당 여부를 판단하였다.

반면, 우리나라 재판부는 위 케이스와는 달리 공직자의 명예훼손죄 성립 여부를 공인과 사인으로 나누어 판단하였다. 이러한 판단 기준은 자칫 공직자의 공적인 업무 수행과 관련된 내용임에도 불구하고 공직자 개인의 명예훼손으로 적용될 수 있는 여지를 남겨 두어 언론사가 보도 내용에 대해 지나친 검열을 하도록 부추기고, 결국 헌법상 보장된 언론 출판의 자유와 국민의 알 권리를 저해하는 위험을 초래한다는 것이다.

따라서 공직자의 공적인 업무 수행에 대한 명예훼손의 경우 공인과 사인의 구분없이 공직자의 공직 적합성과 관련성이 인정되는지 여부로 판단하되 뉴욕 타임즈 기준(New York Times standar)과 같은 엄격한 기준을 적용함으로써 헌법상 보장된 언론 출판의 자유를 법리적으로 보호하려는 노력이 요구된다는 것이다.

> "Garrison 케이스에서 연방 대법원은 공직자(public official)의 공직 적합성에 영향을 미칠 수 있는 것이라면 무엇이든 공적인 관심사(public interest)에 해당될 수 있다고 보았다. 공직자(public official)의 부정, 불법행위, 부적절한 동기의 경우 그것이 공직자(public official)의 개인적인 성향에 영향을 미치는 요인이라고 하더라도 공직 적합성과 밀접한 관련성이 있다고 지적하였다."[308]
>
> ı Gertz v. Robert Welch, Inc., 418 U.S. 323, 344-345 (1974).

308 As the Court pointed out in Garrison v. Louisiana, 379 U. S., at 77, the public's interest extends to "anything which might touch on an official's fitness for office … . Few personal attributes are more germane to fitness for office than dishonesty, malfeasance, or improper motivation, even though these characteristics may also affect the official's private character." See Gertz v. Robert Welch, Inc., 418 U.S. 323, 344-345 (1974).

"Garrison 케이스에서 연방 대법원은 연방 헌법 제1조가 공직자(public official)의 공적인 업무 수행(public conduct)에 대한 논의와 관련하여 진실한 비판에 대한 처벌을 절대적으로 금지한다고 명시적으로 판결하였다."309

ı Parmelee v. O'Neel, 186 P.3d 1094, 1101 (Wash. Ct. App. 2008).

"주 법원 판사에 대한 발언과 관련된 사건인 Garrison 케이스에서 연방 대법원은 루이지애나주 대법원이 해당 발언을 판사들의 업무 방식에 대한 비판과 판사들의 청렴함과 정직성에 대한 인신공격으로 구분하는 것을 거부했다. 연방 대법원은 다음과 같이 판단하였다: 공직자 규정(public official rule)은 공직자(public official)와 관련된 정보를 대중에게 자유롭게 전달함으로써 중요한 공적 이익을 보호한다. 이를 위해서는 공직자(public official)의 공직 적합성에 영향을 미칠 수 있는 것이라면 무엇이든 관련성(relevant)이 인정된다."310

ı Piccone v. Bartels, 40 F.Supp.3d 198, 216 (D. Mass. 2014).

309 Likewise, the Garrison Court explicitly held that the First and Fourteenth Amendments absolutely prohibit punishment of truthful criticism where discussion of public affairs is concerned. Garrison, 379 U.S. at 74, 85 S.Ct. 209. See Parmelee v. O'Neel, 186 P.3d 1094, 1101 (Wash. Ct. App. 2008).

310 In Garrison, a case concerning statements made about state court judges, the Court rejected the distinction drawn by the Louisiana Supreme Court between criticisms of the manner in which the judges had conducted their judicial business and "personal attacks upon the[ir] integrity and honesty." Garrison, 379 U.S. at 76, 85 S.Ct. 209. The Court held, in the passage quoted earlier, that: "The public-official rule protects the paramount public interest in a free flow of information to the people concerning public officials, their servants. To this end, anything which might touch on an official's fitness for office is relevant." Id. at 77, 85 S.Ct. 209; Monitor Patriot Co. v. Roy, 401 U.S. 265, 273-74, 91 S.Ct. 621, 28 L.Ed.2d 35 (1971). See Piccone v. Bartels, 40 F.Supp.3d 198, 216 (D. Mass. 2014).

4/ Ashton v. Kentucky (연방 대법원, 384 U.S. 195, 1966)

본 케이스는 켄터키주의 형사 명예훼손법의 적용과 관련하여 주 1심 법원과 주 항소법원이 다른 판단을 내린 것이 쟁점이 된 사건이다.

연방 대법원은 애슈턴(Ashton)이 제작한 출판물이 켄터키주 해저드(Hazard)의 평화를 해칠 수 있는 소지가 있다는 이유로 주 형법상 명예훼손죄로 유죄 판결을 내린 것은 모호하고 지나치게 광범위한(vague and overly broad) 결정이며, 연방 헌법 제1조의 언론 및 출판의 자유를 침해한 것이라고 판단하였다.

1) 사실 관계

애슈턴은 1963년에 실업 상태인 광부들을 위한 식량, 의복 및 지원을 호소하기 위해 격렬한 노동 분쟁이 계속되었던 켄터키주 해저드(Hazard)로 갔다. 문제의 팜플렛에는 해저드(Hazard)의 경찰 서장인 샘 러트럴(Sam L. Luttrell, 이하 "러트럴")에 대해 다음과 같이 언급하였다.

> "6주 전에 저는 해저드 경찰 기동대(Hazard Force)에서 파업에 동조하는 시 경찰관 한 명을 죽이려는 음모를 목격했습니다. 다른 경찰들 중 3명은 그가 야간 근무를 하는 동안 그를 쫓았습니다. 그가 살해되는 것을 막기 위해 5명의 감시원들이 밤새도록 그를 지켜왔지만 3주전에 그가 해고당하는 것을 막을 수는 없었습니다. 시 경찰에 대한 또 다른 메모: 부대장인 러트럴은 매주 1백불을 받고 한 광산 운영자의 집을 지키는 일을 하고 있습니다. 경찰(peace officer)이 사적인 일자리를 얻는 것은 위법입니다."[311]

경찰서장인 찰리 콤브스(Charles E. Combs, 이하 "콤브스")에 대해 다음과 같이 말했다.

311 "Six weeks ago I witnessed a plot to kill the one pro-strike city policeman on the Hazard Force. Three of the other cops were after him while he was on night-duty. It took 5 pickets guarding him all night long to keep him from getting killed, but they could not prevent him from being fired, which he was three weeks ago. Another note on the City Police: The Chief of the force, Bud Luttrell, has a job on the side of guarding an operator's home for $100 a week. Its against the law for a peace officer to take private jobs." See Ashton v. Kentucky, 384 U.S. 195, 196 (1966).

"경찰서장은 한 번에 72명의 일반 경찰들을 고용했습니다. 그들의 대부분은 총을 휴대하기 원했기 때문에 고용되었습니다. 콤브스는 또한 광산 운영자이기도 합니다. 그가 한 소년에게 최루 가스를 뿌려 의도적으로 눈을 멀게 하고, 소년이 수갑을 차고 감옥에 갇혀 있는 동안 폭행한 것에 대해 최근 법원의 결정으로 5천불의 벌금형을 받았습니다. 소년은 한 쪽 눈을 완전히 실명하였고, 다른 쪽 눈도 거의 실명될 위기에 처해 있습니다. 재판에서 콤브스는 소년에게 재판을 하지 않는 조건으로 7만 5천불의 합의금을 제안했지만 그는 거부했습니다. 그리고 콤브스는 아마도 몇 천불에 배심원단을 매수했을 것입니다. 소년은 상급 법원에 항소하였고, 20만불의 손해 배상금을 받기 원합니다. 콤브스는 이제 과실상해(voluntary manslaughter)[312]로 기소되었습니다. 그러나 그는 여전히 이 카운티에서 법과 같은 존재이며 감시원들과 파업에 맞서 싸울 것이기 때문에 부자들의 지지를 받고 있습니다. 주 경찰도 마찬가지입니다. 경찰들은 파업 불참자들을 광산 안으로 호송하고 감시원들을 총으로 겨누고 있습니다."[313]

그리고 해저드 헤럴드(Hazard Herald)의 공동 소유주인 더블유 피 놀란(Mrs. W.P. Nolan, 이하 "놀란")에 대해 다음과 같이 말했다.

"마을에서 발행되는 신문인 해저드 헤럴드는 '공산주의자들이 켄터키 산맥에서 왔으며 파업을 주도하고 있다'고 소리쳤습니다. 헤저드 헤럴드(Hazard Herald)는 크리스마스 직전 텔레비전(CBS-TV) 쇼로 인해 1만 4천불이 넘는 현금, 식량, 의복이 실린 트럭 몇 대를 지원받았습니다. 기사 내용은 파업에 관한 것이었고 해저드 헤럴드의 보호 아래 지원 물품들이 감시원들에게 보내어 지기로 되어 있었지만 편집

312 "[부록]미국 법률 용어"에서 자세한 설명을 확인하기 바란다.

313 "The High Sheriff has hired 72 deputies at one time, more than ever before in history; most of them hired because they wanted to carry guns. He, Sheriff Combs, is also a mine operator—in a recent Court decision he was fined $5,000 for intentionally blinding a boy with tear-gas and beating him while he was locked in a jail cell with his hands cuffed. The boy lost the sight of one eye completely and is nearly blind in the other. Before the trial Sheriff Combs offered the boy $75,000 to keep it out of court, but he refused. Then for a few thousand dollars Combs probably bought off the jury. The case is being appealed by the boy to a higher court—he wants $200,000. Combs is now indicted for the murder of a man—voluntary manslaughter. Yet he is still the law in this county and has the support of the rich man because he will fight the pickets and the strike. The same is true of the State Police. They escort the scabs into the mines and hold the pickets at gunpoint." See Ashton v. Kentucky, 384 U.S. 195, 196-197 (1966).

자인 놀란은 파업에 격렬하게 반대합니다. 그녀는 광부들보다는 마을 상인들에게서 들어오는 지원 물품들을 주겠다고 말했습니다. 분명히 그것은 그녀가 한 일입니다. 신문사가 받은 현금 중 단지 1천 1백불만 감시원들에게 들어 왔고 식량과 의복은 하나도 없었습니다. 지원 물품들은 여전히 자물쇠와 열쇠로 묶여 있거나 혹은 여전히 파업 불참자들 및 다른 사람들에게 나누어 졌습니다."[314]

애슈턴은 위 세 사람을 비하하거나 혹은 그들에게 해를 입힐 수 있는 허위 및 악의적인 출판물을 제작하였다는 이유로 형사상 명예훼손죄로 기소되었다. 주 1심 법원은 형사상 명예훼손은 평화 혹은 공중 도덕을 해치거나 혹은 이를 유도할 목적으로 작성된 모든 글은 기소가 가능하다고 보았다. 또한 허위(falsity)뿐만 아니라 악의(malice)가 형사상 명예훼손죄의 핵심 요건에 해당된다는 판단하에 그를 기소하였다.[315] 재판 결과, 애슈턴은 6개월의 징역형과 3천불의 벌금형을 선고받았으며, 이후 주 항소법원에 이의를 제기하였다.

주 항소법원은 주 1심 법원의 유죄 판결에 대해서는 인정하였으나, 주 1심 법원이 배심원에게 부여한 것과는 다른 형사상 명예훼손죄에 대한 정의를 채택하였다. 주 항소법원은 평화를 해치는 요건이 더 이상 형사상 책임을 부과하는 헌법적 근거가 아니라고 판단하였다. 또한 켄터키주의 형사상 명예훼손죄는 악의(malice) 및 허위에 기반하여 다른 사람의 명예를 훼손하는 내용을 출판한 것이라고 판단하였다.[316]

2) 연방 대법원의 결정 요지

주 항소법원의 다수 판사들에 의해 재 정의된 형사상 명예훼손죄는 범죄의 구성 요

314 "The town newspaper, the Hazard Herald, has hollered that 'the commies have come to the mountains of Kentucky' and are leading the strike. The Herald was the recipient of over $14,000 cash and several truckloads of food and clothing which were sent as the result of a CBS-TV show just before Christmas. The story was on the strike and aid was supposed to be sent to the pickets in care of the Hazard Herald, however the editor, Mrs. W. P. Nolan, is vehemently against labor—she has said that she would rather give the incoming aid to the merchants in town than to the miners. Apparently that is what she has done, for only $1100 of the money has come to the pickets, and none of the food and clothes. They are now either still under lock and key, or have been given out to the scabs and others still." See Ashton v. Kentucky, 384 U.S. 195, 197 (1966).

315 The trial court charged that "criminal libel is defined as any writing calculated to create disturbances of the peace, corrupt the public morals, or lead to any act, which, when done, is indictable." See Ashton v. Kentucky, 384 U.S. 195, 198 (1966).

316 It held that the common-law crime of criminal libel in Kentucky is "the publication of a defamatory statement about another which is false, with malice." See Ashton v. Kentucky, 384 U.S. 195, 198 (1966).

건들이 제한이 없고 불확실(indefinite and uncertain)하게 규정되어 있으므로 형사상 범죄로 처벌되어서는 안된다는 것이다.[317]

즉, 일반적이고 제한없이(general and indefinite) 만들어진 법규정으로 인해 평화를 해치는 것으로 규정되는 여러 행위[318]들이 유죄 선고를 받게 되는데 이는 행정부와 사법부에 지나치게 넓은 재량권을 허용하는 것이라고 판단하였다.[319] 이는 모호하고 지나치게 광범위한(vague and overly broad) 주 형법상 명예훼손죄의 문제점을 명확하게 제시한 것이다.

연방 대법원은 Terminiello v. Chicago, 337 U.S. 1(1949)에서 평화를 해치는 발언을 한 자를 처벌하여야 한다는 조례(ordinance)[320]를 적용하여 유죄 판결을 내린 사건에 대해 정부가 대중의 의지에 지속적으로 화답하고 평화적인 변화를 이끌어 내는 것은 오직 자유로운 토론과 의견 교환에 의해서만 가능하다고 판단하였다. De Jonge v. Oregon, 299 U.S. 353(1937))에서는 정부 시스템하에서 언론의 자유가 제 기능을 하기 위해서는 불가피하게 논쟁이 발생할 수 밖에 없고, 오히려 이로 인해 언론의 자유라는 높은 목적이 달성될 수 있다고 보았다. 이러한 결정례에 비추어 볼 때 해당 조례(ordinance)는 연방 헌법 제1조에서 보장한 언론의 자유를 제한하고 있으므로 위헌에 해당한다는 것이다.[321]

---

317 We agree with the dissenters in the Court of Appeals who stated that: "… since the English common law of criminal libel is inconsistent with constitutional provisions, and since no Kentucky case has redefined the crime in understandable terms, and since the law must be made on a case to case basis, the elements of the crime are so indefinite and uncertain that it should not be enforced as a penal offense in Kentucky." See Ashton v. Kentucky, 384 U.S. 195, 198 (1966).

318 The offense known as breach of the peace embraces a great variety of conduct destroying or menacing public order and tranquility. It includes not only violent acts but acts and words likely to produce violence in others… . See Ashton v. Kentucky, 384 U.S. 195, 199 (1966).

319 Here we have a situation analogous to a conviction under a statute sweeping in a great variety of conduct under a general and indefinite characterization, and leaving to the executive and judicial branches too wide a discretion in its application." Id., at 308. See Ashton v. Kentucky, 384 U.S. 195, 199 (1966).

320 "[부록]미국 법률 용어"에서 자세한 설명을 확인하기 바란다.

321 In Terminiello v. Chicago, 337 U. S. 1, we held unconstitutional an ordinance which as construed punished an utterance as a breach of the peace "if it stirs the public to anger, invites dispute, brings about a condition of unrest, or creates a disturbance." Id., at 3. We set aside the conviction, saying:

"The vitality of civil and political institutions in our society depends on free discussion. As Chief Justice Hughes wrote in De Jonge v. Oregon, 299 U. S. 353, 365, it is only through free debate and free exchange of ideas that government remains responsive to the will of the people and peaceful change is effected. The right to speak freely and to promote diversity of ideas and programs is therefore one of the chief distinctions that sets us apart from totalitarian regimes.

"Accordingly a function of free speech under our system of government is to invite dispute. It may indeed best serve its high purpose when it induces a condition of unrest, creates dissatisfaction with

명예훼손적인 발언을 공표한 것을 평화를 해치는 행위로 부적절하게 정의함으로써 유죄 판결을 내린 다른 유사 케이스들[322] 또한 평화를 해치려는 의도적인 행위가 범죄로 인정될 경우 지나치게 넓은 책임 기준이 허용되는 것이며,[323] 이러한 형사상 명예훼손죄는 사람들을 쉽게 범죄자로 양산할 수 있는 결과를 초래하게 된다고 판단한 것이다.

결론적으로, 애슈턴이 제작한 출판물이 해저드(Hazard)의 평화를 해칠 수 있는 소지가 있다는 이유로 형법상 명예훼손죄로 유죄 판결을 내린 것은 규정 자체가 모호하고 지나치게 광범위한(vague and overly broad) 것일 뿐만 아니라, 연방 헌법 제1조에서 보장하는 언론 및 출판의 자유를 침해하는 것으로 위헌에 해당하여 인정될 수 없다는 것이다.

> "Ashton v. Kentucky 에서 연방 대법원은 단지 평화를 침해하는지 여부를 확인하는 테스트(breach of peace test)를 포함하는 주 1심 법원의 잘못된 기소를 근거로 유죄 판결을 뒤집은 것이 아니었다. 그 대신 연방 대법원은 켄터키주 형사 명예훼손법이 모호하고 지나치게 광범위하다는(vague and overbroad) 이유로 위헌에 해당한다고 판단한 것이다."[324]
>
> Tollett v. United States, 485 F.2d 1087, 1097 (8th Cir. 1973).

형사 명예훼손법의 역사와 발전과정

미국의 초기 형사 명예훼손법은 독립혁명 이전에 영국의 형사 명예훼손법의 근간이 된 두가지 목적 - (1) 권력자들에 대한 비판적인 발언으로 인해 야기될 수 있는 대중의 불안을 차단함, (2) 개인을 모욕한 경우 형사상 제재를 가해 공공질서를 유지함 - 에서 영향을 받아 제정되었다.[325] 초기 형사 명예훼손법은 다른 사람을 비하하거나 명예를 훼손하거나, 대중으로부터 증오, 경멸, 조롱을 받거나 기피 대상이 되게

conditions as they are, or even stirs people to anger. Speech is often provocative and challenging. It may strike at prejudices and preconceptions and have profound unsettling effects as it presses for acceptance of an idea." Id., at 4. See Ashton v. Kentucky, 384 U.S. 195, 199-200 (1966).

322 Edwards v. South Carolina, 372 U.S. 229, 236-238, and Cox v. Louisiana, 379 U.S. 536, 551-552.

323 These decisions recognize that to make an offense of conduct which is "calculated to create disturbances of the peace" leaves wide open the standard of responsibility. See Ashton v. Kentucky, 384 U.S. 195, 200 (1966).

324 the Supreme Court of the United States, in Ashton v. Kentucky, 384 U.S. 195, 86 S. Ct. 1407, 16 L.Ed.2d 469 (1966), did not merely set aside the conviction on the basis of the trial court's erroneous charge which had incorporated the "breach of peace" test. Instead, the Supreme Court held the Kentucky statute unconstitutionally vague and overbroad. See Tollett v. United States, 485 F.2d 1087, 1097 (8th Cir. 1973).

하는 모든 발언을 명예훼손으로 규정하였다. 그뿐만 아니라 진실한 발언 및 비판적인 의견도 형사 명예훼손법을 위반한 것으로 간주되었다.[326]

이처럼 초기 형사 명예훼손법은 명예훼손에 대한 방어방법으로 진실을 인정하지 않는 심각한 오류를 가지고 있었고 이를 자각한 대부분의 주에서는 이를 수정하려는 시도가 있었다. 하지만 초기 형사 명예훼손법은 연방 헌법 제1조가 통과된 후에도 변경없이 계속 유지되어왔다.[327]

이후 연방 대법원은 Garrison 케이스에서 뉴욕 타임즈 기준(New York Times standard)을 공인(public figure)에 까지 확대적용하여 피고가 허위임을 알고서 혹은 진실 여부에 대해 미필적 고의(reckless disregard)를 가지고 명예훼손적인 발언을 했다는 점이 입증되어야만 형사처벌이 가능하다고 판단하였다. 이로써 명예훼손을 형사처벌하기 위해서는 명예를 훼손하려는 고의를 기본으로 하고 이에 추가하여 뉴욕 타임즈 기준(New York Times standard)인 실질적 악의(actual malice) - 이는 헌법상 언론출판의 자유를 보호하기 위한 고의 - 가 추가로 필요하기 되었다. 따라서 형사상 명예훼손에 대한 피고의 헌법상 보호범위가 공직자(public official)에서 공인(public figure)으로 확장된 것이다.[328] 또한 형사 명예훼손법을 통해 보호되어야 할 진정한 보호 대상은 개인의 명예임을 분명히 하였다.[329]

---

325 These histories indicate that in England prior to the American revolution criminal defamation had two purposes: (1) to prevent public unrest caused by critical statements concerning those in power; and, (2) to preserve public order by providing criminal sanctions for insults to private persons, thus tending to prevent dueling or other violent responses.
See Gottschalk v. State, 575 P.2d 289, 291 (Alaska 1978).

326 Any statement which tended to degrade or disgrace another, to hold him up to public hatred, contempt or ridicule, or cause him to be shunned or avoided, was regarded as defamatory. Defamatory statements of opinion, as well as statements of fact, were considered unlawful. Intention to injure or defame was not an element of the offense. Truth was not a defense. See Gottschalk v. State, 575 P.2d 289, 291 (Alaska 1978).

327 The primary substantive reform effected by the American states was to modify the rule that truth was no defense. Most states, by statutes similar to AS 11.15.320, made truth a defense so long as the otherwise defamatory statement was uttered with good motives and for a justifiable end. Apart from that modification, the common law of criminal defamation continued in force unchanged, but largely unused, until the Garrison decision. See Gottschalk v. State, 575 P.2d 289, 291-292 (Alaska 1978).

328 The court in Garrison applied the rule of New York Times v. Sullivan, 376 U.S. 254, 84 S.Ct. 710, 11 L.Ed.2d 686 (1964) to Louisiana's criminal libel statutes. That rule extends constitutional protection to defamations concerning public figures which are either true or not intentionally or recklessly false. See Gottschalk v. State, 575 P.2d 289, 292 (Alaska 1978).

329 It has become clear that the real interest being protected by criminal defamation statutes is personal reputation. See Gottschalk v. State, 575 P.2d 289, 292 (Alaska 1978).

5/ Tollett v. United States (연방 제8 항소법원, 485 F.2d 1087, 8th Cir. 1973)

본 케이스는 명예훼손과 관련된 연방형법 규정이 이슈가 된 사건이다. 연방형법 § 1718은 봉투 혹은 우편 엽서 겉면에 명예훼손적인 내용이 담긴 우편물은 우편으로 발송되거나 우체부에 의해 배달될 수 없으며, 우편서비스 규정상 해당 우편은 우체국에 의해 회수된다고 규정하였다.

연방 제8 항소법원은 해당 규정이 연방 헌법 제1조에서 보장된 표현의 자유를 제한하고, 조문 자체가 지나치게 광범위하고 모호하므로(overbroad and vague) 위헌에 해당한다고 판단하였다.

1) 사실 관계

연방 1심 법원은 피고 레이 앨런 톨레트(Ray Allen Tollett, 이하 "톨레트")가 연방 형법(U.S. Code Section) 1718, Title 18(이하 "§ 1718")[330]을 위반했다고 판결하였다. 톨레트는 전 직원과 전 직원의 아내에 대해 "악의적이고 명예를 훼손하는"(scurrilous and defamatory) 발언이 포함된 엽서 8장을 발송한 혐의로 유죄 판결을 받고 2년형을 선고받았다. 톨레트는 그의 전 직원인 엘 에이 클라워(L.A. Clower, 이하 "클라워")가 그의 애완견을 독살하고 그의 사업장을 불태운 것을 포함하여 그를 상대로 수많은 악의적인 행위를 저질렀다고 증언하였다. 톨레트는 클라워의 현재 고용주(Burns Sheet Metal)에게 해당 엽서들을 보냈는데, 해당 엽서에는 클라워의 동성간의 성행위로 추정되는 저속한 내용이 담겨 있었고 클라워의 아내 및 매춘부로 알려진 그녀의 활동에 대한 내용이 담겨 있었다.

본 케이스에 대해 연방 1심 법원은 § 1718이 합헌이라고 판결하였다. 1심 판사는 의회에 의한 우편물의 규제가 연방 헌법 제1조하에서 보호받을 만한 가치가 현저히 낮은 명예훼손적인 발언을 보호하는 것보다 더 중요하다고 판단하였다. 또한 Roth v. United States, 354 U.S. 476, 77 S.Ct. 1304, 1 L.Ed.2d 1498 (1957)을 인용하여 피고의 글에는 헌법적 보호를 받는 사회적 중요성 혹은 공적으로 중요한 이익을 갖는 아이디어가 없다고

330 The statute reads: "All matters otherwise mailable by law, upon the envelope or outside cover or wrapper of which, or any postal card upon which is written or printed or otherwise impressed or apparent any delineation, epithet, term, or language of libelous, scurrilous, defamatory, or threatening character, or calculated by the terms or manner or style of display and obviously intended to reflect injuriously upon the character or conduct of another, is nonmailable matter, and shall not be conveyed in the mails nor delivered from any post office nor by any letter carrier, and shall be withdrawn from the mails under such regulations as the Postal Service shall prescribe." 18 U.S.C. § 1718 (1948).

판단하였다.[331] 또한 결정 이유에 대한 잘못된 이해를 막기 위해 외설적이고 음란한 글을 발송하는 행위를 처벌하는 규정인 연방법(18 U.S.C.) § 1463[332](포장지나 봉투에 음란물을 넣어 발송하는 것(Mailing indecent matter on wrappers or envelopes), § 1718과 유사)을 제시하면서 피고가 외설적이거나 음란한 내용을 엽서로 발송한 것으로 인해 기소된 것이 아님을 명확히 하였다.

§ 1718에 대한 연방 1심 법원의 합헌 결정에 대해 톨레트는 항소심에서 § 1718이 언론 출판의 자유 및 적법절차를 위반[333]했다는 이유를 들어 위헌이라고 주장하였다.

2) 연방 제8 항소법원의 결정 요지

1. § 1718의 연방 헌법 제1조 적용 여부

정부는 § 1718이 미 전역의 우편 시스템과 관련된 규정들을 관장하는 의회의 권한에서 비롯된 것으로 우편물을 규제할 수 있는 특권이 정부에게 있다고 주장하였다.[334]

---

331 In the instant case the trial court ruled that § 1718 was constitutional. In doing so the district judge observed that the balance of the regulatory power of Congress to regulate the mails was paramount as against the expression of scurrilous and defamatory writings which enjoy no protection under the First Amendment. The trial court, citing Roth v. United States, 354 U.S. 476, 77 S.Ct. 1304, 1 L.Ed.2d 1498 (1957), found that the defendant's writing contained "no ideas expressed on either of the postal cards with the slightest redeeming social importance or of any interest to the public or other important interest" which enjoys constitutional protection. See Tollett v. United States, 485 F.2d 1087, 1089 (8th Cir. 1973).

332 18 U.S.C. § 1463: All matter otherwise mailable by law, upon the envelope or outside cover or wrapper of which, and all postal cards upon which, any delineations, epithets, terms, or language of an indecent, lewd, lascivious, or obscene character are written or printed or otherwise impressed or apparent, are nonmailable matter, and shall not be conveyed in the mails nor delivered from any post office nor by any letter carrier, and shall be withdrawn from the mails under such regulations as the Postal Service shall prescribe.
Whoever knowingly deposits for mailing or delivery, anything declared by this section to be nonmailable matter, or knowingly takes the same from the mails for the purpose of circulating or disposing of or aiding in the circulation or disposition of the same, shall be fined under this title or imprisoned not more than five years, or both. (June 25, 1948, ch. 645, 62 Stat. 769; Pub. L. 91-375, § 6(j)(13), Aug. 12, 1970, 84 Stat. 778; Pub. L. 103-322, title XXXIII, § 330016(1)(K), Sept. 13, 1994, 108 Stat. 2147.)

333 freedom of speech and due process

334 The defendant challenges the rationale behind these decisions since they basically rely on the so-called "privilege doctrine." This reasoning is illustrated by the Supreme Court's early observance:
"The power possessed by Congress embraces the regulation of the entire postal system of the country. The right to designate what shall be carried necessarily involves the right to determine what shall be excluded." Ex parte Jackson, 96 U.S. 727, 732 (1877). See Tollett v. United States, 485 F.2d 1087, 1090 (8th Cir. 1973).

이에 대해 의회가 이 권한을 우편물을 이용해 사기와 관련되거나 혹은 외설적인 자료들을 전달하는 범죄를 막기 위한 목적으로 사용하는 것은 합헌에 해당하지만, 어떤 이유로든 우편물의 사용을 허용 또는 제한할 수 있는 특권이 정부에게 주어진 것이라고 한다면 헌법상 위헌의 소지가 있다는 것이다.

또한 유사한 사례인 우체국(USPS) 및 연방 직원 급여법 규정의 위헌 여부에 대해 연방 대법원은 특정 우편물의 배달을 제한할 수 있는 우체국장의 권리가 연방 헌법 제1조의 자유로운 권한의 행사(unfettered exercise)를 제한하는 것에 해당되기 때문에 해당 법이 위헌이라고 판단하였다는 것이다.[335]

따라서 § 1718는 우편 서비스에 대해 규제할 수 있는 정부의 권한에 대한 문제가 아니라 연방 헌법 제1조의 관점에서 검토되어야 한다는 것이다.

2. § 1718에 대한 정부의 강력한 이익(compelling interest) 인정 여부 및 위헌성 여부

정부가 헌법적으로 보호되는 표현의 자유 및 언론의 자유를 침해하는 것이 헌법상 위헌에 해당되지 않으려면 가장 중요하고 강력한 주의 이익(overriding and compelling state interest)이 인정되어야 하는데, 정부는 § 1718의 적용이 (1) 의도치 않게 모욕적인 자료를 보도록 강요받은 사람들에게 보지 않을 자유를 보장하며, (2) 개인의 평판에 대한 존엄성을 보호하는 것이므로 개인의 표현 및 언론의 자유에 대한 정부의 강력한 이익(compelling interest)이 있다고 주장하였다.[336]

그러나 (1)을 본 케이스에 적용해보면, 우체국 직원의 업무는 우편을 배달하는 것이지 엽서에 적힌 내용을 읽는 것이 아니며, 주소를 확인하는 것 외에 우편 봉투나 엽서에 적힌 글을 읽는 것이 요구되지 않는다는 것이다. 따라서 의도치 않게 모욕적인 자료를 보

335 In Lamont v. Postmaster General, 381 U.S. 301, 305, 85 S.Ct. 1493, 1495, 14 L.Ed.2d 398 (1965), in striking down § 305(a) of the Postal Service and Federal Employees Salary Act of 1962, 39 U.S.C. § 4008(a), dealing with the Postmaster's right to withhold certain mail, the Supreme Court concluded.
"[T]he Act as construed and applied is unconstitutional because it requires an official act (viz., returning the reply card) as a limitation on the unfettered exercise of the addressee's First Amendment rights. See Tollett v. United States, 485 F.2d 1087, 1090-1091 (8th Cir. 1973).

336 Governmental intrusion into the area of constitutionally protected rights of speech, press and association must be based upon an "overriding and compelling state interest." Gibson v. Legislative Investigation Committee, 372 U.S. 539, 546, 83 S.Ct. 889, 9 L.Ed.2d 929 (1963). The Attorney General asserts that the compelling government interests which justify 18 U.S.C. § 1718 are (1) freedom from having offensive materials thrust upon an unwilling viewer and (2) protection of an individual's dignity of reputation. See Tollett v. United States, 485 F.2d 1087, 1092 (8th Cir. 1973).

도록 강요받은 사람들을 보호하여야 한다는 정부의 주장은 비현실적인 것에 불과하다는 것이다.

(2)의 경우, 연방 헌법 제1조에 의해 보호를 받는 발언을 침해하지 않고도 정부의 강력한 이익(compelling interest)이 실현될 수 있는지 여부를 판단하기 위해서는 첫 번째로 § 1718의 조문 내용을 검토해 보아야 한다는 것이다.

그런데 § 1718은 개인의 평판에 대한 존엄성을 보호하기 위해 필요한 정도보다 더 넓게 규제하고 있다는 것이다. 예를 들어, 코헨(Cohen)의 자켓에서 발견된 악의적인 언어,[337] 학교 신문에 게재된 패피쉬(Papish)에 대한 악의적인 묘사,[338] 구딩(Gooding)이 경찰에게 악의적으로 조롱한 것[339]은 § 1718 하에서 이론적으로는 처벌 대상에 해당되지만, 이러한 저속한 표현의 사용을 막기 위한 정부의 제재가 개인의 표현의 자유를 침해할 만큼 강력한 이익(compelling interest)을 가지고 있다고 볼 수 없다.[340] 또한 특정인을 가리켜 악의적이거나 모욕적인 발언을 하였다고 하더라도 그것은 일반인들에게 불편함, 짜증 혹은 불안 이상의 어떤 결과도 가져오지 않는다는 것이다.

두 번째로 § 1718하에서 금지하고 있는 명예훼손적 발언에 대해 검토해 보아야 한다는 것이다.

대부분의 주에서 형사상 명예훼손을 처벌하기 위한 규정들을 여전히 보유하고 있으나, 해당 명예훼손이 실제 기소로 이어지는 경우는 매우 드물다는 것이다. Beauharnais v. Illinois, 343 U.S. 250, 72 S.Ct. 725, 96, L.Ed. 919 (1952)에서 연방 대법원은 무수한 비판에도 불구하고 다수를 대상으로 한 출판물에 의한 명예훼손(group libel)을 처벌할 수 있는 주의 권한을 좁게 인정하였다. 그러나 공적인 관심사(public concern)와 관련이 있으면서 대중적으로 평판이 좋지 않은 개인을 명예훼손으로 처벌하는 데 있어서도 주의 권한을 엄격히 제한해 왔다.[341]

---

337 Cohen v. California, 403 U.S. 15, 91 S.Ct. 1780, 29 L.Ed.2d 284 (1971).

338 Papish v. Board of Curators, 410 U.S. 667, 93 S.Ct. 1197, 35 L.Ed.2d 618 (1973).

339 Gooding v. Wilson, 405 U.S. 518, 92 S.Ct. 1103, 31 L.Ed.2d 408 (1972).

340 At most it reflects an 'undifferentiated fear or apprehension of disturbance [which] is not enough to overcome the right to freedom of expression.' Tinker v. Des Moines Indep. Community School Dist., 393 U.S. 503, 508 [89 S.Ct. 733, 737, 21 L.Ed.2d 731] (1969)." See Tollett v. United States, 485 F.2d 1087, 1093 (8th Cir. 1973).

341 Most states still maintain some type of statute punishing criminal libel; however, commentators acknowledge that prosecutions under them are extremely rare. See, e. g., T. Emerson, The System of Freedom of Expression 543 (1970). Although the case has been subjected to great criticism, a state's power

전통적으로 형사 명예훼손법이 인정되었던 이유는 대중의 무질서와 평화가 깨지는 것을 막는데 있었지만, 평화를 유지한다는 명목으로 개인의 명예훼손 사건에 형사상 기소를 부과하는 것은 인정할 수 없다는 것이다.[342]

한편, 정부가 § 1718과 같은 형사상 명예훼손법을 정당화하려는 시도로서 개인의 평판에 대한 존엄성을 보호할 목적으로 형사상 명예훼손법이 민사상 명예훼손법에 대한 보완적인 역할을 한다고 주장할 수 있다.[343] 그러나 이는 표현의 자유에 대한 정부의 침해를 인정하기에는 약한 논리에 해당한다는 것이다. 또한 진정한 위험은 악의적인 발언에 대한 정부의 금지에서 오는 것이 아니라 연방 헌법 제1조에서 보장하는 아이디어의 자유로운 교환을 막는데 있다는 것이다. 형사적 처벌에 대한 두려움은 발언에 대한 자기 검열(self-censorship)을 가져오고 결국 생각, 감정 및 아이디어를 자유롭게 표현하지 못하도록 제한시켜 버리는 결과를 초래하게 된다.[344]

설령, 정부가 명예훼손적인 발언에 대해 형사적 제재를 적용할 수 있는 강력한 이익(compelling interest)이 인정되어 개인의 평판이 보호될 수 있다고 가정하더라도, 명예훼손

---

to punish group libel was narrowly upheld by the Supreme Court in Beauharnais v. Illinois, 343 U.S. 250, 72 S.Ct. 725, 96 L.Ed. 919 (1952). However, with regard to issues of public concern and individuals of public notoriety the state's power to punish libel has been strictly narrowed. See Tollett v. United States, 485 F.2d 1087, 1094 (8th Cir. 1973).

342 However, as echoed by Mr. Justice Brennan, "'it can hardly be urged that the maintenance of peace requires a criminal prosecution for private defamation.'" Garrison, supra at 69 of 379 U.S., at 213 of 85 S.Ct., quoting Emerson, Toward a General Theory of the First Amendment, 72 Yale L.J. 877, 924 (1963). See Tollett v. United States, 485 F.2d 1087, 1095 (8th Cir. 1973).

343 Professor Emerson observes:

"To the extent the libel laws afford damages for injury to reputation that affects one's standing in the community and hence one's role as decision maker, the problem is somewhat different. But here too the original balance in favor of expression would seem entirely proper. The very essence of a system of free expression is that the participants are the ones who judge standing, prestige, the weight to be accorded a particular speaker, and all similar matters. These issues are to be fought out in the public forum, not decided by government authorities. The attempt to inject the government into such issues through the libel laws should be struck down as opposed to the fundamental nature of the system.

"This brings us to the third function of the libel laws, which is to protect against injury to a person's feelings ⋯ . [A] civil action for damages in this situation would have a minimal effect upon the operation of a system of free expression. The government's role is primarily that of umpire, with no interest of its own at stake." T. Emerson, The System of Freedom of Expression 543 (1970).

344 For the true danger flows not from the governmental proscription of "bad" language but from the damage to First Amendment freedoms in deterring the free exchange of the "good." Self-censorship through fear of criminal punishment can diminish the boundaries of original thought and expression of utilitarian emotions and ideas. See Tollett v. United States, 485 F.2d 1087, 1096 (8th Cir. 1973).

적인 발언을 기소하려는 취지가 담긴 § 1718은 모호하고 지나치게 광범위한(vague and overly broad) 것이므로 무효인 규정에 해당된다는 것이다.[345]

구체적으로, 명예훼손과 관련된 § 1718[346]에는 명예훼손에 대한 객관적인 정의가 명시되어 있지 않았다.[347] 공직자(public officials), 공인(public figures), 혹은 공적인 업무 수행

---

345 We hold that the provision of § 1718 which attempts to prosecute libelous and defamatory statements is void as being vague and overly broad.

[22] Vagueness in one sense is designed to prevent one from being convicted under a statute which is not "sufficiently explicit to inform those who are subject to it what conduct on their part will render them liable to its penalties." Connally v. General Construction Co., 269 U.S. 385, 391, 46 S. Ct. 126, 127, 70 L.Ed. 322 (1926). However, Mr. Justice Marshall wrote in Grayned v. Rockford, 408 U.S. 104, 110, 92 S.Ct. 2294, 2300, 33 L.Ed.2d 222 (1972), "[c]ondemned to the use of words, we can never expect mathematical certainty from our language." He went on to observe that the pivotal consideration is whether one can determine "what the ordinance as a whole prohibits." And as Chief Justice Vinson observed in Communications Association v. Douds, 339 U.S. 382, 412, 70 S.Ct. 674, 691, 94 L.Ed. 925 (1950):

"The argument as to vagueness stresses the breadth of such terms as 'affiliated,' 'supports' and 'illegal or unconstitutional methods.' There is little doubt that imagination can conjure up hypothetical cases in which the meaning of these terms will be in nice question. The applicable standard, however, is not one of wholly consistent academic definition of abstract terms. It is, rather, the practical criterion of fair notice to those to whom the statute is directed. That particular context is all important."

See also Hunter v. Allen, 422 F.2d 1158, 1168 (5th Cir. 1970), rev'd on other grounds, 401 U.S. 989, 91 S.Ct. 1237, 28 L.Ed.2d 528 (1971).

We use "vagueness," however, in the sense that it is "wholly merged with the overbreadth doctrine when statutes covering first amendment activities are at issue." Note, The First Amendment Overbreadth Doctrine, 83 Harv.L. Rev. 844, 873 (1970). As we discuss vagueness we limit it to the approach Mr. Justice Goldberg took in Cox v. Louisiana, 379 U.S. 536, 551, 85 S.Ct. 453, 462, 13 L.Ed.2d 471 (1965) — namely "[t]he statute … is unconstitutionally vague in its overly broad scope." See also Broadrick v. Oklahoma, 413 U.S. 601, 93 S.Ct. 2908, 37 L.Ed.2d 830 (1973). See Tollett v. United States, 485 F.2d 1087, 1096 (8th Cir. 1973).

346 The government urges that § 1718 proscribed "threatening" language as well, and as such could be applicable to Tollett's postcards. Tollett was not charged with writing "threatening" postcards. However, under the statute the word "threatening" can enjoy no better treatment than the other words which possess uncertain meaning. For example, does the statute mean the threat of physical violence or the possibility of taking legal action? Some early decisions have held that the mere threat of legal action was encompassed within the statute's terms. See, e. g., United States v. Prendergast, 237 F. 410 (D.Or.1916); United States v. Simmons, 61 F. 640 (D.Conn.1894); contra, United States v. Elliott, 51 F. 807 (D.Ky. 1892). Is it possible today that a person could be jailed for writing on a postcard that "[s]uit enters unless you act promptly"? Prendergast, supra at 410 of 237 F. See Tollett v. United States, 485 F.2d 1087, 1096 (8th Cir. 1973).

347 Garrison v. Louisiana, 379 , 379 U.S. 64 (1964)에서 루이지애나주는 명예훼손을 다음과 같이 정의하였다.

La. Rev. Stat., 1950, Tit. 14:

"§ 47. Defamation

"Defamation is the malicious publication or expression in any manner, to anyone other than the party defamed, of anything which tends:

(public affairs)과 관련된 명예훼손과는 달리 개인의 명예훼손에서 형벌 규정이 적용되는 것을 제한하는 조문이 없었다.[348] 또한 의회가 진실을 명예훼손에 대한 방어 방법으로 의도하였는지 여부[349] 혹은 진실이 선한 동기(good motives)와 결합되지 않는 한 처벌이 가능한지 여부에 대해 명확한 언급이 없었다.[350] 의회가 개인 혹은 공직자의 명예훼손에 대

"(1) To expose any person to hatred, contempt, or ridicule, or to deprive him of the benefit of public confidence or social intercourse; or

"(2) To expose the memory of one deceased to hatred, contempt, or ridicule; or

"(3) To injure any person, corporation, or association of persons in his or their business or occupation.

"Whoever commits the crime of defamation shall be fined not more than three thousand dollars, or imprisoned for not more than one year, or both.

348 See New York Times Co. v. Sullivan, 376 U.S. 254, 84 S.Ct. 710, 11 L.Ed.2d 686 (1964); Garrison v. Louisiana, 379 U.S. 64, 85 S.Ct. 209, 13 L.Ed.2d 125 (1964); Curtis Publishing Co. v. Butts, 388 U.S. 130, 87 S. Ct. 1975, 18 L.Ed.2d 1094 (1967); Rosenbloom v. Metromedia, Inc., 403 U.S. 29, 91 S.Ct. 1811, 29 L.Ed.2d 296 (1971).

349 In the instant case, Tollett testified that his statements were true; no testimony contradicted his evidence. While some of his statements were obviously fantasy, others could have had factual basis. Cf. United States v. Keller, 158 F.Supp. 940 (M.D.Pa.), rev'd, 259 F.2d 54 (3d Cir. 1958). The trial court simply found Tollett guilty, without evaluation, on the basis that he admitted sending the postcards. See Tollett v. United States, 485 F.2d 1087, 1098 [26] (8th Cir. 1973).

350 Indeed, in Cherry v. Postmaster General, 272 F.Supp. 982 (D.P.R.1967), aff'd without opinion, (1st Cir.), cert. denied, 391 U.S. 914, 88 S.Ct. 1809, 20 L.Ed.2d 653 (1968), the district court specifically held that since libelous statements were not protected by the First Amendment, truth was irrelevant in a prosecution under § 1718.

The Cherry case serves to demonstrate the uncertainty of the intended meaning of the language within the Act. The holding seems somewhat anomalous in view of the overall history of state criminal libel laws adopted subsequent to the First Amendment, which generally have recognized truth as a defense. Ironically, even the ill-famed Sedition Act of 1798 recognized truth as a defense. Under the Louisiana statute struck down in Garrison, however, truth was not a defense. In some states truth is not a defense unless the statement is made with "good motives and for justifiable ends." See, e. g., N.Y.Const. art. I, § 8; N.Y.Pen.Law, McKinney's Consol. Laws, c. 40, § 1342. Whether libel was true or false was irrelevant under English common law. This was because breach of peace was regarded as the gist of the crime. As was said in the early English case, "[e]very libel … is made either against a private man, or against a magistrate or public person. If it be a private man it deserves a severe punishment, for although the libel be made against one, yet it incites all those of the same family, kindred or society to revenge, and so tends per consequens to quarrels and breach of the peace, and may be the cause of shedding of blood, and of great inconvenience … ." DeLibellis Famosis, 5 Co.Rep. 125a, 77 Eng.Rep. 250, 251 (1606). From this history came the saying "the greater the truth the greater the libel." It was not until the passage of Lord Campbell's Act in 1842 that evidence of truth became admissible in English libel trials. However, as truth became an acceptable defense in this country, "breach of peace" naturally lost credence as a foundation upon which to support the crime. For an excellent discussion of this history, see Note, Constitutionality of the Law of Criminal Libel, 52 Col.L.Rev. 521 (1952). See Tollett v. United States, 485 F.2d 1087, 1098 [27] (8th Cir. 1973).

한 범죄 요건으로서 악의(malice)가 필요하다고 간주하였는지 여부에 대해서도 명확한 언급이 없었으며,[351] 명예훼손이 거짓임을 알고서 한 발언일 때 성립하는지 혹은 과실에 의해서도 성립될 수 있는지 여부에 대해서도 언급이 없었다.[352]

명예훼손적인 발언이 즉각적인 평화의 침해(breach of peace)를 가져오는지 여부에 대해서도 명확한 언급이 없었으며,[353] 있다고 하더라도 평화의 침해(breach of peace)가 가지고 있는 의미에 대해 제한된 접근조차 없었다.[354]

결론적으로, 위와 같은 § 1718의 모호하고 지나치게 광범위한(vague and overly broad) 규정은 연방 헌법 제1조에서 보장하는 표현의 자유에 반해 부적절한 형법의 존재를 용인하는 위험을 초래하므로 인정될 수 없다는 것이다.[355] 또한 이와 같이 모호하고 지나치게 광범위한(vague and overly broad) 법을 적용할 수 있도록 허용하는 것은 연방 헌법 제1조

351 At common law mere publication was proof of malice. R. Perkins, Criminal Law 417 (2d ed. 1969). The requirement of actual malice established in New York Times Co. v. Sullivan, 376 U.S. 254, 84 S.Ct. 710, 11 L.Ed.2d 686 (1964), was said by Mr. Justice Brennan to apply only to public libels. Garrison v. Louisiana, 379 U.S. 64, 72 n. 8, 85 S.Ct. 209, 13 L.Ed.2d 125 (1964). Whether this same limitation should apply to criminal libel, even though relating to private matters, is, of course, not made clear by § 1718. See Tollett v. United States, 485 F.2d 1087, 1098 [28] (8th Cir. 1973).

352 See Garrison v. Louisiana, 379 U.S. 64, 79, 85 S.Ct. 209, 13 L.Ed.2d 125 (1964).

353 See Ashton v. Kentucky, 384 U.S. 195, 86 S.Ct. 1407, 16 L.Ed.2d 469 (1966). It is likely that at the time Congress enacted the original statute, 18 U.S.C. § 355 (Act of March 4, 1909, ch. 321, § 212, 35 Stat. 1129), it intended, as well, to punish libelous expression for fear of public disruption, since this was still the traditional and historical basis for criminal libel laws. See Kelly, Criminal Libel and Free Speech, 6 Kan.L.Rev. 295, 319 (1958). See Tollett v. United States, 485 F.2d 1087, 1098 [30] (8th Cir. 1973).

354 We conclude that § 1718, as it relates to libelous and defamatory statements, is similarly unconstitutional because of its substantial overbreadth: The Act does not in any way attempt an objective definition of "libelous" and "defamatory"; there exists no statutory language limiting the application of the present penal statute to private libel in contrast to libel relating to public officials, public figures or public affairs; there is no clarification within the statute as to whether Congress intended truth to be a defense to any defamation or, if so whether truth would still be punishable unless coupled with good motives; there is no clarification in the Act as to whether Congress deemed it necessary that "malice" be an element of the offense for either private or public libels; there is no clarification as to whether libel must be knowingly falsely made or may be "negligently" made; there is no clarification as to whether the libelous or defamatory statements must necessarily lead to an immediate breach of peace and, if so, there is no narrow approach as to the meaning of "breach of peace" encompassed by the statute. See Tollett v. United States, 485 F.2d 1087, 1097-1098 (8th Cir. 1973).

355 Justice Brennan admonished in NAACP v. Button, 371 U.S. 415, 432-433, 83 S.Ct. 328, 338, 9 L.Ed.2d 405 (1963):"The objectionable quality of vagueness and overbreadth does not depend upon absence of fair notice to a criminally accused or upon unchanneled delegation of legislative powers, but upon the danger of tolerating, in the area of First Amendment freedoms, the existence of a penal statute susceptible of sweeping and improper application. See Tollett v. United States, 485 F.2d 1087, 1099 (8th Cir. 1973).

에서 보장된 자유를 보호하기 위해 제한된 범위 내에서 권한을 행사하여야만 하는 헌법상의 기준과는 달리 정부에게 지나치게 과도한 재량권을 부여하게 되는 것이므로 본 규정은 위헌에 해당된다는 것이다.[356]

> "봉투나 엽서 바깥에 쓰여있는 글이 명예를 훼손하고 악의적이며 혹은 위협할 소지가 있다는 이유로 글쓴이를 처벌하는 규정은 지나치게 광범위하고 모호하여(overbroad and vague) 위헌에 해당한다."[357]
>
> ı People v. Ryan, 806 P.2d 935, 942 (Colo. 1991).

> "Tollett 케이스에서 연방 제8 항소법원은 연방형법(18 U.S.C.) § 1718이 보호된 발언을 처벌한다는 이유로 위헌이라고 판단하였다. 구체적으로, 연방 제8 항소법원은 무엇보다도 해당 법령에 실질적 악의(actual malice)요건이 포함되어 있지 않다고 판단하였다. 또한 해당 법령이 개인(private figures)에 대한 명예훼손과 공인(public figures)에 대한 명예훼손을 구별하지 못했다고 보았다. 따라서 제8 연방 항소법원은 § 1718의 조문 자체가 지나치게 광범위하므로(overbroad) 위헌에 해당한다고 판단하였다."[358]
>
> ı Parmelee v. O'Neel, 186 P.3d 1094, 1101-1102 (Wash. Ct. App. 2008).

---

356 Section 1718 is unconstitutionally overbroad because, as was stated so succinctly in Cantwell v. Connecticut, 310 U.S. 296, 308, 60 S.Ct. 900, 905, 84 L.Ed. 1213 (1939), it sweeps within it "a great variety of conduct under a general and indefinite characterization, and leaving to the executive and judicial branches too wide a discretion in its application." See Tollett v. United States, 485 F.2d 1087, 1099 (8th Cir. 1973).

357 Tollett v. United States, 485 F.2d 1087 (8th Cir.1973) (statute punishing libelous, scurrilous, defamatory, or threatening statements, written on outside of envelope or postcard, stricken as unconstitutionally overbroad and vague) See People v. Ryan, 806 P.2d 935, 942 (Colo. 1991).

358 in Tollett v. United States, 485 F.2d 1087 (8th Cir.1973), the Eighth Circuit held that 18 U.S.C. § 1718 was unconstitutional, reasoning that it punished protected speech. Specifically, the Eighth Circuit reasoned that, among other things, the statute did not include an "actual malice" requirement. Tollett, 485 F.2d at 1097-98. Further, it found that the statute failed to distinguish between libel relating to private figures and libel relating to public figures. Tollett, 485 F.2d at 1097. Therefore, the Eighth Circuit held that 18 U.S.C. § 1718 was facially overbroad and thus unconstitutional. Tollett, 485 F.2d at 1097-98. See Parmelee v. O'Neel, 186 P.3d 1094, 1101-1102 (Wash. Ct. App. 2008).

6 Gottschalk v. State (알래스카주 대법원, 575 P.2d 289, Alaska 1978)

본 케이스는 명예훼손과 관련된 주의 형법 규정이 이슈가 된 사건이다. 알래스카주 형법 11.15.310 (명예훼손)은 타인을 해치거나 혹은 폄하하려는 의도를 가지고 타인의 명예를 훼손하거나 불명예스러운(defamatory or scandalous) 이슈에 대해 말하거나, 쓰거나, 게재한 경우에 죄의 경중이 상대적으로 낮은 범죄(misdemeanor)[359]로 처벌하며, 11.15.320 (진실에 의한 방어) 및 11.15.330 (명예훼손으로 기소 시 악의(malice)의 추정)과 함께 읽혀져야 한다고 규정하고 있다.

알래스카주 대법원은 알래스카주 형법 11.15.310-330이 모호하고 지나치게 광범위한(vague and overbroad) 규정이므로 위헌에 해당한다고 판단하였다.

1) 사실 관계

1975년 7월 26일 저녁, 나넥(Naknek)의 주 경찰관인 필립 길슨(Phillip Gilson, 이하 "길슨")은 소동을 조사하기 위해 술집(Fisherman's Bar)에 갔다. 그 곳에 있는 동안 길슨과 조지 고트샤크(George Gottschalk, 이하 "고트샤크")는 서로 언짢은 말을 주고 받았다. 그날 저녁, 길슨은 자동차 등을 켜지 않았거나 등록되어 있지 않은 차량의 경우 형법 위반에 해당된다는 이유로[360] 고트샤크의 트럭을 압류(impound)[361]하였다.

다음날, 고트샤크는 트럭을 되찾아 올 수 있었는데 그는 길슨과 3명의 증인이 있을 때 길슨이 그의 트럭 수납칸에서 250불을 가져갔다고 비난하였다. 길슨은 그의 상관들에게 혐의를 조사해달라고 요청하였다. 이 요청이 있은 후 며칠 뒤, 고트샤크는 수사관 노르만 샤핀(Norman Chafin, 이하 "샤핀")과의 인터뷰에 응했다.

샤핀은 같은 날 고트샤크로부터 두 개의 서명된 진술서를 받았다. 첫 번째는 트럭이 압류(impound)되었을 때 트럭 수납칸에 250불이 있었는데 다음날 사라져 버렸다는 것이었다. 해당 진술서에는 특별히 길슨이 돈을 가져갔다는 것에 대해서는 비난하지는 않았다. 약 5시간 후, 부분적으로 관련된 두 번째 진술서에서는 "나는 그 경찰관이 나를 괴롭히고 있다고 생각했고, 250불은 절대 트럭 안에 있지도 않았다."라고 적혀 있었다.[362]

359 "[부록]미국 법률 용어"에서 자세한 설명을 확인하기 바란다.

360 criminal code violation: being towed without operating lights or current registration

361 "[부록]미국 법률 용어"에서 자세한 설명을 확인하기 바란다.

362 The second statement, taken some five hours later related in part:
I figured the trooper was harassing me unduly and the $250 was never in the truck. See Gottschalk v.

고트샤크를 상대로 제기된 두 개의 기소(count)[363]가 이루어졌다.[364] 첫 번째 기소(count)에서 고트샤크는 허위 진술로 길슨에게 250불을 얻으려고 시도한 혐의로 기소되었다. 배심원은 이 혐의에 대해 고트샤크에게 무죄를 선고하였다. 두 번째 기소(count)에서 고트샤크는 알래스카주 형법 11.15.310[365]을 위반하여 피해를 입히고 폄하할 의도를 가지고 길슨의 명예를 훼손하고 불명예스러운(defamatory and scandalous) 내용을 고의로 작성하여 공표한 혐의로 기소되었다.[366]

알래스카주 형법 11.15.310은 명예를 훼손하는 내용을 글로 작성한 경우 뿐만 아니라 발언한 경우에도 범죄로 인정하고 있지만, 고트샤크는 명예를 훼손하는 내용을 글로 작성하고 공표한 것에 한해 기소되었다. 주 1심 법원은 이를 고트샤크의 발언에 의한 기소를 배제하기 위한 것으로 해석하였고, 배심원에게 남겨진 이슈는 샤핀 수사관이 얻은 첫 번째 진술서가 형사상 명예훼손에 해당하는지 여부였다.

고트샤크는 알래스카주 형사 명예훼손법이 헌법상 모호하고 지나치게 광범위하여(vague and overbroad) 위헌에 해당한다고 주장하였다. 즉, 알래스카주 형사 명예훼손법은 법상 보호될 수 없는 발언 뿐만 아니라 연방 헌법 제1조에 의해 보호되는 발언도 금지하고 있다는 것이었다.

재판 결과, 고트샤크는 형사상 명예훼손으로 유죄 판결을 받았으며 6개월의 징역 및 4개월의 집행 유예와 500불의 벌금형을 선고받았다.

State, 575 P.2d 289, 290 (Alaska 1978).

363 "[부록]미국 법률 용어"에서 자세한 설명을 확인하기 바란다.

364 A two count indictment was returned against Gottschalk. "[부록]미국 법률 용어"에서 자세한 설명을 확인하기 바란다.

365 AS 11.15.310 provides:
Libel and Slander. A person who willfully speaks, writes, or in any other manner publishes defamatory or scandalous matter concerning another with intent to injure or defame him is guilty of a misdemeanor, and upon conviction is punishable by imprisonment in a jail for not less than six months nor more than one year, or by a fine of not less than $50 nor more than $500, or by both. This section applies to an allusion to person or family, with intent to injure, defame or maliciously annoy the family.
AS 11.15.310 must be read in conjunction with AS 11.15.320 and AS 11.15.330 set out below:
AS 11.15.320: Truth as defense. In prosecutions under § 310 of this chapter, the truth of the defamatory or scandalous matter is a defense only when uttered or published with a good motive and for a justifiable end.
AS 11.15.330: Presumption of malice in prosecution for libel and slander. An injurious publication is presumed malicious if no justifiable end or good motive is shown for making it.

366 In the second count he was accused of wilfully writing and publishing defamatory and scandalous matter concerning Gilson, with intent to injure or defame, in violation of AS 11.15.310. See Gottschalk v. State, 575 P.2d 289, 290 (Alaska 1978).

2) 알래스카주 대법원의 결정 요지

주 대법원은 Stock v. State, 526 P.2d 3 (Alaska 1974)에서 공정한 정보제공(fair notice)를 기본 요건으로 하는 명확성의 원칙(vagueness doctrine)을 제시하였는데, 형법은 일반인들에게 어떤 행동이 금지되고 금지되지 않는지에 대해 공정한 정보제공(fair notice)를 제공하여야 한다는 것이다. 즉, 일반인들에게 어느 정도의 행동이 범죄에 해당하는지 여부를 추측하게 해서는 안된다는 것이다. 부정확한 정의를 기반으로 만들어진 모호한(vague) 법이 연방 헌법 제1조에 의해 보장된 권리의 행사를 막게 되는 경우 그 법은 지나치게 광범위한(overbroad) 것에 해당된다.[367] 이를 구체적으로 살펴보면 다음과 같다.

1. 모호성(Vagueness)

모호성(Vagueness)이란 모호하게 만들어진 법령을 자의적으로 해석하고 해당 법령이 가진 원 취지를 무시한 채 선택적으로 법령을 적용하는 것을 의미한다.[368]

Gooding v. Wilson, 405 U.S. 518, 92 S.Ct. 1103, 31 L.Ed.2d 408 (1972)에서 모욕적인 말(opprobrious words)을 사용하는 것을 범죄로 규정한 조지아 주법은 모호한(vague) 것으로 위헌에 해당되어 폐기를 결정하였다. 이는 법이 판단자의 자의에 의해 해석될 수 있는 여지가 너무 많고, 경우에 따라서는 해당 법을 만든 취지와는 다르게 적용될 수 있다는 우려에 근거한 것으로 형사 명예훼손법의 모호성(vagueness) 여부를 결정함에 있어 중요한 기준을 제시한 것이다.[369]

다음의 판례 및 연구 결과 또한 형사 명예훼손법의 모호성(vagueness)이 위헌에 해당

367 In Stock v. State, 526 P.2d 3 (Alaska 1974) we discussed the void for vagueness doctrine. The basic element of that doctrine is a requirement of fair notice. Criminal laws must give the ordinary citizen fair notice of what is and what is not prohibited. People should not be made to guess whether a certain course of conduct is criminal. Where because of its imprecision a vague statute may restrict the exercise of rights guaranteed by the First Amendment it is said to be overbroad. As we pointed out in Stock, that is one category of overbreadth. See Gottschalk v. State, 575 P.2d 289, 290 (Alaska 1978).

368 One evil of a vague statute is that it creates the potential for arbitrary, uneven and selective enforcement. Nowhere is this more evident than in the area of criminal defamation, which is committed many times each day in the State of Alaska. See Gottschalk v. State, 575 P.2d 289, 294 (Alaska 1978).

369 Important guidance is given us by Gooding v. Wilson, 405 U.S. 518, 92 S.Ct. 1103, 31 L.Ed.2d 408 (1972). There a Georgia statute making it a crime to use opprobrious words and abusive language was struck down as unconstitutionally vague. The court noted that "opprobrious" was defined as "conveying or intended to convey disgrace" and "abusive" included "harsh, insulting language". The court noted that this language, effectively 'licenses the jury to create its own standard in each case.' Accordingly, we agree with the conclusion of the District Court, '[t]he fault of the statute is that it leaves wide open the standard of responsibility, so that it is easily susceptible to improper application.' See Gottschalk v. State, 575 P.2d 289, 293 (Alaska 1978).

함을 뒷받침하고 있다.

첫 번째로 State v. Klapprott, 127 N.J.L. 395, 22 A.2d 877 (N.J. 1941)에서 인종 또는 종교 단체에 대한 증오, 모욕 혹은 적대감에 대해 두 명 이상에게 말하는 것이 범죄라고 규정한 뉴저지주 법이 모호한(vague) 것으로 위헌이라고 판단하였다.[370]

두 번째로 Ashton v. Kentucky, 384 U.S. 195, 86 S.Ct. 1407, 16 L.Ed.2d 469 (1966)에서 모호한(vague) 법은 헌법을 약화시키는데, 언론 출판의 자유라고 하는 연방 헌법 제1조의 권리와 관련이 있을 때에는 공권력이 언론 출판의 자유를 규제하는 것은 아닌지 면밀히 살펴야 하며 자유가 규제되는 것을 막기 위해서는 법을 통해 규제의 범위를 되도록 좁게 만들어야 한다고 판단하였다.[371]

세 번째로 Tollett v. United States, 485 F.2d 1087 (8th Cir. 1973)에서 명예훼손적인 내용이 담긴 자료를 우편으로 보낸 것이 범죄에 해당한다는 연방 형법의 규정은 모호하고 지나치게 광범위하므로(vague and overly broad) 위헌에 해당한다고 판단하였다.

네 번째로 오랜 기간 동안 형사 명예훼손에 대해 연구해 온 딘 르플레르(Dean Leflar, 이하 "르플레르")에 따르면, 형사 명예훼손 사건의 절반은 선거 운동 중에 한 발언으로 인해 낙선한 정치 후보자 혹은 후보자의 지지자에 의해 제기되었다. 공직자에 대해 불만을 품고 불쾌한 발언을 한 사람들의 경우에도 형사상 명예훼손죄로 기소를 당하기도 하는데 이는 저명인사 혹은 그의 지지자들이 그들 반대편에 있는 사람들을 처벌하기 위한 수단으로 법을 악용했다는 점을 알 수 있다. 즉, 비판자에 대한 기소가 주로 사법기관과 긴밀한 관계에 있는 명예훼손 당사자 혹은 지지자의 개인적인 만족을 위해 이루어지는데 이는 형사 명예훼손법을 악용한 것에 해당된다.[372]

---

370 State v. Klapprott, 127 N.J.L. 395, 22 A.2d 877 (N.J. 1941) is also on point. There, the Supreme Court of New Jersey condemned as unconstitutionally vague a statute making it a crime to speak to two or more persons counseling, among other things, hatred, abuse or hostility against any racial, or religious group. See Gottschalk v. State, 575 P.2d 289, 293 (Alaska 1978).

371 Here, as in the cases discussed above, we deal with First Amendment rights. Vague laws in any area suffer a constitutional infirmity. When First Amendment rights are involved, we look even more closely lest, under the guise of regulating conduct that is reachable by the police power, freedom of speech or of the press suffer. We said in Cantwell v. Connecticut, supra, that such a law must be 'narrowly drawn to prevent the supposed evil,' 310 U.S. [296], at 307, 60 S.Ct. [900], at 905 [84 L.Ed. 1213, at 1220, 128 A.L.R. 1352], and that a conviction for an utterance 'based on a common law concept of the most general and undefined nature,' id., at 308, 60 S.Ct. at 905 [84 L.Ed. at 1220, 128 A.L.R. 1352], could not stand. (footnotes omitted). See Gottschalk v. State, 575 P.2d 289, 294 (Alaska 1978).

372 R. Leflar, supra note 3 at 985-86. After studying the facts of these cases, Leflar concluded that criminal

다섯 번째로 형사 명예훼손법에 대한 다른 비평가들 또한 르플레르의 연구 결과와 동일하게 형사상 명예훼손의 악용으로 인한 폐해를 지적하고 있다.[373]

결론적으로 형사 명예훼손법의 모호성(vagueness)으로 인해 경찰, 검사, 배심원과 같은 판단자의 자의에 따라 일관성 없이 임의대로 집행되어서는 안된다는 것이다.[374]

---

defamation prosecutions are brought primarily for the personal satisfaction of one close to the law enforcement apparatus who regards himself or an associate as having been defamed:

Modern criminal defamation prosecutions appear on analysis to serve pretty much the same function as the early prosecutions for libel of "great men." The usual pattern in the political cases, which are more numerous than any other type of case from 1920 on, is one of the "ins" prosecuting the "outs," of the winner prosecuting the loser. Even the nonpolitical cases have overtones of the same character. The successful prosecutions were, for the most part, for statements of a sort likely to have been unpopular at the time and place they were made.

Since jury sympathy with the position of complaining witnesses was almost a prerequisite to conviction, the appellate cases give little or no evidence that the criminal rule was used as a means of protecting politically powerless persons from defamations that might have appealed to mass prejudice. It was not much used as a sanction against irresponsible newspaper reports or editorials, though these have often been extremely damaging to libeled persons. In general it was not used against persons or groups in positions of influence or power and practically could not have been; rather, it was used on behalf of such persons and groups against their detractors who were less fortunately situated. See Gottschalk v. State, 575 P.2d 289, 295 (Alaska 1978).

373 criminal libel cases of the present day indicate... that this almost obsolete action is being used by the authorities as a form of reprisal against those who criticize misconduct in office. (footnotes omitted) Note, supra note 3, at 533.

In cases of ordinary crime, assault, robbery, etc., we expect immediate criminal action by the district attorney, and the civil action is generally unused. In libel cases, however, the civil action is much more important than the criminal, and the courts have never adequately worked out a distinction between the tort and the crime. A newspaper could take the risk of the tort action for many years and suddenly find itself, after libeling a friend of the police, subject to fine or imprisonment. The present atrophy of the crime would lend plausibility to cries of persecution and invasion of the liberty of the press, but a defense to such a prosecution alleging that the matter printed gave rise only to civil liability probably would not be accepted by the courts. (footnotes omitted) J. Kelly, supra note 3, at 318-19.

If the law were to be properly executed, the prosecutor would constantly be investigating potentially libelous publications. Every civil libel suit would correspondingly be followed with a charge of criminal libel. Of course, as in any other area of the criminal law, the prosecutor has a great deal of discretion. This is the explanation for the paucity of criminal libel prosecutions. Assuredly there is an abundance of other more serious crimes which tend to disrupt society more than a libelous publication. Furthermore, a criminal libel statute may degenerate to no more than a political weapon. It is rarely invoked and when it is, it may very well be for other than altruistic purposes. Note, Commonwealth v. Armao: The End of Pennsylvania's Criminal Libel Law, 46 Temp. L.Q. 162, 167 (1972). See Gottschalk v. State, 575 P.2d 289, 295 [13] (Alaska 1978).

374 This pattern of selective enforcement is both the hallmark and the vice of a vague criminal statute. Because one must guess at what is forbidden, a vague statute's "standardless sweep allows policemen, prosecutors, and juries to pursue their personal predilections," Smith v. Goguen, 415 U.S. 566, 575, 94 S.Ct.

따라서 알래스카주 형사 명예훼손법 11.15.310-330은 모호한(vague) 규정이므로 위헌에 해당한다는 것이다.

2. 지나친 광범성(Overbreadth)

설령 알래스카주 형사 명예훼손법이 모호성(vagueness)에 해당되지 않는다고 하더라도 여전히 지나치게 광범위한(overbroad) 규정에 해당된다는 것이다.

그 이유는 연방 헌법 제1조가 공직자(public official)/공인(public figure) 혹은 공적인 관심사(public concern)와 관련된 명예훼손 사건에서 진실을 절대적인 방어 방법으로 인정하며, 실질적 악의(actual malice)가 없는 허위까지도 보호하는 데 반해,[375] 알래스카주 형사 명예훼손법은 피고인이 한 말이 진실이라는 것과 말할 당시에 좋은 의도를 가지고 한 말이었다는 두가지 선결 조건을 피고인이 동시에 입증해야만 피고인의 방어를 인정한다는 것이다.[376]

검사는 이에 대해 인정하면서도 헌법적인 결함을 막기 위해 알래스카주 형법 11.15.310-330을 좁게 해석할 수 있으며, 주 1심 법원 판사가 배심원 설시문(jury instruction)을 통해 이를 조절해 왔다고 주장하였다. 그러면서 검사는 알래스카주 형법 11.15.320 전체를 없애고 명백히 상충되는 조문만 11.15.310으로 읽는 좁은 해석안(narrowing process)을 제안하였다. 그러나 알래스카주 형법 11.15.320에 따라 11.15.310을 자유롭게 해석할 수 있다는 이러한 생각은 입법자의 의도에 반하는 것이며, 헌법 요건에 부합하는 방식으로 해석되어야 한다는 것이다.

따라서 알래스카주 형사 명예훼손법은 지나치게 광범위한(overbreadth) 규정으로 위헌에 해당한다는 것이다.

1242, 1248, 39 L.Ed.2d 605, 613 (1974), and thereby "encourages arbitrary and erratic arrests and convictions." Papachristou v. City of Jacksonville, 405 U.S. 156, 162, 92 S.Ct. 839, 843, 31 L.Ed.2d 110, 115 (1972). See Gottschalk v. State, 575 P.2d 289, 295 (Alaska 1978).

375 Even false defamations are protected under such circumstances except those which are knowingly false or made with a high degree of awareness that they are probably false. See Gottschalk v. State, 575 P.2d 289, 296 (Alaska 1978).

376 That is because truth is not an absolute defense under AS 11.15.320, but a conditional one; the accused must show not only that what he said was true, but that his intentions were good when he said it. The First Amendment to the United States Constitution requires that truth be an absolute defense regardless of the motive of the utterer, at least where public officials and public figures or issues of general or public interest are involved. Even false defamations are protected under such circumstances except those which are knowingly false or made with a high degree of awareness that they are probably false. See Gottschalk v. State, 575 P.2d 289, 296 (Alaska 1978).

"Gottschalk 케이스에서 알래스카주 대법원은 알래스카주 형사 명예훼손법이 그 자체로 지나치게 광범위하다고(facially overbroad) 판단하였다. 알래스카주 형법에 따르면 진실은 절대적인 방어 방법이 아니었다. 오히려 공직자(public officials) 혹은 공인(public figures)에 대한 진실한 발언은 발언자가 선한 의도로 말한 경우에만 보호되었다. 즉, 알래스카주 형사 명예훼손법은 보호 대상인 발언을 처벌한 것이다. 따라서 알래스카주 대법원은 주 형사 명예훼손법이 그 자체로 지나치게 광범위하다고(facially overbroad) 판단하였다."[377]

ı Parmelee v. O'Neel, 186 P.3d 1094, 1102 (Wash. Ct. App. 2008).

"형법은 일반인에게 무엇이 금지되고 금지되지 않는지에 대한 공정한 정보제공(fair notice)을 전달하여야 한다. 사람들로 하여금 특정 행위가 범죄인지 여부를 추측하게 만들어서는 안 된다."[378]

ı Barnebey v. State, No. S-16844, No. 7438, [76] (Alaska 2020).

377 the Alaska Supreme Court declared that Alaska's criminal libel statute was facially overbroad in Gottschalk v. State, 575 P.2d 289 (1978). Under Alaska's statute, truth was not an absolute defense. Rather, true statements concerning public officials or public figures were protected only if the speaker made such statements with good intent. Gottschalk, 575 P.2d at 296. Thus, Alaska's criminal libel statute punished protected speech. Gottschalk, 575 P.2d at 296. Accordingly, the state supreme court held that the statute was facially overbroad. Gottschalk, 575 P.2d at 296. See Parmelee v. O'Neel, 186 P.3d 1094, 1102 (Wash. Ct. App. 2008).

378 Gottschalk v. State, 575 P.2d 289, 290 (Alaska 1978) ("Criminal laws must give the ordinary citizen fair notice of what is and what is not prohibited. People should not be made to guess whether a certain course of conduct is criminal.") See Barnebey v. State, No. S-16844, No. 7438, [76] (Alaska 2020).

7/ Fitts v. Kolb (사우스 캐롤라이나주 연방 1심 법원, 779 F.Supp. 1502, D.S.C. 1991)

본 케이스는 명예훼손과 관련된 주의 형법 규정이 이슈가 된 사건이다. 사우스 캐롤라이나주 형사 명예훼손법은 악의적인 의도로 타인에게 해를 가하거나 타인의 평판을 훼손시킬 수 있는 허위 정보를 작성, 발설, 유포 혹은 공표하는 자는 죄의 경중이 상대적으로 낮은 범죄(misdemeanor)로 처벌한다고 규정하고 있다.

사우스 캐롤라이나주 연방 1심 법원은 주 형사 명예훼손법이 연방 헌법 제1조를 위반한 것으로 모호하고 지나치게 광범위하여(vague and overbroad) 위헌에 해당한다고 판단하였다.

1) 사실 관계

"나의 투표권은 판매 대상이 아니다"(My Vote Is Not For Sale)라는 제목의 1988년 5월 17일자 기사에서 사우스 캐롤라이나주 킹스트리(Kingstree)에서 발행되는 주간 신문인 더 보이스(The Voice)의 회장 피츠(Fitts)는 다가오는 선거에 참여하는 두 명의 주 의원들을 "부패한 거래"(corrupt dealings)에 관여했던 "흑인 배신자들"(black traitors)로 지칭하였다. 이 기사는 "윌리엄스버그 카운티의 모든 흑인이 오늘부터 도둑질을 시작하고 그들에게 남은 날 동안에 매일 도둑질을 한다면, 두 사람이 권력을 잡는 동안 훔쳤던 것 만큼 훔칠 수는 없을 것이다"라고 밝혔다.[379]

이 기사에서 피츠가 언급한 두 정치인인 프랭크 맥길(Frank H. McGill, 이하 "맥길") 상원 의원과 비 제이 고든(B.J. Gordon, 이하 "고든") 하원의원은 둘 다 피츠가 형사 명예훼손법을 위반한 성명서를 발표했다고 주장하며 고소하였다. 체포 영장에서는 피츠가 악의적인 의도로 그들의 도덕적인 자질과 평판을 손상시키려는 의도로 허위 내용을 유포 및 공표하였다고 주장하였다.

피츠는 체포된 후 영장담당 판사(magistrate)[380]에게 보석으로 석방하기 위한 심문절차를 받게 되었다. 피츠는 자신이 보석금의 납입없이 석방되는 조건(personal recognizance)[381]으로 석방되기 전에 감옥에서 이틀 밤을 보냈다. 영장담당 판사(magistrate)는 석방을 위한

---

379 The article further stated that "if every black in Williamsburg County would start stealing today and steal every day for the rest of their lives, they could not steal as much as those two have stolen during their time in power." See Fitts v. Kolb, 779 F.Supp. 1502, 1505 (D.S.C. 1991).

380 "[부록]미국 법률 용어"에서 자세한 설명을 확인하기 바란다.

381 "[부록]미국 법률 용어"에서 자세한 설명을 확인하기 바란다.

특별 조건으로 맥길 상원의원과 고든 하원의원을 경멸하는 기사를 더 이상 쓰지 말 것을 요구하였다. 그 후 윌리엄스버그(Williamsburg) 카운티 대배심(Grand Jury)은 두 사람의 명예를 훼손한 혐의를 들어 형사 명예훼손법 위반으로 피츠를 기소하였다. 피츠의 사건이 재판을 받기 전에, 중간에 재선된 맥길과 고든 의원은 검사(solicitor)[382]에게 편지를 보내 모든 피고인에 대한 고소를 철회할 것을 요청하였다. 고든 의원은 그의 편지에서 대배심(Grand Jury)의 기소 결정으로 정의가 승리한 것이라고[383] 밝혔다.

비슷한 사건으로, 사우스 캐롤라이나주 오렌지버그(Orangeburg)에서 발행되는 신문인 더 배너(The Banner)의 작가 드류 와일더(Drew Wilder, 이하 "와일더")는 지역의 고등학교 교장인 해먼드 스틸(Hammond D. Still, 이하 "해먼드")과 그의 부인인 론다 스틸(Rhonda Still)에 관한 기사를 게재하였다. 이 기사는 "부인의 폭행과 관련하여 해먼드가 부인을 상대로 폭행, 구타, 난폭한 행위를 저지른 혐의로 체포 및 기소되었다"고 밝혔다. 해당 기사는 또한 "해먼드가 부인의 턱을 탈구시키고 코를 부러뜨렸을 때 그는 분명히 부인의 차에 타고 있었다"고 언급하였다.[384] 와일더는 해먼드가 범죄 행위로 기소된 적이 있다고 보도했지만 실제로는 그렇지 않았다. 와일더의 기사는 해먼드에게 혐의가 있다고 잘못 보고한 경찰 보고서 내용에 근거한 것이었다.

해먼드와 그의 부인은 영장담당 판사(magistrate)에게 와일더가 형사 명예훼손법을 위반했다고 주장하여 며칠 만에 별도의 체포 영장을 발부받았다. 해먼드와 그의 부인의 서명이 담긴 진술서에서는 와일더가 더 배너의 기사와 와일더가 관리하는 방송국(WBAW)의 라디오 방송에서 허위 내용을 악의적으로 게시하고 유포한 혐의를 주장하였다. 이 진술서는 또한 해당 허위 내용이 해먼드와 그의 부인의 평판을 훼손했다고 주장하였다. 와일더는 이러한 진술로 인해 체포된 후 보석금의 납입없이 석방되는 조건(personal recognizance)으로 석방되었다.

382 "[부록]미국 법률 용어"에서 자세한 설명을 확인하기 바란다.

383 Representative Gordon was later indicted and convicted for violation of the Hobbs Act, 18 U.S.C. §1951 (1988). His case is now pending on appeal. See Fitts v. Kolb, 779 F.Supp. 1502, 1506 [4] (D.S.C. 1991).

384 The article alleged that Mr. Still "was arrested and charged with assault and battery and disorderly conduct ... in connection with an attack on his wife." The article further stated that Mrs. Still "was apparently sitting in her car when her husband struck her in the face dislocating her jaw and breaking her nose." See Fitts v. Kolb, 779 F.Supp. 1502, 1506 (D.S.C. 1991).

2) 사우스 캐롤라이나주 연방 1심 법원의 결정 요지

연방 대법원은 1964년에 결정된 뉴욕 타임즈 케이스에서 공직자(public official)의 공적인 업무와 관련된 명예훼손적인 발언의 공표가 실질적 악의(actual malice) 즉, 공표 당시에 이미 허위임을 알고 있었거나 진실 여부에 대해 미필적 고의(reckless disregard)를 가지고 공표한 경우에 한하여 언론사를 상대로 명예훼손에 대한 손해배상을 청구할 수 있다고 판결하였는데 이러한 실질적 악의 기준(actual malice standard)이 Garrison 케이스에 의해 형사상 명예훼손 사건에도 동일하게 적용된다는 것이다.

형사상 명예훼손 사건에도 실질적 악의 기준(actual malice standard)이 적용되는 이유는 연방 헌법 제1조에서 보장하는 표현의 자유를 지키기 위해 민사 뿐만 아니라 형사 구제에 있어서도 동일한 기준이 적용되어야 하기 때문이다. 따라서 뉴욕 타임즈 케이스에서 확립된 실질적 악의 기준(actual malice standard)과 같이 허위 가능성에 대한 높은 수준의 인지를 가지고 한 명예훼손적인 발언에 한하여 민사 혹은 형사상의 제재가 부과될 수 있다는 것이다.[385]

사우스 캐롤라이나주 형사 명예훼손법[386]의 경우 연방 헌법 제1조를 위반한 것으로 그 내용이 지나치게 광범위하고 모호하므로(overbroad and vague) 위헌에 해당한다는 것이다. 그 이유는 다음과 같다.

첫 번째로 뉴욕 타임즈 케이스의 실질적 악의 기준(actual malice standard)에 의거하여

---

385 The "actual malice" standard for imposition of sanctions has been applied to establish a threshold for criminal liability as the United States Supreme Court held in Garrison v. Louisiana:
We held in New York Times that a public official might be allowed the civil remedy only if he establishes that the utterance was false and that it was made with knowledge of its falsity or in reckless disregard of whether it was false or true. The reasons which led us so to hold in New York Times [citation omitted] apply with no less force merely because the remedy is criminal. The constitutional guarantees of freedom of expression compel application of the same standard to the criminal remedy. Truth may not be the subject of either civil or criminal sanctions where discussion of public affairs is concerned. And since "... erroneous statement is inevitable in free debate, and ... it must be protected if the freedoms of expression are to have the 'breathing' space that they 'need to survive' ..." [citation omitted], only those false statements made with the high degree of awareness of their probable falsity demanded by New York Times may be the subject of either civil or criminal sanctions. See Fitts v. Kolb, 779 F.Supp. 1502, 1514-1515 (D.S.C. 1991).

386 The statute under challenge here was enacted in 1912. It provides as follows:
Any person who shall with malicious intent originate, utter, circulate or publish any false statement or matter concerning another the effect of which shall tend to injure such person in his character or reputation shall be guilty of a misdemeanor and, upon conviction therefor, be subject to punishment by fine not to exceed five thousand dollars or by imprisonment for a term not exceeding one year, or by both fine and imprisonment, in the discretion of the court; provided, that any right any person may have by way of an action for damages for libel or slander. See Fitts v. Kolb, 779 F.Supp. 1502, 1508-1509 (D.S.C. 1991).

신문사가 기사를 게재 당시에 허위임을 알고 있었거나 진실 여부에 대해 미필적 고의(reckless disregard)를 가지고 게재한 경우가 아니라면 명예훼손에 대한 형사 책임을 부과할 수 없는 데 반해, 사우스 캐롤라이나주 형사 명예훼손법은 실질적 악의(actual malice)에 대한 입증이 없이도 허위 정보를 게재한 언론사의 처벌을 허용하기 때문에 위헌에 해당한다는 것이다.[387]

두 번째로 사우스 캐롤라이나주 형사 명예훼손법은 악의적인 의도(malicious intent)에 국한하여 악의(malice)를 언급하였는데 이 용어가 뉴욕 타임즈 케이스의 실질적 악의 기준(actual malice standard)과 동일하지 않다는 것이다. 사우스 캐롤라이나주 법에 명시된 "악의적인 의도"(malicious intent)는 원고에 대한 악의(ill-will) 혹은 원고의 권리에 대해 알고서도 이를 무시한 채(conscious indifference) 취한 행동을 의미하는데 이는 뉴욕 타임즈 및 Garrison 케이스에 의해 확립된 실질적 악의 기준(actual malice standard)이 연방 헌법 제1조에 의해 명예훼손적인 발언에 대한 민, 형사상 제재의 허용을 엄격히 규제하고 있는 것과는 달리 낮은 보호 기준을 채택한 것이다.

즉, 사우스 캐롤라이나주 형사 명예훼손법은 자유로운 토론을 보장하기 위해 헌법상 보호되는 허위 발언에 대해서도 형사 처벌을 허용하고 있는데 이는 지나치게 광범위한(overbroad) 것으로서 위헌이며 무효라는 것이다. 따라서 사우스 캐롤라이나주 형사 명예훼손법은 그 자체로 위헌에 해당한다는 것이다.[388]

세 번째로 연방 헌법 제1조에서 보장된 권리를 보호하기 위해서는 일반인들에게 금지된 행위를 명확하게 알려주는 용어와 객관적으로 측정이 가능한 용어를 사용하여 법이 만들어져야 하는데 사우스 캐롤라이나주 형사 명예훼손법은 "악의"(malice)라는 용어를 사용함으로써 보통법상의 악의(common-law malice) 및 뉴욕 타임즈 케이스의 실질적 악의(actual malice)와의 혼동을 가져왔으므로 본 법은 모호한(vagueness) 규정에 해당되어 무효라는 것이다.[389]

---

387 Absent such a threshold, the South Carolina criminal libel statute is unconstitutional on its face because it would allow the prosecution of publishers of false information even if the publisher did not know the information was false, or if the publisher had no reckless disregard of probable falsity. See Fitts v. Kolb, 779 F.Supp. 1502, 1515 (D.S.C. 1991).

388 A statute which permits punishment for the publication of protected speech is overbroad. An overbroad statute is unconstitutional and void. Therefore, the South Carolina criminal libel statute is facially unconstitutional. See Fitts v. Kolb, 779 F.Supp. 1502, 1515-1516 (D.S.C. 1991).

389 To avoid chilling the exercise of vital First Amendment rights, restriction of expression must be expressed in terms which clearly inform citizens of prohibited conduct and in terms susceptible of objective

"Fitts 케이스에서 주 연방 1심 법원은 사우스 캐롤라이나주의 형사 명예훼손법이 그 자체로 지나치게 광범위하다고(facially overbroad) 판단하였다. 주 형사 명예훼손법은 오직 악의적인 의도(malicious intent)에 한하여 악의(malice)를 추론하였다. 주 연방 1심 법원은 악의적인 의도(malicious intent)가 뉴욕 타임즈 케이스의 실질적 악의 기준(actual malice standard)과 동의어가 아니라고 보았다. 실질적 악의(actual malice)에 대한 요건이 없다면 보호 대상인 발언이 기사로 게재될 경우에도 주 형사 명예훼손법에 의해 처벌이 허용된다고 판단하였다. 따라서 주 연방 1심 법원은 사우스 캐롤라이나주의 형사 명예훼손법이 그 자체로 지나치게 광범위하여(facially overbroad) 위헌에 해당한다고 판단하였다."[390]

| Parmelee v. O'Neel, 186 P.3d 1094, 1102 (Wash. Ct. App. 2008).

"사우스 캐롤라이나주의 형사 명예훼손법은 실질적 악의 기준(actual malice standard)에 따라 표현의 자유를 보장하는 높은 수준의 보호가 결여되어 있고, 신문사가 게재한 정보가 허위라는 것을 알았거나 허위일 가능성이 높다는 것을 인지하지 못한 채 형사 처벌을 인정하고 있다. 실질적 악의 기준(actual malice standard)이 적용되지 않는다면 사우스 캐롤라이나주 형사 명예훼손법은 신문사가 허위임을 알지 못하거나 허위일 가능성에 대해 미필적 고의(reckless disregard)가 없는 경우에도 허위 정보를 공표한 사람을 기소할 수 있도록 허용하기 때문에 위헌이라고 판단하였다."[391]

| Ivey v. State, 821 So.2d 937, 947 (Ala. 2001).

---

measurement. To the extent that the South Carolina Statute uses the term "malice" the statute is void for vagueness. The ambiguity in the term malice creates the possibility of confusion between the common law use of this word and the New York Times constitutional definition. See Fitts v. Kolb, 779 F.Supp. 1502, 1516 (D.S.C. 1991).

390 in Fitts v. Kolb, 779 F.Supp. 1502 (D.S.C.1991), the district court held that South Carolina's criminal libel statute was facially overbroad. There, the criminal libel statute made reference to malice, but only in the context of "malicious intent." Fitts, 779 F.Supp. at 1515. The district court found that "malicious intent" was not synonymous with the "actual malice" standard from New York Times. Fitts, 779 F.Supp. at 1515. It reasoned that absent the "actual malice" requirement, the statute permitted punishment for the publication of protected speech. Fitts, 779 F.Supp. at 1515. Thus, the district court held that South Carolina's criminal libel statute was facially overbroad and thus unconstitutional. Fitts, 779 F.Supp. at 1516. See Parmelee v. O'Neel, 186 P.3d 1094, 1102 (Wash. Ct. App. 2008).

391 The court in Fitts stated: "The South Carolina criminal libel statute lacks the high degree of protection afforded free expression by the 'actual malice' standard, and allows the imposition of criminal penalties with no showing that the publisher knew the information being published was false or had a high degree of awareness of its probable falsity. Absent such a threshold, the South Carolina criminal libel statute is unconstitutional on its face because it would allow the prosecution of publishers of false information even if the publisher did not know the information was false, or if the publisher had no reckless disregard of probable falsity." 779 F.Supp. at 1515. See Ivey v. State, 821 So.2d 937, 947 (Ala. 2001).

8/ State v. Powell
(뉴 멕시코주 항소법원, 114 N.M. 395, 839 P.2d 139, Ct. App. 1992)

본 케이스는 명예훼손과 관련된 주의 형법 규정이 이슈가 된 사건이다. 뉴 멕시코주 형사 명예훼손법은 좋은 동기와 정당한 목적없이 타인의 평판, 사업 혹은 직업에 영향을 미치거나 타인의 명예를 훼손하는 모든 허위 및 악의적인 발언을 작성, 출판, 판매, 유포하는 행위를 한 사람은 죄의 경중이 상대적으로 낮은 범죄(misdemeanor)로 처벌된다고 규정하고 있다.[392]

뉴 멕시코주 항소법원은 데이비드 윌리엄 파월(David William Powell, 이하 "파월")의 비난 발언이 공적인 관심사(public concern)에 해당하므로 뉴욕 타임즈 및 Garrison 케이스에서 확립된 뉴욕 타임즈 기준(New York Times standard)의 적용이 요구되는데, 주 형사 명예훼손법에는 실질적 악의(actual malice)의 입증을 요구하지 않기 때문에 위헌에 해당한다고 판단하였다.

---

392 The New Mexico criminal libel statute, NMSA 1978, Section 30-11-1 (Repl.Pamp. 1984), reads in its entirety:

Libel consists of making, writing, publishing, selling or circulating without good motives and justifiable ends, any false and malicious statement affecting the reputation, business or occupation of another, or which exposes another to hatred, contempt, ridicule, degradation or disgrace.

Whoever commits libel is guilty of a misdemeanor.

The word "malicious," as used in this article, signifies an act done with evil or mischievous design and it is not necessary to prove any special facts showing ill-feeling on the part of the person who is concerned in making, printing, publishing or circulating a libelous statement against the person injured thereby.

A. A person is the maker of a libel who originally contrived and either executed it himself by writing, printing, engraving or painting, or dictated, caused or procured it to be done by others.

B. A person is the publisher of a libel who either of his own will or by the persuasion or dictation, or at the solicitation or employment for hire of another, executes the same in any of the modes pointed out as constituting a libel; but if anyone by force or threats is compelled to execute such libel he is guilty of no crime.

C. A person is guilty of circulating a libel who, knowing its contents, either sells, distributes or gives, or who, with malicious design, reads or exhibits it to others.

D. The written, printed or published statement to come within the definition of libel must falsely convey the idea either:

(1) that the person to whom it refers has been guilty of some penal offenses;

(2) that he has been guilty of some act or omission which, though not a penal offense, is disgraceful to him as a서member of society, and the natural consequence of which is to bring him into contempt among honorable persons;

(3) that he has some moral vice or physical defect or disease which renders him unfit for intercourse with respectable society, and as such should cause him to be generally avoided;

(4) that he is notoriously of bad or infamous character; or

(5) that any person in office or a candidate therefor is dishonest and therefore unworthy of such office,

1) 사실 관계

웨스턴 뉴 멕시코 대학교(Western New Mexico University)에서 학사 업무를 관장하는 부총장 대행은 강사였던 파월이 (1) 불법적으로 성적을 변경하였으며 (2) 정직하지 못하고 비전문적으로 업무를 수행하였다는 등[393]으로 그를 공개적으로 비난하였다는 점을 들어 형사상 명예훼손으로 고소하였다.

파월은 하급법원(magistrate court)[394]에서 형사상 명예훼손으로 유죄 판결을 받았으나, 주 1심 지방 법원에 항소하였다.[395] 파월은 뉴 멕시코주의 형사 명예훼손법이 위헌이며 그를 기소하기 위해 해당 법을 적용하는 것도 위헌이라는 이유로 주 1심 지방 법원에 기각(dismiss)을 신청하였다.[396] 주 1심 지방 법원은 파월의 기각 신청을 승인하면서 (1) 해당

---

or that while in office he has been guilty of some malfeasance rendering him unworthy of the place.
E. It shall be sufficient to constitute the crime of libel if the natural consequence of the publication of the same is to injure the person defamed although no actual injury to his reputation need be proven.
F. No statement made in the course of a legislative or judicial proceeding, whether true or false, although made with intent to injure and for malicious purposes, comes within the definition of libel. See State v. Powell, 114 N.M. 395, 839 P.2d 139, 141 (Ct. App. 1992).

393 The criminal complaint alleges:
The undersigned complains and says that on or following the 25th day of July[,] 1990, in the County of GRANT, State of New Mexico, the above-named defendant(s) did (here state the essential facts): Publically accused me as follows:
1. illegally changed grades;
2. performed dishonest and unprofessional act;
3. concealed illegal activities;
4. undermined the administration of President Gomez;
5. sabotaged President Gomez' administration;
6. party to abuses and illegal activities;
7. apologist for and protector of wrongdoers;
8. protector of lawbreaking athletes;
9. unethical replacement of bogus grades;
10. responsible for academic treason
William David Powell has published the above and has damaged me[,] contrary to Sections(s) 30-11-1 NMSA 1978.
See State v. Powell, 114 N.M. 395, 839 P.2d 139, 148 (Ct. App. 1992).

394 "[부록]미국 법률 용어"에서 자세한 설명을 확인하기 바란다.

395 He then exercised his statutory right to appeal to district court, where he was entitled to a trial de novo. NMSA 1978, §§ 35-13-1, -2(A) (Repl.Pamp. 1988). See State v. Powell, 114 N.M. 395, 839 P.2d 139, 140 (Ct. App. 1992). "[부록]미국 법률 용어"에서 자세한 설명을 확인하기 바란다.

396 Defendant moved the district court to dismiss the complaint against him on the grounds that New Mexico's criminal libel statute is unconstitutional on its face and is unconstitutional as applied to the charge against him. See State v. Powell, 114 N.M. 395, 839 P.2d 139, 140 (Ct. App. 1992). "[부록]미국 법률 용어"에서 자세한

법은 위헌이고, (2) 해당 법이 공직자(public official)나 공인(public figure)의 명예훼손에 적용되는 것도 위헌이며, (3) 파월의 범죄 혐의는 공인(public figure)에 대한 명예훼손이라고 판결하였다.

2) 뉴 멕시코주 항소법원의 결정 요지

주 형사 명예훼손법을 공적인 관심사(public concern)와 관련된 공개적인 발언에 적용하는 것은 위헌에 해당하는데, 본 케이스에서 파월의 공개적인 명예훼손 혐의는 공적인 관심사(public concern)와 관련이 있다고 판단한 것이다.[397]

먼저 연방 대법원의 판례들을 살펴보면 뉴욕 타임즈 케이스는 형사 명예훼손 기소에 대한 실질적인 지침을 제공하였는데 주 형사 명예훼손법이 연방의 민사 명예훼손법에서 정한 범위를 넘어설 경우 이는 위헌에 해당한다고 판단하였다. 즉, 언론 출판의 자유(Freedom of speech and press)와 관련된 경우 연방 헌법의 원리가 적용되기 때문에 뉴욕 타임즈 기준(New York Times standard)을 통해 확립된 헌법적 특권이 형사 기소에도 적용된다는 것이다.[398]

형사 명예훼손법에 대한 연방 대법원의 이러한 개념은 Garrison 케이스에서 명확히 보여주고 있는데, 뉴욕 타임즈 기준(New York Times standard)은 공직자(public official)의 공적인 업무 수행(official conduct)과 관련된 비판에 대해 주(state)가 형사적 재제를 부과할 수 없도록 이를 제한한다고 판단하였다.[399]

따라서 명예훼손 사건에서 뉴욕 타임즈 기준(New York Times standard)을 통해 확립된

설명을 확인하기 바란다.

397 We hold that the statute is unconstitutional insofar as it applies to a public statement involving a matter of public concern and that the alleged public libel in this case involved a matter of public concern. See State v. Powell, 114 N.M. 395, 839 P.2d 139, 141-142 (Ct. App. 1992).

398 The task before us is to translate this law to the context of a criminal libel prosecution. The Supreme Court has supplied substantial guidance for the performance of this task. New York Times itself, after noting the universally recognized unconstitutionality of the Sedition Act of 1798, which made it a crime to publish false accusations against the federal government with intent to bring it into disrepute, then wrote, "What a State may not constitutionally bring about by means of a criminal statute is likewise beyond the reach of its civil law of libel." 376 U.S. at 277, 84 S.Ct. at 724. The clear implication was that the privilege announced in that decision applied to criminal prosecutions. See State v. Powell, 114 N.M. 395, 839 P.2d 139, 143 (Ct. App. 1992).

399 The implication was made explicit in Garrison. That opinion held that the New York Times rule "limits state power to impose criminal sanctions for criticism of the official conduct of public officials." 379 U.S. at 67, 85 S.Ct. at 212. See State v. Powell, 114 N.M. 395, 839 P.2d 139, 143 (Ct. App. 1992).

헌법상의 특권이 인정되어 징벌적 손해배상이 배제된다면 형사 처벌 또한 배제되는 것으로 판단한 것이다. 공적인 관심사(public concern)와 관련된 공개적인 명예훼손 발언이 실질적 악의(actual malice)에 의해 만들어진 경우에 한하여 형사 처벌이 가능하다는 것이다.[400]

뉴 멕시코주 형사 명예훼손법을 살펴보면 상대를 공격하는 발언이 "허위이며 악의적일 것"(false and malicious)을 요구하고 있으나 뉴욕 타임즈 케이스의 실질적 악의(actual malice)가 해당 법에는 명시되어 있지 않는데, 이는 주 형사 명예훼손법상 "악의적인"(malicious)이라는 문구의 정의 자체가 뉴욕 타임즈 및 이후에 결정된 케이스에서 확립된 실질적 악의(actual malice)와는 개념 자체가 다르기 때문이라는 것이다.[401]

한편, 판사가 배심원에게 실질적 악의(actual malice)와 관련된 배심원 설시문(jury instruction)을 제공하여 위와 같은 문제점을 보완할 수 있다는 검사의 주장은 판사가 배심원에게 적용 가능한 법을 제시해 줄 수 있는 위험이 있으므로 인정될 수 없으며, 해당 법의 변경 혹은 폐지에 대한 권한은 전적으로 연방 대법원에게 있다고 판단한 것이다.[402]

---

400 In short, we infer from Garrison and Gertz that in those circumstances when the New York Times qualified privilege precludes the assessment of punitive damages for defamation, it also precludes criminal penalties. A false defamatory public statement involving a matter of public concern can be subject to criminal penalty only if made with actual malice. Cf. Commonwealth v. Wadzinski, 492 Pa. 35, 422 A.2d 124 (1980) (actual malice required to impose sanctions on speech in political campaign); Vanasco v. Schwartz, 401 F. Supp. 87 (S.D.N.Y. 1975), aff'd without opinion, 423 U.S. 1041, 96 S.Ct. 763, 46 L.Ed.2d 630 (1976) (same). See State v. Powell, 114 N.M. 395, 839 P.2d 139, 145 (Ct. App. 1992).

401 As the State concedes, the statutory definition is not the equivalent of "actual malice" as defined in New York Times and its progeny. See Rosenblatt v. Baer, 383 U.S. 75, 84, 86 S.Ct. 669, 675, 15 L.Ed.2d 597 (1966) ("ill will, evil motive, [or] intention to injure" does not amount to actual malice). See State v. Powell, 114 N.M. 395, 839 P.2d 139, 145 (Ct. App. 1992).

402 Our principal authority is the United States Supreme Court. The matter was reviewed at length by Chief Justice Taft in Yu Cong Eng v. Trinidad, 271 U.S. 500, 46 S.Ct. 619, 70 L.Ed. 1059 (1926). Speaking for a unanimous court, Chief Justice Taft refused to construe a Philippine statute in order to render it constitutional. He wrote:

We fully concede that it is the duty of a court in considering the validity of an act to give it such reasonable construction as can be reached to bring it within the fundamental law. But it is very clear that amendment may not be substituted for construction, and that a court may not exercise legislative functions to save the law from conflict with constitutional limitation.

Id. at 518, 46 S.Ct. at 623. He quoted Chief Justice Waite in United States v. Reese, 92 U.S. 214, 221, 23 L.Ed. 563 (1875), as follows:

"We are, therefore, directly called upon to decide whether a penal statute enacted by Congress, with its limited powers, which is in general language broad enough to cover wrongful acts without as well as within the constitutional jurisdiction, can be limited by judicial construction so as to make it operate only on that which Congress may rightfully prohibit and punish. * * *

"It would certainly be dangerous if the legislature could set a net large anough [sic] to catch all possible

따라서 공적인 관심사(public concern)에 대한 공개적인 발언에 대해 명예훼손죄가 적용된다고 본 주 형사 명예훼손법은 위헌에 해당한다는 것이다.[403]

결론적으로, 대학의 행정 운영에 대한 파월의 공개적인 비난 발언은 공적인 관심사(public concern)에 해당하는데 뉴욕 타임즈 및 Garrison 케이스를 통해 연방 대법원이 확립한 기준과는 달리 주 형법에 규정된 명예훼손죄는 실질적 악의(actual malice)의 입증을 요구하지 않았으므로 이는 위헌에 해당하기 때문에 본 케이스의 형사상 명예훼손 또한 인정될 수 없다는 것이다.

> "뉴 멕시코주의 형사 명예훼손법은 실질적 악의(actual malice)의 요건이 부족하다는 이유로 위헌 결정이 내려졌다. Powell 케이스에서 법원은 주 형사 명예훼손법을 위반한 발언이 '허위이며 악의적이어야'(false and malicious) 한다는 법적 요건이 실질적 악의(actual malice)의 요건과 동일하지 않다고 판단하였다."[404]
>
> Ivey v. State, 821 So.2d 937, 947 (Ala. 2001).

---

offenders, and leave it to the courts to step inside and say who could be rightfully detained, and who should be set at large."

Id. 271 U.S. at 519-20, 46 S.Ct. at 623-24. He also quoted Justice Miller in Trade-Mark Cases, 100 U.S. 82, 98, 25 L.Ed. 550 (1879):

"[I]t is not within the judicial province to give to the words used by Congress a narrower meaning than they are manifestly intended to bear in order that crimes may be punished which are not described in language that brings them within the constitutional power of that body."

Id. 271 U.S. at 520-21, 46 S.Ct. at 624. Chief Justice Taft concluded:

The effect of the authorities we have quoted is clear to the point that we may not in a criminal statute reduce its generally inclusive terms so as to limit its application to only that class of cases which it was within the power of the legislature to enact, and thus save the statute from invalidity.

Id. at 522, 46 S.Ct. at 624-25. See State v. Powell, 114 N.M. 395, 839 P.2d 139, 147 (Ct. App. 1992).

403 In short, we have no power to revise the language of the New Mexico criminal libel statute and insert an element of the offense that has not been present since the statute's initial enactment more than a century ago. We hold that Section 30-11-1 is unconstitutional as applied to a charge of libel predicated on public statements that involve matters of public concern. See State v. Powell, 114 N.M. 395, 839 P.2d 139, 147 (Ct. App. 1992).

404 New Mexico's criminal-defamation statute was held unconstitutional for the lack of an "actual-malice" requirement. State v. Powell, 114 N.M. 395, 839 P.2d 139 (N.M.Ct.App.1992). The court in Powell held that the statutory requirement that the offending statement be "false and malicious" was not equivalent to a requirement of "actual malice." See Ivey v. State, 821 So.2d 937, 947 (Ala. 2001).

9 Ivey v. State (앨라배마주 대법원, 821 So.2d 937, Ala. 2001)

본 케이스는 명예훼손과 관련된 주의 형법 규정이 이슈가 된 사건이다. 앨라배마주 형사 명예훼손법은 여성의 순결과 관련된 범죄, 죄의 경중이 misdemeanor보다 무거운 범죄(felony) 혹은 도덕성(moral turpitude)과 관련된 범죄[405]를 저질렀다는 허위 내용을 작성, 공표 혹은 발언한 경우 유죄 판결을 받아야 한다고 규정하고 있다.

앨라배마주 대법원은 주 형사 명예훼손법에도 뉴욕 타임즈 및 Garrison 케이스에서 확립된 실질적 악의 기준(actual malice standard)이 동일하게 적용되어야 한다고 판단하였다.

1) 사실 관계

1998년 9월 11일, 멜리사 마이어스(Melissa Myers, 이하 "마이어스")는 모빌(Mobile) 카운티 1심 법원에서 민사 소송을 개시하였다. 마이어스는 주 상원 의원이자 공화당 소속 부지사 지명자인 스티브 윈덤(Steve Windom, 이하 "윈덤")이 돈으로 성을 매수할 목적으로 마이어스에게 성접대를 요구하고 관여해왔으며 윈덤이 마이어스의 의사에 반하여 그녀를 학대하였다고 주장하였다. 소장에는 강간, 성폭행 및 구타 혐의도 포함되었다. 마이어스는 금액을 특정하지 않고 통상 손해 및 징벌적 손해배상을 요구하였다.

윈덤과 마이어스의 소송에 대한 정보가 담긴 보도자료가 언론에 공개되었다. 마이어스의 주장과 관련된 진술이 담긴 비디오 테이프가 모빌 텔레비전 방송국의 조디 브룩스(Jodi Brooks)에게 전달되었다. 비디오 테이프의 일부는 1998년 9월 15일에 모빌 텔레비전 방송국에서 야간 뉴스 방송 중에 방영되었다. 이후 윈덤은 마이어스의 주장을 부인하는 기자 회견을 열었다. 그는 기자 회견에서 마이어스가 소장의 근거가 되는 이야기를 조작하도록 앨라배마주 소송 변호사 협회(Alabama Trial Lawyers' Association, "ATLA")와 가필드 아이비(Garfield W. Ivey, 이하 "아이비")로부터 돈을 받아 왔다고 말했다. 1998년 11월, 빌 프라이어(Bill Pryor) 법무장관은 마이어스의 소송을 둘러싼 정황을 조사하기 위해 토미 채프먼(Tommy Chapman, 이하 "채프먼") 특별 검사를 임명하였다.

채프먼은 이 사건을 조사하기 위해 모빌(Mobile) 카운티 대배심(Grand Jury)을 소집했고, 대배심(Grand Jury)은 1999년 8월에 증인에 대한 뇌물 수수, 뇌물 공여, 증인 매수 및 형사상 명예훼손으로 아이비를 형사 법원에 기소하도록 승인(return an indictment)하였다.[406]

405 "[부록]미국 법률 용어"에서 자세한 설명을 확인하기 바란다.

406 return an indictment, "[부록]미국 법률 용어"에서 자세한 설명을 확인하기 바란다.

아이비는 앨라배마주 형사 명예훼손법[407]이 위헌이라고 주장하면서 형사 명예훼손 혐의의 기각을 요청하였다.

이후 아이비는 배심원 재판을 받았다. 검사의 증거 제시가 끝날 무렵, 아이비는 앨라배마주 형사 명예훼손법이 위헌에 해당한다고 주장하면서 무죄 판결을 내려줄 것을 요청하였다. 1심 법원은 아이비의 요청을 거부하였다. 그러나 법원은 윈덤이 제출한 마이어스의 소장 및 뉴스 매체에 배포된 보도자료는 소송(judicial proceeding)과 관련된 것으로 절대적인 특권(absolute privilege)에 해당되는 사안이며,[408] 이 증거는 형사상 명예훼손죄를 인정하는 근거로 사용할 수 없다고 판결하였다. 따라서 형사상 명예훼손죄의 성립을 뒷받침하는 유일한 증거는 마이어스의 진술이 담긴 비디오 테이프 뿐이었다.

최종재판이 종결될 무렵, 아이비는 법원에 무죄 판결을 내려달라고 다시 신청(renewed his motion for a judgment of acquittal)[409] 하였다. 법원은 아이비의 신청을 거부하고 배심원의 평결을 요청하였다. 배심원은 아이비의 증인 매수 및 형사 명예훼손 혐의에 대해 유죄 판결을 내렸고 아이비는 이에 항소하였다.

2) 앨라배마주 대법원의 결정 요지

뉴욕 타임즈 케이스에서 공직자(public official)의 명예훼손 사건의 손해배상 청구 시 적용된 실질적 악의 기준(actual malice standard)을 형사상 명예훼손 사건에도 동일하게 적용하여야 한다고 판단한 Garrison 케이스와 같이 실질적 악의 기준(actual malice standard)이 앨라배마주 형사 명예훼손법에도 동일하게 적용되어야 한다는 것이다.

구체적으로, Garrison 케이스의 결정 이유를 살펴보면 루이지애나주 형사 명예훼손법에서 실질적 악의(actual malice)를 증오, 악의(ill-will), 적대감, 사람을 다치게 하려는 고의적인 욕구로 정의하였는데 이는 위헌에 해당한다는 것이다.[410] 뉴욕 타임즈 기준(New

---

407 Section 13A-11-163, Ala.Code 1975, reads:
"Any person who writes, prints or speaks of and concerning any woman, falsely imputing to her a want of chastity; and any person who speaks, writes or prints of and concerning another any accusation falsely and maliciously importing the commission by such person of a felony or any other indictable offense involving moral turpitude shall, on conviction, be punished by fine not exceeding $500.00 and imprisonment in the county jail, or sentenced to hard labor for the county, not exceeding six months, one or both, at the discretion of the jury."

408 judicial privilege, "[부록]미국 법률 용어"에서 자세한 설명을 확인하기 바란다.

409 "[부록]미국 법률 용어"에서 자세한 설명을 확인하기 바란다.

410 Applying the principles of the New York Times case, we hold that the Louisiana statute, as authoritatively interpreted by the Supreme Court of Louisiana, incorporates constitutionally invalid standards in the context of criticism of the official conduct of public officials. See Ivey v. State, 821 So.2d 937, 941-942 (Ala. 2001).

York Times standard)은 명예훼손적인 내용이 허위임을 알면서도 혹은 진실 여부에 대해 미필적 고의(reckless disregard)를 가지고 이를 공표한 경우에 한하여 처벌을 허용하지만, 주 형사 명예훼손법은 뉴욕 타임즈 기준(New York Times standard)의 성립 여부와 관계없이 악의(ill-will)가 있거나 혹은 악의(ill-will)가 없다고 해도 공표된 내용이 진실이 아니라는 합리적인 믿음만 있다면 피고인에 대한 처벌이 가능하도록 규정하고 있기 때문이다.[411]

또한 Gottschalk v. State, 575 P.2d 289 (Alaska 1978)에서 고트샤크는 알래스카주 형사 명예훼손법이 "명예를 훼손하고 불명예스러운"(defamatory and scandalous)과 같이 부정확한 용어의 사용은 모호한(vague) 것으로 위헌에 해당한다고 판단하였다. 즉, 주 명예훼손법에 이러한 용어에 대한 명확한 정의가 없고, 보통법(common-law)의 개념으로 해석한다고 하더라도 그것 역시 너무 모호하다는(vague) 것이다. 설령 형사 명예훼손법이 모호하지(vagueness) 않을 만큼 정확하다고 하더라도 여전히 지나치게 "광범위하므로"(overbroad) 해당 법이 뉴욕 타임즈 및 Garrison 케이스에 의해 요구되는 실질적 악의 기준(actual malice standard)을 충족하지 못한 것으로 판단된다는 것이다.[412]

앨라배마주 형사 명예훼손법에서 명예훼손 발언이 "허위이고 악의적이어야"(falsely and maliciously) 한다는 것은 뉴욕 타임즈 케이스의 "실질적 악의"(actual malice) 및 "악의적으로"(maliciously)라는 용어와는 달리 내포하고 있는 의미가 다르기 때문에 동일하게 사용될 수 없다는 것이다. 뉴욕 타임즈 케이스에서 실질적 악의(actual malice)를 가지고 한 발언의 의미는 허위임을 알고서도 한 발언이거나 혹은 진실 여부에 대해 미필적 고의(reckless disregard)를 가지고 발언한 경우를 의미하는 반면, 형사 명예훼손 사건과 관련하여 앨라배마주의 판례법(case law)상 "악의적으로"(maliciously)의 의미는 타인에 대한 악의(ill-will), 증오 혹은 그 사람을 다치게 하려는 목적을 뜻한다는 것이다.[413]

---

411 The New York Times standard forbids the punishment of false statements, unless made with knowledge of their falsity or in reckless disregard of whether they are true or false. But the Louisiana statute punishes false statements without regard to that test if made with ill-will; even if ill-will is not established, a false statement concerning public officials can be punished if not made in the reasonable belief of its truth. See Ivey v. State, 821 So.2d 937, 942 (Ala. 2001).

412 The court in Gottschalk declared Alaska's criminal-defamation statute unconstitutionally vague for its use of imprecise terms such as "defamatory" and "scandalous." These terms were not defined by the statute, and the court stated that the common-law definitions of these terms "[fell] far short of the reasonable precision necessary to define criminal conduct." 575 P.2d at 292. The court stated that "[e]ven if our criminal defamation statutes were sufficiently precise to escape the defect of vagueness, they would still be overbroad," and that the statutes failed to include an "actual-malice" requirement as required by New York Times and Garrison. Id. at 296. See Ivey v. State, 821 So.2d 937, 944 (Ala. 2001).

413 The terms "actual malice" and "maliciously" are not interchangeable. In New York Times v. Sullivan, the Supreme

이에 대해 검사는 앨라배마주에서 형사 명예훼손 기소와 관련하여 결정된 마지막 케이스는 뉴욕 타임즈와 Garrison 케이스가 판결되기 20년 전 케이스인 Krasner v. State, 248 Ala. 12, 26 So.2d 526 (1946)[414]인데 당시 판결에서 "악의적으로"(maliciously) 명예훼손적인 발언을 한 것을 실질적 악의 기준(actual malice standard)에 따라 입증하도록 요구하지 않았다고 주장하였다. 또한 주 형사 명예훼손법은 새로운 형법의 일부로 다시 제정된 것이고, 주 입법부가 뉴욕 타임즈와 Garrison 케이스에서 확립된 실질적 악의 기준(actual malice standard)에 대해 알고 있었을 것으로 추정되지만 의도적으로 위헌 규정을 제정한 것은 아니라고 주장하였다.

하지만 형사 명예훼손 규정과 관련하여 위와 같은 문제를 다루었던 타 주 법원들은 아래와 같이 해당 규정이 위헌이라고 판단해 왔다.

먼저 Fitts v. Kolb, 779 F.Supp. 1502 (D.S.C.1991)에서 명예훼손죄에 실질적 악의 기준(actual malice standard)이 포함되지 않은 사우스 캐롤라이나주 형사 명예훼손법을 인정할 경우, 허위 가능성에 대한 높은 수준의 인지없이 허위 정보를 유포한 것만으로 언론사의 기소를 허용하게 되므로 위헌에 해당한다고 판단하였다.[415]

본 케이스와 유사한 State v. Powell, 114 N.M. 395, 839 P.2d 139 (N.M.Ct.App.1992)에서도 뉴 멕시코주 형사 명예훼손법이 실질적 악의 기준(actual malice standard)이 명시되어 있지 않다는 이유로 위헌으로 판단하였다. 특히 Powell 케이스에서는 형사 명예훼손법상 "허위이고 악의적인"(false and malicious)이라는 용어가 실질적 악의(actual malice)와 동일한 것으로 볼 수 없다고 판단하였다.[416]

Court held that for a statement to be made with "actual malice," it must be made "with knowledge that [the statement] was false or with reckless disregard of whether it was false or not." 376 U.S. at 279-80, 84 S.Ct. 710. Alabama caselaw, however, has implicitly defined "maliciously," as it relates to criminal defamation, as done with "ill-will or hatred towards the person against whom the accusation was made, or a purpose to injure him." See Beal v. State, 99 Ala. 234, 13 So. 783, 784 (1893). See Ivey v. State, 821 So.2d 937, 944 (Ala. 2001).

414 In Krasner, a political critic of the mayor of Warrior was prosecuted for distributing a leaflet alleging that the mayor had "pocketed" money improperly. See Ivey v. State, 821 So.2d 937, 945 (Ala. 2001).

415 The court in Fitts stated:

"The South Carolina criminal libel statute lacks the high degree of protection afforded free expression by the 'actual malice' standard, and allows the imposition of criminal penalties with no showing that the publisher knew the information being published was false or had a high degree of awareness of its probable falsity. Absent such a threshold, the South Carolina criminal libel statute is unconstitutional on its face because it would allow the prosecution of publishers of false information even if the publisher did not know the information was false, or if the publisher had no reckless disregard of probable falsity." 779 F.Supp. at 1515. See Ivey v. State, 821 So.2d 937, 947 (Ala. 2001).

416 Similarly, New Mexico's criminal-defamation statute was held unconstitutional for the lack of an "actual-

결론적으로, Garrison 케이스를 통해 형사 명예훼손 사건의 경우에도 연방 헌법 제1조의 취지에 따라 뉴욕 타임즈 케이스에서 확립된 실질적 악의 기준(actual malice standard)이 적용되어야 한다고 판단한 연방 대법원의 결정을 근거로 주 형사 명예훼손법에도 동일하게 실질적 악의 기준(actual malice standard)이 적용되어야 한다는 것이다.[417]

> "Ivey 케이스에서 법원은 앨라배마주 형사 명예훼손법이 뉴욕 타임즈 및 Garrison 케이스의 실질적 악의(actual malice)의 요건을 준수하지 않았기 때문에 위헌이라고 판단하였다."[418]
>
> ı Parmelee v. O'Neel, 186 P.3d 1094, 1099 (Wash. Ct. App. 2008).

> "수많은 형사 명예훼손법들이 절대적인 방어방법으로 진실을 포함시키지 않고, 실질적 악의(actual malice)의 입증을 요구하지 않았으며, 개인의 명예훼손에 대해 형법 적용을 제한하는 용어를 포함시키지 않았기 때문에 법원에 의해 그 자체로 무효로 판단되었다."[419]
>
> ı Summit Bank v. Rogers, 206 Cal.App.4th 669, 686, 142 Cal. Rptr.3d 40 (2012).

---

malice" requirement. State v. Powell, 114 N.M. 395, 839 P.2d 139 (N.M.Ct.App.1992). The court in Powell held that the statutory requirement that the offending statement be "false and malicious" was not equivalent to a requirement of "actual malice." See Ivey v. State, 821 So.2d 937, 947 (Ala. 2001).

417 In summary, the United States Supreme Court has held that criminal-defamation statutes such as ours must require a showing of "actual malice," as defined in New York Times. Alabama's criminal-defamation statute requires no such showing, and this Court, without overstepping its constitutional limitations, cannot construe the statute as if "actual malice" were a requirement. We make no finding as to the sufficiency of the evidence the State presented in this present case; such a finding is made unnecessary by our conclusion that § 13A-11-163 is unconstitutional because it does not conform with the requirement of New York Times and Garrison. We reverse the judgment of conviction on the charge of criminal defamation and render a judgment of acquittal on that charge. See Ivey v. State, 821 So.2d 937, 949 (Ala. 2001).

418 Ivey v. State, 821 So.2d 937, 949 (Ala.2001) (holding Alabama's criminal libel statute unconstitutional because it did not conform to the New York Times and Garrison "actual malice" requirement). See Parmelee v. O'Neel, 186 P.3d 1094, 1099 (Wash. Ct. App. 2008).

419 numerous criminal libel statutes have been held facially invalid for not incorporating truth as an absolute defense, for failing to require demonstration of actual malice, and for failing to include any "statutory language limiting the application of the present penal statute to private libel" where malice is not required. (Id. at p. 1097; see, e.g., Parmelee v. O'Neel (2008) 145 Wn.App. 223 [186 P.3d 1094, 1100-1101]; State v. Helfrich (1996) 277 Mont. 452 [922 P.2d 1159, 1161-1162] [collecting cases]; Mangual v. Rotger-Sabat (1st Cir. 2003) 317 F.3d 45, 66-67; Tollett, supra, 485 F.2d at pp. 1097-1098; Commonwealth v. Armao (1972) 446 Pa. 325 [286 A.2d 626, 632]; Eberle v. Municipal Court (1976) 55 Cal.App.3d 423, 432 [127 Cal.Rptr. 594]; Ivey v. State (Ala. 2001) 821 So.2d 937, 940-949; Gottschalk v. State (Alaska 1978) 575 P.2d 289, 292-296; Fitts v. Kolb (D.S.C. 1991) 779 F.Supp. 1502, 1515-1519; I.M.L. v. State (2002) 2002 UT 110 [61 P.3d 1038, 1043-1048]. See Summit Bank v. Rogers, 206 Cal.App.4th 669, 686, 142 Cal. Rptr.3d 40 (2012).

10/ Parmelee v. O' Neel (워싱턴주 항소법원, 186 P.3d 1094, Wash. Ct. App. 2008)

본 케이스는 명예훼손과 관련된 주의 형법 규정이 이슈가 된 사건이다. 워싱턴주 형사 명예훼손법은 살아있는 자 혹은 죽은 자를 증오, 경멸, 조롱, 비방하기 위해 혹은 타인의 직업과 관련해서 해를 입히기 위한 목적으로 출판, 인쇄, 사진, 모형, 방송 등의 형태로 악의적으로 공표하는 경우 일반 misdemeanor보다 무거운 범죄(gross misdemeanor)[420]로 처벌된다고 규정하고 있다.

워싱턴주 항소법원은 워싱턴주 형사 명예훼손법이 Garrison 케이스에서 확립된 헌법 기준을 충족하지 못했고, 타 주의 여러 판례법(case law)에 비추어볼 때 그 자체로 지나치게 광범위하며(facially overbroad), 해당 법이 뉴욕 타임즈의 실질적 악의(actual malice)를 요건으로 하고 있지 않아 모호하므로(vague) 위헌에 해당한다고 판단하였다.

1) 사실 관계

파멜리(Parmelee)는 워싱턴 주 교도소(Department of Corrections)[421]에 구금 중인 수감자였다. 그는 수감자의 권리와 관련된 수감자의 자립을 위한 책, 뉴스 기사 및 보도자료들을 집필해왔다. 파멜리는 종종 교도소의 직원, 정책 및 운영에 대해 비난해왔다.

2005년 7월 20일, 파멜리는 교도소의 장관인 해럴드 클라크(Harold Clarke, 이하 "클라크")에게 클랠럼 베이 교도소(Clallam Bay Corrections Center, 이하 "교도소")의 조건과 프로그램에 대해 불만을 제기하는 편지를 보내려고 하였다. 파멜리는 해당 편지에서 교도관인 산드라 카터(Sandra Carter, 이하 "카터")가 "남성을 혐오하는 레즈비언" (anti– male–a lesbian)[422]이라고 언급하였다. 그는 또한 "남성–혐오스러운 레즈비언 교도관을 데리고 있는 것은 이미 연기가 나고 있는 불에 기름을 붓는 것과 같다"고 추측하였다.[423] 교도소는 파멜리의 편지를 가로 채서 그 편지가 교도소 밖으로 나가지 못하게 막았다.

2005년 10월 14일, 교도소 관계자들은 워싱턴주의 형사 명예훼손법인 RCW 9.58.010을 위반했다는 이유로 징계 규칙에 따라 파멜리를 징계했다. 특히 교도소는 클라크 장관

---

420 "[부록]미국 법률 용어"에서 자세한 설명을 확인하기 바란다.

421 "[부록]미국 법률 용어"에서 자세한 설명을 확인하기 바란다.

422 The subject of the letter was: "RE: A Lesbian as a Superintendent Is A Solution For Disaster." CP at 717. See Parmelee v. O'Neel, 186 P.3d 1094, 1097 [2] (Wash. Ct. App. 2008).

423 He also speculated that "[h]aving a man-hater lesbian as a superintendent is like throwing gas on [an] already smoldering fire." See Parmelee v. O'Neel, 186 P.3d 1094, 1097 (Wash. Ct. App. 2008).

에게 보낸 그의 편지가 교도관인 카터의 도덕적인 자질 및 평판에 대한 명예훼손으로 간주된다고 주장하였다.

파멜리는 심사관 앞에서 본인의 입장을 밝히고 방어하는 변론(hearing)을 가졌다. 심사관은 파멜리에게 유죄를 선고하고, 10일간의 징계 격리 및 10일 동안 면회를 금지하는 것으로 그를 처벌하였다.

2) 워싱턴주 항소법원의 결정 요지

모호하고 지나치게 광범위한(vague and overly breadth) 법의 합헌 여부를 다룬 다른 케이스들과 마찬가지로 워싱턴 주 형사 명예훼손법에 대한 합헌 여부를 판단할 때에도 뉴욕 타임즈 케이스의 실질적 악의 기준(actual malice standard)과 이를 형사상 명예훼손 사건에 적용한 Garrison 케이스를 기준으로 판단한다는 것이다.

특히, Garrison 케이스의 형사 명예훼손법이 위헌으로 판단된 이유인 공직자(public official)의 공적인 업무와 관련하여 실질적 악의(actual malice)없이 허위로 공표한 경우 및 해당 법이 진실을 형사상 면책 사유로 인정하지 않은 경우에 주목할 필요가 있다는 것이다.[424]

1. 워싱턴주 형사 명예훼손법의 합헌 여부

워싱턴주 형사 명예훼손법인 RCW 9.58.010[425]은 살아있는 자 혹은 죽은 자를 증오, 경멸, 조롱, 비방하기 위해 혹은 타인의 직업과 관련해서 해를 입히기 위한 목적으로 출판, 인쇄, 사진, 모형, 방송 등의 형태로 악의적으로 공표하는 경우 일반 경범죄(misdemeanor)

---

424 Specifically, the Garrison Court held that Louisiana's criminal libel statute did not meet constitutional muster because it punished false statements concerning public officials made without "actual malice." Garrison, 379 U.S. at 78, 85 S.Ct. 209. It further held that a statute is manifestly unconstitutional if it fails to provide truth as an absolute defense to criminal liability: See Parmelee v. O'Neel, 186 P.3d 1094, 1099 (Wash. Ct. App. 2008).

425 RCW 9.58.010 provides:

Every malicious publication by writing, printing, picture, effigy, sign[,] radio broadcasting or which shall in any other manner transmit the human voice or reproduce the same from records or other appliances or means, which shall tend: —

(1) To expose any living person to hatred, contempt, ridicule or obloquy, or to deprive him of the benefit of public confidence or social intercourse; or

(2) To expose the memory of one deceased to hatred, contempt, ridicule or obloquy; or

(3) To injure any person, corporation or association of persons in his or their business or occupation, shall be libel. Every person who publishes a libel shall be guilty of a gross misdemeanor.

보다 무거운 범죄(gross misdemeanor)로 처벌된다고 규정하고 있다. RCW 9.58.020[426]은 RCW9.58.010에 해당하는 발언은 악의적인(malicious) 것이어야 한다고 규정하고 있다.

Garrison 케이스에 따라 RCW 9.58.020을 검토해 보면 RCW 9.58.020은 실질적 악의(actual malice)가 없는 허위 진술 혹은 선한 동기나 의도가 없이 진실에 기반한 발언을 한 자를 기소하는 법으로 이는 Garrison 케이스를 통해 확립된 헌법 기준을 충족하지 못했기 때문에 위헌에 해당한다.[427]

구체적으로, Garrison 케이스는 연방 헌법 제1조가 실질적 악의(actual malice)를 입증할 필요가 없는 법에 의거한 허위 발언의 경우 형사 처벌을 금지한다고 판결한 바 있다. 그러나 워싱턴주 형사 명예훼손법은 실질적 악의(actual malice)에 의한 허위의 공표가 아닌 악의적인(malicious) 출판으로 간주되는 경우에 처벌이 허용된다는 것이다.[428]

또한 Garrison 케이스는 연방 헌법 제1조에 의거하여 진실한 비판에 대한 처벌을 금지한다고 판결하였다. 그러나 워싱턴주 형사 명예훼손법은 선한 동기와 정당한 목적을 위해 공표된 것이라는 전제가 붙은 진실에 대해서만 보호하고 이러한 전제가 없는 진실된 발언에 대해서는 처벌을 허용하고 있다.[429]

---

426 It states:
Every publication having the tendency or effect mentioned in RCW 9.58.010 shall be deemed malicious unless justified or excused. Such publication is justified whenever the matter charged as libelous charges the commission of a crime, is a true and fair statement, and was published with good motives and for justifiable ends. It is excused when honestly made in belief of its truth and fairness and upon reasonable grounds for such belief, and consists of fair comments upon the conduct of any person in respect of public affairs, made after a fair and impartial investigation. RCW 9.58.020. See Parmelee v. O'Neel, 186 P.3d 1094, 1100 (Wash. Ct. App. 2008).

427 A plain reading of RCW 9.58.020 reveals that Washington's criminal libel statutory scheme does not meet minimum constitutional standards under Garrison. Specifically, RCW 9.58.020 is unconstitutional because it does not justify excuse from prosecution (1) false statements made without actual malice or (2) true statements made without good motive or intent. See Garrison, 379 U.S. at 78, 85 S.Ct. 209. See Parmelee v. O'Neel, 186 P.3d 1094, 1100 (Wash. Ct. App. 2008).

428 Again, in Garrison, the Supreme Court explicitly held that the First and Fourteenth Amendments prohibit criminal punishment for false speech under statutes that do not require a showing of actual malice. Garrison, 379 U.S. at 67, 85 S.Ct. 209. This is precisely what Washington's criminal liable statute does: it permits punishment for false statements not made with actual malice. See Garrison, 379 U.S. at 67, 85 S.Ct. 209. See Parmelee v. O'Neel, 186 P.3d 1094, 1100-1101 (Wash. Ct. App. 2008).

429 Likewise, the Garrison Court explicitly held that the First and Fourteenth Amendments absolutely prohibit punishment of truthful criticism where discussion of public affairs is concerned. Garrison, 379 U.S. at 74, 85 S.Ct. 209. Contrary to this absolute rule, RCW 9.58.020 justifies true statements when a person publishes them with "good motives and for justifiable ends." Thus, because RCW 9.58.020 permits punishment of true statements not made with good motives or for justifiable ends, it does not survive constitutional scrutiny. See

따라서 워싱턴주 형사 명예훼손법은 Garrison 케이스에서 확립된 헌법 기준을 충족하지 못한 것이 분명하므로 위헌에 해당한다는 것이다.

2. 워싱턴주 형사 명예훼손법의 과도한 광범위성(overbreadth) 해당 여부

워싱턴주 형사 명예훼손법은 실질적 악의(actual malice)가 없는 진실된 발언 및 허위 발언을 금지하여 위헌에 해당될 뿐만 아니라 과도한 광범위성(overbreadth)이 인정되어 위헌에 해당되는데 타 주 및 연방의 여러 판례법(case law)들은 과도한 광범위성(overbreadth)을 문제로 제기한 워싱턴주 항소법원의 판단이 옳다는 것을 다음과 같이 입증해주고 있다.[430]

첫 번째로 Tollett v. United States, 485 F.2d 1087 (8th Cir. 1973)에서는 실질적 악의(actual malice)의 요건이 포함되어 있지 않은, 연방법에 의해 헌법상 보호되어야 할 발언을 처벌하는 것은 위헌에 해당한다고 판단하였다. 또한 해당 연방법은 개인(private figure)에 대한 명예훼손과 공인(public figure)에 대한 명예훼손을 구별하여 규정하지 않았기 때문에 해당 연방법은 그 자체로 지나치게 광범위한(facially overbroad) 것으로 위헌에 해당한다고 판단하였다.[431]

두 번째로 Fitts v. Kolb, 779 F.Supp. 1502 (D.S.C. 1991)에서는 사우스 캐롤라이나주 형사 명예훼손법이 악의(malice)를 언급하기는 했지만, 악의적인 의도(malicious intent)에 국한하여 규정하고 있어 뉴욕 타임즈 케이스의 실질적 악의 기준(actual malice standard)과 동일한 기준으로 볼 수 없기 때문에 그 자체로 지나치게 광범위한(facially overbroad) 것으로 위헌에 해당한다고 판단하였다.[432]

Garrison, 379 U.S. at 67, 73-74, 85 S.Ct. 209. See Parmelee v. O'Neel, 186 P.3d 1094, 1101 (Wash. Ct. App. 2008).

430 As noted above, Washington's criminal libel statutory scheme, RCW 9.58.010 and.020, is facially unconstitutional because it prohibits true speech and false speech made without actual malice. For these same reasons, Washington's criminal libel statutory scheme is alternatively unconstitutional for overbreadth. Case law in several state and federal jurisdictions support this result. See Parmelee v. O'Neel, 186 P.3d 1094, 1101 (Wash. Ct. App. 2008).

431 For example, in Tollett v. United States, 485 F.2d 1087 (8th Cir.1973), the Eighth Circuit held that 18 U.S.C. § 1718 was unconstitutional, reasoning that it punished protected speech. Specifically, the Eighth Circuit reasoned that, among other things, the statute did not include an "actual malice" requirement. Tollett, 485 F.2d at 1097-98. Further, it found that the statute failed to distinguish between libel relating to private figures and libel relating to public figures. Tollett, 485 F.2d at 1097. Therefore, the Eighth Circuit held that 18 U.S.C. § 1718 was facially overbroad and thus unconstitutional. Tollett, 485 F.2d at 1097-98. See Parmelee v. O'Neel, 186 P.3d 1094, 1101-1102 (Wash. Ct. App. 2008).

432 Similarly, in Fitts v. Kolb, 779 F.Supp. 1502 (D.S.C.1991), the district court held that South Carolina's criminal libel statute was facially overbroad. There, the criminal libel statute made reference to malice, but only in the context of "malicious intent." Fitts, 779 F.Supp. at 1515. The district court found that "malicious

세 번째로 I.M.L v. State, 61 P.3d 1038에서는 유타주 형사 명예훼손법이 공인(public figure)과 관련된 허위 발언이 진실 여부에 대해 알지 못한 채 혹은 고의 또는 부주의하게 발언한 경우에 처벌된다고 규정함으로써 헌법적으로 보호되는 발언의 정도를 상당히 제한하였다는 근거를 들어 해당 법은 지나치게 광범위한(overbroad) 것으로 위헌에 해당한다고 판단하였다.433

네 번째로 Gottschalk v. State, 575 P.2d 289 (1978)에서는 알래스카주 형사 명예훼손법이 진실을 명예훼손에 대한 절대적인 방어 방법으로 인정하지 않았고, 발언자가 선한 의도로 발언한 경우에 한하여 공직자(public official) 혹은 공인(public figure)과 관련된 진실된 발언이 보호된다고 규정하였는데 이는 헌법적으로 보호되는 발언에 대한 처벌 규정으로서 그 자체로 지나치게 광범위하다고(facially overbroad) 판단한 것이다.434

워싱턴주의 형사 명예훼손법이 그 자체로 지나치게 광범위한(facially overbroad) 것인지 여부를 결정하는 데 있어서 타 주의 판례법(case law)이 워싱턴주의 판단을 구속할 수 있는 것은 아니지만 해당 법이 과도한 광범위성(overbreadth)에 해당되는지 여부를 판단하는 기준이 되므로 타 주의 판례법(case law)이 제시하는 지침을 받아들이기로 결정하였다. 따라서 워싱턴주 형사 명예훼손법은 그 자체로 광범위한(facially overbroad) 것으로 위헌에 해당한다는 것이다.435

---

intent" was not synonymous with the "actual malice" standard from New York Times. Fitts, 779 F.Supp. at 1515. It reasoned that absent the "actual malice" requirement, the statute permitted punishment for the publication of protected speech. Fitts, 779 F.Supp. at 1515. Thus, the district court held that South Carolina's criminal libel statute was facially overbroad and thus unconstitutional. Fitts, 779 F.Supp. at 1516. See Parmelee v. O'NELL, 186 P.3d 1094, 1102 (Wash. Ct. App. 2008).

433 Likewise, in I.M.L. v. State, 61 P.3d 1038, the Utah Supreme Court held that Utah's criminal libel statute infringed on a substantial amount of constitutionally protected speech-because it punished false statements concerning public figures made without regard for truth of the statements or whether the speaker made them knowingly or recklessly. Therefore, the Utah Supreme Court held that the statute was overbroad based on its plain language, and, thus was unconstitutional. I.M.L., 61 P.3d at 1048. See Parmelee v. O'Neel, 186 P.3d 1094, 1102 (Wash. Ct. App. 2008).

434 In addition, the Alaska Supreme Court declared that Alaska's criminal libel statute was facially overbroad in Gottschalk v. State, 575 P.2d 289 (1978). Under Alaska's statute, truth was not an absolute defense. Rather, true statements concerning public officials or public figures were protected only if the speaker made such statements with good intent. Gottschalk, 575 P.2d at 296. Thus, Alaska's criminal libel statute punished protected speech. Gottschalk, 575 P.2d at 296. Accordingly, the state supreme court held that the statute was facially overbroad. Gottschalk, 575 P.2d at 296. See Parmelee v. O'Neel, 186 P.3d 1094, 1102 (Wash. Ct. App. 2008).

435 Although decisions from other jurisdictions do not bind us, such decisions nevertheless provide

3. 워싱턴주 형사 명예훼손법의 모호성(vagueness) 해당 여부

일반인이 어떤 행동이 금지되어 있는지 이해하거나 혹은 자의적인 집행으로부터 보호하기 위해 확실한 유죄의 기준을 제공할 수 있을 정도로 충분하고 명확하게 범죄를 정의할 수 없다면 해당 법은 모호한(vagueness) 규정으로 위헌에 해당한다.[436]

RCW 9.58.020의 경우 형사 명예훼손법에 "악의적인 의도"(malicious intent)를 사용한 Fitts 케이스와 마찬가지로 "악의적인"(malicious)이라는 용어의 사용으로 인해 법의 모호성(vagueness)이 인정되어 위헌에 해당한다.[437]

즉, 뉴욕 타임즈 케이스의 "악의"(malice)와 해당 법의 "악의적인"(malicious) 및 Fitts 케이스의 "악의적인 의도"(malicious intent)가 동일한 것이 아니다. 그런데 본질적으로 다른 뉴욕 타임즈 케이스의 실질적 악의(actual malice)와 보통법상 악의(common-law malice)를 혼동하여 사용한 것은 해당 법이 모호하다는(vague)을 근본적으로 보여주는 것이므로 위헌에 해당한다는 것이다.[438]

---

well-reasoned guidance in determining whether Washington's criminal libel statutory scheme is facially overbroad. Similar to the aforementioned statutes, RCW 9.58.010 and .020 punish true speech and false statements made without actual malice. Therefore, we choose to follow the guidance of other jurisdictions and deem the statutory scheme facially overbroad and, thus, unconstitutional. See Parmelee v. O'Neel, 186 P.3d 1094, 1102 (Wash. Ct. App. 2008).

436 "A statute is unconstitutionally vague if [it] does not (1) define the criminal offense with sufficient definiteness such that ordinary persons understand what conduct is proscribed or (2) provide ascertainable standards of guilt to protect against arbitrary enforcement." State v. Stevenson, 128 Wash.App. 179, 188, 114 P.3d 699 (2005). See Parmelee v. O'Neel, 186 P.3d 1094, 1102 (Wash. Ct. App. 2008).

437 The Fitts court reasoned that the statute's use of the term "malicious" could create confusion with the term "malice" as used in New York Times. Fitts, 779 F.Supp. at 1515. In other words, "malicious intent" as used in South Carolina's statute could be confused with the New York Times' "actual malice" standard, which denotes knowledge of the defamatory falsity or reckless disregard for whether the statement was true or false. Fitts, 779 F.Supp. at 1514-15, accord New York Times, 376 U.S. at 279-80, 84 S.Ct. 710. See Parmelee v. O'Neel, 186 P.3d 1094, 1103 (Wash. Ct. App. 2008).

438 Thus, the statute was inherently vague because it created a potential confusion between the common law "malice" standard and the New York Times "actual malice" standard. Fitts, 779 F.Supp., at 1515-16, accord I.M.L., 61 P.3d at 1044 (stating that the "common law definition of 'malice' is quite different from the 'actual malice' contemplated by the United States Supreme Court"). See Parmelee v. O'Neel, 186 P.3d 1094, 1103 (Wash. Ct. App. 2008).

명예훼손의 형사처벌에 관한 저자의 평석

〈평석: 헌법재판소의 명예훼손 합헌결정〉

2017헌마1113 형법 제307조 제1항 위헌확인 – 사실 적시 명예훼손죄에 관한 위헌확인

2021년 2월 25일, 헌법재판소는 재판관 5:4의 의견으로 "공연히 사실을 적시하여 사람의 명예를 훼손한 경우 2년 이하의 징역·금고 또는 500만원 이하의 벌금에 처하도록 규정한 형법 제307조 제1항이 청구인들의 표현의 자유를 침해하지 않고 헌법에 위반되지 않는다"는 결정을 선고했다.

청구인 1: 반려견이 부당한 진료를 받고 불필요한 수술을 하여 실명 위기까지 겪게 되었다고 생각하며, 반려견의 치료를 담당했던 수의사의 실명과 잘못된 진료행위를 구체적으로 적시하고자 했다. 그런데 심판대상조항으로 인해 이를 공연히 적시할 수 없게 되자, 헌법소원심판을 청구했다.

청구인 2: 공연히 사실을 적시하여 피해자의 명예를 훼손했다는 이유로 기소되어, 명예훼손죄로 벌금 500,000원을 선고받았다. 상고하여 대법원에서 재판 계속 중 형법 제307조 제1항에 대해 위헌법률심판제청을 신청했으나 기각되자, 위 법률조항이 표현의 자유를 침해하여 헌법에 위반된다고 주장하면서 헌법소원심판을 청구했다.

2016헌바84 형법 제307조 제2항 위헌소원 – 허위사실 적시 명예훼손죄 위헌소원 사건

또한 같은 날, 재판관 전원일치 의견으로 "공연히 허위의 사실을 적시하여 사람의 명예를 훼손한 자를 5년 이하의 징역, 10년 이하의 자격정지 또는 1천만원 이하의 벌금에 처하도록 한 형법 제307조 제2항이 헌법에 위반되지 않는다"는 결정을 선고했다.

청구인은 시사프로그램에서 허위 사실을 적시하여 피해자의 명예를 훼손했다는 혐의로 기소됐고, 재판 계속 중 청구인에게 적용된 형법 제307조 제2항에 대해 위헌법률심판제청 신청을 했으나 기각되자 이 사건 헌법소원심판을 청구했다.

〈필자의 평석〉

진실한 사실을 공표하여 타인의 명예를 훼손하는 것은 형법에 의하여 처벌하는 것은 절대 있을 수 없다. 언론출판 및 표현의 자유는 헌법에서 보호하여야 하는 기본권 중에서도 가장 중요한 민주주의의 기본이 되기 때문이다. 명예훼손법의 역사를 보더라도 진실한 사실을 공표하는 것은 언론의 자유에 근거하여 보호되었으며 형사책임은 없었고 민사상 손해배상책임이 인정되는 경우도 역시 없었다.

타인의 명예를 훼손하는 발언은 헌법상 보호를 받지 못하는 것은 맞다. 하지만 헌법상 보호를 받지 못한다는 의미는 민사상 손해배상책임을 부담할 수 있다는 의미인 것이다. 사실을 말하는 것을 형사처벌할 수 있는 것은 절대 안 된다.

사실적시 명예훼손을 형사처벌하는 데 있어서 가장 위험한 요소는 진실과 허위 혹은 사실과 의견이 혼재되어 구별하기 어렵다는 것이다. 그래서 말하는 사람은 표현하기 이전에 미리 검열을 하여야 하는데 이는 표현의 자유를 보호하려는 헌법의 기본정신에 정면으로 위배된다. 비록 사실적시에 일부 과장된 것이 있는 경우에도 이를 형사법에 의하여 처벌하면 안 되는 것이며 필연적으로 허위사실적시 명예훼손을 형사

처벌해서는 안 된다는 결론이 나온다. 따라서 사실적시에 의한 명예훼손을 형사처벌한다는 것은 절대 반대한다.

허위사실을 공표하여 타인의 명예를 훼손하는 것을 형사처벌하는 것은 초기 명예훼손법의 발전과정에서 당연시되었다. 하지만 표현의 자유 및 언론출판의 자유를 보호하려는 헌법과 갈등이 있었다.

미국에서는 1964년도 연방대법원 뉴욕타임즈 대 설리반 케이스에서 언론을 상대로 명예훼손의 책임을 묻고자 할 경우 헌법상 고의(actual malice)를 요건으로 하면서 이를 형사처벌에도 적용하여야 한다는 판결이유가 있었다. 같은 해 게리슨 대 루이지애나 판결에서는 명예훼손을 처벌하는 루이지애나 형법규정이 문제가 되었는데 헌법상 고의(actual malice)가 있는 경우에만 예외적으로 형사처벌을 할 수 있다고 하였다.

뉴욕타임즈 설리반 판결 및 게리슨 판결에서 나오는 판결의 취지는 명예훼손을 형사처벌하기 위하여는 명예훼손에 관한 형법에서 요구되는 고의뿐만 아니라 이에 추가하여 해당 발언 내용이 허위라는 점에 관하여 이를 알고 있었거나 혹은 허위라는 점을 알 수 있었음에도 의도적으로 무시하고 고의로 발언해버린 고의에 준하는 특별한 요건을 의미한다. 저자는 이를 헌법상 고의 혹은 실질적 악의(actual malice)라는 용어로 표현한다. 이는 표현의 자유와 관련된 명예훼손에서 형사처벌을 하기 위하여 요구되는 헌법에서 요구되는 특별한 고의인 것이다. 이러한 특별한 헌법상 고의요건 때문에 미국에서는 비록 명예훼손에 관한 형벌규정을 폐지하였거나 혹은 형벌규정을 존치하고 있다고 하더라도 표현의 자유를 보호하려는 헌법정신을 존중하여 형벌규정은 사문화되어 있고 실제 적용하지 않고 있다.

죄형법정주의 정신에서 볼 때도 우리나라 형법에서 정한 허위사실공표에 의한 형사처벌은 위헌으로 폐지되거나 다시 구성요건을 정해야 한다. 먼저 허위라는 개념이 애매모호하여 판단자의 주관에 따라 달리 해석될 수 있는 점 그리고 죄형법정주의에서 요구되는 구체적이고 정확한 개념이 아닌 추상적인 개념을 형벌규정에 도입하고 있어 국민들이 어떤 경우 허위사실적시 명예훼손이 되는지 판단하기 어려운 점 및 명예훼손은 지극히 피해자의 입장에서 본 주관적인 감정적인 가치판단이고 따라서 사람마다 다른 생각과 가치관이 반영되는 것인데 이를 형법으로 규제하는 것 역시 죄형법정주의 기본원칙에 반하는 것이다.

개인이 비밀로 하고 싶은 성적지향, 병력, 가정사와 관련해서는 헌법상 보호대상인 프라이버시에 해당하는 것은 맞다. 하지만 이런 프라이버시에 의하여 보호되는 사실을 제3자에게 공표하는 것은 명예훼손이 아닌 다른 프라이버시 보호법에서 형사처벌을 할 수 있는 것이 가능하다. 프라이버시 보호법은 진실한 사실일 경우에도 법적인 책임을 부담하게 할 수 있다. 명예훼손에서 보호하려는 법익과 프라이버시법에서 보호대상이 되는 것과는 서로 다른 측면이 있다. 따라서 이런 프라이버시 보호는 별도로 다른 법률을 만들어서 규제를 하는 것이 맞다. 결론적으로 명예훼손 관련 형사처벌과 프라이버시 보호는 다른 문제인 것이다.

헌법에 의하여 보호의 가치가 전혀 없는 폭력을 조장하는 발언, 타인의 숨기고자 하는 프라이버시를 일방적으로 공개하는 발언은 이를 구체적으로 구성요건에 명시하여 형사처벌하는 것을 반대하지 않는다. 하지만 이런 경우에도 구성요건을 아주 구체적이고 특정한 단어를 사용하여 만들어야 한다. 지금처럼 명예훼손을 형사처벌하게 되면 아주 광범위하게 형사처벌이 가능하다. 이런 경우 표현의 자유를 침해하는 것은 물론이고 애매모호한 개념 때문에 판단자에 따라서 다른 결과가 나온다. 죄형법정주의의 기본원칙은 해석의 여지가 없는 구체적인 내용을 형법에 담을 것을 요구한다. 그래야 국민들이 이를 지킬 수 있는 것이다.

공직선거법 250조에서 정하고 있는 허위사실공표죄 역시 같은 근거에서 폐지하여야 한다. 공직선거 입후보자가 허위사실을 공표하는 경우 국민들은 각자 자유로운 토론을 통하여 해당 후보자를 감시하고 견제할 수 있는데 왜 형벌을 부과하는 것인지 도저히 이해하기 어렵다. 국민들의 지지를 받아 당선된 후보자가 위 조항으로 기소되어 법정에 서고 국민의 판단이 아닌 사법부의 판단에 의하여 공직을 잃게 되는 것은 민주주의 기본원리에도 반한다. 사실인지 의견인지 또는 사실인 경우에도 허위 혹은 진실인지 구별하기 어렵기 때문에 판단자의 주관이 많이 작용하게 되고 국민이 판단자가 되어야 하는데 사법부가 판단자가 되는 것은 큰 문제가 아닐 수 없다.

정보통신망법에 의한 명예훼손 처벌조항에 의하면 인터넷에서 벌어질 수 있는 표현의 자유에 재갈을 물리는 것이다. 타인을 비방할 목적이라는 판단은 누가 할 것인지 그리고 왜 사실적시에 의한 경우에도 처벌의 대상이 되어야 하는지에 관한 이슈도 문제이지만 처벌의 대상범위가 너무 광범위해서 이 법에 의하면 누구도 온라인에서 자유로운 토론을 할 수 없게 된다.

허위사실에 의한 명예훼손은 민사법원에서 손해배상으로 처리되어야 한다. 우리나라 법제에서 징벌적 손해배상이 인정되지 않기 때문에 형벌규정을 두어 명예훼손행위를 억제한다는 것은 전혀 이해하기 어렵다. 민사법원에서도 위자료 액수를 높이면 되는 것이다. 허위사실적시 명예훼손을 형사처벌하는 것은 잘못하면 전 국민을 전과자로 만들 수 있다. (사실인지 의견인지 또는 사실인 경우에도 허위 혹은 진실인지 구별하기 어렵기 때문에 판단자의 주관이 많이 작용하는 것도 문제이지만 피해자의 처벌의사를 기준으로 형사처벌 여부를 결정하는 것은 너무나 주관적이고 감정적이다. 이런 성격은 민사법원에서 해결하여야 한다) 이런 잘못된 형법규정때문에 사소한 다툼에도 수사기관에 달려가 고소고발을 해대는 것이 우리나라의 잘못된 사법문화가 되어 버렸다.

형법에 의한 처벌은 민사법원에서 해결이 안되는 경우에 최후의 수단으로 작용되어야 한다. 근본적인 해결은 명예훼손 처벌에 관련된 형사처벌규정을 위헌결정을 통하여 효력이 없도록 만들고 꼭 처벌할 필요가 있는 경우에는 처벌대상이 되는 행위의 구성요건을 좀 더 구체적이고 특정하여 애매모호한 규정을 없애야 한다.

언론의 자유 대 형사처벌 (Freedom of Speech v. Criminal) 관련 노스 캐롤라이나주 대법원의 판결 요지: State of North Carolina v. David Warren Taylor (2021-NCSC-164, No. 156PA20)

1. 사실 관계

데이비드 워렌 테일러(David Warren Taylor, 이하 "테일러")는 선거운동에서 피해자인 웰치(Welch) 검사를 지지했고, 종종 정치적인 주제에 대해 서로 대화를 나눌 정도로 친한 이웃이었다. 그러나 2016년 8월 24일, 테일러는 웰치 검사가 이미 상당히 부패한 아이의 시신이 아이의 부모에 의해 발견되었으나 아이의 부모를 상대로 형사기소를 더이상 진행하지 않을 것이라는 사실을 알게 되었다. 그 후 테일러는 웰치 검사에 대한 호의적인 입장을 철회하고 소셜 미디어 사이트인 페이스북(Facebook)에 웰치 검사와 메이컨(Macon) 카운티의 사법 시스템에 대해 과격한 어조로 비판한 글과 댓글을 게시하였다.[439]

---

439 When defendant learned of District Attorney Welch's decision to refrain from indicting the parents, he was demonstrably skeptical. He described the representation that the child had "died of a virus" as "a load of "F**king shit." Defendant utilized the social media site Facebook as the primary vehicle by which to express his frustration. Defendant initiated a litany of comments on his assessment of the situation with the following Facebook entry:3

[Defendant]: So I learned today that the couple Who brought their child Into that er whom had been dead to the point that the er room had to be closed off due to the smell of the dead child Will face no Charges. I regret the day I voted for the new DA with this outcome. This is totally sickening to know that a child, whether by Ashley Welch's decision or not is not granted this type of Protection in our court system. Im tired of standing back and seeing how our judicial system works. I voted for it to change and apparently it never will. With this people question why a rebellion against our government is coming? I hope those that are friends with her share my post because she will be the first to go, period and point made.

In response, a few of defendant's Facebook friends communicated their shared agreement with defendant's views. Defendant himself then resumed his commentary:

[Defendant]: Sick is not the word for it. This folks is how the government and the judicial system works, Now U wonder why I say if I am raided for whatever reason like the guy on smoke rise was. When the deputy ask me is it worth it. I would say with a Shotgun Pointed at him and a ar15 in the other arm was it worth to him? Who cares what happens to the person I meet at the door. I'm sure he won't. I would open every gun I have. I would rather be carried by six than judged by twelve. This folks is how politicians want u to believe is ok. Im tired of it. What I do Training wise from this point is ur fault. And yes I know I have friends on [Facebook] whom see this. I hope they do! Death to our so called judicial system since it only works for those that are guilty! U want me come and take me.

When one of his Facebook friends expressed surprise that these events could occur in Macon County, defendant responded, "This is how politics works. That's why my harsh words to her and any other that will Listen and share it To her [Facebook] page." Another member of defendant's Facebook network called for "vigilante justice," which was punctuated by markedly numerous exclamation marks. Defendant replied: If that what it takes[.] I will give them both the [mountain] justice they deserve. Regardless of what the law or courts say. I'm tired of this political bullshit. If our head prosecutor won't do anything then the death to her as well. Yea I said it. Now raid my house for communicating threats and see what they meet. After all those that flip Together swim together. Although this isn't a house or pond they want to fish in. The author of the "vigilante justice" comment posted that he was "still waiting." Again, defendant

테일러는 몇시간 뒤에 페이스북에 게시한 글을 삭제하였는데, 삭제하기 전에 페이스북 친구 중의 한 명인 메이컨(Macon) 카운티 경찰서 소속 형사가 테일러의 글을 발견하고 그의 글이 단순한 폭언이 아닌 그 이상의 악의적인 내용이 담겨있다고 판단했다. 형사는 테일러의 글을 캡쳐하여 웰치 검사와 메이컨(Macon) 카운티 경찰에게 보냈고, 웰치 검사는 노스 캐롤라이나주 수사국(SBI)에 이 사실을 알렸다.

다음 날, 노스 캐롤라이나주 수사관들은 테일러의 사무실에서 그를 인터뷰하였는데 테일러가 게시한 글이 노스 캐롤라이나 주법상 고의로 법원 소속 직원을 죽이겠다고 위협한 경우에 해당된다고 판단하였다. 이후 테일러는 주 1심 법원으로부터 유죄판결을 받았다. 그는 1심 법원으로부터 24개월의 집행 유예와 1천불의 벌금형을 선고 받았다. 테일러는 1심 법원의 결정에 불복하여 주 항소법원에 항소했다. 주 항소법원에서는 테일러에 대한 1심 법원의 유죄판결이 연방 헌법 제1조를 위반했다고 판단하였다. 이후 노스 캐롤라이나 주 정부는 주 대법원에 상고했다.

2. 노스 캐롤라이나주 대법원의 결정 요지

본 케이스의 이슈는 테일러가 페이스북에 게시한 글이 연방 헌법 제1조의 언론의 자유(the Free Speech Clause of the First Amendment)에 의해 보호되는지 여부이다. 노스 캐롤라이나주 대법원은 테일러의 글 또한 연방 헌법 제1조에 의해 보호된다고 판단하였다. 이와 같이 결정하게 된 이유는 다음과 같다.

---

responded:

For what [ ]? [District Attorney Welch] to reply? She won't because she is being paid a 6 digit income standing Outside the courthouse smoking a cigarette. She won't try a case unless it gets her TV time. Typical politician. Notice that none of them has responded yet? Although I'm sure My house is being Monitored right about now! I really hope They are ready for what meet them at the front door. Something tells Me they aren't!

As other Facebook observers continued to "like" his posts and comment on them, defendant published four more messages:

It can start at my house. Hell this has to start somewhere. If the courts won't do it as have been proven. Then yes it Is up to the people to administer justice! I'm always game to do so. They make new ammo everyday! Maybe you need to learn what being free is verse being a puppet of the government. If u did u would might actually be happy! I think we both know of someone who will like this Comment Or Like this post.

I know people who said the er room had to be shut down because the smell of they dead kid stunk up the entire er room. Our DA and Police department chose not to press charges. Yea that's the facts. Welcome to America. The once great great nation.

Don't get me started on this. The court system and Most importantly western nc justice system is useless. It's all about money to the courts than it Is about justice. It is time for old Time mtn justice! Yes [ ] I said it. Now let Them knock on my door.

[ ] don't get me Started about The Tony Curtis killing. Of Course No charges will Be brought against him. He is what the county considers to be a upstanding citizen of the community. Typical politics at its best. What he did was no different to the killing On 411 north over a year ago. What was his name? Fouts?

(1) 표현의 자유 원칙(Free Speech Principles)

연방 헌법 제1조에서 보장하고 있는 원칙으로 주 정부가 아이디어의 자유로운 교환에 제한을 가하지 못하도록 보호하는 역할을 한다. 즉, 헌법적으로 금지되는 표현을 게시하지 않는 이상 주 정부가 게시글의 내용을 문제 삼아서 그 글을 게시한 사람에게 형사처벌 등의 제한을 가할 수 없다는 것이다. 헌법적으로 금지되는 표현의 유형에는 외설(obscenity), 명예훼손(defamation), 폭력적인 발언(fighting words), 선동(incitement), 협박(true threat)이 있다.[440]

본 케이스의 경우 테일러의 게시글이 헌법적으로 금지되는 표현의 유형 중 협박(true threat)에 해당되는지 여부를 살펴보아야 하는데 주 법원과 연방 대법원은 어떤 경우 협박(true threat)의 예외로 볼 수 있는지에 대해 명시적으로 정의하지 않았다. 그러나 다음의 두가지 결정례를 통해 기준을 확립하게 되었다.

a. Watts v. United States, 394 U.S. 705 (1969)

연방 대법원은 Watts 케이스에서 협박(true threat)에 대한 예외를 처음으로 인정하였다. 이 케이스에서 18세의 흑인 시위자인 와츠(Watts)는 워싱턴 기념탑에서 열린 집회에 참석하였는데 그 곳에서 경찰의 만행에 대해 다루는 토론 그룹에 참석해서 자신에게 기회가 주어진다면 대통령을 총으로 살해하겠다는 뉘앙스의 발언을 한 것이 사건의 발단이 되었다.[441]

와츠는 항소심에서 자신의 발언이 대통령에 대해 정치적으로 반대의사를 밝힌 것에 불과하며 연방 헌법 제1조의 보호 대상에 해당한다고 주장했고, 항소법원의 다수의견(per curiam opinion) 또한 연방 헌법 제1조가 와츠의 발언을 근거로 법원이 유죄판결을 내리는 것을 금지한다고 판결하였다.

연방 대법원은 대통령의 안전을 보호하고 폭력의 위협에 노출되지 않고 직무를 수행할 수 있도록 보좌하는 정부의 이익이 인정된다고 보았다. 하지만 피고인이 대통령에게 협박(true threat)을 가했다는 것을 검사가 입증할 수 있는 경우에만 정부가 협박(true threat)을 근거로 연방 헌법 제1조에서 보장하는 피고인의 자유를 제한할 수 있다고 판단하였다.

b. Virginia v. Black, 538 U.S. 343 (2003)

연방 대법원은 Black 케이스를 통해 협박(true threat)의 예외 인정 여부를 직접적으로 고려했다. 이 케이스에서 버지니아 주법은 사람이나 집단을 위협하려는 의도를 가지고 십자가를 불태우는 행위를 범죄

---

440 Certain categories of expression "can, consistently with the First Amendment, be regulated because of their constitutionally proscribable content." Id. at 383. These "constitutionally proscribable" categories of expression include obscenity, Miller v. California, 413 U.S. 15 (1973), defamation, New York Times Co. v. Sullivan, 376 U.S. 254 (1964), fighting words, Chaplinsky v. New Hampshire, 315 U.S. 568 (1942), incitement, Brandenburg v. Ohio, 395 U.S. 444 (1969), and true threats, Watts v. United States, 394 U.S. 705 (1969).

441 During this discussion, the defendant declared that
I have already received my draft classification as 1-A and I have got to report for my physical this Monday coming. I am not going. If they ever make me carry a rifle the first man I want to get in my sights is [President Lyndon Baines Johnson].6 They are not going to make me kill my black brothers.

로 규정하였는데[442] 블랙(Black)외 2명의 피고인들은 미국 우월주의 테러리스트 단체인 KKK(Ku Klux Klan)에서 주관하는 시위에 참가하여 십자가를 불태웠거나 불태우려고 시도했다는 혐의가 인정되어 유죄판결을 받았다.

블랙 외 2명의 피고인들은 항소심에서 다음 두가지 이유로 이의를 제기하였다. 첫째, 피고인들은 십자가를 불태우는 행위에 특별한 메시지가 담겨있다고 보고 이러한 유형의 표현을 선택적으로 차별하는 것이 위헌이라고 주장하였다. 둘째, 버지니아 주법상 피고인들이 십자가를 불태우는 행위를 한 것만으로 피고인들에게 타인을 위협하려는 의도가 있다고 추정하고 있는데 이는 위헌에 해당한다고 주장하였다.

연방 대법원은 피고인들의 주장을 기각하였지만 버지니아 주법이 지나치게 광범위하여 위헌에 해당한다(unconstitutionally overbroad)고 판단하였다. 즉, 십자가를 불태웠다는 사실만으로 사람을 체포, 기소 및 유죄판결을 내리는 것을 허용하고 있기 때문에 위헌에 해당한다는 것이다.

또한 헌법에서 규정된 협박(true threat)은 발언자가 피해자에게 신체적 상해를 입히거나 죽음에 대한 두려움을 심어줄 의도를 가지고 개인이나 집단에 위협을 가하는 경우를 말하는데 협박(true threat)을 가하려는 피고인의 주관적 고의의 입증 여부에 대해 피고인들과 주 정부가 다른 입장을 가지고 있었다. 피고인들은 그들이 위협을 가하려는 고의를 가지고 십자가를 불태우는 행위를 했다는 것을 주 정부가 입증해야 한다고 주장하는 반면, 주 정부는 정부가 피고인들의 주관적 고의를 입증할 필요가 없고 객관적으로 여러가지 상황을 고려했을 때 피고인의 고의를 추정할 수 있는 정도면 충분하다고 주장하였다.

이에 연방 대법원은 피고인에 의한 고의적인 위협이 있어야만 헌법적으로 금지되는 표현 유형 중 협박(true threat)에 해당하여 피고인에 대한 형사처벌이 가능하다고 보았다. 따라서 피고인이 피해자를 위협하려는 주관적 고의가 연방 헌법 제1조에서 의해 보호되는 표현과 협박(true threat)에 해당하는 표현을 구분하는 기준점이 된다고 판단하였다.

(2) 협박(true threat)에 해당하는 발언과 주관적 고의의 적용

본 케이스에서 이슈가 되고 있는 고의는 객관적 고의와 주관적 고의이다. 객관적 고의는 피고인의 발언을 들은 사람들이 피고인이 발언을 할 당시에 사람을 죽이거나 해치려는 의도를 가지고 있었다고 합리적으로 이해되는 경우에 피고인에게 인정되는 고의를 말한다. 반면, 주관적 고의는 피고인이 발언할 당시에 자신의 발언이 협박으로 인지되도록 스스로 의도한 경우에 피고인에게 인정되는 고의를 말한다.

통상적으로 검사는 일반적인 협박죄와 관련된 발언의 경우 피고인의 객관적 고의만 입증해도 충분하다고 보았다. 그러나 연방 대법원은 헌법에서 보호되지 않는 협박(true threat)에 해당하는 발언이 표현의 자유와 관련되어 있다면 헌법상 표현의 자유를 존중하기 위하여 객관적 고의뿐만 아니라 주관적 고의까지 모두 입증하여야 한다고 판단해왔다.

본 케이스에서 검사는 협박(true threat)에 해당하는 발언을 할 당시에 피고인의 주관적 고의를 검사가 입증할 필요가 없고 대신 객관적으로 여러가지 상황을 고려하여 고의가 추정되면 이를 협박(true threat)

442 In Black, the Supreme Court examined a Virginia statute criminalizing the act of burning a cross with "an intent to intimidate a person or group of persons." Id. at 347.

으로 볼 수 있다고 주장하였다. 그러나 주 대법원은 검사의 주장을 따르게 될 경우 피고인의 주관적 고의에 대한 입증없이 피고인에게 유죄를 인정하게 되는 결과를 초래하므로 옳지 않다고 판단하였다. 표현의 자유를 보호하고 있는 연방 헌법의 기본 정신에 따라 피고인의 주관적 고의까지 입증이 되어야만 피고인의 유죄를 인정할 수 있다고 본 것이다.

또한 본 케이스와 같이 선출된 공무원인 검사가 자신의 공적 의무를 수행하기 위해 내린 결정을 비판하는 발언이 쟁점이 된 경우에는 연방 헌법 제1조에서 보호하는 발언의 유형 중 가장 높은 위치에 해당하므로 특별한 보호를 받을 자격이 있다고 보았다.

(3) 결론

주 대법원은 1심에서 재판할 당시 배심원 설시문(jury instruction)을 통해 배심원에게 주관적 고의가 있었는지 여부를 판단하라는 판단 기준을 제시하지 않은 것이 문제였다고 판단하고 1심으로 케이스를 환송하여 다시 재판하도록 결정하였다. (최초 1심 재판에서 배심원에게 제시된 설시문에는 피고인에게 주관적 고의가 있었는지 여부를 판단하라는 기준이 제시되지 않았기 때문에 이 점을 배심원 설시문에 넣어서 피고인에게 주관적 고의가 있는 경우에만 유죄로 인정될 수 있도록 다시 재판하라(new trial)는 명령을 내렸다)

“

Wigmore, Evidence (3d ed.) § 2192. Dean Wigmore stated the proposition thus: “For more than three centuries it has now been recognized as a fundamental maxim that the public (in the words sanctioned by Lord Hardwicke) has a right to every man's evidence. When we come to examine the various claims of exemption, we start with the primary assumption that there is a general duty to give what testimony one is capable of giving, and that any exemptions which may exist are distinctly exceptional, being so many derogations from a positive general rule.”

”

United States v. Bryan (연방 대법원, 339 US 323, 1950)

“

We are admonished that refusal to provide a First Amendment reporter's privilege will undermine the freedom of the press to collect and disseminate news.

”

Branzburg v. Hayes (연방 대법원, 408 U.S. 665, 698, 1972)

C. 편집권과 증거조사 (Editorial Privilege)

1/ McBurney v. the Times Publishing Co. (로드 아일랜드주 대법원, 175 A.2d 170, R.I. 1961)

본 케이스는 개인 대 신문사 간에 발생한 명예훼손 사건이다. 본 케이스는 악의(malice)와 기자의 면책특권(journalist privilege)를 핵심 이슈로 다루고 있다. 즉, 신문사가 악의(malice)를 가지고 기사를 게재하였다는 것을 원고가 입증한다면 신문사가 공정하고 정확하게 기사 내용을 작성하였다고 하더라도 원고에 대한 명예훼손이 인정되어 손해배상 청구가 가능하다는 것이다. 손해배상의 범위는 배심원의 재량으로 결정하되, 원고가 징벌적 손해배상을 청구할 경우에는 반드시 피고의 악의(malice)에 대한 원고의 입증이 요구된다는 것이다.

다시 말해, 기자에게 공정 보도특권(fair report privilege)에 의한 면책특권이 인정되어도 이는 절대적 특권이 아니며, 기자가 악의(malice)를 가지고 기사를 작성하였다면 공정 보도특권(fair report privilege)이 명예훼손으로 인한 손해배상 주장의 방어 방법이 될 수 없고 원고가 입은 손해를 배상해야 한다는 것이다.

1) 사실 관계

타임즈 신문사(the Times Publishing Co.)는 포투켓(Pawtucket) 지역과 인근 도시 및 마을에서 일반적으로 발행되는 신문인 포투켓 타임즈(The Pawtucket Times)를 발간하였다. 프랭크 프리차드(Frank C. Pritchard, 이하 "프리차드")는 타임즈 신문사의 기자로 근무하였다. 그의 주된 업무 중의 하나는 포투켓(Pawtucket) 지역에서 유언 및 상속사건을 전담하는 법원(probate court)443에서 변론(hearing)을 취재하고 보도하는 것이었다.

맥버니(McBurney)는 포투켓(Pawtucket)에 거주하면서 변호사로 일하고 있었다. 그는 로드아일랜드주의 변호사였으며 임명직 및 선출직 공직자로 일해왔다. 1957년 4월 10일, 그는 포투켓 지역에서 유언 및 상속사건을 전담하는 법원(Pawtucket probate court)의 변론(hearing)에서 엘리자베스 매케나(Elizabeth McKenna, 이하 "매케나")를 대리하였다. 변론(hearing)은 씨 마가렛 도넬리(C. Margaret Donelly, 이하 "도넬리")가 제기한 신청서(petition)444와 관련

443 "[부록]미국 법률 용어"에서 자세한 설명을 확인하기 바란다.

444 "[부록]미국 법률 용어"에서 자세한 설명을 확인하기 바란다.

이 있었다. 법원에서 임명한 아서 오닐의 재산 관리인(administratrix of the estate[445] of Arthur J. O'Neil)인 도넬리가 고인이 된 아서 오닐(Arthur J. O'Neil, 이하 "오닐")의 개인 재산을 메케나가 숨겼다고 의혹을 제기한 사람들의 선서 하에 검사를 허용하는 규정에 따라 매케나를 조사하기 위한 것이었다.

이 조사는 오닐이 1956년 11월에 집을 팔고서 받은 3천 9백 6십불짜리 수표를 처분한 이슈를 중심으로 진행되었다. 오닐은 1956년 12월 30일 저녁에 사망하였다. 매케나는 그날 아침 오닐이 그녀에게 빚진 돈을 갚기 위해 로버트 워너(Robert Warner)와 존 힐리(John F. Healey, 이하 "힐리")가 보는 앞에서 수표에 서명한 후 그녀에게 건네주었다고 증언하였다. 다음 날인 1956년 12월 31일, 매케나는 포투켓(Pawtucket)에 있는 은행에 자신의 이름으로 계좌를 개설하고 수표를 입금하였다. 같은 날, 그녀는 고인의 재산 관리인(administratrix of the estate)으로 임명을 구하는 신청서(petition)를 유언 및 상속사건을 전담하는 법원(probate court)에 제출하였다. 매케나의 신청(petition)은 1957년 2월 13일에 거부되었고, 같은 날, 그녀는 1956년 12월 31일에 개설한 은행 계좌에서 모든 돈을 인출하였다. 오닐의 재산 관리인(administratrix of the estate)으로 고인의 딸인 도넬리가 임명되었다.

매케나는 3천 9백 6십불이 적힌 수표는 본인의 것이고 그 돈은 오닐이 남긴 자산이 아니라고 주장하였다. 법원 및 재산 관리인(administratrix of the estate) 측 변호사의 질문에 대한 답변으로 매케나는 그 돈으로 무엇을 했는지 설명하였고 그녀가 지불한 금액을 항목별로 정리하였다. 매케나는 힐리에게 빚진 돈을 갚기 위해 현금으로 2천 7백불을 지불했다고 증언하였다. 유언 및 상속사건을 전담하는 법원(probate court)의 판사는 이와 같은 매케나의 설명에 만족하지 않았으며 그녀의 증언을 믿지 않는다고 말했다. 그 후 맥버니는 판사에게 매케나가 그에게 돈을 주었고 그가 매케나가 있는 곳에서 힐리에게 돈을 지불했다고 설명하였다. 그는 힐리로부터 영수증을 받지 못했지만 법원에 영수증을 제출하겠다고 말했다. 유언 및 상속사건을 전담하는 법원(probate court)의 판사는 맥버니가 변호사(as an officer of the court)[446]로서 직무를 제대로 수행해 왔다고 믿지 않았다고 밝혔다. 판사는 또한 고인의 자산(estate)[447]이 숨겨졌으며 2천 7백불에 대한 설명이 요구된다는 의견을 제시하였다. 변론(hearing)은 시작한 지 약 15분 만에 끝났고, 매케나에 대한 추가 조사와 힐리를 심문하기 위해 그 다음주 월요일까지 계속되었다.

445 "[부록]미국 법률 용어"에서 자세한 설명을 확인하기 바란다.

446 "[부록]미국 법률 용어"에서 자세한 설명을 확인하기 바란다.

447 "[부록]미국 법률 용어"에서 자세한 설명을 확인하기 바란다.

문제가 되는 소송은 4월 10일자 변론(hearing) 관련 보도 시 타임즈 신문사에 의해 게재된 기사에서 비롯되었다. 프리차드는 부분적으로 변론(hearing)에 참석하였다. 상사들로부터 검토를 받은 후 그는 1957년 4월 10일에 세 번째 판과 1957년 4월 11일 첫·두 번째 판에 실린 보도자료를 작성하였다. 해당 기사들의 내용은 세 판 모두 거의 동일했지만 헤드라인이 달랐다. 4월 10일자 헤드라인은 "유언 및 상속사건을 전담하는 법원의 판사가 고인이 남긴 재산 중 일부가 고의로 은닉되었을 가능성이 있는 점과 관련하여 변호사를 비난한다"(Probate Judge Raps Lawyer Over Sum Possibly In Estate)라고 게재되었고, 4월 11일에는 "변호사가 고인의 자산에서 가능한 총액을 넘어선 것에 대해 날카롭게 질문했다"(Lawyer Sharply Questioned Over Sum Possibly In Estate)라고 게재되었다. 이 기사는 유언 및 상속사건을 전담하는 법원(probate court)의 판사가 맥버니에게 한 질문과 의견만을 다루었다. 판사가 매케나에게 요구한 질문이나 발언에 대해서는 일체 언급하지 않았다.

주 1심 법원의 변론(hearing)에서 맥버니는 해당 기사와 헤드라인이 그의 명성, 특히 변호사로서의 직업과 관련하여 그의 명예를 훼손하였다고 주장하였다. 또한 타임즈 신문사가 악의(malice)를 가지고 기사를 게재한 결과 본인이 피해를 입은 것이므로 명예훼손의 성립요건을 충족한다고 주장하였다. 그는 이같은 주장을 뒷받침하기 위해 법원의 변론 당시 작성된 속기록(transcript[448]of the probate court hearing)과 신문 기사 사본을 증거로 제출하였다. 악의(malice) 이슈와 관련하여 일정 기간 동안 타임즈 신문사의 악의(malice)를 보여주는 사건에 대한 증거 자료들을 법원에 제출하였다.

한편, 타임즈 신문사는 악의(malice) 이슈와 관련하여 해당 신문의 운영에 직접적으로 관여하는 총괄 매니저, 재정 담당자, 편집 책임자, 포투켓(Pawtucket) 지역 편집자의 증언을 제시하였는데, 그들은 보도 당시 맥버니에 대한 악의(malice)가 없었다고 증언하였다. 또한 타임즈 신문사는 해당 기사가 법원에서 진행된 변론(judicial hearing)에 대해 공정하고 정확하게 작성된 보도자료였다는 그들의 주장을 입증하기 위한 증거를 제출하였다.

주 1심 법원에서의 재판이 끝난 후 배심원은 5만불의 손해배상을 인정하면서 맥버니의 손을 들어주었다.

448 "[부록]미국 법률 용어"에서 자세한 설명을 확인하기 바란다.

2) 로드아일랜드주 대법원의 결정 요지

- **악의(malice) 이슈 관련 주 1심 법원의 판단에 대한 재 변론 요청(exception)**[449]

1심 법원은 배심원 설시문(jury instruction)에서 타임즈 신문사가 악의(malice)를 가지고 기사를 게재하였다는 것이 맥버니에 의해 입증되는 경우 해당 기사가 공정하고 정확하게 작성된 것이라고 하더라도 악의(malice)가 있다고 판단되면 맥버니에게 유리한 평결을 내릴 수 있으며, 배심원의 재량으로 통상 손해 혹은 징벌적 손해배상을 인정할 수 있다고 판단하였다. 단, 징벌적 손해배상은 악의(malice)가 인정된 경우에 한하여 맥버니에게 배상이 가능하다고 보았다.[450]

이에 맥버니는 타임즈 신문사의 악의(malice)를 입증하기 위해 법원의 변론 당시 작성된 속기록(transcript of the probate court hearing), 신문 기사 사본, 신문사의 악의(malice)를 보여주는 사건 관련 증거들을 1심 법원에 제출하였다.

반면, 타임즈 신문사는 총괄 매니저, 재무 책임자, 편집 책임자, 지역 편집자가 맥버니에 대한 악의(malice)를 가지고 기사를 게재하지 않았다는 증언을 1심 법원에 제출하였다. 또한 해당 기사가 법원에서 진행된 변론(judicial hearing)에 대해 공정하고 정확하게 보도하였다는 것을 뒷받침하는 증거를 제출하였다.

그러나 1심 법원은 4월 10일에 맥버니와 프리차드가 유선상으로 주고받은 대화 내용의 경우 타임즈 신문사의 악의(malice)를 입증하는 증거로 인정된다고 판단하였다. 이 대화는 변론(hearing)이 끝난 후 프리차드의 보도 내용을 신문에 게재하기 전에 주고 받은 것이었는데 프리차드가 맥버니에게 "당신은 지금 곤경에 처했어. 이번 건이 당신의 발목을 붙잡았어. (Boy are you in hot water. We got you on this one)"라고 말했다는 것이었다.

주 대법원은 맥버니와 타임즈 신문사가 제출하여 1심 법원이 인정한 증거들은 악의(malice) 이슈에 있어서 악의를 인정할 수 있는 증거(competent evidence)[451]에 해당하며, 이와 관련하여 배심원에게 배심원 설시문(jury instruction)을 제공한 것은 법원의 타당한 결정

449 "[부록]미국 법률 용어"에서 자세한 설명을 확인하기 바란다.

450 The trial justice submitted the issue of malice, both actual and equivalent malice, to the jury with instructions that if they found malice they could bring in a verdict for plaintiff even if they concluded that the articles were fair, impartial and accurate. He also charged that if plaintiff had sustained the burden of proving malice they could, in their discretion, award punitive damages in addition to compensatory damages. It is conceded that punitive damages can be awarded only on a finding of malice. See McBurney v. the Times Publishing Co., 175 A.2d 170, 174 (1961).

451 "[부록]미국 법률 용어"에서 자세한 설명을 확인하기 바란다.

이었다고 판단하였다. 1심 법원에 의해 인정된 증거들은 타임즈 신문사에게 부과된 징벌적 손해배상의 근거로도 타당하다고 보았다.[452]

> "기자의 악의(ill-will)가 면책특권이 인정되는 것을 막지 않는다는 사실은 출판 결정에 참여하지 않은 회사 대표의 악의(malice)가 중요하지 않다고 결정된 사례에서 가장 자주 나타난다."[453]
>
> ▮ Boston Mutual Life Insurance Company v. Varone, 303 F.2d 155, 159 (1st Cir. 1962).

프라이버시 보호법(Privacy Protection Act, PPA)과 기자들이 취재과정에서 수집한 증거의 보호: 수사기관의 압수수색에서 제외

프라이버시 보호법은 Boyd v. United States, 116 U.S. 616 (1886)와 Warden v. Hayden, 387 U.S. 294, 309 (1967)를 배경으로 만들어졌다. Boyd 케이스의 주요 골자는 수사기관에서 압수수색영장을 집행함에 있어 그 집행대상의 범위를 좁게 해석하는 것이었다. 그런데 Hayden 판결 이후로는 압수수색영장의 대상을 폭넓게 인정하게 되었다.

Hayden 판결은 수사기관과 언론사 사이에 필연적인 충돌을 가져왔다. 기자들은 기사를 작성하는 과정에서 범죄 활동과 관련된 증거를 수집할 때가 있는데 Hyden 판결에 의하면 이러한 증거도 압수수색 대상이 되는 것으로 인정하였기 때문이다. 즉, Boyd 케이스에서는 압수수색영장의 대상이 되는 범위를 좁게 해석하여 기자들이 기사 작성을 위해 수집한 범죄 관련 증거에 대해서는 압수수색을 할 수 없었다. 그러나 Hayden 판결에서는 기자들이 뉴스를 취재하고 조사하는 과정에서 얻게 된 범죄 관련 증거까지도 수사기관에서 압수수색영장을 신청하고 이를 집행할 수 있도록 허용한 것이다.

한편, 프라이버시 보호법이 1980년에 의회를 통과하게 된 계기가 된 판결은 Zurcher v. Stanford Daily, 436 U.S. 547 (1978)이었다. 이 케이스는 1971년 캘리포니아주 산타 클라라(Santa Clara) 카운티 소속 경찰들이 스탠포드 대학교 부속 병원에서 3일 전에 있었던 경찰과 시위자들 간에 무력 충돌 사

452 After careful consideration it is our opinion that the trial justice did not err in admitting such evidence, that it was competent evidence on the issue of malice, and that his ruling submitting the issue of malice to the jury was correct. We are also of the opinion that his charge, on the issue of malice and equivalent malice as well as on the issue of punitive damages, was warranted by the evidence and correct in law. See McBurney v. the Times Publishing Co., 175 A.2d 170, 174 (1961).

453 That non-causative ill will does not destroy a privilege is most frequently illustrated by cases holding that the malice of a corporate representative who did not participate in the decision to publish is immaterial. McBurney v. Times Publishing Co., supra (ill will of reporter). See Boston Mutual Life Insurance Company v. Varone, 303 F.2d 155, 159 (1st Cir. 1962).

건을 조사하기 위해 대학신문(The Stanford Daily) 사무실에 압수수색영장을 받아서 수색을 하였으나 아무것도 발견하지 못했고, 그 일이 있은지 한 달 뒤에 대학신문과 편집인들이 수사기관의 압수수색이 연방 헌법 제1조를 위반했다는 이유로 민사소송을 제기한 것에서 비롯되었다. 연방 대법원은 연방 헌법이 언론사를 상대로 증거를 수색하지 못하도록 금지하고 있지 않다는 이유를 들어 대학신문 측의 주장을 거부하였다. 하지만 의회는 언론인과 기자들이 취재 과정에서 수집한 증거는 언론의 자유(Freedom of Speech)에 의해 보호되어야 하는 것으로 압수수색의 대상에서 제외되어야 한다는 취지에서 특별히 이 법을 제정하게 되었다.

2/ Branzburg v. Hayes (연방 대법원, 408 U.S. 665, 1972)

본 케이스는 신문사 기자의 취재원 비닉권과 관련된 명예훼손 케이스(In re Pappas, No. 70-94, United States v. Caldwell, No. 70-57)를 병합해서 결정한 연방 대법원 판결이다.

본 케이스의 이슈는 기자에게 형사사건과 관련된 주 혹은 연방 대배심(State or Federal Grand Jury)에 출석하여 증언을 요구하는 것이 연방 헌법 제1조에 의해 보장된 언론 및 출판의 자유를 제한하는지 여부이다.

연방 대법원은 기자가 수집한 정보로 인해 대배심(Grand Jury)에 출석 및 증언을 해야 하는 경우 이에 응하지 않을 수 있는 특권이 없다고 판단하였다. 또한 기자에게 대배심(Grand Jury)의 출석 및 증언을 요구한다고 해서 연방 헌법 제1조의 언론 및 출판의 자유를 제한하는 것이 아니라고 판단하였다.

1) 사실 관계

a-1. Branzburg v. Hayes, No. 70-85

1969년 11월 15일, 켄터키주 루이스빌(Louisville)에서 일간 신문을 발행하는 커리어 저널(Courier-Journal)은 제퍼슨(Jefferson) 카운티에 거주하는 두 명의 젊은이가 3주만에 5천불을 벌었다고 주장하면서 마리화나에 대마를 합성하는 과정에 대해 자세히 기술한 브랜즈버그(Branzburg)의 글을 게재하였다. 이 기사에는 대마로 확인된 물질이 있는 실험실의 책상 위에서 작업 중인 한 쌍의 손이 찍힌 사진이 포함되어 있었다. 브랜즈버그는 이 기사에서 두 명의 대마 제작자의 신원을 밝히지 않을 것임을 약속했다고 밝혔다. 브랜즈버그는 곧 제퍼슨(Jefferson) 카운티 대배심(Grand Jury)에 의해 소환되었다. 그는 대배심(Grand Jury)에 출석하였지만 마리화나를 소지하고 있는 것을 본 사람들이나 마리화나로 해시시를 만드는 것을 본 사람들의 신원을 밝히기를 거부하였다.[454]

켄터키주 1심 법원은 브랜즈버그에게 위 질문에 답하도록 명령하였다. 이에 브랜즈버그는 켄터키주 소속 기자들을 위한 취재원 비닉권 관련 켄터키 주법[455]에 의거하여 본

454 The Foreman of the grand jury reported that petitioner Branzburg had refused to answer the following two questions: "#1. On November 12, or 13, 1969, who was the person or persons you observed in possession of Marijuana, about which you wrote an article in the Courier-Journal on November 15, 1969? #2. On November 12, or 13, 1969, who was the person or persons you observed compounding Marijuana, producing same to a compound known as Hashish?" App. 6. See Branzburg v. Hayes, 408 U.S. 665, 668 [2] (1972).

455 Ky. Rev. Stat. § 421.100 provides:

인에게 취재원 비닉권이 있다고 주장하였다. 그러나 1심 법원은 브랜즈버그의 주장을 인정하지 않았다.

주 1심 법원은 켄터키 주법에서 기자에게 정보 제공자가 누구인지에 관한 신원을 공개하는 것을 거부할 수 있는 특권을 부여한 것은 사실이지만, 범죄조사기능을 하는 대배심(Grand Jury)에서 소환을 받아서 증언하는 경우 소환을 받은 기자는 본인이 직접 목격했던 사건과 관련된 내용 및 직접 목격했던 사람들의 신원에 대해 증언하는 것을 거부하도록 허용하고 있는 것은 아니라고 판단하였다.

a-2. Branzburg v. Meigs, No. 70-85

브랜즈버그와 관련된 두 번째 사건으로 1971년 1월 10일에 게재된 그의 후속 기사에서 나왔는데, 이 기사는 켄터키주 프랭크퍼트(Frankfort)에서의 마약 사용에 대해 자세히 서술하였다. 이 기사는 프랭크퍼트(Frankfort)의 마약 현장에 대한 포괄적인 조사를 제공하기 위해 브랜즈버그가 수도에서 수십 명의 마약 사용자를 인터뷰하는 데 2주를 보냈으며 그들 중 일부가 마리화나를 피우는 것을 보았다고 보도하였는데, 이름이 알려지지 않은 여러 마약 사용자들과 나눈 많은 대화와 당시 목격한 내용들이 실렸다.

마약 관련 법 위반에 대해 증언하기 위해 프랭클린(Franklin) 카운티 대배심(Grand Jury)에 의해 소환장(subpoena)[456]을 받은 브랜즈버그는 소환장을 기각해달라는 신청(move to quash the summons)[457]을 제출하였다. 브랜즈버그는 소환장을 기각해달라는 신청(motion to quash)에서 본인이 대배심(Grand Jury) 혹은 다른 사람에게 정보 제공자의 신원을 공개하게 된다면 그들은 기자와의 접촉을 꺼리게 되고 마약과 관련된 취재가 어려워질 것이라고 주장하였다. 또한 법원이 소환장을 기각해달라는 신청(motion to quash)을 거부하는 것은 연방 헌법 제1조에서 보장하고 있는 언론 및 출판의 자유를 억압하는 것이라고 주장하였다.[458]

"No person shall be compelled to disclose in any legal proceeding or trial before any court, or before any grand or petit jury, or before the presiding officer of any tribunal, or his agent or agents, or before the General Assembly, or any committee thereof, or before any city or county legislative body, or any committee thereof, or elsewhere, the source of any information procured or obtained by him, and published in a newspaper or by a radio or television broadcasting station by which he is engaged or employed, or with which he is connected." See Branzburg v. Hayes, 408 U.S. 665, 668 [4] (1972).

456 "[부록]미국 법률 용어"에서 자세한 설명을 확인하기 바란다.

457 "[부록]미국 법률 용어"에서 자세한 설명을 확인하기 바란다.

458 Petitioner's Motion to Quash argued:

브랜즈버그는 법원의 결정으로 기밀 관계, 출처 또는 정보의 공개 요청에 대해 답변 거부권을 행사할 수 있는 보호 명령(protective order)을 발부받았지만, 그가 실제로 목격한 범죄 행위와 관련이 있거나 관련된 모든 질문에 답변할 것을 요구받았다.[459] 그는 대배심(Grand Jury)에 출석하기 전에 켄터키주 항소법원에 그가 목격한 범죄 행위에 대한 질문에 대한 답변을 거부하게 해달라는 명령을 요청했으며, 만약 그가 대배심(Grand Jury)으로의 출석을 강요받거나 혹은 제보자의 신원에 관한 질문에 답하거나 혹은 정보를 공개해야 한다면 기자로서의 신뢰와 효과적인 취재에 큰 피해를 가져올 것이라고 주장하였다.[460] 항소법원은 위와 같은 이유로 소환장을 기각해달라는 브랜즈버그의 신청을 기각하였다.

b. In re Pappas, No. 70-94

파파스(Pappas)는 메사추세츠주 뉴 베드포드(New Bedford) 소재 텔레비전 방송국의 지점인 로드 아일랜드주 프로비던스(Providence)에서 근무하는 방송기자이자 사진작가였다. 그가 1970년 7월 30일에 있었던 화재 및 시민들의 소동에 대해 보도하기 위해 뉴 베

"If Mr. Branzburg were required to disclose these confidences to the Grand Jury, or any other person, he would thereby destroy the relationship of trust which he presently enjoys with those in the drug culture. They would refuse to speak to him; they would become even more reluctant than they are now to speak to any newsman; and the news media would thereby be vitally hampered in their ability to cover the views and activities of those involved in the drug culture.

"The inevitable effect of the subpoena issued to Mr. Branzburg, if it not be quashed by this Court, will be to suppress vital First Amendment freedoms of Mr. Branzburg, of the Courier-Journal, of the news media, and of those involved in the drug culture by driving a wedge of distrust and silence between the news media and the drug culture. This Court should not sanction a use of its process entailing so drastic an incursion upon First Amendment freedoms in the absence of compelling Commonwealth interest in requiring Mr. Branzburg's appearance before the Grand Jury. It is insufficient merely to protect Mr. Branzburg's right to silence after he appears before the Grand Jury. This Court should totally excuse Mr. Branzburg from responding to the subpoena and even entering the Grand Jury room. Once Mr. Branzburg is required to go behind the closed doors of the Grand Jury room, his effectiveness as a reporter in these areas is totally destroyed. The secrecy that surrounds Grand Jury testimony necessarily introduces uncertainties in the minds of those who fear a betrayal of their confidences." App. 43-44. See Branzburg v. Hayes, 408 U.S. 665, 670 [5] (1972).

459 an order was issued protecting Branzburg from revealing "confidential associations, sources or information" but requiring that he "answer any questions which concern or pertain to any criminal act, the commission of which was actually observed by [him]. See Branzburg v. Hayes, 408 U.S. 665, 670 (1972).

460 Prior to the time he was slated to appear before the grand jury, petitioner sought mandamus and prohibition from the Kentucky Court of Appeals, arguing that if he were forced to go before the grand jury or to answer questions regarding the identity of informants or disclose information given to him in confidence, his effectiveness as a reporter would be greatly damaged. See Branzburg v. Hayes, 408 U.S. 665, 670 (1972).

드포드(New Bedford)로 가게 되었을 때 해당 사건이 시작되었다.

파파스는 판자로 막아놓은 매장 안에 있는 무리들의 본부에서 블랙 팬서(Black Panther)461의 기자 회견을 취재하려고 하였다. 그는 매장 주변의 거리가 막혀 있는 것을 발견했지만 결국 그 지역으로 들어가서 오후 3시 경에 블랙 팬서의 지도자 중 한 사람이 읽은 성명서를 녹음하고 사진을 찍었다. 그런 다음 그는 그 지역에 다시 들어갈 수 있도록 요청하여 허가를 받았다. 약 9시 경에 돌아온 그는 블랙 팬서 본부에 들어가서 머무를 수 있었다. 그는 블랙 팬서의 본부에 들어가는 대신 예견된 경찰의 급습을 제외하고 매장 안에서 보거나 들은 내용을 공개하지 않기로 동의하였다. 그는 자신이 원하는 대로 사진을 찍고 보도할 수 있었다. 그는 약 3시간 동안 본부에 머물렀지만 경찰의 급습은 없었다. 그는 해당 기사를 쓰지 않았고, 그가 거기 있는 동안 매장에서 일어났던 일에 대해 밝히지 않았다.

두 달 후, 파파스는 브리스톨(Bristol) 카운티 대배심(Grand Jury)에 소환되어 그의 이름, 주소, 직장 및 블랙 팬서 본부 밖에서 보고들은 내용에 대한 질문에 답변하였다. 그러나 연방 헌법 제1조가 기밀 정보 제공자와 그들의 정보를 보호하기 위한 특권을 언론사에게 부여했다고 주장하면서 블랙 팬서 본부 안에서 일어났던 일에 대한 질문에는 답변하지 않았다.

그 후, 두 번째 소환장이 그에게 송달되었는데 소환장에 따르면 그에게 대배심(Grand Jury)에 다시 출석하여 대배심(Grand Jury) 앞에서 범죄의 조사와 관련하여 배심원단이 질문하는 모든 문제에 대해 그가 알고 있는 증거를 제시하라고 명령하였다. 이에 파파스는 연방 헌법(First Amendment)에 근거하여462 소환장을 기각해달라는 신청(motion to quash the summons)을 제출하였다. 그러나 주 대법원은 취재 과정에서 보고 들은 내용을 대배심(Grand Jury)에 공개하는 것을 거부할 수 있는 헌법상의 특권이 파파스에게 없다고 판단하면서 그의 신청을 거부하였다.463

주 대법원은 기자가 법원 혹은 대배심(Grand Jury)에서 취재 과정에서 보고 들은 내용에 대한 증언을 거부할 수 있는 특권이 존재하지 않는다는 의견을 명확히 하였다. 기자가

461 미국의 극 좌익 흑인 과격파를 지칭하는 이름이다.

462 연방 헌법(First Amendment)과는 달리, 본 케이스의 관할인 메사추세츠주에서는 기자의 취재원 비닉권에 대한 명문화된 규정이 없었다.

463 The record there did not include a transcript of the hearing on the motion to quash, nor did it reveal the specific questions petitioner had refused to answer, the expected nature of his testimony, the nature of the grand jury investigation, or the likelihood of the grand jury's securing the information it sought from petitioner by other means. See Branzburg v. Hayes, 408 U.S. 665, 673 (1972).

법원 혹은 대배심(Grand Jury)에서 증언을 하게 될 경우 자유로운 뉴스의 전달을 막게 될 것이라는 우려에 대해 이론에 불과하며 불확실한 것이라고 반박했다.

결론적으로, 주 대법원은 기자가 형사사건과 관련하여 법원 혹은 대배심(Grand Jury)에 소환 요청을 받았을 때 관련 자료를 챙겨서 출석하고, 질의 사항에 대해 답변하는 것이 기자의 의무라고 판단하였다.[464]

하지만 주 대법원은 대배심(Grand Jury)이 재판장의 감독하에 이루어져야 한다고 덧붙였다. 재판장은 억압적이고, 불필요하며, 관련성이 없는 부적절한 질의 및 조사를 막을 의무가 있다는 것이다.[465] 또한 연방 헌법 제5조(모든 증인은 본인에게 형사상 불리하게 사용될 수 있는 증언을 하지 않을 권리를 가진다)[466]에서 보장된 증인의 권리가 침해되지 않고, 증인에게 요구한 증언이 사건 조사를 위해 적절하고 필요한 것인지 여부에 대해 평가해야 할 의무가 판사에게 있다는 것이다.

따라서 소환장을 기각해달라는 파파스의 신청(motion to quash the summons)은 법원에 의해 거부되었다.

c. United States v. Caldwell, No. 70-57

캘리포니아 북부 지역의 연방 대배심(Federal Grand Jury)이 블랙 팬서와 기타 흑인 무장 단체의 취재를 담당한 뉴욕 타임즈 신문사의 기자인 얼 콜드웰(Earl Caldwell, 이하 "콜드웰") 에게 소환장을 발부하면서 일어난 사건이다.

1970년 2월 2일에 콜드웰에게 사건과 관련된 문서를 가지고 대배심(Grand Jury)에 출

---

464 The court concluded that "[t]he obligation of newsmen ··· is that of every citizen··· to appear when summoned, with relevant written or other material when required, and to answer relevant and reasonable inquiries." Id., at 612, 266 N. E. 2d, at 303. See Branzburg v. Hayes, 408 U.S. 665, 674 (1972).

465 The court nevertheless noted that grand juries were subject to supervision by the presiding judge, who had the duty "to prevent oppressive, unnecessary, irrelevant, and other improper inquiry and investigation," ibid., to insure that a witness' Fifth Amendment rights were not infringed, and to assess the propriety, necessity, and pertinence of the probable testimony to the investigation in progress. See Branzburg v. Hayes, 408 U.S. 665, 674-675 (1972).

466 Amendment 5 - Trial and Punishment, Compensation for Takings.
No person shall be held to answer for a capital, or otherwise infamous crime, unless on a presentment or indictment of a Grand Jury, except in cases arising in the land or naval forces, or in the Militia, when in actual service in time of War or public danger; nor shall any person be subject for the same offense to be twice put in jeopardy of life or limb; nor shall be compelled in any criminal case to be a witness against himself, nor be deprived of life, liberty, or property, without due process of law; nor shall private property be taken for public use, without just compensation.

석해서 증언하라는 소환장이 송달되었다. 구체적으로, 블랙 팬서의 목표, 목적 및 활동과 관련하여 블랙 팬서의 간부와 대변인이 발표한 인터뷰 기록과 녹음 테이프를 지참하여 대배심(Grand Jury)에 출석하라고 명령하였다. 콜드웰은 이 소환장의 내용에 이의를 제기하였다.

3월 16일에 송달된 두 번째 소환장은 서류 제출 요건을 생략하고 콜드웰에게 대배심(Grand Jury) 앞에서 증언하라는 내용이 담겨 있었다. 콜드웰과 뉴욕 타임즈 신문사는 소환장에서 요구하고 있는 범위가 무제한이고 콜드웰이 대배심(Grand Jury)에 비밀리에 출석하는 것은 블랙 팬서와의 약속을 깨뜨리는 것으로 연방 헌법 제1조에서 보장하는 자유를 억압하는 것이라고 주장하면서[467] 소환장을 기각해달라는 신청(move to quash)을 제출하였다. 콜드웰은 그가 대배심(Grand Jury)에 출석하는 것이 요구되는 강력한 정부의 이익이 없다면 연방 헌법 제1조의 자유를 지나치게 침해하는 것은 허용될 수 없다고 주장하였다. 이 신청은 다른 출판 문제에 대해 이해관계가 있는 단체가 작성한 의견서(amicus curiae memoranda)[468]와 기자들이 대배심(Grand Jury)에 출석하도록 요구하는 것은 뉴스 출처에 불리한 영향을 미친다고 주장하는 기자들의 진술서에 의해 뒷받침되었다. 정부는 소환장을 기각해달라는 신청(motion to quash)에 반대하는 3개의 보고서[469]를 제출했으며, 각각은 진술서에 의해 뒷받침되었다.

1969년 11월 15일, 블랙 팬서의 간부는 텔레비전 연설을 통해 그들이 리처드 닉슨 대통령을 암살할 것이라고 선언했고, 이 협박은 블랙 팬서의 자체 신문에서 세번 반복되었다. 정부는 1969년 12월 14일, 뉴욕 타임즈 신문에 게재된 기사를 포함하여 콜드웰이 블랙 팬서에 대한 다양한 저술을 참조하여 "블랙 팬서는 혁명적 투쟁의 선봉자로서의 역할을 다하기 위해 총을 집어 들었다"고 언급하였고, "우리는 힘과 폭력을 통해 정부를 전복시키는 것에 찬성한다. 우리는 그것이 억압되어 있다는 것을 인지하기 때문에 총을 집어 들고 그에 맞서 움직인다. 우리는 그것에 대한 유일한 해결책이 무장 투쟁이라는 것을

467 "suppress vital First Amendment freedoms … by driving a wedge of distrust and silence between the news media and the militants." See Branzburg v. Hayes, 408 U.S. 665, 676 (1972).

468 "[부록]미국 법률 용어"에서 자세한 설명을 확인하기 바란다.

469 These documents stated that the grand jury was investigating, among other things, possible violations of a number of criminal statutes, including 18 U. S. C. § 871 (threats against the President), 18 U. S. C. § 1751 (assassination, attempts to assassinate, conspiracy to assassinate the President), 18 U. S. C. § 231 (civil disorders), 18 U. S. C. § 2101 (interstate travel to incite a riot), and 18 U. S. C. § 1341 (mail frauds and swindles). See Branzburg v. Hayes, 408 U.S. 665, 676-677 (1972).

알고 있다."[470]는 블랙 팬서 수장의 말을 인용하였다.

또한 정부는 1969년 12월 3일에 블랙 팬서의 수장이 연방형법 규정을 위반하여 대통령의 생명에 대해 위협을 가한 혐의로 대배심(Grand Jury)에 의해 기소되었으며 블랙 팬서와 관련된 것으로 의심되는 사람들을 통해 조사 중인 범죄의 증거를 확보하기 위해 다양한 노력을 해왔다고 밝혔다.

4월 6일, 정부 관할권 내에 있는 모든 사람들이 적절하게 소환되면 증언할 의무가 있다는 근거를 들어 연방 1심 법원은 콜드웰의 소환장을 기각해달라는 신청(motion to quash)의 승인을 거부하였다. 그러나 법원은 연방 헌법 제1조에서 보장하는 언론 및 출판의 자유를 보호하기 위해 기자가 대배심(Grand Jury)의 소환 요청을 받아들여 출석은 하되, 보호 명령(protective order)에 의해 보호를 받는 취재 과정에서 수집한 기밀 출처, 혹은 정보들에 대해서는 증언을 거부할 수 있도록 인정해 주었다.[471] 법원은 대체 수단으로는 알아낼 수 없는 콜드웰의 증언을 요구하는 강력하고 최우선적인 정부의 국익이 입증될 때까지[472] 연방 헌법 제1조가 콜드웰에게 이러한 기밀 정보의 공개를 거부할 수 있는 특권을 부여한 것이라고 판결하였다.

---

470 Also referred to were various writings by Caldwell about the Black Panther Party, including an article published in the New York Times on December 14, 1969, stating that "[i]n their role as the vanguard in a revolutionary struggle the Panthers have picked up guns," and quoting the Chief of Staff of the Party as declaring: "We advocate the very direct overthrow of the Government by way of force and violence. By picking up guns and moving against it because we recognize it as being oppressive and in recognizing that we know that the only solution to it is armed struggle." See Branzburg v. Hayes, 408 U.S. 665, 677 (1972).

471 In order to protect First Amendment interests asserted by appellant, the District Court order of attendance, which appellant disregarded, expressly granted appellant the privilege of silence as to certain matters until such time as the Government should demonstrate "a compelling and over-riding national interest in requiring Mr. Caldwell's testimony which cannot be served by any alternative means." This protective order provided:
"(1) That * * * he shall not be required to reveal confidential associations, sources or information received, developed or maintained by him as a professional journalist in the course of his efforts to gather news for dissemination to the public through the press or other news media.
(2) That specifically, without limiting paragraph (1), Mr. Caldwell shall not be required to answer questions concerning statements made to him or information given to him by members of the Black Panther Party unless such statements or information were given to him for publication or public disclosure.
(3) That, to assure the effectuation of this order, Mr. Caldwell shall be permitted to consult with his counsel at any time he wishes during the course of his appearance before the grand jury * * *." See Caldwell v. United States, 434 F.2d 1081, 1082-1083 (9th Cir. 1970).

472 "a showing by the Government of a compelling and overriding national interest in requiring Mr. Caldwell's testimony which cannot be served by any alternative means." See Branzburg v. Hayes, 408 U.S. 665, 678 (1972).

그 후, 대배심(Grand Jury)의 조사 기간이 끝나고 새로운 대배심(Grand Jury)이 소집되었으며 1970년 5월 22일에 새로운 소환장이 발부되어 송달되었다. 연방 1심 법원은 이전 명령에 있는 보호(protective) 조항을 반복하면서 소환장을 기각해달라는 신청(motion to quash)의 승인을 거부했지만 이번에는 콜드웰에게 5월 22일자 소환장에 따라 대배심(Grand Jury)에 출석하도록 지시하였다. 콜드웰은 대배심(Grand Jury)에 출석하는 것을 거부하였고, 연방 1심 법원은 그가 법정 모독죄에 해당되지 않는 이유를 입증하라는 명령을 발부하였다.473 콜드웰의 계속된 출석 거부에 따라, 법원은 그가 법원의 명령을 따를 때까지 혹은 대배심(Grand Jury)의 조사 기간이 끝날 때까지 법정 모독죄를 적용하겠다고 명령하였다.

콜드웰은 법정 모독죄 명령에 항소하였고 연방 항소법원은 이 명령을 뒤집었다. 연방 항소법원은 콜드웰이 대배심(Grand Jury)에 출석할 필요가 있는지 아닌지를 먼저 판단하여야 하는데, 연방 헌법 제1조가 기자들에게 증언을 거부할 수 있는 조건부 특권(qualified testimonial privilege)474을 제공했다고 판단하였다.

이는 기자에게 증언을 요구하게 되면 정보 제공자들이 기자에게 더이상 정보를 제공하지 않으려는 부작용이 발생하고, 기자 입장에서는 기사 내용으로 인해 대배심(Grand Jury)에 소환되는 것을 막기 위해서 자체적으로 검열을 할 수밖에 없다는 근거에 기반한 것이었다. 연방 헌법 제1조에서 보장하는 언론 및 출판의 자유를 보호하기 위해 기자에게 증거를 요구할 수 있는 강력한 근거가 없다면 기자는 증언하지 않을 수 있는 권리가 있다는 것이다. 따라서 항소법원은 정부가 콜드웰의 증언이 요구된다는 특별한 필요성을 입증하지 못한다면 콜드웰은 대배심(Grand Jury)에서 답변 거부권을 행사할 수 있다고 판단한 것이다.475

---

473 Respondent refused to appear before the grand jury, and the court issued an order to show cause why he should not be held in contempt. See Branzburg v. Hayes, 408 U.S. 665, 678 (1972). 밑줄 친 용어(show cause)는 "[부록]미국 법률 용어"에서 자세한 설명을 확인하기 바란다.

474 First Amendment provided a qualified testimonial privilege to newsmen, "[부록]미국 법률 용어"에서 자세한 설명을 확인하기 바란다.

475 the court first determined that the First Amendment provided a qualified testimonial privilege to newsmen; in its view, requiring a reporter like Caldwell to testify would deter his informants from communicating with him in the future and would cause him to censor his writings in an effort to avoid being subpoenaed. Absent compelling reasons for requiring his testimony, he was held privileged to withhold it. The court also held, for similar First Amendment reasons, that, absent some special showing of necessity by the Government, attendance by Caldwell at a secret meeting of the grand jury was something he was privileged to refuse because of the potential impact of such an appearance on the flow of news to the public. See Branzburg v. Hayes, 408 U.S. 665, 679 (1972).

2) 연방 대법원의 결정 요지

위 세가지의 케이스에서 공통적으로 다루고 있는 이슈는 언론사 소속 기자들이 취재 중에 목격하고 들었던 사실과 관련된 범죄를 조사하기 위한 대배심(Grand Jury)으로부터 소환 명령을 받았을 때 일반인이 의무적으로 대배심(Grand Jury)에 출석하여 답변하는 것과 동일하게 그 명령에 성실하게 응해야 하는지 여부이다.[476]

언론사 소속 기자들은 기자가 대배심(Grand Jury)에서 조사하는 범죄와 관련된 정보를 가지고 있고, 그 정보는 다른 출처를 통해서는 얻을 수 없는 정보이며, 기자에게 정보 공개를 강요하는 것이 연방 헌법 제1조에서 보장하는 이익을 침해할 수 있다는 우려를 뒤집을 수 있을 만큼 강력한 필요성이 인정된다는 것을 보여주는 충분한 증거가 제시되지 않는 한 기자가 대배심(Grand Jury) 혹은 재판에 출석하거나 출석해서 증언하도록 강요해서는 안된다고 주장한다.[477]

또한 언론사 소속 기자들은 취재로 인해 알게 된 정보들을 대배심(Grand Jury)에서 의무적으로 공개해야만 하는 경우, 정보 제보자들이 뉴스 가치가 있는 정보의 제공을 거부하거나 꺼리게 된다고 주장한다. 정보 수집에 대한 기자의 부담은 기사 내용에 대한 기자의 자기 검열(self-censorship)로 이어지고 결국 연방 헌법 제1조의 언론 및 출판의 자유를 제한하는 효과를 가져오게 된다는 것이다. 따라서 기자가 대배심(Grand Jury)의 소환 통보를 받게 되더라도 출석하거나 해당 정보를 반드시 공개하지 않아도 되는 특권을 인정해주어야 한다고 주장한다.[478]

그러나 다음의 이유로 기자들이 주장하는 취재원 비닉권은 다음의 이유로 인정되지 않는다는 것이다.

---

476 The sole issue before us is the obligation of reporters to respond to grand jury subpoenas as other citizens do and to answer questions relevant to an investigation into the commission of crime. See Branzburg v. Hayes, 408 U.S. 665, 682 (1972).

477 they assert that the reporter should not be forced either to appear or to testify before a grand jury or at trial until and unless sufficient grounds are shown for believing that the reporter possesses information relevant to a crime the grand jury is investigating, that the information the reporter has is unavailable from other sources, and that the need for the information is sufficiently compelling to override the claimed invasion of First Amendment interests occasioned by the disclosure. See Branzburg v. Hayes, 408 U.S. 665, 680 (1972).

478 The claim is, however, that reporters are exempt from these obligations because if forced to respond to subpoenas and identify their sources or disclose other confidences, their informants will refuse or be reluctant to furnish newsworthy information in the future. This asserted burden on news gathering is said to make compelled testimony from newsmen constitutionally suspect and to require a privileged position for them. See Branzburg v. Hayes, 408 U.S. 665, 682 (1972).

첫 번째로 기자들에게 연방 헌법 제1조가 적용된다고 해서 다른 민사 혹은 형사법의 적용으로 뉴스 수집에 대한 기자들의 부담이 전부 없어지지 않는다는 것이다. 즉, 언론인이라고 해서 일반법의 적용으로부터 특별히 면제되는 것은 아니기 때문에[479] 대배심(Grand Jury)에 출석하여 범죄 수사와 관련된 질문에 답변해야하는 의무가 면제되지 않는다는 것이다.

두 번째로 언론인에게 연방 헌법 제1조에서 보장된 특권의 인정을 거부하면 자유로운 뉴스 수집과 보도라는 언론의 자유를 해칠 수 있는 소지가 있다는 것은 인정하지만, 보통법(common-law) 하에서 법원은 기자들이 주장해 온 특권의 인정을 일관되게 거부해왔다는 것이다.[480] 또한 1958년까지 이에 대한 헌법적 주장이 논의되지 않았을 뿐만 아니라,[481] 그동안 정보 제공자에 대한 헌법적 보호없이도 언론은 꾸준히 성장해왔다는 것이다.

세 번째로 대배심(Grand Jury)의 임무는 범죄 행위의 존재 여부를 조사하고 상당한 근거(probable cause)가 있는 경우에 기소하는 것이므로 조사의 권한은 필연적으로 광범위할 수 밖에 없다는 것이다. 따라서 증인을 소환할 수 있는 대배심(Grand Jury)의 권한이 존중되어야 한다는 것이다.[482]

---

479 The Court has emphasized that "[t]he publisher of a newspaper has no special immunity from the application of general laws. He has no special privilege to invade the rights and liberties of others." Associated Press v. NLRB, 301 U. S. 103, 132-133 (1937). See Branzburg v. Hayes, 408 U.S. 665, 683 (1972).

480 At common law, courts consistently refused to recognize the existence of any privilege authorizing a newsman to refuse to reveal confidential information to a grand jury. See, e. g., Ex parte Lawrence, 116 Cal. 298, 48 P. 124 (1897); Plunkett v. Hamilton, 136 Ga. 72, 70 S. E. 781 (1911); Clein v. State 52 So. 2d 117 (Fla.1950); In re Grunow, 84 N. J. L. 235, 85 A. 1011 (1913); People ex rel. Mooney v. Sheriff, 269 N. Y. 291, 199 N. E. 415 (1936); Joslyn v. People, 67 Colo. 297, 184 P. 375 (1919); Adams v. Associated Press, 46 F. R. D. 439 (SD Tex. 1969); Brewster v. Boston Herald-Traveler Corp., 20 F. R. D. 416 (Mass. 1957). See Branzburg v. Hayes, 408 U.S. 665, 685 (1972).

481 In 1958, a news gatherer asserted for the first time that the First Amendment exempted confidential information from public disclosure pursuant to a subpoena issued in a civil suit, Garland v. Torre, 259 F. 2d 545 (CA2), cert. denied, 358 U. S. 910 (1958), but the claim was denied, and this argument has been almost uniformly rejected since then, although there are occasional dicta that, in circumstances not presented here, a newsman might be excused. In re Goodfader, 45 Haw. 317, 367 P. 2d 472 (1961); In re Taylor, 412 Pa. 32, 193 A. 2d 181 (1963); State v. Buchanan, 250 Ore. 244, 436 P. 2d 729, cert. denied, 392 U. S. 905 (1968); Murphy v. Colorado (No. 19604, Sup. Ct. Colo.), cert. denied, 365 U. S. 843 (1961) (unreported, discussed in In re Goodfader, supra, at 366, 367 P. 2d, at 498 (Mizuha, J., dissenting)). See Branzburg v. Hayes, 408 U.S. 665, 685-686 (1972).

482 Because its task is to inquire into the existence of possible criminal conduct and to return only well-founded indictments, its investigative powers are necessarily broad. "It is a grand inquest, a body with

네 번째로 기자들이 주장하는 불확실한 뉴스 수집에 대한 부담에 비해, 대배심(Grand Jury)을 통한 효과적인 법 집행이 가져다 주는 공익이 더 크다는 것이다.[483]

다섯 번째로 기자가 대배심(Grand Jury)에서 증언하게 될 경우 정보 제공자가 실제로 얼마나 자주, 어느 정도까지 정보 제공을 거부하는지 여부가 명확하지 않다는 것이다.[484]

여섯 번째로 대배심(Grand Jury)은 연방 헌법 제1조의 권리를 침해하지 않는다는 것이다. 즉, 대배심(Grand Jury)은 범죄 혐의에 관해 조사하고 기소여부를 결정하기 위한 배심제도인데 이와 무관한 목적으로 이름, 조직, 소속명 등의 정보를 공개하도록 강요하지 않는다는 것이다. 또한 대배심(Grand Jury)의 조사과정은 공개되지 않기 때문에 기자들이 보호하고자 하는 취재원에 관련된 비밀은 공개되지 않는다.[485]

일곱 번째로 대배심(Grand Jury)은 필수적으로 범죄 사실과 누가 범죄를 저질렀는지에 대한 조사 기능을 포함하는데 이를 위해서는 관련 증인을 소환할 수밖에 없다는 것이다.[486] 대배심(Grand Jury)의 조사 목적은 기소여부를 결정하는 것이며, 실제 기소로 이어질지 여부는 조사가 완료된 후에 결정되는 것이므로 증인에 대한 조사를 가능한 허용해

---

powers of investigation and inquisition, the scope of whose inquiries is not to be limited narrowly by questions of propriety or forecasts of the probable result of the investigation, or by doubts whether any particular individual will be found properly subject to an accusation of crime." Blair v. United States, 250 U. S. 273, 282 (1919). Hence, the grand jury's authority to subpoena witnesses is not only historic, id., at 279-281, but essential to its task. See Branzburg v. Hayes, 408 U.S. 665, 688 (1972).

483 Fair and effective law enforcement aimed at providing security for the person and property of the individual is a fundamental function of government, and the grand jury plays an important, constitutionally mandated role in this process. See Branzburg v. Hayes, 408 U.S. 665, 690 (1972).

484 The argument that the flow of news will be diminished by compelling reporters to aid the grand jury in a criminal investigation is not irrational, nor are the records before us silent on the matter. But we remain unclear how often and to what extent informers are actually deterred from furnishing information when newsmen are forced to testify before a grand jury. See Branzburg v. Hayes, 408 U.S. 665, 693 (1972).

485 Nor did the grand juries attempt to invade protected First Amendment rights by forcing wholesale disclosure of names and organizational affiliations for a purpose that was not germane to the determination of whether crime has been committed, cf. NAACP v. Alabama, 357 U. S. 449 (1958); NAACP v. Button, 371 U. S. 415 (1963); Bates v. Little Rock, 361 U. S. 516 (1960), and the characteristic secrecy of grand jury proceedings is a further protection against the undue invasion of such rights. See Fed. Rule Crim. Proc. 6 (e). See Branzburg v. Hayes, 408 U.S. 665, 700 (1972).

486 The role of the grand jury as an important instrument of effective law enforcement necessarily includes an investigatory function with respect to determining whether a crime has been committed and who committed it. To this end it must call witnesses, in the manner best suited to perform its task. "When the grand jury is performing its investigatory function into a general problem area … society's interest is best served by a thorough and extensive investigation." Wood v. Georgia, 370 U. S. 375, 392 (1962). See Branzburg v. Hayes, 408 U.S. 665, 701(1972).

주어야 한다.[487]

결론적으로, 기자의 뉴스 수집 및 보도에 대한 보호가 없다면 언론의 자유가 훼손될 수 있는 소지가 있다는 것은 인정하지만, 그렇다고 해서 일반인과는 달리 기자들이 대배심(Grand Jury)에 출석하여 범죄 수사와 관련된 질문에 답변하는 의무로부터 면제되는 것이 아니라는 것이다. 기자들이 주장하는 특권을 충분히 상쇄할 수 있을 정도로 중대한 정부의 이익이 있다면 해당 기자는 대배심(Grand Jury)의 소환 명령에 반드시 응해야 한다는 것이다.

그러나 기자를 의도적으로 괴롭히기 위한 목적으로 대배심(Grand Jury)에 출석을 강요하는 것은 인정될 수 없다는 것이다. 대배심(Grand Jury)이 조사중인 범죄와 관련이 없거나 합법적인 필요성이 없는데도 불구하고 기자에게 기밀 정보를 요구하는 경우에는 소환장을 기각해달라는 신청(motion to quash)과 보호 명령(protective order)을 법원에 청구할 수 있다.[488]

따라서 언론의 자유를 보호하기 위한 기자의 특권과 범죄 행위와 관련된 증언을 제공하여야 하는 일반인의 의무 사이에 적절한 균형이 요구되며 관련 사실에 근거하여 판단되어야 한다는 것이다.[489]

---

487 It is only after the grand jury has examined the evidence that a determination of whether the proceeding will result in an indictment can be made. "It is impossible to conceive that in such cases the examination of witnesses must be stopped until a basis is laid by an indictment formally preferred, when the very object of the examination is to ascertain who shall be indicted." Hale v. Henkel, 201 U. S. 43, 65 (1906). See also Hendricks v. United States, 223 U. S. 178 (1912); Blair v. United States, 250 U. S., at 282-283. See Branzburg v. Hayes, 408 U.S. 665, 701-702 (1972).

488 As indicated in the concluding portion of the opinion, the Court states that no harassment of newsmen will be tolerated. If a newsman believes that the grand jury investigation is not being conducted in good faith he is not without remedy. Indeed, if the newsman is called upon to give information bearing only a remote and tenuous relationship to the subject of the investigation, or if he has some other reason to believe that his testimony implicates confidential source relationships without a legitimate need of law enforcement, he will have access to the court on a motion to quash and an appropriate protective order may be entered. See Branzburg v. Hayes, 408 U.S. 665, 709-710 (1972).

489 The asserted claim to privilege should be judged on its facts by the striking of a proper balance between freedom of the press and the obligation of all citizens to give relevant testimony with respect to criminal conduct. The balance of these vital constitutional and societal interests on a case-by-case basis accords with the tried and traditional way of adjudicating such questions. See Branzburg v. Hayes, 408 U.S. 665, 710 (1972).

"세 명의 언론 매체 대표는 기자가 대배심(Grand Jury)에 출석하여 증언하도록 요구해서는 안 되며, 기자가 기밀 출처로부터 정보를 취득한 경우에 해당 정보를 공개하지 않을 수 있는 특권은 연방 헌법 제1조에서 비롯된 것이라고 주장하였다. 화이트(White) 대법관은 보통법상 기자에게 인정된 특권(common law privilege)이 없었다는 점에 주목하면서 그의 의견 첫 번째 단락에 해당 이슈를 언급하고 다음과 같이 답변하였다.

'제시된 세 개의 케이스에서의 이슈는 언론인들이 주 혹은 연방 대배심(State or Federal Grand Jury)에 출석하여 증언하도록 요구하는 것이 연방 헌법 제1조에 의해 보장된 언론 및 출판의 자유를 제한하는지 여부이다. 연방 대법원은 그렇지 않다고 판단한다.'"[490]

ı In re Myron Farber, 78 N.J. 259, 266, 394 A.2d 330 (1978).

"Branzburg 케이스에서 연방 대법원은 기자들이 대배심(Grand Jury)에서 기밀 정보를 공개하는 것이 요구된다고 판단하였다. 연방 대법원은 언론인에게 다른 시민들이 누리지 못하는 증언 거부 특권(testimonial privilege)을 부여하는 것을 거부했다.

Branzburg 케이스에서 기자들에게 특권을 거부한 이유는 다음과 같다.

(1) 증언 거부 특권(testimonial privilege)이 인정되면 그만큼 진실의 발견에는 장애가 되기 때문에 일반적으로 환영받지 못한다.

(2) 뉴스 수집에 연방 헌법 제1조의 보호가 적용되지 않는 것은 아니지만 기자들에 대한 소환장 발부 가능성이 실제 기자들의 뉴스 수집에 얼마나 많은 부담을 주고 있는지는 불분명하다.

(3) 기자의 취재원 비닉권(reporter's privilege)이 인정되려면 법원들이 취재원 비닉권이 적용될 자격이 있는 언론인의 유형을 정의하는 것이 요구된다."[491]

ı State ex rel. Natl. Broadcasting Co., Inc. v. Lake Cty. Court of Common Pleas, 52 Ohio St. 3d 104, 109-110 (1990).

---

490 In Branzburg v. Hayes, 408 U.S. 665, 92 S.Ct. 2646, 33 L.Ed.2d 626 (1972), three news media representatives argued that, for the same reason here advanced, they should not be required to appear and testify before grand juries, and that this privilege to refrain from divulging information, asserted to have been received from confidential sources, derived from the First Amendment. Justice White, noting that there was no common law privilege, stated the issue and gave the Court's answer in the first paragraph of his opinion: The issue in these cases is whether requiring newsmen to appear and testify before state or federal grand juries abridges the freedom of speech and press guaranteed by the First Amendment. We hold that it does not. [Branzburg v. Hayes, supra, 408 U.S. at 667, 92 S.Ct. at 2649, 33 L.Ed.2d at 631 [1972]] See In re Myron Farber, 78 N.J. 259, 266, 394 A.2d 330 (1978).

491 In Branzburg v. Hayes (1972), 408 U.S. 665, the Supreme Court held that reporters could be required to disclose confidential information before a grand jury. The court refused "to grant newsmen a testimonial

Riley v. City of Chester, 612 F.2d 708, 3d Cir. (1979)

본 케이스는 경찰관이자 시장직 후보인 개인과 해당 개인의 명예훼손과 관련된 정보를 기자에게 유포한 자 및 이 정보를 취득하여 기사를 작성한 기자 사이에서 발생한 사건이다.

본 케이스의 이슈는 기자에게 기사에 사용된 정보 출처를 공개하라고 강요할 수 있는지 여부이다.

항소법원은 기자에게 정보 출처의 공개를 거부할 수 있는 특권(journalist privilege)이 있다고 인정하였다. 그러나 취재원 비닉권(journalist privilege)은 정보 출처를 반드시 공개해야만 하는 이익과의 균형이 요구된다고 판단하였다.[492] 취재원 비닉권(journalist privilege)을 무시하고 정보 출처를 반드시 공개해야만 하는 이익이 있다고 주장하기 위해서는 해당 정보 출처의 중요성, 관련성, 필요성에 대한 입증이 요구된다고 보았다.[493]

Continental Cablevision v. Storer Broadcasting, 583 F.Supp. 427 (E.D. Mo. 1984)

컨티넨탈 방송사(Continental Cablevision, Inc.)는 스토어러 방송사(Storer Broadcasting)의 직원 중 한 명이 1980년 11월에 미주리주 플로리산트(Florissant) 시의회 의원들에게 성명서(Warner Statement)를 배포하여 컨티넨탈 케이블 방송사의 명예를 훼손했으며(libel), 이로 인해 플로리산트(Florissant) 시의회로부터 케이블 텔레비전의 프랜차이즈 신청을 거부당했다고 주장하면서 스토어러 방송사를 상대로 소를 제기하였다. 이에 스토어러 방송사는 컨티넨탈 방송사의 소송이 악의적(bad faith)이며 부적절한 목적으로

---

privilege that other citizens do not enjoy." Id. at 690.

Among the reasons cited in Branzburg for rejecting a reporter's privilege were:

(1) Testimonial privileges are generally disfavored because they obstruct the search for truth, id. at 688-689, fn. 26, and 690, fn. 29;

(2) Although "news gathering is not without its First Amendment protections," id. at 707, it is unclear how much news gathering is actually burdened by the prospect of subpoenas being issued to reporters, id. at 693-695; and

(3) Creating a reporter's privilege would require courts "to define those categories of newsmen who qualified for the privilege," a process that would subvert the idea that freedom of the press belongs to "the lonely pamphleteer" as well as the news media, id. at 704. See State ex rel. Natl. Broadcasting Co., Inc. v. Lake Cty. Court of Common Pleas, 52 Ohio St. 3d 104, 109-110 (1990).

492 When a privilege is grounded in constitutional policy, a "demonstrated, specific need for evidence" must be shown before it can be overcome. United States v. Nixon, 418 U.S. 683, 713, 94 S.Ct. 3090, 41 L.Ed.2d 1039 (1974). Therefore, we must balance on one hand the policies which give rise to the privilege and their applicability to the facts at hand against the need for the evidence sought to be obtained in the case at hand. See Riley v. City of Chester, 612 F.2d 708, 716 (3d. Cir. 1979).

493 In striking the delicate balance between the assertion of the privilege on the one hand and the interest of either criminal or civil litigants seeking the information the materiality, relevance and necessity of the information sought must be shown. See e. g., New York Times Co. v. Jascalevich, 439 U.S. 1331, 99 S.Ct. 11, 14, 58 L.Ed.2d 38 (1978) (Marshall, J., in chambers). See Riley v. City of Chester, 612 F.2d 708, 716 (3d. Cir. 1979).

제기되었다고 주장하였다.

스토어러 방송사는 컨티넨탈 방송사의 명예훼손 주장에 대한 근거를 찾기 위해 컨티넨탈 방송사에게 요건사실에 대해 질의(interrogatories)하였다. 컨티넨탈 방송사는 질의에 대한 답변에서 신문(St. Louis Globe-Democrat) 기자인 메리 잭슨(Ms. Mary (Jari) Jackson, 이하 "잭슨")이 해당 주장의 출처라고 밝혔다.

스토어러 방송사는 컨티넨탈 방송사에게 문서제출명령신청(production of documents)을 제출하였다. 이에 컨티넨탈 방송사는 3명의 직원과 현지 로비스트(Nathan Kafman)가 작성한 메모를 제공하였다. 메모 작성자 중 한 명인 보니 쿠퍼(Ms. Bonnie J. Kuper)는 잭슨과 대화를 나누었고, 컨티넨탈 방송사가 매각될 것이라는 루머를 들었다고 말했다. 로비스트 및 다른 두 명의 직원(Mr. Clancy, Mr. Schleyer)이 작성한 메모 또한 그들과 잭슨과의 대화 내용과 관련이 있었다. 그들의 메모에는 잭슨이 고위층으로부터 컨티넨탈 방송사가 재정적인 어려움을 겪고 있으며 매각 대상이라는 루머를 들었다는 내용이 기재되어 있었다.

이후 스토어러 방송사는 잭슨에게 법정 외 증인신문(deposition)에 출석하라는 소환장(subpoena)를 송달하였다. 이에 잭슨은 해당 정보가 연방 헌법 제1조에서 보장하는 특권에 의해 보호된다는 이유로 기각 신청(motion to quash)을 제출하였다. 잭슨은 본인의 기사가 세인트 루이스(St. Louis) 지역의 케이블 프랜차이즈 경쟁에 관한 정보를 수집하고 여러 기사를 작성했으며 수집된 정보 중 일부는 정보원에게 기밀 유지를 약속하고 얻어낸 것이라고 주장하였다. 법원은 잭슨의 소환장 기각 신청을 받아들였다.

스토어러 방송사는 잭슨에게 법정 외 증인신문(deposition)에 대해 통지하고 증언을 위해 출석을 요구하는 소환장을 다시 한번 보냈다. 이에 잭슨은 본인에게 증언을 강제한 소환장의 즉시 기각을 위한 신청(instant motion to quash the subpoena compelling her to testify)을 제출하였다.

이 사건을 검토한 연방 1심 법원은 잭슨의 기각 신청을 거부하였고, 법정 외 증인신문(deposition)에 참석하여 증언할 것을 명령하였다. 법원이 이와 같은 결정을 내리게 된 이유는 다음과 같다.

연방 대법원은 Garland v. Torre, 358 U.S. 910 (1958)에서 기자의 기밀 출처를 강제로 공개하면 기자의 자유로운 보도를 제한하게 되고 이는 언론의 자유(freedom of press)를 제한할 수 있는 여지가 있음을 인정하였다. 그러나 언론의 자유라는 헌법상의 이익뿐만 아니라 시민으로서 자신의 증언을 제공할 의무 및 법정에서 증언을 강제할 수 있는 소송 당사자의 권리라는 이익 또한 고려되어야 한다고 판단하였다.[494] 따라서 연방 대법원은 이러한 이해관계의 균형을 맞추기 위한 방편으로 기자의 기밀 출처를 증거조사(Discovery) 과정에서 공개하는 것을 인정하였다.

이후 연방 대법원은 Branzburg v. Hayes와 Herbert v. Lando를 통해 연방 헌법 제1조에서 보장하는 기자의 특권(reporter's privilege)이 인정되는지 여부를 검토하였다.

494 [W]e accept at the outset the hypothesis that compulsory disclosure of a journalist's confidential sources of information may entail an abridgement of press freedom by imposing some limitation upon the availability of news. Id. at 548. However, the court also recognized that an important countervailing interest was involved — "the duty of a witness to testify in a court of law ..." Id. As the court stated, this duty of every citizen to offer his testimony, and the "correlative right of a litigant to enlist judicial compulsion of testimony", id.

먼저 Branzburg 케이스에서는 기자의 뉴스 취재 과정에 차질이 생길 수 있다는 우려에도 불구하고 형사 대배심(criminal Grand Jury)에서 기밀 출처의 공개를 거부할 권한이 기자에게 없다고 판결하였다. 그러나 연방 대법원은 연방 헌법 제1조가 일부 특정한 경우에는 기자의 기밀 출처가 공개되지 않도록 보호할 수 있다고 보았다. 파월(Powell) 대법관은 추가 의견에서 언론의 자유라는 헌법상의 이익과 시민으로서 증언해야 할 의무 모두를 고려하는 균형 분석(balancing analysis)를 통해 사례별로 검토하여야 한다고 밝혔다.[495]

Lando 케이스에서는 언론인의 의사(state of mind) 및 편집 과정(editorial process)은 증거조사(Discovery)과정에서 공개되어야 하며 언론인이 연방 헌법 제1조의 특권을 이유로 이를 거부할 수 없다고 판단하였다. Lando 케이스에서도 언론의 자유라는 헌법상의 이익과 언론인의 의사(state of mind)에 대한 증거조사(Discovery)가 필요하다는 소송 당사자 개인의 이익 사이에서 균형을 유지한 것이다.[496]

위와 같은 연방 대법원의 결정에도 불구하고 다수의 결정례에서는 연방 헌법 제1조에 근거하여 기밀 정보원 혹은 출처의 신원 공개를 거부할 수 있는 특권이 기자에게 있다고 판단하였다. 본 케이스의 연방 1심 법원은 다수 결정례에서 내린 동일한 판단을 존중하여 기존에 내린 결정과는 달리 기자에게 기밀 출처의 신원 공개를 거부할 수 있는 특권이 인정된다고 판단하였다.[497]

---

at 549. See Continental Cablevision v. Storer Broadcasting, 583 F.Supp.427, 432 (E.D. Mo. 1984).

495 The Supreme Court has considered the existence of a reporter's first amendment privilege on two occasions. In Branzburg v. Hayes, 408 U.S. 665, 92 S.Ct. 2646, 33 L.Ed.2d 626 (1972), the Court held that a journalist does not have an absolute first amendment privilege to refuse to disclose confidential sources to a criminal grand jury, despite the potential interference with the newsgathering process. However, the Court did suggest that the first amendment might provide a journalist with protection from disclosing confidential sources in some circumstances. Id. at 707, 92 S.Ct. at 2669. In fact, Justice Powell suggested that all reporter privilege questions should be resolved on a case-by-case basis utilizing a balancing analysis that considers both the constitutional interests and the obligation of all citizens to give relevant testimony. Id. at 710, 92 S.Ct. at 2671. See Continental Cablevision v. Storer Broadcasting, 583 F.Supp.427, 432 (E.D. Mo. 1984).

496 The second Supreme Court case was Herbert v. Lando, 441 U.S. 153, 99 S.Ct. 1635, 60 L.Ed.2d 115 (1979). In Lando, the Court held that the press does not have a first amendment privilege against discovery of mental and editorial processes in a libel case where there is a media defendant. In Lando, the Court balanced the need of the plaintiffs to inquire into the defendant's thought processes against the effect that such an intrusion would have upon the functioning of a free press. See Continental Cablevision v. Storer Broadcasting, 583 F.Supp.427, 432-433 (E.D. Mo. 1984).

497 Despite these results in the Supreme Court, the "hypothesis" set forth in Garland is now well-established. The weight of authority supports the proposition that a news reporter has a qualified privilege, based upon the first amendment, to refuse to disclose the identity of confidential informants or sources. See, e.g., In re Selcraig, 705 F.2d 789 (5th Cir.1983); United States v. Burke, 700 F.2d 70 (2d Cir.1983); In re Petroleum Products Antitrust Litigation, 680 F.2d 5 (2d Cir.), cert. denied, 459 U.S. 909, 103 S.Ct. 215, 74 L.Ed.2d 171 (1982); Zerilli v. Smith, 656 F.2d 705 (D.C.Cir.1981); United States v. Criden, 633 F.2d 346 (3d Cir.1980), cert. denied, 449 U.S. 1113, 101 S.Ct. 924, 66 L.Ed.2d 842 (1981); United States v. Cuthbertson, 630 F.2d 139 (3d Cir.1980), cert. denied, 449 U.S. 1126, 101 S.Ct. 945, 67 L.Ed.2d 113 (1981); Riley v. City of Chester, 612 F.2d 708 (3d Cir.1979); Cervantes v. Time, Inc., 464 F.2d 986 (8th Cir.1972), cert. denied, 409 U.S. 1125,

그러나 다음의 세 가지 균형 테스트(balancing test)를 충족할 경우에는 기자의 특권이 인정되지 않을 수 있다고 보았다. 1) 기자로부터 정보를 얻으려고 하는 당사자는 다른 출처로부터 해당 정보를 얻으려고 노력했다는 사실을 입증하여야 하고, 2) 기자가 해당 정보를 얻을 수 있는 유일한 출처라는 점을 입증하여야 하며, 3) 당사자가 공개를 요구하는 정보가 소송의 핵심이라는 것을 법원에 납득시켜야 한다는 것이다.[498]

본 케이스의 쟁점은 기자의 특권이 과연 어디까지 인정되는지 정확한 범위를 확인하는 데 있다. 그런데 연방 헌법 제1조는 기자의 특권을 기밀 출처의 공개를 요구하는 증거조사(Discovery)에만 적용되도록 제한하지 않았다는 것이다. 연방 헌법 제1조에서 언론사에게 헌법상 이익이 인정되는지 여부는 자료의 출처가 기밀인지 기밀이 아닌지 여부에 관계없이 기자로부터 정보를 얻으려고 하는 당사자가 언론사를 상대로 증거조사(Discovery)나 증언을 요구할 때 고려되어야 하는 것이다. 따라서 앞서 언급한 균형 테스트(balancing test)를 적용할 때에는 증거조사(Discovery)의 성격과 연방 헌법 제1조에 대한 침해 정도에 대한 검토가 요구된다는 것이다.[499]

한편, 연방 헌법 제1조는 시민으로서 민사 사건에서 증언을 제공해야 하는 의무로부터 기자를 면제해주지 않았다는 것이다. 예를 들어, Maughan 사건에서 법원은 미공개 메모와 녹음테이프를 제출하라는 소환장을 기각(quashed the subpoena)했지만, 기자가 법정 외 증인신문(deposition)에 출석하는 것이 요구되며, 신문에 게재된 기사와 관련된 질문에 답해야 한다고 지적하였다.[500]

---

93 S.Ct. 939, 34 L.Ed.2d 257 (1973); Williams v. American Broadcasting Companies, Inc., 96 F.R.D. 658 (W.D.Ark.1983); Liberty Lobby, Inc. v. Anderson, 96 F.R.D. 10 (D.D.C.1982). This Court is persuaded by these decisions and, accordingly, holds that a news reporter has a qualified privilege to refuse to reveal the identity of confidential sources. See Continental Cablevision v. Storer Broadcasting, 583 F.Supp.427, 433 (E.D. Mo. 1984).

498 Generally, once the privilege has been properly invoked, it can be overcome by satisfying a three (3) part balancing test: First, the movant [seeking to override the privilege] must demonstrate that he has made an effort to obtain the information from other sources. Second, he must demonstrate that the only access to the information sought is through the journalist and her source. Finally, the movant must persuade the court that the information sought is crucial to the claim. See Continental Cablevision v. Storer Broadcasting, 583 F.Supp.427, 433 (E.D. Mo. 1984).

499 Having carefully considered these authorities, and mindful of the preferred position which first amendment interests hold in American society, this Court holds that the first amendment qualified reporter's privilege is not limited to discovery which seeks the revelation of confidential sources. The first amendment interest in preserving the vitality of the press is implicated any time civil litigants seek discovery or testimony from the media, regardless of whether confidential or non-confidential sources or materials are sought. However, this does not mean that discovery of non-confidential materials is entitled to the same protection as discovery of the identity of confidential informants. In applying the balancing test articulated in Criden, the nature of the discovery sought and the extent of its infringement on first amendment values must be the central focus. See Continental Cablevision v. Storer Broadcasting, 583 F.Supp.427, 434 (E.D. Mo. 1984).

500 On the other hand, the first amendment does not render news reporters and other members of the media immune from the obligation of all citizens to provide relevant testimony in civil cases. For example, in Maughan, even though the court quashed the subpoena to produce unpublished notes and tape recordings,

결론적으로, 기자가 연방 헌법 제1조에서 보장하는 조건부 특권(qualified privilege)을 사용하여 기밀 혹은 비 기밀 출처, 자료, 언론사의 뉴스 취재 및 배포를 저해할 수 있는 증거조사(Discovery)에 응하지 않을 수 있다는 것이다. 그러나 이러한 기자의 특권은 증거조사(Discovery)를 원하는 당사자가 요구하는 증거, 자료, 혹은 정보가 충분히 관련성(relevant)을 가지고 있고, 기자를 상대로 증거조사(Discovery)를 진행하지 않으면 다른 출처에서는 당사자가 원하는 정보를 얻을 수 없음을 입증하는 경우에는 적용되지 않는다는 것이다.[501]

In re Madden, 151 F.3d 125 (3d Cir. 1998)

본 케이스는 프로레슬링 프로그램에서 900개의 핫라인을 운영한 해설자인 마크 매든(Mark Madden)이 무역 불공정 거래 분쟁에서 증인으로 소환되었을 때 취재원 비닉권(journalist privilege)을 주장하면서 그의 비밀 정보원에 대한 정보 공개를 거부한 것에서 비롯된 사건이다.

항소법원은 매든의 취재원 비닉권(journalist privilege)의 인정 여부를 판단하기 위한 기준으로 von Bulow v. von Bulow, 811 F.2d 136 (2d Cir. 1987)를 통해 확립된 본 뷜로 테스트(von Bulow test)를 채택하였는데 그 세부 내용은 다음과 같다.

첫 번째로 취재 과정은 연방 헌법 제1조에 의해 보호되는 권리라는 것이다. 이 권리는 저널리스트가 대중에게 자유롭게 정보를 전달할 수 있어야 한다는 강력한 공공 정책에 의해 부여되었다는 것이다.

두 번째로 저널리스트는 뉴스를 취재하는 최초 단계부터 대중에게 정보를 전달해야 한다는 것이다.

세 번째로 저널리스트가 뉴스 취재 과정 및 뉴스 전달이라는 전통적 의미의 언론 활동에 관여한 것이라면, 저널리스트가 언론사에 소속되지 않았다고 하더라도 취재원 비닉권(journalist privilege)을 주장할 수 있다는 것이다.

네 번째로 저널리스트와 정보원 사이의 관계는 기밀이거나 기밀이 아닐 수 있다는 것이다.

다섯 번째로 출판되지 않은 출처도 보호받을 수 있다는 것이다.[502]

---

the court indicated that the reporter himself would be required to appear at his deposition and answer questions about the published article which appeared on the face of the article. 524 F.Supp. at 95. See Continental Cablevision v. Storer Broadcasting, 583 F.Supp.427, 434 (E.D. Mo. 1984).

501 In sum, this Court holds that news reporters enjoy a qualified privilege, derived from the first amendment guarantee of a free press, to withhold from discovery in a civil case confidential or non-confidential sources, materials, or other information where such discovery would impinge on the ability of the media to gather and disseminate news. Said privilege may be defeated in a particular case where the party seeking discovery can demonstrate that the testimony, material or information sought is relevant enough, and otherwise unavailable, to outweigh the first amendment interest of the media. A balancing analysis is the benchmark. See Continental Cablevision v. Storer Broadcasting, 583 F.Supp.427, 435 (E.D. Mo. 1984).

502 In von Bulow v. von Bulow, the Court of Appeals for the Second Circuit identified the principles underlying the application of the journalist's privilege. 811 F.2d 136, 142 (2nd Cir.1987). First, the court recognized

본 뷜로 테스트(von Bulow test)에 따라 본 케이스를 분석해보면 매든에게는 취재원 비닉권(journalist privilege)아 인정되지 않는다는 것이다. 매든이 본 뷜로 테스트(von Bulow test)를 통과하려면 독자적인 조사에 따른 보도 및 뉴스 취재에 관여하는 자이면서 뉴스를 취재하는 최초 단계에서 정보를 대중에게 전달하려는 의도가 있어야 하는데 매든은 이에 해당하지 않았다.[503]

매든의 활동은 탐사 보도에도 해당되지 않을 뿐만 아니라 일반 보도 활동으로도 볼 수 없다는 것이다. 본인 또한 기자가 아닌 연예인이며, 뉴스가 아닌 허위 내용을 유포하는 사람으로 인정했다. 매든이 자신을 프로 레슬링 분야에서 유일하게 활동하는 저널리스트로 지칭한다고 하더라도, 이것만으로는 매든을 저널리스트로 인정할만한 증거로 부족했다. 또한 매든이 보유한 모든 정보는 세계 선수권 레슬링 협회(이하 "협회") 임원에게서 직접 얻은 것이었고, 법정 외 증인신문(deposition) 당시 매든은 협회 직원들이 본인의 해설을 위해 사용된 유일한 정보원이었음을 인정했다.

매든은 스스로 어떤 사실도 밝혀내지 못했고, 협회 임원이 그에게 제공한 정보를 독자적으로 조사하지 않았다. 또한 매든은 뉴스를 취재하거나 조사하지 않았고, 정보 수집 과정 초기에 그가 취득한 정보를 전달하려는 의도가 없었다.[504]

매든의 주된 활동 목적은 뉴스를 취재하거나 전달하는 것이 아닌 광고와 오락성에 있었다는 것이다. 그 또한 법정 외 증인신문(deposition) 당시 협회에서 본인의 활동이 뉴스 전달 및 예능 프로그램을 운영하는 것이라고 인정했다. 협회의 핫라인은 사람들에게 풍자와 유머를 전파하는 용도로 사용되었다. 협회의 임원도 매든에게 프로그램에서 해설을 할 때 사람들을 흥분시키는데 중점을 두라고 지시했다.

설령 매든의 활동이 뉴스를 취재한 것으로 간주될 수 있다고 하더라도 그에게 취재원 비닉권(journalist privilege)이 인정될 수 없다는 것이다. 즉, 매든은 뉴스를 취재하는 최초 단계에서 대중에게 정보를 전달하려는 의도가 없었다는 것이다.

---

that the process of newsgathering is a protected, albeit qualified, right under the First Amendment. This right emanates from the strong public policy supporting the unfettered communication of information by a journalist to the public. Second, the court required a true journalist, at the beginning of the news-gathering process, to have the intention of disseminating her information to the public. Third, the court stated that an individual may successfully claim the journalist's privilege if she is involved in activities traditionally associated with the gathering and dissemination of news, even though she may not ordinarily be a member of the institutionalized press. Fourth, the relationship between the putative journalist and her sources may be confidential or nonconfidential. And fifth, unpublished resource material likewise may be protected. See In re Madden, 151 F.3d 125, 128-129 (3d Cir. 1998).

503 We hold that individuals are journalists when engaged in investigative reporting, gathering news, and have the intent at the beginning of the news-gathering process to disseminate this information to the public. Madden does not pass this test. See In re Madden, 151 F.3d 125, 130 (3d Cir. 1998).

504 He uncovered no story on his own nor did he independently investigate any of the information given to him by WCW executives. Madden also fails the test in two other critical aspects: first, he was not gathering or investigating "news," and second, he had no intention at the start of his information gathering process to disseminate the information he acquired. See In re Madden, 151 F.3d 125, 130 (3d Cir. 1998).

3/ Seattle Times Co. v. Rhinehart (연방 대법원, 467 U.S. 20, 1984)

본 케이스는 신문사와 종교 지도자 간에 발생한 명예훼손 및 사생활 침해 사건이다. 본 케이스의 이슈는 연방 헌법 제1조에 의거하여 소송 당사자가 증거조사(Discovery)를 통해 얻은 정보를 유포할 수 있는 권리가 있는지 여부이다.

연방 대법원은 소송 당사자가 증거조사(Discovery)를 통해 얻은 정보의 사용을 제한하는 보호 명령(protective order)이 연방 헌법 제1조에 위배되지 않는다고 판단하였다.

1) 사실 관계

라인하트(Rhinehart)는 종교 단체(Aquarian Foundation, 이하 "아쿠아리안 재단")의 지도자였다. 아쿠아리안 재단은 일천 명 미만의 추종자들을 거느리고 있었으며 추종자의 대부분은 워싱턴주에 거주하고 있었다. 아쿠아리안 재단은 죽음 이후의 삶과 매개체를 통해 죽은 자와 소통할 수 있는 능력을 신봉하는 신앙관을 가지고 있었는데 라인하트가 주된 매개체 역할을 하였다.

최근 몇 년 동안 시애틀 타임즈(Seattle Times)와 왈라왈라 유니언 신문(Walla Walla Union-Bulletin)은 라인하트와 아쿠아리안 재단에 대한 기사들을 게재하였다. 1973년, 1978년, 1979년에 걸쳐 총 11개의 기사가 신문에 실렸다. 1973년에 실린 5개의 기사는 라인하트와 그가 아쿠아리안 재단을 운영한 방식에 초점을 맞추었다. 그들은 라인하트가 개최한 집회에서 사람들이 이미 사망한 친척과 친구들에게 연락하기 위해 그에게 돈을 지불했다고 서술하였다. 기사는 또한 라인하트가 그의 몸에서 나온 마법의 돌을 판매하였다고 서술하였다. 한 기사는 라인하트가 동성애로 유죄 판결을 받았는데 이후에 판결이 취소되었다고 서술하였다. 1978년에 실린 4개의 기사는 왈라왈라 주립 교도소에서 라인하트가 후원했던 쇼에 집중되었다. 해당 기사들은 라인하트가 6시간 동안 진행한 쇼에서 천백 명의 수감자들을 치료했으며, 그동안 그는 3만 5천불에서 5만불 사이의 현금과 상금을 수감자들에게 나누어 주었다고 서술하였다. 한 기사는 옷을 벗은 채로 노래를 불렀던 소녀 합창단의 모습을 묘사하였다. 1979년에 실린 두 기사는 인기 TV 프로그램(The Incredible Hulk)의 스타인 라인하트와 루 페리그노(Lou Ferrigno) 사이의 커넥션에 대해 서술하였다.

라인하트는 본인과 아쿠아리안 재단를 대표하여 시애틀 타임즈, 왈라 왈라 유니언 신문 및 해당 기사들의 작성자를 상대로 본 소송을 제기하였다. 교도소에서 당시 쇼에 참여했던 5명의 여성 추종자들도 원고로써 본 소송에 참여하였다. 소장에는 해당 기사들이 가상일 뿐이고 사실이 아닌 발언에 대해 거론하고 있으며, 시애틀 타임즈 측이 기사를 게재할 때 기사 내용이 허위임을 알았거나 혹은 허위임을 알았어야 했다고 주장하였다. 또한 해당 기사들이 라인하트가 대중의 비웃음, 증오, 조롱을 견제하고 정직, 성실, 미덕, 종교 철학, 개인의 평판, 아쿠아리안 재단의 지도자라는 타이틀에 의혹을 제기하기 위해 의도적으로 작성된 것이라고 주장하였다. 아쿠아리안 재단이 추종자와 대중에게 기부금을 받지 못하도록 억제하는 효과를 가져왔으며 이로 인해 재단의 재정이 어려워졌다고 주장하였다. 해당 기사들이 재단 소속 합창단의 역할에 대해 잘못 전달하였고, 여성 추종자들이 옷을 벗은 채로 춤을 췄다는 허위 내용을 전달했다고 주장하였다. 소장에서 라인하트 측은 명예훼손 및 사생활 침해 혐의로 천 사백만불의 손해배상을 요구하였다.

시애틀 타임즈 측은 증거조사(Discovery) 과정에서 라인하트를 법정 외 증인신문하고,[505] 라인하트와 아쿠아리안 재단의 재정 관련 서류 제출을 요구하였으며 라인하트와 5명의 여성 추종자들을 상대로 요건 사실에 대한 질의(interrogatories)[506]를 진행하였다. 라인하트 측은 라인하트 개인의 세금 보고서를 포함하여 여러 재정 서류들을 제출하였다. 그러나 라인하트 측은 특정 재무 정보와 지난 10년간 기부자들의 신원 정보 및 추종자 명단을 공개하는 것에 대해서는 거부하였다.

라인하트 측은 특히 아쿠아리안 재단의 기부자들과 추종자들의 신원 정보를 제출하도록 요구하는 것은 연방 헌법 제1조에 의거한 추종자와 기부자들의 권리를 침해하는 것이라고 주장하면서 증거조사(Discovery)에 자료제출을 거부하였다. 또한 라인하트 측은 시애틀 타임즈 측이 증거조사(Discovery)를 통해 얻은 정보를 유포하지 못하도록 보호 명령(protective order)을 신청하였다. 라인하트 측은 시애틀 타임즈 측이 라인하트와 본 소송에 대한 기사를 계속 싣겠다는 의사를 밝혔으며 이후 싣게 될 기사에서 증거조사(Discovery)를 통해 얻은 정보를 사용하겠다는 의사를 밝혔다는 것에 주목하였다.

주 1심 법원은 소장 제출 직전 5년 동안 기부한 모든 기부자와 기부금을 확인하기 위해 증거조사(Discovery)를 강제하는 신청(motion to compel)[507]을 승인하고 라인하트 측에게 관련 정보의 공개를 명령하였다. 또한 라인하트 측에게 추종자가 줄어들었다는 주장을

505 Petitioners promptly initiated extensive discovery. They deposed Rhinehart, requested production of documents pertaining to the financial affairs of Rhinehart and the Foundation, and served extensive interrogatories on Rhinehart and the other respondents. 밑줄 친 부분은 "[부록]미국 법률 용어"에서 자세한 설명을 확인하기 바란다.

506 "[부록]미국 법률 용어"에서 자세한 설명을 확인하기 바란다.

507 "[부록]미국 법률 용어"에서 자세한 설명을 확인하기 바란다.

뒷받침하기 위해 추종자의 신원 정보를 공개하도록 명령하였다.

이에 라인하트 측은 보호 명령(protective order)을 신청하였다. 라인하트 측은 그들의 신청을 뒷받침하기 위해 아쿠아리안 재단을 따르는 추종자들의 진술서를 제출하였다. 진술서는 아쿠아리안 재단에 관련된 사람들에게 그들의 몸을 망가뜨리겠다는 위협을 포함하여 재단 및 추종자들과 라인하트를 비방하는 편지들과 통화 내역에 대해 자세히 설명하였다. 또한 재단의 추종자들을 대상으로 재단 본부에서 벌어진 익명의 개인 및 단체의 공격, 위협, 폭행 사건에 대해서도 자세히 설명하였다. 또한 기부자 명단이 공개적으로 유포되면 추종자와 재단의 재정에 좋지 않은 영향을 주게 되고 추종자들이 추가적인 괴롭힘과 보복을 당할 수 있다고 주장하였다.

주 1심 법원은 라인하트 측의 재정, 아쿠아리안 재단의 추종자, 기부자, 고객들의 이름과 주소 등과 관련하여 증거조사(Discovery)를 통해 얻은 모든 정보에 대해 보호 명령(protective order)을 내렸다. 보호 명령(protective order)은 시애틀 타임즈 측이 소송 진행을 위해 필요한 경우가 아니라면 해당 정보의 게시, 유포, 사용을 금지하였다. 또한 보호 명령(protective order)은 증거조사(Discovery)가 아닌 방법으로 얻은 정보에는 적용되지 않았다.[508] 주 1심 법원은 보호 명령(protective order)이 증거조사(Discovery)를 통해 얻은 정보를 기사에 실을 수 있는 시애틀 타임즈 측의 권리를 제한한다는 점에 대해서는 인정하였다. 그러나 해당 정보가 유포될 경우 소송 당사자들에게 미칠 수 있는 부정적인 효과를 피하기 위해서는 부득이 제한이 요구된다고 판단하였다.

이에 라인하트 측은 주 1심 법원의 강제제출명령(production order)[509]에 항소하였고, 시애틀 타임즈 측은 보호 명령(protective order)에 항소하였다. 주 대법원은 양측의 항소를

---

508 The relevant portions of the protective order state:
"2. Plaintiffs' motion for a protective order is granted with respect to information gained by the defendants through the use of all of the discovery processes regarding the financial affairs of the various plaintiffs, the names and addresses of Aquarian Foundation members, contributors, or clients, and the names and addresses of those who have been contributors, clients, or donors to any of the various plaintiffs.
"3. The defendants and each of them shall make no use of and shall not disseminate the information defined in paragraph 2 which is gained through discovery, other than such use as is necessary in order for the discovering party to prepare and try the case. As a result, information gained by a defendant through the discovery process may not be published by any of the defendants or made available to any news media for publication or dissemination. This protective order has no application except to information gained by the defendants through the use of the discovery processes." App. 65a. See Seattle Times Co. v. Rhinehart, 467 U.S. 20, 27 [8] (1984).

509 "[부록]미국 법률 용어"에서 자세한 설명을 확인하기 바란다.

모두 인정하였다.[510]

2) 연방 대법원의 결정 요지

본 케이스의 이슈는 소송 당사자가 증거조사(Discovery)를 통해 얻은 정보를 자유롭게 유포할 수 있는 권리가 있는지 여부이다. 법원은 이를 위해 보호 명령(protective order)으로 인해 표현의 자유가 제한되지 않는지 여부 및 보호 명령(protective order)을 내려야 할 필요성이 표현의 자유에 비해 더 큰지 여부를 고려하여야 한다는 것이다.[511]

첫 번째로 보호 명령(protective order)으로 인해 연방 헌법 제1조가 제한되지 않는다는 것이다. 소송 당사자는 소송을 진행하기 위한 목적에 한하여 증거조사(Discovery)를 통해 얻게 된 정보를 사용할 수 있을 뿐이지, 연방 헌법 제1조가 소송 당사자에게 증거조사(Discovery)를 통해 얻게 된 정보를 유포할 수 있는 권한을 부여해 준 것이 아니라는 것이다. 법원이 증거조사(Discovery)에 의해 얻게 된 정보에 대해 보호 명령(protective order)을 내린다고 하더라도 그것이 연방 헌법 제1조의 자유를 제한하는 정부에 의한 검열로 이어지지 않는다는 것이다.

---

510 With respect to the protective order, the court reasoned:

"Assuming then that a protective order may fall, ostensibly, at least, within the definition of a 'prior restraint of free expression', we are convinced that the interest of the judiciary in the integrity of its discovery processes is sufficient to meet the 'heavy burden' of justification. The need to preserve that integrity is adequate to sustain a rule like CR 26(c) which authorizes a trial court to protect the confidentiality of information given for purposes of litigation." Id., at 256, 654 P. 2d, at 690.

[9] Although the Washington Supreme Court assumed, arguendo, that a protective order could be viewed as an infringement on First Amendment rights, the court also stated:

"A persuasive argument can be made that when persons are required to give information which they would otherwise be entitled to keep to themselves, in order to secure a government benefit or perform an obligation to that government, those receiving that information waive the right to use it for any purpose except those which are authorized by the agency of government which exacted the information." 98 Wash. 2d, at 239, 654 P. 2d, at 681. See Seattle Times Co. v. Rhinehart, 467 U.S. 20, 28 & 28 [9] (1984).

511 The critical question that this case presents is whether a litigant's freedom comprehends the right to disseminate information that he has obtained pursuant to a court order that both granted him access to that information and placed restraints on the way in which the information might be used. In addressing that question it is necessary to consider whether the "practice in question [furthers] an important or substantial governmental interest unrelated to the suppression of expression" and whether "the limitation of First Amendment freedoms [is] no greater than is necessary or essential to the protection of the particular governmental interest involved." Procunier v. Martinez, 416 U. S. 396, 413 (1974); see Brown v. Glines, 444 U. S. 348, 354-355 (1980); Buckley v. Valeo, 424 U. S. 1, 25 (1976). See Seattle Times Co. v. Rhinehart, 467 U.S. 20, 32 (1984).

두 번째로 보호 명령(protective order)은 연방 헌법 제1조에서 보장되는 언론출판의 자유에 관한 사전 규제가 아니라는 것이다. 보호 명령(protective order)은 소송 당사자가 증거조사(Discovery)를 통해 취득한 정보에 한해 유포하지 못하도록 제한하는 명령이다. 달리 말하면, 소송 당사자가 증거조사(Discovery)가 아닌 다른 수단을 통해서 정보를 얻은 것이라면 보호 명령(protective order)에 의해 제한된 정보와 동일한 것이라고 할지라도 유포할 수 있다는 것이다.[512]

세 번째로 소송 당사자가 증거조사(Discovery)를 통해 얻게 된 정보의 남용을 막기 위해 법원이 보호 명령(protective order)을 승인한 결정은 타당하다는 것이다.[513] 보호 명령(protective order)을 내려서 정보 유포에 제한을 두지 않게 되면 소송 당사자는 관련성이 없고 개인의 평판과 사생활에 피해를 입힐 수 있는 정보를 손쉽게 얻게 되어 증거조사(Discovery)를 남용하는 결과를 초래하게 된다는 것이다.

결론적으로, 주 1심 법원이 시애틀 타임즈 측에 내린 보호 명령(protective order)은 타당하며, 연방 헌법 제1조를 위반하지 않았다는 것이다.[514]

> "연방 대법원은 증거조사(Discovery)를 통해 얻은 정보를 기사로 게재하는 것을 금지하는 보호 명령(protective order)은 연방 헌법 제1조를 위반하지 않았다고 판결하였다. 본 케이스에서 종교 단체의 지도자가 명예훼손 및 사생활 침해를 주장하면서 신문사를 상대로 소송을 제기하였다. 증거조사(Discovery) 과정에서 1심 법원은 단체의 기부자와 추종자의 신원 정보를 보호하라는 명령을 내렸다. 연방 대법원은 증거조사(Discovery)의 남용을 막기 위해서는 보호 명령(protective order)이 필요하다고 판단하여 이를 인정하였다."[515]
>
> ı Howard Publications v. Lake Michigan Charters, 649 N.E.2d 129, 132 (Ind. Ct. App. 1995).

512 Thus, the party may disseminate the identical information covered by the protective order as long as the information is gained through means independent of the court's processes. See Seattle Times Co. v. Rhinehart, 467 U.S. 20, 34 (1984).

513 The prevention of the abuse that can attend the coerced production of information under a State's discovery rule is sufficient justification for the authorization of protective orders. See Seattle Times Co. v. Rhinehart, 467 U.S. 20, 35-36 (1984).

514 We therefore hold that where, as in this case, a protective order is entered on a showing of good cause as required by Rule 26(c), is limited to the context of pretrial civil discovery, and does not restrict the dissemination of the information if gained from other sources, it does not offend the First Amendment. See Seattle Times Co. v. Rhinehart, 467 U.S. 20, 37 (1984).

515 The United States Supreme Court has held that a protective order prohibiting a newspaper from publishing information which it obtained through discovery procedures did not offend the First Amendment. Seattle

"Seattle Times 케이스에서 연방 대법원은 증거조사(Discovery) 과정에서 제출된 정보를 최종재판 전에 유포하지 못하도록 금지하는 명령은 연방 헌법 제1조의 제한 여부를 정밀하게 검토해야 하는 사전 제한에 해당되지 않는다고 밝혔다. 연방 대법원은 소송 당사자가 독자적인 방법으로 얻은 정보는 보호 명령(protective order)에서 제한하고 있는 정보와 동일하다고 하더라도 유포가 가능하기 때문에 보호 명령(protective order)이 사전 규제에 해당하지 않는다고 말했다."[516]

ı Doe v. Gonzales, 386 F.Supp.2d 66, 74 (D. Conn. 2005).

Times Co., et al. v. Rhinehart, et al., 467 U.S. 20, 104 S.Ct. 2199, 81 L.Ed.2d 17 (1984). In Seattle Times, the spiritual leader of a religious group brought an action against a newspaper alleging defamation and invasion of privacy. During the course of extensive disclosure, the trial court granted an order to protect the identities of the group's donors and members. The Court upheld the protective order, finding that it furthered the important governmental interest of preventing abuse of the pretrial discovery process. Id. at 34-36, 104 S.Ct. at 2208-09. See Howard Publications v. Lake Michigan Charters, 649 N.E.2d 129, 132 (Ind. Ct. App. 1995).

516 In Seattle Times, the Court wrote that, "[a]n order prohibiting dissemination of discovered information before trial is not the kind of classic prior restraint that requires exacting First Amendment scrutiny." Id. at 33, 104 S.Ct. 2199. The Court noted that the accused court order did not constitute a prior restraint because "the party may disseminate the identical information covered by the protective order as long as the information is gained through means independent of the court's processes." Id. at 34, 104 S.Ct. 2199. See Doe v. Gonzales, 386 F.Supp.2d 66,74 (D. Conn. 2005).

4 Schreiber v. Multimedia of Ohio, Inc. (오하이오주 항소법원, 41 Ohio App.3d 257, 1987)

본 케이스는 개인 대 언론사 간에 발생한 명예훼손 등의 사건이다. 본 케이스의 이슈는 명예훼손 사건에서 원고가 언론사의 편집 과정(editorial process)과 관련된 자료를 증거조사(Discovery)에서 요청하는 경우 편집자의 특권(editorial privilege)을 이유로 이를 거부할 수 있는 권리가 언론사에게 있는지 여부이다. 오하이오주 항소법원은 원고가 증거조사(Discovery)를 통해 해당 자료를 얻어야 하는 정당한 사유가 있다고 판단되면 언론사는 특권을 이유로 원고에게 해당 자료의 제공을 거부할 수 없다고 보았다.

1) 사실 관계

1985년 3월 1일 저녁, 멀티미디어(Multimedia of Ohio)의 뉴스 기자인 데이브 로빈슨(Dave Robinson, 이하 "로빈슨")과 카메라맨인 리처드 벤(Richard Venn, 이하 "벤")은 주 음주운전법의 집행과 관련된 시리즈 제작을 위한 정보를 수집하고 영상을 촬영하기 위해 신시내티(Cincinnati) 경찰과 동행했다. 신시내티(Cincinnati) 시내에서 순찰을 돌던 경찰은 존 슈라이버(John T. Schreiber, 이하 "슈라이버")를 붙잡았다. 경찰은 슈라이버를 체포하고, 그를 지역 경찰서로 이송하였다. 로빈슨과 벤은 슈라이버가 체포되기 전의 상황을 녹화했다.

멀티미디어는 3월 6–8일 동안 음주운전과 관련하여 3부작짜리 시리즈물을 방송했는데 슈라이버의 체포 및 이후 절차들을 자세히 묘사하였다. 슈라이버는 시리즈물에서 본인을 음주운전자로 묘사한 것을 보고 멀티미디어와 그의 직원들을 상대로 명예훼손, 사생활 침해로 통상 손해와 징벌적 손해배상을 청구하는 소송을 제기하였다.[517]

슈라이버 측은 상대방에게 요건사실을 질의하는 신청(interrogatories), 상대방에게 사실을 다투는지 여부를 확인하는 요청(request for admissions), 문서제출명령신청(request for the production of documents) 등을 제출하였다. 같은 해 8월, 멀티미디어 측이 슈라이버가 원하는 방식으로 증거조사(Discovery)에 응하지 않자 슈라이버 측은 다음의 증거들에 대한 증거조사(Discovery)를 강제하는 신청(motion to compel)을 제출하였다.

(1) 슈라이버가 아닌 다른 사람들이 녹화된 비디오 테이프, (2) 슈라이버의 체포 및 이후 절차 혹은 멀티미디어의 방영 결정과 관련된 메모 및 기타 서류, (3) 슈라이버의 체

517 본 케이스의 원고는 슈라이버와 그의 아내이다.

포 및 이후 절차에 대한 비디오 테이프, (4) 방송에 사용된 로빈슨의 해설 기록[518]

이에 대해 멀티미디어 측은 슈라이버 측이 요구한 위 증거들이 증거조사(Discovery) 대상이 아니라고 주장하면서 판사가 증거조사(Discovery) 대상인 증거를 미리 조사하는 신청(motion for an in camera inspection)[519]과 증거조사(Discovery)를 강제하는 신청에 대해 재고를 요청하는 신청(reconsideration of the court's order to compel)을 제출하였다.

1986년 6월 3일, 1심 법원은 슈라이버 측이 요구한 증거들에 대해 증거조사(Discovery) 대상인 증거를 판사실에서 판사가 미리 보는 방법으로 조사하였다.(in camera inspection) 같은 해 7월 7일, 법원은 슈라이버 측이 요구한 증거들이 관련성(relevant)이 있고 특권의 적용을 받지 않기 때문에 Civ. R. 26[520]에 따라 증거조사(Discovery)가 가능하다고 판단하고 멀티미디어 측에게 슈라이버 측이 요구한 증거들을 제공하라고 명령했다.

이에 멀티미디어 측은 항소하였다. 항소심에서 멀티미디어 측은 편집 과정(editorial process)을 강제로 공개하는 것을 방지하기 위해 언론사에게 특권을 부여한 것인데 1심 법원이 증거조사(Discovery)를 강제하는 신청(motion to compel)을 슈라이버 측에게 승인해준 것이 잘못되었다고 주장하였다. 멀티미디어 측은 또한 슈라이버 측이 해당 자료의 제공을 강제하기 위해 요구되는 관련성(relevance)의 정도와 필요성을 입증하지 못했다고 주장하였다. 항소법원은 멀티미디어 측의 주장을 받아들이지 않았다.

---

518 In August 1985, when defendants failed to respond to these discovery requests in a manner satisfactory to plaintiffs, plaintiffs filed a motion to compel, seeking compulsory disclosure of, inter alia: (1) videotape of persons recorded other than Schreiber; (2) notes, memoranda and other documentation relevant to Schreiber's arrest and processing or to defendants' decision to broadcast; (3) videotape of the arrest and processing of Schreiber; and (4) a transcription of the commentary of Robinson used in the broadcast. See Schreiber v. Multimedia of Ohio, Inc. 41 Ohio App.3d 257, 258 (1987).

519 "[부록]미국 법률 용어"에서 자세한 설명을 확인하기 바란다.

520 Civ. R. 26 provides in relevant part:
"(B) Scope of discovery. Unless otherwise ordered by the court in accordance with these rules, the scope of discovery is as follows:
"(1) In general. Parties may obtain discovery regarding any matter, not privileged, which is relevant to the subject matter involved in the pending action * * *. It is not ground for objection that the information sought will be inadmissible at the trial if the information sought appears reasonably calculated to lead to the discovery of admissible evidence." See Schreiber v. Multimedia of Ohio, Inc. 41 Ohio App.3d 257, 258 (1987).

2) 오하이오주 항소법원의 요지

언론사의 편집 과정(editorial process)의 공개를 강제하지 못하도록 부여된 특권은 원고 측의 증거조사(Discovery) 요청을 거부할 수 있는 방어 방법이 아니라는 것이다. 즉, 법원이 원고 측에서 증거조사(Discovery)를 요청할 수 있는 정당한 사유가 있다고 판단되면, 언론사는 특권을 주장할 수 없고 원고에게 해당 자료를 제공해야 한다는 것이다.

연방 대법원은 Herbert v. Lando에서 원고가 명예훼손과 관련된 증거를 찾기 위해 언론사의 편집자를 상대로 편집 과정(editorial process)에 대해 증거조사하는 것이 연방 헌법 제1조에서 보장하는 언론 출판의 자유를 금지하는 것이 아니라고 판단하였다.[521]

Gertz v. Robert Welch, Inc., 418 U.S. 323 (1974)

Gertz 케이스는 편집자의 의사(state of mind)가 이슈가 된 사건이다. 원고 개인이 피고 편집자의 과실 정도를 입증해야 하는데, 진실 여부에 대해 미필적 고의(reckless disregard)를 가지고 기사를 게재하지 않는 이상 언론사에게 징벌적 손해배상을 부과하지 않는다고 판단하였다. 이는 연방 헌법 제1조가 의사(state of mind)와 같은 중요한 요소에 대해 원고가 증거조사하는 것을 금지하지 않았다는 것을 의미한다.[522]

521 The United States Supreme Court in Herbert v. Lando (1979), 441 U.S. 153, addressed the issue of whether the First Amendment affords news media defendants in a defamation action a privilege against compelled disclosure of their editorial processes and concluded that it did not. The court in Herbert held that a public-figure plaintiff, who has instituted a defamation action alleging that a member of the press has circulated damaging falsehoods, is not barred by the First Amendment guarantees of free speech and freedom of the press from inquiry into the editorial processes of those responsible for publication when such inquiry could produce evidence material to a critical element of his cause of action. See Schreiber v. Multimedia of Ohio, Inc. 41 Ohio App.3d 257, 259 (1987).

522 Quite the opposite inference is to be drawn from the Gertz opinion, since it, like prior First Amendment libel cases, recited without criticism the facts of record indicating that the state of mind of the editor had been placed at issue. Nor did the Gertz opinion, in requiring proof of some degree of fault on the part of the defendant editor and in forbidding punitive damages absent at least reckless disregard of truth or falsity, suggest that the First Amendment also foreclosed direct inquiry into these critical elements. See Herbert v. Lando, 441 U.S. 153, 168 (1979).

Time, Inc. v. Firestone, 424 U.S. 448 (1976)

본 케이스의 이슈는 가정폭력으로 인한 이혼 관련 허위 보도로 인해 세상에 알려진 원고를 공인(public figure)으로 볼 수 있는지 여부이다. 연방 대법원은 원고가 제한된 목적의 공인(limited-purpose public figure)이 아니라고 판단하였다.[523] 본 케이스에서 주목할 점은 과실의 입증을 위해 관련성(relevant)이 있는 증거라면 모두 조사할 수 있고 증거로 받아들인다는 것이다. 특히 잡지의 편집진이 기사를 게재할 당시에 가지고 있었던 생각도 조사가 가능한 증거에 포함된다.[524]

---

523 In Time, Inc. v. Firestone, 424 U.S. 448, 96 S.Ct. 958, 47 L.Ed.2d 154 (1976), the court found that plaintiff Mary Alice Firestone was not a limited purpose public figure regarding her divorce proceedings, despite the fact the divorce was a "cause celebre". Id. at 454. See Jacobson v. Rochester Communications, 410 N.W.2d 830, 834 (Minn. 1987).

524 Two years later, in Time, Inc. v. Firestone, 424 U. S. 448 (1976), there was likewise no indication that the plaintiff is subject to substantial evidentiary restrictions in proving the defendant's fault. As MR. JUSTICE POWELL and MR. JUSTICE STEWART stated in concurrence, the answer to this question of culpability "depends upon a careful consideration of all the relevant evidence concerning Time's actions prior to the publication of the 'Milestones' article." Id., at 465-466. They suggested that on remand all the evidence of record should be considered, which included evidence going to the beliefs of Time's editorial staff. See id., at 467-470, and n. 5. See Herbert v. Lando, 441 U.S. 153, 168 [17] (1979).

"

The law of defamation has always attempted to balance the tension between the individual's right to protect his reputation and the right of free speech.

"

United Inc. Co. of America v. Murphy (아칸소주 대법원, 331 Ark. 364, 961 S.W.2d 752, 755, 1998)

D. 손해배상 (Damage)

1/ Hearst Corporation v. Hughes (메릴랜드주 대법원[525], 297 Md. 112, 466 A.2d 486, 1983)

본 케이스는 차량 결함 문제로 불만이 있었던 다운 로트만(Dawn Rottman, 이하 "로트만")이 방송에서 당시 차량 수리를 담당했던 직원인 휴즈(Hughes)의 명예를 훼손한 발언을 한 것으로 인해 일어난 손해배상 사건이다. 본 케이스의 이슈는 배심원 혹은 판사와 같은 사실 판단자(the trier of fact)[526]에 의해 명예훼손으로 인한 정신적인 고통(emotional distress)이 입증된 경우 원고가 통상 손해를 청구하기 위해서는 평판에 대한 실질적 손상(actual impairment)을 추가로 입증해야 하는지 여부이다. 메릴랜드주 대법원은 이 경우 평판에 대한 실질적 손상(actual impairment)이 입증되지 않아도 정신적인 고통(emotional distress)만으로 통상 손해를 인정할 수 있다고 판단하였다.[527]

1) 사실 관계

1975년 7월, 로트만은 40 West(Forty West AMC/Jeep, Inc.)로부터 AMC(American Motors Corporation)의 신형 차량을 구입하였다. 구매 직후, 해당 자동차에서 심각한 기계적 결함이 발견되었다. 로트만은 15회에 걸쳐 보증 서비스를 위해 차를 40 West로 가져 왔지만 결함이 제대로 수리되지 않았다.

1976년 8월 한 달 동안 40 West의 자산(부채 제외)은 AMC가 소유한 델라웨어주 회사인 Security(Security AMC / Jeep, Inc.)에 매각되었다. 그 당시 Security는 이전에 40 West가 운영했던 곳에서 자동차를 판매하고 서비스를 제공하기 시작했다. 웨인 휴즈(Wayne Hughes)는 Security에서 운영 관리자로 일했다.

---

525 메릴랜드주의 경우, 법원의 명칭은 항소법원이나 실제로는 타 주의 대법원과 동일한 주 최고 법원이다.

526 "[부록]미국 법률 용어"에서 자세한 설명을 확인하기 바란다.

527 The principal question presented in this appeal is whether, in a negligent defamation action, actual impairment of reputation must be proved in order to establish a right to recover compensatory damages, where emotional distress, caused by the defamation, has been proved to the satisfaction of the trier of fact. We shall hold that actual impairment of reputation is not required to establish the tort. See Hearst Corporation v. Hughes, 297 Md. 112, 114, 466 A.2d 486 (1983).

지속적으로 본인의 차량에 문제가 있음을 확인한 로트만은 수리를 위해 Security에 차를 가지고 왔다. Security도, 휴즈도 로트만에게 차를 판매하지 않았고 차량 보증 기간이 만료되었지만, 휴즈는 보증 서비스를 로트만에게 제공하기 위해 AMC로부터 특별 승인을 받았다. Security는 4번에 걸쳐 차를 수리하였으며, 1977년 6월 29일에 마지막으로 차를 수리해 주었다. 수리가 끝난 후, 메릴랜드주 교통국 조사관은 해당 차량이 제대로 작동하였으며 어떤 문제도 발견되지 않았다고 보고하였다. 1977년 7월 22일, 차의 엔진이 나갔고 다시 작동하지 않았다.

AMC와 Security에서 받았던 수리에 만족하지 않았던 로트만은 허스트사(The Hearst Corporation)가 소유한 WBAL－TV를 포함한 수많은 정부 기관, 소비자 지원 단체들, 신문사 및 텔레비전 방송국에 이의를 제기하였다. WBAL－TV는 프로그램의 홍보를 위해 출연을 요청했던 사람들의 비판을 담은 짧은 영상을 방영하였다.

1977년 9월 29일, WBAL－TV는 로트만의 불만사항이 담긴 비디오 테이프를 방영하였다.[528]

로트만은 휴즈가 Security 대리점의 주인이라고 생각했기 때문에 휴즈에 대해 말했으며, 이 비디오 테이프를 보는 모든 사람들이 휴즈가 로트만이 겪었던 어려움에 대해 책임이 있다는 것을 알기를 바랐다.

1978년 7월 14일, 휴즈는 명예훼손을 주장하며 허스트사를 상대로 소를 제기하였다. 1982년 3월 29일, 1심 법원은 로트만의 진술이 거래, 사업 또는 고용과 관련된 휴즈의 업

528 "Dawn Rottman: Viewers please bear with me while I read the following letter. If after I'm through, any of you have any suggestions, please send them to 1211 Cleveland Street, Baltimore, Maryland 21230.
Dear Mr. Wayne Hughes:
Hi Mr. Hughes. I'm sure that you know who I am. Just think a minute and you'll get it. I'm the lady who has been trying for two years to get my car running properly. And you Mr. Dick, how are you tonight. Remember when I bought my new 1975 AMC Matador on July 9, 1975 and was explained your great buyer protection plan. Now I ask, what protection? It surely isn't against an engine that cuts out at various speeds without warning is it? Let me see, August the 27th, 1975 when the car only had 872 miles on it was the first trip to the service center concerning this. June 28, 1977 when the car had approximately 14,500 miles on it was the 19th trip for the same problem and guess what? On July 22, 1977 the engine cut out and the car hasn't run since. I mean what should I expect for $5,093.16. A miracle? No just the car that runs. After all it has power steering and power brakes and you know that when you are doing, going down a highway doing 55 miles per hour and the engine cuts out that I can't steer or stop the car. You don't know the fun of playing dodge-um cars with three children in the back seat on the beltway and all you viewers, guess what? I have to go to court to try to get out of this death trap and get a car instead of a toy that plays with peoples' lives from AMC. Mr. Hughes, here's one person you could offer a camera and calculator to and I still wouldn't buy another AMC product." See Hearst Corporation v. Hughes, 297 Md. 112, 115-116, 466 A.2d 486 (1983).

무 수행을 폄하했기 때문에 명예를 훼손했다고 판결하였다. 또한 1심 법원은 휴즈가 로트만에게 차를 팔지 않았기 때문에 로트만의 진술이 허위라고 판결하였다. 게다가 1심 법원은 마지막 수리 후 차가 제대로 작동했다는 것을 확인하였다. 1심 법원은 또한 비디오 테이프를 방영할 당시에 허스트사에게 과실이 있었다는 사실을 확인하였다.

1심 법원은 손해배상 측면에서 "휴즈가 입은 금전상의 손실은 없다. 그의 평판이 손상되었다는 증거 또한 어디에도 없다."(no out-of-pocket loss sustained by Hughes. Nor [was] there any evidence of impairment of reputation)고 판단하였다. 그러나 1심 법원은 "그러나 해당 내용의 방영이 휴즈에게 개인적인 굴욕과 정신적인 고통을 가져다 주었다는 점이 인정된다"(persuaed, however that the publication did produce personal humiliation and mental anguish)고 판단하여 2천 5백불의 통상 손해를 인정하였다. 이에 허스트사는 항소하였다.

허스트사는 해당 방송이 휴즈의 평판을 폄하했다는 증거없이 1심 법원이 정신적 고통(emotional distress)에 대한 손해배상을 허용하는 오류를 범했다고 주장하였다. 허스트사의 주장은 Gertz 케이스를 따르는데, Gertz 케이스에서는 주법에 따라 통상 손해를 청구하려면 그 전에 평판에 대한 실질적 피해(actual harm)를 입증하여야만 한다고 규정하고 있다는 것이다.

2) 특이점

본 케이스는 명예훼손으로 인한 손해배상 범위의 인정 기준을 제시하였다는 점에서 의미가 있는 판결이다. 특히 정신적 손해배상과 관련하여 명예훼손으로 인한 정신적인 고통(emotional distress)이 입증된 경우 원고가 평판에 대한 실질적 손상을 입증하지 않았음에도 불구하고 통상 손해를 추정해주었다. 또한 메릴랜드주 대법원은 여러 판례에서 명예훼손에 대한 손해배상을 어디까지 인정해 왔는지에 대해 다음과 같이 검토하였다.

① Common law rule

Gertz 케이스 이전에 손해배상의 경우 보통법(common law)이 적용되었는데 허스트사에 의해 게시된 명예훼손적인 발언은 휴즈의 업무 수행에 부정적인 영향을 미치는 것으로 뉴욕 타임즈 케이스 이전에는 법적으로 명예훼손 의제(actionable per se)에 해당하여 평판에 대한 피해가 추정되므로 통상 손해가 허용된다는 것이다.[529] 이를 도식화하면 다음과 같다.

---

529 Further, at common law, the defamatory statement was viewed to be presumptively false. Truth was an affirmative defense so that the initial burden of proving falsity did not rest upon the plaintiff. See Jacron

• **원고 및 피고가 개인인 경우**

defamatory publication	+ falsity =	cause of action for compensatory damages.

② New York Times/Butts rule

뉴욕 타임즈 케이스 이전에는 신문에 실린 성명서가 앨라배마 주법상 출판물에 의한 명예훼손 의제(libelous per se)에 해당되어 평판에 대한 피해가 추정됨에 따라 피해에 대한 입증이 없이도 손해배상이 인정되었다. 그러나 뉴욕 타임즈 케이스에서 확립된 기준(New York Times standard)에 따르면, 피해자가 공직자(public official)이고 공적인 업무 수행(official conduct)과 관련된 경우 언론사의 실질적 악의(actual malice)를 입증하지 않는 한 명예훼손으로 인한 손해배상을 청구할 수 없다고 판단하였다. 이후 뉴욕 타임즈 케이스와 맥을 같이 하는 Cutis Publishing Co. v. Butts를 통해 명예훼손의 피해자가 공인(public figure)인 경우에도 동일한 기준이 적용되는 것으로 손해배상의 범위가 확장되었다.[530] 이를 도식화하면 다음과 같다.

• **원고가 공인**(public figure)**이고 피고가 언론사 및 개인인 경우**

defamatory publication	+ falsity +	fault by constitutional malice standard	=	constitutionally permissible state cause of action for compensatory damages (punitive damage also permitted).

③ Gertz rule

Gertz 케이스는 언론사 피고를 상대로 개인(private figure)이 명예훼손으로 소송을 제기한 사건인데, 언론사 피고에 대한 세가지 헌법적 보호 장치를 확립하였다. 첫 번째로

Sales Co. v. Sindorf, 276 Md. 580, 597, 350 A.2d 688, 698 (1976). See Hearst Corporation v. Hughes, 297 Md. 112, 119, 466 A.2d 486 (1983).

530 In Jacron, supra, 276 Md. at 591-92, 350 A.2d at 694-95, we expressed the view that New York Times is not limited to media defendants. See Hearst Corporation v. Hughes, 297 Md. 112, 120, 466 A.2d 486 (1983).

언론사 피고의 과실(fault)이 없이는 책임도 허용되지 않지만 주에서 자체적으로 책임에 대한 적절한 기준을 설정할 수 있다는 것이다. 두 번째로 실제로 입은 피해(actual injury)에 대한 증거가 없이는 통상 손해가 인정되지 않는다는 것이다.[531] 세 번째로 개인(private figure) 원고가 언론사 피고의 실질적 악의(actual malice)를 입증하지 못한다면 언론사를 상대로 징벌적 손해배상을 청구할 수 없다는 것이다.[532]

구체적으로, 과실에 의한 명예훼손 사건의 경우 추정된 피해에 의해 통상 손해를 인정할 수 없고 실제로 입은 피해(actual injury)가 있어야 통상 손해가 인정되는데, 실제로 입은 피해(actual injury)는 평판에 대한 손상에 국한하지 않고 정신적인 피해(emotional harm)에 의해서도 인정될 수 있다는 것이다. 또한 반드시 평판에 피해를 입힌 것이 아니라고 하더라도 다른 피해가 있으면 정신적인 피해(emotional harm)로 보아 통상 손해가 인정된다는 것이다.[533] 이를 도식화하면 다음과 같다.

---

531 Three constitutionally based safeguards were erected for such a defendant. First, there may be no "liability without fault, [but] the States may define for themselves the appropriate standard of liability...." Gertz, supra, 418 U.S. at 347, 94 S.Ct. at 3010, 41 L.Ed.2d at 809. Secondly, there may be no compensatory damages without evidence of actual harm. Presumed harm to reputation is insufficient. The language of the Supreme Court was:

The common law of defamation is an oddity of tort law, for it allows recovery of purportedly compensatory damages without evidence of actual loss. Under the traditional rules pertaining to actions for libel, the existence of injury is presumed from the fact of publication. Juries may award substantial sums as compensation for supposed damage to reputation without any proof that such harm actually occurred.....

It is necessary to restrict defamation plaintiffs who do not prove knowledge of falsity or reckless disregard for the truth to compensation for actual injury. We need not define "actual injury," as trial courts have wide experience in framing appropriate jury instructions in tort actions. Suffice it to say that actual injury is not limited to out-of-pocket loss. Indeed, the more customary types of actual harm inflicted by defamatory falsehood include impairment of reputation and standing in the community, personal humiliation, and mental anguish and suffering. Of course, juries must be limited by appropriate instructions, and all awards must be supported by competent evidence concerning the injury, although there need be no evidence which assigns an actual dollar value to the injury. [418 U.S. at 349-50, 94 S.Ct. at 3011-3012, 41 L.Ed.2d at 810-11 (emphasis added).] See Hearst Corporation v. Hughes, 297 Md. 112, 120-121, 466 A.2d 486 (1983).

532 Thirdly, Gertz held that the private defamation plaintiff who did not establish fault by the constitutional malice standard could not recover punitive damages. See Hearst Corporation v. Hughes, 297 Md. 112, 121, 466 A.2d 486 (1983).

533 Compensatory damages may be awarded for harm (i.e., for loss or detriment in fact and called "actual injury" at times in Gertz). However, under Gertz compensable harm is not limited to harm to reputation. Nor did Gertz state that harm to reputation must first be found before damages for other types of harm, e.g., emotional distress, could be awarded. See Hearst Corporation v. Hughes, 297 Md. 112, 466 A.2d 486, 122 (1983).

- **원고가 개인**(private figure)**이고 피고가 언론사인 경우**

defamatory publication	+ falsity +	fault by a standard less than constitutional malice	+ harm =	constitutionally permissible cause of action for compensatory damages (punitive damages not allowed).

④ Jacron rule[534]

메릴랜드주 케이스로 언론사가 아닌 피고를 상대로 한 명예훼손 사건에서 Gertz rule를 적용한 것인데 피고의 과실(fault)를 판단하는 기준으로 과실 기준(negligence standard)을 채택하였다. 이를 도식화하면 다음과 같다.

- **원고가 개인이고 피고 또한 개인인 경우**

defamatory publication	+ falsity +	fault by negligence Standard	+ harm =	Maryland cause of action for compensatory damage (punitive damages not allowed).[535]

⑤ Firestone rule

Time, Inc. v. Firestone은 개인(private figure)인 원고가 명예훼손에 대해 정신적인 고통(emotional distress)에 따른 손해배상을 주장한 사건이다. 이 사건을 검토한 플로리다주 법원은 과실에 따른 명예훼손으로 인한 정신적 손해배상(위자료)을 인정하였다. 연방 대법원은 비록 평판에 대한 피해가 주장 및 입증되지 않았다고 하더라도 피고 언론사의 과실(fault)이 인정될 경우 개인적인 굴욕, 정신적인 괴로움 및 고통과 같은 정신적 피해에 대해서도 손해배상을 인정할 수 있다고 판단하였다. 이를 도식화하면 다음과 같다.

534 Jacron Sales Co., Inc. v. Sindorf, 276 Md. 580, 350 A.2d 688 (1976).

535 징벌적 손해배상(punitive damage)이 인정되지 않는 이유는 헌법상의 악의 혹은 뉴욕 타임즈 케이스에서 확립된 악의(constitutional malice or New York Times malice)없이 과실(negligence)만 있기 때문이다.

- **원고가 개인**(private figure)**이고, 피고가 언론사인 경우**

defamatory publication	+ falsity +	fault by negligence standard	+	harm by way of emotional distress without proof of harm to Reputation	=	constitutionally permissible cause of action for compensatory damages (punitive damages not allowed).

"메릴랜드주 대법원은 과실에 의한 명예훼손에서 정신적인 고통(emotional distress)이 입증된 경우 통상 손해의 청구를 위해 평판에 대한 실질적 손상(actual impairment)의 입증이 요구되는지 여부에 대한 의문을 풀기 위해 연방 및 메릴랜드주 명예훼손법의 발전 과정을 추적하였다."

Hanlon v. Davis, 76 Md. App. 339, 545 A.2d 72 (1988).

개인 대 개인 간의 명예훼손 케이스에서 인정되는 손해배상

통상 손해는 명예훼손으로 인해 실제로 원고가 입은 피해(actual injury)에 한하여 인정된다. 원고가 입은 실제 피해는 금전적 손실뿐만 아니라 평판에 대한 피해, 지역사회에서의 지위 상실, 당혹감, 굴욕감, 정신적인 고통과 같은 것도 포함된다.[536]

실제 손해(special damage)는 출판물에 의한 명예훼손 의제(defamation per se)에 해당되지 않는 한 금전적 손실뿐만 아니라 불쾌한 감정, 당혹감과 같은 정신적인 피해도 포함된다.[537]

536 compensatory damages must be limited to actual injuries sustained. We decided, however, that actual injury was not confined to pecuniary loss but included such elements as damage to reputation and standing in the community, embarrassment, humiliation, and mental suffering. See Gazette, Inc. v. Harris, 325 S.E.2d 713, 723 (Va. 1985).

537 "Special damages", which under the common-law rule must be shown as a prerequisite to recovery where the defamatory words are not actionable per se, are not to be limited to pecuniary loss. To the extent that language in Shupe may be construed to indicate that emotional upset and embarrassment cannot constitute "special damages", it is hereby modified. See Fleming v. Moore, 275 S.E.2d 632, 639 (Va. 1981).

징벌적 손해배상은 언론사 피고의 경우와 동일하게 뉴욕 타임즈 케이스의 실질적 악의 기준(actual malice standard)에 따라 허위에 대한 인지 혹은 진실 여부에 대한 미필적 고의(reckless disregard)를 명백하고 확실한 증거(clear and convincing proof)로 입증하여야만 원고가 징벌적 손해배상을 받을 수 있다.[538]

개인 대 개인의 명예훼손에서 통상 손해의 인정을 위해 요구되는 과실(fault)은 뉴욕 타임즈 케이스에서 확립된 악의(New York Times malice)보다는 낮은 수준으로, 출판물이 허위에 해당하고 피고가 출판물의 내용이 허위임을 알았거나 사실이라고 믿었지만 이를 뒷받침할 만한 합리적인 이유가 부족하다거나 혹은 출판물의 기초가 되는 사실이 진실인지 여부를 조사하지 않은 과실이 있다는 것을 증거의 우위(preponderance of evidence)를 사용하여 입증하면 원고는 실제 피해(actual damage) 및 통상 손해를 받을 수 있다. 또한 원고는 피고의 과실 입증을 위해 요구되는 허위(falsity)에 대해 입증하여야 한다.[539]

538 Thus, we held in Fleming I, a suit by a private individual against a non-media defendant, that a recovery of punitive damages must be based upon the New York Times actual malice standard that is applicable to media defendants, that is, clear and convincing proof of knowledge of falsity or reckless disregard for the truth. See Gazette, Inc. v. Harris, 325 S.E.2d 713, 724 (Va. 1985).

539 We hold, therefore, that in an action brought by a private individual to recover actual, compensatory damages for a defamatory publication, the plaintiff may recover upon proof by a preponderance of the evidence that the publication was false, and that the defendant either knew it to be false, or believing it to be true, lacked reasonable grounds for such belief, or acted negligently in failing to ascertain the facts on which the publication was based. Under this standard, truth no longer is an affirmative defense to be established by the defendant. Instead, the plaintiff must prove falsity, because he is required to establish negligence with respect to such falsity. See Gazette, Inc. v. Harris, 325 S.E.2d 713, 724-725 (Va. 1985).

2 Poulston v. Rock (버지니아주 대법원, 467 S.E.2d 479, Va. 1996)

본 케이스는 본인에게 법 집행을 했다는 이유로 앙심을 품은 바비 락(Bobby Rock, 이하 "락")이 찰리 폴스턴(Charles B. Poulston, Jr., 이하 "폴스턴")에게 명예훼손적인 발언을 한 것으로 인해 제기된 손해배상 사건이다. 본 케이스의 이슈는 명예훼손으로 인한 손해배상 소송에서 통상 손해와 징벌적 손해배상에 대한 배심원의 평결에 감액(remittitur[540])을 명령한 1심 법원의 결정이 재량권 남용에 해당되는지 여부이다. 버지니아주 대법원은 1심 법원이 배심원의 평결대로 통상 손해와 징벌적 손해배상을 인정하지 않은 것은 재량권 남용에 해당된다고 판단하였다. 폴스턴에 대한 락의 발언은 정당한 법 집행을 통해 권리를 행사하려는 개인에게 악의(malice)를 가지고 한 협박성 발언이기 때문에 락에게 통상 손해 및 징벌적 손해배상을 인정한 배심원의 평결은 타당하며 손해배상에 대한 1심 법원의 감액(remittitur) 명령이 잘못되었다는 것이다.[541]

1) 사실 관계

폴스턴과 락은 서로 아는 사이였다. 그들은 주문 제작형 오토바이에 대한 관심을 공유하였다. 1993년 1월, 폴스턴은 락이 본인의 오토바이를 부주의하게 페인트칠한 것을 이유로 락을 상대로 법원으로부터 판결을 받았다. 락은 폴스턴에게 판결문에 적힌 손해보상 금액을 지불하지 않았고 폴스턴은 채권 가압류(garnishment processings)[542]를 진행하였다. 락은 채권 가압류 통지서(garnishment summons)를 받고 폴스턴의 고용주인 듀폰사(DuPont Corporation)에게 전화를 걸어 노사 관계 매니저와 이야기했다. 락은 매니저에게 폴스턴이 듀폰사가 보유하고 있는 재고에서 여러 개의 너트와 볼트를 훔쳤고 오토바이 조립에 사용하기 위해 락에게 건네 주었다고 말했다. 락은 또한 매니저에게 폴스턴의 채권 가압류(garnishment processing)에 대한 보복으로 폴스턴을 "다치게 하겠다"(get)고 말했다. 락은 듀폰사의 다른 직원들에게도 이 같은 주장을 반복해서 말했다. 락의 주장에 따라 진행된 듀폰사의 내부 조사에서는 폴스턴의 절도 혐의에 대한 증거가 공개되지 않았다.

락은 주문 제작형 오토바이 쇼 참가자들에게 폴스턴이 볼트와 너트를 훔쳤다는 주장을 반복해서 말했다. 락은 또한 폴스턴과 마주쳤을 때 두 차례에 걸쳐 그를 거짓말쟁이와

540 "[부록]미국 법률 용어"에서 자세한 설명을 확인하기 바란다.

541 손해배상에 대한 1심 법원의 감액(remittitur) 명령이 타당한지 여부를 다른 측면에서 살펴보면, 락의 발언은 아주 저급한 협박성 발언에 해당하므로 헌법상 언론의 자유(Freedom of Speech)에 따른 보호를 받을만한 가치가 전혀 없다. 따라서 1심 법원이 재량권을 사용하여 배심원이 인정한 손해배상액을 감액할 만한 이유가 없다는 것이다.

542 "[부록]미국 법률 용어"에서 자세한 설명을 확인하기 바란다.

도둑이라고 불렀다. 이 사건들은 식당에서 일어났으며 락의 비난 발언은 다른 손님들에게까지 들렸다.

폴스턴은 락의 명예훼손적인 발언을 이유로 통상 손해 4만불과 징벌적 손해배상 6만불을 요구하는 소송을 제기하였다. 1심 법원의 재판 후, 배심원은 폴스턴의 손을 들어주었고 통상 손해 1만불과 징벌적 손해배상 2만 5천불을 인정하였다. 락은 손해배상 금액이 과도하다고 주장하면서 배심원의 결정을 무효화시키고 판사재판을 신청(moved to set the verdict aside)[543]하였다.

1심 법원은 결정문에서 본 케이스에서 인정된 통상 손해액이 지나치게 과도하다며 1천불 이하로 줄여야 한다고 결정하였고, 징벌적 손해액 또한 과도하므로 2천 5백불로 줄여야 한다고 판단하였다. 버지니아 주법 § 8.01－383.1 (A)[544]에 따라, 1심 법원은 폴스턴에 유리한 판결을 내렸다. 그러나 손해배상액에 대해서는 통상 손해 1천불 및 징벌적 손해배상 2천 5백불로 감액(remittitur)해야 하며 이에 응하지 않을 경우 새로 재판을 하게 해달라는 신청(new trial)이 요구된다고 명령하였다. 폴스턴은 1심 법원의 판결에 이의를 제기하기 위해 법원에서 명령한 손해배상액을 수락하고 항소를 제기하였다.

2) 버지니아주 대법원의 판결 요지

본 케이스의 이슈는 1심 법원이 배심원이 결정한 통상 손해 및 징벌적 손해배상이 과도하다고 판단하여 손해배상액을 감액(remittitur)한 후 폴스턴에게 판결을 수락하도록 요구한 것이 법원의 재량권 남용에 해당되는지 여부이다.[545]

543 "[부록]미국 법률 용어"에서 자세한 설명을 확인하기 바란다.

544 Code § 8.01-383.1(A) states:
In any action at law in which the trial court shall require a plaintiff to remit a part of his recovery, as ascertained by the verdict of a jury, or else submit to a new trial, such plaintiff may remit and accept judgment of the court thereon for the reduced sum under protest, but, notwithstanding such remittitur and acceptance, if under protest, the judgment of the court in requiring him to remit may be reviewed by the Supreme Court upon an appeal awarded the plaintiff as in other actions at law; and in any such case in which an appeal is awarded the defendant, the judgment of the court in requiring such remittitur may be the subject of review by the Supreme Court, regardless of the amount. See Poulston v. Rock, 467 S.E.2d 479, 481 (Va. 1996).

545 In this defamation action, we consider whether the trial court abused its discretion in determining that a jury verdict for compensatory and punitive damages was excessive and requiring a plaintiff to remit part of the verdict amount and accept judgment for the reduced sum. See Poulston v. Rock, 467 S.E.2d 479, 481 (Va. 1996).

1. 통상 손해

일반적으로 법원은 배심원이 악의를 인정할 수 있는 증거(competent evidence)에 기반하여 공정하게 손해배상액을 결정한 것이라면 배심원의 결정을 방해해서는 안 되며, 배심원의 평결 또한 법원의 통제를 벗어나서는 안 된다. 법원은 배심원의 평결이 명백하게 불공정하거나 혹은 정의 실현을 막는 결과를 초래하는 경우에 재량권을 발동하여 이를 바로잡아야 하는 의무가 있다는 것이다.[546]

이러한 법원의 재량권이 제대로 행사되었는지 여부를 확인하기 위한 기준은 Bassett Furniture 케이스를 통해 확립된 것으로 재량권 행사의 합리성에 있다. 구체적으로, 관련 손해배상 증거에 대한 1심 법원의 평가가 합리적인지 및 감액(remittitur)된 손해배상액과 관련 증거 사이의 관계가 합리적인지 여부를 따져봐야 한다는 것이다.[547]

관련 손해배상 증거에 대한 1심 법원의 평가가 합리적인지 여부는 1심 법원의 전체 기록을 통해 검토해 볼 수 있다. 그런데 전체 기록에는 배심원의 평결이 배심원의 편견에 의해 영향을 받았다거나, 배심원이 법이나 사실을 잘못 이해하였다거나, 혹은 배심원의 평결이 공정한 결과를 도출해내지 못했다고 결론을 내릴만한 점을 찾을 수 없다는 것이다.[548]

---

546 Circumstances which compel setting aside a jury verdict include a damage award that is so excessive that it shocks the conscience of the court, creating the impression that the jury was influenced by passion, corruption, or prejudice; that the jury has misconceived or misunderstood the facts or the law; or, the award is so out of proportion to the injuries suffered as to suggest that it is not the product of a fair and impartial decision. Edmiston, 205 Va. at 202, 135 S.E.2d at 780; Smithey, 203 Va. at 146, 122 S.E.2d at 875-76. See Poulston v. Rock, 467 S.E.2d 479, 481-482 (Va. 1996).

547 The standard under which we review the trial court's exercise of discretion under these circumstances was enunciated in Bassett Furniture:

In determining whether a trial court has abused the discretion … we must examine the grounds upon which he based his order of remittitur. "[T]he record must show the grounds relied on in support of such action, otherwise it cannot be upheld."….

On the other hand, when it appears from the record before us that the trial judge made a finding that the verdict was plainly excessive and remittitur should be ordered and that, in reaching his conclusion, he considered factors in evidence relevant to a reasoned evaluation of the damages incurred and to be incurred, his order will not be disturbed on appeal if the recovery after remittitur bears a reasonable relation to the damages disclosed by the evidence. "Reasonableness" in this context is the standard by which the exercise of discretion must be tested by this Court.

216 Va. at 911-12, 224 S.E.2d at 332 (citation and footnote omitted). See Poulston v. Rock, 467 S.E.2d 479, 482 (Va. 1996).

548 In this case, the record contains the trial court's letter opinion in which it stated its finding that the verdict was "shockingly excessive" and set out the factors it considered in reaching that conclusion. The trial court did not indicate whether it concluded that the verdict created the impression that the jury was influenced by passion or prejudice, that the jury misunderstood the law or facts, or that the verdict was

또한 전체 기록에는 배심원 평결에 의해 결정된 통상 손해액이 이를 뒷받침할 만한 증거가 없이 결정된 것이며 폴스턴이 실제로 입은 손해에 비해 지나치게 높게 책정되었다고 언급하였다. 그러나 폴스턴에 대한 락의 발언은 1심 법원이 인정한 바와 같이 명예훼손 의제(defamatory per se)에 해당하는 것으로 개인 및 사업상 평판에 대한 명예훼손으로 인해 입게 된 피해는 추정되는 것이며, 명예훼손의 피해자는 통상 손해를 청구하기 위해 실제 손실 혹은 금전적 손실을 입증할 필요가 없다는 것이다.549

1심 법원은 또한 심지어 금전적 손실에 대한 증거가 없다고 하더라도, 명예훼손의 피해자가 손해배상액을 청구할 수 있다는 오랜 원칙을 무시하였다. 이 원칙은 증거에 손해배상을 청구할 수 있는 관련 요소들이 없다고 하더라도 평판에 대한 피해, 굴욕감, 당혹감이 추정되는데 이러한 점들은 명예훼손 의제(defamatory per se)에 기초한 손해배상을 결정할 때 반드시 고려되어야 한다는 것이다.550

1심 법원은 폴스턴의 평판에 대한 손상 정도를 검토할 때 그와 친분이 있었던 사람들의 증언으로 증거를 제한하여 검토하였다. 그러나 폴스턴의 평판에 대한 손상은 그와 친분이 있었던 사람들이 아닌, 듀폰사의 다른 직원들과 같이 폴스턴에 대해 개인적으로 모르는 사람들로부터 발생하였으며, 락이 폴스턴의 명예를 훼손하는 발언을 하였을 당시 식당에 함께 있었던 많은 손님들도 이 발언을 듣게 되었다는 것이다.

---

not the result of a fair and impartial decision. However, a trial court does not have to use the specific words that the verdict was the result of passion or prejudice, a misunderstanding of the facts or law, or not a product of a fair and impartial decision, so long as one of those factors may be "fairly inferred from the reasons given." Caldwell v. Seaboard Sys. R.R., Inc., 238 Va. 148, 157, 380 S.E.2d 910, 915 (1989), cert. denied, 493 U.S. 1095, 110 S.Ct. 1169, 107 L.Ed.2d 1071 (1990). See Poulston v. Rock, 467 S.E.2d 479, 482 (Va. 1996).

549 In arriving at its conclusion, the trial court acknowledged that the statements made by Rock were defamatory per se, and that, under these circumstances, injury to personal and business reputation is presumed. Slaughter v. Valleydale Packers, Inc., 198 Va. 339, 347, 94 S.E.2d 260, 266 (1956). The trial court further recognized that the defamed party need not produce any evidence showing actual or pecuniary loss to recover compensatory damages. See Great Coastal Express, Inc. v. Ellington, 230 Va. 142, 151-52, 334 S.E.2d 846, 853 (1985). See Poulston v. Rock, 467 S.E.2d 479, 483 (Va. 1996).

550 The trial court's explanation also ignores the longstanding principle that, even in the absence of any evidence of pecuniary loss, the damages which the injured party is entitled to recover may be substantial. Slaughter, 198 Va. at 348, 94 S.E.2d at 266; Snyder v. Fatherly, 158 Va. 335, 351, 163 S.E. 358, 364 (1932); Williams Printing Co. v. Saunders, 113 Va. 156, 180, 73 S.E. 472, 478 (1912). This legal principle presuming injury to reputation, humiliation, and embarrassment, although not a factor "in evidence," is relevant and must be considered in any determination of damages based on defamation per se. See Poulston v. Rock, 467 S.E.2d 479, 483 (Va. 1996).

해당 증거들은 또한 락이 폴스턴의 명예를 훼손하는 발언을 유포하기 전에 그의 평판에는 어떤 흠도 없었다는 것을 보여준다. 그런데 이 같이 완벽한 평판을 가진 사람의 경우 명예훼손적인 발언으로 인해 미비한 정도의 피해만 입게 되는 평판과 비교했을 때 더 많은 손해배상액을 청구할 자격이 있다는 것이다. 또한 1심 법원은 폴스턴이 도둑이었다는 락의 발언을 영구 보관한 듀폰사의 기록이 향후 폴스턴에게 악영향을 미칠 수 있음에도 불구하고 증거로 고려하지 않았다는 것이다.

통상 손해를 1천불로 감액(remittitur)한 1심 법원의 결정은 위와 같은 요소들을 합리적으로 고려한 결정이 아니라는 것이다. 또한 명예훼손 의제(defamatory per se)에 해당하는 발언으로 인해 피해를 입은 경우 손해배상액을 청구할 수 있는 명예훼손 피해자의 권리에도 부합하지 않는다는 것이다.[551]

따라서 1심 법원이 통상 손해를 평가하는 데 있어서 요구되는 관련 요소들을 모두 고려하지 않았으므로 통상 손해에 대한 1심 법원의 감액(remittitur) 결정은 재량권의 남용에 해당한다는 것이다.

2. 징벌적 손해배상

락이 폴스턴을 "다치게 하려고"(get) 나왔고 폴스턴의 고용 및 평판에 간섭하여 그에게 보복할 방법을 찾았으며, 결국 폴스턴의 직장 및 공공 장소에서 명예훼손적인 발언을 유포하여 그에게 보복하였고, 이로 인해 폴스턴의 평판에 피해를 입힌 것은 악의(malice)에 해당하는 것으로써 배심원이 폴스턴에게 징벌적 손해배상을 인정하는 근거가 된다는 것이다.

징벌적 손해배상액을 검토할 때에는 발생한 피해와 손해배상 액수 및 요구되는 처벌의 정도, 손해배상액이 이중 배상에 해당되는지 여부, 통상 손해와 징벌적 손해배상 사이에 비례 정도 및 피고의 배상 능력 간에 합리성을 고려하여야 한다는 것이다.[552]

---

551 Such an amount is inconsistent with the right to recover substantial damages which we have said attaches to injuries suffered from statements which are defamatory per se, Slaughter v. Valleydale Packers, Inc., 198 Va. at 347, 94 S.E.2d at 266, and the damages available to one enjoying a good reputation, e.g., Stubbs, 179 Va. at 200, 18 S.E.2d at 280. See Poulston v. Rock, 467 S.E.2d 479, 484 (Va. 1996).

552 Review of the amount of punitive damages includes consideration of reasonableness between the damages sustained and the amount of the award and the measurement of punishment required, The Gazette, Inc. v. Harris, 229 Va. 1, 51, 325 S.E.2d 713, 746, cert. denied, 472 U.S. 1032, 105 S.Ct. 3513, 87 L.Ed.2d 643 (1985), whether the award will amount to a double recovery, Tazewell Oil Co. v. United Virginia Bank, 243 Va. 94, 113, 413 S.E.2d 611, 621 (1992), the proportionality between the compensatory and punitive damages, and the ability of the defendant to pay, Stubbs, 179 Va. at 200-01, 18 S.E.2d at 280. See Poulston v. Rock, 467

그런데 본 케이스에서 이중 배상은 고려 대상에서 제외된다는 것이다. 통상 손해 1만불에 징벌적 손해배상 2만 5천불을 부과하는 것은 비 합리적이거나 비례 정도에서 벗어나는 금액이 아니다. 락이 보유하고 있는 재산이 약 18만 6천불이고 월 수입이 약 2천 1백불인데 징벌적 손해배상으로 2만 5천불을 부과하는 것은 락의 재정 상황을 고려해볼 때 그에게 심각한 부담을 주지 않는다.

또한 징벌적 손해배상의 경우 명예훼손 의제(defamatory per se)에 해당하는 케이스라면 통상 손해가 인정되지 않더라도 별도로 인정이 가능하기 때문에 폴스턴에게 배심원이 인정한 징벌적 손해배상 2만 5천불이 비합리적인 결정이라고 볼 수 없다는 것이다. 게다가 징벌적 손해배상 2만 5천불이 락이 적법 절차를 거쳐서 강제 집행을 하려는 폴스턴을 공격하기 위해 그의 평판을 폄하한 것에 대한 벌금으로 부적절하다고 볼 수 없다는 것이다.[553]

따라서 징벌적 손해배상에 대한 1심 법원의 감액(remittitur) 결정 역시 배심원의 결정에 반하여 법원이 재량권을 남용한 것이므로 인정할 수 없다는 것이다.

> "징벌적 손해배상액을 검토할 때에는 입은 피해와 부과된 손해배상액 및 요구되는 처벌 정도 간에 합리성, 확정된 손해 배상액이 이중 배상에 해당하는지, 통상 손해와 징벌적 손해의 비례성, 피고의 지불 능력을 고려하여야 한다."[554]
>
> ㅣ Coalson v. Canchola, 287 Va. 242, 754 S.E.2d 525, 528 (2014).

S.E.2d 479, 484 (Va. 1996).

553 Finally, we cannot say that a punitive damage award of $25,000 is an inappropriate punishment for Rock's egregious conduct, particularly conduct which was undertaken in direct response to Poulston's attempt to utilize the legal system to collect a debt. Such an award also serves a deterrent effect, notifying others who would try to harm an individual's personal or professional reputation solely because that person had invoked the assistance of the legal system. See Poulston v. Rock, 467 S.E.2d 479, 485 (Va. 1996).

554 When a trial court considers whether to remit a jury's punitive damages award, its review of the punitive damages award should consider the "reasonableness between the damages sustained and the amount of the award and the measurement of punishment required, whether the award will amount to a double recovery, the proportionality between the compensatory and punitive damages, and the ability of the defendant to pay." Poulston v. Rock, 251 Va. 254, 263, 467 S.E.2d 479, 484 (1996). See Coalson v. Canchola, 287 Va. 242, 754 S.E.2d 525, 528 (2014).

3 United Ins. Co. of America v. Murphy (아칸소주 대법원, 331 Ark. 364, 961 S.W.2d 752, 1998)

본 케이스는 직장 상사였던 마크 버챔(Mark Burcham, 이하 "버챔")이 부하직원인 앤 머피(Ann Murphy, 이하 "머피")에 대해 명예훼손적인 발언을 한 것으로 인해 제기된 손해배상 사건이다. 본 케이스의 이슈는 1심 법원이 배심원 설시문(jury instruction)을 통해 배심원에게 손해를 추정할 수 있다는 판단기준을 제시한 것이 잘못되었는지, 1심 법원에 의해 확정된 손해배상액이 과도한지 및 감액(remittitur) 결정이 합당한지 여부이다. 아칸소주 대법원은 모든 경우에 원고가 입은 피해를 원고가 입증하도록 요구하는 것이 더 바람직하고 일관된 규칙이라는 판단하에 추정 손해 원칙이 폐지되어야 한다고 보았다. 그러나 통상 손해에 대한 감액(remittitur) 및 확정된 징벌적 손해배상에 대해서는 1심 법원의 결정이 타당하다고 판단하였다.

1) 사실 관계

머피는 보험사(Ann Murphy는 United Insurance Company of America)에서 주택 보험을 판매하는 영업 담당자로 일했다. 그녀는 보험 에이전트로서 아칸소주 리, 세인트 프란시스(Lee, St. Francis)와 우드러프(Woodruff) 카운티에 거주하고 있는 고객들에게 보험 상품을 판매하고 보험료를 징수하였다. 1991년 10월부터 1992년 1월 12일에 회사에서 해고될 때까지 머피는 버챔의 감독 하에서 일했다. 1992년 초, 버챔은 머피의 고객 어카운트를 관리하기 시작했다. 당시 버챔은 고객들에게 머피가 그들의 보험료를 훔쳤다고 발언하여 머피의 명예를 훼손하였다.

머피는 버챔의 발언에 대해 보험사 및 버챔을 상대로 통상 손해 및 징벌적 손해배상을 모두 청구하는 명예훼손 소송을 제기하였다. 1심 재판에서 본인과 본인의 고객들이 출석하여 증언하였다.

1심 법원은 실제 손해(special damage)에 대해 판결을 내렸다. 본 케이스는 주장된 명예훼손 의제(slander per se)가 사실임을 입증하여야 하는 책임이 보험사 및 버챔에게 있다는 배심원 설시문(jury instruction)과 함께 배심원에게 전달되었다. 1심 법원은 또한 배심원 설시문(jury instruction)에서 배심원에게 원고의 손해배상이 명예훼손 의제(slander per se)에 근거하여 추정될 수 있다는 판단기준을 제시하였다.[555] 배심원은 머피에게 통상 손해 3백

555 At the close of appellee's case in chief, the trial court directed a verdict on special damages. The case was submitted to the jury on a claim of slander per se with an instruction that placed the burden on the

만불 및 징벌적 손해배상 2백만불을 인정하는 평결을 내렸고, 1심 법원은 이러한 배심원 평결에 따라 판결하였다.

그 후, 보험사와 버챔은 배심원의 결정을 무효화시키고 판사재판을 신청하거나 아니면 새로 재판을 하게 해달라는 신청 혹은 감액(motion for judgment notwithstanding the verdict, or alternatively, for new trial or remittitur)[556]을 신청하였다. 변론(hearing) 이후, 1심 법원은 통상 손해를 60만불로 감액하는 명령을 내렸지만 보험사와 버챔이 제기한 나머지 신청들은 거부하였다.

2) 아칸소주 대법원의 결정 요지

1. 추정 손해 원칙의 인정 여부

보험사와 버챔은 1심 법원이 추정 손해에 대해 배심원에게 잘못된 배심원 설시문(jury instruction)을 전달하였다는 점을 항소이유로 주장하였다.[557] 특히 보험사와 버챔은 본 케이스에서 추정 손해 원칙을 폐지해 줄 것을 요구하였다.[558]

보험사와 버챔의 주장을 검토하기에 앞서 뉴욕 타임즈 케이스 이전에 추정 손해 원칙이 확립된 배경에 대해 살펴볼 필요가 있다. 뉴욕 타임즈 케이스 이전에는 원고의 직업과 관련하여 편견을 심어줄 수 있는 허위 발언을 한 경우뿐만 아니라 원고가 범죄를 저질렀다거나 몹쓸 병에 걸렸다는 허위 발언을 한 경우 명예훼손 의제(defamation per se)로 간

---

appellants to prove that the alleged slanderous statements were true. The trial court further instructed the jury that damages could be presumed in a slander per se action. See United Ins. Co. v. Murphy, 331 Ark. 364, 961 S.W.2d 752, 754 (1998).

556 "[부록]미국 법률 용어"에서 자세한 설명을 확인하기 바란다.

557 The instruction at issue provided as follows:
However, you are instructed that there is a concept that the law calls slander per se. In such cases, a person slandered is entitled to compensatory damages as a matter of law, and such plaintiff is not required to introduce evidence of actual damages in order to recover compensatory damages, Therefore, if you find that Mark Burcham falsely accused Ann Murphy with being involved in criminal activity or which injured Ann Murphy in her trade, business, or profession, then Ann Murphy is not required to introduce evidence of actual damages in order to recover compensatory damages. See United Ins. Co. v. Murphy, 331 Ark. 364, 961 S.W.2d 752, 754-755 (1998).

558 Specifically, the appellants ask that we follow the course of several other jurisdictions and abolish the doctrine of presumed damages in defamation cases. See e.g., Taylor v. Chapman, 927 S.W.2d 542 (Mo.App.1996); Walker v. Grand Cent. Sanitation, 430 Pa. Super. 236, 634 A.2d 237 (1993); Ryan v. Herald Assn., Inc., 152 Vt. 275, 566 A.2d 1316 (1989); Costello v. Capital Cities Comm., Inc., 153 Ill.App.3d 956, 106 Ill.Dec. 154, 505 N.E.2d 701 (1987); Marchiondo v. Brown, 98 N.M. 394, 649 P.2d 462 (1982).

주하여 실제 손해(actual damage)를 입증하지 않아도 통상 손해를 청구할 수 있었다. 이는 명예훼손 의제(defamation per se)가 원고에게 해를 끼치는 그 자체만으로 실제 손해(special damage)를 인정하기에 충분하기 때문에 손해가 추정된다는 것을 의미한다는 것이다. 반면, 명예훼손 의제(defamation per se)에 해당되지 않는 발언의 경우 해당 불법 행위는 상대방의 명예를 훼손할 가능성이 있는 말이나 글(defamation per quod)[559]로 간주되어 실제 손해(special damage)에 대한 입증이 요구된다는 것이다.[560]

한편, 개인인 원고와 언론사 피고 사이에 명예훼손 사건을 다룬 Gertz 케이스에서는 실질적 악의(actual malice)에 대한 입증이 없이는 원고가 징벌적 손해배상을 청구할 수 없다고 판단한 바 있다. 언론사 피고에게 실질적 악의(actual malice)가 없는 경우 개인인 원고는 실제로 입은 피해(actual injury)에 의한 제한된 손해를 청구할 수 있는데, 이때 평판에 대한 손상, 지역사회에서의 지위, 개인적 굴욕, 정신적인 괴로움과 고통 또한 손해배상의 범위에 포함된다는 것이다.[561]

이후 Gertz 케이스와 같이 개인인 원고와 언론사 피고 사이에 명예훼손 사건을 다룬 Little Rock Newspapers, Inc. v. Dodrill, 281 Ark. 25, 660 S.W.2d 933 (1983)를 통해 본

559 "[부록]미국 법률 용어"에서 자세한 설명을 확인하기 바란다.

560 Under the common law, defamation per se encompassed false statements that the plaintiff was guilty of a crime, afflicted with a loathsome disease, as well as false statements prejudicing the plaintiff's ability to engage in his or her profession. See Minor v. Failla, 329 Ark. 274, 946 S.W.2d 954 (1997); Ewing v. Cargill, 324 Ark. 217, 919 S.W.2d 507 (1996); Reese v. Haywood, 235 Ark. 442, 360 S.W.2d 488, 489 (1962); Studdard v. Trucks, 31 Ark. 726 (1877). In such cases, the plaintiff could recover compensatory damages without proof of actual damage to reputation. Partin v. Meyer, 277 Ark. 54, 639 S.W.2d 342 (1982); Dunaway v. Troutt, 232 Ark. 615, 339 S.W.2d 613 (1960); see also Howard W. Brill, Arkansas Law of Damages, § 33-9, at p. 577 (3d ed.1996). In other words, damages were presumed from the nature of the defamation, as defamatory statements per se were considered injurious and sufficient to support an award of special damages. Dun & Bradstreet v. Robinson, 233 Ark. 168, 345 S.W.2d 34 (1961); Braman v. Walthall, 215 Ark. 582, 225 S.W.2d 342 (1949); see also Howard W. Brill, Arkansas Law of Damages, § 33-9, at p. 577 (3d ed.1996). Where the statements were not actionable as defamation per se, the tort was considered defamation per quod and required a showing of special damages. Ransopher v. Chapman, 302 Ark. 480, 791 S.W.2d 686 (1990). See United Ins. Co. v. Murphy, 331 Ark. 364, 961 S.W.2d 752, 755 (1998).

561 In Gertz v. Robert Welch, Inc., 418 U.S. 323, 94 S.Ct. 2997, 41 L.Ed.2d 789 (1974), the United States Supreme Court held that, in cases involving media defendants, states may not allow recovery of presumed or punitive damages absent a showing of knowledge of falsity or reckless disregard of the truth on the part of the publisher. Absent malice, a private plaintiff is limited to recovering damages for actual injury, which included "impairment of reputation and standing in the community, personal humiliation, and mental anguish and suffering." Id. at 349, 94 S.Ct. at 3012. See United Ins. Co. v. Murphy, 331 Ark. 364, 961 S.W.2d 752, 755 (1998).

법원은 명예훼손 사건에서 손해배상을 청구하기 위해서는 평판에 대해 개인 원고가 입은 피해를 입증해야만 한다는 요건을 채택하였다. 그러나 이후 Dun & Bradstreet, Inc. v. Greenmoss Builders Inc.에서 명예훼손적인 발언이 공적인 관심사(public concern)와 관련이 없을 때 실질적 악의(actual malice)에 대한 입증이 없이 원고에게 추정 손해 및 징벌적 손해배상의 청구를 허용하는 것은 연방 헌법 제1조 위반에 해당되지 않는다는 판결이 나오게 되었다.

1985년 이후, 언론사가 아닌 개인 피고를 상대로 평판에 대한 손해를 추정할 수 없는지 여부에 대해서는 여전히 문제로 남아 있다. 즉, 피해자가 청구해야 할 손해배상액을 배심원이 측정할 수 있는 기준이 없고, 피고의 재산 혹은 인기와 같이 허용할 수 없는 요소들을 배심원이 고려할 수 있는 위험성이 있으며, 배심원의 평결 규모에 대한 판사의 통제력 부족과 같은 문제들이 남아 있다는 것이다. 게다가 보통법상 규정(common-law rule)은 의제(per se) 카테고리에 있는 특정 단어에 대해서는 추정 손해를 허용하지만, 특정 단어가 아닌 다른 단어에 대해서는 손해배상에 대한 추가적인 증거 제시 없이는 실제 손해(actual damage)를 배제함으로써 원고와 피고 모두에게 부당한 결과를 가져온다는 것이다.

따라서 Dodrill 케이스와 같이 모든 경우에 원고가 입은 피해를 입증하도록 요구하는 것이 더 바람직하고 일관된 규정에 해당한다는 것이다. 그러므로 추정 손해 원칙을 폐지해달라는 보험사와 버챔의 주장은 인용되어야 한다는 것이다.

2. 1심 법원에 의해 확정된 손해 배상액이 과도한지 및 감액(remittitur) 결정이 합당한지 여부

보험사와 버챔은 머피에게 인정된 손해배상액이 과도하다고 주장하였다.

a. 통상 손해

손해배상액이 과도하다고 주장되는 경우에는 증거와 모든 합리적인 추론을 머피에게 가장 유리하게 검토하고, 배심원의 평결이 법원의 상식적인 기준에서 지나치게 벗어나는 정도(shock our conscience)[562]인지 혹은 배심원이 감정적으로 판단한 것인지(passion or prejudice)[563] 여부를 결정해야 한다는 것이다.[564]

562 "[부록]미국 법률 용어" 에서 자세한 설명을 확인하기 바란다.

563 "[부록]미국 법률 용어" 에서 자세한 설명을 확인하기 바란다.

564 When an award of damages is alleged on appeal to be excessive, we review the proof and all reasonable inferences most favorably to the appellee and determine whether the verdict is so great as to shock our

1심 법원은 보험사와 버챔이 새로 재판을 하게 해달라는 신청(motion for a new trial)을 거부한 사유로 머피가 평판 손상에 대한 실제 손해(actual damage)를 입증할 수 있는 증거를 제시하였다고 판단하였다. 머피가 1심 법원에 제시한 다음의 증거는 이후 법원에 의해 감액된 손해배상액을 인정하기에 충분하다는 것이다.

머피는 당시 재판에서 버챔이 머피가 고객들의 보험금을 훔쳤다는 발언을 한 후 본인이 감옥에 갈 것이라고 생각했다고 증언하였다. 머피는 그녀의 삶이 더이상 이전과 같을 수 없었다고 설명하면서 그녀는 "비참했고"(miserable), "악몽"(nightmare)을 경험했다고 설명했다.

머피의 남편인 로니 머피(Lonnie Murphy, 이하 "로니")는 버챔의 발언으로 인해 아내가 "정말 심하게 다쳤고"(hurt real bad) 버챔의 발언으로 인해 "마음이 정말 아팠다"(real tore up)고 증언하였다. 그 사건이 이후 아내는 "앉아서 울기만 했고"(sit around and cry), 너무 속상해서 신경안정제와 수면제를 복용해야만 했다고 증언하였다. 로니에 따르면, 그들의 7살짜리 아들은 엄마의 이런 변화들을 이해하지 못했다고 증언하였다.

머피는 또한 몇몇 이전 고객들의 증언을 제시하였다. 플로랜스 오글스비(Florence Oglesby)는 머피가 지역사회에서 여전히 좋은 평판을 가지고 있다고 "말할 수 없었다"(could not say)고 증언하였다. 오글스비는 또한 대화 중에 머피의 이름이 나오면 "사람들은 여전히 머피가 한 일에 대해 이야기 한다"(people still talk about what she's supposed to have done)고 증언하였다.

루비 앤서니(Ruby Anthony)는 지역사회에서 머피의 평판은 바뀌었고, 그녀는 "도둑"(thief)으로 잘 알려져 있다고 증언하였다. 엘리자베스 모이에(Elizabeth Moie)는 버챔의 발언이 "머피의 평판에 큰 타격을 입었다(really knocked on [appellee's] reputation)"고 증언하였다. 캐롤 린더만(Carol Linderman, 이하 "린더만")은 진실성에 대한 머피의 이전 평판은 "최고 혹은 일등"(tops or "number one)이었지만, 버챔의 발언이 "정말 괴롭혔고"(really bothered), 머피에 대해 "신뢰를 잃게"(lose faith) 만들었다고 증언하였다. 린더만은 또한 버챔의 발언 이후 머피의 어떤 고객들도 그녀로부터 보험 상품을 구매하기를 원치 않았다고 증언하였다. 윌마 스테넷(Wilma Stennett)은 본인이 버챔이 한 말을 믿었고, 그 말로 인해 머피에 대한 본인의 생각이 바뀌었으며, 버챔의 말이 사실인지 다른 사람들에게 확

conscience or demonstrate passion or prejudice on the part of the jury. Builder's Transp., Inc. v. Wilson, 323 Ark. 327, 914 S.W.2d 742 (1996). See United Ins. Co. v. Murphy, 331 Ark. 364, 961 S.W.2d 752, 756 (1998).

인해 보려고 했다고 증언하였다.

통상 손해가 증거에 의해 인정될 수 없을 때에는 이를 감액하는 것이 합당하다. 머피가 제시한 실제 손해(actual damage)에 대한 증거로는 60만불의 통상 손해가 인정될 수 있을 뿐이지 배심원의 평결에 따른 3백만불의 통상 손해가 인정될 수 없다는 것이다.[565]

b. 징벌적 손해배상

징벌적 손해배상 액수가 합당한지 여부를 판단하기 위해서는 잘못의 정도와 심각성 및 잘못을 범한 당사자의 의도, 모든 상황, 잘못을 범한 당사자의 재정적, 사회적 조건과 지위를 고려하여야 한다는 것이다. 또한 징벌적 손해배상은 악의적이거나 다른 사람에게 고의적으로 해를 입히려는 의도를 가지고 행한 행위에 대한 처벌에 해당된다는 것이다.[566]

머피의 이전 상사인 바비 케리(Bobby Carey)의 증언을 검토해보면, 배심원은 버챔이 여성과 일하기를 싫어 했었고 머피의 상사가 되는 것을 원치 않았기 때문에 의도적으로 명예훼손적인 발언을 하였다는 것을 알 수 있었다.

게다가 변론(hearing) 당시 머피의 이전 고객이었던 조 앤 스크로긴스(Jo Ann Scroggins, 이하 "스크로긴스")의 증언을 통해 배심원은 버챔이 갖고 있었던 또 하나의 의도가 머피의 고객들을 그의 것으로 만드는 것이었다는 것을 알 수 있었다. 스크로긴스는 또한 버챔이 머피의 명예를 훼손하는 발언을 했을 때 스크로긴스에게 "내가 당신의 다음 에이전트다"(I'm your next agent)라고 여러번 말했다고 증언하였다.

보험사와 관련하여, 회사 임원들은 버챔이 명예훼손적인 발언을 한 사실을 알고 있었다. 그들은 버챔이 절도 혐의를 입증하기 위해 요구되는 회사 감사나 서류 절차를 따르지 않았다는 것을 알았다. 버챔을 제지하는 데 아무런 조치를 취하지 않았다. 심지어 이러한 허위 주장을 근거로 버챔이 머피를 해고시키도록 허용하였다는 증거가 제시되었다.

565 As to the argument on cross-appeal, remittitur is appropriate when the compensatory damages awarded cannot be sustained by the evidence. Johnson v. Gilliland, 320 Ark. 1, 896 S.W.2d 856 (1995). We agree with the trial court that, while the appellee's evidence of actual damages supported an award of $600,000, the jury's award of $3,000,000 in compensatory damages cannot be sustained by the evidence. See United Ins. Co. v. Murphy, 331 Ark. 364, 961 S.W.2d 752, 757 (1998).

566 Turning to the issue of punitive damages, when reviewing such an award, we consider the extent and enormity of the wrong, the intent of the party committing the wrong, all the circumstances, and the financial and social condition and standing of the erring party. McLaughlin v. Cox, 324 Ark. 361, 922 S.W.2d 327 (1996). Punitive damages are to be a penalty for conduct that is malicious or done with the deliberate intent to injure another. Id. See United Ins. Co. v. Murphy, 331 Ark. 364, 961 S.W.2d 752, 757 (1998).

배심원은 위와 같은 증거에 의해 보험사와 버챔이 머피에게 의도적으로 부주의(conscious indifference)하였으며 그들의 행위는 머피에게 의도적으로 해를 가하려는 고의성에 근거한다고 결론을 내린 것이다. 따라서 본 케이스에서 머피에게 인정된 징벌적 손해배상은 합당하다는 것이다.[567]

> "United Ins. Co. of America v. Murphy에서 법원은 명예훼손 사건의 원고가 손해를 배상받기 위해서는 원고가 입은 피해를 입증해야 한다고 판단하였다. 본 케이스에서 명예훼손 의제(defamation per se)사건에 적용되었던 추정 손해 원칙이 폐지되었고, 이전의 일관성이 없는 모든 결정이 기각되었다."[568]
>
> Ellis v. Price, 337 Ark. 542, 990 S.W.2d 543, 547 (1999).

> "United Ins. Co. of America v. Murphy에서 Dun & Bradstreet 케이스에 대해 논의하고 모든 명예훼손 사건에서 추정 손해를 금지하기로 결정했다. 그 이유는 모든 경우에 원고가 입은 피해를 원고가 입증하도록 요구하는 것이 더 좋고 일관된 규칙이기 때문이다.[569]
>
> Smith v. Durden, 276 P.3d 943, 948 (N.M. 2012).

567 In light of this evidence, the jury could have concluded that appellants displayed a conscious indifference for appellee and that their acts were done with the deliberate intent to injure her. See McLaughlin, 324 Ark. at 371-372, 922 S.W.2d 327; see also Ledbetter v. United Ins. Co., 845 F.Supp. 844 (M.D.Ala.1994). In sum, when viewing the facts in this case, the amount of punitive damages does not shock our conscience. See United Ins. Co. v. Murphy, 331 Ark. 364, 961 S.W.2d 752, 757 (1998).

568 We held in the case of United Ins. Co. of America v. Murphy, 331 Ark. 364, 961 S.W.2d 752 (1998), that a plaintiff in a defamation case must prove reputational injury in order to recover damages. In United Ins., the doctrine of presumed damages in a defamation per se case was abolished, and all prior inconsistent decisions were overruled. See Ellis v. Price, 337 Ark. 542, 990 S.W.2d 543, 547 (1999).

569 United Ins. Co. of Am. v. Murphy, 331 Ark. 364, 961 S.W.2d 752, 756 (1998) (discussing Dun & Bradstreet and deciding to prohibit presumed damages in all defamation cases because "the better and more consistent rule ... is to require plaintiffs to prove reputational injury in all cases"). See Smith v. Durden, 276 P.3d 943, 948 (N.M. 2012).

“

It is clear that speech over the internet is entitled to First Amendment protection. This protection extends to anonymous internet speech.

It also is clear that the First Amendment does not protect defamatory speech.

The First Amendment does not protect defamatory speech. “[I]t is well understood that the right of free speech is not absolute at all times and under all circumstances.” Certain classes of speech, including defamatory and libelous speech, are entitled to no Constitutional protection. “It has been well observed that such utterances are no essential part of any exposition of ideas, and are of such slight social value as a step to truth that any benefit that may be derived from them is clearly outweighed by the social interest in order and morality.”

”

Doe v. Cahill, (델라웨어주 대법원, 884 A.2d 451, 456, Del. 2005).

“

Similarly, the anonymous speaker has the right to express himself on the Internet without the fear that his veil of anonymity will be pierced for no other reason than because another person disagrees with him.

”

Yelp, Inc. v. Hadeed Carpet Cleaning, Inc.
(버지니아주 항소법원, 62 Va. App. 678, 752 S.E.2d 554, 560, 2014)

E. 익명의 악플

본 섹션은 익명의 게시자들이 원고에 대한 허위 내용을 인터넷 상에 게시한 것이 문제가 되어 제기된 명예훼손 등의 사건을 다루고 있다. 원고가 익명의 게시자의 신원 정보를 요청하기 위해서는 다음과 같은 입증 기준의 충족이 요구된다.

1. 선의의 기준(Good Faith standard)

원고가 충족하기 쉬운 기준으로 연방 헌법 제1조에 따른 익명으로 발언할 수 있는 권리를 충분히 보호하지 못한다.[570]

구체적인 요건은 다음과 같다.

(1) 원고는 소장에서 주장하는 청구원인과 관련하여 합리적인 근거(legitimate, good faith basis)가 있음을 입증하면 된다.

(2) 익명의 게시자에 대한 신원 정보가 원고의 주장과 직접적이고 실질적으로 관련이 있어야 한다.

(3) 원고는 다른 출처를 통해 해당 정보를 얻을 수 없어야 한다.[571]

2. 소장기각신청(Motion to Dismiss)

소장기각신청에 대한 법원의 검토 대상은 소장에 적힌 원고의 주장으로 제한된다. 법원은 소장기각신청 검토 시 소장기각을 반대하는 당사자인 원고가 청구원인으로 주장하는 내용이 모두 사실임을 전제로 해서 과연 그 주장내용만으로 기준해 볼 때 법적으로 명예훼손으로 인정될 수 있는지 여부를 판단한다.[572]

---

570 In our view, this "good faith" standard is too easily satisfied to protect sufficiently a defendant's right to speak anonymously. See Doe v. Cahill, 884 A.2d 451, 458 (Del. 2005).

571 good-faith standard required Cahill to establish (1) that he had a legitimate, good-faith basis upon which to bring the claim; (2) the identifying information was directly and materially related to the claim; and (3) he could not obtain the information from any other source. See In re Indiana Newspapers Inc., 963 N.E.2d 534, 551 (Ind. Ct. App. 2012).

572 Long-settled doctrine governs this Court's review of dismissals under Rule 12(b)(6). Under that doctrine, the threshold for the showing a plaintiff must make to survive a motion to dismiss is low. Delaware is a notice pleading jurisdiction. Thus, for a complaint to survive a motion to dismiss, it need only give "general notice of the claim asserted." A court can dismiss for failure to state a claim on which relief can be granted only if "it appears with reasonable certainty that the plaintiff could not prove any set of facts that would entitle him to relief." On a motion to dismiss, a court's review is limited to the well-pleaded allegations in the complaint. An allegation, "though vague or lacking in detail" can still be well-pleaded so long as it puts the opposing party on notice of the claim brought against it. Finally, in ruling on a motion to dismiss under Rule 12(b)(6), a trial court must draw all reasonable factual inferences in favor of the party opposing the motion. See Doe v. Cahill, 884 A.2d 451, 458 (Del. 2005).

소장기각신청(Motion to Dismiss)은 선의의 기준(Good Faith standard)에 비해서는 엄격한 기준이지만 여전히 연방 헌법 제1조에 따른 익명으로 발언할 수 있는 권리를 충분히 보호하지 못한다는 단점을 가지고 있다.[573]

3. 중간판결(Motion for Summary Judgment)

증거조사(Discovery)에서 나온 증거자료만을 기준으로 판단해서 케이스를 종결할 수 있는 판사재판을 말하는 것으로, 법원은 다툼이 있는 사실에 관하여는 신청하지 않은 쪽에게 유리하게 입증된 것으로 전제하고 중요 사실에 대해 양 당사자 간에 다투어야 할 쟁점이 남아 있는지 여부를 합리적으로 판단하여야 한다. 만약 제출된 증거에서 중요한 사실과 관련하여 논쟁의 여지가 있다고 보여지거나 법을 제대로 적용하기 위해 사실을 철저하게 조사할 필요가 있다고 판단되는 경우에는 판사의 판단으로 중간판결로 케이스를 종결하는 것이 인정되지 않는다.

판사재판을 통해 익명의 게시자에 대한 신원 정보를 밝히기 위해서는 명예훼손을 제기한 원고가 본인의 주장을 구성하는 개별 요건사실에 관련하여 반증이 없으면 진실로 추정되는 사건(prima facie case)[574]임을 입증할 수 있는 충분한 증거 제출이 요구된다.[575]

4. Dendrite 기준(Dendrite standard)

Dendrite Intern., Inc. v. Doe No.3, 342 N.J. Super. 134, 775 A.2d 756 (App. Div. 2001)에서 확립된 기준으로 반증이 없으면 진실로 추정되는 기준(prima facie standard)이라고 불리기도 한다. 다음과 같은 4가지 요건의 충족을 요구하는데 그 중 익명의 게시자에 대한 신원 정보 공개의 필요성과 연방 헌법 제1조에 따른 익명으로 발언할 수 있는 권리 사이에 균형을 요구하는 마지막 요건을 중시한다.[576]

---

573 As one of our recent decisions, Ramunno v. Cawley, illustrates, even the more stringent motion to dismiss standard, the middle option in the spectrum of standards from which we may choose, falls short of providing sufficient protection to a defendant's First Amendment right to speak anonymously. See Doe v. Cahill, 884 A.2d 451, 458 (Del. 2005).

574 "[부록]미국 법률 용어"에서 자세한 설명을 확인하기 바란다.

575 In deciding a motion for summary judgment, "a trial court shall examine the factual record and make reasonable inferences therefrom in the light most favorable to the nonmoving party to determine if there is any dispute of material fact." "[I]f from the evidence produced there is a reasonable indication that a material fact is in dispute or if it appears desirable to inquire more thoroughly into the facts in order to clarify application of the law, summary judgment is not appropriate." Thus, to obtain discovery of an anonymous defendant's identity under the summary judgment standard, a defamation plaintiff "must submit sufficient evidence to establish a prima facie case for each essential element of the claim in question." In other words, the defamation plaintiff, as the party bearing the burden of proof at trial, must introduce evidence creating a genuine issue of material fact for all elements of a defamation claim within the plaintiff's control. See Doe v. Cahill, 884 A.2d 451, 462-463 (Del. 2005).

576 The application of these procedures and standards must be undertaken and analyzed on a case-by-case basis. The guiding principle is a result based on a meaningful analysis and a proper balancing of the

(1) 법원은 익명의 게시자들에게 소환장 혹은 신원공개명령 신청 대상에 해당된다는 것을 통지하라고 원고에게 요구하여야 한다. 원고는 강제적인 방법에 의한 증거조사(Discovery)를 하기 이전에 익명의 게시자들에게 법에서 인정하는 증거조사방법 이외의 방법으로 먼저 신원을 밝혀달라고 요청하여야 한다. 이와 같은 통지의 노력에는 인터넷 서비스 제공자(Internet Service Provider, ISP)의 메시지 게시판에 익명의 게시자들에게 신원 공개 요청을 위한 알림 메시지를 게시하는 것을 포함해야 한다.

(2) 법원은 원고에게 각각의 익명의 게시자에 의한 발언들이 청구원인에서 명예훼손에 해당된다고 주장하는 문제된 발언 내용들을 확인하고 제시하도록 요구하여야 한다.

(3) 법원은 원고가 익명의 게시자들을 상대로 반증이 없으면 진실로 추정되는 근거(prima facie cause)[577]를 충분히 제시했는지 여부를 결정하기 위해 원고의 소장과 법원에 제출된 모든 정보들을 면밀히 검토해야 한다. 원고는 법원이 익명의 게시자의 신원 정보를 공개하는 명령을 내리기 전에 반증이 없으면 진실로 추정되는 기준(prima facie basis)에 따라 청구원인(cause of action)의 각 요건사실들을 뒷받침할 수 있는 충분한 증거를 제시하여야 한다.

(4) 원고가 반증이 없으면 진실로 추정되는 근거(prima facie cause)를 충분히 제시했다고 법원이 결정하면, 법원은 연방 헌법 제1조에 따른 익명으로 발언할 수 있는 권리와 익명의 게시자의 신원 정보를 공개해야 할 필요성 사이에 균형을 맞추어야 한다.[578]

---

equities and rights at issue. See Dendrite Intern., Inc. v. Doe No. 3, 342 N.J. Super. 134, 775 A.2d 756, 761 (App. Div. 2001).

577 "[부록]미국 법률 용어"에서 자세한 설명을 확인하기 바란다.

578 We hold that when such an application is made, the trial court should first require the plaintiff to undertake efforts to notify the anonymous posters that they are the subject of a subpoena or application for an order of disclosure, and withhold action to afford the fictitiously-named defendants a reasonable opportunity to file and serve opposition to the application. These notification efforts should include posting a message of notification of the identity discovery request to the anonymous user on the ISP's pertinent message board. The court shall also require the plaintiff to identify and set forth the exact statements purportedly made by each anonymous poster that plaintiff alleges constitutes actionable speech.
The complaint and all information provided to the court should be carefully reviewed to determine whether plaintiff has set forth a prima facie cause of action against the fictitiously-named anonymous defendants. In addition to establishing that its action can withstand a motion to dismiss for failure to state a claim upon which relief can be granted pursuant to R. 4:6-2(f), the plaintiff must produce sufficient evidence supporting each element of its cause of action, on a prima facie basis, prior to a court ordering the disclosure of the identity of the unnamed defendant.
Finally, assuming the court concludes that the plaintiff has presented a prima facie cause of action, the court must balance the defendant's First Amendment right of anonymous free speech against the strength of the prima facie case presented and the necessity for the disclosure of the anonymous defendant's identity to allow the plaintiff to properly proceed. See Dendrite Intern., Inc. v. Doe No. 3, 342 N.J. Super. 134, 775 A.2d 756, 760-761 (App. Div. 2001).

5. Cahill 기준(Cahill standard)

Cahill 기준(*Cahill* standard)은 Doe v. Cahill, 884 A.2d 451 (Del. 2005)에서 확립된 기준으로 중간판결 기준(summary judgment standard)이라고 불리기도 한다. Dendrite 기준(*Dendrite* standard) 중 첫 번째와 세 번째 요건만으로 구성된 기준이다.

(1) 원고는 신원 정보 공개와 관련하여 익명의 게시자에게 합리적인 방법으로 통지하여야 한다.

(2) 원고는 중간판결 기준(summary judgment standard)을 충족하여야 한다.[579]

579 The Cahill court adopted a "modified Dendrite standard consisting only of Dendrite requirements one and three: the plaintiff must make reasonable efforts to notify the defendant and must satisfy the summary judgment standard." Id. at 461. See Thomson v. Doe, 189 Wash.App. 45 356 P.3d 727, 731-732 (2015).

1 / Dendrite Intern., Inc. v. Doe No. 3 (뉴저지주 항소법원, 342 N.J. Super. 134, 775 A.2d 756, App. Div. 2001)

본 케이스는 익명의 게시자(John Doe No.3)가 인터넷 상에서 덴드라이트사(Dendrite International, Inc.)에 대한 허위 내용을 게시하였고 이에 덴드라이트사가 익명의 게시자의 신원 정보 공개를 위해 법원에 증거조사(limited discovery)[580]를 신청하였으나 1심 법원에 의해 거부당한 사건이다.

항소법원은 1심 판사가 덴드라이트사의 명예훼손 주장에 대해 법원이 일반적으로 판단 기준으로 삼는 소장기각신청(motion to dismiss standard)에 비해 더욱 엄격한 기준을 적용하여 판단하였는데 이는 항소법원이 채택하고 있는 기준 및 타 관할의 결정례에서 채택하고 있는 검토 기준과도 일치한다는 점을 들어 1심 판사의 결정이 타당하다고 판단하였다.

1) 사실 관계

덴드라이트사는 뉴저지주 모리스타운(Morristown)에 본사를 둔 기업으로 의약 및 소비자 패키지 상품(Consumer Package Goods, CPG) 산업을 위해 고도로 전문화된 통합 제품과 서비스를 제공하였다. 덴드라이트사는 상장기업이었고 21개국에 지사를 보유하고 있었다.

야후(Yahoo!)는 사용자가 특정 회사의 재정 문제와 관련된 게시판 및 게시판에 글을 게시할 수 있는 서비스를 제공하는 인터넷 서비스 제공자였는데 모든 상장기업을 대상으로 게시판을 운영하고 누구든지 게시판에 글을 게시할 수 있도록 허용하였다. 야후는 덴드라이트사의 전용 게시판을 운영하고 있었으며, 회사의 주식 실적과 관련된 문제에 대한 글을 게시하고 사용자 사이에 의견 교환을 호스팅하였다. 일반적으로 게시판 사용자는 익명으로 글을 게시하는 반면, 야후의 경우 사용자는 서비스를 이용하기 전에 실명, 우편 주소, 이메일 주소 등의 식별 정보를 제공해야 했다. 단, 야후는 개인 보호 정책을 통해 가입자의 신원 정보에 대한 기밀 유지를 보장하였다.

덴드라이트사는 1999년 8월, 증권 거래 위원회(SEC)에 당해 2분기 보고서를 제출하였다. 이 보고서에서 덴드라이트사는 다음과 같이 언급하였다.

> "예전에는 라이선스 계약 이행에서 시작하여 최초 주문 제작 및 설치 완료로 끝나는 기간 동안 완성률을 사용하여 라이선스 수수료를 수익으로 인식했다. 그러나

---

580 "[부록] 미국 법률 용어" 에서 자세한 설명을 확인하기 바란다.

회사들(ForcePharma, SalesPlus)이 우리의 신규 판매 소프트웨어 제품을 사용하면 고객이 주문 제작을 요구하지 않게 될 것이므로 제품이 배송되는 즉시 라이선스 수수료로 인식될 수 있을 것으로 생각한다."[581]

이 보고서가 발표된 후 여러 증권 분석가들이 해당 내용을 다루었다. CFRA사(Center for Financial Research and Analysis, Inc.)는 1999년 9월에 덴드라이트사의 "수익 인식의 변화"(Change in Revenue Recognition)를 구체적으로 설명하는 보고서를 발표하였다. CFRA 보고서는 분기별 보고서에서 언급된 가시적인 변화로 인해 덴드라이트사의 수익 인식 방식이 수익 증대를 가져올 것이며 실제로 덴드라이트사의 재무 상태가 개선된 이유 중 하나라고 결론을 내렸다. CFRA사의 보고서는 관련 수익 증가가 "회사의 핵심부문에 숨겨진 약점"(masked weaknesses in the company's core segment)일 수 있다고 주장하였다.

인터넷 웹사이트인 더 스트리트 닷컴(TheStreet.com)은 1999년 9월에 덴드라이트사에 관해 유사한 기사를 게재하였으며 덴드라이트사의 분기별 보고서에 대해서도 답변하였다. 더 스트리트 닷컴은 "더 공격적인 수익 인식"(more aggressive recognition of revenue)을 포함하여 덴드라이트사에 대해 여러가지 위험 요인들을 언급하였다. 이 기사의 저자는 덴드라이트사의 수익 인식 정책에 대한 이러한 변화가 덴드라이트사에게 "선불로 더 많은 수익을 올리게 해줄 것"(could more revenue up front)으로 전망했다.

야후의 덴드라이트사의 전용 게시판에서도 적어도 2명 이상의 사용자들이 CFRA사의 보고서와 더 스트리트 닷컴의 기사 내용을 게시물에서 언급하였다. 1999년 9월 21일, CFRA사의 보고서를 인용한 익명의 게시자는 덴드라이트사의 회계 및 운영 문제에 대해 언급하였다. 다음 날, 더 스트리트 닷컴의 기사를 인용한 또 다른 익명의 게시자는 덴드라이트사의 수익 인식 정책의 변화에 대해 언급하였다. 덴드라이트사는 CFRA사의 보고서가 발표된 후 얼마되지 않아 CFRA사의 보고서에서 주장된 것처럼 수익 인식 정책이 변경되었다는 것을 부인하였다.

2000년 3월 14일부터 2000년 6월 2일까지 익명의 게시자 No. 3은 야후의 덴드라이

581 Historically, we have generally recognized license fees as revenue using the percentage of completion method over a period of time that begins with execution of the license agreement and ends with the completion of initial customization and installation, if any. However, we believe that with some of our newer sales force software products, such as, ForcePharma and SalesPlus, our customers will not require customization and therefore we may be able to recognize license fees from these products upon delivery. See Dendrite Intern., Inc. v. Doe No. 3, 342 N.J. Super. 134, 775 A.2d 756, 762 (App. Div. 2001).

트사의 게시판에 "xxplrr"이라는 가명으로 9개의 게시글을 올렸다. 이 중 3개의 게시글은 덴드라이트사의 수익을 인식하는 회계 방식의 변경과 관련이 있었다. 특히 이러한 게시글에는 다음과 같은 내용이 포함되었다.

> "존(덴드라이트사의 사장 존 바일리(John Bailye), 이하 "존")은 또 다른 1년의 수익을 얻기 위해 그의 계약건들을 안전하게 투자하였고 이를 위해 회계상 수익 인식을 어떻게 바꿀 것인지 대해 주목하고 있다."
>
> "존은 수익을 극대화시키기 위해 잘 짜여진 계약들을 보유해 왔다. 그리고 그는 수익을 더 극대화시키기 위해 회계상 수익 인식을 바꾸고 있다."
>
> "덴드라이트사는 전년 대비 수익 확대를 통해 다년 계약을 체결하였다. (의약품 관리는 계약의 총 가격을 가장 중요하게 생각하므로 가격이 소프트웨어나 서비스에 책정되었는지 여부에 대해서도 신경쓰지 않는다). 덴드라이트사는 또한 화이자(Pfizer) 및 릴리(Lilly)와 동일한 방식으로 계약들을 재조정할 수 있었다."[582]

덴드라이트사의 증거조사(Discovery) 신청서를 뒷받침하기 위해 제출된 덴드라이트사의 부사장 알 브루스 새비지(R. Bruce Savage)의 확인서는 이와 같은 게시글이 명백히 허위라고 주장하였다. 특히 덴드라이트사가 수익 인식 정책을 변경하지 않았고 덴드라이트사에서 진행한 계약들도 수익 인식을 지연시키기 위해 만들어진 것이 아니라고 주장하였다.

덴드라이트사는 또한 2000년 3월 28일에 익명의 게시자 No. 3에 의해 게시된 다음 글에 대해 문제를 제기하였다.

> "덴드라이트사는 단순히 서로 앞다투어 나아가는 것처럼 보이지 않는다. 존은 이 사실을 알고 열심히 사들이고 있다. 그러나 시벨사(Siebel)와 샙(SAP)사는 이미

---

582 John's [(Dendrite president John Bailye)] got his contracts salted away to buy another year of earnings—and note how they're changing revenue recognition accounting to help it.

...

Bailye has his established contracts structured to provide a nice escalation in revenue. And then he's been changing his revenue-recognition accounting to further boost his earnings (see about 100 posts back).

...

[Dendrite] signed multi-year deals with built in escalation in their revenue year-over-year (pharma cares most about total price of the contract, so they don't care; nor do they care if the price is in software or services). They also have been able to restructure their contracts with Pfizer and Lilly the same way. See Dendrite Intern., Inc. v. Doe No. 3, 342 N.J. Super. 134, 775 A.2d 756, 763 (App. Div. 2001).

그를 거절했다. 오라클사(Oracle)가 원하는 것이 바로 이것이다 (그들이 사들일 것이기 때문이다). 하지만 그것이 모리스타운(Morristown)의 일자리 창출에는 전혀 도움이 안 되지 않는가?"583

덴드라이트사는 덴드라이트사가 해당 회사들을 비밀리에 매입하려고 시도했지만 실패했다는 게시글의 내용이 허위 사실이라고 주장하였다. 또한 덴드라이트사가 경쟁력이 없고, 사장은 이 사실을 알고 회사를 매각하려고 시도하는 중이며, 잠재적 구매자들에게 가치가 없다는 익명의 게시자 No. 3의 주장은 모두 허위라고 주장하였다.

이러한 게시글 및 다른 야후 게시판 사용자에 의해 게시된 글에 대해 덴드라이트사는 2000년 5월 24일 익명의 게시자 No. 3을 포함하여 가명을 사용한 익명의 게시자 피고들을 상대로 소장을 제출하였다. 덴드라이트사는 소장에서 야후의 덴드라이트사 전용 게시판에 게시된 특정 게시글들이 계약 위반, 명예훼손 및 영업 비밀 도용에 해당한다고 주장하였다.

야후의 덴드라이트사 게시판에 참여한 대부분의 사용자들은 실제 신원과는 무관한 가명을 사용하였다. 덴드라이트사는 인터넷 서비스 제공자가 익명의 게시자의 신원 정보 확인을 위해 덴드라이트사에게 협조하여야 하는데 협조하지 않는 이유에 대해 소명하라는 법원의 명령(order to show cause why Dendrite should not be granted leave to conduct limited discovery for the purpose of ascertaining the true identity of the John Doe defendants Nos. 1 through 4)584을 청구하였다. 이에 따라 2000년 6월 20일, 1심 법원은 익명의 게시자에게 덴드라이트사가 요청한 청구가 승인되어서는 안되는 이유에 대해 소명하라고(order directing these John Doe defendants to show cause why the relief requested by Dendrite should not be granted)585 명령하였다. 이 명령은 또한 야후의 덴드라이트사 전용 게시판에도 동일한 내용의 공지를 게시할 것을 지시하였다.

2000년 7월 28일, 판사는 이 명령과 관련하여 양측의 의견을 들어보기 위한 변론을 열었고 양측의 주장을 들어본 후 (the motion judge heard argument on the order to show

583 [Dendrite] simply does not appear to be competitively moving forward. John [Bailye, Dendrite's president] knows it and is shopping hard. But Siebel and SAP already have turned him down. Hope Oracle does want in bad (and that's why they'll get). But it doesn't help job prospects in Morristown any does it? See Dendrite Intern., Inc. v. Doe No. 3, 342 N.J. Super. 134, 775 A.2d 756, 763 (App. Div. 2001).

584 "[부록]미국 법률 용어"에서 자세한 설명을 확인하기 바란다.

585 "[부록]미국 법률 용어"에서 자세한 설명을 확인하기 바란다.

cause)[586] 판사는 익명의 게시자 피고들의 신원을 확인하기 위해 증거조사(Discovery)를 강제하는 덴드라이트사의 신청을 유보하기로 결정하였다.

2000년 11월 23일, 1심 법원은 익명의 게시자 피고들 No. 1과 No. 2의 신원을 확인하기 위해 덴드라이트사의 특별한 이슈를 해결하기 위한 증거조사(limited discovery) 신청을 승인하는 내용의 결정문을 발표했지만, 익명의 게시자 피고들 No. 3와 No. 4에 대한 승인은 거부하였다. 이와 같은 결정에 도달하게 된 이유에 대해 다음과 같이 언급하였다.

> "법원은 원고가 익명의 게시자에 대해 알 권리(right to confront his accusers)[587]와 게시자가 익명으로 자신의 의견을 표명할 수 있는 권리 사이에 균형을 맞추도록 요청받았다…. 덴드라이트사가 게시글로 인해 피해를 입었음을 입증하지 못한 것과 같이 익명의 게시자 No. 3를 상대로 제기된 명예훼손에 대해 반증이 없으면 진실로 추정되는 사건(prima facie case)임을 입증하지 못했다. 덴드라이트사는 또한 익명의 게시자 No.3와 No.4의 행동이 명예훼손에 해당되고 또한 강제적인 증거조사(Discovery)를 허용해줄 정도로 불법적이었다는 점에 관한 충분한 증거를 법원에 제시하지 못했다. 따라서 덴드라이트사가 요청한 익명 게시자의 신원을 밝히기 위해 강제적인 방법에 의한 증거조사(limited discovery)는 거부된다."[588]

이후 덴드라이트사는 1심 법원의 명령에 대해 항소하였다.

2) 뉴저지주 항소법원의 결정 요지

연방 대법원은 익명으로 발언할 수 있는 권리는 연방 헌법 제1조에 의해 보호되며,[589]

586 "[부록]미국 법률 용어"에서 자세한 설명을 확인하기 바란다.

587 "[부록]미국 법률 용어"에서 자세한 설명을 확인하기 바란다.

588 The Court has been called upon to balance an individual's right to anonymously voice their opinions against a plaintiff's right to confront his accusers.... Dendrite has not made a prima facie case of defamation against John Doe No. 3, as Dendrite has failed to demonstrate that it was harmed by any of the posted messages. Dendrite has also failed to provide this Court with ample proof from which to conclude that John Does Nos. 3 and 4 have used their constitutional protections in order to conduct themselves in a manner which is unlawful or that would warrant this Court to revoke their constitutional protections. Therefore, Dendrite's request for limited expedited discovery, including the issuance of a commission to take discovery out-of-state is denied. See Dendrite Intern., Inc. v. Doe No. 3, 342 N.J. Super. 134, 775 A.2d 756, 764 (App. Div. 2001).

589 It is well-established that rights afforded by the First Amendment remain protected even when engaged in anonymously. Buckley v. American Constitutional Law Found., 525 U.S. 182, 197-99, 119 S.Ct. 636, 645-46,

인터넷 상에서 익명으로 게시한 글 또한 동일하게 연방 헌법 제1조의 보호를 받는다고 판단하였다.[590] 본 케이스를 관할하는 주 대법원인 뉴저지주 대법원도 개인이 자유롭게 발언할 수 있는 권리를 보호되어야 할 가장 중요한 권리로 인정하였다.[591]

익명의 게시자 No.3의 게시글이 적법하게 작성된 것이라면 앞서 언급한 바와 같이 연방 헌법 제1조 및 주 헌법의 보호를 받게 된다. 따라서 법원이 익명의 게시자 No.3의 신원 정보를 공개하는 증거조사(Discovery)를 강제하기 위해서는 익명의 게시자 No.3의 게시글이 명예훼손에 해당되는지 여부를 살펴봐야 한다는 것이다.[592]

익명의 게시자가 게시한 글이 명예훼손에 해당되는지 여부를 살펴봐야 하는 이유는 법원이 연방 헌법 제1조에서 보장하는 익명으로 발언할 수 있는 권리를 최대한 보호하면서도 다른 한편으로는 개인을 명예훼손으로부터 보호해야하기 때문이다.[593]

덴드라이트사의 익명의 게시자 No. 3의 신원 정보 공개를 강제하기 위한 증거조사(limited discovery) 신청을 거부한 1심 법원의 결정은 다음의 이유로 적절하다고 판단된다.

먼저, 항소법원은 개인 혹은 기업의 권리를 침해한 것으로 알려진 익명의 게시자의 신원 공개를 강제하기 위한 증거조사(Discovery) 신청이 원고에 의해 접수되었을 때 1심 법원이 다음의 기준(*Dendrite* standard)을 따를 것을 제시하였다.[594]

---

142 L. Ed.2d 599, 609-10 (1999); McIntyre v. Ohio Elections Comm., 514 U.S. 334, 115 S.Ct. 1511, 131 L. Ed.2d 426 (1995); Talley v. California, 362 U.S. 60, 80 S.Ct. 536, 4 L. Ed.2d 559 (1960). See Dendrite Intern., Inc. v. Doe No. 3, 342 N.J. Super. 134, 775 A.2d 756, 765 (App. Div. 2001).

590 In Reno v. American Civil Liberties Union, supra, the Supreme Court made it clear that First Amendment Protections extend to speech on the Internet. 521 U.S. at 885, 117 S.Ct. at 2351, 138 L.Ed.2d at 906. See Dendrite Intern., Inc. v. Doe No. 3, 342 N.J. Super. 134, 775 A.2d 756, 765 (App. Div. 2001).

591 Our Supreme Court has held that the rights attendant to this provision are "the most substantial in our constitutional scheme." Green Party of New Jersey v. Hartz Mountain Indus., Inc., 164 N.J. 127, 144, 752 A.2d 315 (2000). See Dendrite Intern., Inc. v. Doe No. 3, 342 N.J. Super. 134, 775 A.2d 756, 766 (App. Div. 2001).

592 Assuming John Doe No. 3's statements are lawful, they would be afforded Constitutional protection, both under the First Amendment of the Federal Constitution and our New Jersey Constitution. Accordingly, the discovery of John Doe No. 3's identity largely turns on whether his statements were defamatory or not. See Dendrite Intern., Inc. v. Doe No. 3, 342 N.J. Super. 134, 775 A.2d 756, 766 (App. Div. 2001).

593 "The law of defamation exists to achieve the proper balance between protecting reputation and protecting free speech." Ward v. Zelikovsky, 136 N.J. 516, 528, 643 A.2d 972 (1994); Sedore, supra, 315 N.J.Super. at 146, 716 A.2d 1196. "Thus, the purpose of the law of defamation is to strike the right balance between protecting reputation and preserving free speech." Lynch v. New Jersey Educ. Ass'n, 161 N.J. 152, 166, 735 A.2d 1129 (1999). See Dendrite Intern., Inc. v. Doe No. 3, 342 N.J. Super. 134, 775 A.2d 756, 766 (App. Div. 2001).

594 We offer the following guidelines to trial courts when faced with an application by a plaintiff for expedited

(1) 법원은 익명의 게시자들에게 소환장 혹은 신원공개명령 신청 대상에 해당된다는 것을 통지하라고 원고에게 요구하여야 한다. 원고는 강제적인 방법에 의한 증거조사(Discovery)를 하기 이전에 익명의 게시자들에게 법에서 인정하는 증거조사방법 이외의 방법으로 먼저 신원을 밝혀달라고 요청하여야 한다. 이와 같은 통지의 노력에는 인터넷 서비스 제공자(ISP)의 메시지 게시판에 익명의 게시자들에게 신원 공개 요청을 위한 알림 메시지를 게시하는 것을 포함해야 한다.

(2) 법원은 원고에게 각각의 익명의 게시자에 의한 발언들이 청구원인에서 명예훼손에 해당된다고 주장하는 문제된 발언 내용들을 확인하고 제시하도록 요구하여야 한다.

(3) 법원은 원고가 익명의 게시자들을 상대로 반증이 없으면 진실로 추정되는 근거(prima facie cause)를 충분히 제시했는지 여부를 결정하기 위해 원고의 소장과 법원에 제출된 모든 정보들을 면밀히 검토해야 한다. 원고는 법원이 익명의 게시자의 신원 정보를 공개하는 명령을 내리기 전에 반증이 없으면 진실로 추정되는 기준(prima facie basis)에 따라 청구원인(cause of action)의 각 요건사실들을 뒷받침할 수 있는 충분한 증거를 제시하여야 한다.

(4) 원고가 반증이 없으면 진실로 추정되는 근거(prima facie cause)를 충분히 제시했다고 법원이 결정하면, 법원은 연방 헌법 제1조에 따른 익명으로 발언할 수 있는 권리와 익명의 게시자의 신원 정보를 공개해야 할 필요성 사이에 균형을 맞추어야 한다.[595]

---

discovery seeking an order compelling an ISP to honor a subpoena and disclose the identity of anonymous Internet posters who are sued for allegedly violating the rights of individuals, corporations or businesses. See Dendrite Intern., Inc. v. Doe No. 3, 342 N.J. Super. 134, 775 A.2d 756, 760 (App. Div. 2001).

595 We hold that when such an application is made, the trial court should first require the plaintiff to undertake efforts to notify the anonymous posters that they are the subject of a subpoena or application for an order of disclosure, and withhold action to afford the fictitiously-named defendants a reasonable opportunity to file and serve opposition to the application. These notification efforts should include posting a message of notification of the identity discovery request to the anonymous user on the ISP's pertinent message board.
The court shall also require the plaintiff to identify and set forth the exact statements purportedly made by each anonymous poster that plaintiff alleges constitutes actionable speech.
The complaint and all information provided to the court should be carefully reviewed to determine whether plaintiff has set forth a prima facie cause of action against the fictitiously-named anonymous defendants. In addition to establishing that its action can withstand a motion to dismiss for failure to state a claim upon which relief can be granted pursuant to R. 4:6-2(f), the plaintiff must produce sufficient evidence

1심 판사는 덴드라이트사가 신청한 증거조사(limited discovery)의 인정 여부를 검토할 때 캘리포니아 북부 연방 1심 법원의 Columbia Ins. Co., v. Seescandy. Com, 185 F.R.D. 573 (N.D.Cal.1999) (이하 "Seescandy.Com 판결")와 버지니아 1심 법원의 In re Subpoena Duces Tecum to America Online, Inc., 2000 WL 1210372, 1 (Va. Cir. Ct. Jan.31, 2000) (이하 "American Online 판결")의 결정례를 근거로 판단하였다.

1. Seescandy.Com 판결

캘리포니아 북부 연방 1심 법원은 Seescandy.Com 판결에서 원고가 익명의 피고의 신원 정보를 확인할 수 있도록 원고가 신청한 증거조사(limited discovery)를 법원이 승인해 주어야 하는지 여부를 다루었다.

본 판결의 배경이 되는 사실관계는 다음과 같다. 원고는 See's Candy Shops, Inc.와 관련된 여러 상표의 법적 권리를 넘겨받았다. 그런데 익명의 피고가 원고의 사업체명과 유사한 Seescandy.Com이라는 인터넷 도메인 이름을 등록했다. 이후 원고는 See's Candy Shops, Inc.에 대한 인터넷 도메인 이름을 등록하게 되었는데 익명의 피고가 본인의 상표권을 침해했다고 주장하면서 익명의 피고를 상대로 소를 제기하였다. 그러나 원고는 해당 도메인 이름을 등록한 피고의 신원 정보에 대해서는 알지 못했다.

위 사건을 담당한 캘리포니아 북부 연방 1심 법원은 인터넷의 발달로 온라인 상에서 익명의 게시자에 의해 명예훼손 등의 불법행위가 성행하게 되었지만 피해를 입은 당사자는 불법행위를 저지른 익명의 게시자의 신원 정보를 조사할 수 없는 어려움에 처해있으므로 구제가 필요하다고 보았다. 반면 익명의 게시자는 원고의 신청과 법원의 승인에 의해 익명의 게시자에 대한 신원 정보가 강제로 공개될 수 있다는 두려움 없이 온라인상에서 자유롭게 발언할 수 있도록 보호되어야 하며 이 둘 사이에 균형이 요구된다고 판단하였다.

캘리포니아 북부 연방 1심 법원은 익명의 게시자에 대한 신원 정보를 공개하기 위한 증거조사(limited discovery)가 정당한지 여부에 대해 다음의 기준을 제시하였다.

---

supporting each element of its cause of action, on a prima facie basis, prior to a court ordering the disclosure of the identity of the unnamed defendant.

Finally, assuming the court concludes that the plaintiff has presented a prima facie cause of action, the court must balance the defendant's First Amendment right of anonymous free speech against the strength of the prima facie case presented and the necessity for the disclosure of the anonymous defendant's identity to allow the plaintiff to properly proceed. See Dendrite Intern., Inc. v. Doe No. 3, 342 N.J. Super. 134, 775 A.2d 756, 760-761 (App. Div. 2001).

(1) 원고는 피고가 법원에서 소송을 제기할 수 있는 실제 개인(real person) 혹은 법인에 해당되는지 여부를 법원이 결정할 수 있도록 충분히 구체적으로 피고의 신원을 확인하여야 한다.

(2) 원고가 피고의 신원 공개를 요청하기 위해 최선의 노력을 다했다는 것을 입증해야 한다.

(3) 원고는 원고가 제기한 소송이 소송기각신청(motion to dismiss) 사유에 해당되지 않는다는 것을 입증해야 한다.

(4) 원고는 증거조사 신청(limited discovery)이 법원에 의해 받아들여져야 하는 타당한 이유 및 구체적인 증거조사 범위가 포함된 증거조사 신청(limited discovery)을 법원에 제출하여야 한다.[596]

본 케이스의 1심 판사는 Seescandy.Com 판결에 근거하여 덴드라이트사가 익명의 게시자 No.3를 상대로 제기한 명예훼손은 반증이 없으면 승소가 될 사건(prima facie case)임을 입증하지 못했기 때문에 위 판결에서 제시된 기준 중 세 번째 요건을 충족하지 못했다고 판단하였다. 특히 판사는 덴드라이트사가 익명의 게시자 No.3가 작성한 게시글로 인해 회사가 입은 피해를 입증하지 못했다고 판단하였다.[597]

덴드라이트사는 익명의 게시자 No.3가 작성한 게시글로 인해 회사의 주가가 하락되었다고 주장하였으나, 1심 판사는 익명의 게시자 No.3의 게시글이 회사의 주가 하락을 가져왔

596 "First, the plaintiff should identify the missing party with sufficient specificity such that the Court can determine that defendant is a real person or entity who could be sued in federal court." Ibid. Second, plaintiff must "identify all previous steps taken to locate the elusive defendant" to demonstrate that plaintiffs have made a good-faith effort to comply with the requirements of service of process. Id. at 579. Third, and most relevant to this appeal, "plaintiff should establish to the Court's satisfaction that plaintiff's suit against defendant could withstand a motion to dismiss." Ibid. Fourth, the moving "plaintiff should file a request for discovery with the Court, along with a statement of reasons justifying the specific discovery requested as well as identification of a limited number of persons or entities on whom discovery process might be served and for which there is a reasonable likelihood that the discovery process will lead to identifying information about defendant that would make service of process possible." Id. at 580. See Dendrite Intern., Inc. v. Doe No. 3, 342 N.J. Super. 134, 775 A.2d 756, 767-768 (App. Div. 2001).

597 Relying on Seescandy.Com, the motion judge reasoned that Dendrite did not satisfy the third prong-the ability to withstand a motion to dismiss-because it failed to make out a prima facie case of defamation against John Doe No. 3. Accordingly, the judge concluded Dendrite was not entitled to conduct limited discovery to ascertain the identity of John Doe No. 3. Specifically, the judge found Dendrite failed to show that the statements posted by John Doe No. 3 caused Dendrite any harm. See Dendrite Intern., Inc. v. Doe No. 3, 342 N.J. Super. 134, 775 A.2d 756, 768 (App. Div. 2001).

다는 것을 제대로 입증하지 못했으며 이 둘 사이의 연관성을 찾을 수 없다고 본 것이다.[598]

한편, 항소법원은 덴드라이트사가 신청한 증거조사(limited discovery)를 허용할지 여부를 판단하는 기준으로 소장기각신청 기준(motion to dismiss standard)을 단독으로 적용하는 것은 익명의 게시자 No.3가 익명으로 발언할 수 있는 권리에 비추어 덴드라이트사가 신청한 증거조사(limited discovery)를 검토하고 이 둘 사이에 균형을 유지할 수 있는 근거를 제공하지 못한다고 판단하였다.[599]

2. America Online 판결

Seescandy.Com 판결과 유사한 상황의 케이스에 대해 버지니아주 1심 법원이 내린 판결이다. 본 판결의 배경이 되는 사실관계는 다음과 같다.

원고인 상장기업은 인터넷 서비스 제공자(ISP)인 America Online이 운영하는 주식거

598 The judge found Dendrite had not established that fluctuations in its stock prices were a result of John Doe No. 3's postings, and could not find any nexus between the postings and the drop in Dendrite's stock prices. See Dendrite Intern., Inc. v. Doe No. 3, 342 N.J. Super. 134, 775 A.2d 756, 770 (App. Div. 2001).
The motion judge determined that Dendrite failed to demonstrate the statements posted by John Doe No. 3 caused it any harm. The certification of Dendrite Vice President, Bruce Savage alleges John Doe No. 3's postings "may … have a significant deleterious effect on Dendrite's ability to hire and keep employees." (Emphasis added). Dendrite also contends that John Doe No. 3's postings caused detrimental fluctuations in its stock prices.
Dendrite's NASDAQ trading records were submitted to the court for the period of March 1, 2000 through June 15, 2000. Those records indicate Dendrite experienced gains on 32 days, losses on 40 days, and no change on two days during that period, which overlaps the period when John Doe No. 3 was posting his statements on the Yahoo! bulletin board. Dendrite's total loss during this period was 29/32 of a point.
Moreover, John Doe No. 3 made nine postings, two on the same day. On three of the days that immediately followed a posting by John Doe No. 3, Dendrite's stock value decreased. However, on five of the days that immediately followed a posting by John Doe No. 3, Dendrite's stock value increased. The net change in Dendrite's stock value over those seven days was actually an increase of 3 and 5/8 points.
Although the motion judge stated Dendrite was "entitled to every reasonable inference of fact in this analysis[,]" he refused to "take the leap to linking messages posted on an internet message board regarding individual opinions, albeit incorrect opinions, to a decrease in stock prices without something more concrete." The record does not support the conclusion that John Doe's postings negatively affected the value of Dendrite's stock, nor does Dendrite offer evidence or information that these postings have actually inhibited its hiring practices, as it alleged they would. Accordingly, the motion judge appropriately concluded that Dendrite failed to establish a sufficient nexus between John Doe No. 3's statements and Dendrite's allegations of harm. See Dendrite Intern., Inc. v. Doe No. 3, 342 N.J. Super. 134, 775 A.2d 756, 772 (App. Div. 2001).

599 However, application of our motion-to-dismiss standard in isolation fails to provide a basis for an analysis and balancing of Dendrite's request for disclosure in light of John Doe No. 3's competing right of anonymity in the exercise of his right of free speech. See Dendrite Intern., Inc. v. Doe No. 3, 342 N.J. Super. 134, 775 A.2d 756, 770 (App. Div. 2001).

래 관련 인터넷 채팅방에 명예훼손이 의심되는 댓글을 게시한 익명의 게시자들의 신원 정보를 확인하기 위해 법원에 익명의 게시자의 신원 정보를 공개하기 위한 증거조사 신청을 제출하였고 인디애나주 법원으로부터 승인을 받았다. America Online은 소환장에 따라 가입자의 신원을 공개하면 연방 헌법 제1조에서 보장하는 익명으로 발언할 권리가 침해될 수 있다고 주장하면서 가입자의 신원 정보를 공개하라는 명령을 거부하였다. 이에 주 1심 법원은 America Online에게 Seescandy.Com에서 제시된 것과 유사한 기준을 제시하면서 가입자의 신원 정보를 공개하라고 명령했다.

주 1심 법원은 이같은 명령이 승인되기 위해서는 (1) 법원의 승인을 이끌어내기에 충분한 원고의 소장 혹은 증거가 요구되고, (2) 원고가 명예훼손의 피해자라고 주장할 수 있는 합리적인 근거(legitimate, good faith basis)가 있어야 하며, (3) 원고의 청구를 해결하기 위해서는 피고의 신원 정보가 반드시 필요하다는 세가지 요건을 충족해야 한다고 덧붙였다.[600]

결론적으로, 본 케이스의 1심 판사는 덴드라이트사의 명예훼손 주장에 대해 법원이 일반적으로 판단 기준으로 삼는 소장기각신청(motion to dismiss standard)에 비해 더욱 엄격한 기준을 적용하여 판단하였는데[601] 이는 항소법원이 채택하고 있는 기준(*Dendrite* standard) 및 위 두 결정례에서 채택하고 있는 검토 기준과도 일치한다는 것이다.[602] 따라서 덴드라이트사에게 익명의 게시자 No.3에 대한 증거조사(limited discovery)를 허용하지 않은 1심 판사의 결정은 타당하다고 본 것이다.

---

600 [A] court should only order a non-party, Internet service provider to provide information concerning the identity of a subscriber (1) when the court is satisfied by the pleadings or evidence supplied to that court (2) that the party requesting the subpoena has a legitimate, good faith basis to contend that it may be the victim of conduct actionable in the jurisdiction where suit was filed and (3) the subpoenaed identity information is centrally needed to advance that claim. [Id. at *8.] See Dendrite Intern., Inc. v. Doe No. 3, 342 N.J. Super. 134, 775 A.2d 756, 771 (App. Div. 2001).

601 Our review of the motion judge's analysis of the harm/injury element of Dendrite's defamation claim reveals he required more evidentiary support for the pleading than is traditionally required when applying motion-to-dismiss standards. The judge relied on McLaughlin v. Rosanio, Bailets & Talamo, Inc., 331 N.J.Super. 303, 751 A.2d 1066 (App.Div. 2000), as the basis for outlining the requirement for a defamation cause of action. However, it is clear the judge implemented an analysis that relied on more than a motion-to-dismiss standard. See Dendrite Intern., Inc. v. Doe No. 3, 342 N.J. Super. 134, 775 A.2d 756, 769 (App. Div. 2001).

602 Here, although Dendrite's defamation claims would survive a traditional motion to dismiss for failure to state a cause of action, we conclude the motion judge appropriately reviewed Dendrite's claim with a level of scrutiny consistent with the procedures and standards we adopt here today and, therefore, the judge properly found Dendrite should not be permitted to conduct limited discovery aimed at disclosing John Doe No. 3's identity. Moreover, the motion judge's approach is consistent with the approach by both the District Court in Seescandy.Com, and by the Virginia Circuit Court in the America Online decision. See Dendrite Intern., Inc. v. Doe No. 3, 342 N.J. Super. 134, 775 A.2d 756, 771 (App. Div. 2001).

2/ Doe v. Cahill (델라웨어주 대법원, 884 A.2d 451, Del. 2005)

본 케이스는 익명의 게시자(John Doe No.1)가 인터넷 블로그에 줄리아 케이힐(Julia Cahill, 이하 "케이힐")에 대한 명예훼손적인 글을 게시하여 케이힐이 제기한 명예훼손 사건에서 비롯되었다. 케이힐은 익명의 게시자의 신원 정보를 얻기 위해 정보를 보유하고 있는 제3자(Comcast Corporation, 이하 "컴캐스트사")에게 익명의 게시자에 대한 신원 정보의 공개를 요청하였다. 1심 법원은 선의의 기준(good faith standard)에 따라 컴캐스트사에게 익명의 게시자에 대한 신원 정보를 공개하도록 명령하였고, 이에 익명의 게시자는 이에 항소하였다.

델라웨어주 대법원은 1심 판사가 적용한 선의의 기준(good faith standard)은 연방 헌법 제1조에서 보장된 익명으로 발언할 수 있는 권리를 충분히 보호하지 못한 잘못된 기준이라고 판단하였다. 주 대법원은 선의의 기준(good faith standard)에 대한 대안으로 덴드라이트 기준(*Dendrite* standard)을 변형한 케이힐 기준(*Cahill* standard)을 제시하였다.

1) 사실 관계

2004년 11월 2일, 원고 패트릭(Patrick)과 케이힐은 익명의 게시자인 피고를 4명을 상대로 명예훼손과 프라이버시 침해를 주장하는 소송을 제기하였다. 익명의 게시자는 "자랑스러운 시민"(Proud Citizen)이라는 가명을 사용하여 델라웨어 뉴스(Delaware State News)가 후원하는 인터넷 웹사이트에 "스미르나/클레이턴 이슈 블로그"(Smyrna/Clayton Issues Blog)라는 이름으로 스미르나(Smyrna)의 시의원으로서의 케이힐의 성과에 대한 두 가지 글을 게시하였다. 블로그 상단에 있는 가이드라인에는 "이 블로그는 공공문제에 대해 의견을 나누는 토론의 장입니다"([t]his is your hometown forum for opinions about public issues.)라고 적혀 있었다. 2004년 9월 18일에 게시된 익명의 게시자의 첫 번째 글의 내용은 다음과 같았다.

> "쉐퍼(Schaeffer) 시장이 보여준 것처럼 케이힐 시의원이 스미르나(Smyrna)를 훌륭한 마을로 활성화시키고 성장에 대한 지도력, 에너지, 열정을 보여줄 수 있었다면! 쉐퍼 시장이 스미르나(Smyrna) 시민들의 생계를 개선하기 위해 큰 지적을 이룬 반면 케이힐은 모든 종류의 협력적인 움직임에 분열을 일으키는 장애물이 되는 데 모든 에너지를 쏟았다. 케이힐과 함께 시간을 보낸 사람이라면 누구나 명백히 알 수 있는 정신적인 악화에 대해 말하지 않고도 그러한 성격상 결함에 대해 잘 알고 있을 것이다. 케이힐은 실패한 리더십의 대표적인 예에 해당한다. 그의 최종적인 해임은 궁극적으로 스미르나(Smyrna)가 앞으로 경제적 안정과 공동의 자부심을 가

지고 번영할 수 있는 지역사회를 구축하기 위해 필요한 것이다."[603]

다음 날, 익명의 게시자는 또 다른 글을 게시하였다.

"개힐(Gahill)은 마을에 있는 모든 사람들이 생각하는 것처럼 편집증 환자다. 시장은 시민들의 지원과 근거 없는 공격으로부터 보호가 필요하다."[604]

위 두 개의 게시글들은 익명의 게시자에 의해 작성되었거나 혹은 케이힐에 대한 불만을 언급한 유일한 인터넷 게시물이었다.

케이힐은 인터넷 블로그의 소유자인 인디펜던트 신문(Independent Newspapers)을 상대로 소장이 송달되기 전에 법정 외 증인신문(pre-service deposition)[605]을 하게 해달라고 청구하여 1심 법원으로부터 허가를 받았다. 블로그 소유자로부터 블로그 게시물과 관련된 인터넷 프로토콜(이하 "IP") 주소를 얻은 후, 케이힐은 인터넷 서비스 제공자인 컴캐스트사가 익명의 게시자의 IP 주소를 보유하고 있음을 알게 되었다. 인터넷 서비스 제공 업체들에 의해 보유된 IP 주소들은 인터넷을 사용할 때 가입자에게 할당되는데, 이 IP 주소들은 한번에 하나의 인터넷 서비스 가입자에게만 할당된다. 따라서 인터넷 서비스 제공자(ISP)가 특정 IP 주소에서 게시된 시간과 날짜를 알고 있으면 구독자의 신원을 확인할 수 있다는 것이다.

익명 게시자의 IP 주소의 행방을 알게 된 케이힐은 컴캐스트사가 익명 게시자의 신원을 공개하도록 요구하는 법원의 명령을 받았다. 컴캐스트사는 연방 규정(Federal Statute)[606]에 따라 증거 제시 요청을 받았을 때 익명의 게시자에게 이 사실을 통지하였다.

---

603 The first of Doe's statements, posted on September 18, 2004, said:
If only Councilman Cahill was able to display the same leadership skills, energy and enthusiasm toward the revitalization and growth of the fine town of Smyrna as Mayor Schaeffer has demonstrated! While Mayor Schaeffer has made great strides toward improving the livelihood of Smyrna's citizens, Cahill has devoted all of his energy to being a divisive impediment to any kind of cooperative movement. Anyone who has spent any amount of time with Cahill would be keenly aware of such character flaws, not to mention an obvious mental deterioration. Cahill is a prime example of failed leadership — his eventual ousting is exactly what Smyrna needs in order to move forward and establish a community that is able to thrive on its own economic stability and common pride in its town. See Doe v. Cahill, 884 A.2d 451, 454 (Del. 2005).

604 The next day, Doe posted another statement:
Gahill is as paranoid as everyone in the town thinks he is. The mayor needs support from his citizens and protections from unfounded attacks… See Doe v. Cahill, 884 A.2d 451, 454 (Del. 2005).

605 "[부록]미국 법률 용어" 에서 자세한 설명을 확인하기 바란다.

606 47 U.S.C. 551(c)(2) requires a court order to a cable ISP and notice to the ISP subscriber before an ISP can disclose the identity of its subscriber to a third party.

2005년 1월 4일, 익명의 게시자는 케이힐이 컴캐스트사로부터 자신의 개인 식별 정보를 취득하는 것을 막기 위해 "긴급 보호 명령"(Emergency Motion for a Protective Order)을 제출하였다. 1월 7일, 1심 법원은 해당 신청에 대한 주장을 검토하였다. 이후 1심 판사는 양측 변호사에게 법률 의견서를 작성해서 제출할 것(supplemental briefing)을 요청했고, 익명의 게시자와 케이힐은 추가 의견서(additional argument)를 제출하였다.[607]

2005년 6월 14일, 1심 판사는 결정문을 작성하고 익명의 게시자의 신원 보호 명령 신청에 대해 거부하는 결정을 내렸다. 1심 판사는 명예를 훼손당한 원고가 익명의 피고에 대한 신원 정보 공개를 강제할 수 있는 시점을 판단하는 기준으로 선의의 기준(good faith standard)을 채택하였다.[608]

1심 법원은 선의의 기준(good faith standard)에 따라 케이힐에게 다음 사항들에 대한 입증을 요구하였다. (1) 소장에서 주장하는 청구원인과 관련하여 합리적인 근거(legitimate & good faith basis)가 있음; (2) 익명의 게시자에 대한 개인 식별 정보가 그들의 주장과 직접적이고 실질적으로 관련이 있음; (3) 다른 출처에서는 익명의 게시자에 대한 개인 식별 정보를 얻을 수 없음.[609] 1심 법원은 위와 같은 선의의 기준(good faith standard)을 적용하여 케이힐이 컴캐스트사로부터 익명의 게시자에 대한 개인 식별 정보를 취득할 수 있다고 판결하였다.

2005년 6월 28일, 익명의 게시자는 이 결정에 대해 항소하였다.

2) 델라웨어주 대법원의 결정 요지

인터넷에 게시된 글은 연방 헌법 제1조의 보호 대상에 해당되며, 익명으로 게시된 글까지도 보호 대상에 포함된다는 것이다.[610] 특히 블로그나 채팅방에서 익명으로 게시된

607 The trial judge invited supplemental briefing and both Doe and the Cahills submitted additional argument. "[부록]미국 법률 용어"에서 자세한 설명을 확인하기 바란다.

608 On June 14, 2005, the trial judge issued a memorandum opinion denying Doe's motion for a protective order. The Superior Court judge adopted a "good faith" standard for determining when a defamation plaintiff could compel the disclosure of the identity of an anonymous plaintiff. (원문 오류: anonymous defendant로 수정되어야 함) See Doe v. Cahill, 884 A.2d 451, 455 (Del. 2005).

609 Under the good faith standard, the Superior Court required the Cahills to establish: (1) that they had a legitimate, good faith basis upon which to bring the underlying claim; (2) that the identifying information sought was directly and materially related to their claim; and (3) that the information could not be obtained from any other source. See Doe v. Cahill, 884 A.2d 451, 455 (Del. 2005).

610 It is clear that speech over the internet is entitled to First Amendment protection. This protection extends to anonymous internet speech. See Doe v. Cahill, 884 A.2d 451, 456 (Del. 2005).

글이 정치적 논쟁을 위한 수단으로 사용될 수 있으나 사회 문제에 대한 자유로운 토론을 보장하는 것이 보호되어야 할 더 큰 가치에 해당하므로 익명으로 발언할 수 있는 권리는 헌법상 보호된다.

그러나 명예훼손적인 발언에 대해서는 연방 헌법 제1조의 보호가 적용되지 않는다.[611] 따라서 익명으로 발언할 수 있는 권리와 개인의 명예 보호 사이에 적절한 균형을 맞추어야 하는데 이를 실현하기 위한 기준 제시가 요구된다는 것이다.[612] 구체적으로 법원이 명예훼손으로 의심되는 글을 인터넷에 게시한 익명의 피고에 대한 신원을 공개하라는 원고의 요청을 받았을 때 공개 여부를 결정하기 위해 적용하여야 할 기준이 필요하다는 것이다.

이에 대해 케이힐과 1심 법원은 적용 기준으로 선의의 기준(good faith standard)을 채택할 것을 주장하였으나, 다음의 이유로 선의의 기준(good faith standard) 대신 중간판결 기준(summary judgment standard)의 채택이 요구된다는 것이다.

첫 번째로 익명의 게시자에 대한 신원 공개 기준으로 가장 낮은 기준인 선의의 기준(good faith standard)을 적용할 경우, 명예훼손에 대한 원고의 주장은 입증하기가 쉬워지는 반면, 피고의 익명성은 보호되지 않는 결과를 가져오게 된다.[613]

두 번째로 선의의 기준(good faith standard)보다 더 엄격한 기준인 소송기각신청 기준(motion to dismiss standard)도 원고가 제기한 명예훼손 소송이 사소한 주장에 근거하여 제기되었는지 여부를 가려낼 수 없는데 이보다 덜 엄격한 기준인 선의의 기준(good faith standard)의 경우에는 더욱 그 근거를 가려내기가 어렵다.[614]

반면 중간판결 기준(summary judgment standard)을 적용할 경우 원고가 사소한 것을 문제삼아 명예훼손 소송을 제기할 것이라는 두려움 때문에 더이상 온라인 상에서 익명으로

---

611 It also is clear that the First Amendment does not protect defamatory speech. See Doe v. Cahill, 884 A.2d 451, 456 (Del. 2005).

612 Accordingly, we must adopt a standard that appropriately balances one person's right to speak anonymously against another person's right to protect his reputation. See Doe v. Cahill, 884 A.2d 451, 456 (Del. 2005).

613 In our view, this "good faith" standard is too easily satisfied to protect sufficiently a defendant's right to speak anonymously. See Doe v. Cahill, 884 A.2d 451, 458 (Del. 2005).

614 This is not to suggest that the Ramunno decision was wrongly decided, for it was not. Ramunno clarified how courts of this state must apply the Rule 12(b)(6) standard. We cite Ramunno only to illustrate that even silly or trivial libel claims can easily survive a motion to dismiss where the plaintiff pleads facts that put the defendant on notice of his claim, however vague or lacking in detail these allegations may be. Clearly then, if the stricter motion to dismiss standard is incapable of screening silly or trivial defamation suits, then the even less stringent good faith standard is less capable of doing so. See Doe v. Cahill, 884 A.2d 451, 459 (Del. 2005).

발언을 삼가하게 되는 부작용을 막고 연방 헌법 제1조에서 보장하는 익명으로 발언할 수 있는 권리를 보호할 수 있다.615

세 번째로 선의의 기준(good faith standard) 혹은 소송기각신청 기준(motion to dismiss standard)의 경우 연방 헌법 제1조에서 보장하는 익명으로 발언할 수 있는 권리를 보호하기에는 너무 낮은 기준에 해당한다. 그러나 중간판결 기준(summary judgment standard)의 경우 원고가 명예훼손으로 인한 손해배상을 받기 어려울 정도로 높은 기준에 해당되지 않는다.616

따라서 주 대법원은 원고의 명예 보호와 연방 헌법 제1조에 따른 익명으로 발언할 수 있는 권리 사이에 균형을 유지할 수 있는 적절한 기준은 중간판결 기준(summary judgment standard)이라고 판단하였다.

구체적으로 Dendrite Intl., Inc. v. Doe에서 채택된 덴드라이트 기준(*Dendrite* standard) 중 두 번째 요건과 네 번째 요건은 이미 중간 판결 기준(summary judgment standard)에 포함되어 있으므로 제외하고, 첫 번째와 세 번째 요건만 포함된 변형된 덴드라이트 기준(*Cahill* standard) – 익명의 게시자의 신원 정보 공개 요청을 위한 원고의 통지 의무 및 원고의 중간판결 기준(summary judgment standard)을 충족하는 약식 기준 – 을 채택하여야 한다고 보았다.617

615 Applying a summary judgment standard to a public figure defamation plaintiff's discovery request to obtain an anonymous defendant's identity will more appropriately protect against the chilling effect on anonymous First Amendment internet speech that can arise when plaintiffs bring trivial defamation lawsuits primarily to harass or to unmask their critics. See Doe v. Cahill, 884 A.2d 451, 459 (Del. 2005).

616 Although a good faith or motion to dismiss standard sets the bar too low to protect a defendant's First Amendment right to speak anonymously on the internet, a summary judgment standard does not correspondingly set the bar too high for a defamation plaintiff seeking redress for reputational harm to obtain relief. See Doe v. Cahill, 884 A.2d 451, 462 (Del. 2005).

617 While the first prong of the Dendrite test adds a layer of protection to a defendant's First Amendment right to speak anonymously in addition to the showing required under the summary judgment standard, we do not think that the second and fourth prongs of the Dendrite test are necessary. The second requirement, that the plaintiff set forth the exact defamatory statements, is subsumed in the summary judgment inquiry. To satisfy the summary judgment standard a plaintiff will necessarily quote the defamatory statements in his complaint. The fourth Dendrite requirement, that the trial court balance the defendant's First Amendment rights against the strength of the plaintiff's prima facie case is also unnecessary. The summary judgment test is itself the balance. The fourth requirement adds no protection above and beyond that of the summary judgment test and needlessly complicates the analysis. Accordingly, we adopt a modified Dendrite standard consisting only of Dendrite requirements one and three: the plaintiff must make reasonable efforts to notify the defendant and must satisfy the summary judgment standard. See Doe v. Cahill, 884 A.2d 451, 461 (Del. 2005).

케이힐 기준(*Cahill* standard)의 핵심인 중간판결(Motion for summary judgment)은 중요 사실에 대해 더이상 다투어야 할 쟁점이 없고 법률적인 쟁점만 남았을 때 최종재판(final trial)에서 사건을 다루지 않고도 법원의 판단으로 사건을 종결시킬 수 있는 절차이다. 즉, 중요 사실에 대해 다투어야 할 쟁점이 남아있거나 법의 명확한 적용을 위해 사실을 더 철저하게 조사하는 것이 요구되는 경우에는 중간판결(motion for summary judgment)의 승인이 거부된다. 따라서 원고가 중간판결 기준(summary judgment standard)하에서 익명의 피고에 대한 신원 정보를 얻기 위해서는 반증이 없으면 승소가 될 사건(prima facie case)임을 입증할 수 있는 충분한 증거를 제시하여야 한다는 것이다.[618]

한편, 인터넷에 게시된 발언이 전통적인 방식으로 공표된 발언에 비해 특별한 보호가 적용되는 것은 아니지만 본 케이스와 같은 명예훼손 주장을 검토할 때에는 채팅방과 블로그와 관련된 특정 사실 및 쟁점들을 파악하는 것이 특히 중요하다.[619]

채팅방과 블로그는 일반적으로 인터넷에 개설된 다른 채널보다 신뢰도가 떨어지며, 개인의 의견을 표현하는 도구일 뿐 일반인이 합리적으로 믿을 수 있는 사실이나 자료의 출처가 아니다. 즉, 온라인 신문에 실린 기사의 경우 조사된 사실에 근거하여 작성된 것이라고 합리적으로 추정할 수 있지만, 채팅방이나 블로그에 게시된 글의 경우 상당수가 실제 사실에 기반하여 작성된 것이 아닌 작성자의 주관적인 추측 혹은 단순한 수사적 과장에 의해 작성된 글에 해당된다는 것이다.

위와 같은 채팅방과 블로그에 게시된 글의 특수성을 감안하여 본 케이스에 중간판결 기준(summary judgment standard)을 적용해 보면 다음과 같다.

익명의 게시자는 해당 블로그에 다음과 같은 글을 게시하였다.

---

618 In deciding a motion for summary judgment, "a trial court shall examine the factual record and make reasonable inferences therefrom in the light most favorable to the nonmoving party to determine if there is any dispute of material fact." "[I]f from the evidence produced there is a reasonable indication that a material fact is in dispute or if it appears desirable to inquire more thoroughly into the facts in order to clarify application of the law, summary judgment is not appropriate." Thus, to obtain discovery of an anonymous defendant's identity under the summary judgment standard, a defamation plaintiff "must submit sufficient evidence to establish a prima facie case for each essential element of the claim in question." See Doe v. Cahill, 884 A.2d 451, 462-463 (Del. 2005).

619 While as a form of communication the internet is not legally distinct and warrants no special protection above and beyond what traditional forms of communication receive, it is worth noting that certain factual and contextual issues relevant to chat rooms and blogs are particularly important in analyzing the defamation claim itself. See Doe v. Cahill, 884 A.2d 451, 465 (Del. 2005).

1) 케이힐과 함께 시간을 보낸 사람이라면 누구나.. 명백하게 알 수 있는 정신적인 악화는 말할 것도 없고 그의 성격 결함에 대해 잘 알고 있을 것이다.

2) 개힐(Gahill)은 편집증 환자다.[620]

위 게시글에 선의의 기준(good faith standard)을 적용할 경우 2)의 문장은 케이힐이 동성간에 혼외로 불륜 관계를 지속해왔다는 것으로 해석되므로 명예훼손을 주장할 수 있는 합리적인 근거가 된다. 그러나 케이힐의 첫 글자가 C대신 G로 표기된 것은 단순한 철자 오류에 불과하다. 중간판결 기준(summary judgment standard)에 따르면 합리적인 사고를 가진 독자라면 위 게시글의 의미가 케이힐이 동성간에 혼외로 불륜관계를 지속해왔다는 것을 나타내는 것으로 이해할 수 없다는 것이다.[621]

또한 블로그 상단의 가이드라인에는 해당 블로그가 스미르나(Smyrna) 시와 관련된 이슈에 대한 의견들을 올리는 용도로 만들어졌다고 적혀 있었다.[622] 또한 다음과 같은 독자의 답글은 익명의 게시자가 올린 글이 근거도, 설득력도 없는 개인적인 의견에 불과하다는 것을 입증해 주고 있다.[623]

"자랑스러운 시민이여, 당신이 도움을 요청했는데 나는 당신이 이 곳에서 도움을 받을 것이라고 생각하지 않는다. 당신의 어조와 단어 선택은 당신이 나를 설득시킬 수 없는 유형의 사람이라는 것을 알게 했다. 당신은 모든 분노와 증오를 가진 사람처럼 말한다."[624]

---

620 1) Anyone who has spent any amount of time with Cahill would be keenly aware of … [his]character flaws, not to mention an obvious mental deterioration;
2) Gahill is … paranoid. See Doe v. Cahill, 884 A.2d 451, 466-467 (Del. 2005).

621 Applying a good faith standard, the trial judge concluded, "it is enough to meet the 'good faith' standard that the Cahills articulate a legitimate basis for claiming defamation in the context of their particular circumstances." He continued "[g]iven that Mr. Cahill is a married man, [Doe's] statement referring to him as "Gahill" might reasonably be interpreted as indicating that Mr. Cahill has engaged in an extra-marital same-sex affair. Such a statement may form the basis of an actionable defamation claim." We disagree. Using a "G" instead of a "C" as the first letter of Cahill's name is just as likely to be a typographical error as an intended misguided insult. Under the summary judgment standard, no reasonable person would interpret this statement to indicate that Cahill had an extra-marital same-sex affair. See Doe v. Cahill, 884 A.2d 451, 467 (Del. 2005).

622 The guidelines at the top of the blog specifically state that the forum is dedicated to opinions about issues in Smyrna. See Doe v. Cahill, 884 A.2d 451, 467 (Del. 2005).

623 At least one reader of the blog quickly reached the conclusion that Doe's comments were no more than unfounded and unconvincing opinion. See Doe v. Cahill, 884 A.2d 451, 467 (Del. 2005).

624 "Proud Citizen, you asked for support, I don't think you are going to get it here. Just by reading both sides, your tone and choice of words is [that of] a type of person that couldn't convince me. You sound like the person with all the anger and hate..." See Doe v. Cahill, 884 A.2d 451, 467 (Del. 2005).

결론적으로, 익명의 게시자에 의해 채팅방과 블로그에 게시된 글은 합리적인 독자라면 케이힐에 대한 사실을 언급한 글이라고 이해할 수 없기 때문에 명예를 훼손하는 의미(defamatory meaning)를 가지고 있다고 보기 어렵다. 케이힐은 익명의 게시자가 본인의 명예를 훼손하는 발언을 했다는 것을 주장하는 데 실패했기 때문에 이를 뒷받침하는 증거(prime facie proof)를 제시할 수 없다. 따라서 해당 게시글은 중간판결 기준(summary judgment standard)을 충족하지 못한다는 것이다.[625]

625 Accordingly, we hold that as a matter of law a reasonable person would not interpret Doe's statements as stating facts about Cahill. The statements are, therefore, incapable of a defamatory meaning. Because Cahill has failed to plead an essential element of his claim, he ipso facto cannot produce prima facie proof of that first element of a libel claim, and thus, cannot satisfy the summary judgment standard we announce today. Doe's statements simply are not sufficient to give rise to a prima facie case for defamation liability. See Doe v. Cahill, 884 A.2d 451, 467 (Del. 2005).

3/ Yelp, Inc. v. Hadeed Carpet Cleaning, Inc. (버지니아주 항소법원, 62 Va.App. 678, 752 S.E.2d 554, 2014)

본 케이스는 하디드사(Hadeed Carpet Cleaning, Inc.)가 제공한 서비스에 대해 옐프(Yelp) 웹사이트에 악평을 남긴 익명의 리뷰에서 비롯된 사건이다. 하디드사는 익명의 게시자에 대한 신원 정보 제공을 강제하기 위해 해당 정보를 보유하고 있는 제3자인 옐프를 상대로 송부촉탁신청(subpoena duces tecum)을 제출하였다.

1심 법원은 옐프가 하디드사가 제출한 송부촉탁신청(subpoena duces tecum)을 따르지 않았다는 이유로 옐프에게 민사상 법정모독죄(civil contempt)를 부과하였다. 항소법원은 하디드사의 송부촉탁신청(subpoena duces tecum)이 버지니아 주법 §8.01-407.1(A)을 준수하였으므로 덴드라이트 혹은 케이힐 기준(*Dendrite* 혹은 *Cahill* standard)을 입증할 필요가 없고, §8.01-407.1(A)의 준수를 근거로 1심 법원이 옐프에게 익명의 게시자에 대한 정보를 공개하라고 강제한 것은 재량권 남용이 아니라고 판단하였다. 또한 버지니아주에 있는 옐프의 등록 대리인이 하디드사에서 송달한 송부촉탁신청(subpoena duces tecum)을 받았으므로 버지니아주 법원에 관할(jurisdiction)이 인정된다고 판단하였다. 따라서 1심 법원이 옐프에게 익명의 게시자에 대한 신원 정보 제공을 강제할 수 있다고 보았다.

1) 사실 관계

옐프는 캘리포니아주에 본사를 두고 있는 델라웨어주 소재 회사로, 사용자가 지역 비즈니스에 대한 리뷰를 게시하고 읽을 수 있는 소셜 네트워킹 웹사이트를 운영하고 있다. 옐프의 월 평균 순 방문자 수는 2013년 1분기에 약 1억 2백만 명이었다. 옐프의 사용자들은 3천 9백만 개 이상의 지역 리뷰를 작성했다.

옐프 사용자들이 리뷰를 게시하려면 웹사이트에 등록을 해야 하는데, 등록 과정에서 사용자는 옐프에 유효한 이메일 주소를 제공해야 한다. 그 후 사용자는 리뷰를 게시할 때 사용할 화면의 이름을 자유롭게 선택할 수 있고, 자신이 선택한 우편 번호를 위치로 지정할 수 있다. 하지만 옐프는 사용자에게 실명이나 실 거주지를 사용할 것을 요구하지 않는다. 옐프는 일반적으로 각 게시물이 작성된 IP 주소를 기록한다. 이 정보는 옐프의 관리 데이터베이스에 저장되며, 샌프란시스코에 있는 옐프의 기록 관리자에게 접근 권한이 있다.

옐프에 등록하는 동안 사용자는 옐프의 서비스 약관 및 콘텐츠 가이드라인 (Terms of Service and Content Guidelines, 이하 "TOS")에 동의해야 한다. TOS는 사용자가 리뷰를 게시하기 전에 실제로 해당 비즈니스의 고객이어야 한다는 것을 전제로 한다. TOS는 또한 사용자가 자신의 개인적인 경험을 바탕으로 리뷰를 작성하도록 요구한다. 옐프는 TOS를 위반하는 것으로 간주되는 게시물을 삭제할 수 있으며, 독점 알고리즘을 사용하여 신뢰도가 떨어지는 리뷰를 걸러 낸다.

하디드사는 알렉산드리아(Alexandria)에서 카펫 세탁업을 하는 버지니아주 소재 회사이다. 하디드사는 2012년 7월 2일에 소장을 제출하였다. 2012년 7월 3일, 하디드사는 부정적인 리뷰[626]를 게시한 익명의 게시자에 대한 정보를 요청하기 위해 옐프에게 송부촉탁신청서(subpoena duces tecum)를 발부했다. 2012년 7월 19일, 옐프는 하디드사의 송부촉탁신청서(subpoena duces tecum)에 대해 이의신청을 하였다. 옐프는 이의 신청서에서 하디드사가 익명의 게시자의 신원을 확인하기 위한 소환장(subpoenas)과 관련된 버지니아 주법 § 8.01－407.1[627]을 준수하지 않았다고 주장했다. 2012년 7월 27일, 하디드사는

626 10. The negative reviews in Exhibit 5 are false and defamatory. For example, user "Bob G." from Oakton allegedly relates how he was in a desperate need of emergency carpet cleaning and was ripped off. User "Chris H." from Washington reported that his precious rugs were shrunk. User "J8." from Falls Church reports that he was charged for work never performed. User "YB." from Fairfax reports that unauthorized work was performed and his rug was stained. One user, "Aris P." from Haddonfield, N.J. reports that the price was double the quote and that Hadeed was once bankrupt. Many of the negative reviews report that the price was double what was charged [sic]. After combing it customer records, Hadeed was at a loss to find record of these allegations. Regarding Aris P., in particular, Hadeed conducts no business in New Jersey. See Yelp, Inc. v. Hadeed Carpet Cleaning, Inc., 62 Va. App. 678, 752 S.E.2d 554, 567 (2014).

627 Code § 8.01-407.1. Identity of persons communicating anonymously over the Internet.

A. In civil proceedings where it is alleged that an anonymous individual has engaged in Internet communications that are tortious, any subpoena seeking information held by a nongovernmental person or entity that would identify the tortfeasor shall be governed by the following procedure unless more expedited scheduling directions have been ordered by the court upon consideration of the interests of each person affected thereby:

1. At least thirty days prior to the date on which disclosure is sought, a party seeking information identifying an anonymous communicator shall file with the appropriate circuit court a complete copy of the subpoena and all items annexed or incorporated therein, along with supporting material showing:

a. That one or more communications that are or may be tortious or illegal have been made by the anonymous communicator, or that the party requesting the subpoena has a legitimate, good faith basis to contend that such party is the victim of conduct actionable in the jurisdiction where the suit was filed. A copy of the communications that are the subject of the action or subpoena shall be submitted.

b. That other reasonable efforts to identify the anonymous communicator have proven fruitless.

c. That the identity of the anonymous communicator is important, is centrally needed to advance the claim, relates to a core claim or defense, or is directly and materially relevant to that claim or defense.

d. That no motion to dismiss, motion for judgment on the pleadings, or judgment as a matter of law, demurrer or summary judgment-type motion challenging the viability of the lawsuit of the underlying plaintiff is pending. The pendency of such a motion may be considered by the court in determining whether to enforce, suspend or strike the proposed disclosure obligation under the subpoena.

§8.01－407.1의 절차적 요건을 준수한 옐프를 상대로 재차 송부촉탁신청서(renewed subpoena duces tecum)[628]를 송달했으며, 옐프는 다시 보내온 송부촉탁신청서(renewed subpoena duces tecum)에 대한 이의 신청서를 제출하였다.

2012년 10월 19일, 옐프의 웹사이트에는 하디드사에 대한 75개의 리뷰와 관계사(Hadeed Oriental Rug Cleaning)에 대한 8개의 리뷰가 표시되었다. 여러 옐프 사용자들이 해당 리뷰들을 게시했으며 상당수의 리뷰가 하디드사를 비난하는 내용이었다. 하디드사는 7개의 부정적인 리뷰를 게시한 사람들을 상대로 소송을 제기했다. 이 리뷰를 작성한 사람들은 대내외적으로 자신을 하디드사의 고객이라고 주장했다. 반면, 하디드사는 소장에서 부정적인 리뷰를 고객 데이터베이스와 대조해 보았지만 부정적인 리뷰를 게시한 사람들이 실제로 하디드사의 고객이라는 기록을 찾을 수 없었기 때문에 그들은 실제 고객이 아니었으며 하디드사의 고객이라고 사칭한 익명의 게시자들이라고 주장했다. 또한 하디드사가 조잡한 서비스를 제공해왔다는 허위에 기반한 부정적인 리뷰로 인해 회사의 명예가 훼손되었다고 주장했다.

2012년 11월 19일, 1심 법원은 하디드사가 제출한 송부촉탁신청(subpoena duces tecum)을 강제하라는 명령을 내렸다. 1심 법원은 하디드사의 송부촉탁신청(subpoena duces tecum)이 연방 헌법 제1조와 §8.01－407.1에 열거된 기준을 모두 준수했다고 판결했다. 옐프는 1심 법원의 명령에 항소하고 사용자의 권리 보호를 위해 1심 법원의 명령을 따르지 않겠다고 하디드사에게 통지하였다. 하디드사는 옐프에게 민사상 법정모독죄(contempt)를 부과해 줄 것을 법원에 요청하였다. 1심 법원은 옐프에게 민사상 법정모독죄(civil contempt)와 5백불의 벌금(monetary sanction)[629] 및 추가 변호사비 1천불을 하디드사에게 지급하라는 판결을 내렸고, 옐프는 이에 항소하였다.[630]

e. That the individuals or entities to whom the subpoena is addressed are likely to have responsive information

f. If the subpoena sought relates to an action pending in another jurisdiction, the application shall contain a copy of the pleadings in such action, along with the mandate, writ or commission of the court where the action is pending that authorizes the discovery of the information sought in the Commonwealth.

628 "[부록]미국 법률 용어"에서 자세한 설명을 확인하기 바란다.

629 "[부록]미국 법률 용어"에서 자세한 설명을 확인하기 바란다.

630 The circuit court held Yelp in civil contempt, imposing a monetary sanction of $500 and awarding Hadeed an additional $1,000 in attorney's fees. This appeal followed. See Yelp, Inc. v. Hadeed Carpet Cleaning, Inc., 62 Va. App. 678, 752 S.E.2d 554, 558 (2014).

2) 버지니아주 항소법원의 결정 요지

1. 익명에 의한 발언의 헌법상 보호와 해당 발언의 명예훼손 적용 여부

익명의 작가에 의해 창작된 글이 아이디어 시장에 진입하는 것이 작가의 신원 공개를 요구하는 공공의 이익보다 더 중요하므로 익명에 의한 발언은 연방 헌법 제1조에 의해 보호된다는 것이다.[631] 이러한 언론의 자유는 문학뿐만 아니라 인터넷상에 게시된 글에 이르기까지 모든 매체에 적용되고 보호되며 작가는 자신의 신원이 공개된다는 사실에 대한 두려움 없이 인터넷상에서 자신을 표현할 권리가 있다.[632]

하지만 익명에 의한 발언이 다른 사람의 명예를 훼손한 것에 해당되는 경우에는 헌법상 보호 대상에서 제외되므로[633] 작성자의 신원은 공개될 수 있다는 것이다.

익명에 의한 발언이 명예훼손에 해당하는지 여부를 판단하기 위해서는 해당 발언이 독자에게 허위 내용을 추정하도록 유도하는지 혹은 단순한 작성자의 의견에 불과한지 여부를 살펴보아야 한다.

순수하게 의견을 표현한 발언은 헌법적으로 보호되며, 명예훼손으로 소송을 제기할 수 있는 근거가 되지 못한다. 발언 내용이 상대적이며 발언자의 관점에 크게 의존하고 있는 경우에도 의견을 표현한 것에 해당된다. 또한 허위사실을 포함하고 있지 않은 발언은 일반적으로 순수한 의견으로 간주된다.[634]

따라서 익명에 의한 발언이 단순한 작성자의 의견에 해당한다면 명예훼손으로 소 제기

---

631 Anonymous speech is protected by the First Amendment. *Buckley v. American Constitutional Law Found.,* 525 U.S. 182, 197-99, 119 S.Ct. 636, 644-46, 142 L.Ed.2d 599 (1999); *McIntyre v. Ohio Elections Comm.,* 514 U.S. 334, 115 S.Ct. 1511, 131 L.Ed.2d 426 (1995); *Talley v. California,* 362 U.S. 60, 80 S.Ct. 536, 4 L.Ed.2d 559 (1960). See Yelp, Inc. v. Hadeed Carpet Cleaning, Inc., 62 Va. App. 678, 752 S.E.2d 554, 559 (2014).

632 Similarly, the anonymous speaker has the right to express himself on the Internet without the fear that his veil of anonymity will be pierced for no other reason than because another person disagrees with him. See Yelp, Inc. v. Hadeed Carpet Cleaning, Inc., 62 Va. App. 678, 752 S.E.2d 554, 560 (2014).

633 This is because defamatory speech is not entitled to constitutional protection: "Our constitutional guarantees of free speech, as we have seen, protect expressions of opinion from action for defamation. Those constitutional guarantees have never been construed, however, to protect either criminal ... or tortious conduct." Chaves v. Johnson, 230 Va. 112, 121-22, 335 S.E.2d 97, 103 (1985). See Yelp, Inc. v. Hadeed Carpet Cleaning, Inc., 62 Va. App. 678, 752 S.E.2d 554, 560 (2014).

634 "pure expressions of opinion" are constitutionally protected and "cannot form the basis of a defamation action." "Statements that are relative in nature and depend largely upon the speaker's viewpoint are expressions of opinion." Furthermore, "[s]peech that does not contain a provably false factual connotation" is generally considered "'pure expression[] of opinion.'" See Yelp, Inc. v. Hadeed Carpet Cleaning, Inc., 62 Va. App. 678, 752 S.E.2d 554, 561-562 (2014).

가 불가능하다는 것이다. 반면, 익명에 의한 발언이 의견을 뒷받침하거나 정당화하는 사실에 기초한 발언에 해당한다면 법적으로 명예훼손에 해당될 수 있는 근거가 된다는 것이다.

2. 인터넷상에서 익명의 게시자의 신원 공개 기준

인터넷상에서 익명의 게시자의 신원 공개를 요청하기 위해서는 요청자가 버지니아 주법 § 8.01－407.1(A)[635]를 준수하였음을 입증하여야 하는데, 버지니아 주법은 다른 주에서 사용되는 기준들을 검토한 후 입법을 통하여 최종적으로 결정된 기준이므로 옐프에서 주장하는 덴드라이트 혹은 케이힐 기준(*Dendrite* or *Cahill* standard)을 채택할 이유가 없다는 것이다.[636] 또한 이 규정을 모두 준수한 하디드사가 옐프를 상대로 송부촉탁신청(subpoena duces tecum)을 강제할 수 있도록 승인한 1심 법원의 판결은 판사의 재량권 남용이 아닌 합당한 결정이었다는 것이다.

---

635 After considering the report, the General Assembly adopted Code § 8.01-407.1 as it was drafted in the report. Code § 8.01-407.1 is titled, "Identity of persons communicating anonymously over the Internet." Code § 8.01-407.1 provides a procedure that must be followed when a person files a subpoena seeking information about the identity of an anonymous individual that engaged in Internet communications that are allegedly tortious or illegal. Code § 8.01-407.1(A). All such subpoenas must follow the procedure listed in the statute. That procedure is listed below in its entirety.

1. At least thirty days prior to the date on which disclosure is sought, a party seeking information identifying an anonymous communicator shall file with the appropriate circuit court a complete copy of the subpoena and all items annexed or incorporated therein, along with supporting material showing:

a. That one or more communications that are or may be tortious or illegal have been made by the anonymous communicator, or that the party requesting the subpoena has a legitimate, good faith basis to contend that such party is the victim of conduct actionable in the jurisdiction where the suit was filed. A copy of the communications that are the subject of the action or subpoena shall be submitted.

b. That other reasonable efforts to identify the anonymous communicator have proven fruitless.

c. That the identity of the anonymous communicator is important, is centrally needed to advance the claim, relates to a core claim or defense, or is directly and materially relevant to that claim or defense.

d. That no motion to dismiss, motion for judgment on the pleadings, or judgment as a matter of law, demurrer or summary judgment-type motion challenging the viability of the lawsuit of the underlying plaintiff is pending. The pendency of such a motion may be considered by the court in determining whether to enforce, suspend or strike the proposed disclosure obligation under the subpoena.

e. That the individuals or entities to whom the subpoena is addressed are likely to have responsive information. See Yelp, Inc. v. Hadeed Carpet Cleaning, Inc., 62 Va. App. 678, 752 S.E.2d 554, 563-564 (2014).

636 There is no need for us to adopt persuasive authority from other states. In drafting Code § 8.01-407.1, the General Assembly considered persuasive authority from other states and made the policy decision to include or exclude factors that other states use in their unmasking standards. The General Assembly's unmasking standard was ultimately promulgated in Code § 8.01-407.1. This is the standard that we will apply. See Yelp, Inc. v. Hadeed Carpet Cleaning, Inc., 62 Va. App. 678, 752 S.E.2d 554, 566 (2014).

구체적으로, § 8.01-407.1(A)(1)(a)[637]를 충족하기 위해서는 하디드사가 익명의 게시자에 의한 게시글이 불법 행위에 해당되거나 혹은 해당될 수 있음을 입증하여야 하며, 혹은 하디드사가 해당 불법 행위의 피해자임을 뒷받침할 수 있는 합리적인 근거(legitimate & good faith basis)가 있음을 입증하여야 한다.

§ 8.01-407.1(A)(1)(a)를 두 부분으로 나누어서 살펴보면, 익명의 게시자들이 하디드사의 고객이 아니라는 것에 대한 판단을 제외한다고 가정하더라도, 익명의 게시자들이 고의적으로 하디드사의 명예를 훼손하는 리뷰를 게시한 것이 인정되기 때문에 첫 번째 하위 부분이 충족된다.[638] 또한 하디드사는 옐프의 리뷰가 명예훼손에 해당된다는 것을 뒷받침할 수 있는 합리적인 근거(legitimate & good faith basis)가 있음을 입증하였기 때문에 두 번째 하위 부분 역시 충족된다.[639]

일반적으로 옐프의 리뷰는 지역 비즈니스에 대한 개인의 의견이기 때문에 연방 헌법 제1조에 의한 보호 대상에 해당된다. 그러나 이러한 보호는 리뷰를 남긴 사람이 특정 비즈니스의 고객이고, 해당 비즈니스에 대한 개인적인 경험을 바탕으로 리뷰를 게시한 경우에만 주어진다는 것이다. 즉, 리뷰를 남긴 사람이 특정 비즈니스의 고객이 아니라면, 그 사람이 남긴 리뷰는 의견이 아니며, 허위에 기반한 글에 해당되기 때문에 헌법상 보호를 받을 수 없다는 것이다.[640]

---

637 a. That one or more communications that are or may be tortious or illegal have been made by the anonymous communicator, or that the party requesting the subpoena has a legitimate, good faith basis to contend that such party is the victim of conduct actionable in the jurisdiction where the suit was filed. A copy of the communications that are the subject of the action or subpoena shall be submitted.

638 Assuming without deciding that the Doe defendants are not customers of Hadeed, the first subpart of this prong is met because the Doe defendants published a tortious, defamatory statement with the requisite intent. See Tharpe, 285 Va. at 481, 737 S.E.2d at 892. See Yelp, Inc. v. Hadeed Carpet Cleaning, Inc., 62 Va. App. 678, 752 S.E.2d 554, 566-567 (2014).

639 Moreover, Hadeed met the second subpart of this prong because it showed that it had a legitimate, good faith basis for its belief that the reviews are defamatory. See Yelp, Inc. v. Hadeed Carpet Cleaning, Inc., 62 Va. App. 678, 752 S.E.2d 554, 567 (2014).

640 Generally, a Yelp review is entitled to First Amendment protection because it is a person's opinion about a business that they patronized. See Tharpe, 285 Va. at 481, 737 S.E.2d at 893. But this general protection relies upon an underlying assumption of fact: that the reviewer was a customer of the specific company and he posted his review based on his personal experience with the business. If this underlying assumption of fact proves false, in that the reviewer was never a customer of the business, then the review is not an opinion; instead, the review is based on a false statement of fact — that the reviewer is writing his review based on personal experience. And "'there is no constitutional value in false statements of fact.'" Id. (quoting Gertz, 418 U.S. at 340, 94 S.Ct. at 3007). See Yelp, Inc. v. Hadeed Carpet Cleaning, Inc., 62 Va. App. 678, 752 S.E.2d 554, 567 (2014).

하디드사는 모든 옐프 리뷰가 실제 고객에 의해 작성되었는지 여부를 확인하기 위해 고객 데이터베이스를 철저히 검토했음을 보여주는 충분한 증거를 송부촉탁신청서(subpoena duces tecum)에 첨부하였다. 고객 데이터베이스를 검토한 후, 하디드사는 7명의 익명의 게시자들의 리뷰가 데이터베이스에 저장된 고객 정보와 일치되는 기록이 없다는 것을 확인하였다. 따라서 하디드사가 제시한 증거는 해당 리뷰들이 하디드사의 실제 고객에 의해 작성되지 않은 경우 하디드사의 명예를 훼손하거나 명예를 훼손할 수 있음을 입증하기에 충분하다. 또한 하디드사는 익명의 게시자가 하디드사의 기존 고객이 아니기 때문에 그들의 리뷰가 하디드사의 명예를 훼손한다는 합리적인 근거(legitimate & good faith basis)를 가지고 송부촉탁신청(subpoena duces tecum)을 요청했다.

§8.01-407.1(A)(1)(b)[641]를 충족하기 위해서는 하디드사가 익명의 게시자의 신원을 확인하기 위해 충분한 노력을 기울였으나 이러한 노력이 수포로 돌아갔음을 입증하여야 한다. 하디드사는 모든 옐프의 리뷰를 하디드사의 고객 데이터베이스와 대조한 후 모든 옐프 웹사이트에 게시된 리뷰 중 고객 데이터베이스에서 정보를 찾을 수 없는 7명을 구별해 내었고, 해당 사용자들의 신원을 확인하기 위해 옐프에 연락을 취했으나 옐프는 하디드사의 확인 요청을 거부하였다. 따라서 하디드사가 익명의 게시자의 신원을 파악하기 위해서는 옐프를 상대로 제기한 송부촉탁신청(subpoena duces tecum)에 의존할 수밖에 없었다.

§8.01-407.1(A)(1)(c)[642]를 충족하기 위해서는 익명의 게시자의 신원 정보 확인이 중요하고, 소송 진행을 위해 익명의 게시자의 신원 정보 확인이 절대적으로 필요하며, 요청자의 청구 또는 상대방의 방어와 직접 혹은 간접적으로 관련이 있어야 한다. 하디드사의 경우 익명의 게시자들의 신원 정보 확인이 없으면 명예훼손 소송을 진행할 수 없으므로 익명의 게시자들의 신원 확인은 필수불가결한 정보에 해당된다.

결론적으로, 다른 출판물과 마찬가지로 인터넷 상에서 익명의 게시자에 의해 게시된 리뷰가 고객의 주관적인 경험을 바탕으로 작성된 개인의 의견에 해당될 경우에는 연방헌법 제1조의 보호를 받을 수 있지만, 해당 리뷰가 타인의 명예를 훼손하는 등의 불법행위에 해당되는 경우에는 헌법상 보호 대상에서 제외된다는 것이다. 또한 송부촉탁신청(subpoena duces tecum)을 통해 리뷰를 작성한 익명의 게시자에 대한 신원 정보를 확인하기 위해서는 옐프 테스트(Yelp test) (§8.01-407.1(A)(1)(a))에 따라 해당 리뷰가 불법행위에 해

641 b. That other reasonable efforts to identify the anonymous communicator have proven fruitless.

642 c. That the identity of the anonymous communicator is important, is centrally needed to advance the claim, relates to a core claim or defense, or is directly and materially relevant to that claim or defense.

당되거나 혹은 해당될 수 있고, 신청자가 이와 같은 불법 행위에 의한 피해자임을 보여주는 합리적인 근거(legitimate & good faith basis)가 있음을 입증할 수 있어야 한다는 것이다.

3. 문서제출명령 및 관할권(Subpoena Duces Tecum and Jurisdiction)

옐프가 소송 당사자인 피고로 지정되지 않았고 외국회사(foreign corporation)에 해당되므로 소환장의 관할(subpoena jurisdiction)을 주장할 수 없다는 옐프 측의 주장은 다음의 이유로 인정되지 않는다는 것이다.

옐프가 캘리포니아주 샌프란시스코에 본사를 둔 외국회사이지만 버지니아주에 사업체가 등록되어 있고 버지니아주에 등록 대리인이 존재하는데, 관련 규정상 버지니아주에 있는 등록 대리인에게 송부촉탁신청서(subpoena duces tecum)를 송달하면 버지니아주 법원에 관할권(jurisdiction)이 부여된다는 것이다.

구체적으로, 버지니아 대법원 규칙에는 비 소송 당사자이자 외국회사에게 문서제출명령서(subpoena duces tecum)를 어떻게 송달하여야 하는지에 대해서는 언급이 없지만,[643] 버지니아 주법에는 버지니아주에서 사업을 운영하도록 승인된 외국회사의 등록 대리인에게 개인적으로 송달하는 경우, 송달이 이루어진 것으로 볼 수 있다고 규정하고 있다.[644]

또한 다른 버지니아 주법 규정들에 따르면, 버지니아주에서 사업을 운영하도록 승인된 외국회사의 등록 대리인에게 송달하는 것을 명시적으로 허용하고 있으며, 해당 송달은 법에 의해 요구되거나 허용된 모든 절차, 통지, 명령, 요구사항들을 포함한다.[645]

---

643 Rule 4:9A, however, does not state how a subpoena duces tecum is to be served on a non-party, foreign corporation. Instead, Code § 8.01-301 sets forth the method for serving process on a foreign corporation. See Yelp, Inc. v. Hadeed Carpet Cleaning, Inc., 62 Va. App. 678, 752 S.E.2d 554, 569 (2014).

644 Code § 8.01-301 provides that service may be effected "[b]y personal service ... on the registered agent of a foreign corporation which is authorized to do business in the Commonwealth...." Code § 8.01-301(1). Code § 13.1-766 works in conjunction with Code § 8.01-301 in that it explicitly defines the purpose of a foreign corporation's "registered agent." Code § 13.1-766 provides, in relevant part: "The registered agent of a foreign corporation authorized to transact business in this Commonwealth shall be an agent of such corporation upon whom any process, notice, order or demand required or permitted by law to be served upon the corporation may be served." See Yelp, Inc. v. Hadeed Carpet Cleaning, Inc., 62 Va. App. 678, 752 S.E.2d 554, 569 (2014).

645 Code § 8.01-301(1) and Code § 13.1-766 explicitly allow for service on a registered agent of a foreign corporation that is authorized to do business in the Commonwealth. Service includes "any process, notice, order or demand required or permitted by law." Code § 13.1-766. A subpoena duces tecum falls within the definition of "process," as used in Code § 13.1-766. See Bellis v. Commonwealth, 241 Va. 257, 262, 402 S.E.2d 211, 214 (1991) ("'Process,' includes a subpoena directed to a witness."). See Yelp, Inc. v. Hadeed Carpet Cleaning, Inc., 62 Va. App. 678, 752 S.E.2d 554, 569 (2014).

본 케이스에서 버지니아주에 있는 옐프의 등록 대리인은 하디드사의 송부촉탁신청서(subpoena duces tecum)를 송달받았다. 이는 버지니아 주법에 따른 송달 절차에 해당된다. 따라서 버지니아주에 있는 옐프의 등록 대리인에게 송부촉탁신청서(subpoena duces tecum)를 송달했으나 거부할 경우 법원에서 이를 강제로 명령해달라고 하는 신청(motion to compel)을 검토할 수 있는 관할권(jurisdiction)이 부여된다는 1심 법원의 판단을 인정한 것이다.[646]

Yelp, Inc. v. Hadeed Carpet Cleaning, Inc., 770 S.E.2d 440 (Va. 2015)

옐프는 소송 당사자가 아닌, 캘리포니아주에 소재한 옐프 본사가 버지니아주의 등록 대리인이라는 이유만으로 소환장에 대한 관할권이 인정된다는 버지니아주 항소법원의 판단이 잘못되었다고 주장하면서 상고하였다.[647]

버지니아 대법원은 강제로 문서를 제출하게 하는 명령(subpoena power)은 캘리포니아주에 소재한 옐프 본사에는 효력이 미치지 않는다고 판결하였다. 만약 처음부터 옐프가 피고로 지정되었다면 옐프에게 관할권이 있어서 강제로 문서를 제출하게 하는 명령(subpoena power)을 행사할 수 있었으나 본 케이스에서는 옐프가 피고로 지정되어 있지 않았기 때문에 등록 대리인인 옐프 본사에 효력이 미치지 않는다고 판단하였다. 즉, 버지니아 주 대법원의 판단은 항소심에서 사람에 대한 관할권(personal jurisdiction)과 강제로 문서를 제출하게 하는 명령(subpoena power)을 혼동한 것이라고 본 것이다.[648]

646 Accordingly, we agree with the circuit court's holding that "service of a subpoena *duces tecum* on Yelp's registered agent in Virginia provides jurisdiction for th[e] Court to adjudicate the motion to compel." Therefore, we affirm the circuit court's decision. See Yelp, Inc. v. Hadeed Carpet Cleaning, Inc., 62 Va. App. 678, 752 S.E.2d 554, 569 (2014).

647 Yelp contends that the Court of Appeals erred in holding that "a Virginia trial court may assert subpoena jurisdiction over a non-party California company, to produce documents located in California, just because the company has a registered agent in Virginia. See Yelp, Inc. v. Hadeed Carpet Cleaning, Inc., 770 S.E.2d 440 (Va. 2015).

648 The General Assembly's authorization of the exercise of personal jurisdiction over nonresident defendants does not confer upon Virginia courts subpoena power over nonresident non-parties. It is axiomatic that "[t]he underlying concepts of personal jurisdiction and subpoena power are entirely different." In re National Contract Poultry Growers' Ass'n, 771 So.2d 466, 469 (Ala.2000). "Personal jurisdiction is based on conduct that subjects the nonresident to the power of the [state] courts to adjudicate its rights and obligations in a legal dispute." Id. "By contrast, the subpoena power of [a state] court over an individual or a corporation that is not a party to a lawsuit is based on the power and authority of the court to compel the attendance of a person at a deposition, or the production of documents by a person or entity." Id.; Phillips Petroleum Co. v. OKC Ltd. Partnership, 634 So.2d 1186, 1187 (La. 1994) ("The concepts, and/or underlying purposes, of personal jurisdiction and subpoena power are simply different."). See Yelp, Inc. v. Hadeed Carpet Cleaning, Inc., 770 S.E.2d 443 (Va. 2015).

Geloo v. Doe, No. 2013-9646 (Va. Cir. Ct. Jun. 23, 2014)

페어팩스 언더그라운드 닷컴(fairfaxunderground.com)은 대부분 익명의 게시자들이 광범위한 주제에 대해 자신들의 의견을 게시하는 소셜 네트워킹용 전자 게시판이었다. 이 웹사이트에는 몇몇 익명의 게시자들에 의해 안달렙 겔루(Andaleeb Geloo, 이하 "겔루")의 명예를 훼손하는 글들이 게시되었다.[649] 겔루는 익명의 게시자들을 상대로 명예훼손으로 소를 제기하였다. 이후 겔루는 인터넷 서비스 제공사인 타임워너 케이블(Time Warner Cable), 버라이즌(Verizon), 콕스 통신사(Cox Communications)(이하 "통신사들")를 상대로 익명의 게시자에 대한 정보를 얻기 위해 송부촉탁신청서(subpoena duces tecum)를 발부했다. 이에 익명의 게시자는 법원에 송부촉탁신청을 기각해달라는 신청(motion to quash)을 제출하여 승인을 받았다. 그 후 겔루는 통신사들을 상대로 또 다른 송부촉탁신청서를 발부하였고, 익명의 게시자는 다시 송부촉탁신청을 기각해달라는 신청을 제출하였다.

겔루가 통신사들이 제기한 송부촉탁신청을 기각해달라는 신청을 뒤집기 위해서는 옐프 테스트(Yelp test)[650]의 두 번째 요건이 성립된다는 것을 입증하여야 한다는 것이다.

옐프 테스트(Yelp test)의 두 번째 요건은 두 개의 문구(2(a), 2(b))로 나뉘는데, 첫 번째 문구(2(a))는 겔루가 인터넷상에서 해당 글을 게시한 것이 불법이었거나 혹은 불법에 해당될 수 있다는 것을 입증하여야

---

649 On or about January 12, 2013 at 4:19 p.m., John Doe ("Defendants") using the username "There are Other Places to Advertise," allegedly posted—in in all capital letters—(hereinafter "Statement 1,") "ANDY-THERE ARE OTHER PLACES TO ADVERTISE. YOU ARE A RUN OF THE MILL COURT APPOINTED ATTORNEY WHO LOOKS FOR DIFFERENT WAYS TO GET RETAINED CASES. EITHER YU POSTED THIS ON YOU PUT SOMEONE UP TO IT I HAVE NEVER SEEN YOU ACTUALLY TRY A CASE." On or about January 12, 2013 at 4:21 p.m., a Defendant using the username "FICTION," aUegedly posted (hereinafter "Statement 2,") "WHO really knows if this is an actual scenario?????? I WAS GOING 200 mph and I won. Joe Blow represented me! Please. Andy please spare us this nonsense - we in Fairfax know better." On or about January 13, 2013 at 4:16 a.m., Defendant using the username "fur" allegedly posted (hereinafter "Statement 3,") "Andi Geloo equals FAT PAKI." On or about January 13, 2013 at 4:19 a.m., Defendant using the username "skskk," allegedly posted (hereinafter "Statement 4,") http://www.geloolaw.com/ wow so impressive. See Opinion Letter regarding Geloo v. Doe, 2, June 23, 2014.

650 The Virginia Court of Appeals articulated the following six part test that a Plaintiff must show a circuit court in order to uncover the identity of an anonymous Internet speaker:
[A] plaintiff seeking to uncover the identity of an anonymous Internet speaker in the Commonwealth must show a circuit court that (1) he has given notice of the subpoena to the anonymous communicator via the Internet service provider; (2)(a) communications made by the anonymous communicator are or may be tortious or illegal or (b) the plaintiff "has a legitimate, good faith basis to contend that such party is the victim of conduct actionable in the jurisdiction where the suit is filed," Code § 8.01-407.1(A)(1)(a); (3) other "reasonable efforts to identify the anonymous communicator have proven fruitless," Code § 8.01-407.1(A)(1)(b); (4) the identity of the anonymous communicator is important, is centrally needed to advance the claim, is related to the claim or defense, or is directly relevant to the claim or defense; (5) no motion challenging the viability of the lawsuit is pending; and (6) the entity to whom the subpoena is addressed likely has responsive information. Code § 8.01-407.1(A)(1)(a)-(e) and (3). Yelp, Inc. v. Hadeed Carpet Cleaning, Inc., 62 Va. App. 678, 699-700 (Va. Ct. App. 2014).

한다는 것이다. 겔루가 이를 입증할 수 있는 증거를 제시한다면 두 번째 부분(2(b))을 입증할 필요가 없다.

두 번째 문구(2(b))는 겔루가 인터넷상에서 해당 글을 게시한 것이 불법에 해당된다고 믿게 된 합리적인 근거(legitimate & good faith basis)를 가지고 있음을 입증하여야 한다.[651]

1. 겔루가 옐프 테스트(Yelp test)의 두 번째 요건 중 첫 번째 문구(2(a))를 충족하였는지 여부

익명의 게시자가 게시한 글들이 불법적이거나 불법임을 보여주는 직접적인 증거가 없기 때문에 옐프 테스트(Yelp test)의 두 번째 요건 중 첫 번째 문구(2(a))가 충족되지 않았다는 것이다.[652]

익명의 게시자가 인터넷상에서 게시한 글이 첫 번째 문구(2(a))와 같이 불법적인 글에 해당하는지 여부를 결정하기 위해서는 해당 글이 명예훼손의 성립 요건을 충족하는지 여부를 먼저 확인하여야 한다.

명예훼손은 불법행위(tort) 중 하나로 고의성을 가지고 법적으로 명예훼손에 해당되는 발언을 공표할 것을 요구하는데,[653] 이 중에서 익명의 게시자가 인터넷상에서 게시한 글이 법적으로 명예훼손에 해당되는 발언에 해당되는지 여부를 따져보아야 한다.

그런데 익명의 게시자가 웹사이트에 게시한 글 중 첫 번째, 세 번째, 네 번째 게시글(Statement 1, 3, 4)은 개인의 의견에 해당하며, 두 번째 게시글(Statement 2)은 수사적인 과장에 해당한다. 따라서 모든 게시글(Statement 1-4)[654]은 법적으로 명예훼손에 해당되는 발언으로 볼 수 없으므로 겔루의 명예를 훼손하지 않았다는 것이다. 또한 첫 번째 게시글(Statement 1)은 보통법상 명예훼손 의제(common-law defamation per se)[655]에도 해당되지 않는다.

651 At issue in this case is whether the Plaintiff has complied with the second prong of Yelp, specifically, subpart 2(b).
The second prong consists of two, distinct subparts. Under the first subpart, the plaintiff must show that the communications are or may be tortious. If there is direct evidence demonstrating that the communications are tortious, and the plaintiff provides that evidence to the circuit court, then there is no need to analyze the second subpart of this prong. The second subpart, which is explicitly separated from the first subpart by the conjunction or, requires the plaintiff to show that he has "legitimate, good faith basis" for his belief that the conduct is tortious. Thus, the plaintiff can either show that the communications are or may be tortious or show that he has a "legitimate, good faith basis" for his belief that the communications are tortious. See Opinion Letter regarding Geloo v. Doe, 4, June 23, 2014.

652 Thus, the statements contained in the subpoena are not defamatory statements and are not defamation per se. As such, the statements fail to meet the requirements of subpart one of prong two of the Yelp test because there is no direct evidence demonstrating that the communications are tortious or illegal. See Opinion Letter regarding Geloo v. Doe, 8, June 23, 2014.

653 Defamation is a type of tort and requires "(1) publication of (2) an actionable statement with (3) the requisite intent." Jordan v. Kollman, 269 Va. 569, 575 (2005). See Opinion Letter regarding Geloo v. Doe, 4, June 23, 2014.

654 익명의 게시자가 웹사이트에 게시한 글(Statement 1-4)은 각주 649번을 참고하기 바란다.

655 At common law defamatory words which are actionable per se are: (1) Those which impute to a person the commission of some criminal offense involving moral turpitude, for which the party, if the charge is true, may be indicted and punished. (2) Those which impute that a person is infected with some contagious

2. 겔루가 옐프 테스트(Yelp test)의 두 번째 요건 중 두 번째 부분(2(b))을 충족하였는지 여부

두 번째 부분(2(b))은 겔루가 명예훼손 소송의 피해자임을 주장하기 위해서는 이를 뒷받침할 수 있는 합리적인 근거(legitimate & good faith basis)를 가지고 있다는 것을 입증해야 하는데, 겔루는 이를 입증하지 못했다는 것이다.[656]

Yelp 케이스의 경우, 웹사이트에 리뷰를 작성하기 위해서는 리뷰를 작성하기 전에 리뷰 내용의 진실성을 인정하는 약관에 동의하기 때문에 해당 웹사이트에 게시된 모든 리뷰는 진실에 기반한 사실임을 추정할 수 있다. 그러나 본 케이스의 페어팩스 언더그라운드 닷컴의 경우, 사용자들이 북 버지니아(Northern Virginia)와 관련이 없는 주제라고 해도 자유롭게 의견을 게시해도 좋다는 내용이 명확하게 적혀 있었다. 따라서 본 케이스의 웹사이트에 게시된 게시물은 옐프 웹사이트의 리뷰와는 달리 리뷰 내용이 사실일 것이라고 가정할 수 없으며 사용자가 글을 게시할 때 사실에 기반해서 작성했다고 동의하지 않았기 때문에 게시글이 특정 사실에 대한 허위 내용을 포함하고 있다고 볼 수 없다.

페어팩스 언더그라운드 닷컴에 게시된 글들이 개인의 의견 혹은 수사학적 과장에 해당하기 때문에 연방헌법 제1조의 보호를 받아야 하며 따라서 게시글을 작성한 익명의 게시자의 신원 정보가 통신사들에게 발부한 송부촉탁신청서(subpoena duces tecum)에 의해 공개되어서는 안 된다는 것이다.[657]

또한 겔루는 송부촉탁신청(subpoena duces tecum)에 포함된 내용이 명예훼손에 해당된다는 것을 뒷받침할 수 있는 충분한 증거를 제시하지 못했다. 옐프 케이스와는 달리 본 케이스의 송부촉탁신청(subpoena duces tecum)에는 페어팩스 언더그라운드 닷컴에 게시된 게시글들을 캡쳐한 자료와 같은 증거가 포함되지 않았다. 따라서 겔루의 명예훼손 주장을 뒷받침할 수 있는 증거가 없이 단순 주장만으로는 익명의 게시자에 대한 신원 정보를 공개할 수 없다는 것이다.[658]

---

disease, where if the charge is true, it would exclude the party from society. (3) Those which impute to a person unfitness to perform the duties of an office or employment of profit, or want of integrity in the discharge of the duties of such an office or employment. (4) Those which prejudice such person in his or her profession or trade. See Opinion Letter regarding Geloo v. Doe, 6, June 23, 2014.

656 The Plaintiff has not demonstrated that she has a legitimate, good faith basis to contend that she is the victim of conduct actionable in this jurisdiction. The subpoena duces tecum fails to meet the requirements of subpart two of prong two of the Yelp test. See Opinion Letter regarding Geloo v. Doe, 12, June 23, 2014.

657 Since this Court has found above that the statements contained in the subpoena are that of opinion (or in the alternative, rhetorical hyperbole,) these opinions should be entitled to First Amendment protection and the identities of these persons should not be revealed by a subpoena duces tecum. See Yelp, 62 Va. App. at 567. See Opinion Letter regarding Geloo v. Doe, 11, June 23, 2014.

658 Secondly, the Court finds that the Plaintiff did not submit sufficient evidence to show that the statements contained in the subpoena duces tecum were defamatory, as required per Virginia Code § 8.01-407.1 and as seen in Yelp. Unlike Yelp, evidence, such as screenshots of the specific statements, were not attached to the subpoena duces tecum. As the dissent states in Yelp, "critical commentary … not even claimed to be false in substance, should not be permitted to force the disclosure of the identity of anonymous commentators simply by alleg[ations]." See id. at 711. The Court agrees with this statement. See Yelp, 62 Va. App. at 567. See Opinion Letter regarding Geloo v. Doe, 11-12, June 23, 2014.

4/ Thomson v. Doe (워싱턴주 항소법원, 189 Wash.App. 45, 356 P.3d 727, 2015)

본 케이스는 아보 닷컴(Avvo.com)에 변호사인 데보라 톰슨(Deborah Thomson, 이하 "톰슨")에 대해 부정적인 리뷰를 작성한 익명의 게시자를 상대로 법원에 신원 정보 공개를 강제하는 신청을 제출한 것에서 비롯된 사건이다.

1심 법원은 톰슨이 명예훼손에 관한 반증이 없다면 진실로 추정된다는 것(prima facie)을 입증하지 못했다는 이유로 그녀의 신청을 거부하였다. 항소법원은 익명의 게시자의 신원 정보 공개를 강제하기 위해 덴드라이트 기준, 케이힐 기준, 선의의 기준(*Dendrite, Cahill,* good faith standard) 대신 일반 명예훼손 사건에서 적용되는 입증 기준을 적용한 1심 법원의 결정이 타당하다고 판단하였다. 또한 톰슨의 신청은 1심 법원이 제시한 입증 기준에서 요구하는 증거를 제시하지 못해서 거부된 것이므로 1심 법원의 결정은 그대로 인정된다고 판단하였다.

1) 사실 관계

아보사(Avvo Inc.)는 온라인상에서 변호사의 프로필을 검색하고 변호사가 제공한 서비스에 대한 만족도를 평점으로 표시하는 시스템을 운영한다. 2014년 5월 21일, 플로리다주 변호사인 톰슨은 자신의 아보 닷컴 프로필에 리뷰를 게시한 익명의 게시자를 상대로 플로리다에서 소송을 제기하였다. "이혼 소송 고객"(Divorce client)이라는 이름으로 게시된 리뷰의 내용은 다음과 같았다.

> "저는 톰슨이 저의 이혼 소송을 대리한 이후 5년이 지났지만 여전히 법정에 있습니다. 그녀의 기본적인 비즈니스 기술 부족과 무책임은 제게 모든 부담을 지게 했습니다. 그녀는 휴가를 이유로 중재 절차에 참석하지 않았습니다. 그녀는 이혼 소송에서 재산 분할에 중요한 서류들을 요구하지 않았습니다. 실제로 그녀는 어떤 서류들도 요구하지 않았습니다. 제 이익은 어떤 유의미한 방법으로도 보호되지 않았습니다."[659]

659 I am still in court five years after Ms. Thomson represented me during my divorce proceedings. Her lack of basic business skills and detachment from her fiduciary responsibilities has cost me everything. She failed to show up for a nine hour mediation because she had vacation days. She failed to subpoena documents that are critical to the division of assets in any divorce proceeding. In fact, she did not subpoena any documents at all. My interests were simply not protected in any meaningful way. See Thomson v. Doe, 189 Wash.App. 45, 356 P.3d 727, 729 (2015).

톰슨은 소장에서 익명의 게시자는 고객이 아니며 해당 리뷰는 톰슨의 개인적, 직업적인 평판을 훼손하기 위해 게시된 것이라고 주장하였다. 구체적으로, 톰슨은 청구원인으로 여러가지 주장을 하였는데 명예훼손을 원인으로 한 손해배상청구가 가장 주된 내용이었다.

2014년 6월 25일, 톰슨은 아뵤사에 익명의 게시자의 신원 정보 확인을 요청하는 증거조사 신청서를 킹(King) 카운티 1심 법원에 제출하였다. 이후 7월 3일, 톰슨은 아뵤사의 사업 개발 부사장 겸 법률 고문인 조슈아 킹(Joshua King, 이하 "킹")으로부터 이메일을 받았는데 그 내용은 다음과 같았다.

> "저는 익명의 게시자에 대한 기록을 요청하는 증거조사 신청서를 받았습니다. 이러한 증거조사 신청서에 대한 자사의 대응 정책은 게시자에게 해당 사실을 알리고, 게시자가 원하면 해당 증거조사 신청서에 대한 무효 신청을 할 수 있게 하는 것입니다. 게시자는 변호사 선임 여부와 관련된 세부 정보를 저에게 제공할 수 있으며, 이 경우 우리는 증거조사 신청서의 철회를 요청할 수 있습니다."

위 이메일에 대해 톰슨은 "알려 주셔서 감사합니다…. 저는 누가 이 글을 썼는지 알고 있습니다. 그래서 해당 기록을 얻고 싶습니다."라고 답변하였다.[660]

7월 8일, 킹은 톰슨에게 다음과 같은 내용의 이메일을 보냈다.

> "저는 답변을 받았습니다. 당신에게 구체적인 내용을 알려드릴 수는 없지만 해당 익명의 게시자가 당신의 고객이라고 믿을 수 있는 충분한 정보가 포함되어 있습니다. 이 정보를 고려하여 증거조사 신청서를 철회해 주시기 바랍니다."

톰슨은 위 이메일에 대해 "증거조사 신청서를 철회하지 않을 것임을 알려드립니다. 요청드린 서류를 제공해 주십시오."라고 답변하였다.[661]

---

660 I've received your subpoena seeking records on an anonymous review. Our policy on handling such subpoenas is to let the reviewer know, so that they can move to quash if they want. They may also provide me with more information about the representation, in which case we may ask you to withdraw the subpoena. Thomson replied, "Thank you for letting me know… . I am pretty certain I am aware who wrote it, so I am eager to obtain the records." See Thomson v. Doe, 189 Wash.App. 45, 356 P.3d 727, 729 (2015).

661 On July 8, King e-mailed Thomson,
I have received a response. While I can't give you the specifics, it included information sufficient for me to believe the reviewer was a client of yours.

7월 16일, 톰슨은 아뵤사가 증거조사 신청서에 따라 익명 게시자의 신원 정보 공개를 강제하기 위한 신청을 제출하였다. 톰슨은 익명 게시자의 리뷰가 명예훼손에 해당된다고 주장하였다. 구체적으로, 톰슨은 익명 게시자가 게시한 리뷰의 각 문장이 사실에 대한 허위 발언이거나 사실과 의견이 결합된 것으로 입증 가능한 허위 내용에 해당된다고 주장하였다. 그러나 톰슨은 자신의 신청을 뒷받침하는 진술서 혹은 다른 증거를 제출하지 않았다.

아뵤사는 톰슨이 해당 리뷰가 본인의 명예를 훼손하는 것을 입증하지 못했고, 손해에 대한 증거를 제공하지 않았다고 주장하면서 익명 게시자의 신원 정보 공개를 강제하기 위한 톰슨의 신청에 반대하였다.

7월 28일, 1심 법원은 톰슨의 신청을 거부하였다. 1심 판사는 톰슨이 본인의 명예훼손 주장과 관련하여 반증이 없다면 진실로 추정된다는 것(prima facie)을 입증하지 못했다고 판단하였다.

톰슨은 이에 항소하였고, 아뵤사와 익명의 게시자는 각각 답변서를 제출하였다.

2) 워싱턴주 항소법원의 결정 요지

연방 헌법 제1조는 익명으로 발언할 수 있는 권리를 보호하며, 온라인상에서 이루어진 발언의 경우에도 동일하게 보호 대상에 해당된다. 그러나 다른 사람의 명예를 훼손하는 발언의 경우에는 연방 헌법 제1조의 보호를 받지 못한다는 것이다. 따라서 법원이 명예훼손과 관련된 사건을 검토할 때 연방 헌법 제1조에 의해 익명으로 발언할 수 있는 권리와 명예훼손으로부터 개인을 보호하는 권리 사이에 균형을 맞추어야 한다는 것이다.[662]

Given this information, I ask that you withdraw the subpoena.
Thomson responded, "Please be advised that I will not be withdrawing my subpoena. Please provide the documents requested therein." See Thomson v. Doe, 189 Wash.App. 45, 356 P.3d 727, 729 (2015).

662 The First Amendment protects the right to speak anonymously. McIntyre v. Ohio Elections Comm'n, 514 U.S. 334, 342, 115 S.Ct. 1511, 131 L.Ed.2d 426 (1995). This right applies equally to online speech. In re Anonymous Online Speakers, 661 F.3d 1168, 1173 (9th Cir.2011). However, defamatory speech does not enjoy the protections of the First Amendment. Chaplinsky v. New Hampshire, 315 U.S. 568, 571-72, 62 S.Ct. 766, 86 L.Ed. 1031 (1942). Accordingly, when faced with a defamation claim, courts aim to strike a balance between the right to protect one's reputation and the constitutional right to free speech. See, e.g., Dun & Bradstreet, Inc. v. Greenmoss Builders, Inc., 472 U.S. 749, 759-60, 105 S.Ct. 2939, 86 L.Ed.2d 593 (1985); Gertz v. Robert Welch, Inc., 418 U.S. 323, 346-48, 94 S.Ct. 2997, 41 L.Ed.2d 789 (1974); New York Times Co. v. Sullivan, 376 U.S. 254, 279-80, 84 S.Ct. 710, 11 L.Ed.2d 686 (1964). See Thomson v. Doe, 189 Wash.App. 45, 356 P.3d 727, 730 (2015).

1심 법원이 익명의 게시자의 신원 정보를 공개해달라는 톰슨의 신청을 검토할 때 위와 같은 균형을 고려했는지 여부를 판단하기 위해서는 1심 법원이 톰슨의 신청을 검토할 때 올바른 기준을 적용하였는지 여부와 톰슨이 1심 법원이 제시한 입증 기준을 충족하였는지 여부를 따져봐야 한다는 것이다.[663]

1. 1심 법원이 톰슨의 신청을 검토할 때 올바른 기준을 적용하였는지 여부

익명의 게시자의 신원을 공개하는 것과 관련하여 대부분의 주에서는 덴드라이트 기준(*Dendrite* standard)과 덴드라이트 기준(*Dendrite* standard)을 변형한 케이힐 기준(*Cahill* standard)을 채택하고 있다.[664]

덴드라이트 기준(*Dendrite* standard (prima facie standard))은 익명의 게시자의 신원 정보 공개 여부를 결정하기 위해 다음 4가지 요건의 충족을 요구한다.

(1) 법원은 익명의 게시자들에게 소환장 혹은 신원공개명령 신청 대상에 해당된다는 것을 통지하라고 원고에게 요구하여야 한다. 원고는 강제적인 방법에 의한 증거조사(Discovery)를 하기 이전에 익명의 게시자들에게 법에서 인정하는 증거조사방법 이외의 방법으로 먼저 신원을 밝혀달라고 요청하여야 한다. 이와 같은 통지의 노력에는 인터넷 서비스 제공자(ISP)의 메시지 게시판에 익명의 게시자들에게 신원 공개 요청을 위한 알림 메시지를 게시하는 것을 포함해야 한다.

(2) 법원은 원고에게 각각의 익명의 게시자에 의한 발언들이 청구원인에서 명예훼손에 해당된다고 주장하는 문제된 발언 내용들을 확인하고 제시하도록 요구하여야 한다.

(3) 법원은 원고가 익명의 게시자들을 상대로 반증이 없으면 진실로 추정되는 근거(prima facie cause)를 충분히 제시했는지 여부를 결정하기 위해 원고의 소장과 법원에 제출된 모든 정보들을 면밀히 검토해야 한다. 원고는 법원이 익명의 게시자의 신원 정보를 공개하는 명령을 내리기 전에 반증이 없으면 진실로

663 Here, we are asked to determine whether the trial court struck the proper balance in reviewing Thomson's motion to disclose Doe's identity. To answer this question, we must address two issues: first, whether the trial court applied the correct standard in reviewing a motion to reveal an anonymous speaker's identity, and second, whether Thomson met that standard. See Thomson v. Doe, 189 Wash.App. 45, 356 P.3d 727, 730 (2015).

664 Most federal and state courts to consider this question have adopted some form of the Dendrite and Cahill tests. See Thomson v. Doe, 189 Wash.App. 45, 356 P.3d 727, 732 (2015).

추정되는 기준(prima facie basis)에 따라 청구원인(cause of action)의 각 요건사실 들을 뒷받침할 수 있는 충분한 증거를 제시하여야 한다.

(4) 원고가 반증이 없으면 진실로 추정되는 근거(prima facie cause)를 충분히 제시했다고 법원이 결정하면, 법원은 연방 헌법 제1조에 따른 익명으로 발언할 수 있는 권리와 익명의 게시자의 신원 정보를 공개해야 할 필요성 사이에 균형을 맞추어야 한다.[665]

반면 케이힐 기준(*Cahill* standard)은 덴드라이트 기준(*Dendrite* standard) 중 첫 번째와 세 번째 요건만으로 구성된다. 이 기준에 따르면 원고는 신원 정보 공개를 위한 소환장 혹은 명령을 원고에게 통지하기 위해 최선의 노력을 기울여야 하며, 중간판결 기준(summary judgment standard)을 충족해야 한다.[666]

이 두가지의 기준을 따르지 않았던 법원은 Yelp 케이스를 검토한 버지니아주 항소법원이 유일한데 명예훼손을 당한 원고가 익명의 게시자의 신원 정보 공개를 요구하기 위

665 In Dendrite, an anonymous speaker posted messages on an online bulletin board criticizing Dendrite's stock performance. 342 N.J.Super. at 145, 775 A.2d 756. Dendrite sued the anonymous speaker and sought disclosure of the speaker's identity. Id. at 146, 775 A.2d 756. The New Jersey intermediate appellate court set out a four-step process for determining whether to compel disclosure of the speaker's identity:
[T]he trial court should first require the plaintiff to undertake efforts to notify the anonymous posters that they are the subject of a subpoena or application for an order of disclosure, and withhold action to afford the fictitiously-named defendants a reasonable opportunity to file and serve opposition to the application. These notification efforts should include posting a message of notification of the identity discovery request to the anonymous user on the ISP's pertinent message board.
The court shall also require the plaintiff to identify and set forth the exact statements purportedly made by each anonymous poster that plaintiff alleges constitutes actionable speech.
The complaint and all information provided to the court should be carefully reviewed to determine whether plaintiff has set forth a prima facie cause of action against the fictitiously-named anonymous defendants. In addition to establishing that its action can withstand a motion to dismiss for failure to state a claim upon which relief can be granted …, the plaintiff must produce sufficient evidence supporting each element of its cause of action, on a prima facie basis, prior to a court ordering the disclosure of the identity of the unnamcd defendant.
Finally, assuming the court concludes that the plaintiff has presented a prima facie cause of action, the court must balance the defendant's First Amendment right of anonymous free speech against the strength of the prima facie case presented and the necessity for the disclosure of the anonymous defendant's identity to allow the plaintiff to properly proceed. Id. at 141-42, 775 A.2d 756. See Thomson v. Doe, 189 Wash.App. 45 356 P.3d 727, 731(2015).

666 The Cahill court adopted a "modified Dendrite standard consisting only of Dendrite requirements one and three: the plaintiff must make reasonable efforts to notify the defendant and must satisfy the summary judgment standard." See Thomson v. Doe, 189 Wash.App. 45, 356 P.3d 727, 731-732 (2015).

해서는 익명의 게시자가 원고의 명예를 훼손했다는 것을 주장할 수 있는 합리적인 근거(good faith basis)를 입증하여야 한다는 것이다.[667]

톰슨은 익명의 게시자의 신원 정보 공개 기준으로 선의의 기준(good faith standard)이 채택되어야 한다고 주장하는 반면, 익명의 게시자와 아보사는 덴드라이트 및 케이힐 기준(*Dendrite* 및 *Cahill* standard)을 따라야 한다고 주장하였다. 그러나 어떤 기준의 적용을 받아야 하는지 여부를 검토하기 전에 해당 발언이 어느 유형에 해당하는지 여부를 우선적으로 검토해야 한다는 것이다.[668]

그 이유는 명예훼손 소송에서 법원이 원고에 대한 입증 기준을 정할 때 연방 헌법 제1조에서 인정하는 보호 범위와 일치해야 하는데 발언의 유형에 따라 원고가 입증하여야 할 기준이 다르게 적용되기 때문이다.[669]

본 케이스에서 익명의 게시자가 게시한 리뷰는 경제적인 이해관계 이상의 영향을 미친다. 즉, 해당 리뷰는 연방 헌법 제1조에서 가장 낮은 수준으로 보호되는 상업적인 발언이 아니고, 가장 높은 수준에서 보호되는 정치적인 발언도 아닌 중간 수준의 보호를 받는 발언에 해당된다.[670] 따라서 본 발언에 선의의 기준(good faith standard)과 같이 명예훼손 피

667 Only one court has significantly strayed from Dendrite and Cahill. The Virginia Court of Appeals declined to adopt either test, instead applying a state statute that required a lower standard of proof. Yelp, Inc. v. Hadeed Carpet Cleaning, Inc., 62 Va.App. 678, 695-97, 752 S.E.2d 554, 562 (2014), rev'd on other grounds, ___ Va. ___, 770 S.E.2d 440 (2015). Under the Virginia statute, a defamation plaintiff seeking an anonymous speaker's identity must establish a good faith basis to contend that the speaker committed defamation. Id. at 699, 752 S.E.2d 554. See Thomson v. Doe, 189 Wash. App. 45, 356 P.3d 727, 733 (2015).

668 Thomson argues that we should follow Virginia's lead and apply the good faith test, while Doe and Avvo advocate the heightened standard under Dendrite and Cahill. In this way, the parties frame the issue before us as an either/or decision. But, in doing so, the parties bypass an important threshold question: what is the nature of the speech at issue? See Thomson v. Doe, 189 Wash.App. 45, 356 P.3d 727, 733 (2015).

669 We agree with Anonymous: the evidentiary standard should match the First Amendment interest at play. This aligns with the United States Supreme Court's treatment of the standard of fault in defamation cases. See, e.g., New York Times, 376 U.S at 279-80, 84 S.Ct. 710 (requiring plaintiffs to meet a higher bar in cases of protected speech); Dun & Bradstreet, 472 U.S. at 758-60, 105 S.Ct. 2939 (recognizing that commercial speech warrants lesser protection). We therefore hold that, when addressing a defamation plaintiff's motion to unmask an anonymous defendant, the court must consider the nature of the speech at issue when determining the evidentiary standard to apply. See Thomson v. Doe, 189 Wash.App. 45, 356 P.3d 727, 734 (2015).

670 Doe's speech does not meet this standard: although her economic interests might have been affected by the behavior her review describes, her act of speech impacts more than her economic interests. While Doe's speech is not commercial, warranting the lowest protection, it is also not political, warranting the highest. Thus, Doe's speech is entitled to an intermediate level of protection. See Thomson v. Doe, 189 Wash.App. 45, 356 P.3d 727, 734 (2015).

해자인 원고의 입증 책임이 가장 낮은 기준을 적용하는 것은 적합하지 않다는 것이다.[671]

또한 선의의 기준(good faith standard)을 원고의 입증 책임에 적용할 경우, 원고가 익명의 게시자인 피고를 상대로 사소한 혐의로 명예훼손 소송을 제기했을 때 제기한 혐의가 모호하거나 구체적이지 않더라도 원고가 자신의 명예훼손 주장을 피고에게 통지한 것만으로 소송이 기각되지 않는 결과를 가져오게 된다.[672] 결국 증거없이 원고의 주장만으로 소 제기가 가능하게 되고 결국 연방 헌법 제1조에서 보장하는 익명으로 발언할 수 있는 권리를 보호할 수 없게 되는 것이므로[673] 인정할 수 없다는 것이다.

나머지 두가지 기준들이 본 케이스에 적용될 수 없는 이유를 살펴보면 다음과 같다.

케이힐 케이스의 중간판결 기준(summary judgment standard)의 경우, 익명의 게시자는 아뵤사를 통해서 신원 정보 공개 요청에 대한 통지를 받기 전까지 톰슨으로부터 아무런 통지를 받지 못했는데, 피고인 익명의 게시자의 개입없이 톰슨이 아뵤사에게 증거조사 신청서를 보내야 하는 상황에서 케이힐 케이스의 중간판결 기준(summary judgment standard)을 적용하는 것은 너무 엄격하다는 것이다.[674]

덴드라이트 기준(*Dendrite* standard)의 경우, 케이힐 케이스 및 이후 케이스들에서 채택한 기준에 개인의 명예 보호와 익명으로 발언할 수 있는 권리 사이에 균형을 검토하는 요건이 이미 포함되어 있기 때문에 이를 별도의 요건으로 가지고 있는 덴드라이트 기준(*Dendrite* standard)이 필요하지 않다는 것이다.[675]

또한 Mobilisa, Inc. Doe, 217 Ariz. 103, 111, 170 P.3d 712 (2007)에서도 인정한 바와 같이 특정 케이스에서는 덴드라이트 기준(*Dendrite* standard)의 마지막 요건인 균형 테

---

671 As such, we reject Thomson's assertion that a good faith showing—the least stringent standard—would be appropriate here. We likewise reject the next level of evidentiary showing, the motion to dismiss standard. See Thomson v. Doe, 189 Wash.App. 45, 356 P.3d 727, 734 (2015).

672 Therefore, "even silly or trivial libel claims can easily survive a motion to dismiss where the plaintiff pleads facts that put the defendant on notice of his claim, however vague or lacking in detail these allegations may be." See Thomson v. Doe, 189 Wash.App. 45, 356 P.3d 727, 734 (2015).

673 Thus, under the motion to dismiss standard, a defamation plaintiff would need only to allege the elements of the claim, without supporting evidence. This is insufficient to protect the speaker's First Amendment right to anonymous speech. See Thomson v. Doe, 189 Wash.App. 45, 356 P.3d 727, 734 (2015).

674 Here, Doe had not appeared, answered Thomson's complaint, or defended against the subpoena. In fact, Doe did not have notice of the lawsuit until Avvo notified her. In our judgment, under these circumstances—where a plaintiff subpoenas a third party without the defendant's involvement—the summary judgment standard is too severe and a prima facie standard should be applied. See Thomson v. Doe, 189 Wash.App. 45, 356 P.3d 727, 735 (2015).

675 의 72 Cal.Rptr.3d at 245-46. See Thomson v. Doe, 189 Wash. App. 45, 356 P.3d 727, 735 (2015).

스트를 적용할 필요가 있는 사실들이 있지만 본 케이스의 경우 양 당사자 모두 그러한 사실들을 주장하거나 주장해야 할 필요성을 인지하지 못했다는 것이다. 또한 본 케이스는 발언 내용으로 인해 발언자를 상대로 제기된 직접적인 명예훼손 소송에 해당한다. 따라서 본 케이스에 덴드라이트 기준(*Dendrite* standard)의 마지막 요건인 균형 테스트를 적용하기에는 적합하지 않다는 것이다.[676]

그러므로 1심 법원이 본 케이스를 일반 명예훼손 사건으로 판단하여 원고에게 입증 기준을 적용한 것은 타당하다는 것이다.

2. 톰슨이 1심 법원이 제시한 입증 기준을 충족하였는지 여부

1심 법원은 톰슨의 신청을 검토할 때 올바른 입증 기준을 적용했으나 톰슨이 본인의 신청을 뒷받침할 수 있는 어떤 증거도 법원에 제출하지 못했기 때문에 1심 법원이 제시한 입증 기준을 충족하지 못했다.[677] 따라서 톰슨의 신청에 대한 1심 법원의 거부는 타당하다는 것이다.

---

676 As Mobilisa recognizes, certain cases present facts that could necessitate application of the balancing prong. Here, neither party asserts—nor do we perceive—any such facts. This is a straightforward libel claim against a speaker brought by the subject of the speech. Thus, while Dendrite balancing might be appropriate in some cases, it is not justified on the record before us. See Thomson v. Doe, 189 Wash.App. 45, 356 P.3d 727, 736 (2015).

677 The trial court applied the proper standard in reviewing Thomson's motion. Under that standard, Thomson's motion must fail. As Thomson freely admits, she presented no evidence to support her motion. Therefore, the trial court properly denied Thomson's motion for failure to make a prima facie showing of defamation. See Thomson v. Doe, 189 Wash.App. 45, 356 P.3d 727, 736 (2015).

“

The constitutional guarantees of freedom of expression compel application of the same standard to the criminal remedy. Truth may not be the subject of either civil or criminal sanctions where discussion of public affairs is concerned.

”

Garrison v. Louisiana (연방 대법원, 379 U.S. 64, 74, 1964)

F. 공직자 (Public Official & Public Conduct)

1/ Rosenblatt v. Baer (연방 대법원, 383 U.S. 75, 1966)

본 케이스는 카운티 정부 산하 휴양 시설 관리자였던 베어(Baer)가 재직하던 당시에 잘못된 경영 관리와 공금 횡령이 있었다는 의혹을 제기한 로젠블랫(Rosenblatt)의 신문 칼럼에서 비롯된 사건이다. 본 케이스의 이슈는 베어가 뉴욕 타임즈 및 Garrison케이스에서 정의한 공직자(public official)에 해당되는지 여부이다. 연방 대법원은 정부 업무 수행에 대해 실질적인 책임 혹은 통제권을 가지고 있거나 실질적인 책임 혹은 통제권을 가지고 있는 것처럼 대중에게 보여지는 정부 소속 직원인 경우 그 직원이 최하위 직급에 있다고 하더라도 공직자(public official)에 해당된다고 판단하였다.

1) 사실 관계

벨크냅(Belknap) 카운티의 휴양지는 주로 스키 리조트로 사용되었지만 다른 체험 활동을 위해서도 사용되었다. 베어는 카운티 정부의 책임자로 선출된 3명의 벨크냅(Belknap) 카운티 위원들에 의해 고용되었으며 그들로부터 직접 업무 지시를 받았다. 1950년대에 베어와 위원들이 휴양지를 운영했던 방식에 대해 공개적인 논쟁이 있었다. 일부는 베어와 위원들이 지역 주민을 위한 리조트 혹은 카운티의 세수 확보에 기여할 수 있는 관광 명소로서 지역의 잠재력을 충분히 개발하지 못했다고 항의하였다. 이 논의는 1959년 뉴햄프셔주 주 의회가 이 지역에 대한 운영 권한을 5명으로 구성된 특별 위원회로 이전하는 법을 제정하면서 최고조에 달했다. 이후 새로운 경영진이 출범하면서 베어는 해고되었다.

로젠블랫은 정기적으로 라코니아 이브닝 시티즌 신문(Laconia Evening Citizen)에 무료로 칼럼을 기고하였다. 해당 칼럼에서 그는 정치적 문제에 대해 자주 언급하였다. 휴양지의 운영 주체가 변경된 것에 대해 노골적으로 지지 의사를 밝힌 지지자로서 로젠블랫은 예리한 견해를 제시하였다. 그는 베어와 카운티 위원들이 취했던 조치들에 대해 불만을 표시하였다. 1960년 1월, 새로운 경영진의 관리하에 맞이한 첫 스키 시즌이면서 베어가 해고된 지 6개월 후에 로젠블랫는 배어가 자신을 비방했다고 주장하는 칼럼을 게재하였다.[678]

678 In relevant part, it reads:

얼핏보면 해당 칼럼에는 명예훼손에 해당되는지 여부가 분명하지 않았다. "작년에 모든 자금은 어떻게 되었나? 매 2년마다?(What happened to all the money last year? and every other year?)"라는 질문이 공금 횡령을 암시하는 것으로 읽혀질 수 있음에도 불구하고, 문맥상으로는 단순히 현 경영진을 칭찬하는 것으로 읽혀질 수도 있었다. 해당 칼럼에서 이름이 언급된 사람들은 새 경영진의 관리하에 일하는 직원들 뿐이었다. 베어, 3명의 선출직 위원들, 혹은 베어가 재직한 기간 동안 휴양지 관리에 참여한 사람들은 해당 칼럼에서 거론되지 않았다. 휴양지와 관련된 논쟁에 대해 익히 알고 있는 사람들은 해당 칼럼을 관광객의 유입을 늘리고 "순이익에 엄청난 차이"(tremendous difference in net cash results)를 가져온 새로운 경영진의 운이나 능력을 칭찬하는 내용으로 이해할 수 있었다. 실제로 로젠블랫 측 증인은 해당 칼럼을 그렇게 이해했다고 증언하였다.

이에 베어는 본인의 명예가 훼손되었음을 입증하기 위한 외부 증거를 제시하였다. 이러한 증거는 해당 칼럼이 새로운 경영진에 의해 개선된 사항들을 지나치게 과장하여 제시하였다는 것과 지역 주민의 상당수가 주장된 개선 사항들이 새로운 경영진의 업무 수행으로는 설명될 수 없다는 것을 말하는 것으로 이해했다는 것이다. 오히려 베어 측 증인은 해당 칼럼을 베어가 재직하는 동안 잘못된 경영 관리와 공금 횡령을 그의 탓으로 돌리는 내용으로 이해했다고 증언하였다. 또한 베어는 또한 이에 근거하여 본인의 손해배상 청구를 뒷받침하는 두가지 이론을 제시하였다.

뉴햄프셔주 1심 법원의 배심원은 베어의 주장을 받아들여 그에 대한 손해배상을 인정하였고, 주 대법원 또한 주 1심 법원의 손해배상 판결을 인정하였다.

"Been doing a little listening and checking at Belknap Recreation Area and am thunderstruck by what am learning.

"This year, a year without snow till very late, a year with actually few very major changes in procedure; the difference in cash income simply fantastic, almost unbelievable.

"On any sort of comparative basis, the Area this year is doing literally hundreds of per cent BETTER than last year.

"When consider that last year was excellent snow year, that season started because of more snow, months earlier last year, one can only ponder following question:

"What happened to all the money last year? and every other year? What magic has Dana Beane [Chairman of the new commission] and rest of commission, and Mr. Warner [respondent's replacement as Supervisor] wrought to make such tremendous difference in net cash results?" See Rosenblatt v. Baer, 383 U.S. 75, 78-79 (1966).

2) 연방 대법원의 결정 요지

연방 대법원에서의 이슈는 베어가 뉴욕 타임즈 케이스 및 Garrison v. Louisiana에서 정의한 공직자(public official)에 해당되는지 여부에 관한 것이었다.

구체적으로, 베어가 손해배상 청구의 근거로 제시한 두 가지 이론은 다음과 같은 이유로 인정될 수 없다는 것이다.

첫 번째 이론은 해당 칼럼이 전 경영진에 대해 무분별하게 의혹을 제기한 사실이 확인되면 전 경영진에게 위법행위에 대한 책임을 돌리고 있는지 여부와 관계없이 배심원은 베어가 입은 손해를 배상해줄 수 있다는 것이다. 그러나 이 이론은 원고를 겨냥하여 비난하고 있음을 보여주는 충분한 증거가 없이 정부의 업무 수행에 대해 비난하는 것만으로는 명예훼손에 해당하지 않는다는 뉴욕 타임즈 판결에 의해 인정될 수 없다는 것이다.[679]

뉴욕 타임즈 케이스에서 원고 설리반은 앨라배마주 몽고메리 시에서 선출된 세 명의 위원 중 한 명이었다. 그의 임무 중 하나는 경찰서를 감독하는 것이었다. 그가 언급된 광고의 주요 내용은 "주 의사당 계단에서 시위가 끝난 후 경찰 트럭들이 앨라배마주 대학교 캠퍼스를 포위했으며 마틴 루터킹 박사가 일곱 번 체포되었다"[680]는 것이었다. 경찰이 캠퍼스 근처에 배치되었던 것은 맞지만 이 광고 내용은 거짓이었다. 실제로 경찰은 시위대를 포위하지 않았으며 주 의사당 시위와 관련하여 그곳에 출동하지도 않았고 마틴 루터킹 박사는 네 번 체포되었다. 이같은 증거들을 볼 때, 광고에서 서술된 경찰의 업무 수행이 설리반에 관한 것이고 그와 직접적으로 관련되어 있다는 것을 입증하기에는 부족하다는 것이다. 따라서 피고가 정부의 업무 수행에 대해 비난한다고 해서 이를 지휘하는 책임자에 대한 명예훼손이라고 볼 수 없다는 것이다. 비난의 대상이 구체적으로 원고를 가리키고 있음을 보여주는 증거가 요구된다는 것이다.[681]

679 The question is presented, however, whether that theory of recovery is precluded by our holding in *New York Times* that, in the absence of sufficient evidence that the attack focused on the plaintiff, an otherwise impersonal attack on governmental operations cannot be utilized to establish a libel of those administering the operations. 376 U. S., at 290-292. See Rosenblatt v. Baer, 383 U.S. 75, 80 (1966).

680 The statements in the advertisement upon which he principally relied as referring to him were that "truckloads of police … ringed the Alabama State College Campus" after a demonstration on the State Capitol steps, and that Dr. Martin Luther King had been "arrested … seven times." See Rosenblatt v. Baer, 383 U.S. 75, 80 (1966).

681 We held "that such a proposition may not constitutionally be utilized to establish that an otherwise impersonal attack on governmental operations was a libel of an official responsible for those operations." 376 U. S., at 292. There must be evidence showing that the attack was read as specifically directed at the plaintiff. See Rosenblatt v. Baer, 383 U.S. 75, 81 (1966).

본 케이스에서 문제가 되는 칼럼의 내용이 선출직 위원들과 베어 혹은 전체 경영진이 부패했다는 비난이었다면 각 개인을 겨냥하여 비난했다는 것을 뒷받침해주는 증거에 해당될 수 있다. 그러나 해당 칼럼의 경우 표면적으로 정부의 업무 수행에 대해서만 비난하고 있으며 베어에 대해 직접적으로 비난하지 않았다는 것이다. 해당 칼럼에는 공금 횡령 혐의도, 전 경영진을 공격하는 내용도 없었다. 또한 해당 칼럼은 위원회의 구성원이었던 선출직 위원들을 구체적으로 겨냥하여 비난하지 않았으므로 그들 또한 뉴욕 타임즈 판결에 따라 첫 번째 이론이 적용되지 않는다는 것이다.[682]

두 번째 이론은 베어 측 몇몇 증인들이 해당 칼럼의 내용이 베어를 휴양지의 재정 업무 책임자로서 구체적으로 지칭하는 것으로 이해했다는 것이다. 실제로 해당 칼럼은 휴양지에 대한 정부의 운영 방식에 대해 다루었다.

그러나 이는 연방 대법원이 검토해야 하는 헌법적 이슈와는 무관한 것이며, 오히려 베어가 뉴욕 타임즈 케이스의 적용을 받는 공직자(public official)인지 여부에 대한 검토가 요구된다는 것이다.[683]

뉴햄프셔주는 연방 헌법 제1조의 언론의 자유를 보호하기 위한 목적이 아니라 행정상 목적으로 공직자(public official)를 정의하였다. 베어의 주장과 같이 공직자(public official)에 대해 주에서 정한 기준을 따른다면 결국 각 주마다 다른 기준이 적용되는 것이므로 헌법에서 보호하는 언론의 자유를 보장할 수 없게 된다. 따라서 일원화된 기준인 뉴욕 타임즈 기준(New York Times standard)에 따라 공직자(public official)에 해당되는지 여부를 검토해야 한다는 것이다.

그런데 뉴욕 타임즈 케이스에서는 공직자(public official)를 정의할 때 얼마나 낮은 직급까지 공직자(public official)로 인정할 것인지에 대해 구체적인 하한선을 설정하지 않았다. 그러나 본 케이스와 같은 정부 운영 책임자들에 대한 비판은 자유로워야 하며 정부 자체에 대한 비판이 처벌받지 않도록 헌법상 보호되어야 한다. 따라서 공직자(public official)에 대한 하한선의 설정이 사실상 무의미하며, 정부 업무 수행에 대해 실질적인 책임 혹은 통제권을 가지고 있거나 실질적인 책임 혹은 통제권을 가지고 있는 것처럼 대중에게 보여지는 정부 소속 직원인 경우 그 직원이 최하위 직급에 있다고 하더라도 공직자

682 It is plain that the elected Commissioners, also members of that group, would have been barred from suit on this theory under New York Times. They would be required to show specific reference. See Rosenblatt v. Baer, 383 U.S. 75, 82-83 (1966).

683 The question is squarely presented whether the "public official" designation under New York Times applies. See Rosenblatt v. Baer, 383 U.S. 75, 83 (1966).

(public official)에 해당된다는 것이다.[684]

하지만 이같은 결정이 명예훼손법에 기초가 되는 개인의 평판 보호라는 중요한 사회적 가치를 무시한 것이 아니다. 오히려 이러한 가치와 연방 헌법 제1조에서 보호하는 언론의 자유 사이에 균형을 유지하기 위한 판단이라는 것이다. 그런데 본 케이스와 같이 공개적 논의에 대한 대중의 관심이 특별히 큰 경우 헌법은 명예훼손법의 적용을 제한할 수 있다는 것이다.[685]

결론적으로, 정부 소속 직원의 자격 및 업무 성과에 대해 일반적인 수준의 관심을 넘어 해당 정부 소속 직원의 직위가 대중이 그 사람의 자격 및 업무 성과에 대해 특별한 관심을 가질 정도로 중요한 경우에는 뉴욕 타임즈 케이스의 실질적 악의 기준(actual malice standard)이 적용되어야 한다는 것이다.[686]

> "뉴욕 타임즈 케이스에서 다루어진 공직자(public official)에 대한 개념은 Rosenblatt v. Baer에서 확대되었는데, 전임자이면서 비 선출직 공직자(public official)로서 카운티 휴양 시설의 관리자로 근무하는 동안 그의 명예를 훼손하는 내용이 신문에 실려 비난을 받은 자 또한 공직자(public official)로 인정된다는 것이다. 법원은 공직자(public official)로서의 지위가 주법에 의해 결정되어서는 안된다는 점을 분명히 했다. 오히려 본 케이스의 정부 소속 직원이 정부 업무 수행에 대한 실질적인 책임이나 통제권을 가지고 있는지 여부에 따라 헌법상의 목적이 결정된다고 보았다."[687]
>
> ❙ Rose v. Koch, 154 N.W.2d 409, 424 (Minn. 1967).

684 It is clear, therefore, that the "public official" designation applies at the very least to those among the hierarchy of government employees who have, or appear to the public to have, substantial responsibility for or control over the conduct of governmental affairs. See Rosenblatt v. Baer, 383 U.S. 75, 85 (1966).

685 This conclusion does not ignore the important social values which underlie the law of defamation. Society has a pervasive and strong interest in preventing and redressing attacks upon reputation. But in cases like the present, there is tension between this interest and the values nurtured by the First and Fourteenth Amendments. The thrust of New York Times is that when interests in public discussion are particularly strong, as they were in that case, the Constitution limits the protections afforded by the law of defamation. See Rosenblatt v. Baer, 383 U.S. 75, 86 (1966).

686 Where a position in government has such apparent importance that the public has an independent interest in the qualifications and performance of the person who holds it, beyond the general public interest in the qualifications and performance of all government employees, both elements we identified in New York Times are present and the New York Times malice standards apply. See Rosenblatt v. Baer, 383 U.S. 75, 86 (1966).

687 The New York Times concept of "public official" was broadened in Rosenblatt v. Baer, 383 U.S. 75, 86 S.Ct. 669, 15 L.Ed.2d 597, to include a former and nonelected public official, a man who had been a supervisor

“공직자(public official)는 최소한 정부 업무 수행에 실질적인 책임 혹은 통제권이 있거나 혹은 실질적인 책임 혹은 통제권을 가지고 있는 것으로 대중에게 보여지는 정부 소속 직원의 계층 구조를 포함한다.”[688]

ı Palmer v. Bennington School Dist., Inc., 615 A.2d 498, 501 (Vt. 1992).

---

of a county recreation area whose conduct while in that position was criticized by a newspaper in defamatory terms. The court made clear that a person's status as a public official is not to be determined by state law.

Rather, it is for constitutional purposes to be determined by whether the person, in the Rosenblatt case a government employee, has, or appears “to the public to have, substantial responsibility for or control over the conduct of governmental affairs.” See Rose v. Koch, 154 N.W.2d 409, 424 (Minn. 1967).

688 Public officials include “at the very least... those among the hierarchy of government employees who have, or appear to the public to have, substantial responsibility for or control over the conduct of governmental affairs.” Rosenblatt v. Baer, 383 U.S. 75, 85, 86 S.Ct. 669, 676, 15 L.Ed.2d 597 (1966). See Palmer v. Bennington School Dist., Inc., 615 A.2d 498, 501 (Vt. 1992).

2/ Monitor Patriot Co. v. Roy (연방 대법원, 401 U.S. 265, 1971)

본 케이스는 신문사의 칼럼에서 상원의원 후보자를 "전직 소규모 주류 밀매업자"(former small-time bootlegger)라고 지칭한 것에서 비롯된 명예훼손 사건이다. 본 케이스의 이슈는 공직자가 아닌 공직 후보자의 경우에도 뉴욕 타임즈 케이스의 실질적 악의 기준(actual malice standard)에 따른 공직 적합성에 대한 검토가 요구되는지 여부이다. 연방 대법원은 공직 후보자가 과거에 저지른 범죄 행위가 이미 지난 일이라고 하더라도 공직 적합성과 관련이 있으며, 공직자의 경우와 동일하게 뉴욕 타임즈 케이스의 실질적 악의 기준(actual malice standard)에 따른 검토가 요구된다고 판단하였다.

1) 사실 관계

1960년 9월 10일, 뉴햄프셔주 민주당의 미국 상원 후보 예비 선거 3일 전, 뉴햄프셔주 콩코드에서 발행되는 일간지인 콩코드 모니터(Concord Monitor)는 다가오는 선거에 대한 내용을 다룬 "워싱턴D.C.에서 정신없이 돌아가는 사건"(D.C. Merry–Go–Round)이라는 칼럼을 게재하였다. 이 칼럼은 예비 선거에서의 정치적 조작에 대해 언급하고 여러 후보자들의 과거 범죄 기록을 언급했으며 후보 중 한 명인 알폰스 로이(Alphonse Roy, 이하 "로이")를 "전직 소규모 밀매업자"(former small–time bootlegger)라고 지칭하였다.[689] 로이는

---

689 The text of the portion of the column concerning the New Hampshire primary was as follows:

"Political Snafu

"Rock-ribbed Republican New Hampshire, whose ex-Gov. Sherman Adams was top kick in the White House for years and whose Sen. Styles Bridges is still top kick on the GOP side of the Senate, is so fouled up in a primary snafu that the state may go Democratic this year. The primary verdict is due next Tuesday.

"Even that able Senate stalwart, Styles Bridges, is restirring himself. He has nothing to worry about from his Republican opponent, but the Democrats have put up a dynamic Dartmouth professor, Herbert Hill, against him. The professor came within 11,000 votes of defeating Sherman Adams, lately of vicuna-coat fame, in the 1948 gubernatorial race.

"Curiously, the Democratic primary has been cluttered with a motley assortment of candidates who have challenged Hill for the privilege of running against Bridges. That sly, old Republican disclaims any connection with it, but he appears pleased over the muddying of Democratic waters.

"One of Hill's primary opponents Frank L. Sullivan, was released from the Grasmere County Work Farm just in time to file for the Senate. With a police record of no fewer than 19 convictions for drunkenness since 1945, he was serving his latest 90-day sentence.

"Curious Call

"To make sure he would get out in time to run for the Senate, a former small-time bootlegger and later U. S. Marshal, Alphonse Roy, telephoned the Grasmere warden about Sullivan.

"Ralph LaVallee in charge of Grasmere, admitted to this column that he had received a telephone inquiry

예비 선거에서 당선되지 않았고 이후 그는 모니터 패트리어트사(Monitor Patriot Co., 이하 "신문사")와 칼럼 유포 기관(North American Newspaper Alliance, 이하 "NANA")을 상대로 명예훼손으로 소를 제기하였다.

신문사 및 NANA는 재판에서 주된 방어 사유로 칼럼의 내용이 사실이라는 점을 제시했고, 로이가 주류 밀매가 금지되었던 때에 실제로 주류 밀매업자였는지 여부에 대한 증거가 제시되었다. 신문사 및 NANA는 또한 로이에 대한 악의(malice)없이 로이의 범죄혐의가 사실일 것이라고 신뢰하여 선의(good faith)로 해당 칼럼을 신문에 게재한 것이므로 적법한 이유(lawful occasion)에 해당한다고 주장하였다. 양 당사자의 증인신문과 증거제출이 모두 이루어진 이후 1심 판사는 신문사와 NANA 측이 제출한 세가지 방어 사유를 배심원 설시문(jury instruction)에 반영하고 이를 배심원에게 전달하였다.[690]

1심 판사는 배심원들에게 로이가 예비 선거 후보자로서 공직자(public official)에 해당한다고 규정하였다.[691] 따라서 해당 명예훼손이 사적인 일(private conduct)이 아닌 공적인

---

from Roy as to whether Sullivan would be released in time to file. But the warden denied another report that Roy had announced he was calling 'on behalf of my friend Styles.'

"'I don't want to get implicated in anything like that,' said LaVallee, 'Roy didn't mention Senator Bridges.'

"Sullivan happily got out of the workhouse in time to run for the most distinguished legislative body in the world. And who should turn up on the ballot but the same Alphonse Roy who was so eager to get him out of the clink.

"Because of the peculiar population division of New Hampshire, the Irish Catholics may be inclined to vote for a Frank Sullivan while the French Canadians could be attracted by a name like Alphonse Roy. The effect would be to cut down Herb Hill's chances.

"Convicts For Senator

"Two other curious candidates, who tried to run in the Democratic primary against Hill, were Harold P. McCarthy who has a record of nine convictions for drunkenness, assault, and brawling, and Clement P. Robinson Jr., who has a record of six brushes with the law for drunkenness and traffic violations. Robinson also received a 30-day suspended sentence for stealing two power lawnmowers and a conviction for the nonsupport of his wife and three children.

"But at least Professor Hill managed to persuade the New Hampshire Ballot Law Commission into knocking McCarthy and Robinson off the ballot." See Monitor Patriot Co. v. Roy, 401 U.S. 265, 266 [1] (1971).

600 At the close of the evidence, the trial judge instructed the jury at great length on the law to be applied to the case. Three possible defenses emerged from these jury instructions. "[부록]미국 법률 용어"에서 자세한 설명을 확인하기 바란다.

691 The trial judge went on:

"As a candidate for the United States Senate, the plaintiff was within the public official concept, and a candidate must surrender to public scrutiny and discussion so much of his private character as affects his fitness for office. That is, anything which might touch on Alphonse Roy's fitness for the office of United States Senator would come within the concept of official conduct. If it would not touch upon or be relevant to his fitness for the office for which he was a candidate but was rather a bringing forward of the

업무 수행(official conduct)과 관련되는 것이라면 뉴욕 타임즈 케이스의 실질적 악의 기준(actual malice standard)과 동일한 특별 규정의 적용이 요구된다고 보았다.

해당 기사가 사적 영역에 속한다고 가정할 때, 1심 판사는 판단 기준으로 신문사 및 NANA가 주장할 수 있는 두가지 방어 사유를 배심원들에게 제시하였다. 첫 번째는 "당위성"(justification)인데 해당 기사가 사실이고 "적법한 이유"(lawful occasion)[692]로 게시되었다는 것이 배심원에 의해 확인되면 신문사 및 NANA는 방어를 주장할 수 있다는 것이다. 두 번째는 "조건부 특권"(conditional privilege)인데 배심원이 해당 기사가 허위임을 확인했다고 하더라도 "적법한 이유로, 선의를 가지고, 정당한 목적을 위해, (신문에) 게재된 문제의 진실성에 대한 합리적인 근거를 신뢰해서"(on a lawful occasion, in good faith, for a justifiable purpose, and with a belief founded on reasonable grounds of the truth of the matter published) 기사가 게재되었다는 것이 배심원에 의해 확인되면 신문사 및 NANA가 방어를 주장할 수 있다는 것이다.

2) 연방 대법원의 결정 요지

연방 대법원은 뉴욕 타임즈 케이스는 연방 헌법 제1조에서 보장하는 언론의 자유와 명예훼손법 하에서 개인의 평판 보호라는 두 이익이 불가피하게 긴장 관계에 놓여 있다는 인식에 기반을 두고 있다. 따라서 뉴욕 타임즈 기준(New York Times standard)은 공직자(public official)의 공적인 업무 수행(official conduct)에 대한 명예훼손 소송에서 공직자(public official)가 신문사의 실질적 악의(actual malice)를 입증하지 않는 한 신문사를 상대로 손해배상을 청구할 수 없다고 규정함으로써 공직자(public official)의 공적인 업무 수행(official conduct)에 대해서는 높은 수준의 입증 책임을 요구해왔다.

1심 법원은 공직 후보자인 로이를 공직자(public official)로 규정하고 배심원에게 이에

---

plaintiff's long forgotten misconduct in which the public had no interest, then it would be a private matter in the private sector." See Monitor Patriot Co. v. Roy, 401 U.S. 265, 268-269 (1971).

692 The trial judge gave the jury the following definition of a "lawful occasion":
"If the end to be attained by the publication is justifiable, that is, to give useful information to those who have a right and ought to know in order that they may act upon such information, the occasion is lawful. Where, however, there is merely the color of a lawful occasion and the defendant, instead of acting in good faith, assumes to act for some justifiable end merely as a pretense to publish and circulate defamatory matter, or for other unlawful purpose, he is liable in the same manner as if such pretense had not been resorted to."
The trial judge placed the burden of showing a "lawful occasion" on the defendants. See Monitor Patriot Co. v. Roy, 401 U.S. 265, 270 [2] (1971).

대한 판단 기준을 제시하였는데 공직 후보자와 관련된 출판물의 경우 현 공직자와 관련된 출판물과 동일하게 연방 헌법 제1조에 의한 보호가 주어져야 한다는 것이다.[693] 뉴욕 타임즈 케이스에서는 공직자(public official)에 국한하여 다루었으나, 뉴욕 타임즈 케이스에 대한 의견 및 인용 사례들을 살펴볼 때 실제 취지는 공직 후보자에게도 동일하게 실질적 악의 기준(actual malice standard)의 적용을 의도하였다는 것이다. 또한 연방 헌법 제1조의 취지는 대중이 원하는 정치적, 사회적 변화를 이끌어 내기 위한 자유로운 의견 교환을 보장하는 데 있으므로 공직 후보자의 공직 진출을 위한 선거 캠페인과 같은 경우에도 이러한 헌법적 보장이 동일하게 적용된다.

결론적으로, 공직자 혹은 공직 후보자의 과거 범죄 행위는 일어났던 시기가 얼마나 오래되었는지, 범죄가 일어났던 곳이 얼마나 멀리 떨어져 있는지 여부와 상관없이 뉴욕 타임즈 케이스의 실질적 악의 기준(actual malice standard)의 적용이 요구되는 공직자 혹은 공직 후보자의 공직 적합성과 관련이 있다는 것이다. 1심에서 판사가 배심원에게 잘못된 판단 기준을 제시하여 배심원에게 로이의 과거 범죄 행위가 공직 후보자의 공직 적합성과 무관하다는 잘못된 판단을 내리게 한 것이다.[694]

> "Monitor Patriot Co. v. Roy에서 연방 대법원은 과거 범죄 행위가 일어난 시기 혹은 장소가 아무리 멀리 떨어져 있더라도 뉴욕 타임즈 케이스의 실질적 악의 기준(actual malice standard)을 적용하기 위한 공직자의 공직 적합성과 결코 무관할 수 없다고 판단하면서 이를 헌법상의 문제(as a matter of constitutional law)로 보았다."[695]
>
> ı Tomkiewicz v. Detroit News, Inc., 246 Mich. App. 662, 635 N.W.2d 36, 44 (2001).

693 But the question is of no importance so far as the standard of liability in this case is concerned, for it is abundantly clear that, whichever term is applied, publications concerning candidates must be accorded at least as much protection under the First and Fourteenth Amendments as those concerning occupants of public office. See Monitor Patriot Co. v. Roy, 401 U.S. 265, 271 (1971).

694 We therefore hold as a matter of constitutional law that a charge of criminal conduct, no matter how remote in time or place, can never be irrelevant to an official's or a candidate's fitness for office for purposes of application of the "knowing falsehood or reckless disregard" rule of New York Times Co. v. Sullivan. Since the jury in this case was permitted to make its own unguided determination that the charge of prior criminal activity was not "relevant," and that the New York Times standard was thus inapplicable, the judgment must be reversed and the case remanded for further proceedings not inconsistent with this opinion. See Monitor Patriot Co. v. Roy, 401 U.S. 265, 277 (1971).

695 In Monitor Patriot Co. v. Roy, 401 U.S. 265, 277, 91 S.Ct. 621, 28 L.Ed.2d 35 (1971), the Supreme Court held "as a matter of constitutional law that a charge of criminal conduct, no matter how remote in time or place,

"연방 대법원은 Monitor Patriot Co v. Roy에서 공직 후보자에 대해 논평한 신문 기사는 뉴욕 타임즈 기준(New York Times standard)의 보호 대상에 해당된다고 판단하였다. 본 케이스에서 연방 대법원은 연방 헌법 제1조의 언론의 자유는 대중이 원하는 정치적, 사회적인 변화를 가져오기 위한 아이디어의 자유로운 교환을 보장하기 위해 고안되었으며, 공직 진출을 위한 선거 운동에 최대한 긴급하게 적용되고 있다고 판단하였다."[696]

ı Dougherty v. Philadelphia Newspapers, LLC, No. 1635 EDA 2014 (Pa. Super. Ct. 2015).

Ocala Star-Banner Co. v. Damron, 401 U.S. 295 (1971)

오칼라 스타 배너사(Ocala Star-Banner Co., 이하 "스타 배너사")는 플로리다주 교외의 4개 카운티에서 소규모로 일간지를 발행하였다. 1966년 4월 18일, 스타 배너사는 당시 시트러스(Citrus) 카운티 내 크리스탈 리버(Crystal River)의 시장이자 카운티 과세 평가국의 입후보자인 레너드 데먼(Leonard Damron, 이하 "레너드")이 연방 법원에서 위증죄로 기소되었다는 기사를 실었다.[697] 이 기사의 내용은

---

can never be irrelevant to an official's... fitness for office for purposes of application of the 'knowing falsehood or reckless disregard' rule of New York Times Co. v. Sullivan." See Tomkiewicz v. Detroit News, Inc., 246 Mich. App. 662; 635 N.W.2d 36, 44 (2001).

696 The United States Supreme Court later articulated that a newspaper enjoys Sullivan protections in commenting upon candidates for public office. Monitor Patriot Co. v. Roy, 401 U.S. 265 (1971). The Monitor Court observed that the First Amendment right to free speech was designed to "assure unfettered interchange of ideas for the bringing about of political and social changes desired by the people," and held that it has "its fullest and most urgent application precisely to the conduct of campaigns for political office." Id. 272. See Dougherty v. PHILADELPHIA NEWSPAPERS, LLC, No. 1635 EDA 2014 (Pa. Super. Ct. 2015).

697 The story appeared under a three-column head ("Damron Case Passed Over To Next U. S. Court Term") and was as follows:

"INGLIS—A case charging local garage owner Leonard Damron with perjury was passed over for the present term of Federal Court after Damron entered a not guilty plea before Federal Judge Harrold Carswell in Gainesville.

"Damron was indicted by a Federal grand jury in Tallahassee last January and charged with perjury in a 1964 civil case which resulted in damages of $65,000 being awarded to a Yankeetown couple.

"Mrs. Gail Finley alleged that Levy County Deputy Sammy Cason slammed on brakes causing her to injure her neck in October of 1962.

"Cason and Deputy Walter Beckham went to Yankeetown with a warrant for the arrest of Mrs. Jean Rich Sill, who was allegedly in the Izaac Walton Lodge.

"According to officials, the Finleys interfered with the officers, were arrested and charged with interfering with arrest.

"A conviction obtained in County Court has been upheld through appeals by the Florida State Supreme Court.

거짓이었다. 레너드는 어떤 범죄 혐의로도 기소된 적도, 그가 연루된 사건도 없었지만 그의 형제인 제임슨 데먼(James Damron, 이하 "제임스")에 대한 스타 배너사의 기사 내용은 상당히 정확했다. 2주 후 레너드은 카운티 과세 평가국 선거에서 낙선하였다.

레너드는 플로리다주 매리언(Marion) 카운티의 1심 법원에서 스타 배너사를 상대로 출판물에 의한 명예훼손 의제(libelous per se)에 따른 손해배상 청구 소송을 제기하였다. 그는 통상 손해 5만불, 징벌적 손해배상으로 50만불을 청구하였다. 재판에서 스타 배너사는 레너드에 대한 기사가 완전히 거짓이었다는 사실을 부인하지 않았지만 신문사의 한 지역 편집자의 정신 이상으로 인해 잘못된 기사가 게재되었다고 설명하였다. 해당 지역 편집자는 한 달이 조금 넘는 기간 동안 스타 배너사를 위해 일했다. 그는 레너드의 정치 활동에 대한 몇 가지 기사들을 진행했지만 그의 형제인 제임스에 대해서는 들어본 적이 없다고 증언하였다. 지역 신문기자가 해당 기사의 주인공이 제임스였다는 것을 확실히 알게 된 후 이를 지역 편집자에게 전달하기 위해 전화를 걸었을 때 해당 지역 편집자는 무심코 그 이름을 변경하였다. 레너드는 이러한 신문사 측의 해명에 의문을 제기하는 증거를 제시하였다.

양 당사자의 증인신문과 증거제출이 모두 이루어진 이후 레너드 책임 이슈에 대한 판사재판(motion for a directed verdict)을 신청했고 1심 판사가 신청을 승인하였다. 그 후 배심원들은 손해배상액수만을 가지고 판단하게 되었다.[698]

"The civil suit which followed was filed under an old, little-used federal statute in which the Finleys charged former sheriff J. W. Turner and Cason with a violation of their civil rights.

"Damron testified that he had seen Mrs. Finley in a neck brace in late 1957 or early 1958 several years prior to the incident, but numerous other witnesses, summoned by the plaintiff, gave testimony, saying that Mrs. Finley had not previously worn a brace.

"Damron was released on $2,000 bond, following his arrest by federal marshals Jan. 27." See Ocala Star-Banner Co. v. Damron, 401 U.S. 295, 296 [1] (1971).

698 At the close of the evidence, the respondent moved for a directed verdict on the issue of liability, and the trial judge granted the motion. "[부록]미국 법률 용어"에서 자세한 설명을 확인하기 바란다.
The case then went to the jury on the issue of damages, with instructions which included the following:
"The Court instructs the Jury that you need not consider whether a libel has been committed and instructs you that there must be a finding in favor of the Plaintiff in accordance with the other instructions given you by the Court… . You are instructed that in this case the charge made against the Plaintiff was libelous, per se, and that it created a presumption of damage to the Plaintiff but that if this presumption of damage is overcome by evidence offered by the parties and there is no proof of general damage to the Plaintiff by a preponderance of the evidence, then you cannot award anything more than nominal damages to the Plaintiff. The Court instructs the Jury that if you believe from the evidence and by the instructions of the Court that the Plaintiff is entitled to recover from the Defendants, then in addition to any compensatory damages, if any, that he may have—may recover, you may, as hereinafter stated, award the Plaintiff punitive damages when malice is shown or implied… . The Court instructs the Jury that malice may be implied or inferred where the charge of a felony is imputed to the Plaintiff. In other words, if you are reasonably satisfied from the evidence that the Defendants imputed the charge of perjury to the Plaintiff, of which he was not guilty, then you may infer that it was maliciously made and it is not

배심원은 레너드에게 2만 2천불의 통상 손해를 인정했지만 징벌적 손해배상은 인정하지 않았다. 이에 스타 배너사는 본 케이스에 뉴욕 타임즈 케이스에 의해 확립된 실질적 악의 기준(actual malice standard)이 적용되어야 한다고 주장하면서 새로 재판을 하게 해달라는 신청(motion for a new trial)을 제출하였다. 1심 판사는 뉴욕 타임즈 케이스 및 그 이후 공직자(public official) 혹은 공인(public figure)의 공적인 업무 수행(official conduct)과 관련된 이후 케이스들이 본 케이스의 청구원인(cause of action)에는 적용되지 않는다는 이유로 스타 배너사의 신청을 거부하였다.[699] 항소법원 또한 1심 법원의 판결을 인정하였다.[700]

레너드는 크리스탈 리버(Crystal River)의 시장으로 뉴욕 타임즈 케이스에서 정의하는 공직자(public official)에 해당한다. 따라서 레너드는 실질적 악의 기준(actual malice standard)을 입증하여야만 손해배상을 받을 수 있다. 과세 평가국 입후보자로서의 지위 또한 Monitor Patriot Co. v. Roy에 의거하여 실질적 악의 기준(actual malice standard)이 동일하게 적용된다.[701] 그런데 1심 법원은 실질적 악의 기준(actual malice standard)의 적용 없이 해당 기사가 출판물에 의한 명예훼손 의제(libelous per se)에 해당된다는 근거로 손해배상을 인정하였다.[702]

---

necessary to prove any express malice or ill-will in order to warrant a verdict for punitive damages in favor of the Plaintiff." See Ocala Star-Banner Co. v. Damron, 401 U.S. 295, 297-298 (1971).

699 The trial judge denied the motion on the ground that New York Times and later cases "relating to public officials or public figures in the official conduct of their office or position are not applicable to this cause of action which was founded upon a newspaper publication of the Defendants which was libelous per se and made no reference to the public offices held or sought by the Plaintiff." See Ocala Star-Banner Co. v. Damron, 401 U.S. 295, 298 (1971).

700 The Florida District Court of Appeal affirmed the judgment, holding that:
"An examination of the defamatory publication which gave rise to this case reveals that the plaintiff's official conduct or the manner in which he performed his duties were not the basis for the inaccuracy here involved; and, hence, it does not come within the protection afforded by the rule announced in the New York Times case. It follows therefore that the trial judge correctly held that it was unnecessary for the plaintiff to show malice." 221 So. 2d 459, 461. See Ocala Star-Banner Co. v. Damron, 401 U.S. 295, 299 (1971).

701 As the mayor of Crystal River, the respondent Leonard Damron was without question a "public official" within the meaning given the term in New York Times Co. v. Sullivan, supra. As such, he clearly fell within the rule that "prohibits a public official from recovering damages for a defamatory falsehood relating to his official conduct unless he proves that the statement was made with 'actual malice'—that is, with knowledge that it was false or with reckless disregard of whether it was false or not." Id., at 279-280. In his status as a candidate for the office of county tax assessor, he fell within the same rule. Monitor Patriot Co. v. Roy, ante, p. 265. See Ocala Star-Banner Co. v. Damron, 401 U.S. 295, 299 (1971).

702 Since the respondent was permitted to recover without a finding that the newspaper either knew the article was false or published it in reckless disregard of its truth or falsity, the judgment must be reversed unless there is some basis for saying that the rule of New York Times does not apply to the particular libel in question. Henry v. Collins, 380 U. S. 356; Curtis Publishing Co. v. Butts, 388 U. S. 130, 142-143, 158 (opinion of HARLAN, J.); Greenbelt Cooperative Publishing Assn. v. Bresler, 398 U. S. 6. See Ocala Star-Banner Co. v. Damron, 401 U.S. 295, 300 (1971).

그러나 연방 대법원은 뉴욕 타임즈 기준(New York Times standard)에서 공직자(public official)의 공적인 업무 수행(official conduct)에 대한 신문사의 명예훼손이 인정된 경우 연방 헌법 제1조의 언론 출판의 자유와 명예훼손법에 의한 개인의 평판 보호라는 상충되는 이익의 균형을 고려하고, 공공의 이익과 관련된 정보를 대중이 쉽게 접할 수 있도록 대중의 알 권리를 존중하기 위해 비록 명예훼손의 내용이 출판물에 의한 명예훼손 의제(libelous per se)라고 하더라도 실질적 악의(actual malice)가 인정되는 경우에 한해 신문사에게 손해배상책임을 인정한다고 판단한 것이다.

한편, 레너드는 실질적 악의 기준(actual malice standard)의 경우 공적인 업무 수행(official conduct)에만 적용되는 것인데 본 케이스에서 스타 배너사의 명백한 허위보도 내용이었던 위증죄는 순전히 사적 명예훼손으로 봐야 한다고 주장하였다.

그러나 신문사에 의한 명예훼손 내용이 공직 후보자의 공직 적합성과 관련이 있는 것이라면 어떤 것이라도 실질적 악의 기준(actual malice standard)의 적용을 받는다는 Monitor Patriot Co. v. Roy 의 결정례를 고려해볼 때 시장이자 공직 후보자였던 레너드의 위증죄 혐의는 공직 적합성과 관련이 있다는 것이다.[703]

703 This contention is disposed of by our decision today in Monitor Patriot Co. v. Roy, supra. In that case we held that a charge of criminal conduct against an official or a candidate, no matter how remote in time or place, is always "relevant to his fitness for office" for purposes of applying the New York Times rule of knowing falsehood or reckless disregard of the truth. Public discussion about the qualifications of a candidate for elective office presents what is probably the strongest possible case for application of the New York Times rule. And under any test we can conceive, the charge that a local mayor and candidate for a county elective post has been indicted for perjury in a civil rights suit is relevant to his fitness for office. Cf. Garrison v. Louisiana, 379 U. S. 64, 77. See Ocala Star-Banner Co. v. Damron, 401 U.S. 295, 300-301 (1971).

3/ Jordan v. Kollman (버지니아주 대법원, 269 Va. 569, 612 S.E.2d 203, 2005)

본 케이스는 개인인 조던(Jordan)이 리버뷰 건축 프로젝트와 관련된 기사를 보고 신문에 관련 광고를 낸 것에서 비롯된 명예훼손 사건이다. 본 케이스의 이슈는 조던이 광고를 게재할 당시에 시장이자 시의회 위원이었던 콜만(Kollman)에 대한 실질적 악의(actual malice)를 가지고 광고를 게재하였는지 여부이다. 버지니아주 대법원은 공직자(public official)인 콜만이 명예훼손에 따른 손해배상을 주장하기 위해서는 조던의 실질적 악의(actual malice)를 입증하여야 하는데 이를 위해 요구되는 명백하고 확실한 증거(clear and convincing evidence)를 충분히 제시하지 못했다고 판단하였다.

1) 사실 관계

시장이자 시의회 의원이었던 콜만은 2002년 5월 7일 시의원 선거에서 재선되었다. 조던은 선거 이틀 전에 시 전역에서 발행되는 더 프로그레스 인덱스 신문(The Progress-Index, 이하 "인덱스 신문")에 두 건의 광고[704]를 게시하고 비용을 지불하였다.

---

704 The larger of Jordan's ads reads as follows:
ATTENTION: ALL 10,000 COLONIAL HEIGHTS VOTERS
Kollman/Hales/Farley voted to approve construction of over 200 apartments on Archer Avenue, mainly Federaly subsidized, low income rentals ... certainly the worst Council action in our City's history... obviously the product of a lack of zoning vigilance ... Is it true that the city had the opportunity to purchase the land on which the project is located something [sic] ago? If so, why didn't Kollman/Hales/Farley and other council members purchase it and avoid all of 해hese problems we now face and will continue to face forever more? ... Bet you haven't seen or heard a word on the apartments from the incumbent... perhaps waiting until after the election to really tell the people what to expect ... these apartments are for real... ALL Voters should go and see ... It's unbelievable that a massive housing project adjacent to a flood plain would be located in such a congested residential area ... Think of the potential for crime, drugs, and demands on our school system... think of the impact on all of us ... how much higher will reassessments go to pay the horrendous cost to the taxpayer... over $700,000 to widen Archer Avenue and untold costs for police, fire, and EMS services ... Think of the pain from noise, frustration and inconvenience when 300-500 vehicles are dumped twice daily onto presently quite [sic] residential streets like Carroll, Chesterfield, and Cambridge and onto already congested Boulevard and traffic arteries like Hamilton, Lynchburg, Westover, Temple, and E. Ellerslie ... we NEED 10,000 voters got go [sic] to the polls-rain or shine-to retire the incumbents who have held power for up to 20 years... VOTE (every vote counts) for the 3 challengers who have publicly stated NO MORE APARTMENT PROJECTS ... the next one could be near you. PLEASE Vote for BUREN, FREELAND, and WOOD ON MAY 7, 2002.
C.E. Jordan
Paid for by C.E. Jordan

시의회 선거가 있기 전에 콜만은 2002년 6월 12일자로 인덱스 신문에 게재된 조던의 광고가 콜만의 명예를 훼손했다고 주장하는 소송을 제기하였다. 콜만은 조던이 "그는 주로 연방보조금을 받는 저소득 임대아파트를 200채 이상 승인하기 위해 투표했다"(he voted to approve...over 200...mainly Federally subsidized, low income rentals)는 허위 내용을 대형 광고로 실었다고 주장하였다. 콜만은 해당 광고가 그가 시의원 자격으로 아파트 프로젝트를 승인했다는 허위 내용을 담고 있기 때문에 조던이 게시한 소형 광고 또한 그의 명예를 훼손하였다고 주장하였다. 콜만은 아파트 프로젝트를 승인하지 않았고 건설에 적극적으로 반대했기 때문에 조던의 광고가 허위에 해당한다고 주장하였다.

콜만은 조던의 광고 내용이 그 자체로 악의적이고 출판물에 의한 명예훼손 의제(libelous per se)에 해당한다고 주장하였다. 콜만은 해당 광고 내용이 평판 손상, 지역사회에서의 입지 상실, 개인적인 굴욕감, 피해 및 당혹감, 정서적 고통 및 정신적 괴로움, 직업적 피해를 야기하였다고 주장하였다.[705] 콜만은 1백만불의 통상 손해와 35만불의 징벌적 손해배상을 청구하였다.

조던은 콜만 측이 증인의 증언 및 증거를 모두 제출한 후에 소장기각신청(demurrer),[706] 중간판결(motion for summary judgment), 증거 부족으로 콜만의 주장을 배척해달라는 신청(motion to strike)[707]을 제출하였다. 조던은 광고 내용이 공적인 관심사(public concern)에 대해 다루고 있으므로 연방 헌법 제1조에 의해 보호되고, 광고 내용은 개인의 의견이며, 사실을 서술하였기 때문에 명예훼손에 해당되지 않는다고 주장하였다. 조던은 또한 두 건의 광고 중 하나가 허위 내용을 포함하고 있다고 해도 실질적 악의(actual malice)를 가지고 게재한 것이 아니라고 주장하였다. 조던의 소장기각신청(demurrer)은 기각되었고 증거 부

("the large ad"). The other of Jordan's ads states:
Mr./Mrs. Colonial Heights:
Don't like over 200 mostly Federally subsidized, low-income apartments? Say Good-bye to those who approved the apartments... Support and Vote for the 3 challengers who have publicly said "NO MORE APARTMENT PROJECTS!"
VOTE BUREN, FREELAND AND WOOD ON TUESDAY, MAY 7, 2002
Paid for by C.E. Jordan
("the small ad") See Jordan v. Kollman, 269 Va. 569, 612 S.E.2d 203, 204-205 (2005).

705 Kollman contended the ads caused him to suffer "[i]mpairment of reputation; [d]iminished standing in the community; [p]ersonal humiliation; [i]njury and embarrassment; [e]motional distress and mental anguish; and [p]rofessional harm." See Jordan v. Kollman, 269 Va. 569, 612 S.E.2d 203, 205 (2005).

706 "[부록]미국 법률 용어"에서 자세한 설명을 확인하기 바란다.

707 "[부록]미국 법률 용어"에서 자세한 설명을 확인하기 바란다.

족으로 콜만의 주장을 배척해달라는 신청(motion to strike)도 거부되었다. 하지만 1심 법원은 조던의 광고가 명예훼손에 해당한다면 명예훼손 의제(defamation per se)가 아니라, 표면적으로는 명예훼손이 아니지만 외부 사실에 비추어볼 때 본질상 상대방의 명예를 훼손하는 것(defamatory per quod)에 해당된다고 판단하였다.

배심원은 콜만에게 7만 5천불의 통상 손해와 12만 5천불의 징벌적 손해배상을 인정하는 판결을 내렸다. 조던의 감액 신청(motion for remittitur)에 대해 1심 법원은 2004년 4월 1일자 판결문에서 콜만에게 1만 5천불의 통상 손해 및 3만 5천불의 징벌적 손해배상으로 감액하는 조건을 제시하였다. 콜만은 예외적으로 법원의 감액 결정에 대해 항소할 수 있는 권리를 요청하여 승인을 받았다.(acceded to the remitted award and reserved his right to appeal)[708] 양 당사자는 이에 항소를 제기하였다.

2) 버지니아주 대법원의 결정 요지

인덱스 신문에 실린 조던의 광고가 실질적 악의(actual malice)에 의해 게시되었다는 것을 입증할 수 있는 명백하고 확실한 증거(clear and convincing evidence)가 충분하지 않다는 것이다.[709]

첫 번째로 리버뷰 부지 개발과 관련하여 콜만에 의해 이루어진 다음과 같은 여러 조치들을 살펴볼 때 콜만은 조던이 실질적 악의(actual malice)를 가지고 해당 광고를 게재하였다는 것을 입증하지 못했다는 것이다.

2000년 6월, 부동산 개발 회사인 RV 유한회사(이하 "RV사")는 리버사이드 아파트 건설을 위해 콜로니얼 하이츠 계획 위원회에 연방 보조금을 받는 저소득층 주민들을 위한 아파트 88개동을 짓겠다는 부지 계획서를 제출하였다.

콜만 및 다른 시의원들은 위 계획에 대해 해당 부지는 홍수가 빈번히 발생하는 지역이고, 아파트 건설을 위해서는 아처 애비뉴(Archer Avenue)를 확장하고 수도, 가스, 전기 서비스를 확충하는데 막대한 시 예산이 투입되어야 한다는 이유로 반대하였다.

2000년 12월 5일, 콜만은 버지니아주 주택 개발 위원회 (Virginia Housing Development Authority, "VHDA")에 보낸 편지에서 리버뷰 아파트 개발 계획에 대해 우려를 표시하였다.[710]

---

708 "[부록]미국 법률 용어"에서 자세한 설명을 확인하기 바란다.

709 There is insufficient evidence in the record to support a finding under the clear and convincing proof standard that Jordan's ads in The Progress-Index, which Kollman claimed as defamatory, were published with actual malice. See Jordan v. Kollman, 269 Va. 569, 612 S.E.2d 203, 210 (2005).

710 On December 5, 2000, Kollman, as mayor, wrote a letter to the Virginia Housing Development Authority

2000년 12월 12일, 시의회는 만장일치로 콜만의 안건을 채택하였고, 콜만이 리버뷰 아파트 개발 계획에 대한 시의 반대 의사를 표시하는 결의안에 서명하였다. 콜만은 RV사가 합법적으로 리버뷰(Riverview) 지역에 아파트를 건설할 수 있는지 여부를 결정하기 위해 연방 재난 관리청[711]과의 회의를 주선하였다. 그는 또한 시의회가 리버뷰 아파트를 상대로 어떤 추가 소송을 제기할 수 있는지 여부를 결정하기 위해 시의 법률 자문 및 대리를 담당하는 변호사인 에프 맥코이 리틀(F. McCoy Little, 이하 "리틀")에게 자문을 구했다. 리틀은 콜만에게 시의회는 리버뷰 아파트를 상대로 소송을 제기할 권한이 없다고 말했다.

2001년, RV 측 변호사인 랄프 골드스타인(Ralph M. Goldstein, 이하 "골드스타인")은 리버뷰 부지의 매매 가능성을 논의하기 위해 리틀에게 접촉하였고 리틀과 콜만이 동석한 자리에서 골드스타인은 RV사 측이 해당 부지를 1백만불에 매각하기 원한다는 제안을 전달하였다. 콜만은 RV사 측의 제안을 수락할 권한이 없었기 때문에 그는 시의원들을 상대로 2001년 6월 12일자로 미공개 회의를 소집하였다.

시의회의 미공개 회의에서 골드스타인은 RV사 측이 리버뷰 부지 개발을 위해 $682,530.07의 비용을 지출했다는 세부 지출 명세서를 제시하면서 1백만불에 해당 부지를 시에 매각하겠다는 제안을 전달하였다. 본 회의에서 콜만과 다른 시의원들은 시가 해당 부지의 매입을 거절할 경우 RV사 측이 2001년 6월 30일자로 리버뷰 아파트를 짓기 시작할 것이라는 사실을 인지하였다.

버지니아 주법은 시의회와 같은 정부 기관이 미공개 회의에서 투표를 통해 결정하는 것을 금지하고 있음에도 불구하고 콜만과 회의에 참석한 시의원들은 시의회가 리버뷰 부지에 대해 RV사 측에 제안을 하기 위해 투표를 했고 합의에 도달했다고 증언하였다. 이후 시의회는 RV사 측에 50만불의 매입 대금 및 부지 개발과 관련하여 시에 지불한 수수료를 환불해 주겠다는 제안을 하기 위해 리틀에게 권한을 위임하였다.

리틀은 2001년 6월 14일에 골드스타인에게 이 같은 제안을 전달하였다. 그러나 같은 해 6월 26일, 시는 RV사 측을 대리하는 골드스타인으로부터 시의 제안을 거절한다는 내

("VHDA"), expressing his concerns about Riverview: that the building site was in a floodplain, that the site may encroach on area wetlands, that the property was the site of an Indian burial ground, and that the City had no public transportation system to serve the needs of Riverview residents. Kollman testified at trial that he opposed the construction of Riverview because of these concerns, but that he knew that raising these issues could not stop, but only delay the project. See Jordan v. Kollman, 269 Va. 569, 612 S.E.2d 203, 208 (2005).

711 Federal Emergency Management Agency를 말하며, 줄여서 FEMA라고 한다.

용의 편지를 받았다. 이후 시의회는 리버뷰 부지의 매입과 관련하여 추가 제안을 하거나 리버뷰 부지 매입을 위한 다른 노력을 기울이지 않았다.

2002년 3월 1일, 인덱스 신문은 리버뷰 건축 프로젝트와 관련된 기사를 게재하였다. 해당 기사에는 콜만의 인터뷰 내용을 기반으로 리버뷰 건축 프로젝트가 결의안에 따라 시의 반대에 봉착했다는 것과 시가 RV사 측으로부터 리버뷰 부지 매입에 실패하게 된 것과 관련된 정황을 담고 있었다.[712] 또한 리버뷰(Riverview) 지역에 80동 이상의 아파트를 짓고 있다는 콜만의 말이 기사에 인용되었다.

해당 기사는 리버뷰 아파트 옆에 위치한 다른 부지에 대해서 언급하였는데 1996년에 리버뷰 아파트 옆에 위치한 다른 부지 소유자가 저소득층을 위한 아파트를 신축하기 위해 주택 및 도시 개발부[713]에 자금 조달을 신청했으나 거부당했다고 보도하면서 당시 도시 계획 위원회로부터 예비 부지 계획에 대한 승인을 받았으나 소유주 측에서 시에서 어떤 조치를 취할 때까지 진행을 계속 미루어 왔다고 서술하였다.[714]

두 번째로 법원에 제출된 기록상 해당 광고가 조던에 의해 조작되었거나 조던의 상상력에 의해 만들어진 것이라고 볼 수 있는 명백하고 확실한 증거(clear and convincing evidence)가 없고,[715] 조던의 광고 내용에 근거가 되었던 3월 1일자 기사의 진실성을 의심

---

712 The March 1st article also contained the following account of the City's failed bid to purchase the property from RV:

> At one point in the negotiations between [RV] and the city, Kollman told The Progress-Index that ... [RV] offered to sell their 7.377 acres to the city for $1 million-a site that was assessed in 2000 at $60,300, according to city assessor Ken Stickler.
>
> "They'd done some work at that point," Kollman related, "and paid some permit fees." City Council, in closed session, made a counter offer of a half — million dollars, Kollman told The Progress-Index, which [RV] did not accept. No further negotiations were attempted by either party. See Jordan v. Kollman, 269 Va. 569, 612 S.E.2d 203, 208 (2005).

713 Department of Housing and Urban Development를 말한다.

714 However, the March 1st article went on to state that

> [the owner's] plans now call for 119 units. He described his plan as "90 percent approved," provided he redo the site plans, meet all necessary criteria, and obtain financing. His preliminary site plans were approved by the [City] Planning Commission in 1996.
>
> "We've just been holding off until they do something with that road," [the owner] said of Archer Avenue. See Jordan v. Kollman, 269 Va. 569, 612 S.E.2d 203, 209 (2005).

715 Rather Jordan testified that he relied on public information as reported in the March 1st article for the content of his ads:

> I took the information that I knew that had happened in closed session ... and I knew from reading [the March 1st article] that [the apartments] were federally subsidized low income rentals.... I knew there were 88 [units] in the Riverview [apartments] and I had heard ... there were going to be a hundred or

할만한 이유가 명백하고 확실한 증거(clear and convincing evidence)에 의해 입증되지 않았다는 것이다.

3월 1일자 기사는 콜만이 리버뷰 아파트 개발 계획을 승인하기 위해 투표를 진행했다는 조던의 객관적인 근거에 해당하며, 콜만의 행동은 그가 리버뷰 아파트 개발을 주도하였다고 조던이 주장할 만한 합리적인 이유가 있었음을 보여준다는 것이다. 반면, 조던은 시의회가 리버뷰 부지 건축을 사실상 허용하는 잘못된 결정을 내렸다고 믿은 한 시민에 불과하다는 것이다. 단지 조던이 시의회의 투표 절차를 이해하지 못했기 때문에 조던이 실질적 악의(actual malice)를 가지고 광고를 게재하였다고 배심원이 인정할만한 명백하고 확실한 증거(clear and convincing evidence)가 없다는 것이다.

결론적으로, 조던의 광고는 조던의 주관적인 믿음에 근거한 것일 뿐이라는 콜만의 주장과는 달리 선의(good faith)에 기반한 진실된 주장에 해당한다는 것이다.[716] 콜만은 조던의 광고가 실질적 악의(actual malice) 즉, 진실 여부에 대해 미필적 고의(reckless disregard)를 가지고 있는 상태에서 게재되었다는 것을 명백하고 확실한 증거(clear and convincing evidence)를 사용하여 입증하지 못하였으므로 콜만이 주장한 명예훼손은 인정될 수 없다는 것이다.

> "피고의 발언이 법적으로 명예훼손에 해당되려면 발언 내용이 허위이고 원고의 명예를 훼손하는 것이어야 한다."[717]
>
> ❙ Daniczek v. Spencer, 156 F.Supp.3d 739, 753 (E.D. Va. 2016).

more built on the adjacent property, so I just used [200] as a figure. See Jordan v. Kollman, 269 Va. 569, 612 S.E.2d 203, 209 (2005).

716 Based on the March 1st article, Jordan believed his advertisements represented the facts of the situation regarding the June 12, 2001, City Council action. At trial, he testified that he believed that the ads were true at the time of writing and that he "stand[s] by those ads today." Jordan argues that because he believed his ads were true, there is insufficient evidence to establish that he acted with actual malice. Kollman contends, however, that under St. Amant v. Thompson, 390 U.S. 727, 732, 88 S.Ct. 1323, 20 L.Ed.2d 262 (1968), Jordan's subjective belief that his statements were true is not sufficient to preclude the jury's finding of actual malice. See Jordan v. Kollman, 269 Va. 569, 612 S.E.2d 203, 209 (2005).

717 "To be actionable, the statement must be both false and defamatory." Jordan, 269 Va. at 575, 612 S.E.2d 203. See Daniczek v. Spencer, 156 F.Supp.3d 739, 753 (E.D. Va. 2016).

"의견은 사실인지 혹은 허위인지 여부를 객관적으로 판단할 수 없기 때문에 일반적으로 법적 명예훼손에 해당되지 않는다."[718]

| Edwards v. Schwartz, 378 F.Supp.3d 468, 504 (W.D. Va. 2019).

718 "statements of opinion are generally not actionable because such statements cannot be objectively characterized as true or false." Jordan v. Kollman, 269 Va. 569, 575-76, 612 S.E.2d 203, 206 (2005).

“

The availability of the privilege encourages the media to disseminate official records — whether verbatim or in fair summaries — without fear of liability for any false, defamatory material that they might contain.

”

Dameron v. Washington Magazine, Inc.

(워싱턴 D.C. 연방 항소법원, 779 F.2d 736, 739 D.C. Cir. 1985)

G. 공인 (Public Figure & Public Concern)

1/ Time, Inc. v. Hill (연방 대법원, 385 U.S. 374, 1967)

본 케이스는 제임스 힐(James Hill, 이하 "힐")의 가족에게 일어났던 인질 사건을 모티브로 만들어진 연극을 홍보하기 위해 게재된 기사로 인해 힐의 가족의 프라이버시가 침해되었다는 주장에서 비롯된 사건이다.

연방 대법원은 본 케이스가 공직자(public official) 혹은 공인(public figure)에 대한 명예훼손 사건은 아니지만 공적인 관심사(public interest)에 관한 문제와 연결되고, 언론사에게 내용 검증을 요구할 경우 언론의 자유를 해칠 수 있는 중대한 위험이 예상되므로 예외적으로 뉴욕 타임즈 기준(New York Times standard)이 적용될 수 있다고 판단하였다. 또한 해당 기사는 뉴스 가치가 있는 내용을 대중에게 전달하려는 목적이 아닌, 연극을 홍보하려는 영리 목적으로 만들어진 것이기는 하지만 이러한 기사 역시 연방 헌법 제1조의 보호하는 표현의 한 형태에 해당된다고 판단하였다.

1) 사실 관계

힐과 그의 부인 및 다섯 자녀는 1952년 9월 11일부터 12일까지 19시간 동안 필라델피아주 교외에서 3명의 범죄자들에 의해 인질로 잡혀있다가 풀려난 후 뉴스 기사 1면에 실리게 되었다. 범죄자들이 떠난 후 취재원과의 인터뷰에서 힐은 범죄자들이 그의 가족들을 친절히 대했고 그들을 성추행하지 않았으며 전혀 폭력적이지 않았다고 답변하였다. 이후 그 범죄자들은 경찰에 의해 체포되었고 그 결과 범죄자들 중 2명이 사망하였다. 얼마 후 힐의 가족들은 커네티컷주로 이사하였다. 힐은 잡지 기사나 텔레비전에 출연하여 대중들이 그들에게 관심을 갖지 못하도록 단념시켰다.

1953년 봄, 조셉 헤이즈(Joseph Hayes, 이하 "헤이즈")의 소설인 "긴박한 시간들"(The Desperate Hours)이 출판되었는데 힐이 겪은 인질 사건을 묘사하였다.[719] 그러나, 그 소설

---

719 The article appeared in Life in February 1955. It was entitled "True Crime Inspires Tense Play," with the subtitle, "The ordeal of a family trapped by convicts gives Broadway a new thriller, 'The Desperate Hours.'" The text of the article reads as follows:

"Three years ago Americans all over the country read about the desperate ordeal of the James Hill family, who were held prisoners in their home outside Philadelphia by three escaped convicts. Later they

은 힐이 겪은 사건과는 달리, 아버지와 아들이 범죄자들에게 폭행을 당했고, 딸은 성추행을 당했다고 묘사하였다. 이후 그 소설은 동일한 제목의 브로드웨이 연극으로 만들어졌고, 타임사(Time, Inc.)가 보유한 라이프(Life) 잡지는 1955년에 "실제 범죄가 긴장감 넘치는 연극에 영감을 주었다"(True Crime Inspires Tense Play)라는 제목으로 연극에 대한 기사 및 범죄자들의 폭행 장면을 재연한 사진을 게재하였다.

힐은 뉴욕 인권법, 프라이버시 보호법(Right of Privacy)720에 의거하여 라이프 잡지에 실린 기사는 힐이 알고 있는 것과는 다른 허위 내용(false light)을 출판한 것으로, 프라이버시 침해에 해당된다고 주장하면서 손해배상을 청구하였다. 이에 대한 반박으로 타임사는 힐의 사건이 합법적으로 뉴스화 될 수 있는 주제였고, 출판 당시에 대중에게 알려야 할 가치가 있을 뿐만 아니라 대중의 관심을 받는 문제였으며, 어떠한 악의(malice)도 없이 선

---

read about it in Joseph Hayes's novel, The Desperate Hours, inspired by the family's experience. Now they can see the story re-enacted in Hayes's Broadway play based on the book, and next year will see it in his movie, which has been filmed but is being held up until the play has a chance to pay off.

"The play, directed by Robert Montgomery and expertly acted, is a heart-stopping account of how a family rose to heroism in a crisis. LIFE photographed the play during its Philadelphia tryout, transported some of the actors to the actual house where the Hills were besieged. On the next page scenes from the play are re-enacted on the site of the crime." See Time, Inc. v. Hill, 385 U.S. 374, 377 (1967).

720 The complete text of the New York Civil Rights Law §§50-51 is as follows:

"§50. Right of privacy

"A person, firm or corporation that uses for advertising purposes, or for the purposes of trade, the name, portrait or picture of any living person without having first obtained the written consent of such person, or if a minor of his or her parent or guardian, is guilty of a misdemeanor."

"§51. Action for injunction and for damages

"Any person whose name, portrait or picture is used within this state for advertising purposes or for the purposes of trade without the written consent first obtained as above provided may maintain an equitable action in the supreme court of this state against the person, firm or corporation so using his name, portrait or picture, to prevent and restrain the use thereof; and may also sue and recover damages for any injuries sustained by reason of such use and if the defendant shall have knowingly used such person's name, portrait or picture in such manner as is forbidden or declared to be unlawful by the last section, the jury, in its discretion, may award exemplary damages. But nothing contained in this act shall be so construed as to prevent any person, firm or corporation, practicing the profession of photography, from exhibiting in or about his or its establishment specimens of the work of such establishment, unless the same is continued by such person, firm or corporation after written notice objecting thereto has been given by the person portrayed; and nothing contained in this act shall be so construed as to prevent any person, firm or corporation from using the name, portrait or picture of any manufacturer or dealer in connection with the goods, wares and merchandise manufactured, produced or dealt in by him which he has sold or disposed of with such name, portrait or picture used in connection therewith; or from using the name, portrait or picture of any author, composer or artist in connection with his literary, musical or artistic productions which he has sold or disposed of with such name, portrait or picture used in connection therewith."

의(good faith)로 게재되었다고 주장하였다. 배심원은 힐에게 5만불의 통상 손해와 2만 5천불의 징벌적 손해배상을 인정하였다. 그러나 주 항소법원(Appellate Division)[721]은 손해배상에 대해 새로 재판을 열어(new trial) 결정하라고 명령하였다. 하지만 타임사의 책임과 관련된 배심원의 평결은 그대로 유지하였다.

타임사의 책임 소재와 관련하여 법원은 연극이 허구이기는 하지만 라이프 잡지에 실린 기사는 힐의 사건을 재연한 것처럼 묘사했다고 판단하였다. 해당 기사는 연극을 홍보하고 대중으로부터 더 많은 관심을 끌기 위해, 잡지의 발행 부수를 늘리기 위한 목적에서 게재된 것일 뿐, 대중에게 뉴스 가치가 있는 정보를 제공하기 위한 것이 아니었다고 판단하였다.

손해배상액의 검토를 위해 다시 열린 재판(new trial)에서 법원은 힐에게 3만불의 통상 손해를 인정하였다. 주 대법원은 주 1심 법원의 판결을 인정하였다.

2) 연방 대법원의 결정 요지

연방 헌법 제1조에 따른 언론 출판의 자유를 보호하기 위해 언론사가 허위임을 알고서 기사를 게제했다거나 혹은 진실 여부에 대해 미필적 고의(reckless disregard)를 가지고 기사를 게재했다는 증거가 없다면 언론사의 허위 보도에 대한 손해배상 청구를 위해 원고가 주법을 적용하는 것을 금지한다.[722]

뉴욕 타임즈 기준(New York Times standard)의 경우 공직자(public official) 혹은 공인(public figure)의 명예훼손에 적용되는 손해배상 기준이므로 본 케이스와 같은 사실과 다른 내용(false light)을 기사화하여 개인의 프라이버시를 침해한 케이스에는 일반적으로 적용될 수 없다. 하지만 본 케이스의 연극과 라이프 잡지의 기사가 실제 발생했던 힐의 사건을 모티브로 만들어진 것이므로 공적인 관심사(public interest)의 문제와 연결되고,[723] 언론사에게 내용 검증에 대한 부담을 지울 경우 연방 헌법 제1조에서 보장하는 언론의 자

---

721 뉴욕주는 1심 법원(Supreme Court)에서 대법원(Court of Appeals)으로 가기 전에 항소법원(Appellate Divisions of the Supreme Court)에서 1심의 결정에 대해 이의를 제기하여 법원의 판단을 받아볼 수 있다.

722 We hold that the constitutional protections for speech and press preclude the application of the New York statute to redress false reports of matters of public interest in the absence of proof that the defendant published the report with knowledge of its falsity or in reckless disregard of the truth. See Time, Inc. v. Hill, 385 U.S. 374, 388 (1967).

723 We have no doubt that the subject of the Life article, the opening of a new play linked to an actual incident, is a matter of public interest. See Time, Inc. v. Hill, 385 U.S. 374, 388 (1967).

유를 해칠 수 있는 중대한 위험이 예상되므로 예외적으로 뉴욕 타임즈 기준(New York Times standard)이 적용될 수 있다는 것이다.[724]

한편, 배심원은 다음의 증언들이 힐의 사건을 다룬 연극과 이를 기사화한 라이프 잡지의 기사가 허위임을 알고서도 미필적 고의(reckless disregard)를 가지고 만들어졌다는 것을 뒷받침하고 있다고 판단하였다.

"긴박한 시간들"(The Desperate Hours)의 저자인 헤이즈가 만든 연극은 캘리포니아, 뉴욕 및 디트로이트에서 발생한 사건과 관련된 신문 기사들을 수집하고 기사 내용에서 힌트를 얻어 만들어졌다. 그렇지만 헤이즈는 힐의 사건이 그가 소설 원고와 연극 대본을 쓰게 된 직접적인 계기가 되었다고 인정하였다.

라이프 잡지에 실린 기사는 엔터테인먼트 편집자인 프리도(Prideaux)의 지시 및 감독하에 작성되었다. 프리도는 헤이즈의 친구와 사진 작가를 만난 자리에서 이 연극이 필라델피아에서 있었던 탈출한 죄수들에 의해 억류된 가족에 대한 사건과 상당히 유사하다는 이야기를 듣게 되었다. 프리도는 헤이즈에게 연락해서 본인이 들었던 그 사건이 연극의 내용과 유사하다는 것을 확인하고 연극 관련 기사에 함께 실을 목적으로 힐의 이전 거주지를 촬영하였다.

프리도는 사진 작가를 힐의 집으로 들여 보낸 후 기사 초안을 작성하였다. 초안에는 필라델피아에 있었던 힐의 가족에게 벌어진 실화가 헤이즈의 소설의 발단이 되었는데 그의 연극은 위기의 시기에 가족 영웅주의에 대한 "다소 허구적인"(somewhat fictionalized) 내

724 Erroneous statement is no less inevitable in such a case than in the case of comment upon public affairs, and in both, if innocent or merely negligent, "… it must be protected if the freedoms of expression are to have the 'breathing space' that they 'need … to survive'… ." New York Times Co. v. Sullivan, supra, at 271-272. As James Madison said, "Some degree of abuse is inseparable from the proper use of every thing; and in no instance is this more true than in that of the press." 4 Elliot's Debates on the Federal Constitution 571 (1876 ed.). We create a grave risk of serious impairment of the indispensable service of a free press in a free society if we saddle the press with the impossible burden of verifying to a certainty the facts associated in news articles with a person's name, picture or portrait, particularly as related to non-defamatory matter. Even negligence would be a most elusive standard, especially when the content of the speech itself affords no warning of prospective harm to another through falsity. A negligence test would place on the press the intolerable burden of guessing how a jury might assess the reasonableness of steps taken by it to verify the accuracy of every reference to a name, picture or portrait.
In this context, sanctions against either innocent or negligent misstatement would present a grave hazard of discouraging the press from exercising the constitutional guarantees. Those guarantees are not for the benefit of the press so much as for the benefit of all of us. See Time, Inc. v. Hill, 385 U.S. 374, 388-389 (1967).

용이 담겨있다고 설명했다. 프리도의 리서치 담당자는 초안에 적힌 "다소 허구적인"(somewhat fictionalized)이라는 문구에 의문을 제기하였다.

이후 초안은 힐의 사건에 초점을 맞추도록 변경되었다. 초안의 첫 문장에 힐의 가족의 이름이 사용되었고 헤이즈의 소설은 힐의 사건에서 영감을 얻었으며 연극은 힐의 사건을 재연한 것으로 소개되었다. "다소 허구적인"(somewhat fictionalized)이라는 문구는 초안에서 삭제되었다.

프리도는 증언에서 연극이 적당히 허구화되었다는 것을 알고 있었다고 인정하면서도 의심할 여지가 없이 연극의 핵심은 힐의 사건에 기초한다고 밝혔다.

그러나 라이프 잡지에 실린 기사는 허위임을 알고서 혹은 진실 여부에 대해 미필적 고의(reckless disregard)를 가지고 게재된 것이 아닌 힐이 겪은 실제 사건을 각색해서 만든 허구적인 내용에 불과하다는 것이다.[725] 또한 해당 기사는 뉴스 가치가 있는 내용을 대중에게 전달하기 위한 목적이 아닌 광고를 통해 이익을 창출하려는 영리 목적에서 만들어진 기사이지만 연방 헌법 제1조에서 보호하는 표현의 한 형태에 해당된다는 것이다.[726]

"Time, Inc. 케이스에서 연방 대법원은 하나의 특성 사건으로 주목을 받았던 개인을 구별했다. 힐의 가족은 탈출한 세명의 죄수들이 그들을 집에서 인질로 잡았을 때 전국적으로 취재의 대상이 되었다. 연방 대법원은 공적인 관심사(public concern)와 관련된 허위 보도를 포함하고 있는 출판물에 대해 뉴욕 타임즈 기준(New York Times standard)을 적용하였다. 연방 대법원은 힐의 프라이버시 소송에 뉴욕 타임즈 기준(New York Times standard)을 적용했지만, 동일한 법적 책임이 자발적 혹은 비자발적으로 대중에게 관심을 받게 된 사람들에 대한 명예훼손 소송에도 적용될 수 있는지 여부에 대해서는 의문점을 남겨 두었다."[727]

Grossman v. Smart, 807 F.Supp. 1404, 1408-1409 (C.D. Ill. 1992).

725 This implies a view that "fictionalization" was synonymous with "falsity" without regard to knowledge or even negligence, except for the purpose of an award of punitive damages. See Time, Inc. v. Hill, 385 U.S. 374, 396 (1967).

726 "That books, newspapers, and magazines are published and sold for profit does not prevent them from being a form of expression whose liberty is safeguarded by the First Amendment." *Joseph Burstyn, Inc.* v. *Wilson,* 343 U. S. 495, 501-502; see *New York Times Co.* v. *Sullivan,* 376 U. S., at 266; *Smith* v. *California,* 361 U. S. 147, 150; cf. *Ex parte Jackson,* 96 U. S. 727, 733; *Grosjean* v. *American Press Co.,* 297 U. S. 233; *Lovell* v. *Griffin,* 303 U. S. 444. See Time, Inc. v. Hill, 385 U.S. 374, 397 (1967).

727 Time, Inc. v. Hill, 385 U.S. 374, 87 S.Ct. 534, 17 L.Ed.2d 456 (1967). In Time, Inc., the Supreme Court distinguished a private individual who was thrust into the limelight for the purpose of one particular event.

"언론 출판에 대한 보장은 정치적인 표현 혹은 사회 문제에 대한 논평을 보존하는 것이 아니며, 건강한 정부에 필수적인 것이다. 개인과 공직자 모두 대중의 시각에 노출되는 방대한 양의 출판물을 이해하려면 신문이나 잡지를 집어들기만 하면 된다. 다른 사람에게 다양한 정도로 자기 자신을 노출시키는 것은 문명 사회의 삶에서 수반되는 것이다. 이러한 노출의 위험은 언론 출판의 자유에 주된 가치를 두는 사회에서 삶의 본질적인 사건이다."[728]

Shulman v. Group W Productions, Inc., 18 Cal.4th 200, 955 P.2d 469, 74 Cal.Rptr.2d 843, 848 (1998).

In that case, the Hill family became the subject of national news coverage when three escaped convicts held them hostage in their home. The Supreme Court applied the New York Times standard of "knowing and reckless falsity," to publications involving false reports on matters of public interest. Time, Inc., 385 U.S. at 387-88, 87 S.Ct. at 542. While the Court applied the New York Times standard to the Hills' privacy action, the Court left open the question of whether the same standard of liability would be applicable in a libel action to persons voluntarily or involuntarily thrust into the public limelight. Time, Inc., 385 U.S. at 390-91, 87 S.Ct. at 543-44. See Grossman v. Smart, 807 F.Supp. 1404, 1409 (C.D. Ill. 1992).

728 "The guarantees for speech and press are not the preserve of political expression or comment on public affairs, essential as those are to healthy government. One need only pick up any newspaper or magazine to comprehend the vast range of published matter which exposes persons to public view, both private citizens and public officials. Exposure of the self to others in varying degrees is a concomitant of life in a civilized community. The risk of this exposure is an essential incident of life in a society which places a primary value on freedom of speech and of press." (Time, Inc. v. Hill (1967) 385 U.S. 374, 388, 87 S.Ct. 534, 542, 17 L.Ed.2d 456.) See Shulman v. Group W Productions, Inc., 18 Cal.4th 200, 955 P.2d 469, 74 Cal.Rptr.2d 843, 848 (1998).

2 Time, Inc. v. Firestone (연방 대법원, 424 U.S. 448, 1976)

본 케이스는 재벌 부부의 이혼소송과 관련된 기사로 인해 명예를 훼손당했다고 주장하는 개인이 잡지사를 상대로 제기한 명예훼손 사건이다. 본 케이스의 이슈는 세간의 관심을 받는 이혼 소송의 당사자를 뉴욕 타임즈 기준(New York Times standard)이 적용되는 공인(public figure)으로 볼 수 있는지 여부이다. 연방 대법원은 Gertz 케이스의 제한된 목적의 공인(limited-purpose public figure)에 대한 판단기준을 적용하여 본 케이스의 이혼 소송 당사자는 공인(public figure)이 아닌 개인이라고 판단하였다.

1) 사실 관계

메리 앨리스 파이어스톤(Mary Alice Firestone, 이하 "메리")은 미국의 재벌 가문의 자손이었던 러셀 파이어스톤(Russell Firestone, 이하 "러셀")과 1961년에 결혼하였다. 그러나 그들은 1964년에 별거했고, 메리는 생활비(separate maintenance)[729]를 청구하기 위해 팜 비치(Palm Beach) 카운티 1심 법원에 소장을 제출하였다. 이에 러셀은 과도한 학대 및 간통죄를 이유로 이혼을 주장하였는데 법원은 메리의 과도한 학대 행위를 이유로 두 사람의 이혼을 승인하였으나, 러셀이 주장한 메리의 간통죄는 인정하지 않았다.

이후 타임사(Time, Inc.)는 "마일즈스톤스"(Milestones) 섹션에 과도한 학대 및 간통죄를 이유로 두 사람이 이혼하게 되었다는 내용의 기사를 실었다.[730] 이 기사를 본 메리는 기사의 내용이 거짓이며, 악의적으로 본인의 명예를 훼손하고 있다고 주장하면서 타임사에게 기사의 철회를 요구하였다. 그러나 타임사는 메리의 요구를 거절하였고, 메리는 플로리다주 1심 법원에 명예훼손으로 소를 제기하였다. 주 1심 법원은 타임사를 상대로 10만불을 배상하라는 판결을 내렸고, 타임사는 메리가 공인(public figure)에 해당하기 때문에 손해배상이 인정되려면 메리가 타임사의 실질적 악의(actual malice)를 입증하여야 한다고 주장하면서 항소하였다. 그러나 주 항소법원 및 주 대법원은 주 1심 법원의 판결을 인정하였다.

729 "[부록]미국 법률 용어"에서 자세한 설명을 확인하기 바란다.

730 "DIVORCED. By Russell A. Firestone Jr., 41, heir to the tire fortune: Mary Alice Sullivan Firestone, 32, his third wife; a onetime Palm Beach schoolteacher; on grounds of extreme cruelty and adultery; after six years of marriage, one son; in West Palm Beach, Fla. The 17-month intermittent trial produced enough testimony of extramarital adventures on both sides, said the judge, 'to make Dr. Freud's hair curl.'" See Time, Inc. v. Firestone, 424 U.S. 448, 452 (1976).

2) 연방 대법원의 결정 요지

타임사는 뉴욕 타임즈 케이스에서 정의된 것과 같이 기사를 게재할 당시에 실질적 악의(actual malice)를 가지고 게재되었다는 것을 메리가 입증하지 않는 한, 명예훼손으로 인한 손해배상의 책임이 없다고 주장하였다.

타임사는 이 같은 주장을 뒷받침하기 위해 메리가 공인(public figure)에 해당되므로 Curtis Publishing Co. v. Butt와 같이 실질적 악의 기준(actual malice standard)의 적용을 받는다는 근거를 제시하였다. 또한 설령 기사의 내용이 허위 혹은 부정확한 것으로 판명되더라도 러셀과 메리의 이혼 소송에 대한 뉴스는 공적인 관심사(public concern)로 보아 실질적 악의 기준(actual malice standard)의 적용을 받을 수 있다고 덧붙였다.

그러나 메리는 뉴욕 타임즈 기준(New York Times standard)의 실질적 악의(actual malice)에 의한 손해배상 기준이 적용되는 공인(public figure)에 해당되지 않는다는 것이다.

공인(public figure)에 해당되려면 Gertz 케이스에서 정의된 바와 같이 일반 대중들 사이에서 사회 문제와 관련하여 중요한 역할을 수행하는 자로 인식되어야 하며, 사회적인 논란이 있을 때 문제 해결을 위해 스스로 논쟁의 최전선에 서 있어야 한다.[731]

메리의 경우 부유한 개인의 결혼 문제가 대중의 관심을 끄는 뉴스 거리에 해당될 수는 있지만, 그녀가 제기한 이혼 소송이 공인(public figure)에게 요구되는 사회적인 논란에 해당되지 않으며, 언론 보도에 의해 대중들 사이에서 회자된 가십거리에 불과하다는 것이다.[732]

손해배상에 대해서는 Gertz 케이스에 의해 성립된 개인 피해자인 경우에 적용되는 손해배상 기준과 같이 언론사의 과실이 입증된 경우에 실제 손해(actual damage)를 청구할

---

731 In *Gertz* v. *Robert Welch, Inc.,* 418 U. S. 323, 345 (1974), we have recently further defined the meaning of "public figure" for the purposes of the First and Fourteenth Amendments:
"For the most part those who attain this status have assumed roles of especial prominence in the affairs of society. Some occupy positions of such persuasive power and influence that they are deemed public figures for all purposes. More commonly, those classed as public figures have thrust themselves to the forofront of particular public controversies in order to influence the resolution of the issues involved." See Time, Inc. v. Firestone, 424 U.S. 448, 453 (1976).

732 The Court found that Mrs. Firestone's resort to the judicial process to arrange her marital affairs was, for all practical purposes, involuntary and that the controversy, if any, over her marriage and divorce was a private one. *Id.* at 454-55, 96 S.Ct. at 965-66. The Court said that "even though the marital difficulties of extremely wealthy individuals may be of interest to some portions of the reading public" a divorce proceeding was not a public controversy. *Id.* at 454, 96 S.Ct. at 965. That is, public interest in a controversy does not make a public controversy. The newsworthiness of an event is not the measuring stick for identifying public controversy. See Dameron v. Washington Magazine, Inc., 779 F.2d 736, 742 (D.C. Cir. 1985).

수 있는데, 이때 실제 손해(actual damage)는 간통죄의 인정에 따라 메리의 이혼이 성립되었다는 허위 내용이 잡지 기사에 실려서 입게 된 굴욕감까지 포함하는 것으로 넓게 인정된다는 것이다.[733]

1심 법원은 Gertz 케이스와 동일하게 메리의 통상 손해액은 배심원에 의해 공정하고 적절하게 정해져야 한다고 판단하면서도 명예훼손으로 인해 얻게 된 직접적인 피해에 대해서만 손해배상으로 인정된다고 덧붙였다.

재판에서는 배심원이 메리의 피해 정도를 평가하기 위해 다음과 같은 증거능력이 인정되는 증거(competent evidence)가 제시되었다.

몇몇 증인[734]들은 메리가 간통죄로 유죄 판결을 받았다는 타임사의 부정확한 보도로 인해 메리가 가진 불안과 염려의 정도에 대해 증언하였다. 메리 스스로도 그녀의 아들이 자라서 이러한 허위 내용을 접하게 되었을 때 일어날 수 있는 악영향에 대한 두려움에 대해 자세히 증언하였다.

이러한 증거를 토대로 배심원은 메리에게 10만불의 손해배상을 인정하였다. 그러나 명예훼손으로 인한 손해배상과 관련된 플로리다 주법 자체에 결함이 존재한다는 것이다. 플로리다 주법은 해당 기사의 내용이 명예훼손에 해당되는지 여부 및 이로 인해 원고에게 피해가 발생하였는지 여부만 입증할 수 있으면 원고가 손해배상을 주장할 수 있다고 규정하고 있다. 하지만 Gertz 케이스는 원고의 통상 손해를 인정하기 위해서는 이를 뒷받침할 수 있는 증거뿐만 아니라 과실(fault)에 대한 입증이 요구된다고 판단한 것이다.[735]

플로리다 주법과 같이 명예훼손 사건에서 과실(fault)에 대한 입증이 없이 원고에게 손해배상을 인정하는 것은 언론 출판의 자유를 보호해야 한다는 연방 헌법 정신에 위배되는

733 A careful examination of the final decree prior to publication would have clearly demonstrated that the divorce had been granted on the grounds of extreme cruelty, and thus the wife would have been saved the humiliation of being accused of adultery in a nationwide magazine. This is a flagrant example of 'journalistic negligence.' "305 So. 2d, at 178. See Time, Inc. v. Firestone, 424 U.S. 448, 463 (1976).

734 These included respondent's minister, her attorney in the divorce proceedings, plus several friends and neighbors, one of whom was a physician who testified to having to administer a sedative to respondent in an attempt to reduce discomfort wrought by her worrying about the article. See Time, Inc. v. Firestone, 424 U.S. 448, 460 [6] (1976).

735 Gertz established, however,that not only must there be evidence to support an award of compensatory damages, there must also be evidence of some fault on the part of a defendant charged with publishing defamatory material. No question of fault was submitted to the jury in this case, because under Florida law the only findings required for determination of liability were whether the article was defamatory, whether it was true, and whether the defamation, if any, caused respondent harm. See Time, Inc. v. Firestone, 424 U.S. 448, 461 (1976).

것이므로[736] 주 대법원의 판결을 파기하고 원심으로 사건을 환송해야 한다는 것이다.

> "Time, Inc. v. Firestone에서 연방 대법원은 세간의 관심을 받고 있는 이혼임에도 불구하고 원고 메리는 그녀의 이혼 소송과 관련하여 제한된 목적의 공인(limited-purpose public figure)이 아니라고 판단하였다. 언론의 관심을 이끌어 낸 메리의 행보를 검토한 결과, 그녀가 사법 절차에 호소하는 것은 법정에서 자신의 이익을 변호하기 위해 소환된 피고와 비교했을 때 그 이상으로 자발적이지 않았다고 판단하였다."[737]
>
> ❙ Jacobson v. Rochester Communications, 410 N.W.2d 830, 834 (Minn. 1987).

> "Time, Inc. v. Firestone에서 연방 대법원은 사회적인 논란 요건을 검토했다. 연방 대법원은 유명인사가 타임지의 발행인을 상대로 제기한 명예훼손 소송에서 뉴욕 타임즈 기준(New York Times standard)을 적용해달라는 요청을 거부하였다. 타임지 측은 메리의 이혼이 세간의 관심을 받고 있기 때문에 그녀는 공인(public figure)이며, 그녀의 이혼 소송은 사회적인 논란에 해당한다고 주장하였다.
>
> 연방 대법원은 Gertz 케이스에서 확립된 공인(public figure)의 정의에 따라 다음과 같이 타임지 측의 주장을 거부하였다.
>
> "메리는 사회 문제에서 중요한 역할을 맡지 않았으며, 그녀는 관련된 문제의 해결에 영향을 미치기 위해 특정한 사회적인 논란의 최전선에 서 있지 않았다."
>
> 게다가 연방 대법원은 뉴욕 타임즈 케이스에서 확립된 언론사에 대한 특권을 공적인 관심사(public concern)에 대한 논쟁으로 확대함으로써 Rosenbloom 케이스에서 확립된 이론을 복원하는 것을 거부하였다. 또한 대중이 관심을 가질만한 논쟁이라고 해서 모두 사회적인 논란으로 볼 수 없다고 판단하였다.[738]
>
> ❙ Warford v. Lexington Herald-Leader Co., 789 S.W.2d 758, 764 (Ky. 1990).

736 The failure to submit the question of fault to the jury does not of itself establish noncompliance with the constitutional requirements established in Gertz, however. See Time, Inc. v. Firestone, 424 U.S. 448, 461 (1976).

737 In Time, Inc. v. Firestone, 424 U.S. 448, 96 S.Ct. 958, 47 L.Ed.2d 154 (1976), the court found that plaintiff Mary Alice Firestone was not a limited purpose public figure regarding her divorce proceedings, despite the fact the divorce was a "cause celebre". Id. at 454, 96 S.Ct. at 965. Analyzing Firestone's activities generating publicity, the court found that her "[r]esort to the judicial process * * * is no more voluntary in a realistic sense than that of the defendant called upon to defend his interests in court." Id. at 454, 96 S.Ct. at 965. See Jacobson v. Rochester Communications, 410 N.W.2d 830, 834 (Minn. 1987).

738 In Time, Inc. v. Firestone, 424 U.S. 448, 96 S.Ct. 958, 47 L.Ed.2d 154 (1976), the Court studied the public

controversy requirement. Asked to apply the New York Times standard of recovery in a libel suit by a socialite against the publisher of Time magazine, the Court declined.

The publisher had argued that Mrs. Firestone was a public figure because her divorce was a "cause celebre," and thus a public controversy. The Court rejected this argument relying on its definition of public figure as established in Gertz v. Robert Welch, Inc., supra, as follows:

"respondent did not assume any role of especial prominence in the affairs of society,… and she did not thrust herself to the forefront of any particular public controversy in order to influence the resolution of the issues involved in it." Firestone, 424 U.S. at 453, 96 S.Ct. at 965.

Moreover and significantly, the Court refused to reinstate the Rosenbloom doctrine by extending the New York Times privilege to statements about any controversy of a general public interest. A public controversy cannot be equated "with all controversies of interest to the public." Id., 424 U.S. at 454, 96 S.Ct. at 965. See Warford v. Lexington Herald-Leader Co., 789 S.W.2d 758, 764 (Ky. 1990).

3/ Hutchinson v. Proxmire (연방 대법원, 443 U.S. 111, 1979)

본 케이스는 한 과학자가 연구를 위해 연방 기금을 신청하여 받은 것을 문제삼아 그에게 불명예스러운 상을 수여하고 명예를 훼손하는 내용이 담긴 뉴스레터와 보도자료를 배포하고 방송에서 인터뷰를 한 상원의원을 상대로 제기한 명예훼손 소송이다. 본 케이스의 이슈는 연방 기금을 받은 것으로 인해 대중의 주목을 받게 된 과학자를 공인(public figure)으로 볼 수 있는지 여부이다. 연방 대법원은 Gertz 케이스를 적용하여 모든 목적의 공인(all-purpose public figure)도, 제한된 목적의 공인(limited-purpose public figure)도 아닌 개인에 불과하다고 판단하였다.

1) 사실관계

프록스미르(Proxmire)는 위스콘신주 상원 의원이었고, 로날드 허친슨(Ronald Hutchinson, 이하 "허친슨")은 행동 연구 과학자였다. 1975년 3월, 프록스미르와 그의 보좌관인 모턴 슈워츠(Morton Schwartz)는 정부에서 예산 낭비가 가장 심한 사례를 홍보하기 위해 이 달의 골든 플리스(Golden Fleece)상을 제정하였다. 1975년 4월, 이 상의 두 번째 수상 기관으로 허친슨의 연구 지원을 위해 7년간 약 50만불을 지출한 국가 과학 재단, 국가 항공 우주국 및 해군 연구소가 선정되었다.

1975년 4월 18일, 프록스미르는 보좌관과 허친슨의 연구를 지원한 연방 기금의 지출에 대해 연설문을 작성하였고, 연설문의 서론과 결론 부분만 정리하여 미국 전역에 있는 언론 매체에 속한 275명의 회원들에게 사전 보도자료를 제공하였다.

프록스미르의 보좌관은 연설문을 발표하기 전에 허친슨에게 전화를 걸어 수상 소식을 알렸고, 허친슨은 사전 보도자료가 그의 연구에 대해 부정확하고 확실하지 않은 내용을 담고 있다고 항의했지만 보좌관은 그에게 보도자료에 담긴 내용이 타당하다고 밝혔다.

프록스미르는 해당 연설에서 허친슨의 연구와 같은 바보같은 짓으로 인해 미국 납세자들의 세금이 낭비되고 있기 때문에 그의 연구 지원을 당장 중단해야 한다고 주장하였다.[739]

---

739 In the speech, Proxmire described the federal grants for Hutchinson's research, concluding with the following comment:

"The funding of this nonsense makes me almost angry enough to scream and kick or even clench my jaw. It seems to me it is outrageous.

"Dr. Hutchinson's studies should make the taxpayers as well as his monkeys grind their teeth. In fact, the good doctor has made a fortune from his monkeys and in the process made a monkey out of the American taxpayer.

"It is time for the Federal Government to get out of this 'monkey business.' In view of the transparent

1975년 5월, 프록스미르는 위스콘신주 및 타 주에 있는 유권자들을 포함하여 약 10만명의 사람들에게 해당 연설의 핵심 내용이 담긴 뉴스레터를 발송하였다. 1975년 말, 프록스미르는 텔레비전 인터뷰 프로그램에 출연하여 허친슨의 실명을 거론하지 않았지만 그의 연구에 대해 언급하였다. 프록스미르는 1976년 2월 뉴스레터에서도 허친슨의 실명을 밝히지 않은 채 1975년 골든 플리스상에 대한 내용을 간단히 언급하였다.[740]

프록스미르의 보좌관은 수상 발표 이후 프록스미르를 대신하여 허친슨의 연구를 지원한 연방 기관들을 상대로 연락을 취했는데, 이에 대해 허친슨은 보좌관이 그의 연구에 대한 지원 및 계약을 철회하려고 연방 기관들을 설득하기 위한 의도를 가지고 각 연방 기관에 연락한 것이라고 주장하였다.

1976년 4월 16일, 허친슨은 위스콘신주 연방 1심 법원에 소를 제기하였다. 소장에서 그는 명예훼손으로 인한 정신적, 신체적, 금전적 피해를 주장하였다.[741]

프록스미르 측은 그들의 행위와 발언이 의원의 면책특권(Speech or Debate) 조항[742]에 의해 보호되며, 공적 기금의 지출과 관련된 비판은 연방 헌법 제1조의 표현의 자유 조항에 의해 면책특권이 주어진다고 주장하였다. 그들은 또한 허친슨은 공인(public figure)이자 공직자(public official)에 해당하므로 실질적 악의(actual malice)의 입증이 요구된다고 주장하였다. 그러나 본 케이스와 관련하여 드러난 사실만으로는 허친슨이 프록스미르의 실질적 악의(actual malice)를 입증하지 못한다고 보았다.

---

worthlessness of Hutchinson's study of jaw-grinding and biting by angry or hard-drinking monkeys, it is time we put a stop to the bite Hutchinson and the bureaucrats who fund him have been taking of the taxpayer." 121 Cong. Rec. 10803 (1975). See Hutchinson v. Proxmire, 443 U.S. 111, 116 (1979).

740 The letter did not mention Hutchinson's name, but it did report:
"— The NSF, the Space Agency, and the Office of Naval Research won the 'Golden Fleece' for spending jointly $500,000 to determine why monkeys clench their jaws. .....
"All the studies on why monkeys clench their jaws were dropped. No more monkey business." App. 168-171. See Hutchinson v. Proxmire, 443 U.S. 111, 117 (1979).

741 In Count I he alleges that as a result of the actions of Proxmire and Schwartz he has "suffered a loss of respect in his profession, has suffered injury to his feelings, has been humiliated, held up to public scorn, suffered extreme mental anguish and physical illness and pain to his person. Further, he has suffered a loss of income and ability to earn income in the future.". See Hutchinson v. Proxmire, 443 U.S. 111, 118 (1979).

742 상원 및 하원의원은 의회의 회기 중에 한 "발언 혹은 토론" 내용으로 인해 체포되지 않을 수 있는 면책특권이 인정된다는 규정으로 연방 헌법 Article 1(The Legislative Branch), Section 6(Compensation)를 말한다. 원문은 다음과 같다. "They shall in all Cases, except Treason, Felony and Breach of the Peace, be privileged from Arrest during their Attendance at the Session of their respective Houses, and in going to and returning from the same; and for any Speech or Debate in either House, they shall not be questioned in any other Place."

2) 연방 1심 법원의 결정 요지

허친슨의 연구 기금에 대한 조사 및 이와 관련된 연설은 명백히 의원의 면책특권(Speech or Debate) 조항에 의해 보호를 받는다는 것이다. 허친슨의 연구 기금과 관련된 언론 보도 또한 의회의 정보를 외부에 알리는 기능을 하기 때문에 이것 역시 보호 대상에 해당된다는 것이다.

허친슨이 공적 기금의 지원을 받은 연구에 오랫동안 관여해왔고, 연방 및 주정부를 상대로 활발하게 공적 기금을 요청해왔으며, 그의 연구는 지역 신문에 1면으로 실렸을 뿐만 아니라, 공적 기금의 지출은 공적인 관심사의 문제이므로 허친슨은 공인(public figure)에 해당한다는 것이다.[743]

그러나 허친슨이 주장한 그의 연구에 대한 보좌관의 조사 과실 혹은 사전 보도자료의 불합리한 편집 및 요약만으로는 실질적 악의(actual malice)가 성립되지 않는다. 프록스미르 혹은 보좌관은 당시 연설 내용의 진실 여부에 대해 어떠한 의심도 가지지 않았다. 따라서 프록스미르 측의 실질적 악의(actual malice)는 인정되지 않는다는 것이다.[744]

3) 연방 항소법원의 결정 요지

언론 보도내용 및 뉴스레터에 실린 내용 모두 의원의 면책특권(Speech or Debate) 조항에 의해 보호를 받는다고 판단하면서 연방 1심 법원의 판결을 인정한 것이다.

구체적으로, 의회가 정보를 외부에 알리는 기능은 제한적으로 보호되는데, 해당 언론 보도 및 뉴스레터의 경우 입법 목적을 위해 필요한 정도를 넘어서지 않았다는 것이다. 그러나 프록스미르가 연설하기 전에 보좌관이 허친슨에게 말했던 전화 통화 내용 및 텔레비전과 라디오에서 프록스미르가 했던 발언은 의원의 면책특권(Speech or Debate) 조항에

743 "Given Dr. Hutchinson's long involvement with publicly-funded research, his active solicitation of federal and state grants, the local press coverage of his research, and the public interest in the expenditure of public funds on the precise activities in which he voluntarily participated, the court concludes that he is a public figure for the purpose of this suit. As he acknowledged in his deposition, 'Certainly, any expenditure of public funds is a matter of public interest.'" See Hutchinson v. Proxmire, 443 U.S. 111, 119 (1979).

744 Relying upon cases from other courts, the District Court said that in determining whether a plaintiff had made an adequate showing of "actual malice," summary judgment might well be the rule rather than the exception. Id., at 1330.
Finally, the District Court concluded:
"But even if for the purpose of this suit it is found that Dr. Hutchinson is a private person so that First Amendment protections do not extend to [respondents], relevant state law dictates the grant of summary judgment." Ibid. See Hutchinson v. Proxmire, 443 U.S. 111, 120 (1979).

의해 보호되지 않는다고 판단하였다.

연방 헌법 제1조에 의한 보호와 관련해서는 연방 1심 법원과 동일하게 허친슨은 공인(public figure)에 해당하므로, 명예훼손으로 인한 손해배상을 청구하기 위해서는 허친슨이 실질적 악의(actual malice)를 입증하여야 하는데, 제출된 증거만으로는 프록스미르가 발언할 당시에 실질적 악의(actual malice)가 있었다는 점이 인정되지 않는다고 판단한 것이다.

4) 연방 대법원의 결정 요지

의원의 면책특권(Speech or Debate) 조항은 의원이 의회 밖에서 내뱉은 명예훼손적인 발언에 대해 절대적인 특권을 부여하지 않는다. 해당 조항에서 의원에게 인정하고 있는 면책특권은 단순히 의원의 사적 이익을 위해 헌법상 부여된 것이 아니라, 입법자의 독립성을 보장함으로써 입법 절차의 무결성을 보호하기 위한 목적으로 허용된 권한이라는 것이다.[745]

해당 조항에 따라 의원에게 부여된 면책특권은 의회 안에서도 동일하게 적용된다. 즉, 의원이 공직과 관련된 업무를 수행한다는 이유로 다른 사람의 명예를 훼손할 수 있는 권리가 없다는 것이다. 모든 국민은 악의적인 스캔들, 허위 고발 및 명예훼손으로부터 법의 보호를 받을 권리를 가지고 있다.

의원의 면책특권(Speech or Debate) 조항으로 보호되는 순수한 입법 활동이 아닌 뉴스레터와 보도자료의 경우, 입법을 위한 상원의 심의에서 필수적인 부분이 아니며, 심의 과정의 일부도 아닐 뿐더러[746] 입법 절차가 가지고 있는 기능과도 관련이 없는 것이므로 해당 조항에 따른 면책특권을 적용할 수 없다.[747] 즉, 뉴스레터와 보도자료는 입법 기능 또

745 Whatever imprecision there may be in the term "legislative activities," it is clear that nothing in history or in the explicit language of the Clause suggests any intention to create an absolute privilege from liability or suit for defamatory statements made outside the Chamber. In *Brewster, supra,* at 507, we observed:
"The immunities of the Speech or Debate Clause were not written into the Constitution simply for the personal or private benefit of Members of Congress, but to protect the integrity of the legislative process by insuring the independence of individual legislators." See Hutchinson v. Proxmire, 443 U.S. 111, 127 (1979).

746 But neither the newsletters nor the press release was "essential to the deliberations of the Senate" and neither was part of the deliberative process. See Hutchinson v. Proxmire, 443 U.S. 111, 130 (1979).

747 There we went on to note that United States v. Johnson, 383 U. S. 169 (1966), had carefully distinguished between what is only "related to the due functioning of the legislative process," and what constitutes the legislative process entitled to immunity under the Clause:

는 입법 절차를 구성하는 심의의 일부가 아니라 대중 및 다른 의원들에게 알릴 목적으로 정보를 전송하는 것에 불과하기 때문에 해당 조항에 의해 보호되지 않는다는 것이다.[748]

허친슨은 Gertz 케이스에서 정의한 공인(public figure)에 해당하지 않는다. Gertz 케이스에 따르면 사회 문제에서 중요한 역할을 맡았고 대중들 사이에서 설득력과 영향력을 미치는 지위에 있을 경우 모든 목적의 공인(all-purpose public figure)에 해당한다고 판단하였다. 일반적으로 관련된 사회 문제의 해결에 영향을 미치기 위해 스스로 특정한 사회적인 논란의 최전선에 서 있어야 한다고 보았다.[749]

이에 허친슨은 모든 목적의 공인(all-purpose public figure)에는 해당되지 않지만, 허친슨의 연방 기금 신청과 연방 기금과 관련된 신문 보도 및 그의 골든 플리스상 수상에 대한 답변을 언론에서 보도했다는 점을 들면서 그가 제한된 목적의 공인(limited-purpose public figure)에 해당한다고 주장하였다.

그러나 이러한 근거들은 허친슨이 골든 플리스상을 받은 것으로 인해 야기된 논란이 있기 전에도 그가 공인(public figure)이었다는 것을 입증하지 못한다는 것이다.

허친슨은 인간 행동 연구와 관련된 소수의 전문가 그룹에 속했고, 그의 연구 주제에 대한 논란은 골든 플리스상을 받으면서부터 야기되었다. 허친슨과 같이 연구를 위한 연방 기금의 지출을 사회적인 논란으로 인정한다면 연구를 위해 보조금 혹은 혜택을 받은 모든 사람을 공인(public figure)으로 인정해야 하는 오류가 발생하기 때문에 허친슨을 공인(public figure)으로 인정하는 근거로 볼 수 없다는 것이다.

"In stating that those things [Johnson's attempts to influence the Department of Justice] 'in no wise related to the due functioning of the legislative process' were not covered by the privilege, the Court did not in any sense imply as a corollary that everything that 'related' to the office of a Member was shielded by the Clause. See Hutchinson v. Proxmire, 443 U.S. 111, 131 (1979).

748 The other sense of the term, and the one relied upon by respondents, perceives it to be the duty of Members to tell the public about their activities. Valuable and desirable as it may be in broad terms, the transmittal of such information by individual Members in order to inform the public and other Members is not a part of the legislative function or the deliberations that make up the legislative process. As a result, transmittal of such information by press releases and newsletters is not protected by the Speech or Debate Clause. See Hutchinson v. Proxmire, 443 U.S. 111, 133 (1979).

749 In Gertz v. Robert Welch, Inc., the Court offered a general definition of "public figures":
"For the most part those who attain this status [of public figure] have assumed roles of especial prominence in the affairs of society. Some occupy positions of such persuasive power and influence that they are deemed public figures for all purposes. More commonly, those classed as public figures have thrust themselves to the forefront of particular public controversies in order to influence the resolution of the issues involved. In either event, they invite attention and comment." 418 U. S., at 345. See Hutchinson v. Proxmire, 443 U.S. 111, 134 (1979).

또한 허친슨은 연방 기금 지출과 관련된 광범위한 문제에서 대중의 주목을 받을 정도로 역할을 맡은 적이 없었다. 연방 기금 신청이나 전문 저널에 실린 그의 출판물 모두 Gertz 케이스에서 정의한 공인(public figure)에 해당될 정도로 대중의 관심과 평가를 가져오지 않았다.

게다가 허친슨이 공인(public figure)에 해당될 수 있을 정도로 언론에 쉽게 접촉할 수 없었다. 허친슨은 골든 플리스상의 수상과 관련된 답변과 같은 제한된 수준에서 언론과의 접촉이 있었을 뿐, 보통의 공인(public figure)들과 같이 정기적이고 지속적으로 언론에 접촉할 수 없었다.

결론적으로, 프록스미르의 뉴스레터 및 보도자료는 의원의 면책특권(Speech or Debate) 조항에 따른 보호 대상에 해당되지 않으며, 허친슨은 공인(public figure)이 아닌 개인에 해당되므로 명예훼손으로 인한 손해배상 청구를 위해 공인(public figure)에게 적용되는 실질적 악의(actual malice)를 반드시 입증할 필요가 없다는 것이다.

"미시간주에 의해 고용된 과학자인 허친슨은 프록스미르 상원의원에 의해 골든 플리스상을 받은 후 그를 상대로 명예훼손 소송을 제기하였다. 모든 정부 소속 지원이 뉴욕 타임즈 기준(New York Times standard)의 적용을 받는 공직자(public official)가 아니라는 점을 인식한 연방 대법원은 허친슨이 단순히 공적 기금을 받은 것으로 판단했으며, 골든 플리스상에 대한 그의 답변이 허친슨을 공인(public figure)으로 만들어주지 않는다고 판단하였다. 연방 대법원은 허친슨이 연구를 위해 연방 기금을 받았다는 보도자료가 그가 제한적 목적의 공인(limited-purpose public figure)에 해당한다는 것을 뒷받침해준다는 프록스미르 측의 주장을 거부하면서 허친슨은 단지 골든 플리스상의 수상과 그에 대한 답변으로 인해 언론의 관심을 받은 것일 뿐이라고 판단하였다."750

ㅣ Byers v. Southeastern Newspaper Corp., 161 Ga.App. 717, 721, 288 S.E.2d 698 (1982).

750 Hutchinson, a "research behavorial scientist" employed by the State of Michigan, instituted a libel action against Senator William Proxmire after being the recipient of the Senator's satirical "Golden Fleece Award." Recognizing that all public employees are not public officials for purposes of the "New York Times" rule, the Court held the mere receipt of public funds and Hutchinson's response to the Senator's "award" did not make Hutchinson a public figure. Rejecting the Senator's contention that Hutchinson was a public figure for the limited purpose of comment on his receipt of federal funds for research projects, the Court found that Hutchinson had attracted media attention only because of the Senator's award and Hutchinson's response thereto. See Byers v. Southeastern Newspaper Corp., 161 Ga.App. 717, 721, 288 S.E.2d 698 (1982).

"Hutchinson 케이스에서 원고는 공격성에 대한 연구를 수행하기 위해 연방 보조금을 받았다. 허친슨은 프록스미르 상원의원에 의해 골든 플리스상을 수상하기 전까지 무명의 과학자였다. 연방 대법원은 공적 기금의 지출에 대한 일반적인 우려가 허친슨을 공인(public figure)으로 인정하기에는 충분하지 않다고 판단하였다. 만약 그것이 인정된다면 연구를 위해 공적 기금으로부터 혜택을 받은 모든 사람들이 공인(public figure)으로 분류될 것이라고 덧붙였다."[751]

ı McDowell v. Paiewonsky, 769 F.2d 942, 949 (3d Cir. 1985).

751 In Hutchinson, the plaintiff received a federal grant to conduct research on aggression. Until he received Senator Proxmire's Golden Fleece Award, the plaintiff was a relatively obscure scientist. The Supreme Court held that a generalized concern over public expenditures was not sufficient to render Hutchinson a public figure. The Court noted that "[i]f it were, everyone who received or benefitted from the myriad public grants for research could be classified as a public figure." Id. at 135, 99 S.Ct. at 2688. See McDowell v. Paiewonsky, 769 F.2d 942, 949 (3d Cir. 1985).

4 Wolston v. Reader's Digest Assn., Inc. (연방 대법원, 443 U.S. 157, 1979)

본 케이스는 한 개인이 과거에 첩보 활동을 했다는 이유로 대배심(Grand Jury)에 소환된 사건이 사회적인 이슈가 되어 여러 신문에 보도된 것에서 비롯된 사건이다. 본 케이스의 이슈는 과거에 첩보 활동 혐의를 받은 개인이 공인(public figure)에 해당되는지 여부이다. 연방 대법원은 Gertz 케이스에서 정의한 공인(public figure)에 해당되지 않는, 한 개인에 불과하므로 뉴욕 타임즈 기준(New York Times standard)을 적용할 필요가 없다고 판단하였다.

1) 사실 관계

1957년과 1958년 2년동안 미국 내에서 소비에트 요원들의 활동을 조사하기 위한 연방 대배심(Federal Grand Jury)이 뉴욕시에서 열렸다. 조사 결과, 일리아 올스턴(Ilya Wolston, 이하 "올스턴")의 이모와 삼촌이 1957년 1월에 첩보 활동 혐의로 체포되었다. 그의 삼촌은 첩보 활동 혐의에 대해 유죄를 인정했고, 그 후 몇달간 대배심(Grand Jury)에서의 조사는 소비에트 첩보 활동이 의심되는 다른 참여자들에게 초점을 맞추어 체포, 기소 및 유죄 인정을 받아냈다. 그의 삼촌이 체포되던 날, 올스턴은 워싱턴 D.C.에 있는 그의 집에서 연방 조사국 소속 직원과의 인터뷰에 응했다. 그는 몇달 동안 워싱턴과 뉴욕시에서 열린 인터뷰에 응했으며, 대배심(Grand Jury)의 소환 요구로 인해 여러 번 뉴욕시를 방문하였다.

1958년 7월 1일, 올스턴은 지정된 날짜에 출석을 요구하는 대배심(Grand Jury)의 소환 요구에 답변하지 않았다. 그는 이전에도 우울증을 이유로 법 집행 기관들의 소환 요구에 불응했다. 7월 14일, 연방 법원 판사는 올스턴이 형사상 법정 모독죄에 해당되지 말아야 하는 이유를 제시하라(show cause)는 명령을 내렸다. 이러한 사건은 언론의 관심을 끌었고 7월 15일과 16일 양일간 뉴욕 및 워싱턴 소재의 신문 중 최소 7개의 뉴스 기사에서 올스턴의 대배심(Grand Jury) 출석 불응 소식을 다루었다.

올스턴은 법정 변론기일(return date)[752]에 법원에 출석하여 대배심(Grand Jury) 앞에서 증언할 것을 제안했지만 거부당했고, 법정 모독죄에 대한 변론이 개시되었다. 올스턴의 부인은 당시 임산부였는데 소환장의 법정 변론기일(return date) 당시에 남편의 정신 상태와 관련하여 증언할 것을 요구 받았다. 그러나 그녀가 증인석에서 신경질적인 반응을 보였다. 그 후 올스턴은 법정 모독죄에 대해 유죄를 인정하였다. 그는 소비에트 첩보 활동

752 "[부록]미국 법률 용어"에서 자세한 설명을 확인하기 바란다.

과 관련된 추가 조사를 위해 대배심(Grand Jury)에 협력하는 조건으로 1년간 집행유예(suspended sentence) 및 3년간 보호관찰(probation)을 선고 받았다.[753] 신문사들은 또한 법정 모독죄 재판 및 올스턴의 유죄 인정과 형 선고에 대해 자세히 보도하였는데, 6주의 기간 동안 워싱턴과 뉴욕 소재 신문사들이 15개의 뉴스 기사에서 올스턴의 대배심(Grand Jury) 출석 불응 및 형 선고 소식을 다루었다. 이러한 신문사들의 취재 과열은 올스턴의 형 선고 이후에는 잠잠해졌고, 그는 대배심(Grand Jury)에서 그에게 소환장을 발부하기 전의 생활로 돌아갔다.

1974년, 리더스 다이제스트사(Reader's Digest Association, Inc.)는 존 배런(John Barron)에 의해 쓰여진 "KGB, 소비에트 요원의 기밀업무"(KGB, the Secret Work of Soviet Agents, 이하 "KGB책")라는 책을 출판하였는데, 세계 2차 대전 이후 소비에트 연방의 스파이 조직 및 일련의 활동에 대해 서술하였다. 그 책에는 올스턴이 첩보 활동에 가담했으며 소비에트 소속 요원이었다는 허위 내용이 포함되어 있었고,[754] 올스턴은 이로 인해 본인의 명예가 훼손되었다고 주장하였다.

연방 1심 법원은 올스턴이 공인(public figure)에 해당하기 때문에 연방 헌법 제1조에 의거하여 리더스 다이제스트사가 실질적 악의(actual malice)를 가지고 올스턴에 대한 허위 내용을 출판했다는 것을 입증하지 못하면 올스턴은 명예훼손으로 인한 손해배상을 청구할 수 없다고 판단하였다. 또한 연방 1심 법원은 올스턴의 주장과 같이 KGB책에 허위 내용이 기재된 것은 인정하나, 제출된 증거를 검토해 볼 때 리더스 다이제스트사의 실질적 악의(actual malice)에 대한 입증이 부족하다는 이유로 리더스 다이제스트사가 신청한 중간판결(motion for summary judgment)을 인정하였다. 연방 항소법원 또한 연방 1심 법원의 판결을 인정하였다.

---

753 suspended sentence and was placed on probation for three years, "[부록]미국 법률 용어"에서 자세한 설명을 확인하기 바란다.

754 In a passage referring to disclosures by "royal commissions in Canada and Australia, and official investigations in Great Britain and the United States," the book contains the following statements relating to petitioner Ilya Wolston:
"Among Soviet agents identified in the United States were Elizabeth T. Bentley, Edward Joseph Fitzgerald, William Ludwig Ullmann, William Walter Remington, Franklin Victor Reno, Judith Coplon, Harry Gold, David Greenglass, Julius and Ethel Rosenberg, Morton Sobell, William Perl, Alfred Dean Slack, Jack Soble, Ilya Wolston, Alfred and Martha Stern. See Reader's Digest Assn., Inc., 443 U.S. 157, 159 (1979).

2) 연방 대법원의 결정 요지

올스턴은 공인(public figure)에 해당하지 않기 때문에 연방 헌법 제1조에서 요구하는 뉴욕 타임즈 기준(New York Times standard)을 입증할 필요가 없는데 그를 공인(public figure)이라고 판단한 연방 1심 법원 및 항소법원의 결정이 잘못되었다는 것이다.[755]

공인(public figure)의 정의를 제시한 Gertz 판결에 따르면, 공인(public figure)에 해당하기 위해서는 사회 문제에서 중요한 역할을 맡아야 하고, 대중들 사이에서 공인(public figure)으로 인정될 만한 설득력과 영향력을 가지고 있어야 하며, 특정 사회 문제의 해결에 영향을 미치기 위해 사회적인 논란의 최전선에 스스로 개입하여야 한다는 것이다.[756]

그러나 올스턴의 경우 단지 소규모의 그룹에 속했던 한 사람으로서 공인(public figure)에 해당되기 위해 요구되는 설득력과 영향력을 가지고 있지 않았다는 것이다.[757] 올스턴은 대배심(Grand Jury)에서의 조사 이전에는 한 개인에 불과했고, 형 선고 이후에도 다시 한 개인으로 돌아왔다. 그에 대한 일반적인 명성이나 악평이 없었다. 따라서 법정 모독죄에 대한 선고 결과 혹은 1958년 소비에트 첩보 활동과 관련된 조사에 연루되었다는 이유만으로는 그가 사회에서 중요한 역할을 맡고 있는 공인(public figure)이라고 볼 수 없다.

또한 올스턴은 특정 사회 문제의 해결에 영향을 미치기 위해 사회적인 논란의 최전선에서 활동한 자가 아니었다는 것이다.[758] 그는 소비에트 첩보 활동 혐의에 대한 수사와 관련된 사회적인 논란의 최전선에 자발적으로 참여한 것이 아니라 어쩔 수 없이 그 논쟁에 휘말리게 되었을 뿐이었다. 설령 올스턴이 본인의 행동이 언론의 주목을 받을 것이라는 것

---

755 We hold that the District Court and the Court of Appeals were wrong in concluding that petitioner was a public figure within the meaning of this Court's defamation cases. Petitioner therefore was not required by the First Amendment to meet the "actual malice" standard of *New York Times Co.* v. *Sullivan, supra,* in order to recover from respondents. See Reader's Digest Assn., Inc., 443 U.S. 157, 161 (1979).

756 We identified two ways in which a person may become a public figure for purposes of the First Amendment:
"For the most part those who attain this status have assumed roles of especial prominence in the affairs of society. Some occupy positions of such persuasive power and influence that they are deemed public figures for all purposes. More commonly, those classed as public figures have thrust themselves to the forefront of particular public controversies in order to influence the resolution of the issues involved." 418 U. S., at 345. See Reader's Digest Assn., Inc., 443 U.S. 157, 164 (1979).

757 Neither respondents nor the lower courts relied on any claim that petitioner occupied a position of such "persuasive power and influence" that he could be deemed one of that small group of individuals who are public figures for all purposes. See Reader's Digest Assn., Inc., 443 U.S. 157, 165 (1979).

758 We do not agree with respondents and the lower courts that petitioner can be classed as such a limited purpose public figure. See Reader's Digest Assn., Inc., 443 U.S. 157, 166 (1979).

을 알고 대배심(Grand Jury)의 소환 요구에 자발적으로 불응했다 하더라도 그 사실만으로는 공인(public figure)에 해당되지 않는다. 올스턴은 Gertz 케이스에서 당사자였던 변호사인 Gertz와 마찬가지로 해당 문제를 언론과 논의하지 않았으며, 법정 모독죄와 관련하여 자신을 방어하는 데 필요한 정도로만 제한적으로 참여했다. 따라서 언론에서 그의 법정 모독죄를 단순히 언급했다고 해서 그가 소비에트 첩보 활동 조사와 관련하여 자신의 견해를 밝히기 위한 지위를 가진 공인(public figure)에 해당된다고 볼 수 없다는 것이다.[759]

올스턴의 대배심(Grand Jury)의 소환 요구 불응과 법정 모독죄에 대한 형 선고가 언론의 관심을 끌었다는 것 또한 그가 공인(public figure)에 해당하는지 여부를 결정할 수 있는 요인에 해당되지 않는다. 개인이 대중의 관심을 끄는 문제에 관여하거나 관련성이 있다고 해서 자동적으로 공인(public figure)에 해당되지 않는다는 것이다.[760]

올스턴 역시 관련 문제의 해결에 영향을 미치기 위해 대중의 관심을 끌지 않았다.[761] 그가 대배심(Grand Jury)의 소환 요구에 불응한 것이 대중의 의견을 유도하거나 대중에게 영향을 미치기 위한 의도를 가지고 한 행동이 아니었다는 것이다. 올스턴이 대배심(Grand Jury)의 소환 요구에 불응한 것은 단순히 그의 건강상의 이유 때문이었고, 그 후 법정 변론기일(return date)에는 증언을 위해 대배심(Grand Jury)에 출석할 것을 제안하였으며, 제안이 거부되었을 때에는 법원의 처벌을 순순히 받아들였다. 즉, 올스턴이 대배심(Grand Jury)에 출석하지 않은 것이 공적인 관심사에 영향을 미치려는 의도가 있었거나, 실제로 영향을 미쳤다는 것을 뒷받침하는 증거가 없다는 것이다.

결론적으로, 올스턴은 Gertz 케이스에서 정의한 공인(public figure)에 해당되지 않기 때문에 명예훼손 소송의 개인 피해자로 보아야 한다. 따라서 가해자가 공인(public figure)인 경우에 연방 헌법 제1조에 의해 적용되는 실질적 악의(actual malice)를 입증하지 않아도 손해배상 청구가 가능하다는 것이다.

---

759 We decline to hold that his mere citation for contempt rendered him a public figure for purposes of comment on the investigation of Soviet espionage. See Reader's Digest Assn., Inc., 443 U.S. 157, 167 (1979).

760 Petitioner's failure to appear before the grand jury and citation for contempt no doubt were "newsworthy," but the simple fact that these events attracted media attention also is not conclusive of the public-figure issue. A private individual is not automatically transformed into a public figure just by becoming involved in or associated with a matter that attracts public attention. See Reader's Digest Assn., Inc., 443 U.S. 157, 167 (1979).

761 Nor do we think that petitioner engaged the attention of the public in an attempt to influence the resolution of the issues involved. See Reader's Digest Assn., Inc., 443 U.S. 157, 168 (1979).

"연방 대법원은 무엇이 사회적인 논란을 구성하는지를 명시적으로 밝힌 적은 없지만 단순히 뉴스 거리가 된다고 해서 그것만으로 사회적인 논란에 해당된다고 볼 수 없다는 점을 분명히 했다."[762]

Kroll Associates v. City and County of Honolulu, 833 F.Supp. 802, 806 (D. Haw. 1993).

"개인이 단순히 대중의 관심을 끄는 문제에 관여하거나 관련성이 있다고 해서 자동적으로 개인이 공인(public figure)으로 바뀌지 않는다."[763]

Mckee v. Cosby, 874 F.3d 54, 62 (1st Cir. 2017).

762 Although the Supreme Court has never explicitly identified what constitutes a public controversy, the Court has made clear that simple newsworthiness alone will be insufficient to generate such a controversy. Wolston v. Reader's Digest Ass'n, Inc., 443 U.S. 157, 168, 99 S.Ct. 2701, 2708, 61 L.Ed.2d 450 (1979). See Kroll Associates v. City and County of Honolulu, 833 F.Supp. 802, 806 (D. Haw 1993).

763 "[a] private individual is not automatically transformed into a public figure just by becoming involved in or associated with a matter that attracts public attention." Wolston v. Reader's Digest Ass'n, 443 U.S. 157, 167, 99 S.Ct. 2701, 61 L.Ed.2d 450 (1979). See Mckee v. Cosby, 874 F.3d 54, 62 (1st Cir. 2017).

5/ Waldbaum v. Fairchild Publications, Inc. (워싱턴 D.C. 연방 항소법원, 627 F.2d 1287, D.C. Cir. 1980)

본 케이스는 한 회사의 사장이었던 개인이 언론사에서 발간한 출판물에서 그에 대한 허위 내용이 적혀 있는 것을 근거로 하여 명예훼손으로 인한 손해배상을 제기한 사건이다. 본 케이스의 이슈는 원고가 공인(public figure)에 해당되는지 아니면 개인(private)에 해당되는지 여부이다. 연방 항소법원은 Gertz 케이스에서 확립된 공인(public figure)의 판단 기준에 따라 검토해 볼 때 원고는 제한된 목적의 공인(limited-purpose public figure)에 해당되므로 뉴욕 타임즈 기준(New York Times standard)에 따라 손해배상 여부가 결정된다고 보았다. 그런데 언론사가 해당 기사를 게재할 당시에 실질적 악의(actual malice)가 있었다는 것이 원고에 의해 입증되지 않았기 때문에 피고 언론사가 제기한 중간판결(motion for summary judgment)이 인정된다고 판단하였다.

1) 사실 관계

에릭 월드바움(Eric Waldbaum, 이하 "월드바움")은 1971년 1월, 그린벨트 컨슈머 서비스사(Greenbelt Consumer Services, Inc., 이하 "그린벨트사")의 사장이자 최고경영자가 되었다. 그린벨트사는 월드바움의 재임 기간 동안 미국에서 두 번째로 큰 협동조합에 이름을 올렸다. 월드바움이 그린벨트사의 사장으로 근무하는 동안 그는 슈퍼마켓 업계에서 협동조합들을 관리하는 역할을 맡았을 뿐만 아니라, 정책과 기준을 수립하는 역할을 담당하였다. 그는 기존 관행에 맞서 싸웠고, 특히 슈퍼마켓들의 단가와 제조일자 공개 도입을 위해 열심히 싸웠다. 그는 슈퍼마켓 업계의 관행에서 에너지 관련 법률 및 연료 배당에 이르기까지 다양한 주제에 대해 몇 차례에 걸쳐 언론과 일반인들을 초청하여 회의를 가졌다. 그는 수익성이 없는 매장을 정리하기 위해 그린벨트사의 운영을 통합하는 강력한 정책을 추구했다. 이와 같은 조치는 상거래 저널 및 일반 간행물에서 그린벨트사와 월드바움에 대해 상당한 논평을 일으켰다.

1976년 3월 16일, 그린벨트사 이사회는 협동조합 사장 및 최고경영자 직책에서 월드바움을 해임하였다. 페어차일드 출판사(Fairchild Publications, Inc.)의 상거래 관련 출판물인 슈퍼마켓 뉴스(Supermarket News)는 3월 22일에 발행된 기사에서 월드바움의 해임 소식을 보도하였다. 해당 기사는 그린벨트사가 지난해에 자금 손실을 입었고 재정을 긴축해 왔다고 언급했다.[764]

---

764 The story in its entirety read:

1976년 9월 27일, 월드바움은 슈퍼마켓 뉴스의 이같은 기사 내용을 근거로 주 1심 법원에 명예훼손 소송을 제기하였다. 그는 그린벨트사가 실제로 자금 손실을 입었거나 재정을 긴축하고 있었던 적이 없었으며, 이러한 허위 보도로 인해 사업가로서의 본인의 평판이 실추되었다고 주장하면서[765] 실제 손해(actual damage) 및 징벌적 손해배상을 합하여 7만 5천불을 청구하였다.

증거조사(Discovery)가 모두 종결된 이후, 페어차일드 출판사는 중간판결(summary judgment)을 신청하였는데, 월드바움은 공인(public figure)이며, 그가 페어차일드 출판사의 보도에 실질적 악의(actual malice)가 없었다는 것을 인정했으므로 그는 명예훼손으로 인한 손해배상을 청구할 수 없다고 주장하였다. 반면, 월드바움은 본인이 공인(public figure)이 아니기 때문에 페어차일드 출판사의 사전 조사 및 기사 게재 시에 과실이 있었는지만을 입증하면 된다고 반박하였다. 1979년 2월 15일, 1심 판사는 페어차일드 출판사의 청구를 인정하였다. 1심 판사는 비록 월드바움이 모든 목적의 공인(all-purpose public figure)으로 간주될 수 없다고 하더라도, 그는 슈퍼마켓 업계에서 그린벨트사의 독보적인 위치 및 그 위치를 발전시키려고 노력해 왔으므로 제한된 목적의 공인(limited-purpose public figure)에 해당한다고 판단하였다.[766]

GREENBELT OUSTS ERIC WALDBAUM

WASHINGTON (FNS)—Eric Waldbaum has been replaced as president of Greenbelt Consumer Services.

Rowland Burnstan will serve as acting chief executive office[r] until a new president is named. Burnstan, an independent management consultant and economist, has worked for various Government agencies and businesses.

Greenbelt said part of his interim job will be to locate a new president for the co-op, which has been losing money the past year and retrenching.

Waldbaum had served as president since 1971. His plans are not known.

Supp.App. at 328. See Waldbaum v. Fairchild Publications, Inc., 627 F.2d 1287, 1290 [5] (1980).

765 He contended that in fact Greenbelt had not been losing money or retrenching and that this allegedly false report damaged his reputation as a businessman. See Waldbaum v. Fairchild Publications, Inc., 627 F.2d 1287, 1290 (1980).

766 On February 15, 1979, Judge Corcoran granted Fairchild's motion. He concluded that although Waldbaum could not be considered a public figure for all purposes, he was a public figure for the limited range of issues concerning "Greenbelt's unique position within the supermarket industry and Waldbaum's efforts to advance that position." Waldbaum v. Greenbelt Consumer Services, Inc., Civ.No. 76-1810, at 15 (D.D.C. Feb. 15, 1979) (memorandum and order granting Fairchild's motion for summary judgment), reprinted in Appendix (App.) at 150, 164. See Waldbaum v. Fairchild Publications, Inc., 627 F.2d 1287, 1291 (1980).

2) 워싱턴 D.C. 연방 항소법원의 결정 요지

개인이 공인(public figure)에 해당하는지 여부는 Gertz 케이스에서 제시한 공인(public figure)의 정의에 따라 판단하여야 한다는 것이다.

먼저, 명예훼손을 당한 피해자가 모든 목적의 공인(all-purpose public figure)에 해당하는지 여부를 따져봐야 한다. Gertz 케이스는 피해자가 지역사회에서 일반적인 명성 혹은 악평을 가지고 있고, 사회 문제에 대해 깊이 관여해왔으며, 사회 문제와 관련하여 중요한 역할을 해 왔다는 것이 입증되면 모든 목적의 공인(all-purpose public figure)에 해당한다고 보았다. 또한 모든 목적의 공인(all-purpose public figure)은 말과 행동을 통해 영향력을 발휘하여 대중들이 그의 아이디어, 행동, 혹은 판단에 따르도록 만드는 위치에 있는 자이어야 한다고 보았다.[767]

일반적으로 모든 목적의 공인(all-purpose public figure)은 대중에게 자신의 존재가 노출되었을 때 자신에 대한 잘못된 평가가 뒤따를 수 있는 위험을 감수하며, 자신의 영향력을 사용하여 언론에 자유롭게 접근함으로써 이를 통해 자신에 대한 잘못된 평가를 바로잡을 수 있는 능력을 가지고 있는 자를 말한다.[768]

767 A court first must ask whether the plaintiff is a public figure for all purposes. *Gertz,* as noted above, held that a plaintiff could be found to be a general public figure only after a clear showing "of general fame or notoriety in the community, and pervasive involvement in the affairs of society ...." 418 U.S. at 352, 94 S.Ct. at 3013. He must have assumed a "role of especial prominence in the affairs of society...." *Time, Inc. v. Firestone,* 424 U.S. 448, 453, 96 S.Ct. 958, 965, 47 L.Ed.2d 154 (1976). *Accord, Wolston v. Reader's Digest Association,* 443 U.S. 157, 165, 99 S.Ct. 2701, 2706, 61 L.Ed.2d 450 (1979). In other words, a general public figure is a well-known "celebrity," his name a "household word." The public recognizes him and follows his words and deeds, either because it regards his ideas, conduct, or judgment as worthy of its attention or because he actively pursues that consideration. See Waldbaum v. Fairchild Publications, Inc., 627 F.2d 1287, 1294 (1980).

768 As a general rule, a person who meets this test has access to the media if defamed. The public's proven preoccupation with him indicates that the media would cover such an individual's response to statements he believes are inaccurate or unsupported. In general, too, the person has assumed the risk that public exposure might lead to misstatements about him. Famous persons may not have submitted voluntarily to a loss of reputation as such. Nevertheless, their renouncement of anonymity or tolerance of publicity unavoidably carries with it the possibility that the press, in fulfilling its role of reporting and critiquing matters of public concern, may investigate their talents, character, and motives. The media serve as a check on the power of the famous, and that check must be strongest when the subject's influence is strongest. Fame often brings power, money, respect, adulation, and self-gratification. It also may bring close scrutiny that can lead to adverse as well as favorable comment. When someone steps into the public spotlight, or when he remains there once cast into it, he must take the bad with the good. See Waldbaum v. Fairchild Publications, Inc., 627 F.2d 1287, 1294-1295 (1980).

따라서 모든 목적의 공인(all-purpose public figure)로서의 평판과 영향력이 있는지 여부에 대해서는 다음과 같은 요인들을 종합적으로 검토하여 평가하는 것이 요구된다.

① 판사에게 피해자의 이름을 인식하는 것과 관련된 통계조사의 시행이 가능한 경우 이에 대한 조사 시행
② 피해자에 대한 과거 보도자료
③ 피해자의 행동으로 인해 대중들이 그들의 행동이나 아이디어를 변경하거나 재평가 했는지 여부
④ 피해자가 대중의 관심을 기피해왔고, 피해자의 그러한 노력이 받아들여졌는지 여부
⑤ 피해자가 스스로 유명해졌는지 여부
⑥ 언론 보도 시 적절한 대응으로 본인 스스로를 보호할 수 있는 능력이 있는지 여부 (피해자가 언론 매체로 인해 입을 수 있는 평판 손상에 대한 위험을 감수하였는지 여부)[769]

명예훼손을 당한 피해자가 위와 같은 모든 목적의 공인(all-purpose public figure)에 해당하지 않는 경우에는 제한된 목적의 공인(limited-purpose public figure)에 해당하는지 여부를 따져봐야 하는데, 피해자가 이에 해당하려면 관련된 문제의 해결에 영향을 미치기 위해 특정한 사회적인 논란의 최전선에 스스로 개입하여야 한다는 것이다.[770] 이를 구체

---

769 In determining whether a plaintiff has achieved the degree of notoriety and influence necessary to become a public figure in all contexts, a court may look to several factors. The judge can examine statistical surveys, if presented, that concern the plaintiff's name recognition. Previous coverage of the plaintiff in the press also is relevant. The judge can check whether others in fact alter or reevaluate their conduct or ideas in light of the plaintiff's actions. He also can see if the plaintiff has shunned the attention that the public has given him and determine if those efforts have been successful. At all times, the judge should keep in mind the voluntariness of the plaintiff's prominence and the availability of self-help through press coverage of responses—in other words, whether the plaintiff has assumed the risk of reputational injury and whether he has access to the media. No one parameter is dispositive; the decision still involves an element of judgment. Nevertheless, the weighing of these and other relevant factors can lead to a more accurate—and a more predictable—assessment of a person's overall fame and notoriety in the community. See Waldbaum v. Fairchild Publications, Inc., 627 F.2d 1287, 1295 (1980).

770 Few people, of course, attain the general notoriety that would make them public figures for all purposes. Nevertheless, many persons "have thrust themselves to the forefront of particular public controversies in order to influence the resolution of the issues involved." Gertz v. Robert Welch, Inc., 418 U.S. at 345, 94 S.Ct. at 3009. Thus, even if a court finds that a plaintiff is not a general public figure, it still must examine "the nature and extent of an individual's participation in the particular controversy giving rise to the defamation." *Id.* at 352, 94 S.Ct. at 3013. See Waldbaum v. Fairchild Publications, Inc., 627 F.2d 1287, 1296 (1980).

적으로 분석하면 다음과 같다.

첫 번째로 사회적인 논란은 Firestone 케이스의 판결 내용과 같이 피해자와 관련된 사적인 문제이거나 대중의 관심을 끌기 위한 의견 불일치가 아닌, 대중의 주목을 받는 실제 분쟁으로서 그 결과가 직접적인 참여자가 아닌 사람들에게 상당한 영향을 미치는 것이어야 한다는 것이다.[771] 또한 Hutchinson 케이스의 판결 내용과 같이 정부가 개입하여 사회적인 논란의 대상이 되는 주제를 선정해서는 안 되며, 대중에 의해 자연스럽게 형성된 것이어야 한다는 것이다.[772]

두 번째로 사회적인 논란에 대한 피해자의 역할은 사소하거나 비중이 없는 참여만으로는 충분하지 않으며, 피해자가 특정 사회 문제를 해결하거나 영향을 끼치기 위해 논란의 최전선에 있어야 한다는 것이다. 피해자의 역할이 사회적인 논란에서 중심적인 역할을 했는지 여부는 피해자의 과거 행동, 언론 보도의 정도, 피해자의 행동 혹은 발언에 대한 대중의 반응을 통해 알 수 있다.[773]

마지막으로 명예훼손 혐의와 사회적인 논란에 대한 피해자의 참여 사이에 밀접한 관련성이 있어야 한다는 것이다.[774] 즉, 해당 명예훼손 혐의가 피해자가 중심적인 역할을

771 As the first step in its inquiry, the court must isolate the public controversy. A public controversy is not simply a matter of interest to the public; it must be a real dispute, the outcome of which affects the general public or some segment of it in an appreciable way. The Supreme Court has made clear that essentially private concerns or disagreements do not become public controversies simply because they attract attention. *Time, Inc. v. Firestone,* 424 U.S. 448, 454-55, 96 S.Ct. 958, 965-66, 47 L.Ed.2d 154 (1976). Rather, a public controversy is a dispute that in fact has received public attention because its ramifications will be felt by persons who are not direct participants. See Waldbaum v. Fairchild Publications, Inc., 627 F.2d 1287, 1296 (1980).

772 A vital part of open public debate is deciding what should be debated. No arm of the government, including the judiciary, should be able to set society's agenda. Thus, courts must look to what already were disputes. *See Hutchinson v. Proxmire,* 443 U.S. 111, 135, 99 S.Ct. 2675, 2688, 61 L.Ed.2d 411 (1979). See Waldbaum v. Fairchild Publications, Inc., 627 F.2d 1287, 1297 (1980).

773 Trivial or tangential participation is not enough. The language of *Gertz* is clear that plaintiffs must have "thrust themselves to the forefront" of the controversies so as to become factors in their ultimate resolution. 418 U.S. at 345, 94 S.Ct. at 3009. They must have achieved a "special prominence" in the debate. *Id.* at 351, 94 S.Ct. at 3012. The plaintiff either must have been purposely trying to influence the outcome or could realistically have been expected, because of his position in the controversy, to have an impact on its resolution. In undertaking this analysis, a court can look to the plaintiff's past conduct, the extent of press coverage, and the public reaction to his conduct and statements. *See* pp. 1295-1296 *supra. See generally Rosanova v. Playboy Enterprises, Inc.,* 411 F.Supp. 440, 445 (S.D.Ga.1976), *aff'd,* 580 F.2d 859 (5th Cir. 1978). See Waldbaum v. Fairchild Publications, Inc., 627 F.2d 1287, 1297-1298 (1980).

774 Finally, the alleged defamation must have been germane to the plaintiff's participation in the controversy. See Waldbaum v. Fairchild Publications, Inc., 627 F.2d 1287, 1298 (1980).

한 사회적인 논란과 관련성이 있는지 여부에 대한 검토가 요구된다는 것이다.[775]

위의 기준을 적용해보면 월드바움은 주 1심 법원의 판단과 같이 제한된 목적의 공인(limited-purpose public figure)에 해당한다는 것이다.

그린벨트사는 전국에서 두 번째로 큰 협동조합으로 대중의 주목을 받았으며, 혁신적인 마케팅 정책들(예: 단가, 제조일자 공개, 높은 경쟁력을 가진 광고)은 슈퍼마켓 업계와 그 밖의 지역에서 공개 토론의 주제가 되었고 워싱턴 지역 및 기타 지역의 소비자와 소매 업체에 영향을 미칠 수 있는 논쟁 거리가 되었다. 즉, 슈퍼마켓 뉴스가 월드바움의 해임과 관련된 기사를 게재하기 전에 이미 협동조합의 생존 가능성 및 그린벨트사가 제시한 다양한 정책과 관련하여 사회적인 논란이 존재했다는 것이다.

한편, 월드바움은 그린벨트사에 입사하기 전 특정 선례를 위반한 정책의 주요 옹호자로 알려져 있었다. 그는 그린벨트사의 사장 겸 최고경영자로서 이러한 정책들과 소비자 중심 활동들을 추구해왔으며, 지역사회 전체를 교육하는 것이 그린벨트사와 같은 협동조합의 기능 중 하나라고 생각해왔다. 그린벨트사는 자체 월간 신문인 코업 컨슈머(Co-op Consumer)를 발간하였으며, 월드바움은 사장으로서 주주들을 위해 이 신문에 실린 모든 정보를 승인한다고 강조했다.

그는 슈퍼마켓 업계 및 상품화 전반에 대한 기업의 정책에 영향을 미치기 위해 단가, 제조일자 공개, 비즈니스의 협력 형태 및 기타 문제에 대한 논쟁에 스스로 개입하였으며, 언론사의 보도로 자신이 경영하는 기업의 성공 또는 수익이 달라질 수 있다는 위험을 감수하면서도 그린벨트사의 정책과 운영을 논의하기 위해 몇 차례에 걸쳐 기자회견을 열었다.

이와 같은 사실들을 종합적으로 검토해 볼 때, 월드바움은 특정 영역에서 큰 영향력을 행사하고, 본인이 가진 영향력을 사용하여 다른 사람들에게 실질적으로 영향을 끼칠 수 있는 정책들을 옹호하고 실행한 제한적 목적의 공인(limited-purpose public figure)에 해당하므로[776] 그의 해임에 관한 페어차일드 출판사의 기사 내용은 뉴욕 타임즈 기준(New York Times standard)에 따라 보호를 받는다는 것이다.

---

775 In short, the court must ask whether a reasonable person would have concluded that this individual would play or was seeking to play a major role in determining the outcome of the controversy and whether the alleged defamation related to that controversy. See Waldbaum v. Fairchild Publications, Inc., 627 F.2d 1287, 1298 (1980).

776 Nevertheless, when one assumes a position of great influence within a specific area and uses that influence to advocate and practice controversial policies that substantially affect others, he becomes a public figure for that debate. See Waldbaum v. Fairchild Publications, Inc., 627 F.2d 1287, 1300 (1980).

"Waldbaum 케이스에 따르면 법원은 (1) 사회적인 논란을 따로 떼어서 검토해야 하고, (2) 원고가 사회적인 논란에 관여했는지를 조사해야 하며, (3) 주장된 명예훼손이 원고가 사회적인 논란에 참여한 것과 밀접한 관련이 있는지 여부를 판단해야 한다."777

Silvester v. American Broadcasting Companies, Inc., 839 F.2d 1491, 1494 (11th Cir. 1988).

"사회적인 논란은 단순히 대중의 관심사가 아니다. 사회적인 논란은 실제 분쟁이어야 하며, 그 결과는 일반 대중이나 혹은 일부 사람들에게 눈에 띄는 방식으로 영향을 미친다. (중략) 사회적인 논란은 직접적인 참여자가 아닌 사람들이 큰 영향을 받기 때문에 사실상 대중의 주목을 받아 온 논쟁에 해당된다."778

Einhorn v. LaChance, 823 S.W.2d 405, 411-412 (Tex. App. 1992).

본 케이스의 결정 요지에 근거가 된 연방 대법원 케이스

연방 대법원은 뉴욕 타임즈 케이스에서 공직자(public official)의 공적인 업무 수행(public conduct)과 관련하여 신문사의 명예훼손으로 인한 손해배상 청구의 기준을 확립하였다. 공직자(Public official)가 신문사를 상대로 손해배상을 청구하기 위해서는 신문사가 실질적 악의(actual malice) 즉, 허위임을 알고서 혹은 진실 여부에 대해 미필적 고의(reckless disregard)를 가지고 기사를 게재하였다는 것을 입증하여야 한다는 것이다. 이같은 명예훼손으로 인한 손해배상 기준은 이후 Curtis Publishing Co. v. Butts를 통해 공인(public figure)에게까지 확대 적용되었다.

한편, Gertz 케이스는 뉴욕 타임즈 케이스 때부터 화두가 되었던 연방 헌법 제1조의 언론 출판의 자유와 명예훼손으로부터 개인의 평판을 보호해야 할 필요성 사이의 균형을 유지하기 위한 구체적인 방법으로 공인(public figure)과 개인을 구별하는 판단 기준을 제시하였다.

원고가 개인인 경우 손해배상 기준이 과실이 없는데도 책임을 부과하지 않는 이상 개인은 어떤 기준에

777 Under the Waldbaum analysis, the court must (1) isolate the public controversy, (2) examine the plaintiffs' involvement in the controversy, and (3) determine whether "the alleged defamation [was] germane to the plaintiffs' participation in the controversy." Id. at 1297. See Silvester v. American Broadcasting Companies, Inc., 839 F.2d 1491, 1494 (11th Cir. 1988).

778 A public controversy is not simply a matter of interest to the public; it must be a real dispute, the outcome of which affects the general public or some segment of it in an appreciable way. Waldbaum v. Fairchild Publications, Inc., 627 F.2d 1287, 1296 (D.C.Cir.1980). (중략) Rather, a public controversy is a dispute that in fact has received public attention because its ramifications will be felt by persons who are not direct participants. Waldbaum, 627 F.2d at 1296. See Einhorn v. LaChance, 823 S.W.2d 405, 411-412 (Tex. App. 1992).

의해서든 손해배상을 받을 수 있다고 판단하였다.[779] 그러나 원고가 공인(public figure)에 해당되는 경우에는 뉴욕 타임즈 케이스의 실질적 악의 기준(actual malice standard)이 적용된다고 판단하였다. 또한 원고가 공인(public figure)임을 확인할 수 있는 구체적인 기준을 다음과 같이 제시하였다.

지역사회에서 일반적으로 좋은 평판 혹은 악평을 가지고 있으면서 사회 문제 전반에 개입하는 경우 모든 목적의 공인(all-purpose public figure)에 해당된다. 반면, 특정한 사회적인 논란에 개입하여 제한된 범위의 이슈에서만 활동해 온 경우에는 제한된 목적의 공인(limited-purpose public figure)에 해당된다.[780]

779 It therefore held that a state may allow a private person to recover for defamation under any standard, as long as that standard does not impose liability without fault. Id. at 347, 94 S.Ct. at 3010. See Waldbaum v. Fairchild Publications, Inc., 627 F.2d 1287, 1291 (1980).

780 This balance shifts, however, when one turns from private persons to public officials or figures. First, those who enter the public spotlight have greater access to the media to correct misstatements about them, as shown by their preexisting media exposure. Id. at 344, 94 S.Ct. at 3009. More important, in "assum[ing] special prominence in the resolution of public questions," id. at 351, 94 S.Ct. at 3013, public figures "invite attention and comment," id. at 345, 94 S.Ct. at 3009. They thus accept the risk that the press, in fulfilling its role of reporting, analyzing, and commenting on well-known persons and public controversies, will focus on them and, perhaps, cast them in an unfavorable light. See id. at 344-45, 94 S.Ct. at 3009. Although these generalities may not fit every situation exactly, they draw a relatively clear line for the press to follow. See id. at 345, 94 S.Ct. at 3009.

In trying to define who is a public figure, the Court in Gertz created two subclassifications, persons who are public figures for all purposes and those who are public figures for particular public controversies. An individual may have attained a position "of such persuasive power and influence," id., and of "such pervasive fame or notoriety," id. at 351, 94 S.Ct. at 3013, that he has become a public figure in all situations. This test is a strict one. The Court stated flatly that "[a]bsent clear evidence of general fame or notoriety in the community, and pervasive involvement in the affairs of society, an individual should not be deemed a public personality for all aspects of his life." Id. at 352, 94 S.Ct. at 3013. Accord, Wolston v. Reader's Digest Association, 443 U.S. 157, 165, 99 S.Ct. 2701, 2706, 61 L.Ed.2d 450 (1979).

The Court in Gertz acknowledged freely that under this definition the general public figure is a rare creature. More common are persons who "have thrust themselves to the forefront of particular public controversies in order to influence the resolution of the issues involved." 418 U.S. at 345, 94 S.Ct. at 3009. Put slightly differently, this limited-purpose public figure is "an individual [who] voluntarily injects himself or is drawn into a particular public controversy and therefore becomes a public figure for a limited range of issues." Id. at 351, 94 S.Ct. at 3013. The relevant examination turns on "the nature and extent of an individual's participation in the particular controversy giving rise to the defamation." Id. at 352, 94 S.Ct. at 3013. See Waldbaum v. Fairchild Publications, Inc., 627 F.2d 1287, 1291-1292 (1980).

원고가 공인(public figure)인지 여부를 검토할 때 법원이 고려해야할 점

언론이 특정 개인의 신념과 특성을 확인하고 이를 평가하기 위해 해당 개인이 어떤 생각을 가지고 있는지 여부에만 국한해서 검토한다면 뉴욕 타임즈 케이스에서 연방 대법원이 언론에게 부여하고자 했던 보호 공간을 박탈하는 결과를 가져오게 된다. 따라서 법원은 원고가 공인(public figure) 인지 여부를 검토할 때 합리적인 사람이 사실 전체를 검토하였을 때 어떤 결론을 내릴 수 있을 것인지를 고려해야 한다는 것이다. 이러한 고려는 언론과 개인 모두에게 개인과는 달리 공인(public figure)이 가지고 있는 지위를 제대로 평가할 수 있게 해준다.[781]

781 Focusing on what a reporter, editor, or publisher actually knew or believed could introduce subjective elements that are difficult to prove and even more difficult to predict. Such a perspective would give the individual little opportunity to alter his conduct or lifestyle to preserve his anonymity. Similarly, looking only to what the individual thought would charge the press with discovering and evaluating the inner beliefs and peculiarities of particular individuals and thus would deprive the media of the very "breathing space" that New York Times sought to create and protect. Resolving these questions based upon what a reasonable person, looking at the entire situation, would conclude allows the press and the individual to evaluate public-figure status against a single, discoverable norm and from there to act as they see fit, understanding the consequences of their conduct under New York Times. See Waldbaum v. Fairchild Publications, Inc., 627 F.2d 1287, 1293-1294 (1980).

6/ Dameron v. Washington Magazine, Inc. (워싱턴 D.C. 연방 항소법원, 779 F.2d 736, D.C. Cir. 1985)

본 케이스는 항공기 추락 사고 당시 업무를 담당했던 항공 교통 관제사의 과실이 항공기 추락 사고의 원인이 되었다는 잡지사의 기사로 인해 제기된 명예훼손 사건이다. 본 케이스의 이슈는 잡지사에게 공정 보도특권(fair report privilege)이 인정되는지 여부 및 항공기 추락 사고 당시 업무를 담당했던 항공 교통 관제사가 공인(public figure)에 해당되는지 여부이다. 워싱턴 D.C. 연방 항소법원은 잡지사의 기사가 공정 보도특권(fair report privilege)의 적용을 받지 않는다고 판단하였다. 항공 교통 관제사의 경우 비록 항공기 추락 사고에 대한 논쟁에 비자발적으로 참여하게 되었지만 항공기 추락 사고라는 제한된 이슈에 한정된 제한적 목적의 공인(limited-purpose public figure)에 해당한다고 판단하였다.

1) 사실 관계

1982년 10월, 워싱턴 잡지(The Washingtonian)에는 "에어 플로리다 항공 90편 추락사고의 내막: 안전성에 대한 잘못된 생각"(The Inside Story of the Crash of Air Florida's Flight 90: A False Feeling of Security)이라는 제목의 긴 기사가 실렸는데, 그 기사에는 주로 1982년 워싱턴 D.C.에서 있었던 항공기 추락 사고에 대한 극적인 묘사가 담긴 내용들이 실렸다.

이 기사와 관련하여 "악천후에 비행하는 것이 얼마나 위험한가?"(How Dangerous Is It to Fly in Bad Weather?) 그리고 "제트 여객기는 지금까지 거의 완벽한 항공기다"(Jet Airliners Are Almost Perfect Machines Until…)와 같은 일반적인 항공기의 안전과 추락 사고에 대한 관련 기사들이 보도되었다.

이러한 관련 기사들 중 "국영 공항이 사고가 일어날 것을 기다리고 있나?"(Is National Airport an Accident Waiting to Happen?)라는 제목의 기사에 수록된 단락이 문제가 되었다.

이 단락에서 일반적으로 비행 횟수가 비 정상적으로 많고, 활주로는 지나치게 짧게 설계되어 있으며, 조종사들은 백악관 주변을 피해서 비행기를 운항해야 하는 등 워싱턴 국영 공항이 직면한 안전 문제를 구체적으로 서술하면서도 연방 항공국(Federal Aviation, Administration, "FAA")이 워싱턴 국영 공항이 안전을 위해 여러가지 특별한 조치들을 취해왔고, 워싱턴 국영 공항의 안전 기록에는 문제가 없었다고 결론을 내렸다.

해당 단락에서는 워싱턴 국영 공항이 항공기 추락 사고에 대해 책임이 없다는 것을 뒷받침하기 위해 최근 들어 공항 시설들이 항공기 추락 사고에 기여한 적은 거의 없었으며, 항공 교통 관제 시스템의 경우에도 사고에 대한 책임에서 거의 배제되었다고 서술하였다. 1956년에 잘못된 항공 교통 관제가 그랜드 캐년에서 큰 추락 사고를 야기하였으며, 이 사고로 인해 FAA가 현재의 항공 교통 관제 시스템을 만들게 된 계기가 되었다고 덧붙였다.

명예훼손 소송을 제기하게 된 직접적인 원인이 된 해당 단락의 두 문장에서는 항공 교통 관제사들의 과실에 의한 항공기 추락 사고는 없었다고 결론을 내렸지만, 1974년 트랜스월드 항공(이하 "TWA") 727편이 덜레스(Dulles)로 향하던 중 버지니아 주에 있는 웨더산(Mt. Weather)과 충돌한 사건(92명 사망), 1977년 조지아주에서 서던 에어웨이 항공 소속 비행기의 추락, 1978년 퍼시픽 사우스웨스트 항공의 여객기가 샌디에이고(San Diego) 상공의 경 비행기와 충돌한 사건(142명 사망)과 같은 사고들에는 항공 관제사들에게 부분적인 책임이 있다고 서술하였다.[782]

멀 다메론(Merle Dameron, 이하 "다메론")은 1974년 TWA 비행기가 웨더산(Mt. Weather)과 충돌한 날 덜레스(Dulles)에서 항공 관제 업무를 담당한 유일한 직원이었다. 그는 본인이 실제로 사고에 대한 책임이 없고, 비난을 받을 만한 행동을 하지 않았으며, 연방 1심 법원에서 제기된 항공 교통 관제사의 과실과 관련된 불법행위 소송에서도 무죄 처분을 받았다고 주장하였다. 또한 당시 92명이 사망한 것에 대해 그에게 부분적인 책임이 있다고 서술한 기사 내용은 허위이며, 이로 인해 그의 평판이 나빠졌고 모욕과 정신적인 고통을 당하게 되었다고 주장하였다.

해당 기사의 취재원인 다니엘 라포포트(Daniel Rapoport, 이하 "라포포트")는 '웨더산 추락사고: 1974년 연방 교통 안전 위원회의 사고 보고서'(Mt. Weather crash: a 1974 National Transportation Safety Board (이하 "NTSB") accident report)에만 의존하여 정보를 수집하였는데, 웨더산(Mt. Weather)의 비행기 추락은 사고였으며, 항공 교통 관제사의 실수가 사고의 원인 중 하나이거나 기여 요인이었다고 언급하면서 NTSB의 보고서의 내용을 요약하였다. 해당 기사의 작가인 래리 반 다인(Larry Van Dyne, 이하 "반 다인")은 라포포트가 준비한 자

782 The section concluded with the following two sentences:
Since then — despite hair-raising talk among controllers about computer malfunctions, fatigue-induced errors, and reports of "near misses" in mid-air — it is believed that no major crash has been caused solely by controller errors. They have been assigned partial blame in a few accidents, including the 1974 crash of a TWA 727 into Mt. Weather in Virginia upon approach to Dulles (92 fatalities), the 1977 Southern Airways crash in Georgia, and the 1978 collision of a Pacific Southwest Airlines jet with a light plane over San Diego (142 fatalities). See Dameron v. Washington Magazine, Inc., 779 F.2d 736, 738 (D.C. Cir. 1985).

료를 기반으로 사고에 대한 부분적인 책임이 항공 관제사들에게 있다고 서술하였다. 라포포트는 이후 해당 기사를 수정하였지만 변경된 사항에 대해서는 이의를 제기하지 않았다.

해당 기사가 게재된 후, 다메론은 잡지사에게 내용에 오류가 있다고 알렸고, 잡지사는 정정 보도를 내보냈다. 이후 다메론은 워싱턴 잡지를 발간하는 회사(Washington Magazine, Inc.) 및 저자인 반 다인와 취재원인 라포포트를 상대로 워싱턴 D.C. 1심 지방 법원에 소를 제기하였다.[783]

잡지사 측은 다메론을 진정시키기 위한 목적으로 정정 보도를 낸 것이지 기사 내용이 잘못되었기 때문에 정정 보도를 낸 것이 아니며, 기사의 내용이 완전하다고 할 수는 없지만 상당 부분 정확하다고 주장하였다. 그들은 또한 공정 보도특권(fair report privilege), 기사 내용이 진실에 입각하여 작성된 점 및 다메론이 공직자(public official)이자 공인(public figure)에 해당하나 잡지사의 실질적 악의(actual malice)를 입증하지 못했다는 이유를 들어 중간판결(summary judgment)을 신청하였다.

워싱턴 D.C. 연방 법원은 잡지사의 중간판결(summary judgment)을 승인하였다. 다메론이 공직자(public official)도, 공인(public figure)도 아니라고 판단하였다. 또한 잡지사에게 공정 보도특권(fair report privilege)이 적용되지 않는다면 잡지사에게 과실이 있었는지 여부에 대해 사실상 쟁점이 있을 수 있다고 보았다. 또한 기사에 실린 명예훼손적인 내용은 정부 관련 소송을 언론이 보도한 것이므로 보통법상 인정되는 특권(common－law privilege)에 의해 보호된다고 판단하였다.

2) 워싱턴 D.C. 연방 항소법원의 결정 요지

첫 번째로 잡지사 측이 다메론의 명예훼손 주장에 대한 방어방법으로 제시한 공정 보도특권(fair report privilege)은 인정되지 않는다는 것이다.

언론사에게 공정 보도특권(fair report privilege)을 부여한 취지는 언론사를 보호하기 위한 것이 아니라, 대중의 알 권리를 위해 정부 관련 소송 및 회의에서 무슨 일이 일어났는지에 대한 정보를 대중에게 전달하기 위해서 주어진 특권이다. 따라서 일부 허위 내용이 포함된 기사의 경우에도 공정 보도특권(fair report privilege)에 의해 보호를 받는다.[784]

---

783 A fourth defendant, another researcher, was dismissed from the suit based on *The Washingtonian's* assertion that he had not worked on the challenged section of the article. See Dameron v. Washington Magazine, Inc., 779 F.2d 736, 738 (D.C. Cir. 1985).

784 "'The basis of the privilege is the interest of the public in having information made available to it as to

그러나 보도의 내용이 공정하지 않거나 부정확한 경우에는 공정 보도특권(fair report privilege)이 적용되지 않는다. 또한 일반 독자들이 보았을 때 보도의 내용이 공공 문서 혹은 정부 관련 소송에 대한 내용 혹은 이를 요약한 것에 기반하여 서술된 것이라고 볼 수 없는 경우에도 공정 보도특권(fair report privilege)이 적용되지 않는다.[785]

해당 기사의 내용은 출처에 대한 명시가 없이 단순히 역사적인 사실로 제시된 것에 불과하다. 명예훼손에 해당되는 해당 단락의 두 문장이나 기사 전체에 NTSB가 언급되지 않았으며, 해당 기사의 내용이 NTSB의 보고서를 요약한 것이라는 것을 보여주는 어떤 부분도 존재하지 않았다.[786]

즉, 해당 기사의 어떤 내용에도 명예훼손으로 알려진 주장이 NTSB의 보고서를 요약한 것이라고 독자들이 믿을만한 이유를 찾을 수 없다는 것이다. 오히려 해당 기사를 읽은 독자들은 기사 내용이 저자의 자료 선정에 따라 NTSB의 보고서 내용이 포함되었을 수도 있고 혹은 포함되지 않았을 수도 있다고 이해했다. 저자가 해당 기사의 출처로 NTSB의 보고서를 사용했다면 독자는 기사 내용이 NTSB의 견해로부터 영향을 받은 사실을 알았을 것이고, 그에 따라 기사 내용을 평가할 수 있었다.[787] 따라서 저자는 기사를 작성하기

---

what occurs in official proceedings and public meetings.'" *Bufalino v. Associated Press,* 692 F.2d 266, 271 (2d Cir.1982), *cert. denied,*462 U.S. 1111, 103 S.Ct. 2463, 77 L.Ed.2d 1340 (1983) (quoting RESTATEMENT (SECOND) OF TORTS §611 comment *a*). The availability of the privilege encourages the media to disseminate official records — whether verbatim or in fair summaries — without fear of liability for any false, defamatory material that they might contain. *Id.* See Dameron v. Washington Magazine, Inc., 779 F.2d 736, 739 (D.C. Cir. 1985).

785 or if the reports are otherwise unfair or inaccurate, the privilege does not apply and the publisher is subject to liability. The privilege is similarly unavailable where the report is written in such a manner that the average reader would be unlikely to understand the article (or the pertinent section thereof) to be a report on or summary of an official document or proceeding. See Dameron v. Washington Magazine, Inc., 779 F.2d 736, 739 (D.C. Cir. 1985).

786 The challenged assertion is simply offered as historical fact without any indication of its source. Neither the particular sentence in which the alleged defamation appears, nor the sidebar as a whole mentions the NTSB, and nothing in the piece indicates that the statement is intended as a summary of the NTSB's official report. See Dameron v. Washington Magazine, Inc., 779 F.2d 736, 740 (D.C. Cir. 1985).

787 In short, nothing in the article gives the reader any reason to believe that the allegedly defamatory statement is intended as a summary of an NTSB finding. Rather, the reader is left with the impression that the conclusion is that of the article's author based on his own research — which may or may not have included government reports. Had the author attributed the report to its source, the reader would know that he was simply being informed of the NTSB's view and could then evaluate the statement accordingly. The defamatory potential of an unattributed statement of what is apparently an accepted fact presents a far different situation. See Dameron v. Washington Magazine, Inc., 779 F.2d 736, 740 (D.C. Cir. 1985).

위한 참고 자료로 NTSB의 보고서 내용을 사용한 것에 불과하다는 것이다.[788]

두 번째로 다메론이 사회적인 논란에 비 자발적으로 참여하였지만 공인(public figure)으로 인정될 수 있는 나머지 요인들을 종합적으로 검토해 보았을 때 제한적 목적의 공인(limited-purpose public figure)에 해당된다는 것이다.

다메론은 사회적으로 악평을 얻은 사람도 아니었고, 대중의 관심을 유도했던 사람도 아니었으며, 웨더산(Mt. Weather)에서의 항공기 추락 사고 이전에는 대중에게 알려진 적이 없는 평범한 사람에 불과했기 때문에 모든 목적의 공인(all-purpose public figure)에는 해당하지 않는다.[789]

그러나 Waldbaum 케이스에서 다룬 공인(public figure)에 대한 판단 기준을 적용했을 때 다메론의 경우 웨더산(Mt. Weather)의 항공기 추락 사고라는 특정한 사회적인 논란에서 비 자발적이기는 하지만 당시 항공 교통 관제사로서 중요한 역할을 담당했었고, 사고의 책임 소재와 관련된 잡지사의 기사는 본 명예훼손 소송과 밀접한 관련성이 인정되므로 다메론은 공인(public figure)에 해당된다는 것이다.[790]

다만, Waldbaum 케이스와는 달리 사회적인 논란에 스스로 개입하는 자발성이 결여되어 있는데 이러한 경우에도 공인(public figure)으로 인정될 수 있는지 여부에 대한 검토가 필요하다. Gertz 케이스에 따르면 드물기는 하지만 공인(public figure)이 사회적인 논란에 비 자발적으로 참여하였다고 하더라도 제한된 목적의 공인(limited-purpose public figure)에 해당될 수 있다는 것이다.[791]

---

788 We think this is an example of the government report being "*merely* part of one's research" and that such a showing, although perhaps tending to demonstrate good faith, is insufficient to establish an entitlement to the protection of this particular libel defense. Allowing mere reliance to suffice would in no way advance the underlying purposes of the exception. See Dameron v. Washington Magazine, Inc., 779 F.2d 736, 740 (D.C. Cir. 1985).

789 Dameron is neither a person of general notoriety nor a person who has with "vigor and success" sought the public's attention. *Cf. Gertz,* 418 U.S. at 342, 94 S.Ct. at 3008. He is an ordinary citizen who was completely unknown to the public before the Mt. Weather crash, never sought to capitalize on the fame he achieved through the Mt. Weather crash, and never acquired any notoriety apart from the crash. Dameron is not by any means, therefore, a general-purpose public figure. See Dameron v. Washington Magazine, Inc., 779 F.2d 736, 741 (D.C. Cir. 1985).

790 There was indisputably a public controversy here. Nor can it be doubted that the alleged defamation was germane to the question of controller responsibility for air safety in general and the Mt. Weather crash in particular. There is no question that Dameron played a central, albeit involuntary, role in this controversy. See Dameron v. Washington Magazine, Inc., 779 F.2d 736, 741 (D.C. Cir. 1985).

791 As we have noted above, the *Waldbaum* framework, and its second prong's requirement of activity and

명예훼손의 피해자가 공인(public figure)이라고 주장하였으나 인정되지 않은 연방 대법원의 결정례들을 살펴보면, Firestone 케이스는 부유층인 개인의 이혼 소송이 대중들의 관심을 끄는 뉴스 거리가 될 수는 있지만, 사회적인 논란에 해당되지 않는다고 판단하였다.

그러나 다메론의 경우 국영 공항이 연루된 사고로 많은 사람이 사망한 것과 관련하여 논란의 중심에 서 있었다. NTSB에서 사고와 관련된 청문회(hearing)를 열었을 때에는 증인으로 참석하여 항공 교통 관제사로서 본인의 역할에 대해 설명하였는데 이 청문회(hearing) 내용이 대중에게 널리 알려지면서 사회적인 논란에 휘말리게 된 점에서 Firestone 케이스와 구별된다는 것이다.

Wolston 케이스에서 연방 대법원은 올스턴이 소비에트 첩보 활동과 관련된 조사라는 사회적인 논란에서 중심적인 역할을 하지 못했다고 판단하였다. 그러나 다메론의 경우 항공기 추락 사고라는 특정한 사회적인 논란과 관련된 중심적인 인물에 해당하므로 Wolston의 케이스와도 구별된다.

결론적으로, 다메론은 항공기 추락 사고라는 아주 제한된 사회적인 논란과 관련된 비자발적 목적의 공인(involuntary limited-purpose public figure)에 해당한다는 것이다.[792] 따라서 명예훼손으로 인한 손해배상 청구를 위해서는 뉴욕 타임즈 기준(New York Times standard)에 따라 실질적 악의(actual malice)의 입증이 요구된다는 것이다.[793]

injection, provides the primary and most frequent route to limited-purpose public figure status. Nevertheless, the Supreme Court has recognized that it is possible, although difficult and rare, to become a limited-purpose public figure *involuntarily*. In Gertz the Supreme Court noted that it is "possible to become a public figure through no purposeful action of [one's] own" although it added that "the instances of truly involuntary public figures must be exceedingly rare." Id. at 345, 94 S.Ct. at 3009 (emphasis added). See Dameron v. Washington Magazine, Inc., 779 F.2d 736, 741-742 (D.C. Cir. 1985).

792 We therefore conclude that plaintiff was an involuntary public figure for the very limited purpose of discussion of the Mt. Weather crash. See Dameron v. Washington Magazine, Inc., 779 F.2d 736, 743 (D.C. Cir. 1985).

793 The defendants have also argued to this court that the grant of summary judgment should be affirmed on the alternate ground that Dameron is a public official and therefore must prove actual malice, which he admits he cannot do, and which he did not allege. Because of our conclusion that Dameron was an involuntary, limited-purpose public figure, we need not reach this question. See Dameron v. Washington Magazine, Inc., 779 F.2d 736, 743 (D.C. Cir. 1985).

"공정 보도특권(fair report privilege)은 설령 보도된 기사의 일부분이 명예훼손에 해당된다고 하더라도 정부가 어떤 일을 하고 있는지, 어떤 논의를 했는지에 대해 대중이 알아야 될 권리와 필요성을 가지고 있다는 인식에서 비롯된다."[794]

ı Harper v. Walters, 822 F.Supp. 817, 823 (D.D.C. 1993).

"Dameron 케이스에서 항공기 추락 사고 당시에 업무를 담당했던 항공 교통 관제사는 추락 사고에 대한 논의에 한하여 제한된 목적의 공인(limited-purpose public figure)으로 간주되었다."[795]

ı Wagstaff v. The Morning Call, Inc., 41 Pa. D. & C. 4th 431, 439 (1999).

자유롭게 의견을 개진할 수 있는 특권(fair comment privilege), 공정 보도특권(fair report privilege): Phillips v. Evening Star Newspaper Co., 424 A.2d 78 (D.C. 1980)

언론사는 원고의 명예훼손 주장에 대한 방어방법으로 자유롭게 의견을 개진할 수 있는 특권(fair comment privilegc)과 공정 보도특권(fair report privilege)을 주장할 수 있다.

1) 자유롭게 의견을 개진할 수 있는 특권(fair comment privilege)

언론사가 공공의 이익과 관련된 문제에 대해 보도하는 경우 보도 내용은 자유롭게 의견을 개진할 수 있는 특권(fair comment privilege)의 보호를 받는다. 자유롭게 의견을 개진할 수 있는 특권(fair comment privilege)은 보통법(common law)에서부터 비롯되었으며 연방 대법원의 Rosenbloom 케이스에서 검토되었다. 언론사는 사실에 대한 허위 보도가 아닌 악의(malice)가 없는 의견을 보도한 것이라면 자유롭게 의견을 개진할 수 있는 특권(fair comment privilege)을 주장하여 보호를 받을 수 있다.[796]

---

794 [T]he privilege springs from the recognition that in a democratic society, the public has both the right and the need to know what is being done and said in government—even if some of that is defamatory." Dameron v. Washington Magazine, Inc., 779 F.2d 736, 739 (D.C.Cir.1985); See Harper v. Walters, 822 F.Supp. 817, 823 (D.D.C. 1993).

795 in Dameron v. Washington Magazine Inc., 779 F.2d 736 (D.C. Cir. 1985), an air-traffic controller who had been on duty at the time of an airplane crash was deemed a limited purpose public figure for the purpose of discussing the crash. In Wells v. Liddy, 1 F. Supp.2d 532 (D. Md. 1998). See Wagstaff v. The Morning Call, Inc., 41 Pa. D. & C. 4th 431, 439 (1999).

796 The District of Columbia has long recognized and accorded the media the privilege of fair comment on matters of public interest. The policy considerations which prompted a Rosenbloom decision to protect reports of matters of public interest no doubt gave rise to this privilege in the common law. This privilege, however, has been restricted to extend protection only to opinion, not to misstatements of fact. At least since 1936,

언론사가 악의(malice)가 포함되지 않은 의견을 보도한 것과 사실에 대해 허위로 보도한 것은 다음과 같이 구별된다. 기사에서 원고가 한 일에 대해 정확하게 서술하고, 그러고 나서 저자가 원고가 한 일이 부끄럽다거나 망신스럽다고 의견을 표현한 경우 그 기사를 읽은 모든 사람은 저자의 의견이 근거가 있는지 없는지를 스스로 판단할 수 있기 때문에 원고에게 해가 되지 않는 의견에 해당한다.

그러나 저자가 기사에서 원고의 행동에 대해 잘못 묘사하게 되면 원고의 행동이 왜 비난의 대상이 되는지 여부를 제대로 판단할 수 있는 기회가 독자에게 주어지지 않고 오히려 독자의 판단을 흐리게 하는 허위 내용만을 전달하게 된다.[797]

2) 공정 보도특권(fair report privilege)

공적인 관심사(public concern)에 관한 문제를 다루는 공적인 소송 혹은 대중에게 공개된 회의 관련 보도에서 다른 사람의 명예를 훼손하는 경우, 해당 보도의 내용이 (a) 정확하고 완전하며 혹은 일어난 일에 대해 공정하게 요약하였고, (b) 공적인 관심사(public concern)에 관한 문제에 대해 대중에게 알릴 목적으로 보도한 것이라면 공정 보도특권(fair report privilege)의 보호를 받는다.[798]

공정 보도특권(fair report privilege)은 자유롭게 의견을 개진할 수 있는 특권(fair comment privilege)과는 달리 의견뿐만 아니라 사실에 대한 허위 보도의 경우에도 언론사가 보호를 주장할 수 있는 특권이다. 이러한 공정 보도특권(fair report privilege)은 대중이 알 권리를 가지고 있는 사법부, 행정부, 입법부의 공식적인 절차 혹은 조치에 대해 보도할 때 광범위하게 적용된다.[799]

D.C. Courts have rejected the minority view which allows "fair comment" on misstatements of fact as well as opinion, absent malice, and have followed the majority view of three-quarters of the states in disallowing the fair comment privilege where facts are false. Washington Times Co. v. Bonner, 66 App.D.C. 280, 86 F.2d 836 (1936) citing Russell v. Washington Post Co., 31 App.D.C. 277 (1908); accord, Fisher v. Washington Post Co., 212 A.2d 335 (D.C.App.1965). See also Hughes v. Washington Daily News Co., 90 U.S.App.D.C. 155, 193 F.2d 922 (1952). See Phillips v. Evening Star Newspaper Co., 424 A.2d 78, 88 (D.C. 1980).

797 The policy rationale for this rule is well stated in De Savitsch v. Patterson, supra, 81 U.S.App.D.C. at 360, 159 F.2d 15: To state accurately what a man has done, and then to say that in your opinion such conduct was disgraceful or dishonorable, is comment which may do no harm, as every one can judge for himself whether the opinion expressed is well founded or not. Misdescriptions of conduct, on the other hand, only leads to the one conclusion detrimental to the person whose conduct is misdescribed and leaves the reader no opportunity for judging himself for (sic) the character of the conduct condemned, nothing but a false picture being presented for judgment. See Phillips v. Evening Star Newspaper Co., 424 A.2d 78, 88 (D.C. 1980).

798 A contemporary statement of this common law privilege to report official proceedings is as follows: Defamatory matter concerning another in a report of any official proceeding or any meeting open to the public which deals with matters of public concern is published on a conditionally privileged occasion if the report is (a) accurate and complete, or a fair abridgement of what has occurred, and (b) published for the purpose of informing the public as to a matter of public concern. Restatement (Second) of Torts, §611 (Tent. Draft No. 20, 1974). See Phillips v. Evening Star Newspaper Co., 424 A.2d 78, 88 (D.C. 1980).

799 Misstatements of fact as well as opinion are protected under this reporting privilege. The privilege has been held applicable to reports of proceedings before any court, or agency of the court (e. g. a grand jury

공인(public figure): Curtis Publishing Co. v. Butts, 388 U.S. 130 (1967)

본 케이스에서 연방 대법원은 공직자(public official)의 공적인 업무 수행(public conduct)에만 적용되었던 뉴욕 타임즈 기준(New York Times standard)을 공인(public figure)인 경우에도 확대 적용하기로 결정하였다. 본 케이스는 대학 간의 풋볼 경기에서 승부조작 사건에 연루된 코치 출신의 버트와 미시시피 폭동 사건을 진두 지휘한 자로 지목된 퇴역 군인인 워커가 공인(public figure)에 해당하는지 여부 및 해당한다면 그들이 뉴욕 타임즈 기준(New York Times standard)에 따른 손해배상을 청구할 수 있는지 여부에 대해 다루고 있다.

연방 대법원은 본 케이스의 원고인 버트와 워커에 대해 둘다 공인(public figure)에 해당한다고 판단하였다. 버트의 경우 대학에서 풋볼 코치로 일해왔고, 대중들에게 잘 알려진 사람이었으며, 코치들 사이에서 존경받는 인물이었다. 그는 승부조작 사건과 관련된 기사가 터지기 전에 체육 협회에서 근무했는데 체육 협회는 교육기관으로서 체육 업무 수행이라는 공공의 이익과 연결되어 있다. 이러한 사실에 미루어 볼 때 버트는 그가 가지고 있는 사회적 지위만으로 공인(public figure)에 해당한다는 것이다.

반면 워커의 경우 비록 미시시피 폭동에 직접 참여해서 폭동에 참석한 사람들을 진두 지휘하지는 않았지만 다수의 방송에 출연하여 폭동에 대한 자신의 견해를 지속적으로 밝혔다. 그가 현역 군인으로 재직할 당시에는 정치 활동에 참여하였고, 수많은 정치적인 발언들을 쏟아내어 대중의 주목을 받아왔다. 이로 인해 그는 대중들 사이에서 정치적으로 저명한 인물로 간주되었다. 이러한 사실에 미루어 볼 때 워커는 정치라는 중요한 사회적인 논란에 스스로 개입해왔던 공인(public figure)에 해당한다는 것이다.[800]

---

returning an indictment), reports of any other proceedings, judicial in character, which take place before administrative, executive or legislative bodies (e. g. an extradition hearing before the governor), and to reports of action by legislative bodies and reports of bodies which are by law authorized to perform public duties (e. g. bar association disciplinary proceedings), as well as reports of any official proceeding or action taken by any officer or agency of government. Restatement (Second) of Torts, §611, Comment d (Tent. Draft No. 20, 1974). See Phillips v. Evening Star Newspaper Co., 424 A.2d 78, 88 (D.C. 1980).

800 The public-figure doctrine originated in Curtis Publishing Co. v. Butts, 388 U.S. 130, 87 S.Ct. 1975, 18 L.Ed.2d 1094 (1967). In that case the Supreme Court added "public figures" to the category of plaintiffs who must plead and prove actual malice to recover in a libel action. The Court indicated that public figure status could be attained "by position alone" or "by ... purposeful activity amounting to a thrusting of [one's] personality into the 'vortex' of an important public controversy," id. at 155, 87 S.Ct. at 1991, and that such a person normally "commanded sufficient continuing public interest and had sufficient access to the means of counter-argument to be able 'to expose through discussion the falsehood and fallacies' of the defamatory statements." Id. (quoting Whitney v. California, 274 U.S. 357, 377, 47 S.Ct. 641, 648, 71 L.Ed. 1095 (1927) (Brandeis, J., dissenting)). See Dameron v. Washington Magazine, Inc., 779 F.2d 736, 741 (D.C. Cir. 1985).

7 Reuber v. Food Chemical News Inc. (연방 제4 항소법원, 925 F.2d 703, 4th Cir. 1991)

본 케이스는 공공 기관에서 근무하는 한 과학자를 비판하는 기사에서 비롯된 명예훼손 사건이다. 본 케이스의 이슈는 과학자가 공인(public figure)인지 아니면 개인에 해당하는지 여부 및 명예훼손에 따른 손해배상을 청구하기 위해 과학자에게 요구되는 책임 기준을 충족하였는지 여부이다.

연방 제4 항소법원은 과학자가 Gertz 케이스에서 확립된 제한된 목적의 공인(limited-purpose public figure)에 해당한다고 판단하였다. 또한 과학자가 공인(public figure)으로서 손해배상을 청구하기 위해서는 언론사의 실질적 악의(actual malice)를 명백하고 확실한 증거(clear and convincing evidence)를 제시하여 입증하여야 하는데 이를 입증하지 못했으므로 명예훼손에 따른 손해배상을 청구할 수 없다고 판단하였다.

1) 사실 관계

멜빈 루버(Melvin Reuber, 이하 "루버")는 화학 살충제의 발암성과 관련된 과학적·정치적 논쟁에서 잘 알려진 사람이었다. 그는 1950년대에 대학원에서 병리학을 전공하는 중에 발암 물질에 대한 연구를 시작했다. 1970년대 초 루버는 살충제를 포함한 특정 화학 물질의 발암성에 대해 환경 보호청(Environmental Protection Agency, EPA)의 컨설턴트로 일했다. 루버는 이 자격으로 환경 보호청의 청문회와 상원 소위원회의 청문회에서 증언했다. 그는 이 청문회를 통해 살충제가 발암 물질임을 알린 과학자로 자리매김했다.

1976년, 루버는 프레드릭 암 연구센터(Frederick Cancer Research Center, 이하 "FCRC")에서 연구를 시작했다. 리턴 바이오네틱스(Litton Bionetics, 이하 "리턴")는 공공 기관인 국립 암 연구소(National Cancer Institute, 이하 "NCI")와 계약을 체결하고 FCRC를 운영했다. 그는 FCRC에서 다양한 화학 물질의 발암 효과에 대해 연구했다. 또한 NCI와 계약을 맺은 또 다른 시설인 트래코 지코사(Tracor Jitco)의 자료와 시설을 사용하여 개인적으로 연구를 진행했다. 그는 살충제 피클로람을 분석하고 이것이 발암 물질이라고 결론지었다. 이후 1970년대 말 오레곤(Oregon)에서 열린 한 회의에서 자신의 연구 결과를 발표했다. 루버는 회의에서 그가 발암 여부를 정확하게 확인하는 능력을 보유하고 있다고 적극 홍보하였다. 그는 또한 위스콘신주의 환경 단체가 주에서 피클로람의 사용을 반대하기 위해 활용한 연구에서 피클로람의 발암성에 대한 본인의 견해를 밝히기도 하였다.

루버는 개인적인 연구의 연장선에서 살충제인 말라티온의 잠재적인 발암성을 실험하는 생물학적 분석을 재분석했다. 이 생물학적 분석은 NCI와 계약을 맺은 다른 과학자들에 의해 트래코 지코사에 위탁되었다. 이 과학자들은 말라티온이 발암물질이 아니라는 사실을 발견하고 NCI 보고서에 그 결과를 보고했다. 그러나 루버는 말라티온이 발암물질이라고 결론을 내렸고 그의 연구 내용은 미발표된 원고로 남겨졌다.

말라티온에 대한 루버의 연구는 1980－1981년에 캘리포니아주에 지중해광대파리(Mediterranean fruit fly, Medfly)가 침입하면서 유명해졌다. 주 공무원은 지중해광대파리를 박멸하기 위해 말라티온의 사용을 제안했다. 특히 말라티온을 사용하여 지중해광대파리를 박멸하는 것에 대한 문제는 환경 운동가를 포함한 다른 그룹들이 주장하는 이익과 주의 농업 이익이 상충되면서 중대한 사회적인 논란을 가져왔다. 캘리포니아주 환경 단체는 말라티온 사용에 반대하기 위한 싸움에서 말라티온에 대한 연구 결과가 담긴 루버의 원고를 공격을 위한 도구로 사용하기 시작했다. 루버는 자신의 개인적인 연구를 바탕으로 원고를 작성했지만 루버의 이름 바로 아래에 적힌 것은 “국립 암 연구소 및 프레드릭 암 연구센터의 주소”였다. (NCI, Frederick Cancer Research Center / Frederick, Maryland 21701)

루버는 이러한 방식으로 자신의 연구를 NCI 및 FCRC와 연계시켜 말라티온의 잠재적인 발암 효과와 관련된 NCI의 공식 입장에 대해 혼란을 야기했다. 실제로 캘리포니아주 보건 당국은 그의 원고가 현재 NCI를 대표하는 의견인지 혹은 NCI가 이전에 발표된 연구 결과를 따르는지 여부를 결정하기 위해 NCI에 접촉했다. NCI의 임원인 버논 하트웰(Vernon Hartwell) 박사와 리처드 에덤슨(Richard Adamson) 박사는 FCRC에서 루버의 상사이자 이사인 마이클 한나(Michael Hanna) 박사에게 연락하여 루버의 활동을 조사하도록 촉구함으로써 이러한 혼란에 대응했다.

1981년 3월 26일, 한나는 편지에서 루버가 직업상 여러 형태의 위법 행위에 가담했다고 주장하면서 그를 문책했다. 그 편지의 내용은 NCI가 루버의 개인적인 연구를 지지했고, 그는 부적절한 연구에 참여하였으며, 업무 외적으로 과도한 시간을 낭비하였고, NCI 출판 허가 절차를 무시했다고 여기게 하였다. 예를 들어, 한나의 편지에는 “루버는 NCI와 … FCRC의 승인을 가장하여 연구를 진행해왔다. 이러한 그의 반항적인 행동은 수백만불의 자금에 영향을 미쳤으며 NCI가 다음과 같은 프로그램을 운영하고 있다는 인상을 갖게 하였다.”라고 언급하였다. 연구의 적절성과 관련해서는 “이 자료들의 평가와 관련된 루버의 발언은 부정확하고 오해의 소지가 있다고 가정할 수 있다. 따라서 루버의 해

석이 과학적으로 유효한지에 대해 의문을 제기한다."라고 언급하였다.[801]

한나는 리턴과 NCI에 루버를 문책한 편지 사본을 보냈다. 한나의 편지는 외부에 유출되었는데, 그 편지가 최초 수신자로부터 어떻게 유출되었는지에 대해서는 확인되지 않았다. 1981년 4월 13일, 익명의 제보자는 국립 농약 협회(National Agricultural Chemicals Association)의 윌리엄 홀리스(William Hollis, 이하 "홀리스") 박사에게 편지 사본을 제공했다. 홀리스는 스타퍼 화학사(Stauffer Chemical Company)의 잭 와이즈(Jack Wise, 이하 "와이즈")에게 사본을 전달했다. 와이즈는 PTCN(Pesticide and Toxic Chemical News)의 편집자인 캐서린 쿠퍼(Catherine Cooper, 이하 "쿠퍼")에게 정보를 전달했다.

PTCN은 약 1,300명의 구독자를 대상으로 살충제 및 독성 화학 물질에 대한 정보를 공유하는 뉴스레터였다. 푸드 케미컬 뉴스(Food Chemical News)는 PTCN의 소유주였다. 1981년 4월 15일, 쿠퍼는 한나의 편지에 관한 기사를 게재하였는데, 편지 내용의 대부분이 기사에 실렸다. 와이즈가 쿠퍼에게 한나의 편지 사본을 건네주었고, 푸드 케미컬 뉴스가 그 내용을 보도하였다. 1981년 4월 24일, 루버는 리턴에서 사임하였다.

루버는 그 후 푸드 케미컬 뉴스와 그의 고용주 및 상사들을 상대로 소송을 제기했는데 이후 메릴랜드주 연방 지방 법원으로 이송되었다.

주 연방 지방 법원은 PTCN에 의한 루버의 명예훼손 및 프라이버시 침해에 대해 배심원 재판을 열었다. 명예훼손 혐의에 대해 배심원단은 PTCN이 실질적 악의(actual malice)를 가지고 루버에 대한 허위 내용을 유포한 것으로 판단하였다. 배심원단은 또한 프라이버시 침해에 대한 책임도 PTCN에게 있다고 판단하면서 루버에게 통상 손해 625천불 및 징벌적 손해 25만불을 인정하였다. 이에 PTCN은 주 연방 지방법원의 판결에 항소하였다.

801 For example, the letter states, "you have operated under the guise of the endorsement of both NCI and the ... FCRC. These obstreperous actions have had a multi-million dollar implication, giving the impression that the NCI may be administering programs of questionable competency." On the adequacy of research, the letter states that after reviewing the evidence, "I can only assume that your statement regarding your thorough evaluation of these slides was incorrect and misleading ... thus raising a question of whether your interpretation is scientifically valid." See Reuber v. Food Chemical News, Inc., 925 F.2d 703, 707 (4th Cir. 1991).

2) 연방 제4 항소법원의 결정 요지

[쟁점] 원고의 지위가 공직자(public official)/공인(public figure)인지 혹은 개인인지에 따라 원고에게 적용되는 손해배상의 기준이 달라진다. 따라서 루버가 둘 중 어디에 해당하는지 여부를 결정하는 것이 본 케이스의 법적 쟁점이다.[802] PTCN는 루버가 살충제 사용, 특히 말라티온에 대한 논쟁에 참여했다는 것을 근거로 그가 공인(public figure)에 해당한다고 주장하였다. 반면 루버는 FCRC의 병리학 실험실의 책임자로 있었던 한 개인에 불과하고 대중적으로 잘 알려지지 않았다고 주장하였다.

1. Fitzgerald v. Penthouse Intern., Ltd., 691 F.2d 666 (4th Cir. 1982)에서 제시한 다섯 가지 요건을 사용하여 루버가 공인(public figure)에 해당하는지 여부를 판단한 것이다.

첫 번째 요건은 명예훼손의 피해자가 효과적인 의사 소통 채널에 접근할 수 있었는지 여부이다.[803]

루버는 PTCN이 한나의 문책성 편지에 대한 기사를 게재하기 전과 후에 효과적인 의사 소통 채널에 쉽게 접근할 수 있는 권한이 있었다. 루버는 의회와 환경 보호청의 청문회에 참석하여 증언하였으며, 살충제와 관련된 건강상의 위협에 대해 발표했다. 말라티온에 대한 루버의 연구 결과는 텔레비전, 신문 및 라디오 방송에서 다루어졌고, 그의 연구에 대한 논란이 최고조에 달했을 때 말라티온의 위험성과 관련하여 캘리포니아주 소재 신문과 최소한 1회 이상의 인터뷰를 가졌다. 특히 그는 중요한 공중 보건 및 과학적인 출처에 대한 접근 권한이 있었다. 이를 뒷받침하는 예로, 루버는 그의 업적으로 평가되는 35편 이상의 논문을 보유하고 있었다. 그는 또한 한나의 문책성 편지가 실린 기사가 게재되기 전에 PTCN의 기사 중 11개의 기사에 언급되었다.

두 번째와 세 번째의 요건은 명예훼손의 피해자가 사회적인 논란의 결과에 영향을 끼치기 위해 해당 논란에서 자발적으로 중요한 역할을 맡았는지 여부이다.[804]

802 Because the culpability standards for recovering compensatory damages depend so much upon a plaintiff's status, we must determine Reuber's status as public or private figure. This determination is ultimately one of law. Fitzgerald v. Penthouse Int'l, Ltd., 691 F.2d 666, 669-70 (4th Cir.1982).

803 In *Fitzgerald v. Penthouse,* this court set forth a five-factor test for determining whether a party is a public figure. 691 F.2d at 668. The first of *Fitzgerald's* factors asks whether "the plaintiff had access to channels of effective communication." 691 F.2d at 668. See Reuber v. Food Chemical News, Inc., 925 F.2d 703, 708 (4th Cir. 1991).

804 The inappropriateness of this course of action is apparent when one examines the combined second and

루버의 연구는 살충제, 특히 말라티온의 발암성에 대한 공개 토론에 참여했던 사람들 사이에서 널리 알려진 것이었다. 루버는 스스로를 본인의 분야에서 "저명한" 자라고 칭했다. 루버가 캘리포니아주의 말라티온 논란에 참여한 것은 1979년 말-1980년 초에 환경 단체인 존 뮤어 연구소(John Muir Institute of California)로부터 말라티온을 포함한 다양한 화학 물질에 대한 정보 요청을 받았을 때 시작되었다. 루버는 자신의 말라티온 논문 사본을 존 뮤어 연구소에 보냈고, 연구소는 말라티온에 대한 루버의 연구 결과를 널리 알렸다. 이를 뒷받침하는 예로, 존 뮤어 연구소는 지중해광대파리 박멸 제안에 대해 주에서 개최한 기자 회견에서 배포한 유인물에 루버의 논문에서 발췌한 내용을 포함시켰다. 말라티온 살포를 반대한 캘리포니아 카운티의 한 변호사도 루버에게 원고 사본을 요청하여 받은 사실이 있었다.

루버는 널리 사용되는 살충제인 말라티온이 비 발암성이라는 정부의 결론에 도전하는 연구 결과를 배포하여 주목을 받았다. 그는 말라티온 논란에 자발적으로 참여하였다. 이를 뒷받침하는 예로, 루버는 캘리포니아주 하원 의원을 포함한 이해 당사자들에게 자신의 연구 사본을 요청하도록 존 뮤어 연구소를 추천하여 자신의 말라티온 연구를 널리 알렸다. 또한 루버는 캘리포니아주 식품 농업부 국장에게 편지를 썼고, 말라티온 논란의 결과에 영향력을 행사하기 위해 1981년 초에 캘리포니아주 보건복지부 공무원에게 사본을 보냈다. 그 편지에서 루버는 초기 NCI에서 진행된 말라티온 연구를 비판하고 과학적으로 자신이 우월하다는 것을 강조했다. 그는 그 편지에 본인의 이력서와 참고 문헌까지 포함시켰다.

루버는 본인이 FCRC 및 NCI와 연계되어 있음을 보여주는 사무실 주소를 첨부하여 자신의 말라티온 연구 결과를 공유함으로써 스스로 말라티온 논란에 스스로 뛰어 들었다. 그는 FCRC의 레터헤드가 적힌 편지지를 사용해 캘리포니아주 보건 관리들에게 편지를 썼고, "멜빈 루버, 의사/총괄, 실험병리학실(Melvin D. Reuber, MD/Head, Experimental Pathology Laboratory)"명의로 서명했다. 또한 루버는 자신이 연구를 수행한 시설에 연구비를 지원하는 NCI의 입장에 문제를 제기했다. 루버는 연구 및 편지에서 NCI에 대해 문제를 제기하면서도 동시에 NCI와 본인이 연계되어 있다는 것을 시사하여 자신의 견해와 연구를 적극적으로 홍보함으로써 자발적으로 말라티온 논란에 참여하였다.

네 번째 요건은 명예훼손에 해당하는 내용이 PTCN에 게재되기 전에 이미 말라티온

third factors of the *Fitzgerald* analysis: whether the plaintiff has voluntarily assumed a role of special prominence in a public controversy by attempting to influence the outcome of the controversy. 691 F.2d at 668. See Reuber v. Food Chemical News, Inc., 925 F.2d 703, 709 (4th Cir. 1991).

논란이 존재했었는지 여부이다.[805]

합리적인 관찰자라면 한나의 문책성 편지가 말라티온 논란을 다루었다고 충분히 결론을 내릴 수 있다는 것이다. 이를 뒷받침하는 예로, 한나의 편지는 루버의 연구가 캘리포니아주 농업 경제에 미치는 영향에 대해 서술하였다. 또한 한나의 편지에는 루버가 캘리포니아 주 정부의 말라티온 연구의 신뢰성에 이의를 제기한 캘리포니아주 농림식품부 책임자와 루버의 서신이 언급되었고, 루버가 주 정부의 말라티온 연구원이 내린 결론에 이의를 제기한 연설, 전화 통화 및 보고서가 언급되었다는 것이다.

다섯 번째 요건은 원고가 언론사에 의해 명예훼손을 당했을 당시에 공인(public figure)으로서의 지위를 유지하고 있었는지 여부이다.[806]

PTCN은 말라티온의 살포가 실제로 시작되기 몇 달 전에 말라티온과 관련된 논란이 최고조에 달했을 때 루버의 명예를 훼손하는 내용의 기사를 게재했다. 따라서 루버의 연구는 말라티온이라는 사회적인 논란에서 이미 중요한 위치에 있었다.

위와 같이 루버는 Fitzgerald 케이스에서 제시한 다섯가지 요건을 모두 충족하기 때문에 공인(public figure)에 해당한다는 것이다.

2. PTCN이 공정 보도특권(fair report privilege)을 방어방법으로 제시하여 명예훼손 주장으로부터 보호받을 수 있는지 여부에 대해 PTCN이 보도한 한나의 편지 내용은 공정 보도특권(fair report privilege)에 의해 보호된다고 판단한 것이다.

연방 제4 항소 법원은 Lee v. Dong-A Ilbo, 849 F.2d 876 (4th Cir. 1988)에서 정부의 조치 혹은 문서에 적용되는 공정 보도특권(fair report privilege)이 인정되는 구체적인 근거가 기관, 공공 감독, 대중의 정보 제공권에 있다고 판단하였다.[807] 이를 기준으로 살펴보면 기관에 대해서는 한나의 문책성 편지 내용을 일반 대중이 알 수 없었기 때문에 논외로 하고 PTCN에 대한 공공 감독과 대중의 정보제공권의 경우 명백히 존재하기 때문에

---

805 The fourth *Fitzgerald* factor analyzes whether "the controversy existed prior to the publication of the defamatory statements." 691 F.2d at 668. See Reuber v. Food Chemical News, Inc., 925 F.2d 703, 710 (4th Cir. 1991).

806 The fifth and final *Fitzgerald* factor addresses whether "the plaintiff retained public figure status at the time of the alleged defamation." 691 F.2d at 668. See Reuber v. Food Chemical News, Inc., 925 F.2d 703, 710 (4th Cir. 1991).

807 In *Lee*, the circuit recognized three specific rationales for the creation of a fair report privilege as applied to government actions or documents: agency, public supervision, and the public's right to information. 849 F.2d at 878. See Reuber v. Food Chemical News, Inc., 925 F.2d 703, 713 (4th Cir. 1991).

공정 보도특권(fair report privilege)이 인정된다는 것이다.[808]

구체적으로, 공공 감독의 근거는 언론사가 정부 운영을 모니터링하는 데 필요한 정보를 대중에게 제공하는 중요한 역할을 한다는 인식에 있다. 한나의 편지는 대중에게 다양한 화학 물질이 가진 발암성이 어떻게 결정되는지 평가하는 데 필요한 정보를 제공하며, 나아가 중요한 정부 기관인 NCI가 암과의 전쟁을 어떻게 진행하고 있는지를 평가하는 역할을 했으므로 공공 감독의 요건을 충족한다. 대중의 정보 제공권의 근거는 공공 복지에 영향을 미치는 문제에 대한 대중의 관심에 초점을 맞추고 있는데, 한나의 편지는 중요한 공공 문제인 말라티온 논란에 대한 것으로 대중에게 정보를 제공해야 할 충분한 근거가 된다.

공정 보도특권(fair report privilege)은 정부가 하는 일에 대해 대중에게 알리는 언론의 역할을 보호하기 위한 장치로써 헌법적인 의미를 가지고 있다. 이 특권은 언론이 전통적으로 정부 보고서 혹은 정부의 조치를 기반으로 한 정보를 공표할 때 원고의 명예훼손 주장으로부터 언론을 보호해왔다.[809]

재 공표 규정(republication rule)에 따르면 명예훼손적인 발언을 반복한 자는 처음 명예훼손적인 발언을 한 자와 동등한 책임이 부과되는데 공정 보도특권(fair report privilege)은 이러한 엄격 책임을 완화하기 위해 만들어졌다.[810] 공정 보도특권(fair report privilege)은 언론이 정부 운영에 대해 정기적으로 보도하여 대중이 정부를 모니터링 할 수 있도록 장려한다.[811]

한편, 이같은 언론의 역할을 인정한 명예훼손법은 전통적으로 정부의 활동 혹은 정부가 발행한 문서에

808 We do not think that the scope of the agency rationale would be dispositive here because the other two rationales for a fair report privilege, public supervision and public information, are plainly present. *See, e.g., Medico,* 643 F.2d at 136-42 (absence of the agency rationale is not controlling when the other two rationales are present). See Reuber v. Food Chemical News, Inc., 925 F.2d 703, 713 (4th Cir. 1991).

809 While the sources of the fair report privilege are in some dispute, several circuits have recognized that a privilege which goes to the heart of news organizations' ability to report to citizens about their government is one with constitutional implications. See, e.g., Lee v. Dong-A Ilbo, 849 F.2d 876, 878 (4th Cir.1988); Medico v. Time, Inc., 643 F.2d 134, 143-45 (3d Cir.1981); Edwards v. National Audubon Society, Inc., 556 F.2d 113, 120 (2d Cir.1977). A fair report privilege shields news organizations from defamation claims when publishing information originally based upon government reports or actions. See Reuber v. Food Chemical News, Inc., 925 F.2d 703, 712 (4th Cir. 1991).

810 The fair report privilege is an exception to the republication rule and is designed to mitigate its harsh effects. "Under the republication rule, one who repeats a defamatory statement is as liable as the original defamer," Lee, 849 F.2d at 878, unless, of course, the repetition is a privileged one. See Reuber v. Food Chemical News, Inc., 925 F.2d 703, 712 (4th Cir. 1991).

811 The fair report privilege encourages the media to report regularly on government operations so that citizens can monitor them. See Reuber v. Food Chemical News, Inc., 925 F.2d 703, 712 (4th Cir. 1991).

대해 보도한 언론기관에 대해 광범위한 조사 요건을 부과하지 못했다. 하지만 언론기관에 대해 광범위한 조사 요건을 부과하게 되면 정부 보고서에 허위 내용이 포함되어 있다는 것을 실제로 알 수 있거나 이에 대해 상당한 의심을 품을 수 있는 가능성이 줄어든다.[812]

3. PTCN은 뉴욕 타임즈 기준(New York Times standard)에서 요구하는 허위임을 알고서도 해당 기사를 게재하였다거나 혹은 사실 여부에 대한 미필적 고의(reckless disregard)를 가지고 기사를 게재한 적이 없으므로 실질적 악의(actual malice)가 인정되지 않는다는 것이다.[813]

쿠퍼가 루버에 대해 악의(ill-will)를 가지고 있었지만 이를 뒷받침할만한 증거가 없다는 주 연방 지방 법원의 의견과는 달리, 실질적 악의 기준(actual malice standard)은 단순히 일반적인 의미의 악의(ill-will or malice)를 입증하는 것만으로는 성립되지 않는다고 한 연방 대법원의 판단을 인용하였다.[814]

쿠퍼가 미필적 고의(reckless disregard)를 가지고 행동했다는 근거로 쿠퍼에게 한나의 편지 사본을 준 와이즈 혹은 와이즈의 고용주가 루버의 직업적 평판을 해치려는 강한 동기가 있었다는 주 연방 지방 법원의 판단에 대해, 정보의 출처가 그 자체로 이익을 취하려는 목적에서 제공되었을 수도 있기 때문에 그런 정황만으로는 실질적 악의(actual malice)를 입증할 수 없다고 판단하였다.[815]

---

812 In return for frequent and timely reports on governmental activity, defamation law has traditionally stopped short of imposing extensive investigatory requirements on a news organization reporting on a governmental activity or document. See, e.g., Rushford v. New Yorker Magazine, Inc., 846 F.2d 249, 254 (4th Cir.1988). Inevitably, this reduces the chances that a news organization could actually know that a government report contained false charges or could maintain serious doubts about them. See Reuber v. Food Chemical News, Inc., 925 F.2d 703, 712-713 (4th Cir. 1991).

813 In sum, there was no actual malice here because the News did not publish with knowledge of the letter's falsity or in reckless disregard of its truth under *New York Times v. Sullivan.* See Reuber v. Food Chemical News, Inc., 925 F.2d 703, 718 (4th Cir. 1991).

814 Even if Cooper harbored ill will towards Reuber, and there is no evidence of that, the Supreme Court consistently has held that "the actual malice standard is not satisfied merely through a showing of ill will or 'malice' in the ordinary sense of the term." *Harte-Hanks,* 109 S.Ct. at 2685. *Accord, Hustler Magazine v. Falwell,* 485 U.S. 46, 53, 108 S.Ct. 876, 880, 99 L.Ed.2d 41 (1988); *Garrison v. Louisiana,* 379 U.S. at 73-74, 85 S.Ct. at 215-216, See Reuber v. Food Chemical News, Inc., 925 F.2d 703, 715 (4th Cir. 1991).

815 Actual malice cannot be proven simply because a source of information might also have provided the information to further the source's self-interest. See Reuber v. Food Chemical News, Inc., 925 F.2d 703, 715 (4th Cir. 1991).

PTCN의 이윤 추구가 한나의 편지 내용을 기사로 게재하도록 유도한 것이므로 실질적 악의(actual malice)가 추론된다는 루버의 주장에 대해, 뉴욕 타임즈 케이스의 유료 광고에 기반한 성명서를 예로 들어 언론사가 이윤 추구를 위해 해당 기사를 게재하였다고 해서 그것이 언론사의 실질적 악의(actual malice)를 뒷받침한다고 볼 수 없다고 판단하였다.[816]

한나의 편지에 포함된 주장이 정확한지에 대한 쿠퍼의 태도에서 미필적 고의(reckless disregard)가 있었다는 루버의 주장 및 쿠퍼가 편지에서 한나의 주장에 대한 진실 여부를 조사하지 않기로 결정했다는 쿠퍼의 증언에 대해, 쿠퍼가 그런 결정을 내렸다고 하더라도 그 결정이 연방 정부에서 후원하는 암 연구 센터의 책임자에 의해 쓰여진 편지와 같이 출처의 정확성을 의심할 이유가 없는 상황이라면 미필적 고의(reckless disregard)가 인정되지 않는다고 판단하였다.[817]

한나의 주장 중 일부가 허위에 해당된다는 것을 알았더라도 그녀의 편지 내용을 기사로 게재하였을 것이라는 쿠퍼의 증언을 미필적 고의(reckless disregard)를 뒷받침하는 증거로 제시한 주 연방 지방 법원의 판단에 대해, 실질적 악의(actual malice)는 가해자가 허위 가능성에 대한 높은 수준의 인지를 가지고 해당 기사를 게재하였는지 여부에 따라 결정되는 것인데[818] 쿠퍼의 증언은 이와 관련이 없다고 판단하였다.

한나의 편지 뒷부분에서 루버의 허위성을 지적한 내용에 대해 제대로 답변하지 못한 쿠퍼의 증언이 미필적 고의(reckless disregard)에 해당한다는 주 연방 지방 법원의 판단에 대해, 사회적인 논란의 한 축에 있는 정부 관계자에 의해 제기된 어떤 혐의가 사실인지 여부를 판단하기 위해 쿠퍼가 한나의 편지를 자세히 검토하는 것은 자기 검열(self-censorship)에 해당되는 것으로 연방 헌법 제1조에 의해 보호되는 가치를 위협하는 것이다.[819]

816 The cases from *New York Times v. Sullivan* onward teach that evidence of a defendant printing material to increase its profits does not suffice to prove actual malice. *Harte-Hanks,* 109 S.Ct. at 2685. See Reuber v. Food Chemical News, Inc., 925 F.2d 703, 716 (4th Cir. 1991).

817 "Certainly where there was no reason to doubt the accuracy of the sources used, the failure to investigate further, even if time was available, cannot amount to reckless conduct." *Ryan v. Brooks,* 634 F.2d at 733. See Reuber v. Food Chemical News, Inc., 925 F.2d 703, 716 (4th Cir. 1991).

818 Actual malice means a defendant published a story with a "high degree of awareness of ... probable falsity." *Garrison v. Louisiana,* 379 U.S. at 74, 85 S.Ct. at 216. See Reuber v. Food Chemical News, Inc., 925 F.2d 703, 717 (4th Cir. 1991).

819 however, that Cooper would parse the Hanna letter in detail to determine which charges leveled by a government official on one side of a public controversy were true is exactly the type of self-censorship about which our prior discussion has forewarned. See Reuber v. Food Chemical News, Inc., 925 F.2d 703, 718 (4th Cir. 1991).

배심원의 판단기준이 되는 실질적 악의(actual malice) 및 미필적 고의(reckless disregard)

본 케이스의 법원은 배심원 설시문(jury instruction)에서 실질적 악의 기준(actual malice standard) 중 미필적 고의(reckless disregard) 요건을 입증하기 위해서는 피고 언론사가 기사를 게재할 당시에 기사 내용의 진실성에 대해 상당한 의심을 품었음을 보여주는 의사(state of mind)의 입증이 요구된다는 판단 기준을 배심원에게 제시하지 않았다. 대신 원고의 명예를 훼손하는 기사를 게재할 당시에 언론사가 일반적으로 준수해야 할 의무를 상당히 벗어난 행동을 했다는 것을 입증하면 언론사의 미필적 고의(reckless disregard)가 인정된다는 판단 기준을 배심원에게 제시하였다.

하지만 원고인 공인(public figure)이 언론사를 상대로 손해배상을 청구하기 위해서는 뉴욕 타임즈 케이스에서 확립된 실질적 악의 기준(actual malice standard)에 따른 입증이 반드시 요구되며, 언론사가 주의의무를 위반했다는 것을 입증하는 것만으로는 실질적 악의 기준(actual malice standard) 중 미필적 고의(reckless disregard) 요건이 충족되지 않는다는 것이다.[820]

---

820 The court gave this instruction to the jury:

You are instructed that actual malice exists when the person making the statement knowingly and deliberately lies or makes the statement with knowledge that it is false or with reckless disregard for its truth or falsity.

It is not enough to show merely that the publisher failed to investigate the truth of the statements. A failure to estimate standing alone is not actual malice. However, a failure to follow accepted standards of journalistic practice can be considered in determining whether the element of reckless indifference is present.

If you find that the News published an article whose substance makes substantial danger to reputation apparent and that it engaged in conduct which is an extreme departure from the standards of investigation and reporting normally adhered to by responsible publishers, the element of reckless indifference may be established.

In the first paragraph, reckless disregard is undefined. Indeed, the judge never informed the jury that reckless disregard relates to a state of mind in which a "defendant in fact entertained serious doubts as to the truth of his publication." St. Amant v. Thompson, 390 U.S. 727, 731, 88 S.Ct. 1323, 1325, 20 L.Ed.2d 262 (1968). Instead, the jury was informed that reckless disregard may be established by showing a departure from accepted journalistic practices. Here, the district court resurrected Justice Harlan's approach to reckless disregard stated in Curtis Publishing Co. v. Butts, 388 U.S. 130, 155, 87 S.Ct. 1975, 1991, 18 L.Ed.2d 1094 (1967) (plurality opinion). That approach, however, did not command a majority in Butts and "there is no question that public figure libel cases are controlled by the New York Times standard and not by the professional standards rule, which never commanded a majority of this Court." Harte-Hanks Communications, Inc. v. Connaughton, 491 U.S. 657, 109 S.Ct. 2678, 2685, 105 L.Ed.2d 562 (1989). See also Ryan v. Brooks, 634 F.2d 726, 731 (4th Cir.1980) (expressly recognizing that the Supreme Court has never endorsed the professional standards rule). In fact, the Harte-Hanks Court went to some lengths to reaffirm that a departure from accepted standards alone does not constitute actual malice. See 109 S.Ct. at 2684-85. Thus, the trial court erred as a matter of law in its instructions to the jury on actual malice. See Reuber v. Food Chemical News, Inc., 925 F.2d 703, 711-712 (4th Cir. 1991).

4. PTCN은 루버의 프라이버시를 침해하지 않았다는 것이다.

프라이버시 침해는 침해(intrusion)와 사적인 사실의 공개(publicizing private affairs or concerns)로 나누어 판단할 수 있는데,[821] 침해(intrusion)의 경우 NCI 소속 정부 관계자가 정부 정책을 어기고 한나의 편지를 유출했다고 하더라도, 이 위반 사실만으로는 PTCN이 불법적으로 한나의 편지를 취득하였다고 볼 수 없다는 것이다.

프라이버시 침해에 대한 손해배상 청구를 위해서는 당사자는 기사가 공공의 관심사가 아닌 사적 사실을 모욕적으로 공개했음을 입증해야 하는데,[822] 언론사가 피해자에 대한 정보를 공개하기도 전에 정보가 이미 공유된 경우 보호되어야 할 개인 정보로 간주되지 않는다고 판단하였다.[823]

본 케이스의 한나의 편지는 PTCN에 의해 기사화되기 전에 한나의 편지 사본을 입수한 와이즈에 의해 10명의 동료들에게 회람되었고, PTCN의 보도와는 별도로 편지를 배포할 계획을 가지고 있었으며, 환경 보호청 관계자와의 로비 활동에서도 한나의 편지 사본이 사용되었다. 해당 편지 사본은 환경 보호청의 공공 게시판에도 게시되었다. 루버는 환경 보호청에서 일하는 친구에게 한나의 편지를 건네 주었고, 친구는 루버의 요청으로 편지 사본을 만들어 냈다. 이 같은 사실은 PTCN에서 한나의 편지를 기사화하기 전에 이미 환경 보호청과 업계 소식통 모두에게 회람되고 있었음을 보여주는 것으로 사적 사실이 공개된 것이라고 볼 수 없다는 것이다.

또한 한나의 편지는 말라티온 살포 시 발암성에 위험 뿐만 아니라 암에 맞서 싸우는 정부의 기능에 대해서 다루었으므로 공적인 관심사(public concern)에 해당되며, 이 경우

---

821 The trial court instructed the jury that invasion of privacy is "the intrusion upon another person's solitude, seclusion, private affairs or concerns in a manner which would be highly offensive to a reasonable person ... [or] the publicizing of true facts concerning the private life of another which are not of legitimate concern." This instruction recognizes two varieties of invasion of privacy: intrusion and publication of private facts. See Reuber v. Food Chemical News, Inc., 925 F.2d 703, 718 (4th Cir. 1991).

822 To recover for invasion of privacy for the publication of private facts, a party must show that an article publicized private facts in a highly offensive manner about an issue not of public concern. *Restatement (Second) of Torts* § 652D (1977); *Hollander v. Lubow,* 277 Md. 47, 351 A.2d 421 (1976). See Reuber v. Food Chemical News, Inc., 925 F.2d 703, 719 (4th Cir. 1991).

823 Similarly, the Supreme Court has recognized that a person's privacy interest in information fades when that information is present in the public domain prior to publication by a news organization. *See The Florida Star,*109 S.Ct. at 2610; *Smith v. Daily Mail Publishing Co.,* 443 U.S. 97, 103, 99 S.Ct. 2667, 2670, 61 L.Ed.2d 399 (1979); *Cox Broadcasting Corp. v. Cohn,* 420 U.S. at 494-96, 95 S.Ct. at 1045-47. See Reuber v. Food Chemical News, Inc., 925 F.2d 703, 719 (4th Cir. 1991).

공인(public figure)의 사생활을 보호하는 이익보다 대중의 알 권리가 크기 때문에 프라이버시 침해에 해당되지 않는다는 것이다.[824]

결론적으로, 루버는 공인(public figure)에 해당하지만, PTCN이 실질적 악의(actual malice)를 가지고 기사를 게재하였다는 사실을 입증하지 못하였으므로 명예훼손에 대한 손해배상 청구가 불가하며, 프라이버시 침해 또한 인정되지 않는다는 것이다.[825]

> 원고가 공직자(public official) 혹은 공인(public figure)인 경우 명예훼손으로 인한 손해배상을 청구하려면 뉴욕 타임즈 기준(New York Times standard)의 실질적 악의(actual malice)를 입증하여야만 한다. 그러나 원고가 개인인 경우에는 뉴욕 타임즈 기준(New York Times standard)보다 낮은 과실 기준을 충족하면 된다.
>
> 한편, 명예훼손으로 인한 징벌적 손해배상을 청구하기 위해서는 원고가 공직자(public official), 공인(public figure), 개인인지 여부와 관계없이 피고의 실질적 악의(actual malice)를 명백하고 확실한 증거(clear and convincing evidence)를 제시하여 입증하여야 한다.[826]

824 Similarly, we believe that the public's right to know how its government functions in a significant public health controversy outweighs the privacy interest of a public figure who, unlike the crime victims denied recovery by the Court, voluntarily entered the controversy. See Reuber v. Food Chemical News, Inc., 925 F.2d 703, 720 (4th Cir. 1991).

825 We think the First Amendment protects the right of persons both within and without government to challenge vigorously the conclusions of public agencies. We also think, however, that the Amendment protects the right of the party charged with ineptitude or malfeasance to respond. Finally, we believe the Amendment protects the public's right to learn about both sides of the controversy through the press. See Reuber v. Food Chemical News, Inc., 925 F.2d 703, 720-721 (4th Cir. 1991).

826 To recover compensatory damages for defamation, a public official or public figure must show actual malice, while a private figure may recover under a lower standard of culpability. Gertz, 418 U.S. at 347-48, 94 S.Ct. at 3010-11. To recover punitive damages for defamation related to a matter of public concern, any party regardless of status must show actual malice under a clear and convincing evidence standard. See Milkovich v. Lorain Journal Co., 497 U.S. 1, 110 S.Ct. 2695, 2703-04, 111 L.Ed.2d 1 (1990).

"Reuber 케이스에서 연방 제4 항소법원은 진실 여부에 대한 미필적 고의(reckless disregard)에 대해 철저히 논의했고, 원고는 피고가 허위 가능성에 대한 높은 인지를 가지고 행동했다는 것을 입증해야 한다는 Harte-Hanks의 요건을 강조하였다. 이 케이스는 단지 언론사가 기사를 게재할 때 수행해왔던 기존 관행을 준수하지 않았다는 것을 입증한다고 해서 언론사의 실질적 악의(actual malice)가 인정될 수 없다는 점을 분명히 하였다. 또한 기사에 사용된 출처의 정확성을 의심할 이유가 없는 곳에 대해 언론사가 조사를 하지 않았다고 해서 이를 언론사의 부주의한 행동(reckless conduct)으로 볼 수 없다고 강조하였다."[827]

Church of Scientology Intern. v. Daniels, 992 F.2d 1329, 1334 (4th Cir. 1993).

"Reuber 케이스에서 연방 제4 항소법원은 계약에 따라 연방기관에서 연구를 수행한 과학자가 그의 연구를 비판하는 연구 저널의 기사와 관련하여 제한적 목적의 공인(limited-purpose public figure)에 해당한다고 판단하였다. 항소법원은 본 케이스의 과학자가 해당 기사와 관련하여 정치적인 논란에서 배제된 이방인이 아니었다는 점에 주목했다. 언론의 취재와 정부기관을 상대로 한 과학자의 증언은 그에게 언론과 의사소통을 할 수 있는 채널을 제공했다. 그리고 과학자는 자신의 분야에서 자신이 저명한 사람이라고 말했다. 항소법원은 과학자와 같은 원고가 스스로 공인(public figure)이 되는 것을 원하지 않을 수도 있다는 점에 대해서는 인정했지만 그와 같은 비자발적인 참여자라고 할지라도 대중의 관심을 유도하는 행동들을 한다면 공인(public figure)이 될 수 있다고 보았다."[828]

Carr v. Forbes, Inc., 121 F.Supp.2d 485, 493 (D.S.C. 2000).

---

827 In Reuber v. Food Chemical News, Inc., 925 F.2d 703 (4th Cir.1991) (en banc), we thoroughly discussed the standard of reckless disregard for the truth, and stressed the Harte-Hanks requirement that the plaintiff must show that the defendant acted with a high degree of awareness of probable falsity. Reuber made it clear that actual malice cannot be established merely by showing a departure from accepted journalistic or professional practices. The case emphasized that the failure to investigate, "where there was no reason to doubt the accuracy of the sources used ... cannot amount to reckless conduct." Id. at 716. See Church of Scientology Intern. v. Daniels, 992 F.2d 1329, 1334 (4th Cir. 1993).

828 In Reuber v. Food Chemical News, Inc., 925 F.2d 703 (4th Cir.1991), the Fourth Circuit sitting en banc held that a scientist conducting research for a federal agency under contract was a limited purpose public figure with regard to an article in a research journal criticizing his work. The Reuber Court noted that, like Carr, the scientist was "no stranger to the ... political debates" related to the article, Reuber, 925 F.2d at 706, that media coverage and testimony before government agencies afforded him "channels of communication," id. at708, and that he had "described himself as 'eminent' in his field." Id. at 709. The Reuber Court recognized that a plaintiff like the scientist in that case might not desire to be a public figure, but noted that "even 'involuntary' participants can be public figures when they choose a course of conduct that invites public attention." Id. at 709. See Carr v. Forbes, Inc., 121 F.Supp.2d 485, 493 (D.S.C. 2000).

8/ Foretich v. Capital Cities/ABC, Inc. (연방 제4 항소법원, 37 F.3d 1541, 4th Cir. 1994)

본 케이스는 조부모가 어린 손녀를 성추행한 혐의를 다룬 다큐 드라마에서 비롯된 명예훼손 사건이다. 본 케이스의 이슈는 조부모가 제한된 목적의 공인(limited-purpose public figure)에 해당하는지 아니면 개인에 해당하는지 여부이다.

연방 제4 항소법원은 손녀의 부모에 의한 양육권 분쟁이 사회적인 논란이 된 건 맞지만 조부모의 공개 발언과 일련의 행동들이 그들의 성추행 혐의를 처음으로 제기한 며느리의 주장을 방어하는 것에 초점을 맞추고 있기 때문에 그들은 사회적인 논란의 최전선에 자발적으로 뛰어든 제한된 목적의 공인(limited-purpose public figure)에 해당되지 않는다고 판단하였다.

1) 사실 관계

힐러리 포취리(Hilary Foretich, 이하 "힐러리")의 부모인 엘리자베스 모건(Elizabeth Morgan, 이하 "모건") 박사와 에릭 포취리(Eric A. Foretich, 이하 "에릭") 박사는 딸인 힐러리가 태어날 때부터 별거했다. 힐러리가 걷는 법을 배웠을 때, 그들은 이혼했고 이후 힐러리의 양육권을 두고 치열한 법정 공방이 이어졌다.

1983년, 워싱턴 D.C. 1심 법원은 힐러리의 어머니인 모건에게 아버지 에릭의 방문을 조건으로 임시 양육권을 부여했다. 그 후 몇 년 동안 모건은 힐러리가 아버지와 함께 조부모인 빈센트 포취리(Vincent Foretich, 이하 "빈센트")와 도리스 포취리(Doris Foretich, 이하 "도리스")의 집을 방문하는 동안 성적으로 학대를 당하고 있다고 믿게 되었다. 모건은 조부모의 방문을 중단시켜 줄 것을 요청했지만 워싱턴 D.C. 1심 법원은 이를 거부하였다.

1986년 2월, 힐러리가 조부모의 집을 방문한 후 모건은 아이에 대한 아버지의 면접교섭권을 거부하였다. 부모들은 각자 아이의 양육권 및 면접교섭권과 관련하여 여러 신청을 제출하였고 그에 따른 법원 재판이 이어졌다. 1986년 7월, 모건은 아이에 대한 아버지의 면접교섭권을 거부하였다는 이유로 짧은 기간동안 수감되었다. 그러나 모건은 여전히 힐러리를 학대 혐의가 있는 조부모에게 맡기는 것을 거부했고 1987년 2월, 모건은 재 수감되었다.

1986년에 모건과 힐러리는 또한 버지니아주 동부 연방 지방 법원에 민사 소송을 제기하여 손해배상을 청구하였다. 모건은 힐러리가 에릭과 조부모에게 신체적, 성적으로 학대를 당했으며[829] 그들은 힐러리에게 학대 사실을 누군가에게 말하면 힐러리를 죽이거나 다치게 하겠다는 위협을 가했다고 주장했다.

에릭과 힐러리의 조부모는 명예훼손을 주장하는 반소를 제기하였다. 1987년 2월, 힐러리의 부모와 조부모가 증언한 4일간의 재판 이후 배심원은 양측의 주장을 모두 기각하는 결정을 내렸으나 양측 모두 항소했고, 부분적으로 파기환송 되었다.

그 동안 모건은 힐러리를 숨겼다. 워싱턴 D.C. 1심 판사는 모건에게 힐러리의 소재를 공개하도록 명령했으나 그녀는 거절했다. 1987년 8월, 모건은 힐러리를 숨긴 장소를 공개하라는 법원의 명령을 거부했다는 이유로 25개월 동안 수감되었다.

모건은 워싱턴 D.C. 소재 감옥에서 25개월을 보냈지만 이에 대한 논란은 엄청난 대중의 관심을 이끌어 내었다. 모건과 에릭(및 그들의 변호사와 대리인)은 서로를 향해 비난하고 반박했다. 각자 홍보 대리인을 고용하고, 수신자 부담용 전화번호("800" 번호)를 운영했다. 힐러리를 둘러싼 논란에 대해 수백 개의 신문과 잡지 기사가 게재되었다. 언론 매체는 모건과 에릭의 자녀 양육권 분쟁과 그 분쟁이 유도한 여러 공공 정책 토론에 대해 광범위하게 보도하였다. 의회 산하 워싱턴 D.C. 하원 위원회에는 이 분쟁과 관련된 수많은 청원들을 받게 되었다.

에릭에 대한 반대 의견들로 인해 의회는 1989년 9월에 법안을 제정하였고, 부시 대통령은 워싱턴 D.C.에서 모건과 같이 법원의 명령을 어겼다는 이유로 구금하지 못하도록 제한하는 법에 서명하였다. 이 법은 어느 누구도 아동 양육권 사건과 관련하여 12개월 이상 워싱턴 D.C. 1심 법원에 의해 민사상 법정 모독죄로 수감될 수 없다고 명시하였다. 또한 아동 양육권 분쟁에서 형사상 법정 모독죄로 유죄 판결이 부과될 수 있는 상황을 명시하고, 이러한 경우 법정 모독죄로 수감된 사람들에 대한 신속한 항소 기회를 제공했다. 새로운 법의 시행으로 워싱턴 D.C. 항소법원은 모건의 석방을 명령했다.

힐러리의 조부모는 모건이 25개월 동안 감옥에 수감된 직후 여러 신문 및 잡지 인터뷰 요청에 동의했고, 기자 회견 또는 집회에 최소한 3번 이상 참석하였다. 아들인 에릭을

829 Specifically, the complaint accused the girl's grandfather, Vincent Foretich, of (1) manipulating Hilary's genitalia; (2) inserting various foreign objects into her vagina; (3) orally sodomizing her; (4) anally sodomizing her; and (5) masturbating himself and ejaculating into her face and hair. The complaint accused Doris Foretich of "various acts of sexual abuse and assault and battery upon her granddaughter, specifically including but not limited to acts in which she inserted objects into her vagina." Complaint, *Morgan v. Foretich,* C.A. No. 86-0944-A (E.D.Va.1986). See Foretich v. Capital Cities/ABC, Inc., 37 F.3d 1541, 1544 (4th Cir. 1994).

대신해서 적어도 2개 이상의 TV 쇼에 출연하였다. 힐러리의 조부모는 여러 언론 매체와의 인터뷰 및 출연을 통해 모건의 주장을 부인했을 뿐만 아니라, 조부모가 힐러리에게 제공한 쾌적한 환경, 모건이 힐러리에게 미친 부정적인 영향, 모건이 정신적으로 불안정하다는 그들의 믿음, 모건의 주장으로 인해 그들이 겪은 고통에 대해서도 설명하였다.

1990년, 에릭이 고용한 사설 조사관은 힐러리가 뉴질랜드 크라이스트 교회에서 외조부모와 함께 살고 있다는 사실을 확인하였다. 에릭과 힐러리의 조부모는 뉴질랜드로 달려 갔고, 뉴질랜드 법원에서 양육권 분쟁이 이어졌다. 뉴질랜드 가정 법원은 모건에게 힐러리에 대한 일체의 양육권을 부여했고, 에릭은 아이의 양육권에 이의를 제기하거나 방문을 요청하지 않는 것에 동의하였다.

1991년, 사이먼 앤 슈스터사(Simon & Schuster)에 의해 출판된 조나단 그로너(Jonathan Groner)의 "힐러리에 대한 재판"(Hilary's Trial)은 이 분쟁과 관련된 장문의 책이었는데 힐러리의 할머니인 도리스와의 인터뷰에 의존하여 일부 내용이 쓰여졌다.

1992년 11월 29일, 아메리칸 방송사(American Broadcasting Companies, Inc.)는 91분 분량의 다큐 드라마 "한 엄마의 권리: 엘리자베스 모건의 이야기(A Mother's Right : The Elizabeth Morgan Story)"를 "ABC 선데이 나이트 무비(Sunday Night Movie)"라는 TV프로그램에서 방영하였다. 이 드라마는 TV 영화를 위해 만들어진 "다큐 드라마(docudrama)"로 극적이고 다소 허구적인 내용을 선보였다.

다큐 드라마의 장면 중에는 당시 4살이었던 힐러리가 에릭과 힐러리의 조부모와 함께 법원이 임명한 정신과 의사의 사무실을 방문하는 장면이 있었다. 이 장면에서 힐러리는 처음에는 동요하였지만, 점차 조부모에게 온순해지다가 노래("Row, Row, Row Your Boat")를 들은 후 결국 할아버지의 무릎으로 올라갔다.

모건과 그녀의 친구가 차로 워싱턴을 떠나면서 대화가 이어졌다. 친구는 힐러리를 정신과 의사의 사무실로 데려왔고 힐러리가 의사를 만나는 동안 옆방에서 대기하고 있었다. 그는 모건에게 그가 들은 것을 다음과 같이 설명했다. "그것은 마치 서커스 조랑말이 그녀 앞에 있는 속임수를 헤쳐 나가는 것 같았어. 심지어 힐러리는 때맞춰 피식 웃기도 했어." 모건은 "치료사가 말한 전형적인 반응과 일치해. 힐러리는 다시 다치지 않기 위해 그녀를 학대한 사람들에게 친절하게 대하고 있는거야."라고 말했다.[830]

830 He describes to Dr. Morgan what he heard: "It was like a circus pony going through her tricks. You know, she even giggled on cue." Dr. Morgan responds, "It's just like the therapist said.... Classic response. She's being kind to her abusers so she won't be hurt again." See Foretich v. Capital Cities/ABC, Inc., 37 F.3d

ABC의 다큐 드라마에서 위와 같이 인용된 대화는 법정 다툼으로 이어졌다. 힐러리의 조부모인 빈센트와 도리스는 ABC 다큐 드라마의 제작자 및 송출자(이하 "ABC")를 상대로 명예훼손, 정신적 손해배상(International Infliction of Emotional Distress, IIED)[831] 및 "모욕적인 말"(insulting words)을 청구 원인으로 하여 버지니아주 동부 연방 지방 법원에 소를 제기하였다. 그들이 법원에 제출한 소장에는 힐러리가 에릭뿐만 아니라 친 조부모 중 한 명 혹은 모두로부터 학대를 당하고 있음을 나타내는 "학대자"(abuser)라는 단어에 복수를 나타내는 "s"가 포함되어 있었다.

ABC 측은 문제가 되는 내용이 힐러리의 조부모의 명예를 훼손하는 것으로 해석될 수 없다고 주장하였다. 그러나 법원은 다큐 드라마에서 모건의 역할을 맡은 배우에 의해 조부모를 "힐러리를 학대한 사람들(her abusers)"이라고 표현한 것은 시청자가 에릭, 조부모를 아동 학대자로 인지하게 함으로써 그들의 명예를 훼손할 소지가 있다는 이유로 ABC 측이 신청한 소장기각신청(motion to dismiss the complaint for failure to state a claim)을 거부하였다.

ABC 측은 힐러리의 조부모가 "제한적 목적의 공인"(limited-purpose public figure)에 해당한다는 이유로 실질적 악의(actual malice)를 입증해야 한다고 주장하였으나 1심 법원은 이를 인정하지 않았다. 1심 법원에서는 모건과 에릭의 양육권 분쟁이 "사회적인 논란(public controversy)"이 아니라 "대중의 관심과 많은 악평을 받은 개인의 사적인 논란(private controversy that got a lot of publicity [and] notoriety)"에 불과하다고 판단하였다. 또한 힐러리의 조부모를 공인(public figure)으로 인정하기에는 논란에 참여한 성격과 참여 정도가 충분하지 않기 때문에 힐러리의 조부모는 제한된 목적의 공인(limited-purpose public figure)이 아닌 개인에 해당한다고 판단하였다.[832]

1541, 1550 (4th Cir. 1994).

831 고의 혹은 부주의를 가지고 극단적인 방식으로 상대방에게 심각한 정신적인 고통을 야기한 경우, 고통을 당한 개인이 해를 입힌 상대방을 상대로 청구할 수 있는 보통법(common law)상의 불법행위에 따른 손해배상을 의미한다.

832 The defendants then filed a motion in limine requesting a finding that the plaintiffs were "limited-purpose public figures" and therefore would have to prove at trial that the defendants acted with "actual malice" as defined in New York Times Co. v. Sullivan, 376 U.S. 254, 84 S.Ct. 710, 11 L.Ed.2d 686 (1964). The district judge orally denied the motion and held that the plaintiffs were "private individuals" for purposes of their defamation action. Thus, the New York Times "actual malice" standard would not apply.
Specifically, the judge stated that the Morgan-Foretich custody fight "was a private controversy that got a lot of publicity [and] notoriety," not a "public controversy." Even if the controversy were "public," the court held that the nature and extent of the Foretich grandparents' participation in the controversy was insufficient to make them "public figures" for the limited purpose of comment on the controversy:

2) 연방 제4 항소법원의 결정 요지

1. 모건과 에릭의 양육권 분쟁이 힐러리의 조부모의 명예를 훼손하게 한 사회적인 논란에 해당한다는 것이다.

워싱턴 D.C. 항소법원은 1980년에 대법원 케이스들을 검토한 후 사회적인 논란에 대해 정의하였는데, 사회적인 논란은 단순한 대중의 관심의 문제가 아니며, 그 결과가 일반 대중에게 상당한 영향을 미치는 실제 분쟁이어야 하고, 직접적인 참여자가 아닌 사람들에게 파급 효과가 발생하기 때문에 대중의 주목을 받는 분쟁이어야 한다고 판단하였다.[833]

1991년에 에릭과 그의 부모가 잡지(Glamour)의 발행인을 상대로 제기한 명예훼손 소송에서 워싱턴 D.C. 연방 지방 법원은 모건과 에릭의 양육권 분쟁이 아동 학대, 여성의 권리, 개인의 일에 대한 국가의 개입, 법정 모독죄에 대한 처벌 제한과 같은 주제에 대해 대중들 사이에서 공개적인 논쟁을 일으켰기 때문에 사회적인 논란에 해당한다고 판단하였다.[834]

[I]f someone is accused as these grandparents were of fairly heinous behavior, ought they be required to sit silently on pain of being declared a public figure and be limited to doing no more than say, "I didn't do it"? Shouldn't they be allowed to attack their accuser without subjecting themselves to being a public figure? … .

[O]ught a person such as these plaintiffs be required to limit themselves to merely denials in order not to become a public figure?

When he announced the court's decision from the bench, the judge added,

These plaintiffs did no more than defend themselves against fairly outrageous, even if true, accusations. And while they aggressively sought to defend themselves, I don't think they injected themselves into a point where they can be considered to have voluntarily assumed the role of prominence to the extent that this can be transformed into a public controversy in which they sought to influence the outcome. See Foretich v. Capital Cities/ABC, Inc., 37 F.3d 1541, 1550 (4th Cir. 1994).

833 In 1980, after carefully sifting through the Supreme Court cases, the United States Court of Appeals for the District of Columbia Circuit enunciated an express definition of a "public controversy":

A public controversy is not simply a matter of interest to the public; it must be a real dispute, the outcome of which affects the general public or some segment of it in an appreciable way.... [E]ssentially private concerns or disagreements do not become public controversies simply because they attract attention.... Rather, a public controversy is a dispute that in fact has received public attention because its ramifications will be felt by persons who are not direct participants. See Foretich v. Capital Cities/ABC, Inc., 37 F.3d 1541, 1554 (4th Cir. 1994).

834 In 1991, in a defamation action that Dr. Foretich and his parents brought against the publishers of *Glamour* magazine, the United States District Court for the District of Columbia, per the late Judge Gesell, held that the Morgan-Foretich dispute was a "public controversy," within the meaning of *Gertz, Waldbaum,* and their progeny.

The controversy and the rulings of the presiding [District of Columbia] Superior Court judge engendered discussion on issues of public concern, including child abuse, women's rights, the intrusion of the state into private affairs, and the limits of punishment for contempt of court… .

실제로 모건과 에릭의 양육권 분쟁이 해당 분쟁에 직접 참여하지 않은 사람들까지도 예측할 수 있는 상당한 결과를 가져왔기 때문에 대중의 관심을 받았다는 충분한 증거가 존재했다. 미드 데이터 센트럴사(Mead Data Central)의 데이터베이스(NEXIS)를 검색하면 모건과 에릭의 분쟁과 관련하여 1,000개 이상의 뉴스 보도를 확인할 수 있었다. 모건과 에릭의 양육권 분쟁은 아동 학대 혐의에 대한 사회적 인식과 양육권 분쟁에서의 역할을 높이고 어떤 부모가 더 적합한지를 결정하는 최선의 방법, 법원이 자녀의 이익을 가장 잘 보호할 수 있는 방법을 포함하여 공개 토론을 위한 몇 가지 실질적인 질문을 제기했다.

특히 모건이 힐러리를 숨긴 장소를 공개하지 않아서 장기간 동안 감금을 당한 사건은 여러 공공 정책 문제를 제기하게 된 시발점이 되었다. 한 의회 보고서에 따르면 모건과 에릭의 양육권 분쟁은 다양한 정치, 사회, 종교 기관을 결합하는 지역 및 국가적인 문제와 관련이 있었으며,[835] 궁극적으로 의회와 대통령이 연방법을 통해 모건의 석방을 보장하였고, 아동 양육권 케이스에 대해 워싱턴 D.C. 법원들이 법정 모독죄를 부과하는 권한을 제한하게 만들었다.

따라서 모건과 에릭의 양육권 분쟁은 대부분의 자녀 양육권 분쟁과는 달리 Gertz 및 이후 케이스에서 정의한 사회적인 논란에 해당된다는 것이다.

2. 힐러리의 조부모인 빈센트와 도리스는 모건과 에릭의 양육권 분쟁에서 에릭과 조부모가 힐러리를 학대했다는 모건의 주장에 대한 방어 및 평판 보호를 위해 언론과 접촉하였을 뿐, 결과에 영향을 미치기 위해 사회적인 논란의 최전선에 자발적으로 개입하여 중요한 역할을 맡지 않았기 때문에 제한된 목적의 공인(limited-purpose public figure)에 해당되지 않는다는 것이다.

힐러리의 조부모가 공인(public figure)에 해당하는지 여부를 판단하기 위해 Fitzgerald와 Reuber 케이스에서 사용된 다섯가지 요건으로 구성된 테스트가 적용되는데,[836] 빈센트

[T]he many public policy issues raised by the Morgan-Foretich dispute made it a genuine public controversy, not merely a lurid personal matter that captured only the voyeuristic attention of the public. *Compare Time, Inc. v. Firestone,* [*supra*]. See Foretich v. Capital Cities/ABC, Inc., 37 F.3d 1541, 1555 (4th Cir. 1994).

835 According to one congressional report, the controversy implicated "local and national issue[s] joining together various political, social, and religious organizations," including the National Organization for Women, the American Civil Liberties Union, Fathers for Equal Rights, the National Network for Victims of Sexual Assault, the Prison Fellowship Ministries, and the National Congress of Men. *Civil Contempt Hearing, supra* note 2, at v. See Foretich v. Capital Cities/ABC, Inc., 37 F.3d 1541, 1555 (4th Cir. 1994).

836 In conducting that examination, we are guided by the five-part test that we set forth in *Fitzgerald, supra,*

나 도리스가 결과에 영향을 미치기 위해 모건과 에릭의 양육권 분쟁에서 자발적으로 중요한 역할을 맡지 않았기 때문에 나머지 다른 요건들은 고려할 필요가 없다는 것이다.[837]

그럼에도 불구하고 빈센트나 도리스가 결과에 영향을 미치기 위해 모건과 에릭의의 양육권 분쟁에서 자발적으로 중요한 역할을 맡았는지 여부에 국한하여 살펴보면, 그들이 모건을 공개적으로 비판하고, 뉴스 기자와 인터뷰를 가졌으며, 기자 회견 및 공개 모임에 출연하여 아들 에릭을 지원사격한 것은 자발적으로 사회적인 논란에 참여하기 위한 것이 아니라, 모건이 1986년 소송을 통해 조부모의 손녀 학대 정황을 문제삼은 것이 워싱턴 포스트(The Washington Post) 및 여러 언론 매체에 보도되면서 그들의 명예가 실추될 위험에 처했고 이를 막기 위한 행동에 불과했다는 것이다.[838]

3. 조부모인 빈센트와 도리스가 여러 언론 매체에 접촉한 것은 주로 모건의 주장을 비난하기 위한 방어에 해당하므로 그들은 제한된 목적의 공인(limited-purpose public figure)이 아닌 개인에 해당한다는 것이다.

모건의 비난에 대한 빈센트와 도리스의 행동이 합리적이었는지 여부를 판단하기 위해 답변에 대한 조건부 특권(conditional (or qualified) privilege of reply)의 각 요건을 적용해 보면,[839] 그들의 여론몰이는 모건의 비난에 맞서 대응하는 것과 관련이 있었고, 모건의

---

and reiterated in *Reuber, supra:* (1) whether Vincent and Doris Foretich had access to channels of effective communication; (2) whether Vincent and Doris Foretich voluntarily assumed roles of special prominence in the Morgan-Foretich public controversy; (3) whether Vincent and Doris Foretich sought to influence the outcome of the controversy; (4) whether the controversy existed prior to ABC's broadcast of the allegedly defamatory statement; and (5) whether Vincent and Doris Foretich retained public-figure status at the time of the broadcast. *See Reuber,* 925 F.2d at 708-11; *Fitzgerald,* 691 F.2d at 668. See Foretich v. Capital Cities/ABC, Inc., 37 F.3d 1541, 1556 (4th Cir. 1994).

837 Because we find that neither Vincent nor Doris Foretich voluntarily assumed a role of special prominence in the Morgan-Foretich controversy in order to influence its outcome, we need not consider the other elements of the *Fitzgerald /Reuber* test. *See Reuber,* 925 F.2d at 708-09 (citing *Gertz,* 418 U.S. at 345, 94 S.Ct. at 3009-10; *Fitzgerald,* 691 F.2d at 668). See Foretich v. Capital Cities/ABC, Inc., 37 F.3d 1541, 1556 (4th Cir. 1994).

838 We reject ABC's argument because it pays inadequate attention to the context in which the Foretiches made their public comments and appearances, and, as a result, undervalues their interest in defending their own reputations against the extraordinary attacks launched by Dr. Morgan. See Foretich v. Capital Cities/ABC, Inc., 37 F.3d 1541, 1558 (4th Cir. 1994).

839 One may abuse, and thus lose, his conditional privilege of reply if, *inter alia,* (1) his reply includes substantial defamatory matter that is "irrelevant" or "non-responsive" to the initial attack; (2) his reply includes substantial defamatory matter that is "disproportionate" to the initial attack; or (3) the publication of his reply is "excessive," *i.e.,* is addressed to too broad an audience. *See* Restatement (Second) of Torts §§

비난에 비례해서 진행되었으며, 모건이 그들을 비난한 정도와 비교했을 때 과도하지 않았다.[840] 이를 구체적으로 검토해보면 다음과 같다.

첫 번째로 언론을 통한 빈센트와 도리스의 공개적인 입장 표명은 대부분 그들에 대한 모건의 비난과 관련이 있었으며 이에 대한 대응이었다는 것이다. 그들은 모건이 제기한 소송이 1986년 8월에 개시되기 전까지는 공개적으로 입장을 표명하지 않았다. 당시 그들은 손녀의 성추행 혐의를 부인했으며, 이후에 기자들에게 본인들과 에릭 및 모건에 대해 자세히 설명하였다.

빈센트와 도리스의 발표 내용은 특히 그들에 대한 모건의 비난을 반박하는데 주안점을 두었다. 그들은 힐러리의 양육을 돕기 위해 그들이 치른 희생에 대해 설명하였다. 그들은 힐러리를 위해 글로스터(Gloucester)에서 그레이트 폴스(Great Falls)로 이주했고, 손녀가 장난감을 가지고 놀 수 있도록 퀼트를 만들어 주었으며, 손녀에게 멋진 옷과 인형, 좋은 방을 제공했다. 이러한 그들의 노력은 모건이 이전에 시어머니를 타락한 아동 성추행범으로 묘사한 이미지와 모순된다. 더욱이 그들이 손녀를 얼마나 그리워했는지에 대한 설명과 손녀를 위한 기도, 손녀를 다시 보고 싶어한다는 내용은 모두 그들에 대한 모건의 주장을 반박하는 데 도움이 되었다. 한편, 그들의 발표 내용에는 모건이 그들의 삶에 어떻게 피해를 입혔는지에 대해서는 언급하지 않거나 대응하지 않았다.

아들 에릭에 대한 그들의 발언은 아동 학대 혐의와 관련이 있었다. 그들은 그를 부모의 권리를 지키기 위해 싸웠으며, 딸들을 사랑하고 세심하게 돌보았던 "매우 훌륭한 사람"(very honorable person)이라고 묘사했다. 도나휴 쇼(Donahue Show)에서 도리스의 발언 중 에릭이 "매우 사랑스러운(very much loved)" 아이였다는 말은 모건이 에릭이 청소년이었을 때 학대를 당했다고 주장한 비디오 테이프의 공개를 반박하기 위한 분명하고 직접적인 대응이었다.

모건에 대한 그들의 발언도 상당 부분 관련성이 있었다. 도리스는 모건이 손녀의 성적 학대가 일어난 적이 없었다는 것을 스스로 알고 있었다고 말했다. 도리스는 모건이 에

599, 603-605 (1977); Annotation, *supra* note 19, §2[a], at 1086 & nn. 9-15; *id.* §5[a], at 1091-96 (collecting cases on the relevance of the reply to the initial attack); *id.* §5[b], at 1096-99 (collecting cases on the proportionality of the reply); Ransom P. Reynolds, Jr., Comment, *Self-defense in Defamation or "Re-tort Not Reply"*, 34 Alb.L.Rev. 95, 96-100 (1969). See Foretich v. Capital Cities/ABC, Inc., 37 F.3d 1541, 1559 (4th Cir. 1994).

840 Here, we will apply the same general principles to determine whether the Foretiches' public comments and appearances were (1) responsive to Dr. Morgan's attacks; (2) proportionate to those attacks; and (3) not excessively published. See Foretich v. Capital Cities/ABC, Inc., 37 F.3d 1541, 1560 (4th Cir. 1994).

릭과 그들을 상대로 캠페인을 벌인 결과, 모건은 도서 및 영화 계약을 제안받았고 명성을 얻었으며 여성 운동에서 높은 지위를 가지게 되었다고 설명하여 모건의 동기에 의문을 제기하였다. 또한 도리스는 손녀 힐러리가 성적 학대는 아니더라도 모건에 의해 학대를 받았다고 시사했다. 모건이 자신의 잘못을 덮기 위해 그들을 비난했을 가능성이 있기 때문에 그 주장은 매우 관련이 있다는 것이다.

한편, 빈센트와 도리스는 의사로서 모건의 자격이나 능력에 대해서는 공격하지 않았다. 또한 에릭과의 짧은 결혼 기간을 통해 갖게 된 모건에 대한 인상에 대해서도 언급하지 않았다. 게다가 그들은 모건의 법정 모독죄로 인한 구금, 의회에서 계류중인 입법, 혹은 워싱턴 D.C. 법원들이 자녀 양육권 및 면접교섭권과 관련된 문제들에 대해 어떻게 판결했어야 하는지에 대해 직접적으로 언급한 적이 없었다. 오히려 그들은 힐러리에 대한 성적 학대 혐의를 반박하는 것과 가장 관련이 있는 주제만을 밀접하게 다루었다.

두 번째로 빈센트와 도리스의 공개적인 입장 표명은 그들에 대한 모건의 비난과 합리적으로 비례한다는 것이다.[841] 그들은 모건을 "정신병자", "아픈 사람" "제 정신이 아닌 사람"으로 묘사했다. 또한 그들은 모건의 주장을 "악랄한 거짓말", "쓰레기", "오물통 바닥에 있는 더러운 때"라고 표현하였다.[842] 이러한 그들의 발언은 모건이 그들을 비난한 발언과 비교해볼 때 합리적으로 이해될 수 있는 정도였다.

세 번째로 빈센트와 도리스의 공개적인 입장 표명이 모건이 그들을 비난한 정도에 비해 과도하지 않았다는 것이다.[843] 그들은 이미 방송되었거나 곧 방송될 예정인 언론 매체의 기자들만을 상대로 모건과 에릭에 대해 비난했다. 그들은 논란을 증폭시키기 위해 다른 언론 매체를 추가하거나 새로운 청중들을 초청하지 않았다. 오히려 그들은 그들의 평판이 이미 훼손되었거나 잠재적으로 훼손될 것을 알고 있는 사람들만을 대상으로 해명하였다.

결론적으로, 모건과 에릭의 양육권 분쟁은 직접적인 참여자가 아닌 사람들에게 실질적인 영향을 미쳤다는 점에서 사회적인 논란에 해당된다. 그러나 조부모인 빈센트와 도리

---

841 "Honest indignation and strong words," "colorful verbiage," and even hyperbole and "exaggerated statements" of fact all may be uttered in self-defense without stepping over the line into unreasonable behavior. See Foretich v. Capital Cities/ABC, Inc., 37 F.3d 1541, 1562 (4th Cir. 1994).

842 They described their former daughter-in-law as "mentally ill," "sick," and "not in her right mind." They labeled her allegations as "heinous lie[s]," "downright filth," and "filthy dirt"—"like from the bottom of a cesspool." See Foretich v. Capital Cities/ABC, Inc., 37 F.3d 1541, 1562 (4th Cir. 1994).

843 "Excessive publication is conceptually parallel to the use of excessive force in self-defense [of one's person or property]." Smolla, *supra,* § 8.08[1], at 8-23. "The reply must reasonably focus on the audience which heard the attack." See Foretich v. Capital Cities/ABC, Inc., 37 F.3d 1541, 1563 (4th Cir. 1994).

스의 공개적인 입장 표명은 양육권 분쟁의 결과에 영향을 미치기 위해 사회적인 논란의 최전선에 자발적으로 개입한 것이 아닌, 모건의 비난에 맞서 그들의 평판을 지키기 위해 방어한 것에 불과하므로 그들은 제한된 목적의 공인(limited-purpose public figure)이 아닌 개인에 해당된다는 것이다.

공인(public figure)에 대한 판단 기준의 발전 과정

뉴욕 타임즈 판결이 있기 전인 1964년 이전에는 보통법(common law)에 따라 개인의 평판을 해할 수 있는 허위 내용을 게재하기만 하면 이를 게재한 상대방에게 엄격 책임을 부과하였고 연방 헌법 제1조가 보호하는 언론 출판의 자유에 대해서는 고려하지 않았다.

그러나 뉴욕 타임즈 케이스에서 공직자(public official)의 공적인 업무 수행(public conduct)에 대한 명예훼손에 적용되는 손해배상 기준으로 실질적 악의 기준(actual malice standard)이 확립되었고, 3년 뒤인 1967년에는 Butts 케이스를 통해 공인(public figure)인 경우에도 동일하게 뉴욕 타임즈 케이스의 실질적 악의 기준(actual malice standard)이 확대 적용되었다. 하지만 Butts 케이스는 명예훼손으로 인한 손해배상을 청구한 원고가 어떤 경우에 공인(public figure)에 해당되는지 여부에 대해 구체적인 기준을 제시하지 못했다.

이후 명예훼손으로 인한 손해배상을 청구한 원고가 공인(public figure)에 해당하는지 아니면 개인에 해당하는지 여부가 쟁점이 된 Gertz 케이스(1974)를 통해 공직자(public official)/공인(public figure)과 개인에게 다른 손해배상 기준이 적용되었고, 공인(public figure)을 모든 목적의 공인(all-purpose public figure)과 제한된 목적의 공인(limited-purpose public figure)으로 구분하여 정의하게 되었다.

원고가 공직자(public official) 및 공인(public figure)에 해당하는 경우에는 뉴욕 타임즈 케이스의 실질적 악의 기준(actual malice standard)이 적용되지만, 원고가 개인인 경우에는 실질적 악의 기준(actual malice standard)보다는 낮은 각 주에서 정한 과실 책임 기준을 입증함으로써 손해배상 청구가 가능하도록 규정하였다. 공인(public figure)과 개인의 손해배상 기준에 차등을 두게 된 이유는 공인(public figure)의 경우 개인과는 달리 명예훼손을 당했을 때 언론과의 접촉을 통해 이에 대응할 수 있는 자체적인 능력을 가지고 있기 때문이다. 또한 공인(public figure)은 공직자(public official)와 마찬가지로 이미 명예훼손으로 인해 피해를 입을 수 있는 위험성에 자발적으로 뛰어든 자이므로 개인에 비해 상대적으로 보호받을만한 자격이 충분히지 않다.

공인(public figure)의 인정 기준에 대해서는 사회 전반적으로 명성 혹은 악평을 가지고 있는 자로 잘 알려져 있고, 사회 문제에서 중요한 역할을 맡고 있으며, 대중에게 설득력과 영향력이 있어 사회에서 일어나는 모든 논쟁에 자발적으로 개입하는 자인 경우에는 모든 목적의 공인(all-purpose public figure)에 해당한다고 보았다. 반면, 특정 논쟁에 자발적으로 개입하여 제한된 범위의 문제 해결에 앞장서는 자인 경우에는 제한된 목적의 공인(limited-purpose public figure)에 해당한다고 보았다. 한편, 스스로 의도적으로 행동하지 않아도 공인(public figure)이 되는 경우는 있지만 비 자발적으로 공인(public figure)이 되는 경우는 극히 드물다고 판단하였다.

이후 Firestone(1976), Hutchinson(1979), Wolston(1979) 케이스에서는 Gertz 케이스에서 확립된 공인(public figure)의 판단기준을 적용하여 원고가 명예훼손에 따른 손해배상을 청구할 수 있는 자격이 있는지 여부를 결정하였다.

Firestone 케이스에서 연방 대법원은 이혼 소송의 당사자인 메리가 공인(public figure)이 아니라고 판단하였다. 그 이유는 그녀가 사회 문제에서 특별한 역할을 맡지 않았으며, 관련 문제의 해결에 영향을 미치기 위해 특정한 사회적인 논란에 앞장서지 않았다고 지적했다.

Hutchinson 케이스에서 연방 대법원은 허친슨이 연방 기금 수령과 골든 플리스상의 수상과 관련된 논쟁에 대응하기 위한 목적으로 언론에 접촉한 것일 뿐, Gertz 케이스의 제한된 목적의 공인(limited-purpose public figure)과 같이 해당 논란의 최전선에 자발적으로 개입하지 않았다고 지적했다.

Wolston 케이스에서 연방 대법원은 친척의 스파이 활동으로 대배심(Grand Jury)에 증인으로 소환되었으나 이를 거부한 올스턴이 대중의 관심을 끄는 문제에 연루되어 있었던 것은 맞지만 그렇다고 해서 그가 자동적으로 공인(public figure)에 해당된다고 볼 수 없다고 지적했다. 올스턴은 관련된 문제 해결에 영향을 미치기 위한 목적으로 대중의 관심을 끌지 않았고, 대중의 관심을 이끌어 내려고 자발적으로 노력한 적도 없었다고 덧붙였다.

본 케이스의 쟁점인 힐러리의 조부모가 제한된 목적의 공인(limited-purpose public figure)에 해당하는지 아니면 개인에 해당하는지 여부를 판단하기 위해서는 모건과 에릭의 양육권 분쟁에 조부모가 관여하게 된 이유와 관여한 정도를 확인해야 한다. 이는 Fitzgerald 케이스에서 처음으로 제시되었고 Reuber 케이스에서도 사용되었던 아래 다섯 가지 요건을 적용하여 판단해 볼 수 있다.

(1) 힐러리의 조부모가 효과적인 의사소통 채널에 접촉할 수 있었는지 여부
(2) 힐러리의 조부모가 모건과 에릭의 양육권 분쟁에서 특별한 역할을 맡았는지 여부
(3) 힐러리의 조부모가 분쟁 결과에 영향을 미치려고 했는지 여부
(4) ABC 방송국이 힐러리의 조부모의 명예를 훼손하는 내용을 방송하기 전에 이미 힐러리에 대한 논란이 있었는지 여부
(5) 힐러리의 조부모가 방송 당시에 공인(public figure)으로서의 지위를 가지고 있었는지 여부

힐러리의 조부모는 모건과 에릭의 양육권 분쟁에서 자발적으로 특별한 역할을 맡지 않았다. 따라서 힐러리의 조부모는 나머지 요건에 대해 고려할 필요가 없이 제한된 목적의 공인(limited-purpose public figure)이 아닌 개인에 해당된다.[844]

844 Having concluded that there was indeed a public controversy that gave rise to the alleged defamation, we

"Foretich 케이스의 법률적 쟁점은 명예훼손의 피해를 입은 원고가 제한된 목적의 공인(limited-purpose public figure)에 해당하는지 여부이다."[845]

ı Erickson v. Johns Street Publishers, 368 S.C. 444, 469, 629 S.E.2d 653 (S.C. 2006).

"Foretich 케이스에는 어린 손녀를 성추행한 혐의로 기소된 조부모가 며느리가 제기한 혐의에 반박하기 위해 제한적으로 공개 발언 및 방송 출연에 응했다. 법원은 그러한 조부모의 반박 중 일부는 아마도 양육권 분쟁의 결과에 영향을 주기 위한 의도였을 것이라고 인정하였다. 그럼에도 불구하고 법원은 조부모의 주된 동기가 며느리의 비난으로부터 그들의 명예를 지키기 위한 것이었으며, 그들의 공개 발언은 사회적인 논란에 그들 자신을 전면에 내세우려는 노력이 아닌 며느리의 공격에 대해 방어하기 위한 답변이었다고 판단하였다."[846]

ı Lluberes v. Uncommon Productions, LLC, 663 F.3d 6, 19 (1st Cir. 2011).

must next examine "the nature and extent of [Vincent Foretich's and Doris Foretich's] participation in [that] controversy." Gertz, 418 U.S. at 352, 94 S.Ct. at 3013. In conducting that examination, we are guided by the five-part test that we set forth in Fitzgerald, supra, and reiterated in Reuber, supra: (1) whether Vincent and Doris Foretich had access to channels of effective communication; (2) whether Vincent and Doris Foretich voluntarily assumed roles of special prominence in the Morgan-Foretich public controversy; (3) whether Vincent and Doris Foretich sought to influence the outcome of the controversy; (4) whether the controversy existed prior to ABC's broadcast of the allegedly defamatory statement; and (5) whether Vincent and Doris Foretich retained public-figure status at the time of the broadcast. See Reuber, 925 F.2d at 708-11; Fitzgerald, 691 F.2d at 668. Because we find that neither Vincent nor Doris Foretich voluntarily assumed a role of special prominence in the Morgan-Foretich controversy in order to influence its outcome, we need not consider the other elements of the Fitzgerald /Reuber test. See Reuber, 925 F.2d at 708-09 (citing Gertz, 418 U.S. at 345, 94 S.Ct. at 3009-10; Fitzgerald, 691 F.2d at 668). See Foretich v. Capital Cities/ABC, Inc., 37 F.3d 1541, 1555-1556 (4th Cir. 1994).

845 Foretich v. Capital Cities/ABC, Inc., 37 F.3d 1541, 1551 (4th Cir.1994) (question of whether defamation plaintiff is a limited-purpose public figure is an issue of law for the court). See Erickson v. Johns Street Publishers, 368 S.C. 444, 469, 629 S.E.2d 653 (S.C. 2006).

846 In Foretich, grandparents, accused by their daughter-in-law of molesting their infant granddaughter, made limited "public comments and appearances" to rebut her accusations. Id. at 1557-58 (granting requests for interviews, attending three press conferences, and appearing on two television shows). The court acknowledged that some of those rebuttals "were probably intended (at least in part) to influence the outcome of the custody dispute." Id. at 1563. Nevertheless, invoking the common-law privilege of reply, the court held that the grandparents' "primary motive was to defend their own good names against [her] accusations and that their public statements can most fairly be characterized as measured defensive replies to her attacks, rather than as efforts to thrust themselves to the forefront of a public controversy in order to influence its outcome." Id. See Lluberes v. Uncommon Productions, LLC, 663 F.3d 6, 19 (1st Cir. 2011).

9/ Wells v. Liddy (연방 제4 항소법원, 186 F.3d 505, 4th Cir. 1999)

본 케이스는 민주당 국가 위원회(Democratic National Committee, 이하 "DNC") 소속 비서였던 아이다 맥스웰 맥시웰스(Ida Maxwell Maxie Wells, 이하 "웰스")와 대통령 재선 위원회 고문인 지 고든 리디(G. Gordon Liddy, 이하 "리디")가 연루되었던 워터게이트 사건에서 비롯된 명예훼손을 다루고 있다. 본 케이스의 이슈는 웰스가 제한된 목적의 공인(limited-purpose public figure)에 해당되는지 여부이다. 연방 제4 항소법원은 웰스가 Gertz 케이스의 제한된 목적의 공인(limited-purpose public figure)에도, 1심 법원이 인정한 비 자발적인 공인(involuntary public figure)에도 해당되지 않는 개인이라고 판단하였다.

1) 사실 관계

웰스는 1972년 2월부터 7월까지 DNC 임원의 비서로 일했다. 같은 해 6월 18일, 5인조 강도들이 이전에 설치한 도청 장치를 교체하기 위해 임원의 집무실이 있는 워터게이트에 잠입했다가 체포되었다. 연방수사국(FBI)은 조사 후 임원의 통화 내용이 불법 도청되고 있었고, 집무실에 침입할 당시 강도들은 웰스의 책상 서랍을 열어보려고 시도했으며, 그들의 소지품에서 웰스의 책상 열쇠가 발견되었다고 밝혔다. 5인조 강도의 침입을 사주한 용의자로 지목된 백악관 보좌관 이 하워드 헌트(E. Howard Hunt)와 대통령 재선 위원회 고문인 리디는 기소 후 재판에서 유죄 판결을 받고 감옥에서 복역하였다. 1977년, 감옥에서 출소한 리디는 라디오 토크쇼에 출연하고, 자서전(Will)을 출간했으며, 강연회의 연사로 연설을 하는 등 여러 분야에서 활발하게 활동해왔다.

1991년에는 "침묵의 쿠데타"(Silent Coup)라는 책이 출간되었는데, 이 책에서 저자들은 1972년에 일어난 워터게이트 침입 사건은 강도들이 단순히 도청 장치를 교체하기 위해 일어난 것이 아니라, 닉슨 대통령의 법률 고문인 존 딘(John Dean)의 부인과 변호사이자 알선책인 베일리(Bailley), 매춘 서비스 업주인 리칸(Rikan)이 결탁하여 DNC의 외부 방문객을 상대로 매춘 행위를 알선해온 사실을 덮기 위한 것이라고 주장하였다. 1991년 6월 3일, 베일리를 통해 사실임을 확인한 리디는 공개 연설 및 라디오 방송에서 매춘 여성들의 사진들이 웰스의 책상 안에 있었다고 언급하면서 웰스가 DNC의 외부 방문객들과 매춘 여성들을 연결해주는 일을 담당했다고 주장하였다. 웰스를 겨냥한 리디의 발언은 영화 닉슨을 감독한 올리버 스톤(Oliver Stone)의 웹사이트에서도 "침묵의 쿠데타"에서 수상하는 DNC의 매춘 알선 행위 연루설을 옹호하는 주장으로 함께 게시되었다.

이후 웰스는 1997년 4월 1일에 매릴랜드주 연방 1심 법원에 리디를 상대로 명예훼손으로 소를 제기하였다. 웰스는 소장에서 리디가 대중들을 상대로 여러 차례에 걸쳐 본인이 DNC를 방문한 남성들을 상대로 매춘 여성들을 알선하는 역할을 했다고 발언하여 본인의 명예를 훼손시켰다고 주장하였고,[847] 명예 실추로 인한 손해로 1백만불, 정신적 고통으로 인한 손해 1백만불 및 징벌적 손해배상으로 3백만불의 배상을 청구하였다.

연방 1심 법원은 웰스가 드물지만 Gertz 케이스에서 다룬 비 자발적인 공인(involuntary public figure)에 해당한다고 보았다. 따라서 웰스가 리디를 상대로 명예훼손에 따른 손해배상을 청구하려면 실질적 악의(actual malice)를 입증하여야 한다고 판단하였다.

하지만 리디가 허위임을 알았거나 혹은 진실 여부에 대해 미필적 고의(reckless disregard)를 가지고 웰스가 DNC의 매춘 행위 알선책으로 활동했다고 발언했는지 여부에 대해 웰스가 명백하고 확실한 증거(clear and convincing evidence)를 제시하여 입증하지 못했다고 판단하였다. 이와 관련하여 웰스가 그녀의 책상에 매춘 행위와 관련된 사진을 보관하고 있었다는 베일리의 증언이 리디의 주장이 사실이었음을 뒷받침해준다고 덧붙였다.

그러나 리디는 연방 1심 법원의 판단과 같이 웰스가 비 자발적인 공인(involuntary public figure)에 해당한다는 점에는 동의하지만, 웰스가 워터게이트 사건과 관련된 인터뷰에 참여한 것은 그녀가 스스로 제한된 목적의 공인(voluntary limited-purpose public figure)임을 명확히 보여주는 것이라고 주장하였다.

2) 연방 제4 항소법원의 결정 요지

Gertz 케이스를 기초로 하여 공인(public figure)의 세가지 유형을 다음과 같이 제시하였다.[848]

① 비 자발적인 공인(involuntary public figures): 자신의 의도적인 행동없이 공인(public figures)이 된 경우

847 Wells asserted that Liddy defamed her by stating to public audiences on several occasions that she acted as a procurer of prostitutes for men who visited the DNC. See Wells v. Liddy 186 F.3d 505, 518 (1991).

848 Thus, we have interpreted *Gertz* as creating three distinct types of public figures:
(1) "involuntary public figures," who become public figures through no purposeful action of their own; (2) "all-purpose public figures," who achieve such pervasive fame or notoriety that they become public figures for all purposes and in all contexts; and (3) "limited-purpose public figures," who voluntarily inject themselves into a particular public controversy and thereby become public figures for a limited range of issues.
Foretich v. Capital Cities/ABC, Inc., 37 F.3d 1541, 1551-52 (4th Cir.1994). See Wells v. Liddy 186 F.3d 505, 532 (1991).

② 모든 목적의 공인(all-purpose public figures): 사회 전반에서 명성 혹은 악평을 얻게 되어 모든 목적에서 공인(public figures)이 된 경우

③ 제한된 목적의 공인(limited-purpose public figures): 특정한 사회적인 논란에 자발적으로 개입한 결과 해당 이슈의 제한적인 범위 내에서 공인(public figures)이 된 경우

이 중 원고가 제한된 목적의 공인(limited-purpose public figure)에 해당되기 위해서는 피고가 다음의 다섯 가지 요건을 모두 입증하여야 한다는 것이다.[849]

① 원고가 효과적인 의사소통 채널에 접근해왔음

② 원고가 사회적인 논란에서 자발적으로 특별한 역할을 맡은 것으로 간주됨

③ 원고가 해당 논란의 해결 혹은 결과에 영향을 미치려 하였음

④ 명예를 훼손하는 내용이 출판되기 전에 해당 논란이 이미 존재했음

⑤ 원고는 명예훼손이 주장된 시점에 공인(public figure)으로서의 지위를 보유하고 있었음

연방 대법원의 Gertz, Firestone, Wolston 케이스에서는 위 다섯 가지 요건 중 특히 두 번째 요건의 입증을 강조하였다.[850] 본 케이스의 경우 웰스가 워터게이트 침입 사건으로 대중에게 알려진 것이 본인이 사건과 관련하여 자발적으로 특별한 역할을 맡으려는 의도에서 기인한 것으로 볼 수 없다. 따라서 웰스는 공인(public figure)에 해당되지 않는다는 것이다. 오히려 워터게이트 사건에 대한 웰스의 관여는 Wolston 케이스와 같이 비 자발적인 것에 불과하다는 것이다.[851]

---

849 Before a plaintiff can be classified, as a matter of law, as a limited-purpose public figure, the defendant must prove that:

(1) the plaintiff has access to channels of effective communication;

(2) the plaintiff voluntarily assumed a role of special prominence in the public controversy;

(3) the plaintiff sought to influence the resolution or outcome of the controversy;

(4) the controversy existed prior to the publication of the defamatory statement; and

(5) the plaintiff retained public-figure status at the time of the alleged defamation.

See Reuber v. Food Chemical News, Inc., 925 F.2d 703, 708-10 (4th Cir.1991) (en banc). See Wells v. Liddy 186 F.3d 505, 534 (1991).

850 *Gertz, Firestone,* and *Wolston* each have touched upon the characteristics that must be proven to demonstrate that a plaintiff has "voluntarily assumed a role of special prominence in a public controversy." *Reuber,* 925 F.2d at 709. See Wells v. Liddy 186 F.3d 505, 535 (1991).

851 In light of the foregoing, viewing Wells's pub디ic exposures during and after the Watergate break-in

구체적으로, 워터게이트 사건의 전말을 다룬 책(Secret Agenda,[852] Silent Coup)에서 워터게이트 사건이 DNC의 매춘 알선 행위와 연결되어 있다는 폭로 내용은 웰스가 워터게이트 사건과 관련된 논란에서 자발적으로 특별한 주목을 받으려고 한 것에서 기인하지 않았다.[853] 워터게이트 사건과 관련하여 네 차례에 걸쳐 이루어진 언론과의 인터뷰 또한 당시 사건의 목격자로서 진행자의 질문에 답변을 한 것일 뿐, 웰스가 공인(public figure)으로서의 지위를 이용하여 워터게이트 사건과 관련된 논란에 영향을 미치려고 한 행동이 아니었다는 것이다.[854]

리디는 본 법원이 제한된 목적의 공인(limited-purpose public figure)에 해당되는지 여부를 결정하는 다섯 가지 요건들을 충족하지 못했다. 따라서 웰스는 제한된 목적의 공인(limited-purpose public figure)에 해당되지 않는다는 것이다.[855]

또한 웰스는 또한 비 자발적인 공인(involuntary public figure)에도 해당되지 않는다는 것이다. 비 자발적인 공인(involuntary public figure)의 경우 제한된 목적의 공인(limited-purpose public figure)과 쟁점이 된 사회적인 논란과 공인(public figure)의 행동 사이에 반드시 인과 관계가 있어야 하는 것은 아니지만 결과적으로 공인(public figure)의 행동으로 인해 사회적인 논란이 일어났어야 한다. 특히 제한된 목적의 공인(limited-purpose public figure)으로 인정될 수 있는 위 다섯 가지 요건 중 네 번째와 다섯 번째 요건이 충족되어

---

collectively, we conclude that Wells has not "voluntarily assumed [a role] of special prominence in the ... public controversy." *Foretich*, 37 F.3d at 1556. *Gertz*, *Firestone*, and *Wolston* establish conclusively that Wells was not a public figure during the immediate aftermath of the Watergate break-in in the 1970s. Like Wolston, Wells's involvement in the Watergate investigation was wholly involuntarily; she was "dragged unwillingly into the controversy," *Wolston*, 443 U.S. at 166, 99 S.Ct. 2701, initially by the commission of a crime at her workplace and later by the governmental investigation that ensued. See Wells v. Liddy 186 F.3d 505, 536 (1991).

852 워터게이트 사건이 DNC의 매춘 알선 행위와 연결되어 있음을 폭로한 책 중의 하나로써 1984년에 출판되었다.

853 Because the disclosures of *Secret Agenda* and *Silent Coup* cannot be fairly attributed to Wells's voluntary participation, we cannot conclude that she sought a prominent role in the Watergate controversy as a result of being named therein. See Wells v. Liddy 186 F.3d 505, 537 (1991).

854 Responding to requests from inquiring reporters about these matters does not convert Wells into a public figure when her statements cannot be interpreted to have an impact upon the merits of the ongoing Watergate controversy. *See Firestone*, 424 U.S. at 454 n. 3, 96 S.Ct. 958 (stating that holding press conferences does not cr진ate public figure status when held in response to reporter inquiries and in a situation when it is not possible to influence the merits). See Wells v. Liddy 186 F.3d 505, 537 (1991).

855 As a result, we conclude that Liddy has not met his burden of proving each of the five elements of this circuit's limited-purpose public figure test, and we must determine that Wells is not a limited-purpose public figure under our jurisprudence. See Wells v. Liddy 186 F.3d 505, 537 (1991).

야만 비 자발적인 공인(involuntary public figure)에 해당되는데,[856] 웰스의 경우 이 요인들이 충족되지 않았다는 것이다.

결론적으로, 웰스는 제한된 목적의 공인(limited-purpose public figure)도 비 자발적인 공인(involuntary public figure)도 아닌 개인에 해당하므로 실질적 악의(actual malice)에 대한 입증이 없이도 주법에서 정하는 과실 기준에 따라 통상 손해의 배상이 인정된다는 것이다. 그러나 징벌적 손해배상의 경우 실질적 악의(actual malice)의 입증 여부에 따라 손해배상의 인정 여부가 결정된다.

"원고가 범죄 활동과 같이 언론의 관심을 끌 수 있는 활동에 참여했다고 해서 그것이 그가 사회적인 논란에서 특별히 중요한 역할을 맡고 있는 것과 동일하다고 볼 수 없다."[857]

ı Carr v. FORBES, INCORPORATED, 259 F.3d 273, 280 (4th Cir. 2001).

"웰스는 워터게이트 침입 사건이 발생했을 당시에 DNC에 의해 고용되어 비서로 일했다. 리디는 누군가가 웰스의 책상에서 외부 손님들에게 매춘 행위를 알선하기 위해 사용된 사진을 찾고 있었기 때문에 침입이 발생했다는 이론을 발표하였다. 연방 제4 항소법원은 웰스가 비 자발적인 공인(involuntary public figure)이라는 리디의 주장을 기각하였다."[858]

ı Alharbi v. Beck, 62 F.Supp.3d 202, 211 (D. Mass. 2014).

---

856 To summarize, an involuntary public figure has pursued a course of conduct from which it was reasonably foreseeable, at the time of the conduct, that public interest would arise. A public controversy must have actually arisen that is related to, although not necessarily causally linked, to the action. The involuntary public figure must be recognized as a central figure during debate over that matter. Further, we retain two elements of the five-part *Reuber* test, specifically: (1) the controversy existed prior to the publication of the defamatory statement; and (2) the plaintiff retained public-figure status at the time of the alleged defamation. *See id.* at 710. Additionally, to the extent that an involuntary public figure attempts self-help, the *Foretich* rule must apply with equal strength. *See* 37 F.3d at 1558. See Wells v. Liddy 186 F.3d 505, 540 (1991).

857 "activity likely to engender publicity, even criminal activity, does not equate to taking on a role of special prominence in a public controversy." Wells v. Liddy, 186 F.3d 505, 536 (4th Cir.1999). See Carr v. FORBES, INCORPORATED, 259 F.3d 273, 280 (4th Cir. 2001).

858 Wells involved a secretary who was employed at the Democratic National Committee at the time of the Watergate break-in. The defendant published a theory suggesting that the break in occurred because someone was seeking photographs in Wells's desk "that were used to offer prostitution services to out-of-town guests." Id. at 512. The court rejected the defendant's argument that Wells was an involuntary public figure. See Alharbi v. Beck, 62 F.Supp.3d 202, 211 (D. Mass. 2014).

"

In the context of governmental restriction of speech, it has long been established that the government cannot limit speech protected by the First Amendment without bearing the burden of showing that its restriction is justified.

"

Philadelphia Newspapers, Inc. v. Hepps (연방 대법원, 475 U.S. 767, 777, 1986)

H. 공적인 관심사 (Public Concern)

Philadelphia Newspapers, Inc. v. Hepps (연방 대법원, 475 U.S. 767, 1986)

본 케이스는 회사의 공적인 관심사(public concern)와 관련된 문제를 보도한 언론사를 상대로 회사의 주주인 개인이 제기한 명예훼손 사건이다. 본 케이스의 이슈는 기사 내용의 진실성에 대해 언론사에게 입증 책임이 있는지 여부이다. 연방 대법원은 원고 개인이 명예훼손에 따른 손해배상을 청구하기 위해서는 원고가 언론사의 과실(fault)뿐만 아니라 보도내용이 허위(falsity)에 해당한다는 것을 입증해야 한다고 판단하였다.

1) 사실 관계

모리스 헵스(Maurice S. Hepps, 이하 "헵스")는 맥주, 청량 음료 및 과자를 판매하는 매장 체인인 트리프티(Thrifty, 이하 트리프티)를 프랜차이즈하는 회사인 GPI(General Programming, Inc.)의 주주였다. 주주인 헵스 및 GPI와 프랜차이즈에 속한 여러 회사가 피항소인으로 본 소송에 참여하였다.[859] 항소인인 필라델피아 신문사(Philadelphia Newspapers, Inc.)는 필라델피아 신문(Philadelphia Inquirer)를 소유하고 있었다. 필라델피아 신문은 본 소송에서 문제가 되는 내용을 포함하고 있는 윌리엄 에첸버거(William Ecenbarger)와 윌리엄 램버트(William Lambert)가 작성한 기사들을 게시하였다. 1975년 5월과 1976년 5월 사이에 필라델피아 신문에 실린 5개 기사의 일반적인 주제는 헵스 측이 조직 범죄와 커넥션을 가지고 있는데 입법과 행정에 있어 주 정부의 업무 진행에 영향을 미치기 위해 커넥션 중 일부를 사용하였다는 것이었다.

해당 기사의 A60면에서는 "피츠버그시의 민주당원이자 유죄 판결을 받은 중범죄자"로 묘사된 주 의원에 대해 다루었다. A62－A63면에서는 "헵스와 트리프티를 대신하여 의원이 주 정부에 간섭하는 명백한 패턴"을 보여준다고 서술하였다. A65면에서 이 기사들은 연방 "수사관들이 트리프티와 암흑가에서 활동하는 사람들 사이에 커넥션을 찾아냈

859 Appellants list nine entities as appellees in the proceedings in this Court: Maurice S. Hepps; General Programming, Inc.; A. David Fried, Inc.; Brookhaven Beverage Distributors, Inc.; Busy Bee Beverage Co.; ALMIK, Inc.; Lackawanna Beverage Distributors; N. F. O., Inc.; and Elemar, Inc. Brief for Appellants ii. See Philadelphia Newspapers, Inc. v. Hepps, 475 U.S. 767, 769 [1] (1986).

다"고 보도하였다. A80면에서 "트리프티 음료 및 맥주 체인은… 조직 범죄와 커넥션을 가지고 있었다"고 서술하였다. 그리고 A65면에서 트리프티는 "주의 관리 위원회의 결정으로 경쟁에서 우위를 선점하였다"고 서술하였다. A68면에서 대배심(Grand Jury)은 "트리프티 체인과 유명한 마피아 사이에 의심되는 관계"와 "트리프티 체인이 주 정부와 주류 관리 위원회로부터 특별 대우를 받았는지 여부"를 조사하고 있다고 서술하였다.[860]

헵스 측은 펜실베니아주 1심 법원에 필라델피아 신문사 측을 상대로 명예훼손 소송을 제기하였다. 펜실베니아주는 Gertz 판결과 동일하게 명예훼손 소송을 제기한 개인(private figure)이 피고의 과실(negligence) 혹은 악의(malice)를 입증하도록 요구하였다.[861]

1심 법원은 필라델피아 신문사 측에게 해당 기사의 내용이 진실한지 여부를 입증해야 하는 책임을 부여한 펜실베니아 주법이 연방 헌법을 위반했다고 판단하였다. 따라서 1심 법원은 헵스 측에게 신문사의 보도 내용이 허위(falsity)에 해당한다는 것을 입증해야 할 책임이 있다는 판단 기준을 배심원에게 제시하였다.

배심원이 필라델피아 신문사 측에게 유리한 결정을 내림에 따라 헵스 측의 손해배상은 인정되지 않았다.

펜실베니아주 대법원은 연방 대법원이 Gertz 케이스에서 명예훼손에 따른 손해배상을 청구하기 위해서는 원고가 피고의 과실(fault)을 입증해야 한다고 판단하였다고 단순하게 해석하였다. 원고는 피고의 과실(fault)만 입증하면 되고 명예훼손이 의심되는 내용이 허위(falsity)에 해당하는지 여부는 추가로 입증할 필요가 없다고 보았다. 또한 피고에게 진실에 대한 입증 책임을 부과하는 것이 위헌이 아니라고 판단하였다.[862]

---

860 The articles discussed a state legislator, described as "a Pittsburgh Democrat and convicted felon," App. A60, whose actions displayed "a clear pattern of interference in state government by [the legislator] on behalf of Hepps and Thrifty," id., at A62-A63. The stories reported that federal "investigators have found connections between Thrifty and underworld figures," id., at A65; that "the Thrifty Beverage beer chain … had connections … with organized crime," id., at A80; and that Thrifty had "won a series of competitive advantages through rulings by the State Liquor Control Board," id., at A65. A grand jury was said to be investigating the "alleged relationship between the Thrifty chain and known Mafia figures," and "[w]hether the chain received special treatment from the [state Governor's] administration and the Liquor Control Board." Id., at A68. See Philadelphia Newspapers, Inc. v. Hepps, 475 U.S. 767, 769 (1986).

861 42 Pa. Cons. Stat. § 8344 (1982).

862 That court viewed Gertz as simply requiring the plaintiff to show fault in actions for defamation. It concluded that a showing of fault did not require a showing of falsity, held that to place the burden of showing truth on the defendant did not unconstitutionally inhibit free debate, and remanded the case for a new trial.

[2] The state courts that have considered this issue since Gertz have reached differing conclusions.

2) 연방 대법원의 결정 요지

명예훼손에서 허위(falsity)는 사실이 아닌 내용(false statement)을 의미한다. 보통법(common law)에서는 명예훼손적인 발언이 진실에 해당하는지 혹은 허위(falsity)에 해당하는지 여부에 대한 입증책임이 피고에게 있다고 규정하였다. 반면, 과실(fault)은 타인의 명예를 훼손하는 글을 게재하였을 당시에 피고의 과실의 정도를 의미한다. 뉴욕타임즈 케이스 이전에는 피고의 과실(fault)에 대한 입증없이 허위에 해당되기만 하면 해당 발언을 게재한 피고에게 엄격 책임을 부과하였다.

그러나 뉴욕 타임즈 케이스에서 연방 헌법 제1조의 언론 출판의 자유를 보호하기 위하여 원고가 공직자(public official)이고 공적인 업무 수행(public conduct)과 관련하여 공직자의 명예를 훼손하는 내용이 게재된 경우 실질적 악의 기준(actual malice standard)에 따라 원고가 언론사의 과실(fault)을 입증하도록 규정하였다. 이후 Butts 케이스에서는 뉴욕 타임즈 케이스에서 확립된 실질적 악의 기준(actual malice standard)을 확대 적용하여 명예훼손 사건의 원고가 공인(public figure)인 경우라도 공직자(public official)와 동일하게 실질적 악의 기준(actual malice standard)에 따라 언론사의 과실(fault)을 입증하도록 규정하였다.

빈면 Gertz 케이스에서는 명예훼손 사건의 원고가 공직자(public official)도 공인(public figure)도 아닌 개인의 경우에도 동일하게 실질적 악의 기준(actual malice standard)에 따라 언론사의 과실(fault)을 입증하여야 하는지 여부가 쟁점으로 다루어졌다. 연방 대법원은 이 경우 실질적 악의 기준(actual malice standard)보다 낮은, 각 주에서 정한 손해배상 책임 기준에 따라 원고가 피고의 과실(fault)을 입증하면 명예훼손으로 인한 손해배상을 받을 수 있다고 판단하였다. 구체적인 손해배상 인정 여부와 관련하여 실제 손해(actual damage)에 대해서는 원고 개인이 과실(fault)만 입증해도 청구가 가능하지만 추정 손해 혹은 징벌적 손해배상의 경우에는 실질적 악의(actual malice)에 대한 입증이 여전히 요구된다고 판단하였다.

이후 Dun & Bradstreet 케이스에서는 공적인 관심사(public concern)와 관련된 명예훼손 사건이었던 위 세가지 케이스와는 달리 사적인 관심사(private concern)와 관련하여 원

Compare, e. g., Denny v. Mertz, 106 Wis. 2d 636, 654-658, 318 N. W. 2d 141, 150-151 (defendant must bear burden of showing truth), cert. denied, 459 U. S. 883 (1982), and Memphis Publishing Co. v. Nichols, 569 S. W. 2d 412 (Tenn. 1978) (same), with Gazette, Inc. v. Harris, 229 Va. 1, 15-16, 325 S. E. 2d 713, 725 (plaintiff must bear burden of showing falsity), cert. denied, 473 U. S. 905 (1985), and Madison v. Yunker, 180 Mont. 54, 67, 589 P. 2d 126, 133 (1978) (same).See Philadelphia Newspapers, Inc. v. Hepps, 475 U.S. 767, 771 & 771 [2] (1986).

고 개인이 명예훼손으로 소송을 제기하였다. 연방 대법원은 공적인 관심사(public concern)가 아닌 사적인 관심사(private concern)와 관련된 명예훼손적인 발언의 경우 실질적 악의(actual malice)에 대한 입증이 없이도 추정 손해 및 징벌적 손해배상이 인정되므로 원고가 징벌적 손해배상을 청구하기 위해 피고의 실질적 악의(actual malice)를 입증할 필요가 없다고 판단하였다.[863]

한편, 원고가 피고의 허위(falsity)를 입증하는 문제에 대해 뉴욕 타임즈 케이스는 공직자(public official)인 원고가 기사 내용이 허위임을 입증하여야만 명예훼손에 따른 손해배상을 청구할 수 있다고 판단하였다. 또한 Herbert v. Lando 케이스에서도 동일하게 공인(public figure)인 원고가 언론사의 허위 발언을 입증하여야 한다고 판단하였다.[864]

따라서 본 케이스의 경우에도 원고가 명예훼손에 따른 손해배상을 청구하기 전에 피고의 과실(fault)뿐만 아니라 허위(falsity)를 입증하여야 한다는 것이다.[865]

그런데 사실 확인 과정에서 기사 내용이 진실한지 혹은 허위인지 여부를 판단해 줄

---

863 The Court most recently considered the constitutional limits on suits for defamation in Dun & Bradstreet, Inc. v. Greenmoss Builders, Inc., 472 U. S. 749 (1985). In sharp contrast to New York Times, Dun & Bradstreet involved not only a private-figure plaintiff, but also speech of purely private concern. 472 U. S., at 751-752. A plurality of the Court in Dun & Bradstreet was convinced that, in a case with such a configuration of speech and plaintiff, the showing of actual malice needed to recover punitive damages under either New York Times or Gertz was unnecessary:
"In light of the reduced constitutional value of speech involving no matters of public concern, we hold that the state interest [in preserving private reputation] adequately supports awards of presumed and punitive damages — even absent a showing of 'actual malice.'" 472 U. S., at 761 (opinion of POWELL, J.).
See also id., at 764 (BURGER, C. J., concurring in judgment); id., at 774 (WHITE, J., concurring in judgment). See Philadelphia Newspapers, Inc. v. Hepps, 475 U.S. 767, 774-775 (1986).

864 Our opinions to date have chiefly treated the necessary showings of fault rather than of falsity. Nonetheless, as one might expect given the language of the Court in New York Times, see supra, at 772-773, a public-figure plaintiff must show the falsity of the statements at issue in order to prevail in a suit for defamation. See Garrison v. Louisiana, 379 U. S. 64, 74 (1964) (reading New York Times for the proposition that "a public official [is] allowed the civil [defamation] remedy only if he establishes that the utterance was false"). See also Herbert v. Lando, 441 U. S. 153, 176 (1979) ("[T]he plaintiff must focus on the editorial process and prove a false publication attended by some degree of culpability"). See Philadelphia Newspapers, Inc. v. Hepps, 475 U.S. 767, 775 (1986).

865 Here, as in Gertz, the plaintiff is a private figure and the newspaper articles are of public concern. In Gertz, as in New York Times, the common-law rule was superseded by a constitutional rule. We believe that the common law's rule on falsity — that the defendant must bear the burden of proving truth — must similarly fall here to a constitutional requirement that the plaintiff bear the burden of showing falsity, as well as fault, before recovering damages. See Philadelphia Newspapers, Inc. v. Hepps, 475 U.S. 767, 776 (1986).

수 없는 경우가 발생할 수 있다는 것이다. 원고에게 허위(falsity)의 입증을 요구하는 경우, 원고는 기사의 내용이 실제로 허위라고 하더라도 입증 요건을 충족할 수 없는 사례들이 있을 수 있고 이로 인해 원고는 본인에게 유리한 소송이라고 하더라도 결국에는 지게 된다. 이와 유사하게 피고에게 진실에 대한 입증을 요구하는 경우 기사의 내용이 실제로 진실이라고 하더라도 피고에게 입증 책임을 부과할 수 없는 사례들이 있을 수 있다. 이 경우 피고는 본인에게 유리하지 않은 소송이라 하더라도 결국에는 이기게 된다.

즉, 증거가 모호한 경우 원고 혹은 피고에게 입증 책임을 요구하는지 여부에 따라 결과가 달라지기 때문에 기사 내용 중 어디까지가 사실인지, 혹은 허위인지 여부에 대해 정확하게 알 수 없다는 것이다. 따라서 본 케이스와 같이 어느 쪽에 우위를 두어서 판단하여야 할지 불확실한 상황에서는 연방 헌법에 따라 진실된 발언을 보호하는 쪽으로 판단하여야 한다는 것이다.

연방 대법원은 Gertz 케이스에서 연방 헌법 제1조가 공적인 관심사(public concern)와 관련된 진실된 발언을 보호하기 위해 기사 작성과정에서 일부 포함된 허위 발언 또한 보호해야 한다고 판단하였다.[866] 연방 대법원은 또한 뉴욕 타임즈 케이스에서 공적인 관심사(public concern)와 관련된 진실된 발언을 보호하기 위해 허위 발언에 대한 책임으로부터 언론사를 보호해야 하고, 명예훼손 소송을 제기한 원고가 피고의 허위(falsity)뿐만 아니라 과실(fault)을 입증해야 한다고 판단하였다.[867]

따라서 본 케이스의 경우에도 연방 대법원의 결정례와 같이 명예훼손으로 인해 손해배상을 청구하려는 원고가 피고의 허위(falsity) 및 과실(fault)을 입증해야 한다는 것이다.[868]

866 In attempting to resolve related issues in the defamation context, the Court has affirmed that "[t]he First Amendment requires that we protect some falsehood in order to protect speech that matters." Gertz, 418 U. S., at 341. See Philadelphia Newspapers, Inc. v. Hepps, 475 U.S. 767, 778 (1986).

867 To provide "'breathing space,' " New York Times, supra, at 272 (quoting NAACP v. Button, 371 U. S., at 433), for true speech on matters of public concern, the Court has been willing to insulate even demonstrably false speech from liability, and has imposed additional requirements of fault upon the plaintiff in a suit for defamation. See, e. g., Garrison, 379 U. S., at 75; Gertz, supra, at 347. We therefore do not break new ground here in insulating speech that is not even demonstrably false. See Philadelphia Newspapers, Inc. v. Hepps, 475 U.S. 767, 778 (1986).

868 We note that our decision adds only marginally to the burdens that the plaintiff must already bear as a result of our earlier decisions in the law of defamation. The plaintiff must show fault. A jury is obviously more likely to accept a plaintiff's contention that the defendant was at fault in publishing the statements at issue if convinced that the relevant statements were false. As a practical matter, then, evidence offered by plaintiffs on the publisher's fault in adequately investigating the truth of the published statements will generally encompass evidence of the falsity of the matters asserted. See Keeton, Defamation and Freedom of

"Hepps 케이스에서 연방 대법원은 연방 헌법 제1조가 공적인 관심사(public concern)와 관련된 문제로 피고 언론사를 상대로 제기한 개인의 명예훼손 소송에서 원고가 피고의 과실(fault)뿐만 아니라 허위(falsity)의 입증을 요구한다고 판단함으로써 Gertz 판결을 확대했다."869

Kennedy v. Sheriff of East Baton Rouge, 935 So.2d 669, 676 (La. 2006).

"Hepps 케이스에서 연방 대법원은 연방 헌법 제1조가 공적인 관심사(public concern)에 대한 발언에서 비롯된 명예훼손으로 피고 언론사를 상대로 소를 제기한 개인에게 문제가 된 발언이 허위임을 입증하라고 요구하고 있다고 판단하였다."870

Adventure Outdoors, Inc. v. Bloomberg, 552 F.3d 1290, 1298 (11th Cir. 2008).

---

the Press, 54 Texas L. Rev. 1221, 1236 (1976). See also Franklin & Bussel, The Plaintiff's Burden in Defamation: Awareness and Falsity, 25 Wm. & Mary L. Rev. 825, 856-857 (1984). See Philadelphia Newspapers, Inc. v. Hepps, 475 U.S. 767, 778 (1986).

869 In Philadelphia Newspapers, Inc. v. Hepps, 475 U.S. 767, 106 S.Ct. 1558, 89 L.Ed.2d 783 (1986), the Supreme Court expanded its decision in Gertz by holding that the First Amendment requires placement of the burden of proving falsity, as well as fault, on the plaintiff in a defamation action by a private individual against a media defendant on a matter of public concern. See Kennedy v. Sheriff of East Baton Rouge, 935 So.2d 669, 676 (La. 2006).

870 In Philadelphia Newspapers, Inc. v. Hepps, 475 U.S. 767, 768-69, 106 S.Ct. 1558, 1559, 89 L.Ed.2d 783 (1986), the Supreme Court held that First Amendment concerns mandate that a private plaintiff suing a media defendant for defamation relating to speech on a matter of public concern must prove that the statements at issue are false. See Adventure Outdoors, Inc. v. Bloomberg, 552 F.3d 1290, 1298 (11th Cir. 2008).

“

A false statement must have the requisite defamatory “sting” to one's reputation.

”

Schaecher v. Bouffault (버지니아주 대법원, 772 S.E.2d 589, 594, Va. 2015)

Ⅰ. 암묵적 명예훼손 (Defamation by Implication)

1/ John C. Depp, II v. Amber Laura Heard (버지니아주 1심 법원, Case No. CL-2019-2911, Va. Cir. Ct. 2019)

본 케이스는 부부 관계에 있던 두 사람이 이혼 후 전 부인이 전 남편의 가정 폭력을 고발하는 내용의 글을 신문에 기고한 것에서 비롯된 명예훼손 사건이다. 본 케이스의 이슈는 전 부인이 기고한 글 중 네 가지 부분이 암묵적 명예훼손(defamation by implication)에 해당되는지 여부이다. 버지니아주 1심 법원은 네 가지 부분 중 세 가지 부분의 경우 암묵적 명예훼손(defamation by implication)이 인정되어 전 남편에 대한 명예훼손이 인정된다고 보았으나 마지막 네 번째 부분은 전 부인의 의견에 해당한다고 보아 전 남편에 대한 명예훼손이 인정되지 않는다고 판단하였다.

1) 사실 관계

원고인 조니 뎁(Johnny Depp II, 이하 "뎁")과 피고인 엠버 허드(Amber Heard, 이하 "허드")는 부부 사이였고 2016년에 이혼하였다. 허드는 본인이 전 남편 뎁에 의해 가정 폭력을 당한 피해자라는 내용을 주요 골자로 워싱턴 포스트 신문 독자 투고란에 기고했다.[871] 허드의 기고문은 2018년 12월 18일과 19일에 워싱턴 포스트 신문의 온라인판과 인쇄판으로 실렸다. 뎁은 허드의 기고문이 본인을 부인에게 가정폭력을 가한 가해자라고 암시하고 있는데 이는 명백히 허위라고 주장하였다. 뎁은 암묵적 명예훼손(defamation by implication)을 주장하는 근거로 허드의 기고문 중 네 가지 부분을 법원에 제시하였다.[872] 이에 대해

[871] The article, entitled "Amber Heard: I spoke up against sexual violence—and faced our culture's wrath. That has to change" (online) and "A transformative moment for women" (print), does not name Plaintiff explicitly. It discusses how—two years before the op-ed was published—Defendant became a public figure "representing domestic abuse," what Defendant experienced in the aftermath of attaining this status, and what Defendant believed could be done to "build institutions protective of women." See Compl. Ex. A, at 1-4. Plaintiff brought this action on March 1, 2019, alleging that the op-ed was really about "Ms. Heard's purported victimization after she publicly accused her former husband, Johnny Depp ("Mr. Depp") of domestic abuse in 2016 ⋯ ." Compl. at ¶ 2. See Opinion Letter of John C. Depp II v. Amber Laura Heard (Case No. CL-2019-2911), 2, March 27, 2020.

[872] 1. Amber Heard: I spoke up against sexual violence—and faced our culture's wrath. That has to change.
2. Then two years ago, I became a public figure representing domestic abuse, and I felt the full force of our culture's wrath for women who speak out.

허드는 법원에 소장기각신청(demurrer)를 제출하였다.

2) 버지니아주 1심 법원의 결정 요지

1. 암묵적 명예훼손(defamation by implication)에 대한 법원의 판단 기준

기고문의 경우 개인의 관점을 주관적으로 표현하는 방식으로 작성되기 때문에 의견에 불과한 것으로 판단되며 따라서 소장단계에서 판사의 결정으로 명예훼손에 해당되지 않는 것으로 보아 더 이상 진행하지 못할 경우가 대부분이다. 그러나 버지니아주는 해당 명예훼손적인 발언이 추론(inference), 암시(implication, or insinuation)에 의해 만들어졌으며, 명예훼손적인 의미가 표면적으로 나타나지 않은 경우에도 암묵적 명예훼손(defamation by implication)으로 보아 법적으로 명예훼손으로 인정될 수 있다.[873]

따라서 해당 발언이 명예훼손에 해당한다는 것을 입증하기 위해 명예훼손 혐의가 해당 발언에 직접적으로 나타나지 않아도 되며 간접적으로 유추할 수 있으면 된다. 또한 해당 발언이 사실상 명예훼손에 해당하는 경우라면 얼마나 교묘하게 그 의미를 숨겼는지 여부는 중요하지 않다.[874]

버지니아 주법의 경우 글에서 원고의 명예를 훼손하는 의미가 표면적으로 나타나지 않아도 정황상 명예를 훼손하는 의미를 독자에게 전달하고 있다고 합리적으로 이해할 수

---

3. I had the rare vantage point of seeing, in real time, how institutions protect men accused of abuse.
4. I write this as a woman who had to change my phone number weekly because I was getting death threats. For months, I rarely left my apartment, and when I did, I was pursued by camera drones and photographers on foot, on motorcycles and in cars. Tabloid outlets that posted pictures of me spun them in a negative light. I felt as though I was on trial in the court of public opinion—and my life and livelihood depended on myriad judgments far beyond my control. See Opinion Letter of John C. Depp II v. Amber Laura Heard (Case No. CL-2019-2911), 2, March 27, 2020.

873 Typically, "an editorial or op-ed column" is "ordinarily not actionable" because it appears "in a place usually devoted to, or in a manner usually thought of as representing, personal viewpoints." Id. However, Virginia recognizes that "a defamatory charge may be made by inference, implication, or insinuation," Carwile v. Richmond Newspapers, Inc., 196 Va. 1, 8 (1954), and that a statement expressing a defamatory meaning may not be "apparent on its face." Pendleton, 290 Va. at 172 (citing Webb v. Virginian-Pilot Media Cos., LLC, 287 Va. 84, 89 n.7 (2014)). See Opinion Letter of John C. Depp II v. Amber Laura Heard (Case No. CL-2019-2911), 3, March 27, 2020.

874 Accordingly, "[i]n order to render words defamatory and actionable, it is not necessary that the defamatory charge be in direct terms but it may be made indirectly, and it matters not how artful or disguised the modes in which the meaning is concealed if it is in fact defamatory." Carwile, 196 Va. at 7. See Opinion Letter of John C. Depp II v. Amber Laura Heard (Case No. CL-2019-2911), 3, March 27, 2020.

있다면 이를 근거로 명예훼손 소송을 제기할 수 있도록 허용하고 있다. 명예를 훼손하는 의미를 담고 있는 글이 공표될 때 그 자리에 있었다는 원고의 주장과 해당 글이 원고의 명예를 훼손하는 의미를 담고 있다는 부연 설명은 법원의 재량에 의해 원고에 대한 명예훼손으로 인정될 수 있고, 피고는 원고를 상대로 소장기각신청(demurrer)을 제기할 수 있다. 그러나 제시된 정황 증거가 명예훼손적인 의미를 전달하기에 충분했는지, 원고가 실제로 명예훼손을 당했는지 여부는 배심원이 결정해야 할 문제에 해당한다.875

2. 뎁이 제시한 네 가지 부분이 암묵적 명예훼손(defamation by implication)에 해당된다는 이유로 뎁에 대한 허드의 명예훼손이 인정되는지 여부

(1) 엠버 허드: 나는 성폭력에 반대하는 목소리를 높였고, 우리 문화가 가진 분노에 직면했다. 그것은 바뀌어야 한다.

(2) 2년 전, 나는 가정 폭력을 대표하는 공인(public figure)이 되었고, 나는 우리의 문화가 목소리를 내는 여성들에게 분노하고 있다는 것을 온전히 느꼈다.

(3) 나는 기관들이 학대 혐의가 있는 남성들을 어떻게 보호하는지 실시간으로 볼 수 있는 좋은 위치에 있었다.

뎁이 제시한 네 가지 부분 중 위 세 가지는 암묵적 명예훼손(defamation by implication)을 근거로 명예훼손이 인정된다는 것이다. 그 이유는 첫째로, 뎁이 법원에 제시한 여러 정황 증거들을 살펴보면876 뎁이 전처인 허드를 학대했다는 명예훼손적인 주장이 독자에

875 The Supreme Court of Virginia has summarized the role of a trial court on demurrer where the plaintiff has proceeded on a theory of defamation by implication as follows:
Because Virginia law makes room for a defamation action based on a statement expressing a defamatory meaning "not apparent on its face," evidence is admissible to show the circumstances surrounding the making and publication of the statement which would reasonably cause the statement to convey a defamatory meaning to its recipients. Allegations that such circumstances attended the making of the statement, with an explanation of the circumstances and the defamatory meaning allegedly conveyed, will suffice to survive demurrer if the court, in the exercise of its gatekeeping function, deems the alleged meaning to be defamatory. Whether the circumstances were reasonably sufficient to convey the alleged defamatory meaning, and whether the plaintiff was actually defamed thereby, remain issues to be resolved by the fact- finder at trial. Pendleton, 290 Va. at 172. See Opinion Letter of John C. Depp II v. Amber Laura Heard (Case No. CL-2019-2911), 4, March 27, 2020.

876 Specifically, the Complaint alleges that the events surrounding the parties'divorce—including Ms. Heard's repeated allegations of domestic violence—attended the making of her statements in the Washington Post op-ed. See Compl. at ¶ 16 (alleging that, in May 2016, Ms. Heard falsely yelled "stop hitting me Johnny," in addition to stating that Mr. Depp struck her with a cell phone, hit her, and destroyed the house, before

게 전달되게 하려고 작성된 내용들이라는 사실이 확인되었기 때문이다.

둘째로, 뎁이 주장한 암시적 의미가 명백히 명예훼손에 해당되었기 때문이다. 즉, 위 세 가지 부분이 허드가 뎁에 의해 가정 폭력을 당한 피해자였다는 것을 암시하고 있다는 것이다. 뎁이 허드를 학대했다는 암시(implication)는 뎁이 부도덕한 범죄를 저질렀다는 오명을 그에게 뒤집어 씌우는 것이기 때문에 명예훼손 의제(defamatory per se)에 해당한다는 것이다.

셋째로, Pendleton과 Carwile케이스에서 제시한 기준[877]에서 정하고 있는 바와 같이 (1)－(3)에 있는 각각의 단어들의 의미가 일반적인 의미 이상으로 확대되지 않았기 때문이다. (1)－(3)을 차례대로 검토해보면 다음과 같다.

(1)은 뎁이 주장한 바와 같이 뎁에 의해 실제로 자행된 성폭력에 대해 허드가 발언했다는 것을 암시하고 있는데 이는 일반적으로 인정되는 범위 내에서 의미를 전달한 것이다.

법원은 이러한 사실적 암시(factual implication)가 내용의 일부분에서만 확인되고 나머지 부분은 허드의 주관적인 의견과 인식을 반영하여 쓴 것이라고 판단하기도 하였으나, 의견을 뒷받침하는 사실에 기반한 발언의 경우에도 명예훼손 소송의 근거가 될 수 있다고 보았다.[878]

---

she "presented herself to the world with a battered face as she publicly accused Mr. Depp of domestic violence and obtained a restraining order against him."); ll 19 ("Despite dismissing the restraining order and withdrawing the domestic abuse allegations, Ms. Heard (and her surrogates) have continuously and repeatedly referred to her in publications, public service announcements, social media postings, speeches, and interviews as a victim of domestic violence, and a "survivor," always with the clear implication that Mr. Depp was her supposed abuser."); ¶ 20 ("Most recently, in December 2018, Ms. Heard published an op-ed in the Washington Post that falsely implied Ms. Heard was a victim of domestic violence at the hands of Mr. Depp."); ¶ 21 ("The "Sexual Violence" op-ed's central thesis was that Ms. Heard was a victim of domestic violence and faced personal and professional repercussions because she "spoke up" against "sexual violence" by "a powerful man."); ¶ 22 ("Although Mr. Depp was never identified by name in the "Sexual Violence" op-ed, Ms. Heard makes clear, based on the foundations of the false accusations that she made against Mr. Depp in court filings and subsequently reiterated in the press for years, that she was talking about Mr. Depp and the domestic abuse allegations the she made against him in 2016."). See Opinion Letter of John C. Depp II v. Amber Laura Heard (Case No. CL-2019-2911), 5, March 27, 2020.

877 Carwile, which states that "[t]he province of the innuendo is to show how the words used are defamatory, and how they relate to the plaintiff, but it [cannot] introduce new matter, nor extend the meaning of the words used [beyond their ordinary and common acceptation], or make that certain which is in fact uncertain." Carwile, 196 Va. at 8. See Opinion Letter of John C. Depp II v. Amber Laura Heard (Case No. CL-2019-2911), 6, March 27, 2020.

878 The Supreme Court of Virginia has held that "[f]actual statements made in support of an opinion… can

(2)에서 허드는 본인을 가정 폭력을 대표하는 공인(public figure)이라고 칭했는데, 이는 그녀가 실제로 뎁에게 학대를 당했기 때문에 가정 폭력을 대표하는 자가 되었다는 것을 암시하는 것으로 읽혀질 수 있다는 것이다. 이러한 추론은 일반적으로 인정되는 의미 이상으로 의미를 확장하지 않고도 도출이 가능하다는 것이다.

(3)에 대해 뎁이 허드를 학대하고 허드가 학대 사실에 대해 말한 이후 뎁이 기관의 보호를 받았다는 것을 허드가 목격했다는 내용을 합리적으로 독자에게 전달할 수 있다는 것이다. 또한 학대 혐의가 제기되고 기관의 보호를 받는 사람을 언급한 것은 합리적으로 학대 혐의를 받고 있는 그 사람이 상대방을 학대했다는 것을 암시한다는 것이다.

게다가 허드는 "남자들에게" "실시간으로" 이런 일이 일어나는 것을 목격했다고 말했는데 전체적인 맥락에서 이 부분을 읽어보면, 허드가 2년 전에 가정 폭력을 대표하는 공인(public figure)이 되었다고 말했고, 두 사람의 이혼에 대해 변론하고 있는 상황을 합리적으로 검토해볼 때 (3)은 단순히 그녀가 겪은 경험을 언급한 것에 불과하다는 결론을 내릴 수 있다는 것이다.

결론적으로, 뎁이 허드의 발언이 암묵적 명예훼손(defamation by implication)에 해당한다고 주장하려면 합리적으로 허드의 발언을 야기하는 상황뿐만 아니라 허드의 발언에 암시되어 있는 명예훼손적인 의미를 모두 주장하여야 하는데 (1), (2), (3)은 뎁이 허드를 학대했다는 명예훼손적인 의미를 합리적으로 전달하고 있으므로 허드의 소장기각신청(demurrer)은 인정되지 않는다는 것이다.[879]

(4) 나는 살해 위협을 받고 있었기 때문에 나의 전화 번호를 매주 바꿔야 했던 여성으로서 이 기고문을 쓴다. 몇 달 동안, 나는 거의 집에서 나가지 않았다. 하지만 그렇게 했을 때, 나는 걸어서, 오토바이로, 그리고 차 안에서 카메라 드론과 사진 기자들에

form the basis for a defamation action." See Lewis v. Kei, 281 Va. 715, 725 (2011) (citing Hyland v. Raytheon Tech. Servs. Co., 277 Va. 40, 46 (2009)). See Opinion Letter of John C. Depp II v. Amber Laura Heard (Case No. CL-2019-2911), 6, March 27, 2020.

879 To summarize, all Pendleton requires is that the plaintiff plead allegations of an implied defamatory meaning, that is in fact defamatory, as well as circumstances that would reasonably cause the statements at issue to convey an alleged defamatory meaning. Pendleton, 290 Va. at 172-73. Because Plaintiff alleged that all three of these statements carry the same defamatory meaning based on the same attenuating circumstances, the Court must overrule Defendant's Demurer because it finds that these statements could reasonably convey the alleged defamatory meaning that Mr. Depp abused Ms. Heard when drawing every fair inference in Plaintiff's favor. See Opinion Letter of John C. Depp II v. Amber Laura Heard (Case No. CL-2019-2911), 7, March 27, 2020.

의해 추적을 당했다. 내 사진들을 게재한 타블로이드판 매체는 부정적인 시각으로 그들을 돌아서게 했다. 나는 마치 내가 여론 법정에서 재판을 받고 있는 것 같았고, 내 삶과 생계는 내가 통제할 수 없는 무수한 판단에 달려 있었다.

허드가 이혼 전과 후에 한 발언들과 관련하여 주장된 상황들을 합리적으로 검토해 볼 때 (4)는 뎁에 대한 명예훼손적인 의미를 전달하기 위해 작성되지 않았다는 것이다.

구체적으로 (4)는 뎁이 허드를 학대했다는 사실적 근거가 부족하다. (4)는 대부분 허드의 의견에 해당하는 것으로 법적으로 명예훼손에 해당된다고 보기에는 허드 본인의 생각이 반영되어 있으며, 특히 뎁이 허드를 학대했다는 주장을 암시하는 암묵적인 언급(implicit reference)이 부족하다는 것이다.

따라서 (4)는 뎁의 명예를 훼손한 발언에 해당되지 않는다는 것이다. 그러므로 허드의 소장기각신청(demurrer)은 (4)에서만 인정된다.

2 Jacron Sales Co. v. Sindorf (메릴랜드주 대법원, 276 Md. 580, 350 A.2d 688, 1976)

본 케이스는 새로운 직장에서 근무를 막 시작한 개인의 평판 조회 과정에서 전 직장의 임원이 해당 개인이 재직할 당시에 직업상 부적절한 행동을 했다는 것을 암시하는 발언을 한 것에서 비롯된 명예훼손 사건이다. 본 케이스의 이슈는 명예훼손을 암시하는 발언을 한 개인 피고에게도 Gertz 판결에 따른 손해배상 기준이 적용되는지 여부이다.

메릴랜드주 대법원은 개인 대 언론사 간의 명예훼손 사건을 다룬 Gertz 판결과 같이 개인 대 개인 간의 명예훼손 사건에도 원고가 피고의 과실(negligence)을 입증하면 원고는 실제 손해(actual damage)에 한하여 손해배상을 청구할 수 있다고 판단하였다.[880] 그러나 징벌적 손해배상에 대해서는 원고가 피고의 실질적 악의(actual malice)를 입증한 경우에 한하여 청구할 수 있는 것으로 보았다.

1) 사실 관계

1972년 초, 신도프(Sindorf)는 필라델피아주에 기반을 둔 회사인 자크론사(Jacron Sales Co.)에서 건축 연장을 판매하는 세일즈맨으로 고용되었다. 신도프는 18개월 후 사직서를 제출하고 며칠 뒤에 공구함을 판매하는 회사로 잘 알려진 메릴랜드 주 소재 회사(Tool Box Corporation(이하 "툴박스사")에서 유사한 포지션으로 일을 시작하였다. 신도프는 자크론사에 제출한 사직서에서 그가 2,451.77불 상당의 회사 소유의 재고를 보유하고 있다는 것을 인정하였는데, 그 재고는 그에게 지급되어야 할 수수료를 대신해서 가지고 있으며 미지급된 수수료 2천 1백불과 회사가 그에게 지불하여야 할 기타 금액을 포함하여 2,561.50불을 받는 대로 보유중인 재고를 돌려주겠다고 밝혔다.

신도프는 툴박스사와 일을 시작하고 2일 이내에 필라델피아주에 있는 자택에서 툴박스사의 사장인 윌리엄 브로즈(William R. Brose, 이하 "브로즈")와 회의를 위해 메릴랜드주로 와줄 것을 요청받았다. 그 회의는 그와 자크론사의 자회사인 버지니아주의 자크론 세일즈사(Jacron Sales)에서 부사장이자 단 한번도 신도프의 고용주였던 적이 없었던 로버트 프리드키스(Robert Fridkis, 이하 "프리드키스") 사이에서 녹음된 전화 통화 내용과 관련이 있었다. 녹음된 테이프는 배심원의 판단을 돕기 위해 재생되었고, 대화 녹취록은 증거로 제출되었

880 Notably, in Jacron, id. at 596, 350 A.2d at 697, as to cases of purely private defamation, and specifically held that a standard of negligence must be applied in cases of purely private defamation. See Seley-Radtke v. Homane, 450 Md. 468, 149 A.3d 573, 586 (2016).

다. 프리드키스는 현금으로 판매된 양은 아주 적은데 장부에서 계산되지 않은 제품은 너무 많다고 브로즈에게 말했는데 이 발언이 브로즈에게 신도프가 본인이 사용하거나 혹은 현금 판매 목적으로 제품들을 가지고 있었을 가능성(즉, 신도프가 제품들을 훔쳤다는 것)을 암시한다고 보았다. 신도프에게 물었을 때 그는 그 발언이 사실이 아니라고 주장하였다. 또한 브로즈가 신도프에게 맡겨진 툴박스사의 재고를 자세히 확인해 보았지만, 아무것도 발견되지 않았다.

프리드키스는 필라델피아주에 있는 모회사의 사장으로부터 지시를 받아 브로즈에게 전화를 걸었다고 증언하였다. 그러나 사장의 지시 사항에서는 신도프가 절도 혹은 다른 범죄를 저질렀다는 것을 시사하지 않았다. 모회사의 사장은 프리드키스에게 다음과 같이 말했다.

> "신도프가 툴박스사에서 일하고 있는지 전화를 해서 알아보세요. 우리는 밥(Bob)에게 그가 어떻게 우리 회사를 떠났고, 그가 회사 제품을 보유하고 있는 것에 대해 설명했습니다. 우리는 신도프가 우리 회사에서 급여를 받고 있는 동안 툴박스사에서 일하고 있었는지 혹은 툴박스사에서 일을 막 시작했는지 여부를 확인하고 싶습니다."

프리드키스가 모회사 사장에게 툴박스사의 사장인 브로즈와 논의한 결과를 보고했을 때, 그는 신도프의 취업 사실을 확인했다고만 말했다.

1심 법원은 자크론사에게 유리한 평결을 지시하였는데 두 사람의 대화가 명예훼손의제(slander per se)에 해당한다고 하더라도 신도프가 실질적 악의(actual malice)를 입증하지 못했기 때문에 자크론사는 보통법상 조건부 특권(common law conditional privilege)[881]에 의해 보호된다고 판단하였다.

항소심이 제기된 후 두 달 이후에 항소법원은 연방 대법원에서 판결된 Gertz 케이스를 판결의 일부로 적용되어야 한다고 명령하였다. 항소법원은 신도프가 악의(malice)를 보

---

881 According to one scholar, there are four basic common law qualified privileges:
(1) The public interest privilege, to publish materials to public officials on matters within their public responsibility;
(2) the privilege to publish to someone who shares a common interest, or, relatedly, to publish in defense of oneself or in the interest of others; (3) the fair comment privilege; and (4) the privilege to make a fair and accurate report of public proceedings.
THE LAW OF TORTS, supra, §413, at 1158; see also Hanrahan, 269 Md. at 29, 305 A.2d at 156 ("Mutual interest in the subject matter is but one type of qualified privilege recognized in the law of defamation." (citing Stevenson v. Baltimore Club, 250 Md. 482, 486, 243 A.2d 533, 536 (1968))); RESTATEMENT (SECOND) OF TORTS §§593-597.

여주는 충분한 증거를 제시하였으므로 1심 법원의 결정을 번복할 수 있다고 판결하였다. 또한 항소법원은 명예훼손에 해당하는 발언이 순전히 사적인 성격을 띠고 있기 때문에 이 사건은 Gertz 판결이 적용되지 않는다고 보았다.

2) 메릴랜드주 대법원[882]의 결정 요지

뉴욕 타임즈 케이스 이전의 보통법(common law)에서 명예훼손적인 발언을 한 사람이 피해자를 상대로 주장할 수 있었던 방어 방법은 진실과 보통법상 특권(common law privilege)이었다.[883]

이후 공직자(public official)의 공적인 업무 수행(public conduct)에 대한 언론사의 출판물에 의한 명예훼손 의제(libel per se)를 다룬 뉴욕 타임즈 케이스에서 연방 대법원은 원고인 공직자(public official)가 언론사가 허위임을 알고서도 혹은 진실 여부에 대해 미필적 고의(reckless disregard)를 가지고 기사를 게재했다는 실질적 악의(actual malice)를 입증하여야만 통상 손해 및 징벌적 손해배상을 받을 수 있다고 판단하였다. 이같은 뉴욕 타임즈 기준(New York Times standard)은 명예훼손적인 발언이 허위이기만 하면 손해배상 청구가 가능했던 뉴욕 타임즈 케이스 이전과는 달리 해당 발언이 허위라고 하더라도 실질적 악의(actual malice)를 입증하여야만 원고가 손해배상을 청구할 수 있도록 규정함으로써 이전보다 연방 헌법 제1조에 따른 언론사의 언론 출판의 자유에 대한 보호를 강화하였다.[884]

이후 연방 대법원은 Butt 케이스를 통해 공인(public figure)의 경우에도 뉴욕 타임즈 기준(New York Times standard)을 확대 적용하였다.[885]

한편, Rosenbloom 케이스에서 연방 대법원의 다수 의견은 원고가 공직자(public official), 공인

882 메릴랜드주의 사법 시스템은 Circuit Court (1심) - Court of Special Appeals (2심) - Court of Appeals (3심)로 구성되어 있다.

883 At common law, the only defenses available to a publisher of defamatory material were truth and the common law privileges. See Jacron Sales Co. v. Sindorf, 276 Md. 580, 584, 350 A.2d 688 (1976).

884 Then, in its landmark decision in New York Times, the Supreme Court held that in a state libel trial, a public official must establish "malice," defined as a knowing falsity or a reckless disregard for the truth, on the part of the publisher to recover damages for defamatory statements concerning the plaintiff's official conduct. The traditional defense of truth, the Court held, did not provide adequate protection to the First Amendment rights of the press. See Jacron Sales Co. v. Sindorf, 276 Md. 580, 584-585, 350 A.2d 688 (1976).

885 Three years later, in Curtis Publishing Co. v. Butts, supra, another unanimous Court expanded the class of plaintiffs subject to the New York Times test to include "public figures." Although Mr. Justice Harlan wrote the opinion for the Court, a majority agreed with Mr. Chief Justice Warren's definition of a public figure, which included not only public officials but also those individuals who are "nevertheless intimately involved in the resolution of important public questions or, by reason of their fame, shape events in areas of concern to society at large." 388 U.S. at 164. The Chief Justice assumed that involvement in public issues or events itself guaranteed access to the means by which defamatory criticism might be controverted. See Jacron Sales Co. v. Sindorf, 276 Md. 580, 585, 350 A.2d 688 (1976).

(public figure), 개인인지 여부에 관계없이 명예훼손적인 발언이 공적인 관심사(public concern)와 관련된 것이라면 뉴욕 타임즈 기준(New York Times standard)에 의해 원고가 손해배상을 청구할 수 있다고 판단하였다.[886] 그러나 이후 이같은 다수 의견은 공직자(public official), 공인(public figure)과는 달리 개인의 경우 언론에 접근하여 본인에 대한 허위 내용을 반박할 수 있는 능력이 상대적으로 떨어지는데 동일하게 뉴욕 타임즈 기준(New York Times standard)을 손해배상 기준으로 적용하는 것은 불합리하다는 반대 의견으로 인해 사실상 폐기되었다.[887]

이후 개인 대 언론사의 명예훼손 사건을 다룬 Gertz 케이스는 그동안 원고에게 피고 언론사의 실질적 악의(actual malice)를 입증한 경우에만 손해배상 청구가 가능하도록 규정함으로써 헌법상 특권을 인정하여 언론사를 우선적으로 보호하는 관점에서 벗어나 개인의 평판 보호라는 주(state)의 이익을 고려하게 되었다.[888]

구체적으로, 연방 대법원은 Gertz 케이스에서 개인이 뉴욕 타임즈 기준(New York Times standard)도 출판물에 의한 명예훼손 의제(libel per se)에 따른 추정 손해도 아닌, 언론사의 과실(negligence)을 입증하면 실제 손해(actual damage)를 인정받을 수 있다고 판단하였다.[889] 이때 실제 손해(actual damage)

---

886 In Rosenbloom v. Metromedia, supra, in an opinion joined by only two other members of the Court, Mr. Justice Brennan appeared to extend the constitutional privilege enunciated in New York Times yet another step further by applying it to defamatory falsehoods if the statements concern matters of public or general interest, regardless of the status of the person defamed. See Jacron Sales Co. v. Sindorf, 276 Md. 580, 585, 350 A.2d 688 (1976).

887 Subsequent history has proved the separate dissenting opinions of Mr. Justice Harlan and Mr. Justice Marshall more durable than the plurality opinion of Mr. Justice Brennan. Justice Harlan urged in his dissent in Rosenbloom that the New York Times privilege should not apply to private persons because of the diminished likelihood of "securing access to channels of communication sufficient to rebut falsehoods." 403 U.S. at 70. To this extent, Mr. Justice Marshall, joined by Mr. Justice Stewart, was in general agreement. The disagreement between the two dissenting opinions was over the matter of punitive damages. Justice Harlan was of the view that the states might allow such damages in amounts bearing "a reasonable and purposeful relationship to the actual harm done," 403 U.S. at 75, while Justice Marshall expressed the view that both punitive and presumed damages should not be allowed because they resulted in self-censorship. See Jacron Sales Co. v. Sindorf, 276 Md. 580, 586, 350 A.2d 688 (1976).

888 The Supreme Court, with a majority of five, held that the constitutional privilege articulated in New York Times does not extend to defamatory falsehoods concerning an individual who is neither a public official nor a public figure. Rather than expand the New York Times standard to falsehoods relating to private persons when made in connection with events of public interest, as the Rosenbloom plurality had done, the Court applied a number of restrictions to the law of libel designed to accommodate freedom of the press with the state's interest in protecting a private person's reputation. See Jacron Sales Co. v. Sindorf, 276 Md. 580, 587, 350 A.2d 688 (1976).

889 이로써 뉴욕 타임즈 케이스에서 명예훼손으로 의심되는 기사 내용을 출판물에 의한 명예훼손 의제(libel per se)로 보아 원고가 추정 손해를 청구할 수 있었던 출판물에 의한 명예훼손 의제(libel per se)에 대한 전통적인 입장은 사실상 폐기되었다. 하지만 학계와 여러 케이스에서는 출판물에 의한 명예훼손 의제(libel per se)와 관련하여 법원이

는 금전적 손해(out of pocket loss)뿐만 아니라 정신적인 고통(emotional distress)과 같은 무형의 피해에 대해서도 입증이 가능하다면 광범위하게 적용되는 것으로 보았다. 그러나 징벌적 손해배상의 경우에는 뉴욕 타임즈 케이스와 같이 언론사의 실질적 악의(actual malice)를 입증하여야만 청구가 가능하다고 판단하였다.[890]

메릴랜드주 대법원은 자크론사와 같은 언론사가 아닌 피고(non-media defendants) 또한 Gertz 판결의 적용을 받는다고 판단하였다.[891]

항소법원은 공적인 관심사(public concern)와 관련하여 개인의 명예가 훼손된 경우만 Gertz 판결이 적용되고,[892] 사적인 문제를 보도한 것으로 인해 개인의 명예가 훼손된 경우에는 Gertz 판결이 적용되지 않는다고 판단하였다.

그러나 이러한 항소법원의 결정은 뉴욕 타임즈 및 이후 케이스에서 뉴욕 타임즈 기준(New York Times standard)의 확립으로 언론사를 우선적으로 보호하려고 했던 관점에서 벗어나 개인의 명예를 보호하려는 주(state)의 이익을 고려한 Gertz 판결의 본질을 간과한 것이다.[893]

Gertz 판결은 명예훼손적인 발언이 공적인 관심사(public concern)와 관련된 것인지 여부에 관계없이 개인이 제기한 명예훼손 소송에 적용된다. 따라서 Gertz 판결에 따른 보호를 받는 개인 피고는 뉴욕 타임즈 케이스 이전에 허위이기만 하면 피고에게 인정되었던 엄격 책임의 적용을 받지 않는다. 또한 추정 손해 및 징벌적 손해배상의 책임에서도 제외된다.[894]

일관된 입장을 내놓지 못하고 있다고 보았다.

890 The Court held that in cases of defamation of private persons (1) the state may not impose liability without fault, but with that limitation may adopt any other standard of media liability, and (2) in cases where the New York Times test of knowing or reckless falsity is not met, the state may permit recovery for "actual injury" but not presumed or punitive damages. See Jacron Sales Co. v. Sindorf, 276 Md. 580, 587, 350 A.2d 688 (1976).

891 We hold, therefore, that the rules announced in Gertz apply to cases of libel and slander alike brought against non-media defendants. Consequently, the principles of Gertz are applicable to the instant case. See Jacron Sales Co. v. Sindorf, 276 Md. 580, 594, 350 A.2d 688 (1976).

892 we think the Court of Special Appeals has misread Gertz in concluding that the holding there applies "only when a private individual is defamed as to a matter of general or public interest." 27 Md. App. at 90. See Jacron Sales Co. v. Sindorf, 276 Md. 580, 584, 350 A.2d 688 (1976).

893 The very essence of the Gertz decision, as we noted early on, was the shift in focus from the protection of free expression, which undergirded New York Times and its progeny, including Rosenbloom, to the state interest in protecting private persons who have been defamed. See Jacron Sales Co. v. Sindorf, 276 Md. 580, 589, 350 A.2d 688 (1976).

894 We read Gertz to apply to actions brought by private persons regardless of whether the subject matter of

물론 Gertz 판결이 개인에 대한 언론사의 명예훼손에 국한하여 결정된 것은 사실이다. 그러나 이전 결정례들을 살펴보면 언론사 피고("media")와 개인 피고("non-media")를 구별하여 판단하지 않았다는 것이다.

뉴욕 타임즈 케이스 역시 언론사의 명예훼손을 다루고 있지만 그렇다고 해서 언론사의 명예훼손에 한해서만 손해배상 기준이 적용된다는 제한을 둔 적이 없다. Garrison과 St. Amant 케이스에서는 피고가 언론사가 아니었지만 원고의 손해배상 기준으로 뉴욕 타임즈 기준(New York Times standard)을 적용하였다. 연방 대법원은 언론사가 아닌 노동조합에 의한 명예훼손적인 발언에도 동일하게 헌법상의 보호가 적용된다고 판단하였다.[895] 그 외 수많은 하급 법원들도 피고가 언론사가 아닌 개인 케이스에 뉴욕 타임즈 기준(New York Times standard)을 적용해 왔다.[896]

또한 언론사 피고와 개인 피고를 구분하여 판단해야 한다는 설득력 있는 근거가 어디에도 없다는 것이다. 뉴욕 타임즈, Butts, Gertz 케이스에서 언론사에게 헌법상의 특권을 인정한 이유는 뉴욕 타임즈 케이스 이전 보통법(common law)과 같이 언론사의 방어방법으로 진실만을 허용하는 것만으로는 연방 헌법 제1조에서 보호하고자 하는 자유로운 토론이 실현되기 어렵기 때문이었다. 공적인 관심사(public concern)에 대한 문제는 언론사 피고 뿐만 아니라 개인 피고를 다루는 케이스에서도 동일하게 논의될 수 있다. 따라서 헌법상의 특권은 피고가 언론사인지 개인인지 여부에 관계없이 적용되는 것이다.[897]

원고가 각 주에서 정한 기준에 따라 피고의 과실(negligence)을 입증한 경우에 손해배

---

the defamation is one of public or general interest. Accordingly, as a matter of federal constitutional law, those defendants who are protected by Gertz would be insulated from strict liability, and presumed and punitive damages in any defamation case maintained by a private person. See Jacron Sales Co. v. Sindorf, 276 Md. 580, 590, 350 A.2d 688 (1976).

895 Letter Carriers v. Austin, 418 U.S. 264, 94 S.Ct. 2770, 41 L.Ed.2d 745 (1974); Linn v. Plant Guard Workers, 383 U.S. 53, 86 S.Ct. 657, 15 L.Ed.2d 582 (1966)

896 See Noonan v. Rousselot, 239 Cal. App.2d 447, 48 Cal. Rptr. 817 (1966) ("tabloid" campaign material); Rowden v. Amick, 446 S.W.2d 849 (Kansas City, Mo. App. 1969) (letter writing campaign by a disgruntled citizen to other members of the community attacking a deputy marshal who had ticketed defendant's car); cf. Richards v. Gruen, 62 Wis.2d 99, 214 N.W.2d 309 (1974).

897 Nor do we discern any persuasive basis for distinguishing media and non-media cases. The rationale for the application of a constitutional privilege in New York Times, Curtis and Gertz is that the defense of truth is not alone sufficient to assure free and open discussion of important issues. Issues of public interest may equally be discussed in media and non-media contexts, and the need for a constitutional privilege, therefore, obtains in either case. See Restatement (Second) of Torts §580A, Comment h (Tent. Draft No. 21, 1975); but cf. Nimmer, supra. See Jacron Sales Co. v. Sindorf, 276 Md. 580, 592, 350 A.2d 688 (1976).

상을 받을 수 있다는 Gertz 판결을 피고가 언론사인 경우 뿐만 아니라 피고가 개인인 경우의 명예훼손 사건에 적용하는 이유는 불법행위법(Torts)이 언론사의 경우 과실(negligence)에 대해서만 책임을 매기는 반면 개인 피고의 경우 과실(negligence)이 없어도 손해배상 책임을 매기고 있어 불합리하기 때문이다. 또한 명예훼손법을 복잡한 불법행위법(Torts)으로부터 명예훼손법을 일원화시키는 것이 필요하기 때문이다.[898]

> "물론 Gertz는 언론사 피고와 관련된 사건이었고 언론사의 기사 내용에 국한하여 판단하였다. 그럼에도 불구하고 메릴랜드주 대법원은 Jacron Sales Co., Inc. v. Sindorf를 통해 피고의 유형에 관계없이 모든 명예훼손 사건에 Gertz 판결을 적용하기로 선택했다. 결과적으로 공인(public figure) 혹은 공직자(public official)를 제외한 메릴랜드주의 모든 명예훼손 사건에서는 원고가 피고의 과실(fault)을 입증할 수 있는 경우에만 원고의 손해배상 청구가 가능하다. Jacron Sales Co. 케이스에서 메릴랜드주 대법원이 채택한 기준은 과실 기준(negligence standard)이다. 이 기준을 적용하게 될 경우 모든 명예훼손 사건의 피고들은 엄격 책임(strict liability)과 추정 손해로 인한 가혹한 결과로부터 보호되며, 원고는 금전적 손해(out-of-pocket loss)에 제한되지 않는 실제 손해(actual damage)를 청구하는 것으로 그 범위가 제한된다. 징벌적 손해배상은 원고가 뉴욕 타임즈 기준(New York Times standard)에 따른 실질적 악의(actual malice)를 입증한 경우에 한해 청구할 수 있다."[899]
>
> ı Hillman v. Metromedia, Inc. 452 F.Supp. 727, 731 (D. Md. 1978).

---

898 he rationale for applying the Gertz holding to non-media defendants and to slander as well as libel is aptly stated in the Restatement (Second) of Torts § 580B, Comment e (Tent. Draft No. 21, 1975):
"... As the Supreme Court declares, the protection of the First Amendment extends to freedom of speech as well as to freedom of the press, and the interests which must be balanced to obtain a proper accommodation are similar. It would seem strange to hold that the press, composed of professionals and causing much greater damage because of the wider distribution of the communication, can constitutionally be held liable only for negligence, but that a private person, engaged in a casual private conversation with a single person, can be held liable at his peril if the statement turns out to be false, without any regard to his lack of fault.
"... There is little reason to conclude that the states would now be disposed to take the traditional strict liability approach for libel actions against the communications media, which has now been declared unconstitutional, and apply it to slander actions against private individuals, where it has not previously been significant." See Jacron Sales Co. v. Sindorf, 276 Md. 580, 593-594, 350 A.2d 688 (1976).

899 Gertz was, of course, a case involving a media defendant and its holding was clearly limited to media expression. Nevertheless the Maryland Court of Appeals, through Jacron Sales Co., Inc. v. Sindorf, supra, chose to apply its holding to all cases of defamation, irrespective of the nature of the defendant. 350 A.2d at 695. Consequently in all defamation cases in Maryland, except those involving public figures or public

"메릴랜드주 대법원 판사인 레빈(Levine)은 Jacron Sales Co. 케이스에서 Gertz 판결의 본질은 언론의 자유에 대한 보호에서 명예를 훼손당한 개인을 보호하려는 주(state)의 이익으로 초점이 옮겨진 것이라고 설명했다. Jacron Sales Co. 혹은 이후 케이스들은 메릴랜드주 대법원이 개인인 원고가 명예훼손 소송에서 손해배상을 청구하는 것을 더 어렵게 만들기 위해 언론사에게 조건부 특권(conditional privilege)을 확대 적용하려는 의도가 없었다. 뉴욕 타임즈 케이스 이전에, 과실(fault)이 없이도 명예를 훼손하는 허위 발언이 존재하기만 하면 책임을 져야 했던 언론사에게 허용된 조건부 특권(qualified privilege)에 의한 방어는 개인을 명예훼손으로부터 보호해야 하는 주(state)의 이익과 균형을 유지하기 위해서는 더 이상 필요하지 않다. 그 이유는 과실(negligence)에 의해 발생한 실제 손해(actual damage)에 한하여 피고가 책임을 지고, 헌법상의 악의(constitutional malice)가 인정되지 않는 한 추정 손해 혹은 징벌적 손해배상에 대해서는 피고가 책임지지 않게 함으로써 충분히 균형을 유지할 수 있기 때문이다."[900]

ı Yerkie v. Post-Newsweek Stations, Michigan, 470 F.Supp. 91, 93 (D. Md. 1979).

---

officials, the plaintiff will be permitted to recover only if he can establish fault on the part of the defendant. The standard of fault adopted by the Jacron court is that of negligence. 350 A.2d at 697. Moreover, all defamation defendants are now shielded from the harsh consequences of strict liability and presumed damages. 350 A.2d at 694. Accordingly, plaintiffs will be restricted to recovery of actual damages, not limited to out-of-pocket loss. Murnaghan II at 31; Comment, State Defamation Law in the Wake of Gertz v. Robert Welch, Inc., 36 Md.L.Rev. 622, 635-36 (1977). Punitive damages may only be had upon a showing of actual malice under the New York Times standard. 350 A.2d at 694; Murnaghan II at 32. See Hillman v. Metromedia, Inc. 452 F.Supp. 727. 731 (D. Md. 1978).

900 Judge Levine for the Maryland Court of Appeals in Jacron Sales Co., supra, went to great length to explain that the "··· very essence of the Gertz decision ··· was the shift in focus from the protection of free expression ··· to the state interest in protecting private persons who have been defamed." 276 Md. at 589, 350 A.2d at 693. Nothing in Jacron Sales Co. or its progeny indicates that the Maryland Court of Appeals has intended to expand the defense available to the media of conditional privilege to make it more difficult for a private plaintiff to obtain recovery in a defamation suit. If anything, the defense of qualified privilege available to the media, which existed in the pre-New York Times Co. days when, in the absence of a privilege, liability for a false defamatory statement existed without fault, is less necessary to maintain a proper balancing of conflicting interests now that a media defendant may be held liable only for actual damages caused by its negligence and may not be held liable for presumed damages or punitive damages in the absence of "constitutional malice." See Yerkie v. Post-Newsweek Stations, Michigan, 470 F.Supp 91, 93 (D. Md. 1979).

명예를 훼손하는 의미(Defamatory Meaning): Wells v. Liddy, 186 F.3d 505 (4th Cir. 1999)

버지니아 주법은 어떤 표현이 명예를 훼손하는 의미(defamatory meaning)를 가지고 있는 것으로 인정되어 소 제기가 가능한지 여부를 판단하는 기준으로 보통법(common law)을 따른다. 구체적으로 (1) 부도덕성과 관련된 범죄를 저질렀다고 비난하는 경우 (2) 몹쓸 전염병에 걸린 자라고 비난하는 경우 (3) 직무 수행 능력이 없다고 비난하는 경우 (4) 직업 혹은 사업적으로 문제가 있는 사람이라고 비난하는 경우에 명예훼손 의제(defamation per se)에 해당하여 소 제기가 가능하다는 것이다.[901]

버지니아 주법은 또한 명예훼손 의제(defamation per se)에 해당되지 않는 명예훼손적인 발언은 그 자체로는 소 제기가 불가능하지만 경우에 따라서는 실제 손해(special damage)를 청구하기 위해 소 제기가 가능하다고 보았다.[902]

버지니아 주법은 피고가 사용한 단어가 상대방의 명예를 훼손하는 것으로 인정되려면 해당 단어가 문맥상 통상적으로 상대방의 명예를 훼손하는 말로 일반인들에게 자연스럽게 이해되어야 한다고 규정하였다.[903]

이러한 기준을 가지고 웰스에 대한 리디의 발언[904]을 검토해보면, 리디의 발언을 접한 사람이라면 누구

901 The Virginia standard for determining whether words are capable of defamatory meaning derives from the common law: At common law defamatory words which are actionable per se are: (1) Those which impute to a person the commission of some criminal offense involving moral turpitude, for which the party, if the charge is true, may be indicted and punished. (2)Those which impute that a person is infected with some contagious disease, where if the charge is true, it would exclude the party from society. (3)Those which impute to a person unfitness to perform the duties of an office or employment of profit, or want of integrity in the discharge of the duties of such an office or employment. (4)Those which prejudice such person in his or her profession or trade. Carwile v. Richmond Newspapers, Inc., 196 Va. 1, 82 S.E.2d 588, 591 (1954). See Wells v. Liddy, 186 F.3d 505, 522 (4th Cir. 1999).

902 Additionally, Virginia recognizes that "[a]ll other defamatory words which, though not in themselves actionable, occasion a person special damage are actionable." Id., accord Fleming v. Moore, 221 Va. 884, 275 S.E.2d 632, 635 (1981). See Wells v. Liddy, 186 F.3d 505, 522-523 (4th Cir. 1999).

903 Virginia law requires that the potential defamatory meaning of statements be considered in light of the plain and ordinary meaning of the words used in context as the community would naturally understand them. See Old Dominion Branch No. 496 v. Austin, 213 Va. 377, 192 S.E.2d 737, 742 (1972), rev'd on other grounds, 418 U.S. 264, 94 S.Ct. 2770, 41 L.Ed.2d 745 (1974). We look not only to the actual words spoken, but also to "inferences fairly attributable to [them]," Yeagle, 497 S.E.2d at 138, and consider whether the words have the potential to hurt the plaintiff's reputation among the "important and respectable" parts of the community. Weaver v. Beneficial Finance Co., 200 Va. 572, 106 S.E.2d 620, 622 (1959). See Wells v. Liddy, 186 F.3d 505, 523 (4th Cir. 1999).

904 [The surveillance camera at the listening post in the Howard Johnson's] looked directly down at a desk of a secretary named Maxine Wells, and her telephone. And they had a telescopic lens camera pointed at that. And that is where the wiretap was subsequently found by the democrats on that phone.
(J.A. at 998.)
[S]ome members of the DNC were using the call girl ring as an asset to entertain visiting firemen. And to that end they had a manila envelope that you could open or close by wrapping a string around a wafer. And in that envelope were twelve photographs of an assortment of these girls and then one group

나 리디의 발언이 웰스가 매춘 행위 알선책으로 활동했다는 의미를 내포하고 있음을 쉽게 파악할 수 있다는 것이다.[905]

구체적으로, 리디는 제임스 매디슨(James Madison) 대학교에서 한 발언에서 DNC에서 일어난 매춘 행위 알선에 대한 정보를 얻기 위해 불법 감시의 대상으로 웰스를 언급하였다. 리디는 웰스가 책상에 매춘 행위를 알선하기 위한 책자를 보관하고 있었고, 웰스의 전화는 매춘부와의 만남을 주선하는데 사용되었다고 말했다. 또한 리디는 웰스가 매춘 행위 알선에 가담하였을 뿐만 아니라 매춘을 알선해주는 조직에 접촉한 주요 인물이었다고 밝혔다. 이러한 리디의 발언을 접한 합리적인 일반인이라면 웰스의 책상이 DNC에서 매춘 행위 알선의 핵심이었다고 결론을 내릴 수 있다는 것이다. 웰스의 책상이 DNC에서 일어난 주요 불법행위의 요지였다면 웰스 자신도 그 일에 깊이 관여했을 것이라는 추론이 가능하다.

또한 이러한 리디의 발언은 버지니아 주법의 명예훼손 의제(defamation per se) 중 웰스가 부도덕성과 관련된 범죄를 저지른 자라고 비난하는 경우에 해당되므로 웰스의 명예를 훼손하는 의미를 내포하고 있다고 볼 수 있다.[906]

---

photograph of them. And what you see is what you get. It was kept ... in that desk of Ida Maxine Wells. Thus, the camera [and] all the rest of it. And what they were doing is as these people would be looking at the brochure, if you want to call it that, and making the telephone call to arrange the assignation that was being wiretapped, recorded and photographed.

(J.A. at 998-99.) See Wells v. Liddy, 186 F.3d 505, 517 (4th Cir. 1999).

905 Ascribing to these words their plain meaning and understanding them as the community would naturally understand them in their context, we conclude that the actual words spoken by Liddy are capable of defamatory meaning, namely, that Wells was a participant in a scheme to procure prostitutes. See Wells v. Liddy, 186 F.3d 505, 523 (4th Cir. 1999).

906 Liddy's words, and a fair implication thereof, "impute to [Wells] the commission of some criminal offense involving moral turpitude," Carwile, 82 S.E.2d at 591 — procuring prostitution services. Therefore, under Virginia law, Liddy's statements made during the JMU speech are capable of conveying a defamatory meaning. See id. See Wells v. Liddy, 186 F.3d 505, 523 (4th Cir. 1999).

“

At the heart of the First Amendment is the recognition of the fundamental importance of the free flow of ideas and opinions on matters of public interest and concern.

”

Hustler Magazine, Inc. v. Falwell (연방 대법원, 485 U.S. 46, 50, 1988)

J. 연예산업 명예훼손 (Entertainment Defamation)

Middlebrooks v. Curtis Publishing Company, 413 F.2d 141 (4th Cir. 1969)

커티스 출판사(Curtis Publishing Company)에서 발행하는 잡지인 새러데이 이브닝 포스트(Saturday Evening Post)는 1963년 3월 16일자로 기사("Moonshine Light, Moonshine Bright")를 게재하였다. 기사의 내용은 윌리엄 프라이스 폭스(William Price Fox, 이하 "폭스")의 이야기에 근거하여 작성되었는데 사우스 캐롤라이나주 콜롬비아(Columbia)를 배경으로 실제 지명이 사용되었다. 해당 기사에는 에스코 브룩스(Esco Brooks)와 얼 엣지(Earl Edge)라는 두 명의 십대 청소년이 자동차 유지비를 마련하기 위해 수 차례에 걸쳐 도둑질을 일삼았다는 이야기를 담고 있었다.

소설 작가인 폭스와 피해자 래리 에스코 미들브룩스(Larry Esco Middlebrooks, 이하 "미들브룩스")는 콜롬비아(Columbia)에서 함께 자란 오랜 친구 사이였다. 미들부룩스는 폭스와 콜롬비아(Columbia)에 살고 있는 친구들 사이에서는 에스코로 불리워 졌지만, 현재 그가 거주하고 있는 지역에서는 그의 이름이 래리로 알려져 있었다.

폭스의 첫 소설(Southern Fried)에는 에스코 미들브룩스(Esco Middlebrooks)가 캐릭터의 이름으로 등장했는데 그 이름은 콜롬비아(Columbia)에 있는 친구들 사이에서 미들브룩스를 가리키는 이름이었다. 이후 미들브룩스는 폭스에게 그의 출판을 축하하는 카드를 보냈는데 그때는 소설 속 캐릭터에 본인의 이름을 사용한 것에 대해 별다른 이의를 제기하지 않았다.

해당 기사가 게재되기 한달 전, 폭스는 미들브룩스에게 전화를 걸어 미들브룩스의 이름이 캐릭터로 사용된 이야기들을 새러데이 이브닝 포스트에 팔았다고 통보하였다. 이후 미들브룩스는 폭스에게 전보를 보내 폭스의 출판물 어디에도 본인의 이름을 사용하지 말라고 통보하였다. 이 사실을 알게 된 새러데이 이브닝 포스트는 내부 검토 후, 캐릭터의 이름을 에스코 브룩스(Esco Brooks)에서 브룩스(Brooks)로 바꾸기로 결정하였고, 폭스는 캐릭터의 이름이 변경된 소설이 새러데이 이브닝 포스트에 게재될 것이라는 사실을 미들브룩스에게 알렸다.

해당 소설이 기사로 게재된 후, 미들브룩스는 명예훼손으로 소를 제기하였다. 연방 1심 법원은 해당 기사를 읽은 독자들이 이야기에 등장한 캐릭터인 에스코 브룩스(Esco Brooks)와 미들브룩스(Middlebrooks)가 동일인이라는 것을 합리적으로 이해할 수 없다는 이유로 원고의 명예훼손 주장을 인정하지 않았다.

연방 항소법원 또한 에스코 브룩스(Esco Brooks)가 래리 에스코 미들브룩스(Larry Esco Middlebrooks)를 묘사한 것으로 합리적으로 이해할 수 없다는 연방 1심법원의 결정이 잘못되지 않았다고 판단하였다.[907]

907 Under these circumstances the conclusion that "Esco Brooks" was not reasonably to be understood as a portrayal of Larry Esco Middlebrooks is not clearly erroneous. See Middlebrooks v. Curtis Publishing Company, 413 F.2d 141, 143 (4th Cir. 1969).

원고는 해당 소설에서 묘사된 인물인 에스코 브룩스(Esco Brooks)가 래리 에스코 미들브룩스(Larry Esco Middlebrooks)임을 뒷받침하는 많은 증언이 있기 때문에 원고는 명예훼손에 따른 손해배상을 받을 자격이 있다고 주장하였다. 하지만 명예훼손 주장의 근거로 제시된 기사("Moonshine Light, Moonshine Bright")는 허구로 만들어진 작품에 불과하다는 것이다. 해당 기사는 소설 섹션에 배치되어 있었고, 소설이라는 꼬리표가 붙어 있었으며 만화로 된 삽화가 그려져 있었다.

한편, 단편 소설 및 허구 작품에 묘사된 등장 인물의 이름은 일반적으로 실제 인물을 묘사하거나 언급하려는 의도가 없는 것으로 이해하기 때문에 이름이 나타나게 된 맥락을 확인하는 것이 중요하다.[908] 본 케이스에서 가상의 인물인 에스코(Esco)와 원고는 나이와 직장이 달랐고, 원고는 해당 소설의 배경이 된 시점에 콜롬비아(Columbia)에 있지 않았으며, 해당 소설의 내용은 원고의 실제 삶과 유사하지 않았다. 또한 폭스가 소설의 배경이 된 실제 장소의 이름과 지리적 환경을 사용하였다고 해서 기사의 내용을 소설로 이해하는데 영향을 미치지 않는다는 것이다.

Davis v. RKO Radio Pictures, 191 F.2d 901 (8th Cir. 1951)

본 케이스는 원고의 명예를 훼손한 것으로 의심되는 영화("Fighting Father Dunne")를 미국 및 캐나다 전역에 배급하고 상영한 것에서 비롯된 명예훼손에 따른 손해배상 사건이다.

원고인 맷 데이비스(Matt Davis)는 13세에 신문 배달부로 일했을 때 던(Dunne) 신부가 운영하는 신문팔이 소년들을 위한 그룹홈에서 4년간 살았는데 그동안 그는 어떤 범법 행위를 저지른 적이 없었다. 그런데 영화에 등장하는 맷 데이비스는 절도죄, 야간 주거침입 및 강도죄, 살인죄와 같은 범죄를 저지른 비행 청소년으로 묘사되었다.

연방 제8 항소법원은 본 케이스의 이슈가 원고를 알고 있는 사람들이 상영된 영화에 나오는 맷 데이비스가 원고와 동일인임을 합리적으로 이해할 수 있는지 여부라고 판단하였다.[909]

그런데 영화를 본 누군가가 맷 데이비스로 묘사된 캐릭터가 원고를 가리킨다고 이해했다는 청구원인(cause of action)만으로는 부족하고, 실제로 피고에게 원고를 가리키려는 의도가 있었다고 이해되어야 하며 모든 상황에 비추어볼 때 합리적으로 해석할 수 있어야 한다는 것이다.[910]

---

908 The context in which the name appears is important because "[n]ames of characters portrayed in * * * short stories * * * and other obvious works of fiction are normally understood by all reasonable men as not intended to depict or refer to any actual person * * *." See Middlebrooks v. Curtis Publishing Company, 413 F.2d 141, 143 (4th Cir. 1969).

909 The issue was whether persons who knew or knew of the plaintiff could reasonably have understood the exhibited picture to refer to him. See Davis v. RKO Radio Pictures, 191 F.2d 901, 904 (8th Cir. 1951).

910 the defamatory matter be actually understood as intended to refer to the plaintiff; such interpretation must be reasonable in the light of all the circumstances. See Davis v. RKO Radio Pictures, 191 F.2d 901, 904 (8th Cir. 1951).

Wheeler v. Dell Publishing Co., 300 F.2d 372 (7th Cir. 1962)

본 케이스는 소설과 영화로 제작된 "살인의 해부"(Anatomy of the Murder)가 원고 헤이즐 휠러(Hazel Wheeler, 이하 "휠러")와 테리 앤 체노웨스(Terry Ann Chenoweth)의 명예를 훼손하고 사생활을 침해했다는 이유로 제기된 손해배상 사건이다.

휠러는 미망인이었고 테리 앤 체노웨스는 피터슨(Peterson) 중위의 아내를 강간한 혐의로 피터슨에게 총을 맞고 사망한 모리스 체노웨스(Maurice Chenoweth)의 딸이었다. 피터슨은 1952년 미시간주 마퀘트(Marquette)에서 모리스 체노웨스를 살해한 혐의로 재판을 받았다. 그러나 배심원은 그의 정신 이상을 이유로 무죄를 인정하였다.

로버트 트래버(Robert Traver)의 소설인 "살인의 해부"는 모리스 체노웨스에 대한 재판을 허구로 표현한 작품이었다. 이 작품은 베스트셀러가 되었고 델 출판사(Dell Publishing Company)에 의해 책으로 출판되었다. 이 소설은 이후 콜롬비아 픽처스사(Columbia Pictures Corporation)에 의해 영화로 제작되었다. 해당 소설과 영화는 마니온(Manion) 중위가 마니온의 아내를 강간한 혐의로 바니 퀼(Barney Quill)을 쏴 죽이고 살인혐의로 재판을 받았는데 정신 이상으로 무죄 선고를 받았다는 내용을 담고 있다.

연방 제7 항소법원은 해당 소설과 영화에서 휠러를 묘사한 것으로 의심되는 제니스 퀼(Janice Quill)과 휠러의 신체적 특징과 성격이 확연하게 구분되므로 휠러를 묘사한 것으로 볼 수 없다고 판단하였다.[911] 또한 소설에서 제니스 퀼이 수행한 역할이 너무 미미해서 일반 독자들이 기억하지 못할 것이라고 판단하였다.

또다른 원고인 테리 앤 체노웨스의 경우 어머니의 살인 사건이 일어났을 당시 나이가 아홉 살이었던 반면, 영화 속에서 동일 인물로 의심되는 캐릭터는 낭만적인 주인공이었고 가상의 재판에 연루되었을 당시 나이가 열여섯 살이었다. 따라서 테리 앤 체노웨스의 경우 더더욱 영화 속 캐릭터와 동일 인물로 보기 어렵다는 것이다.

911 In our opinion, any reasonable person who read the book and was in a position to identify Hazel Wheeler with Janice Quill would more likely conclude that the author created the latter in an ugly way so that none would identify her with Hazel Wheeler. See Wheeler v. Dell Publishing Co., 300 F.2d 372, 376 (7th Cir. 1962).

1/ Hustler Magazine, Inc. v. Falwell (연방 대법원, 485 U.S. 46, 1988)

본 케이스는 공인(public figure)의 사생활을 모티브로 만든 광고 패러디물로 인해 잡지사를 상대로 제기한 명예훼손 및 정신적 손해배상(IIED)에 따른 손해배상 청구 사건이다. 본 케이스의 이슈는 공인(public figure)이 입은 정신적 피해에 대해서도 실질적 악의 기준(actual malice standard)을 입증하여야만 손해배상 청구가 가능한지 여부이다. 연방 대법원은 정신적 피해에 대한 손해배상 기준으로 실질적 악의 기준(actual malice standard)이 적용되려면 정신적 피해가 공인(public figure)에 대한 명예훼손에서 비롯되어야 하는데 잡지사 측의 광고 패러디물은 연방 헌법 제1조에 의해 보호되는 의견에 불과하므로 명예훼손에 해당되지 않는다고 판단하였다. 즉, 정신적 손해배상(IIED)의 성립에 전제가 되는 명예훼손이 인정되지 않기 때문에 공인(public figure)에 대한 명예훼손 사건에 적용되는 손해배상 기준인 실질적 악의 기준(actual malice standard)을 적용하여 정신적 피해에 대한 손해배상을 청구할 수 없다고 본 것이다.

1) 사실관계

허슬러(Hustler) 잡지의 1983년 11월호에는 캄파리 리큐어(Campari Liqueur) 주류 광고를 패러디한 패러디물이 실렸는데 정치와 공공 문제에 대한 논평가로 활동해왔으며, 전국적으로 잘 알려진 목사인 폴웰(Falwell)의 이름과 사진이 포함되었고 "제리 폴웰이 그의 첫 경험에 대해 나누다"(Jerry Falwell talks about his first time)라는 제목이 쓰여 있었다. 그 패러디물은 누군가가 캄파리 리큐어를 처음으로 맛본다는 아이디어가 담긴 다른 캄파리 리큐어의 주류광고를 모방하기 위해 디자인되었는데, 폴웰이 별장에서 술에 취해 처음으로 그의 어머니와 성관계를 가진 것을 묘사하였다.

폴웰은 허슬러 잡지사 및 발행인인 래리 플린트(Larry Flynt, 이하 "잡지사 측")를 상대로 사생활 침해, 명예훼손 및 정신적 손해배상(IIED)을 주장하는 소를 제기하였다. 연방 1심 법원은 폴웰의 사생활 침해 주장을 인정하였으나, 명예훼손에 대해서는 일반적으로 해당 광고 패러디물이 실제 사실을 묘사하는 것으로 이해되기 어렵다는 이유를 들어 거부하였다. 그러나 정신적 손해배상(IIED)에 대해서는 허슬러 잡지사 및 래리 플린트가 폴웰에게 각각 통상 손해 10만불과 5만불을 인정하였다.

연방 제4 항소법원은 폴웰이 입은 정신적 피해에 대한 손해배상을 받기 위해서는 뉴욕 타임즈 케이스의 실질적 악의(actual malice)를 입증하여야 한다는 잡지사 측의 주장을 거부하였다. 항소법원은 폴웰이 공인(public figure)이므로 명예훼손으로 인한 정신적 손해배상(IIED)의 경우에도 동일하게 연방 헌법 제1조의 보호 대상에 해당된다는 점에는 동의하였다. 하지만 그것이 정신적 손해배상(IIED)에 실질적 악의 기준(actual malice standard)를 문자 그대로 적용하는 것을 의미하지는 않는다고 판단하였다.

2) 연방 대법원의 결정 요지

연방 헌법 제1조는 공적인 관심사와 관련된 아이디어와 의견의 자유로운 교환을 가장 중요한 가치로 여기기 때문에 개인이 자신의 아이디어를 자유롭게 표현할 수 있도록 정부의 제재로부터 보호하는 것이 중요하다는 것이다.[912]

연방 대법원에서 뉴욕 타임즈 케이스를 통해 실질적 악의 기준(actual malice standard)을 세우게 된 이유는 허위 내용이 그 자체로는 가치가 없는 것이지만 아이디어와 의견의 자유로운 소통을 위해서는 불가피한 것이기에, 허위 내용을 출판한 언론사에게 엄격 책임(strict liability)을 부과하여 자유로운 아이디어와 의견의 제시가 제한되는 병폐를 막기 위한 것에 있다. 따라서 공인(public figure)에 대한 출판물이 허위에 해당되고, 언론사의 과실에 의해 허위 내용의 배포가 입증되는 경우에만 명예훼손이 인정되어 손해배상을 받을 수 있다는 것이다.[913]

공적인 이슈와 관련된 논쟁에서 발언자가 공직자(public official) 또는 공인(public figure)에 대한 증오 혹은 악감정을 가지고 인신 공격적인 발언을 하였다고 하더라도 그것이 아이디어의 자유로운 교환과 진실을 확인하기 위한 것이라면 연방 헌법 제1조에 의해서 보호된다.[914]

---

912 At the heart of the First Amendment is the recognition of the fundamental importance of the free flow of ideas and opinions on matters of public interest and concern. "[T]he freedom to speak one's mind is not only an aspect of individual liberty — and thus a good unto itself — but also is essential to the common quest for truth and the vitality of society as a whole." *Bose Corp.* v. *Consumers Union of United States, Inc.,* 466 U. S. 485, 503-504 (1984). We have therefore been particularly vigilant to ensure that individual expressions of ideas remain free from governmentally imposed sanctions. See Hustler Magazine, Inc. v. Falwell, 485 U.S. 46, 50-51 (1988).

913 But even though falsehoods have little value in and of themselves, they are "nevertheless inevitable in free debate," *id.,* at 340, and a rule that would impose strict liability on a publisher for false factual assertions would have an undoubted "chilling" effect on speech relating to public figures that does have constitutional value. "Freedoms of expression require " 'breathing space.' "*Philadelphia Newspapers, Inc.* v. *Hepps,* 475 U. S. 767, 772 (1986) (quoting *New York Times, supra,* at 272). This breathing space is provided by a constitutional rule that allows public figures to recover for libel or defamation only when they can prove *both* that the statement was false and that the statement was made with the requisite level of culpability. See Hustler Magazine, Inc. v. Falwell, 485 U.S. 46, 52 (1988).

914 In *Garrison* v. *Louisiana,* 379 U. S. 64 (1964), we held that even when a speaker or writer is motivated by hatred or ill will his expression was protected by the First Amendment:

정치적 상황을 풍자한 캐리커처는 묘사 대상이 가지고 있는 신체적 특징 혹은 정치적으로 당혹스러운 사건들을 이용하여 묘사 대상의 감정을 상하게 하기 위해 의도적으로 만들어진 창작물이다.[915] 본 케이스의 광고 패러디물은 정치적 상황을 풍자한 캐리커처와 같은 맥락으로 이해되므로 아이디어의 자유로운 교환을 위한 개인의 의견을 보호하는 측면에서 연방 헌법 제1조가 적용된다.[916] 따라서 공인(public figure)에 대한 인신 공격적인 의견으로 입게 된 정신적 피해를 배상받으려면 먼저 실질적 악의 기준(actual malice standard)에 따른 명예훼손이 입증되어야 한다는 것이다.[917]

그런데 1심에서 배심원은 잡지사 측의 광고 패러디물이 폴웰의 실제 사건이나 폴웰에 대한 실제 사실을 묘사한 것으로 합리적으로 이해할 수 없다고 판단하였고 항소법원은 이러한 배심원의 판단을 인정하였다. 연방 대법원 또한 항소법원과 같이 배심원의 판단을 받아들였다. 따라서 잡지사 측의 광고 패러디물은 연방 헌법 제1조에 의해 보호되는 의견에 불과하므로 명예훼손에 해당되지 않는다고 판단하였다. 즉, 정신적 손해배상(IIED)

"Debate on public issues will not be uninhibited if the speaker must run the risk that it will be proved in court that he spoke out of hatred; even if he did speak out of hatred, utterances honestly believed contribute to the free interchange of ideas and the ascertainment of truth." *Id.,* at 73.See Hustler Magazine, Inc. v. Falwell, 485 U.S. 46, 53 (1988).

915 The appeal of the political cartoon or caricature is often based on exploitation of unfortunate physical traits or politically embarrassing events — an exploitation often calculated to injure the feelings of the subject of the portrayal. The art of the cartoonist is often not reasoned or evenhanded, but slashing and one-sided. One cartoonist expressed the nature of the art in these words:
"The political cartoon is a weapon of attack, of scorn and ridicule and satire; it is least effective when it tries to pat some politician on the back. It is usually as welcome as a bee sting and is always controversial in some quarters." Long, The Political Cartoon: Journalism's Strongest Weapon, The Quill 56, 57 (Nov. 1962). See Hustler Magazine Inc., v. Falwell, 485 U.S. 46, 54 (1988).

916 And, as we stated in *FCC* v. *Pacifica Foundation,* 438 U. S. 726 (1978):
"[T]he fact that society may find speech offensive is not a sufficient reason for suppressing it. Indeed, if it is the speaker's opinion that gives offense, that consequence is a reason for according it constitutional protection. For it is a central tenet of the First Amendment that the government must remain neutral in the marketplace of ideas." *Id.,* at 745-746. See Hustler Magazine v. Falwell, 485 U.S. 46, 55-56 (1988).

917 We conclude that public figures and public officials may not recover for the tort of intentional infliction of emotional distress by reason of publications such as the one here at issue without showing in addition that the publication contains a false statement of fact which was made with "actual malice," *i. e.,* with knowledge that the statement was false or with reckless disregard as to whether or not it was true. This is not merely a "blind application" of the *New York Times* standard, see *Time, Inc.* v. *Hill,* 385 U. S. 374, 390 (1967), it reflects our considered judgment that such a standard is necessary to give adequate "breathing space" to the freedoms protected by the First Amendment. See Hustler Magazine, Inc. v. Falwell, 485 U.S. 46, 56 (1988).

의 성립에 전제가 되는 명예훼손이 인정되지 않기 때문에 공인(public figure)에 대한 명예훼손 사건에 적용되는 손해배상 기준인 실질적 악의 기준(actual malice standard)을 적용하여 정신적 피해에 대한 손해배상을 청구할 수 없다고 본 것이다.[918]

Falwell v. Flynt, 797 F.2d 1270 (4th Cir. 1986)[919]

본 케이스는 허슬러 잡지 중 1983년 11월과 1984년 3월호에 실린 광고 패러디물에서 비롯된 소송을 배경으로 하고 있다. 해당 광고 패러디물은 대중에게 잘 알려진 목사이자 정치적 이슈에 대한 논평가로 활동했던 제리 폴웰(Jerry Falwell, 이하 "폴웰")에 관한 것이었다.

해당 광고 패러디물은 캄파리 리큐어(Campari Liquer)의 광고를 풍자하기 위한 의도로 기획되었다. 실제 캄파리 리큐어 광고는 유명 인사들의 첫 경험에 대해 다루고 있었다. 이는 캄파리 리큐어와의 첫 만남을 의미했지만 이중적으로 성적인 의미를 포함하고 있었다. 폴웰은 잡지사의 광고 패러디물에서 유명 인사였다. 해당 광고 패러디물에는 그의 사진과 그가 말한 것으로 추정되는 인터뷰 내용이 포함되었다. 인터뷰에서 폴웰은 버지니아주의 린치버그(Lynchburg)에 있는 별장에서 그의 어머니와 성관계를 가진 것에 대해 자세히 설명하였다. 폴웰의 어머니는 술에 취한 부도덕한 여자로 묘사되었고, 폴웰은 위선적이고 상습적으로 술을 마시는 술주정꾼으로 그려졌다. 해당 광고 패러디물 맨 아래에는 "광고 패러디물-심각하게 생각하지 말 것"이라는 면책 문구가 적혀 있었다. 해당 광고 패러디물은 목차에 "허구: 광고 및 유명인의 패러디물"로 분류되었다.[920]

1983년 가을, 폴웰은 기자를 통해 해당 광고 패러디물을 처음 접했다. 그는 허슬러 잡지사, 잡지사의 대표인 래리 플린트(Larry Flynt, 이하 "플린트")및 그의 회사(Flynt Distributing Company, FDC)를 상대로 명예훼손, 사생활 침해, 정신적 손해배상(IIED)으로 소를 제기하였다. 잡지사는 1984년 3월호에 해당 광고 패러디물을 다시 게재하였다. 1984년 6월, 폴웰은 플린트를 상대로 법정 외 증인신문을 가졌다.[921]

918 Here it is clear that respondent Falwell is a "public figure" for purposes of First Amendment law. The jury found against respondent on his libel claim when it decided that the Hustler ad parody could not "reasonably be understood as describing actual facts about [respondent] or actual events in which [he] participated." App. to Pet. for Cert. C1. The Court of Appeals interpreted the jury's finding to be that the ad parody "was not reasonably believable," 797 F. 2d, at 1278, and in accordance with our custom we accept this finding. Respondent is thus relegated to his claim for damages awarded by the jury for the intentional infliction of emotional distress by "outrageous" conduct. But for reasons heretofore stated this claim cannot, consistently with the First Amendment, form a basis for the award of damages when the conduct in question is the publication of a caricature such as the ad parody involved here. See Hustler Magazine, Inc. v. Falwell, 485 U.S. 46, 57 (1988).

919 본 케이스의 이해를 돕기 위해 항소법원의 결정 요지를 추가로 소개한다.

920 At the bottom of the page is a disclaimer which states "ad parody — not to be taken seriously." The parody is listed in the table of contents as "Fiction; Ad and Personality Parody." See Falwell v. Flynt, 797 F.2d 1270, 1272 (4th Cir. 1986).

921 During the deposition Flynt identified himself as Christopher Columbus Cornwallis I.P.Q. Harvey H. Apache

연방 1심 법원은 해당 광고 패러디물이 폴웰의 동의없이 이름과 초상을 사용했지만 그것이 주법[922]에서 규정하고 있는 상업적 목적으로 이름과 초상을 사용한 것으로 볼 수 없다는 이유로 폴웰의 사생활 침해 주장을 기각하였다.

배심원은 합리적인 사람이라면 해당 광고 패러디물이 폴웰에 대한 실제 사실을 묘사한 것으로 받아들여지기 어렵다고 판단하고 잡지사 측에 유리한 평결을 내렸다. 정신적 손해배상(IIED)과 관련하여 배심원은 플린트를 상대로 10만불의 실제 손해(actual damage) 및 5만불의 징벌적 손해배상을 인정하였고, 잡지사를 상대로 5만불의 징벌적 손해배상을 인정하였다.

Pugh and testified that the parody was written by rock stars Yoko Ono (존 레논의 애인) and Billy Idol. It also contained the following colloquy concerning the parody:

Q. Did you want to upset Reverend Falwell?

A. Yes....

Q. Do you recognize that in having published what you did in this ad, you were attempting to convey to the people who read it that Reverend Falwell was just as you characterized him, a liar?

A. He's a glutton.

Q. How about a liar?

A. Yeah. He's a liar, too.

Q. How about a hypocrite?

A. Yeah.

Q. That's what you wanted to convey?

A. Yeah.

Q. And didn't it occur to you that if it wasn't true, you were attacking a man in his profession?

A. Yes.

Q. Did you appreciate, at the time that you wrote "okay" or approved this publication, that for Reverend Falwell to function in his livelihood, and in his commitment and career, he has to have an integrity that people believe in? Did you not appreciate that?

A. Yeah.

Q. And wasn't one of your objectives to destroy that integrity, or harm it, if you could?

A. To assassinate it.

See Falwell v. Flynt, 797 F.2d 1270, 1273 (4th Cir. 1986).

922 § 8.01-40. Unauthorized use of name or picture of any person; punitive damages; statute of limitations.

A. Any person whose name, portrait, or picture is used without having first obtained the written consent of such person, or if dead, of the surviving consort and if none, of the next of kin, or if a minor, the written consent of his or her parent or guardian, for advertising purposes or for the purposes of trade, such persons may maintain a suit in equity against the person, firm, or corporation so using such person's name, portrait, or picture to prevent and restrain the use thereof; and may also sue and recover damages for any injuries sustained by reason of such use. And if the defendant shall have knowingly used such person's name, portrait or picture in such manner as is forbidden or declared to be unlawful by this chapter, the jury, in its discretion, may award punitive damages.

B. No action shall be commenced under this section more than 20 years after the death of such person. Code 1950, § 8-650; 1977, c. 617; 2015, c. 710.

이에 잡지사 측은 항소하였다. 항소심에서 잡지사 측은 폴웰이 정신적 피해에 대한 손해배상을 청구하기 전에 공인(public figure)에 해당하므로 뉴욕 타임즈 케이스에 따른 실질적 악의 기준(actual malice standard)을 입증하여야 한다고 주장하였다. 또한 잡지사 측은 배심원이 해당 광고 패러디물이 사실에 기초한 발언으로 볼 수 없다고 판단하였기 때문에[923] 해당 광고 패러디물은 사실이 아닌 의견으로 보아 연방 헌법 제1조의 보호 대상에 해당된다고 주장하였다.

항소법원은 공직자(public official)가 언론을 상대로 명예훼손 소송을 제기할 경우 언론의 활동이 축소되는 부작용을 가져올 수 있고 이는 연방 헌법 제1조의 취지에 부합하지 않는다는 뉴욕 타임즈 판결에 근거하여 언론사가 공직자(public official)에 대한 허위 내용을 게재한 경우에도 연방 헌법 제1조의 보호를 받을 수 있다고 판단하였다. 또한 이러한 보호는 Butts 케이스를 통해 원고가 공인(public figure)인 경우에까지 확대되었다고 보았다. 하지만 Gertz 케이스를 통해 원고가 개인인 경우에는 연방 헌법 제1조의 보호가 언론사에게 적용되지 않는다고 보았다. 즉, 명예훼손 소송의 원고가 공직자 혹은 공인(public official or public figure)이면서 공적인 업무 수행(public conduct)과 관련된 것인지 아니면 개인인지 여부에 따라 언론사가 연방 헌법 제1조의 보호대상에 해당되는지 여부가 결정된다는 것이다.[924]

본 케이스의 경우 폴웰은 공인(public figure)이며 소송의 핵심은 불법으로 폴웰에 대한 기사를 게재한 것에 있다. 따라서 잡지사 측은 정신적 손해배상(IIED)에 대해서도 명예훼손 사건에 적용되는 연방 헌법 제1조의 보호와 동일한 수준의 보호를 받을 수 있다는 것이다.[925] 하지만 정신적 손해배상(IIED)에 실질적 악의 기준(actual malice standard)을 문지 그대로 적용하는 것은 적절하지 않다고 보았다.

1심 법원에서 기각한 폴웰의 사생활 침해 주장의 경우 해당 광고 패러디물이 폴웰의 이름과 초상을 상업적 목적으로 사용한 것이 아니라는 면책 문구를 포함하고 있으므로 폴웰에 대한 실제 사실을 다룬 것으로 볼 수 없다고 보아 1심 법원의 결정이 타당하다고 판단하였다.[926]

923 Defendants argue that the more vile and outrageous the statement about a public figure, the greater the protection to the publisher because the public is not apt to believe such a statement. See Falwell v. Flynt, 797 F.2d 1270, 1274 [1] (4th Cir. 1986).

924 It is not the theory of liability advanced, but the status of the plaintiff, as a public figure or official and the gravamen of a tortious publication which give rise to the first amendment protection prescribed by New York Times. See Falwell v. Flynt, 797 F.2d 1270, 1274 (4th Cir. 1986).

925 In the case at bar, Falwell is a public figure, and the gravamen of the suit is a tortious publication. The defendants are, therefore, entitled to the same level of first amendment protection in the claim for intentional infliction of emotional distress that they received in Falwell's claim for libel. To hold otherwise would frustrate the intent of New York Times and encourage the type of self censorship which it sought to abolish. See Falwell v. Flynt, 797 F.2d 1270, 1274 (4th Cir. 1986).

926 Because the jury found that the parody in the instant case was not reasonably believable and because it contained a disclaimer, publication of the parody did not constitute a use of Falwell's name and likeness for purposes of trade. The district court properly dismissed this claim. For these reasons, the decision of the district court is affirmed. See Falwell v. Flynt, 797 F.2d 1270, 1278 (4th Cir. 1986).

2 Masson v. New Yorker Magazine, Inc. (연방 대법원, 501 U.S. 496, 1991)

본 케이스는 공인(public figure)에 대한 인터뷰 내용을 잡지 기사로 게재한 것에서 비롯된 명예훼손 사건이다. 본 케이스의 이슈는 공인(public figure)의 인터뷰 내용을 인용문 형태로 게재한 잡지사에게 실질적 악의(actual malice)가 인정되는지 여부이다.

연방 대법원은 잡지사가 공인(public figure)의 인용문을 게재할 당시에 인용문의 내용에 사실과 다른 부분이 포함되어 있다는 것을 알고서도 이를 게재한 것은 의미상 실질적인 변경(material change)에 해당되므로 잡지사에게 실질적 악의(actual malice)가 인정된다고 판단하였다.

1) 사실 관계

정신 분석가인 매슨(Masson)은 지그문트 프로이트 기록 보관소(Sigmund Freud Archives, 이하 "기록 보관소")의 프로젝트 디렉터로 근무했는데 프로이트 심리학에 대한 환멸을 인정하는 발표를 한 후 기록 보관소에서 해고되었다. 이후 더 뉴요커(The New Yorker) 잡지의 작가이자 기고가였던 말콤(Malcolm)은 매슨과 몇차례 인터뷰를 가졌고 녹음된 인터뷰 내용을 바탕으로 기록 보관소와의 관계에 대한 긴 기사를 작성하였다. 말콤의 묘사 방법 중 하나는 긴 구절들을 인용 부호로 묶는 것이었다. 매슨은 기사가 출판되기 전에 일부 내용에 오류가 있다고 말콤에게 알렸다.

1983년 12월, 더 뉴요커는 말콤의 기사를 게재하였다. 그 후 알프레드 에이 크노프사(Alfred A. Knopf, Inc.)는 매슨의 명예를 훼손하는 내용이 기사에 포함되어 있다는 사실을 알고 있음에도 불구하고 해당 기사들을 책으로 출판하였다. 그 책은 매슨을 아주 탐탁치 않은 사람으로 묘사하였다.[927] 매슨은 뉴욕 타임즈 북 리뷰(the New York Times Book Review)에 그 책이 사실을 왜곡했다고 주장하는 편지를 보냈다. 말콤은 매슨의 주장에 대한 답변에서 매슨의 인터뷰 내용 중 많은 부분이 신뢰하기 어려운 것이었고, 본인이 쓴 기사는 매슨의 말을 대부분 인용해서 작성된 것이라고 반박하였다.[928]

927 According to one reviewer: "Masson the promising psychoanalytic scholar emerges gradually, as a grandiose egotist — mean-spirited, selfserving, full of braggadocio, impossibly arrogant and, in the end, a self-destructive fool. But it is not Janet Malcolm who calls him such: his own words reveal this psychological profile — a self-portrait offered to us through the efforts of an observer and listener who is, surely, as wise as any in the psychoanalytic profession." Coles, Freudianism Confronts Its Malcontents, Boston Globe, May 27, 1984, pp. 58, 60. See Masson v. New Yorker Magazine, Inc., 501 U.S. 496, 501 (1991).

928 In response, Malcolm stated: "Many of [the] things Mr. Masson told me (on tape) were discreditable to

매슨은 명예훼손으로 연방 1심 법원에 소를 제기하였다. 연방 1심 법원은 매슨이 주장한 왜곡된 내용이 실질적으로 사실이거나 모호한 대화나 사건을 합리적으로 해석한 것 중의 하나로 보아야 하기 때문에 헌법상 보호 대상에 해당된다고 판단하였다.

항소법원은 해당 기사가 매슨이 말하고자 하는 실질적인 의미를 변경하지 않았으므로 매슨은 잡지사의 실질적 악의(actual malice)를 입증할 수 없다고 판단하였다.

2) 연방 대법원의 결정 요지

매슨은 인터뷰에서 말한 내용을 인용문 형태로 기사에 게재할 때 문법 또는 구문을 수정하기 위해 잡지사 측에서 사소한 부분을 변경한 경우에는 실질적 악의(actual malice)가 있다고 볼 수 없지만 인용문이 매슨이 인터뷰에서 사용한 단어를 포함하고 있지 않다는 사실을 알았음에도 불구하고 이를 기사로 게재한 것은 잡지사 측에게 실질적 악의(actual malice)가 있다고 주장한다.

그러나 문법이나 구문의 수정 이외의 어떠한 변경이 있기만 하면 무조건 잡지사 측에게 실질적 악의(actual malice)가 인정된다는 매슨의 주장은 연방 헌법 제1조의 보호 범위를 지나치게 제한하는 것이므로 인정될 수 없다.

작가가 화자가 한 말을 변형해서 기사를 작성하였다고 하더라도 실질적으로 화자가 전달하려는 의미가 바뀐 것이 아니라면 게재된 기사의 내용으로 인해 화자의 명예가 훼손되었다고 볼 수 없다는 것이다.[929]

뉴욕 타임즈 케이스 이전에는 의사소통의 형식에 관계없이 허위 문제에 대해 단 하나의 접근 방식을 따랐다. 즉, 허위로 의심되는 내용이 사소하고 부정확한지 여부가 아니라 실질적인 진실을 반영하고 있는지 여부에 초점을 맞추고 있다는 것이다.

따라서 잡지사 측이 게재한 기사가 매슨이 전달하고자 하는 의미를 실질적으로 바꾼 경우에 한해 의도적으로 허위 내용을 게재한 잡지사 측의 실질적 악의(actual malice)가 인

him, and I felt it best not to include them. Everything I do quote Mr. Masson as saying was said by him, almost word for word. (The 'almost' refers to changes made for the sake of correct syntax.) I would be glad to play the tapes of my conversation with Mr. Masson to the editors of The Book Review whenever they have 40 or 50 short hours to spare." App. 222-223. See Masson v. New Yorker Magazine, Inc., 501 U.S. 496, 501 (1991).

929 If an author alters a speaker's words but effects no material change in meaning, including any meaning conveyed by the manner or fact of expression, the speaker suffers no injury to reputation that is compensable as a defamation. See Masson v. New Yorker Magazine, Inc., 501 U.S. 496, 516 (1991).

정된다는 것이다.[930]

또한 다음의 다섯 가지 증거들은 잡지사 측의 실질적 악의(actual malice)를 뒷받침하는 명백하고 확실한 증거(clear and convincing evidence)로 인정된다는 것이다.

첫 번째로 기사에서 문제가 된 구절 중 많은 부분들이 특정 문구의 추가 혹은 변경을 제외하고 인터뷰 테이프에 있는 인용문과 유사한데 이는 매슨의 발언내용이 변경되었다는 합리적인 추론을 가능하게 한다.

두 번째로 말콤은 매슨과의 인터뷰 테이프를 보유하고 있었고 특종 사건과 같이 촉박한 기한을 맞추기 위해 작업하지 않았다. 따라서 말콤은 자신이 진행중인 작업과 인터뷰 테이프의 내용이 일치하는지 여부를 확인할 수 있는 능력이 부족했다고 이의를 제기할 수 없다.

세 번째로 말콤은 잡지사의 편집장에게 모든 인용문이 녹음된 테이프에서 나온 것이라고 말했다.

네 번째 매슨이 인용된 발언 중 일부를 말한 것으로 알려진 오프 더 레코드 대화 당시 나누었던 시간과 장소에 대해 말콤이 설명한 것은 모든 면에서 일관성이 없었다.

다섯 번째 인터뷰어가 작성한 메모 형태의 인터뷰 내용이 책의 원고가 된 것은 말콤이 인터뷰 내용을 의도적으로 변경했다는 것을 보여주는 증거에 해당한다.

Kerby v. Hal Roach Studios, 53 Cal.App.2d 207 (1942)

본 케이스의 원고는 배우이자 콘서트 가수이면서 1인 예술가였다. 피고 회사는 영화 제작사였고 또 다른 피고 셀처(Seltzer)는 회사의 홍보 부서의 책임자였다. 1939년 3월, 회사에서 제작한 영화가 LA 극장에서 상영되었는데 영화를 홍보할 목적으로 이성과의 만남으로 가장하여 원고의 이름으로 된 편지 1,000부를 남성이 세대주인 가구에 발송하였다.[931] 이 편지가 발송될 당시 원고는 LA에 거주했고 편지가

930 We conclude that a deliberate alteration of the words uttered by a plaintiff does not equate with knowledge of falsity for purposes of New York Times Co. v. Sullivan, 376 U. S., at 279-280, and Gertz v. Robert Welch, Inc., supra, at 342, unless the alteration results in a material change in the meaning conveyed by the statement. See Masson v. New Yorker Magazine, Inc., 501 U.S. 496, 517 (1991).

931 The letter so sent reads as follows:
"Dearest:"
"Don't breathe it to a soul, but I'm back in Los Angeles and more curious than ever to see you. Remember how I cut up about a year ago? Well, I'm raring to go again, and believe me I'm in the mood for fun."
"Let's renew our aquaintanceship and I promise you an evening you won't forget. Meet me in front of Warners Downtown Theatre at 7th and Hill on Thursday. Just look for a girl with a gleam in her eye, a

발송된 그 해에 편지에 적힌 이름과 동일한 이름으로 LA 전화번호부에 기재된 유일한 사람이었다. 한편, 원고의 이름은 피고가 발표한 두 작품의 주인공이 가진 이름이자 영화 속 여주인공의 이름이기도 했다. 이에 원고는 피고들을 상대로 사생활 침해로 소를 제기하였다.

캘리포니아주 항소법원은 원고 본인이 쓰지도 않은, 내용이 의심스러운 편지로 인해 1,000명의 사람들로부터 오해와 비난을 받게 되었고 원고의 도덕성에 의문을 제기하게 했으며 원고의 삶에 악영향을 끼쳤다고 판단하면서 사생활 침해를 인정하였다. 그러나 명예훼손에 대해서는 원고의 권리 침해가 명예훼손과 상당 부분 유사한 것은 맞지만 원고가 소장에서 명예훼손을 주장하지 않았기 때문에 인정되지 않는다고 판단하였다.

Fisher v. Dees, 794 F.2d 432 (9th Cir. 1986)

원고인 마빈 피셔(Marvin Fisher, 이하 "피셔")와 잭 시걸(Jack Segal, 이하 "시걸")은 50년대 대표곡인 "햇살이 파래질 때"(When Sunny Gats Blue)를 작곡했고 곡에 대한 저작권을 보유하고 있었다. 1984년 말, 피고인 디제이 릭 디스(DJ Rick Dees, 이하 "디스")와 애틀랜틱 레코딩사(Atlantic Recording Corp.), 워너 통신사(Warner Communications,Inc.)는 피셔에게 접촉하여 그 노래를 코믹 버전으로 재발매하기 위해 "햇살이 파래질 때"의 수록곡을 전체 혹은 부분적으로 사용하게 해달라고 요청하였다.

몇달 뒤, 디스는 "달이 빛나지 않는 곳에 두라"(Put it Where the Moon Don't Shine)라고 이름을 붙여 피셔의 곡을 코믹 버전으로 재 발매한 앨범을 내놓았다. 앨범 중에 한 곡("When Soony Sniffs Glue")은 분명히 피셔와 시걸의 곡을 모방한 것이었다.[932] 이에 피셔와 시걸은 명예훼손, 제품의 품질에 대한 폄하(product disparagement)[933] 등을 이유로 연방 1심 법원에 소를 제기하였으나 법원은 디스의 손을 들어 주었다.

원고는 항소심에서 명예훼손 및 제품의 품질에 대한 폄하(product disparagement)와 관련하여 디스가 원고의 노래를 외설적이며 모욕적인 말과 연결시키고 부당한 방법으로 복제, 배포, 연주하여 원고의 명

smile on her lips and mischief on her mind!"
Fondly,
"Your ectoplasmic playmate,"
"Marion Kerby."
See Kerby v. Hal Roach Studios, 53 Cal.App.2d 207, 208-209 (1942).

932 The parody copies the first six of the song's thirty-eight bars of music — its recognizable main theme. In addition, it changes the original's opening lyrics — "When Sunny gets blue, her eyes get gray and cloudy, then the rain begins to fall" to "When Sonny sniffs glue, her eyes get red and bulgy, then her hair begins to fall." The parody runs for 29 seconds of the approximately forty minutes of material on Dees's album. See Fisher v. Dees, 794 F.2d 432, 434 (9th Cir. 1986).

933 "[부록]미국 법률 용어"에서 자세한 설명을 확인하기 바란다.

예를 훼손하고 노래를 폄하하였다고 주장하였다.

연방 항소법원은 디스의 패러디곡이 원고의 명예를 훼손한다고 보기 어렵다는 1심 법원의 판단에 동의하며 일반인들이 디스의 패러디곡을 듣고 명예훼손적인 의미가 담겨있다고 합리적으로 이해하기 어렵다고 판단하였다.[934]

934 Because Dees's parody cannot reasonably be understood in a defamatory sense by those who hear it, the composers' claims for defamation and disparagement must fail. See Fisher v. Dees, 794 F.2d 432, 440 (9th Cir. 1986).

3 Virginia Citizens Defense League v. Couric (연방 제4 항소법원, 910 F.3d 780, 4th Cir. 2018)

본 케이스는 총기 권리 옹호 단체 임원의 인터뷰 내용이 영화에서 왜곡되어 방영되었다는 이유로 영화 제작자와 회사를 상대로 제기된 명예훼손 사건이다. 본 케이스의 이슈는 영화가 총기 권리 옹호 단체 임원들의 전문성을 폄하하는 명예훼손 의제(defamation per se)에 해당되는지 여부이다. 연방 제4 항소법원은 영화 속에서 진행자의 질문에 침묵했다는 것이 그들의 전문성을 폄하하는 명예훼손 의제(defamation per se)에 해당되지 않는다고 판단하였다. 또한 영화에서 그들과 그들이 속한 단체를 조롱하는 단어를 사용했다는 주장에 대해 명예훼손이 아닌 단순히 모욕감을 주는 표현에 불과하다고 판단하였다.

1) 사실 관계

미국의 총기 폭력을 다룬 다큐멘터리 영화("Under the Gun")에서 사용된 3분 분량의 인터뷰 영상에서 버지니아 시민 방위 연맹(Virginia Citizen Defense League, 이하 "VCDL") 및 해당 단체의 임원인 다니엘 호즈(Daniel L. Hawes, 이하 "호즈")와 페트리샤 웹(Patricia Webb, 이하 "웹")이 총기 소유 및 판매에 대해 무지한 사람들로 비춰지게 했다는 이유로[935] 영화

935 The final cut of the film includes portions of Couric's interview with these VCDL members. The segment lasts just over three minutes. At its outset, Couric thanks the VCDL members for participating, noting that they "have a specific point of view on this issue and some of the issues that we're tackling." Couric then poses a series of questions on gun policy. She asks about the appeal of owning a gun, and whether a person should have to pass a background check to purchase a gun. She also asks whether anyone in the group feared that the government would take their guns. These questions prompt detailed responses from the panel members, which are included in the film. Apart from the filmmakers' lighting choices, appellants do not object to this portion of the interview.
Instead, this suit centers on a twelve-second clip at the close of the three-minute VCDL interview. In it, Couric asks the following question: "If there are no background checks for gun purchasers, how do you prevent felons or terrorists from purchasing a gun?" Approximately nine seconds of silence follow, during which the VCDL members, including Webb, a gun store owner, and Hawes, an attorney, sit in silence and shift uncomfortably in their seats, averting their eyes. The film cuts to a revolver chamber closing. Couric then says: "The background check is considered the first line of defense, and 90% of Americans agree it's a good thing." Neither the VCDL nor its members are mentioned again in the 105-minute film.
Although the film accurately portrays most of the interview with VCDL members, the twelve-second clip described above did not transpire as depicted. In the unedited footage, Couric's background check question prompted approximately six minutes of responses from the VCDL members. Hawes responded by suggesting that the government cannot, consistent with the Constitution, prevent crimes through prior restraint. Webb commented that background checks are unlikely to prevent motivated criminals from obtaining guns or committing crimes. These responses were followed by approximately three minutes of related discussion

제작자인 케이티 커릭(Katie Couric) 외 1명 및 제작사들을 상대로 명예훼손 의제(defamation per se)로 소를 제기하였다.

주 1심 법원은 편집된 장면이 원고들이 해당 전문 분야에서 부적합한 자라는 것을 합리적으로 시사하고 있지 않다는 이유로 그들의 주장을 기각하였다. 이에 원고들은 연방 제4 항소법원에 항소를 제기하였다.

2) 연방 제4 항소법원의 결정 요지

영화가 원고들이 자신의 직업상 부적합한 자라는 것을 시사하는 것으로 합리적으로 이해될 수 있다면 명예훼손 의제(defamation per se)에 해당하는데[936] 이때 원고들의 명예를 훼손하는 내용과 원고들이 자신의 직업을 수행하는데 필요한 기술과 특성 사이에 연관성이 있어야 한다는 것이다.[937]

본 케이스를 위 기준에 따라 검토해 볼 때 해당 영화가 호즈, 웹 VCDL의 명예를 훼손한 것으로 합리적으로 이해할 수 없다는 것이다.

호즈은 총기 및 정당방위 분야를 다루는 변호사인데 편집된 장면은 그의 직업상 요구되는 역량과 능력이 부족하다고 시사하는 것으로 합리적으로 이해될 수 있다고 주장하였다. 그러나 영화에서 호즈에게 제기된 질문은 변호사로서 그의 경력이나 전문성과는 관련이 없었다는 것이다. 호즈의 주장이 명예훼손 의제(defamation per se)에 해당한다고 간주하게 되면 호즈가 인터뷰어의 질문에 대해 답변하지 않은 것이 곧 그가 직업적으로 무능한 사람이라는 것을 반증해주는 것이라고 인정하게 되는 오류가 발생한다는 것이다.

웹은 개인의 총기 구매 권리에 대해 알고 있어야 하는 총기 판매업자인데 편집된 장면은 총기 판매점의 사장으로서 사업상 갖추어야 할 지식이 부족하다고 시사하는 것으로 합리적으로 이해될 수 있다고 주장하였다. 그러나 상점 주인인 웹이 총기 정책에 대한 질

between Couric and the panel. Rather than use these responses, the filmmakers spliced in b-roll footage taken prior to the interview in which Couric asked the VCDL interviewees to sit in silence while technicians calibrated the recording equipment.
See Virginia Citizens Defense League v. Couric, 910 F.3d 780, 782-783 (4th Cir. 2018).

936 As relevant here, a statement—in this case, a film—is defamatory per se when it can reasonably be understood to suggest that a person is unfit in his or her trade. *Tronfeld,* 636 S.E.2d at 450 (identifying statements "which prejudice [a] person in his or her profession or trade" as "actionable per se"). See Virginia Citizens Defense League v. Couric, 910 F.3d 780, 784 (4th Cir. 2018).

937 There must be a "nexus between the content of the defamatory statement and the skills or character required to carry out the particular occupation of the plaintiff." *Fleming,* 275 S.E.2d at 636. See Virginia Citizens Defense League v. Couric, 910 F.3d 780, 784-785 (4th Cir. 2018).

문에 대해 개인적인 견해를 밝혀야 할 이유는 없으며, 이 질문에 대해 답변하지 않았다고 해서 웹이 총기 판매점을 운영하고 총기를 판매하는 데 부적합한 자라는 것을 의미하지 않는다는 것이다.

VCDL은 그들이 연방 헌법 제2조[938]를 옹호하는 단체로 부적합하다는 것을 의미하는 것으로 합리적으로 해석될 수 있다고 주장하였다. 그러나 임원도 아닌 소수의 VCDL 회원들이 복잡한 총기 정책과 관련된 질문에 즉시 대답하지 못한 것을 두고 명예훼손이라고 볼 수 없다는 것이다.

한편, 원고들은 해당 영화가 원고들을 조롱하기 위해 의도된 단어들을 사용하였다고 주장하였다. 그러나 명예훼손의 근거라고 주장하는 "우스꽝스러운"(ridiculous)과 같은 하나의 단어에만 초점을 맞출 것이 아니라 전체 상황을 고려하여 문맥상의 의미를 따져서 판단하여야 하는데 해당 단어는 명예훼손이 아닌 단순히 상대방에게 모욕을 주는 표현에 불과하다는 것이다.[939]

Polydoros v. Twentieth Century Fox Film, 67 Cal.App.4th 318, 79 Cal.Rptr.2d 207 (1998)

본 케이스는 영화("The Sandlot")[940] 속 캐릭터인 마이클 팔레도로스(Michael Palledorous)와 유사한 환경, 신체적 특징, 성격을 가진 개인 폴리도로스(Polydoros)가 본인의 이름과 초상을 도용하여 영화가 제작되었다고 주장하면서[941] 영화 제작사와 배급사를 상대로 명예훼손 등으로 소를 제기한 사건이다.

938 연방 헌법 제2조는 총기 소지의 권리에 대해 규정하고 있다. 원문은 다음과 같다. A well regulated militia being necessary to the security of a free State, the right of the People to keep and bear arms shall not be infringed.

939 Reading the term "ridiculous" in context with the descriptive words preceding it—i.e., language that "tends to hold [one] up to scorn, ridicule, or contempt, or which is calculated to render [one] infamous, odious, or ridiculous," Schaecher, 772 S.E.2d at 594—clarifies what Virginia law makes abundantly clear elsewhere: simple insults are not "actionable" in Virginia. Yeagle, 497 S.E.2d at 137-38. See Virginia Citizens Defense League v. Couric, 910 F.3d 780, 786 (4th Cir. 2018).

940 In 1993, respondents released "The Sandlot," a comedic coming-of-age story set in the San Fernando Valley in the 1960's. The film's protagonists are a motley group of boys on a sandlot baseball team who, in the course of one summer, overcome various adversaries, including a disdainful, well-funded opposing team and a gigantic, ferocious dog that has taken possession of the team's baseballs and secreted them in a neighboring yard. One of the boys on the sandlot team is a character named Michael Palledorous, nicknamed "Squints." The Palledorous character is one of the team's leaders, and spearheads the team's valiant efforts to reclaim a baseball autographed by Babe Ruth from the slavering canine next door. See Polydoros v. Twentieth Century Fox Film, 67 Cal.App.4th 318, 79 Cal.Rptr.2d 207, 208 (1998).

941 A photograph of appellant dating from the 1960's is similar to a photograph of the Palledorous character in the movie, right down to appellant's eyeglasses and the color and design of his shirt. Appellant played

캘리포니아주 1심 법원은 해당 영화가 폴리도로스의 명예를 훼손하지 않았고 허구로 만들어진 작품이라고 판단하였다.

주 항소법원은 해당 영화가 연방 헌법 제1조의 보호를 받는다고 판단하였다. 영화는 아이디어의 자유로운 소통을 위해 필요한 매체이며 어디에서 상영되는지 여부에 관계없이 헌법에 따라 표현의 자유가 보장된다는 것이다.[942] 해당 영화는 분명히 허구와 상상력에서 기인된 작품이며,[943] 폴리도로스의 삶을 묘사하거나 사적인 사실을 드러내지 않았다고 보았다. 또한 영화 홍보를 위한 광고에 그와 닮은 캐릭터의 사진을 전면에 내세운 것은 전시를 위한 보조 수단에 불과하며,[944] 영화 홍보를 위한 광고 또한 연방 헌법 제1조의 보호 대상에 해당된다고 판단하였다.[945]

주 항소법원은 해당 영화가 폴리도로스의 명예를 훼손하지 않았다고 판단하였다. 해당 영화는 어린 시절의 폴리도로스를 실제로 재현하지 않았으며 허구의 저작물에 불과하다는 것이다. 또한 명예훼손이 의심되는 특정 단어("little pervert," "pretty crappy," "dead fish," "reject," and "an insult to the game")가 사용되었다고 해서 이것이 법적으로 명예훼손에 해당된다고 볼 수 없다는 것이다.[946] 수사적 과장을

---

baseball with friends on a sandlot when he was a child, swam in a community pool like the one shown in the movie, and was somewhat obstreperous, like the "Squints" character. See Polydoros v. Twentieth Century Fox Film, 67 Cal.App.4th 318, 79 Cal.Rptr.2d 207, 208 (1998).

942 Film is a "significant medium for the communication of ideas" and, whether exhibited in theaters or on television, is protected by constitutional guarantees of free expression. (Joseph Burstyn, Inc. v. Wilson (1952) 343 U.S. 495, 501-502, 72 S.Ct. 777, 780-781, 96 L.Ed. 1098; Guglielmi v. Spelling-Goldberg Productions (1979) 25 Cal.3d 860, 865, 160 Cal.Rptr. 352, 603 P.2d 454.) Popular entertainment is entitled to the same constitutional protection as the exposition of political ideas: "It is clear that works of fiction are constitutionally protected in the same manner as political treatises and topical news stories." (25 Cal.3d at p. 867, 160 Cal.Rptr. 352, 603 P.2d 454.) See Polydoros v. Twentieth Century Fox Film, 67 Cal.App.4th 318, 79 Cal.Rptr.2d 207, 210 (1998).

943 In the movie, the dog next door to the sandlot assumes the proportions of a grizzly bear (having been magnified by the boys' fear); baseball hero Babe Ruth appears and offers advice (notwithstanding Ruth's death some 20 years before the movie takes place); the dog's owner just happens to be a former teammate of Babe Ruth; the "Squints" character fakes his own drowning death in order to sneak a kiss from the pretty female lifeguard, and so on. See Polydoros v. Twentieth Century Fox Film, 67 Cal.App.4th 318, 79 Cal.Rptr.2d 207, 211 (1998).

944 This issue is addressed in Guglielmi A filmmaker's use of photographs of an actor resembling an actual personage to promote a fictional work is "merely an adjunct to the exhibition of the film." (Guglielmi v. Spelling-Goldberg Productions, supra, 25 Cal.3d at p. 872, 160 Cal.Rptr. 352, 603 P.2d 454.) See Polydoros v. Twentieth Century Fox Film, 79 Cal.Rptr.2d 207, 211, 67 Cal.App.4th 318 (1998).

945 advertising to promote a story is protected by the First Amendment and is not actionable under an appropriation of publicity theory so long as the advertising does not claim that the story subject endorses the news medium.) See Polydoros v. Twentieth Century Fox Film, 79 Cal.Rptr.2d 207, 211, 67 Cal.App.4th 318 (1998).

946 Finally, the "defamatory" language to which appellant points is not actionable. Whether a published

사용하여 다소 과격하게 표현된 문구의 경우 명예훼손이 아니며 이것 또한 표현의 자유에 의해 보호된다는 것이다.[947]

Lluberes v. Uncommon Productions, LLC, 663 F.3d 6 (1st Cir. 2011)

영화 제작자인 언커먼 프로덕션사(Uncommon Production LLC)에 의해 만들어진 "설탕 가격"(The Price of Sugar)이라는 다큐멘터리 영화는 도미니카 공화국의 사탕수수 농장에서 일하는 아이티 노동자들의 처우를 다루었다. 이 영화는 도미니카 공화국에서 사탕수수 농장을 소유하고 운영하는 가족 기업의 임원인 펠리페 비시니 루베레스(Felipe Vicini Lluberes, 이하 "펠리페")와 후안 비시니 루베레스(Juan Vicini Lluberes, 이하 "후안") 형제를 겨냥한 것이었다.[948] 비시니 일가(Visinis)는 연방 1심 법원에 영화 제작자를 상대로 명예훼손 등으로 소를 제기하였다. 그러나 1심 법원은 영화 제작자의 손을 들어주었다.

연방 항소법원은 다음의 이유로 펠리페와 후안이 Gertz 케이스에서 말하는 제한적 목적의 공인(limited-purpose public figure)에 해당된다고 판단하였다. 펠리페와 후안은 가족 기업에서 리더로써 역할을 감당해왔다. 펠리페는 1990년 중후반에 이사회의 구성원으로 회사에서 일하기 시작했다. 그는 가족 기업 중 농업 부문을 이끄는 핵심 멤버가 되었다. 그는 무엇보다 설탕 수출을 감독하고 미국(도미니카 설탕의 최대 수입국) 및 기타 국가와 유리한 무역정책을 보장하기 위해 노력했다. 나중에는 가족들의 투자를 관리하고 바테예스(bateyes)[949]에 대한 주도권을 조정하는 기업인 비시니 그룹(Grupo Vicini)의 사장

statement is actionable fact or nonactionable opinion is to be decided by the court as a matter of law. (Baker v. Los Angeles Herald Examiner (1986) 42 Cal.3d 254, 260, 228 Cal.Rptr. 206, 721 P.2d 87.) See Polydoros v. Twentieth Century Fox Film, 79 Cal.Rptr.2d 207, 211, 67 Cal.App.4th 318 (1998).

947 Rhetorical hyperbole and vigorous epithets are not defamatory, Island to label them so would subvert the right to free speech. (Greenbelt Pub. Assn. v. Bresler (1970) 398 U.S. 6, 14, 90 S.Ct. 1537, 1541, 26 L.Ed.2d 6; Gregory v. McDonnell Douglas Corp. (1976) 17 Cal.3d 596, 601, 131 Cal.Rptr. 641, 552 P.2d 425. See also Letter Carriers v. Austin (1974) 418 U.S. 264, 267-268, 284, 94 S.Ct. 2770, 2772-2773, 2780, 41 L.Ed.2d 745 [publication calling plaintiff a "scab," which was then defined in the piece as a "traitor" who had "rotten principles" and lacked character, while pejorative, was not libelous].) See Polydoros v. Twentieth Century Fox Film, 79 Cal.Rptr.2d 207, 211, 67 Cal.App.4th 318 (1998).

948 In 2004, the filmmakers began shooting in the Dominican Republic. Much of the film follows Fr. Christopher Hartley, a Roman Catholic priest critical of the Vicinis, as he seeks to improve conditions for his parishioners in the *bateyes*.
Those conditions, the film highlights, include shanty quarters, inadequate provisions, and little if any education for children. At several points, Fr. Hartley and the film's narration reference Vicini-owned bateyes and identify Felipe and Juan as bearing some measure of responsibility for their disrepair. See Lluberes v. Uncommon Productions, LLC, 663 F.3d 6,11 (1st Cir. 2011).

949 쿠바와 도미니카 공화국에서 설탕 생산을 위해 기본이 되는 대기업의 단위를 말한다.

이 되었다. 후안은 2000년에 미국에서 학교를 다니지 않고 바로 회사에 합류했다. 그 역시 농업 부문에서 일하기 시작했고 비시니 그룹에서 2인자 자리를 차지했다. 펠리페와 후안은 바테예스 논쟁에서 유리한 결과를 내기 위해 자신들의 위치와 커넥션을 활용했다. 둘다 언론에 접근하는 것을 즐겼고 대중의 지지를 얻고 비판자들을 잠재우기 위해 조직적인 홍보 공세를 펼치는 방법으로 언론을 이용했다.

또한 펠리페와 후안은 그들의 주장과는 달리 도미니카 공화국이라는 지리적 제한에 관계없이 제한적 목적의 공인(limited-purpose public figure)에 해당된다고 판단하였다. Gertz 케이스에서 제한된 목적의 공인(limited-purpose public figure)에 해당되는지 여부는 관련 논쟁이 어디에서 발생했는지가 아닌 그들이 개입한 논쟁에 의해 좌우되는 것이라고 지적했다.[950]

본 케이스에서 바테예스 논쟁은 도미니카 공화국에 국한되지 않았다. 바테예스 논쟁은 비시니 일가를 포함하여 도미니카 공화국의 설탕 생산자에게 보조금을 지급하는 미국법에 따른 오랜 수입 할당제 때문에 미국에서 반향을 일으켰다. 실제로 펠리페의 핵심 업무 중 어떤 방법을 동원해서라도 이 할당제를 계속 유지시키는 것이었다. 바테예스에 대해 부정적인 홍보가 지속될 경우 할당제를 위태롭게 할 수도 있다는 우려 때문에 펠리페와 후안은 미국 언론 매체와 정책 입안자들에게도 홍보 공세를 펼치기 시작했다. 펠리페와 후안의 이러한 행동을 볼 때 그들은 미국에서 제한된 목적의 공인(limited-purpose public figure)으로 인정되기에 충분하다는 것이다.

950 Gertz defined a limited-purpose public figure not in terms of geography but in terms of the controversy that he has stepped into. See Gertz, 418 U.S. at 351, 94 S.Ct. 2997 (defining a limited-purpose public figure as one who "voluntarily injects himself or is drawn into a particular controversy"); Tavoulareas, 817 F.2d at 772 ("[T]he scope of the controversy in which the plaintiff involves himself defines the scope of the public personality."). That suggests to us that, if Gertz envisioned any limitation on public-figure status, it is a limitation inherent in the scope of the controversy itself. See Lluberes v. Uncommon Productions, LLC, 663 F.3d 6,20 (1st Cir. 2011).

“

Realistically, … some error is inevitable; and the difficulties of separating fact from fiction convinced the Court in New York Times, Butts, Gertz, and similar cases to limit liability to instances where some degree of culpability is present in order to eliminate the risk of undue self-censorship and the suppression of truthful material. Herbert v. Lando,441 U. S. 153, 171-172 (1979)

”

Bose Corp. v. Consumers Union of United States, Inc. (연방 대법원, 466 U.S. 485, 513, 1984)

K. 비즈니스 명예훼손 (Business Defamation)

1∕ Linn v. Plant Guard Workers (연방 대법원, 383 U.S. 53 1966)

본 케이스는 노동조합의 선거운동에서 조합 소속 매니저의 명예를 훼손하는 것으로 의심되는 전단지를 발행한 것에서 비롯된 출판물에 의한 명예훼손 의제(libelous per se) 사건이다. 본 케이스의 이슈는 노동 분쟁 중에 일어난 명예훼손 소송 시 노동위원회의 노동관계법(National Labor Relations Act)과 주법 중에 어느 법이 우선 적용되어야 하는지 여부이다.

연방 대법원은 노동 분쟁 중에 고의를 가지고 악의적으로 개인의 명예를 훼손하는 내용을 게시한 경우에는 연방 노동관계법의 적용을 받는 연방 노동위원회가 아닌 명예훼손 소송을 통해 구제를 받을 수 있다고 판단하였다. 또한 피해자의 구제를 위한 구체적인 기준으로 뉴욕 타임즈 케이스의 실질적 악의 기준(actual malice standard)을 채택하였다.

1) 사실 관계

린(Linn)은 핑커톤 탐정 사무소(Pinkerton's National Detective Agency, 이하 "핑거톤") 소속 매니저였는데 노동조합과 조합의 간부 2명 및 핑커톤 소속 직원인 레오 도일(Leo J. Doyle, 이하 "도일")을 상대로 명예훼손으로 소를 제기하였다. 린은 소장에서 노동조합 측이 디트로이트(Detroit)에서 핑커톤의 직원들을 조직하기 위한 선거운동을 진행하면서 전단지를 발행하였는데[951] 그 전단지에서 언급된 매니저들 중의 한 사람이 본인을 가리키고 있었으

951 the respondents had circulated among the employees leaflets which stated inter alia:

"(7) Now we find out that Pinkerton's has had a large volume of work in Saginaw they have had it for years.

"United Plant Guard Workers now has evidence

"A. That Pinkerton has 10 jobs in Saginaw, Michigan.

"B. Employing 52 men.

"C. Some of these jobs are 10 yrs. old!

"(8) Make you feel kind sick & foolish.

"(9) The men in Saginaw were deprived of their right to vote in three N. L. R. B. elections. Their names were not summitted. These guards were voted into the Union in 1959! These Pinkerton guards were robbed of pay increases. The Pinkerton manegers were lying to us—all the time the contract was in effect. No doubt the Saginaw men will file criminal charges. Somebody may go to Jail!" See Linn v. Plant Guard Workers, 383 U.S. 53, 56 (1966).

며, 전단지의 내용이 본인의 명예를 훼손한 허위사실에 해당된다고 주장하면서 출판물에 의한 명예훼손 의제(libelous per se)를 근거로 1백만불의 손해배상을 청구하였다.

도일을 제외한 피고 측은 해당 사안이 연방 노동위원회(National Labor Relations Board, NLRB)의 전속 관할에 있다는 이유로 기각을 신청하였다. 기록에 따르면 핑커톤은 본 소송 이전에 직원들이 연방 노동관계법 § 8(b)(1)(A)[952]를 위반하여 7조의 권리[953]를 행사하지 못하도록 제한을 당해왔다고 주장하면서 노동위원회의 지역 책임자에게 불공정한 노동 관행이 적용된 것이라며 이의를 제기하였다. 지역 책임자는 이의 신청을 거부하였다. 지역 책임자는 전단지를 배포했던 도일이 노동조합의 간부도, 조합원도 아니며 그가 노동조합의 대리인으로 활동했다는 증거가 없다는 이유로 노동조합이 전단지의 배포에 책임이 없다고 판단하였다.

연방 1심 법원은 비공개 의견에서 설령 노동조합이 전단지를 배포한 것에 책임이 있다고 하더라도 해당 사안은 San Diego Building Trades Council v. Garmon, 359 U.S. 236 (1959)의 적용을 받는다는 이유를 들어 소장을 기각한 것이라고 밝혔다. 항소법원은 문제가 된 내용이 명백한 명예훼손으로 린에게 피해를 입혔다는 가정하에 연방 1심 법원의 판단을 인정하였다.

2) 연방 대법원의 결정 요지

본 케이스의 이슈는 노동 분쟁 중에 일어난 명예훼손 소송 시 노동위원회의 연방 노동관계법과 주법 중에 어느 법이 우선 적용되어야 하는지 여부이다.[954]

평화 유지와 같이 최우선적으로 보호되어야 할 국가 이익이 없을 때 법원이 주법에

---

952 (b) [Unfair labor practices by labor organization] It shall be an unfair labor practice for a labor organization or its agents--
(1) to restrain or coerce (A) employees in the exercise of the rights guaranteed in section 7 [section 157 of this title]: Provided, That this paragraph shall not impair the right of a labor organization to prescribe its own rules with respect to the acquisition or retention of membership therein

953 Sec. 7. [§ 157.] Employees shall have the right to self-organization, to form, join, or assist labor organizations, to bargain collectively through representatives of their own choosing, and to engage in other concerted activities for the purpose of collective bargaining or other mutual aid or protection, and shall also have the right to refrain from any or all of such activities except to the extent that such right may be affected by an agreement requiring membership in a labor organization as a condition of employment as authorized in section 8(a)(3) [section 158(a)(3) of this title].

954 The question before us has been a recurring one in both state and federal tribunals, involving the extent to which the National Labor Relations Act, as amended, supersedes state law with respect to libels published during labor disputes. See Linn v. Plant Guard Workers, 383 U.S. 53, 57 (1966).

따라 노동 분쟁과 관련된 사안에 대해 판단을 내리는 것은 연방 노동관계법 7조와 8조 위반에 해당되므로 노동위원회에 그 결정을 맡겨야 한다는 것이다.

하지만 노동위원회에 판단을 맡기는 것이 명예훼손에 해당하는 자료를 배포하여 상대방에게 피해를 입히는 경우에도 용인해 준다는 것을 의미하지 않는다는 것이다.[955] 어떤 형태로든 개인의 명예를 훼손하는 악의적인 발언은 용납될 수 없다는 것이다.[956]

특히 노동 분쟁 중에 명예훼손이 의심되는 내용이 배포되었을 때에는 연방 노동위원회에게 전속 관할을 부여해서는 안된다는 것이다. 그 이유는 명예훼손이 의심되는 내용이 악의적으로 배포되었다고 해서 그 자체가 불공정 노동 관행에 해당된다고 볼 수 없기 때문이다.[957] 또한 이로 인해 발생한 피해는 노동위원회와 무관하므로 노동위원회가 명예훼손의 피해자에게 손해배상을 부과하거나 가해자에게 벌금을 부과하는 등의 구제 방법을 결정할 수 없다.[958]

한편, 법원에 의한 명예훼손 소송으로만 이 문제를 해결하려고 할 경우 제한적으로 노동과 관련된 논쟁을 제기하게 되고 연방 노동관계법에 따른 자유로운 토론이 중단될 수 있는 위험이 있다. 특히 명예훼손 소송에서 배심원은 원고에게 지나치게 많은 손해배상액을 인정하는 경향이 있어 노동조합의 운영을 어렵게 할 수 있다.

따라서 노동관계법의 순기능을 위협하지 않으면서도 명예훼손으로부터 피해자를 구제하기 위해서는 피해자가 명예훼손으로 의심되는 내용이 악의적으로 배포되었고 이로 인해 피해를 입었다는 것을 입증한 경우에 한해 법원의 조력을 받을 수 있는 것으로 제한

955 In sum, although the Board tolerates intemperate, abusive and inaccurate statements made by the union during attempts to organize employees, it does not interpret the Act as giving either party license to injure the other intentionally by circulating defamatory or insulting material known to be false. See Maryland Drydock Co. v. Labor Board, 183 F. 2d 538 (C. A. 4th Cir. 1950). In such case the one issuing such material forfeits his protection under the Act. Walls Manufacturing Co., 137 N. L. R. B. 1317, 1319 (1962). See Linn v. Plant Guard Workers, 383 U.S. 53, 61 (1966).

956 The malicious utterance of defamatory statements in any form cannot be condoned, and unions should adopt procedures calculated to prevent such abuses. See Linn v. Plant Guard Workers, 383 U.S. 53, 63 (1966).

957 Nor should the fact that defamation arises during a labor dispute give the Board exclusive jurisdiction to remedy its consequences. The malicious publication of libelous statements does not in and of itself constitute an unfair labor practice. See Linn v. Plant Guard Workers, 383 U.S. 53, 63 (1966).

958 The injury that the statement might cause to an individual's reputation—whether he be an employer or union official—has no relevance to the Board's function. Cf. Amalgamated Utility Workers v. Consolidated Edison Co., 309 U. S. 261 (1940). The Board can award no damages, impose no penalty, or give any other relief to the defamed individual. See Linn v. Plant Guard Workers, 383 U.S. 53, 63 (1966).

되어야 한다는 것이다.[959] 또한 원고가 이에 해당된다면 뉴욕타임즈 케이스의 실질적 악의 기준(actual malice standard)에 따라 구제를 받을 수 있다는 것이다.[960]

> "Linn 케이스에서 연방 대법원은 노동위원회의 전속 관할에 속하는 노동 분쟁으로 인해 제기된 주법에 기초한 명예훼손 주장에 대해 실질적 악의 기준(actual malice standard)을 적용하였다."[961]
>
> Dale v. Ohio Civ. Serv. Emp. Assn., 57 Ohio St. 3d 112, 114 (1991).

> "Linn 케이스에서 연방 대법원은 노동조합을 조직하기 위한 캠페인 중에 일어난 명예훼손 소송과 관련하여 주(state)의 명예훼손법이 연방 노동관계법보다 우선적으로 적용될 수 있는지 여부를 고려했다. 연방 대법원은 연방 노동관계법이 노동 분쟁에서 발생한 모든 명예훼손 행위에 대해 우선적으로 적용되는 것은 아니지만, 악의(malice) 및 실제로 입은 피해(actual injury)가 입증되지 않은 경우에는 주의 명예훼손법이 우선적으로 적용될 수 있다고 판단하였다."[962]
>
> Box Tree South, Ltd. v. Bitterman, 873 F.Supp. 833, 841 (S.D.N.Y 1995).

959 In order that the recognition of legitimate state interests does not interfere with effective administration of national labor policy the possibility of such consequences must be minimized. We therefore limit the availability of state remedies for libel to those instances in which the complainant can show that the defamatory statements were circulated with malice and caused him damage. See Linn v. Plant Guard Workers, 383 U.S. 53, 64-65 (1966).

960 The standards enunciated in *New York Times Co.* v. *Sullivan,* 376 U. S. 254 (1964), are adopted by analogy, rather than under constitutional compulsion. We apply the malice test to effectuate the statutory design with respect to pre-emption. Construing the Act to permit recovery of damages in a state cause of action only for defamatory statements published with knowledge of their falsity or with reckless disregard of whether they were true or false guards against abuse of libel actions and unwarranted intrusion upon free discussion envisioned by the Act. See Linn v. Plant Guard Workers, 383 U.S. 53, 65 (1966).

961 In Linn v. United Plant Guard Workers (1966), 3838 U.S. 53, the court imposed the "actual malice" standard on state law defamation claims arising out of labor disputes subject to the jurisdiction of the National Labor Relations Board ("NLRB"). See Dale v. Ohio Civ. Serv. Emp. Assn., 57 Ohio St. 3d 112, 114 (1991).

962 In Linn v. United Plant Guard Workers, Local 114, 383 U.S. 53, 86 S.Ct. 657, 15 L.Ed.2d 582 (1966), the Supreme Court considered the question of the preemption of state defamation law in the context of actions alleging defamations published during union organizing campaigns. The Court held that the National Labor Relations Act does not preempt all state causes of action for alleged acts of defamation arising in labor disputes, but that it does preempt a state's defamation law to the extent that state law would otherwise provide a remedy in such cases when malice and actual injury are not proven. See Linn, 383 U.S. at 64-65, 86 S.Ct. at 663-64. See Box Tree South, Ltd. v. Bitterman, 873 F.Supp. 833, 841 (S.D.N.Y 1995).

2 Greenbelt Cooperative Publishing Assn., Inc. v. Bresler (연방 대법원, 398 U.S. 6, 1970)

본 케이스는 부동산 개발을 위해 시와 공동 협상을 진행 중인 부동산 개발업자가 주민들과 공개 토론을 가졌는데 공개 토론에 참석한 몇몇 사람들이 개발업자의 협상을 "협박행위"(blackmail)로 묘사했고 이를 기사로 내보낸 신문사를 상대로 소를 제기한 명예훼손 사건이다. 본 케이스의 이슈는 기사에서 "협박행위"(blackmail)라는 단어를 사용한 신문사에게 실질적 악의(actual malice)가 인정되는지 여부이다.

연방 대법원은 "협박행위"(blackmail)라는 단어는 수사적 과장으로 사용되었을 뿐, 개발업자가 협박죄를 저질렀음을 암시하는 것으로 합리적으로 이해할 수 없다고 판단하였다. 따라서 개발업자에 대한 신문사의 명예훼손은 인정되지 않는다고 보았다.

1) 사실 관계

브레슬러(Bresler)는 그린벨트(Greenbelt)시에서 잘 알려진 부동산 개발업자이자 건축업자이면서 인근 지역의 메릴랜드 의회(Maryland House of Delegates) 소속 의원이었다. 그는 1965년 가을에 자신이 소유한 토지에 고밀도 주택 단지를 건설할 수 있도록 용도를 변경하기 위해 그린벨트(Greenbelt) 시 의회와 협상하였다. 시에서는 이와 동시에 고등학교를 신설하기 위해 브레슬러가 소유한 다른 땅을 확보하려고 협상을 진행하였다. 이같은 공동 협상은 논쟁의 대상이 되었고, 지역사회에 속한 많은 주민들이 의견을 자유롭게 개진하기 위해 몇 차례에 걸쳐 시 의회 회의에서 공개 토론을 가지게 되었다. 공개 토론 내용은 그린벨트 뉴스 리뷰(Greenbelt News Review)의 뉴스 칼럼에 장문의 기사로 실렸다.[963]

963 On October 14, 1965, the following story appeared in the Greenbelt News Review:
SCHOOL SITE STIRS UP COUNCIL REZONING DEAL OFFER DEBATED
By Dorothy Sucher
Delay in construction of a new Greenbelt high school is the lever by which a local developer is pressuring the city to endorse his bid for higher density rezoning of two large tracts of land; so citizens heard at a well-attended special meeting of the City Council on Monday night, Oct. 11.
For the past nine months, the Board of Education has been trying to acquire land owned by Consolidated Syndicates, Inc. (Charles Bresler-Theodore Lerner), for a high school site. The landowners, developers of Charlestowne Village, also own other tracts of undeveloped land in Greenbelt.
The developer has refused to accept the Board of Education's price, and condemnation proceedings have already been delayed three times … . Originally, it was hoped the new school would open September 1966. Some time ago, it became known that the developer would agree on the price, provided the city would help him obtain higher density rezoning for two of his tracts (Parcels 1 and 2, totaling 230 acres) near the

center of Greenbelt. If the city refused, he threatened to delay the school site acquisition as long as possible through the courts.

This "deal" as it was termed by several citizens at Monday's meeting, has been rumored for months, but only became public knowledge recently. It was categorically opposed by Nathan Shinderman, a Board member of Greenbelt Homes, Inc. (GHI), who read a lengthy statement by GHI president Charles Schwan … .

Blackmail

"It seems that this is a slight case of blackmail," commented Mrs. Marjorie Bergemann on Monday night, and the word was echoed by many speakers from the audience.

Councilman David Champion, however, denied that it was "blackmail," explaining that he would rather "refer to it (i. e., the negotiations—Ed.) as a two-way street."

Speaking from the floor, Gerald Gough, commented: "Everyone knows there's a need for a school—just walk through the halls of High Point. The developer knows there's a need and says, 'we'll meet your need if you meet our need.' In my opinion, it's highly unethical."

Delay Probable

Mayor Edgar Smith remarked that it should be made clear that refusing the developer's terms did not necessarily mean the loss of the school site; that it would, however, probably mean a two or three year delay in the construction of the school.

Among the parents who spoke was Mrs. Joseph Rosetti, who said: "I have several children going into high school, but I would rather adhere to the Greenbelt Master Plan than overcrowd the town with dense development. I would stand for my children's discomfort, rather than give in to a blackmailing scheme."

The following week, the News Review carried the sequel to its earlier story:

COUNCIL REJECTS BY 4-1 HIGH SCHOOL SITE DEAL

By Mary Lou Williamson

More than 150 citizens came to hear how the new City Council would respond to pressure by a local developer for higher density zoning on a large tract of land in exchange for uncontested consummation of the sale of a Greenbelt senior high school site to the Board of Education at the Council meeting Monday night.

Council sat quietly listening for more than an hour to citizen statements before voting to reject the proposal (4-1) with Councilman Dave Champion dissenting.

Citizens Speak

A procession of citizens took the floor to make impassioned speeches—some from prepared texts, some extemporaneously. The mayor occasionally had to caution them to refrain from engaging in personalities.

Albert Herling suggested skulduggery in the September court postponement. Although he praised most of the City Manager's report, he criticized the section entitled "Risks and Conclusions," saying they appeared negative in the extreme. He suggested a list of positive steps that council ought to take: 1) fight Bresler's "blackmail"; 2) make clear to the Board of Education— no deals; 3) make clear to the District Council (zoning authority) unanimous opposition to the requested R-30 zoning; and 4) seek the swiftest possible court settlement. "For anything less," charged Herling, "Would be other than what you believe. And when the chips are down, this is exactly what you'll do."

Pilski asked if anyone in the audience cared to speak in support of Bresler's proposal.

Only James Martin took the floor. He suggested that Bresler's action was not "blackmail" but the legitimate advance of his rights to develop his land. Martin suggested, by way of example, that GHI's long-range planning committee had been doing much the same thing some months ago. He alleged that the density of the "frame homes (GHI) is far more atrocious than anything Bresler's considering."

두개의 기사가 2주 연속으로 해당 신문에 실렸는데 회의에서 몇몇 사람들이 브레슬러의 협상을 "협박행위"(blackmail)로 묘사했다고 언급했다.

이 기사를 접한 브레슬러는 신문사를 상대로 명예훼손으로 소를 제기하였다. 그는 소장에서 해당 기사들이 그에게 협박죄를 뒤집어 씌우고 있다고 주장하였다. 주 1심 법원은 악의(malice)가 뉴욕 타임즈 케이스의 실질적 악의(actual malice)뿐만 아니라 앙심, 적대감, 상대방에게 해를 입히려는 고의적인 의도 및 심지어 기사에서 사용된 단어 자체에서도 유추가 가능하다고 배심원에게 판단기준을 제시하였다.[964] 배심원은 브레슬러에게 통상 손해 5천불과 징벌적 손해배상 1만 2천 5백불을 배상해주어야 한다는 평결을 내렸다. 주 항소법원에서도 주 1심 법원의 판단을 인정하였다.

2) 연방 대법원의 결정 요지

본 케이스에서 브레슬러는 그린벨트(Greenbelt)시의 개발에 깊이 관여하였다. 그는 과거에도 용도 변경을 위해 시와 협약을 맺었고, 원래 도시 계획에서 고려되지 않았던 유형의 주택 단지를 건설하기 위해 또 다시 시에 허가를 구했다. 한편, 그린벨트(Greenbelt) 시는 학교 건설을 위해 브레슬러 소유의 땅을 취득하려고 시도했다. 학교 관계자와 시의회 모두 상당히 대중의 관심을 받는 협상을 진행하고 있었다. 따라서 브레슬러는 제한된 범위의 공인(limited-purpose public figure)에 해당된다는 것이다.[965]

신문사의 명예훼손 행위에 대해 명확한 기준이 없이 손해배상액을 부과할 경우 연방

See Greenbelt Cooperative Publishing Assn., Inc. v. Bresler, 398 U.S. 6, 15-18 (1970).

964 Moreover, he instructed the jury that "malice" could be found from the "language" of the publication itself. The trial judge said:
"With respect to your consideration of presence of actual malice on the part of defendant, you may infer its presence from the language or circumstances of the publication, but this may be done only if the character of the publication is so excessive, intemperate, unreasonable and abusive as to defy any other reasonable conclusion than that the defendant was moved by actual malice toward the plaintiff." See Greenbelt Cooperative Publishing Assn., Inc. v. Bresler, 398 U.S. 6, 10 & 10 [3] (1970).

965 Bresler was deeply involved in the future development of the city of Greenbelt. He had entered into agreements with the city for zoning variances in the past, and was again seeking such favors to permit the construction of housing units of a type not contemplated in the original city plan. At the same time the city was trying to obtain a tract of land owned by Bresler for the purpose of building a school.Negotiations of significant public concern were in progress, both with school officials and the city council. Bresler's status thus clearly fell within even the most restrictive definition of a "public figure." *Curtis Publishing Co.* v. *Butts, supra,* at 154-155 (opinion of HARLAN, J.). See also *Pauling* v. *Globe-Democrat Publishing Co.,* 362 F. 2d 188, 195-196, cert. denied, 388 U. S. 909. See Greenbelt Cooperative Publishing Assn., Inc. v. Bresler, 398 U.S. 6, 8-9 (1970).

헌법 제1조의 언론 출판의 자유를 저해시킬 위험이 있으므로 신문사의 손해배상 인정 범위에 대해서는 뉴욕 타임즈 기준(New York Times standard)이라는 엄격한 제한을 두어 헌법상 보장된 언론 출판의 자유를 보호해야 한다는 것이다.[966]

신문사는 시의회 회의에서 진행된 공개 토론 내용을 정확하게 잘 반영한 기사를 게재하였는데 쟁점이 된 "협박행위"(blackmail)라는 단어의 경우 브레슬러의 협상에 반대한 사람들의 비난을 표현한 것에 불과하며, 신문에 실린 기사의 내용을 전체적으로 이해한 독자라면 "협박행위"(blackmail)라는 단어가 브레슬러의 협박죄를 겨냥한 것이 아닌, 수사적인 과장으로 사용된 단어라는 사실을 인정할 수 밖에 없다는 것이다.[967]

따라서 해당 기사가 주 법원이 제시한 넓은 범위의 악의(malice)에 해당된다는 이유로 신문사에게 손해배상의 책임을 매기는 것은 연방 헌법 제1조에 의해 보호되는 언론 출판의 자유를 제한하는 것으로 부당하다는 것이다.[968]

3) 화이트(White) 대법관의 추가 의견

신문사가 피해자의 명예를 훼손할 의도가 없었고, 피해자의 명예를 훼손하지 않았다는 선의와 확고한 믿음(good faith & nonreckless belief)이 인정된다면 신문사는 손해배상 책임에서 배제되어야 한다는 것이다.

하지만 신문사가 명예훼손이 의심되는 내용을 선의로 게재한 것이라고 주장할 때마다 해당 단어가 이중적인 의미를 가지고 있다는 이유로 명예훼손으로 인한 손해배상 책임으로부터 신문사를 무조건 배제시키는 것을 의미하지 않는다는 것이다.[969]

---

966 Because the threat or actual imposition of pecuniary liability for alleged defamation may impair the unfettered exercise of these First Amendment freedoms, the Constitution imposes stringent limitations upon the permissible scope of such liability. See Greenbelt Cooperative Publishing Assn., Inc. v. Bresler, 398 U.S. 6, 12 (1970).

967 It is simply impossible to believe that a reader who reached the word "blackmail" in either article would not have understood exactly what was meant: it was Bresler's public and wholly legal negotiating proposals that were being criticized. No reader could have thought that either the speakers at the meetings or the newspaper articles reporting their words were charging Bresler with the commission of a criminal offense. See Greenbelt Cooperative Publishing Assn., Inc. v. Bresler, 398 U.S. 6, 14 (1970).

968 To permit the infliction of financial liability upon the petitioners for publishing these two news articles would subvert the most fundamental meaning of a free press, protected by the First and Fourteenth Amendments. See Greenbelt Cooperative Publishing Assn., Inc. v. Bresler, 398 U.S. 6, 14 (1970).

969 Although the Court does not so hold, arguably the newspaper should not be liable if it had no intention of charging a crime and had a good-faith, nonreckless belief that it was not doing so. Should New York Times Co. v. Sullivan, 376 U. S. 254 (1964), be extended to preclude liability for injury to reputation caused

"Greenbelt Pub. Assn. 케이스에서 한 부동산 개발업자는 자신의 토지 중 일부에 대한 용도 변경을 위해 시의회와 협상에 참여하는 동시에 시에서 취득하려는 다른 토지에 대해 시와 협상했다. 지역 신문은 몇몇 사람들이 개발업자의 협상 위치를 "협박행위"(blackmail)로 규정했으며, 개발업자가 명예훼손으로 소송을 제기했다는 특정 기사를 게재하였다. 연방 대법원은 "협박행위"(blackmail)라는 단어가 개발업자가 협박죄를 저질렀음을 암시하기 때문에 개발업자에게 명예훼손에 따른 손해배상을 인정해주어야 한다는 주장을 거부하였는데 그러한 근거로 신문사에게 책임을 부과하는 것은 헌법적으로 허용되지 않는다고 판단하였다. 헌법상의 문제로 볼 때 이런 상황에서 "협박행위"(blackmail)라는 단어를 말할 당시에도 명예훼손이 아니었고, 해당 발언이 그린벨트 뉴스 리뷰에 보도되었을 때에도 명예훼손에 해당되지 않는다고 보았다. 연방 대법원은 게재된 기사 내용이 정확하고 완전했다는 점에 주목하면서 설령 부주의한 독자라고 하더라도 그 단어가 수사적 과장이자 과격한 별칭에 불과하다는 것을 틀림없이 이해했을 것이라고 밝혔다."970

ı Milkovich v. Lorain Journal Co., 497 U.S. 1, 16-17 (1990).

---

by employing words of double meaning, one of which is libelous, whenever the publisher claims in good faith to have intended the innocent meaning? I think not. The New York Times case was an effort to effectuate the policies of the First Amendment by recognizing the difficulties of ascertaining the truth of allegations about a public official whom the newspaper is investigating with an eye to publication. Absent protection for the nonreckless publication of "facts" that subsequently prove to be false, the danger is that legitimate news and communication will be suppressed. See Greenbelt Cooperative Publishing Assn., Inc. v. Bresler, 398 U.S. 6, 22-23 (1970).

970 In Greenbelt Cooperative Publishing Assn., Inc. v. Bresler, 398 U. S. 6 (1970), a real estate developer had engaged in negotiations with a local city council for a zoning variance on certain of his land, while simultaneously negotiating with the city on other land the city wished to purchase from him. A local newspaper published certain articles stating that some people had characterized the developer's negotiating position as "blackmail," and the developer sued for libel. Rejecting a contention that liability could be premised on the notion that the word "blackmail" implied the developer had committed the actual crime of blackmail, we held that "the imposition of liability on such a basis was constitutionally impermissible — that as a matter of constitutional law, the word 'blackmail' in these circumstances was not slander when spoken, and not libel when reported in the Greenbelt News Review." Id., at 13. Noting that the published reports "were accurate and full," the Court reasoned that "even the most careless reader must have perceived that the word was no more than rhetorical hyperbole, a vigorous epithet used by those who considered [the developer's] negotiating position extremely unreasonable." Id., at 13-14. See Milkovich v. Lorain Journal Co., 497 U.S. 1, 16-17 (1990).

> "Greenbelt Pub. Assn. 케이스에서 한 신문사는 지역 부동산 개발업자이자 정치인인 원고가 진행중인 협상과 관련하여 시를 협박하고 있다는 연사의 발언을 재 게재했다는 이유로 피소를 당했다. 연방 대법원은 그 기사를 읽은 어느 누구도 원고가 협박죄로 기소되었다고 생각하지 않았기 때문에 명예훼손에 해당되지 않는다고 판단하였다. 연방 대법원은 "협박행위"(blackmailing)라는 단어가 원고의 협상이 아주 비합리적이라고 생각했던 사람들이 사용한 과격한 표현으로 수사적 과장에 지나지 않는다고 보았다."[971]
>
> Fasi v. Gannett Co., Inc., 930 F.Supp. 1403, 1408 (D. Haw. 1995).

971 In Greenbelt Cooperative Publishing Ass'n v. Bresler, 398 U.S. 6, 90 S.Ct. 1537, 26 L.Ed.2d 6 (1970), a newspaper was sued for republishing a speaker's comment at a city council meeting that plaintiff, a local real estate developer and politician, was "blackmailing" the city in connection with pending negotiations. The Court concluded that no libel had been committed because no one who read the account would have considered that the plaintiff was being charged with the crime of blackmail. Id. at 13, 14, 90 S.Ct. at 1542. The Court stated that the word was "no more than rhetorical hyperbole, a vigorous epithet used by those who considered [plaintiff's] negotiating position extremely unreasonable." Id. at 14, 90 S.Ct. at 1541-42. See Fasi v. Gannett Co., Inc., 930 F.Supp. 1403, 1408 (D. Haw. 1995).

3⁄ Letter Carriers v. Austin (연방 대법원, 418 U.S. 264, 1974)

본 케이스는 노동조합에서 발행되는 정기 간행물에 "배반자 명단"(List of Scabs)이라는 제목으로 노동조합에 속하지 않은 직원들의 이름과 배반자로 해석되는 "Scab"의 정의에 대한 글을 실은 것으로 인해 노동조합을 상대로 제기된 명예훼손 사건이다. 본 케이스의 이슈는 정기 간행물에 "Scab"이라는 단어를 사용한 노동조합에게 원고에 대한 명예훼손이 인정되는지 여부이다.

연방 대법원은 Greenbelt Pub. Assn. 케이스의 결정 이유와 같이 "Scab"이라는 단어는 수사적 과장으로 사용되었을 뿐, 노동조합에 속하지 않은 직원들이 반역죄를 저질렀음을 암시하는 것으로 합리적으로 이해할 수 없다고 판단하였다.

1) 사실 관계

올드 도미니언(Old Dominion) 지부 No. 496은 우체부협회(National Association of Letter Carriers, AFL－CIO)와 제휴 관계에 있는 지역 노동조합으로써 버지니아주 리치몬드(Richmond)에 있는 우체부들을 위한 독점적인 교섭 대표로 인정된 기관이었다. 피해자 헨리 오스틴(Henry M. Austin, 이하 "오스틴") 외 2명은 리치몬드(Richmond)에서 일하는 우체부였는데 그들은 해당 지부의 회원이 아니었다. 1970년 봄, 해당 지부는 회원이 아닌 우체부들에게 가입을 독려하기 위해 매달 정기적으로 발행되는 간행물(Carrier's Corner)에 "배반자 명단"(List of Scabs)이라는 제목으로 지부에 가입하지 않은 우체부들의 이름을 게재하였다. 오스틴은 해당 간행물에 그의 이름이 두 번이나 기재된 것을 확인하고 해당 지부가 그에게 회원 가입을 강요한다고 이의를 제기하면서 이런 일이 다시 일어난다면 해당 지부를 고소할 것이라고 밝혔다. 몇주 후에 발행된 간행물에서는 다른 12명의 우체부를 포함하여 오스틴 외 2명의 명단 및 "Scab"의 정의와 관련된 글이 함께 게재되었는데[972] 해

---

972 The Scab

"After God had finished the rattlesnake, the toad, and the vampire, He had some awful substance left with which He made a scab.

"A scab is a two-legged animal with a corkscrew soul, a water brain, a combination backbone of jelly and glue. Where others have hearts, he carries a tumor of rotten principles.

"When a scab comes down the street, men turn their backs and Angels weep in Heaven, and the Devil shuts the gates of hell to keep him out.

"No man (or woman) has a right to scab so long as there is a pool of water to drown his carcass in, or a rope long enough to hang his body with. Judas was a gentleman compared with a scab. For betraying his Master, he had character enough to hang himself. A scab has not.

"Esau sold his birthright for a mess of pottage. Judas sold his Savior for thirty pieces of silver. Benedict

당 글에는 "Scab"을 배반자로 정의하였다. 이에 오스틴 외 2명은 해당 지부와 본부를 상대로 명예훼손으로 소를 제기하였다.

피해자들의 소 제기에 대해 가해자 측은 해당 간행물이 연방 헌법 제1조와 연방 노동법에 의거하여 보호를 받는다는 근거를 들어 기각을 청구하였다. 주 1심 법원은 해당 간행물이 연방 공무원들을 조직하기 위한 캠페인과 관련이 있고 그 과정에서 만들어진 출판물이라는 점은 인정하였다. 그러나 Linn v. Plant Guard Workers, 383 U.S. 53 (1966)에 따라 간행물에 실린 자료의 내용에 실질적 악의(actual malice)가 있다고 판단하여 가해자 측의 청구를 인정하지 않았고 각각의 피해자에게 통상 손해 1만불과 징벌적 손해배상 4만 5천불을 인정하는 판결을 내렸다. 주 대법원에서도 주 1심 법원의 판결을 인정하였다.

2) 연방 대법원의 결정 요지

언론의 자유를 훼손하지 않으면서 노동 분쟁 과정에서 만들어진 발언을 처벌하기 위해 주(state)의 명예훼손법이 적용될 수 있는 범위에 대한 기준으로 Linn 케이스를 채택하였다는 것이다. 따라서 허위에 대한 인지가 없거나 혹은 진실에 대한 미필적 고의를 가지고 만들어진 노동 분쟁과 관련된 출판물의 경우 주법보다 연방법의 적용이 우위에 있다고 판단하였다.[973]

Linn 케이스는 노동 분쟁 중에 만들어진 명예훼손적인 내용에 국한하여 연방 헌법 제1조의 보호를 받는지 여부를 검토하였지만, 노동조합의 조직 과정에서 발행된 모든 출판물은 노동조합의 승인 여부와 관계없이 연방 헌법 제1조의 언론 출판의 자유에 의한 보호 대상에 해당한다는 것이다.[974]

Arnold sold his country for a promise of a commission in the British Army. The scab sells his birthright, country, his wife, his children and his fellowmen for an unfulfilled promise from his employer.

"Esau was a traitor to himself; Judas was a traitor to his God; Benedict Arnold was a traitor to his country; a SCAB is a traitor to his God, his country, his family and his class."

See Letter Carriers v. Austin, 418 U.S. 264, 268 (1974).

973 Accordingly, we held that libel actions under state law were pre-empted by the federal labor laws to the extent that the State sought to make actionable defamatory statements in labor disputes which were published without knowledge of their falsity or reckless disregard for the truth. See Letter Carriers v. Austin, 418 U.S. 264, 273 (1974).

974 Accordingly, we think that any publication made during the course of union organizing efforts, which is arguably relevant to that organizational activity, is entitled to the protection of *Linn*. ... We similarly reject any distinction between union organizing efforts leading to recognition and post-recognition organizing

본 케이스는 Linn 케이스에서 노동조합에 대한 언론 출판의 자유를 보호하는 것과 구별되는데 노동 분쟁 시 흔히 사용되는 "Scab"이라는 단어의 경우 연방법에 의거하여 보호된다는 것이다.[975] 즉, 문자적으로 배반자로 해석되는 "Scab"을 사용한 것이 사실에 근거한 표현으로 해석될 수 없고, 비유적인 의미에서 노동조합이 가입에 반대하는 근로자들에 대해 불만이 있음을 강한 어조로 보여주기 위해 사용한 것에 불과하므로 연방법의 보호 대상에 해당된다는 것이다.[976]

> "Letter Carriers 케이스에서 연방 대법원은 노동조합의 발언에 대한 보호를 노동조합을 조직하려는 노력의 과정에서 만들어진 모든 출판물로 확대하였다. Linn 케이스가 노동 분쟁과 관련이 있는 반면에, Letter Carriers 케이스는 노동조합에 속하지 않은 직원들이 노조의 월간 뉴스레터의 "배반자 명단(List of Scabs)"에 본인들의 이름이 포함된 것을 확인하고 노동조합을 상대로 명예훼손으로 소를 제기한 사건이다. 연방 대법원은 두 케이스 간에 사실적인 구별을 고려하면서 연방 노동관계법와 우체부들에게 적용되는 행정명령을 좁게 해석하는 것을 거부하였다. Linn 케이스의 적용은 출판의 자유에 대한 보호로 이어지는 연방 노동법 정책의 맥락에서 명예를 훼손하는 출판물이 만들어졌는지 여부에 초점을 맞추어야 한다고 판단하였다. 따라서 연방 대법원은 "Scab"의 사용이 사실에 대한 허위 발언이 아니기 때문에 Linn 케이스에서 채택된 실질적 악의 기준(actual malice standard)이 적용되지 않으며 피고의 발언이 보호된다고 판단하였다.[977]
>
> Kirk v. Transport Workers Union of America, AFL-CIO, 934 F.Supp. 775, 786 (S.D. Tex. 1995).

---

activity. Unions have a legitimate and substantial interest in continuing organizational efforts after recognition. See Letter Carriers v. Austin, 418 U.S. 264, 279 (1974).

975 It should be clear that the newsletter's use of the epithet "scab" was protected under federal law and cannot be the basis of a state libel judgment. See Letter Carriers v. Austin, 418 U.S. 264, 282 (1974).

976 As in *Bresler,* Jack London's "definition of a scab" is merely rhetorical hyperbole, a lusty and imaginative expression of the contempt felt by union members towards those who refuse to join. See Letter Carriers v. Austin, 418 U.S. 264, 286 (1974).

977 In Old Dominion Branch No. 496, Nat'l Assoc. of Letter Carriers, AFL-CIO v. Austin, 418 U.S. 264, 94 S.Ct. 2770, 41 L.Ed.2d 745 (1974) ("Letter Carriers"), the Supreme Court extended the protection afforded union speech, finding that "any publication made during the course of union organizing efforts, which is arguably relevant to that organizational activity, is entitled to the protection of Linn." While Linn involved a dispute between labor and management, in Letter Carriers, non-union employees sued the union for libel after their names were included in a "List of Scabs" in the union's monthly newsletter. In considering the factual distinctions between the cases, the Court rejected a narrow reading of the NLRA and the Executive Order under which Letter Carriers arose, and emphasized that "application of Linn must turn on whether the

"Letter Carriers 케이스에서 연방 대법원은 노동조합의 뉴스레터에서 노동조합에 속하지 않은 근로자를 "배반자"(traitors)로 규정하였다고 해서 명예훼손에 해당된다고 볼 수 없다고 판단하였다. Greenbelt Pub. Assn. 케이스의 결정 이유와 같이 연방 대법원은 어떤 독자도 뉴스레터의 내용이 반역죄를 범한 "배반자"(traitors)를 고발하는 것으로 이해했을 것이라고 볼 수 없다고 판단하였다. 오히려 그 단어는 단순히 수사적 과장에 해당되며 조합원들이 가입을 거부하는 사람들에 대해 느끼는 경멸을 충동적이고 풍부한 상상력으로 표현한 것이라고 보았다."[978]

Perkins v. Littleton, 270 So.3d 208, 217 (Miss. Ct. App. 2018).

---

defamatory publication is made in a context where the policies of the federal labor laws leading to protection for freedom of speech are significantly implicated." Letter Carriers, 418 U.S. at 279, 94 S.Ct. at 2778. Thus, the Court held that, because use of the epithet "scab" was not a false statement of fact, the "reckless- or-knowing falsehood" test adopted in Linn had not been satisfied, and Defendants' speech was protected under federal law. See Kirk v. Transport Workers Union of America, AFL-CIO, 934 F.Supp. 775, 786 (S.D. Tex. 1995).

978 in Old Dominion Branch No. 496, National Association of Letter Carriers, AFL-CIO v. Austin, 418 U.S. 264, 94 S.Ct. 2770, 41 L.Ed.2d 745 (1974), the Court held that a union newsletter's characterization of non-union workers as "traitors" could not support a claim for libel. See id. at 283-86, 94 S.Ct. 2770. Following the reasoning of Bresler, the Court held that it was "impossible to believe that any reader … would have understood the newsletter to be charging the ['traitors'] with committing the criminal offense of treason." Id. at 285, 94 S.Ct. 2770. Rather, the term was "merely rhetorical hyperbole, a lusty and imaginative expression of the contempt felt by union members towards those who refuse to join." Id. at 286, 94 S.Ct. 2770. See Perkins v. Littleton, 270 So.3d 208, 217 (Miss. Ct. App. 2018).

4 General Products Co., Inc. v. Meredith Corp. (버지니아주 연방 1심 법원, 526 F.Supp. 546, E.D. Va. 1981)

본 케이스는 피고 잡지사가 원고 회사가 제조한 굴뚝의 안전성에 의문을 제기한 기사를 게재한 것에서 비롯된 명예훼손 및 제품의 품질에 대한 폄하(product disparagement) 사건이다.[979] 본 케이스의 주된 이슈는 원고 회사의 명예훼손에 따른 손해배상 기준으로 뉴욕 타임즈 케이스의 실질적 악의 기준(actual malice standard)이 적용될 수 있는지 여부이다.

버지니아주 연방 1심 법원은 Gertz 판결을 적용하여 원고 회사가 제한된 범위의 공인(limited-purpose public figure)이 아닌 개인에 해당된다고 보았다. 따라서 주의 과실 판단 기준을 적용하여 피고 잡지사의 과실 여부에 따라 원고의 손해배상을 결정하여야 한다고 판단하였다.

1) 사실 관계

버지니아주 소재 회사인 GP사(General Products Co., Inc.)는 메러디스사(Meredith Corp.)를 상대로 명예훼손 및 제품의 품질에 대한 폄하(product disparagement)에 대해 손해배상을 청구하는 소를 제기하였다.

원고인 GP사는 3중벽으로 설계된 굴뚝을 제조, 유통, 판매하는 사업을 하는 회사였다. 피고인 메러디스사는 독자들로부터 특별한 관심을 받았던 잡지(Better Homes and Gardens Magazine 및 Better Homes and Gardens Home Plan Ideas Magazine, 이하 "아이디어 매거진")를 발간하는 출판사였다.

메러디스사의 소속 기자였던 더글라스 리드스터(Douglas M. Lidster, 이하 "리드스터")는 1980년 아이디어 매거진 여름호에서 아래와 같은 기사를 작성하였다. 그 기사는 나무로 된 열난로들의 사용법에 대해 다루었고, 이 같은 난로들과 연결하여 사용되는 굴뚝의 방식에 대해 설명하였다.

GP사는 "안전성"(SAFETY)이라는 섹션 아래에 인쇄된 해당 기사의 중심 내용에 대해 이의를 제기하였다.

---

979 A corporation may be defamed by statements which cast aspersion on its honesty, credit, efficiency or its prestige or standing in its field of business. Prosser, § 111; Restatement (Second) of Torts, §§ 561, 573 (1976). Cf. Arctic Company, Ltd. v. Loudoun Times Mirror, 624 F.2d 518 (4th Cir. 1980), cert. den. 449 U.S. 1102, 101 S.Ct. 897, 66 L.Ed.2d 827 (1981) (company as plaintiff). Thus, plaintiff's allegation that the subject statements defamed its name presents a cognizable defamation claim. See General Products Co., Inc. v. Meredith Corp., 526 F.Supp.546, 549-550 (E.D. Va. 1981).

"판금 층 사이에 공기 순환이 되는 3중벽 굴뚝은 고려하지 말아야 한다. 이는 조립식 벽난로용으로 의도해서 만들어진 것이다. 당신이 원하는 굴뚝은 내부 및 외부 벽을 구성하는 두 층이 있는데, 그 사이를 미네랄 울이 중간에 끼어서 단열 역할을 하는 것이다. 그리고 당신은 절대로 집 밖에 있는 연통으로 통과될 것이라고 생각하지 말아야 한다.

무엇이 이런 소란을 일으키는 것일까? 우리는 크레오소트가 우리가 모르는 사이에 축적되는 것을 최소화하려고 노력하는 중이다. 앞서 언급한 바와 같이, 연소에 의해 생성되는 모든 휘발성 물질들은 불에 타는 과정에서 다 날라가지 않는다. 이러한 물질 중 일부는 연기로 빠져나가지만 온도가 특정 수준으로 떨어질 때 액체 형태로 응고된다. 이후, 액체가 된 물질은 굴뚝에서 반 고체덩어리로 굳어진다.

외벽 연통과 같은 차가운 굴뚝은 크레오소트의 엄청난 축적에 기여한다. 조립식 벽난로에 쓰이는 3중벽으로 된 굴뚝 또한 마찬가지다. (그러나 이러한 굴뚝이 벽난로를 위한 용도라면 완벽하게 안전하다. 그 이유는 일반적으로 난로불보다는 더 뜨겁고, 크레오소트로 응결될 수 있는 대부분의 휘발성 물질들이 다 타버리기 때문이다.)

심지어 단단한 벽돌로 된 굴뚝도 이상적이지는 않다. 모든 덩어리가 연기로 배출되기 전에 냉각을 허용하기 때문이다. 그리고 일반적으로 내부 연통의 크기가 난로에 비해 크기 때문에 연기가 계속 남아 더 많은 응결을 허용하기 때문이다.

그러나 미네랄 울이 감싸고 있는 제품의 경우 뜨거운 굴뚝이기 때문에 잘 작동한다. 외벽을 안전하게 냉각시킬 수 있는 단열 덕분에 내부 표면이 상당히 뜨겁게 유지되어 응결을 최소화할 수 있다. 공장에서 만든 이러한 제품은 모든 연료에 적합한 굴뚝이라고 불린다. 이와 관련하여 일반적으로 잘 알려진 브랜드는 힛틸레이터(Heatilator), 메탈베스토스(Metalbestos), 프로-젯(Pro-Jet), 셀커크(Selkirk)가 있다." (아이디어 매거진, 88페이지)[980]

---

980 Plaintiff objects to these statements ("subject statements") in the article, printed under a section labeled "SAFETY":

DON'T CONSIDER THE TRIPLEWALL chimneys with air spaces between the sheet metal layers. These are intended for use with prefabricated fireplaces. The chimney you want has two layers consisting of inner and outer walls with mineral wool insulation sandwiched between. And by all means, don't think you can get by with stovepipe on the exterior of the house.

What's all the fuss? We're trying to minimize the potential buildup of creosote. As mentioned earlier, all of the volatile substances produced by combustion are not consumed in a fire. Some of these substances exit with the smoke, but condense into a liquid form when the temperature drops to a certain level. After a time, this liquid hardens into a semisolid mass lining the chimney.

A COLD CHIMNEY, SUCH AS A SINGLE-WALLED stovepipe outside, contributes to a tremendous accumulation of creosote. The same is true of the triple-wall chimneys intended for prefabricated fireplaces.

뜨거운 내부 표면이 탑재된 굴뚝은 굴뚝 내부에 붙어 있는 크레오소트가 쌓이는 것을 막아주는 반면, 차가운 굴뚝들은 크레오소트를 증식시킨다는 것이다. 이 기사는 크레오소트의 축적으로 인해 야기되는 굴뚝 화재의 위험성에 대해 생생하게 다루었다.

GP사는 난로를 사용했을 때 화재의 위험을 야기할 수 있는 크레오소트의 축적을 허용하기 때문에 기사의 중심 내용에 대한 의미는 3중벽 굴뚝이 난로가 아닌 조립식 벽난로용으로 사용될 때 안전하다는 것을 말한다고 주장하였다. 따라서 GP사는 아이디어 매거진에 실린 중심 내용이 허위사실에 해당하고 당사의 제품 및 평판을 훼손하였으며 제품의 신뢰도와 판매에 손실을 초래하였다고 주장하였다.

메러디스사의 소속 기자인 리드스터는 기사 내용이 정확하지 않았다는 것을 인정하였다. 3중벽 굴뚝의 두가지 방식인 열사이펀 방식과 공기 절연 방식을 구별하지 않았다는 것이다. 메러디스사가 언급한 열사이펀 굴뚝은 공기가 개방형 통로를 통해 흐르며 내부 및 외부 표면에서 냉각되어 크레오소트가 축적되는 위험이 있다는 것이다. 반면, GP사가 제조한 공기 절연 방식의 경우 통로가 부분적으로 차단되어 공기가 절연체 역할을 함으로써 내부 표면을 뜨겁게 유지하고 외부 표면은 차갑게 유지함으로써 크레오소트의 축적을 최소화한다는 것이다.

리드스터는 진술서에서 아이디어 매거진에 해당 기사가 실리기 전까지 위와 같은 차이를 알지 못했다고 진술하였고, 후속 기사에서 그 차이에 대해 논했다. 메러디스사는 해당 기사의 중심 내용에 GP사 또는 GP사의 제품이 구체적으로 언급되지 않았고, 허위임을 알았거나 혹은 진실에 대해 미필적 고의를 가지고 해당 기사를 게재하지 않았으며, 명예훼손에 해당되지 않는다고 주장하였다.

(These chimneys, however, are perfectly safe for fireplaces because a hearth fire generally is hotter than a stove fire, and most of the volatiles that could condense into creosote are consumed.)
Even a sound masonry chimney isn't ideal. Its total mass allows for a lot of cooling before the smoke exits. And, because inner flue generally is oversized for the stove, the smoke lingers on its way up, allowing even more condensation to take place.
The mineral-wool-packed units, however, work well because they are hot chimneys. The same insulation that keeps the outer walls safely cool allows the inner surfaces to stay quite hot, minimizing condensation. These factory-built units are called all-fuel chimneys. The more commonly used brands are Heatilator, Metalbestos, Pro-Jet, and Selkirk.
Ideas Magazine at 88. See General Products Co., Inc. v. Meredith Corp., 526 F.Supp.546, 548-549 (E.D. Va. 1981).

2) 버지니아주 연방 1심 법원의 결정 요지

1. 명예훼손

a. 공직자(public official)/공인(public figure)/개인에 따라 적용되는 책임 기준

명예훼손에 대해 버지니아주의 적용 기준과 연방 헌법 제1조에 따라 연방 대법원의 여러 결정례에서 확립된 적용 기준이 다른데, 연방 대법원에 의해 확립된 기준에 따라 판단하여야 한다는 것이다.

버지니아주 보통법(common law)에 따르면, 직업이나 사업상 원고가 부적합하다는 편견을 심어줄 수 있는 명예훼손적인 발언은 법적으로 명예훼손 의제(actionable per se)에 해당된다고 보았다. 명예훼손적인 발언이 게재되었다는 사실만으로 피고의 악의(malice)는 추정되고 원고는 추정 손해를 받을 수 있는데, 이때 원고는 해당 내용이 허위라고 주장하기만 하면 되고 피고의 악의(malice)나 원고가 입은 피해에 대해서는 입증할 필요가 없다고 규정하고 있다. 이에 대하여 피고는 해당 발언 내용이 진실임을 입증하여야 하는 책임이 있다고 보았다.[981]

이는 언론의 자유를 지나치게 위축하는 결과가 되어, 연방 대법원은 연방 헌법 제1조의 언론 출판의 자유를 보호하기 위해 뉴욕 타임즈 케이스를 비롯한 여러 결정례들을 통하여 명예훼손에 대한 기준을 확립하고 이를 발전시켜왔다.

구체적으로 뉴욕 타임즈 케이스에서는 공직자(public official)가 공적인 업무 수행(official conduct)에 대한 허위 내용이 신문사의 실질적 악의(actual malice)에 의해 게재되었다는 것을 명백하고 확실한 증거(clear and convincing evidence)를 제시하여 입증하지 못한다면 원고인 공직자가 신문사를 상대로 손해배상을 청구할 수 없다고 판단하였다. 언론사에 대한 이러한 헌법적 특권은 Curtis publishing Co. v. Butts를 통해 공인(public figure)인 경우에도 동일하게 적용되었다.

한편, Gertz v. Robert Welch, Inc.에서 연방 대법원은 공적인 관심사(general or public interest)와 관련된 이슈에 대해 언론사에게 특권을 인정하지 않으면서 공직자(public official)도 공인(public figure)도 아닌 개인의 경우에는 뉴욕 타임즈 기준(New York Times standard)이 아닌 각 주에서 정한 책임 기준을 따르도록 허용하였다. 단, 징벌적 손해배상의 경우에는 피고의 실질적 악의(actual malice)를 원고가 입증한 경우에 한해 인정된다고 보았다.

---

981 입증 책임과 관련된 자세한 내용은 N. Burden of Proof 섹션을 참고하기 바란다.

다시 말해 뉴욕 타임즈 케이스에 의해 출판물에 의한 명예훼손 의제(libel per se)에 따른 엄격 책임 기준이 사실상 폐지된 후 실질적 악의 기준(actual malice standard) 즉, 허위임을 알고서 혹은 진실 여부에 대해 미필적 고의(reckless disregard)를 가지고 명예훼손적인 발언을 게재했다는 것을 입증하지 못한다면 원고는 추정 손해 혹은 징벌적 손해배상을 받을 수 없고 실제 손해(actual damage)에 한해서만 배상을 받을 수 있다는 것이다.[982]

Gertz 판결 이후 명예훼손 사건의 원고가 공직자(public official)인지 공인(public figure)인지 아니면 개인(혹은 회사)인지 여부를 나누어서 판단하기 시작하였다. 이는 공직자(public official) 혹은 공인(public figure)인 경우에는 공적인 의사소통 채널에 쉽게 접근할 수 있고, 본인에 대해 보도된 내용이 잘못되었다고 판단될 경우 스스로 대응할 수 있는 능력이 있으며, 공직자 혹은 공인의 성격상 명예훼손을 당할 수 있는 위험에 자발적으로 노출되어 있기 때문에 그들에게 가장 엄격한 기준이 적용되어야 한다는 근거에 의한 것이었다.

위와 같이 확립된 기준에 따라 본 케이스를 분석해보면 다음과 같다.

본 케이스에서 원고인 GP사는 분명히 공직자(public official)에 해당되지 않는다. 그러나 공인(public figure)에 해당되는지 여부는 Gertz 판결에서 제시된 공인(public figure)의 두 가지 유형 즉, 모든 목적의 공인(all-purpose public figure)과 제한된 목적의 공인(limited-purpose public figure)에 해당되는지 여부로 판단하여야 한다는 것이다. 구체적으로 어떤 경우에 원고가 공인(public figure)으로 인정되는지 여부에 대해서는 다음의 결정례들을 통해 알 수 있다.

첫 번째로 Arctic Co., Ltd. v. Loudoun Times Mirror, 624 F.2d 518 (4th Cir. 1980)이다. 이 케이스는 정부 프로젝트와 관련하여 역사적이고 고고학적 연구에 관여한 회사가 신문사, 기자 및 정보원을 상대로 제기한 명예훼손 소송이다. 원고인 회사가 지역사회에서 잘 알려져 있지 않았고, 취수 시설 건설에 섬을 사용하자는 논란에 원고가 스스로 개입하지 않았으므로 공인(public figure)으로 볼 수 없다고 판단하였다.

두 번째로 Bruno & Stillman Inc. v. Globe Newspaper Co., 633 F.2d 583 (1st Cir. 1980)이다. 이 케이스는 상업용 낚시 보트들을 제조하고 판매하는 회사인 원고가 원고의

982 After this wholesale rejection of common law rules of strict liability, the Court ruled that a state may not allow recovery of presumed or of punitive damages unless the liability in the case is based on a showing of knowledge of falsity or reckless disregard for the truth. Without such a showing, a plaintiff may recover only actual loss. See General Products Co., Inc. v. Meredith Corp., 526 F.Supp.546, 550-551 (E.D. Va. 1981).

보트에 결함이 있다는 내용을 게재한 언론사를 상대로 제기한 소송이다. 피고 언론사가 미필적 고의를 가지고 원고 회사의 평판을 훼손하였다고 주장하였다. 판결에서 연방 제1 항소법원은 제품을 판매하는 모든 회사는 공인(public figure)에 해당한다고 본 연방 1심 법원의 판단을 인정하지 않았다. 기록상 원고 회사가 당시에 이미 존재하고 있었던 논란에 스스로 개입했다는 점이 입증되지 않았고, 결과에 영향을 미치기 위해 대중의 관심을 유도하려는 노력도 하지 않았기 때문이다.

세 번째로 Steaks Unlimited, Inc. v. Deaner, 623 F.2d 264 (3rd Cir. 1980)이다. 이 케이스에서 육류 생산 회사인 원고는 원고가 고기를 판매할 때 고기의 질과 가격을 허위로 표시해왔다는 방송내용으로 인해 회사의 평판에 피해를 입었으며 사업상 손실이 발생했다고 주장하였다. 연방 제3 항소법원은 원고가 육류 판매를 홍보하는 집중 광고를 통해 대중에게 직접 개입하여 소비자에게 영향을 미칠 목적으로 논란을 만들어 왔으므로 원고는 공인(public figure)에 해당한다고 판단하였다.[983]

결정례에서 공인(public figure)으로 인정하고 있는 기준을 본 케이스에 적용해보면, GP사는 스스로 논란의 중심에 뛰어 들지도 않았고 공적인 관심사(public concern)와 관련하여 대중에게 영향을 미치기 위해 언론플레이에 관여하지도 않았다. 따라서 모든 목적의 공인(all-purpose public figure)도, 제한된 목적의 공인(limited-purpose public figure)도 아닌 개인 회사에 해당한다는 것이다.

그러므로 본 케이스의 명예훼손으로 인한 손해배상 기준으로 뉴욕 타임즈 기준(New York Times standard)은 적용되지 않고, 버지니아주의 책임 기준에 따라 명예훼손에 대한 손해배상 인정 여부를 판단해야 한다는 것이다.

그런데 Newspaper Publishing Corp. v. Burke, 216 Va. 800, 224 S.E.2d 132 (1976)는 Gertz 판결의 결정요지 – 공직자(public official)도 공인(public figure)도 아닌 개인인 경우에도 보통법(common law)상의 출판물에 의한 명예훼손 의제(libel per se)를 적용하지 말고, 각 주의 과실 기준에 따라 명예훼손에 따른 원고의 손해를 배상해주어야 한다 – 와 같이 버지니아주에서도 출판물에 의한 명예훼손 의제(libel per se)를 더이상 적용하지 않

983 See Steaks Unlimited, supra (summary judgment for defendants in a case brought by a public figure affirmed; affidavits by defendants as to how they gathered their information and their belief in the veracity of their statements held to provide sufficient factual support for the defense that defendants believed their statements to be true; affidavit submitted by plaintiff which questioned some of defendants' charges made in their broadcast did not raise any triable issue of fact) See General Products Co., Inc. v. Meredith Corp., 526 F.Supp.546, 552-553 (E.D. Va. 1981).

겠다고 판단한 것이다.[984]

따라서 주의 과실 책임 기준에 따라 원고가 주장한 손해배상 인정 여부를 판단하여야 하는데 제출된 증거에 따르면, 리드스터가 해당 기사에 대한 유일한 책임자였고, 기사 작성을 위해 요구되는 사전 준비단계에서 과실이 있었다. 리드스터는 기사를 작성할 때 기존 서적과 기사에 의존하였으며 관련 서적과 기사를 직접 조사하지 않았고, 관련 내용에 대한 일반적인 기억에 의존하여 기사를 작성하였다. 그는 자료의 업데이트를 위해 출처에 적힌 작가에게 문의하지 않았으며, 기사에 있는 정보가 다른 출판물에서 다룬 후속 기사에서 부인되었다는 사실도 몰랐고, 그가 다룰 주제와 관련된 테스트를 위해 업계 관계자에게 문의하지도 않았다. 따라서 메러디스사에게 과실 책임이 인정된다.

b. 징벌적 손해배상의 인정 여부

징벌적 손해배상은 원고가 피고의 실질적 악의(actual malice)를 명백하고 확실한 증거(clear and convincing evidence)를 제시하여 입증하여야만 배상이 가능한데,[985] 이 기준은 피고가 명예훼손적인 내용을 게재할 당시 진실에 대한 심각한 의심을 가지고 있거나[986] 혹은 허위 가능성에 대한 주관적인 인지가 있는 경우에 충족된다는 것이다.[987]

위의 기준을 본 케이스에 적용해보면, 리드스터는 그가 기사를 작성하였을 때 기사의 중심 내용이 정확하다고 믿었고, 해당 내용이 게재될 때까지 정확성에 대해 어떠한 의심도 품지 않았다. 또한 GP사에 의해 제공된 리드스터의 법정 외 증인신문(deposition)에서 그는 기사에 언급된 여러 굴뚝 제조 회사와 이익을 공유하거나 커넥션을 갖고 있지 않았다고 증언하였다. 그는 메러디스사가 그에게 특정 유형의 굴뚝을 선호하도록 지시하지 않았으며, 그의 결론을 반박하는 테스트 혹은 출판물에 대해 알지 못했다고 증언하였다.

---

984 The Supreme Court of Virginia in Newspaper Publishing Corp. v. Burke, 216 Va. 800, 224 S.E.2d 132 (1976), disapproved of a jury instruction allowing the imposition of liability without fault, but specifically declined to determine the standard of liability it would adopt in a proper case for recovery of actual damages. In a footnote, the court related that some courts had adopted a negligence standard with the duty of care based on the "reasonable man" or "reasonably prudent publisher" standard, while others had reinstated a New York Times actual malice test. 224 S.E.2d at 136 n.3. Because statements which tended to injure a person in his profession or trade were once actionable per se under Virginia law, and because the Burke court seemed to note the negligence test with some approval, it is likely that the Virginia court would adopt a negligence standard in a case, such as this one, involving alleged injury to business reputation. See General Products Co., Inc. v. Meredith Corp., 526 F.Supp.546, 552 (E.D. Va. 1981).

985 Gertz, supra, 418 U.S. at 349-50, 94 S.Ct. at 3011-12; Burke, supra, 224 S.E.2d at 136.

986 St. Amant v. Thompson, 390 U.S. 727, 88 S.Ct. 1323, 20 L.Ed.2d 262 (1968).

987 Gertz, supra, 418 U.S. at 334 n.6, 94 S.Ct. at 3004 n.6.

그는 그의 기사 내용이 사실이라고 믿었을 뿐만 아니라 해당 내용을 작성한 이후에도 내용의 정확성 여부에 대해 관심이 없었으므로 그의 기사가 3중벽 굴뚝 제작자에게 피해를 입힐 수 있는 가능성에 대해서도 고려하지 않았다고 증언하였다. 즉, 리드스터가 그의 기사 내용의 진실성에 대해 의심을 품거나 정확성을 무시하고 미필적 고의(reckless disregard)를 가지고 행동했다는 사실을 추론할 수 있는 증거가 없다는 것이다. 따라서 GP사에게 징벌적 손해배상이 인정되지 않는다.

2. 제품의 품질에 대한 폄하(product disparagement)

제품의 시장가치에 대한 소유주의 이익을 보호하기 위해 고안된 것으로 불법행위법상 제품의 품질을 폄하하는 발언(disparagement of goods or product disparagement)을 한 발언자에게 명예훼손의 책임을 부과할 수 있다. 즉, 제품에 대한 품질뿐만 아니라 소유주의 사업 평판에 대해서 폄하하는 발언의 경우에는 제품의 품질에 대한 폄하(product disparagement) 및 개인에 대한 명예훼손(personal defamation)으로 소를 제기할 수 있다는 것이다.[988]

제품의 품질에 대한 폄하(product disparagement)와 관련된 일반적인 기준은 다른 사람이 만든 제품의 품질을 폄하하는 허위 내용을 게시한 사람이 다른 사람의 금전적 이익에 해를 가할 수 있다고 인지하였거나 혹은 인지할 수 있었다고 여겨지는 경우 및 해당 내용이 허위임을 알았거나 혹은 진실 여부에 대해 미필적 고의(reckless disregard)를 가지고 행동한 경우에는 원고가 입은 금전적 손실에 대해 피고가 책임을 져야 한다는 것이다.[989]

피고의 의사(state of mind)에 대한 대체 테스트로서 피고가 원고에 대한 악의(ill-will)를 가지고 있었거나 혹은 특권이 인정되지 않는 방법으로 원고의 이익을 방해하려는 의

---

988 Statements which discredit the quality or utility of a producer's goods may be actionable as disparagement of goods or product disparagement, a tort designed to protect the owner's interests in the vendibility of his products. A statement which discredits the owner's personal business reputation as well as the quality of his goods may be actionable both as a product disparagement and as personal defamation. See Restatement (Second) of Torts, §573, Comment g (1971). See General Products Co., Inc. v. Meredith Corp., 526 F.Supp.546, 553 (E.D. Va. 1981).

989 The general rule is that a person who publishes false matter disparaging the quality of another's goods, which the publisher should recognize as likely to result in pecuniary loss to the other through the effect of the statements on the conduct of a third person, is liable to the person for pecuniary loss which results if:
(1) he intended that the publication of the statement cause harm to the pecuniary interests of the other person, or either recognized or should have recognized that it was likely to do so, and
(2) he knew that the statement was false or acted in reckless disregard of its truth or falsity.
Prosser, supra, at §128; Sack, Libel Slander and Related Problems, 456-58 (P.L.I. 1980); Restatement (Second) of Torts, §§623A, 626. See General Products Co., Inc. v. Meredith Corp., 526 F.Supp. 546, 553 (E.D. Va 1981).

도를 가지고 있었던 경우에는 그 역시 피고가 책임을 진다는 것이다.[990]

그런데 본 케이스의 경우 GP사는 개인에 해당되기 때문에 이 문제에 대해 결정할 필요가 없다는 것이다. 또한 기록상 리드스터가 기사를 게재할 당시에 허위에 대한 인지 혹은 악의적인 동기를 가지고, 혹은 특권이 인정되지 않는 방법을 사용하여 GP사의 이익을 방해할 의도로 진실 여부에 대해 미필적 고의(reckless disregard)를 가지고 행동했다는 증거가 없다. 따라서 메러디스사의 행위가 제품의 품질에 대한 폄하(product disparagement)에 해당한다는 GP사의 주장은 인정되지 않는다.

3. 암묵적 명예훼손(defamation by implication)

해당 기사에 명예훼손이 의심되는 내용이 직접적으로 드러나야 될 필요는 없으며 추론, 함축, 풍자 또는 암시에 의해 간접적으로도 나타날 수 있다는 것이다.[991] 그런데 본 케이스의 기사에서 다루고 있는 중심 내용은 분명히 GP사의 평판을 폄하하고 있다. 따라서 암묵적 명예훼손(defamation by implication)이 인정된다.

> "General Products 케이스에서 버지니아주 연방 1심 법원은 굴뚝 화재의 위험을 포함하여 장작 난로 및 굴뚝 장치의 안전상 위험을 다루는 잡지 기사의 발행인이 뉴욕 타임즈 기준(New York Times standard)에 따른 보호를 받을 자격이 없다고 판단하였다. 3중벽 굴뚝의 사용을 둘러싼 공개 논쟁에 원고가 스스로 뛰어 들었다거나 혹은 휘말렸다거나 또는 공적인 관심사(public interest)와 관련하여 대중에게 영향을 미치기 위해 언론플레이를 펼치는데 관여했다는 증거가 없다고 보았다."[992]
>
> I Dairy Stores, Inc. v. Sentinel Pub. Co., Inc., 191 N.J. Super. 202, 211, 465 A.2d 953 (1983).

---

990 These sources provide, as alternative tests of the requisite state of mind of the defendant, that he is liable also if he:
(1) had a motive of ill will toward the plaintiff, or
(2) had an intent to interfere in an unprivileged manner with his interests. See General Products Co., Inc. v. Meredith Corp., 526 F.Supp. 546, 553 (E.D. Va. 1981).

991 A factual question is presented as to the defamatory meaning of the subject statements. In a defamation case, it is not necessary that defamation be charged in the statements in direct terms; it may be made by inference, implication, innuendo or insinuation. Old Dominion Branch No. 496, N.A.L.C. v. Austin, 213 Va. 377, 192 S.E.2d 737 (1972), rev'd. in other respects, 418 U.S. 264, 94 S.Ct. 2770, 41 L.Ed.2d 745 (1974). The subject statements here are clearly capable of a construction disparaging to plaintiff's reputation. See General Products Co., Inc. v. Meredith Corp., 526 F.Supp. 546, 554 (E.D. Va. 1981).

992 In General Products Co., Inc. v. Meredith Corp., 526 F. Supp. 546 (E.D. Va. 1981) the court concluded that

"General Products 케이스에서 명예훼손 기사는 화재 위험으로 인한 조립식 벽난로를 제외하고 소비자는 원고가 제조한 3중벽 굴뚝을 구매해서는 안 된다고 서술하였다. 버지니아주 연방 1심 법원은 이 기사가 두 가지 유형의 3중벽 굴뚝(그중 하나는 안전한 것)을 구분하지 않았고 독자들은 3중벽 굴뚝이 모여있는 그룹에서 안전한 원고의 굴뚝을 구별할 수 없었기 때문에 이 기사가 원고의 명예를 훼손했다고 판단하였다."[993]

ı Cajun Steamer Ventures, LLC v. Thompson, 402 F.Supp.3d 1328, 1347 (N.D. Ala. 2019).

---

the publisher of a magazine article dealing with the safety risks of wood stove and chimney units, including the risk of chimney fires, was not entitled to the protection of the New York Times standard. It said that there was no "indication of any public controversy surrounding the use of triple-walled chimneys, that the plaintiff has injected itself or been drawn into ..., or that it has engaged in any media blitz to influence the public on a matter of public interest." Id. at 552. See Dairy Stores, Inc. v. Sentinel Pub. Co., Inc., 191 N.J. Super. 202, 211, 465 A.2d 953 (1983).

993 In General Products, the defamatory article said that consumers should not buy triple-wall chimneys—which the plaintiff manufactured —except for prefabricated fireplaces due to fire hazards. 526 F. Supp. at 548-49. The court concluded that these statements defamed the plaintiff because the article did not distinguish between two types of tripe-wall chimneys, one of which was safe, and readers of the article could not distinguish the plaintiff's chimneys, which were safe, from the larger group of triple-wall chimneys. Id. at 549-50. See Cajun Steamer Ventures, LLC v. Thompson, 402 F.Supp.3d 1328, 1347 (N.D. Ala. 2019).

5/ Bose Corp. v. Consumers Union of United States, Inc. (연방 대법원, 466 U.S. 485, 1984)

본 케이스는 컨슈머 리포트(Consumer Reports) 잡지에 유명 회사에서 만든 스피커의 체험 후기에 관한 기사가 실렸는데 기사 내용이 독자들에게 하여금 스피커의 품질에 대해 의구심을 갖게 하여 스피커 회사가 잡지를 발행한 소비자 단체를 상대로 제품의 품질에 대한 폄하(product disparagement)를 이유로 소를 제기한 사건이다. 본 케이스의 이슈는 스피커 회사가 잡지를 발행한 소비자 단체의 실질적 악의(actual malice)를 보여주는 명백하고 확실한 증거(clear and convincing evidence)를 제시하였는지 여부이다.

연방 대법원은 소비자 단체에서 고용한 품질 테스트 담당자의 증언은 소비자 단체와 담당자가 기사를 준비할 당시에 실질적 악의(actual malice)를 가지고 있었다는 것을 뒷받침하는 명백하고 확실한 증거(clear and convincing evidence)로 볼 수 없고 그들의 실질적 악의(actual malice)를 입증할 수 있는 별도의 증거가 있어야 한다고 판단하였다.

1) 사실 관계

소비자 연합(Consumers Union of United States, Inc.)는 1970년 5월호 잡지인 컨슈머 리포트에서 중간대 가격을 형성하고 있는 다양한 브랜드의 스피커를 평가하는 내용으로 7페이지 분량의 기사를 게재하였다. 2페이지 대부분을 차지하는 박스형 섹션에서 소비자 연합은 특별한 관심을 받고 있는 몇 개의 스피커에 대해 언급하였는데 그 중 하나가 보스사(Bose Corp.)가 최근에 시장에 출시한 것으로 독특하고 파격적인 시스템을 탑재한 보스 스피커 901 모델(Bose 901)이었다. 소비자 연합은 시스템과 스피커가 가지고 있는 장점들에 대해 설명하고 보스사의 시스템보다 타사의 일반적인 시스템이 탑재된 스피커를 통해 여러 악기의 위치를 쉽게 잡아낼 수 있었다는 청취자의 말을 언급하면서 다음과 같은 내용을 기사에 실었다.

> "더 심각한 것은, 보스사의 스피커에 내장된 시스템을 통해 들었던 개별 악기들은 엄청난 비율로 커지고 방에서 떠돌아다니는 것 같다. 예를 들면, 바이올린은 폭이 10피트 정도의 거리에서 나타났고 피아노는 벽에서 벽으로 늘어져 있었다. 오케스트라 음악의 경우 이러한 효과가 잘 나타나지 않았지만, 솔로 연주자들에게 그것을 들려준다면 아마 짜증을 낼 수도 있을 것이라고 생각한다." (원고의 두 번째 첨부서류, 274페이지)[994]

994 "Worse, individual instruments heard through the Bose system seemed to grow to gigantic proportions and

전반적인 소리의 질과 관련하여 의견들을 언급한 후, 해당 기사는 다음과 같이 결론을 내렸다. "보스사의 스피커에 내장된 시스템이 아주 이례적이어서 구매자가 그것을 직접 듣고 판단해야 한다고 생각한다. 참신함이 사라진 후에도 보스사의 스피커에 내장된 시스템에 대해 만족할 것이라는 확신이 들 때까지 큰 돈을 들여 보스사의 스피커를 구입하는 것은 미루는 것이 좋다."[995]

보스사는 해당 기사에 실린 여러가지 내용에 대해 이의를 제기하였고 소비자 연합이 해당 기사의 철회를 거절하자 매사추세츠주 연방 1심 법원에 제품의 품질에 대한 폄하(product disparagement)를 이유로 소를 제기하였다. 오랜 시간 동안 진행된 증거조사(Discovery) 이후, 연방 1심 법원은 소비자 연합이 신청한 중간판결(motion for summary judgment)을 거부하였고, 책임 이슈와 관련하여 19일간 판사재판(bench trial)[996]을 진행하였다. 연방 1심 법원은 본안 판결에 대해 세부적인 의견 수렴을 거쳐 대부분의 이슈들에 대해 소비자 연합의 손을 들어주었다.

가장 중요한 점은 연방 1심 법원이 보스사가 Gertz 케이스에서 정의된 공인(public figure)에 해당하므로, 보스사는 소비자 연합이 실질적 악의(actual malice)를 가지고 제품의 품질에 대한 폄하(product disparagement)와 관련된 허위 내용을 게재하였음을 명백하고 확실한 증거(clear and convincing evidence)를 제시하여 입증하지 않는 한 본 소송을 통해 손해배상을 받을 수 없다고 판단한 것이었다.

그러나 연방 1심 법원은 다음 세가지 부분에 대해서는 보스사의 주장에 동의하였다. 첫 번째로 해당 기사의 한 문장에서 악기 소리가 떠돌아다니는 것 같다는 것과 관련된 사실에 허위 내용이 포함되어 있음을 확인하였다는 것이다. 해당 기사를 쓴 작가의 증언을 토대로 연방 1심 법원은 스피커를 통해 들었던 악기 소리가 소비자 연합이 보도한 같이 "방 주변"이 아닌(about the room) "벽을 따라"(along the wall) 떠돌아다니는 경향이 있음을 확인하였다는 것이다. 두 번째로 악기 소리가 떠돌아다니는 것 같다는 내용은 품질에 대

---

tended to wander about the room. For instance, a violin appeared to be 10 feet wide and a piano stretched from wall to wall. With orchestral music, such effects seemed inconsequential. But we think they might become annoying when listening to soloists." Plaintiff's Exhibit 2, p. 274. See Bose Corp. v. Consumers Union of United States, Inc., 466 U.S. 485, 488 (1984).

995 "We think the Bose system is so unusual that a prospective buyer must listen to it and judge it for himself. We would suggest delaying so big an investment until you were sure the system would please you after the novelty value had worn off." Id., at 275. See Bose Corp. v. Consumers Union of United States, Inc., 466 U.S. 485, 488 (1984).

996 "[부록]미국 법률 용어"에서 자세한 설명을 확인하기 바란다.

한 폄하(disparagement)에 해당된다는 것이다. 세 번째로 명백하고 확실한 증거(clear and convincing proof)를 토대로 피고가 중요 사실에 대한 허위 내용을 알고서 혹은 진실 여부에 대해 미필적 고의(reckless disregard)를 가지고 게재하였다는 것을 입증하여야 하는 책임은 원고에게 있다는 것이다. 이 같은 이유로 연방 1심 법원은 소비자 연합이 보스사 스피커의 품질을 폄하(product disparagement)했다는 주장에 대해 보스사의 손을 들어주었다.[997]

그러나 연방 제1항소법원은 연방 1심 법원의 판결을 뒤집었다. 항소법원은 해당 기사의 내용이 허위라고 단정할 수는 없지만 의견보다는 사실에 가깝다고 판단하였다. 악기 소리가 떠돌아다닌다는 문구에 대해서는 1심 법원과 같이 제품의 품질을 폄하한 것(disparagement)에 해당된다고 판단하였다. 그러나 1심의 결정과는 달리 소비자 연합의 실질적 악의(actual malice) 즉, 해당 내용이 허위임을 알고서 혹은 진실 여부에 대해 미필적 고의(reckless disregard)를 가지고 게재하였다는 것을 뒷받침할 수 있는 명백하고 확실한 증거(clear and convincing evidence)가 없다고 판단하였다. 제시된 증거는 단순히 듣기 테스트를 진행하는 동안 두 명의 패널들이 그들이 들은 것을 정확하게 반영하지 못한 것에 불과하다는 것이다. 소비자 연합은 해당 기사에 부적절한 단어를 사용한 것에 대해서는 책임이 있지만 이러한 사실이 소비자 연합이 기사를 게재할 당시에 실질적 악의(actual malice)를 가지고 있었다는 것을 뒷받침해 주지 않는다는 것이다.[998]

997 A separate trial before a different judge on the issue of damages resulted in a finding that the false disparaging statement resulted in a sales loss of 824 units, each of which would have produced a net profit of $129, causing petitioner damages of $106,296. Petitioner also was awarded $9,000 for expenses incurred in an attempt to mitigate damages. Judgment for the total amount, plus interest, was entered by the District Court. 529 F. Supp. 357 (1981). See Bose Corp. v. Consumers Union of United States, Inc., 466 U.S. 485, 491 [7] (1984).

998 Based on its own review of the record, the Court of Appeals concluded:
"[W]e are unable to find clear and convincing evidence that CU published the statement that individual instruments tended to wander about the room with knowledge that it was false or with reckless disregard of whether it was false or not. The evidence presented merely shows that the words in the article may not have described precisely what the two panelists heard during the listening test. CU was guilty of using imprecise language in the article — perhaps resulting from an attempt to produce a readable article for its mass audience. Certainly this does not support an inference of actual malice." Id., at 197. See Bose Corp. v. Consumers Union of United States, Inc., 466 U.S. 485, 492 (1984).

2) 연방 대법원의 결정 요지

1. 실질적 악의(actual malice) 관련 연방 1심 법원의 판결 내용 검토

보스사는 소비자 연합이 기사에서 언급한 "(1) 보스사의 스피커 소리 크기가 지나치게 컸다, (2) 소리가 이동하는 것 같았다, (3) 소리의 이동은 방 주변에서 일어났다"는 세 문장이 허위에 해당된다는 것을 입증하려고 하였다.[999]

연방 1심 법원은 (1)과 (2)의 경우 허위가 아님을 확인하였으나, 쟁점인 (3)의 경우 허위에 해당한다고 판단하였다. 그 이유는 테스트 당시 청취자들이 실제로 인지한 것은 분명히 두 스피커 사이에서 벽을 따라 앞뒤로 왔다갔다하는 소리의 움직임이었고, 방에서 소리의 움직임은 일반 청취자들이 스피커를 통해서 듣기 원하는 소리와는 아주 다른 것이었기 때문이었다.

소비자 연합이 이러한 허위 내용을 인지하고 있었는지 여부는 소비자 연합이 고용한 엔지니어인 아놀드 셀릭슨(Arnold Seligson, 이하 "셀릭슨")을 통해 알 수 있는데 그는 보스 스피커 901모델에 대한 테스트를 감독하고 해당 기사의 토대가 된 서면 보고서를 작성했던 자였다. 그가 작성한 최초 내부 보고서에는 당시 상황을 "악기들을 정확하게 배치할 수 없을 뿐만 아니라 거대증에 시날리는 것 같아 보였고 방 주변을 떠돌아 다니는 것처럼 보였다. 바이올린은 폭이 10피트 정도의 거리에서 나타나는 것 같았다. 피아노는 벽에서 벽으로 늘어져 있었다."[1000]라고 서술하였다.

셀릭슨은 1심 재판 당시 약 6일간 법정에서 증언하였는데 주 신문(direct examination)[1001]에서 그는 보스 박사의 기술관련 증언에 대해 장황하게 답변하면서 소리가 벽을 넘어 앞뒤로 움직이는 것과 관련하여 과학적인 이유를 설명하였다. 연방 1심 판사는 셀릭슨에게 던진 질문을 통해 테스트를 진행하는 동안 그가 들었던 소리의 움직임이 벽에 제한되었다는 사실을 확인하였다. 셀릭슨은 반대신문(cross-examination)[1002]을 진행하는 동안 소리의

---

999 At trial petitioner endeavored to prove that the key sentence embodied three distinct falsehoods about instruments heard through the Bose system: (1) that their size seemed grossly enlarged; (2) that they seemed to move; and (3) that their movement was "about the room." See Bose Corp. v. Consumers Union of United States, Inc., 466 U.S. 485, 493 (1984).

1000 "'Instruments not only could not be placed with precision but appeared to suffer from giganticism and a tendency to wander around the room; a violin seemed about 10 ft. wide, a piano stretched from wall to wall, etc.'" Id., at 1264, n. 28. See Bose Corp. v. Consumers Union of United States, Inc., 466 U.S. 485, 494 (1984).

1001 "[부록]미국 법률 용어"에서 자세한 설명을 확인하기 바란다.

1002 "[부록]미국 법률 용어"에서 자세한 설명을 확인하기 바란다.

움직임을 그림으로 그려보라는 변호인의 요청에 따라 그림을 그렸는데 소리가 방에서 떠돌아다니는 것이 아닌, 스피커 사이에서 벽을 따라 앞뒤로 움직이는 모습을 표현하였다.

이에 변호사는 셀릭슨에게 본인이 칠판에 그린 그림에 대해 말할 때 소리가 방에서 떠돌아다니는 것 같았다고 표현하였는지 물었고, 그는 변호인에게 자신이 왜 그런 말을 골라서 했는지 모르겠다고 말하면서 소리의 움직임이 방에서 있었다는 말 중 "about" 이라는 단어가 본인이 칠판에 그린 상황을 의미한다고 증언하였다.

이에 연방 1심 법원은 어떤 일반 독자들도 해당 기사의 쟁점인 (3)을 읽고, 소리가 벽을 따라 측면으로 움직인다고 이해할 수 없다고 판단하였다. 셀릭슨의 영어 구사 능력에는 문제가 없는데 그가 "about"을 일반적인 의미가 아닌 다른 의미로 사용했다고 이해하기에는 상식적으로 납득이 되지 않는다는 것이다.

연방 1심 법원은 또한 셀릭슨의 대조된 진술 내용을 신뢰하기 어렵다는 판단에 근거하여 해당 기사를 작성할 당시 셀릭슨이 본인이 작성한 보고서의 내용이 정확하지 않다는 것을 이미 알고 있었던 점을 확인하였다. 따라서 1심 법원은 보스사가 소비자 연합이 쟁점이 된 문장의 내용이 허위임을 알았거나 혹은 진실 여부에 대해 미필적 고의(reckless disregard)를 가지고 해당 기사를 게재하였다는 것을 명백하고 확실한 증거(clear and convincing proof)를 제시하여 입증하였다고 판단하였다.

그러나 연방 대법원은 다음 두가지의 이유로 연방 1심 법원의 결정이 잘못되었다고 판단하였다. 재판 당시에 "방 주변"(about the room)이 방 전체에서 일어난 불규칙한 소리의 움직임이라기 보다는 문맥상 측면에서 소리가 움직인 것을 표현하기 위한 것으로 읽혀질 수 있었다는 것이다. 또한 셀릭슨의 증언 외에 셀릭슨이 해당 기사가 게재될 당시에 기사의 내용이 정확하지 않았다는 것을 알았다거나 심각한 의심을 품었다는 점을 보여주는 다른 증거에 대해서는 확인하지 않았다는 것이다.

2. 연방 제1 항소법원의 판결에 대한 연방 대법원의 검토 및 결론

"about"이라는 단어가 "across"를 의미한다는 셀릭슨의 증언이 그의 실질적 악의(actual malice)를 보여주는 명백하고 확실한 증거(clear and convincing evidence)로 볼 수 없다는 것이다. 셀릭슨은 증언 당시 자신의 실수를 인정하지 않았고, 오히려 판사에게 실수가 없었음을 어필하려고 노력했다. 하지만 이 같은 셀릭슨의 노력이 그가 자신의 증언과 다른 내용이 해당 기사에 실렸다는 사실을 이미 알고 있었다는 것을 의미하지 않는다는 것이다.

실질적 악의(actual malice)에 대해 연방 1심 법원이 근거로 제시한 유일한 증거는 해당 기사의 내용이 셀릭슨이 테스트를 진행할 당시에 실제로 인지한 것과는 다르게 서술되었다는 점이었다. 그러나 셀릭슨의 경우와 같이 부정확한 단어 선택으로 오해가 생겼다고 해도 셀릭슨의 증언 또한 연방 헌법 제1조에 의해 보호된다는 것이다.

연방 대법원은 뉴욕 타임즈 케이스에서 대중의 자유로운 토론을 보호하기 위해 기사에 실린 일부 부정확한 발언의 경우에도 진실된 발언과 동일하게 연방 헌법 제1조의 보호를 받는다고 판단하였다. 과도한 자기 검열(self-censorship)과 진실된 자료의 배포가 억제되는 것을 막고 언론을 보호하기 위해 명예훼손으로 인한 새로운 손해배상 기준인 실질적 악의 기준(actual malice standard)을 확립하여 언론에 대한 손해배상 책임 범위에 제한을 두었다.[1003]

따라서 셀릭슨의 부정확한 증언도 뉴욕 타임즈 케이스와 같이 연방 헌법 제1조에 따라 보호를 받는다고 판단한 연방 제1 항소법원의 결정에 동의하며, 셀릭슨의 증언이 소비자 연합과 셀릭슨이 허위임을 알았다거나 혹은 진실 여부에 대해 미필적 고의(reckless disregard)를 가지고 해당 기사를 준비했다는 것을 뒷받침하는 명백하고 확실한 증거(clear and convincing evidence)로 볼 수 없다는 것이다.

"Bose 케이스에서 컨슈머 리포트 잡지의 비평가는 스네레오 스피커를 통해 음악을 들은 경험을 다음과 같이 서술하였다: "보스사의 스피커에 내장된 시스템을 통해 소리를 들었을 때 개별 악기 소리가 엄청난 비율로 증가하는 것 같았고 방 안을 떠돌아다니는 것 같았다." 보스사는 호의적이지 않은 비평가의 리뷰가 실제로 정확하지 않았다고 주장하면서 명예훼손으로 소를 제기하였다. 연방 대법원은 비평 기사가 "실질적 악의(actual malice)의 입증이 필요할 만큼 명백한 허위라고 볼 수 없기 때문에 해당 내용은 법적으로 명예훼손에 해당되지 않는다고 판단하였다."[1004]

| Moldea v. New York Times Co., 22 F.3d 310, 315-316 (D.D.C. 1994).

1003 The statement in this case represents the sort of inaccuracy that is commonplace in the forum of robust debate to which the New York Times rule applies. 401 U. S., at 292. "Realistically, … some error is inevitable; and the difficulties of separating fact from fiction convinced the Court in New York Times, Butts, Gertz, and similar cases to limit liability to instances where some degree of culpability is present in order to eliminate the risk of undue self-censorship and the suppression of truthful material." Herbert v. Lando, 441 U. S. 153, 171-172 (1979). "[E]rroneous statement is inevitable in free debate, and … must be protected if the freedoms of expression are to have the 'breathing space' that they 'need … to survive.'" New York Times Co. v. Sullivan, 376 U. S., at 271-272 (citation omitted). See Bose Corp. v. Consumers Union of United States, Inc., 466 U.S. 485, 513 (1984).

1004 in Bose Corp. v. Consumers Union of United States, Inc., 466 U.S. 485, 104 S.Ct. 1949, 80 L.Ed.2d 502 (1984), a decision the Court discussed and reaffirmed in Masson, a reviewer writing for Consumer Reports magazine described the experience of listening to music through a pair of stereo speakers: "[I]ndividual instruments heard through the Bose system seemed to grow to gigantic proportions and tended to wander about the room." Bose, 466 U.S. at 488, 104 S.Ct. at 1953. Bose Corporation sued for defamation, alleging that the reviewer's unflattering portrayal was factually inaccurate. The Court held that the statements were not actionable, because they were not so obviously false as to sustain a finding of "actual malice." See Moldea v. New York Times Co., 22 F.3d 310, 315-316 (D.D.C. 1994).

6 Dun & Bradstreet, Inc. v. Greenmoss Builders, Inc. (연방 대법원, 472 U.S. 749, 1985)

본 케이스는 신용정보 회사가 고객사들에게 허위 정보가 담긴 보고서를 유포한 것으로 인해 피해를 입은 건설업자가 신용정보 회사를 상대로 제기한 명예훼손 사건이다. 본 케이스의 이슈는 공적인 관심사(public concern)가 아닌 사적인 관심사(private concern)와 관련된 허위 내용의 경우에도 Gertz 케이스의 손해배상 책임 기준이 적용되는지 여부이다.

연방 대법원은 공적인 관심사(public concern)를 다루었던 Gertz 케이스와는 달리 고객사들의 신용정보는 사적인 관심사(private concern)에 해당되므로 Gertz 케이스의 손해배상 책임 기준이 적용되지 않는다고 보았다. 따라서 실질적 악의(actual malice)에 대한 입증이 없다고 하더라도 각 주에서 정한 과실 책임 기준에 따라 추정 손해 및 징벌적 손해배상을 받을 수 있다고 판단하였다.

1) 사실 관계

던 앤 브래드스트리트사(Dun & Bradstreet, Inc., 이하 "신용정보회사")는 고객사들에게 신용 정보 보고서를 제공하는 기관이다. 1976년 7월 26일, 신용정보회사는 그린모스 빌더스사(Greenmoss Builders, Inc., 이하 "건설회사")가 자발적으로 파산을 신청했다는 보고서를 다섯 고객사에게 제공하였다. 보고서에 담긴 정보는 거짓이었고, 건설회사의 자산과 부채 내역이 심각하게 잘못 전달되었다. 같은 날, 건설회사의 대표는 은행과 향후 자금 조달 가능성에 대해 논의하던 중, 은행이 자사에 대한 허위 정보가 담긴 보고서를 받았다는 소식을 접하게 되었다. 그는 즉시 신용정보회사의 지역 사무소에 전화를 걸어 허위 정보에 대해 설명했고 정정을 요구하였으며, 회사가 상환 능력이 있음을 소명하기 위해 잘못된 보고서를 받은 다섯 고객사의 이름을 알려달라고 요청하였다. 이에 신용정보회사는 건설회사가 지적한 문제에 대해 조사를 약속하였지만 해당 보고서를 받은 다섯 고객사의 이름을 공개하는 것에 대해서는 거부하였다.

건설회사는 신용정보회사를 상대로 버몬트 주 법원에 명예훼손으로 소를 제기하였다. 소장에서 건설회사는 허위 정보가 담긴 보고서가 자사의 명예를 훼손시켰다고 주장하면서 통상 손해와 징벌적 손해배상을 청구하였다.

2) 주 1심 법원의 결정요지

주 1심 법원은 신용정보회사에서 발행한 잘못된 보고서가 파산 신청 케이스들을 검토하기 위해 고용한 임시 직원(17세 고등학생)이 파산 신청인의 이름을 잘못 읽어서 회사의 전 직원이 신청한 파산 신청 케이스를 회사가 신청한 것으로 처리하여 발생한 것이라고 판단하였다. 이에 신용정보회사의 대표는 보고서의 내용이 정확한지 여부는 서비스를 의뢰한 회사가 스스로 확인하는 것이 관행이라고 주장하였지만, 법원은 고객사들에게 보고서를 제공하기 전에 건설회사에 대한 정보를 확인하려는 신용정보회사 측의 시도가 없었다고 판단하였다.

구체적인 손해배상과 관련하여 건설회사는 추정된 손해 혹은 징벌적 손해배상을 받기 위해서는 실질적 악의(actual malice)의 입증을 요구하고 있기 때문에 본 케이스에 Gertz 케이스가 적용되는지 여부에 대해서는 검토할 필요가 없다고 주장하였다. 이에 대해, 주 1심 법원은 신용정보회사가 제공한 잘못된 보고서는 출판물에 의한 명예훼손의제(libel per se)에 해당하여 손해액이 추정되므로 실제 손해(actual damage)를 입증할 필요가 없으나, 징벌적 손해배상의 경우에는 실질적 악의(actual malice)의 입증이 요구된다고 판단하면서 건설회사에게 5만불의 통상 (혹은 추정된) 손해와 30만불의 징벌적 손해배상을 인정하였다.

이후 신용정보회사는 주 1심 법원에 새로 재판을 하게 해달라는 신청(new trial)을 청구하였다. 신용정보회사는 위 신청에서 연방 대법원이 Gertz 케이스에서 피고가 허위(falsity)에 대한 인지 혹은 진실 여부에 대한 미필적 고의(reckless disregard)를 가지고 원고의 명예를 훼손한 것을 입증하지 못하면 원고에게 추정 손해 혹은 징벌적 손해배상을 인정할 수 없다고 판결했다고 주장하였다. 그런데 배심원 설시문(jury instruction)에서는 원고가 그보다 낮은 입증 기준을 충족하더라도 배심원이 원고의 손해를 배상해 줄 수 있다는 판단 기준이 배심원에게 제시되었다고 주장하였다. 주 1심 법원은 개인 대 언론사의 명예훼손을 다룬 Gertz 케이스가 본 케이스와 같은 개인 대 개인의 경우에도 동일하게 적용되는지 여부에 대해서는 의문을 제기하였으나, 신용정보회사의 주장을 존중하여 새로 재판을 하게 해달라는 신청(new trial)을 승인해 주었다.

3) 출판물에 의한 명예훼손 의제(libel per se)

보통법(common-law) 하에서 원고의 명예를 훼손했다고 간주되는 출판물에 의한 명예훼손 의제(libel per se)의 종류는 다음과 같다.[1005]

1005 (1) Those which impute to a person the commission of some criminal offense involving moral turpitude, for

① 원고가 도덕성과 관련된 범죄를 저질렀다는 내용을 게재한 경우
② 원고가 전염병에 걸렸다는 내용을 게재한 경우
③ 원고가 업무 수행에 적합하지 않다거나 해고를 당한 이유가 성실성이 부족해서라는 내용을 게재한 경우
④ 원고의 전문성 혹은 운영중인 사업에 대해 편견을 갖게 하는 내용을 게재한 경우

본 케이스의 경우 신용정보회사가 제공한 잘못된 보고서는 해당 정보를 확인한 다섯 고객사에게 건설회사가 자발적으로 파산을 신청했다는 편견을 갖게 하였으므로 보통법(common-law)의 출판물에 의한 명예훼손 의제(libel per se) 중 네 번째에 해당한다.

주법상 출판물에 의한 명예훼손 의제(libel per se)에 해당되면 발생한 손해에 대한 입증이 없이도 실제 손해(actual damage)가 추정되며, 징벌적 손해배상까지도 인정이 가능하다. 그러나 출판물에 의한 명예훼손 의제(libel per se)에 해당되지 않는 경우에는 실제 손해(actual damage)를 입증하여야 하는데, 이런 경우에는 실제 손해(actual damage)에 대한 입증이 없이는 징벌적 손해배상이 인정되지 않는다.

한편, 통상 손해(compensatory damage or actual damage)의 경우에는 일반 불법행위 이론의 적용을 받는데, 이 경우 금전적 피해(out of pocket loss)뿐만 아니라 정신적 고통(emotional distress), 굴욕감(humiliation), 관계의 상실(loss of friendship)과 같은 정신적인 손해 또한 입증이 된다면 인정이 가능하다.

4) 주 대법원의 결정 요지

주 대법원은 주 1심 법원의 판결을 뒤집었다. 주 대법원은 본 케이스와 같이 일정 수수료를 지불한 고객사에 한해 금융 정보를 제공하는 신용정보회사의 경우 비즈니스의 특성상 언론사에 해당된다고 볼 수 없으므로 뉴욕 타임즈 케이스에서 제시된 연방 헌법 제1조에 의한 보호 대상이 아니라고 판단하였다. 즉, 연방 헌법상의 문제로 Gertz 케이스에

---

which the party, if the charge is true, may be indicted and punished. (2) Those which impute that a person is infected with some contagious disease, where if the charge is true, it would exclude the party from society. (3) Those which impute to a person unfitness to perform the duties of an office or employment of profit, or want of integrity in the discharge of the duties of such an office or employment. (4) Those which prejudice such person in his or her profession or trade. All other defamatory words which, though not in themselves actionable, occasion a person special damages are actionable. *Shupe,* 213 Va. at 376, 192 S.E.2d at 767, quoting *Carwile v. Richmond Newspapers,* 196 Va. 1, 7, 82 S.E.2d 588, 591 (1954). See Fleming v. Moore 275 S.E.2d 632, 635 (Va. 1981).

서 검토된 언론사에 대한 보호는 본 케이스와 같은 개인 대 개인의 명예훼손 소송에는 적용되지 않는다고 판단한 것이다.

5) 연방 대법원의 결정 요지

연방 대법원은 주 1심 법원의 잘못된 판결이 배심원에게 판단기준으로 제시된 배심원 설시문(jury instruction)1006에서 비롯되었다고 보았다. 배심원 설시문(jury instruction)에서는 실질적 악의(actual malice)를 단순히 악의(malice)라고 정의하였는데 이 정의에는 뉴욕 타임즈 기준(New York Times standard)뿐만 아니라 악의(bad faith), 미필적 고의(reckless disregard)와 같은 개념도 포함하고 있었던 것이다. 따라서 배심원이 배심원 설시문(jury instruction)에서 제시된 기준에 따라 명예훼손으로 인한 손해배상의 범위를 판단할 때 원고가 실질적 악의(actual malice)보다 낮은 과실만 입증하여도 피고를 상대로 추정 손해 및 징벌적 손해배상을 받을 수 있게 되었다.

연방 대법원은 공적 이슈에 대한 표현의 자유(freedom of speech or press)는 연방 헌법 제1조에 의해 보장되어야 하는데 이를 위해 언론사의 실질적 악의(actual malice)를 입증하지 않는 한 공직자(public official)가 언론사를 상대로 명예훼손으로 인한 손해배상을 청구할 수 없다는 뉴욕 타임즈 기준(New York Times standard)을 확립하였다. 이 기준은 이후 Butts 케이스에서 공인(public figure)에게 까지 확대 적용되었고, Rosenbloom 케이스의 다수 의견에서는 공적인 관심사(public concern)와 관련된 기사로 인해 제기된 명예훼손 사건이라면 원고가 개인이라고 하더라도 뉴욕 타임즈 기준(New York Times standard)을 적용하여야 한다고 판단하였다.

그러나 Gertz 케이스에서 연방 대법원은 Rosenbloom 케이스와는 달리 명예훼손이 의심되는 내용이 공적인 관심사와 관련이 있다는 이유만으로 뉴욕 타임즈 기준(New York Times standard)을 적용할 수 없다고 판단하였다. 그 이유는 원고가 공직자 혹은 공인(public

---

1006 The trial court instructed the jury that because the report was libelous per se, respondent was not required "to prove actual damages … since damage and loss [are] conclusively presumed." App. 17; accord, id., at 19. It also instructed the jury that it could award punitive damages only if it found "actual malice." Id., at 20. Its only other relevant instruction was that liability could not be established unless respondent showed "malice or lack of good faith on the part of the Defendant." Id., at 18. Respondent contends that these references to "malice," "lack of good faith," and "actual malice" required the jury to find knowledge of falsity or reckless disregard for the truth — the "actual malice" of New York Times Co. v. Sullivan, 376 U. S. 254 (1964) — before it awarded presumed or punitive damages. See Dun & Bradstreet, Inc. v. Greenmoss Builders, Inc., 472 U.S, 749, 754 (1985).

official or public figure)인 경우와는 달리 원고가 개인인 경우에는 명예훼손을 야기할 수 있는 사회적인 논란에 자발적으로 개입하지 않았으며, 실제로 명예훼손을 당했을 때 언론사에 접촉하여 해명할 수 있는 기회가 주어지지 않기 때문에 공직자 혹은 공인(public official or public figure)에게 적용되는 뉴욕 타임즈 기준(New York Times standard)이라는 엄격한 손해배상 책임 기준을 개인에게 적용할 수 없다고 보았다.

또한 연방 헌법 제1조는 사회에 대중이 원하는 정치적, 사회적인 변화를 가져오기 위한 일환으로 자유로운 아이디어의 교환을 보장하기 위해서 만들어진 것인데 공적인 관심사(public concern)에 대한 발언은 이러한 연방 헌법 제1조의 보호 목적과 부합한다고 판단하였다. 반면, 사적인 관심사(private concern)에 대한 발언은 공적 이슈에 대한 자유로운 아이디어의 교환을 위협하거나 간섭하지 않기 때문에 연방 헌법 제1조의 보호 목적과 부합하지 않는다고 판단하였다.[1007]

이를 본 케이스에 적용해보면, 본 케이스의 잘못 기재된 신용정보는 개인의 사적인 관심사(private concern)와 관련된 내용이기 때문에 공적인 관심사(public concern)를 다루었던 Gertz 케이스와는 구별되므로 본 케이스에 Gertz 케이스의 손해배상 책임 기준을 적용할 수 없다고 판단한 것이다. 따라서 실질적 악의(actual malice)에 대한 입증이 없다고 하더라도 각 주에서 정한 과실 책임 기준에 따라 추정 손해 및 징벌적 손해배상이 가능하다는 것이다.[1008]

1007 In contrast, speech on matters of purely private concern is of less First Amendment concern. Id., at 146-147. As a number of state courts, including the court below, have recognized, the role of the Constitution in regulating state libel law is far more limited when the concerns that activated New York Times and Gertz are absent. In such a case, "[t]here is no threat to the free and robust debate of public issues; there is no potential interference with a meaningful dialogue of ideas concerning self-government; and there is no threat of liability causing a reaction of self-censorship by the press. The facts of the present case are wholly without the First Amendment concerns with which the Supreme Court of the United States has been struggling." Harley-Davidson Motorsports, Inc. v. Markley, 279 Ore. 361, 366, 568 P. 2d 1359, 1363 (1977). See Dun & Bradstreet, Inc. v. Greenmoss Builders, Inc., 472 U.S. 749, 759-760 (1985).

1008 We conclude that permitting recovery of presumed and punitive damages in defamation cases absent a showing of "actual malice" does not violate the First Amendment when the defamatory statements do not involve matters of public concern. Accordingly, we affirm the judgment of the Vermont Supreme Court. See Dun & Bradstreet, Inc. v. Greenmoss Builders, Inc., 472 U.S. 749, 763 (1985).

연방 헌법 제1조에 의해 보호되는 발언과 보호되지 않는 발언의 예

연방 대법원은 모든 발언이 동등하게 연방 헌법 제1조의 보호를 받지 않는다고 판단하였다. 공적인 관심사(public concern) 즉, 대중의 관심사와 관련된 발언의 경우에는 연방 헌법 제1조의 보호 대상으로 인정하였지만 외설적인 발언과 폭력적인 발언의 경우 헌법적으로 보호받지 못하는 발언으로 보았다. 한편, 상업적 발언의 경우에는 가장 낮은 수준의 헌법적 보호가 적용된다고 판단하였다.[1009]

"Dun & Bradstreet 케이스에서 연방 대법원은 공적인 관심사(public concern)가 아닌 명예훼손 사건의 원고가 뉴욕 타임즈 케이스의 실질적 악의(actual malice)를 입증하지 않고도 추정 손해 및 징벌적 손해배상을 받을 수 있다고 판단하였다. Dun & Bradstreet 케이스에서 악의(malice)를 결정할 때 적용되어야 하는 입증 기준은 명예훼손적인 발언이 공적인 관심사(public concern)와 관련된 것인지 여부에 달려있다."[1010]

Nelson v. Lapeyrouse Grain Corp. 534 So.2d 1085, 1095 (Ala. 1988).

1009 This Court on many occasions has recognized that certain kinds of speech are less central to the interests of the First Amendment than others. Obscene speech and "fighting words" long have been accorded no protection. Roth v. United States, 354 U. S. 476, 483 (1957); Chaplinsky v. New Hampshire, 315 U. S. 568, 571-572 (1942); cf. Harisiades v. Shaughnessy, 342 U. S. 580, 591-592 (1952) (advocating violent overthrow of the Government is unprotected speech); Near v. Minnesota ex rel. Olson, 283 U. S. 697, 716 (1931) (publication of troopship sailing during wartime may be enjoined). In the area of protected speech, the most prominent example of reduced protection for certain kinds of speech concerns commercial speech. Such speech, we have noted, occupies a "subordinate position in the scale of First Amendment values." Ohralik v. Ohio State Bar Assn., 436 U. S. 447, 456 (1978). It also is more easily verifiable and less likely to be deterred by proper regulation. Virginia Pharmacy Bd. v. Virginia Citizens Consumer Council, Inc., 425 U. S. 748, 771-772 (1976). Accordingly, it may be regulated in ways that might be impermissible in the realm of noncommercial expression. Ohralik, supra, at 456; Central Hudson Gas & Elec. Corp. v. Public Service Comm'n of New York, 447 U. S. 557, 562-563 (1980). See Dun & Bradstreet, Inc. v. Greenmoss Builders, Inc., 472 U.S. 749, 759 [5] (1985).

1010 In Dun & Bradstreet, supra, the United States Supreme Court held that a plaintiff in a defamation case that does not involve matters of public concern can recover presumed and punitive damages without showing Sullivan actual malice. 472 U.S. at 761, 105 S.Ct. at 2946. In view of Dun & Bradstreet, the standard of proof that must be employed when determining malice depends on whether the defamatory communication involved matters of public concern. See Nelson v. Lapeyrouse Grain Corp. 534 So.2d 1085, 1095 (Ala. 1988).

"Dun & Bradstreet 케이스에서 한 건설업자는 건설업자가 파산 신청을 했다고 제3자에게 잘못 보고했다는 이유로 신용정보회사를 상대로 소를 제기하였다. 연방 대법원의 다수 의견은 공적인 관심사(public concern)가 연방 헌법 제1조가 보호하고자 하는 핵심이라는 점을 강조하면서, 명예훼손적이 의심되는 발언을 공적인 관심사(public concern)와 사적인 관심사(private concern)에 대한 발언으로 구별하였다. 사적인 관심사(private concern)에 대한 발언은 공적 이슈에 대한 자유롭고 강력한 논쟁을 위협하지 않고, 자치 정부와 관련하여 의미있는 아이디어의 교환에 대해 간섭하지 않으며, 언론의 자기 검열(self-censorship)을 초래하지 않는다고 설명하였다. 따라서 명예훼손적인 발언이 공적인 관심사(public concern)와 무관하다면 실질적 악의(actual malice)에 대한 입증없이 추정 손해를 인정한다고 해서 연방 헌법 제1조를 위반하지 않는다고 판단하였다."[1011]

ı MAETHNER v. SOMEPLACE SAFE, INC., 929 N.W.2d 868, 877 (Minn. 2019).

1011 In Dun & Bradstreet, a construction contractor sued a credit reporting agency for erroneously reporting to third parties that the contractor had filed for bankruptcy. Id. at 751-52, 105 S.Ct. 2939. Stressing that matters of public concern are "at the heart of the First Amendment's protection," the plurality distinguished between defamatory statements involving matters of public concern and matters of essentially private concern. Id. at 758-59, 105 S.Ct. 2939 (citation omitted) (internal quotation marks omitted). The plurality explained that speech on matters of "purely private concern" does not constitute a "threat to the free and robust debate of public issues; there is no potential interference with a meaningful dialogue of ideas concerning self-government; and there is no threat of liability causing a reaction of self-censorship by the press." Id. at 759-60, 105 S.Ct. 2939 (citation omitted) (internal quotation marks omitted). Therefore, citing "the reduced constitutional value of speech involving no matters of public concern," the plurality held that permitting the recovery of presumed damages "absent a showing of 'actual malice' does not violate the First Amendment when the defamatory statements do not involve matters of public concern." Id. at 761, 763, 105 S.Ct. 2939. See MAETHNER v. SOMEPLACE SAFE, INC., 929 N.W.2d 868, 877 (Minn. 2019).

7 Chesapeake Publishing Corporation v. David M. Williams (메릴랜드주 대법원, 339 Md. 285, 1995)

본 케이스는 아이의 양육권 소송 중에 있었던 아버지가 아이를 폭행했다는 의혹에 대해 기자와 인터뷰한 내용이 게재되면서 신문사를 상대로 제기된 명예훼손 사건이다. 본 케이스의 이슈는 양육권 소송과 관련하여 제한된 목적의 공인(limited-purpose public figure)에 해당되는 아버지의 명예훼손 주장이 인정되는지, 이에 대해 신문사는 헌법상 특권을 주장할 수 있는지, 아버지가 신문사의 실질적 악의(actual malice)를 명백하고 확실한 증거(clear and convincing evidence)를 제시하여 입증하였는지 여부이다. 메릴랜드주 대법원은 기사에 실린 내용이 아버지의 명예를 훼손하지 않았으며 기자는 아버지와의 인터뷰 내용을 바탕으로 공정하고 정확하게 보도하였다고 판단하였다. 따라서 신문사는 아버지의 명예훼손 주장에 대해 헌법상의 특권을 주장할 수 있다고 보았다. 한편, 아버지는 신문사의 실질적 악의(actual malice)를 명백하고 확실한 증거(clear and convincing evidence)를 제시하여 입증하지 못했다고 판단하였다.

1) 사실 관계

본 케이스의 명예훼손 소송은 변호사인 데이비드 윌리엄스(David M. Williams, 이하 "윌리엄스")와 그의 전처인 조앤 터너(Joan B. Turner, 이하 "터너")가 1978년부터 제기한 자녀 양육권 소송의 연장선상에서 일어났다. 1984년 9월, 버지니아주 글로스터(Gloucester) 카운티 소재 연방 1심 지방 법원은 아이의 폭행에 대한 증거가 확인되었으므로, 즉시 양육권 소송을 제기하는 것을 조건으로 터너에게 임시 양육권을 허용하는 결정을 내렸다. 같은 해 9월 14일, 터너는 메릴랜드주 소재 주 1심 법원[1012]에 양육권 청구 소송을 제기하였는데, 그에게 신고된 폭행 사건을 서술한 토마스 그로스(Thomas Gross) 경찰관의 아동 학대 주장 및 진술서와 아이의 진술과 일치하는 멍자국에 대한 그의 관찰 내용이 포함되었다. 양육권 소송에서 쟁점이 된 이 사건은 아버지인 윌리엄스가 팔로 아이를 붙잡아서 벽으로 아이를 던지고 아이에게 의자를 집어 던진 것과 관련이 있었다(이하 "의자 사건").

같은 해 9월 17일, 양육권을 위한 변론(hearing)이 열렸고 양 당사자의 농의 하에 노스(North, J.) 판사는 판사실에서 아이를 혼자 만났는데, 아이는 의자 사건에 대한 자신의 진술을 반복하면서 엄마와 함께 살고 싶다는 의사를 밝혔다. 이후 법원은 터너에게 임시 양육권을 부여하였다. 그럼에도 불구하고 윌리엄스는 자녀의 양육권을 지속적으로 요구

1012 Turner filed a petition for custody in the Circuit Court for Talbot County. "[부록]미국 법률 용어"에서 자세한 설명을 확인하기 바란다.

해왔다. 그러나 아무런 소용이 없었다.

1985년 5월, 주 1심 법원의 결정에 불만이 있었던 윌리엄스는 최소 천 명에 해당되는 탤벗(Talbot) 카운티의 유권자들과 메릴랜드 주의회 소속 의원들 및 주의 정치 인사들에게 편지를 발송하였다. 윌리엄스는 유권자들에게 본인의 양육권 케이스와 관련된 사실들을 자세히 설명하면서 그가 노스 판사에 의해 아이에게 부적절한 행동을 한 것으로 낙인찍혔으며 그 결과 자격이 없는 아이의 엄마에게 양육권이 부여되었다고 서술하였다. 그 편지는 그가 양육권 분쟁 중이라는 것과 소송의 쟁점이었던 폭행에 대한 보도 내용에 대해서는 언급하지 않았다.

같은 해 6월, 윌리엄스의 편지는 체서피크 출판사(Chesapeake Publishing Corporation)에 의해 고용된 팻 에모리(Pat Emory, 이하 "에모리") 기자의 눈에 띄게 되었다. 윌리엄스의 증언에 따르면, 에모리는 윌리엄스에게 전화를 걸어 그녀가 윌리엄스가 유권자에게 보낸 편지를 받았고, 관련 기사를 게재하고 싶은데 추가 정보가 더 필요하다고 말했다는 것이었다. 윌리엄스는 에모리가 그의 편지 내용을 기사로 게재할 의도가 있었다고 믿었기 때문에 에모리에게만 이야기했다고 주장하였다. 이후 윌리엄스는 편지에 서술된 양육권 분쟁이 본인에 대한 것이라고 에모리에게 말했지만, 편지에 그 내용을 밝혀야 할 필요도 없었고, 밝히는 것이 적절하다고 생각하지 않았다고 말했다.

그는 또한 그의 전처와 딸에 의해 만들어진 학대 관련 주장이 거짓이며, 수사 결과 사회복지국(Department of Social Services)에서도 그들과 관련하여 공식적인 조치를 취하지 않기로 결정했다고 에모리에게 말했다고 밝혔다. 그가 아이를 폭행한 적이 없으며 의자 사건에 대해서 윌리엄스가 의도적으로 아이의 감정을 다치게 했고 아이의 팔을 잡아당기고 아이를 흔들기는 했지만 아이에게 절대 의자를 던지지 않았다고 에모리에게 말했다. 윌리엄스는 에모리에게 양육권 사건과 관련된 법원 기록을 검토해서 본인의 이야기가 사실인지 여부를 확인하라고 권고하였다.

같은 해 6월 27일, 윌리엄스의 양육권 분쟁뿐만 아니라 그의 편지를 다룬 기사가 체서피크 출판사가 탤벗(Talbot) 카운티에서 발행하는 신문인 더 스타 데모크랫(The Star Democrat)에 게재되었다. 체서피크 출판사가 켄트(Kent) 카운티에서 발행하는 신문인 켄트 카운티 뉴스(Kent County News)의 1985년 7월 3일자 기사에는 다른 헤드라인("David Williams Initiates Campaign to Reclaim Child")으로 동일한 내용이 게재되었다.[1013]

1013 The entire piece read as follows with the allegedly defamatory portions highlighted:

"Attorney Targets Talbot Judge
"A Chestertown lawyer has initiated a one-man letter-writing campaign he says is intended to save Marylanders' constitutional right to elect circuit court judges.
"He said his crusade comes after an unsuccessful, yearlong effort to reclaim custody of his daughter, whom a judge removed from his home last year.
"The lawyer, David M. Williams, says he has mailed more than 1,000 copies of a three-page letter detailing the custody case to voters in Talbot County. He says he'll keep mailing the letters 'until they lock me up'.
"The letter urges voters to stand up for their right to elect judges.
"'You never know when you'll need to exercise your vote in that way, but if it's gone, where do you turn?' Williams asks.
"The letter also targets Talbot County Circuit Court Judge John C. North II. It portrays him as an insensitive judge who removed a child from her father's comfortable Kent County home and put her with a mother whom Williams depicts as unfit.
"Williams says his daughter is living in a camper on the back of a pickup truck. 'On cold nights she kept warm by using a space heater and sleeping with a dog,' his letter claims.
"'You wouldn't think they could take my kid away from me for non-existent child abuse,' he said.
"Child abuse is not mentioned in the letter. It also doesn't mention that Williams allegedly bruised the girl when he grabbed her, that he threw a chair at her or that he threw her against the wall, all of which he says is true.
"'I hurt her a little,' Williams admitted in a recent telephone interview.
"A school psychologist describes the child as having 'intense dislike and frustration concerning her father.'
"Philip Carey Foster, a court-appointed lawyer representing the child, said child abuse allegations made by the mother were never confirmed. Law enforcement agencies also didn't pursue any criminal prosecution.
"Also unmentioned in Williams' letter are accusations of physical abuse, drunkenness and temper fits, accusations made in court by two wives and Williams' daughter. Williams says the charges were fabricated or occurred long ago.
"Waller Hairston of Easton, the lawyer for Joan Turner of Virginia, Williams' ex-wife, said, 'I don't think the letter is appropriate by any stretch of the imagination. I don't want to involve the details of that case in the press.'
"Judge North also declined to respond to the letter.
"'I can't respond in any fashion. My hands are tied by judicial ethics,' North said.
"Another set of judges has essentially answered Williams' charge that North is incompetent. When Williams took his complaints to the Commission on Judicial Disabilities, which can remove a judge from office, the commission completed a preliminary study and found no reason to continue an investigation against North.
"The custody case has been in almost every court on the Upper Eastern Shore. So much paper has been filed in the case that it stacks 2 feet high in a cardboard box in North's office. Evidence even includes a tooth. Court officials describe the case as the 'perfect television soap opera.'
"Williams' letter has publicized the case, but it wasn't exactly a private matter before then. The director of Kent County's Department of Social Services and several of his employees have been sued by Williams because of their involvement in the case.
"Williams admits that the case has consumed much of his time but would not say how much it has cost him. He said he has spent at least $220 in stamps on the first mailing of 1,000 letters.
"At present, circuit court judges in Maryland are appointed by the governor, then approved or rejected by voters in the next election. North, appointed to the circuit court in 1983, was unopposed and elected to a

같은 해 7월 22일, 윌리엄스는 다수의 피고를 상대로 메릴랜드주 연방 1심 법원에 소를 제기하였다. 소장에는 게재한 기사에 적힌 특정 내용이 명예훼손 의제(defamatory per se)에 해당한다고 주장하였는데, 이는 다수의 피고들이 윌리엄스가 아이에게 폭행과 협박을 가했다고 그를 비난했다는 것이었다.

1993년 2월 23일, 주 연방 1심 법원은 윌리엄스가 제한된 목적의 공인(limited-purpose public figure)에 해당한다고 보았다. 하지만 전체적으로 기사 내용들을 검토해 볼 때 윌리엄스의 명예를 훼손했다고 볼 수 없으며 양육권 소송의 쟁점들을 사실적으로 다루고 있으므로 오히려 체서피크 출판사에게 조건부 특권(qualified privilege)이 인정된다고 판단하였다. 또한 체서피크 출판사의 실질적 악의(actual malice)를 보여주는 증거가 부족하다고 덧붙였다.

2) 메릴랜드주 대법원의 결정 요지

1. 명예훼손에 대한 판단 기준

신문에 게재된 기사 내용이 명예훼손에 해당되는지 여부를 결정할 때에는 해당 기사를 전체적으로 검토하여야 한다는 것이다. 구체적으로, 외부 사실에 비추어 전체적으로 검토해 보았을 때 해당 기사의 내용이 합리적으로 원고의 명예를 훼손한 것으로 해석될 수 있는지 여부에 대한 판단을 요구한다는 것이다. 즉, 평범하고 일상적인 의미를 가지고 있는 말이 일반적으로 사용되었을 때 이를 명예훼손으로 볼 수 있는지 여부에 대한 검토가 필요하다는 것이다.

15-year term last fall.

"District court judges are appointed by the governor to 10-year terms and do not stand for election.

"Some leaders, including Gov. Harry Hughes, want to relieve circuit court judges of their obligations to stand election. But an effort in that direction failed during last winter's General Assembly session.

"Williams recently ran unsuccessfully against Judge George B. Rasin Jr. of Kent County, chief judge of the Second Judicial Circuit, of which North is a part. Williams claims that race may have prejudiced other judges against him.

"By taking his case to the public, Williams says he hopes to 'correct what I call a cancer. We're losing a little more of our individual rights.'

"'I'm a hurt person. I'm very disappointed in the system, disappointed that this could happen.'

"North, who has asked the Department of Social Services to find a foster home for Williams' daughter, sees another victim.

"'The real tragedy of this whole thing is the poor little girl who has been torn one way and another,' he said." See Chesapeake Publishing Corporation v. David M. Williams, 339 Md. 285, 290-293 (1995).

법원은 Batson v. Shiflett, 325 Md. 684, 602 A.2d 1191(1992)에서 원고에게 허위(falsity)에 대한 입증 책임이 있다고 보았다.[1014] 그러나 명예훼손의 본질이자 핵심(sting)[1015]에 해당될 정도로 허위(falsity)의 정도가 심하지 않은 사소한 오류에 의한 발언의 경우에는 허용된다고 본 것이다.

특히 본 케이스와 같이 소송 내용 관련 보도에 대해서는 기사의 내용이 원고의 명예를 훼손하는 내용을 포함하고 있더라도 기사에 서술된 설명이 공정하고 상당히 정확하다면 해당 기사에 대해 조건부 특권(qualified privilege)이 인정된다는 것이다.

한편, 공인(public figure)의 명예를 훼손한 사람에게 책임을 묻게 하려면 실질적 악의(actual or constitutional malice)에 대한 입증이 요구된다는 것이다. 실질적 악의(actual malice)를 입증하기 위해서는 해당 기사의 내용이 허위임을 알고 있었거나 혹은 진실 여부에 대해 미필적 고의(reckless disregard)를 가지고 기사를 게재하였음을 명백하고 확실한 증거(clear and convincing evidence)를 제시하여 입증하는 것이 요구된다.[1016]

이때 진실 여부에 대한 미필적 고의(reckless disregard)를 정의하기가 쉽지 않은데 허위 가능성에 대한 높은 수준의 인지 혹은 해당 기사 내용의 진실 여부에 대한 심각한 의심을 품고 있었음에도 불구하고 기사를 게재하였는지 여부를 의미한다.[1017]

실질적 악의(actual malice)는 보통법상 악의(common law malice)에 해당하는 악의(ill-will), 증오심, 공직자에게 해를 가하려는 의도 및 언론사의 상당한 주의 의무 위반만으로는 인정될 수 없으며, 언론사가 선의(good faith)로 기사를 게재하였다는 것을 입증할 수 없는 경우에도 실질적 악의(actual malice)가 인정되지 않는다는 것이다. 반면 명예훼손적인 내용이 고의적으로 게재된 것이고, 언론사의 상상력에 의해 만들어진 것이며 미필적 고의가 없는 이상 이러한 기사를 게재할 수 없거나 해당 기사에 대한 정확성 혹은 출처를

1014 입증 책임과 관련된 자세한 내용은 본 책의 M. Burden of Proof 섹션을 참고하기 바란다.

1015 Sting과 관련된 자세한 내용은 본 책의 L. Defense 섹션을 참고하기 바란다.

1016 Batson, supra, 325 Md. at 728, 602 A.2d 1191 (quoting New York Times Co. v. Sullivan, 376 U.S. 254, 279-80, 84 S.Ct. 710, 726, 11 L.Ed.2d 686 (1964)). See also Hearst, supra, 297 Md. at 120, 466 A.2d 486; Capital-Gazette Newspapers v. Stack, 293 Md. 528, 538, 445 A.2d 1038, cert. denied, 459 U.S. 989, 103 S.Ct. 344, 74 L.Ed.2d 384 (1982); Curtis Publishing Co. v. Butts, 388 U.S. 130, 87 S.Ct. 1975, 18 L.Ed.2d 1094 (1967) (extending the New York Times rule to public figures).

1017 Batson, supra, 325 Md. at 729, 602 A.2d 1191 (citing Harte-Hanks Communications, Inc. v. Connaughton, 491 U.S. 657, 667, 109 S.Ct. 2678, 2685-86, 105 L.Ed.2d 562 (1989)). See also Gertz, supra, 418 U.S. at 334-35 n. 6, 94 S.Ct. at 3004 n. 6; St. Amant v. Thompson, 390 U.S. 727, 730-31, 88 S.Ct. 1323, 1325-26, 20 L.Ed.2d 262 (1968); Garrison v. Louisiana, 379 U.S. 64, 74-75, 85 S.Ct. 209, 215-16, 13 L.Ed.2d 125 (1964).

신뢰할 수 없는 명확한 이유가 있는 경우에는 실질적 악의(actual malice)가 인정된다는 것이다.[1018]

이러한 실질적 악의(actual malice)는 원고에 의해 명백하고 확실한 증거(clear and convincing evidence)를 제시하여 입증되어야 한다.

2. 명예훼손 주장에 대한 검토

체서피크 출판사의 기사가 윌리엄스를 아이를 폭행한 사람으로 비난했다고 주장하는 내용들을 구체적으로 검토해보면 다음과 같다.

첫 번째 단락에서 "당신은 존재하지도 않는 아이의 폭행을 이유로 그들이 나에게서 내 아이를 빼앗아 갈 수 있을 것이라고 생각하지 않을 것이다"라는 내용이며, 두 번째 단락에서 "윌리엄스의 편지에는 아이의 폭행은 언급되지 않았다. 윌리엄스의 편지에는 그가 아이를 붙잡았을 때 아이를 멍들게 했고 아이를 향해 의자를 던졌다거나 혹은 벽으로 아이를 던졌다는 언급이 없으며 그가 말한 모든 것은 사실이다"라는 내용이다.[1019]

두 번째 단락이 명예훼손적인 발언으로 주장될 수 있는 소지가 있지만, 첫 번째 단락

1018 We have further held that

"'[a]ctual malice' cannot be established merely by showing that: the publication was erroneous, derogatory or untrue, the publisher acted out of ill will, hatred or a desire to injure the official, the publisher acted negligently, ... or the publisher acted without undertaking the investigation that would have been made by a reasonably prudent person. Moreover, malice is not established if there is evidence to show that the publisher acted on a reasonable belief that the defamatory material was '"substantially correct"' and 'there was no evidence to impeach the [publisher's] good faith.'"

Batson, supra, at 729, 602 A.2d 1191 (quoting Capital-Gazette, supra, 293 Md. at 539-40, 445 A.2d 1038. On the other hand.

"'[a]ctual malice' can be established by showing that: a defamatory statement was a calculated falsehood or lie 'knowingly and deliberately published[;]' a defamatory statement was the product of the publisher's imagination; a defamatory statement was so inherently improbable that only a reckless person would have put it in circulation; or the publisher had obvious reasons to distrust the accuracy of the alleged defamatory statement or the reliability of the source of the statement."

Capital-Gazette, supra, 293 Md. at 539, 445 A.2d 1038. The burden is on the plaintiff to prove the existence of actual malice by clear and convincing evidence. Batson, supra, 325 Md. at 728, 602 A.2d 1191. See also Capital-Gazette, supra, 293 Md. at 540-41, 445 A.2d 1038; Berkey v. Delia, 287 Md. 302, 318-20, 413 A.2d 170 (1980); A.S. Abell Co. v. Barnes, supra, 258 Md. at 77, 265 A.2d 207.

1019 The first allegedly libelous paragraph reads: "'You wouldn't think they could take my kid away from me for nonexistent child abuse,' he said." The second paragraph states: "Child abuse is not mentioned in the letter. [The Williams letter] also doesn't mention that Williams allegedly bruised the girl when he grabbed her, that he threw a chair at her or that he threw her against the wall, all of which he says is true. See Chesapeake Publishing Corporation v. David M. Williams, 339 Md. 285, 300 (1995).

과 연결해서 읽어보면 윌리엄스가 아이의 폭행을 부인한 정황을 에모리가 인지했음을 명백하게 보여준다는 것이다. 즉, 첫 번째 단락에서는 폭행에 대한 윌리엄스의 부인을 다루었고 다음 단락에서는 윌리엄스가 이 같은 주장을 인정하였다고 시사하고 있기 때문에 에모리의 기사가 명예훼손에 해당된다고 보기 어렵다는 것이다.

따라서 윌리엄스의 인정을 다룬 두 번째 단락은 윌리엄스가 아이의 폭행이나 혹은 그의 편지에서 언급된 의자 사건에 대한 구체적인 주장을 전달하기 위한 의도가 아니었으며, 윌리엄스가 자신의 아이에게 해를 가했다고 고백한 것도 아니라는 것이다. 에모리가 윌리엄스의 폭행 혐의를 근거없는 것으로 취급한 또 다른 증거는 에모리가 기사에서 법원에서 선임한 아이의 변호사 조차도 폭행 혐의가 확인된 적이 없으며 형사 기소가 이루어지지 않았다고 언급한 것이었다. 따라서 해당 기사는 윌리엄스가 그의 아이를 폭행했다고 고백했다는 것을 시사하려는 의도가 있었다고 볼 수 없다.

세 번째 단락에서 "나는 그녀를 약간 다치게 했다. 윌리엄스는 최근 전화 인터뷰에서 이같이 인정하였다."[1020] 윌리엄스는 이 발언이 시사하는 것처럼 에모리에게 그가 그의 딸을 다치게 했다고 말하지 않았다고 증언하였다. 대신 "내가 의도한 것은 딸 아이의 감정을 다치게 하는 것이었다."[1021]고 주장하는 내용이다.

이 단락 또한 윌리엄스가 주장하는 아이 폭행에 대한 비난에 해당되지 않는다는 것이다. 특히 이 단락은 실제로 윌리엄스가 아이를 다치게 했다고 인정했다는 취지로 작성된 것이 아니기 때문에 사실에 해당하며, 이전 단락에서 다룬 윌리엄스의 폭행 혐의 부인과도 일치한다는 것이다. 게다가 해당 기사에서 다룬 인용문의 중심 내용이 윌리엄스가 실제로 말했다고 주장하는 것과 실질적으로 다르지 않다는 것이다.

네 번째 단락에서 "학교 심리학자는 아이가 아버지에 대한 강한 혐오감과 좌절감을 가지고 있다고 묘사한다"는 내용이다.[1022]

그런데 이러한 주장은 진실이며, 윌리엄스의 평판에 얼마나 피해를 입혔는지 여부와는 관계없이 명예훼손의 근거가 될 수 없다는 것이다. 또한 다음과 같은 법원 기록은 에

1020 The next paragraph reads: "'I hurt her a little,' Williams admitted in a recent telephone interview." See Chesapeake Publishing Corporation v. David M. Williams, 339 Md. 285, 301 (1995).

1021 "I hurt [my daughter's] feelings when I disciplined her, which is what I intended to do." See Chesapeake Publishing Corporation v. David M. Williams, 339 Md. 285, 301 (1995).

1022 The fourth statement that Williams complains about states that "[a] school psychologist describes the child as having 'intense dislike and frustration concerning her father.'" See Chesapeake Publishing Corporation v. David M. Williams, 339 Md. 285, 301 (1995).

모리의 이같은 논평이 상당히 정확했음을 뒷받침해주고 있다. "로리(Lori)는 상당한 불안과 두려움을 경험하였는데 그 경험의 대부분은 그녀가 현재 강한 분노를 표출하고 있는 아버지와의 관계와 연관되어 있는 것으로 보인다."[1023]

마지막 단락에서 "윌리엄스의 편지에서 언급되지 않은 것은 폭행, 음주 및 감정의 폭발, 두 아내와 윌리엄스의 딸이 법정에서 한 비난이었다. 윌리엄스는 이러한 혐의들이 조작되었거나 오래 전에 일어났다고 말한다"[1024]는 내용이다.

이같은 주장 또한 윌리엄스가 법정에서 인정한 것으로 사실에 해당한다는 것이다. 이에 윌리엄스는 에모리가 기사에서 이전 소송에서는 확인되지 않은 것으로 판단했다고 밝혔어야 한다고 주장하지만 이는 기자의 의무가 아니라는 것이다.

또한 학교 심리학자의 보고서 내용 및 윌리엄스 가족들에 대한 이전 혐의관련 정보와 같이 에모리가 기사 작성 시 사용했던 사실적 자료는 법원 기록에서 가져온 것으로 조건부 특권(qualified privilege)의 보호 대상이며, 기자가 사법 절차와 관련된 설명을 할 때 공정하지 못하거나 혹은 정확성이 상당히 떨어지는 경우에 한해서만 이러한 조건부 특권이 기자에게 인정되지 않는다는 것이다.

3. 실질적 악의(actual malice) 입증 여부에 대한 검토

기록에 대한 면밀한 검토 후에 명예훼손에 해당될 소지가 있는 일부 내용을 확인하였다고 하더라도 다음과 같은 이유로 체서피크 출판사의 실질적 악의(actual malice)가 충분히 입증되지 않았다는 것이다.

실질적 악의(actual malice)와 관련하여 윌리엄스가 재판에서 제시한 유일한 증거는 그가 과거에 체서피크 출판사와 소송 중에 있는 고객을 대리했었고, 당시 체서피크 출판사의 최고경영자는 그 소송에 끌려 다녀서 화가 나 있었기 때문에 본인의 명예를 훼손하는 내용을 기사로 게재하였다는 그의 증언이었다. 그러나 윌리엄스가 과거에 이에 대해 반감을 가지고 있었던 정황은 딸의 양육권 사건과 관련된 모든 사람들을 상대로 소송을 제기했다는 증거를 통해 확인된다. 따라서 과거에 윌리엄스가 변호사 자격으로 체서피크 출판

1023 "[Lori] experiences considerable anxiety and fearfulness, much of which appears associated with her relationship with the paternal figure towards whom she evidences intense rage at the present time." See Chesapeake Publishing Corporation v. David M. Williams, 339 Md. 285, 301 (1995).

1024 The final paragraph that Williams is challenging states: "Also unmentioned in Williams' letter are accusations of physical abuse, drunkenness and temper fits, accusations made in court by two wives and Williams' daughter. Williams says the charges were fabricated or occurred long ago." See Chesapeake Publishing Corporation v. David M. Williams, 339 Md. 285, 301 (1995).

사를 상대로 제기했던 소송으로 인해 출판사가 보복성 기사를 게재하였다는 그의 주장은 인정될 수 없다는 것이다.

윌리엄스는 의자 사건에서 그가 딸 아이를 다치게 했는지 여부에 대해 에모리가 그의 말을 잘못 인용하였으며, 이와 같은 내용의 기사가 작성된 것은 기자인 에모리의 실질적 악의(actual malice)에 의한 것이라고 주장하였다.

이에 연방 대법원은 일반적으로 기사에서 인용 부호를 사용한 구절은 화자의 말을 그대로 옮겼다는 것을 의미하는데 조작된 인용문은 사실이 아닌 주장으로 인해 화자를 다치게 할 수 있고, 인용문의 사실 여부와 관계없이 그 인용문으로 인해 화자에 대한 부정적인 이미지를 갖게 하므로 명예훼손에 해당될 수 있다고 판단하였다.

에모리가 문제가 된 인용문의 내용을 부정확하게 서술했다는 것을 보여주는 명백하고 확실한 증거(clear and convincing evidence)가 없었고, 윌리엄스가 한 말과 인터뷰 당시 그가 인정한 내용을 비교해 볼 때 전달하려는 의미가 에모리의 논평으로 인해 실질적으로 바뀌지 않았다(materially changed)는 것이다.

윌리엄스는 그가 에모리에게 양육권 분쟁과 관련된 사건에 대해 자신의 버전으로 설명했기 때문에 에모리가 양육권 관련 문제에 대해 다른 측면을 제시하는 기사를 게재할 당시에 실질적 악의(actual malice)가 있었다고 주장하나, 제대로 된 기자라면 추가 조사없이 단 한 명의 취재원이 전달하는 내용만 듣고 오로지 그 내용에만 근거해서 기사를 작성하지 않는다는 것이다. 에모리는 윌리엄스가 그녀에게 했던 말을 조사했고, 취재를 통해 발견한 사실에 대해 충분히 설명하였다는 것이다.

결론적으로, 체서피크 출판사가 해당 기사를 게재할 당시에 허위 가능성에 대한 높은 수준의 인지가 있었다거나 혹은 진실에 대한 심각한 의심을 품고 있었다는 것을 보여주는 증거가 어디에도 없다는 것이다. 오히려 제시된 증거는 체서피크 출판사가 해당 기사의 내용이 진실이라는 합리적인 믿음에 근거하여 게재했음을 보여준다.[1025]

따라서 체서피크 출판사를 상대로 윌리엄스가 제기한 명예훼손 주장은 윌리엄스가 체서피크 출판사의 실질적 악의(actual malice)를 명백하고 확실한 증거(clear and convincing evidence)를 제시하여 충분히 입증하지 못하였으므로 인정될 수 없다는 것이다.

1025 Therefore, applying the principles set forth in Batson, we conclude that there was no evidence that Chesapeake had either a high degree of awareness of the probable falsity of any of the statements made in the article in question or that it entertained any serious doubts as to the publication's truth. See Chesapeake Publishing Corporation v. David M. Williams, 339 Md. 285, 304 (1995).

언론사의 방어방법: 조건부 특권(qualified privilege)

연방 헌법은 언론사를 상대로 한 명예훼손 소송에서 언론 출판의 자유를 보호하기 위해 헌법은 언론사에게 조건부 특권(qualified privilege)을 명예훼손에 대한 방어방법으로 주장할 수 있도록 허용하였다.

예를 들어, 언론사가 법원에서 소송 진행을 위해 공개된 사건에 대한 사실관계, 관련자의 증언과 같은 내용을 보도한 경우 보도의 내용이 공정하고 상당히 정확하며 법원에서 공개된 내용을 객관적으로 설명하고 있는 경우 해당 내용을 다룬 보도 기사는 명예훼손 소송으로부터 보호를 받을 수 있다는 것이다.[1026]

이러한 조건부 특권(qualified privilege)은 전통적인 관점과 현대적인 관점에서 각기 다르게 적용된다. 먼저 전통적인 관점에서는 원고가 피고 언론사의 실질적 악의(actual malice)를 입증한다면 피고 언론사는 원고를 상대로 조건부 특권(qualified privilege)을 주장할 수 없는 것으로 보았다. 반면, 현대적인 관점에서는 설령 언론사가 실질적 악의(actual malice)를 가지고 보도했다고 하더라도 원고를 상대로 조건부 특권(qualified privilege)을 주장할 수 있다고 보았다. 그러나 언론사의 보도 내용이 공정성과 정확성을 잃어버린 것이라면 언론사는 조건부 특권(qualified privilege)을 주장하더라도 이를 인정할 수 없다.[1027]

1026 In Maryland, there exists a qualified privilege to report on legal proceedings, even if the story contains defamatory material, as long as the account is fair and substantially accurate. Rosenberg, supra, 328 Md. at 677, 616 A.2d 866. See also Batson, supra, 325 Md. at 727, 602 A.2d 1191; Restatement (Second) of Torts § 611 (1977). In Rosenberg, we held that "[o]perating in tandem with the absolute privilege accorded participants in court proceedings is a lesser privilege, alternatively described as qualified, conditional, or special, given to persons who report to others defamatory statements uttered during the course of judicial proceedings.... Reports of in-court proceedings containing defamatory material are privileged if they are fair and substantially correct or substantially accurate accounts of what took place."
328 Md. at 677, 616 A.2d 866.

1027 Traditionally, in a defamation action, a qualified privilege will only be forfeited upon a showing of actual malice. Id. at 677-78, 616 A.2d 866. Rosenberg reveals that, with respect to the fair reporting privilege, however, "[t]he modern view discards the search for malice ... [T]he privilege exists even if the reporter of defamatory statements made in court believes or knows them to be false; the privilege is abused only if the report fails the test of fairness and accuracy." Id. at 678, 616 A.2d 866. (citations omitted). See also Restatement (Second) of Torts § 611 (1977).
Finally, "[t]he fair reporting privilege reaches not only comprehensive accounts of judicial proceedings, but [also] accounts focusing more narrowly on important parts of such proceedings." Rosenberg, supra, 328 Md. at 682, 616 A.2d 866.

Batson v. Shiflett, 325 Md. 684, 602 A.2d 1191 (1992): 실질적 악의(actual malice)

원고가 명예훼손으로 인한 손해배상을 청구하기 위해서는 뉴욕 타임즈 케이스에 따른 피고의 실질적 악의(actual malice)를 원고가 입증하여야 한다. 구체적으로, 헌법상 악의(constitutional malice)라고도 하는 실질적 악의(actual malice)는 피고가 허위임을 알고서 혹은 진실 여부에 대해 미필적 고의(reckless disregard)를 가지고 원고의 명예를 훼손하는 내용을 게재하였다는 것을 명백하고 확실한 증거(clear and convincing evidence)를 제시하여 입증하여야 한다는 것이다.

뉴욕 타임즈 케이스 이후 연방 대법원의 결정례들은 다음과 같이 실질적 악의(actual malice)를 판단할 수 있는 세부 기준을 제시하였다. Herbert v. Lando에서는 언론사가 허위임을 알았거나 혹은 허위임을 의심할만한 이유를 가지고 있었다는 의사(state of mind)를 보여줌으로써 피고의 실질적 악의(actual malice)를 입증할 수 있다고 판단하였다. Gertz 케이스에서는 출판물을 게재할 당시에 허위 가능성에 대한 피고의 주관적인 인지가 있었던 경우 피고의 실질적 악의(actual malice)를 입증할 수 있다고 판단하였다.

St. Amant v. Thompson에서는 피고가 출판물을 게재할 당시 출판물의 진실성에 대해 심각한 의심을 품고 있었던 경우 피고의 실질적 악의(actual malice)가 인정된다고 보았다. Garrison 케이스에서는 허위 가능성에 대한 높은 수준의 인지가 있는 상태에서 만들어진 허위 발언에 대해 실질적 악의(actual malice)가 인정된다고 보았다.

비교적 최근 케이스인 Harte-Hanks Communications, Inc. v. Connaughton에서는 허위 가능성에 대한 높은 수준의 인지 혹은 진실성에 대해 심각한 의심을 품은 채로 허위 기사를 게재한 경우 실질적 악의(actual malice)가 인정된다고 판단함으로써 위 케이스에서 소개된 실질적 악의(actual malice)에 대한 판단 기준을 반복해서 제시하였다.[1028]

1028 To prove defamation in the context of a labor dispute, the plaintiff must prove that the statements were made with "actual malice," as defined in New York Times Co. v. Sullivan, supra. See Linn, 383 U.S. at 65, 86 S.Ct. at 664, 15 L.Ed.2d at 591. "Actual malice," sometimes referred to as constitutional malice, is established by clear and convincing evidence that a statement was made "with knowledge that it was false or with reckless disregard of whether it was false or not." New York Times, 376 U.S. at 279-80, 84 S.Ct. at 725-26, 11 L.Ed.2d at 706. Subsequent Supreme Court cases have explicated the standard of "actual malice." See Herbert v. Lando, 441 U.S. 153, 160, 99 S.Ct. 1635, 1640, 60 L.Ed.2d 115, 124 (1979) (actual malice requires examination of "the conduct and state of mind" of the publisher and a showing that the publisher "must know or have reason to suspect that his publication is false."); Gertz v. Robert Welch, Inc., 418 U.S. 323, 335 n. 6, 94 S.Ct. 2997, 3004 n. 6, 41 L.Ed.2d 789, 802 n. 6 (1974) ("subjective awareness of probable falsity" constitutes actual malice); St. Amant v. Thompson, 390 U.S. 727, 731, 88 S.Ct. 1323, 1325, 20 L.Ed.2d 262, 267 (1968) (publishing with "serious doubts as to the truth of [the] publication ... shows reckless disregard for truth or falsity and demonstrates actual malice."); Garrison v. Louisiana, 379 U.S. 64, 74, 85 S.Ct. 209, 216, 13 L.Ed.2d 125, 133 (1964) ("false statements made with [a] high degree of awareness of their probable falsity" constitutes actual malice). The Court recently reiterated that while "reckless disregard for the truth" is not easily defined, it does mean having either "high degree of awareness of ... probable falsity" or "entertain[ing] serious doubts" as to the truth of the challenged statements. Harte-Hanks Communications, Inc. v. Connaughton, 491 U.S. 657, 667, 109 S.Ct. 2678, 2685-86, 105 L.Ed.2d 562, 576 (1989). See Batson v. Shiflett, 325 Md. 684, 602 A.2d 1191 (1992).

8/ Government Micro Resources, Inc. v. Jackson (버지니아주 대법원, 271 Va. 29, 624 S.E.2d 63, 2006)

본 케이스는 회사의 최고경영자가 이직한 후 전 회사의 이사회 의장(이하 "이사회 의장")이 최고경영자의 사임 이유가 그의 부실 경영 때문이라는 발언을 이직한 회사의 임원들에게 전달한 것으로 인해 제기된 명예훼손 사건이다. 본 케이스의 이슈는 이사회 의장이 최고경영자에 대해 한 발언을 그의 개인적인 의견으로 볼 수 있는지, 발언 당시 이사회 의장의 실질적 악의(actual malice)를 명백하고 확실한 증거(clear and convincing evidence)를 제시하여 입증할 수 있는지, 이사회 의장은 최고경영자의 명예훼손 주장에 대해 조건부 특권(qualified privilege)을 주장할 수 있는지 여부이다.

버지니아주 대법원은 이사회 의장의 발언은 의견이 아닌 사실에 기반한 발언에 해당되며, 발언 당시 그의 실질적 악의(actual malice)는 명백하고 확실한 증거(clear and convincing evidence)에 의해 입증이 가능하기 때문에 이사회 의장은 조건부 특권(qualified privilege)을 주장할 수 없다고 판단하였다.

1) 사실 관계

앨런 잭슨(Alan W. Jackson, 이하 "잭슨")은 군 제대 후 국가 안보국에서 8년간 근무하면서 여러 차례에 걸쳐 거짓말 탐지기 조사를 통과한 후 일급 비밀 및 특수 정보를 취급할 자격을 취득하였다. 그는 정부를 떠나자마자 재정적으로 어려운 사업부를 수익성이 있는 회사로 성공적으로 탈바꿈시키고 회사를 확장한 이력을 가진 고위직 임원 혹은 최고경영자로 다양한 기술 시스템 회사에서 근무하였다.

2001년, 기술 재판매 및 서비스 회사인 GMR사(Government Micro Resources, Inc.)는 서비스 사업을 확대하려고 하였다. 이 목표를 달성하기 위해 GMR사는 잭슨을 사장이자 최고경영자로 고용하였는데, 그 이유는 그가 가진 연방 정부와의 네트워크, 일급 비밀 보안 허가, 공공부문 및 민간부문의 기술 서비스와 관련하여 그가 보유한 다양한 경력 때문이었다.

잭슨은 2001년 7월 9일 부로 GMR사에서 근무하기 시작하였다. 그는 단기간에 회사의 재무 상태가 그가 사장이자 최고 경영자직을 수락했을 때 알고 있었던 것과 상당히 달랐다는 것을 알게 되었다. 예를 들어, 이사회 의장인 움베르토 푸잘스(Humberto Pujals, Jr., 이하 "푸잘스")가 부동산을 담보로 대출을 얻기 위해 회사의 신용 한도를 이용하여 회사에서 본인에게로 부동산을 이전했기 때문에 GMR사의 신용 한도가 상당히 낮아진 것이었다. 잭슨은 또한 GMR사가 2001년 첫 6개월 동안에 $1.1 백만불의 손실이 있었고, 8월에는 최고 재무책임자(CFO)가 보고한 40만불의 회계 오류 및 회사에서 파악한 재고와 실재고 간에 $1.4백만불의 차이가 있었다는 것을 알게 되었다.

2001년 10월, GMR사는 서비스 사업의 확장을 위해 연방 정부에 수퍼 컴퓨터를 판매하기 원하는 기술 회사인 사이신트사(Seisint, Inc.)와 협상을 시작하였다. 사이신트사는 연방 정부와 커넥션이 없었지만, GMR사는 잭슨을 통해 이를 해결할 수 있었다. 사이신트사의 이사인 헨리 애셔(Henry E. Asher, 이하 "애셔")와 다니엘 래섬(Daniel W. Latham, 이하 "래섬")은 잭슨과 직접 일했다. 결과적으로 GMR사와 사이신트사는 양사가 연방 정부에 수퍼 컴퓨터를 공동으로 판매한다는 내용의 양해각서를 작성하였다.

2001년 말부터 다음해 초까지 GMR사의 재정 상태에 뚜렷한 변화가 없었다. GMR사는 2002년 3월 5일 부로 잭슨의 고용을 해지하였다. 고용 해지서에서는 GMR사의 재정 악화가 잭슨의 총체적인 부실 경영에서 비롯된 것이라고 밝혔다. 그러나 푸잘스는 그가 잭슨의 고용해지서를 작성하였을 때 고용해지서를 작성하게 된 근거로 특정 금액을 염두해서 쓴 것은 아니었다고 인정하였다.

애셔는 푸잘스가 잭슨이 회사를 그만둔 당일 혹은 그 다음날에 애셔에게 전화를 걸었고, 애셔에게 잭슨이 회사를 잘못 관리해서 엄청난 액수의 손실을 가져왔다고 말했다고 밝혔다. 래섬은 2002년 4월에 GMR사와 푸잘스가 회의를 가졌는데 푸잘스가 잭슨의 해고에 관한 논의를 주도했고, 잭슨이 회사에 3백만불의 손실을 가져왔기 때문에 직책에서 물러난 것이라고 말했다고 밝혔다. 푸잘스는 4월 회의에서 회사에 3백만불의 손실이 발생하였는데 이것이 푸잘스가 잭슨을 그만두게 한 사유라고 말하면서 잭슨을 해고하게 된 구체적인 이유에 대해 묻는 애셔의 질문에 그가 답변했었다고 증언하였다. 푸잘스는 잭슨이 GMR사에게 3백만불의 손실을 가져온 것은 아니었으며, 누군가 그렇게 말했다면 그것은 거짓일 것이라고 말했다.

잭슨은 해임 이후 사이신트사로 입사하는 것에 대해 의논하기 시작했다. 사이신트사는 애셔가 푸잘스로부터 얻은 정보를 감안하여 잭슨을 관리직으로 고용하지 않았고 2002년 3월 6일부터 같은 해 12월 31일까지 영업 책임자 및 컨설턴트를 맡는 조건으로 그와 계약하였다. 사이신트사는 2003년 1월 1일자로 잭슨을 정부 프로그램의 선임 부사장으로 고용하였다.

푸잘스는 잭슨이 GMR사에서 퇴사한 후 사이신트사에서 일하고 있었다는 소식을 듣고 화가 났다. 그는 회사에 손실을 끼쳤다는 이유로 잭슨을 해고했는데 그가 회사에서 퇴사하자마자 자사의 사업 파트너인 사이신트사로 바로 이직한 것은 매우 비열한 행동이라고 비난했다.

잭슨은 GMR사와 푸잘스를 상대로 계약위반 및 명예훼손을 이유로 소를 제기하였다. 배심원은 잭슨의 손을 들어 주면서 계약 위반 주장에 대해 통상 손해 2십만 5백불 및 명예훼손 주장에 대해 통상 손해 5백만불 및 징벌적 손해배상 1백만불을 각각 인정하였다. 주 1심 법원은 GMR사와 푸잘스가 요청한 같은 심급에서의 감액 신청(post-trial motion for remittitur)[1029]을 인정하여 계약 위반에 대한 손해 배상금을 11만 2천 5백불로, 명예훼손에 대한 통상 손해를 1백만불로, 징벌적 손해배상에 대해서는 최대 금액을 35만불로 감액하기로 승인하였다.

양 당사자는 주 1심 법원의 판결에 항소하였다. GMR사와 푸잘스는 주 1심 법원의 판결을 뒤집어줄 것을 주 대법원에 청구하였는데, 그들은 주 1심 법원이 잭슨의 명예훼손 주장을 파기하지 않은 오류를 범했고, 징벌적 손해배상의 청구 혹은 조건부 특권(qualified privilege)을 뒤집기 위해 요구되는 실질적 악의(actual malice)를 입증할 만한 증거가 없다고 주장하였다. 반면 잭슨은 명예훼손 주장에 대해 배심원이 인정한 통상 손해대로 회복시켜 줄 것을 청구하였다.

2) 버지니아주 대법원의 결정 요지

잭슨의 명예훼손 주장을 뒷받침하는 두 가지 발언 중 잭슨의 소 제기 당시 포함되지 않은 첫 번째 발언의 경우에도 그의 명예훼손 주장을 뒷받침하는 발언으로 인정되고, 의견에 해당되지 않으며, 명백하고 확실한 증거(clear and convincing evidence)에 의해 실질적 악의(actual malice)의 입증이 가능하다는 것이다. 또한 푸잘스의 실질적 악의(actual malice)가 입증되었으므로 GMR사가 주장하는 조건부 특권(qualified privilege)이 적용되지 않는다는 것이다.

한편, 잭슨에게 인정된 통상 손해액이 지나치게 과도하다고 판단한 주 1심 법원의 결정은 손해배상액과 관련된 증거에서 검토되어야 할 개별 요건들을 고려하지 않은 것으로 잘못되었다는 것이다.[1030] 주요 쟁점들을 살펴보면 다음과 같다.

1029 "[부록]미국 법률 용어"에서 자세한 설명을 확인하기 바란다.

1030 For the reasons stated below, we conclude that Jackson's defamation claim was not opinion, was timely and properly pled and proven; that actual malice was shown by clear and convincing evidence; and that in holding that the compensatory damage award was excessive, the trial court did not consider factors in

1. 잭슨의 명예훼손 주장을 뒷받침하는 푸잘스의 발언이 의견에 해당되는지 여부

GMR사는 "터무니없는"(exorbitant), "잘못 관리된"(mismanaged)과 같은 단어가 포함된 푸잘스의 발언이 푸잘스 개인의 주관적인 판단이자 의견 표명에 불과한 것으로 잭슨이 제기한 명예훼손 주장의 근거가 될 수 없다고 주장하였다.

GMR사의 주장과 같이 원칙상 단순히 발언자의 의견 표명이고 사실에 기반한 발언이 아니라면 해당 발언이 허위라고 볼 수 없기 때문에 명예훼손으로 소를 제기할 수 없다. 해당 발언이 화자의 관점에 따라 다르게 해석될 수 있는 상대적인 것이라면 의견에 해당된다.[1031]

그러나 주 대법원은 American Communications Network, Inc. v. Williams, 264 Va. 336, 568 S.E.2d. 683 (2002)를 근거로 해당 발언이 사실에 기초하는지 혹은 의견인지 여부는 명예훼손이 의심되는 발언의 일부만 분리해서 판단할 수 없고, 해당 발언을 전체적으로 검토하여야 한다는 기준을 제시하였다.[1032]

주 1심 법원은 잭슨이 주장하는 명예훼손 발언은 잭슨의 부실 경영으로 인해 GMR사가 손실을 입었고 그것이 잭슨의 고용해지 사유였다는 것인데 회사의 재정적 손실이 잭슨의 부실 경영에서 비롯된 것인지 여부는 입증이 가능한 사실의 문제라고 판단하였다. 그런데 소송 당사자들이 GMR사의 재정적 손실이 발생하게 된 원인을 보여주는 실질적인 증거를 제시하였으므로[1033] 해당 발언은 의견이 아니라고 판단한 주 1심 법원의 결정은

---

evidence relevant to that damage award. See Government Micro Resources, Inc. v. Jackson, 271 Va. 29, 624 S.E.2d 63, 66 (2006).

1031 Statements that express only the speaker's opinion and not matters of fact are not actionable as defamation because such statements cannot be shown to be false. Fuste v. Riverside Healthcare Ass'n, Inc., 265 Va. 127, 132, 575 S.E.2d 858, 861 (2003). "Statements that are relative in nature and depend largely upon the speaker's viewpoint are expressions of opinion." Id. See Government Micro Resources, Inc. v. Jackson, 271 Va. 29, 624 S.E.2d 63, 69 (2006).

1032 In American Communications Network, Inc. v. Williams, 264 Va. 336, 341-42, 568 S.E.2d 683, 686 (2002), we held that in considering whether a statement was one of fact or opinion, we do not isolate parts of an alleged defamatory statement. Rather, the alleged defamatory statement must be considered as a whole to determine whether it states a fact or non-actionable opinion. See Government Micro Resources, Inc. v. Jackson, 271 Va. 29, 624 S.E.2d 63, 69 (2006).

1033 The alleged defamation in this case is that Jackson's mismanagement caused GMR to lose money in 2001 which, in turn, was the basis for Jackson's termination. Whether a company's financial loss is the result of mismanagement is a fact that can be proven. Indeed, in this case, the parties introduced substantial evidence regarding the cause or causes of GMR's financial losses. The evidence also established that government contracting was a very competitive business and success was often based on contacts with "the appropriate people." See Government Micro Resources, Inc. v. Jackson, 271 Va. 29, 624 S.E.2d 63, 69 (2006).

타당하다는 것이다.

2. 푸잘스의 실질적 악의(actual malice)에 대한 잭슨의 입증 여부

원고가 명예훼손 사건에서 징벌적 손해배상을 청구하기 위해서는 피고가 해당 발언이 허위임을 알았거나 혹은 진실 여부에 대해 미필적 고의(reckless disregard)를 가지고 원고를 폄하하는 발언을 했다는 것을 명백하고 확실한 증거(clear and convincing evidence)를 제시하여 입증하여야 한다는 것이다.[1034]

푸잘스가 2001년에 GMR사가 재정적 손실을 입은 책임을 잭슨에게 돌렸을 당시에 그는 자신의 발언이 거짓임을 알고 있었다는 것이 명백하고 확실한 증거(clear and convincing evidence)에 의해 확인되었다는 것이다.[1035]

푸잘스는 잭슨이 회사에 300만불의 손실을 가져오지 않았다는 것을 알고 있었고 누군가가 그렇게 말했다면 그것은 거짓말이라고 증언했다. 애셔는 푸잘스가 애셔에게 잭슨이 GMR사를 잘못 관리해서 엄청난 손실을 가져왔다고 말했다고 증언했다. 래섬은 4월에 열린 회의에서 푸잘스가 잭슨이 회사에 300만불의 손실을 입혔기 때문에 직책에서 물러나게 되었다고 말하면서 잭슨과 관련된 대화 내용을 나누기 시작했다고 증언했다. 푸잘스

1034 To recover punitive damages in a defamation case, the plaintiff must prove actual malice by "clear and convincing evidence that [the defendant] either knew the statements he made were false at the time he made them, or that he made them with a reckless disregard for their truth." Ingles v. Dively, 246 Va. 244, 253, 435 S.E.2d 641, 646 (1993) (emphasis added). A plaintiff seeking punitive damages can prevail by establishing either circumstance by clear and convincing evidence. See Government Micro Resources, Inc. v. Jackson, 271 Va. 29, 624 S.E.2d 63, 70 (2006).

1035 The record in this case contains clear and convincing evidence that at the time Pujals made the statements ascribing GMR's loss of large amounts of money in 2001 to Jackson, he knew those statements were false. Pujals himself testified that he knew Jackson did not lose $3 million for GMR and that "it would be false if someone said that." According to Asher, Pujals called Asher either the day of or the day after Jackson's termination and told Asher that Jackson had mismanaged GMR and lost a tremendous or exorbitant amount of money. Latham testified that at a meeting in April, Pujals also initiated the conversation regarding Jackson stating that "Jackson had been removed from his job because he lost $3 million." In neither of these conversations did Pujals mention that the company's financial situation had been affected by a reduced line of credit, the $1.1 million loss in the first half of 2001, the $400,000 accounting error, or the $1.4 million drop-ship inventory problem, none of which could be attributed to Jackson. In summary, Pujals knew his statements were false. He initiated both conversations in which he defamed Jackson. Our independent review of the record, considering the evidence in the light most favorable to Jackson, shows clear and convincing proof of actual malice; thus, the trial court did not err in refusing to strike Jackson's punitive damage claim. See Government Micro Resources, Inc. v. Jackson, 271 Va. 29, 624 S.E.2d 63, 70 (2006).

는 애셔와 래섬과의 대화에서 회사의 재무 상태가 2001년 상반기에 110만불의 적자, 40만불의 회계 오류, 140만불의 재고 손실의 영향을 받았다고 언급하지 않았는데 이와 같이 회사의 재무 상태를 어렵게 한 어떤 요인도 잭슨에게서 비롯되었다고 볼 수 없다는 것이다.

따라서 잭슨은 명백하고 확실한 증거(clear and convincing proof)를 제시하여 푸잘스의 실질적 악의(actual malice)를 입증한 것이며, 이에 따라 잭슨에 대한 징벌적 손해배상의 철회를 거부한 주 1심 법원의 결정은 타당하다는 것이다.

3. 조건부 특권(qualified privilege)의 적용 여부

조건부 특권(qualified privilege)은 기자와 같이 전달하려는 주제에 대한 의무 혹은 이해관계를 가진 사람이 선의(good faith)를 가지고 원고에 대한 내용을 전달하는 경우 원고의 명예훼손 주장에 대해 방어할 수 있는 특권을 말한다.[1036] 그러나 조건부 특권(qualified privilege)은 피고가 실질적 악의(actual malice)를 가지고 원고의 명예를 훼손하는 내용을 전달했다는 것을 원고가 명백하고 확실한 증거(clear and convincing evidence)를 제시하여 입증한 경우에는 인정되지 않는다는 것이다.[1037]

Smalls v. Wright, 399 S.E.2d 805 (Va. 1991): 조건부 특권(qualified privilege)

조건부 특권(qualified privilege)은 전달하는 당사자가 이해관계가 있거나 혹은 전달해야 할 의무가 있는 주제에 대해 선의(good faith)를 가지고 정보를 전달하는 경우에 적용되는 특권을 말한다. 전달하는 당사자가 조건부 특권(qualified privilege)을 주장할 수 있는지 여부에 대한 결정은 판사가 판단해야 할(as a matter of law)에 관한 문제이므로 배심원이 아닌 판사에 의해 적용 여부가 결정된다.[1038]

1036 The principle of qualified privilege protects a communication from allegations of defamation if made in good faith, to and by persons who have corresponding duties or interests in the subject of the communication. Smalls v. Wright, 241 Va. 52, 54, 399 S.E.2d 805, 807 (1991). See Government Micro Resources, Inc. v. Jackson, 271 Va. 29, 624 S.E.2d 63, 70 (2006).

1037 We held such error harmless, however, because the jury awarded punitive damages pursuant to an instruction that required proof of actual malice by clear and convincing evidence. Id. at 155, 334 S.E.2d at 855. Thus, "the jury necessarily found that the plaintiff had carried the heavier burden of proof… of malice sufficient to defeat the privilege." Id. In this case, even if the alleged defamation was entitled to a qualified privilege, the privilege would have been lost if the jury found Pujals uttered the statements with actual malice. See Government Micro Resources, Inc. v. Jackson, 271 Va. 29, 624 S.E.2d 63, 71 (2006).

1038 A communication, made in good faith on a subject in which the communicating party has an interest or owes a duty, is qualifiedly privileged if the communication is made to a party who has a corresponding interest or duty. Great Coastal Express v. Ellington, 230 Va. 142, 153, 334 S.E.2d 846, 853 (1985); Taylor v. Grace, 166 Va. 138, 144, 184 S.E. 211, 213 (1936). It is the function of a court, not a jury, to decide

"Government Micro Resources 케이스에서 피고들은 실질적 악의(actual malice)를 뒷받침하는 명백하고 확실한 증거(clear and convincing evidence)가 불충분하고 배심원 설시문(jury instruction)을 통해 조건부 특권(qualified privilege)에 대한 판단 기준을 배심원에게 제시하지 않았기 때문에 원고에게 징벌적 손해배상을 허용하는 것은 잘못되었다고 주장하였다. 제시된 증거가 징벌적 손해배상을 뒷받침하기에 충분하다고 결정한 후, 버지니아 주 대법원은 비록 배심원 설시문(jury instruction)에서 조건부 특권(qualified privilege)에 대한 판단 기준을 배심원에게 제시하지 않았지만 피고들이 실질적 악의(actual malice)를 가지고 원고의 명예를 훼손하는 발언을 했는지 여부를 배심원이 확인한 후에 원고에 대한 징벌적 손해배상을 인정하였기 때문에 결과에 영향을 미치지 않는 오류(harmless error)에 불과하다고 판단하였다."[1039]

Raytheon Technical Services Company v. Hyland, 641 S.E.2d 84, 89 (Va. 2007).

---

whether a communication is qualifiedly privileged. Ellington, 230 Va. at 153, 334 S.E.2d at 853; Aylor v. Gibbs, 143 Va. 644, 648, 129 S.E. 696, 697 (1925). See Smalls v. Wright, 399 S.E.2d 805, 807 (Va. 1991).

1039 We addressed a similar situation in Government Micro Resources, 271 Va. at 43-44, 624 S.E.2d at 70-71. In that defamation case, the defendants assigned error to the award of punitive damages, arguing that the evidence was insufficient to support a finding of actual malice by clear and convincing evidence, and to the failure to instruct the jury on qualified privilege. After determining that the evidence was sufficient to support the punitive damage award, we held that the failure to give a qualified privilege instruction was harmless error because the jury in awarding punitive damages "was required to and did find that the statements were made with actual malice." Id. at 44, 624 S.E.2d at 71. See Raytheon Technical Services Company v. Hyland, 641 S.E.2d 84, 89 (Va. 2007).

"

Error of opinion may be tolerated where reason is left free to combat it.

"

Thomas Jefferson's First Inaugural Address (1801)

"

However pernicious an opinion may seem, we depend for its correction not on the conscience of judges and juries but on the competition of other ideas.

"

Gertz v. Robert Welch, Inc. (연방 대법원, 418 U.S. 323, 339-40, 1974)

L. 방어방법 (Defense)

1/ Yeagle v. Collegiate Times (버지니아주 대법원, 497 S.E.2d 136, Va. 1998)

본 케이스는 학교 직원의 명예를 훼손한 것으로 의심되는 문구가 교내 신문에 게재된 것을 이유로 해당 직원이 제기한 명예훼손 사건이다. 본 케이스의 이슈는 명예훼손 소송에서 쟁점이 된 문구가 해당 직원의 명예를 훼손한 발언으로 합리적으로 해석될 수 있는지 여부이다.

버지니아주 대법원은 쟁점이 된 문구가 해당 직원에 대한 사실적 정보를 전달하는 것으로 합리적으로 해석할 수 없으므로 명예훼손의 근거로 볼 수 없다고 판단하였다.

1) 사실 관계

샤론 이글(Sharon D. Yeagle, 이하 "이글")은 버지니아 공대(Virginia Polytechnic Institute)와 주립 대학교의 학생 담당 책임자의 부하 직원으로 일했다. 이글은 업무의 일환으로 1996년에 주지사가 주최하는 펠로우 프로그램에 학생들의 참여를 독려했다. 학교 내에서 발행되는 대학신문(The Collegiate Times, 이하 "대학신문")은 학교가 해당 프로그램에 학생들을 성공적으로 유치했다는 내용의 기사를 게재하였다. 기사의 본문은 이글에게 책임을 돌리는 인용문으로 도배되어 있었다. 인용문 아래에는 "엉덩이를 핥는 책임자"(Director of Butt Licking)라는 문구가 이글의 이름 밑에 새겨져 있었다.

이글은 "엉덩이를 핥는 책임자"(Director of Butt Licking)라는 문구가 명예훼손 의제(defamation per se) 및 버지니아 주법 § 8.01－45[1040]에 따른 모욕적인 말(insulting words)에 해당한다고 주장하면서 대학신문을 상대로 소를 제기하였다. 1심 법원은 모든 기소건(counts)에 대한 대학신문의 이의 신청을 인정하고 사건을 기각하였다. 1심 법원은 쟁점이 된 문구가 문자 그대로의 의미를 가지고 있지 않다고 보고 이 문구가 이글에 대한 사실적인 정보를 전달하는 것으로 해석하는 것은 불합리하다고 판단하였다.

1040 § 8.01-45. Action for insulting words.
All words shall be actionable which from their usual construction and common acceptance are construed as insults and tend to violence and breach of the peace.
Code 1950, § 8-630; 1977, c. 617.

2) 버지니아주 대법원의 결정 요지

주 대법원은 쟁점이 된 문구가 이글에 대한 명예훼손적인 의미를 전달한 것으로 합리적으로 해석될 수 없다는 이유로 이글의 주장을 기각한 1심 법원의 결정은 타당하다고 판단하였다.[1041]

명예훼손 소송의 청구원인(cause of action)은 뉴욕 타임즈 케이스 이전의 법에 근거하지만, 연방 헌법 제1조와 버지니아주 헌법 제1조 제12항[1042]에서 보호하는 언론의 자유가 동일하게 적용된다. 연방 대법원은 뉴욕 타임즈 케이스 이전의 법으로 소 제기가 가능한 발언의 유형에 대해 제한을 두고 있다. 따라서 사실에 기반한 허위로 만들어진 명예훼손적인 발언[1043] 혹은 특정인에 대한 실제 사실을 서술하는 것으로 합리적으로 해석될 수 없는 발언은 뉴욕 타임즈 케이스 이전의 법에 따른 명예훼손 소송의 근거가 될 수 없다.

연방 대법원은 명예훼손에 해당된다고 보기 어려운 발언의 유형을 검토할 때 상대방에게 모욕감을 주거나 상대방을 공격하는 부적절한 발언이라고 하더라도 수사적 과장(rhetorical hyperbole)에 불과한 것이라면 상대방에 대한 명예훼손에 해당되지 않는다고 판단해왔다.[1044]

1041 We awarded Yeagle an appeal limited to the question whether the trial court erred in holding that, as a matter of law, the phrase "Director of Butt Licking" cannot convey a defamatory meaning. We conclude that the trial court did not err in sustaining the demurrer because the offending phrase cannot support an action for defamation—an issue properly determined by the court as a matter of law. See Yeagle v. Collegiate Times, 497 S.E.2d 136, 137 (Va. 1998).

1042 Section 12. Freedom of speech and of the press; right peaceably to assemble, and to petition.
That the freedoms of speech and of the press are among the great bulwarks of liberty, and can never be restrained except by despotic governments; that any citizen may freely speak, write, and publish his sentiments on all subjects, being responsible for the abuse of that right; that the General Assembly shall not pass any law abridging the freedom of speech or of the press, nor the right of the people peaceably to assemble, and to petition the government for the redress of grievances.

1043 Speech which does not contain a provably false factual connotation is sometimes referred to as "pure expressions of opinion," see, e.g., Williams v. Garraghty, 249 Va. 224, 233, 455 S.E.2d 209, 215 (1995), although the Supreme Court has specifically declined to hold that statements of opinion are categorically excluded as the basis for a common law defamation cause of action. Milkovich v. Lorain Journal Co., 497 U.S. 1, 18-21, 110 S.Ct. 2695, 2705-07, 111 L.Ed.2d 1 (1990). See Yeagle v. Collegiate Times, 497 S.E.2d 136, 137 [1] (Va. 1998).

1044 Examples include referring to the negotiating position of a real estate developer as "blackmail," Greenbelt Coop. Publ'g Ass'n, Inc. v. Bresler, 398 U.S. 6, 13-14, 90 S.Ct. 1537, 1541-42, 26 L.Ed.2d 6 (1970), defining a labor union "scab" to be a "traitor," Nat. Ass'n of Letter Carriers v. Austin, 418 U.S. 264, 284-86, 94 S.Ct. 2770, 2781-82, 41 L.Ed.2d 745 (1974), or publishing a parody of an advertisement referring to a public

주 대법원 또한 연방 대법원의 판단과 동일하게 특정 발언이 상대방에게 모욕감을 주었고 혐오스럽다는 이유로 명예훼손으로 소를 제기할 수 없으며, 사실을 허위로 표현한 발언이라는 것을 합리적으로 인식할 수 있어야만 명예훼손으로 소 제기가 가능하다고 판단하였다.[1045]

본 법원은 어떤 유형의 발언이 명예훼손으로 소 제기가 가능한지 여부는 판사가 법에 따라 판단해야 하는(as matter of law) 것으로서 배심원이 아닌 판사가 결정해야 할 문제에 해당한다고 판단하였다.[1046]

본 케이스에서 이글은 쟁점이 된 문구가 독자들에게 사실적 정보를 전달하기 때문에 명예훼손 소송의 근거가 되므로 대학신문이 제출한 소장기각신청을 기각하여야 하며, 해당 문구가 명예훼손에 해당되는지 여부는 배심원에 의해 결정되어야 한다고 주장하였다.

구체적으로 이글은 해당 문구를 문자적으로 해석하면 본인이 도덕적으로 부도덕한 범죄를 저지른 자인 것처럼 매도당하고 있으므로 명예훼손 의제(defamatory per se)에 해당한다고 주장하였다. 또한 해당 문구가 본인이 거짓된 행동으로 다른 사람들에게 호의를 베풀거나 다른 사람들에게 그렇게 하도록 지시하고 있다는 것을 암시하고 있다고 주장하

---

figure, Hustler Magazine, Inc. v. Falwell, 485 U.S. 46, 50, 108 S.Ct. 876, 879, 99 L.Ed.2d 41 (1988). In each of these instances, no reasonable inference could be drawn that the individual identified in the statements, as a matter of fact, engaged in the conduct described. The statements could not reasonably be understood to convey a false representation of fact. See Milkovich, 497 U.S. at 16-17, 110 S.Ct. at 2704-05. See Yeagle v. Collegiate Times, 497 S.E.2d 136, 137 (Va. 1998).

1045 Similarly, we have recognized that words used to describe a member of a labor union in the course of a labor dispute, while "disgusting, abusive, [and] repulsive," will not support a cause of action for defamation for the same reason—they could not "reasonably be understood ... to convey a false representation of fact." Crawford v. United Steel Workers, AFL-CIO, 230 Va. 217, 234-35, 335 S.E.2d 828, 839 (1985), cert. denied, 475 U.S. 1095, 106 S.Ct. 1490, 89 L.Ed.2d 892 (1986). While Crawford involved statements made in the context of a labor dispute which, under federal law, requires a wider tolerance of rhetoric which might otherwise support an action for defamation, the case nevertheless reaffirms that, to be actionable, the alleged defamatory statements must still be understood to convey a false representation of fact. See also Freedlander v. Edens Broadcasting, Inc., 734 F.Supp. 221, 225-27 (E.D.Va.1990); Polish Am. Immigration Relief Comm., Inc. v. Relax, 189 A.D.2d 370, 373-74, 596 N.Y.S.2d 756, 758-59 (1993). See Yeagle v. Collegiate Times, 497 S.E.2d 136, 137 (Va. 1998).

1046 Whether statements complained of in a defamation action fall within the type of speech which will support a state defamation action is a matter for the trial judge to determine as a matter of law, just as the trial judge, not the finder of fact, must determine whether a statement is defamatory per se because it imputes the commission of a crime involving moral turpitude. Chaves v. Johnson, 230 Va. 112, 119, 335 S.E.2d 97, 102 (1985); Great Coastal Express, Inc. v. Ellington, 230 Va. 142, 148, 334 S.E.2d 846, 850 (1985). See Yeagle v. Collegiate Times, 497 S.E.2d 136, 138 (Va. 1998).

였다. 이같은 암시는 독자들에게 이글이 천박한 방식으로 업무를 수행했다는 오해를 불러일으키기 때문에 명예훼손 의제(defamatory per se)에 해당한다고 주장하였다. 게다가 이글은 Adams v. Lawson 58, Va. (17 Gratt.) 250, 255−56 (1967)을 인용하여 해당 문구가 명예훼손 의제(defamatory per se)에 해당되지 않는다고 하더라도 본인의 명예를 훼손하고 조롱하였기 때문에 명예훼손으로 소 제기가 가능하다고 주장하였다.

그러나 이글의 주장은 다음과 같은 이유로 인정될 수 없다는 것이다.

먼저 해당 문구가 이글에 대한 실제 사실을 서술한 것으로 합리적으로 해석하여 명예훼손으로 소 제기가 가능한지 여부는 배심원이 아닌 판사가 법에 따라 판단해야 하는(as a matter of law) 것이다. 해당 문구가 역겹고 모욕적인 것은 맞지만 해당 문구만으로 이글의 직위나 행동에 대한 실제 사실을 서술하였거나 이글이 도덕적으로 부도덕한 범죄를 저질렀다고 합리적으로 이해할 수 없다는 것이다.

버지니아주의 결정례(Carwile v. Richmond Newspapers, 196 Va. 1, 8, 82 S.E.2d 588, 592 (1954))에 따르면 가능한 모든 공정한 추론을 동원하여 명예훼손으로 의심되는 단어가 풍자(innuendo)에 해당하는 것인지 여부는 확인할 수 있지만 이 경우 보편적으로 인정되는 범위 이상으로 확장하여 추론할 수 없다고 판단하였다. 예를 들어, 변호사가 특정 수임료에 대해 신고하지 않았다는 내용이 해당 변호사가 명예훼손 소송을 목적으로 부적절하게 행동했다는 의미로 확장하여 추론할 수 없다는 것이다.[1047] 이에 비추어 볼 때, 본 케이스의 쟁점이 된 문구의 경우 그 자체로 이글에 대한 실제 사실을 주장하는 것으로 보기 어렵다는 것이다.

또한 전체 기사의 맥락에서 해당 문구를 고려해보면[1048] 대학신문의 기사는 이글과 그녀가 관여하고 있는 펠로우 프로그램에 찬사를 보내는 내용을 담고 있었다. 따라서 해당 문구가 이글이 부적절하게 자신의 업무를 수행했거나 다른 사람들에게 그렇게 하도록

1047 While "every fair inference" in a pleading may be used to determine whether the words complained of are capable of a meaning ascribed by innuendo, inferences cannot extend the statements, by innuendo, beyond what would be the ordinary and common acceptance of the statement. Carwile v. Richmond Newspapers, 196 Va. 1, 8, 82 S.E.2d 588, 592 (1954). Applying this principle, a statement that an attorney did not report certain payments cannot be extended by inference to mean that the attorney acted improperly, for purposes of a defamation action. Perk v. Vector Resources Group, Ltd., 253 Va. 310, 316-17, 485 S.E.2d 140, 143-44 (1997). See Yeagle v. Collegiate Times, 497 S.E.2d 136, 138 (Va. 1998).

1048 Furthermore, considering the phrase at issue in the context of the entire article, see Richmond Newspapers, Inc. v. Lipscomb, 234 Va. 277, 297-98, 362 S.E.2d 32, 43 (1987); Gazette v. Harris, 229 Va. 1, 22-23, 325 S.E.2d 713, 729 (1985), See Yeagle v. Collegiate Times, 497 S.E.2d 136, 138 (Va. 1998).

지시했다는 추론을 뒷받침할 수 있는 어떤 근거도 없다는 것이다.

결론적으로, 대학신문에 실린 해당 문구와 같이 명예훼손을 원인으로 한 청구원인이 원고에 대한 사실적 정보를 기반으로 하고 있다고 합리적으로 볼 수 없다면 법적으로 인정되지 않는다는 것이다.

Curtis Publishing Co. v. Butts, 388 U.S. 130 (1967): 명예훼손에 해당될 정도로 상대방을 폄하하는 말(sting)

본 케이스에서 명예훼손에 해당하는 잡지사의 보도 내용(sting)은 원고가 1962년 조지아 대학교와 앨라배마 대학교 간에 경기 내용을 조작하였으며, 경기 결과에 영향을 미쳤거나 영향을 미칠 수 있는 정보를 앨라배마 대학교의 브라이언트 코치에게 제공했다는 혐의이다.[1049]

Handberg v. Goldberg, 831 S.E.2d 700 (Va. 2019): 명예훼손에 해당될 정도로 상대방을 폄하하는 말(sting)

법적으로 명예훼손에 해당되려면 특정인의 평판을 폄하하는 말(defamatory sting)이 요구된다. 구체적으로 사람들이 일반적으로 특정인의 평판에 해를 끼친다고 판단되는 말로써 특정인에게 모욕감, 수치, 불명예를 주거나 특정인이 경멸, 조롱, 멸시의 대상이 되게 하거나 특정인에게 악평, 혐오, 조롱하기 위해 계산된 말을 의미한다.[1050]

1049 The "sting of the libel" was said to be "the charge that the plaintiff rigged and fixed the 1962 Georgia-Alabama game by giving Coach Bryant [of Alabama] information which was calculated to or could have affected the outcome of the game." See Curtis Publishing Co. v. Butts, 388 U.S. 130, 138 (1967).

1050 Additionally, for a statement to be actionable as defamation, it must have "the requisite defamatory 'sting' to one's reputation," which is the second prong of the threshold to be established as a matter of law. Schaecher, 290 Va. at 92, 772 S.E.2d 589. "Characterizing the level of harm to one's reputation required for defamatory 'sting,' we have stated that defamatory language 'tends to injure one's reputation in the common estimation of mankind, to throw contumely, shame, or disgrace upon him, or which tends to hold him up to scorn, ridicule, or contempt, or which is calculated to render him infamous, odious, or ridiculous." Id. (quoting Moss v. Harwood, 102 Va. 386, 392, 46 S.E. 385 (1904)); see Adams v. Lawson, 58 Va. (17 Gratt.) 250, 255-56 (1867); Moseley v. Moss, 47 Va. (6 Gratt.) 534, 538 (1850). See Handberg v. Goldberg, 831 S.E.2d 700, 706 (Va. 2019).

2/ Hyland v. Raytheon Technical Services Co. (버지니아주 대법원, 277 Va. 40, 670 S.E.2d 746, 2009)

본 케이스는 회사의 사장이 회사의 고위직 임원이 본인에 대해 부정적인 평가를 한 것을 알게 된 후 해당 임원의 업무에 대한 부정적인 평가 및 고용 해지로 인사상 불이익을 준 것으로 인해 제기된 명예훼손 사건이다. 본 케이스의 이슈는 명예훼손으로 의심되는 두 가지 발언이 사실에 해당하는지 아니면 의견에 해당하는지 여부이다.

버지니아주 대법원은 발언을 전체적으로 검토하지 않고 사실적 요소에 해당되는 부분만 따로 떼어서 검토하였으며, 발언의 진실 여부를 검토할 때 의견에 해당하는 부분을 제외한 1심 법원의 결정이 잘못되었다고 판단하였다.

1) 사실 관계

2003년, 신시아 하이랜드(Cynthia L. Hyland, 이하 "하이랜드")는 전 고용주인 레이시온사(Raytheon Technical Services Company)와 사장인 브라이언 이븐(Bryan J. Even, 이하 "이븐")을 상대로 제기한 소송에서 그의 상사인 이븐이 본인의 업무 성과(Job Performance)와 관련된 명예훼손적인 발언을 하였다고 주장하였다. 레이시온사과 이븐은 쟁점인 명예훼손적인 발언이 사실이기 때문에 하이랜드가 손해배상을 청구할 수 없다고 주장하였다.

하이랜드는 레이시온사에서 21년간 일했고 그 결과 선임 부사장 및 한 부서의 부장으로 재직하고 있었다. 본 사건의 발단은 다음과 같다.

2000년, 하이랜드의 부서는 대규모 정부 계약 입찰에 실패하였다. 이븐은 이러한 실패에도 불구하고 하이랜드의 업무 성과를 좋게 평가하였다.

2002년, 하이랜드의 부서는 또 다른 대규모 정부 계약 입찰에 실패하였다. 입찰에 실패한 이후, 이븐은 회사의 조직을 개편하고 하이랜드를 선임 부사장 및 통합된 사업 부서의 부장으로 임명하였다.

레이시온사는 이후 임원급 직원들의 업무 성과를 평가하기 위해 컨설팅 회사를 고용하였다. 하이랜드는 컨설팅 회사가 실시한 평가에서 이븐의 리더십 능력에 대해 긍정적인 의견과 부정적인 의견을 모두 제시하였다. 컨설팅 회사는 하이랜드에게 그녀가 제시한 의견은 비밀이 보장된다고 말했지만, 이븐은 이후 하이랜드가 부정적인 의견을 제시한 사실에 대해 알게 되었다. 이븐은 이후 성과 평가에서 처음으로 하이랜드의 업무 성과에 대해 부정적으로 평가했다. 이후 이븐은 하이랜드의 고용을 해지하였다.

1심에서 배심원은 문제가 된 5개의 발언이 하이랜드의 명예를 훼손하는 것으로 판단하였고, 1심 법원은 이후 최종 판결에서 하이랜드에게 징벌적 손해배상 35만불을 포함하여 1백 8십 5만불의 손해배상을 인정하였다.

항소심[1051]에서 주 대법원은 명예훼손이 의심되는 5개의 발언 중 2개만 명예훼손으로 소 제기가 가능하며, 남은 3개의 발언은 진실 혹은 허위임을 입증할 수 없는 의견에 해당되기 때문에 소 제기 대상이 아니라고 판단하였다.

주 대법원이 명예훼손에 해당된다고 판단한 첫 번째 발언("첫 번째 발언")은 다음과 같다.

> "하이랜드는 TSSC 계약을 위한 FAA의 평가 선정 과정과 관련된 이의 신청과 TSA의 힘든 조달을 통해 레이시온사를 이끌었고, 둘 다 그녀의 끊임없는 감독을 요구했다. 이로 인해 발생된 손실은 우리의 전략적 계획 및 그녀가 이끄는 사업부의 재정적 성과에 상당한 공백(significant gap)을 만들어 냈다."[1052]

주 대법원은 이 발언이 경험으로 얻은 증거에 기초하고 있으므로 명예훼손으로 소 제기가 가능하다고 판단하였다. 또한 발언 중 "상당한"(significant)이라는 형용사가 의견의 문제일 수 있지만, 해당 발언에서 핵심적인 부분은 손실의 크기가 아닌, 손실에 대한 책임이 하이랜드에게 있다는 데 초점을 두고 있기 때문에 명예훼손에 해당된다고 판단하였다.

주 대법원이 명예훼손으로 판단한 두 번째 발언("두 번째 발언")은 다음과 같다.

> "하이랜드와 그녀의 팀은 그들의 현금 목표를 달성하였으나, 회계 25%, 영업 11.5%, 이익 24%를 포함하여 다른 재정적인 목표들은 계획에서 상당히 벗어났다."[1053]

주 대법원은 이 발언과 관련하여 사업부가 정해진 비율만큼 목표를 달성하지 못한 것은 진실 혹은 거짓으로 입증될 수 있는 사실이라고 판단하였다.[1054] 또한 첫 번째 문장

1051 In Raytheon's appeal of that judgment (the first appeal): 버지니아주는 민사합의 사건은 지방 법원에서 1심, 항소하게 되면 고등법원을 거치지 않고 대법원으로 가게 된다.

1052 Cynthia lead [Raytheon] in the protest of the FAA's evaluation selection process for the TSSC contract and through a difficult procurement for the TSA, both of which demanded her constant attention. These visible losses created significant gaps in our strategic plans and in her business unit financial performance. See Hyland v. Raytheon Technical Services Co., 277 Va. 40, 670 S.E.2d 746, 749 (2009).

1053 Cynthia and her team met their cash goals, but were significantly off plan on all other financial targets including Bookings by 25%, Sales by 11.5%, and profit by 24%. See Hyland v. Raytheon Technical Services Co., 277 Va. 40, 670 S.E.2d 746, 749 (2009).

1054 "[w]hether the business unit missed its goals by the stated percentages is a fact that may be proved true

에서 언급된 "상당한"(significant)이라는 단어는 특정 비율에 의해 정의되는 것이지 단순히 글쓴이의 관점에 따라 정의되는 것이 아니라고 판단하였다.[1055] 따라서 주 대법원은 이 두 가지 발언이 명예훼손에 해당되는지 여부를 판단하기 위한 목적으로 다시 재판을 할 수 있도록 1심 법원으로 본 케이스를 환송시키기로 결정하였다.

레이시온사는 1심 법원으로 본 케이스가 환송되자 두 가지 발언이 사실이기 때문에 명예훼손에 해당되지 않는다고 주장하면서 중간판결(motion for summary judgment)을 신청하였다.

하이랜드는 레이시온사가 신청한 중간판결(motion for summary judgment)에 이의를 제기하면서 두 발언의 일부분이 거짓이며 명예훼손에 해당될 만큼 충분히 오해의 소지가 있다고 주장하였다.[1056]

그런데 1심 법원은 레이시온사가 신청한 중간판결(motion for summary judgment)을 인정하였다. 1심 법원은 결정문에서 두가지 발언이 법리적으로 사실에 해당한다고 판단하였다. 명예훼손에 해당되는 첫 번째 발언과 관련하여 1심 법원은 첫 번째 발언의 첫 번째 사실적 요소는 하이랜드가 TSS의 계약과 TSA의 조달에 대한 이의 신청을 주도했고 이로 인해 발생된 손실에 대해 책임이 있는지 여부라고 판단하였다. 또한 첫 번째 사실적 요소는 레이시온사가 하이랜드에게 사실을 다투는지 여부를 확인하는(request for admission)[1057] 과정에서 제출된 하이랜드의 답변 즉, 하이랜드가 TSS에 이의 신청을 위해 꾸려진 팀을 감독했고 본인이 TSA계약 성사 업무를 맡은 책임자였다는 그녀의 답변은 사실에 해당한다고 판단하였다. 1심 법원은 위 두 프로젝트에서 고위 간부로서 계약 불발에 대한 궁극적인 책임은 하이랜드에게 있다고 판단하였다.

다음으로 1심 법원은 첫 번째 발언이 내포하고 있는 중의적 의미에 대해 다루었다. 1심 법원은 이 부분에 대해 "위 프로젝트들로 인한 손실이 회사의 계획 및 하이랜드가 감

---

or false." See Hyland v. Raytheon Technical Services Co., 277 Va. 40, 670 S.E.2d 746, 749 (2009).

1055 "significantly" in the first phrase is defined by certain percentages and is "not merely the view of the writer." See Hyland v. Raytheon Technical Services Co., 277 Va. 40, 670 S.E.2d 746, 749 (2009).

1056 Hyland opposed the motion for summary judgment and argued that several portions of the two statements at issue were false and were sufficiently misleading to constitute defamation. See Hyland v. Raytheon Technical Services Co., 277 Va. 40, 670 S.E.2d 746, 749 (2009).

1057 The circuit court concluded that this "first factual component" was true based on Hyland's admission in her response to Raytheon's request for admissions that she "oversaw the efforts of the proposal team's support to the [TSS] protest," and that she was the "Proposal Manager" in charge of acquiring the TSA contract. See Hyland v. Raytheon Technical Services Co., 277 Va. 40, 670 S.E.2d 746, 749 (2009).

독하고 있는 사업부의 재정적 성과에 공백을 가져왔는지 여부"에 달려있다고 보았다. 그런데 레이시온사가 하이랜드에게 사실을 다투는지 여부를 확인하는(request for admission) 과정에서 제출한 답변에서 그녀는 "TSS의 계약 실패가 재정 부족을 초래했다", "TSA와 계약이 성사되었다면 회사의 재정 손실을 줄일 수 있었을 것이다", "TSA의 계약 실패는 영업이익에 공백을 가져왔다"는 사실을 스스로 인정하였다. 따라서 1심 법원은 첫 번째 발언이 내포하고 있는 중의적 의미 또한 사실이라고 판단하였다. 1심 법원은 또한 영업이익 상의 공백이 "상당한"(significant) 정도였는지 여부는 항소법원의 판단과 같이 의견의 문제로 보아야 한다고 판단하였다.

이어서 1심 법원은 두 번째 발언의 첫 번째 사실적 요소에 대해 사업부가 정해진 비율만큼 목표를 달성하지 못했는지 여부에 따라 결정된다고 보았다. 또한 해당 사실적 요소가 2002년 동안 모든 부서의 손실에 대해 하이랜드가 책임이 있는지 여부에 있는 것이 아니라, 해당 부서가 실제로 회사가 이븐이 지적한 정도로 손실을 입었는지 여부에 있다고 판단하였다. 1심 법원은 항소심에서 법원에 제출된 하이랜드 측 변호사의 주장을 살펴볼 때 하이랜드가 2002년에 발생한 손실 규모와 관련된 이븐의 발언 내용을 인정했다고 판단하였다. 따라서 1심 법원은 두 번째 발언 또한 사실이라고 판단하였다.

2) 버지니아주 대법원의 결정 요지

일반인에게 원고가 가진 전문성에 대해 편견을 갖게 하는 발언의 경우 명예훼손 의제(defamation per se)로 소를 제기할 수 있는데, 이러한 명예훼손적인 발언에는 추론, 함축, 암시에 의해 만들어진 발언 또한 포함된다. 그러나 해당 발언이 의견인 경우에는 헌법의 보호를 받아 명예훼손으로 소를 제기할 수 없다. 따라서 배심원이 아닌 판사가 명예훼손으로 의심되는 발언이 허위 내용을 포함하고 있는지 아니면 단순히 의견에 불과한지 여부를 검토하여야 한다는 것이다.[1058]

구체적으로, 어떤 발언이 본질상 상대적이고 화자의 관점에 따라 의미가 다르게 해

1058 Therefore, before submitting a defamation claim to a jury, a trial judge must determine as a matter of law whether the allegedly defamatory statements contain provably false factual statements or are merely statements of opinion. See Government Micro Res., Inc. v. Jackson, 271 Va. 29, 40, 624 S.E.2d 63, 69 (2006); Tronfeld v. Nationwide Mutual Ins. Co., 272 Va. 709, 714, 636 S.E.2d 447, 450 (2006), Fuste, 265 Va. at 132-33, 575 S.E.2d at 861-62; American Communications Network, Inc. v. Williams, 264 Va. 336, 340, 568 S.E.2d 683, 686 (2002). See Hyland v. Raytheon Technical Services Co., 277 Va. 40, 670 S.E.2d 746, 750-751 (2009).

석된다면 이는 의견에 해당된다. 반면, 의견을 뒷받침하는 사실적 발언의 경우 명예훼손으로 소를 제기할 수 있는 근거로 볼 수 있다. 따라서 법원은 어떤 발언이 사실 혹은 의견에 해당하는지 여부를 결정할 때 발언의 일부분만 따로 떼어서 검토해서는 안되며 발언을 전체적으로 검토하여야 한다는 것이다.[1059]

함축, 추론, 암시의 형태로 만들어진 명예훼손적인 발언 또한 명예훼손 주장의 사실 여부를 판단하는 중요한 포인트가 되기 때문에 이 역시 전체를 검토하여야 한다는 것이다. 즉, 명예훼손으로 의심되는 발언의 사실적 부분을 검토할 때 단독으로 진실 혹은 허위 여부를 판단해서는 안 되며 수반되는 의견 및 달리 언급된 사실까지 종합적으로 고려해서 판단하여야 한다는 것이다.[1060]

그런데 1심 법원은 두 가지 발언에서 사실적인 부분만 따로 떼어서 검토하였으며, 각각의 발언에서 합리적으로 도출될 수 있는 함축, 추론, 암시를 포함하여 전체적으로 검토하지 않았다는 것이다. 또한 1심 법원은 해당 발언에 대한 진실 혹은 허위 여부를 검토할 때 의견에 해당하는 부분들은 제외시켰다는 것이다.

해당 발언이 사실 혹은 의견인지 여부는 배심원이 아닌 판사가 판단해야 할(as a matter of law) 문제이지만, 해당 발언이 허위인지 여부는 배심원이 판단해야 할 사실적 문제이다. 따라서 판사가 판단해서 의견으로 보여지는 경우에는 더이상 재판을 진행하지 않고 사건을 종결할 수 있는 반면, 명예훼손으로 의심되는 허위 주장이 있을 경우에는 배심원들이 명예훼손에 해당되는지 여부에 대해 최종 판단을 내린다는 것이다.[1061] 한편, 원

1059 In determining whether a statement is one of fact or opinion, a court may not isolate one portion of the statement at issue from another portion of the statement. Raytheon Tech. Servs., 273 Va. at 303, 641 S.E.2d at 91; Government Micro Res., 271 Va. at 40, 624 S.E.2d at 69; American Communications Network, 264 Va. at 341-42, 568 S.E.2d at 686. Rather, a court must consider the statement as a whole. Government Micro Res., 271 Va. at 40, 624 S.E.2d at 69. ee Hyland v. Raytheon Technical Services Co., 277 Va. 40, 670 S.E.2d 746, 751 (2009).

1060 The requirement that an allegedly defamatory statement be considered as a whole also is vital to a determination of the truth or falsity of a defamation claim, because defamatory statements may be made by implication, inference, or insinuation. See Union of Needletrades, 268 Va. at 519, 603 S.E.2d at 924; Fuste, 265 Va. at 132, 575 S.E.2d at 861; Perk, 253 Va. at 316, 485 S.E.2d at 144; Carwile, 196 Va. at 7, 82 S.E.2d at 592. Thus, the factual portions of an allegedly defamatory statement may not be evaluated for truth or falsity in isolation, but must be considered in view of any accompanying opinion and other stated facts. See Raytheon Tech. Servs., 273 Va. at 303, 641 S.E.2d at 91; WJLA-TV, 264 Va. at 156, 564 S.E.2d at 393; American Communications Network, 264 Va. at 340, 568 S.E.2d at 686; Williams, 249 Va. at 233, 455 S.E.2d at 215. See Hyland v. Raytheon Technical Services Co., 277 Va. 40, 670 S.E.2d 746, 751(2009).

1061 Thus, once a trial judge has determined that an allegedly defamatory statement is capable of being proved false, the jury's function is to evaluate the evidence presented and to determine whether the plaintiff has

고가 발언에서 도출할 수 있는 추론, 함축, 암시를 포함하여 해당 발언이 진실임을 명백히 인정한 경우에 한해 판사가 해당 발언이 사실이라고 판단하면 피고가 신청한 중간판결(summary judgment)을 승인할 수 있다.

하지만 본 케이스의 경우 하이랜드가 두 가지 발언이 진실이라고 인정하지 않았다. 하이랜드의 업무성과 평가에 대한 첫 번째 발언은 암묵적으로 계약 성사에 실패한 책임이 하이랜드에게 있으며, 이러한 손실로 인해 회사의 계획과 그녀가 감독하는 사업부의 재정에 공백이 생기게 되었다는 것을 시사한다. 하이랜드는 레이시온사가 하이랜드에게 사실을 다투는지 여부를 확인하는(request for admission) 과정에서 제출된 그녀의 답변에서 이것이 사실이라고 인정하지 않았으며, 두 번째 발언에서 정해진 비율만큼 목표를 달성하지 못했다는 그녀의 답변에 대해서도 인정하지 않았다.

하이랜드가 두가지 발언이 진실이라고 인정하지 않은 상태에서 1심 법원이 레이시온사가 신청한 중간판결(summary judgment)을 승인한 것은 배심원 재판을 통해 허위 주장에 대한 증거 제시 및 배심원의 검토를 받을 수 있는 기회를 빼앗은 것에 해당한다. 따라서 레이시온사가 신청한 중간판결(summary judgment)을 승인한 1심 법원의 판단은 잘못되었으며 하이랜드는 두 가지 발언에 대해 배심원 재판을 받을 자격이 있다는 것이다.

Milkovich v. Lorain Journal Co., 497 U.S. 1 (1990): 사실에 대한 암묵적인 인지(implied knowledge of facts)

만약 화자가 "내 생각에 존 존스(John Jones, 이하 "존스")가 거짓말쟁이야"라고 말했다면 존스가 진실을 말하지 않았다는 결론을 도출하게 된 사실을 알고 있었다는 것을 암시한다. 비록 화자가 그의 의견에 기초가 된 사실을 말한다고 하더라도 그 사실이 부정확하거나 혹은 불완전하거나 그에 대한 평가가 잘못된 경우 그 발언은 여전히 사실에 대한 잘못된 주장을 암시할 수 있다. 단순히 해당 발언을 의견으로 말한다고 해서 이러한 암시가 사라지는 것이 아니다. "내 생각에 존스는 거짓말쟁이야"라는 말은 "존스는 거짓말쟁이야"라는 말 못지않게 존스의 평판에 피해를 입힐 수 있다.[1062]

---

met her burden of proving that the allegedly defamatory statement is false. See Hyland v. Raytheon Technical Services Co., 277 Va. 40, 670 S.E.2d 746, 751(2009).

1062 If a speaker says, "In my opinion John Jones is a liar," he implies a knowledge of facts which lead to the conclusion that Jones told an untruth. Even if the speaker states the facts upon which he bases his opinion, if those facts are either incorrect or incomplete, or if his assessment of them is erroneous, the statement may still imply a false assertion of fact. Simply couching such statements in terms of opinion does not dispel these implications; and the statement, "In my opinion Jones is a liar," can cause as much

Jordan v. Kollman, 269 Va. 569, 612 S.E.2d 203 (2005): 의견(opinion)

진실한 발언인 경우 명예훼손 소송의 대상이 될 수 없다. 의견을 표현한 발언의 경우에도 해당 발언이 사실인지 허위인지 여부를 알 수 없기 때문에 명예훼손 소송의 대상이 될 수 없다.[1063]

따라서 허위 내용을 내포하지 않는 발언 혹은 특정인에 대한 실제 사실을 표현한 것으로 합리적으로 해석할 수 없는 발언의 경우 명예훼손으로 소를 제기할 수 없다. 본질상 상대적이고 화자의 관점에 따라 의미가 다르게 해석되는 발언은 의견에 해당한다.[1064]

발언이 명예훼손으로 소를 제기할 수 있는 사실인지 아니면 단순한 의견인지 여부는 배심원이 아닌 판사가 법에 따라 판단해야 할(as a matter of law) 문제다.[1065] 하지만 발언이 의견이 아니라면 원고는 그 발언이 허위임을 입증할 책임이 있다.[1066] 이때 원고가 해당 발언이 허위임을 충분히 입증했는지 여부는 배심원이 판단해야 할 문제다.[1067]

damage to reputation as the statement, "Jones is a liar." See Milkovich v. Lorain Journal Co., 497 U.S. 1, 18-19 (1990).

1063 True statements do not support a cause of action for defamation. American Communications Network, Inc. v. Williams, 264 Va. 336, 337, 568 S.E.2d 683, 684 (2002). Further, statements of opinion are generally not actionable because such statements cannot be objectively characterized as true or false. See Jordan v. Kollman, 269 Va. 569, 612 S.E.2d 203, 206 (2005).

1064 Thus, speech which does not contain a provably false factual connotation, or statements which cannot reasonably be interpreted as stating actual facts about a person cannot form the basis of a common law defamation action. Statements that are relative in nature and depend largely upon the speaker's viewpoint are expressions of opinion. Fuste v. Riverside Healthcare Ass'n, Inc., 265 Va. 127, 132-33, 575 S.E.2d 858, 861 (2003). See Jordan v. Kollman, 269 Va. 569, 612 S.E.2d 203, 206 (2005).

1065 Whether a statement is an actionable statement of fact or non-actionable opinion is a matter of law to be determined by the court. Chaves v. Johnson, 230 Va. 112, 119, 335 S.E.2d 97, 101 (1985). See Jordan v. Kollman, 269 Va. 569, 612 S.E.2d 203, 206-207 (2005).

1066 If a statement is not opinion, the plaintiff in a defamation action has the burden of proving that the statement is false. Williams v. Garraghty, 249 Va. 224, 235, 455 S.E.2d 209, 216 (1995). See Jordan v. Kollman, 269 Va. 569, 612 S.E.2d 203, 207 (2005).

1067 Whether a plaintiff has sufficiently proven the falsity of the alleged defamatory statements is a jury question. See Jordan v. Kollman, 269 Va. 569, 612 S.E.2d 203, 207 (2005).

3/ Piscatelli v. Smith[1068] (메릴랜드주 항소법원, 197 Md. App. 23, 12 A.3d 164, 2011)

본 케이스는 직원과 직원의 친구를 살해한 자의 배후가 고용주라는 의혹을 제기한 기자와 신문사를 상대로 소를 제기한 명예훼손 사건이다. 본 케이스의 이슈는 피고 신문사가 원고의 명예훼손 주장에 대해 방어 방법을 제시하여 명예훼손으로 인한 책임을 지지 않을 수 있는지 여부이다.

메릴랜드주 항소법원은 원고의 명예훼손 주장에 대해 신문사는 공정 보도특권(fair report privilege), 자유롭게 의견을 개진할 수 있는 특권(fair comment privilege), 의견(opinion) 표현이라는 방어 방법으로 대응해 볼 수 있는데 기사를 포함하여 원고의 명예를 훼손하는 내용들을 검토해보면 모두 위와 같은 방어 방법이 적용되므로 이를 근거로 신문사에게 명예훼손으로 인한 손해배상 책임을 매길 수 없다는 것이다.

1) 사실 관계

2003년 4월 11일, 볼티모어(Baltimore)에 있는 나이트클럽인 레드우드 트러스트(Redwood Trust)에서 매니저로 일하는 제이슨 컨버티노(Jason Convertino, 이하 "컨버티노")와 친구인 션 위스니에스키(Sean Wisniewski, 이하 "위스니에스키")는 볼티모어 펠스 포인트(Baltimore Fells Point) 지역에 있는 컨버티노의 집에서 살해당했다. 닉 피스카텔리(Nick Piscatelli, 이하 "피스카텔리")는 나이트클럽의 공동 소유주였다.

경찰 조사 후 레드우드 트러스트의 전 경비원이었던 앤서니 제롬 밀러(Anthony Jerome Mille, 이하 "밀러")는 두 사람을 살해한 혐의로 기소되었다. 밀러에 대한 재판이 볼티모어 1심 법원에서 진행 중이었던 2006년 10월 27일에 검사는 피고인에게 증거를 미리 제출하였다.[1069]

1068 피항소인은 신문사(City Paper)의 기자인 반 스미스(Van Smith)와 신문사를 소유한 회사(CEGW, Inc.)이다.

1069 1. Pam Morgan [Convertino's mother] has stated that an unknown man approached her at a benefit in Binghamton, New York held for her son's child shortly after his murder. The man advised her that Nick Piscatelli was behind her son's murder, he covered his tracks & hired someone to kill him.

2. Ms. Morgan advised that Van Smith, reporter for City Paper, told her someone told him that he had heard Nick threaten to kill Jason.

Piscatelli was a witness at Miller's trial and was examined by defense counsel as to his own possible motives for murdering Convertino, namely, that Piscatelli suspected Convertino of stealing money from the club and that Convertino was planning to leave the Redwood Trust to work for a competitor. On March 15, 2007, Miller was convicted of both murders and sentenced to two consecutive thirty year prison terms. See Piscatelli v. Smith, 197 Md. App. 23, 12 A.3d 164, 169 (2011).

신문사(City Paper)의 기자인 반 스미스(Van Smith, 이하 "스미스")는 밀러의 살인, 경찰 조사 및 재판에 대해 연재 기사들을 작성하였다. 피스카텔리는 스미스가 작성한 연재 기사들 중 2006년 12월 6일과 2007년 6월 20일에 게재된 두개의 기사는 본인이 밀러의 살인에 연루되어 있다는 허위 및 명예훼손 혐의를 다시 게재한 것이라고 주장하였다.

2006년 12월 6일자의 "뒤늦은 증거조사(Discovery), 레드우드 트러스트의 이중 살인사건에 새로운 반전이 일어나다"(Late Discovery, A New Twist in the Redwood Trust Double-Murder Case)라는 제목의 기사(이하 "12월자 기사")에서 스미스는 피스카텔리와의 인터뷰 내용을 인용하면서 피스카텔리가 밀러의 살인에 연루되지 않았다고 밝혔다. 스미스는 해당 기사에 컨버티노의 어머니인 팸 모건(Pam Morgan, 이하 "모건")과의 인터뷰와 관련된 내용도 함께 다루었다.[1070]

밀러가 컨버티노와 위스니에스키의 살인 혐의로 유죄 판결을 받은 후 스미스는 2007년 6월 20일에 "외로운 살인마인 앤서니 제롬 밀러는 이중 살인죄로 60년을 보냈지만 그가 혼자 저질렀는지 여부에 대한 의문점들은 여전히 남아 있다"(The Lonely Killer, Anthony

---

1070 On Oct. 27, [Assistant State's Attorney Sharon] Holback disclosed in a memorandum to the defense that "Pam Morgan [Convertino's mother] has stated that an unknown man approached her at a benefit in Binghamton, New York, held for her son's child shortly after his murder. The man advised her that Nick Piscatelli was behind her son's murder, he covered his tracks and hired someone to kill him." The memo does not indicate when Morgan shared this information with investigators, but she told City Paper during a Nov. 30 phone interview that the event was held in May 2003, just weeks after the murders.

"At the benefit, this guy comes up to me and he says he knows who is behind my son's murder" Morgan recalls. "I didn't know Nick [Piscatelli] at that point." Since then, though, Morgan says she has kept in regular, friendly phone contact with Piscatelli.

"Oh, boy! She said that?" Piscatelli says when informed of Morgan's statement about the man's visit to the Binghamton gathering. "That's unfortunate. I've spoken to her several times, and she's never mentioned anything like that to me. That's certainly sad to hear. There has been no animosity between us."

Over the phone from her home outside of Binghamton, Morgan describes the man who dropped Piscatelli's name at the benefit as white, in his 30s [sic], several inches shy of 6 feet, with "lightish, hair" of "medium build," and "wearing a long coat, like a trenchcoat."

He came in, talked, and left, "she continues," I was like, 'Whoa!' And that's when I first started questioning the club, and had these theories [that Piscatelli might be involved]. And I also thought, did [the unknown man] do it purposefully, to throw it off someone else by naming Nick? Because there is no evidence against Nick."

Still, she says she's fearful of Piscatelli, and now that her suspicions have been made public in Miller's case file she says she will stop calling him. "That was my last call to him, probably in September," Morgan recalls, when she says she discussed with Piscatelli items still in his possession that belonged to her son. (The memo also discloses that Morgan told investigators that this reporter shared with her information about Piscatelli obtained through unnamed sources). See Piscatelli v. Smith, 197 Md. App. 23, 12 A.3d 164, 170 (2011).

Jerome Miller got Sixty (60) Years of a Double Murder, But Questions Still Remain Over Whether or Not He Acted Alone)라는 제목의 기사(이하 "6월자 기사")를 게재하였다.[1071]

피스카텔리는 12월자 기사와 6월자 기사가 본인의 명예를 훼손하고 사생활을 침해했으며 두 명의 살인 사건에 연루되었다는 의혹을 제기했다고 주장하면서 스미스 측을 상대로 소를 제기하였다.

1071 The June article read, in pertinent part:

For a long time, Pam Morgan suspected that Nick Piscatelli had something to do with her son's death. Her radar went up early on, when she met with detective Blane Vucci — the first lead investigator on the case — on her first visit to Baltimore, right after the murders in 2003. Morgan had thought of Piscatelli as nothing more than her son's employer prior to the murders. But she recalls that when she told Vucci that she thought that the murders must have something to do with Redwood Trust, "because if Jay knew anybody, it would have been through the business," Vucci's heated reaction surprised her.

"He informed me that Nick did everything for my son, yelling at me," Morgan says. "He told me there was no evidence, that the case would never be solved, and made it seem like somehow Jay did something wrong. And I left feeling hopeless." (Attempts to reach Vucci for comment were unsuccessful.)

Morgan went back to upstate New York, and began to investigate the case on her own. She went through her son's records that she had, calling any contacts she could find, and tried to share any information she developed with the Baltimore Police Department.

One of the things she shared with the police had to do with Piscatelli. About a month after the killings, in May 2003, a benefit was held near Binghamton to raise money for Convertino's young daughter. About 500 people showed up, and while it was going on, Morgan says she was approached by a man she'd never seen before and hasn't seen since. "He said that Nick Piscatelli was behind my son's murder," Morgan recalls, "that [Piscatelli had] hired someone to do it, and that he'd covered his tracks."

Since then, Morgan had kept Piscatelli close. She says she maintained a phone relationship with him, never letting on that she suspected his involvement.

* * *

Morgan was not present when Piscatelli testified at Miller's trial — it was the first and only day of the trial she missed. Now that Miller's been convicted, she says she feels less certain about her suspicions than ever.

"If I knew Nick actually did it, if I actually had the proof" that he was somehow involved in Convertino's death, Morgan says, "I don't know what I would have done differently. As long as I still had a doubt and could speak to this man, I did so. So many other things are surfacing, and sometimes we are led to believe one thing when it is the opposite. Now, I have doubts that Nick is responsible. Before, I could go either way on this whole thing. But right now, it's like I don't know anymore.

Don't forget, she continues, "[the police] told me they felt two people were involved. And of course, I'm thinking, Well somebody came [to the benefit] and told me that. Was he the second person? Now, I don't know."

Or it might have been Miller, acting alone, killing two people simply to get a credit card and a laptop in order to pay for his honeymoon. If so, barring a successful appeal, Miller will be paying for that honeymoon for a long time to come.

See Piscatelli v. Smith, 197 Md. App. 23, 12 A.3d 164, 171 (2011).

스미스 측은 해당 기사들이 피스카텔리의 명예를 훼손하지 않았고, 사실을 왜곡하지 않았으며, 전적으로 특권(privilege)의 적용을 받는다고 주장하면서 중간판결(motion for summary judgment)을 신청하였다. 피스카텔리는 스미스 측이 신청한 중간판결에 반대하는 신청(opposition to the motion for summary judgment)[1072]을 제출하였다.

2009년 1월 26일에 이 신청에 대한 변론(hearing) 및 피스카텔리의 이의신청(opposition)이 있었다. 같은 해 2월 17일, 1심 법원은 모든 청구원인(count)에 대해 스미스 측의 중간판결(motion for summary judgment)을 승인하는 명령을 내렸다. 이에 피스카텔리는 항소를 제기했다.

2) 메릴랜드주 항소법원의 결정 요지

원고 개인이 피고 신문사를 상대로 명예훼손 소송을 제기하는 경우 신문사가 면책을 주장하기 위해 제기할 수 있는 세가지 방어 방법을 제시한 것이다.

첫 번째로 사법 절차(judicial proceedings)에 대해 신문사가 보도하는 경우 기사에 명예훼손적인 내용이 포함되어 있다고 하더라도 보도 자체가 공정하고 상당히 정확한 사실을 다루고 있는 것이라면 신문사는 공정 보도특권(fair report privilege)을 방어 방법으로 주장할 수 있다.[1073]

두 번째로 신문사는 법적 책임 없이 공익 문제에 대해 공정하고 합리적인 의견이나 논평을 자유롭게 표현할 수 있는 특권(fair comment privilege)을 방어 방법으로 주장할 수 있다.[1074]

1072 "[부록]미국 법률 용어"에서 자세한 설명을 확인하기 바란다.

1073 There are three defenses that, if applicable, bar recovery. The first is the qualified privilege to report upon judicial proceedings. Chesapeake Publishing, 339 Md. at 296, 661 A.2d 1169 ("In Maryland, there exists a qualified privilege to report on legal proceedings, even if the story contains defamatory material, as long as the account is fair and substantially accurate.") See Piscatelli v. Smith, 197 Md. App. 23, 12 A.3d 164, 173 (2011).

1074 The second defense is the fair comment privilege:

It is recognized that a newspaper like any member of the community may, without liability, honestly express a fair and reasonable opinion or comment on matters of legitimate public interest. The reason given is that such discussion is in the furtherance of an interest of social importance, and therefore it is held entitled to protection even at the expense of uncompensated harm to the plaintiff's reputation.

* * *

The distinction between "fact" and "opinion," although theoretically and logically hard to draw, is usually reasonably determinable as a practical matter: Would an ordinary person, reading the matter complained of, be likely to understand it as an expression of the writer's opinion or as a declaration of an existing fact?

세 번째로 신문사의 의견을 뒷받침하는 사실이 제공되거나 쉽게 접근이 가능하고, 언론사가 근거로 제시한 사실이 허위로 판명될 수 없는 경우 신문사는 법적 책임이 없이 의견(opinion)을 제시할 수 있는 자격이 있다는 것을 방어 방법으로 주장할 수 있다.[1075]

주 항소법원은 세 번째 방어 방법과 관련하여 다음 네 가지의 유형이 있을 수 있다고 판단하였다.

(1) 피고가 원고의 허위 및 명예훼손적인 사실에 근거하여 원고를 폄하하는 의견을 표현한 경우, 피고는 사실에 기초한 발언에 대해서는 책임을 져야 하지만 의견을 표현한 부분에 대해서는 책임이 없다.

(2) 피고가 원고의 명예를 훼손하지 않는 사실에 근거하여 원고를 폄하하는 의견을 표현한 경우, 피고는 사실에 기초한 발언 및 의견 모두에 대해 책임이 없다.

(3) 피고가 발언하지 않았지만 양 당사자가 의사소통 중에 진실이라고 인정하는 사실에 대해 폄하하는 의견을 표현한 경우, 그것이 또한 명예를 훼손하는 다른 사실에 기초하고 있다고 추론되는 경우에는 가정된 사실이 명예훼손에 해당되는지 여부와 관계없이 피고에게는 책임이 없다.

(4) 피고가 근거가 되는 사실을 공개하지 않고 원고를 폄하하는 의견을 표현한 경우, 그 의견이 표현되지 않은 명예훼손적인 사실로 인해 그 의견이 일리가 있다는 합리적인 추론이 가능하게 된 경우에는 피고에게 책임이 있다.[1076]

An opinion may be so stated as to raise directly the inference of a factual basis, and the defense of fair comment usually has been held not to cover an opinion so stated.

A.S. Abell Co. v. Kirby, 227 Md. 267, 272, 274, 176 A.2d 340 (1961) See Piscatelli v. Smith, 197 Md. App. 23, 12 A.3d 164, 174 (2011).

1075 The third defense at least arguably in play in the case is that a person is entitled to express an opinion without liability if "the facts from which a defendant forms his or her opinion are given or are readily available and those facts cannot be proved false...." Peroutka, 116 Md. App. at 320, 695 A.2d 1287. See Piscatelli v. Smith, 197 Md. App. 23, 12 A.3d 164, 174 (2011).

1076 Elaborating on this principle, Judge Cathell identified four possible variations:

"(1) If the defendant bases his expression of a derogatory opinion of the plaintiff on his own statement of false and defamatory facts, he is subject to liability for the factual statement but not for the expression of opinion.

(2) If the defendant bases his expression of a derogatory opinion of the plaintiff on his own statement of facts that are not defamatory, he is not subject to liability for the factual statement — nor for the expression of opinion, so long as it does not reasonably indicate an assertion of the existence of other, defamatory, facts that would justify the forming of the opinion. The same result is reached if the statement of facts is defamatory but the facts are true ... or if the defendant is not shown to be guilty

이러한 기준을 가지고 피스카텔리가 본인의 명예를 훼손한 것이라고 주장하는 기사 내용들을 검토해보면 모두 위 세 가지 방어 방법이 적용된다. 따라서 해당 기사들이 스미스 측에 명예훼손으로 인한 손해배상 책임을 매길 수 있는 근거로 볼 수 없다는 것이다.[1077]

구체적으로 명예훼손의 소지가 있다고 여겨지는 부분들을 검토해보면 다음과 같다.

1. "하지만 밀러의 유죄 판결에도 불구하고, 레드우드 트러스트에서 있었던 이중 살인 사건은 여전히 미스터리로 남아있다."[1078]

이 문장에는 밀러가 유죄 판결을 받았다는 사실에 대한 주장이 포함되어 있다. 또한 밀러의 살인 사건이 미스터리로 남아 있다는 의견을 포함한다. 이 문장은 공적인 관심사(public interest)에 대해 공정하고 합리적인 의견을 가감없이 표현한 것이기 때문에 자유롭게 의견을 개진할 수 있는 특권(fair comment privilege)이 적용된다.

2. "모건은 2003년 살인 사건 직후 초기 수사관들에 의해 한 명 이상의 사람이 살인을 저질렀다고 믿게 되었다고 회상한다. '첫날부터, 그들은 모두 범죄 현장에 적어도 두 사람이 아파트에 있었다는 것을 나에게 알려주는 것 같았다.'라고 모건은 말한다. '나는 어떻게 그들이 알았는지에 대해 들은 것이 없다. 나는 모른다. 하지만 그것이 바로 내가 믿게 된 전부이다. 증거는 없었고, 그들은 사건이 해결될 것이라고 생각하지 않았다. 물론 리츠(Ritz) 형사가 그 자리를 대신했다.'

모건은 아들의 죽음에 한 명 이상의 사람이 연루되어 있다고 생각한다. 밀러는 현재 복역 중임에도 불구하고 범행을 둘러싼 모든 정황에 대해 진실이 밝혀질 수 있을지 모르겠다고 말한다. '밀러가 혼자였는지, 아니면 다른 사람이 정말 밀러가 살인을 저지르게

---

of the requisite fault regarding the truth or defamatory character of the statement of facts....

(3) If the defendant bases his expression of a derogatory opinion on the existence of 'facts' that he does not state but that are assumed to be true by both parties to the communication, and if the communication does not give rise to the reasonable inference that it is also based on other facts that are defamatory, he is not subject to liability, whether the assumed facts are defamatory or not.

(4) If the defendant expresses a derogatory opinion without disclosing the facts on which it is based, he is subject to liability if the comment creates the reasonable inference that the opinion is justified by the existence of unexpressed defamatory facts."

Id. (quoting Restatement (Second) of Torts § 566 Comment c (1976)). See Piscatelli v. Smith, 197 Md. App. 23, 12 A.3d 164, 174 (2011).

1077 Our review of the statements in the articles identified by Piscatelli as defamatory leads us to conclude that they are all covered by either the fair reporting or fair comment privileges or are opinions and, thus, are not bases for liability. See Piscatelli v. Smith, 197 Md. App. 23, 12 A.3d 164, 175 (2011).

1078 1. "But, despite Miller's conviction, the Redwood Trust double murders remain mysterious." See Piscatelli v. Smith, 197 Md. App. 23, 12 A.3d 164, 175 (2011).

된 이유였는지 모른 채 사는 것이 가장 힘들기 때문에 진실이 밝혀지길 바란다. 나는 그 것이 누구에게서 오든, 그들이 무엇을 공개하든지 상관없이 모든 진실을 알고 싶다. 내가 모든 진실을 알게 되면, 그때는 내가 어떤 삶을 살아도 괜찮을 것 같다고 생각한다.'"[1079]

컨버티노의 어머니인 모건의 의견을 발췌한 이 단락은 일반인이 이 글을 읽었을 때 의견을 표현한 것으로 이해할 수 있으며, 이러한 의견에 대한 사실적 근거는 동일한 인용문에서도 쉽게 확인할 수 있다. 따라서 이 단락의 경우에도 자유롭게 의견을 개진할 수 있는 특권(fair comment privilege)이 적용된다.

3. "샘 밀러(Sam Miller, 밀러의 동생)는 아기를 안고 법정을 나왔다. 변론(Hearing)이 끝난 후, 그는 밀러의 아들을 데리고 법원 밖 사라토가(Saratoga) 거리를 걸으면서 기자들에게 사건이 아직 끝나지 않았다고 말했다.

샘 밀러는 며칠 전 전화 통화에서 자신이 한 주장을 되풀이하고 있었다. 형의 유죄 판결에 대해 그는 '수사관들이 이것에 만족하지 않기를 바란다'고 말했다. 그는 계속해서 '이 살인 사건들은 음모였다', '형이 그 일에 대해 뭔가 알고 있을지도 모르지만, 사람들은 때때로 그들이 입을 다물고 있어야 한다고 느낀다.'라고 말했다."[1080]

이 단락은 밀러의 재판에서 제시된 증거에 대한 의견에 해당된다. 따라서 이 단락의 경우에도 자유롭게 의견을 개진할 수 있는 특권(fair comment privilege)이 적용된다.

1079 2. "Morgan recalls that, right after the murders in 2003, she was led to believe by the initial homicide investigators that the killings were done by more than one person. 'From day one, they all seemed to give me the inkling that the crime scene led to at least two people being in the apartment,' she says. 'I never was told any facts about how they got that. I don't know. But that's all they've all led me to believe — that, and that there was no evidence, and that they didn't think the case would ever be solved. Up until, of course, Detective Ritz took over.'
The idea that more than one person was involved in her son's death has stuck with Morgan. Even though Miller is now serving time, she says, 'I don't know if [the truth] will come out' about the full circumstances surrounding the crime. 'I hope it does, because this is the hardest thing — to live without knowing if Miller was alone, or if someone else really was the cause of Miller doing this. I really want to know the whole truth, no matter who it comes from or whatever they discover. Once I know the whole truth, I think then I'll be OK for whatever life I have left.'" See Piscatelli v. Smith, 197 Md. App. 23, 12 A.3d 164, 176 (2011).

1080 3. "Sam Miller [Anthony Miller's brother] stood up and left the courtroom with the baby. After the hearing, he walked down Saratoga Street outside the courthouse, still carrying Miller's son, and declared to a reporter that 'it's not over.'
Sam Miller was reiterating a point he made at length during a phone conversation days earlier. 'I hope the investigators won't be satisfied with this,' he said of his brother's conviction. 'These murders were a conspiracy,' he continues, 'Anthony might have known something about it, but sometimes people feel they have to keep their mouth shut.'" See Piscatelli v. Smith, 197 Md. App. 23, 12 A.3d 164, 176 (2011).

4. "예를 들어, 컨버티노의 고용주가 가졌을지도 모르는 살해 동기를 생각해보자. 컨버티노는 볼티모어(Baltimore)에서 부동산 개발업자로 성공한 피스카텔리에 의해 레드우드 트러스트의 관리자로 고용되었다. 피스카텔리는 그의 나이트클럽을 운영할 장소로 사용하기 위해 1904년에 볼티모어(Baltimore)에서 있었던 대 화재 사건에서 살아남은 역사적인 은행 건물을 꼼꼼하게 복구하였다. 밀러의 재판에서 증언했던 컨버티노는 행사 기획자로서 입증된 실력을 가지고 레드우드 트러스트의 경쟁자 중 하나인 보하거 레스토랑(Bohager's Bar and Grill)으로 이직하려고 계획 중이었는데 살인이 일어났다. 좀 더 구체적으로 말하자면, 컨버티노는 2003년 4월 13일에 레드우드 트러스트에서 열릴 예정이었던 피. 디디(P. Diddy) 초청 행사를 보하거 레스토랑으로 가져 가려고 계획 중이었다. 그런데 살인 사건 이후에 원래 계획대로 4월 11일에 피. 디디가 레드우드 트러스트에 나타났다. 게다가 피스카텔리는 컨버티노가 행사뿐만 아니라 레드우드 트러스트의 돈을 훔쳤다고 의심했다."[1081]

이 단락에서는 피스카텔리가 컨버티노를 살해하려는 동기가 있었다는 점을 암시하고 있다. 피스카텔리에게 살해 동기가 있었을 수 있다는 스미스의 논평은 바로 이어지는 정보에 비추어 볼 때 정당한 것이었다. 컨버티노는 피스카텔리의 나이트클럽에서 사업을 빼앗아 올 계획이었고 피스카텔리는 컨버티노가 자신의 물건을 훔쳤다고 의심했다. 따라서 이 단락의 경우에도 자유롭게 의견을 개진할 수 있는 특권(fair comment privilege)이 적용된다.

5. "폴란스키(Polansky, 밀러의 변호인)는 다음과 같이 주장했다: 야간 업소 매니저이자 홍보 담당자로서 컨버티노의 실력은 레드우드 트러스트에서 가치있는 것이었다. 만약 컨버티노가 경쟁자인 보하거 레스토랑을 위해 일하게 된다면 레드우드 트러스트는 야간 업소 시장에서 그와 경쟁하게 될 것이다. 그것은 살인의 적합한 동기로 보이지 않을 수도 있지만, 신용카드와 노트북 절도 역시 적합한 동기로 보이지 않는 것은 마찬가지다. (피스카텔리는 컨버티노와 위스니에스키의 죽음과 관련하여 어떤 범죄로도 기소되지 않았다.)"[1082]

1081 4. "Take, for instance, the motive that Convertino's boss may have had. Convertino was hired to manage Redwood Trust by Nicholas Piscatelli, a successful Baltimore real-estate developer. Piscatelli meticulously restored a historic downtown bank building that had survived the Great Baltimore Fire of 1904 to house his posh nightclub. Convertino, witnesses testified at Miller's trial, was planning to take his proven skills as a scene-maker to one of Redwood Trust's competitors, Bohager's Bar and Grill, when the murders happened. More specifically, Convertino was scheming to take a P. Diddy event that was scheduled to happen at Redwood Trust on April 13, 2003, to Bohager's instead; after the murders, on April 11, P. Diddy appeared at Redwood Trust, as originally planned. What's more, Piscatelli suspected Convertino of stealing not just shows, but money from Redwood Trust." See Piscatelli v. Smith, 197 Md. App. 23, 12 A.3d 164, 176 (2011).

이 단락의 첫 번째 부분은 피스카텔리에 대한 밀러의 변호인의 증인신문과 관련하여 공정하고 정확한 보도 내용을 담고 있다. 따라서 공정 보도특권(fair report privilege)에 해당된다. "살인의 적합한 동기로 보이지 않을 수도 있지만, 신용카드와 노트북 절도 역시 적합한 동기로 보이지 않는 것은 마찬가지다."라는 마지막 문장은 밀러의 변호인이 피스카텔리에게서 얻어낸 증언에 대해 객관적으로 논평한 것이므로 자유롭게 의견을 개진할 수 있는 특권(fair comment privilege)이 적용된다.

6. "오랫동안 모건은 피스카텔리가 아들의 죽음과 관련이 있다고 의심했다. 그녀가 2003년 살인 사건 직후 볼티모어(Baltimore)를 처음 방문했을 때, 이 사건의 첫 수사 책임자인 블레인 부치(Blane Vucci, 이하 "부치") 형사를 만났을 때 그녀는 일찌감치 촉각을 곤두세웠다. 모건은 살인 사건 전에 피스카텔리를 아들의 고용주일 뿐이라고 생각했었다. 그러나 모건은 그녀가 부치 형사에게 컨버티노에게 새로운 사람이 있었다면, 그것은 사업을 통해서 연결되었을 것이기 때문에 살인자들이 레드우드 트러스트와 관련이 있을 것이라고 생각했다고 말했을 때 부치 형사의 과민 반응은 그녀를 놀라게 했다.[1083]"

이 단락은 모건이 어떻게 대중의 주목을 받고 있는 아들의 살인사건에 피스카텔리가 연루되어 있다고 의심하게 되었는지에 대한 그녀의 설명을 다루고 있다. 일반인이 이 내용을 읽었을 때 그것은 사실에 대한 진술이 아니라 의견을 표현한 것임을 분명히 인식할 수 있다. 따라서 이 단락의 경우에도 자유롭게 의견을 개진할 수 있는 특권(fair comment privilege)이 적용된다.

7. "모건이 경찰과 공유했던 것 중의 하나는 피스카텔리와 관련이 있었다. 살인 사건이 있은 지 약 1달 후인 2003년 5월, 빙햄턴(Binghamton) 근처에서 컨버티노의 어린 딸을

1082 5. "Polansky [Miller's trial attorney] had made his point: Convertino's skills as a nightlife manager and promoter were valuable to Redwood Trust. If Convertino went to work for a rival — Bohager's, as he was about to do — Redwood Trust would be competing against him in the nightlife market. It might not seem like a suitable motive for murder, but neither does the theft of a credit card and a laptop. (Piscatelli has not been charged with any crime in relation to Convertino and Wisniewski's deaths.)" See Piscatelli v. Smith, 197 Md. App. 23, 12 A.3d 164, 177 (2011).

1083 6. "For a long time, Pam Morgan suspected that Nick Piscatelli had something to do with her son's death. Her radar went up early on, when she met with detective Blane Vucci — the first lead investigator on the case — on her first visit to Baltimore, right after the murders in 2003. Morgan had thought of Piscatelli as nothing more than her son's employer prior to the murders. But she recalls that when she told Vucci that she thought that the murders must have something to do with Redwood Trust, 'because if Jay new anybody, it would have been through the business,' Vucci's heated reaction surprised her." See Piscatelli v. Smith, 197 Md. App. 23, 12 A.3d 164, 177 (2011).

위한 모금 행사가 열렸다. 약 500명의 사람들이 참석했고, 그 행사가 진행되는 동안, 모건은 그녀가 전에 본 적도 없고 그 이후로도 본 적이 없는 한 남자가 접근해왔다고 말했다. 모건은 '그는 피스카텔리가 내 아들을 살인한 사람의 배후에 있다고 말했고 피스카텔리가 그 일을 하도록 누군가를 고용했고, 그가 그의 흔적을 숨겼다고 말했다'고 회상한다. 그 이후로도 모건은 피스카텔리를 가까이에 두고 있었다. 그녀는 피스카텔리와 전화로 관계를 유지해왔다고 말했고, 살인 사건에 그가 관여했다는 점이 의심된다는 사실을 절대 알리지 않았다."[1084]

이 단락의 첫 번째 부분은 밀러 사건과 관련하여 검찰에 제출한 모건의 진술 내용을 정확하게 요약한 것이다. 따라서 이 부분은 공정 보도특권(fair report privilege)이 적용된다. 두 번째 부분은 이 대중의 주목을 받고 있는 아들의 살인사건에 피스카텔리가 연루되어 있다고 의심하게 된 점에 대한 모건의 진술 내용을 다루고 있다. 일반인이 이 내용을 읽었을 때 그것은 사실에 대한 진술이 아니라 의견을 표현한 것임을 분명히 인식할 수 있다. 따라서 이 단락의 경우에도 자유롭게 의견을 개진할 수 있는 특권(fair comment privilege)이 적용된다.

8. "잊지마라. 모건은 계속 말했다. 경찰은 살인 사건에 두 사람이 연루된 것 같다고 말했다. 그리고 물론, 나는 생각했다. 누군가 나에게 와서 그 사실을 말했다. 그가 두 번째 사람이었나? 이제 나는 모르겠다."[1085]

이 단락 또한 역시 모건이 대중에게 주목을 받고 있는 아들의 살인 사건에 피스카텔리가 연루되어 있다고 의심하게 된 점에 대한 모건의 진술 내용을 다루고 있다. 일반인이 이 내용을 읽었을 때 그것은 사실에 대한 진술이 아니라 의견을 표현한 것임을 분명히 인식할 수 있다. 따라서 이 단락의 경우에도 자유롭게 의견을 개진할 수 있는 특권(fair

---

1084 7. "One of the things she shared with the police had to do with Piscatelli. About a month after the killings, in May 2003, a benefit was held near Binghamton to raise money for Convertino's young daughter. About 500 people showed up, and while it was going on, Morgan says she was approached by a man she'd never seen before and hasn't seen since. 'He said that Nick Piscatelli was behind my son's murder,' Morgan recalls, 'that [Piscatelli had] hired someone to do it, and that he'd covered his tracks.'
Since then, Morgan had kept Piscatelli close. She says she maintained a phone relationship with him, never letting on that she suspected his involvement." See Piscatelli v. Smith, 197 Md. App. 23, 12 A.3d 164, 177 (2011).

1085 8. "Don't forget, she continues, '[the police] told me they felt two people were involved. And of course, I'm thinking, Well somebody came [to the benefit] and told me that. Was he the second person? Now, I don't know.'" See Piscatelli v. Smith, 197 Md. App. 23, 12 A.3d 164, 178 (2011).

comment privilege)이 적용된다.

9. "그러나 피스카텔리는 그가 범죄와 관련이 있었을 가능성을 조사하고 있다는 최근의 조짐들에 대해 우려하고 있다."[1086]

이 문장은 사법 절차(judicial proceeding)에 대한 공정하고 정확한 진술이다. 따라서 공정 보도특권(fair report privilege)이 적용된다.

10. "홀백(Holback) 검사는 10월 27일 다음과 같은 내용의 준비서면(legal brief)을 공개했다. '모건이 아들의 살인 사건 이후에 손녀를 위해 뉴욕주 빙햄턴(Binghamton)에서 열린 모금 행사에서 신원 미상의 남자가 그녀에게 접근했다고 폭로했다. 그 남자는 피스카텔리가 아들의 살인 사건의 배후에 있다고 그녀에게 조언했고, 그는 그의 흔적을 숨기고 그를 죽일 사람을 고용했다.'는 내용이었다. 이 준비서면(legal brief)에는 모건이 언제 수사관들과 이 정보를 공유했는지에 대해서는 적혀있지 않았지만, 그녀는 11월 30일 전화 인터뷰에서 이 살인 사건이 있은 지 불과 몇 주 후인 2003년 5월에 그 일이 일어났다고 신문사(City Paper)에게 말했다. 모건은 '모금 행사에서 이 남자가 나에게 다가와 내 아들의 살인 사건의 배후가 누구인지 알고 있다고 말한다.', '나는 그 당시에 피스카텔리를 몰랐다.'고 회상한다."[1087]

이 단락은 밀러 사건에서 제출된 증거조사 과정에서 작성된 준비서면(discovery memorandum)[1088]의 내용을 공정하고 정확하게 보도한 것이다. 따라서 공정 보도특권(fair report privilege)이 적용된다.

11. "그는 들어와서 말하고 떠났다. 모건은 계속 말한다. '나는 "후!"라고 말했다. 그리고 그때 처음으로 나이트클럽에 대해 의문을 품기 시작했다. 그리고 이런 가설들을 가지고 있었다. 그리고 나는 또한 생각했다. 피스카텔리라는 이름을 붙여 누군가를 던져 버

1086 9. "But Piscatelli is concerned about recent indications that the case is delving into the possibility that he had something to do with the crime." See Piscatelli v. Smith, 197 Md. App. 23, 12 A.3d 164, 178 (2011).

1087 10. "On Oct. 27, [Assistant State's Attorney] Holback disclosed in a memorandum to the defense that 'Pam Morgan [Convertino's mother] has stated that an unknown man approached her at a benefit in Binghamton, New York, held for her son's child shortly after his murder. The man advised her that Nick Piscatelli was behind her son's murder, he covered his tracks and hired someone to kill him.' The memo does not indicate when Morgan shared this information with investigators, but she told City Paper during a Nov. 30 phone interview that the event was held in May 2003, just weeks after the murders.
'At the benefit, this guy comes up to me and he says he knows who was behind my son's murder' Morgan recalls. 'I didn't know Nick [Piscatelli] at that point.'" See Piscatelli v. Smith, 197 Md. App. 23, 12 A.3d 164, 178 (2011).

1088 "[부록] 미국 법률 용어"에서 자세한 설명을 확인하기 바란다.

리기 위해 일부러 그랬을까? 피스카텔리에 대한 증거가 없었기 때문이었다.'

모건은 여전히 피스카텔리가 두렵다고 말한다. 그리고 이제 밀러의 케이스에 대한 그녀의 의문이 대중에게 공개되었기 때문에 그에게 전화하는 것을 그만둘 것이라고 말한다. 모건은 그녀가 아들의 소지품에 대해 피스카텔리와 상의했다고 말하면서 '아마 9월이 내가 그에게 걸었던 마지막 전화였다.'고 회상한다. (그 준비서면은 모건이 한 기자가 익명의 제보자를 통해 얻은 피스카텔리에 대한 정보를 그녀에게 공유했다고 수사관들에게 말했다고 밝히고 있다)."[1089]

이 단락은 밀러 사건에서 주정부의 추가 증거조사 과정에서 작성된 준비서면(discovery memorandum)에서 논의 대상이었던 모건이 입수한 정보와 연관된 내용이다. 일반인이 이 내용을 읽었을 때 그것은 사실에 대한 진술이 아니라 모건의 의견을 표현한 것임을 알 수 있다. 따라서 이 단락의 경우에도 공정 보도특권(fair comment privilege)이 적용된다.

Chaves v. Johnson, 335 S.E.2d 97 (Va. 1985)

본 케이스는 프레더릭스버그(Fredericksburg) 지역에서 활동하는 두명의 건축가(후안 차베스(Juan O. Chaves, (이하 "차베스")와 에이치 씨 존슨(H.C. Johnson, Jr., 이하 "존슨")가 시청 건축 프로젝트의 경쟁 입찰에 참여하기 위해 제안서를 제출하였는데 최종 입찰에서 떨어진 존슨이 시의회 의원들에게 항의 편지를 보낸 것에서 비롯된 명예훼손 의제(defamation per se) 사건이다.

이 항의 편지의 주된 내용은 시 측에서 차베스와 같은 경험이 없는 건축가에게 프로젝트를 맡겼으며, 그가 일반적인 금액에 50% 이상이나 높은 건축 비용을 제시했음에도 불구하고 시 측에서 이를 수용한 것은 비 합리적이라는 것이었다. 또한 이 편지에서 그는 시의회에서 자신이 제출한 제안서에 대해 제대로 검토하지 않았고, 자신이 이 프로젝트에 관심이 있다는 사실조차 몰랐다고 지적하면서 자신이 제출했던 제안서를 다시 검토해달라고 요구하였다.[1090]

1089 11. "'He came in, talked, and left,' [Morgan] continues. 'I was like, "Whoa!" And that's when I first started questioning the club, and had these theories [that Piscatelli might be involved]. And I also thought, did [the unknown man] do it purposefully, to throw it off someone else by naming Nick? Because there is no evidence against Nick.'
Still, she says she's fearful of Piscatelli, and now that her suspicions have been made public in Miller's case file she says she will stop calling him. 'That was my last call to him, probably in September,' Morgan recalls, when she says she discussed with Piscatelli items still in his possession that belonged to her son. (The memo also discloses that Morgan told investigators that this reporter shared with her information about Piscatelli obtained through unnamed sources)." See Piscatelli v. Smith, 197 Md. App. 23, 12 A.3d 164, 178-179 (2011).

1090 July 23, 1979 Fredericksburg City Council Fredericksburg, Virginia Re: Proposed City Hall Architectural

Project

Members of Council:

Concerning the proposed City Hall Architectural Project. Over a prolonged period of time since Council selected an Architect for the above project it has come to my attention that members of Council did not review, or did not have, all relevant information when making the decision.

If having been aware of the facts it seems unreasonable to me that Council would retain an Architect who has had no prior experience in this type of project and agree to pay an Architectural fee that is over 50% more than what could be considered a reasonable fee.

I have been told by members of Council that they have never seen the proposal that I submitted, in response to Mr. Funk's request, and were not aware that I was really interested in the project.

I have also been told that a member of Council told other members of Council that I was too busy to work on the project. This is absolutely not true. Had I been too busy I would not have submitted a proposal or told Mr. Funk, or stated in my proposal, that I was extremely interested in the project.

In view of the fact that I am a registered Architect, a permanent resident of the area, have maintained an office in the City for thirteen years and have paid many thousands of dollars to the City Treasurer in the form of Business License Tax, and have had as much experience as any Architect in the State with respect to this type of project, have submitted a reasonable fee schedule and have expressed a sincere desire to be considered for the project, it seems a considerable reflection on my professional reputation, as well as questionable judgement on Council's part, to retain an Architect of no past experience and agree to pay him an unjustifiably high fee.

Because of my failure to request a proper interview, which I had assumed would be an appropriate formality, at the time of the original architectural selection concerning the Post Office I do not necessarily feel that I am entitled to further consideration concerning that particular project, even though I feel that Council did not give my proposal fair and Impartial consideration.

However, if it is Council's intention to consider a new City Hall at any location other than the Post Office I would at this time request that my original proposal be reviewed and reconsidered and a new architectural contract be awarded based on the requirements of the new project and the merits of those submitting proposals.

Further, if it is Council's intention to accept and review unsolicited architectural concepts for a new City Hall I would also appreciate some consideration with respect to such a presentation.

If you have not seen my original proposal I have enclosed a copy for your review. Of considerable importance, I feel, is the fact that I stated I was extremely interested in the project, that my fee in the $700,000.00 to $800,000.00 range would have been 6.5% of the construction cost, and that a study and determination of space needs was a part of my basic fee. If you also review the other proposals submitted and the contract that was eventually entered into by the City it is clear that all facts were not considered when a decision was reached. It seems to me that on a project of this type the public interest is being poorly served if members of Council do not review all information that is readily available to them when making a decision involving hundreds of thousand (possibly millions) of dollars, and as a result select the person or firm who is readily available, is best qualified, and proposes to do the work for the most reasonable fee.

I ask only that all relevant facts and information receive fair and impartial consideration.

Sincerely, H. C. Johnson, Jr. Architect

See Chaves v. Johnson, 335 S.E.2d 97, 99-100 (Va. 1985).

존슨의 항의 편지를 받은 시의원들은 해당 사안에 대해 비공개 회의를 진행했고 차베스와의 계약은 해지되었다. 이후 시의회는 새로운 입찰을 개시하였는데 더 낮은 금액의 제안을 받았음에도 불구하고 존슨이 최종 입찰을 받게 되었다. 이에 차베스는 존슨을 상대로 명예훼손 및 계약 방해로 소를 제기하게 된 것이다.

본 케이스의 이슈는 존슨의 항의 편지에 적힌 두가지 내용 즉, 1) 차베스는 경험이 없는 건축가다, 2) 차베스는 경쟁 입찰에서 합리적인 금액의 50% 이상이나 높은 건축 비용을 청구했다는 그의 지적이 차베스의 명예를 훼손하는 발언에 해당하는지 아니면 단순히 개인적인 의견 표현에 해당하는지 여부이다.[1091]

버지니아주 대법원은 존슨의 항의 편지에 적힌 두가지 내용은 다음의 이유로 의견에 해당하므로 명예를 훼손하는 말(defamatory words)로 볼 수 없다고 판단하였다.

주 대법원은 존슨이 차베스의 경험 부족을 지적했다고 해서 그것이 차베스가 전문 분야에서 부적합한 자라는 것을 의미하지 않기 때문에 명예훼손 의제(defamation per se)에 해당되지 않는다고 판단하였다. 또한 경험 부족은 화자가 보는 관점에 따라 다르게 판단될 수 있는 것으로 존슨이 차베스에 대해 가지는 상대적인 의견에 불과하다고 보았다. 마찬가지로 차베스의 입찰 금액이 지나치게 높다는 존슨의 지적도 상대적인 의견에 불과하다고 판단하였다.[1092]

Tharpe v. Saunders, 737 S.E.2d 890 (Va. 2013)

쉐어린(Shearin)의 암석 발굴 에이전트인 타프(Tharpe)는 암석을 발굴하고 원래 계약금액보다 높은 보상을 받기 위해 시 당국과 협상을 진행하였다. 그런데 그 과정에서 타프와 시 당국간에 분쟁이 발생했다. 쉐어린의 경쟁업자인 사운더스사(Saunders Construction)는 메클렌버그(Mecklenburg) 카운티 고위 공무원인 웨인 카터(Wayne Carter)에게 타프가 포트피켓(Fort Pickett)에서 그랬던 것처럼 시 당국을 망칠 것이라고 말했다는 내용("Tharpe told me that Tharpe was going to screw the Authority like he did Fort Pickett.")을 전했다. 이 발언은 이후 시 당국, 지역주민들, 일반 대중들 사이에서 재 인용되었다.

그러나 타프는 해당 발언을 한 적이 없으며 그 발언으로 인해 타프와 쉐어린의 사업상 평판에 심각한 피해를 입었다고 주장하였다. 반면, 사운더스사는 자신의 발언이 허위가 아니며 의견을 표현한 것이라고 주장하였다. 1심 법원은 사운더스사의 발언이 의견을 표현한 것에 해당한다고 판단하였지만 항소법원은

1091 It is for the court, not the jury, to determine as a matter of law whether an allegedly libellous statement is one of fact or one of opinion. Slawik v. News-Journal, 428 A.2d 15 (Del.1981); Catalano v. Pechous, 69 Ill.App.3d 797, 25 Ill.Dec. 838, 387 N.E.2d 714 (1978); Rinaldi v. Holt, Rinehart & Winston, Inc., 42 N.Y.2d 369, 397 N.Y.S.2d 943, 366 N.E.2d 1299 (1977). See Chaves v. Johnson, 335 S.E.2d 97, 102 (Va. 1985).

1092 Pure expressions of opinion, not amounting to "fighting words," cannot form the basis of an action for defamation. The First Amendment to the Federal Constitution and article 1, section 12 of the Constitution of Virginia protect the right of the people to teach, preach, write, or speak any such opinion, however ill-founded, without inhibition by actions for libel and slander. See Chaves v. Johnson, 335 S.E.2d 97, 101-102 (Va. 1985).

1심 법원의 이 같은 결정이 잘못되었다고 판단하였다.

본 케이스의 이슈는 원고의 명예를 훼손하는 발언이 여러 루트를 통해서 재 인용된 경우 해당 발언이 진실 혹은 허위에 해당하는지 또는 사실 혹은 의견에 해당하는지에 대해 검토가 요구되는지 여부이다.[1093]

주 대법원은 본 케이스의 경우 인용 내용의 진실 여부 혹은 사실 혹은 의견에 해당하는지 여부에 관계없이 허위 인용(false quotation)에 해당되므로 원고에 대한 명예훼손이 인정된다고 판단하였다. 따라서 타프가 포트 피켓(Fort Pickett)에서 진행했던 암석 발굴 작업을 실제로 망친 것이 사실인지 여부에 관계없이 사운더스사의 허위 인용(false quotation)을 들은 사람들이 타프가 그 발언을 한 것으로 믿게 되었다면 이는 타프와 쉐어린의 명예를 훼손한 것에 해당된다고 판단한 것이다.[1094]

1093 The gravamen of the amended complaint is that Saunders allegedly attributed a fabricated quotation to Tharpe that, as a quotation, caused injury to the reputations of Tharpe and Shearin. Such allegations give rise to a claim of defamation regardless of the truth or falsity of the matters asserted in the statement allegedly attributed to Tharpe or whether such assertions are fact or opinion. See Tharpe v. Saunders, 737 S.E.2d 890, 894 (Va. 2013).

1094 Similarly, Tharpe's and Shearin's claims are not dependent on the ability to prove that Tharpe was going to "screw" the Authority and that Tharpe had "screwed" Fort Pickett. It is irrelevant to their claims whether these assertions are capable of being proven false. Rather, Saunders' statement of fact — "Tharpe told me that Tharpe was going to screw the Authority like he did Fort Pickett" — if believed by the hearer as coming from Tharpe, by its very nature is alleged to have defamed Tharpe and Shearin. Therefore, regardless of the truth or falsity of the matters asserted in the quote attributed to Tharpe, Saunders' statement is an actionable statement of fact. See Tharpe v. Saunders, 737 S.E.2d 890, 894-895 (Va. 2013).

4/ Norman v. Borison (메릴랜드주 항소법원, 418 Md. 630, 17 A.3d 697, 2011)

본 케이스는 모기지 사기를 구제하기 위한 집단 소송에서 소장에 적힌 발언이 쟁점이 된 사건이다. 본 케이스의 이슈는 소장 사본이 원고 측에 의해 언론에 제공되고, 인터넷 상에 재 게시되고, 진행중인 소송과 관련하여 언론에 구두 발언을 제공한다고 하더라도 소장에 적힌 원고 측의 발언이 절대적 특권(absolute privilege)에 의해 보호되는지 여부이다. 메릴랜드주 대법원은 위 세 가지 경우 모두 절대적 특권(absolute privilege)에 의해 보호된다고 판단하였다.

1) 사실 관계

스티브 노먼(Stephen P. Norman, 이하 "노먼") 외 2명[1095]은 메릴랜드주의 유한 책임 회사인 서섹스 타이틀사(Sussex Title, LLC)의 주식을 동일하게 보유하고 있었다. 스캇 보리슨(Scott Borison, 이하 "보리슨")과 자넷 레그(Janet Legg)가 이끄는 레그 로펌(Legg Law Firm) 및 피터 홀랜드(Peter Holland, 이하 "홀랜드")가 이끄는 홀랜드 로펌(Holland Law Firm)에 소속된 변호사들(이하 "로펌 변호사들")[1096]은 그들의 고객들을 대리하여 메릴랜드주 역사상 최대 규모의 모기지 사기에 참여한 서섹스 타이틀사를 포함한 여러 회사들을 상대로 집단 소송을 제기하였다. 그런데 보리슨과 로펌 변호사들은 최초 제출된 소장 및 변경된 소장에서 노먼을 피고로 명시하지 하지 않았다. 그러나 변경된 소장의 특정 혐의에서는 노먼이 언급되었다. 노먼은 보리슨과 로펌 변호사들이 명예훼손으로 의심되는 발언이 포함된 소장을 언론과 인터넷에 재 게시하고 진행 중인 소송과 관련하여 언론에 구두 발언을 제공해서 본인의 명예를 훼손했다고 주장하였다.

2) 메릴랜드주 대법원의 결정 요지

메릴랜드주 대법원은 소장에서 보리슨과 로펌 변호사들이 이의를 제기한 내용에 절

1095 서섹스 타이틀사(Sussex Title, LLC)에서 항소인인 스티븐 노먼(Stephen Norman)의 전 비즈니스 파트너였던 알렉산더 차우다리(Alexander Chaudhry)와 알리 파라푸어(Ali Farahpour)이다.

1096 Appellees are attorneys who filed a class action lawsuit against various companies alleging mortgage fraud. Appellees, Scott Borison and Janet Legg, are attorneys with the Legg Law Firm, LLC. Appellee, Phillip Robinson, is the executive director of Civil Justice, Inc., a non-profit legal services organization affiliated with the University of Maryland School of Law. Appellee, Peter Holland, is an attorney with the Holland Law Firm, P.C. Benjamin Carney is an attorney formerly employed at the Holland Law Firm, P.C. Carney was not working for the Holland Law Firm when appellant filed his defamation case against appellees. See Norman v. Borison, 192 Md. App. 405, 994 A.2d 1019, 1022 (2010).

대적 특권(absolute privilege)이 적용된다고 판단하였다. 우선 절대적 특권(absolute privilege)에 대한 주 대법원의 기준을 살펴보면 다음과 같다.

1. 절대적 특권(absolute privilege)

a. 사법 절차(judicial proceeding)를 진행하는 중에 한 발언

판사, 당사자, 증인에 의한 명예훼손적인 발언은 사법 절차(judicial proceeding)와 관련이 없다고 하더라도 절대적 특권(absolute privilege)이 인정된다. 그러나 변호사의 명예훼손적인 발언은 사법 절차(judicial proceeding)와 어느 정도 관련성이 있는 경우에만 절대적 특권(absolute privilege)이 인정된다.[1097]

절대적 특권(absolute privilege)은 재판 진행 중에 법정에서 한 명예훼손적인 발언 뿐만 아니라, 재판 진행 중에 제출된 서류에 적힌 내용을 재 유포한 발언까지 넓게 적용된다.[1098]

b. 준 사법 절차(quasi-judicial proceeding)[1099]를 진행하는 중에 한 발언

준 사법 절차(quasi-judicial proceeding)에서 명예훼손적인 발언을 한 판사, 증인 혹은 소송 당사자의 경우 Gersh 케이스[1100]의 두가지 요건("*Gersh* test") 즉, (1) 사법 절차가 중요한 공익에 기여하는지 여부 (2) 명예훼손적인 발언을 최소화할 수 있는 적절한 절차적 보호장치를 가지고 있는지 여부를 충족하면 절대적 특권(absolute privilege)이 인정된다. 이 두가지 요건을 사용하여 절대적 특권(absolute privilege)을 판단하는 이유는 발언 내용을 공개해서 얻게 되는 공공의 이익과 발언 내용이 공개되었을 때 개인이 피해를 입을 수 있는 가능성 사이에 균형을 유지할 수 있기 때문이다.[1101]

1097 Adams v. Peck, 288 Md. 1, 3 n. 1, 415 A.2d 292, 293 n. 1 (1980) ("Defamatory statements made by judges, parties and witnesses are absolutely privileged even though they have no relation to the judicial proceeding. However, an attorney's defamatory statement is absolutely privileged only if it has some relation to the judicial proceeding.") See Norman v. Borison, 418 Md. 630, 17 A.3d 697, 709 (2011).

1098 The privilege "extends not only to defamatory statements made in the courtroom during the course of the trial, but also to such statements published in documents which have been filed in a judicial proceeding." Adams, 288 Md. at 3, 415 A.2d at 293. See Norman v. Borison, 418 Md. 630, 17 A.3d 697, 709 (2011).

1099 "[부록]미국 법률 용어"에서 자세한 설명을 확인하기 바란다.

1100 Gersh v. Ambrose, 291 Md. 188, 434 A.2d 547 (1981).

1101 In sorting out which types of proceedings merit this protection, we probe: "(1) the nature of the public function of the proceeding and (2) the adequacy of procedural safeguards which will minimize the occurrence of defamatory statements." Gersh, 291 Md. at 197, 434 A.2d at 552. In other words, we examine the significance of "the public interest sought to be advanced" and the protective trial-like attributes of the proceeding. Gersh, 291 Md. at 196, 434 A.2d at 551; see id. (stating that the two factors balance the public's interest in full disclosure with the "harm of subjecting the individual to possible legal injury

c. 사법 혹은 준 사법 절차(judicial or quasi-judicial proceeding)에 대해 외부에서 한 발언

사법 혹은 준 사법 절차(judicial or quasi-judicial proceeding)에 대해 외부에서 한 발언은 청구원인과 관련된 발언 (예: 경찰의 만행에 대한 고발) (2) 사법 절차와 관련하여 사용될 가능성을 염두에 두고 준비된 발언 (그러나 피해를 입었을 당시에는 제기하지 않고 보류했던 발언) (3) 반드시 거치거나 제기하도록 만들어지지 않았지만 진행중인 사법 절차(judicial proceeding)와 연결되는 발언[1102]이라는 세가지 범주로 나뉜다. 이를 구체적으로 살펴보면 다음과 같다.

- **청구원인과 관련된 발언**

첫 번째 범주에서 절차(proceeding)가 *Gersh* test에서 말하는 공공의 이익과 적절한 절차적 보호장치를 가지고 있는지 여부를 고려해야 한다. 주 대법원은 이에 대한 예시로 Miner v. Novotny, 304 Md. 164, 498 A.2d 269 (1985)와 Imperial v. Drapeau, 351 Md. 38, 716 A.2d 244 (1998)를 제시하였는데, 경찰과 응급 구조대원 각각을 상대로 정부 기관과 함께 소장을 제출한 시민들은 절대적 특권(absolute privilege)에 의해 보호된다고 판단하였다. 이는 명예훼손을 제기해서 발생할 수 있는 피해에 비해 명예훼손을 제기하고 이를 조사함으로써 장려되는 공공의 이익이 더 중요하다고 본 것이다.[1103]

- **준비된 발언**

두 번째 범주는 해당 발언이 제출되었는지 여부와 관계없이 사법 혹은 준 사법 절차(judicial or quasi-judicial proceeding)에서 사용될 가능성을 염두에 두고 준비된 발언에 대한 것이다. 주 대법원은 이에 대한 예시로 Adams, 288 Md. 1, 415 A.2d 292 (1980)를 제시하였는데, 별거 합의 이후 아이의 학대 정황을 의심한 어머니에 의해 이루어진 아이의 정

---

without remedy"). See Norman v. Borison, 418 Md. 630, 17 A.3d 697, 710 (2011).

1102 These extrinsic statements occur commonly in three categories: (1) statements made with the direct purpose or effect of producing a judicial or quasi-judicial proceeding, e.g., a police brutality complaint, (2) statements "prepared for possible use in connection with a pending judicial proceeding," Adams, 288 Md. at 4, 415 A.2d at 294, but which remain unfiled at the time of the alleged injury, and (3) statements that are not designed necessarily to produce a proceeding or cause one to be "filed," but which are connected contextually to a pending or ongoing proceeding. See Norman v. Borison, 418 Md. 630, 17 A.3d 697, 710-711 (2011).

1103 The possible harm stemming from these defamatory complaints was "outweighed by the public's interest in encouraging the filing and investigation of valid complaints." Miner, 304 Md. at 176, 498 A.2d at 275 (emphasis added); see also Imperial, 351 Md. at 50, 716 A.2d at 250-51 ("[P]ublic policy encourages the communication of information to public authorities responsible for maintaining the quality of emergency medical services."). See Norman v. Borison, 418 Md. 630, 17 A.3d 697, 711 (2011).

신과 상담에서 아이의 아버지가 아이를 학대했고 학대한 아버지는 정신과 치료가 요구된다는 정신과 의사의 발언이 아버지의 명예훼손 주장에도 불구하고 절대적 특권(absolute privilege)에 의해 보호된다고 판단하였다. 이는 정신과 의사의 발언은 진행중인 사법 절차(judicial proceeding)에서 사용될 가능성을 염두에 두고 준비된 서류에 게재된 것이므로 절대적 특권(absolute privilege)이 인정된다고 본 것이다.[1104]

- **진행중인 사법 절차(proceeding)에서 한 발언**

세 번째 범주는 진행중인 사법 절차(proceeding)와 관련하여 개인들 간의 단순한 의사전달을 위한 것이다. 관련 판례법(case law)을 검토해보면, 메릴랜드 주법원은 대부분의 경우 증인, 당사자, 판사 및 소송 진행중인 사건에서 당사자의 대리인으로 등록된 변호사(attorneys of record)[1105]에 적용하기 위한 특권에 다음과 같은 차이를 두고 있다.

(ⅰ) 증인, 당사자, 판사

주 대법원은 이에 대한 예시로 의료과실 클레임과 관련된 전문가 증언(expert testimony)[1106]에 절대적 특권(absolute privilege)을 인정한 Odyniec v. Schneider, 322 Md. 520, 588 A.2d 786 (1991)을 제시하였다. 구체적으로 이 케이스에서 환자였던 어떤 사람이 중재 패널(arbitration panel)[1107]에게 의료과실로 클레임을 제기하였다. 중재 절차(arbitration proceeding)가 진행되기 전에 그 환자는 신체 검사를 받았는데, 나중에 중재 패널(arbitration panel)에게 본인의 전문가 증언(expert testimony)이 제시될 것을 예상했던 검진 담당 의사는 그 환자에게 사실은 환자를 담당했던 이전 의사가 환자에게 불필요한 검사를 하게 한 것이라고 말했다.

주 대법원은 중재 절차(arbitration proceeding)가 *Gersh* test의 공공의 이익 목적과 절차적 보호장치를 충족하는지 여부를 검토한 결과, 당시 검진 담당 의사의 발언이 원고인 환자가 건강 검진을 수행하는 동안에 했던 발언이고, 진행중인 중재 절차(arbitration proceeding)의 당사자인 환자에게 한 발언이라고 보았다. 이러한 사실에 근거해 볼 때 주 대법원은 쟁점이 된 발언이 예비 증인인 검진 담당 의사가 진행중인 중재 절차(arbitration

1104 Concluding that an absolute privilege protected the statements by the psychiatrist, the Adams Court reasoned that his statements were "published in a document which [wa]s prepared for possible use in connection with a pending judicial proceeding...." Adams, 288 Md. at 4, 415 A.2d at 294. See Norman v. Borison, 418 Md. 630, 17 A.3d 697, 711 -712 (2011).

1105 "[부록]미국 법률 용어"에서 자세한 설명을 확인하기 바란다.

1106 "[부록]미국 법률 용어"에서 자세한 설명을 확인하기 바란다.

1107 "[부록]미국 법률 용어"에서 자세한 설명을 확인하기 바란다.

proceeding)에 참여하는 과정에서 한 발언이라고 판단하였다. 따라서 그의 발언은 중재 절차의 일부로 진행된 변론(arbitration hearing)에서 증인이 발언한 것과 동일한 절대적 특권(absolute privilege)이 인정된다고 보았다. 이는 명예훼손적인 발언이 불필요하고, 요청된 것이 아니며, 검진 담당 의사가 고용된 목적과 부분적으로 관련이 없다고 하더라도 그 이유만으로 특권이 인정되지 않는 것은 아니라고 판단한 것이다.[1108]

주 항소법원은 Sodergren v. Johns Hopkins University Applied Physics Laboratory., 138 Md. App. 686, 773 A.2d 592, (2001)에서 소송 진행 중에 합의 과정에서 성희롱과 허위사실을 표절한 것으로 피해를 입었다고 추정되는 피해자에게 사과 편지를 보낸 고용주는 절대적 특권(absolute privilege)에 의해 보호된다고 판단하였다. 주 항소법원은 합의도 소송의 일부이며 진행중인 소송(judicial proceeding)과 합의 사이에 충분한 연관성이 있으므로 피고가 원고에 대해 한 발언 및 원 소송에 대해 소송 당사자들에게 유포한 발언까지도 절대적 특권(absolute privilege)이 확대 적용된다고 보았다.[1109]

결론적으로, 메릴랜드 주법원은 증인, 당사자, 판사가 법원 밖에서 한 발언인 경우에도 (1) 검토 중이거나 진행중인 사법 절차가 *Gersh* test를 충족하고 (2) 맥락상 사법 절차가 진행되는 과정 중에 한 발언이었다는 것이 확인되면 절대적 특권(absolute privilege)이 인정된다고 판단한 것이다.[1110]

(ii) 소송 진행중인 사건에서 당사자의 대리인으로 등록된 변호사(attorneys of record)

사법 혹은 준 사법 절차(judicial or quasi-judicial proceeding)에서 소송 진행 중인 사건

1108 That the "defamatory statement may have been gratuitous, unsolicited, and in part irrelevant to the purpose for which [the doctor] was employed" did not defeat recognition of the privilege. Odyniec, 322 Md. at 534, 588 A.2d at 793. See Norman v. Borison, 418 Md. 630, 17 A.3d 697, 712 (2011).

1109 After a prodigious discussion of Maryland and foreign caselaw, the intermediate appellate court agreed that "settlement is a part of a judicial proceeding...." Sodergren, 138 Md.App. at 701, 773 A.2d at 601. "[T]here is a sufficient nexus between a judicial proceeding and the settlement of that proceeding ... to extend the [absolute] privilege to the statements made by [the defendant] regarding [the plaintiff] and published to [parties involved in the original litigation]." Sodergren, 138 Md. App. at 705, 773 A.2d at 603. See Norman v. Borison, 418 Md. 630, 17 A.3d 697, 712-713 (2011).

1110 The foregoing analyses teach us to apply an absolute privilege to out-of-court statements, made by witnesses, parties, or judges, when (1) the contemplated or ongoing proceeding fulfills Gersh, and (2) the context of the statement demonstrates that it was made "during the course of" the proceeding (i.e., while the putative tortfeasor was participating in the proceeding). We assess the context of the statement by asking, among other things: what was the overall or general reason for the instrument or letter (but not the motive of the challenged statement itself, see English rule); what was the defendant doing when he or she made the statement; and to whom did he or she make the statement. See Norman v. Borison, 418 Md. 630, 17 A.3d 697, 713 (2011).

에서 당사자의 대리인으로 등록된 변호사(attorneys of record)와 관련하여 메릴랜드주 판례법(case law)은 절대적 특권(absolute privilege)이 적용되기 전에 사법 절차와 해당 발언 사이에 관련성(relevance)이 있어야 한다는 요건을 추가하였다.

Woodruff v. Trepel, 125 Md.App. 381, 725 A.2d 612 (1999)에서 양육권 분쟁 중에 원고측 변호사가 피고측 변호사에게 편지를 보냈는데 그 편지에는 피고가 자녀를 신체적, 정서적으로 학대했다고 주장하는 법정 증언이 포함되어 있었다. 주 항소법원은 원고측 변호사가 보낸 편지가 합리적으로 자녀의 양육권 소송과 관련되어 있고 진행 중인 소송 및 향후 제기 가능한 소송에 대해 언급하고 있기 때문에 관련성(relevance)이 인정된다고 보았다. 따라서 원고측 변호사는 절대적 특권(absolute privilege)에 의해 보호된다고 판단하였다.[1111]

결론적으로 메릴랜드주 법원은 (1) 검토 중이거나 진행중인 사법 절차가 *Gersh* test를 충족하고, (2) 쟁점이 되는 발언이 사법 절차가 진행되는 동안 이루어졌으며, (3) 쟁점이 되는 발언이 사법 절차에 대해 합리적이고 명확한 관련성(relevance)을 가지고 있다면 소송 진행 중인 사건에서 당사자의 대리인으로 등록된 변호사(attorney of record)에 대해 절대적 특권(absolute privilege)이 인정된다고 판단한 것이다.[1112]

2. 본 케이스에 대한 분석

a. 보리슨 측이 언론에 제공한 소장 사본에 적힌 발언

보리슨 측이 언론에 제공한 소장 사본에 적힌 발언의 경우 사법 혹은 준 사법 절차(judicial or quasi-judicial proceeding)에 대해 외부에서 한 발언의 세 가지 범주 중 세 번째

1111 Woodruff, 125 Md.App. at 394, 725 A.2d at 619; see also Woodruff, 125 Md.App. at 393, 725 A.2d at 618 (quoting Maulsby v. Reifsnider, 69 Md. 143, 162, 14 A. 505, 510 (1888), for the principle that "'if counsel in the trial of a cause maliciously slanders a party ... in regard to a matter that has no reference or relation to, or connection with, the case before the Court, he is and ought to be answerable in an action by the party injured'") (emphasis added); Arundel Corp. v. Green, 75 Md.App. 77, 84-85, 540 A.2d 815, 819 (1988) (holding that an absolute privilege would extend to an attorney's letter sent to a stone supplier's customers—as part of his investigation into his clients' potential asbestos claims, resulting from exposure to stone dust—if it was made "in connection with" and "ha[d] some relation to the anticipated proceeding"). See Norman v. Borison, 418 Md. 630, 17 A.3d 697, 714 (2011).

1112 These cases indicate that Maryland courts extend an absolute privilege to an attorney of record, so long as (1) the contemplated or ongoing proceeding meets the Gersh test, (2) the context of the statement evinces that the statement was made "during the course" of the proceeding, and (3) the statement has some rational, articulable relevance or responsiveness to the proceeding. See Norman v. Borison, 418 Md. 630, 17 A.3d 697, 714 (2011).

인 보류 중이거나 진행 중인 사법 절차에서 한 발언에 해당되어 절대적 특권(absolute privilege)에 의해 보호된다고 판단한 점이다.

노먼은 보리슨 측이 소장 사본을 언론에 제공해서 그 내용을 미리 공개했다고 주장했다. 그러나 언론에 소장 사본이 전달되었지만 그 내용이 대중에게 공개되지 않았으며, 처음 제출한 소장에는 서섹스 타이틀사의 소유자나 직원의 이름이 적혀 있지 않았는데도 노먼의 명예를 훼손했다고 가정한다면 사법 혹은 준 사법 절차(judicial or quasi-judicial proceeding)에 대해 외부에서 한 발언의 세 가지 범주를 기준으로 다음과 같이 검토해 볼 수 있다.

본 케이스의 경우 소장이 법원에 의해 승인되었거나 혹은 사건과 밀접한 관련성을 가진 수사 기관에 전달되지 않았기 때문에 사법 절차가 개시되지 않았으므로 첫 번째 범주에 해당되지 않는다. 반면, 해당 소장은 보류 중인 사법 절차를 위해 준비된 발언으로 볼 수 있다. 그러나 보리슨 측이 소장 초안을 언론에 전달했고, 진행중인 소송에 사용하기 위해 발언을 준비한 것이 아니므로 두 번째 범주에도 해당되지 않는다.

세 번째 범주에 해당되는지에 대해서는 검토 중이거나 진행중인 사법 절차가 *Gersh* test를 충족하는지, 맥락상 사법 절차가 진행되는 동안에 한 발언이었는지 여부를 검토하여야 하는데 노먼의 경우 위 두 가지를 충족한다는 것이다.[1113]

또한 보리슨 측은 소송 진행 중인 사건에서 당사자의 대리인으로 등록된 변호사(attorney of record)이므로 해당 발언이 법원에 제기된 문제와 관련성(relevance)이 있는지 여부에 대해서도 확인이 필요한데 소장에 적힌 보리슨 측의 발언이 쟁점인 모기지 구제 사기와 충분히 관련성이 있다는 것이다.

b. 보리슨 측이 인터넷상에 재 게시한 소장에 적힌 발언

보리슨 측이 인터넷상에 재 게시한 소장에 적한 발언 또한 절대적 특권(absolute privilege)에 의해 보호된다고 판단한 점이다.

1113 Considered in its best light, however, the complaint is simply a third-party communication, made extrinsic to an imminent proceeding. As discussed supra, we evaluate whether the underlying proceeding satisfies the prongs of Gersh, which it does manifestly. Importantly, we analyze also whether the context of the challenged statements supports the conclusion that they were made during the course of the proceeding. Respondents, at worst, published their allegedly defamatory statements in a draft version of their ultimate pleading, which they handed-over to the press on the same day the pleading was filed. By republishing or reporting on those erstwhile pleadings, the press could be seen as a tool assisting in the notification to potential class members of the contemplated proceedings. Thus, we conclude that Respondents issued these statements during the course of the putative class action. See Norman v. Borison, 418 Md. 630, 17 A.3d 697, 716 (2011).

본 케이스와 같이 지금까지 법원을 통해 공개된 소장을 인터넷상에 게시한다고 해서 절대적 특권(absolute privilege)의 적용이 금지되지 않았다. 소장 내용을 인터넷상에 재 게시하는 것은 진행중인 소송에 대해 이해 관계가 있을 수 있는 예비 집단 소송 당사자들에게 해당 사실을 통지하는 목적에 부합한다. 또한 법원에 제출된 소장 내용과 인터넷상에 재 게시된 내용이 완전히 다른 것으로 인식될 수 있을 정도로 지나치게 변경되지 않았으며 소장에 첨부된 문서 대부분이 생략된 채 게재되었다.

c. 언론에 대한 보리슨 측의 구두 발언

보리슨과 홀랜드의 구두 발언 역시 절대적 특권(absolute privilege)에 의해 보호된다고 판단한 점이다.

본 케이스와 관련하여 법원에서 고려한 사법 절차는 *Gersh* test를 충족한다. 보리슨 측이 법원으로부터 집단 소송을 승인받기 전에 이에 대해 언론 매체에 미리 홍보하는 것이 금지된다고 볼 수 없다. 또한 집단 소송이라는 프레임이 언론에 노먼에 대한 명예훼손 발언을 전달하기 위한 속임수였다고도 볼 수 없다.

반면, 보리슨 측은 소송 진행 중인 사건에서 당사자의 대리인으로 등록된 변호사(attorney of record)이므로 해당 발언이 법원에 제기된 문제와 관련성(relevance)이 있는지 여부에 대해서도 확인이 필요한데 홀랜드의 일관성이 없는 발언에 비추어볼 때 관련성이 있다고 볼 수 없다.[1114]

Rainier's Dairies v. Raritan Valley Farms, Inc., 117 A. 2d 889 (N.J. 1955): 절대적 특권(absolute privilege)
절대적 특권(absolute privilege) 또는 면제(immunity)와 관련하여 가장 주목할 만한 사례는 판사, 변호사, 증인, 소송 당사자, 배심원들이 재판 진행과정에서 나온 발언에 근거해 제기된 명예훼손 소송으로부터 충분히 보호받고 있다는 점이다.[1115]

1114 Because Respondents were attorneys of record in the case, we must determine also whether their statements were relevant or had some relation to the underlying proceeding. Respondent Holland's suggestion that "[w]e're talking about bad people" comes close to being irrelevant due to its breadth and generality. His other remark, however, makes reference to the mortgage rescue scam that was the subject of the suit, and, in these particular circumstances, we are unable to ascertain or state with confidence on this record what prompted his comment, let alone what prefaced or followed it. See Norman v. Borison, 418 Md. 630, 17 A.3d 697, 718 (2011).

1115 The most noteworthy illustration of the absolute privilege or immunity is that afforded in judicial

Curtis Publishing Co. v. Butts, 388 U.S. 130 (1967): 절대적 특권(absolute privilege) v. 조건부 특권(conditional privilege)

사법 절차(judicial proceeding)에 대한 보도와 같은 일부 특권은 절대적 특권(absolute privilege)에 해당되며 원고가 피고의 실질적 악의(actual malice)를 입증하더라도 피고의 절대적 특권(absolute privilege)은 그대로 인정된다. 반면 자유롭게 의견을 개진할 수 있는 특권(fair comment privilege)의 경우 조건부 특권(conditional privilege)에 해당되는데 원고가 피고의 실질적 악의(actual malice)를 입증하게 되면 피고의 조건부 특권(conditional privilege)은 인정되지 않는다.[1116]

Jacron Sales Co. v. Sindorf, 276 Md. 580, 350 A. 2d 688 (1976): 보통법상 조건부 특권(common law conditional privilege)

명예훼손 사건의 원고가 악의(malice)를 입증한다면 피고가 주장하는 특권은 인정되지 않을 수 있다. 이때 악의(malice)는 증오나 앙심이 아니라 진실에 대한 미필적 고의(reckless disregard), 불필요하게 모욕적인 언어의 사용 혹은 피고가 성질을 내거나 악의(ill-will)를 가지고 행동했다는 결론을 뒷받침하는 상황들을 의미한다.[1117]

---

proceedings where judges, attorneys, witnesses, parties and jurors are fully protected against defamation actions based on utterances made in the course of the judicial proceedings and having some relation thereto. See Rogers v. Thompson, 89 N.J.L. 639, 640 (E. & A. 1916); La Porta v. Leonard, 88 N.J.L. 663, 665 (E. & A. 1916). See also Veeder, Absolute Immunity in Defamation, 9 Col. L. Rev. 463 (1909); Restatement, supra §§ 585-590; 30 N.Y.U.L. Rev. 171 (1955); 15 Ohio St. L.J. 330 (1954); 28 St. Johns L. Rev. 129 (1953). Cf. Kantor v. Kessler, 132 N.J.L. 336 (E. & A. 1945); O'Regan v. Schermerhorn, 25 N.J. Misc. 1 (Sup. Ct. 1946). See Rainier's Dairies v. Raritan Valley Farms, Inc., 19 N.J. 552, 558, 117 A.2d 889 (N.J. 1955).

1116 Some privileges such as the one pertaining to reports of judicial proceedings are recognized as absolute. Others, such as the fair comment privilege are recognized only as conditional privileges and may be vitiated by proof of actual malice. See generally Prosser, The Law of Torts §§ 109, 110. See Curtis Publishing Co. v. Butts, 388 U.S. 130, 152 [18].

1117 The privilege may be lost, however, if the plaintiff in a defamation case can show malice, which in this context means not hatred or spite but rather a reckless disregard of truth, the use of unnecessarily abusive language, or other circumstances which would support a conclusion that the defendant acted in an ill-tempered manner or was motivated by ill-will. Jacron Sales Co. v. Sindorf, 276 Md. 580, 599-600, 350 A. 2d 688 (1976).

5/ Cashion v. Smith
(버지니아주 대법원, 286 Va. 327, 749 S.E.2d 526, 2013)

본 케이스는 환자의 사망에 대한 책임을 전가하는 발언을 한 의사와 의료기관을 상대로 동료 의사가 제기한 명예훼손 사건이다. 본 케이스의 이슈는 동료 의사의 명예를 훼손하는 발언 중 쟁점이 된 일부 발언을 의견으로 볼 수 있는지, 조건부 특권(qualified privilege)에 의해 보호되고 이를 상실하거나 남용하지 않았는지, 그리고 수사적 과장으로 볼 수 있는지 여부이다.

버지니아주 대법원은 쟁점이 된 일부 발언은 의견이 아닌 허위 사실에 해당하며, 해당 발언이 조건부 특권(qualified privilege)에 의해 보호되는 것은 맞지만 배심원이 아닌 판사가 조건부 특권(qualified privilege)의 상실 혹은 남용 여부를 판단한 잘못이 인정된다고 보았다. 또한 해당 발언은 수사적 과장으로도 볼 수 없다고 판단하였다.

1) 사실 관계

2009년 11월, 외상 외과 의사인 로버트 스미스(Robert Smith, 이하 "스미스")와 마취과 의사인 브래들리 캐쉬언(Dr. Bradley Cashion, 이하 "캐쉬언")이 중상을 입은 환자를 응급으로 치료하였다. 스미스는 카릴리온 메디컬 센터(Carilion Medical Center)에서 정규직으로 근무하고 있었다. 캐쉬언은 카릴리온 메디컬 센터에 의료 서비스를 제공하는 버지니아사(Virginia, Inc.)의 마취과 컨설턴트로 일했다. 환자는 스미스와 캐쉬언의 노력에도 불구하고 수술 중에 사망했다.

환자가 사망하자 스미스는 수술실에서 캐쉬언을 비난했다. 스미스는 수술팀에 속한 여러 팀원들 앞에서 캐쉬언에게 다음과 같이 말했다.

"환자가 더 나은 소생술을 받을 수 있었다."
"이것은 아주 헛된 노력이었다."
"당신은 실제로 시도하지 않았다."
"당신은 그를 포기했다."
"당신은 처음부터 환자가 병을 이겨낼 수 없을 것이라고 판단했고 의도적으로 그를 살리려고 하지 않았다."[1118]

1118 "He could have made it with better resuscitation."
"This was a very poor effort."
"You didn't really try."

그 직후 스미스는 수술실 밖 복도에서 캐쉬언에게 "당신은 방금 내 환자를 안락사시켰다."[1119]라고 말했다. 당시 수술실에 있었던 셰리 주워트(Sherri Zwart) 간호사와 카릴리온 메디컬 센터의 마취 과장인 제임스 크로퍼드(James Crawford, 이하 "크로퍼드")가 복도에 있었다. 그날 저녁, 스미스, 캐쉬언, 크로퍼드가 모인 회의에서 스미스는 캐쉬언이 환자를 "안락사시켰다"(euthanized)고 반복적으로 말했다.

캐쉬언은 스미스와 캐쉬언의 고용주인 카릴리온 메디컬 센터를 상대로 명예훼손 및 명예훼손 의제(defamation per se)를 주장하는 소장을 제출하였다. 스미스와 카릴리온 메디컬 센터는 무엇보다도 스미스의 발언이 소 제기 대상이 아닌 의견 혹은 수사적 과장에 해당한다고 주장하면서 소장 자체로 기각해달라는 신청(demurrers and pleas in bar)[1120]을 제기하였다. 그들은 또한 해당 발언에 조건부 특권(qualified privilege)[1121]이 적용될 수 있는데 캐쉬언의 소장은 조건부 특권을 뒤집기 위해 요구되는 악의(malice)를 뒷받침할 만한 사실을 주장하는데 실패했다고 주장하였다.

이에 1심 법원은 해당 발언이 법적으로 명예훼손을 주장할 수 없는 의견에 해당한다고 판단하여 스미스와 카릴리온 메디컬 센터가 제기한 소장 자체로 기각해달라는 신청(demurrers and pleas in bar)을 받아들였다. 하지만 안락사에 대한 발언에 대해서는 피고 측에서 제기한 신청을 인정하지 않았다.

증거조사(Discovery) 이후, 스미스와 카릴리온 메디컬 센터는 해당 발언이 수사적 과장에 해당하며 조건부 특권(qualified privilege)이 적용된다고 주장하면서 중간판결(motion for summary judgment)을 신청하였다. 반면, 캐쉬언은 스미스가 선의(good faith)로 안락사에 대한 발언을 하지 않았으며 환자의 치료방법에 대한 논의 중에 나온 발언이 때문에 조건부 특권(qualified privilege)이 적용되지 않는다고 주장하였다.

변론(hearing) 이후, 1심 법원은 안락사에 대한 발언이 수사적 과장이 아니라고 판단하였다. 하지만 조건부 특권(qualified privilege)을 뒤집기 위해 요구되는 피고 측의 악의

"You gave up on him."

"You determined from the beginning that he wasn't going to make it and purposefully didn't resuscitate him."

See Cashion v. Smith, 286 Va. 327, 749 S.E.2d 526, 529 (2013).

1119 "You just euthanized my patient." See Cashion v. Smith, 286 Va. 327, 749 S.E.2d 526, 529 (2013).

1120 "[부록]미국 법률 용어"에서 자세한 설명을 확인하기 바란다.

1121 A qualified privilege attaches to "[c]ommunications between persons on a subject in which the persons have an interest or duty." Larimore v. Blaylock, 259 Va. 568, 572, 528 S.E.2d 119, 121 (2000). Whether a communication is privileged is a question of law. Fuste, 265 Va. at 135, 575 S.E.2d at 863.

(malice)를 캐쉬언이 입증하지 못했기 때문에 스미스와 카릴리온 메디컬 센터에게 조건부 특권(qualified privilege)이 인정된다고 판단하였다. 따라서 1심 법원은 스미스와 카릴리온 메디컬 센터가 신청한 중간판결(motion for summary judgment)을 승인하고 캐쉬언이 제출한 소장을 기각하였다. 이에 캐쉬언은 1심 법원의 결정에 항소하였다.

2) 버지니아주 대법원의 결정 요지

첫 번째로 스미스의 발언 중 일부 발언은 의견이 아닌 허위사실에 해당된다는 것이다.

해당 발언이 의견에 해당되려면 본질적으로 상대적인 것이어야 하고, 화자의 관점에 상당히 의존된 것이어야 한다. 그러나 해당 발언이 허위 내용을 포함하고 있을 가능성이 있고 진실 혹은 거짓을 입증할 수 있는 것이라고 한다면 명예훼손으로 소 제기가 가능하다는 것이다.[1122]

스미스의 발언 중, "이것은 아주 헛된 노력이었다", "당신은 실제로 시도해보지 않았다", "당신은 그를 포기했다"라는 발언은 주관적이며, 스미스의 관점에 전적으로 의존된 발언에 해당한다. 그러나 "환자는 더 나은 소생술을 받을 수 있었다", "당신은 처음부터 환자가 병을 이겨낼 수 없을 것이라고 판단했고 의도적으로 그를 살리려고 하지 않았다"는 스미스의 발언은 위의 발언과 같은 맥락의 발언이 아니라는 것이다.

"환자가 더 나은 소생술을 받을 수 있었다"는 스미스의 발언은 직접적으로 캐쉬언이 환자의 회복에 필요한 조치를 하지 않았거나 혹은 환자의 회복을 막으려고 행동했다는 것을 암시하고 있는데 이 경우 명예훼손적인 발언에 해당될 수 있다.

구체적으로 스미스의 발언은 환자가 생존할 수 있었으나 캐쉬언으로부터 양질의 치료를 받지 못해서 사망했다고 주장한다. 캐쉬언의 치료가 환자의 사망에 원인이 되었거나 혹은 기여했는지 여부는 전문가 증언(expert opinion testimony)을 통해 진실 혹은 거짓으로 입증될 수 있는 사실에 대한 주장이라는 것이다.

"당신은 처음부터 환자가 병을 이겨낼 수 없을 것이라고 판단했고 의도적으로 그를 살리려고 하지 않았다"는 스미스의 발언의 경우 환자의 죽음을 캐쉬언의 작위 혹은 부작

1122 "When a statement is relative in nature and depends largely on a speaker's viewpoint, that statement is an expression of opinion." Hyland, 277 Va. at 47, 670 S.E.2d at 750. However, statements may be actionable if they have a "'provably false factual connotation'" and thus "are capable of being proven true or false." Fuste v. Riverside Healthcare Ass'n, 265 Va. 127, 575 S.E.2d 858, 861-62 (2003) (quoting WJLA-TV v. Levin, 264 Va. 140, 156, 564 S.E.2d 383, 392 (2002)). See Cashion v. Smith, 286 Va. 327, 749 S.E.2d 526, 531 (2013).

위의 탓으로 돌릴 뿐만 아니라 치료를 보류함으로써 고의적으로 환자의 죽음을 야기했다고 비난한 것으로 캐쉬언에게 환자를 안락사한 혐의가 있다고 주장하는 것과 다르지 않다는 것이다.

두 번째로 스미스의 안락사 관련 발언에 조건부 특권(qualified privilege)이 적용되는지 여부에 대해서는 판사에 의해 판단되어야 하지만, 스미스에게 인정된 조건부 특권(qualified privilege)을 상실했거나 남용했는지 여부는 배심원에 의해 판단되어야 한다는 것이다.

캐쉬언은 스미스의 발언이 조건부 특권(qualified privilege)에 의해 보호되고 있으며 스미스가 조건부 특권(qualified privilege)을 상실하거나 남용하지 않았다고 판단한 1심 법원의 결정이 잘못되었다고 주장하였다.

그러나 1심 법원은 다음의 이유로 스미스의 발언이 조건부 특권(qualified privilege)의 적용을 받는다고 판단하였다. 조건부 특권(qualified privilege)은 이해관계나 혹은 의무를 가지고 있는 주제에 대해 사람들 간에 의사소통을 할 때 부여되는 것으로, 의사소통이 조건부 특권의 적용을 받는지 여부는 법리적인 문제에 해당된다는 것이다.[1123]

그런데 스미스의 발언은 캐쉬언의 환자 치료라는 주제와 관련된 의사소통에 해당된다. 스미스, 캐쉬언 및 환자를 치료하는 동안 수술실에 있었던 의료 전문가들 모두 제공된 치료 수준과 사망 원인에 대해 지속적인 관심을 가지고 있었으며, 마취과 과장인 크로퍼드는 마취과 의사들의 관리 감독을 맡고 있었는데 그 역시 수술실에서 캐쉬언의 응급처치에 대한 관심을 다른 사람들에게 공유한 사실들이 이를 뒷받침하고 있다.

이에 캐쉬언은 스미스의 발언이 선의(good faith)로 한 것이 아니므로 조건부 특권(qualified privilege)이 적용되지 않는다고 주장하였다. 주 대법원 역시 이 같은 맥락에서 선의(good faith)를 적용시키는 것은 부당하므로 배제되어야 한다고 판단하였다.

실제로 주 대법원은 피고에게 인정된 조건부 특권(qualified privilege)이 상실되었는지 혹은 남용되었는지 여부를 판단할 때 피고가 선의(good faith)로 명예훼손적인 발언을 했는지 여부는 배심원이 판단해야 할 사실에 관한 문제이지, 판사가 판단해야 할 법리적인 문제가 아니라고 인정해 왔다. 따라서 본 케이스에도 이와 동일한 접근이 요구된다는 것이다.

1123 A qualified privilege attaches to "[c]ommunications between persons on a subject in which the persons have an interest or duty." Larimore v. Blaylock, 259 Va. 568, 572, 528 S.E.2d 119, 121 (2000). Whether a communication is privileged is a question of law. Fuste, 265 Va. at 135, 575 S.E.2d at 863. See Cashion v. Smith, 286 Va. 327, 749 S.E.2d 526, 532 (2013).

한편, 특정 의사소통에 조건부 특권(qualified privilege)이 적용되면 원고는 피고의 특권이 상실되었는지 혹은 남용되었는지 여부에 대해 명백하고 확실한 증거(clear and convincing proof)를 제시하여 입증해야 할 책임이 주어진다는 것이다.[1124]

캐쉬언은 발언 당시 피고에게 악의(malice)가 있었는지 여부는 배심원이 판단해야 할 사실에 관한 문제이고, 개인적인 증오심 혹은 악의(ill-will)가 존재했는지 여부에 대한 입증은 특권을 상실시킬 수 있는 여러 요인 중 하나에 불과하다고 주장하였다. 주 대법원은 개인적인 증오심 혹은 악의(ill-will)는 보통법상 악의(common law malice)를 보여주는 요인들 중 하나일 뿐이며, 보통법상 악의(common law malice)를 보여주는 여러 요인들 중에 어느 하나라도 주장되고 입증되면 그것으로 충분하다[1125]는 결정례(Great Coastal Express, Inc. v. Ellington[1126])에 따라 캐쉬언의 주장을 인정하였다.

세 번째로 스미스의 일부 발언은 수사적 과장에 해당되지 않는다는 것이다.

스미스와 카릴리온 메디컬 센터는 캐쉬언이 환자를 안락사시켰다고 비난한 스미스의 발언이 수사적 과장에 불과하므로 소 제기 대상에 해당되지 않는다고 주장하였지만 인정할 수 없다는 것이다.

1124 Once a qualified privilege has attached to a communication, the plaintiff has the burden to prove that the privilege has been lost or abused, Preston v. Land, 220 Va. 118, 121, 255 S.E.2d 509, 511 (1979), which must be shown by clear and convincing proof. See Government Micro Res., Inc. v. Jackson, 271 Va. 29, 43, 624 S.E.2d 63, 71 (2006). See Cashion v. Smith, 286 Va. 327, 749 S.E.2d 526, 532 (2013).

1125 Today we reiterate the rule of Great Coastal Express. Personal spite or ill will, independent of the occasion on which it was made, is certainly one of the elements that will establish common law malice. However, it is not the only element, and any one of the elements, if pled and proved, will suffice. Id. at 154, 334 S.E.2d at 854. See Cashion v. Smith, 286 Va. 327, 749 S.E.2d 526, 533 (2013).

1126 In Great Coastal Express, Inc. v. Ellington, 230 Va. 142, 154, 334 S.E.2d 846, 854 (1985), we approved a jury instruction on the elements of common law malice that will serve to defeat a qualified privilege that "incorporate[d] language used in a number of our earlier cases which discuss elements of common law malice and abuse of privilege." A non-exhaustive list of such elements included a showing that: (1) the statements were made with knowledge that they were false or with reckless disregard for their truth, Raytheon Technical Servs. Co. v. Hyland, 273 Va. 292, 301, 641 S.E.2d 84, 89-90 (2007); (2) the "statements [we]re communicated to third parties who have no duty or interest in the subject matter," Larimore, 259 Va. at 575, 528 S.E.2d at 122; (3) the statements were motivated by personal spite or ill will, Preston, 220 Va. at 120-21, 255 S.E.2d at 511; (4) the statements included "strong or violent language disproportionate to the occasion," Story v. Norfolk-Portsmouth Newspapers, Inc., 202 Va. 588, 591, 118 S.E.2d 668, 670 (1961); or (5) the statements were not made in good faith, Chalkley v. Atlantic Coast Line R.R. Co., 150 Va. 301, 325, 143 S.E. 631, 637-38 (1928). We held that "[a]ny one of the elements if proved" by clear and convincing evidence, defeats the privilege. Great Coastal Express, 230 Va. at 154, 334 S.E.2d at 854. See Cashion v. Smith, 286 Va. 327, 749 S.E.2d 526, 533 (2013).

버지니아 주법에 따르면 수사적 과장은 명예훼손에 해당되지 않는데, 수사적 과장이 담긴 발언에 해당되려면 발언에 등장하는 특정 개인이 그러한 행위에 관여했다는 사실을 합리적으로 추론할 수 없어야 한다고 규정하고 있다.[1127]

그러나 본 케이스의 경우 스미스의 발언은 합리적으로 진실 혹은 거짓으로 입증될 수 있는 사실과 관련된 주장으로 해석될 수 있다는 것이다. 문맥상 해당 발언을 듣게 된 사람이라면 스미스가 캐쉬언을 비난하게 된 행위 즉, 환자를 안락사시켰다거나 혹은 환자에게 부적절한 치료를 제공하여 환자를 죽게 만들었다거나 혹은 환자의 죽음에 기여했다는 것과 같은 행위에 캐쉬언이 관여했다고 믿을 수 있었다는 것이다. 환자가 사망한 수술실을 막 떠났던 스미스의 입장과 환자의 죽음에 원인을 제공하였거나 기여하는 기회를 제공했던 마취과 의사인 캐쉬언과의 관계는 스미스가 캐쉬언에 대해 사실이라고 믿었던 정보들을 전달한 것이라는 추론을 가능하게 한다는 것이다.

결론적으로, 스미스의 발언은 수사적 과장이 아니며, 비록 조건부 특권(qualified privilege)의 적용을 받는다는 것은 인정하지만 "환자가 더 나은 소생술을 받을 수 있었다"는 것과 캐쉬언이 "처음부터 환자가 병을 이길 수 없다고 판단하고 의도적으로 그를 살리려고 하지 않았다"는 스미스의 발언은 의견에 해당되지 않는다는 것이다. 또한 조건부 특권(qualified privilege)의 상실 혹은 남용 여부는 개인적인 증오심 혹은 악의(ill-will)의 입증만으로 결정되지 않는다는 것이다.[1128]

1127 Under Virginia law, rhetorical hyperbole is not defamatory. Yeagle v. Collegiate Times, 255 Va. 293, 295-96, 497 S.E.2d 136, 137 (1998). Statements characterized as rhetorical hyperbole are those from which "no reasonable inference could be drawn that the individual identified in the statements, as a matter of fact, engaged in the conduct described." Id. at 296, 497 S.E.2d at 137. See Cashion v. Smith, 286 Va. 327, 749 S.E.2d 526, 533 (2013).

1128 For the foregoing reasons, we will affirm the circuit court's rulings that Dr. Smith's statements are not rhetorical hyperbole and that the statements enjoy a qualified privilege. However, we conclude that the circuit court erred by ruling that Dr. Smith's statements that the patient "could have made it with better resuscitation" and that Dr. Cashion "determined from the beginning that he wasn't going to make it and purposefully didn't resuscitate him" were non-actionable expressions of opinion. We also conclude that the circuit court erred by ruling that qualified privilege can be lost or abused only upon a showing of personal spite or ill will. We therefore will reverse those portions of the circuit court's judgment and remand for further proceedings consistent with this opinion. See Cashion v. Smith, 286 Va. 327, 749 S.E.2d 526, 533-534 (2013).

Gohari v. Darvish, 363 Md. 42, 767 A.2d 321 (2001): 보통법상 조건부 특권(common law qualified privilege)

일반적으로 보통법상 조건부 특권(common law qualified privilege)은 다음 4가지로 나뉜다.

(1) 공적인 관심사에 대한 특권(public interest privilege): 공적 책임범위 내에서 공직자(public official)와 관련된 문제에 대해 출판물을 발행할 수 있는 특권

(2) 조건부 특권(conditional privilege): 공동의 이익을 공유하고 있는 사람을 위해 공표할 수 있는 특권 혹은 이와 관련하여 자신을 변호하거나 다른 사람의 이익을 위해 공표할 수 있는 특권

(3) 자유롭게 의견을 개진할 수 있는 특권(fair comment privilege)

(4) 공정 보도특권(fair reporting privilege): 공적 절차를 공정하고 정확하게 보도할 수 있는 특권[1129]

Seley-Radtke v. Hosmane, 450 Md. 468, 149 A.3d 573 (2016): 조건부 특권(conditional privilege)

명예훼손 소송에서 피고는 조건부 특권(conditional privilege or qualified privilege)을 주장할 수 있다.[1130] 보통법(common law)과 판례법(case law)에서는 조건부 특권(conditional privilege)을 다음과 같이 정의하고 있다.

먼저 보통법상 조건부 특권(common law conditional privilege)은 언론사가 원고의 명예를 훼손하는 발언을 보도하는 것이 원고의 평판을 보호하는 이익에 비해 보도를 통해 얻게 되는 사회적 이익이 더 크다고 판단되는 경우 언론사는 원고의 명예를 훼손하는 발언을 보도하더라도 책임을 지지 않는다는 것이다.[1131]

판례법상 조건부 특권(case law conditional privilege, First Amendment conditional privilege)은 연방 헌법 제1조에서 보장된 언론 출판의 자유에 대한 보호와 관련되어 있다. 연방 대법원은 공직자(public official)와 공인(public figure)의 공적인 관심사(public concern)에 관한 발언의 경우 헌법상 특별한 보호를 받을 가치가 있다고 판단하였다.[1132]

1129 This Court has identified four common law conditional privileges:
(1) The public interest privilege, to publish materials to public officials on matters within their public responsibility;
(2) the privilege to publish to someone who shares a common interest, or, relatedly, to publish in defense of oneself or in the interest of others; (3) the fair comment privilege; and (4) the privilege to make a fair and accurate report of public proceedings. See Gohari v. Darvish, 363 Md. 42, 767 A.2d 321, 329 (2001).

1130 It is well established that, in a defamation action, a defendant may assert a qualified or conditional privilege. See Gohari v. Darvish, 363 Md. 42, 55, 767 A.2d 321, 327 (2001).

1131 A common law conditional privilege arises from the principle that a defendant may not be held liable for an otherwise provable defamatory statement if publication of the statement advances social interests that outweigh a plaintiff's reputational interest. See Marchesi v. Franchino, 283 Md. 131, 135, 387 A.2d 1129, 1131 (1978).

1132 The Supreme Court has stated that statements pertaining to public officials and to public figures on

보통법 및 판례법상 조건부 특권(common law and case law conditional privilege)은 모두 배심원이 아닌 판사가 법에 따라 판단해야 할(as a matter of law) 문제로서 판사의 판단에 따라 인정 여부가 결정되는데 피고는 조건부 특권(conditional privilege)이 성립된다는 것을 입증하여야 할 책임이 있다.[1133]

피고의 입증으로 조건부 특권(conditional privilege)이 성립되면 원고는 피고가 악의(malice)를 가지고 명예훼손적인 발언을 공표하였다는 것을 입증하여야 한다.[1134] 보통법상 특권(common law privilege)의 경우 악의(malice)를 피고가 허위임을 알고서 명예훼손적인 발언을 공표한 것 혹은 허위에 대한 인지와 명예훼손적인 발언을 사용하여 다른 사람을 속이려는 의도가 결합된 것으로 정의함으로써 명확한 입증 기준을 제시하지 못했다.[1135]

반면, 판례법상 조건부 특권(case law conditional privilege)은 뉴욕 타임즈 케이스의 실질적 악의 기준(actual malice standard)이라는 명확한 입증 기준을 제시하였다. 즉, 피고가 해당 발언이 허위임을 알고서 혹은 진실 여부에 대해 미필적 고의(reckless disregard)를 가지고 공표한 것임을 원고가 명백하고 확실한 증거(clear and convincing evidence)를 제시하여 입증하게 되면 피고에게 인정된 조건부 특권은 거부된다는 것이다.[1136]

---

matters of public concern merit special protection in our society; thus, such statements are subject to a conditional privilege — the First Amendment conditional privilege — that is overcome only by actual malice, i.e., "knowledge that [the statement] was false or with reckless disregard of whether it was false or not." New York Times Co. v. Sullivan, 376 U.S. 254, 279-80, 84 S.Ct. 710, 11 L.Ed.2d 686 (1964); Curtis Publ'g Co. v. Butts, 388 U.S. 130, 155, 87 S.Ct. 1975, 18 L.Ed.2d 1094 (1967); Gertz, 418 U.S. at 335, 94 S.Ct. 2997.

1133 The existence of both common law and First Amendment conditional privilege is a question of law, and the defendant has the burden of proof with respect to establishing the privilege. See Piscatelli v. Van Smith, 424 Md. 294, 307, 35 A.3d 1140, 1147 (2012).

1134 the malice required to overcome a claim of common law conditional privilege. See Stevenson v. Baltimore Club, 250 Md. 482, 486, 243 A.2d 533 (1968).

1135 If a conditional privilege is established, a plaintiff seeking to rebut the privilege must do so by demonstrating that the defendant made the alleged statement with malice, defined as "a person's actual knowledge that his or her statement is false, coupled with his or her intent to deceive another by means of that statement." Id. at 307-08, 35 A.3d at 1148 (citations, brackets, and internal quotation marks omitted). The definition of malice — a person's actual knowledge that his or her statement is false, coupled with his or her intent to deceive another by means of the statement — does not cover the standard of proof necessary to overcome the conditional privilege. See Seley-Radtke v. Hosmane, 450 Md. 468, 149 A.3d 573, 576 (2016).

1136 Case law demonstrates that the standard of proof that is required to overcome a First Amendment conditional privilege is clear and convincing evidence of knowledge of a statement's falsity or reckless disregard of whether the statement was false or not. See New York Times, 376 U.S. at 279-80, 84 S.Ct. 710.

Schaecher v. Bouffault, 772 S.E.2d 589 (Va. 2015)

본 케이스는 사업 목적으로 특정 부동산의 특별 사용허가를 신청한 셰처(Gina Schaecher, 이하 "셰처")와 그의 회사인 해피 테일즈사(Happy Tails Development, LLC)에 대해 카운티 계획 위원회 위원이자 이웃이었던 보폴트(Bouffault)가 셰처 및 회사의 명예를 훼손하는 8개의 이메일과 1개의 허위 기사를 내보낸 것에서 비롯된 명예훼손 사건이다.

구체적으로, 셰처 측은 5건의 이메일 내용들이 셰처를 "법 위반자", "진실하지 못한 자", "법을 무시하는 자"로 각인되게 하고, 해피 테일즈가 법을 위반해왔음을 시사한다고 주장하였다. 2건의 추가 이메일에서는 "셰처가 전적으로 진실하지 않은 사람으로 보였을 것이다", "나는 셰처가 거짓말을 하고 있고 사실을 조작했다고 확신한다"라고 각각 서술하였다. 마지막 1건의 이메일에서는 보폴트가 셰처의 여동생인 메리(Mary)가 애견 호텔의 관리인으로 일했다고 언급하면서 "메리는 그녀의 남자 친구와 그 부동산을 소유해 왔는데 그들은 지금 헤어졌다… 그러나 메리가 대출금을 지불하는데 어려움을 겪고 있는 것으로 보였다… 경매로 넘어갈 가능성이 있다"고 밝혔다.[1137] 셰처 측은 이 같은 내용이 셰처와 해피 테일즈사의 명예를 훼손하고 있다고 주장했다.

본 케이스의 이슈는 피고 개인이 보낸 문건에 적힌 표현들이 "명예훼손에 해당될 정도로 상대방을 폄하하는 말(sting)" 혹은 "풍자(inuendo)"에 해당되는지 여부이다. 버지니아 주대법원은 피고 개인이 원고 개인에게 보낸 이메일은 "명예훼손에 해당될 정도로 상대방을 폄하하는 말"(sting)에도, "풍자"(inuendo)에도 해당되지 않기 때문에 원고가 제기한 명예훼손 주장은 인정될 수 없다고 판단하였다.

1. 명예훼손에 대한 버지니아주의 판단 기준

법적으로 명예훼손으로 인정될 수 있는 발언은 허위이면서 상대방의 명예를 훼손하는 것이어야 한다. 상대방의 명예를 훼손하는 말은 다른 사람의 평판에 해를 끼치거나, 지역사회의 평가에서 그 사람을 낮추거나, 제3자에게 그 사람과 어울리거나 거래하는 것을 제한하는 것을 의미한다. 허위 발언에 해당되려면 "명예훼손에 해당될 정도로 상대방을 폄하하는 말"(sting)이 반드시 존재해야 한다는 것이다.[1138]

1137 Plaintiffs allege that these statements characterize Schaecher as a lawbreaker, one without integrity, or one with disregard for the law, or imply that Happy Tails was in violation of the law, and that defendant made these statements with the intent to defame Schaecher and Happy Tails. Two additional emails state that "It would appear that Mrs. Schaecher was not totally truthful," and "I firmly believe that Gina is lying and manipulating facts," respectively. Plaintiffs allege that these statements impugn Schaecher's honesty and harm the reputation of Happy Tails. Finally, one email includes a remark by Bouffault regarding Schaecher's sister Mary, who was to serve as the resident manager at the kennel. The email states that "Mary had owned a property … with her boyfriend — they have now split … but [she] appears to be having difficulties in paying the mortgage… foreclosure could be a possibility." See Schaecher v. Bouffault, 772 S.E.2d 589, 593 (Va. 2015).

1138 A false statement must have the requisite defamatory "sting" to one's reputation. See Air Wis. Airlines Corp. v. Hoeper, ___ U.S. ___, ___, 134 S.Ct. 852, 866, 187 L.Ed.2d 744 (2014) (focusing on "the substance, the gist, the sting" of an allegedly defamatory statement); Curtis Pub. Co. v. Butts, 388 U.S. 130, 138, 87 S.Ct.

그동안 법원은 특정인의 명예를 훼손하는데 요구되는 표현의 내용과 관련해서 명예를 훼손하는 표현이 특정인의 평판에 해를 끼치고 특정인에게 수치심, 불명예를 주거나, 혹은 경멸, 조롱, 멸시를 당한다고 느끼게 하거나, 혹은 악명높고, 혐오스러우며, 어처구니가 없는 사람으로 만들기 위해 의도된 정도가 되어야 한다고 판단해 왔다.[1139] 명예훼손에 해당될 정도로 상대방을 폄하하는 말(sting)의 경우 모욕적이고, 공격적이며, 모멸감을 주는 표현으로 만들어진 반면, 수사적인 과장은 이에 해당되지 않는다.

한편, 풍자(innuendo)에 의한 명예훼손 발언의 경우에는 일반적으로 인정되는 것 이상으로 의미를 확장해서는 안된다는 것이다. 즉, 새로운 문제를 제기한다거나 일반적인 의미 이상으로 의미를 확장시킬 수 없으며, 실제로 불분명한 것을 분명한 것으로 만들 수 없다.[1140]

또한 특정 발언이 실제 사실을 언급하거나 혹은 암시한 것으로 합리적으로 이해할 수 있는지, 해당 발언이 검증 가능한지, 합리적으로 명예훼손으로 볼 수 있는지 여부를 결정하기 위해서는 전후 문맥을 검토해야 한다. 즉, 명예훼손으로 의심되는 표현들이 평이한 것이고 문맥상 자연스러운 의미로 받아들여져야 하며, 다른 사람들이 그 표현들을 이해하는 것과 동일한 의미로 이해할 수 있어야 한다는 것이다.[1141]

1975, 18 L.Ed.2d 1094 (1967) (referring to the defamatory implication as the "sting of the libel"). See Schaecher v. Bouffault, 772 S.E.2d 589, 594 (Va. 2015).

1139 Characterizing the level of harm to one's reputation required for defamatory "sting," we have stated that defamatory language "tends to injure one's reputation in the common estimation of mankind, to throw contumely, shame, or disgrace upon him, or which tends to hold him up to scorn, ridicule, or contempt, or which is calculated to render him infamous, odious, or ridiculous." Moss v. Harwood, 102 Va. 386, 392, 46 S.E. 385 (1904); see Adams v. Lawson, 58 Va. (17 Gratt.) 250, 255-56 (1867) ("It is sufficient if the language tends to injure the reputation of the party, to throw contumely, or to reflect shame and disgrace upon him, or to hold him up as an object of scorn, ridicule or contempt."); see also Moseley v. Moss, 47 Va. (6 Gratt.) 534, 538 (1850) (actionable defamation "tend[s] to make the party subject to disgrace, ridicule, or contempt"). See Schaecher v. Bouffault, 772 S.E.2d 589, 594 (Va. 2015).

1140 In determining whether the words and statements complained of … are reasonably capable of the meaning ascribed to them by innuendo, every fair inference that may be drawn from the pleadings must be resolved in the plaintiff's favor. However, the meaning of the alleged defamatory language can not, by innuendo, be extended beyond its ordinary and common acceptation. The province of the innuendo is to show how the words used are defamatory, and how they relate to the plaintiff, but it can not introduce new matter, nor extend the meaning of the words used, or make that certain which is in fact uncertain.
Id. at 89-90, 752 S.E.2d at 811 (quoting Carwile v. Richmond Newspapers, Inc., 196 Va. 1, 8, 82 S.E.2d 588, 592 (1954)). See Schaecher v. Bouffault, 772 S.E.2d 589, 594-595 (Va. 2015).

1141 Although varying circumstances often make it difficult to determine whether particular language is defamatory, it is a general rule that allegedly defamatory words are to be taken in their plain and natural meaning and to be understood by courts and juries as other people would understand them, and according to the sense in which they appear to have been used. Carwile, 196 Va. at 7, 82 S.E.2d at 591-92; accord Farah v. Esquire Magazine, 736 F.3d 528, 535 (D.C.Cir.2013) ("[T]he publication must be taken as a whole, and in the sense in which it would be understood by the readers to whom it was addressed." (internal quotation marks and citations omitted.)). See Schaecher v. Bouffault, 772 S.E.2d 589, 595 (Va. 2015).

2. 명예훼손에 해당될 정도로 상대방을 폄하하는 말(sting)

셰처의 이메일은 명예훼손에 해당될 정도로 상대방을 폄하하는 말(sting)에 따른 명예훼손으로 볼 수 없다는 것이다. 문맥상 해당 내용에 분노를 유발하는 표현 혹은 특정인의 평판에 대해 해를 끼칠 것이라는 암시가 아닌, 특정인이 법을 위반할 것이라는 단순한 암시만으로는 명예훼손이 인정되지 않는다는 것이다. 이메일 내용이 셰처를 혐오스럽고 악명 높거나, 혹은 터무니없는 사람으로 보이게 하지 않았다. 또한 셰처에게 멸시, 경멸, 수치, 불명예를 안겨 줌으로써 평판에 해를 입히거나, 지역사회의 평가에서 그녀를 낮추거나 혹은 제3자에게 그녀와 어울리거나 거래하는 것을 막지 않았다는 것이다.

3. 풍자(innuendo)

셰처의 이메일은 풍자(innuendo)에 따른 명예훼손으로도 볼 수 없다는 것이다. 셰처의 이메일은 내용상 법적으로 명예훼손을 주장해 볼 수 있는 어떤 피해 사실도 존재하지 않았다.[1142] 따라서 위와 같이 이메일에 적힌 일반적이고 평이한 표현만으로는 셰처가 법 위반자라거나 혹은 해당 부동산에 대한 "법적 의무를 무시하는 자"라는 의미를 전달한다고 볼 수 없다. 또한 해당 이메일은 셰처 측의 미래 계획에 대해 어떠한 입장도 표명하지 않았으며, 합리적인 독자라면 단순히 제안된 계획에 수정이 필요하다는 의미가 내포된 것이라고 이해할 수 있었다. 따라서 이메일에 적힌 표현 자체만으로는 풍자(innuendo)가 인정되지 않는다는 것이다.

Masson v. New Yorker Magazine, Inc. 501 U.S. 496 (1991)

사소한 수준의 부정확성은 출판물에 의한 명예훼손 혐의의 핵심, 요지, 명예훼손에 해당될 정도로 상대방을 폄하하는 말(sting)에 의해 정당화되는 한 허위에 해당하지 않는다.[1143]

1142 Consequently, there was no actionable injurious factual assertion made as a "reasonable implication" of the published statement. Carwile, 196 Va. at 9, 82 S.E.2d at 592. See Schaecher v. Bouffault, 772 S.E.2d 589, 596 (Va. 2015).

1143 Minor inaccuracies do not amount to falsity so long as "the substance, the gist, the sting, of the libelous charge be justified." Heuer v. Kee, 15 Cal. App. 2d 710, 714, 59 P. 2d 1063, 1064 (1936); see also Alioto v. Cowles Communications, Inc., 623 F. 2d 616, 619 (CA9 1980); Maheu v. Hughes Tool Co., 569 F. 2d 459, 465-466 (CA9 1978). See Masson v. New Yorker Magazine, Inc., 501 U.S. 496, 517 (1991).

Chapin v. Knight-Ridder, Inc., 993 F.2d 1087 (4th Cir. 1993)

발언의 허위성과 명예훼손에 해당될 정도로 상대방을 폄하하는 말(defamatory sting)이 일치해야 한다. 즉, 피고가 원고를 폄하하는 말(defamatory sting)이 실질적으로 진실인 사실에서 기인하였다면, 원고는 사소하거나 혹은 사실과는 무관한 부정확성을 주장해서는 피고를 이길 수 없다.[1144]

1144 The falsity of a statement and the defamatory "sting" of the publication must coincide — that is, where the alleged defamatory "sting" arises from substantially true facts, the plaintiff may not rely on minor or irrelevant inaccuracies to state a claim for libel. AIDS Counseling & Testing Centers v. Group W Television, Inc., 903 F.2d 1000, 1004 (4th Cir.1990). See Chapin v. Knight-Ridder, Inc., 993 F.2d 1087, 1092 (4th Cir. 1993).

6 Smartmatic v. Fox (뉴욕주 1심 법원, 2021, 현재 소송 진행 중)

1) 사실 관계

스마트매틱사(Smartmatic)[1145]는 20년 전 베네수엘라 기업가에 의해 설립된 베네수엘라 전자 투표 기술 회사로 2000년에 델라웨어주에 회사를 설립하였다. 작은 신생업체였던 이 회사는 투표 기술 시장의 메이저 회사로 빠르게 성장했다. 그러나 2004년 8월, 차베스를 대통령으로 확정한 국민투표에서 베네수엘라 당국이 대선 투표 기계를 교체하기 위해 선택한 회사라는 오명을 가지고 있었고, 2017년에 스마트매틱사의 투표 결과 조작으로 인해 개헌 의회 선거 결과에 오류가 있었다는 것이 확인된 이후 베네수엘라에서 회사 운영을 중단하기도 하였다.

트럼프 전 대통령은 2020년 대선 몇달 전에 코로나 바이러스의 상륙으로 인해 이례적으로 우편 투표 절차가 시행됨에 따라 부정 선거가 일어날 가능성이 있다고 우려를 표명하였고, 부정 선거가 의심될 경우 선거 결과에 이의를 제기할 것임을 시사했다. 조 바이든 대통령을 당선자로 확정하는 대선 결과가 발표된 후 트럼프 전 대통령과 그의 보좌진들은 부정 선거를 주장하며 소송을 제기하는 등 선거 결과에 이의를 제기하였다. 구체적으로 트럼프 전 대통령의 개인 변호사인 루디 줄리아니(Rudy Giuliani, 이하 "줄리아니")와 시드니 파월(Sidney Powell, 이하 "파월")이 이끄는 법률팀은 여러 주에서 대선 결과에 이의를 제기하는 소송을 제기하였다. 폭스 방송사(Fox)[1146]와 미 전역의 거의 모든 언론들은 트럼프 전 대통령의 비난과 소송에 대해 다루었고, 법무 장관들을 포함하여 수많은 연방과 주 공무원들이 이 문제를 조사하였다.

폭스 방송사 또한 대선 결과에 불복하는 대통령의 이 같은 시도가 뉴스로 보도할 가치가 있다고 판단하여 마리아 바티로모(Maria Bartiromo, 이하 "바티로모"), 루 돕스(Lou Dobbs, 이하 "돕스"), 지닌 피로(Jeanine Pirro, 이하 "피로")를 포함하여 폭스 방송사의 여러 진행자들이 줄리아니와 파월을 인터뷰하였다. 인터뷰에서 그들은 스마트매틱사가 베네수엘라 정부와 유착 관계를 가졌고, 2020년 미국 대선 결과의 조작과 부정한 결과를 초래했다

1145 본 소송의 원고는 스마트매틱 USA사(Smartmatic USA Corp.), 스마트매틱 인터내셔널사(Smartmatic International Holding B.V.), and SGO사(SGO Corporation Limited)이다.

1146 본 소송의 피고는 폭스 방송사(Fox Corporation), 폭스 뉴스 네트워크사(Fox News Network LLC), 루 돕스(Lou Dobbs), 마리아 바티로모(Maria Bartiromo), 지닌 피로(Jeanine Pirro), 루돌프 줄리아니(Rudolph Giuliani), 시드니 파월(Sidney Powell)이다.

는 등 스마트매틱사에 대한 여러가지 의혹을 제기하였다.

스마트매틱사의 투표 조작 의혹에 대한 줄리아니와 파월의 주장은 11월 3일 대선이 끝난 후 11월 12일부터 19일까지 계속되었는데 폭스 방송사의 진행자와 게스트들은 스마트매틱사가 자사의 기술이 선거 조작과 연관되어 있다는 주장을 부인했다는 내용을 시청자들에게 반복적으로 알렸고, 줄리아니와 파월 및 트럼프 전 대통령과 가까운 지인들이 스마트매틱사의 이러한 주장에 대해 입증할 수 있는지 여부에 대해 물었다.

2020년 12월 10일, 스마트매틱사는 바티로모, 돕스, 피로가 진행자로 있는 TV 프로그램에서 줄리아니와 파월에 의해 대부분 주장된 스마트매틱사에 대한 명예훼손적인 발언을 철회해줄 것을 요구하는 서신을 폭스 방송사에 전달하였다. 이후 스마트매틱사에게 보낸 답변서에서 폭스 방송사는 트럼프 전 대통령의 대리인에 의해 발언된 주장에 대해 설명하기 위해 폭스 뉴스에 출연할 것을 권면하였으나 스마트매틱사는 이를 거절하였다.

대신 폭스 방송사는 비영리 투표 기술 전문가인 에디 페레즈(Eddie Perez, 이하 "페레즈")를 초대하여 그의 의견을 청취하였다. 페레즈는 폭스 뉴스의 여러 진행자들과 마찬가지로 스마트매틱사의 소프트웨어가 2020년 대선에서 투표용지를 바꾸거나 조작하는데 사용되었다는 증거를 보지 못했다고 말했고, 스마트매틱사의 기술은 2020년 대선 시 LA 카운티에서만 사용된 것이라고 말했다. 또한 스마트매틱사와 도미니언사(Dominion Voting System Corporation)는 별개의 회사이고, 스마트매틱사는 통계를 내기 위해 당시 투표용지를 해외로 보내지 않았으며, 2020년에는 미국의 어떤 지역도 스마트매틱사의 기술을 금지하지 않았다고 말했다. 이러한 페레즈의 의견은 돕스, 피로, 바티로모가 진행하는 프로그램(Lou Dobbs Tonight, Justice with Jeanine Pirro, Sunday Morning Futures with Maria Bartiromo)에서 여러 시간대에 걸쳐 며칠동안 방영되었다.

2021년 2월 4일, 스마트매틱사와 모회사들은 폭스 뉴스(Fox News), 폭스 방송사(Fox Corporation), 바티로모, 피로, 돕스, 줄리아니, 파월을 상대로 명예훼손 소송을 제기하였다.

2) 스마트매틱사의 주장

스마트매틱사는 폭스 방송사와 폭스 뉴스의 진행자들이 2020년 대선에서 스마트매틱사의 역할과 관련된 주장을 보도하는 과정에서 스마트매틱사의 명예를 훼손하고 폄하하는 발언을 하였다고 주장하였다. 구체적으로 폭스 방송사의 TV 프로그램에서 스마트매틱사가 베네수엘라 정부와 유착 관계를 맺었었고, 스마트매틱사의 기술은 투표 결과의 조작을 용이하게 하였다는 것이다. 특정 지역에서는 스마트매틱사의 기술을 금지하고 있었고, 스마트매틱사의 기술은 보안에 취약했다는 것이다. 스마트매틱사의 경쟁업체인 도미니언사와 관련이 있는 회사였고, 스마트매틱사의 기술이 2020년 대선에서 광범위하게 사용되었다는 것이다. 스마트매틱사는 2020년 대선동안 통계를 내기 위해 투표 용지를 해외에 보냈으며, 스마트매틱사의 기술은 허위의 대선 결과를 도출하는 데 도움을 주었다는 것이다.[1147]

또한 스마트매틱사는 이러한 허위사실의 공표가 폭스 방송사 측의 실질적 악의(actual malice)에 의해 만들어진 것이라고 주장하였다. 구체적으로 폭스 방송사가 스마트매틱사에 대한 발언과 반대되는 정보에 접근하여 그들이 스마트매틱사에 대해 보도한 내용이 사실이 아니라는 것을 이미 알고 있었다는 것이다. 또한 폭스 방송사 및 소속 진행자와 해설자들은 줄리아니와 파월의 발언의 진실성에 대해 의심을 가질만한 명백한 근거를 가지고 있었다는 것이다. 폭스 방송사 외 모든 피고들은 스마트매틱사에 대한 그들의 발언을 뒷받침할 만한 근거를 가지고 있지 않았으며 재정적인 이득을 얻기 위해 방송에서 스마트매틱사에 대한 허위 정보를 공표하는 캠페인을 벌였다는 것이다.

스마트매틱사는 폭스 방송사의 명예훼손적인 발언으로 인해 스마트매틱사가 보유하고 있는 투표 기술 및 소프트웨어에 회복 불가능한 피해를 입었으므로 법원에서 정하는 통상 손해, 최소한 27억불 이상으로 법원이 정하는 실제 및 간접 손해와 실제 손해(special damage), 징벌적 손해 등을 손해배상으로 청구하였다.

3) 폭스 방송사의 소장기각신청(motion to dismiss)

1. 연방 헌법 제1조 적용 이슈

연방 헌법 제1조의 핵심은 공적인 관심사(public concern)에 대한 발언을 보호하는데

1147 The Complaint groups the defamatory falsehoods published by the Fox Defendants into eight categories:

- Smartmatic's election technology and software were widely used in the 2020 U.S. election, including the six states with close outcomes;
- Dominion used Smartmatic's election technology and software and/or Smartmatic owned Dominion;
- Smartmatic fixed, rigged and stole the 2020 U.S. election for Joe Biden and Kamala Harris;
- Smartmatic sent votes to foreign countries for tabulation and manipulation during the 2020 U.S. election;
- Smartmatic's election technology and software were compromised or hacked during the 2020 U.S. election;
- Smartmatic was previously banned from providing election technology and software in the United States;
- Smartmatic is a Venezuelan company founded and funded by corrupt dictators from socialist and communist countries; and
- Smartmatic's election technology and software were designed to fix, rig, and steal elections.

있는데, 이를 실현하기 위해 연방 헌법은 중립 보도 원칙(neutral reporting doctrine)[1148]과 같은 원칙들을 두어 뉴스 가치가 있는 주장들을 보도할 때 발생할 수 있는 책임으로부터 언론을 보호한다는 것이다. 따라서 특정 발언이 그 자체로 뉴스 가치가 있는 것이라면 그 발언이 명예훼손 및 허위에 해당하는지, 언론이 해당 발언의 진실 여부에 대해 확인할 의무가 있는지 여부에 관계없이 언론이 보도한 발언은 연방 헌법 제1조의 보호를 받는다는 것이다.

다른 한편에서는 중립 보도 원칙(neutral reporting doctrine)을 특권으로 인식하는데, 합리적인 시청자들은 언론이 사실이라고 판단되는 정보를 제공하는 것이 아니라 뉴스 가치가 있는 주장을 시청자들에게 제공하여야 하는 저널리즘의 의무를 다하는 것이라고 이해하기 때문에 중립 보도 원칙(neutral reporting doctrine)에 따른 언론의 보도는 명예훼손에 해당되지 않는다는 것이다.

또한 연방 헌법 제1조의 핵심은 소송과 같은 사법 절차에 대해 보도할 때 언론을 보호하는 공정 보도원칙(fair reporting doctrine)에도 반영되어 있는데 이는 발언의 정확성과는 무관하게 대중은 법원에서 무슨 일이 일어나고 있는지 알 권리가 있다는 것을 의미한다는 것이다. 특히 언론의 보도 범위가 법률 문서에 대한 정확한 보도에 제한되지 않고, 변호사의 발언 또한 취재 대상에 해당될 만큼 광범위하게 적용되며, 반드시 보도 내용이 기술적으로 정확할 필요가 없다는 것이다.

위와 같은 연방 헌법 제1조의 핵심 원칙을 본 케이스에 적용해보면 스마트매틱사의 주장이 잘못되었다는 것을 알 수 있다는 것이다.

당시 폭스 뉴스의 TV 프로그램에 출연한 게스트들의 대다수가 2020년 대선의 합법성에 대해 언급하였고, 대선 이후 트럼프 전 대통령과 그의 측근들은 2020년 대선이 부정 선거였다고 반복적으로 주장하면서 거의 모든 언론이 이와 관련된 내용을 끊임없이 보도하였다는 점에서 사실의 정확성 여부에 관계없이 직접적으로 공적인 관심사(public concern)와 관련된 주장에 해당된다. 게다가 이러한 주장은 트럼프 전 대통령이 대선 결과에 불복하고 법정을 통해 이의를 제기하겠다고 약속함에 따라 언론 보도의 중요성이 더욱 커지게 되었다.

즉, 당시 현직 대통령이 대선 결과에 불복했다는 사실과, 대통령과 그의 측근들이 대

1148 For example, the neutral-reporting doctrine protects "disinterested communications" by the press of "matters of public concern," even if that involves communicating defamatory claims. (Rendon v. Bloomberg, L.P., 403 F Supp 3d 1269, 1276 [SD Fla 2019].)

선 결과에 이의를 제기하려고 계획 중이었다는 근거에 비추어 볼 때 대중은 이에 대해 알 권리가 있고, 언론은 이러한 대중의 알 권리를 충족시키기 위해서 보도해야 할 권리가 있다는 것이다.

폭스 방송사는 이러한 권리에 따라 대통령이 주장하고 있는 것을 시청자들에게 계속 알리기 위해 대통령이 고용한 개인 변호사와 대리인들을 초대하여 시청자들에게 그들의 주장을 설명하였고 이로 인해 스마트매틱사에 대한 의혹이 제기되었다.

실제로 스마트매틱사가 명예훼손의 근거로 삼은 발언들은 대통령 지지자들이 언론을 통해 그들의 주장을 대중에게 알리기 위한 토론회에서 이루어진 인터뷰 과정에서 나오게 된 것이었다. 그런데 합리적인 시청자라면 폭스 뉴스가 방송을 통해 전달한 정보가 트럼프 전 대통령, 줄리아니, 파월의 주장이 사실에 기초하고 있다는 것이 아닌, 그들이 대선과 관련하여 특정 주장들을 내세우고 있다는 것임을 쉽게 이해할 수 있다. 따라서 폭스 방송사는 스마트매틱사의 명예를 훼손하는 발언을 하지 않았으므로 폭스 방송사가 스마트매틱사의 명예를 훼손했다는 주장은 잘못되었다는 것이다.

결론적으로, 폭스 방송사는 뉴스 가치가 있는 논란을 보도한 것에 불과하고, 언론은 연방 헌법 제1조에 의거하여 책임에 대한 어떠한 두려움없이 뉴스 가치가 있는 내용을 대중에게 전달하여야 할 자유를 가진다는 것이다. 발언 그 자체로 뉴스 가치가 있는 것이라면 해당 발언이 명예훼손의 소지가 있든, 허위이든 여부에 관계없이 언론의 보도는 보호되어야 하며, 언론이 해당 발언의 진실성에 대해 확인하여야 할 의무가 없다는 것이다.[1149]

2. 실질적 악의(actual malice) 입증 이슈

폭스 방송사가 스마트매틱사의 명예를 훼손하는 발언을 하였다고 하더라도, 스마트매틱사는 폭스 방송사가 실질적 악의(actual malice)를 가지고 해당 발언을 하였다는 것을 입증하지 못하였으므로 스마트매틱사가 제기한 명예훼손 소송은 기각되어야 한다는 것이다.

연방 헌법 제1조는 공인(public figure)에 대한 언론의 보도 내용을 강력하게 보호하는데 원고인 공인(public figure)이 명예훼손으로 인한 손해배상을 청구하기 위해서는 피고인

1149 In short, Fox's coverage of this "newsworthy controversy," (Lasky v. Am. Broadcasting Companies, Inc., 631 F Supp 962, 971 [SD NY 1986]), was exactly the kind of expression that the press must be "afforded the freedom to" provide without fear of liability, (Edwards, 556 F2d at 120). "If the mere fact that a statement is made is itself newsworthy, then the reporting of that statement by the press is protected expression, regardless of whether the statement is defamatory and false, and the press is not bound to verify the truth of the statement" (DeLuca, 109 Misc 2d at 345-346.)

언론사가 실질적 악의(actual malice)를 가지고 명예훼손적인 발언을 하였다는 것을 입증하여야 한다.

Gertz 케이스에 따르면, 공인(public figure)을 모든 목적의 공인(all-purpose public figure)과 제한적 목적의 공인(limited-purpose public figure)으로 나누는데 스마트매틱사의 경우 2020년 대선 당시 투표 기술을 제공함으로써 기술 보안이나 선거 결과에 대한 공개적인 논란에 휘말릴 수 있는 위험을 감수한 제한적 목적의 공인(limited-purpose public figure)에 해당한다는 것이다. 따라서 스마트매틱사가 명예훼손을 주장하기 위해서는 폭스 방송사가 실질적 악의(actual malice)를 가지고 명예훼손적인 발언을 공표하였다는 것을 입증하여야 한다는 것이다.

구체적으로, 폭스 방송사가 해당 발언을 공표할 당시에 해당 발언이 허위임을 알았거나 혹은 진실 여부에 대해 미필적 고의(reckless disregard)를 가지고 공표하였음을 입증하여야 하며,[1150] 폭스 방송사의 단순 부주의 혹은 해당 발언을 공표하기 전에 사실 여부에 대해 조사하지 않은 것만으로는 충분하지 않다는 것이다.[1151] 또한 폭스 방송사가 공표될 발언 내용의 진실 여부에 대해 심각한 의심을 갖고 있었으며,[1152] 허위 가능성에 대한 높은 수준의 인지가 있었다는 것을 입증하여야 한다는 것이다.[1153]

본 케이스에서 폭스 방송사가 방송을 통해 스마트매틱사에 대해 공표한 것과는 반대되는 정보를 입수했지만 이를 제대로 조사하지 않은 것과 폭스 방송사의 진행자와 해설자가 줄리아니와 파월에게 그들의 주장을 뒷받침할 만한 증거를 요구한 것으로 볼 때 폭스 방송사가 발언의 진실성에 대해 의심을 가질 만한 분명한 근거를 가지고 있었다는 스마트매틱사의 주장은 다음의 이유로 인정될 수 없다는 것이다.

스마트매틱사가 제기한 첫 번째 주장의 경우 설령 폭스 방송사에게 사실 조사를 제대로 하지 않은 과실이 있다고 할지라도 그 정도로는 실질적 악의(actual malice)의 성립을 위해 요구되는 미필적 고의(reckless disregard)를 입증하기에는 충분하지 않다는 것이다.[1154]

1150 N.Y. Times, 376 US at 279-280.

1151 Harte-Hanks Communications, Inc. v. Connaughton, 491 US 657, 688 [1989]; St. Amant v. Thompson, 390 US 727, 731 [1968].

1152 *Liberman*, 80 NY2d at 438.

1153 Garrison v. Louisiana, 379 US 64, 74 [1964].

1154 Harte-Hanks, 491 US at 688; see St. Amant, 390 US at 731 (recklessness "is not measured by whether a reasonably prudent man would have published, or would have investigated before publishing"); Masson, 501 US at 510 ("[m]ere negligence does not suffice" to show actual malice).

실질적 악의(actual malice)를 주장하기 위해서는 해당 내용이 피고에 의해 날조되었다거나, 피고의 상상력에 의해 만들어졌다거나, 혹은 해당 내용이 확인되지 않은 익명의 전화에 전적으로 의존해서 만들어졌다는 것을 입증할 수 있는 정도에 해당되어야 한다는 것이다.[1155]

그런데 스마트매틱사는 폭스 방송사에 소속되어 있는 모든 사람들이 스마트매틱사와 관련된 발언과 반대되는 정보를 알고 있었다는 주장만을 제기하고 있는데 그것만으로는 폭스 방송사의 실질적 악의(actual malice)를 주장하기에는 불충분하다는 것이다.

스마트매틱사가 제기한 두 번째 주장의 경우 합리적인 시청자라면 줄리아니와 파월이 사실이라고 확신하기 때문에 그들의 발언을 보도하려고 한 것이 아니라, 그들을 취재한 거의 모든 언론과 마찬가지로 그들의 발언이 뉴스 가치가 있다고 판단해서 그들을 취재한 것임을 쉽게 알 수 있다는 것이다.

스마트매틱사가 제시한 논리대로라면 대중적으로 크게 논란이 된 문제를 언론이 보도할 때 실질적 악의(actual malice)에 의한 책임에서 벗어나기 위해 생방송 인터뷰에서 객관적으로 보도할 가치가 있는 제3자의 발언을 포함하여 모든 보도 내용을 사전에 검열해야 한다는 것이다. 이는 공적 이슈에 대한 토론은 어떤 것에 의해서도 제한되지 말아야 하며 그 자체로 마땅히 보호되어야 한다는 연방 헌법 제1조의 근본 원칙[1156]에 반하는 것이므로 스마트매틱사의 주장은 인정될 수 없다는 것이다.

4) 폭스 방송사가 제기한 소장기각신청(motion to dismiss)에 대해 스마트매틱사의 제기한 이의신청(opposition)

1. 연방 헌법 제1조 적용 이슈

연방 헌법 제1조는 정보의 자유로운 유통에 따른 사회의 이익과 개인이 허위 정보의 유포로 인해 피해를 입었을 경우 이를 구제하려는 주(state)의 이익 사이에 균형을 유지하기 위해 존재하며, 질서 있는 자유라는 기본 개념을 가지고 있다. 따라서 연방 대법원은 언론사가 명예훼손에 대한 책임으로부터 무조건적이고 절대적인 면책을 누려야 한다고 인정한 적이 없다는 것이다. 특히 언론사에게 다른 사람의 권리와 자유를 침해할 수 있는 특별한 특권이 부여되지 않았다는 것이다.

1155 St. Amant, 390 US at 727, 732.

1156 N.Y. Times, 376 US at 270.

a. 중립 보도특권(neutral reporting privilege)

폭스 방송사는 언론사가 뉴스 가치가 있는 사건에 대해 보도할 때 연방 헌법 제1조에 의해 중립 보도특권(neutral reporting privilege)이 인정된다고 주장하나, 중립 보도특권(neutral reporting privilege)은 몇몇 법원에서만 인정될 뿐이며, 관할지인 뉴욕주에서는 이를 인정하지 않는다는 것이다. 또한 폭스 방송사의 주장과 같이 중립 보도특권(neutral reporting privilege)이 설령 인정된다고 하더라도 폭스 방송사가 공표한 허위 발언에는 적용되지 않는다는 것이다.

구체적으로, 중립 보도특권(neutral reporting privilege)은 (1) 원고가 공인(public figure)이고 (2) 피고가 명예훼손적인 발언을 요구하거나 뉴스 가치가 있는 사건을 만들지 않았으며 (3) 공표된 발언은 책임이 있고 저명한 조직에 의해 만들어졌고 (4) 피고가 해당 발언을 찬성하거나 동의하지 않는 경우에 적용되는데 폭스 방송사는 이러한 기준을 충족시키지 못했다는 것이다.[1157]

(1) 스마트매틱사는 Gertz 케이스에서 소개된 제한된 목적의 공인(limited-purpose public figure)의 인정 기준과 같이 사회적인 논란에 자발적으로 참여하거나 비 자발적으로 사회적인 논란에 휘말렸더라도 공인(public figure)으로서 적극적으로 역할을 한 경우가 아닌, 오히려 특정한 구제를 얻으려고 하거나 소송으로부터 자신을 보호하기 위해 그들의 의지에 반하여 사회적인 논란에 끌려가는 경우와 유사하다는 것이다. 즉, 스마트매틱사와 같이 단순히 대중의 관심을 끄는 문제에 관여하거나 관련이 있다는 것만으로는 제한된 목적의 공인(limited-purpose public figure)으로 인정되지 않기 때문에 스마트매틱사를 공인(public figure)으로 볼 수 없다는 것이다.

또한 Gertz 케이스에서 원고가 지역사회와 전문 분야에서 활동하였다고 하더라도 공인(public figure)에 해당되지 않는다고 판단하였다. 스마트매틱사가 LA 카운티에 투표 기술

1157 The Fox Defendants have not established that their reporting about Smartmatic qualifies for the "neutral reporting" privilege even assuming New York recognized the privilege. The privilege created in Edwards is not broad. "As would be natural in a case establishing a new principle, the Edwards opinion did not attempt precise definition of its contours. However, it did contain important suggestions that the privilege was limited in scope and required careful examination of the facts in each case." Cianci v. New Times Pub. Co., 639 F.2d 54, 68 (2d Cir. 1980). Among other things, the Edwards-created privilege only applies if (1) the plaintiff is a public figure, (2) the defendant did not solicit the defamatory statements or create the "newsworthy" event, (3) the statements published were made by a responsible and prominent organization, and (4) the defendant does not espouse or concur in the statements. The Fox Defendants cannot satisfy these criteria.

과 서비스를 제공하는 등 전문적인 활동을 수행했지만 제한적 목적의 공인(limited-purpose public figure)에 해당되기 위해 요구되는 LA 카운티 외 지역의 투표와 관련된 어떠한 공개 토론에도 자발적으로 참여하지 않았기 때문에 스마트매틱사를 제한적 목적의 공인(limited-purpose public figure)으로 볼 수 없다는 것이다.

(2) 폭스 방송사는 소송에서 쟁점이 되고 있는 줄리아니와 파월에게 스마트매틱사의 명예를 훼손하는 발언을 요구했고 스마트매틱사에 대한 논란을 일으키는 데 참여했다는 것이다. 폭스 방송사는 줄리아니와 파월이 스마트매틱사의 명예를 훼손할 것을 알고서 TV 프로그램에 초대하였다는 것이다. 폭스 뉴스의 진행자들은 스마트매틱사의 명예를 훼손하는 발언을 이끌어내기 위해 줄리아니와 파월에게 질문하였으며, 논란을 증폭시키기 위해 그들 스스로도 스마트매틱사의 명예를 훼손하는 발언을 하였다는 것이다.

(3) 폭스 방송사는 시청자들에게 줄리아니와 파월을 믿을 만한 소식통으로 소개하였고, 대통령이 고용한 개인 변호사라고 그들을 선전하였으나, 대통령을 대리하는 변호사라는 타이틀이 있다는 이유로 그들을 책임이 있고 저명한 단체로 동일하게 대우해야 한다는 전례가 없으며, 줄리아니와 파월의 경우 책임이 있다고 가정하는 것 또한 논란의 여지가 있다는 것이다.

(4) 폭스 뉴스의 진행자들은 줄리아니와 파월에 의한 명예훼손적인 발언을 중립적이고 객관적인 태도로 소개하지 않았다는 것이다. 폭스 뉴스의 진행자들은 줄리아니와 파월을 중요한 진실에 도달하고 있는 사람들로 여기고 그들을 지지했으며 시청자들은 그들의 말을 믿어야만 했다는 것이다.

b. 공정 보도특권(fair reporting privilege)

폭스 방송사가 중립 보도원칙(neutral reporting doctrine)과 함께 방어 주장으로 제시했던 공정 보도특권(fair reporting privilege) 역시 성립되지 않는다는 것이다. 공정 보도특권(fair reporting privilege)은 폭스 방송사가 다음의 세가지 요건들을 성립시키면 주장할 수 있는데 (1) 보도 당시에 소송이 존재했고, (2) 일반 시청자 혹은 독자들이 언론사가 소송에서 언급된 내용을 보도한 것이라고 이해할 수 있으며, (3) 소송에서 언급된 내용에 대해 언론사는 공정하고 진실하게 보도하였다는 것이다.[1158]

1158 "The privilege afforded by Civil Rights Law §74 is an affirmative defense to a claim of defamation" Greenberg, 155 A.D.3d at 42. The privilege only applies if the Fox Defendants establish that: (1) an official proceeding existed at the time of their publications, (2) an ordinary viewer or reader would understand that they were reporting about what was said in that official proceeding, and (3) their publication was a "fair

(1) 스마트매틱사에 대해 언급한 소송은 2020년 11월 25일에 제기된 Pearson v. Kemp인데, 폭스 방송사는 그 이전인 11월 12일에 스마트매틱사에 대해 165개의 명예훼손적인 발언을 33번에 걸쳐 보도하였다. 따라서 폭스 방송사가 해당 발언을 보도할 당시에는 어떤 소송도 존재하지 않았기 때문에 폭스 방송사는 공정 보도특권(fair reporting privilege)을 주장할 수 없다는 것이다.[1159]

(2) 폭스 방송사는 보도 내용을 접한 사람들이 (ⅰ) 폭스 방송사가 스마트매틱사에 대한 소송에 대해 보도하고 있다는 것을 이해할 수 있고 (ⅱ) 보도 중에 만들어진 명예훼손적인 발언이 원래 소송 당시에 있었던 발언이었다는 것을 입증하지 못했다.

(3) 공정 보도특권(fair reporting privilege)은 언론사가 실질적으로 정확한 보도를 제공하고 있는지 여부에 대한 판단을 요구하는데, 허위이며 타인의 명예를 훼손하고 있다는 인상을 주는 보도 내용에 해당되는 경우에는 이를 보호하지 않는다는 것이다. 특히 소송과 같은 공적 절차에 포함되지 않은 보도 내용과 관련된 명예훼손적인 발언에는 공정 보도특권(fair reporting privilege)이 적용되지 않는다.

그런데 폭스 방송사는 스마트매틱사의 명예를 훼손하는 발언이 소송에서 언급되었던 내용을 실질적으로 정확하게 요약한 것이라는 점을 입증하지 못했다는 것이다. 이를 입증하기 위해서는 폭스 방송사가 보도 당시에 존재했던 소송에서 스마트매틱사에 대해 언급했던 내용과 각각의 보도 내용을 비교해야 하는데 폭스 방송사는 이를 진행하지 않았다. 폭스 방송사가 스마트매틱사에 대해 보도할 당시에 존재했던 소송에는 쟁점이 된 명예훼손적인 발언이 포함되어 있지 않았다.

2. 실질적 악의(actual malice) 입증 이슈

a. 실질적 악의(actual malice)에 대한 전체적인 고려가 필요하다는 것이다.

피고가 실질적 악의(actual malice)를 가지고 있었는지 여부를 조사할 때 피고가 허위 가능성을 확인할 수 있는 사실을 인지하지 않으려는 행동 및 고의적인 결정이 있었는지 여부를 검토하여야 한다. 실제로 피고의 별인 내용을 통해 피고가 본인의 발언이 허위임을 인지하고 있었다는 것을 입증하기는 쉽지 않다. 따라서 원고는 필요한 경우 정황 증거

---

and true" report of statements made in that official proceeding. The Fox Defendants fail on all three counts.

1159 The Fox Defendants cannot invoke the fair reporting privilege for any of these 33 reports because no official proceeding existed at the time of publication. Accordingly, at most, the fair reporting privilege may be relevant to the seven reports published after November 25. The privilege does not apply to those reports for the reasons discussed below.

(circumstance evidence)에 의존할 수 밖에 없다.[1160] 법원은 전통적으로 피고의 심리 상태와 관련된 직, 간접적인 증거를 인정하고 있다.

b. 스마트매틱사에 대한 폭스 방송사의 허위 주장을 뒷받침할만한 근거가 부족하다는 것이다.

폭스 방송사는 TV 프로그램 진행 중에 스마트매틱사에 대한 허위 발언을 뒷받침할 수 있는 어떠한 직, 간접적인 증거도 제시하지 않았고, 투표 기술 전문가인 페레즈와 인터뷰를 하는 과정에서 스마트매틱사에 대한 비난을 뒷받침할 수 있는 근거가 부족하다는 점을 인정하였으며, 폭스 뉴스의 다른 진행자들 또한 이러한 근거가 부족하다는 점을 인정하였다. 폭스 방송사에 소속되어 있는 어느 누구도 그들이 스마트매틱사에 대한 허위 발언을 뒷받침할 수 있는 증거를 가지고 있다는 것을 확인하지 못했다.

c. 폭스 방송사는 스마트매틱사에 대한 허위 및 반대되는 정보를 보유하였으며 이에 대한 확인을 회피하였다는 것이다.

폭스 방송사는 스마트매틱사의 명예를 훼손하는 발언의 출처인 줄리아니와 파월을 의심할만한 명백한 이유가 있었다. 구체적으로 폭스 방송사는 TV 프로그램에 반복적으로 출연하면서 수십 번에 걸쳐 해당 명예훼손적인 발언을 인용한 줄리아니와 파월을 의심할 만한 명백한 이유가 있었고, 스마트매틱사의 명예를 훼손하는 내용들이 입수 가능한 정보와 반대된다는 것을 알았거나 혹은 진실에 대해 의도적으로 회피하려고 하였는데 이것이 폭스 방송사의 실질적 악의(actual malice)에 해당된다는 것이다.

d. 도미니언사가 제출한 소장은 폭스 방송사가 스마트매틱사의 명예를 훼손하는 발언과 반대되는 정보를 이미 보유하고 있었다는 것을 확인시켜 준 것이다.

도미니언사는 스마트매틱사가 소장을 제출한 후에 폭스 뉴스를 상대로 델라웨어 주 법원에 명예훼손으로 소를 제기하였는데,[1161] 도미니언사의 소장 내용은 폭스 방송사가

1160 The existence of actual malice may be shown in many ways. As a general rule, any competent evidence, either direct or circumstantial, can be resorted to, and all the relevant circumstances surrounding the transaction may be shown, provided they are not too remote, including threats, prior or subsequent defamations, subsequent statements of the defendant, circumstances indicating the existence of a rivalry, ill will, or hostility between the parties, facts tending to show a reckless disregard for the plaintiff's rights, and, in an action against a newspaper, custom and usage with respect to the treatment of news items of the nature of the one under consideration. Herbert, 441 U.S. at 164 n.12.

1161 도미니언사는 2021년 3월 26일자로 델라웨어주 1심 법원(Superior Court of Delaware)에 US Dominion, Inc., Dominion Voting Systems, Inc., and Dominion Voting Systems Corporation v. Fox News Network, LLC로 명

실제로 스마트매틱사의 소장에서 확인된 공개 문서 중 상당수를 이미 보유하고 있었음을 확인시켜 주었다. 이는 도미니언사이 이메일을 통해 폭스 방송사 측에게 제공한 정보로써[1162] 폭스 방송사의 실질적 악의(actual malice)에 대한 스마트매틱사의 주장을 뒷받침해 주는 근거가 된다.

e. 폭스 방송사는 출처의 진실성에 대해 의심할만한 명백한 이유를 가지고 있었다는 것이다.

폭스 방송사가 출처의 진실성에 대해 의심할만한 명백한 이유를 가지고 있었음을 뒷받침해주는 것으로 다음의 8가지를 들 수 있다. 이는 폭스 방송사가 진실 여부에 대해 미필적 고의(reckless disregard)를 가지고 있었다는 것을 뒷받침해 준다.

(i) 줄리아니와 파월은 2020년 대신에서 스마트매틱사의 역할에 대해 그들의 발언을 뒷받침할 만한 어떠한 직접적인 근거도 제시하지 않았다.

(ii) 폭스 방송사는 스마트매틱사에 대한 그들의 보도 내용을 확증할 수 없었다.

(iii) 폭스 방송사는 신뢰할 수 있는 출처들이 그들의 보도 내용을 반박했다는 것을 알았다.

(iv) 폭스 방송사는 경쟁 주들의 선거 위원들이 그들의 보도 내용을 부인했다는 것을 알았다.

(v) 폭스 방송사는 그들의 보도 내용이 선거 지원 위원회(U.S. Election Assistance Commission)에서 실시한 시험 및 인증과 일치하지 않았다는 것을 알았거나 알았어야 했다.

(vi) 폭스 방송사는 선거 전문가들이 그들의 보도 내용을 부인했다는 것을 알았다.

(vii) 폭스 방송사는 줄리아니와 파월의 사기에 관련된 발언과 스마트매틱사의 소프트웨어에 의해 뒤집힌 투표 결과가 2020년 대선 결과에 이의를 제기하기

예훼손의 소송을 제기하였다.

1162 For example, on November 12, 2020, Dominion began circulating an email titled: "SETTING THE RECORD STRAIGHT: FACTS & RUMORS." (SMT.Ex.D ¶65.) Dominion sent the emails to reporters and producers for Fox News, "including those who oversaw and managed content" for Lou Dobbs Tonight, Sunday Morning Futures, Mornings with Maria, and Justice with Judge Jeanine. (Id. ¶66.) Dominion circulated the emails to these individuals within Fox News on November 12, 13, 14, 16, 17, 19 and 20 (Id. ¶¶66, 77.)
Dominion's emails to Fox News, including individuals who oversaw and managed content for the Fox anchors, provided the Fox Defendants even more information contradicting what they published about Smartmatic.

위해 법정에 제시된 주장과 일치하지 않았다는 것을 알았다.

(viii) 폭스 방송사는 파월이 자신의 발언을 뒷받침할 수 있는 막대한 양의 증거를 가지고 있다는 주장이 거짓이라는 것을 알았다. 트럼프 전 대통령의 당시 선거 캠페인은 파월과는 거리가 멀었고, 파월은 트럼프 전 대통령을 대신하여 어떠한 소송도 제기하지 않았으며, 결과적으로 그녀가 제기한 소송은 가짜였다.

f. 폭스 방송사는 일반적으로 인정되는 저널리즘의 기준을 위반했다.

언론사에게 일반적으로 인정되는 저널리즘의 기준을 위반했는지 여부는 과실(fault)에 대한 피고의 입증으로 판단할 수 있다. 이는 정보 수집과 배포에 있어서 책임자에게 일반적으로 요구되는 기준을 고려하지 않은 채 지나치게 무책임하게(grossly irresponsible) 행동하는 경우를 말하며 진실에 대한 미필적 고의(reckless disregard)와 관련이 있다는 것이다.

구체적으로 폭스 방송사는 그들이 알고 있는 정보가 정확하지 않다고 보도했고, 줄리아니와 파월의 정보를 확인하고 확증하지 못했다. 그들의 선입견과 일치하지 않는 정보의 수집을 의도적으로 회피했고, 줄리아니와 파월에 대한 신뢰도가 부족하다는 점을 공개하지 않았다. 또한 폭스 방송사가 보도한 내용과 반대되는 정보에 대해서는 보도하지 않았고, 줄리아니와 파월의 발언을 문맥을 고려하여 적절하게 배치하지 않았으며, 사적 이익을 위해 스마트매틱사를 비난하고 시청자들에게 그들의 발언에 대한 근거가 부족하다는 사실을 공개하지 않았다.

g. 폭스 방송사의 허위에 기반한 선거 캠페인은 부적절한 목적을 위한 것이었다.

허위 발언을 하게 된 부적절한 동기 자체만으로는 실질적 악의(actual malice)를 입증하기에는 충분하지 않지만, 피고가 실질적 악의(actual malice)를 가지고 행동했는지 여부와는 관련성이 있다는 것이다.

구체적으로 폭스 방송사는 트럼프 전 대통령이 선거에서 낙선하지 않았으며 스마트매틱사에 의해 결과를 도둑맞았다는 메시지를 유포하면 트럼프 전 대통령과 그의 지지자들로부터 사랑받게 될 것이라는 부적절한 동기를 가지고 있었다. 이러한 부적절한 동기는 특히 폭스 방송사 측 피고들의 이익 실현을 위해 필요한 것이었다. 폭스 뉴스는 다른 언론 기관에 의해 밀리고 있는 시청률을 따라잡기 위해 트럼프 전 대통령과 그의 지지자들의 지원을 원했고, 돕스는 시청률을 유지하기 위해 트럼프 전 대통령의 공개적인 승인을 원했으며, 바티로모는 그 메시지가 그녀에게 단독 인터뷰와 폭스 뉴스에서 더 큰 기회를 가져다 주었기 때문에 트럼프 전 대통령과 그의 지지자들의 지지를 확고히 다지기를 원했다. 피로는 자신의 책을 팔기 위한 수단으로 스마트매틱사에 대한 공격을 이용하였으며, 피로의 전 남편은 스마트매틱사와 관련된 그녀의 보도 이후에 트럼프 전 대통령으로부터 사면을 받았다.

Rosenbloom v. Metromedia, Inc., 403 U.S. 29 (1971): 공정 보도특권(fair reporting privilege)

언론사가 사법, 입법, 행정 절차를 보도할 때 보도 내용이 공정하고 정확하며 다른 사람의 명예를 훼손하려는 의도로 한 것이 아니라면 설령 허위이거나 부정확한 정보를 기반으로 보도하였다고 하더라도 조건부 특권(conditional privilege)이 인정된다. 그러나 언론사가 보도하기 전에 준수하여야 할 사실 확인 절차를 거치지 않은 경우에는 이러한 조건부 특권(conditional privilege)은 인정되지 않는다.[1163]

White v. Fraternal Order of Police, 909 F.2d 512 (D.C. Cir. 1990): 공정 보도특권(fair reporting privilege)

공정 보도특권(fair reporting privilege)은 정부 절차에 대해 공정하고 정확한 보도를 전달하기 위한 보통법상 특권(common law privilege)이다.[1164] 공정 보도특권(fair reporting privilege)은 공적 절차 혹은 공직자에 의해 취해진 조치 혹은 정부 기관에 대한 보도에 이르기까지 넓게 적용되는데[1165] 구체적인 적용 범위는 다음과 같다.

1163 Pennsylvania law recognizes truth as a complete defense to a libel action. Schonek v. WJAC, Inc., 436 Pa. 78, 84, 258 A. 2d 504, 507 (1969); Restatement of Torts § 582. It recognizes an absolute immunity for defamatory statements made by high state officials, even if published with an improper motive, actual malice, or knowing falsity. Montgomery v. Philadelphia, 392 Pa. 178, 140 A. 2d 100 (1958); Restatement of Torts § 591, and it recognizes a conditional privilege for news media to report judicial, administrative, or legislative proceedings if the account is fair and accurate, and not published solely for the purpose of causing harm to the person defamed, even though the official information is false or inaccurate. Sciandra v. Lynett, 409 Pa. 595, 600-601, 187 A. 2d 586, 588-589 (1963); Restatement of Torts § 611. The conditional privilege of the news media may be defeated, however, by "'want of reasonable care and diligence to ascertain the truth, before giving currency to an untrue communication.' The failure to employ such 'reasonable care and diligence' can destroy a privilege which otherwise would protect the utterer of the communication." Purcell v. Westinghouse Broadcasting Co., 411 Pa. 167, 179, 191 A. 2d 662, 668 (1963). See Rosenbloom v. Metromedia, Inc., 403 U.S. 29, 37-38 (1971).

1164 the common law privilege to publish fair and accurate reports of governmental proceedings and the First Amendment privilege of neutral reportage. See White v. Fraternal Order of Police, 909 F.2d 512, 527 (D.C. Cir. 1990).

1165 The privilege extends broadly to the report "of any official proceeding, or any action taken by any officer or agency of government." Restatement (Second) of Torts § 611, comment d (1977). See White v. Fraternal Order of Police, 909 F.2d 512, 527 (D.C. Cir. 1990).

공정 보도특권(fair reporting privilege)은 법원이나 법원의 하위 기관에서 이루어진 절차에 대한 보도, 공직자나 정부 기관에 의해 행해지는 절차 혹은 조치에 대한 보도 뿐만 아니라 공직 업무를 수행하기 위해 권한을 부여받은 행정부와 입법부에서 이루어지는 절차에 대한 보도에도 적용된다.[1166]

White v. Fraternal Order of Police, 909 F.2d 512 (D.C. Cir. 1990): 중립 보도특권(neutral reporting privilege)

중립 보도특권(neutral reporting privilege)은 공정 보도특권(fair reporting privilege)과 같이 공적 절차 중에 만들어진 발언이 아니라고 하더라도 공적인 관심사(public interest)와 관련된 문제에서 일어난 불법 행위를 고발하는 발언이라면 이를 정확하게 보도할 수 있는 특권으로 연방 헌법 제1조에 의한 특권(First Amendment privilege)이라고 불린다. 중립 보도특권(neutral reporting privilege)은 공직자(public official)의 부정행위에 대한 고발은 뉴스 가치가 있으며 언론이 이를 보도할 수 있도록 책임을 면제해 주어야만 대중이 뉴스를 접할 수 있다는 기본 취지를 기반으로 만들어진 특권이다.[1167]

1166 the D.C. Court of Appeals outlined the breadth of the privilege: [T]he privilege has been held applicable to reports of proceedings before any court, or agency of the court, ... reports of any other proceedings, judicial in character, which take place before administrative, executive or legislative bodies which are by law authorized to perform public duties, ... as well as reports of any official proceeding or action taken by any officer or agency of government. 424 A.2d at 88. See White v. Fraternal Order of Police, 909 F.2d 512, 527 (D.C. Cir. 1990).

1167 The media defendants also claim a right under the First Amendment to report accurately allegations of wrongdoing in a matter of public interest, even where the allegations are made outside of an official proceeding. The premise of this privilege, they claim, is that accusations of malfeasance by public officials are newsworthy, and the public will only learn of such charges if the press is immune from liability for dispassionate and disinterested reporting of such allegations. See White v. Fraternal Order of Police, 909 F.2d 512, 528 (D.C. Cir. 1990).

“

New York Times gives the press protection from honest mistakes, but it is not a license to lie.

”

Falwell v. Flynt (연방 제4 항소법원, 797 F.2d 1270, 1275, 4th Cir. 1986)

“

Although honest utterance, even if inaccurate, may further the fruitful exercise of the right of free speech, it does not follow that the lie, knowingly and deliberately published about a public official, should enjoy a like immunity.… Hence the knowingly false statement and the false statement made with reckless disregard of the truth, do not enjoy constitutional protection.

”

Garrison v. Louisiana (연방 대법원, 379 U.S. 64, 75, 1964)

M. 입증책임 (Burden of Proof)

Seley-Radtke v. Hosmane
(메릴랜드주 대법원, 450 Md. 468, 149 A.3d 573, 2016)

본 케이스는 학생을 성폭행한 혐의로 사임하게 된 대학 교수가 행정조사를 받을 당시 해당 대학 교수의 불법행위를 학교에 고발한 동료 교수를 상대로 제기한 명예훼손 사건이다. 본 케이스의 이슈는 명예훼손으로 인한 손해배상을 청구하기 위해 적용되는 입증 방법으로 명백하고 확실한 증거(clear and convincing evidence) 혹은 증거의 우위(preponderance of the evidence) 기준 중 어느 것을 채택할 것인지 여부이다.

메릴랜드주 대법원은 본 케이스는 개인 대 개인의 명예훼손 사건으로 공적인 관심사(public concern)와 관련이 없으므로 연방 헌법 제1조의 보호가 고려되지 않는다고 판단하였다. 따라서 보통법상 조건부 특권(common law conditional privilege)과 연방 헌법 제1조에 의한 특권(First Amendment privilege)을 구분하여 연방 헌법 제1조에 의한 특권(First Amendment privilege)의 경우 명백하고 확실한 증거(clear and convincing evidence)를, 보통법상 조건부 특권(common law conditional privilege)의 경우에는 증거의 우위(preponderance of the evidence)를 채택하여야 한다고 보았다.

1) 사실 관계

캐서린 셀리 라드케(Katherine Seley-Radtke, 이하 "셀리-라드케")와 라마찬드라 호스마네(Ramachandra S. Hosmane, 이하 "호스마네")는 볼티모어(Baltimore) 카운티에 소재한 메릴랜드 대학교(University of Maryland, Baltimore County, UMBC) 화학과 교수였다. 호스마네는 1982년부터 2010년까지 메릴랜드 대학교에서 화학과 교수로 재직했으며 대학원생을 성폭행한 혐의로 사임하였다. 학교 관계자들은 호스마네가 대학원생 중 한 명인 브라미 슈클라(Brahmi Shukla, 이하 "슈클라")를 성폭행했다는 주장을 바탕으로 행정조사를 실시했으며 호스마네가 학교의 성희롱 정책을 위반했다고 결정하였다.

2009년 12월 10일, 메릴랜드 대학교는 호스마네에게 조사 결과를 알리고 1) 급여 지급없이 2년간 정지 2) 스스로 항소 절차 진행 3) 행정조사 결과를 공개하지 않고 사임이라는 세 가지 선택권을 주었다. 호스마네는 세 번째 방법을 선택하고 2010년 10월 1일부로 교수직에서 사임하고 은퇴하였다. 학교는 조사 결과를 공개하지 않았으며 호스마네는 학교로부터 처분을 받지 않았다.

그러나 볼티모어(Baltimore) 카운티 검사는 호스마네를 성폭행 혐의로 기소하였다. 이후 호스마네와 슈클라는 서로 합의하였고, 슈클라는 호스마네을 상대로 제기한 민, 형사 소송을 철회했다.

2010년 12월 10일, 호스마네는 볼티모어(Baltimore) 카운티 1심 법원(이하 "1심 법원") 에 자신의 사임과 관련하여 메릴랜드 대학교 및 셀리-라드케를 포함한 피고들을 상대로 소장을 제출하였다. 호스마네는 이 케이스가 진행 중인 동안 정보공개신청[1168]을 통해 학교로부터 정보를 제공받았다.

2012년 7월 6일, 호스마네는 1심 법원에 셀리-라드케를 상대로 명예훼손 및 사생활 침해에 따른 손해배상 소송을 제기하였다.

호스마네가 셀리-라드케로부터 본인의 명예를 훼손당했다고 주장하는 내용은 다음과 같다.

a. 2009년, 셀리-라드케는 화학과 학장, 최소 한 명의 동료, 학교 소속 변호사 및 다른 사람들에게 호스마네가 화학과의 사무실 열쇠들을 가지고 있었고, 본인과 관련된 사문서를 훔쳤으며 심지어 일부 문서들은 돈을 받고 팔았다고 말했다.
b. 2010년 2월, 호스마네와 메릴랜드 대학교와의 고용 계약이 종료된 후 셀리-라드케는 화학과 학장 및 학교 소속 변호사에게 이메일을 보냈는데 그 이메일에는 "호스마네는 갑자기 폭발하는 성향을 갖고 있는 것은 말할 것도 없고 미친 짓과 기괴한 일을 저질렀던, 정신적으로 문제가 있는 사람이다. 앨라배마주에서 총격을 당한 것을 감안할 때 나는 나와 내 주변에 있는 사람들의 안전이 걱정된다."고 하면서 호스마네의 명예를 훼손하는 내용이 적혀있었다.
c. 같은 날, 셀리-라드케는 동일한 사람들에게 또 다른 이메일을 보냈는데 호스마네가 서류를 훔친 것을 언급했으며 호스마네가 그의 학생들 중 한 명이 그를 죽이려고 했다는 허위 주장을 하고 있다고 시사했다. 또한 셀리-라드케가 호스마네를 "미치광이"라고 불렀고 "이 시점에서 그가 미친 짓을 할 수 있다는 것은 동떨어진 예측이 아니다"라고 언급했다.
d. 셀리-라드케는 다른 사람에게 호스마네는 학교와의 고용 관계가 종료된 후에

1168 Maryland Public Information Act ("public information") request seeking documents from UMBC

캠퍼스 출입이 금지되었고 그가 가르쳤던 학생들과 만나는 것도 허용되지 않았다고 말했다.

e. 셀리-라드케는 호스마네가 그가 가르쳤던 학생들과 대화 중에 그녀의 가슴과 엉덩이에 대해 언급했을 것이라고 주장하였다.

f. 셀리-라드케는 호스마네가 셀리-라드케가 데리고 있었던 박사 후 과정을 밟고 있는 학생들 중 한 명에게 만약 셀리-라드케를 상대로 소장을 제출하면 그 학생에게 직장을 소개해 주겠다고 제안해서 소장을 제출하도록 설득하려고 했다고 주장했다.[1169]

1심 법원은 셀리-라드케에게 공동의 이익과 관련된 조건부 특권(common interest conditional privilege)[1170]이 인정된다고 판단하였다. 또한 배심원 설시문(jury instruction)을

1169 a. In 2009, [Seley-Radtke] told the chemistry department chair, at least one co-worker, general counsel for UMBC, and others, that [Hosmane] had keys to many offices in the chemistry department, that he had stolen private documents regarding [Seley-Radtke] out of said offices, and that he had even sold some of the documents for money. None of these assertions are true.

b. In February 2010, after [Hosmane]'s employment with UMBC had come to an end, [Seley-Radtke] wrote an email to the chemistry department chair and general counsel for UMBC in which she stated, among several defamatory statements, that [Hosmane] "is an unbalanced individual who has done some crazy and bizarre things, not to mention he's prone to sudden outbursts, and given the shootings in Alabama, I worry for my safety and for that of anyone around me...."

c. The same days she wrote the email referenced above, [Seley-Radtke] wrote another email to these same people and referred to [Hosmane] "stealing documents" and implied that [Hosmane] had falsely accused one of his students of trying to kill him. In this second email, [Seley-Radtke] also called [Hosmane] a "nutcase," and said that "it is not far-fetched that he could do something crazy at this point...." These assertions are all demonstrably untrue.

d. [Seley-Radtke] has additionally claimed in communicating with others that [Hosmane] was banned from campus following the end of his employment at UMBC and that he was also not allowed to meet with his former students. This is not true.

e. [Seley-Radtke] has also claimed that [Hosmane], in speaking with his students, would make comments to them about [Seley-Radtke]'s body parts, particularly her breasts and buttocks. This is totally false.

f. Moreover, [Seley-Radtke] has claimed that [Hosmane] tried to convince one of [Seley-Radtke]'s former post-doctorate students to file a formal complaint against [Seley-Radtke], even going so far as to offer the student a job if he would file the complaint. Again, this is entirely untrue.

1170 The common interest conditional privilege is a common law conditional privilege that a defendant may assert in a defamation action to avoid liability. See generally Marchesi, 283 Md. at 135, 387 A.2d at 1131. The common interest conditional privilege applies where a defendant demonstrates that he or she is a member of an identifiable group, and that the allegedly defamatory statements were made among members of the group in furtherance of a shared goal or common interest. See Gohari, 363 Md. at 57-58, 767 A.2d at 329. See Seley-Radtke v. Hosmane, 450 Md. 468, 149 A.3d 573, 579 [6] (2016).

통해 호스마네가 셀리-라드케에게 인정된 조건부 특권(conditional privilege)을 뒤집기 위해서는 셀리-라드케의 악의(malice)를 명백하고 확실한 증거(clear and convincing evidence)를 제시하여 입증하여야 한다는 판단 기준을 배심원에게 제시하였다.

2014년 5월 9일, 배심원은 평결에서 셀리-라드케의 손을 들어주었다. 이후 호스마네는 주 항소법원에 항소하였다. 주 항소법원에서는 1심 법원이 배심원에게 증거의 우위(preponderance of the evidence)가 아닌 명백하고 확실한 증거(clear and convincing evidence)를 기준으로 제시한 것이 잘못되었다고 판단하고 항소법원에서 제시한 기준을 적용하여 새로운 재판(new trial)을 명하면서 케이스를 1심 법원으로 환송하였다.

2) 메릴랜드주 대법원의 결정 요지

공직자(public official)와 공인(public figure)에 대한 명예훼손에 따른 손해배상에서 피고에게 인정된 조건부 특권(conditional privilege)을 뒤집고 손해배상을 청구하기 위해 원고가 입증해야 할 증거 기준은 뉴욕 타임즈 및 이후 연방 대법원 케이스들을 통해 피고의 실질적 악의(actual malice)를 명백하고 확실한 증거(clear and convincing evidence)를 제시하여 입증해야 한다는 것이 확립되었다.

그러나 본 케이스와 같이 개인 대 개인의 명예훼손에 따른 손해배상에서는 피고의 조건부 특권(conditional privilege)을 뒤집기 위해 원고가 피고의 악의(malice)를 명백하고 확실한 증거(clear and convincing evidence)로 입증해야 하는지 아니면 그보다 낮은 기준인 증거의 우위(preponderance of the evidenc)로 입증해야 하는지 여부에 대해 법원의 판단이 요구된다는 것이다.

이에 대해 셀리-라드케는 원고가 명백하고 확실한 증거(clear and convincing evidence)를 제시하여 피고의 악의(malice)를 입증하여야만 피고의 보통법상 조건부 특권(common law conditional privilege)을 뒤집고 손해배상을 청구할 수 있다고 주장하였다. 그 이유는 보통법상 조건부 특권(common law conditional privilege)을 뒤집기 위해 요구되는 악의(malice)와 징벌적 손해배상의 청구를 위해 요구되는 악의(malice)의 정의가 동일하고, 명백하고 확실한 증거(clear and convincing evidence)를 입증 기준으로 채택하는 것이 언론의 자유 보호 및 일관성있는 명예훼손법을 추구하는 주의 정책과 일맥 상통하기 때문이라는 것이다.

반면, 호스마네는 증거의 우위(preponderance of the evidence) 기준을 채택하는 것이 메릴랜드주 판례법(case law)과 일치한다고 주장하였다. 구체적으로 호스마네는 셀리-라드케의 주장과는 달리 피고가 본인의 발언이 허위임을 알고서 혹은 허위에 대한 인지 및 본인의 발언을 통해 다른 사람을 속이려는 의도가 결합된 것이라는 악의(malice)에 대한 정의 자체가 이미 보통법상 조건부 특권(common law conditional privilege)의 적용을 받는 발언을 충분히 보호하고 있으므로 굳이 명백하고 확실한 증거(clear and convincing evidence)를 기준으로 설정할 필요가 없다고 주장하였다.

이 같은 양측의 주장에 대해 주 대법원은 Jacron Sales Co., Inc. v. Sindorf, 276 Md. 580, 350 A.2d 688 (1976)의 결정 요지를 인용하여 본 케이스는 Jacron 케이스와 같이 공적인 관심사(general or public concern)가 아닌 개인 간의 사적 문제에서 비롯된 개인 대 개인의 명예훼손 사건이라고 특정하였다. 또한 개인 대 언론사의 명예훼손 사건을 다루었던 Gertz 판결을 개인 대 개인 간의 명예훼손에도 넓게 적용함으로써 과실 기준(negligence standard)에 따라 증거의 우위(preponderance of the evidence)를 제시하여 피고의 과실(fault)을 입증하여야 한다고 판단하였다.[1171]

주 대법원은 Stevenson v. Balt. Baseball Club. Inc. 250 Md. 482, 243 A.2d 533 (1968)에서 피고의 보통법상 조건부 특권(common law conditional privilege)을 뒤집기 위해서는 원고가 악의(malice)를 입증해야 한다고 판단하였다. 그런데 Stevenson 케이스에서 정의된 악의(malicc)는 보통법상 악의(common law malice)와 같은 증오, 악의가 아닌 과도한 부주의를 의미하는 것으로 원고에게 과실(negligence)보다 높은 기준을 충족시킬 것을 요구하고 있다.[1172]

하지만 Marchesi v. Franchino, 283 Md. 131, 387 A.2d 1129 (1978)에서는 Stevenson 케이스에서 정의한 악의(malice)는 뉴욕 타임즈 케이스에서 정의한 실질적 악의(actual malice)와는 달라서 배심원에게 혼란을 초래할 수 있으므로 뉴욕 타임즈에서 정의한 실질적 악의(actual malice)를 채택해야 한다고 주장하였다.[1173] 즉, 개인 간의 명예훼손 사건에서도

1171 We held that the principles announced in Gertz apply to defamation cases involving non-media defendants — i.e., defendants who are not publishers and broadcasters — and that the standard of proof of fault "in cases of purely private defamation must meet the standard of the preponderance of the evidence." See Jacron, 276 Md. at 594, 597, 350 A.2d at 696, 698. See Seley-Radtke v. Hosmane, 450 Md. 468, 149 A.3d 573, 585 (2016).

1172 We repeated the Stevenson definition [in another case], and thus the reckless disregard standard now appears to be firmly established in Maryland as a test, albeit not the exclusive test, for abuse of a conditional privilege. This being a higher standard than negligence. See Seley-Radtke v. Hosmane, 450 Md. 468, 149 A.3d 573, 586-587 (2016).

1173 This definition of malice differed, however, from the New York Times, 376 U.S. at 280, 84 S.Ct. 710, definition of malice, which applied when a plaintiff sought presumed or punitive damages: a statement made "with knowledge that it was false or with reckless disregard of whether it was false or not." Over

피고의 조건부 특권(conditional privilege)을 뒤집기 위해서는 원고가 뉴욕 타임즈 기준(New York Times standard)을 충족해야 한다는 것이다.[1174]

Le Marc's v. Valentin, 349 Md. 645, 709 A.2d 1222 (1998)에서는 원고가 명예훼손으로 인한 징벌적 손해배상을 청구하는 경우 명백하고 확실한 증거(clear and convincing evidence)를 제시하여 악의(malice)를 입증해야 한다고 판단하였다. 그러나 악의(malice)를 피고가 허위에 대해 알고서 한 행동으로만 인식할 뿐 미필적 고의(reckless disregard)에 대해서는 언급하지 않았다.[1175]

반면, 주 대법원은 Piscatelli v. Smith, 424 Md. 294, 35 A.3d 1140 (2012)[1176]와 Globe Security Systems Co. v. Sterling, 79 Md. App. 303, 556 A.2d 731 (1989)에서 보통법상 조건부 특권(common law conditional privilege)을 뒤집고 원고가 명예훼손에 따른 손해배상을 청구하기 위해서는 명백하고 확실한 증거(clear and convincing evidence)가 아닌 증거의 우위(preponderance of the evidence)를 입증해야 한다고 판단하였다.[1177]

---

time, these differing, incompatible definitions of malice resulted in confusion for juries, leading this Court to adopt a single definition for malice in defamation cases — the New York Times definition of malice. See Marchesi, 283 Md. at 138, 387 A.2d at 1133. See Seley-Radtke v. Hosmane, 450 Md. 468, 149 A.3d 573, 588 (2016).

1174 As such, this Court adopted the New York Times standard, requiring evidence of the defendant's "knowledge of falsity or reckless disregard for truth" for overcoming a conditional privilege "in cases of private defamation." Marchesi, 283 Md. at 139, 387 A.2d at 1133. See Seley-Radtke v. Hosmane, 450 Md. 468, 149 A.3d 573, 588 (2016).

1175 In Le Marc's Mgmt. Corp. v. Valentin, 349 Md. 645, 646, 653, 709 A.2d 1222, 1223, 1226 (1998), this Court further refined the definition of "malice" by re-examining the definition of malice as applied to defamation actions in which the plaintiff seeks punitive damages. We held that, in light of relevant recent decisions on the issue of punitive damages, such damages are allowable in defamation cases "only when the plaintiff establishes that the defendant had actual knowledge that the defamatory statement was false" and that "punitive damages may only be awarded if the plaintiff proves, by clear and convincing evidence, that the defendant had the requisite mens rea, i.e., actual knowledge[.]" Id. at 653, 709 A.2d at 1226. In so holding, this Court abandoned the "reckless disregard" prong of the malice definition and adopted the definition articulated in Ellerin v. Fairfax Savings, F.S.B., 337 Md. 216, 229, 652 A.2d 1117, 1123 (1995). See Le Marc's, 349 Md. at 653, 709 A.2d at 1126-27. See Seley-Radtke v. Hosmane, 450 Md. 468, 149 A.3d 573, 580 (2016).

1176 Although this Court has identified the applicable standard of proof in a purely private defamation action to be the negligence standard, i.e., the preponderance of the evidence, we have not directly addressed whether a plaintiff must meet a higher standard of proof when seeking to defeat a common law conditional privilege. See Seley-Radtke v. Hosmane, 450 Md. 468, 149 A.3d 573, 589 (2016).

1177 In Globe Sec. Sys. Co. v. Sterling, 79 Md.App. 303, 311, 556 A.2d 731, 735 (1989), the Court of Special Appeals specifically examined the proper standard of proof required to overcome a claim of privilege, and, specifically, "whether the trial court erred in refusing to instruct the jury that a conditional privilege may be overcome only by clear and convincing evidence of malice." In that case, the jury was instructed that

한편, 메릴랜드주와 마찬가지로 타 관할에서도 명백하고 확실한 증거(clear and convincing evidence)[1178]와 증거의 우위(preponderance of the evidence)[1179] 중 어떤 것을 원고의 증거 기준으로 채택해야 할지에 대해 의견이 팽팽하게 나뉘었다.

결국 주 대법원은 몇몇 법원에서 이 문제를 해결하기 위해 연방 헌법 제1조에 의한 특권(First Amendment privilege)과 보통법상 조건부 특권(common law conditional privilege)으로 나누어 연방 헌법 제1조에 의한 특권(First Amendment privilege)의 경우에는 명백하고 확실한 증거(clear and convincing evidence)를 적용하고, 보통법상 조건부 특권(common law conditional privilege)의 경우에는 증거의 우위(preponderance of the evidence)를 적용했던 결정례를 채택하였다.[1180]

주 대법원은 그 이유로 본 케이스의 경우 원고가 개인이며 공적인 관심사(public concern)와 관련된 명예훼손 사건이 아니므로 공직자(public official) 혹은 공인(public figure)의 명예훼손에서 적용되는 연방 헌법 제1조의 보호가 고려되지 않는다는 근거를 제시하였다. 따라서 개인 대 개인 간의 명예훼손 사건에서 피고가 주장하는 보통법상 조건부 특권(common law conditional privilege)을 뒤집기 위해서는 원고가 명백하고 확실한 증거(clear

the plaintiff "met her burden if she established abuse of the privilege by a preponderance of the evidence." Id. at 311, 556 A.2d at 735. The defendants, however, claimed that the proper standard of proof was clear and convincing evidence. See id. at 311, 556 A.2d at 735. The Court of Special Appeals disagreed and held that preponderance of the evidence was, indeed, the proper standard for establishing malice. See Seley-Radtke v. Hosmane, 450 Md. 468, 149 A.3d 573, 590 (2016).

1178 Other jurisdictions have not reached a consensus regarding the standard of proof required to overcome a common law conditional privilege. We are aware of eight jurisdictions that explicitly require the plaintiff to establish abuse of a common law conditional privilege by clear and convincing evidence. See Seley-Radtke v. Hosmane, 450 Md. 468, 149 A.3d 573, 590-591 (2016).

1179 On the other hand, we are aware of ten jurisdictions that explicitly apply the preponderance of the evidence standard to a plaintiff's attempt to defeat a common law conditional privilege. See Seley-Radtke v. Hosmane, 450 Md. 468, 149 A.3d 573, 591-592 (2016).

1180 In requiring proof by a preponderance of the evidence to overcome a common law conditional privilege, several courts have relied on the distinction between a privilege implicated by the First Amendment and a common law conditional privilege. For example, in Lester, 596 A.2d at 69-70, the Supreme Judicial Court of Maine explained the distinction as follows:

Discussion of public officials and public figures on matters of public concern, the U.S. Supreme Court has declared, deserves special favor in a democratic society, and thus such discussion is subject to a conditional privilege — the "First Amendment privilege" — that can be overcome only by clear and convincing evidence of knowledge or disregard of falsity. We do not require clear and convincing evidence, however, to overcome a conditional privilege that arises at common law and not from the First Amendment. See Seley-Radtke v. Hosmane, 450 Md. 468, 149 A.3d 573, 592-593 (2016).

and convincing evidence)가 아닌 증거의 우위(preponderance of the evidence)를 기준으로 피고의 과실(fault)을 입증해야 한다는 것이다.[1181]

Jacron Sales Co. v. Sindorf, 276 Md. 580, 350 A.2d 688 (1976)

본 케이스는 새 직장(Tool Box Corporation)에 입사 후 평판 조회 과정에서 전 직장인 (Jacron Sales Co.)의 임원인 프리드키스(Fridkis)가 신도프(Sindorf)가 세일즈맨으로 근무할 당시에 회사의 제품을 훔쳤다는 것을 암시하는 발언을 전달한 것에서 비롯된 명예훼손 사건이다.

메릴랜드주 대법원은 개인 대 개인 간에 제기된 명예훼손으로 인한 손해배상 책임은 과실 기준(negligence standard)의 적용을 받는다고 보았다. 피고가 방어 방법으로 진실(Truth)을 주장, 입증하기 이전에 먼저 허위(falsity)에 대한 입증 책임은 원고에게 있다고 판단하였다.

원고가 피고의 과실(fault)을 입증해야 하는 정도에 대해서는 공직자(public official)와 공인(public figure)의 명예훼손 사건의 경우 뉴욕 타임즈 기준(New York Times standard)에 따라 피고의 실질적 악의(actual malice)를 명백하고 확실한 증거(clear and convincing proof)를 제시하여 입증하도록 규정하였다. 그러나 Gertz 판결에서는 개인에 대한 명예훼손의 경우 피고의 실질적 악의(actual malice)가 아닌 과실(negligence)에 대한 입증이 요구되므로 명백하고 확실한 증거(clear and convincing proof)가 적용되지 않는다고 보았다.

따라서 본 케이스와 같이 개인 대 개인 간의 명예훼손의 경우 원고는 피고의 과실(fault)을 증거의 우위(preponderance of the evidence)로 입증해야 한다는 것이다.[1182]

1181 Similarly, the Appellate Division of the Supreme Court of New York, Fourth Department, has concluded: Where ... a plaintiff is a private individual and the allegedly defamatory statements are not a matter of legitimate public concern, the more stringent First Amendment protections associated with public officials or affairs are not implicated. Thus, the clear and convincing standard does not apply herein but, rather, the preponderance of the evidence standard applies[.] See Seley-Radtke v. Hosmane, 450 Md. 468, 149 A.3d 573, 593 (2016).

1182 It is to be noted that under the negligence standard which we adopt here, truth is no longer an affirmative defense to be established by the defendant, but instead the burden of proving falsity rests upon the plaintiff, since, under this standard, he is already required to establish negligence with respect to such falsity.

We turn, then, to the quantum of proof by which the plaintiff must establish the fault of the defendant. We address the question merely to dispel any possible notion that the plaintiff must prove negligence by "clear and convincing" evidence. The "clear and convincing" test, applied in the public-official and public-figure sphere, apparently derives from the New York Times requirement of "convincing clarity," 376 U.S. at 285-86, with respect to the "actual malice" standard articulated there. See Rosenbloom v. Metromedia, supra, 403 U.S. at 30. The Gertz opinion, however, does not suggest that the standard of clear and convincing proof must be applied in the negligence context, saying only that the states may adopt any standard except strict liability.

Chesapeake Publishing Corporation v. David M. Williams, 339 Md. 285 (1995)

본 케이스는 아이의 양육권 소송 중에 있었던 아버지 윌리엄스(Williams)가 아이를 폭행했다는 의혹에 대해 기자(Emory)와 인터뷰한 내용이 윌리엄스가 의도한 바와 다른 내용으로 게재되면서 발행인인 체서피크 출판사(Chesapeake Publishing Company)를 상대로 제기된 명예훼손 사건이다.

메릴랜드주 대법원은 Batson v. Shiflett, 325 Md. 684, 602 A.2d 1191 (1992)의 입증 책임을 그대로 채택하였는데 허위(falsity)에 대한 입증 책임은 원고에게 있다고 판단하였다.[1183] 구체적으로, 공인(public figure)에 대한 명예훼손 소송에서 피고의 실질적 악의(actual malice)는 명백하고 확실한 증거(clear and convincing evidence)를 제시하여 입증하여야 하는데,[1184] 이 같은 입증 책임이 원고에게 있다고 본 것이다.[1185]

Government Micro Resources, Inc. v. Jackson, 271 Va. 29, 624 S.E.2d 63 (2006)

본 케이스는 GMR사(Government Micro Resources, Inc.)의 전 최고경영자였던 잭슨(Jackson)이 사이신트사(Seisint, Inc.)로 이직한 후 회사의 이사회 의장이었던 푸잘스(Pujals)가 잭슨의 사임 이유가 그의 부실 경영 때문이라는 발언을 사이신트사의 임원인 애셔(Asher)와 래섬(Latham)에게 전달한 것으로 인해 제기된 명예훼손 사건이다.

버지니아주 대법원은 원고에게 허위(falsity)에 대한 입증 책임이 있다고 보았는데, 잭슨의 경우 푸잘스

We hold that proof of fault in cases of purely private defamation must meet the standard of the preponderance of the evidence. This is the quantum of proof ordinarily required in other types of actions for negligence, and is apt to be more readily understood by juries. Jacron Sales Co. v. Sindorf, 276 Md. 580, 597, 350 A.2d 688 (1976).

1183 The burden of proving falsity is on the plaintiff; truth is not an affirmative defense." Batson, supra, 325 Md. at 726, 602 A.2d 1191 (citation omitted). See also Metromedia, Inc. v. Hillman, 285 Md. 161, 169, 400 A.2d 1117 (1979); Jacron Sales Co. v. Sindorf, 276 Md. 580, 597, 350 A.2d 688 (1976).

1184 Finally, in order for a person to be held liable for defaming a public figure, actual or constitutional malice must be shown. Proving actual malice requires "clear and convincing evidence that a statement was made 'with knowledge that it was false or with reckless disregard of whether it was false or not.'" Batson, supra, 325 Md. at 728, 602 A.2d 1191 (quoting New York Times Co. v. Sullivan, 376 U.S. 254, 279-80, 84 S.Ct. 710, 726, 11 L.Ed.2d 686 (1964)). See also Hearst, supra, 297 Md. at 120, 466 A.2d 486; Capital-Gazette Newspapers v. Stack, 293 Md. 528, 538, 445 A.2d 1038, cert. denied, 459 U.S. 989, 103 S.Ct. 344, 74 L.Ed.2d 384 (1982); Curtis Publishing Co. v. Butts, 388 U.S. 130, 87 S.Ct. 1975, 18 L.Ed.2d 1094 (1967) (extending the New York Times rule to public figures).

1185 The burden is on the plaintiff to prove the existence of actual malice by clear and convincing evidence. Batson, supra, 325 Md. at 728, 602 A.2d 1191. See also Capital-Gazette, supra, 293 Md. at 540-41, 445 A.2d 1038; Berkey v. Delia, 287 Md. 302, 318-20, 413 A.2d 170 (1980); A.S. Abell Co. v. Barnes, supra, 258 Md. at 77, 265 A.2d 207.

의 발언에 대한 허위(falsity)를 충분히 입증하였다고 판단하였다. 구체적으로 잭슨이 회사에 300만불의 손실을 입힌 것 때문에 회사가 잭슨과의 고용을 해지하게 되었다는 푸잘스의 발언을 직접 들은 사람들은 애셔와 래섬이었지만 잭슨 또한 래섬과의 전화 통화에서 푸잘스의 발언을 전해 들었고, 애셔의 경우 이러한 푸잘스의 발언과 관련하여 여러 번 대화를 나누었을 가능성이 있다는 래섬의 증언은 잭슨이 허위(falsity)에 대해 충분히 입증하였음을 뒷받침해 주고 있다는 것이다.[1186]

Hyland v. Raytheon Technical Services Co., 277 Va. 40, 670 S.E.2d 746 (2009)

본 케이스는 레이시온사(Raytheon Technical Service Company)의 사장 이븐(Even)이 회사의 고위직 임원이었던 하이랜드(Hyland)가 본인에 대해 부정적인 평가를 한 것을 알게 된 후 하이랜드가 진행한 업무에 대한 부정적인 평가를 매기고 고용 계약을 해지하여 인사상 불이익을 준 것으로 인해 제기된 명예훼손 사건이다.

버지니아주 대법원은 원고가 먼저 피고가 원고에 대한 허위 발언을 게재하였음을 입증하여야 한다고 보았다. 또한 피고가 발언을 게재할 당시에 발언의 내용이 허위라는 사실을 알았다거나 혹은 해당 발언이 사실이라고 믿었다거나 혹은 해당 발언을 게재할 때 사실 확인 절차를 거치지 않은 과실이 있었다는 것을 입증할 책임이 원고에게 있다고 보았다. 원고가 피고의 과실을 주장할 경우 원고는 해당 발언이 원고의 평판에 상당한 위험을 가져다 주었음을 추가로 입증해야 한다고 보았다.[1187]

1186 To prevail on a defamation claim, a "sufficient number" of the defamatory words must be proven "to make out a good cause of action⋯ . They must be substantially proven as alleged." Birchfield, 173 Va. at 215, 3 S.E.2d at 410. GMR contends that because neither Asher nor Latham could recall the exact words of the first or second statement, respectively, Jackson failed to carry his burden of proof and the trial court should have struck the defamation claim. However, Asher and Latham were not the only persons who testified as to the content of the defamatory statements.
Jackson testified, "in the telephone call with Dan Latham, he told me that ⋯ Mr. Pujals said I had lost $3 million for GMR, and that's why I had been fired." Jackson also testified that Asher told Jackson that he understood Jackson "lost $3 million for GMR" and that is why Jackson was fired. Pujals testified that he told Asher and Latham that the company lost $3 million dollars and "we had to let Jackson go."
Latham testified that Asher was present when Pujals told Latham that Jackson was fired because Jackson had "lost $3 million," and that $3 million "was a large sum of money for a company the size [of] GMR." Asher testified that he had one and possibly two conversations with Pujals in which Pujals told Asher that Jackson had "mismanaged the company" and cost the company "tremendous" amounts of money.
This evidence is sufficient to satisfy the standard that the defamatory words "must be substantially proven as alleged." Birchfield, 173 Va. at 215, 3 S.E.2d at 410. See Government Micro Resources, Inc. v. Jackson, 271 Va. 29, 624 S.E.2d 63, 69 (2006).

1187 Generally, under our common law, a private individual asserting a claim of defamation first must show that a defendant has published a false factual statement that concerns and harms the plaintiff or the plaintiff's reputation. See WJLA-TV v. Levin, 264 Va. 140, 152-54, 564 S.E.2d 383, 390-91 (2002); The Gazette, Inc. v.

Harris, 229 Va. 1, 15, 37, 325 S.E.2d 713, 725, 738 (1985). The plaintiff also must show that the defendant knew that the statement was false or, believing that the statement was true, lacked a reasonable basis for such belief, or acted negligently in failing to determine the facts on which the publication was based. WJLA-TV, 264 Va. at 154, 564 S.E.2d at 391; Food Lion, Inc. v. Melton, 250 Va. 144, 150, 458 S.E.2d 580, 584 (1995); The Gazette, 229 Va. at 15, 325 S.E.2d at 724-25. When a plaintiff asserts that the defendant acted negligently, the plaintiff further must prove that the defamatory statement made apparent a substantial danger to the plaintiff's reputation. Union of Needletrades v. Jones, 268 Va. 512, 519, 603 S.E.2d 920, 924 (2004); WJLA-TV, 264 Va. at 154, 564 S.E.2d at 391; The Gazette, 229 Va. at 15, 325 S.E.2d at 724-25. See Hyland v. Raytheon Technical Service Co., 277 Va. 40, 670 S.E.2d 746, 750 (2009).

"

The constitutional safeguard, we have said, 'was fashioned to assure unfettered interchange of ideas for the bringing about of political and social changes desired by the people.'[1188]

"

New York Times Co. v. Sullivan (연방 대법원, 376 U.S. 254, 269, 1964)

1188 Roth v. United States, 354 U.S. 476, 484 (1957).

N. 입법론 (Code Section in Virginia)

본 섹션에서는 버지니아 주법 중 명예훼손과 관련된 조항에 대해 간단히 소개하고자 한다.

§ 18.2-416. Punishment for using abusive language to another

If any person shall, in the presence or hearing of another, curse or abuse such other person, or use any violent abusive language to such person concerning himself or any of his relations, or otherwise use such language, under circumstances reasonably calculated to provoke a breach of the peace, he shall be guilty of a Class 3 misdemeanor.

명예훼손에 관한 형법규정으로 폭력적인 언어를 사용하는 경우 혹은 폭력을 조장하는 경우를 처벌한다고 정하고 있다. 하지만 표현의 자유를 존중하는 헌법정신에 근거하여 이 형벌규정을 적용하여 실제 처벌하는 경우는 없고 민사법원에서 불법행위 손해배상의 청구원인으로 이용된다.

§ 18.2-417. Slander and Libel

Any person who shall falsely utter and speak, or falsely write and publish, of and concerning any person of chaste character, any words derogatory of such person's character for virtue and chastity, or imputing to such person acts not virtuos and chaste, or who shall falsely utter and speack, or falsely write and publish, of and concerning another person, any words which from their usual construction and common acceptance are construed as insults and tend to violence and breach of the peace or who shall us grossly insulting language to any person of good character or reputation is guilty of a Class 3 misdemeanor.

The defendant shall be entitled to prove upon trial in mitigation of the punishment, the provocation which induced the libelous or slandorus words, or any other fact or circumstance tending to disprove malice, or lessen the criminality of the offense.

명예훼손에 관한 형법규정으로 보통법 시대로부터 내려오던 명예훼손 의제(libel or slander per se) 중 여성의 정조(virtue and chastity)에 관한 허위사실을 공표하는 행위를 형사처벌하는 규정이다. 하지만 표현의 자유를 존중하는 헌법정신에 근거하여 이 형벌규정을 적용하여 실제 처벌하는 경우는 없고 민사법원에서 불법행위에 의한 손해배상의 청구원인으로 이용된다.

§ 8.01-45. Action for insulting words

All words shall be actionable which from their ususal construction and common acceptance are construed as insults and tend to violence and breach of peace.

우리나라에서는 형사처벌의 대상이 되는 모욕적인 내용의 발언을 민사법원에서 해결할 수 있도록 불법행위에 의한 명예훼손과 관련된 손해배상의 청구원인 중의 하나로 정하고 있다.

§ 8.01-46. Justification and mitigation of damages

In any action for defamation, the defendant may justify by alleging and proving that the words spoken or written were true, and, after notice in writing of his intention to do so, given to the plaintiff at the time of, or for, pleading to such action, may give in evidence, in mitigation of damages, that he made or offered an apology to the plaintiff for such defamation before the commencement of the action, or as soon afterwards as he had an opportunity of doing so in case the action shall have been commenced before there was an opportunity of making or offering such apology.

명예훼손소송에서 문제가 되고 있는 발언이 사실이라는 점을 방어방법으로 정하고 있다. 따라서 명예훼손 재판과정에서 피고에게는 원고가 제출한 소장에 적시된 주장이 사실인지 여부를 주장 및 입증할 수 있는 기회가 부여된다. 또한 손해배상액을 감액하기 위한 방법으로 피고는 원고에게 해당 발언에 대해 사과했다는 증거를 제시할 수 있다.

§ 8.01-46.1. Disclosure of employment-related information; presumptions; causes of action; definitions

A. Any employer who, upon request by a person's prospective or current employer, furnishes information about that person's professional conduct, reasons for separation or job performance, including, but not limited to, information contained in any written performance evaluations, shall be immune from civil liability for furnishing such information, provided that the employer is not acting in bad faith. An employer shall be presumed to be acting in good faith. The presumption of good faith shall be rebutted if it is shown by clear and convincing evidence that the employer disclosed such information with knowledge that it was false, or with reckless disregard for whether it is false or not, or with the intent to deliberately mislead.

B. In a civil action brought against an employer for disclosing the information described in subsection A, if the trier of fact determines the employer acted in bad faith, punitive damages may be awarded, as provided by § 8.01-38.1.

C. As used in this section, the following words and phrases shall have the following meanings: "Employee" means any person, paid or unpaid, in the service of an employer.

"Employer" means any person, firm or corporation, including the Commonwealth of Virginia and its political subdivisions, and their agents, who has one or more employees or individuals performing services under any contract of hire or service, express or implied, oral or written.

"Information" includes, but is not limited to, facts, data and opinions.

"Job performance" includes, but is not limited to, ability, attendance, awards, demotions, duties, effort, evaluations, knowledge, skills, promotions, productivity and disciplinary actions.

"Professional conduct" includes, but is not limited to, the ethical standards which govern the employee's profession, or lawful conduct which is expected of the employee by the employer.

"Prospective employer" means any employer who is considering a person for employment.

직원이 다른 회사로 이직하는 경우 장래에 고용하려는 회사에서는 해당 직원에 대한 업무평가를 현재 고용주에게 요청하고 현재 고용주는 그 직원에 관련된 근무평가서를 작성해서 보내주는 경우가 많이 있다. 이 경우 직원에 대한 근무평정을 작성하는 고용주는 기재내용과 관련하여 선의로 작성한 것으로 추정된다. 따라서 고용주에게 악의(bad faith)가 있는 경우에 한하여 근무평정에 기재된 내용과 관련하여 예외적으로 법적인 책임을 부담한다고 정하고 있다. 고용주의 악의(bad faith) 여부는 연방 대법원에서 확립된 실질적 악의(actual malice)를 기준으로 한다. 즉, 고용주가 허위임을 알면서도 근무평가 내용에 직원에 대한 허위사실을 공개했거나 혹은 진실 여부에 대해 미필적 고의(reckless disregard)를 가지고 있었는지 여부에 따라 고용주가 악의(bad faith)를 가지고 행동했는지 여부가 결정된다고 본 것이다. 허위 정보의 공개로 인해 피해를 입었다고 주장하는 직원은 명백하고 확실한 증거(clear and convincing evidence)를 제시하여 고용주의 악의(bad faith)를 입증할 경우에는 명예훼손으로 인한 징벌적 손해배상을 받을 수 있다.

§ 8.01-47. Immunity of persons investigating or reporting certain incidents at schools

In addition to any other immunity he may have, any person who, in good faith with reasonable cause and without malice, acts to report, investigate or cause any investigation to be made into the activities of any student or students or any other person or persons as they relate to conduct involving bomb threats, firebombs, explosive materials or other similar devices as described in clauses (vi) and (vii) of subsection A of § 22.1-279.3:1, alcohol or drug use or abuse in or related to the school or institution or in connection with any school or institution activity, or information that an individual poses any credible danger of serious bodily injury or death to one or more students, school personnel, or others on school property shall be immune from all civil liability that might otherwise be incurred or imposed as the result of the making of such a report, investigation or disclosure.

학교 내에서 폭력, 상해, 살인사건에 사용될 수 있는 흉기, 무기 혹은 마약이나 술과 관련된 불법적인 사용에 대해 이를 조사, 보고 혹은 보도하는 사람은 악의(malice)없이 합리적인 이유(reasonable cause)를 가지고 선의(good faith)로 해당 사건에 대해 조사, 보고 혹은 보도한 것이라면 이와 관련하여 제기될 수 있는 명예훼손으로 인한 손해배상책임으로부터 면책된다.

§ 8.01-48. Mitigation in actions against newspapers, etc

In any civil action against the publisher, owner, editor, reporter or employee of any newspaper, magazine or periodical under § 8.01−45, or for libel or defamation, because of any article, statement or other matter contained in any such newspaper, magazine or periodical, the defendant, whether punitive damages be sought or not, may introduce in evidence in mitigation of general and punitive damages, or either, but not of actual pecuniary damages, all the circumstances of the publication, including the source of the information, its character as affording reasonable ground of reliance, any prior publication elsewhere of similar purport, the lack of negligence or malice on the part of the defendant, the good faith of the defendant in such publication, or that apology or retraction, if any, was made with reasonable promptness and fairness; provided that the defendant may introduce in evidence only such circumstances and to the extent set forth in his or its grounds of defense.

신문사, 잡지사, 월간지, 주간지 등이 발행하는 간행물에 기재된 내용과 관련하여 명예훼손의 피고로 지정된 사건에서 피고 쪽에서는 (기사, 회사 및 회사의 직원, 회사의 대표자 혹은 소유자) 방어방법으로 쟁점이 된 기사를 게재할 당시 피고의 선의(good faith)를 뒷받침할 수 있는 증거를 제시할 기회를 가질 수 있다. 피고 쪽에서 선의를 입증하기 위하여 제출할 수 있는 증거들은 해당 기사의 출처, 자료제공자가 신뢰할 수 있는지 여부, 유사한 내용이 다른 곳에서도 게재된 사실이 있었는지 여부, 선의로 기사를 게재하였는지 여부, 악의가 없었다는 점, 해당 기사가 나간 뒤에 만약 기사가 잘못된 것이었다면 이를 다시 정정하기 위한 노력을 하였는지 여부에 관한 것들이다.

§ 8.01-49. Defamatory statements in radio and television broadcasts

The owner, licensee or operator of a radio and television broadcasting station or network of stations, and the agents or employees of any such owner, licensee or operator, shall not be liable for any damages for any defamatory statement published or uttered in or as a part of any such broadcast, by one other than such owner, licensee or operator, or agent or employee thereof, unless it shall be alleged and proved by the complaining party, that such owner, licensee, operator, such agent or employee, failed to exercise due care to prevent the publication or utterance of such statement in such broadcast; provided, however, that in no event shall any owner, licensee or operator, or the agents or employees of any such owner, licensee or operator of such a station or network of stations be held liable for damages for any defamatory statement broadcast over the facilities of such station or network by or on behalf of any candidate for public office.

라디오나 텔레비전 방송을 통해 공표된 명예훼손적인 발언으로 인한 손해배상책임으로부터 방송사를 면책함으로써 (방송사 및 방송사의 대표자, 직원, 소유자, 기자 및 방송사를 운영할 수 있는 라이센스를 받은 자도 같음) 연방 헌법 제1조에서 보장하는 언론출판의 자유를 보호하고 있다. 다만 방송사는 명예훼손적인 발언이 방송되지 않도록 적절한 주의를 (exercise due care to prevent the publication or utterance of such statement) 기울여야 한다. 하지만 방송사가 공직후보자를 대신하여 혹은 공직후보자가 해당 방송사를 통하여 명예훼손적인 발언을 방송으로 내보낸 경우에는 방송사는 해당 명예훼손적인 발언에 대해 적절한 주의를 기울였는지 여부와 무관하게 손해배상책임을 부담하지 않는다.

§ 8.01-49.1. Liability for defamatory material on the Internet

A. No provider or user of an interactive computer service on the Internet shall be treated as the publisher or speaker of any information provided to it by another information content provider. No provider or user of an interactive computer service shall be liable for (i) any action voluntarily taken by it in good faith to restrict access to, or availability of, material that the provider or user considers to be obscene, lewd, lascivious, excessively violent, harassing, or intended to incite hatred on the basis of race, religious conviction, gender, disability, gender identity, sexual orientation, color, or national origin, whether or not such material is constitutionally protected, or (ii) any action taken to enable, or make available to information content providers or others, the technical means to restrict access to information provided by another information content provider.

B. As used in this section:

"Disability" means a physical or mental impairment that substantially limits one or more of a person's major life activities.

"Information content provider" means any person or entity that is responsible, in whole or in part, for the creation or development of information provided through the Internet or any other interactive computer service.

"Interactive computer service" means any information service, system, or access software provider that provides or enables computer access by multiple users to a computer server, including specifically a service or system that provides access to the Internet and such systems operated or services offered by libraries or educational institutions.

"Internet" means the international computer network of interoperable packet-switched data networks.

온라인 플랫폼을 제공하는 인터넷 서비스 제공자는 해당 플랫폼에 게시된 내용물과 관련하여 출판사 혹은 발행인으로 취급되어서는 안 된다. 인터넷 서비스 제공회사는 해당 게시물이 명예훼손적인 성격이 있거나 표현의 자유에서 보호될 수 없는 성격이라고 보여지는 경우에는 서비스 제공회사의 자체적인 판단과 내부 방침으로 이를 삭제하거나 규제할 수 있으며 이로 인한 법적인 책임을 부담하지 않는다. 또한 서비스 제공회사는 해당 게시물을 올리려고 하는 이용자의 접근을 차단할 수 있다.

• 부록 • 미국법원의 증거조사 실무

1/ 당사자 신문을 기본으로 하는 법정 외 당사자 (증인) 신문

법원의 증거조사 방식은 우리나라와 미국과 별다른 차이점이 없다. 제3자에 대한 송부촉탁신청(subpoena duces tecum), 상대방에 대한 문서제출명령신청은 모두 민사소송법 343조 및 344조에 근거하여 가능하고 상대방에게 요건사실에 대한 질의(interrogatories), 상대방이 사실여부를 다투는지 확인하는 요청(request for admission), 민사소송규칙에 정한 당사자 본인신문신청을 이용하면 가능하다. 오히려 우리나라에서는 미국에 없는 전문기관에 하는 사실조회신청이 있다(미국법원에서는 이는 전문증거에 해당되어서 인정하지 않는다). 특허법에서는 민사소송법에 비하여 더 강력한 증거조사 방식인 법정 외 당사자 및 증인 신문제도(미국법의 법정 외 증인신문-deposition)와 더 강력한 증거조사제도가 실제 입법화되어 있거나 도입을 논의 중이라고 한다. 그런데 실무를 보면 우리나라의 증거조사 제도는 사실상 유명무실하며 거의 활용되고 있지 않다. 하지만 미국의 법원에서는 엄청나게 활성화 되어 있다. 양국간에 어떤 차이가 나는 것일까.

먼저 우리나라의 증거조사에 관한 법률과 실무를 보면 모두 법원의 주관 하에 이루어지는데 반하여 미국에서 증거조사는 변호사 등 당사자의 주도로 이루어진다. 법원은 감독 역할을 한다. 이는 효율적인 면에서 큰 차이가 있다.

또 하나 증거조사와 관련하여 위반행위를 했을 경우 이에 대한 제재방법이다. 미국에서는 위반한 쪽에 상대방의 변호사 비용을 부담하게 하는 것을 기본적인 제재방법으로 하고 경우에 따라서는 위반한 쪽의 주장을 기각하고 패소판결을 하는 경우도 있다. 그 외 여러가지 차이가 있는데 자세한 내용은 다음에 소개하기로 하고 이번 글에서는 당사자 주도로 이루어지는 증거조사에 관하여 먼저 적어본다.

미국에서는 법원의 허가를 받을 필요 없이 당사자의 판단으로 언제든지 증거조사를 신청할 수 있다. 절차도 아주 간편하게 되어 있다. 예를 들면 증인소환에 필요한 소환장 혹은 문서송부촉탁에 필요한 문서제출명령 관련 서류를 법원의 사이트에서 다운 받아서 변호사(본인소송의 경우 당사자) 명의로 언제든지 증거신청을 할 수 있도록 해놓고 있다. 법원의 허락을 얻을 필요가 없이 필요한 당사자가 알아서 신청하는 것이다. 이의가 있는 상대방은 법원에 이의신청을 한다. 실무적으로는 이의신청 관련해서 법원에서 변론을 여는 경우는 아주 드물다. 변호사들간에 이의를 해결해 버리는 경우가 대부분이기 때문이다. 법에서도 이의가 있을 경우에는 법원에 변론신청을 하기 이전에 반드시 상대방과 합의시도를 먼저 하라고 정하고 있다. 법원은 증거조사관련 기한을 정해주고 당사자간에 이의가 있는 경우 변론을 열어서 결정을 해주는 역할을 한다.

법정외 당사자 신문 혹은 법정 외 증인신문(deposition)의 예를 들어본다.(편의상 당사자 신문을 가정해본다). 이는 법원에서 이루어지는 증인신문이 아니고 신청인쪽이 지정하는 장소(법정 외)에서 이루어진다. 법원은 개입하지 않는다. 대신 증언 내용을 기록하는 속기사가 법원을 대신하여 선서를 주관한다.

필자의 경험에 의하면 케이스의 실체관계를 가장 정확하게 알고 있는 증인은 바로 당사자이다. 우리나라에서 당사자 신문이 잘 이루어지지 않고 있는 이유는 소장이나 준비서면에 나온 주장으로 충분하다거나 혹은 반대신문만 하면 된다는 잘못된 선입견이 있고 지금은 개정되었지만 당사자 증인신문은 보충적으로만 허용된다는 구 민사소송법 때문으로 보인다. 하지만 실제 소송진행을 해보면 당사자의 증언은 진실파악에 결정적으로 도움이 된다. 미국의 증거조사방식에서 가장 중요한 게 바로 법정 외 증인신문이고 여기에는 당사자신문은 거의 모든 케이스에서 진행된다. 거의 하루 종일 하는데 이렇게 철저하게 당사자 신문을 하게 되면 당사자들이 진실발견을 위하여 형사고소를 할 필요가 없게 된다. 또 법정 외 증인신문에 소환 받은 당사자가 출석하지 않을 경우 그 자체로 징계를 받게 되고 경우에 따라서는 이로 인하여 패소판결까지 가능하다. 만약 이런 법정 외 증인신문을 법원의 주재 하에 하게 된다면 전혀 효율적이지 않을뿐더러 장소와 시간문제도 심각하다. 당사자들이 지정하는 장소에서 시간제한 없이 철저하게 당사자와 증인을 신문하여 진실을 발견하게 하는 것은 증거조사의 첫걸음이다.

2/ 각 증거조사 방식과 위반할 경우 제재 방법의 종류

먼저 법정 외 증인신문(deposition)에 관한 내용이다. 원고 쪽에서 피고 본인을 불러서 당사자신문을 하고자 한다면, 날짜와 시간을 특정하여 통지서를 상대방에 보내주고(법원 직원을 통한 송달이 아니라 신청한 쪽에서 상대방에 소환장을 보내준 뒤 통지를 보냈다는 확인서를 법원에 제출한다) 상대방 측에서 이의가 있을 경우, 법원에 이의신청을 한다. 당사자가 실체 관계에 관하여 가장 잘 안다는 점을 감안한다면 법정 외 신문에 관련해서 이의할 만한 것이 없고, 따라서 당사자 신문은 거의 모든 케이스에서 아주 활발하게 이루어진다(원칙적으로 하루 7시간을 신문할 수 있다). 법정 외 증인신문에 참석하는 당사자 등 증인에게는 서류를 강제로 가져오도록 할 수 있다. 그래서 당사자 혹은 증인신문과 문서제출명령 혹은 문서 송부 촉탁 신청이 동시에 이루어질 수 있다. 증언을 거부하고자 하려면 법에 정한 특별한 권리가 있어야 한다. 변호사와 의뢰인 간 비밀유지권, 변호사가 업무상 작업한 내용, 형사사건으로 발전될 소지가 있는 내용, 배우자 간의 대화 내용, 기자들의 취재원 비밀보호권 등을 들 수 있다(이러한 특권행사는 다른 증거조사에서도 공통적으로 이용된다).

방어방법으로 가장 많이 이용되는 것은 보호명령을 신청하는 것이다. 증인의 증언 내용 혹은 제출하여야 하는 문서에 회사의 영업비밀이 들어 있다면 이는 증언과 문서 제출에서 제외할 수 있도록 미리 신청하는 것이다. 이런 보호명령신청은 변호사 간에 미리 합의 하고 그 범위를 정해서 사전에 법원 판사의 승인을 받는 경우가 대부분이다. 만약 범위에 관하여 합의가 되지 않으면 변론을 열어서 결정한다. 이의 사유는 증인신문 당시 즉석에서 바로 제기하고, 속기록에 이를 기록한 후 계속 진행한다. 법인이 당사자일 경우 해당 내용을 가장 잘 아는 담당 부서의 책임자를 출석하게 하는 방법으로 법정 외 증인신문을 하게 된다. 법정 외 증인신문을 한 경우에도 해당 당사자와 증인은 이후 최종재판에서 다시 출석해서 증언을 하게 되는 경우가 대부분이다. 사전에 증언할 것이 예상되는 내용과 관련하여 법정 외에서 충분하게 조사가 이루어졌기 때문에 최종재판에서는 필요한 내용만 증인하게 되고 따라서 시간 절약은 물론 이슈를 정리하는데 많은 도움이 된다.

법정 외 신문에 출석하지 않은 경우, 신청한 쪽에서는 법정 외 신문을 준비하기 위하여 들어간 비용을 청구할 수 있다. 변호사가 신문을 준비하기 위하여 소비한 시간과 노력, 예를 들어 증인신문을 하기 위하여 10시간 정도의 준비가 필요하다면 최소 2500불(300만 원)을 청구할 수 있다. 상대방에서 자진해서 납부하지 않을 경우 법원에 이를 신청하고 판사의 사인을 받게 되는데 상대방에서는 재판을 계속하려면 이 비용을 지급해야만

한다. 이처럼 변호사 비용을 청구할 수 있도록 하는 것은 위반행위에 대한 강력한 제재수단으로 작용한다. 당사자가 계속 법정 외 증인신문에 응하지 않을 경우 (1) 당사자의 주장을 최종재판에서 받아들이지 않거나 재판을 더 이상 진행하지 않고 (2) 상대방에게 승소판결을 해버리는 등의 최악의 결과가 있을 수 있다.

감정인의 예를 들어본다. 증거조사 과정에서 감정인의 자격과 감정인의 의견 그리고 리포트까지 모두 받아볼 수 있다. 또한 감정인을 법정 외 증인신문절차에 소환하여 감정인의 의견을 미리 물어볼 수 있고 감정인의 증언 내용을 녹취록으로 남겨 놓고 해당 녹취록을 최종재판에 제출할 수 있다. 우리나라에서 감정인이 감정의견을 제출한 이후 추가 사실조회에 답신을 지연하고 그에 따라 재판 진행도 많은 지장이 있는데 감정인에 대한 법정 외 증인신문을 활용하면 법원의 관여 없이도 해결이 가능하다.

제3의 기관에 문서를 보내달라는 신청을 하였는데 이에 불응하는 경우에는 법원에 변론을 열어달라고 신청해서 해당 기관에서 그 문서를 보내주지 않는 이유에 대하여 소명하라고 신청할 수 있다. 변론은 신청하는 쪽에서 기일을 정하고 해당 기관에 소환장을 보내게 되는데 이러한 과정은 모두 신청인의 주도로 이루어지고 법원은 관여하지 않는다. 소환장을 받은 기관에서는 변론기일 이전에 문서를 내주는 경우가 대부분이다. 만약 변론에 출석해서 주장하는 내용을 판사가 인정해주지 않는다면 신청인 쪽 변호사 비용도 보상해주어야 하기 때문이다. 물론 특별한 이의사유가 있는 경우(예, 회사의 비즈니스 정보가 담긴 비밀문서), 법원에 보호명령신청을 하게 된다. 이런 경우 제출의 대상에서 제외되는 문서의 범위에 관하여 당사자 간에 합의하거나 변론을 거쳐 법원의 결정을 받게 된다. 우리나라에서는 사실조회 촉탁 관련하여 회신이 너무 많이 지연되어 심각한 문제가 되고 있는데 위와 같은 방법을 이용하면 답신을 앞당기는데 많은 도움이 될 것으로 보인다.

상대방이 사실여부를 다투는지 확인하는 요청(request for admission)은 최종재판에 제출하려는 문서와 관련해 미리 상대방에게 진정성립여부를 다투는지 확인할 수 있다. 증거조사 절차에서 미리 문서에 대한 진정성립여부를 확인할 수 있으므로 최종재판에서 시간을 줄일 수 있고 사실여부를 다투는지 확인하기 위한 변론은 필요하지 않다. 상대방에서 위조항변을 하게 되면 증거조사과정에서 상대방 필적을 확인할 수 있는 문서를 강제로 제출하게 할 수 있다. 만약 필적감정까지 했는데 위조가 아닌 것으로 판단이 되었다면 상대방이 서류의 진정성립을 위하여 들인 변호사비용은 물론이고 감정인비용까지 모두 보상해주는 경우가 있다. 그래서 문서와 관련해서 근거 없는 주장을 하기 어렵다.

상재판에서 이슈가 되는 중요한 요건사실 중심의 사실관계를 중심으로 이루어지는 요건사실에 대한 질의(interrogatories) 그리고 문서를 미리 받아볼 수 있는 문서제출명령신청(request for production of documents) 역시 중요한 증거조사 방법이다.

증거조사과정에서 상대방에게 알려주지 않은 중요한 내용 혹은 상대방에게 제출하지 않은 문서 기타 증거는 최종재판에서 증거로 사용할 수 없는 불이익이 있을 수 있다. 따라서 답신하는 상대방은 가능한 자세하게 답신을 하여야 하고 요청한 문서를 제출해주어야 한다. 또한 증거조사기한이 지난 경우에도 새로운 내용이 있을 경우에는 추가 답신을 해주어야 한다. 답신을 거부하는 경우 신청하는 쪽에서는 법원에 변론을 신청하게 되는데 이때 판사가 답신거부 사유가 근거없는 것이라고 판단하게 되면 신청인쪽의 변호사 비용을 보상해주는 불이익을 받을 수 있다. 따라서 거부에 관한 법적인 근거가 명확하지 않다면 답신을 해주어야 한다.

3/ 미국 재판절차의 기본 개념

미국법원의 증거조사제도가 우리나라의 사법제도에서 어떻게 적용이 가능할지 알기 위해서는 양국간 재판절차의 차이점을 이해하여야 한다. 먼저 미국의 재판절차 기본 개념을 설명해본다. (원칙적인 것을 설명한 것이고 당연 예외가 있지만 자세한 내용은 생략한다)

〈소장기각신청: Motion to Dismiss〉 소장의 내용이 제대로 되어 있지 않으면 그 자체로 케이스가 기각될 수 있다. 상대방에서는 여러가지 근거를 들어서 기각신청을 할 수 있다. 대표적으로 사실관계가 충분히 적시되어 있지 않다는 것을 들 수 있다. (예) 기망행위를 근거로 주장할 경우 원인이 되는 사실관계를 충분히 특정하여야 하는데 이후 증거조사 과정에서 좀 더 사실관계를 밝혀서 소장을 수정하겠다고 답변하게 되면 소장기각을 면하기 어렵다. 시효가 만료되었다는 주장을 들어서 소장을 기각시킬 수 있다. 또한 소장에서 주장한 사실관계가 모두 인정된다고 하더라도 법률적으로 인정받기 어렵다면 기각사유가 된다. 이런 경우 양당사자는 관련된 법적인 주장을 준비서면으로 제출하고 변론을 신청하여 판사가 결정하게 된다.

〈증거조사: Discovery〉 증거조사 과정에서 법원은 관여하지 않는다. 일방 당사자가 증거조사 관련된 규정을 어기게 되면 이를 주장하는 쪽에서 변론을 신청한다. 이때 역시 법적인 주장을 준비서면으로 제출하고 변론에서 판사가 판단할 수 있도록 자료 준비를 하여야 한다. 판사의 판단을 받기 위하여는 변론을 열지 않고 양 당사자가 사전에 해결할 수 있도록 노력했다는 증거를 같이 제출하여야 한다. 상대방의 협조를 강제하는 신청(motion to compel)을 할 경우에는 준비과정에서 들어간 변호사의 비용을 위반한 쪽에 부과하게 된다. (의무적인 것은 아니고 결정하는 판사의 재량이긴 하지만 위반할 경우 변호사 비용을 상대방에 줘야 하는 것은 커다란 부담이 되기 때문에 모두 증거조사 규정을 위반하지 않기 위해서 노력한다) 감정인 혹은 문서를 가지고 있는 은행 등 제3의 기관이 증거조사에 협조해주지 않을 경우 먼저 소명기회를 주고 적절한 근거가 아니라고 판단되면 바로 변호사 비용을 부과해 버릴 수 있기 때문에 적극적으로 증거조사과정에 협조하게 된다.

〈판사재판: Summary Judgment〉 증거조사과정 이후에는 법원판사에게 케이스의 판단을 요청할 수 있는 판사재판신청을 할 수 있다. 증거조사과정에서 제출하지 않은 자료는 이후 최종재판에서 증거로 제출할 수 없는 차단효가 있기 때문에 대부분의 케이스는 증거조사가 종결되면 판사재판을 신청하게 된다. 판사재판을 받기 위해서는 잘 정리된 준비서면을 제출하여야 한다. 하지만 중요한 사실관계에 다툼이 있어서 배심원의 판단이 필요할 경우 배심원재판으로 넘어가게 된다. (판사재판으로 사실관계판단을 하는 경우도 많다)

〈증거배제신청: Motion in Limine〉 증거조사과정에서 제출되지 않은 증거 혹은 여러가지 사유로 증거로 제출되어서는 안될 증거를 상대방이 최종재판에서 사용하려 하는 경우 이에 대한 이의가 적정한지 여부를 미리 판단하는 절차이다.

〈최종재판: Trial〉 최종재판에서는 모든 증거를 제출하게 된다. (증거조사과정에서는 법원에 자료제출을 하지 않고 당사자간에만 교환한다) 법정 외 증인신문에서 증언한 속기록도 제출하는데 당사자 본인의 속기록에 담긴 내용은 실체관계의 입증자료로 사용될 수 있는데 반하여 제3자 증인의 경우는 탄핵자료로만 사용이 가능하다. 최종재판에서 당사자를 증인신문하는 경우에는 중요한 내용만 증언하게 해서 시간을 절약할 수 있다. 법정출석이 어려운 감정인의 경우 (의사 혹은 엔지니어) 법정 외 증인신문을 비디오로 녹화하여 법정에서 틀어주는 방법으로 인건비가 비싼 고급감정인이 법정에 출석하지 않고도 실체관계를 입증하는 증거로 사용이 가능하다. 배심원재판의 경우 당사자간에 배심원의 법률판단근거가 되는 배심원 설시문 (jury instruction) 만들어 제출하여야 하는데 이게 우리나라의 요건사실과 유사하다. 중요한 제3자 증인의 경우 사전에 소환장이 송달되어 있어야 제3자 증인의 불출석을 이유로 최종재판연기하는 것이 허용된다. 당사자가 필요하다고 판단한 증인이라고 한다면 법원에서 해당 증인의 채택여부를 판단하지 않고 모두 증언하게 한다. 이의신청은 상대방에서 주장하여야 한다. (증인의 채택여부에 관하여 판사의 사전승인을 얻는 절차는 없다) 소환증인이 불출석하였다면 해당 증인의 필요성 여부를 판사가 판단하여 재판을 연기하지 않고 그대로 진행할 수 있다. 서증의 경우 증거조사과정에서 진정성립여부가 이미 다루어진 경우가 대부분이라서 이로 인한 시간낭비가 없다.

〈최종재판이후 동일한 심급에서의 이의신청: Post-trial Motions〉 사실관계 다툼은 1심에서 종결한다. 최종재판에 제출하지 못했던 증거가 있을 경우 추가 증거제출신청 (motion for reopen) 혹은 1심법원의 재판부에서 잘못된 결정을 한 경우에는 항소심에 올라가기 이전에 동일한 심급에서 비교적 간이한 절차로 변론을 열어서 다시 결정해달라는 신청을

(motion for reconsideration) 할 수 있다. 재판과정에서 위법한 게 있었다면 새로운 재판을 신청할 수 있는 신청 (motion for new trial) 배심원의 결정이 잘못된 경우 배심원 결정을 판사의 결정으로 번복해달라고 하는 신청 (motion to set aside verdict) 등 여러가지 제도들이 있는데 이는 모두 사실관계 다툼에 관하여는 1심에서 케이스를 종결할 수 있도록 하기 위한 것이다.

〈항소: Appeal〉 항소심 이상은 모두 법률판단만 하게 된다. 따라서 새로운 증거를 제출하지 못하고 역시 새로운 법률주장도 하지 못한다. 1심에서 제출된 사실관계와 법률주장만을 근거로 해서 1심 법원의 판단이 잘못된 여부만 판단하게 된다.

4/ 미국 재판제도의 기본 원칙과 특징

우리나라 재판절차의 기본원칙은, 케이스가 접수되면 특정 재판부에 배당이 되어서 그 재판부의 주관하에 정기적으로 열리는 변론기일을 거쳐서 소장 각하가 되는 경우가 아니라면 선고, 이후 심급을 달리하여 항소 상고 절차를 거친다. (예: 소멸시효가 이미 만료된 케이스의 경우에도 여러 번의 변론을 열어서 선고까지 가고 판결문을 작성하여야 한다) 다음과 같은 측면에서 고려해보면 지금과 같은 재판절차는 비효율적이고 의미가 없는 시간을 낭비한다고 볼 수 있다. 변론을 주기적으로 여는 이유는 준비서면 진술 및 증거신청 및 제출에 관한 것이다. 준비 서면은 상대방에게 송달되면 진술간주가 될 수 있다. 서증은 변론을 열지 않는 경우에도 증거조사과정에서 판사의 관여 없이 당사자 간에 주고받는 인부까지 가능하다. 케이스에 관하여 승패를 결정하는 재판을 하는 경우에 한해 변론을 여는 게 맞다. 기타 증거신청은 당사자에게 맡기고 이의가 있는 경우에만 관여하도록 하여야 한다. 이게 미국식 재판제도다.

미국식 재판제도의 몇 가지 특징을 들면 다음과 같다. 기본적인 차이점은, 변론기일이 정기적으로 열리지 않는다는 점이다. 케이스와 관련하여 판사의 판단을(종국 판단 혹은 법률 이슈 판단) 받고자 하는 당사자가 법원에 변론을 열어달라고 신청해야 한다. 변론을 신청하는 경우 담당 판사는 2~3일 전에 정해진다. 예를 들면 (1) 소장에서 필요한 사실이 충분히 주장되어야 하고 물론 법률적인 근거도 잘 되어 있지 않으면 소장단계에서 기각된다. (2) 증거조사 단계에서 상대방의 법정 외 증인신문에 출석하지 않으면 패소판결을 각오해야 한다. (3) 증거조사가 끝나면 그때까지 나온 증거를 근거로 해서 판사재판을 하게 되는데 이때 법률적인 공방을 해서 최종재판 이전에 케이스의 종국 판단을 받게 되고 대부분의 재판은 이때 종결된다. (4) 판사재판에서 승패를 판단하기 어려운 사실관계 다툼이 있는 경우 최종재판에 가게 된다.

추가로 다음과 같은 특징이 있다. 먼저, 판사의 예단은 철저하게 배제된다. 우리나라는 처음부터 동일한 재판부에서 케이스를 주관하게 되므로 재판부에서 바라보는 시각에 따라서 변론의 방향이 크게 좌우된다. 가장 큰 단점은 의뢰인들이 재판부와의 연줄을 찾아서 변호사 선임을 하는 경향이 뚜렷하다. 미국에서는 동일한 재판부가 담당하는 것이 아니고 변론이 열릴 때마다 판사가 다르다. 변론기일 2~3일전에 담당 판사가 정해진다. 증거조사과정에서 판단을 했던 판사와는 다른 판사가 최종재판에 담당할 가능성이 아주 높다. 그래서 재판부와 친분이 있는지 여부는 변호사 선임에서 고려 요소가 되지 않는다.

판사는 변호사들이 사전에 제출하는 준비서면을 미리 검토한 후 법정에서의 변론을 들어보고 변론 당일 즉석에서 결정한다. 변호사들은 항상 판사가 사인할 수 있도록 결정문을 들고 다니면서 변론이 끝나면 판사가 구두로 결정하는 주문을 적어서 판사가 사인할 수 있도록 제출한다. 변론이 열릴 때마다 이런 결정을 하게 되고 여러 번의 결정문이 서류에 들어가게 되는데 이는 변호사들의 변론 방향을 결정하고 마지막 재판에서는 최종 결정에 중요한 고려사항이 된다.

당사자가 신청하는 증거는 원칙적으로 모두 받아준다. 버지니아 주법에는 당사자는 본인에게 유리한 증인과 증거신청을 할 권리가 있다는 명문 규정도 있다. 증거 혹은 증인을 판사에게 신청하고 법원에서 채택하는 것이 아니고 당사자가 자유롭게 신청하고 상대방 측에서 이의하는 방식이다. 그래서 증인 혹은 증거신청을 위하여 변론을 열 필요가 전혀 없고 상대방에서 이의 제기를 하는 경우 판사의 결정을 듣기 위하여 변론을 여는 것이다. 우리나라처럼 판사가 증거채택여부 결정을 하게 되면 당사자의 증거제출권에 제약이 되고 잘못하면 판사의 예단에 의하여 승패가 결정되기 때문에 장점보다 단점이 더 많은 것 같다. 소환된 증인이 출석하지 않거나 감정인의 감정 결과가 지연되거나 이후 사실조회 납변이 늦게 오는 경우 혹은 송부 촉탁받은 문서를 늦게 보내주는 경우, 신청한 당사자 쪽에서 판사에게 변론을 신청하고 사유를 들어본 후 적당한 이유가 아니라면 변호사 비용을 부담하게 하는 방법으로 불이익을 주기 때문에 변론을 신청하기 이전에 알아서 증거조사절차에서 적극 협력한다. 그래서 판사가 변론을 열 필요가 사실상 없다. 증거조사과정에서 법률 이슈가 발생할 경우에만 변론을 열어서 결정한다.

법정 외 증인신문의 경우 신청하는 쪽에서 지정하는 장소에서 원하는 시간 동안 신문을 하고 속기록을 만들어서 이후 변론에 제출하는데 이게 우리나라식으로 법원주관으로 이루어진다면 인적 시간적 제약으로 도저히 불가능할 것이다. 이처럼 법정 외 증인신문을 거의 제약 없이 할 수 있기 때문에 불필요한 변론을 열 필요가 없는 것이다. 또한 불필요한 형사고소를 할 필요도 없다. 우리나라 법원 기록을 보면 많은 분량을 차지하는 것이 형사기록인데 법원에서 증거조사를 제대로 할 수 있다면 이와 같은 현상은 사라질 것이다. 우리나라에서 주기적으로 여는 변론에서 가장 중요한 것은 준비서면 진술하는 것인데 필자의 경험에 의하면 대부분 당사자의 주장을 약간의 관점을 달리하여 반복적으로 제출한다. 사실 관계 중심의 준비서면은 필요가 없다. 왜냐면 법정 외 증인신문에서 모든 사실관계가 나오기 때문이다. 당사자 신문을 자유롭게 할 수 있다면 변론을 여는 경우 자연히 법적인 이슈 중심으로 공방이 벌어진다. 이는 법률문화 발전을 위하여도 반드시 필요하다.

미국의 재판제도는 효율적이다. 우리나라에서 볼 수 있는 사실관계 판단 위주의 판결문은 작성하지 않는다. 케이스를 결정하는 재판이 열리면 변론이 종결되는 당일 구두로 이유를 설명하고 주문도 역시 구두로 법정에서 선고한다. 선례가치가 있는 이슈가 있다면 판결문을 작성하기 때문에 당일 선고하지 못하는 경우가 있다. 따라서 판결문을 작성하기 위하여 야간근무하는 모습은 찾아보기 어렵다. 판결문의 내용에 사실관계는 거의 들어가지 않고 법률이슈 중심으로 작성하는데 이런 판결문이 계속 축적되면서 판례법(case law)이 계속 발전된다. 사실관계 판단이 주가 되는 경우 법정에서 판사가 이유와 주문을 구술하고 이게 녹음이 되어 기록에 남고 법원 서류에는 요지가 기록된 결정문만 남게 된다. 판사가 구술한 결정 내용을 변호사가 메모해서 판사에게 제출하면 판사가 리뷰 후 사인을 하는 정도다. 판사의 인사철이 별도로 없기 때문에 공전되는 경우도 없다. 우리나라에서 볼 수 있는 합의부는 1심에서는 없다. 법률적인 판결문을 작성하는 항소심 이상에서 합의부가 있다. 1심에서는 모두 단독판사가 재판을 주도한다. 판사에게 주어진 업무부담이 우리나라처럼 과도하지 않기 때문에 가능한 것이다.

미국의 판사에게는 우리나라 재판제도에서 볼 수 없는 막강한 권한이 있는데 변호사와 검사는 재판과정에서 판사의 직원 신분이 되는 것이다. 그래서 증거조사과정에서 성실하게 임해야 하고 불필요하게 재판을 지연하면 안된다. 이런 경우 판사는 변호사와 검사를 징계할 수 있다 .당사자가 허위주장의 법률문서를 제출하는 경우 혹은 증거조사과정에서 증거를 일부러 숨기는 경우 판사는 징계 권한이 있다. 당사자가 법원에 제출한 합의서에서 정한 약속을 이행하지 않는 경우 역시 징계 권한이 있다. 이런 징계권을 행사함으로써 미국의 판사는 법정과 재판제도의 권위를 수호하는 역할을 하게 된다.

5/ 미국의 증거조사(Discovery)

미국식의 증거조사(Discovery)는 국제적인 재판에서 증거조사 방식으로 채용되고 있다. 국제중재재판은 물론이고 규모가 있는 케이스는 대부분 미국 법정에서 해결되고 있는데 모두 미국식 증거조사를 기본으로 하고 있다. 우리나라 재판제도에 길들여진 법조인들은 아쉽게도 국제 무대에서 설 자리가 없다. 미국식의 증거조사 방식을 경험해서 이해하고 있다면 국제무대에서 통할 수 있음에도 우리나라 재판제도는 우리나라 방식을 고수하고 있기 때문이다. 로스쿨에서도 하루 빨리 미국식의 증거조사를 교육하고 무엇보다 우리나라 재판실무에서 운영해야 우리나라 법조인이 국제무대에서 활약할 수 있다.

미국식 증거조사와 관련해 잘못 이해하고 있는 것들을 반박해보고자 한다. 먼저 입증책임론이다. 미국식 증거조사에서 입증책임의 중요성은 우리나라에 비하면 거의 의미가 없다. 물론 최종판단 시 입증책임을 항상 고려한다. 하지만 증거조사 단계에서는 입증책임과 무관하게 갖고 있는 증거자료를 모두 제출하여야 한다. 증거조사에서는 입증책임을 부담하는 신청인에게 증거자료가 없을 경우 입증책임에 무관하게 증거자료를 보관하고 있는 상내방에세 해낭 사료를 제공하도록 요정하고 이를 거부할 경우 강제제출을 명할 수 있다.

이런 경우 상대방은 입증책임이 당신 쪽에 있으니 증거제출을 거부할 수 있는가? 답은 아니다. 이런식으로 이의하면 상대방의 변호사 비용을 부담하여야 하는 불이익을 입을 수 있고 최악의 경우 패소할 수도 있다. 미국식 증거조사는 증거를 가지고 있는 경우 비록 입증책임이 없다고 하더라도 상대방에서 요청하는 정보와 자료를 모두 제공해주어야 한다. 결과적으로 증거 공통의 원칙이 명실상부하게 작용된다. 정보를 많이 가지고 있는 기업이나 정부기관 등 법인체에서는 증거자료 제공에 적극 협조한다. 거의 모든 자료가 전자식으로 보관·관리되는 현대사회에서는 만약 증거를 숨기는게 발견될 경우 상대방의 변호사 비용뿐만 아니라 숨어있는 증거를 발견하는 데 들어가는 전문가들의 비용을 모두 부담하고 최악의 경우에는 재판에서 패소할 수도 있기 때문에 이러한 불이익을 예방하기 위하여 증거조사과정에 적극 협조하는 것이다.

우리나라 법원에서 증거로 채용하고 있는 감정인의 감정결과 및 사실조회 모두 전문증거다. 법정 외에서 현출된 이런 전문증거가 사실상 재판의 결과를 좌우하는 것은 소송법 원리에 맞지 않는다. 미국식 증거조사의 최종 목표는 최종재판에서 전문증거를 철저하게 배제하는 것이다. 최종재판에서 걸리는 시간과 비용을 절약하고자 증거조사를 통하여 사전에 거르는 것이다. (예) 상대방을 위하여 감정결과를 법원에 제출한 감정인을 법정 외에서 소환하여 증인신문을 할 수 있도록 하여 감정결과를 다투는 기회를 주고, 최종재판에서는 감정인을 소환하거나 혹은 감정인의 속기록을 제출할 수 있도록 하는 것은 전문증거배제와 관련해서 중요한 의미가 있다.

우리나라의 경우, 법원에서 증거조사가 제대로 되지 않기 때문에 당사자들이 수사기관에 고소·고발을 하는 방법을 동원한다. 그로 인하여 사법시스템이 왜곡되어 운영되고 있다. 미국식의 증거조사에서는 법관들의 업무 부담이 감소하고 변호사들의 법정왕래에 들어가는 시간도 줄일 수 있다.

미국식 증거조사를 하게 되면 당사자가 부담하여야 하는 비용이 많이 들어가게 된다는 이유로 반대하는 주장도 있다. 증거조사에 들어가는 비용은 변호사 비용과 전문가 증인비용, 속기비용일 것이다. 먼저 우리나라에서 소장 인지대가 얼마인지 생각해보아야 한다. 13억 원의 경우 인지대로 500만 원을 내야 하는데 미국에서는 50만 원 정도면 충분하다. 소가가 적은 사건의 경우 증거조사를 예외적으로만 허용한다. 하지만 소액사건이라 하더라도 당사자가 증거조사를 원하는 경우 증거조사가 전면적으로 허용되는 합의부로 케이스를 접수하는 게 가능하다.

미국의 경우 계약위반의 사건에서는 많은 경우 위반하는 쪽에서 변호사 비용과 소송비용을 부담하기 때문에 결과를 놓고 보면 위반하는 쪽의 비용부담으로 귀결될 가능성이 높다. 불법행위의 경우 불법행위자를 처벌하는 차원에서 변호사 비용과 소송비용을 불법행위자에게 부담하게 하는 경우가 많아서 역시 같은 결과가 된다.

(예) 소액의 임금청구를 생각해보면 (청구액이 100만 원으로 가정) 만약 최종재판결과 10만 원이라도 인정되면 증거조사 과정에서 들어가는 비용을 모두 고용주가 부담하여야 한다. 결론적으로 법을 위반한 고용주에게는 비용이 많이 들어가지만 근로자는 손해보는 게 전혀 없다.

6/ 미국의 변호사 비용 부담 (1)

미국식 증거조사를 우리나라 재판절차에 본격적으로 도입하는 것 관련하여 반대론의 대표적인 주장은 당사자의 비용부담이 늘어난다는 것이다. 이 주장과 관련하여 바로 앞 글에서 대략의 반론을 해보았는데 이번 글에서는 비용부담 중 가장 큰 비중을 차지하는 변호사 비용 관련 미국에서 변호사 비용부담이 우리나라와 비교하여 어떻게 다른가를 알아본다. 먼저 일반적인 변호사 비용부담에 관한 내용 이어서 더 구체적으로 증거조사 과정에서 변호사 비용부담은 어떻게 되는지에 관한 내용을 소개한다.

미국에서 변호사 비용을 시간당 청구하는 경우가 우리나라에 비하여 월등히 많은 이유는 간단하다 왜냐면 상대방이 변호사 비용을 부담하는 경우가 많기 때문이다.

변호사 보수에 관한 미국법의 원칙은 각자 부담이다. 그렇지만 (1) 법률에 정한 경우 혹은 (2) 계약에서 변호사 비용부담에 관하여 정한 경우에는 법을 위반한 쪽 혹은 계약을 위반한 당사자의 부담이다. (3) 위와 같이 상대방이 부담하는 경우는 상대방이 패소한 경우에 적용된다 하지만 실제 적용례를 보면 우리나라와 많이 다르다.

우리나라의 경우 패소자 부담이 원칙이고 대법원 규칙에서 정한 바에 의하여 소송가액과 승소 비율에 따라서 패소자가 부담하여야 하는 변호사비용을 산정한다. 이런 경우 문제점은 소송 가액이 소규모인 경우, 특히 인권 노동 관련 사건은 대법원 규칙에 의하면 제대로 된 변호사 보수를 보상받기 어렵다. 또한 일부 승소인 경우에도 그렇다. 미국의 경우 일부 승소인 경우에도 변호사 보수를 전액 인정해주는 경우가 대부분이고 소액인 경우에도 시간당 비용이 가능하기 때문에 같은 원리가 적용된다.

아래 내용은 주로 주법에 관련된 것이다. 연방의 경우에는 주법에 비하여 인권법관련 내용들이 많다.

우리나라에 없는 제도를 먼저 소개하면, 변호사 보수를 받을 수 있는 법률상의 담보권이 있다. 이런 변호사 보수관련 담보권이 설정된 경우 (실제로는 등기나 등록을 하는게 아니고 의뢰인과 기본적인 계약을 하고 돈을 지급하는 쪽에 통지를 한다) 당사자 간 변호사 몰래 소송결과 얻은 금액(화해 혹은 판결금)을 빼돌리지 못한다. 물론 변호사가 알지 못하게 화해할 수도 없다. 돈을 지급하는 쪽에서는 법률에 정해진 변호사 보수 담보권(attorney lien) 때문에 항상 변호사 보수를 먼저 지급하여야 한다. 참고로 이런 종류의 보수담보권은 비단 변호사뿐만 아니라 다른 종류의 용역제공자에게도 제공되고 있다. (예) 공사대금담보권(mechanic lien): 공사대금을 받지 못한 경우 해당 부동산에 담보 설정이 가능하다. 우리나라의 손해배상 사건처럼 성공보수제도가 많이 이용되는 경우에는 참고할 만한 좋은 제도다. 이 제도가 도입된다면 보험회사에서 변호사 몰래 당사자에게 직접 돈을 지급하지 못한다. 또한 재산분할 케이스에서도 많이 이용된다.

계약에 정한 경우 미국의 법률실무에서 우리나라와 가장 큰 차이점을 들라고 한다면 사기방지법(statutes of fraud)이라고 하는 전통적인 법률문화 때문에 일반인들의 경우에도 법률문제에 관한 계약서를 작성하는게 당연시되어 있다. 그 때문에 부동산 비즈니스매매 렌트 고용계약 부부재산계약 혼전계약 이혼과정에서 자녀양육에 관한 계약 재산분할관련 계약 등 일반인의 일상적인 거래관계에서 대부분 계약서를 만든다.

계약서를 작성하는 변호사는 계약을 위반한 쪽에서 상대방의 변호사 비용을 부담하게 하는 조항을 넣는다. (예) 리스비를 제때 지급하지 않으면 건물주가 변호사를 고용하여 돈을 달라고 할 수 있는데 이런 경우 세입자는 건물주 변호사 비용을 물어주어야 한다. 그래서 간단한 리스계약의 경우에도 변호사를 선임한다. 위반한 쪽에서 변호사 비용을 부담하기 때문에 원고쪽에서는 부담이 없기 때문이다.

위와 같이 계약에 변호사 보수를 위반자 부담으로 정한 경우 우리나라처럼 승소비율을 계산하여 변호사 비용을 인정하는 것이 아니고, 전부 승소가 아닌 일부 승소일 경우에도 변호사 비용을 전액 인정해준다. 따라서 변호사들이 시간당 청구를 하게 되는데 간단한 의제자백사건의 경우에도 수백만 원에서 1000만 원까지 다투는 사건의 경우 최종재판까지 간다면 수천만 원까지 혹은 규모있는 사건의 경우 억 단위까지 올라간다.

변호사 비용을 청구하는 변호사는 본인이 작성한 일한 내용과 시간이 들어 있는 진술서를 법원에 제출하거나 변호사 비용에 관하여 적정하다는 다른 변호사의 증언을 근거로 하기도 한다. 물론 변호사비용 청구액이 지나치게 과다한 경우에는 법원 판사의 결정으로 필요성을 따져서 적절한 감액을 하기도 한다.

계약위반으로 인하여 피해자가 다른 제3자와 법정인 소송을 하여야 하는 경우에는 계약위반자에게 피해자의 변호사 비용을 부담하게 한다. (예) 제3자에게 구상권을 행사하여야 하는 경우 혹은 사해행위 취소권 행사의 경우 채권자로서는 재산을 빼돌린 채무자 때문에 제3자를 상대로 법적인 소송을 해야 한다 이런 경우 채무자는(사해행위에 공모한 제3자도) 채권자의 변호사 비용을 부담하여야 한다.

변호사 비용을 부담하여야 하는 상대방에게는 커다란 부담이 된다. 그렇기 때문에 변호사 비용부담 때문에 법적인 분쟁에 말리는 것을 조심하게 되고 따라서 법원 재판을 통하여 분쟁을 해결하는 경우는 오히려 더 적어지는 효과가 있다. 미국인들의 경우 계약을 잘 지킨다고 사람들이 많이 알고 있는데 필자의 관찰에 의하면 계약에 위반하는 쪽에서 변호사 비용을 부담한다고 되어 있기 때문에 그렇다고 본다. 당연히 우리나라에서도 미국식으로 법률문화가 형성된다면 지금보다 월등하게 계약을 준수하는 문화가 형성될 것으로 본다.

7 / 미국의 변호사 비용 부담 (2)

미국 변호사 비용 부담은 각자 원칙이다. 하지만 각 법률에서 정한 경우 상대방의 변호사 비용을 부담해야 하는 경우가 많다. 법률에서 정한 경우 이를 남용하는 경우도 많기 때문에 법원에서 엄격한 기준을 적용해 일부 액수를 삭감하기도 한다. 하지만 소송물가액 기준이 아닌 변호사가 본인이 노력한 시간을 시간당 변호사 비용으로 계산해 지급받을 수 있도록 결정한다. 증거조사 과정에서 위반하는 당사자쪽에서 부담해야 하는 변호사 비용 부담은 법률에서 정한 것이다.

연방민사소송법에서는 증거조사절차(Discovery) 규정을 위반한 당사자는 상대방의 변호사 비용을 반드시(must) 부담해야 한다고 정하고 있다. 일부 주법에서는 판사에게 반드시(must)가 아닌 재량권을(may) 부여하고 있는 경우도 있다. 이 경우 변호사 비용은 법원에 변론을 신청하고 관련된 주장을 담은 서면작성 및 변론신청 이전에 상대방과 협의를 위해 들어간 시간을 모두 청구할 수 있다. 판사는 변론 결과 상대방에서 위반했다고 판단되면 신청한 쪽 변호사 비용을 인정해준다. 그런데 소송물가액과는 무관하게 시간당 청구를 하기 때문에 실제 인정되는 변호사 비용은 액수가 상당하다. 예를 들어, 시간당 450달러에 10시간을 소비했다면 약 500만원이다. 실무적으로 증거조사 규정을 위반했을 때 신청인의 변호사 비용을 삭감하는 경우는 거의 보기 어렵다. 이처럼 변호사 비용을 위반한 쪽에서 부담하도록 하기 때문에 증거조사를 서로 충실히 이행할 수 있도록 효과적인 제재수단으로 기능하게 되는 것이다.

우리나라에서는 개별법에서 변호사 비용을 위반자에게 부담하는 경우는 없고 대법원 규칙에서 패소자부담 및 소송가액에 비례한 변호사 비용만 정하고 있다. 예전에 우리나라에서도 미국식 증거조사제도를 시행하려 했으나 위반할 경우 제재가 너무 약해 유명무실했던 경우가 있었다. 그나마 민사벌금을 실제 매기는 경우도 찾아 보기 어려워서 실효적인 제재로서 작용한 경우는 없었다. 이런 제도하에서는 누구든지 증거조사를 이행하려 하지 않는게 당연하다. 법과 실제가 따로 놀게 되면 법은 유명무실해진다. 강제수단이 없으면 불리한 증거를 상대방에게 내줄 리가 없는 것이다.

증거조사과정에서 위반의 제재로서 부과하는 변호사 비용 때문에 당사자의 부담의 늘어난다고 볼 수 있는가? 답은 절대 아니다. 이는 법을 위반하는 당사자에게 부담하도록 법에서 정한 것이고 또한 법을 지키고 강제하는 쪽에서는 부담없이 변호사를 선임할 수 있는 효과가 있을 뿐 당사자의 부담과는 무관하다. 오히려 효과적인 재판제도의 운영을 가능하게 하는 수단이다. 법원 입장에서는 증거조사규정을 철저히 준수하는 것은 법원의 업무부담을 덜어주는 것이고 해당 변호사는 법원 직원으로서 증거조사의무를 이행하는 것이기 때문에 위반한 쪽에 강력한 제재를 한다. 만약 위반한 당사자에게 변호사가 조언을 해준 게 드러나면 해당 변호사에게도 상대방의 변호사 비용을 부담하라고 명할 수 있다.

증거조사 불이행의 경우 제재수단으로 부과하는 변호사 비용 외에도 법률에 정한 바에 의하여 변호사 비용을 위반한 당사자에게 부담하도록 하는 경우가 제법된다. 우리나라에서 변호사 비용에 관해 미국식 제도를 도입한다면 일반 서민들의 권리구제와 사회적인 불법행위의 상당부분 예방 가능하다고 본다. 또한 변호사의 전문화와 관련해서도 변호사 보수를 미국식으로 정하는 것이 필요하다. 변호사 보수를 어느 정도 받을 수 있는 제도가 있어야 해당 분야에 집중하여 일하는 변호사들이 많이 나올 것이고 이는 변호사의 전문화와 해당 분야 법문화의 발전에 공헌 할 것이다. 예를 들어, 인권법케이스만 하는 변호사의 경우 케이스당 수천만 원을 변호사 보수로 받을 수 있기 때문에 이 분야만 하게 되고 또 인권법분야에서도 다양한 분야가 있어서 수많은 변호사가 실무에 종사하고 또 이쪽의 법률문화를 발전시킬 수 있는 토양이 되는 것이다.

8⁄ 법률 및 판례에서 정한 미국 변호사 비용 부담

이번 글에서는 법률 및 판례에서 정한 변호사 비용부담에 관한 대략적인 내용을 소개하도록 한다. 기본적으로 보호되어야 하는 공익이 더 중대하다고 보는 경우, 다수의 피해자가 있는 경우, 사회적 약자를 보호하려고 하는 경우, 특별한 신뢰관계를 위반한 경우, 불법행위의 경우 대부분 피해자의 권리회복에 들어가는 변호사비용을 상대방에 부담하도록 하고 있다. 이처럼 변호사비용을 인정해주는 법률 규정 혹은 판례 덕분에 변호사들은 사회의 균형을 잡아주는데 많은 역할을 한다. 잘못하면 부담하여야 하는 변호사 비용이 상당하기 때문에 미리 법률을 지키려고 노력하는 것이다.

불법행위의 정도가 심한 경우 매길 수 있는 징벌적 손해 배상 액수 외에 추가로 불법행위자에게 피해자의 변호사 비용을 부담하게 한다. 이는 대부분 판례에서 인정되고 있는데 사회정의 차원에서 그리고 법 질서 준수를 강제하기 위한 차원의 징계이고, 피해자에게는 변호사의 도움을 쉽게 받을 수 있도록 하는 역할을 한다. 계약 위반 경우에도 기망행위라고 볼만한 사실관계가 있을 경우 혹은 당사자 외 제3자가 공모하여 계약을 고의로 위반한 경우에도 피해자의 변호사 비용을 모두 부담하여야 하는 경우가 있다. 이 때문에 계약위반의 경우에도 불법행위관련 요소가 있는지 여부를 찾아 이를 공격하게 된다.

예를 들어, 집을 지어 판매·분양하는 건축회사에서 땅의 용도와 관련해 허위로 기망하여 소비자를 속이고 후에 이를 알게된 소비자가 손해배상을 청구하는 경우 부동산 매매과정에서 발생한 단순한 계약위반으로 볼 수 있지만 기망행위가 더해진 경우 피해자는 피해 회복에 들어가는 변호사 비용을 인정받을 수 있다. 이런 경우 변호사 비용은 소송물가액과 무관하게 변호사가 해당 케이스를 수행하기 위하여 소비한 시간을 기준으로 청구할 수 있고 청구액의 일부만 인정받는 경우에도 변호사 비용은 역시 시간당으로 계산해준다.

원고가 수행하는 소송이 다수의 이익을 위한 것이라면 상대방에게 변호사 비용을 부담하게 한다. 예로 임금 혹은 연장근로수당의 지급을 구하는 소송에서 동일한 피해를 입은 근로자가 다수일 경우 긴이힌 형대의 집단소송을 통하여 같은 피해를 입은 다른 근로자도 구제할 수 있도록 해주고 있다. 이런 경우 고용주는 관련된 변호사 비용을 모두 부담하여야 한다. 특이점은 고용주가 회사로서 법인이라고 하더라고 소유자 개인에게도 책임을 지우게 한다.

채권자 취소권의 경우 회복된 재산이 여러 채권자의 공동재산으로 귀속될 때 다수당사자의 이익을 위한 것이므로 변호사 비용을 받을 수 있도록 해준다. 또한 채권자가 일인에 불과하더라도(예를 들어 재산분할이 되는 부부재산을 몰래 빼돌린 경우) 기망요소가 있는 사해행위로 피해가 발생하였다고 판단되면 사해 행위자와 이를 알고 공모한 제3자는 채권자의 원상회복에 들어간 변호사 비용을 모두 보상해주어야 한다.

공동주택에 정한 규정을 위반한 경우처럼 다수 소유자의 권익을 보호하기 위한 경우에는 위반자에게 다수 소유자가 위반자에게 해당 내부규칙이나 정관을 강제하기 위한 변호사 비용을 부담하게 한다. 공동주택의 내부규정에 변호사 비용은 위반자부담이라고 명문으로 정하고 있는 경우가 대부분이다.

특별한 신뢰관계를 위반한 경우, 예를 들어 대리인, 후견인, 재산관리인이 신뢰관계를 위반하여 경제적 이익을 챙긴 경우에도 본인의 피해회복에 들어간 변호사 비용을 모두 보상해주어야 한다.

이혼사건에서 부부생활비 혹은 자녀생활비 청구를 하는 경우에는 생활비 지급의무자에게 신청인쪽의 변호사 비용을 부담하도록 하는데 부부 중 경제적 능력이 약한 쪽을 보호하는 역할을 한다. 또한 이혼 과정에서 합의서를 만들고 자녀 양육 부부생활비 혹은 재산분할 같은 합의서를 이혼 판결문에 첨부하게 되는데 이런 경우 합의서에 약속한 내용을 위반한 쪽에서는 상대방의 변호사 비용을 부담하여야 한다. 예를 들어, 이혼하면서 특정 부동산을 재산분할로 양도하기로 합의하였는데 이를 위반하는 경우 피해를 입은 당사자는 합의서에 정한 의무 불이행을 근거로 상대방에게 변호사 비용까지 청구할 수 있다. 이런 절차를 통하여 우리나라에서 볼 수 있는 복잡한 강제집행절차는 미국의 실무에서는 필요가 없는 경우가 대부분이다.

가사사건에서는 판사에게 변호사 비용 부담을 명하는 재량권이 폭넓게 부여하는데 재판과정에서 당사자 간 재력 차이가 심각하게 많이 나는 경우 재력이 부족한 쪽에서 고용한 변호사 비용을 재력이 있는 쪽에서 부담하도록 결정하는 경우가 있다. 이는 경제적으로 열악한 지위에 있는 부부 일방이 변호사를 선임해서 소송 수행을 가능하도록 해준다.

민사사건에서도 합의를 할 경우 합의서를 판결문의 첨부하고 이를 법원의 결정으로 간주하게 되는데 이때 위반하는 당사자에게는 변호사 비용을 부담하게 하는 방법으로 강제집행을 한다. 실무적으로는 합의서 작성 시 계약위반 당사자에게 변호사 비용을 부담하게 하는 내용을 넣게 된다.

연방에는 인권법(Civil Rights Act)에 관련되어 사회적으로 소외된 계급들이 피해구제를 청구하는 경우 관련된 변호사 비용을 부담하게 하도록 하고 있다. 장애인의 권리침해, 직장에서의 나이·성별·인종·연령 차별금지법에 위반된 경우, 연방근로기준법 위반된 경우, 수형인의 권리구제 불법체포된 경우 등을 대표적으로 들 수 있다. 예로 장애인의 권리침해로 인한 피해액이 소액에 불과한 경우에도 변호사를 선임하여 권리구제를 받을 수 있고 변호사는 변호사비용을 전액 받을 수 있다.

법에서 징벌적 손해배상액수를 정하고 있는 경우에는 소비자 보호법에서 물품 판매자가 기망행위를 한 경우 연방근로기준법위반 지적재산권 침해 등을 대표적으로 들 수 있는데 법에서 정한 징벌적 손해배상 외에 추가로 변호사비용을 부담하여야 한다.

파산법에서는 파산관재인의 보수는 일반 채권자보다 우선해서 지급받을 수 있는 우선권이 있는데 파산이 아닌 회생사건 혹은 기업의 구조조정케이스에서는 변호사 보수는 우선채권으로 지급받을 수 있는 지위를 보장받는다(세금이나 임금보다 우선권이 있다). 따라서 채권자에게 배당이 되는 케이스들의 경우에는 일반 채권자들에 앞서서 변호사 보수를 먼저 지급해준다.

9 법정 외 증인신문 혹은 당사자 신문을 하게 될 경우 최종재판에서 어떻게 반영되는지에 관한 개요

이번 글에서는 법정 외 증인신문 혹은 당사자 신문을 하게 되면 최종재판에서는 어떻게 반영되는지에 관한 대략적인 내용을 소개하도록 한다. 실제 재판을 해보면 역시 당사자 및 증인의 증언을 생생하게 들려줘야 한다. 미국법원에서도 마찬가지다. 비록 법정 외 신문을 했다 하더라도 당사자 증인 혹은 제3자 증인을 최종재판에 출석하게 해서 판사 혹은 배심원에게 주요사실에 관련된 생생한 증언을 듣게 하여야 이길 가능성이 높다.

미국식 재판제도에서는 당사자 신문을 항상 한다. 당사자에 대하여 법정 외 증인신문을 한 경우에도 같다. 당사자는 최종재판이 진행되는 동안 계속 변호사와 같이 자리에 앉아서 증언도 하고 재판내용을 변호사와 같이 의논한다. 당사자 본인신문은 가급적 하지 않거나 제한하려고 하는 우리나라 재판제도와 많이 대비가 된다. 필자 경험으로는 당사자가 사실관계에 관해 가장 많은 내용을 알고 있기 때문에 당사자 신문은 많이 허용할수록 진실발견 차원에서 더 많은 도움이 된다고 본다. 결국 증인신문 혹은 당사자 신문을 실제로 두 번 하는 결과가 되기 때문에(법정 외에서 그리고 최종재판) 사실심충실화에 큰 기능을 하게 된다. 1심에서 단 한번의 증언기회를 가지게 되는 우리나라 재판제도와 비교해보면 이러한 실질적 기능은 실체발견 측면과 효율적인 재판제도 운영측면에서 큰 의미가 있다고 본다. 필자 소견으로는 미국식 증거조사를 채택하게 되면 사실심의 충실화로 인해 사실관계에 관한 다툼은 1심으로 충분하게 종결할 수 있다. 그렇다면 항소심이후에서는 철저하게 법률이슈 중심으로 이루어지는 게 가능하다.

먼저 법정 외 증인신문에 참석한 당사자 혹은 증인이 최종재판에 출석을 하지 않을 경우를 가정해본다. 법정 외 증인신문을 하게 되면 해당 증인 혹은 당사자의 증언내용은 속기록에 나오게 되는데 이는 전문증거로 분류된다. 최종 재판에서 증언한 내용은 전문증거가 아니다. 그렇지만 법정 외 증인신문을 한 경우에는 당사자가 반대신문 기회를 가졌기 때문에 일정한 요건하에 전문증거의 예외가 되고 실제 최종재판에서 증언한 것처럼 간주된다. 미국식 재판제도에서는 비록 속기록이 증거로 미리 제출된다고 하더라도 우리나라와는 다른 방식으로 진행된다. 이유는 전문증거배제 및 공판중심주의 때문이다. 속기록에 기록된 내용을 증거로 제출하고자 하는 쪽에서는 판사 혹은 배심원에게 속기록에 기재된 내용을 읽어준다. 전문증거이기 때문에 판사나 배심원은 속기록을 읽지 않는다. 공판중심주의 전문증거배제원칙에 근거해 판사나 배심원은 속기록을 미리 공부하고 재판에 임하는게 아니다.

법정 외 증인신문의 중요성은 최종재판 이전에 중간재판으로 케이스를 종결할 수 있는 기능을 하는데 있다. 통계에 의하면 미국식의 재판에서는 최종재판에 가는 경우가 10% 미만이라고 하는데 가장 중요 한 역할을 하는게 바로 법정 외에서 하는 당사자와 증인 신문이다. 특히 법정 외 당사자 신문을 하게 되면 하루 종일 혹은 그 이상도 가능하기 때문에 사실관계를 아주 충실하게 파악하는게 가능하다. 이때 속기록에 기록된 내용을 준비서면에 반영하여 중간판결을 신청하게 되면 그때까지 나타난 사실관계를 근거로 하여 판사재판에 의한 중간판결로 케이스를 판단하는게 가능하다. 일단 케이스가 접수되면 중간에 조정으로 해결하는 경우를 제외하고 대부분 선고까지 가게 되는 우리나라 시스템과는 많은 차이가 있다. 법정 외 신문을 경험한 당사자 본인들은 많은 경우에 자발적인 화해로 케이스를 종결하려고 하기 때문에 (하루 종일 상대방 변호사의 호된 신문에 시달리게 되면 케이스를 계속 진행하고 싶은 의욕이 사라진다고 한다.) 법정 외 신문은 사실상 조정을 유도하여 케이스를 종결하게 하는 역할을 한다.

법정 외 증인신문에 참석한 당사자 혹은 증인이 최종재판에 출석 하게 되는 경우 법정 외 신문과정에서 증언한 내용은 최종재판에서 실체관계를 판단하는데 아주 유용한 증거로 사용된다. 반대신문이 보장된 상태에서 얻어진 증언내용이기 때문이다. 따라서 재판을 준비하는 변호사에게는 최종재판의 전략을 세우는데 가장 중요한 자료가 된다. 그래서 유리한 내용을 법정 외 신문과정에서 많이 얻어내야 하고 또 재판준비과정에서는 그 내용을 분석하여 숙지하고 있어야 한다. 우리나라에서는 대부분 수사기관에서 작성된 기록을 보는 것과 비교 된다. 미국식 재판제도에서는 법정 외 신문이 사실상 자유롭게 허용되기 때문에 수사기관에 증거자료를 얻기 위하여 고소고발하는 경우는 없다. 당사자의 경우 법정 외 신문에서 증언하여 속기록에 기록된 내용은 최종재판에서 실체증거로 사용된다. 만약 최종재판에서 당사자가 법정 외 증인신문과 다른 내용의 증언을 할 경우 속기록에 기록된 내용을 근거로 탄핵을 하게 되면 신뢰성 또한 현저하게 떨어진다. 따라서 당사자 신문을 최종재판에서 하고자 한다면 법정 외 증인신문에서 기록된 내용을 중심으로 상대방의 허점을 파고 들어야 한다. 제3자 증인은 최종재판에 출석해 증언하는 것을 원칙으로 하기 때문에 출석이 불가능한 예외적인 경우에 한해 실체증거로 사용하는게 허용된다 법정 외 증인신문에서 속기록에 남은 증언 내용은 증거법에서 전문증거의 예외로 되어 있기 때문에 실체증거로 사용할 수 있는 예외적인 경우들이 많아 아주 중요한 기능을 한다.

10/ 비디오를 이용한 법정 외 증인신문 및 우리나라의 재판방식에 적합하게 운영할 수 있는 증거조사 방식

이번 글에서는 법인을 상대로 한 그리고 비디오를 이용한 법정 외 증인신문 및 우리나라의 재판방식에 적합하게 운영할 수 있는 증거조사 방식을 대략적으로 소개한다.

법인을 상대로 한 법정 외 신문

법인을 상대로 법정 외 신문을 하는 쪽에서는 질문할 내용들을 미리 준비해서 알려줘야 한다. 그러면 법인에서는 해당 내용에 관하여 가장 잘 알고 있는 실무 직원을 출석하여 증언하게 한다. 특징은 일반적인 증인신문은 질문할 내용을 미리 알려주지 않는다. 하지만 법인을 상대로 한 법정 외 증인신문은 질문할 내용을 미리 특정해서 상대방에게 알려준다. 이런 경우 증인신문에 응하는 쪽에서는 답신할 내용을 미리 받아서 준비할 수 있다. 이 때문에 법인의 대표가 직접 증언할 필요가 없고 직접 해당 케이스를 담당했던 실무직원 혹은 법인에서 보관하고 있는 서류의 보관자 등이 대표자를 대신해서 증언을 할 수 있다. 또한 신청하는 쪽의 필요성에 따라서 특정 부서의 직원을 불러서 신문하는게 가능하다.

답신할 내용을 미리 받아볼 수 있기 때문에 법인을 대표해서 증언하는 증인은 증언할 내용에 관하여 사전에 준비를 해서 나온 것으로 가정하고 증인신문을 진행한다. 이때 증언하는 실무자는 주의할 내용이 있다. 만약 법정 외 신문에서 모른다고 답해버리면 이에 기속되는 효과가 있어 (사전에 미리 조사를 하고 답신한다는 가정이 있기 때문) 이후 최종재판에서 이와 다른 증거를 제출할 수 없다. 실질적인 내용을 답한 경우 이는 당사자가 인정하는 내용이 되기 때문에 (실무직원은 당사자의 대리인 역할) 실체증거로 사용된다.

실제로는 법정 외 증인신문을 하면서 서류도 동시에 가져오도록 하기 때문에 신청인 쪽에서는 필요한 증거를 거의 동시에 확보할 수 있다. 그래서 법인을 상대로 한 법정 외 신문은 비록 법인의 실무자가 증언하는 것임에도 불구하고 당사자 본인을 신문하는 것과 비교해서 질문할 내용을 사전에 알려주고 준비하도록 하기 때문에 오히려 더 강력한 효과가 있다. 그래서 법인을 상대로 한 케이스의 경우 법정 외 증인신문을 근거로 하여 중간판결로 케이스를 종결할 가능성이 일반 케이스에 비하여 더 많다.

비디오를 이용한 법정 외 신문

의사 혹은 엔지니어와 같은 고급인력의 경우 최종재판에 출석해서 증언하는 번거로

움을 피하기 위하여 비디오를 이용하여 녹화하는 방법으로 법정 외 증인신문을 하게 되면 이후 최종재판에 출석하여 직접 증언하는 대신 녹음된 영상을 틀어주고 이를 증언으로 대신할 수 있기 때문에 전문가 증인의 (감정인) 증언으로 많이 활용된다. 전문가 증인의 경우 최종재판에 직접 출석하여야 한다면 신청하는 쪽에서는 비용이 많이 들게 되는데 이 방법을 이용하면 비용절감에 많이 도움이 된다.

우리나라의 경우 전문가 증인은 대개 사실조회 혹은 감정촉탁에 의한 사실조회 답변서 제출 혹은 감정서제출로서 갈음하고 법정에 출석하여 증언하는 경우는 많이 드물다. 하지만 미국식 재판제도에서는 전문가 증인에 대하여도 상대방에서는 직접 반대신문을 할 기회를 가질 수 있도록 한다. 그렇지 않으면 모두 전문증거에 불과하기 때문이다. 비디오를 이용한 법정 외 증인신문은 고급인력에 대한 증인신문 방법으로 많이 사용된다.

이하에서는 미국식 증거조사 방식으로 운영되는 재판제도의 특징을 살펴보고 과연 우리나라에 어떻게 응용이 가능한지 설명해본다.

집중심리주의

미국식의 증거조사에서는 증거조사가 종결되면 그 때까지 나온 증거만을 근거로 케이스를 최종재판 이전에 판단받을 수 있는 중간판결을 신청할 수 있고 많은 케이스들이 이 방법에 의하여 종결된다. 중간판결이 아닌 최종재판까지 가는 경우는 증거조사에도 불구하고 사실관계 다툼이 여전히 남아 있는 경우에 한정된다. 가사사건은 사실관계 다툼이 주된 이슈이기 때문에 중간판결으로 종결되는 방식을 취하지 않는다.

그래서 만약 증거조사를 하지 않을 경우에는 소장 답변서 단계 이후 최종재판으로 직행하는 경우도 자주 있게 되는데 이는 우리나라처럼 주기적으로 변론기일을 열지 않기 때문이다. 필자의 경험으로는 미국식의 증거조사방식이 우리나라 방식에 비하여 더 효율적이라고 판단된다. 미국식 재판 운영의 기본을 설명해보면 다음과 같다.

미국식 재판운영의 기본방식

먼저 소장단계에서는 상대방은 답변서를 제출하기 이전에 소장에서 주장하는 사실관계를 종합해본다고 하더라도 법적으로 주장하는 청구원인의 요건사실을 충족하기에 부족하다고 주장하면서 소장단계에서 케이스를 종결해달라고 신청하고 이런 경우 법원에서 열게 되는 변론이 (우리식으로 보면) 처음 변론기일이 된다. 이 단계에서 종결되는 케이스들도 적지 않은데 우리나라에서는 각하가 되는 경우를 제외하고는 끝까지 가는 것과 비교해보면 많은 차이가 있다.

이 단계가 지나고 상대방에서 답변서를 제출하게 되면 법원에서는 준비절차기일을 지정하여 최종재판일을 지정하고 증거조사를 언제까지 마치도록 하는등 주요 재판일정을 정하게 되는데 (답변서 제출이전부터 증거조사가 허용되는 경우도 있다) 특별한 사정이 없는한 이런 방식으로 지정된 일정대로 진행된다.

이후 증거조사 단계에서는 거의 당사자의 자율로 이루어진다. 증거조사 신청은 당사자들이 알아서 하고 법원은 감독권을 행사하는 것이다. 증거조사 단계에서 이의가 있는 쪽에서는 법원의 판단을 신청하고 법원에서는 이때 비로서 변론을 열게 된다. 증거조사는 일정기간으로 제한되어 있기 때문에 당사자로서는 정해진 기간 내 증거조사를 마쳐야 한다. 따라서 효율적이고 신속한 진행을 하게 된다.

예시 1.

당사자들이 법원의 결정없이 자율적으로 증거조사를 신청할 수 있도록 법원에서 서식을 제공해준다. 증거조사의 대상이 된 쪽에서 이의가 있으면 법원의 결정을 받기 위하여 변론을 신청하여야 한다. 법원의 승인을 받아서 증거조사를 신청할 수 있도록 하는 우리나라제도와 많이 비교가 된다. 우리나라 방식으로 하게 되면 시간도 많이 걸릴뿐더러 필요성 여부에 관련 법원판사의 예단에 좌우되는 단점이 있다.

예시 2.

법원에서 변론을 열어 이의에 관련된 판단을 하는 경우에는 변론 당일날 결정의 주문만 결정서에 적고 판사가 사인한다. 우리나라에서는 변론 당일날 바로 결정한다는 게 극히 예외적인데 우리나라 방식에 의하면 효과적인 진행을 하기 어렵다.

예시 3.

증거조사에 응하지 않을 경우 제재방법으로 상대방의 변호사 비용을 부담하게 한다. 예를 들면 지정된 당사자 신문기일에 출석하지 않을 경우 준비한쪽의 변호사 비용을 부담하게 한다 우리나라에서는 민사벌금을 매기는데 너무 실효성이 약해서 벌금을 부담하더라도 증거를 제출하지 않겠다고 버티는 게 유리하다고 판단할 가능성이 많다고 보여진다. 미국식에서는 변호사 비용 부담에도 불구하고 계속 증거조사에 불응할 경우 더 심한 불이익을 주는 방법으로 운영되고 있다(물론 변호사 비용을 부담하게 하는 것보다 덜 심각한 제재방법도 자주 이용되고 있다).

11/ 증거조사 방식에 관한 미국과 우리나라 제도 및 미국식 집중심리제도와 우리나라 변론제도의 비교

이번 글에서는 증거조사 방식에 관한 미국과 우리나라 제도 및 미국식 집중심리제도와 우리나라 변론제도를 대략적으로 비교해본다. 우리나라 소송법과 재판방식에 미국식 증거조사 방식을 적합하게 운영할 수 있는 방식을 찾기 위해서는 그 특징과 장단점을 알아야 하기 때문이다. 판사에게 신청하고 승인을 받아야 증거조사를 할 수 있는 우리나라 소송법은 현대사회에서 그 한계에 달한 듯 해 보인다. 필자가 보기에 큰 단점은 무의미한 변론기일을 반복해서 여는데도 효율적이지 못하고 사실관계 파악에 필요한 증거조사를 충분히 할 수 없다는 점이다.

증거조사를 할 수 있는 권한

우리나라 재판제도는 당사자가 증거조사 여부를 스스로 결정하는게 아니고 판사에게 신청하고 판사가 이를 승인한 이후에 증거조사를 할 수 있다. 그래서 증거조사를 하려면 변론기일까지 기다려야 한다. 신청한 증거조사 결과가 나오지 않으면 (사실조회 감정 문서송부촉탁신청) 해당기관에 독촉을 하거나 제재를 하는 것도 판사의 승인을 받아야 하므로 효율적이지 못하고 결국 재판의 지연 적체로 귀결된다. 미국식 디스커버리에서는 당사자가 증거조사를 자율적으로 할 수 있다. 판사의 승인 없이 당사자가 필요하면 증거조사를 할 수 있다. 원고가 필요하다고 판단되면 상대방 당사자 혹은 제3자 증인을 원고가 지정하는 장소에 불러서 증인신문을 할 수 있고 문서제출명령 혹은 감정신청도 언제든 판사의 승인 없이 가능하다. 상대방이 당사자 신문에 응하지 않거나 제3의 기관에서 증거조사에 협조하지 않을 경우에는 이를 강제할 수 있는 권리도 판사가 아닌 당사자에게 있다. 따라서 최종판단에 필요한 증거를 사실상 무제한으로 수집할 수 있는 권리를 당자사에게 부여하고 있고 이를 바탕으로 해서 디스커버리에 의한 증거조사 및 효율적인 재판제도의 운영을 하고 있다고 보여진다.

형사사건의 경우 미국은 주 헌법에 피고인은 본인에게 필요한 증인을 무제한으로 신청할 수 있는 권리가 있다는 점을 명문으로 규정하고 있고 민사사건에서는 주 법률에 설령 이해관계가 있는 사람 혹은 당사자 본인도 언제든 증인으로 선서하고 증언할 수 있는 권리를 선언하고 있다. 이런 정신에 따라 당사자가 필요하다고 판단되면 판사는 이를 존중하며 판사의 승인을 얻기 위하여 구태여 변론기일까지 기다릴 필요가 없다고 보는 것이다.

미국은 법정 외 증인신문으로 당사자 신문을 가장 먼저 하게 되는데 당사자 신문을 하게 되면 변론을 준비하기 위해 제출하는 준비서면이 필요가 없다. 준비서면의 내용을 보면 사실관계 주장이 대부분임을 알 수 있는데 법정 외 당사자 혹은 증인신문을 하여 사실관계를 파악하는 미국식 재판제도에서는 사실관계를 소장 혹은 답변서에서 자세하게 주장하고 재판의 진행과정에서 제출하는 서면들은 대부분 법적인 이슈가 중심이 된다.

집중심리주의

미국의 최종재판은 집중심리주의 방식에 의해 진행한다. 최종재판을 하려면 최종재판에서 제출하게 되는 서증목록과 증인리스트를 먼저 제출하고 상대방에서 이의하지 않으면 증거로 사용할 수 있다. 만약 이의하게 되면 최종재판에서 해당 증거가 케이스와 어떤 관련성이 있는지(foundation) 및 서증의 경우 진정성립여부를(authenticity) 입증한 후에 비로소 증거로 인정된다. 당사자와 증인의 경우 비록 법정 외 증인신문에서 신문을 한 경우에도 최종재판에서 대부분 다시 신문하게 된다. 우리나라에서는 변론기일을 주기적으로 열어 하는 것들이 미국의 집중심리제에서는 한 번의 재판으로 모두 해결하는 것이다. 변론기일 시 준비시면 진술하고 석명을 구해 재판부에 서증을 제출히기나 증거신청하고 증인신문을 하는데 미국은 이런 것들을 하기 위하여 변론을 여는 것이 아니다. 증거조사(Discovery) 과정에서는 변론을 열지 않고도 가능하고 최종재판에서는 모두 모아서 한꺼번에 처리한다.

미국식 재판에서는 이슈가 있을 때만 변론을 연다. 그래서 소장 자체로 케이스를 종결해달라고 하는 소장기각신청 증거조사 과정에 협조를 하지 않을 경우 제재방법으로 역시 케이스를 종결할 수 있다. 증거조사가 종결된 이후에는 최종재판 이전에 중간판결으로 역시 판사의 법률판단을 받아서 케이스를 종결하는게 가능하다. 물론 소장을 제출한 이후 증거조사를 하지 않을 경우에는 최종재판으로 바로 갈 수도 있다. 최종재판은 집중심리제에 의하여 모든 증인과 증거를 한꺼번에 모아서 재판을 하고 법정에서 변론내용을 직접 들은 판사 혹은 배심원에 의한 최종판단을 하는 것이다. 그렇기 때문에 공판중심주의가 제대로 실현가능하고 또한 전문증거관련 증거법들도 많이 발전되어 있다.

우리나라에서는 변론이 장기화되거나 판사들의 인사이동 등 사정으로 가장 중요한 증인신문을 들어보지도 못한 판사들이 기록만 보고 최종판단을 하는 경우가 많이 있는데 이는 공판중심주의 전문증거 배제원칙에 반하는 것이다. 미국식 집중심리제를 하게 되면 이런 단점을 시정할 수 있다.

12/ 미국 형사사건에서의 증거조사 (1): 버지니아 페어팩스 지방법원 케이스를 중심으로

이번 글에서는 형사사건의 증거조사(Discovery)에 관하여 살펴본다. 미국 형사사건에서 검사에게는 중요한 의무가 있다. 피고인에게 유무죄 입증과 관련해서 혹은 양형에 영향을 미칠 수 있는 정보와 증거들은 피고인에게 공개하고 피고인들이 방어준비를 할 수 있도록 충분한 시간을 두고 공개하며 아울러 피고인에게 유리한 증거에 관한 추가조사를 해줘야 한다는 원칙을 말한다. 실제 케이스를 들어서 설명해본다. 아래 케이스를 보면 검사는 해당 증인과 증거를 피고인의 유죄를 입증하는 데 필요한 증거로 사용하려는 의사가 없었던 것으로 보인다. 그렇지만 그 증거들은 모두 피고인의 정당방위 입증에 중요한 증거이고 피고인에게 유리한 증거를 추가 조사하지 않은 점 그리고 피고인에게 늦게 알려준 점에 문제가 있다는 것이다. 법원에서는 검사의 증거개시 의무 위반으로 피고인은 사실상 무죄라는 취지의 배심원 설시문을 최종재판의 판단기준으로 명하였고 따라서 검사쪽에 불이익이 돌아가도록 결정하였다.

〈사실관계〉 피고인은 총기를 사용한 살인죄로 기소되었고 배심원에 의한 최종재판이 2021년 1월 5일 예정되어 있었다. 기소된 범죄 내용은 피해자를 총기를 사용하여 살해하였다는 것이다. 2020년 1월 13일과 14일 검사가 변호사 측에 보낸 증거자료에는 칼 한 자루가 발견되었다는 정도의 수사 보고가 있었다. 하지만 검사는 그 칼에 대한 DNA 혹은 지문채취를 위한 감정을 실시하지 않았다. 그런데 2020년 8월 18일 검사가 피고인에게 전달한 추가증거개시 자료에는 범행현장에서 사건을 조사한 담당 수사경찰에 의한 보고서가 들어 있었다. 그 보고서에 의하면 사건 현장을 목격한 증인이 있었으며 해당 증인의 말에 의하면 사망한 피해자가 사건 발생 직전에 칼을 들고 있었고 피고인은 피해자에게 나에게 총이 있으니 가까이 오지 말라고 말을 했다는 내용이 있었다. 그런데 해당 증인에 관련된 정보는 전화번호 외에는 다른 내용이 없었다(이름은 증인보호를 위하여 기록에서 지움). 그리고 담당 수사관은 그 이후 증인에 대한 조사를 전혀 하지 않았다. 피고인이 검사에게 증인의 추가정보를 요청했으나 검사는 이를 거부하였다. 2020년 10월 23일 변론일에 피고인 측에서는 검사가 증인에 관련된 정보를 늦게 알려주어서 검사의 증거개시 의무를 위반했다는 점을 근거로 공소장을 기각해달라고 신청하였다. 또한 현장에서 발견된 칼에 관련해서 검사가 DNA혹은 지문판독을 위한 감정을 하지 않은 것은 역시 검사의 증거개시 의무에 위반된다고 주장하였다. 피고인의 주장은 현장에서 증인이 들었던 피고인과 피해자의 대화 내용 및 칼을 피해자가 소지하고 있었던 점은 피고인의 정당방위에 의한 무죄 판단에 중요한 증거인데 이를 검사가 최종재판을 불과 2개월 남짓 남겨두고 알려준 것은 피고인의 적법절차 권리의 침해라고 주장하였다. 그러자 검사는 당해 변론이 끝나자마자 바로 피고인에게 증인의 생년월일과 전화번호를 추가로 알려주고 칼에 남아 있는 DNA와 지문검사를 위한 감정을 요청하였다. 그런데 해당 전화번호는 이미 결번이었고 증인의 신원은 찾을 수 없었다.

〈법률판단〉 판사는 검사가 중요한 증인에 관련된 정보를 피고인에게 늦게 알린 잘못이 있다고 판단하였다. 즉 그 증인은 현장에서 피고인과 피해자의 대화 내용을 들었고 이에 의하면 피고인의 정당방위를 통한 무죄 입증을 할 수 있는 중요한 증인임에도 검사가 증인에 관련된 정보를 늦게 알려줘 피고인은 증인의 신원을 알 수 없었다는 것이다. 또한 현장에서 발견된 칼에 관련된 감정을 오랫동안 미룬 것 역시 피고인의 무죄 입증과 관련하여 중요한 장애가 되었다는 것이다. 다시 말하면 검사는 피고인이 정당방위를 주장 입증할 수 있는 증거자료들을 추가 조사하지 않은 채(증인의 신병확보에 필요한 정보 및 현장에서 발견된 칼의 감정) 피고인에게 그러한 증거자료가 있다고 알려준 시점이 최종재판을 불과 3개월을 남겨둔 시점이라서 피고인이 충분한 증거조사를 할 수 있는 시간을 빼앗은 결과가 되었다는 것이다.

판사는 다음과 같은 내용의 배심원 설시문을 배심원에게 제공하여 피고인의 유무죄를 판단하도록 하였다. 검사는 피고인에게 유리한 증거를 제공하여야 하는 의무가 있다. 검사는 2019년 11월 피해자가 사망 직전에 칼을 소지하고 있었으며 피고인은 피해자에게 나에게 총이 있으니 가까이 오지 말라는 취지의 발언을 했다는 말을 들은 증인이 있음을 알게 되었다. 그런데 사건을 수사했던 경찰은 해당 증인의 거주지, 직장 정보 등 신원 확보를 위한 어떤 노력도 하지 않았다. 피고인은 2020년 8월 18일이 되어서야 비로소 그러한 증인이 있다는 사실을 처음으로 알게 되었고 검사는 2020년 10월 23일 처음으로 피고인에게 해당 증인의 생년월일과 전화번호를 제공하였다. 피고인이 그 증인을 찾아보려고 했지만 전화번호는 이미 결번이었고 결국 증인을 찾을 수 없었다. 더군다나 현장에서 발견된 칼은 2020년 10월 23일이 되어서야 정밀 감정을 위하여 감정의뢰가 되었다. 배심원은 만약 그런 증인이 있었다는 정보가 피고인 측에게 신속하게 전달되었다면 피고인이 정당방위를 주장하는데 유리한 입증자료로 사용되었을 것이며 이를 근거로 무죄라는 결과를 얻어낼 수 있었을 것이라고 추정해야 한다(버지니아 페어팩스 지방법원 2020-326).

검사로서는 이런 배심원 설시문을 극복하고 유죄판결을 받아내는 것은 아주 어렵다. 따라서 피고인에게 유리한 플리바겐(plea bargain)을 하거나 자진해서 케이스를 기각하는 결론을 낸다고 보면 된다.

우리나라에도 형사소송법 제35조 및 266조에 의하여 그리고 관련된 형사소송규칙에 변호인의 기록열람등사권을 보장하는 법률이 있어서 실제 운영 중이다. 하지만 이러한 법률 규정에도 불구하고 여전히 수사기록의 열람 등사에 관한 불만은 여전하다. 또한 구체적으로 적용 범위가 어디인지 그리고 검사가 위반할 경우 어떤 불이익을 받는지에 관한 이슈는 아직 선례가 나와 있지 않다.

미국의 실제 케이스에서는 피고인에게 유리한 증거를 검사가 추가조사를 하지 않은 점이 문제가 되었고 그 결과 법원에서는 무죄 판단을 받을 수 있도록 하는 배심원 설시문을 통하여 검사에게 불이익을 준 것이다. 수사 기록의 열람 등사에 관한 미국의 실무는, 검사와 수사를 담당한 경찰에서는 모든 증거를 전자 방법으로 보관해서 변호사에게 관련된 증거를 하드카피가 아닌 전자식으로 보관한 증거를 공유하도록 해주고 법원에서도 증거공유가 되기 이전에는 실체관계에 관련된 변론을 열지 않는 방식으로 운영하고 있다.

미국의 형사재판에서 증거개시 원칙은 브래디(Brady) 원칙이라고도 하는데 1963년 대법원 판결 이후 형사재판의 기본원칙으로 발전되어 왔다. 기본정신은 연방 헌법에 정한 적법절차이고 형사 피고인은 검사와 동등한 입장에서 형사재판을 진행해야 할 권리가 있다는 것이다. 이를 기본정신으로 미국의 형사재판에서는 흉악범을 제외하고는 불구속을 원칙으로 해서 신병이 구속된 자체가 검사에게 유리한 무기가 될 수 없도록 하고 있다. 또한 검사가 가지고 있는 증거자료 및 경찰이 수사 과정에서 알게 된 증거자료를 피고인과 공유하게 하고 더 나아가서는 피고인에게 유리한 증거에 관련하여서도 추가로 조사할 의무를 부과함으로써 진실발견 및 무기대등의 원칙을 명실공히 실현하고 있는 것이다.

13 / 미국 형사사건에서의 증거조사 (2): 브래디 케이스를 중심으로

미국의 형사재판 관련 증거조사 (Discovery) 기본 원칙은 연방 헌법 제5조에 정한 적법절차 및 국민들이 공정한 재판을 받을 권리에 근거한다. 우리나라도 헌법과 형사소송법에서 이런 권리를 기본권으로 보장하고 있기 때문에 미국의 형사재판의 기본이 되는 증거공개 혹은 증거공유원칙을 적용하는 데 아무런 문제가 없다고 본다.

대법원은 2001다23447 판결에서 피고인의 무죄를 입증할 수 있는 증거를 검사가 알고서도 이를 제출하지 않은 것은 검사의 객관의무 위반이라고 판단하였다. 근거로는 검찰청법에서 정한 검사가 공익의 대표자라고 하는 점이고 검사가 수사 및 공판과정에서 피고인에게 유리한 증거를 발견한 경우 피고인의 이익을 위하여 이를 법원에 제출하여야 한다는 것이다.

검사의 객관의무는 국민의 기본권을 보장하는 헌법과 형사소송법에 근거하기 때문에 피고인의 유무죄 판단에 직접적으로 연결된 증거뿐만 아니라 양형에 참작할 수 있는 자료에도 적용되어야 한다. 하지만 우리나라에서는 아직도 유무죄판단에 관련된 증거자료에 한정되어서 제한적으로만 적용되고 있다.

미국의 형사재판에서 증거조사는 1963년 연방대법원 판결로 인정된 브래디 케이스를 기본정신으로 하여 비단 검사와 수사기관은 피고인과 피의자의 유무죄 판단뿐 아니라 양형에 참작될 수 있는 자료들도 모두 피고인, 피의자와 공유하여야 한다는 원칙으로 발전해왔으며 이는 국민의 기본권을 존중하는 적법절차에 근거한 헌법정신을 기본배경으로 하고 있다. 브래디 판결에서는 이러한 피고인과 피의자의 권리가 헌법상 국민의 기본권에 근거한다는 것을 최초로 선언하였다는 점에 큰 의미가 있다. 브래디 케이스의 구체적인 내용은 다음과 같다.

〈사실관계〉 브래디는 일급살인죄로 기소되어 다른 공범1명과 공동피고인이 되어 재판을 받게 되었는데 공범이었지만 병합된 것이 아니고 별도로 분리되어 재판절차를 진행하게 되었다. 죄명은 2명이 공모하여 강도범죄 도중에 살인을 했다는 것이다. 브래디는 "강도는 자백했는데 본인이 살인을 한 것은 아니다"라고 주장하였고 공범 역시 "강도를 공모하여 실행한 것은 인정하지만 살인을 하지는 않았다"고 본인의 재판에서 증언했다. 하지만 재판결과 배심원단은 살인이 있었던 것은 분명하고 2명이 공모해 강도하는 도중에 그 살인이 있었으므로 브래디에게 일급살인으로 유죄를 인정하는 판단을 하였다.

〈이슈〉 브래디의 공범은 계속해서 본인이 직접 살해한 것은 아니라고 부인하였다. 그런데 그 공범은 수사과정에서 본인이 직접 살해하였다는 내용의 진술서를 작성한 것이 있었고 검사가 이를 그 공범의 재판과정에서 증거로 제출하였다. (브래디 재판에서는 제출되지 않음: 분리재판) 하지만 그 진술서는 진술자의 사인이 없는 것이어서 증거능력이 인정되지 않았다. 문제는 검사가 브래디의 변호사에게 공범의 진술서가 있다는 사실을 알려주지 않았던 점이다. 물론 검사는 브래디의 재판에서는 공범의 진술서를 증거로 제시하지 않았다. (브래디의 변호사는 검사에게 브래디와 관련하여 검사가 가지고 있는 증거를 공유해달라고 요구하였고 이에 따라 검사는 공범이 별도의 재판절차에서 했던 증언내용도 브래디 변호사와 공유하였지만 그 진술서는 보여주지 않았다. 아마도 검사는 그 진술서가 증거능력이 없고 따라서 브래디의 유무죄 판단에 의미가 없다고 판단한 것으로 보인다.)

브래디의 주장은 그 진술서가 있었다는 것을 알았더라면 브래디는 이를 양형판단을 위한 재판과정에서 증거로 제출하여 사형은 면했을 것이라는 점이다.

〈법률판단〉 비록 증거능력이 없는 증거로서 유무죄의 실체판단에는 영향이 없고 양형판단에 참작될 수 있는 자료에 불과하지만 이를 피고인에게 알려주지 않은 것은 피고인의 공정한 재판을 받을 권리 및 적법절차 위반이라고 판단하였다. 다만 해당 증거는 피고인의 유무죄 판단에 영향을 미칠 수 없기 때문에 양형을 결정하는 재판을 다시 하라고 판단하였다.

(그 진술서는 증거능력이 없는 것이라서 살인죄의 인정에는 영향이 없을 것이지만 양형에서 참작될 것이라는 점) (참고로 유무죄여부와 양형을 동시에 선고하는 우리나라와 달리 미국의 일부 주법원에서는 이를 분리하여 유무죄 판단을 먼저하고 유죄가 인정되면 이후 양형판단을 위한 재판을 별도로 진행하고 양형재판에서는 증거능력이 없는 증거도 제출할 수 있다)

14 / 증거조사과정과 관련된 여러 이슈들

증거조사과정에서 제출된 자료들의 공개와 관련된 이슈

증거조사과정에서 제출된 자료들은 법원에 제출되지 않고 상대방에게 모두 전달된다. 자료를 전달받은 상대방은 이를 모두 검토하여 필요한 경우 그 자료들을 증거로써 사용한다. 증거조사 이후 처음으로 자료를 사용하는 경우는 중간판결(summary judgment) 혹은 달리 이슈를 결정하기 위한 변론 혹은 최종재판에서일 것이다. 증거조사 과정에서 당사자 간에 분쟁이 있을 경우에만 법원이 관여하는 것이기 때문에 제출된 자료들을 법원에 제출하는 것은 금지되어 있다. 우리나라에서는 증거조사 과정에 법원이 주도적으로 관여하기 때문에 제출된 자료도 당연히 법원에 제출하여야 하는 것으로 생각할 수 있으나 절대 그렇지 않다. 증거조사라고 하는 것은 기본적으로 당사자들이 자율적으로 진행하는 과정이기 때문이다.

재판과정에서 제출된 증거자료들을 어디까지 공개하여야 하는지 이슈

증거조사과정에서 얻은 자료들은 이후 변론에서 혹은 최종재판에서 증거자료로 제출하게 된다. 이러한 자료 중에는 기업의 영업비밀 혹은 개인의 사생활 보호와 관련하여 중요한 내용들이 있다. 이런 자료들을 당사자 혹은 제3자에게 어디까지 공개하여야 하는지의 이슈가 있다. 먼저 기본원칙은 재판과정에서 제출된 자료는 모두 공개하여야 하는데 이는 성문법에 근거규정이 있는 것은 아니고 영국에서부터 전해 내려오는 케이스로(Case Law, 불문법)에 근거한 것이라고 한다. 개인정보보호가 필요한 가사사건 혹은 병원 치료기록과 같은 경우 일반법 혹은 관련된 증거법에 명문의 규정을 만들어 특정 정보를 보호하고 있다. 이러한 법률 규정이 없는 경우 법원 기록에 들어 있는 자료들은 공개의 대상이 되는게 원칙이고 공개를 원하지 않는 쪽에서는 법원에 공개를 금지하는 신청을 따로 해서(motion to seal) 판사의 결정을 받아야 한다.

자료제출을 거부할 수 있는 특권: 변호사와 의뢰인의 비밀유지 특권 및 변호사의 업무상 특권

증거조사를 거부할 수 있는 특권 중 가장 기본이 되는 것은 변호사와 의뢰인간의 비밀유지 특권이다(Attorney Client Privilege). 그런데 성문법 체계인 우리나라에서는 변호사의 비밀유지권을 인정하는 명문 규정이 없다. 그래서 우리나라에서는 비밀유지특권은 인정되지 않고 있다. 미국에서는 연방증거법 501조에 근거하여 인정되고 있다. 각 주마다 관련된 인정 법률이 있고 설사 실정법에 명문 규정이 없는 경우에도 예전의 영국에서부터 전해오는 판결례를 근거로 해서 변호사의 비밀유지특권을 인정하고 있다. 변호사의 비밀유지특권은 현대민주주의 사회의 기본 근간이 되는 제도이며 국민의 기본권으로 인정되어야 한다. 누구든 변호사와 자유롭게 본인의 문제를 상담 받을 수 있어야 하기 때문이다. 우리나라 변호사법에 의하면 변호사가 직무상 알게 된 비밀의 누설을 금지하는 규정이 있는데 이 규정의 취지에 근거하여 위 특권을 인정하는 것도 하나의 방법이 될 수 있다.

현재 우리나라법에서 인정되지 않고 있기 때문에 미국에서 어떤 범위에서 인정되고 있는지를 살펴보는 게 의미가 있다. 상대방이 증거조사(Discovery) 절차를 통하여 요구하는 증거의 내용이 당사자가 변호사와 법률적인 문제를 의논한 내용인 경우에는 그 대화내용을 제공하지 않을 법직인 권리가 있음은 물론이고 (증인신문) 해당 대화와 관련해서 주고 받았던 문서들도 (문서제출명령이나 송부촉탁) 증거 제출을 거부할 수 있는 특권이 있다. 물론 무조건적으로 제출 거부하는 것은 아니고 일단 상대방에게 이런 내용의 자료가 있지만 거부의 대상이 되는 특권에 해당된다고 알려줘야 하는데 특권의 대상이 되는 자료의 목록 정도를 대략 알려준다는 의미에서 특권 목록(Privilege Log) 이라고 한다.

변호사와 의뢰인의 비밀유지특권과 유사한 변호사의 업무와 관련된 특권이 있는데 역시 연방증거법 502조에 근거하여 인정되고 있으며 변호사의 업무특권이라고 한다(Attorney Work Product Doctrine). 이는 변호사가 해당 케이스와 관련한 전략 등 메모를 하거나 변호사가 수집한 자료들을 공개 거부할 수 있는 특권이며 위 같은 방법으로 제출을 거부할 수 있다.

특권의 보호대상에서 예외가 되는 경우는 범죄행위와 관련된 내용이다. 즉 현재진행형인 범죄 혹은 향후 범죄계획과 관련된 상담의 경우에는 비밀보호 특권에서 제외되고 이런 경우에는 해당 정보를 제공하여야 한다.

미국 연방형사소송규칙에 의하면 수사기관에서 압수 수색영장을 집행할 경우 위 특권에 근거하여 보호되는 문서가 있을 경우에는 강제수사 대상에서 제외하라는 명문규정이 있다. 또한 재판과정에서 특권의 인정여부와 관련해서 문제가 될 경우에는 법원 판사실에서 판사가 해당 문서를 직접 보고 특권인정여부를 판단하기도 하는데 이를 판사실 리뷰(In-camera review) 라고도 한다.

15/ 보호명령(Protective Order)

증거조사는 상대방 혹은 제3자가 가지고 있는 정보를 강제로 제출하도록 할 수 있다. 방어하는 입장에서 공개되면 커다란 경제적인 손실이 있는 정보들을 (비즈니스의 경우 영업비밀 혹은 재정자료, 개인의 경우 보호되어야 하는 사생활) 보호하여야 할 필요가 있는데 이를 보호명령이라고 한다. 관련 내용을 간단히 설명해본다. 만약 보호명령을 받지 못하면 중요정보를 모두 상대방에게 전달해 주어야 하고 재판과정에서 일반에게도 공개될 위험이 있기 때문에 보호명령이 가지는 의미는 아주 중요하다. 보호명령은 비단 케이스의 당사자 뿐만 아니라 관련문서를 소지하고 있는 관계로 증거조사의 대상이 되는 제3자의 입장에서도 아주 중요한 내용이다.

보호명령(Protective Order): 보호명령과 관련하여 증거조사와 관련된 법률에 나오는 사유는 다음과 같다. 증거조사자체가 상대방에게 해당 정보를 공개하면 안되는 정당한 사유가 있는 경우 혹은 비용적으로 큰 부담이 될 경우 혹은 해당 증거조사가 일방적으로 상대방을 괴롭히기 위하여 이용되는 경우에는 상대방에서는 방어방법으로 보호명령을 이용하여 (1) 증거조사 자체를 아예 열지 못하도록 하거나, (2) 증거조사 내용 혹은 방법에 제한을 두거나, (3) 특정한 사항 혹은 자료에 관하여는 증거조사를 하지 못하도록 하거나, (4) 증거조사에 제3자가 참여하지 못하도록 하거나, (5) 법정 외 당사자 혹은 증인신문내용이 담긴 속기록을 비공개로 하거나, (6) 기업의 영업비밀 혹은 상업적으로 보호가치가 있는 자료들을 비공개로 하거나, (7) 특정 자료들은 봉인을 해서 제출하여 판사가 보는 가운데 열어볼 수 있도록 제한할 수 있다.

미국에서는 법원 파일에 들어 있는 정보나 서류는 공개하는게 원칙이다. 사생활보호에 필요한 정보는 법률에 공개를 금지하고 있는 경우가 있지만 법에서 커버 되지 않는 범위에 들어 있는 정보가 문제가 된다. 기업의 영업비밀은 법에서 보호되지 않는다. 일차적으로는 변호사 의뢰인 특권 기타 법에서 보호되는 특권에 해당될 경우에는 이에 따라 보호를 받을 수 있지만 이에 해당되지 않을 경우에는 법원에 보호명령을 신청하여 승인을 받는 것이 유일한 방법이다.

먼저 보호를 신청하고자 하는 쪽에서는 법원에 신청하기 이전에 상대방과 협의를 하여야 한다. 그래서 많은 경우 상대방과 합의된 보호명령을 만들고 판사의 사인을 받게 되는데 이렇게 하는 경우 특정한 문서가 아닌, 보다 광범위한 범위에서 보호를 받을 수 있는데 이를 일반적인 보호명령(blanket or umbrella protective order)이라고 한다. 상대방과 합의가 되지 않으면 변론을 신청하여 법원판사의 결정을 받아야 한다.

증거조사절차에서 이루어지는 답변, 제출되는 서류, 전문가 감정인의 보고서, 법정외 당사자 혹은 증인신문에서 제출되는 증거자료들 및 녹취록에 기재되는 내용이 보호명령에 의해 공개가 금지될 수 있다. 위와 같은 일반적인 보호명령은 증거조사의 초기에 만들게 된다. 일반적인 보호명령을 만들지 않은 경우 혹은 특정문서 혹은 정보와 관련해 다툼이 있을 경우 해당 특정정보에 관련된 개별적인 보호명령을 만들어야 하는데 이는 특정문서에 관한 보호명령(document-by-document protective order)이라고 한다.

증거를 제출하는 쪽에서 보호명령이 대상이 된다고 판단되는 문서에는 대외비라고 표시해서 상대방에 보내주고, 이러한 대외비 문서를 받은 쪽에서는 보호명령에서 해당 정보를 볼 수 있도록 허용된 사람을 제외한 다른 사람은 볼 수 없도록 특별히 관리하여야 하는 의무를 부담하게 된다. 일반적으로는 케이스를 직접 담당하는 변호사 법원의 판사 혹은 전문가 감정인 정도에 한정되어 해당 정보를 접근할 수 있도록 허용되며 예민한 정보일 경우 상대방 회사의 사내 변호사에게도 접근이 허용되지 않도록 하는 경우도 있다. 법정 외 당사자 혹은 증인신문에서도 보호대상이 되는 정보가 공개될 수 있기 때문에 해당 신문장소에는 케이스를 담당하는 변호사와 속기사로 한정하고 신문과정에서 제출되는 증거와 속기록을 비공개로 한다.

보호명령이 있을 경우에는 법원에 제출하는 문서도 봉인을 해서 제출하게 되고 전자문서방식으로 할 경우에는 제3자가 볼 수 없도록 전자적인 방법으로 봉인을 (seal) 해야 한다. 최종재판은 원칙적으로 공개재판이 원칙이다. 따라서 해당정보를 보호하기 위하여 최종재판을 비공개로 하기 위하여는 아주 특별한 사정을 소명하여야 한다. 해당 문서나 정보를 열람해보고자 하는 제3자는 법원에 보호해제신청을 하고 문서를 보려고 하는 정당한 이익이 있는지 여부를 판단하는 변론을 열고 판사의 결정을 받아야 한다.

16/ 증거조사(Discovery)를 원천적으로 막을 수 있는 방어방법과 관련된 이슈

증거조사(Discovery)는 소송 당사자에게 주어지는 강력한 공격방법이기 때문에 증거조사의 대상이 되는 당사자 혹은 관련된 제3자로서는 이를 방어할 수 있는 방법이 필요하다. 가장 좋은 방어방법은 처음부터 증거조사를 할 수 없도록 막는 것인데 관련된 이슈를 간략하게 소개해본다.

〈소장단계에서의 기각결정: Motion to Dismiss〉 우리나라에서는 답변서가 제출되기 이전에 소장에서 주장하는 내용만을 근거로 소장자체를 기각해버리는 제도가 없기 때문에 일단 소장이 제출되면 요건불비로 각하되는 경우가 아니면 끝까지 간다. 미국에서는 상당히 많은 케이스가 소장단계에서 기각된다.

연방민사소송법에서는 이를 소장기각신청 (Motion to Dismiss) 이라고 한다. 예컨대 원고 쪽에서 주장하는 청구원인의 소멸시효가 만료된 경우 과연 소멸시효가 완성되었는지 여부를 심리하여 시효가 완성되었음이 입증된 경우 실체관계에 관련된 답변을 하지 않고 소장단계에서 종결해버리는 것이다.

다른 예를 들면 원고 쪽에서 영업비밀침해를 청구원인으로 할 경우 피고는 답변서를 제출하기 이전에 원고가 주장하는 영업비밀은 법적으로 보호되는 내용이 아니라는 점을 주장 입증하여 소장자체를 기각하여 달라고 청구하고 이에 관련된 변론을 요청할 수 있다. 이러한 방어 방법이 성공하면 증거조사를 하지 않고 소송을 종결할 수 있다. 특허침해의 예를 들면 피고쪽에서는 원고가 소장에서 주장하는 침해내용이 불분명하다는 점을 근거로 하여 소장자체를 종결할 수 있는 기회를 가지게 되는 것이다.

이와 같이 소장단계에서 방어에 성공하게 되면 증거조사(Discovery)를 할 필요가 없고 소송을 조기에 종결하는게 가능하다. 증거조사가 강력한 공격방법임을 감안할 때 피고쪽의 입장에서는 이와 같이 소장단계에서 방어를 하여 증거조사를 피할 수 있는 기회를 법률적으로 제공하는게 반드시 필요하다.

〈증거조사 단계〉 증거조사 단계에서는 증거 혹은 정보를 공개하여야 하는 것이 원칙이기 때문에 공개를 원하지 않고자 한디면 법률에 정한 기부할 수 있는 특권이 있거나 보호명령을 받아야 한다. 미국의 연방민사소송법에는 비례성의 원칙을 적용하여 공개하는 측에서 증거의 수집과 제출에 너무 많은 비용이 들어가는 경우 거부할 수 있다는 명문규정이 있기는 하지만 실제로 법원에서는 이를 적용하여 증거조사를 거부하도록 인정하지는 않고 있다. 따라서 증거를 보유하고 있는 쪽에서는 비록 비용과 시간이 들어가더라도 최선을 다해서 증거를 제공해주어야 한다.

증거공개를 거부할 수 있는 특권으로 가장 많이 이용되는 것은 변호사와 의뢰인 간 비밀유지 특권인데 실정법이 없는 우리나라에서는 인정되고 있지 않다. 하지만 형사상 불리하게 이용될 수 있는 자료의 제공을 거부할 수 있는 권리와 관련된 특권은 우리나라에서도 헌법상 인정되고 있는 권리이기 때문에 이를 근거로 증거제출을 거부하거나 증언을 거부하는데 아무런 문제가 없다.

증거조사의 대상이 되는 증거를 찾을 수 없거나 분실하여 소지하지 않고 있는 경우 실무적으로는 의무를 부담하는 쪽에서 "최선을 다하였으나 더이상 관련 자료를 찾을 수 없다"는 내용의 진술서를 제출하거나 법정에서 선서하고 증언하는 방법으로 해결한다.

〈소송절차를 이슈에 따라 분리하여 진행하는 방법: Bifurcation〉 영업비밀침해 관련된 케이스의 예를 들면 먼저 영업비밀에 해당하는지 여부가 결정된 이후에 손해배상액을 산정하는 변론 방식으로 진행할 수 있다. 미국 재판은 이슈중심으로 진행되기 때문에 이렇게 한 개의 케이스를 이슈에 따라서 분리하여 심리하는 게 가능하다. 이런 방식으로 진행하게 되면 영업비밀침해가 인정되지 않는 경우 손해배상액의 입증에 관련된 증거조사는 하지않게 된다.

우리나라에서 통상적으로 진행하는 방식은 영업비밀 침해 해당여부와 손해배상을 동시에 심리하면서 변론을 진행하는데, 이렇게 하면 손해배상과 관련된 증거조사 과정에서 제3자가 어려움을 겪을 수 있다. 예를 들면 원고는 손해배상액수를 입증하기 위하여 피고의 거래선인 제3의 업체에 관련된 증거(예, 해당 물건의 판매액)를 강제로 제출해 줄 것을 요구할 수 있는데, 이때 제3의 업체에서는 기업의 중요 재정 정보를 보호받지 못하게 되는 경우가 발생할 수 있다. 만약 원고가 주장하는 영업비밀의 요건을 입증하지 못하게 되어 패소한다면 손해배상과 관련된 증거조사는 불필요하게 진행한 결과가 된다. 만약 영업비밀이 인정되지 않는다는 점을 근거로 하여 원고가 패소할 경우 원고는 이와 관련된 이슈만 가지고 항소를 하게 된다. 항소심에서 원고의 주장을 인정하게 되면 케이스는 일심에 환송되어 원고로서는 손해배상입증을 위한 증거조사를 할 기회를 가지게 된다.

법원의 관할권이 문제될 경우에도 관할권에 관련된 이슈만 따로 떼어서 증거조사를 하게 되고 관할권이 없는 것으로 인정될 경우 다른 이슈를 진행을 하지 않기 때문에 본안에 관련된 증거조사는 불필요하게 된다.

• 부록 • 미국 법률용어 해설

- libel per se (각주 2): 원고에 대해, 원고와 관련하여(of or concerning the plaintiff) 명예를 훼손하는 글을 출판(published)한 것을 말한다. libel per se에 해당한다고 인정되면 실제 피해(actual injury)에 대한 입증이 없이도 피해가 추정(injury being presumed)되므로 원고는 통상 손해를 받을 수 있다.
  구체적으로, libel per se에 해당되는 경우는 다음과 같다.
  ① 운영중인 사업 혹은 보유하고 있는 전문성(business or profession)에 대해 편견을 갖게 하는 글
  ② 도덕성(moral turpitude)과 관련된 범죄를 저질렀다는 내용의 글
  ③ 부정한(unchastity) 사람이라는 편견을 갖게 하는 글
  ④ 몹쓸 병(loathsome disease)에 걸렸다는 내용의 글
- jury instruction (각주 18): 마지막 재판에서 배심원들이 판단하는 기준에 대해서 판사가 기준을 제시해주는 자료이며 배심원설시문이라고 한다. 판사는 양 당사자로부터 각 당사자의 법률적인 주장을 반영한 판단기준안을 제시받아 이를 서로 교환하게 하고 이후 이의와 반론을 거친뒤 최종안을 결정하고 이를 배심원에게 넘겨준다. 우리나라의 요건사실과 아주 유사한 내용들이 들어간다고 보면 된다. (예) 계약위반이 청구원인으로 인정되려면, 계약이 있었고 중요한 계약내용을 위반하였고 그로 인하여 손해가 발생하였다라는 점이 인정되어야 한다. (예) 계약위반으로 인한 통상손해 (direct damages) 피고가 계약을 위반하였다는 점이 인정되면, 원고는 계약위반으로 인한 직접적인 손해를 받을수 있다. 직접적인 손해라고 하는 것은 계약위반과 직접적인 관련이 있어야 하고 계약위반으로 인하여 통상적으로 발생할 수 있다고 판단되어지는 손해를 말한다. 원고에게는 이러한 손해액수를 증거의 우위 (by greater weight of evidence 혹은 preponderance of evidence) 입증할 책임이 있다.
- injunctive relief (각주 90): 법원의 최종판단이 있기 이전에 임시로 법원에 구제결정을

신청하는 것이다.

- slander per se (각주 131): libel per se와 같이 slander per se에 해당되는 경우 실제 피해에 대한 입증이 없이도 손해가 추정되어 통상 손해를 청구할 수 있다는 점에서는 동일하나 원고가 명예훼손을 제기하게 된 대상이 다르다. libel은 피고가 작성한 글로 인해 원고의 명예가 훼손된 경우인 반면에 slander는 피고의 발언으로 인해 원고의 명예가 훼손된 경우를 의미한다.
- out-of-pocket-loss (각주 141): emotional damage와는 대조되는 개념으로 실제 손해를 의미하며 actual damage 혹은 special damage 라고 한다.
- relevancy (각주 155): 법원에서 증거를 인정할 때 사용하려는 증거 혹은 제출된 증거와 캐이스의 이슈와 관련성이 있는지 여부를 확인할 때 사용되는 개념이다.
- Discovery (각주 156): 미국의 법원에서 이용되는 증거조사방법이다. 중간판결(summary judgment) 혹은 최종재판(final trial)이 진행되기 전에 양 당사자가 가지고 있는 증거들을 공개하고 조사하는 절차로서 증거조사라고 한다. 자세한 내용은 [부록] 미국법원의 증거조사 실무 중 "미국 재판절차의 기본 개념"을 참고하기 바란다.
- state of mind (각주 157): 고의(intent) 또는 과실(negligence)
- malice (각주 166): 악의. 참고로 New York Times malice의 경우 ill-will이 포함되지 않지만 common-law malice의 경우에는 ill-will이 포함되는 차이점이 있다.
- moved to dismiss the suit (각주 192): 자세한 내용은 [부록] 미국법원의 증거조사 실무 중 "미국 재판절차의 기본 개념"을 참고하기 바란다.
- motion for summary judgment (각주 193): 자세한 내용은 [부록] 미국법원의 증거조사 실무 중 "미국 재판절차의 기본 개념"을 참고하기 바란다.
- motion for a directed verdict (각주 194): 배심원 재판으로 넘어가기 전에 판사재판으로 판단을 해달라고 신청하는 것
- recall petition (각주 202): 주민소환. 주민들이 공직에 있는 사람들을 파면할 수 있는 권리를 말한다.
- preponderance of the evidence (각주 209): 입증 책임(burden of proof)에서 사용되는 여러 증거 기준들(beyond a reasonable doubt, preponderance of the evidence, clear and convincing evidence) 중 하나이다. 판사 혹은 배심원(fact finders)이 원고가 법원에 제출한 증거가 원고의 주장을 50.1% 이상 입증했다고 판단한 경우에 적용되는 기준이다.
- hearing (각주 214): 변론 또는 재판

- Grand Jury (각주 225): 시민들의 대표가 소집되어 형사피고인의 범죄사실에 관하여 기소할지 여부를 결정하는 기능을 하고 또한 범죄조사를 하기도 한다.
- special verdict (각주 228): 배심원 판결은 전체적으로 결정해주는 것과 각 이슈마다 결정해주는 것 두가지로 나뉘는데 각 이슈마다 배심원들이 결정해주는 것을 의미한다.
- the affidavit in support of the search warrant (각주 237): 경찰이 영장담당 판사에게 수색 영장을 발부해 달라고 요청할 때 경찰이 영장의 필요성을 소명하기 위하여 작성하는 진술서
- preliminary hearing (각주 239): 중범죄(felony)에 관하여 기소를 하기 전에 판사가 probable cause를 심리하기 위하여 하는 변론절차를 말한다. 이 절차에서 probable cause 가 인정되면 판사는 케이스를 Grand Jury 에게 넘기는데 이를 certify case to the Grand Jury 라고 한다.
- subpoena duces tecum (각주 240): 증거조사(Discovery) 과정에서 문서를 소지한 제3자에게 문서를 제출해달라고 요청하는 증거조사방식이다.
- certify the case to the Grand Jury (각주 241): 중범죄(felony)에 관하여 정식기소가 되기 이전에 판사가 probable cause를 심리하기 위하여 변론절차를 열게 되는데 이 절차에서 probable cause 가 인정되면 판사는 케이스를 Grand Jury 에게 넘긴다. 이를 certify case to the Grand Jury 라고 한다.
- Special Grand Jury (각주 252): 시민의 대표자들이 소집되어 범죄 혐의를 조사하는 기능을 한다.
- misdemeanor charge of malfeasance (각주 254): 공직 또는 돈을 관리하는 직위에 있는 사람이 자기가 배정받은 예산 혹은 의회에서 주어진 예산을 유용하는 것으로 (malfeasance) 가벼운 경범죄에 (misdemeanor) 해당되는 경우이다.
- request for admission (각주 259): 증거 서류의 진정성립을 최종재판이전에 상대방에게 확인 또는 사실관계 분쟁이 있는 경우에 다툼이 없는 사실로 만들기 위해 상대방에게 사실을 다투는지 여부를 확인하는 증거조사(Discovery) 방법을 말한다.
- deposition (각주 260): 상대방이나 증인을 불러서 법정 외에서 (주로 신청인쪽에서 지정하는 장소에서) 신문하는 증거조사(Discovery) 방법을 말한다.
- motion to reconsider (각주 261): 최종재판 이후에 동일한 심급에서 다시 판단을 해달라고 하는 이의신청인데 이 결정에 관하여 항소할 수 있다.
- deposition testimony (각주 262): 법정 외 증인신문과정에서 증언한 내용으로 속기록

에 기록된다.

- defamatory propensities (각주 274): 특정인이 범행을 저지르기 쉬운 기질이 있다는 것을 의미하며 일례로 상습적으로 다른 사람들에게 모욕적인 말을 서슴없이 하는 사람의 경우에 사용되는 용어이다.
- without a jury before a judge (각주 295): 판사재판을 말한다.
- Bill of Information (각주 302): 검사가 배심원의 결정을 거치지 않고 직접 기소하는 것을 말한다.
- voluntary manslaughter (각주 312): 과실치상 혹은 과실상해를 가리키는 형법상 죄명
- ordinance (각주 320): 지방자치단체에서 만드는 조례를 말한다.
- misdemeanor (각주 359): 법규위반(infraction)보다는 중하지만 felony 보다는 가벼운 법정형이 정해진 범죄를 가리키는 형사처벌을 기준으로 한 범죄의 분류
- impound (각주 361): 경찰이 자동차를 압류하는 것
- count (각주 363): 동일한 피고인에 대하여 여러 개의 범죄로 기소를 하는 경우 그와 같이 기소된 여러개의 범죄중 하나의 범죄를 가리킨다.
- A two count indictment was returned against Gottschalk. (각주 364): Gottschalk에 대해 두 개의 범죄로 기소하는게 승인되었다.
- magistrate (각주 380): 영장을 발급해주는 권한을 가진 판사를 가리키며 피의자가 체포되면 최초로 보석 여부를 결정하는 권한도 가진다.
- personal recognizance (각주 381): 보석금을 납입하지 않고 석방해주는 것
- solicitor (각주 382): 법원에서 주 또는 연방 입장을 대변해서 변론하는 검사
- magistrate court (각주 394): 가벼운 범죄의 재판, 보석 여부 결정과 같은 형사 관련 문제, 교통법규 위반, 소액 민사 사건 등을 1심으로 담당하는 법원이다.
- He then exercised his statutory right to appeal to district court, where he was entitled to a trial de novo. (각주 395): 원심 재판(magistrate court)에서 했던 내용과는 전혀 무관하게 (따라서 기록에는 원심재판의 결과만 남아 있다) 새롭게 재판을 하는(de novo) 곳인 주 1심 지방 법원에 항소하였다.
- Defendant moved the district court to dismiss the complaint against him on the grounds that New Mexico's criminal libel statute is unconstitutional on its face and is unconstitutional as applied to the charge against him. (각주 396): 주의 형사법(criminal code)이 연방 헌법에 위반되므로(unconstitutional) 이를 근거로 소장을 기각

(dismiss)해 달라는 피고의 신청

- moral turpitude (각주 405): 도덕적인 사회 규범에 반하는 범죄를 가리킨다. (예: 사기, 횡령, 절도, 폭행 등)
- return an indictment (각주 406): 대배심 (Grand Jury)의 결정으로 특정 범죄행위 관련 기소(indictment)를 하라고 승인해 준 것
- judicial privilege (각주 408): 재판 과정에서 제출된 당사자와 증인의 주장 진술의 경우 내용이 약간 허위가 있다고 하더라도 명예훼손으로부터 보호를 받는 특권 (privilege)을 말한다.
- renewed motion for a judgment of acquittal (각주 409): 재차 피고인에 대해 무죄판결을 해달라고 한번 더 신청하는 것이다. 검사쪽의 증거조사가 모두 종결된뒤 처음으로 무죄를 선고해달라고 신청하면 이는 motion for a judgment of acquittal 라고 한다. 이게 인정되지 않을 경우에는 피고인쪽에서 제시하는 모든 증거조사가 끝난 뒤에 다시 한번 (renewed) 피고인이 무죄를 선고해달라고 신청하는 것을 말한다.
- gross misdemeanor (각주 420): 일반 경범죄 (regular misdemeanor)보다 중하지만 중범죄(fclony) 보다는 가벼운 범죄분류를 말한다.
- Department of Corrections (각주 421): 교도소. 참고로 Detention Center는 구치소를 말한다.
- probate court (각주 443): will (유언) 또는 trust (신탁)에 관한 분쟁을 해결해주는 법원
- petition (각주 444): 신청서
- administratrix of the estate (각주 445): 법원에서 임명한 사망인의 재산관리인
- as an officer of the court (각주 446): 해당 케이스에 변호사로 등록하게 되면 판사의 감독하에 증거조사 및 재판절차를 진행하여야 하게 되는 것을 말한다.
- estate (각주 447): 사망인의 자산
- transcript (각주 448): 속기록
- exception (각주 449): 항소의 일종이며 원심 법원에서 이루어진 판사의 판단을 다시 한번 판단해달라고 하는 것을 말하는데 같은 심금에서 이루어지는 항소과정중의 하나이다.
- competent evidence (각주 451): 증거로 인정받아서 재판에서 사실관계를 증명하는데 사용할 수 있는 증거를 말한다.
- subpoena (각주 456): 강제증거신청 또는 영장
- move to quash the summons (각주 457): 강제증거신청 또는 영장을 기각해달라는 신청

- amicus curiae memoranda (각주 468): 2심 이상부터는 법원에서 좋은 판결문을 만들기 위한 방법으로 법원은 이해관계에 있는 단체(예: 변호사단체, 시민단체)에게 특정 이슈에 대한 의견서를 제출하라는 기회를 주고 법원이 이를 청취하는 과정을 가진다. 이 과정에서 이해관계에 있는 단체가 작성한 의견서를 amicus curiae memoranda 라고 한다.
- show cause (각주 473): 사유를 소명하라는 명령, 이유를 밝히라는 명령
- qualified testimonial privilege (각주 474): 기자들이 증언을 하지 않아도 될 권리
- depose (각주 505): 법정외 증인신문 (deposition) 과정에서 증인에게 물어보는 것을 말한다.
- interrogatories (각주 506): 상대방에게 케이스와 관련된 주요 사실에 대해 서면으로 질의하는 미국식 증거조사(Discovery) 방식 중 하나를 말한다.
- motion to compel (각주 507): 상대방이 증거조사(Discovery)에 이의하거나 거부할 경우 신청인쪽에서 법원에 이를 강제로 명령해달라고 신청하는것을 말한다.
- production order (각주 509): 강제로 서류를 제출하라고 명하는 판사의 결정
- motion for an in camera inspection (각주 519): 상대방에서 문서제출명령에 이의 혹은 보호명령을 신청할 경우 법원판사가 증거조사(Discovery) 대상인지 여부를 판단하기 위하여 이슈가 되고 있는 해당 문서를 미리 보는 것—판사방에서 보기 때문에 in camera 라고 한다.
- the trier of fact (각주 526): 사실관계에 관한 판단을 하는 기능을 하는 1심법원을 가리키며 배심원 혹은 판사재판으로 이루어진다.
- remittitur (각주 540): 배심원이 결정한 판결금액의 액수를 줄여달라고 하는 신청
- garnishment processings (각주 542): 급여 또는 은행구좌 압류
- moved to set the verdict aside (각주 543): 배심원의 결정을 무효화 시키고 판사재판을 신청하는 것
- motion for judgment notwithstanding the verdict, or alternatively, for new trial or remittitur (각주 556): motion for judgment notwithstanding the verdict은 각주 543번의 move to set the verdict aside와 동일하다. new trial은 새로 재판을 하게 해달라는 신청을 의미하며, remittitur는 배심원이 결정한 판결금액의 액수를 줄여달라고 신청하는 것을 의미한다.
- defamation per quod (각주 559): 단순히 부정적인 뜻을 암시하는 정도를 넘어서 상대방의 명예를 훼손할 가능성이 있는 말이나 글을 말한다. 예를 들어, 특정 여성의 주소

를 잘못 기재한 것만으로는 표면적으로 명예훼손에 해당되지 않을 수 있지만 만약 잘못 기재된 주소가 잘 알려진 매춘 업소인 경우에는 defamation per quod 에 해당된다. Defamation per quod 에서는 손해발생이 추정되는 것이 아니기 때문에 신청하는 쪽에서는 손해발생을 입증하여야 한다.

- shock our conscience (각주 562): 배심원의 평결이 상식적인 기준에서 지나치게 벗어난 것이라고 주장하는 것을 의미하며 배심원의 결정을 뒤집으려고 하는 근거로 사용된다.
- passion or prejudice (각주 563): motion to set aside verdict의 기준으로 배심원이 편견이 있거나 배심원이 합리적으로 결정하지 않고 감정적으로 결정한 것을 말하며 배심원의 결정을 뒤집으려고 하는 근거로 사용된다.
- prima facie case (각주 574): 상대방의 반박이 없는 한 당사자가 제출한 주장이 모두 입증된다면 당사자에게 유리한 판결을 가져올 정도로 충분한 사건
- prima facie cause (각주 577): 상대방의 반박이 없는 한 사실 혹은 사실로 추정되기에 충분한 이유
- limited discovery (각주 580): 특별한 이슈에 관련되어 이루어지는 증거조사(Discovery) (예: 익명의 제3자에 대한 신원 정보 공개 관련 증거조사를 하게 되면 익명의 사람에 대한 신원정보를 요청하기 위하여 필요한 범위에서만 증거조사를 한다)
- order to show cause why Dendrite should not be granted leave to conduct limited discovery for the purpose of ascertaining the true identity of the John Doe defendants Nos. 1 through 4 (각주 584): 인터넷 서비스 제공자가 John Doe(익명의 게시자)의 신원 정보 확인을 위해 덴드라이트사에게 협조해야 하는데 협조하지 않는 이유에 대해 소명하라는 법원의 명령으로(order to show cause), 판사의 증거조사(Discovery) 결정이 이루어지는 하나의 방식이다.
- order directing these John Doe defendants to show cause why the relief requested by Dendrite should not be granted (각주 585): John Doe(익명의 게시자)에게 덴드라이트사가 요청한 청구가 승인되지 말아야 하는 이유에 대해 소명하라는(order to show cause) 법원의 명령이다.
- the motion judge heard argument on the order to show cause (각주 586): 판사가 order to show cause에 대한 결정을 하기 위하여 당사자의 주장과 의견을 듣는 것
- right to confront his accusers (각주 587): 문제의 글을 올린 익명의 제3자에 대해 신원을 파악하고 반대주장을 할수 있는 권리

- pre-service deposition (각주 605): 상대방한테 소장이 송달되기 전에 법정 외 증인신문을 바로 신청하는 것으로 피해자가 익명의 게시자에 대한 신원을 파악하기 위한 증거조사이다.
- The trial judge invited supplemental briefing and both Doe and the Cahills submitted additional argument (각주 607): 판사가 양측 당사자에게 추가로 법률의견서를 작성해서 제출하라는 명령
- renewed subpoena duces tecum (각주 628): 제3자를 상대로 다시 한번 신청하는 문서제출명령
- monetary sanction (각주 629): 당사자가 법원의 증거조사와 관련된 명령에 응하지 않을 경우 법원결정을 강제로 이행하도록 하기 위한 수단으로 해당 당사자에게 법원이 매기는 벌금
- At the close of the evidence, the trial judge instructed the jury at great length on the law to be applied to the case. Three possible defenses emerged from these jury instructions. (각주 690): 서증을 제출하고 증인신문이 다 끝난 후 1심 판사가 배심원들에게 배심원 설시문 (jury instruction)에 대해 설명하는데 판사가 제시하는 그 배심원 설시문에는 3개의 방어방법이 들어있다는 의미이다.
- At the close of the evidence, the respondent moved for a directed verdict on the issue of liability, and the trial judge granted the motion. (각주 698): 손해배상책임을 부담하는지 여부는 (liability) 손해배상액수와는 무관하게 법률판단사항 (as a matter of law)에 해당하는데 이렇게 법률판단사항에 해당되는 경우에는 배심원의 판단을 받기 이전에 언제든지 판사에게 판사재판으로 결정해달라고 요청할 수 있다. 피고쪽에서이런 신청을 하게 되면 판사는 피고가 책임이 없다고 결정할 수 있고 그렇게 되면 원고의 청구가 기각된다. 원고쪽에서 이런 신청을 하고 원고의 청구가 인용될 경우 원고의 손해배상액수는 별도의 재판으로 (판사재판 혹은 배심원재판) 결정한다.
- dəmurror (각주 706): 소장기각신청. dcmurrcr는 주 법원에시 사용되며, 연빙 빕원의 motion to dismiss라고 한다. 소장에서 주장한 내용이 모두 사실로 입증된다고 하더라도 법률적으로 이길 수 없을 경우, 소장에서 주장하는 내용이 불분명할 경우 혹은 소장에서 주장한 내용으로 법에서 정한 구성요건을 충족하지 못할 경우 소장 자체로 기각해달라는 신청을 말한다.
- motion to strike (각주 707): 상대방이 제출한 증거가 상대방의 주장하는 청구원인을

입증하기에 부족하므로 상대방 주장을 배척해 달라는 신청을 말한다.

- acceded to the remitted award and reserved his right to appeal (각주 708): 일반적으로 배심원 재판에서 인정된 액수에서 감액한 금액을 당사자가 인정하겠다고 하면 항소를 제기할 수 없는데 특별히 항소할 수 있는 권리를 달라고 신청하면, 액수의 감액을 받음과 동시에 항소를 할수 있도록 허용해 주는 것
- separate maintenance (각주 729): 이혼과 관련된 용어로 부부 생활비. alimony의 다른 말이다.
- return date (각주 752): 신청서 혹은 소장이 송달된 이후 첫 법정 변론기일을 말한다.
- suspended sentence and was placed on probation for three years (각주 753): 형의 집행을 유예하고 보호관을 명하는 것. 예를 들어 징역 3년에 집행유예를 1년 받았으면 집행유예 1년을 제외한 2년의 실형을 살고 집행유예기간으로 예정된 1년의 형을 살지 않기 위해서는 3년간 보호관찰을 받아야 하는 것을 말한다.
- product disparagement (각주 933): 제품의 품질에 관련한 허위사실을 일반인에게 알려서 제품에 대한 신뢰가 떨어지게 하는 명예훼손을 말한다.
- bench trial (각주 996): 판사재판을 말한다 배심원 재판은 jury trial 이라고 한다.
- direct examination (각주 1001): 주 신문
- cross-examination (각주 1002): 반대 신문
- Turner filed a petition for custody in the Circuit Court for Talbot County (각주 1012): 메릴랜드주 소재 탈보트 카운티 1심 지방법원에 아이 양육권을 결정해달라고 신청하는 것을 말한다.
- post-trial motion for remittitur (각주 1029): 배심원이 결정한 판결금액에 항소하지 않고 같은 심급에서 액수를 줄여달라고(remittitur) 신청하는 것을 말한다.
- opposition to the motion for summary judgment (각주 1072): 상대방이 판사재판을 신청한 것에 대해 반대하는 신청을 말한다. 미국 재판과정의 특성상 최종재판(final trial)까지 가지 않고도 중간판결(summary judgment)로 사건이 종결되는 경우가 많이 있으며 배심원 아닌 판사가 변론을 주재하고 결정한다.
- discovery memorandum (각주 1088): 증거조사(Discovery) 과정에서 증거조사 방식관련 상대방과 분쟁이 있을 경우 법원에 판단을 구하기 위하여 작성된 준비서면을 말한다.
- quasi-judicial proceeding (각주 1099): 법원의 기능을 담당하는 곳(예: 행정위원회)에서 하는 조사과정을 가리키며 법원과 유사한 기능을 한다.

- attorney of record (각주 1105): 특정 사건을 담당하는 변호사로 법원에 신고되는 경우를 말한다. 법원에 attorney of record로 기록이 되면 그 변호사는 케이스를 끝까지 수행하여야 하는 책임이 따르며, 케이스 진행과정에서 법원의 판사의 지휘감독을 받는 지위에 있게 되고 판사가 승인해주지 않으면 사임이 불가능하다.
- expert testimony (각주 1106): 의사 엔지니어 회계사 등 전문가 감정인의 증언을 말한다.
- arbitration panel (각주 1107): 중재 패널. 중재재판부가 여러명으로 구성될 경우 이를 panel 이라고 하며 1명으로 구성될 경우도 있다. 참고로 중재(arbitration)는 강제력이 있는 반면, 조정(mediation)의 경우 강제력이 없다.
- demurrers and pleas in bar (각주 1120): 소장에서 주장한 내용이 모두 사실로 입증된디고 하디라도 법률직으로 이길 수 없을 경우, 소장에서 주장하는 내용이 불분명할 경우 혹은 소장에서 주장한 내용으로 법에서 정한 구성요건을 충족하지 못할 경우 소장자체로 기각해달라는 신청을 말하는데 plea in bar 는 역시 주법원에서 사용하는 용어이며 demurrer 는 주장내용만 들어보고 판단하게 되는데 plea in bar 에서 주장하는 내용은 이를 입증할수 있는 기회를 가지게 해달라고 신청하는 것이다.

• 부록 • Case Index

〈F〉

〈G〉

〈H〉

〈 I 〉

〈 J 〉

〈 K 〉

〈 L 〉

〈 M 〉

〈T〉

〈U〉

〈V〉

〈W〉

〈Y〉

[공저자 약력]

김원근 한국 및 미국 변호사

[주요경력, 자격 및 학력]

- 현재 미국의 3개주 변호사(버지니아주, 메릴랜드주, 워싱턴 D.C. 변호사)

- 워싱턴 D.C. 변호사 자격 취득(03/2017)
- 메릴랜드주 변호사 시험 합격 및 자격 취득(04/2014)
- 버지니아주 변호사 시험 합격 및 자격 취득(10/2006)

- American University, Washington College of Law 상사중재과정 과정 수료(2014)
- American University, Washington College of Law, LL.M. 법학석사 졸업 (2005)
- 대한민국 변호사(1993-2003) 10년 경력

- Law firm 'Digital', 성남시 소재(대표 장영하 변호사)
- 대한민국 1998년부터 2003년까지 Partner 변호사
- 1993년부터 2003년까지 약 1,000여건 소송사건 처리함
- 대한민국 사법연수원 제22기(1993년 수료)
- 대한민국 사법시험 30회 합격(1988년)

- 단국대 법대 법학사 졸업(1985)
- 전주고등학교 졸업(1981)
- 익산 남중학교 졸업(1978)

- Weon G Kim Law Office
- 8200 Greensboro Dr Suite 900 McLean VA 22102 (2007년 1월 - 현재)

저서: 실제 사례로 알아보는 최신 미국 이민법, 미국비자 총람(2021)

[주요 업무분야]

- 이민 비자, 영주권, 추방재판: National Interest Waiver, 취업영주권, 결혼영주권
- 국제적인 계약 및 거래 관련 중재 조정, 영문계약서 작성
- 기업비즈니스 법률자문: 미국에서 비즈니스를 하려고 하는 외국기업 특히 한국기업 대상
- 민사소송, 조정, 중재사건: 국제거래, 계약문제 등 특히 국제적인 이슈가 있는 케이스
- 명예훼손 기타 불법행위 손해배상관련
- 이혼, 재산분할, 양육비, 자녀문제: 미국 국내뿐만 아니라 국제적인 이슈가 있는 케이스
- 채권추심, 집행: 미국 국내뿐만 아니라 국제적인 이슈가 있는 케이스
- 비즈니스 관련: 국제간 무역거래, 연방정부, 주정부 계약 및 거래, 기타 비즈니스 거래
- 부동산 거래 관련(버지니아주, 메릴랜드주, 워싱턴 D.C. 부동산)
- 유언, 상속 및 Probate(상속재산관리)
- 형사사건 등이며 많은 경우 제가 라이센스를 가지고 있는 지역만 커버가 가능할 수 있으므로 사전에 확인을 부탁드립니다.

정주명 미국 변호사

[주요경력, 자격 및 학력]
- 워싱턴 D.C. 변호사 시험 합격 및 자격 취득(04/2019)
- WK Law Group, PC (2022-현재)
- Law Office of Won Jong Lee, P.C.(2016-2020)
- Fordham University School of Law LL.M. 법학석사 졸업(2016)
- (주)이롬 법무팀(2008-2014)
- 한동대학교 법학부 졸업(2008)

공저: 실제 사례로 알아보는 최신 미국 이민법, 미국비자 총람(2021)

명예훼손

초판 발행 2022년 7월 15일

지은이 김원근·정주명
펴낸이 안종만

편 집 양수정
기획/마케팅 조성호
표지디자인 BEN STORY
제 작 고철민·조영환

펴낸곳 도서출판 박영사
경기도 파주시 회동길 37-9(문발동)
등록 1952. 11. 18. 제406-3000000251001952000002호(倫)
전 화 02)733-6771
f a x 02)736-4818
e-mail pys@pybook.co.kr
homepage www.pybook.co.kr
ISBN 978-89-10-98027-8 93360

정 가 69,000원